Cornelia Kermel (Hrsg.)

Praxishandbuch der Konzessionsverträge und der Konzessionsabgaben

De Gruyter Praxishandbuch

Praxishandbuch der Konzessionsverträge und der Konzessionsabgaben

Wegenutzungsverträge in der Energie- und Wasserversorgung

Herausgegeben von
Rechtsanwältin Dr. iur. Cornelia Kermel, Partnerin, SammlerUsinger, Berlin

Bearbeitet von
Rechtsanwalt Dr. iur. Hans-Joachim Arnold, RWE Deutschland AG, Essen; **Rechtsanwältin und Dipl.-Finanzwirtin Christiane Berzel,** SammlerUsinger, Berlin; **Maître en Droit Dr. iur. Bianca Christ,** SammlerUsinger, Berlin; **Rechtsanwältin Katja Danzeisen,** HEAG Südhessische Energie AG, Darmstadt; **Fachanwalt für Verwaltungsrecht Dr. iur. Martin Fleckenstein,** SammlerUsinger, Berlin; **Fachanwältin für Verwaltungsrecht Dr. iur. Rut Herten-Koch M.A.,** SammlerUsinger, Berlin; **Ass. iur. Martin Jacob,** PFALZWERKE AKTIENGESELLSCHAFT, Ludwigshafen; **Rechtsanwalt Dr. iur. Tobias Nießen,** Flick Gocke Schaumburg, Bonn; **Rechtsanwältin Miriam Rischmüller,** E.ON Mitte AG, Kassel; **Wirtschaftsprüfer/Steuerberater Dipl. Wirt. Ing. (FH) Uwe Rosenberger,** Schmitz Treubert Rosenberger, Leinfelden-Echterdingen; **Rechtsanwalt Dr. iur. Sebastian Sandhaus, LL.M.,** Flick Gocke Schaumburg, Bonn; **Dipl.-Kfm. Willi Schierle,** Ernst & Young GmbH, Stuttgart; **Rechtsanwalt Dr. iur. Thomas Schöne,** RWE Deutschland AG, Essen; **Dr. iur. Roland Schwensfeier, LL.M. (London),** Bundeskartellamt, Bonn; **Rechtsanwältin Jenny-Katrin Stolze,** E.ON Mitte AG, Kassel; **Rechtsanwältin Lilian Uxa,** SammlerUsinger, Berlin

DE GRUYTER

Zitiervorschlag: Kermel/*Bearbeiter*, Konzessionsverträge und Konzessionsabgaben, Kap. 1 Rn 8

Hinweis: Alle Angaben in diesem Werk sind nach bestem Wissen unter Anwendung aller gebotenen Sorgfalt erstellt worden. Trotzdem kann von dem Verlag und den Autoren keine Haftung für etwaige Fehler übernommen werden.

ISBN 978-3-11-026161-5
e-ISBN 978-3-11-026163-9

Bibliografische Information der Deutschen Nationalbibliothek
Die Deutsche Nationalbibliothek verzeichnet diese Publikation in der Deutschen Nationalbibliografie; detaillierte bibliografische Daten sind im Internet über http://dnb.d-nb.de abrufbar.

Cover: iStockphoto/Thinkstock
Datenkonvertierung/Satz: jürgen ullrich typosatz, Nördlingen
Druck: Strauss GmbH, Mörlenbach
♾ Gedruckt auf säurefreiem Papier
Printed in Germany

www.degruyter.com

Vorwort

Das Recht der Konzessionsverträge und der Konzessionsabgaben hat in den letzten Jahren zunehmend an Bedeutung gewonnen. Aufgrund der gesetzlich vorgesehenen Laufzeitbegrenzung von Konzessionsverträgen laufen zahlreiche Verträge derzeit und in den nächsten Jahren aus. Die damit einhergehenden Probleme sind vielschichtig, denn bis heute hat der Gesetzgeber keine klaren Regelungen im Konzessionsvertrags- und Konzessionsabgabenrecht aufgestellt. So verwundert es nicht, dass sich sowohl die Kommunen als auch zahlreiche Energieversorgungsunternehmen mit ungeklärten Fragen auseinandersetzen müssen und damit auch zahlreiche Gerichte und Behörden beschäftigen. Dabei geht es bspw. sowohl um die Klärung, in welcher Höhe Entgelte für die Übertragung von Versorgungsanlagen vereinbart oder verlangt werden können, als auch, welche Anlagen überhaupt übertragen werden müssen.

In den Fokus der Auseinandersetzung ist auch die Frage nach den zulässigen Leistungen der Energieversorgungsunternehmen an die Kommunen im Zusammenhang mit dem Abschluss bzw. der Verlängerung von Konzessionsverträgen geraten. So prüfen sowohl die Kartellbehörden als auch die Energieaufsichtsbehörden derzeit zahlreiche Fälle, in denen den Kommunen möglicherweise Nebenleistungen angeboten oder gewährt worden sind bzw. von den Kommunen gefordert wurden, die gegen das in der Konzessionsabgabenverordnung verankerte Nebenleistungsverbot verstoßen. Welche Auswirkungen solche unzulässigen Nebenleistungen auf die abgeschlossenen Konzessionsverträge oder gar Beteiligungslösungen haben, insbesondere ob diese nichtig sind, ist ebenfalls ungeklärt. Bedenkt man, dass solche „Leistungen" auch in den Fokus der Staatsanwaltschaften geraten sind, wird die besondere Relevanz dieser Thematik deutlich.

Zunehmend rücken auch Konzessionsverträge im Wasserbereich in den Mittelpunkt von Auseinandersetzungen. Hier gelten – anders als im Strom- und Gasbereich – noch die eher rudimentären Regelungen des § 103 GWB a.F. Unterliegen Konzessionsverträge im Wasserbereich auch einer 20-jährigen Laufzeitbegrenzung oder unterfällt das Verfahren um die Vergabe dieser Verträge möglicherweise strengeren Vorgaben als die Konzessionsverträge im Strom- und Gasbereich?

Die Verunsicherung derjenigen, die sich mit Konzessionsverträgen und Konzessionsabgaben beschäftigen, ist groß: So ist für viele Kommunen kaum noch nachvollziehbar, was sie bei der Vergabe von Konzessionen beachten müssen und welche Leistungen sie zulässigerweise im Rahmen des Abschlusses von Konzessionsverträgen und damit möglicherweise zusammenhängender Beteiligungsmodelle annehmen bzw. verlangen können. Überdies besteht vielfach eine große Unsicherheit, ob die Kommune die Netze etwa in Form der Gründung eigener Stadtwerke selbst übernehmen oder im Rahmen einer gemeinsamen Netzgesellschaft zusammen mit einem privaten Partner betreiben soll. Welche Risiken muss die Kommune dabei berücksichtigen und darf sie diese, zumindest teilweise, auf den privaten Partner verlagern?

Neben der Klärung energie- und kartellrechtlicher Fragestellungen spielen auch gesellschafts- und arbeitsrechtliche Themen eine erhebliche Rolle.

Das Handbuch gibt praxisnahe Informationen und Tipps für die tägliche Praxis. Dabei ist es sowohl den erfahrenen Praktikern als auch denjenigen, die sich neu in dieses Gebiet einarbeiten, nützlich. Es richtet sich nicht nur an Juristen, sondern soll auch kaufmännisch, technisch oder energiewirtschaftlich ausgebildeten Lesern Anregungen geben. Das Autorenteam hofft, diesem Anspruch gerecht geworden zu sein.

Die Autorinnen und Autoren spiegeln die ganze inhaltliche Vielfalt der Energie- und Wasserwirtschaft wider. Neben Mitarbeitern deutscher Energiekonzerne und von Stadtwerken haben unabhängige Rechtsanwältinnen, Rechtsanwälte, Wirtschaftsprüfer, Steuerberater und auch Mitarbeiter des Bundeskartellamtes mitgewirkt. Ihnen allen gilt unser Dank.

Für Bemerkungen, Anregungen und Kritik sind wir stets aufgeschlossen und dankbar. Sie erreichen uns unter:

Sammler Usinger, Rechtsanwältin Dr. Cornelia Kermel, Hardenbergstraße 28a, 10623 Berlin, E-Mail cornelia.kermel@sammlerusinger.com
Tel.: +49 (0)30.2639509-0, Fax: +49 (0)30.2639509-600,
www.sammlerusinger.com

Berlin, April 2012 — Cornelia Kermel

Inhaltsübersicht

Inhaltsverzeichnis

Literaturverzeichnis

Articus, Stephan/Schneider, Bernd Jürgen, Gemeindeordnung Nordrhein-Westfalen, Kommentar, 3. Aufl., 2009 (zit.: Articus/Schneider/*Bearbeiter*)

Bachner, Michael/Köstler, Roland/Matthießen, Volker/Trittin, Wolfgang, Arbeitsrecht bei Unternehmensumwandlung und Betriebsübergang, 3. Aufl., Köln 2008 (zit.: *Bachner/Köstler/Matthießen/Trittin*)

Ballwieser, Wolfgang/Lecheler, Helmut, Die angemessene Vergütung für Netze nach § 46 Absatz 2 EnWG, Baden-Baden 2007 (zit.: Ballwieser/Lecheler/*Bearbeiter*)

Bamberger, Heinz G./Roth, Herbert, Kommentar zum Bürgerlichen Gesetzbuch, 2. Aufl., München 2007 (zit.: Bamberger/Roth/*Bearbeiter*)

Bartsch, Michael/Röhling, Andreas/Salje, Peter/Scholz, Ulrich, Stromwirtschaft – Ein Praxishandbuch, Köln 2002 (zit.: Bartsch/Röling/Salje/Scholz/*Bearbeiter*)

Baumbach, Adolf/Hueck, Alfred, GmbHG, 19. Aufl., München 2010 (zit.: Baumbach/Hueck/*Bearbeiter*)

Baumbach, Adolf/Lauterbach, Wolfgang/Albers, Jan/Hartmann, Peter, Zivilprozessordnung: ZPO, Kommentar, 69. Aufl., München 2011 (zit.: Baumbach/Lauterbach/Albers/Hartmann/*Bearbeiter*)

Baumgart, Caspar, Vertragshandbuch Gaswirtschaft, Frankfurt am Main 2010 (zit.: Baumgart/*Bearbeiter*)

Baur, Jürgen F., Ablauf von Konzessionsverträgen – Versorgungssicherheit und Wettbewerb, Köln 1992 (zit. Baur/*Bearbeiter*)

Bayer, Walter/Koch, Elisabeth, Schranken der Vertragsfreiheit, Baden-Baden 2008 (zit. Bayer/Koch/*Bearbeiter*)

Bechtold, Rainer, Kartellgesetz: GWB, Kommentar, 6 Aufl., München 2010 (zit.: *Bechtold*)

Britz, Gabriele/Hellermann, Johannes/Hermes, Georg, EnWG – Energiewirtschaftsgesetz, 2. Aufl., München 2010 (zit.: Britz/Hellermann/Hermes/*Bearbeiter*)

Brüning, Christoph/Vogelsang, Klaus, Kommunalaufsicht, 2. Aufl., Berlin 2009 (zit.: *Brüning/Vogelsang*)

Buchmann, Felix, Kommunale Energieversorgungsunternehmen in der Krise, Baden-Baden 2009 (zit.: *Buchmann*)

Büdenbender, Ulrich, Energierecht, Köln 1982 (zit.: *Büdenbender*)

Büdenbender, Ulrich, Die Angemessenheit der Eigenkapitalrendite im Rahmen der Anreizregulierung von Netzentgelten in der Energiewirtschaft, Rechtsgutachten, Essen, 2011 (zit.: *Büdenbender*, RGutachten)

Büdenbender, Ulrich, Kommentar zum Energiewirtschaftsgesetz, Köln 2003 (zit.: *Büdenbender*, EnWG)

Büdenbender,Ulrich, Energiekartellrecht, Essen 1994 (zit.: *Büdenbender*, EnergieKartR)

Büdenbender, Ulrich/Bachert, Patric/Rosin, Peter, Kaufpreis und Ertragswert von Stromverteilungsnetzen nach der Energierechtsreform 2005, Essen 2005 (zit.: *Büdenbender/Bachert/Rosin*)

Burgi, Martin, Kommunalrecht, 3. Aufl., München 2010 (zit.: *Burgi*)

Byok,Jan/Jaeger, Wolfgang, Kommentar zum Vergaberecht, 3. Aufl., Frankfurt am Main 2011 (zit.: Byok/Jaeger/*Bearbeiter*)

Calliess, Christian/Ruffert, Matthias, EUV/AEUV, Kommentar, 4. Aufl., München 2011 (zit.: Calliess/Ruffert/*Bearbeiter*)

Cronauge, Ulrich, Das neue Konzessionsabgabenrecht – Kommentierung der Konzessionsabgabenverordnung, Düsseldorf 1992 (zit.: *Cronauge*)

Danner, Wolfgang/Theobald, Christian, Energierecht, Kommentar, Loseblatt, München, Stand: 72. EGL August 2011 (zit.: Danner/Theobald/*Bearbeiter*)

Dauner-Lieb, Barbara/Simon, Stefan, Kölner Kommentar zum Umwandlungsgesetz: UmwG, Köln 2009 (zit.: KölK-UmwG/*Bearbeiter*)

Diemert, Dörte, Das Haushaltssicherungskonzept – Verfassungs- und haushaltsrechtliche Grundlagen in NRW, Stuttgart 2005, (zit.: *Diemert*)

Dieterich, Thomas/Hanau, Peter/Schaub, Günter, Erfurter Kommentar zum Arbeitsrecht, 12. Aufl., München 2012 (zit. ErfKo-AR/*Bearbeiter*)

Dreier, Horst, Grundgesetz, Kommentar, Band 2, Art. 20–82, 2. Aufl., Tübingen 2006 (zit.: Dreier/*Bearbeiter*)

Drukarczyk, Jochen/Ernst, Dietmar, Branchenorientierte Unternehmensbewertung, 3. Aufl., München 2010 (zit.: Drukarczyk/Ernst/*Bearbeiter*)

Emmerich, Volker/Habersack, Mathias, Aktien- und GmbH-Konzernrecht, Kommentar, 6. Aufl., München 2010 (zit.: Emmerich/Habersack/*Bearbeiter*)

Energiewirtschaftsgesetz 1998, Kommentar, Frankfurt am Main, Bonn 1998 (zit.: *Bearbeiter* in: Energiewirtschaftsgesetz 1998)

Erman, Walter, Handkommentar zum BGB, 11. Aufl., Münster 2004 (zit.: Erman/*Bearbeiter*)

Etzel, Gerhard/Bader, Peter/Fischermeier, Ernst u. a., KR – Gemeinschaftskommentar zum Kündigungsschutzgesetz und zu sonstigen kündigungsschutzrechtlichen Vorschriften, 9. Aufl., München 2009 (zit.: *KR-Bearbeiter*)

Fehling, Michael/Kastner, Berthold, Verwaltungsrecht, Kommentar, 2. Aufl., Baden-Baden 2010 (zit.: Fehling/Kastner/*Bearbeiter*)

Feuerborn, Alfred/Riechmann, Volkhard, Verordnung über Konzessionsabgaben für Strom und Gas (Konzessionsabgabenverordnung – KAV), Kommentar, Bielefeld 1994 (zit.: *Feuerborn/Riechmann*)

Fischerhoff, Hans, Rechtsfragen der Energiewirtschaft, Band 2, Wiesbaden 1966 (zit.: *Fischerhoff*)

Geis, Max-Emmanuel, Kommunalrecht, 2. Aufl., München 2011 (zit.: *Geis*)

Gern, Alfons, Deutsches Kommunalrecht, 3. Aufl., Baden-Baden 2003 (zit.: *Gern*)

Gosch, Dietmar, Körperschaftssteuergesetz, Kommentar 2. Aufl., München 2009 (zit.: Gosch/*Bearbeiter*)

Grabitz, Eberhard/Hilf, Meinhard/Nettesheim, Martin, Das Recht der Europäischen Union, Kommentar, Loseblatt, 46. Aufl., München, Stand 10/2011 (zit.: Grabitz/Hilf/Nettesheim/*Bearbeiter*)

Heidel, Thomas, Aktienrecht und Kapitalmarktrecht, 3. Aufl., Baden-Baden 2011 (zit.: Heidel/*Bearbeiter*)

Hellermann, Johannes, Örtliche Daseinsvorsorge und gemeindliche Selbstverwaltung: Örtliche Daseinsvorsorge und gemeindliche Selbstverwaltung: Zum kommunalen Bestätigungs- und Gestaltungsspielraum unter den Bedingungen europäischer Privatisierungs- und Deregulierungspolitik, Tübingen 2000 (zit.: *Hellermann*)

Hempel, Dietmar/Rodemann, Alice/Stinzing, Heike, Praxishandbuch Forderungsmanagement Energie und Wasser, Loseblatt, Frankfurt a. M., Stand: 11/2011 (zit.: Hempel/Rodemann/Stinzing/*Bearbeiter*)

Hempel, Dietmar/Franke, Peter, Recht der Elektrizitäts-, Gas- und Wasserversorgung, Praktiker-Kommentar zum deutschen und europäischen Energierecht, Loseblatt, Neuwied, Stand: 1/2011 (zit.: Hempel/Franke/*Bearbeiter*)

Henneke, Hans-Günter/Pünder, Hermann/Waldhoff, Christian, Recht der Kommunalfinanzen, München 2006, (zit: Henneke/Pünder/Waldhoff/*Bearbeiter*)

Henneke, Hans-Günter/Ritgen, Klaus, Kommunales Energierecht, Wiesbaden 2010 (zit.: *Henneke/Ritgen*)

Hennsler, Martin/Willemsen, Heinz/Kalb, Heinz-Jürgen, Arbeitsrecht, Kommentar, 4. Aufl., Köln 2010 (zit. Hennsler/Willemsen/Kalb/*Bearbeiter*)

Hösch, Ulrich, Die kommunale Wirtschaftstätigkeit, Tübingen 2000 (zit.: *Hösch*)

Hoppe, Werner/Uechtritz, Michael, Handbuch Kommunale Unternehmen, 2. Aufl., Köln 2007 (zit.: Hoppe/Uechtritz/*Bearbeiter*)

Hüffer,Uwe, Aktiengesetz, 9. Aufl., München 2010 (zit.: *Hüffer*)

Hüffer, Uwe/Ipsen, Knut/Tettinger, Peter, Berg- und Energierecht vor den Fragen der Gegenwart, Festschrift für Fritz Fabricius, Bochumer Beiträge zum Berg- und Energierecht, Band 7, Bochum 1989 (zit.: *Bearbeiter* in: FS Fabricius)

Immenga, Ulrich/Mestmäcker, Ernst-Joachim, Gesetz gegen Wettbewerbsbeschränkungen, Kommentar, 4. Aufl., München 2007 (zit.: Immenga/Mestmäcker/*Bearbeiter*)

Immesberger, Helmut, Das neue Recht der Konzessionsabgaben, Kommentar, Loseblatt, Köln, Stand: 12/2011 (zit.: Immesberger/*Bearbeiter*)

IDW, WP-Handbuch 2008 – Wirtschaftsprüfung, Rechnungslegung, Beratung – Band 2, Düsseldorf 2007 (zit.: WP-Handbuch 2008/Bd.II/*Bearbeiter*)

Keller-Herder, Laurenz, Der Konzessionsvertrag unter dem neuen Energiewirtschaftsrecht, Baden-Baden 2009 (zit.: *Keller-Herder*)

Kermel, Cornelia/Brucker, Guido/Baumann, Toralf, Wegenutzungsverträge und Konzessionsverträge in der Energieversorgung, Frankfurt a. M. 2008 (zit.: Kermel/Brucker/Baumann/*Bearbeiter*)

Kleerbaum, Klaus-Viktor/Palmen, Manfred, Kreisordnung NRW, Recklinghausen 2009 (zit.: Kleerbaum/Palmen/*Bearbeiter*)

Kodal, Kurt/Krämer, Helmut, Straßenrecht, 7. Aufl., München 2010 (zit.: Kodal/Krämer/*Bearbeiter*)

Kulartz, Hans-Peter/Kus, Alexander/Portz, Norbert, Kommentar zum GWB-Vergaberecht, 2. Aufl., Köln 2009 (zit.: Kulartz/Kus/Portz/*Bearbeiter*)

Lackner, Karl/Kühl, Kristian, Strafgesetzbuch, Kommentar, 27. Aufl., München 2011 (zit.: Lackner/*Kühl*)

Langen, Eugen/Bunte, Hermann-Josef, Kommentar zum deutschen und europäischen Kartellrecht, 11. Aufl., Neuwied 2010 (zit.: Langen/Bunte/*Bearbeiter*)

Larenz. Karl/Canaris, Claus-Wilhelm, Methodenlehre der Rechtswissenschaft, 3. Aufl., Berlin 1995 (zit.: *Larenz/Canaris*)

Leßmann, Herbert, Festschrift für Rudolf Lukes zum 65. Geburtstag, Köln 1989 (zit.: *Bearbeiter* in: FS Lukes 1989)

Loening, Helmut/Schmitz, Alfred, Kommunalabgabengesetz für das Land Nordrhein-Westfalen, Stuttgart 1970 (zit.: *Loening/Schmitz*)

Loewenheim, Ulrich/Meessen, Karl M./Riesenkampff, Alexander, Kartellrecht, Kommentar, 2. Aufl., München 2009 (zit.: Loewenheim/Meessen/Riesenkampff/*Bearbeiter*)

Lutter, Marcus/Hommelhoff, Peter, GmbH-Gesetz, 17. Aufl., Köln 2009 (zit.: Lutter/Hommelhoff/*Bearbeiter*)

Mann, Thomas/Püttner, Günter, Handbuch der kommunalen Wissenschaft und Praxis, Band 2, 3. Aufl., Berlin 2011 (zit.: Mann/Püttner/*Bearbeiter*)

Maunz, Theobald/Düring, Günter, Grundgesetz, Kommentar, Loseblatt, München, Stand: 10/2011 (zit.: Maunz/Düring/*Bearbeiter*)

Maurer, Hartmut, Allgemeines Verwaltungsrecht, 18. Aufl., München 2011 (zit.: *Maurer*)

Michalski, Lutz, Kommentar zum Gesetz betreffend die Gesellschaften mit beschränkter Haftung (GmbH-Gesetz), 2. Aufl., München 2010 (zit.: Michalkski/*Bearbeiter*)

Ministerium für Wirtschaft, Energie, Bauen, Wohnen und Verkehr des Landes Nordrhein-Westfalen, Tagungsband 12. Düsseldorfer Vergabetag 9. Juni 2011, Düsseldorf 2011 (zit.: MWEBWV NRW/*Bearbeiter*)

Morell, Klaus-Dieter, Konzessionsverträge und Konzessionsabgaben, Kommentar, 3. Aufl., Loseblatt, Wiesbaden, Stand: 2010 (zit.: Morell/Steinhauer/Münch/*Bearbeiter*)
Müller-Wrede, Malte, Kompendium des Vergaberechts, Köln 2008 (zit.: Müller-Wrede/*Bearbeiter*)
Münch, Paul, Konzessionsverträge und Konzessionsabgaben, Wiesbaden, 1985 (zit.: *Münch*)
Münchener Anwaltshandbuch Aktienrecht, 2. Aufl., München 2010 (zit.: MüAnwHB-AktR/*Bearbeiter*)
Münchner Kommentar, Bürgerliches Gesetzbuch, 5. Aufl., Band 5, München 2009 (zit.: MüKo-BGB/*Bearbeiter*)
Münchner Kommentar, Handelsgesetzbuch, 3. Aufl., München 2011 (zit.: MüKo-HGB/*Bearbeiter*)
Münchner Kommentar, Aktiengesetz, 3. Aufl., München 2008 (zit.: MüKo-AktG/*Bearbeiter*)
Münchner Kommentar, Zivilprozessordnung, 3. Aufl., München 2008 (zit. MüKo-ZPO/*Bearbeiter*)
Müller, Friedrich/Christensen, Ralph, Juristische Methodik, Band I, 10. Aufl., Berlin 2009 (zit.: *Müller/Christensen*)
Musielak, Hans-Joachim, Kommentar zur Zivilprozessordnung, 8. Aufl., München 2011 (zit.: Musielak/*Bearbeiter*)
Muth, Michael, Potsdamer Kommentar, Kommunalrecht in Brandenburg, Loseblatt, Köln, Stand: 11/2006 (zit.: Muth/*Bearbeiter*)
Oppenländer, Frank/Trölitzsch, Thomas, Praxishandbuch der GmbH-Geschäftsführung, 2. Aufl., München 2011 (Oppenländer/Trölitzsch/*Bearbeiter*)
Otting, Olaf, Rechtliche Betätigungsspielräume der Kommunen, Stuttgart 1997 (zit.: *Otting*)
Palandt, Otto, Bürgerliches Gesetzbuch, Kommentar, 71. Aufl., München 2012 (zit.: Palandt/*Bearbeiter*)
Petrikowski, Moritz, Satzungsstrenge contra Gestaltungsfreiheit im Recht der deutschen AG und SE, Doktorarbeit, Bielefeld 2009 (zit.: *Petrikowski*)
Pielow, Johann-Christian, Grundstrukturen öffentlicher Versorgung, Tübingen 2001 (zit.: *Pielow*)
Prütting, Hanns/Wegen, Gerhard/Weinreich, Gerd, BGB Kommentar, 4. Aufl., Neuwied 2009 (zit.: PWW/*Bearbeiter*)
Rehn, Erich/Cronauge, Ulrich/Hans Gerd von Lennep/Knirsch, Hanspeter, Gemeindeordnung Nordrhein-Westfalen, Kommentar, Loseblatt, Stand: 11/2011, 37. Ergliefg. (zit.: *Rehn/Cronauge/v.Lennep/Knirsch*)
Rogmann, Achim, Die Bindungswirkung von Verwaltungsvorschriften, Köln 1998 (zit.: *Rogmann*)
Rosenberg, Leo/Schwab, Karl Heinz/Gottwald, Peter, Zivilprozessrecht, 17. Aufl., München 2010 (zit.: *Rosenberg/Schwab/Gottwald*)
Rüthers, Bernd/Fischer, Christian, Rechtstheorie, 6. Aufl., München 2011 (zit.: *Rüthers/Fischer*)
Sachs, Michael, Grundgesetz, 6. Aufl., München 2011 (zit.: Sachs/*Bearbeiter*)
Säcker, Franz Jürgen, Berliner Kommentar zum Energierecht, 2. Aufl., München 2010 (zit.: BerlK-EnR/*Bearbeiter*)
Säcker, Franz Jürgen/Mohr, Jochen/Wolf, Maik, Konzessionsverträge im System des europäischen und deutschen Wettbewerbsrechts, Frankfurt 2010 (zit.: *Säcker/Mohr/Wolf*)
Saenger, Ingo, Zivilprozessordnung, Kommentar, 4. Aufl., München 2011 (zit. Saenger/*Bearbeiter*)
Saenger, Ingo/Aderhold, Lutz/Lenkaitis, Karlheinz/Speckmann, Gerhard, Handels- und Gesellschaftsrecht, 2. Aufl., Baden-Baden 2011 (zit.: Saenger/Aderhold/Lenkaitis/Speckmann/*Bearbeiter*)
Salje, Peter, Energiewirtschaftsgesetz, Kommentar, Köln 2006 (zit.: *Salje, EnWG*)
Sandrock, Otto/Baur, Jürgen F./Scholtka, Boris/Shapira, Amos, Festschrift für Gunther Kühne zum 70. Geburtstag, Frankfurt am Main 2009 (zit.: *Bearbeiter* in FS Kühne)
Schneider, Jens-Peter/Theobald, Christian, Handbuch zum Recht der Energiewirtschaft, 3. Aufl., München 2011 (zit.: Schneider/Theobald/*Bearbeiter*)
Schoch, Friedrich/Schmidt-Aßmann, Eberhard/Pietzner, Rainer, Kommentar zur VwGO, München, Stand: 3/2008 (zit.: Schoch/Schmidt-Aßmann/Pietzner/*Bearbeiter*)

Scholtka, Boris, Das Konzessionsabgabenrecht in der Elektrizitätswirtschaft und Gaswirtschaft, Baden-Baden 1999 (zit.: *Scholtka*)
Schüppen, Matthias/Schaub, Bernhard, Münchener Anwaltshandbuch Aktienrecht, 2. Aufl., München 2010 (zit.: MüAnwHB-AktR/*Bearbeiter*)
Schwab, Karl Heinz/Walter, Gerhard/Baumbach, Adolf, Schiedsgerichtsbarkeit, Kommentar, 7. Aufl., München 2005 (zit. Schwab/Walter/Baumbach/*Bearbeiter*)
Schwarze, Jürgen/Becker, Ulrich/Hatje, Armin/Schoo, Johann, EU-Kommentar, 2. Aufl., Baden-Baden 2009 (zit.: Schwarze/Becker/Hatje/Schoo/*Bearbeiter*)
Sieben, Günter, Unternehmensakquisition und Unternehmensbewertung, 1992 (zit.: *Sieben*)
Sieben, Günter/Maltry, Helmut, Netznutzungsentgelte für elektrische Energie, Gutachten, Frankfurt a. M. 2002 (zit.: *Sieben/Maltry*)
Sodan, Helge/Ziekow, Jan, Verwaltungsgerichtsordnung, Kommentar, 3. Aufl., Baden-Baden 2010 (zit.: Sodan/Ziekow/*Bearbeiter*)
Spindler, Gerald/Stilz, Eberhard, Kommentar zum Aktiengesetz, 2. Aufl., München 2010 (zit: Spindler/Stilz/*Bearbeiter*)
Staudinger, BGB Kommentar zum Bürgerlichen Gesetzbuch, Einl. BGB, §§ 1–14, VerschG, 14. Aufl., Berlin 2004 (zit.: Staudinger/*Bearbeiter*)
Staudinger, BGB Kommentar zum Bürgerlichen Gesetzbuch, Buch 1, Allgemeiner Teil 4a, §§ 134–138, 15. Aufl., Berlin 2011 (zit.: Staudinger/*Bearbeiter*)
Staudinger, BGB Kommentar zum Bürgerlichen Gesetzbuch, Buch 2, Recht der Schuldverhältnisse, §§ 255–304, Berlin, Stand: 2009 (zit.: Staudinger/*Bearbeiter*)
Staudinger, BGB Kommentar zum Bürgerlichen Gesetzbuch, Buch 2, Recht der Schuldverhältnisse, §§ 433–487, Berlin, Stand: 2004 (zit.: Staudinger/*Bearbeiter*)
Staudinger, BGB Kommentar zum Bürgerlichen Gesetzbuch, Buch 2, §§ 581–606, Berlin, Stand: 2005 (zit.: Staudinger/*Bearbeiter*)
Staudinger, BGB Kommentar zum Bürgerlichen Gesetzbuch, Buch 2, Recht der Schuldverhältnisse, §§ 613a–619a, Berlin, Stand: 2011 (zit.: Staudinger/*Bearbeiter*)
Staudinger, BGB Kommentar zum Bürgerlichen Gesetzbuch, Buch 2, Recht der Schuldverhältnisse, §§ 705–740, 13. Aufl., Berlin 2003 (zit.: *Staudinger/Bearbeiter*)
Staudinger, BGB Kommentar zum Bürgerlichen Gesetzbuch, Buch 2, Recht der Schuldverhältnisse, §§741–764, Berlin, Stand: 2011 (zit.: Staudinger/*Bearbeiter*)
Staudinger, BGB Kommentar zum Bürgerlichen Gesetzbuch, Buch 3, Sachenrecht, §§ 925–984, 14. Aufl., Berlin, Stand: 2004 (zit.: Staudinger/*Bearbeiter*)
Stoffels, Markus, AGB-Recht, München 2003 (zit.: *Stoffels*)
Stuhlmacher, Gerd/Stappert, Holger/Schoon, Heike/Jansen, Guido, Grundriss zum Energierecht – Der rechtliche Rahmen für die Energiewirtschaft, Frankfurt a. M. 2011 (zit.: Stuhlmacher/Stappert/Schoon/Jansen/*Bearbeiter*)
Templin, Wolf, Recht der Konzessionsverträge, München 2009 (zit.: *Templin*)
Theiselmann, Rüdiger, Praxishandbuch des Restrukturierungsrechts, Köln 2010 (zit.: Theiselmann/*Bearbeiter*)
Theobald, Christian/Templin, Wolf, Strom- und Gasverteilnetze im Wettbewerb, München 2011 (zit.: *Theobald/Templin*)
Theobald, Christian/Theobald-Nill, Christiane, Grundzüge des Energiewirtschaftsrechts, 2. Aufl., München 2008 (zit.: Theobald/Theobald/*Bearbeiter*)
Thomas, Heinz/Putzo, Hans, Zivilprozessordnung, 31. Aufl., München 2010 (zit. Thomas/Putzo/*Bearbeiter*)
v. Mangoldt, Hermann/Klein, Friedrich/Stark, Christian, Kommentar zum Grundgesetz, 6. Aufl., 2010 (zit.: v.Mangoldt/Klein/Stark/*Bearbeiter*)

Wernecke, Frauke, Abwehr und Ausgleich „aufgedrängter Bereicherungen“ im Bürgerlichen Recht, Berlin 2004 (zit.: *Wernecke*)

v. Westphalen, Friedrich Graf, Vertragsrecht und AGB-Klauselwerke, Loseblatt, München, Stand: 3/2006 (zit.: v. Westphalen/*Bearbeiter*)

Weyand, Rudolf, ibr-online-Kommentar Vergaberecht, 3. Aufl., München 2011(zit.: *Weyand*)

Wiedemann, Gerhard, Handbuch des Kartellrechts, 2. Aufl., München 2008 (zit.: Wiedemann/*Bearbeiter*)

Willemsen, Heinz Josef/Hohenstatt, Klaus-Stefan/Schweibert, Ulrike/Seibt, Christoph, Umstrukturierung und Übertragung von Unternehmen, 4. Aufl., München 2011 (zit.: Willemsen/Hohenstatt/Schweibert/Seibt/*Bearbeiter*)

Wissmann, Martin/Dreyer, Jan/Witting, Jörg, Kartell- und regulierungsbehördliche Ermittlungen im Unternehmen und Risikomanagement, Köln 2008 (zit. Wissmann/Dreyer/Witting/*Bearbeiter*)

Wolff, Hans/Bachof, Otto/Stober, Wolf/Kluth, Winfried, Verwaltungsrecht I, 12. Aufl., München 2007 (zit.: *Wolff/Bachof/Stober/Kluth*)

Wolff, Hans/Bachof, Otto/Stober, Wolf/Kluth, Winfried, Verwaltungsrecht II, 7. Aufl., München 2010 (zit.: Wolff/Bachof/Stober/Kluth/*Bearbeiter*, VwR II)

Ziemons, Hildegard/Jaeger, Carsten, Beck'scher Onlinekommentar GmbHG, Stand: 8/2011, München (zit.: Ziemons/Jeager/*Bearbeiter*)

Abkürzungsverzeichnis

%	Prozent
§	Paragraph
a. A.	anderer Ansicht
a. E.	am Ende
a. F.	alte Fassung
a. M.	am Main
A/KAE	Ausführungsanordnung zur Konzessionsabgabenanordnung
Abdr.	Abdruck
abgedr.	abgedruckt
Abs.	Absatz
ACER	Agency for the Cooperation of Energy Regulators (Agentur für Zusammenarbeit der Energieregulierungsbehörden)
AcP	Archiv für civilistische Praxis (Zeitschrift)
AEG	Allgemeines Eisenbahngesetz
AEUV	Vertrag über die Arbeitsweise der Europäischen Union
AG	Aktiengesellschaft
AHK	Anschaffungs- und Herstellungskosten
AktG	Aktiengesetz
amtl. Begr.	amtliche Begründung
ÄnderungsVO	Änderungsverordnung
ÄndG	Änderungsgesetz
Anh.	Anhang
Anm.	Anmerkung
Anm. d. Verf.	Anmerkung des Verfassers
AöR	Anstalt der öffentlichen Rechts
AP	Arbeitsrechtliche Praxis (Zeitung)
ARE	Arbeitsgemeinschaft regionaler Energieversorgungsunternehmen
ARegV	Anreizregulierungsverordnung
Art.	Artikel
aufgeh.	aufgehoben
Aufl.	Auflage
AVBEltVO	Verordnung über Allgemeine Bedingungen für die Elektrizitätsversorgung von Tarifkunden
AVBGasV	Verordnung über Allgemeine Bedingungen für die Gasversorgung von Tarifkunden
Az	Aktenzeichen
BAG	Bundesarbeitsgericht
BAGE	BAG-Entscheidungen
BayGO	Bayerische Gemeindeordnung
BayVerf	Verfassung des Freistaates Bayern
BB	Betriebs-Berater (Zeitschrift)
BbgGO	Gemeindeordnung des Landes Brandenburg
BbgKVerf	Kommunalverfassung des Landes Brandenburg
BbgVerf	Verfassung des Landes Brandenburg
BDEW	Bundesverband der Energie- und Wasserwirtschaft

BerlK-EnR	Berliner Kommentar zum Energierecht
BerlStrG	Berliner Straßengesetz
Beschl. v.	Beschluss vom
BetrVG	Betriebsverfassungsgesetz
BFH	Bundesfinanzhof
BFH/NV	Sammlung der nicht veröffentlichten Entscheidungen des Bundesfinanzhofs (Zeitschrift)
BgA	Betrieb gewerblicher Art
BGB	Bürgerliches Gesetzbuch
BGBl.	Bundesgesetzblatt
BGH	Bundesgerichtshof
BGHSt	Entscheidungen des Bundesgerichtshofs in Strafsachen
BGHZ	Entscheidungen des Bundesgerichtshofs in Zivilsachen
BHKW	Blockheizkraftwerk
BK	Beschlusskammer
BKartA	Bundeskartellamt
BMF	Bundesministerium der Finanzen
BMWi	Bundesministerium für Wirtschaft und Technologie
BNetzA	Bundesnetzagentur
BR-Drucks.	Bundesrats-Drucksache
bspw.	beispielsweise
BStBl.	Bundessteuerblatt
BT-Drucks.	Bundestags-Drucksache
BTOElt	Bundestarifordnung Elektrizität
BTOGas	Bundestarifordnung Gas
BVerfG	Bundesverfassungsgericht
BVerfGE	Entscheidungen des Bundesverfassungsgerichts
BVerwG	Bundesverwaltungsgericht
B-W	Baden-Württemberg
bzw.	beziehungsweise
CAPEX	Capital Expenditures (Entgeltbestandteile für Kapitalkosten)
ct	Cent
ct/kWh	Cent pro Kilowattstunde
CuR	Contracting und Recht (Zeitschrift)
d.h.	das heißt
D/KAE	Durchführungsbestimmungen zur Konzessionsabgabenanordnung
DB	Deutsche Bauzeitung
DDR	Deutsche Demokratische Republik
DGO	Deutsche Gemeindeordnung
dok.	dokumentiert
DÖV	Die Öffentliche Verwaltung (Zeitschrift)
DStGB-Dokumentation	Deutscher Städte und Gemeindebund-Dokumentation
DStR	Deutsches Steuerrecht
DVBl	Deutsches Verwaltungsblatt
DVG	Deutsche Verbundgesellschaft

E-AG	Elektrizitäts-AG
EEG	Erneuerbare Energien Gesetz
EFG	Entscheidungen der Finanzgerichte
EGBGB	Einführungsgesetz zum BGB
EGV	Vertrag zur Gründung der Europäischen Gemeinschaft
EHUG	Gesetz über elektronische Handelsregister und Genossenschaftsregister sowie das Unternehmensregister
EigBG BW	Eigenbetriebsgesetz – Gesetz über die Eigenbetriebe der Gemeinden Baden-Württemberg
Einigungsvertrag	Vertrag zwischen der Bundesrepublik Deutschland und der Deutschen Demokratischen Republik über die Herstellung der Einheit Deutschlands
einschl.	einschließlich
EK	Eigenkapital
EltRL	Elektrizitätsbinnenmarktrichtlinie
EnVO-DDR	Energieverordnung der Deutschen Demokratischen Republik
EnWG	Energiewirtschaftsgesetz
ENWR-NRG	Gesetz zur Neuregelung des Energiewirtschaftsgesetzes
EOG	Erlösobergrenze
EP	Europäisches Parlament
ER	Europäischer Rat
Ergliefg.	Ergänzungslieferung
EStG	Einkommensteuergesetz
et	Energiewirtschaftliche Tagesfragen (Zeitschrift)
EU	Europäische Union
EuGH	Europäische Gerichtshof
EuZW	Europäische Zeitschrift für Wirtschaftsrecht
EVU	Energieversorgungsunternehmen
ew	Magazin für die Energiewirtschaft (Zeitschrift)
EWeRK	Zeitschrift des Instituts für Energie- und Wettbewerbsrecht in der kommunalen Wirtschaft
EzA	Entscheidungssammlungen zum Arbeitsrecht
f./ff.	folgende/fortfolgende
FG	Finanzgericht
FK	Fremdkapital
Fn	Fußnote
FR	Finanz-Rundschau
FS	Festschrift
FStrG	Bundesfernstraßengesetz
GasGVV	Gasgrundversorgungsverordnung
GasNEV	Gasnetzentgeltverordnung
GasRL	Europäische Binnenmarktrichtlinie Erdgas
GE	Geldeinheiten
GeLi	Geschäftsprozesse Lieferantenwechsel
GemO	Gemeindeordnung
GemO RP	Gemeindeordnung Rheinland-Pfalz
GG	Grundgesetz
ggf.	gegebenenfalls
GIS	Geographisches Informationssystem

GmbH	Gesellschaft mit beschränkter Haftung
GmbHG	Gesetz betreffend die Gesellschaft mit beschränkter Haftung
GO	Gemeindeordnung
GO BW	Gemeindeordnung Baden-Württemberg
GPKE	Geschäftsprozesse zur Kundenbelieferung mit Strom
GrEStG	Grunderwerbsteuergesetz
grds.	grundsätzlich
Grundz.	Grundzüge
GVBl	Gesetz- und Verordnungsblatt
GVV	Grundversorgungsverordnung
GWB	Gesetz gegen Wettbewerbsbeschränkungen
h. M.	herrschende Meinung
HGB	Handelsgesetzbuch
HGO	Hessische Gemeindeordnung
HGrG	Gesetz über die Grundsätze des Haushaltsrechts des Bundes und der Länder
HS	Hochspannung
Hs.	Halbsatz
HWegG	Hessisches Wegegesetz
i. d. F.	in der Fassung
i. d. R.	in der Regel
i. E.	im Einzelnen
i. e. S.	im engeren Sinne
i. S.	im Sinne
i. S. d.	im Sinne des
i. S. e.	im Sinne einer
i. S. v.	im Sinne von
i. V. m.	in Verbindung mit
IDW	Institut der Wirtschaftsprüfer
insb.	insbesondere
IR	InfrastrukturRecht (Zeitschrift)
IT	Informationstechnologie
jPöR	juristische Person des öffentlichen Rechts
JStG	Jahressteuergesetz
JURA	Juristische Ausbildung (Zeitschrift)
juris	Juristisches Informationssystem
JuS	Juristische Schulung (Zeitschrift)
JUVE	JUVE Rechtsmarkt (Zeitschrift)
KA	Konzessionsabgabe
KAE	Konzessionsabgabenanordnung
KAG NW	Kommunalabgabengesetz für das Land Nordrhein-Westfalen
kalk.	kalkulatorisch
Kap.	Kapitel
Kart.	Kartellverfahren
KAV	Konzessionsabgabenverordnung
KG	Kommanditgesellschaft

KGaA	Kommanditgesellschaft auf Aktien
KommJur	Kommunaljurist (Zeitschrift)
krit.	kritisch
KrW/AbfG	Kreislaufwirtschaft und Abfallgesetz
KStG	Körperschaftsteuergesetz
KStR	Körperschaftsteuerrichtlinie
KSzW	Kölner Schrift zum Wirtschaftsrecht (Zeitschrift)
kV	Kilovolt
kW	Kilowatt
kWh	Kilowattstunde
kWh/a	Kilowattstunde pro Jahr
KWK-G	Gesetz für die Erhaltung, die Modernisierung und den Ausbau der Kraft-Wärme-Kopplung
LG	Landgericht
LKV	Landes- und Kommunalverwaltung (Zeitschrift)
LStrG	Landesstraßengesetz
Ltd.	Limited
M&A	mergers & aquisitions (Fusionen und Übernahmen)
m. a. W.	mit anderen Worten
m. w. N.	mit weiteren Nachweisen
m. W. v.	mit Wirkung vom
m. z. N.	mit zahlreichen Nachweisen
max.	maximal
MDR	Monatsschrift für Deutsches Recht (Zeitschrift)
MS	Mittelspannung
MüAnwHB	Münchener Anwaltshandbuch
MüKo	Münchener Kommentar
MWEBWV NRW	Ministerium für Wirtschaft, Energie, Bauen, Wohnen und Verkehr des Landes Nordrhein-Westfalen
N&R	Netzwirtschaften und Recht (Zeitschrift)
n. F.	neue Fassung
n. v.	nicht veröffentlicht
NAV	Niederspannungsanschlussverordnung
NDAV	Niederdruckanschlussverordnung
NdsGO	Niedersächsische Gemeindeordnung
NdsKAG	Niedersächsisches Kommunalabgabengesetz
NeuregelungsG	Neuregelungsgesetz
NEV	Netzentgeltverordnung
NGO	Niedersächsische Gemeindeordnung
NJW	Neue Juristische Wochenschrift (Zeitschrift)
NKomZG	Niedersächsisches Gesetz über die kommunale Zusammenarbeit
NNE	Netznutzungsentgelt
Nr.	Nummer
NRW	Nordrhein-Westfalen
NStZ	Neue Zeitschrift für Strafrecht
NVwZ	Neue Zeitschrift für Verwaltungsrecht

NVwZ-RR	Neue Zeitschrift für Verwaltungsrecht-Rechtsprechungs-Report
NZA	Neue Zeitschrift für Arbeitsrecht
NZA-RR	Neue Zeitschrift für Arbeitsrecht-Rechtsprechungs-Report
NZBau	Neue Zeitschrift für Baurecht und Vergaberecht
NZG	Neue Zeitschrift für Gesellschaftsrecht
o. g.	oben genannt
OFD	Oberfinanzdirektion
OHG	Offene Handelsgesellschaft
OLG	Oberlandesgericht
OPEX	Operational expenditure (Entgeltbestandteile für Betriebskosten)
Pf/kWh	Pfennig pro Kilowattstunde
RAB	Regulated Asset Base (Regulatorische Kapitalbasis)
RAnz	Reichsanzeiger
RdE	Recht der Energiewirtschaft (Zeitschrift)
resp.	respektive
RFH	Reichsfinanzhof
RGBl.	Reichsgesetzblatt
RhPfKAG	Kommunalabgabengesetz Rheinland-Pfalz
Rn	Randnummer
Rs	Rechtssache
Rspr.	Rechtsprechung
RStBl.	Reichssteuerblatt
Rz.	Randziffer
S./s.	Seite/siehe
s. o.	siehe oben
s. u.	siehe unten
SaarKSVG	Kommunalselbstverwaltungsgesetz für das Saarland
SächsGO	Sächsische Gemeindeordnung
SchiedsVfG	Schiedsverfahren-Neuregelungsgesetz
SchiedsVZ	Neue Zeitschrift für Schiedsverfahren
SKR	Sektorenrichtlinie
Slg.	Sammlung
sog.	sogenannt
SolzG	Solidaritätszuschlaggesetz
StGB	Strafgesetzbuch
StromGVV	Stromgrundversorgungsverordnung
StromNEV	Stromnetzentgeltverordnung
StromStG	Stromsteuergesetz
StVergAbG	Steuervergütungsabbaugesetz
ThürKO	Thüringer Gemeinde- und Landkreisordnung
TKG	Telekommunikationsgesetz
TOP	Tagesordnungspunkt
Tz.	Textziffer
u. a.	unter anderem/und andere
u. ä.	und ähnliches

u. E.	unseres Erachtens
u. U.	unter Umständen
u. v. a.	und viele andere
UG	Unternehmergesellschaft
ÜGEnWR NRG	Übergangsgesetz zur Neuregelung des Energiewirtschaftsrechts
UmwG	Umwandlungsgesetz
UmwStG	Umwandlungssteuergesetz
Unterabs.	Unterabschnitt
UntStFG	Unternehmenssteuerfortentwicklungsgesetz
Urt.	Urteil
UStG	Umsatzsteuergesetz
UStR	Allgemeine Verwaltungsvorschrift zur Ausführung des UStG
UWG	Gesetz gegen den unlauteren Wettbewerb
v.	von
v. g.	vorher genannt
v. H.	von Hundert
VDEW	Verband der Elektrizitätswirtschaft
VEnergR	Veröffentlichungen des Instituts für Energierecht an der Universität zu Köln
VerbGemG LSA	Gesetz über die Verbandsgemeinde in Sachsen-Anhalt
VerfBW	Verfassung des Landes Baden-Württemberg
VerfLSA	Verfassung des Landes Sachsen-Anhalt
VerfMV	Verfassung des Landes Mecklenburg-Vorpommern
Verg.	Vergabe
VergabeR	Zeitschrift für das gesamte Vergaberecht
VersW	Versicherungsrecht (Zeitschrift)
VerwArch	Verwaltungsarchiv (Zeitschrift)
vGA	verdeckte Gewinnausschüttung
vgl.	vergleiche
VIK	Verband der Industriellen Energie- und Kraftwirtschaft
VKO	Vergabekoordinierungsrichtlinie
VKU	Verband Kommunaler Unternehmen
VO	Verordnung
VOB/A	Vergabe- und Vertragsordnung für Bauleistungen, Teil A
VOL/A	Allgemeine Bestimmungen für die Vergabe von Leistungen
Vorbem.	Vorbemerkung
VV	Verbändevereinbarung
VVG	Gesetz über den Versicherungsvertrag
VwKostG	Verwaltungskostengesetz
VwVfG	Verwaltungsverfahrensgesetz
WM	Wertpapiermitteilungen (Zeitschrift)
WoEigG	Gesetz über das Wohnungseigentum und das Dauerwohnrecht
WPg	Die Wirtschaftsprüfung (Zeitschrift)
WuW	Wirtschaft und Wettbewerb (Zeitschrift)
WuW/E	Entscheidungssammlung Wirtschaft und Wettbewerb
z. B.	zum Beispiel
zit.	zitiert
z. T.	zum Teil

zzt.	zurzeit
ZfK	Zeitung für Kommunale Wirtschaft
ZKF	Zeitschrift für Kommunalfinanzen
ZNER	Zeitschrift für Neues Energierecht
ZPO	Zivilprozessordnung
ZwVG	Zweckverbandsgesetz Rheinland-Pfalz

Bearbeiterverzeichnis

Hans-Joachim Arnold, Dr. iur.; Jg. 1966; Studium der Rechtswissenschaften in Kiel, Paris und Heidelberg; seit 1998 Rechtsanwalt; ab 1999 Justiziar in verschiedenen Funktionen im RWE-Konzern; seit dem 1.1.2011 Leiter Recht/Compliance der RWE Deutschland AG.

Christiane Berzel, Dipl.-Finanzwirtin; Jg. 1976; Berufsausbildung zur Diplom-Finanzwirtin; im Anschluss Studium der Rechtswissenschaften an der Universität Bayreuth sowie an der Eberhard-Karls-Universität Tübingen; seit 2009 Rechtsanwältin zunächst bei KERMEL | Kanzlei von Rechtsanwälten; nach erfolgter Fusion seit 2012 bei SAMMLERUSINGER; Tätigkeitsschwerpunkte: Energie-, Energiekartell- sowie Energiesteuerrecht.

Bianca Christ, Dr. iur., Maître en Droit; Jg. 1977; Studium der Rechtswissenschaften an den Universitäten Potsdam, Paris-X-Nanterre und der Humboldt-Universität zu Berlin; seit 2007 Rechtsanwältin bei Redeker Sellner Dahs sowie Dolde Mayen & Partner, danach bei KERMEL | Kanzlei von Rechtsanwälten und nach erfolgter Fusion seit 2012 bei SAMMLERUSINGER; Tätigkeitsschwerpunkte: Regulierungs- und Energierecht, öffentliches Wirtschaftsrecht.

Katja Danzeisen, Jg. 1976; Studium der Rechtswissenschaften an der Albert-Ludwigs-Universität, Freiburg i. Br.; zunächst ab 2004 Rechtsanwältin bei der Energierechtskanzlei Gersemann & Kollegen, Freiburg i. Br.; seit 2009 Justiziarin bei der HEAG Südhessischen Energie AG (HSE) in Darmstadt; derzeit stellvertretende Leiterin der Rechtsabteilung; diverse Fachvorträge (u. a. ManagementCircle, IIR), Fachveröffentlichungen seit 2005.

Martin Fleckenstein, Dr. iur.; Jg. 1959; Studium der Rechtswissenschaft an der Georg-August-Universität Göttingen und der Albert-Ludwigs-Universität Freiburg; Rechtsanwalt seit 1987, Fachanwalt für Verwaltungsrecht seit 1996; tätig bei SAMMLERUSINGER; Vorträge und Veröffentlichungen zum öffentlichen Baurecht, Vergaberecht und zu PPP; Lehrauftrag an der Westfälischen Wilhelms-Universität in Münster (LL.M. Real Estate Law).

Rut Herten-Koch, Dr. iur., LL.M.; Jg. 1972; Studium der Rechts- und Politikwissenschaft an der Albert-Ludwigs-Universität Freiburg und an der Université de Lausanne; Rechtsanwältin seit 2000; Fachanwältin für Verwaltungsrecht seit 2004; tätig bei SAMMLERUSINGER; Vorträge und Veröffentlichungen zum Vergaberecht und zum öffentlichen Baurecht.

Martin Jacob, Ass. iur.; Jg. 1955; studierte Rechtswissenschaften in Heidelberg, Tübingen und Freiburg (1976–80); arbeitete von 1981–83 am Lehrstuhl Prof. Schmidt-Aßmann, Heidelberg; von 1983–2004 bei Verbänden der Elektrizitätswirtschaft (VDEW, Frankfurt; DVG, Heidelberg); seit 2004 bei der Pfalzwerke AG, Ludwigshafen.

Cornelia Kermel, Dr. iur.; Jg. 1961; Studium der Rechtswissenschaften in Berlin und New York; 1991 bis 2002 bei Haarmann, Hemmelrath & Partner; 2003 gründete sie die Kanzlei KERMEL & SCHOLTKA Rechtsanwälte und 2009 KERMEL | Kanzlei von Rechtsanwälten; nach erfolgter Fusion ist sie seit 2012 bei SAMMLERUSINGER als Partnerin tätig. Tätigkeitsschwerpunkte: Energierecht, Kartellrecht, Vergaberecht.

Tobias Nießen, Dr. iur.; Jg. 1976; Studium der Rechtswissenschaft in Bonn, Lausanne, Genf und Nimwegen; promotionsbegleitend wissenschaftlicher Mitarbeiter am Institut für Deutsches und Internationales Zivilprozessrecht sowie Konfliktmanagement der Rheinischen Friedrich-Wilhelms-

Universität Bonn, Dr. iur. 2005; seit 2005 Rechtsanwalt bei Flick Gocke Schaumburg, seit 2009 Partner bei Flick Gocke Schaumburg; Tätigkeitsschwerpunkte: Gesellschafts- und Arbeitsrecht, Um- und Restrukturierungen, insb. im Energiesektor.

Miriam Rischmüller, Jg. 1980; Studium der Rechtswissenschaften an der Universität Bremen; seit 2008 Rechtsanwältin; seit 2007 Justiziarin im Bereich Recht/Compliance der E.ON Mitte AG in Kassel, dort tätig im Energiewirtschaftsrecht, insb. im Konzessionsrecht, im Konzessionsabgabenrecht und im Bereich Netzüberlassung.

Uwe Rosenberger, WP/StB Dipl. Wirt. Ing. (FH); Jg. 1964; Studium Wirtschaftsingenieurwesen an der FH Offenburg; seit 1991 im Bereich Energie- und Wasserversorgung beratend tätig; seit 2003 selbständig in der Sozietät Schmitz·Treubert·Rosenberger in Leinfelden-Echterdingen bei Stuttgart.

Sebastian Sandhaus, Dr. iur., LL.M.; Jg. 1977; Studium der Rechtswissenschaften in Osnabrück, Münster (Dr. iur. 2007) und Norwich (LL.M. 2005); promotionsbegleitend wissenschaftlicher Mitarbeiter am Institut für Internationales Wirtschaftsrecht der Westfälischen Wilhelms-Universität Münster; Referendariat am OLG Köln; seit 2008 Rechtsanwalt bei Flick Gocke Schaumburg; Tätigkeitsschwerpunkte: Gesellschaftsrecht, Um- und Restrukturierungen, insb. im Energiesektor.

Willi Schierle, Dipl.-Kfm.; Jg. 1952; Studium der Wirtschaftswissenschaften an der Friedrich-Alexander-Universität Nürnberg von 1972 bis 1976; bis 1985 Prüfungs- und Beratungstätigkeit bei Rechtsvorgängerin der Ernst & Young GmbH; seit 1986 Transaktionsberatung und Unternehmensbewertung mit Schwerpunkt in der Energiewirtschaft; z. Zt. Director im Bereich Valuation & Modelling der Ernst & Young GmbH, Stuttgart.

Thomas Schöne, Dr. iur., Jg. 1967; Studium der Rechtswissenschaften an der Rheinischen Friedrich-Wilhelms-Universität zu Bonn; seit 1996 Rechtsanwalt; seit 2002 zugleich Justiziar im RWE-Konzern, z.Zt. bei der RWE Deutschland AG in Essen; diverse Fachvorträge (u. a. Euroforum, EW Medien); zahlreiche Fachveröffentlichungen seit 1994 (u. a. Herausgeber und Co-Autor von „Vertragshandbuch Stromwirtschaft", Verlag EW Medien; „Stromlieferverträge", in Graf v. Westphalen, Vertragsrecht und AGB-Klauselwerke, Verlag C. H. Beck).

Roland Schwensfeier, Dr. iur., LL.M. (London); Jg. 1975; Studium der Rechtswissenschaften an den Universitäten Bonn und Lausanne; Referent in der Grundsatzabteilung des Bundeskartellamtes, Referat 2 – Kartellrecht und Regulierung, private Kartellrechtsdurchsetzung; ein Tätigkeitsschwerpunkt: Energiekonzessionsverträge und Kartellrecht.

Jenny-Katrin Stolze, Jg. 1974; Studium der Rechtswissenschaften an der Universität Bielefeld; seit 2004 Rechtsanwältin, zunächst wissenschaftliche Mitarbeiterin an der Universität Siegen, seit 2007 Justiziarin im Bereich Recht/Compliance der E.ON Mitte AG in Kassel; dort verantwortlich für energiewirtschaftsrechtliche Fragestellungen, insbesondere Konzessionsrecht sowie für das Recht der Erneuerbaren Energien und Gesellschaftsrecht; diverse Fachvorträge (u. a. bdew, Euroforum).

Lilian Uxa, Jg. 1985; Studium der Rechtswissenschaften an den Universitäten in Göttingen, Lausanne und Bonn; seit 2011 Rechtsanwältin bei KERMEL | Kanzlei von Rechtsanwälten und nach der Fusion bei SammlerUsinger. Tätigkeitsschwerpunkt: Recht der erneuerbaren Energien, Konzessionsrecht.

Kapitel 1
Überblick

A. Wettbewerb um Versorgungsnetze

I. Historischer Überblick über die Entwicklung des Rechts der Wegenutzungsverträge in der Energiewirtschaft

Das Gesetz verwendet in § 46 EnWG den Begriff der Wegenutzungsverträge. Hiervon erfasst werden sowohl die einfachen als auch die qualifizierten Wegenutzungsverträge. Letztere werden allgemein als Konzessionsverträge bezeichnet.[1] 1

Der Begriff des Konzessionsvertrags geht zurück auf die Untersuchungen von **Crome** und **Thoma.**[2] **Crome** hatte 1917 die Bezeichnung Konzessionsvertrag in Anlehnung an eine im französischen Recht bekannte Vertragsform, den sog. **Contrat de Concession** gewählt und so maßgeblich die heute noch übliche Bezeichnung geprägt. Dies ist umso erstaunlicher, als Anlass der Untersuchung **Cromes** nicht die dogmatische und institutionelle Erfassung des Konzessionsvertrags war, sondern die Erarbeitung von Lösungen für kriegsbedingte Versorgungsprobleme. 2

Der erste Konzessionsvertrag wurde bereits im Jahr 1884 und zwar im Strombereich geschlossen. Darin wurde der Deutschen Edison Gesellschaft (später AEG) gestattet, die Straßen und Bürgersteige im Umkreis von 800 Metern um den Werderschen Markt in Berlin für die Verlegung elektrischer Leitungen zu nutzen. Als Gegenleistung wurde die Zahlung einer Abgabe an die Stadt Berlin vereinbart, deren Höhe sich nach den Bruttoeinnahmen und dem Reingewinn der Deutschen Edison Gesellschaft richtete. 3

Das Recht der Wegenutzungsverträge und der Konzessionsabgaben in der Energiewirtschaft hat im Laufe seiner Entwicklung zahlreiche Änderungen erfahren. 4

1. Neuerungen der gesetzlichen Rahmenbedingungen für Wegenutzungsverträge im Rahmen der EnWG-Novellen

a) EnWG 1935

Das EnWG aus dem Jahr 1935[3] enthielt keine Regelungen über Wegenutzungsverträge. Diesbezügliche Bestimmungen fanden sich nur im GWB. 5

---

1 Zu der Begrifflichkeit und Abgrenzung von einfachen und qualifizierten Wegenutzungsverträgen siehe Kap. 2 Rn 3 ff.

2 *Crome*, AcP 115 (1917), 1 ff.; dazu auch *Stern*, AöR 84 (1959), 137, 146 f.; *Thoma*, AöR 38 (1918), 307 ff.

3 Gesetz zur Förderung der Energiewirtschaft (EnWG) vom 13.12.1935 (RGBl. I S. 1451).

6 So waren nach den bis 1980 geltenden Regelungen in § 103 Abs. 1 S. 1 GWB a.F. Verträge von Versorgungsunternehmen mit Gebietskörperschaften, in denen sich eine Gebietskörperschaft verpflichtete, die Verlegung und den Betrieb von Leitungen auf oder unter öffentlichen Wegen für eine bestehende oder beabsichtigte unmittelbare öffentliche Versorgung von Letztverbrauchern im Gemeindegebiet der Gebietskörperschaft mit Elektrizität, Gas oder Wasser ausschließlich einem Versorgungsunternehmen zu gestatten, **von den Kartellverboten der §§ 1, 15 und 18 GWB a.F. freigestellt** und damit der allgemeinen Wettbewerbsaufsicht entzogen.

7 Die Gemeinde verpflichtete sich in dem jeweiligen Konzessionsvertrag regelmäßig, während der Laufzeit des Konzessionsvertrags keinem anderen Versorgungsunternehmen die Verlegung und den Betrieb von Versorgungsanlagen zur Versorgung innerhalb der Gemeinde zu gestatten. Ausgenommen von diesen **ausschließlichen Wegerechten** waren nur die sog. Durchgangsleitungen. Gleichzeitig verpflichtete sich die Gemeinde, während der Laufzeit des Vertrags nicht selbst in dem Gemeindegebiet zu versorgen.[4]

8 Flankiert wurden die ausschließlichen Wegerechte durch sog. **Demarkationsabsprachen**, d.h. Gebietsschutzverträge i.S.d. § 103 Abs. 1 Nr. 1 GWB a.F. Im Rahmen dieser Verträge verpflichteten sich die EVU untereinander, in Gebieten der jeweils anderen EVU eine öffentliche Versorgung über feste Leitungswege mit Strom, Gas oder Wasser zu unterlassen.

9 Die ein ausschließliches Wegenutzungsrecht in der jeweiligen Gemeinde begründenden Konzessionsverträge mussten nach § 103 Abs. 3 i.V.m. § 9 GWB a.F. lediglich beim **Kartellamt angemeldet** werden.

10 Konzessionsverträge und Demarkationsabsprachen führten zu **geschlossenen Versorgungsgebieten**, in denen kein anderes Unternehmen ein Netz zur Durchführung der allgemeinen Versorgung in dem betreffenden Gebiet verlegen und/oder betreiben konnte. Lediglich die Errichtung von Durchgangsleitungen blieb möglich. Eine Verpflichtung, die Vereinbarungen über ausschließliche Wegerechte und Demarkationen zeitlich zu befristen, bestand ursprünglich nicht.

b) Einführung der Laufzeitbegrenzung im GWB 1980

11 Eine gewisse Verschärfung der Regelungen erfolgte infolge der Einfügung des § 103a GWB a.F. im Rahmen der 4. Kartellrechtsnovelle im Jahr 1980. Nach § 103a Abs. 1 S. 1 GWB a.F. galt die Freistellung der Konzessionsverträge von den Kartellverboten nach § 103 Abs. 1 Nr. 2 GWB a.F. nur noch unter der Voraussetzung, dass die vereinbarte Vertragslaufzeit 20 Jahre nicht überschritt.

4 *Scholtka*, VEnergR 92, 38.

Für im Zeitpunkt des Inkrafttretens dieser Regelung **bestehende Konzessionsverträge** sah § 103a Abs. 4 GWB a.F. vor, dass die kartellrechtliche Freistellung dieser Verträge aufgehoben und die Geltungsdauer auf 20 Jahre begrenzt wurde. Die **Freistellung endete** dabei grundsätzlich am **1.1.1995**. Soweit zu diesem Zeitpunkt noch nicht 20 Jahre seit Anmeldung der Freistellung des Altvertrages abgelaufen waren, verlängerte sich nach § 103a Abs. 4 S. 2 GWB a.F. die Freistellung bis zum Zeitpunkt des vereinbarten Vertragsablaufs, höchstens jedoch bis zum Ablauf von 20 Jahren nach der Anmeldung. 12

Grund für die **Einführung der Laufzeitbegrenzung** war es zu verhindern, dass die gesetzliche Freistellung der Gebietsschutzverträge zu einer Bestandsgarantie für die einzelnen Kartellverträge und die Grenzen der darin festgelegten **Monopolgebiete** führte.[5] Durch die Befristung der Konzessionsverträge auf 20 Jahre sollte verhindert werden, dass das System der Gebietsmonopole zum Nachteil der Abnehmer erstarrt und nicht mehr flexibel genug ist, auf die versorgungswirtschaftlichen Erfordernisse zu reagieren.[6] Spätestens alle 20 Jahre sollten die Partner eines Konzessionsvertrags völlig frei darüber entscheiden können, ob die Energieversorgung durch den bisherigen Vertragspartner, durch ein konkurrierendes Versorgungsunternehmen oder aber durch die Kommune selbst fortgesetzt werden sollte. Dabei diente § 103a GWB a.F., wie der **BGH** in der sog. **Kaufering-Entscheidung** ausgeführt hat, nicht dem Schutz der Parteien des Konzessionsvertrags, sondern dem Schutz der Freiheit des Wettbewerbs. Wenigstens in einem **20-Jahres-Rhythmus** sollte ein **Wettbewerb um geschlossene Versorgungsgebiete** ermöglicht werden, um eine **Verbesserung der Versorgungsbedingungen** zu erreichen.[7] 13

Folge der Laufzeitbegrenzung auf 20 Jahre war, dass Konzessionsverträge zivilrechtlich nur wirksam wurden, wenn keine längere Laufzeit als 20 Jahre vereinbart war. Ein **Verstoß gegen die Laufzeitbegrenzung**, z.B. durch Umgehungen, die zur faktischen Verlängerung über 20 Jahre hinaus führten, ließ die Freistellung vom Kartellverbot nicht eintreten, die Verträge waren unwirksam. Dies galt für den freistellungsbedürftigen Vertrag insgesamt und nicht nur für die Laufzeitregelung.[8] 14

Nach Ablauf der 20-Jahres-Frist konnte gem. § 103a Abs. 1 S. 2 Hs. 2 i.V.m. § 9 Abs. 2 S. 1 GWB a.F. der Vertrag unter zwei Voraussetzungen **verlängert** werden: Die Parteien mussten eine **entsprechende Vereinbarung** treffen und sie mussten 15

5 Immenga/Mestmäcker/*Klaue*, § 103a Rn 2; zu den Einzelheiten der Laufzeitbegrenzung s.u. Kap. 2 Rn 39ff.

6 Bericht des Ausschusses für Wirtschaft des Deutschen Bundestages, BT-Drucks. 8/3690, S. 31; BGH NJW 2000, 108, 111 „Kaufering".

7 BGH NJW 2000, 108, 111 unter Hinweis auf BGHZ 119, 101, 109 „Freistellungsende"; BGH WuW/E 2914, 2917 = RdE 1994, 194 „Nachvertragliche Konzessionsabgabe".

8 Immenga/Mestmäcker/*Klaue*, § 103a Rn 3.

die Vertragsverlängerung dem **Kartellamt melden**. Dies diente dazu, den Kartellbehörden die Möglichkeit zu verschaffen, die Einhaltung der 20-Jahres-Frist zu wahren. Allerdings kam den Kartellbehörden ein inhaltliches Prüfungsrecht hinsichtlich der Konzessionsverträge nicht zu. Nur bei Demarkations- und Verbundverträgen konnten Kartellbehörden nach der Anmeldung eine inhaltliche Prüfung der Verträge vornehmen und sie ggfs. auch für unwirksam erklären.[9]

16 Die Zielsetzung des § 103a GWB a.F. erforderte es nach Auffassung der Kartellbehörden, dass die Befristung auf 20 Jahre durch eindeutige, durch die **Kartellbehörden** auch praktisch kontrollierbare Anfangs- und Endtermine beachtet wird, und rechtliche wie faktische **Umgehungsmöglichkeiten** vermieden werden. Dementsprechend sahen es die Kartellbehörden als klarste, keine Umgehungsgefahr begründende Regelung an, wenn die Vertragsparteien das Datum des Vertragsabschlusses als Beginn der 20-Jahresfrist vereinbarten. Soweit dagegen der Tag der Anmeldung der Freistellung als Anfangstermin bestimmt wurde, wurde dieses Datum nur dann von den Kartellbehörden anerkannt, wenn die Anmeldung unverzüglich nach Vertragsschluss erfolgte. Ein nach der Anmeldung liegender vereinbarter Anfangstermin sollte nach den Auslegungsgrundsätzen der Kartellbehörden als der Versuch einer „verdeckten" Überschreitung der 20-Jahresfrist und damit einer Umgehung des § 103a Abs. 1 GWB a.F. anzusehen sein, weil die vereinbarten Wettbewerbsbeschränkungen auch bereits vor dem formalen Wirksamwerden des Vertrages zumindest faktische, wenn nicht sogar rechtliche Bindungswirkungen, insb. nach dem Grundsatz von Treu und Glauben, für die Vertragsparteien entfalteten.[10]

17 Versuchen der Energiewirtschaft, die **Laufzeit** durch zusätzliche Vertragsregelungen **faktisch zu verlängern**, wurde auch von der **Rechtsprechung** entgegengetreten. So entschied der **BGH**, dass ein auf 30 Jahre geschlossener Konzessionsvertrag, der ein auf 20 Jahre befristetes ausschließliches Wegerecht mit einer sog. Eintrittsklausel enthielt, die es dem EVU erlaubte, nach Ablauf der 20 Jahre in einen neuen Vertrag einzutreten, unwirksam ist.[11] In einem anderen Verfahren entschied der **BGH**, dass ein Konzessionsvertrag unwirksam ist, der auf insgesamt 50 Jahre geschlossen war und für die ersten 20 Jahre ein ausschließliches und für die verbleibende 30-jährige Laufzeit ein einfaches Wegerecht beinhaltete.[12] Dies entsprach der Auffassung der Kartellbehörden, wonach die Konzessionsverträge keine Vereinbarungen enthalten durften, die geeignet sind, die rechtliche und wirtschaftliche

9 Gesetzesbegründung zu § 103a Abs. 2 und 3 GWB a.F. in: BT-Drucks. 8/3690, S. 32.

10 Ziffer C.2 der Auslegungshinweise der Kartellbehörden des Bundes und der Länder vom 15.3.1981 zu der Fristenregelung des § 103a GWB, abgedr. bei Immenga/Mestmäcker/*Klaue*, § 103a Rn 3.

11 BGH RdE 1986, 118 „Eintrittsrecht".

12 BGH WuW/E 2247 „Wegenutzungsrecht".

Handlungsfreiheit der Vertragsbeteiligten nach dem Ablauf der Freistellungsfrist einzuschränken.[13]

Weder das GWB a.F. noch das EnWG 1935 regelten ausdrücklich die Folgen eines Wechsels in der Person des Konzessionsnehmers. Daher wurden entsprechende Regelungen vielfach in die Konzessionsverträge aufgenommen. In den sog. **Endschaftsbestimmungen** wurde etwa geregelt, welche Anlagen in welcher Form auf die Gemeinde zu übertragen sind. Vielfach enthielten die Verträge die Verpflichtung diejenigen Anlagen zu übertragen, die **ausschließlich der Versorgung im Gemeindegebiet dienen**. Dabei sehen die Verträge überwiegend die **Pflicht zur eigentumsmäßigen Übertragung** dieser Anlagen vor. 18

Häufig findet sich auch ein sog. **Andienungsrecht des EVU an die Gemeinde** in den Endschaftsbestimmungen. Danach ist die Gemeinde für den Fall, dass sie den Konzessionsvertrag mit dem bisherigen Vertragspartner nicht verlängert, verpflichtet, die Verteilungsanlagen, die der Versorgung im Gemeindegebiet dienen, gegen Zahlung eines Entgeltes, meist in Höhe des Sachzeitwertes, zu übernehmen. 19

Die in den Endschaftsbestimmungen der Konzessionsverträge geregelten Verpflichtungen konnten sich nur gegen **die Gemeinde** als unmittelbarer Vertragspartner richten. Eine entsprechende Verpflichtung etwa zu Lasten des neuen Konzessionsvertragspartners war und ist wegen des allgemein geltenden Grundsatzes des Verbotes von **Vereinbarungen zu Lasten Dritter** nicht möglich. Daher konnte dem neuen Konzessionsvertragspartner in den Konzessionsverträgen nicht ein eigenständiger Anspruch auf Übertragung der Energieverteilungsanlagen eingeräumt werden, da dieser Anspruch mit der Verpflichtung zur Zahlung eines Kaufpreises verbunden war. 20

c) EnWG 1998

Mit Inkrafttreten des 1. NeuregelungsG am 29.4.1998 erhielt das Konzessionsvertrags- und Konzessionsabgabenrecht erstmals Eingang in das Energiewirtschaftsgesetz. So enthielt **§ 13 EnWG 1998** Regelungen über die Wegenutzungsverträge, während **§ 14 EnWG 1998** Einzelheiten bezüglich der Konzessionsabgaben regelte. Beide Bestimmungen entsprechen in weiten Teilen den heute geltenden §§ 46 und 48 EnWG. 21

Des Weiteren wurde § 103 b GWB a.F. durch Art. 2 des 1. NeuregelungsG in das GWB a.F. eingefügt. Danach fanden die Regelungen in §§ 103 und 103 a GWB a.F. auf den Strom- und Gasbereich keine Anwendung mehr. Damit waren ausschließliche Wegerechte im Strom- und Gasbereich wie auch Demarkationsabsprachen fortan nicht mehr zulässig. 22

13 Vgl. hierzu im Einzelnen Immenga/Mestmäcker/*Klaue*, § 103 a Rn 3.

23 Für im Zeitpunkt des Inkrafttretens des 1. NeuregelungsG bestehende Konzessionsverträge sah **Art. 4 § 1** vor, dass diese Verträge trotz Wegfalls der Ausschließlichkeit im Übrigen unberührt bleiben. Wörtlich lautete diese Bestimmung:

> „Laufende Konzessionsverträge, einschließlich der vereinbarten Konzessionsabgaben, bleiben trotz des Wegfalls der Ausschließlichkeit im Übrigen unberührt".[14]

24 § 13 EnWG 1998 unterschied erstmalig zwischen sog. einfachen und qualifizierten Wegenutzungsverträgen. Die § 13 Abs. 2 bis Abs. 4 EnWG 1998 fanden dabei nur für auf die qualifizierten Wegenutzungsverträge oder auch Konzessionsverträge Anwendung.

25 Trotz des Verbots ausschließlicher Wege- und Versorgungsrechte wurde die **20-jährige Laufzeitbegrenzung** für Konzessionsverträge im EnWG 1998 übernommen. So durften nach § 13 Abs. 2 S. 1 EnWG 1998 Verträge von EVU mit Gemeinden über die Nutzung öffentlicher Verkehrswege für die Verlegung und den Betrieb von Leitungen zur Durchführung der allgemeinen Versorgung nach § 10 Abs. 1 S. 1 EnWG 1998 im Gemeindegebiet höchstens für eine Laufzeit von 20 Jahren abgeschlossen werden.

26 Das EnWG 1998 sah in § 13 Abs. 2 S. 2 EnWG 1998 für den Fall, dass die Gemeinde den Konzessionsvertrag mit dem bisherigen Vertragspartner nicht verlängerte, die Verpflichtung des bisher versorgenden Unternehmens vor, seine für die allgemeine Versorgung im Gemeindegebiet notwendigen Verteilungsanlagen dem neuen EVU gegen Zahlung einer **wirtschaftlich angemessenen Vergütung** zu **überlassen**. Damit enthielt das EnWG 1998 erstmalig einen **eigenständigen Anspruch des neuen Konzessionsvertragspartners** auf Überlassung der Verteilungsanlagen.

27 Von diesem Überlassungsanspruch erfasst waren die für die allgemeine Versorgung im Gemeindegebiet notwendigen Verteilungsanlagen. Welche Anlagen hiervon tatsächlich umfasst waren, hat das EnWG 1998 offengelassen.[15]

28 Das EnWG 1998 sah erstmalig ein **Bekanntmachungsverfahren** als Voraussetzung für den Abschluss eines neuen Konzessionsvertrags vor. So hatten nach § 13 Abs. 3 EnWG 1998 Gemeinden spätestens zwei Jahre vor Ablauf von Konzessionsverträgen das Vertragsende in geeigneter Form bekanntzumachen. Für den Fall, dass sich mehrere Unternehmen um den Vertrag bewarben, hatte die Gemein-

---

14 Der Regelungsbereich dieser Vorschrift war umstritten. Während teilweise die Auffassung vertreten wurde, dass sie eine abschließende Regelung für den gesamten Inhalt der bestehenden Konzessionsverträge beinhaltet, wurde von anderer Seite vertreten, dass sich der Regelungsbereich darin erschöpft, klarzustellen, dass Konzessionsverträge trotz der Nichtigkeit der Ausschließlichkeit im Übrigen unberührt bleiben. Vgl. hierzu BerlK-EnR/*Kermel*, 1. Auflage, § 1 ÜGenWR NRG Rn 3 ff. m. w. N.

15 S. hierzu Kap. 6 Rn 118 ff.

de ihre Entscheidung unter Angabe der maßgeblichen Gründe öffentlich bekannt zu machen.

§ 13 Abs. 3 EnWG 1998 regelte **nicht**, in welchen **Veröffentlichungsorganen die Bekanntmachung zu erfolgen** hatte. Da das Gesetz im ersten Fall lediglich davon sprach, dass die Bekanntmachung **„in geeigneter Form“** zu erfolgen hatte, während die Entscheidung zugunsten eines Bewerbers **„öffentlich bekannt“** gemacht werden musste, wurde vielfach die Auffassung vertreten, **„in geeigneter Form“** sei auch dann bekannt gemacht, wenn eine solche lediglich im **Amtsblatt der jeweiligen Gemeinde** erfolgte.[16] 29

§ 13 Abs. 3 EnWG 1998 beinhaltete nach seinem Wortlaut auch **keine Regelungen über ein Bekanntmachungsverfahren im Falle der vorzeitigen Verlängerung** von Konzessionsverträgen. Dies führte zu der streitigen Frage, ob und ggf. wie im Falle der vorzeitigen Verlängerung von Konzessionsverträgen das im Gesetz geregelte Bekanntmachungsverfahren anzuwenden sei. Das OLG Düsseldorf entschied diese Frage dahingehend, dass das Bekanntmachungsverfahren nach seinem **Sinn und Zweck** auch auf den Fall der vorzeitigen Verlängerung anzuwenden sei.[17] 30

§ 14 EnWG 1998 enthielt neben der erstmals in einem Gesetz vorgenommenen **Legaldefinition** der Konzessionsabgaben und der Verordnungsermächtigung Regelungen über die Zahlung von Konzessionsabgaben im Rahmen der Durchleitung sowie über die Fortzahlung von Konzessionsabgaben nach Vertragsablauf. 31

d) EnWG 2005

Mit dem 2. NeuregelungsG, das am 13.7.2005 in Kraft trat, wurde das EnWG neu gefasst. Dabei wurden in §§ 46 und 48 die Vorgängerregelungen der §§ 13 und 14 EnWG 1998 im Wesentlichen übernommen. Gleichwohl hat das 2. NeuregelungsG gerade für den Inhalt von Konzessionsverträgen erhebliche Änderungen gebracht, die nachfolgend näher dargestellt werden. 32

§ 46 Abs. 3 EnWG 2005 enthält ausdrücklich auch Regelungen über die Durchführung eines **Bekanntmachungsverfahrens im Falle der vorzeitigen Verlängerung von Konzessionsverträgen.** 33

Anders als Art. 4 § 1 des 1. NeuregelungsG, der im Zeitpunkt des Inkrafttretens dieses Gesetzes laufende Konzessionsverträge von den Neuerungen des EnWG 1998 mit Ausnahme des Verbotes von ausschließlichen Wegenutzungsrechten unberührt ließ, bestimmt **§ 113 EnWG 2005**, dass Neuregelungen in §§ 36, 46 und 48 EnWG Auswirkungen auch auf bestehende Verträge haben. Nach dieser Regelung bleiben laufende Wegenutzungsverträge einschließlich der vereinbarten Konzessions- 34

16 So auch *Büdenbender*, § 13 Rn 79.
17 Vgl. OLG Düsseldorf RdE 2008, 287 ff.

abgaben, unbeschadet ihrer Änderung durch die §§ 36, 46 und 48 **im Übrigen** unberührt.

e) EnWG 2011

35 Weitere Änderungen hat das Konzessionsrecht durch das am 4.8.2011 in Kraft getretene Gesetz zur Neuregelung energiewirtschaftlicher Vorschriften erfahren. So wurde in § 46 Abs. 2 S. 2 EnWG das Wort „überlassen“ durch **„übereignen“** ersetzt. Gleichzeitig wurde ein neuer Satz 3 angefügt. Danach kann das neue Energieversorgungsunternehmen verlangen, dass der bisher Nutzungsberechtigte das Eigentum behält und nur den Besitz überträgt.

36 Des Weiteren wurde in § 46 Abs. 2 S. 4 EnWG 2011 erstmalig eine Regelung zur **Datenherausgabe** ins Gesetz aufgenommen. Danach ist der bisherige Nutzungsberechtigte verpflichtet, spätestens **ein Jahr vor Bekanntmachung** des Auslaufens des Konzessionsvertrags diejenigen Informationen über die **technische und wirtschaftliche Situation des Netzes** zur Verfügung zu stellen, die für eine Bewertung des Netzes im Rahmen der **Bewerbung um den Abschluss eines Konzessionsvertrags** erforderlich sind. Dabei kann die BNetzA im Einvernehmen mit dem BKartA Entscheidungen über den Umfang und das Format der zur Verfügung zu stellenden Daten durch Festlegung gegenüber den EVU treffen.[18]

37 In § 46 Abs. 3 EnWG 2011 wurden in Satz 1 einzelne Worte eingefügt. Die Bekanntmachung muss danach nicht nur das Vertragsende, sondern zusätzlich **einen ausdrücklichen Hinweis auf die von der Gemeinde in geeigneter Form zu veröffentlichenden Daten sowie den Ort der Veröffentlichung** enthalten. Gleichzeitig wurde die Vorschrift um einen Satz 5 ergänzt. Danach ist **bei der Auswahl des Unternehmens die Gemeinde den Zielen des § 1 verpflichtet.**[19]

38 Keinen Eingang in das EnWG hat dagegen der von dem Bundesrat im Gesetzgebungsverfahren gemachte Vorschlag gefunden, der **BNetzA** die Zuständigkeit zur **Festsetzung der Kaufpreishöhe** zuzuweisen. So hatte der **Bundesrat** in seiner Stellungnahme zum Entwurf eines Gesetzes zur Neuregelung energiewirtschaftsrechtlicher Vorschriften vom 17.6.2011 **vorgeschlagen**, der BNetzA die Befugnis zur Festsetzung der Vergütung *„auf der Grundlage der durch den regulierten Netzentgelte zu erwartenden Ertragswerte“* für den Fall einzuräumen, dass über die Höhe der Vergütung keine Einigung zwischen abgebenden und übernehmenden Netzbetreiber erzielt werden sollte.[20] In ihrer Gegenäußerung **lehnte** die **Bundesregierung diesen**

---

18 BNetzA und BKartA haben bereits in dem Gemeinsamen Leitfaden von BKartA und BNetzA zur Vergabe von Strom- und Gaskonzessionen und zum Wechsel des Konzessionsnehmers vom 15.12.2010 ausgeführt, welche Informationen in diesem Stadium vorzulegen sind.

19 BGBl. I 2011 S.1584.

20 BR-Drucks. 343/11 (Beschl.), S. 15.

Vorschlag mit der Begründung ab, die Überprüfung der Angemessenheit der Vergütung sei Sache der Gerichte.[21]

2. Änderung des Inhalts von Wegenutzungsverträgen im Strom- und Gasbereich

Die dargestellten gesetzlichen Neuerungen dienten nicht nur dazu, das Recht der Wegenutzungsverträge weiter zu konkretisieren. Vielmehr wurden die Änderungen insb. vor dem Hintergrund des **geänderten Inhalts von Wegenutzungsverträgen** erforderlich. 39

Wie bereits dargelegt, wurde unter der Geltung der §§ 103, 103a GWB a.F. über den Konzessionsvertrag dem jeweiligen EVU von der Gemeinde regelmäßig das ausschließliche Recht zur Versorgung mit Strom, Gas oder Wasser innerhalb des jeweiligen Vertragsgebietes eingeräumt (**ausschließliches Wegerecht).** Ausgenommen von diesen ausschließlichen Wegerechten waren nur die sog. **Durchgangsleitungen**. Gleichzeitig verpflichtete sich die Gemeinde, während der Laufzeit des Vertrages nicht selbst in dem Gemeindegebiet zu versorgen. 40

Gegenstand des Konzessionsvertrags unter der Geltung der §§ 103, 103a GWB a.F. war mithin nicht nur das **(ausschließliche) Recht zur Nutzung der gemeindlichen öffentlichen Verkehrswege**, sondern auch das **Versorgungsrecht**, das über die bereits erwähnten Gebietsschutzverträge mit den benachbarten EVU ebenfalls als ein ausschließliches Versorgungsrecht ausgestaltet war. Mithin wurde über den Konzessionsvertrag sowohl der Betreiber des Netzes der allgemeinen Versorgung als auch der allgemeine Versorger bestimmt. 41

Mit dem Inkrafttreten von § 13 EnWG 1998 und dem gleichzeitigen Außerkrafttreten der Regelungen in §§ 103 und 103a GWB a.F. für den Strom- und Gasbereich waren ausschließliche Wegerechte im Strom- und Gasbereich fortan nicht mehr zulässig. Das gleiche galt für die bereits erwähnten Gebietsschutzverträge zwischen den EVU. 42

Nun erhielten allerdings die meisten Konzessionsverträge solche ausschließlichen Wegerechte. Um zu vermeiden, dass diese Verträge mit Inkrafttreten von § 13 EnWG 1998 wegen der vereinbarten Ausschließlichkeitsrechte unwirksam wurden, sah **Art. 4 § 1 des 1. NeuregelungsG** vor, dass diese Verträge trotz Wegfalls der Ausschließlichkeit im Übrigen unberührt bleiben. 43

Umstritten ist, ob neben dem Wegfall der Ausschließlichkeit der Wegerechte mit Inkrafttreten des 1. NeuregelungsG auch das **Versorgungsrecht als Bestandteil des Konzessionsvertrags entfiel.**[22] Insbesondere in der Literatur wurde die Auffassung vertreten, dass die Konzessionierung nach § 13 Abs. 2 EnWG 1998 nicht 44

---

21 BT-Drucks. 17/6248, S. 21.

22 So im Ergebnis *Erman*, RdE 2003, 171 ff.; a.A. *Maatz/Michaels*, RdE 2003, 65, 67.

mehr versorgungsbezogen sei.[23] Diese Auffassung wurde allerdings von der überwiegenden Rechtsprechung insoweit anders beurteilt, als danach im Falle des Wechsels des Konzessionsvertragspartners und damit des Betreibers des Netzes mit Übergang des Netzes auch die Tarifkunden mit übergingen.[24] Hieraus kann wohl nur der Schluss gezogen werden, dass nach der **überwiegenden Auffassung in der Rechtsprechung** der Status des allgemeinen Versorgers im Sinne des § 10 EnWG 1998 nach dem EnWG 1998 weiterhin an den Konzessionsvertrag geknüpft war.

45 Dies änderte sich jedoch mit Inkrafttreten des EnWG 2005 zum 13.7.2005. Seitdem wird über den **Konzessionsvertrag nur noch der Betreiber des Netzes der allgemeinen Versorgung bestimmt, nicht dagegen mehr der allgemeine Versorger.** Der allgemeine Versorger, der als **Grundversorger** bezeichnet wird, wird gem. § 36 EnWG 2005 allein nach der Anzahl der versorgten Haushaltskunden in dem Netzgebiet der allgemeinen Versorgung zu einem bestimmten Zeitpunkt bestimmt.[25]

46 Die **Trennung des Netzbetriebs von dem Versorgungsrecht** ist Folge der europarechtlich zwingend vorgegebenen Entflechtungsregelungen. Nach § 7 EnWG 2005 haben vertikal integrierte EVU sicherzustellen, dass mit ihnen verbundene Netzbetreiber hinsichtlich ihrer Rechtsform unabhängig von anderen Tätigkeitsbereichen der Energieversorgung sind **(rechtliche Entflechtung).** Nach § 8 EnWG 2005 haben vertikal integrierte Unternehmen und rechtlich selbständige Betreiber von Energienetzen, die mit vertikal integrierten EVU verbunden sind, die Unabhängigkeit ihrer Netzbetreiber hinsichtlich der Organisation, der Entscheidungsgewalt und der Ausübung des Netzgeschäfts sicherzustellen **(operationelle Entflechtung).**

47 Dabei stellt das EnWG 2005 in § 113 klar, dass die Herausnahme der Versorgungspflicht **(Grundversorgungspflicht)** aus dem Konzessionsvertrag auch für im Zeitpunkt des Inkrafttretens des EnWG 2005 bestehende Konzessionsverträge gilt („*vorbehaltlich ihrer Änderung durch § 36 EnWG*“).[26]

3. Auswirkungen der EnWG-Novelle 2011 auf die Wegenutzungsverträge im Energiebereich

48 Ob und wenn ja, welche Auswirkungen die jüngste EnWG-Novelle auf bereits bestehende bzw. neu zu schließende Konzessionsverträge hat, hängt maßgeblich davon

23 *Erman*, RdE 2003, 171, 174 ff.

24 LG Köln RdE 2003, 42; LG Kiel ZNER 2005, 328; OLG Schleswig RdE 2006, 199; OLG Stuttgart ZNER 2005, 328; a. A. LG Stuttgart ZNER 2005, 328; *Kermel*, RdE 2005, 156 f.; *Erman*, RdE 2003, 171 ff.; *Erman*, et 2005, 272 ff.

25 Zu den Einzelheiten des Inhalts des Konzessionsvertrags s. u. Kap. 2 Rn 79 ff.

26 So BGH RdE 2010, 255; zu den Einzelheiten s. u. Kap. 2 Rn 79 ff.

ab, ob es sich hierbei um **Neuregelungen** handelt oder um bloße **Klarstellungen** des bereits bisher Geregelten. Sollte durch die Ersetzung des Begriffs „überlassen“ durch den Begriff „übereignen“ in § 46 Abs. 2 S. 2 EnWG lediglich klargestellt werden, dass mit „überlassen“ tatsächlich „übereignen“ gemeint ist, wäre damit kein Eingriff in die bereits geschlossenen Verträge, die eine Überlassungspflicht vorsehen, verbunden. Handelte es sich dagegen um eine Neuregelung, wäre für bereits bestehende Konzessionsverträge § 113 EnWG heranzuziehen.

Soweit im Zeitpunkt des Inkrafttretens des EnWG 2011 das Netz bereits **pacht-** 49
weise dem neuen Konzessionsvertragspartner überlassen worden ist, muss unter Berücksichtigung des verfassungsrechtlich verankerten **Rückwirkungsverbots**[27] geprüft werden, ob und in welchem Umfang der Gesetzgeber in solche Sachverhalte eingreifen darf. Dies soll an einer anderen Stelle vertieft werden.[28]

Es werden aber bereits an dieser Stelle erhebliche Bedenken daran angemeldet, 50
dass § 46 Abs. 2 S. 2 EnWG 2011 lediglich als klarstellende Regelung dahingehend anzusehen sei, dass der Gesetzgeber bereits im Jahr 1998 mit „überlassen“ übereignen gemeint habe. Hiergegen spricht schon, dass der Gesetzgeber mit der gleichzeitigen Einfügung von Satz 3 in Abs. 2 auch eine Besitzüberlassung für ausreichend erachtet. In der **amtlichen Begründung** heißt es, dass dem neuen Konzessionär auf der Grundlage des neuen Satz 3 „*weiterhin*“ die Möglichkeit eröffnet werden soll, mit dem bisherigen Konzessionsvertragspartner eine **Besitzüberlassung** zu vereinbaren.[29] Wenn die Besitzüberlassung „weiterhin“ möglich bleiben soll, heißt dies nichts anderes, als das die Möglichkeit auch zuvor bestand. Dies ist aber nur dann möglich, wenn eine Besitzüberlassung von dem Begriff „überlassen“ erfasst war.

II. Historischer Überblick über die Entwicklung des Rechts der Wegenutzungsverträge im Wasserbereich

Im Gegensatz zum Strom- und Gasbereich hat das Recht der Wegenutzungsverträge 51
im Wasserbereich kaum Änderungen erfahren. So finden auf Konzessionsverträge im Wasserbereich nicht die Regelungen in § 46 EnWG Anwendung. Über die Übergangsregelung in § 131 Abs. 6 GWB gelten für die Wasserversorgung die §§ 103 und 103a GWB a.F. zunächst fort.

§ 131 Abs. 6 GWB beinhaltet die Fortführung einer Übergangsregelung aus der 52
sechsten GWB-Novelle (§ 131 Abs. 8). Danach sollen die §§ 103, 103a und 105 GWB in der Fassung der 5. GWB-Novelle, soweit sie die öffentliche Versorgung mit Wasser

27 Art. 20 Abs. 3 GG.
28 S. hierzu im Einzelnen Kap. 6 Rn 13ff.
29 BT-Drucks. 17/6072, S. 165.

regeln, für eine Übergangszeit aufrechterhalten werden. Das gleiche soll für die Vorschriften gelten, die auf diese Regelungen verweisen.

53 Bereits im Rahmen des Inkrafttretens des **1. NeuregelungsG im Jahr 1998,** mit dem man die Anwendbarkeit der §§ 103, 103 a GWB a. F. im Strom- und Gasbereich aufhob, sah der Gesetzgeber lediglich eine **Übergangsregelung für die Wasserwirtschaft** für notwendig an, da man davon ausging, dass eine Aufhebung der §§ 103, 105 GWB auch für die Wasserwirtschaft nach einer kurzfristigen Klärung, welche Änderungen oder Ergänzungen der wasserwirtschaftlichen Fachgesetze notwendig seien, möglich sei. Dabei wurde in der Begründung zu dieser ersten Übergangsregelung in § 131 Abs. 8 GWB a. F. bereits darauf hingewiesen, dass die Bedeutung des Kartellrechts für die Wasserversorgung aufgrund deren spezieller Struktur nur beschränkt sein könne. Die Wasserversorgung sei einer strengen staatlichen Fachaufsicht unterworfen, um eine qualitativ hochwertige und hygienisch einwandfreie Trinkwasserversorgung und einen flächendeckenden Gewässerschutz zu gewährleisten.[30]

54 § 131 Abs. 6 GWB führt die 1998 geschaffene Übergangsregelung des § 131 Abs. 8 GWB a. F. für den Ausnahmebereich Wasser fort. Versuche, im Rahmen der 7. GWB-Novelle eine Aufhebung des Ausnahmebereichs zu bewirken, erwiesen sich als politisch nicht durchsetzbar. Zusätzliche Reformbemühungen scheiterten ebenfalls, so dass die Übergangsvorschrift de facto zu einer Dauerlösung geworden ist.[31]

55 Aufgrund der Fortgeltung der §§ 103, 103 a und 105 GWB a. F. für den Wasserbereich bleiben die Wasserkonzessionsverträge und auch mögliche Demarkationsverträge von dem Kartellverbot (§ 1), dem Verbot der Preis- und Konditionenbindung (§ 15) und der Missbrauchsaufsicht über Ausschließlichkeitsbindungen (§ 18) freigestellt. Damit können im Wasserbereich auch heute noch **Ausschließlichkeitsregelungen hinsichtlich der Versorgungsrechte vereinbart** werden. Allerdings müssen die Verträge zur Erlangung der Freistellung bei der Kartellbehörde angemeldet werden, § 103 Abs. 3 a. F. i. V. m. § 9 GWB a. F. Diese **Anmeldepflicht gilt weiterhin.**[32]

56 Nun gelten allerdings alle Verbote, von denen gem. § 103 a. F. freigestellt wird, nur noch in veränderter Form (§ 1) oder sie sind eingeflossen in die Neufassung des § 1 GWB (§§ 15, 18 a. F.). Da aber in § 131 Abs. 6 GWB auch die Fortgeltung der Vorschriften angeordnet wird, auf die die §§ 103, 103 a, 105 GWB a. F. verweisen, sowie der Vorschriften, die selbst auf die §§ 103, 103 a und 105 GWB a. F. verweisen, ergibt sich im geltenden Recht in Bezug auf diese Vorschriften ein **„Reservat" der Anwendung des Kartellrechts** zum Stand 31.12.1998.

57 Darüber hinaus dürfte der Verweis auf die Weitergeltung des § 103 a GWB a. F. für die öffentliche Versorgung mit Wasser auf einem bereits in der ersten Über-

---

30 BT-Drucks. 13/9720, S. 70.

31 Langen/Bunte/*Stadler*, § 131 GWB Rn 13; *Salzwedel*, N&R 2004, 36 ff.; *Zuber*, LMK, § 131 Rn 11.

32 Vgl. *Zuber*, LMK, § 131 Rn 8.

gangsbestimmung erfolgten Redaktionsversehen beruhen. Denn § 103a GWB a.F. **beschränkte die zulässige Laufzeit** von Konzessionsverträgen und Demarkationsverträgen **nur im Bereich der Strom- und Gasversorgung auf 20 Jahre.** Auf die Versorgung mit Wasser war diese Bestimmung nicht anwendbar.[33] Ob möglicherweise aufgrund anderer Vorgaben auch im Wasserbereich Konzessionsverträge auf eine maximale Laufzeit von 20 Jahren zu beschränken sind, wird an anderer Stelle dieses Buches erörtert werden.[34]

Keine Anwendung auf Konzessionsverträge im Wasserbereich findet auch das in 58 § 46 EnWG geregelte **Bekanntmachungsverfahren.**[35]

Da auch die §§ 36 und 113 EnWG auf Konzessionsverträge im Wasserbereich 59 keine Anwendung finden, kann über den Konzessionsvertrag in diesem Bereich neben der Einräumung von Wegnutzungsrechten auch heute noch das Recht und die Pflicht **zur allgemeinen Versorgung** im Konzessionsgebiet vereinbart werden.

Findet das in § 46 EnWG statuierte Recht der Wegenutzungsverträge im Strom- 60 und Gasbereich auf Wegenutzungsverträge im Wasserbereich keine Anwendung, sieht **§ 117 EnWG** gleichwohl eine entsprechende Anwendung der Regelungen über Konzessionsabgaben vor. Danach gilt für die **Belieferung von Letztverbrauchern im Rahmen der öffentlichen Wasserversorgung § 48 EnWG entsprechend.**

§ 117 EnWG sieht wie bereits die Vorgängerregelung in § 15 EnWG 1998 eine 61 **Verordnungsermächtigung** auch für die öffentliche Wasserversorgung vor und schafft damit eine Ermächtigungsgrundlage als Voraussetzung, auch für Konzessionsabgaben bei Wasser eine Neuregelung vornehmen zu können.[36]

B. Energiewirtschaftliche Bedeutung von Wegenutzungsverträgen

I. Gewährleistung eines Netzbetriebs zur Durchführung der Versorgung

Wegenutzungsverträge haben in der energiewirtschaftlichen Praxis eine erhebliche 62 Bedeutung. Durch sie wird ein Netzbetrieb zur Durchführung der Versorgung mit Energie bzw. Wasser erst gewährleistet. Gleichzeitig leisten Wegenutzungsverträge vielfach einen maßgeblichen Anteil zur Sicherung der kommunalen Haushalte.

Die Versorgung mit Strom, Gas und Wasser ist und bleibt in großen Teilen lei- 63 tungsgebunden. Dabei werden die Leitungen in der Regel auf bzw. in Grundstücken

33 Vgl. Immenga/Mestmäcker/*Klaue*, § 131 Rn 1; BerlK-EnR/*Reif*, § 117 EnWG Rn 3.
34 Einzelheiten hierzu in Kap. 2 Rn 212ff.
35 Ob und ggf. welchen gesetzlichen Vorgaben das Verfahren um die Vergabe von Konzessionsverträgen in diesem Bereich unterfällt, ist Gegenstand von Kap. 5.
36 BerlK-EnR/*Reif*, § 117 EnWG Rn 2.

verlegt, die nicht im Eigentum des Netzbetreibers stehen. Um Leitungen zur Energie- bzw. Wasserversorgung verlegen und betreiben zu können, benötigt der Netzbetreiber auch das Recht, fremde Grundstücke nutzen zu dürfen. Das Recht zur Nutzung von fremden Grundstücken kann auf unterschiedliche Weise begründet werden. Sind die **Grundstückseigentümer zugleich Anschlussnehmer des Netzbetreibers**, wird das Recht zur Nutzung im Rahmen von Netzanschlussverträgen vereinbart. Dabei **verpflichtet § 12 NAV** diese Grundstückseigentümer, für Zwecke der örtlichen Versorgung (Niederspannungs- und Mittelspannungsnetz) das Anbringen und Verlegen von Leitungen zur **Zu- und Fortleitung von Elektrizität** über ihre im Gebiet des Elektrizitätsnetzes der allgemeinen Versorgung liegenden Grundstücke unentgeltlich zuzulassen. Eine entsprechende Regelung für den **Gasbereich** findet sich in **§ 12 NDAV.** Im Bereich der Wasserversorgung ist eine entsprechende Verpflichtung der Grundstückseigentümer, die Anschlussnehmer sind, in § 8 AVBWasserV geregelt.

64 Ist der Grundstückseigentümer nicht zugleich Anschlussnehmer, kann eine Nutzung der Grundstücke über die **Eintragung beschränkt persönlicher Dienstbarkeiten im Grundbuch** vereinbart werden. Eine Verpflichtung des privaten Grundstückseigentümers zum Abschluss einer entsprechenden Vereinbarung besteht allerdings nicht. Weigert sich der private Grundstückseigentümer, kommt als weitere Möglichkeit die **Enteignung gem. § 45 EnWG** in Betracht.

65 Nun müssen aber für die Leitungsverlegung neben privaten Grundstücken in der Regel zwingend auch **öffentliche Verkehrswege** wie **Straßen, Wege und Plätze im Gemeindegebiet** in Anspruch genommen werden, etwa für die Verlegung größerer Leitungen, von denen Anschlussleitungen zu den einzelnen Grundstücken abzweigen. Die Straßengesetze des Bundes und der meisten Bundesländer haben die Einräumung von Rechten zur Benutzung des Straßenraums für Versorgungsleitungen überwiegend ausdrücklich dem Zivilrecht zugewiesen und regeln selbst keinen Anspruch des Netzbetreibers zur Mitbenutzung der Straßengrundstücke.[37] Um den Netzbetreibern zu ermöglichen, auch die öffentlichen Verkehrsflächen zur Verlegung und zum Betrieb von Leitungen zur Energie- bzw. Wasserversorgung nutzen zu können, sieht § 46 EnWG als Instrument für den Strom- und Gasbereich den Abschluss von **Wegenutzungsverträgen** vor. Im Wasserbereich erfolgt die Einräumung von Nutzungsrechten an den öffentlichen Verkehrswegen ebenfalls über den Abschluss von Wegenutzungsverträgen. Dabei **verpflichtet § 46 EnWG** die Gemeinden sogar, ihre öffentlichen Verkehrswege für die Verlegung und den Betrieb von Leitungen, einschließlich Fernwirkleitungen zur Netzsteuerung und Zubehör, zur unmittelbaren Versorgung von Letztverbrauchern im Gemeindegebiet mit Elektrizität und Gas diskriminierungsfrei durch Vertrag zur Verfügung zu stellen.[38]

---

37 Vgl. auch BerlK-EnR/*Wegner*, § 46 EnWG Rn 2.
38 Zu dem Inhalt dieser Pflicht s. nachfolgend Kap. 2 Rn 219ff.

II. Sicherung der kommunalen Haushalte durch Einnahmen über Konzessionsabgaben

Den Wegenutzungsverträgen kommt aber auch deswegen erhebliche Bedeutung zu, weil durch sie **Einnahmen** für den kommunalen Haushalt in Form von **Konzessionsabgaben** erzielt werden. Denn die Gemeinde kann die Zurverfügungstellung ihrer öffentlichen Verkehrswege für die Verlegung und den Betrieb von Leitungen zur Energie- bzw. Wasserversorgung davon abhängig machen, dass der Netzbetreiber sich zur Zahlung von Konzessionsabgaben in der gesetzlich zulässigen Höhe bereit erklärt. 66

Konzessionsabgaben sind **Entgelte,** die EVU für die Einräumung des Rechts zur Benutzung öffentlicher Verkehrswege für die Verlegung und den Betrieb von Leitungen, die der unmittelbaren Versorgung von Letztverbrauchern im Gemeindegebiet mit Energie dienen, entrichten.[39] 67

Die Zahlung von Konzessionsabgaben durch Versorgungsunternehmen an Gemeinden war seit jeher ein **wichtiger Bestandteil der Gemeindefinanzen.** Die Konzessionsabgaben fließen den Gemeinden als sonstige Finanzeinnahme zu. Finanzstatistisch ist die Konzessionsabgabe den Einnahmen der Gemeinden aus wirtschaftlicher Tätigkeit zuzuordnen. Im Jahr 2009 belief sich das Gesamtaufkommen an Konzessionsabgaben im Bundesgebiet für den Strom- und Gasbereich auf knapp 2,82 Mrd. Euro.[40] 68

Konzessionsabgabenleistungen machen durchschnittlich 4% der Einnahmen der kommunalen Verwaltungshaushalte aus. Nahezu 30% der für Investitionen aus dem Verwaltungshaushalt dem Vermögenshaushalt zur Verfügung gestellten Mittel werden im Ergebnis durch die Konzessionsabgaben finanziert.[41] 69

Konzessionsabgaben können allerdings nicht in beliebiger Höhe vereinbart werden. Im Strom- und Gasbereich werden die Art der Berechnung der Konzessionsabgaben und ihre Höhe durch die KAV geregelt. Die **KAV** enthält dabei **Höchstpreisrecht.** Oberhalb der in der KAV geregelten Höchstsätze dürfen Konzessionsabgaben somit weder vereinbart noch gewährt werden.[42] 70

Im **Wasserbereich** richtet sich die Höhe der Konzessionsabgabe nach der Anordnung über die Zulässigkeit von Konzessionsabgaben der Unternehmen und Betriebe zur Versorgung mit Elektrizität, Gas und Wasser an Gemeinden und Gemeindeverbände (**KAE**) vom 4.3.1941 nebst der Ausführungsanordnung (**A/KAE**) und den Durchführungsbestimmungen (**D/KAE**).[43] 71

---

39 So die Definition in § 48 Abs. 1 EnWG, § 1 Abs. 2 KAV.
40 BMF, Finanzbericht 2009.
41 *Cronauge*, Gemeindehaushalt 1996, 197, 198.
42 BerlK-EnR/*Kermel*, § 1 KAV Rn 2 in Anh. zu § 48.
43 Abgedr. in *Feuerborn/Riechmann*, Anhang 5 bis 7.

Kapitel 2
Inhalt von Wegenutzungsverträgen

A. Begriff der Wegenutzungsverträge

Nach § 46 Abs. 1 EnWG haben die Gemeinden ihre **öffentlichen Verkehrswege** für 1
die Verlegung und den Betrieb von Leitungen, einschließlich Fernwirkleitungen zur Netzsteuerung und Zubehör, zur unmittelbaren Versorgung von **Letztverbrauchern** im Gemeindegebiet **diskriminierungsfrei** durch Vertrag zur Verfügung zu stellen. Danach sind **Wegenutzungsverträge** Verträge über die Einräumung des Rechts zur Benutzung öffentlicher Verkehrswege für die Verlegung und den Betrieb von Leitungen, die der unmittelbaren Versorgung von Letztverbrauchern im Gemeindegebiet mit **Energie** dienen.

I. Abgrenzung einfache und qualifizierte Wegenutzungsverträge

Vom Anwendungsbereich des § 46 EnWG sind dabei verschiedene Arten von Ver- 2
trägen erfasst. Während § 46 Abs. 1 EnWG sich ganz allgemein auf Verträge über die Nutzung der **öffentlichen Verkehrswege** bezieht, gelten Abs. 2 und Abs. 3 nur für Verträge, die **Leitungen** zum Gegenstand haben, die zu einem **Energieversorgungsnetz** der allgemeinen Versorgung gehören. Diese Verträge werden in der Regel als **qualifizierte Wegenutzungsverträge** oder **Konzessionsverträge** bezeichnet, während die anderen häufig als einfache Wegenutzungsverträge tituliert werden. An die qualifizierten Wegenutzungsverträge knüpft das Gesetz, wie noch zu zeigen sein wird, sehr viel strengere Anforderungen. Die sprachliche Unterscheidung zwischen einfachen und qualifizierten Wegenutzungsverträgen oder Konzessionsverträgen hat sich in der **Rechtspraxis** eingebürgert, auch wenn diese Begriffe selbst im Gesetz nicht verwendet werden. In den sich anschließenden Ausführungen werden die in der Rechtspraxis verwendeten Begriffe übernommen. Danach gilt:

1. Einfache Wegenutzungsverträge

Einfache Wegenutzungsverträge sind diejenigen Wegenutzungsverträge, die die Nut- 3
zung der öffentlichen Verkehrswege für den Betrieb von Leitungen, die nicht zu einem **Energieversorgungsnetz** der allgemeinen Versorgung gehören, zum Gegenstand haben.

2. Qualifizierte Wegenutzungsverträge = Konzessionsverträge

4 Qualifizierte Wegenutzungsverträge sind demgegenüber Verträge über die Nutzung der öffentlichen Verkehrswege für den Betrieb von Leitungen, die zu einem Energieversorgungsnetz der **allgemeinen Versorgung** gehören. Sie werden im Folgenden auch **Konzessionsverträge** genannt.

5 Was ein Energieversorgungsnetz der allgemeinen Versorgung ist, ist in § 3 Nr. 17 EnWG definiert. Danach sind Energieversorgungsnetze der allgemeinen Versorgung:

> „Energieversorgungsnetze, die der Verteilung von Energie an **Dritte** dienen und von ihrer Dimensionierung nicht von vornherein nur auf die Versorgung bestimmter, schon bei Netzerrichtung feststehender oder bestimmbarer Letztverbraucher ausgelegt sind, sondern grundsätzlich für die Versorgung **jedes Letztverbrauchers** offen stehen".

6 Abzugrenzen ist das Energieversorgungsnetz der allgemeinen Versorgung von **Direktleitungen** bzw. **Stichleitungen** oder Leitungen, die nur für die Versorgung bestimmter oder bestimmbarer Kunden errichtet werden oder wurden.[1]

7 Der einfache Wegenutzungsvertrag hat bis zum Inkrafttreten des 1. NeuregelungsG kaum eine Rolle gespielt. Im Hinblick auf die bis dahin zulässiger Weise vereinbarten ausschließlichen Wegerechte und **Gebietsschutzabsprachen** kam ein alternativer Leitungsbau außer bei Durchgangsleitungen nicht in Betracht.

Praxistipp

i In der Praxis sollte der Begriff des Konzessionsvertrages immer dann verwendet werden, wenn es um Verträge geht, die die Nutzung der öffentlichen Verkehrswege für den Betrieb von Leitungen, die zu einem Energieversorgungsnetz der allgemeinen Versorgung gehören, zum Gegenstand haben.

---

3. Wegenutzungsverträge im Wasserbereich

8 Im Wasserbereich bestehen zahlreiche Wegenutzungsverträge, die regelmäßig auch als **Konzessionsverträge** bezeichnet werden. Nach § 103 Abs. 1 Ziff. 2 GWB a.F. handelt es sich um Verträge von Versorgungsunternehmen mit **Gebietskörperschaften**, durch die sich eine Gebietskörperschaft verpflichtet, die Verlegung und den Betrieb von Leitungen auf oder unter öffentlichen Wegen für eine bestehende oder beabsichtigte unmittelbare **öffentliche Versorgung** von Letztverbrauchern im Gebiet der Gebietskörperschaft mit Wasser ausschließlich einem Versorgungsunternehmen zu gestatten.

9 Eine **Unterscheidung** zwischen einfachen und qualifizierten Wegenutzungsrechten findet im Wasserbereich nicht statt. Dies ergibt sich aus den Besonderheiten der Wegenutzungsverträge im Wasserbereich, wonach **ausschließliche Wegerechte**

1 Zu den Einzelheiten s. u. Kap. 2 Rn 64ff.

für ein Versorgungsunternehmen weiterhin vereinbart werden (dürfen). Dies hat zur Folge, dass eine **Differenzierung** zwischen einfachem und qualifiziertem Wegenutzungsrecht mangels alternativen Leitungsbaus praktisch nicht relevant wird. Dementsprechend finden die Regelungen in § 46 Abs. 1 und 2 EnWG nach allgemeiner Auffassung keine Anwendung auf Wegenutzungsverträge im Wasserbereich.

Abweichend von den Wegenutzungsverträgen im Strom- und Gasbereich enthal- 10
ten Wegenutzungsverträge im Wasserbereich zusätzlich regelmäßig eine Bestimmung über die **Lieferverpflichtung** des Wasserversorgungsunternehmens.

II. Rechtliche Einordnung der Wegenutzungsverträge als privatrechtliche Verträge

Lange Zeit umstritten war die **rechtliche Qualifizierung** des Konzessionsvertrages. 11
Überwiegend wurde er als öffentlich-rechtlicher Vertrag oder als sog. gemischter Vertrag eingestuft.[2] Nach nunmehr allgemeiner Auffassung ist der Konzessionsvertrag dem **bürgerlichen Recht** zuzuordnen.[3] Damit ist für Streitigkeiten aus dem Konzessionsvertrag grundsätzlich der **Zivilrechtsweg** eröffnet.[4] Untermauert wird dies durch die Vorschrift von § 8 Abs. 10 FStrG und die entsprechenden landesrechtlichen Bestimmungen, wonach sich die Einräumung von Rechten zur Nutzung des Eigentums an Straßen nach bürgerlichem Recht richtet, wenn der **Gemeingebrauch** nicht beeinträchtigt wird.[5]

Allerdings könnte die Einordnung der Konzessionsverträge als privatrechtliche 12
Verträge infolge der aktuellen Rechtsprechung des VG Aachen wieder in Zweifel gezogen. So hat das **VG Aachen** in einem einstweiligen Rechtsschutzverfahren, in dem die Antragstellerin das Rechtsschutzziel verfolgt, dass die Konzession zur Nutzung öffentlicher Verkehrswege für die Verlegung und den Betrieb von Gasleitungen i.S.d. § 46 EnWG vorläufig nicht an die Beigeladenen vergeben wird, die Auffassung vertreten, es handele sich um eine **öffentlich-rechtliche Streitigkeit nichtverfassungsrechtlicher Art.**[6] Bei der Konzession handele es sich um eine sog. Dienstleistungskonzession. Gehe es um die Vergabe einer Dienstleistungskonzession, liegt nach Auffassung des VG Aachen eine öffentliche Streitigkeit vor. Insoweit folgt das Gericht der Rechtsprechung des 15. Senats des **OVG** für das Land Nordrhein-Westfalen.[7]

2 *Zacher*, S. 192 ff. m. w. N.
3 BGHZ 15, 113, 115, sowie für straßenrechtliche Wegenutzungen BGHZ 37, 535; BGHZ 52, 229, 239; BGHZ 132, 198, 201; *Morell*, S. 59; *Scholtka*, VEnergR 92, S. 30; *Tettinger*, DVBl 1991, 786 ff.
4 Schoch/Schmitdt-Aßmann/Pietzner/*Ehlers*, § 40 Rn 346 m. w. N.
5 Schoch/Schmitdt-Aßmann/Pietzner/*Ehlers*, § 40 Rn 346.
6 VG Aachen, Beschl. v. 13.4.2011 – 1 L 113/11 –.
7 OVG Nordrhein-Westfalen, Beschl. v. 4.5.2005 – 15 E 453/06 – juris; OVG Nordrhein-Westfalen, Beschl. v. 7.2.2011 – 15 E 1485/10 – juris.

13 Es bestehen bereits erhebliche Zweifel daran, Konzessionsverträge im Strom- und Gasbereich als Dienstleistungskonzession einzuordnen.[8] Unabhängig davon steht sowohl die vom **VG Aachen** als auch vom **OVG** vertretene Rechtsauffassung im erklärten **Widerspruch** zur ständigen Rechtsprechung des Gemeinsamen Senats der obersten Gerichtshöfe des Bundes, des **BVerwG** und des **BGH**, wonach sich **die öffentliche Hand bei der Vergabe öffentlicher Aufträge in aller Regel auf dem Boden des Privatrechts bewegt,** so dass für Streitigkeiten über die hierbei vorzunehmende Auswahl des Vertragspartners nicht der Verwaltungsrechtsweg, sondern der Rechtsweg zu den ordentlichen Gerichten gegeben ist.[9] Insoweit kann unterstellt werden, dass sich die vom **VG Aachen** vertretene Rechtsauffassung nicht durchsetzen wird. Es ist daher auch weiter davon auszugehen, dass es sich bei den Konzessionsverträgen um privatrechtliche Verträge handelt, so dass Streitigkeiten darüber vor den Zivilgerichten zu führen sind.

III. Gegenstand und Inhalt der Wegenutzungsverträge im Energiebereich

14 Gegenstand eines Wegenutzungsvertrags ist nach dem geltenden EnWG die Vereinbarung über die **Einräumung eines Wegerechts** zur Nutzung gemeindlicher Verkehrswege für die Verlegung und den Betrieb von Leitungen zur unmittelbaren **Versorgung von Letztverbrauchern** im Gemeindegebiet gegen Zahlung von **Konzessionsabgaben** zwischen Gemeinde und EVU. Handelt es sich bei diesen Leitungen um solche, die zu einem Energieversorgungsnetz der allgemeinen Versorgung i. S. d. § 3 Nr. 17 EnWG gehören, handelt es sich um einen qualifizierten Wegenutzungsvertrag oder **Konzessionsvertrag** i. S. d. § 46 Abs. 2 EnWG.

1. Parteien der Wegenutzungsverträge

15 Partei des Wegenutzungsvertrages ist nach dem Wortlaut des § 46 EnWG die **Gemeinde** auf der einen Seite und das **EVU** auf der anderen Seite.

a) Kommunaler Vertragspartner

aa) Gemeinden

16 Nach dem Wortlaut von § 46 EnWG trifft die Pflicht zur **diskriminierungsfreien** Zurverfügungstellung der öffentlichen Verkehrswege die Gemeinden. Hierunter fallen kreisangehörige und kreisfreie Städte sowie **Gemeinden** bzw. Ortsgemein-

---

8 S. hierzu im Einzelnen Kap. 5 Rn 76 ff.; ablehnend auch *Moser/Schnabel*, ew 2008, Heft 22, S. 20 ff.

9 BVerwG, Urt. v. 2.5.2007 – 6 B 10.07 – juris m. w. N.

den.[10] Die Bezeichnung richtet sich nach dem Kommunalrecht des jeweiligen Bundeslandes.

bb) Samt- und Verbandsgemeinden

In manchen Bundesländern werden einzelne Gemeinden zu **Verwaltungseinheiten** 17
unterhalb der Landkreise zusammengefasst.

So sieht Niedersachsen die Möglichkeit der Bildung von **Samtgemeinden** vor.[11] 18
Danach können Gemeinden eines **Landkreises**, die mindestens 400 Einwohnerinnen und Einwohner haben, zur Stärkung der **Verwaltungskraft** Samtgemeinden bilden. Dabei soll eine Samtgemeinde mindestens 7000 Einwohner haben. Auch **gemeindefreie Gebiete** können Samtgemeinden angehören. Samtgemeinden sind öffentlich-rechtliche Körperschaften mit dem Recht der **Selbstverwaltung**. Sie sind Gemeindeverbände und besitzen **Dienstherrnfähigkeit.**[12]

Die Bundesländer Rheinland-Pfalz und Sachsen-Anhalt sehen dagegen die Mög- 19
lichkeit der Bildung von **Verbandsgemeinden** vor.[13] Verbandsgemeinden sind aus Gründen des Gemeinwohls gebildete Gebietskörperschaften, die aus benachbarten Gemeinden des gleichen Landkreises bestehen. Sie erfüllen neben den Ortsgemeinden öffentliche Aufgaben der örtlichen Gemeinschaft im Rahmen der gesetzlichen Vorgaben.[14]

Samtgemeinden und Verbandsgemeinden nehmen bestimmte Gemeindeaufga- 20
ben originär wahr. Sie sind insoweit selbst Gemeinden im kommunalverfassungsrechtlichen Sinn. Darüber hinaus können ihnen die Ortsgemeinden Selbstverwaltungsaufgaben zur eigenen Wahrnehmung nach Maßgabe des in der Gemeindeordnung geregelten Verfahrens übertragen. Hierzu gehört auch der Abschluss von Wegenutzungsverträgen. Ist dies geschehen, sind diese Samt- oder Verbandsgemeinden **Gemeinden i.S.d. § 46 EnWG.**[15]

cc) Landkreise

Landkreise sind nach den Kommunalverfassungen der Länder kommunale Ge- 21
bietskörperschaften oberhalb der Gemeindeebene. Allerdings können sie nach § 7 KAV Gläubiger eines Anspruchs auf Konzessionsabgaben sein, soweit ihnen die Gemeinden die Wegerechte gem. § 1 Abs. 2 KAV zur Verfügung stellen. Dies spricht da-

---

10 *Böwing* in: Energiewirtschaftsgesetz 1998, § 13, S. 248; *Salje*, EnWG, § 46 Rn 13.
11 Vgl. §§ 71 ff. der NGO.
12 § 71 Abs. 3 NGO.
13 §§ 64 ff. GemO R-P; §§ 1 ff. des VerbGemG LSA.
14 § 64 Abs. 1 GemO R-P; § 1 VerbGemG LSA.
15 *Böwing* in: Energiewirtschaftsgesetz 1998, § 13, S. 248; *Salje*, EnWG, § 46 Rn 14.

für, dass auch Landkreise als eine Art Zusammenschluss von Gemeinden und weil sie nach den Gemeindeordnungen der Länder vergleichbar Gemeinden verfasst sind, vom Gemeindebegriff des § 46 Abs. 1 EnWG erfasst sind.[16]

dd) Kommunale Zweckverbände

22 **Zweckverbände** werden gebildet, um Aufgaben, mit deren Erfüllung eine Kommune allein überfordert wäre, in Zusammenarbeit auszuführen. Dies gilt sowohl für den Bereich eigener wie auch für übertragene Angelegenheiten. Mit der Bildung des Zweckverbands erfolgt eine Kompetenzverlagerung auf den Zweckverband.[17]

23 Anders als die Landkreise werden die Zweckverbände in der KAV als Berechtigte zur Vereinnahmung von Konzessionsabgaben nicht erwähnt. Allerdings waren sie in der Vorgängerverordnung zur KAV, der KAE ausdrücklich in § 1 Abs. 1 als Berechtigte aufgeführt. Diese Vorschrift gilt im Wasserbereich fort. Da die KAE jedoch im Strom- und Gasbereich keine Anwendung mehr findet, sprechen die besseren Gründe dafür, die Stellung von Zweckverbänden als Vertragspartner eines Konzessionsvertrages im Strom- und Gasbereich zu verneinen.

ee) Interimsregelungen bei Gebietsreformen (Gebietsarrondierung)

24 Im Hinblick auf die Laufzeit von Konzessionsverträgen kann es vorkommen, dass es während der Vertragsdauer zu **Gebietsänderungen** kommt, in deren Folge die vertragsschließende Gemeinde aufgelöst oder Gebietsteile aus dieser Gemeinde ausgegliedert werden. So sieht beispielsweise § 10 GO Rheinland-Pfalz vor, dass aus Gründen des Gemeinwohls

- Gemeinden aufgelöst und ihr Gebiet in eine oder mehrere andere Gemeinden eingegliedert werden,
- Gemeinden aufgelöst und aus ihrem Gebiet eine oder mehrere neue Gemeinden gebildet werden,
- Gebietsteile aus einer oder mehreren Gemeinden ausgegliedert und aus ihnen eine neue Gemeinde gebildet werden,
- Gebietsteile aus einer Gemeinde ausgegliedert und in eine andere Gemeinde eingegliedert werden

können.

---

16 So *Salje*, EnWG, § 46 Rn 13; a. A. *Böwing* in: Energiewirtschaftsgesetz 1998, § 13, S. 248; Britz/Hellermann/Hermes/*Hellermann*, § 46 Rn 34.

17 Vgl. §§ 1 ff. NKomZG; §§ 2 ff. ZwVG.

In den 70er Jahren wurde in ganz Deutschland eine **Gebietsreform** durchgeführt. Teils aus historischen Gründen, teils durch unterschiedlich starke Entwicklung waren bis Ende der 60er Jahre große Unterschiede bei der **Größe** von Gemeindeflächen und Einwohnerzahlen entstanden, die zu einem starken **Gefälle** in Attraktivität, Wirtschaftskraft und Steueraufkommen führten. Angesichts der vorhandenen, durchweg als zu klein angesehenen Gemeinden und Landkreise wurden durch Zusammenlegungen und Gebietsneufestsetzungen wesentlich größere Einheiten geschaffen. Gebietsänderungen gab es auch nach der Wiedervereinigung. 25

Auch heute finden noch Gebietsänderungen statt. Voraussetzung ist dabei das Vorliegen eines **öffentlichen Grunds** bzw. eines dringenden öffentlichen Grunds.[18] **Gründe des öffentlichen Wohls** sind alle Interessen der Allgemeinheit an der Grenzänderung, die den unveränderten Bestand der Grenzen überwiegen. In Betracht kommen beispielsweise die Schaffung einer einheitlichen **Umwelt- und Lebensqualität,** die Erhöhung der Effizienz der kommunalen Verwaltung, die Förderung der Ziele der **Raumordnung** oder die Stärkung der kommunalen Verwaltungskraft.[19] 26

Wie aber wirken sich die **Gebietsänderungen** auf den Wegenutzungsvertrag aus? Bleibt das Vertragsverhältnis bestehen und wenn ja, mit wem? 27

Teilweise finden sich in den **Konzessionsverträgen** diesbezüglich Regelungen. So heißt es beispielsweise: 28

> „Sollte das Konzessionsgebiet ganz oder teilweise in eine andere Gebietskörperschaft eingegliedert werden, wird dadurch das Vertragsverhältnis mit dem EVU nicht berührt. Die vom EVU mit Gas belieferten Gebiete werden auch weiterhin vom EVU beliefert."

Auch die Gemeindeordnungen enthalten Regelungen über die Wirkungen der Gebietsänderung. So sieht beispielsweise § 11 GO Rheinland-Pfalz in seinen Absätzen 6 und 7 vor, dass die an der Gebietsänderung **beteiligten Gemeinden** untereinander die Folgen der Gebietsänderung **durch Vereinbarung regeln** können. Liegt eine solche Vereinbarung nicht vor oder reicht deren Inhalt nicht aus, bestimmt die Aufsichtsbehörde die Folgen der Gebietsänderung. Die Änderung des Gemeindegebiets sowie die Vereinbarung über die Gebietsänderung begründen nach § 12 GO Rheinland-Pfalz Rechte und Pflichten der beteiligten Gemeinden. Sie bewirken den Übergang, die Beschränkung und die Aufhebung von dinglichen Rechten. 29

Die beteiligten Gemeinden werden im Rahmen dieser Vereinbarung unter anderem den **Übergang der vertraglichen Verhältnisse** mit Dritten auf **die „neue" Gemeinde** regeln. Im Verhältnis zu dem am Konzessionsvertrag beteiligten **EVU** ist eine solche ausdrückliche Regelung zwar möglich, aber nicht erforderlich. Die Rechte und Pflichten gehen auf die „neue" Gemeinde im Wege einer Gesamtrechtsnachfolge au- 30

18 Vgl. z.B. § 10 GO RP, Art. 11 GO Bayern, Art. 98 Verfassung des Landes Brandenburg.
19 *Geis*, § 9 Rn 5.

tomatisch über.[20] Einer Zustimmung durch das Energieversorgungsunternehmens bedarf es daher nicht.

31 Eine Gebietsänderung führt weder zu einer automatischen Beendigung des Konzessionsvertrages noch wird dadurch ein Sonderkündigungsrecht begründet. Sieht der Vertrag daher kein ausdrückliches Sonderkündigungsrecht vor, ist der **Vertrag** mit der „neuen“ Gemeinde auch dann **fortzusetzen**, wenn er keine ausdrückliche Regelung enthält. Dies lässt sich aus dem im Recht geltenden Grundsatz **„pacta sunt servanda“** (Verträge sind einzuhalten) ableiten.

32 Probleme können allerdings dann entstehen, wenn beide **beteiligten Gemeinden** über ihr jeweiliges Gemeindegebiet je einen Konzessionsvertrag geschlossen haben, der vorsieht, dass der **Vertrag** auch für neu hinzukommende **Gemeindegebiete** gilt. Sind die Vertragspartner der beiden Gemeinden nicht identisch, könnten aus einer solchen Regelung **Schadensersatzansprüche** resultieren. Ohnehin sprechen gute Argumente dafür, dass eine solche Regelung unwirksam wäre. Hierdurch würde das in § 46 Abs. 3 EnWG vorgeschriebene Bekanntmachungsverfahren umgangen bzw. das Gebot diskriminierungsfreier Vergabe verletzt werden.[21]

ff) Staatliche Gebietskörperschaften

33 Andere öffentliche Gebietskörperschaften wie insbesondere **Bund und Länder,** die ebenfalls Eigentümer von Straßen und Wegen sein können, werden nicht von dem Anwendungsbereich des § 46 EnWG erfasst. Dies ist verständlich, da Bundes- oder Landesstraßen für die unmittelbare Versorgung von Letztverbrauchern nur in Ausnahmefällen benötigt werden. Ist dies der Fall, werden insoweit im Einzelfall **Gestattungsverträge** nach dem Vorbild des § 8 Abs. 10 FStrG geschlossen. Diese beschränken sich darauf, die Benutzung des Straßengrundstücks oder -körpers unentgeltlich einzuräumen und die Bedingungen hierfür festzulegen.[22] Aufgrund der zahllosen Verträge zwischen diesen Wegeeigentümern und den Leitungsunternehmen wurden verschiedene **Musterverträge** entwickelt. Zu nennen sind hier das Muster eines Straßenbenutzungsvertrages und eines sog. Gegenvertrages sowie eines Rahmenvertrages.[23]

---

20 *Muth*, § 10 Rn 6.

21 Siehe hierzu Kap. 5 Rn 8 ff.

22 Vgl. hierzu ausführlich Kodal/Krämer/*Bauer*, S. 735.

23 Kodal/Krämer/*Bauer*, S. 751.

Praxistipp

Gemeinden, Städte sowie Samt- und Verbandsgemeinden können zulässigerweise Vertragspartner von Wegenutzungsverträgen sein. Bei Landkreisen ist dies strittig, aber wohl ebenfalls zu bejahen. Zweckverbände können dagegen nicht (mehr) Vertragspartner von Wegenutzungsverträgen im Strom- und Gasbereich sein.

b) Vertragspartner der Gemeinden in der „entflochtenen" Welt

§ 46 Abs. 1 EnWG begünstigt **EVU.** Dies sind nach der in § 3 Nr. 18 EnWG enthaltenen Definition 34

> „natürliche und juristische Personen, die Energie an andere liefern, ein Energieversorgungsnetz betreiben oder an einem Energieversorgungsnetz als Eigentümer die Verfügungsbefugnis besitzen […]".

Während **Vertragspartner** eines Konzessionsvertrags ein Netzbetreiber oder ein Netzeigentümer sein kann,[24] kommt bei einem einfachen Wegenutzungsvertrag auch ein die **Letztversorgung** betreibendes EVU als Vertragspartner in Betracht.[25] 35

Vom Anwendungsbereich des § 46 EnWG ausgeschlossen sind dagegen Unternehmen, die Leitungen zur **Eigenversorgung** betreiben, soweit sie nicht aus anderen Gründen EVU sind.[26] 36

Ist danach das EVU **Gläubiger** des Anspruchs auf Einräumung des Wegenutzungsrechts nach § 46 Abs. 1 EnWG, stellt sich die Frage, welches konkrete Unternehmen innerhalb eines Konzerns den Vertrag abschließt. Aufgrund der Entflechtungsvorgaben des EnWG muss innerhalb der vertikal integrierten EVU der Netzbereich von den übrigen Wettbewerbsbereichen wie Erzeugung und Vertrieb operationell und rechtlich getrennt werden. Eine solche **Trennung** erfolgte in der **Praxis** vielfach durch Gründung einer eigenen **Netzgesellschaft.** Auf diese Netzgesellschaft werden dann entweder im Wege der **Eigentumsübertragung** oder im Wege der **Verpachtung** die Netze übertragen. 37

Bei einem **Eigentumsübertragungsmodell** dürfte regelmäßig nur die **Netzgesellschaft** als Vertragspartner in Betracht kommen. Denn diese allein erhält dauerhaft die Verfügungsgewalt über die Verteilungsanlagen. 38

Demgegenüber kommt bei dem sog. **Pachtmodell** innerhalb des vertikal integrierten EVU sowohl die **Eigentümergesellschaft** (Verpächter) als auch der **Netzbetreiber** (Pächter) in Betracht. Vom Grundsatz ist der Wegenutzungsvertrag zumindest nach derzeit geltendem Recht mehr beim Netz angesiedelt. Er vermittelt nicht ein Ver- 39

24 In den „De-minimis"-Fällen sind diese allerdings rechtlich identisch.

25 *Salje*, EnWG, § 46 Rn 54.

26 BerlK-EnR/*Wegner*, § 46 EnWG Rn 23; Britz/Hellermann/Hermes/*Hellermann*, § 46 Rn 40; *Büdenbender*, EnWG 1998, § 13 Rn 23.

sorgungsrecht, sondern nur das **Recht** zur Verlegung und zum Betrieb von Leitungen; dies sind **Kernaufgaben** des Netzbetriebs (§§ 3 Nr. 3, 7, 7a Abs. 4 S. 1, 11 EnWG). Auch die Regelung über den Gemeinderabatt in § 3 Abs. 1 Nr. 1 KAV[27] spricht für die inhaltliche Nähe zum Netzbetrieb. Allerdings werden die Pachtverträge zur Erfüllung der **Entflechtungsvorgaben** regelmäßig deutlich kürzer als 20 Jahre und damit deutlich kürzer als Konzessionsverträge geschlossen. Das würde eher für einen Vertragsschluss mit dem Netzeigentümer sprechen, wodurch Unklarheiten vermieden werden könnten. Dies empfiehlt sich insbesondere bei Kooperationen mehrerer Netzeigentümer in einer einheitlichen Netzgesellschaft. Natürlich könnten auch beide als Vertragspartner in den Vertrag aufgenommen werden.

Praxistipp

i Um den Entflechtungsvorgaben Rechnung zu tragen und um Unklarheiten von vornherein zu vermeiden, sollte der Konzessionsvertrag entweder mit dem Netzeigentümer geschlossen und ihm das Recht gewährt werden, die Rechte und Pflichten hieraus vorübergehend oder dauerhaft auf die Netzbetreibergesellschaft innerhalb des Konzerns zu übertragen. Entsprechendes gilt für den Fall, dass der Netzbetreiber alleiniger Vertragspartner wird. Alternativ sollten Eigentümer und (pachtender) Netzbetreiber Vertragspartner des Konzessionsvertrages werden.

---

40 Nach §§ 7 f. EnWG sind **vertikal** integrierte EVU verpflichtet, sicherzustellen, dass der **Verteilnetzbetreiber** hinsichtlich seiner Rechtsform unabhängig von anderen Tätigkeitsbereichen der Energieversorgung ist. Darüber hinaus ist die **Unabhängigkeit** des Verteilnetzbetreibers hinsichtlich Organisation, Entscheidungsgewalt und der Ausübung des Netzgeschäfts sicherzustellen. Diese Vorgaben führten und führen dazu, dass die Netze in der Regel in eigenständigen Gesellschaften geführt werden. Dabei können diese Netzgesellschaften entweder Eigentümerin oder auch Pächterin des Netzes sein.

41 Insbesondere in den Fällen, in denen das Netz zur Erfüllung der Entflech tungsvorgaben lediglich an die **Netzgesellschaft verpachtet** wird, bleibt der Konzessionsvertrag bei der Eigentümerin des Netzes. Dies ist häufig die **Konzernmutter.** Eine vertragliche Beziehung zwischen Gemeinde und Pächter besteht in diesen Fällen nicht. Die Netzgesellschaft übernimmt lediglich im Verhältnis zur Eigentümerin des Netzes die sich aus dem Konzessionsvertrag ergebenden Pflichten.

---

27 Rabatt auf den Rechnungsbetrag für den Netzzugang.

2. Einräumung von Wegenutzungsrechten

a) Öffentliche Verkehrswege der Kommunen

§ 46 EnWG erfasst nur solche Leitungen, die **„öffentliche Verkehrswege"** in Anspruch nehmen. **Verkehrswege** der Gemeinden sind Straßen, Wege und Plätze einschließlich Fahrradwege, Gehwege und zugehörige Parkplätze, soweit sie für eine Leitungsverlegung üblicherweise in Betracht kommen. Nach § 1 Abs. 4 FStrG gehören zu den (Bundesfern-)Straßen der Straßenkörper, der Luftraum über dem Straßenkörper, das Zubehör (z.B. Verkehrszeichen und Bepflanzung), die Nebenanlagen (Straßenmeistereien, Gerätehöfe etc.) sowie die Nebenbetriebe an den Bundesautobahnen. 42

Praxistipp
Da zu den Straßen auch der Luftraum über dem Straßenkörper zählt, fallen auch solche Leitungen darunter, die oberhalb der öffentlichen Verkehrswege verlaufen. Dies sollte ggf. im Wegenutzungsvertrag klargestellt werden. i

---

aa) Gewidmete Grundstücke

Ein **öffentlicher** Verkehrsweg liegt immer dann vor, wenn er dem öffentlichen Verkehr **gewidmet** ist. Der Gesetzgeber unterscheidet zwischen Straßeneigentum und der Stellung als Träger der Straßenbaulast; beide Rechtsstellungen können auseinanderfallen. Im Falle der Trägerschaft der Straßenbaulast geht jedoch das Eigentum auf den neuen Straßenbaulastträger über.[28] 43

Die **Widmung** ist ein **hoheitlicher Akt**, durch den Straßen, Wege und Plätze einer bestimmten, im öffentlichen Interesse stehenden Nutzung zugeführt werden, der sie dann ausschließlich dienen. Dabei ist die Widmung aber an keine bestimmte Form gebunden, sie kann daher auch durch schlüssiges Handeln erfolgen.[29] Durch Widmung überlässt die Gemeinde öffentlichen Grund und Boden einer bestimmten Nutzung im Rahmen des sog. **Gemeingebrauchs**. Jede abweichende Nutzung stellt dann eine **Sondernutzung** dar und muss beantragt werden. Dabei reicht es auch aus, wenn die Wege nur beschränkt dem öffentlichen Verkehr gewidmet sind. 44

Gemeingebrauch ist das jedermann zustehende Recht, die öffentlichen Straßen, Wege und Plätze im Rahmen der Widmung und der Verkehrsvorschriften zum fließenden und ruhenden Verkehr in Anspruch zu nehmen.[30] Eine öffentlich-rechtliche **Sondernutzung** liegt dagegen vor, wenn die konkrete Benutzung den Gemeingebrauch beeinträchtigt oder konkret geeignet ist, den Gemeingebrauch zu beeinträch- 45

---

28 Vgl. § 6 FStrG.
29 Schneider/Theobald/*Albrecht*, § 8 Rn 17.
30 Vgl. § 7 FStrG.

tigen.[31] Daneben kennt das Straßenrecht des Bundes und der Länder noch die sog. **sonstige Benutzung** der öffentlichen Straßen, die sich nach bürgerlichem Recht richtet. Nach § 8 Abs. 10 FStrG ist die sonstige Nutzung die Nutzung von Bundesfernstraßen, die den Gemeingebrauch nicht beeinträchtigt, wobei eine Beeinträchtigung von nur kurzer Dauer für Zwecke der öffentlichen Versorgung außer Betracht bleibt.[32] Die Verlegung von Leitungen im Straßenkörper ist weder Gemeingebrauch noch Sondernutzung; sie vollzieht sich außerhalb des öffentlichen Rechts nach **privatrechtlichen** Grundsätzen (§ 8 Abs. 10 FStrG), solange der Gemeingebrauch nicht oder nur kurzzeitig für Zwecke der öffentlichen Versorgung beeinträchtigt wird.[33] Da nach Auffassung des **BGH** und der wohl h.M. die gesamten Rechtsbeziehungen, die bei einer Inanspruchnahme der Straßen durch EVU zwischen den Beteiligten entstehen, durch die Regelung des § 8 Abs. 10 FStrG und durch die entsprechenden landesgesetzlichen Regelungen dem bürgerlichen Recht unterstellt werden,[34] sind neben den Konzessionsverträgen auch die **Gestattungsverträge** als **privatrechtliche Verträge** einzuordnen.[35]

bb) Wege der Kommunen, auf denen tatsächlich der öffentliche Verkehr eröffnet ist – zur Rechtsprechung des BGH („Neue Trift")

46 **Öffentliche Verkehrswege** im Sinne von § 46 Abs. 1 EnWG sind nun aber nicht nur die **gewidmeten** Straßen i.S.d. Landesstraßengesetze. Nach Auffassung des **BGH** reicht es für die Bejahung eines öffentlichen Verkehrsweges aus, dass die Gemeinde auf ihrem **Grund** den öffentlichen Verkehr eröffnet hat.[36]

47 Zur Begründung verweist der BGH darauf, dass die Gemeinde, auch ohne dass eine Widmung vorliegt, **faktisch** auf dem in ihrem Eigentum stehenden Weg den **öffentlichen Verkehr** zulassen kann. Ob die Gemeinde als Straßenbaubehörde einen Weg als öffentliche Straße **widmet** oder ihn als **Privatweg** dem öffentlichen Verkehr zugänglich macht, obliegt ihrer Entscheidung. Diese Entscheidung könne

---

31 Kodal/Krämer/*Grote*, S. 696 f.

32 Das Berliner und das Hessische Straßenrecht weichen von § 8 Abs. 10 FStrG ab. So bedarf nach dem § 12 des BerlStrG jede Benutzung der öffentlichen Straßen für die Zwecke der öffentlichen Versorgung neben der privatrechtlichen Zustimmung des Straßeneigentümers auch der öffentlich-rechtlichen Erlaubnis der Straßenaufsicht. §§ 4, 17 des HWegG gehen von einer umfassenden öffentlich-rechtlichen Straßenhoheit aus und verlangen für die Verlegung von Leitungen in den Straßenkörper stets und ausschließlich eine hoheitliche Erlaubnis der Wegeaufsichtsbehörde.

33 *Salje*, EnWG, § 46 Rn 24.

34 BGHZ 37, 353, 354 f. „Ruhrschnellweg".

35 Insoweit dürfte die Behauptung von *Salje*, EnWG, § 46 Rn 23, es handele sich um öffentlich-rechtliche Verträge, rechtsfehlerhaft sein.

36 BGH, Urt. v. 11.11.2008 – KZR 43/07 – „Neue Trift" Rn 11.

jedoch keinen Einfluss auf ihre **Gestattungspflichten** nach § 46 Abs. 1 EnWG haben, da ansonsten die Gemeinde durch die Bestimmung des rechtlichen Status ihrer Wege steuernd in die Energieversorgung eingreifen und sich ihrer gesetzlichen Verpflichtung aus § 46 Abs. 1 EnWG entziehen könnte. Vor diesem Hintergrund sei das Merkmal der „öffentlichen Verkehrswege" in dem Sinne zu verstehen, dass es – ungeachtet einer Widmung – ausreicht, wenn der Verkehrsweg **tatsächlich** dem öffentlichen Verkehr eröffnet worden ist und in rechtlich zulässiger Weise zu **Verkehrszwecken** genutzt werden könne.[37]

Praxistipp

Auch nicht gewidmete Verkehrswege werden von dem Anwendungsbereich des § 46 Abs. 1 und Abs. 2 EnWG erfasst, wenn auf ihnen öffentlicher Verkehr stattfindet und sich dieser im Rahmen des Gemeingebrauchs hält. i

---

b) Fiskalische Grundstücke

Nicht von der Verpflichtung nach § 46 EnWG erfasst werden dagegen sog. **fiskalische Grundstücke** der Gemeinde. Hierbei handelt es sich um im Eigentum der Gemeinde stehende Grundstücke, die nicht dem öffentlichen Verkehr gewidmet sind oder auf denen kein öffentlicher Verkehr eröffnet ist. Ein Anspruch auf Nutzung dieser Grundstücke für die Verlegung und den Betrieb von Leitungen zur unmittelbaren Versorgung von Letztverbrauchern mit Energie im Gemeindegebiet lässt sich für diese Grundstücke aus dieser Bestimmung nicht ableiten. 48

Einige dieser fiskalischen Grundstücke werden nun allerdings von der **Duldungspflicht** nach der NAV/NDAV erfasst. So verpflichtet § 12 NAV **Anschlussnehmer**, die Grundstückseigentümer sind, für Zwecke der örtlichen Versorgung das Anbringen und Verlegen von Leitungen zur Zu- und Fortleitung von Elektrizität über ihre im Gebiet des Elektrizitätsversorgungsnetzes der allgemeinen Versorgung liegenden Grundstücke zuzulassen. Im Gasbereich findet sich eine vergleichbare Regelung in § 12 NDAV. Soweit fiskalische Grundstücke an das entsprechende **Netz** angeschlossen sind, kann deren **Nutzung** über diese Vorschriften ermöglicht werden. Allerdings besteht nach diesen Bestimmungen eine **Duldungspflicht** dann nicht, wenn die Inanspruchnahme der Grundstücke den Eigentümer mehr als notwendig oder in **unzumutbarer Weise** belasten würde. Auch kann der **Grundstückseigentümer** die Verlegung der Einrichtungen verlangen, wenn sie an der bisherigen Stelle für ihn nicht mehr zumutbar sind. Die Duldungspflicht nach § 12 NAV bzw. NDAV besteht darüber hinaus maximal bis zu 3 Jahre nach Einstellung der Anschlussnutzung. 49

---

37 BGH, Urt. v. 11.11.2008 – KZR 43/07 – „Neue Trift" Rn 11; BerlK-EnR/*Wegner*, § 46 EnWG Rn 46; Danner/Theobald/*Theobald*, § 46 EnWG Rn 16.

50 Sind dagegen fiskalische Grundstücke betroffen, die nicht an das jeweilige **Energieversorgungsnetz der allgemeinen Versorgung** angeschlossen sind, fehlt es an einer gesetzlichen Bestimmung, die das EVU zur **Nutzung** berechtigt. Um auch diese Grundstücke bei Bedarf nutzen zu können, werden in der Praxis diese Grundstücke vielfach in den **Wegenutzungsvertrag** mit einbezogen. Dementsprechend erhält das EVU vertraglich das Recht eingeräumt, auch diese Grundstücke im gleichen Maße wie öffentliche Verkehrsflächen nutzen zu können. Gleichzeitig wird ihm von der Gemeinde das Recht eingeräumt, die Nutzung dieser Grundstücke durch Eintragung einer **beschränkten persönlichen Dienstbarkeit** nach § 1090 BGB sichern zu lassen. Im Gegenzug verpflichtet sich das EVU, für die dadurch entstehende **Wertminderung** eine **angemessene Entschädigung** zu zahlen.

51 Der Vorteil einer beschränkten persönlichen Dienstbarkeit liegt in der sog. **dinglichen Sicherung des Wegenutzungsrechts**. Da sie im jeweiligen Grundbuch eingetragen wird, wirkt sie im Falle des späteren Erwerbs durch einen Dritten auch diesem gegenüber. Der Dritte erwirbt das Grundstück mit dieser dinglichen Belastung, d.h. er muss die so gesicherte Nutzung des Grundstückes dulden und kann nicht die Entfernung der betroffenen Anlagen verlangen.

52 Beschränkte persönliche Dienstbarkeiten sind zwar grundsätzlich **nicht übertragbar** (§ 1092 Abs. 1 BGB). Dies gilt allerdings nicht für solche Dienstbarkeiten, die einer **juristischen Person** oder einer **rechtsfähigen Person** zustehen, und die dazu berechtigen, ein Grundstück für Anlagen zur Fortleitung von Elektrizität, Gas, Fernwärme, Wasser, Abwasser, Öl oder Rohstoffen einschließlich aller dazugehörigen Anlagen, die der Fortleitung unmittelbar dienen, zu nutzen. Diese können nach § 1092 Abs. 3 BGB **übertragen** werden. Dagegen kann die **Ausübung** dieser Dienstbarkeit einem **Dritten** nur dann überlassen werden, wenn der Grundstückseigentümer die Überlassung **gestattet** hat (§ 1092 Abs. 1 BGB). Insoweit empfiehlt es sich, die Überlassung zur Ausübung der Dienstbarkeit an einen Dritten von vornherein in den **Wegenutzungsvertrag** aufzunehmen. Eine solche dingliche Sicherheit in Form einer beschränkten persönlichen Dienstbarkeit kommt bei den dem öffentlichen Verkehr gewidmeten Flächen ebenso wenig in Betracht wie Grunddienstbarkeiten.

c) Folgen der Entwidmung öffentlicher Verkehrswege

53 Es kommt immer wieder vor, dass während der Laufzeit des Wegenutzungsvertrages Grundstücke der Gemeinde eine Nutzungsänderung erfahren, was eine **Entwidmung** des betroffenen Grundstücks zur Folge haben kann. Eine solche findet insb. dann statt, wenn die Gemeinde Grundstücke veräußern möchte. Je nach Ausgestaltung des Wegenutzungsvertrages kann dies zur Folge haben, dass Energieleitungen nicht mehr von § 46 EnWG erfasst und im schlimmsten Fall verlegt werden müssen. Darüber hinaus gilt es zu beachten, dass **vertraglich**, d.h. rein schuldrechtlich eingeräumte Grundstücknutzungsrechte keine **Rechtswirkung** gegenüber dem neuen Grundstückseigentümer entfalten. Er kann dann ggfs. die **Entfernung**

dieser Leitungen von seinem Grundstück verlangen, soweit nicht die Regelung in § 12 NAV/NDAV dies verhindert.

Um zu vermeiden, dass im Falle der Veräußerung von Grundstücken, die zuvor im gemeindlichen Eigentum standen und in bzw. auf den Energieleitungen i. S. d. § 46 EnWG verlegt sind, Leitungsverlegungen notwendig sind, sollte die Gemeinde im Wegenutzungsvertrag entsprechend verpflichtet werden. Dies passiert in der Regel dadurch, dass dem EVU das Recht eingeräumt wird, im Falle der **Entwidmung** bzw. des beabsichtigten **Verkaufs** zuvor eine **beschränkte persönliche Dienstbarkeit** eintragen zu lassen. Auch in diesem Fall muss das EVU allerdings eine angemessene **Entschädigung** zahlen. 54

3. Einräumung der Wegenutzungsrechte für Leitungen zur unmittelbaren Versorgung von Letztverbrauchern im Gemeindegebiet

Das Gesetz verpflichtet die Gemeinden in § 46 Abs. 1 EnWG, ihre öffentlichen Verkehrswege für die Verlegung und den Betrieb von Leitungen, einschließlich Fernwirkleitungen zur Netzsteuerung und Zubehör, zur unmittelbaren Versorgung von Letztverbrauchern im Gemeindegebiet **diskriminierungsfrei** durch Vertrag zur Verfügung zu stellen. Die Gemeinden können den Abschluss von Wegenutzungsverträgen solange **ablehnen**, wie das EVU die Zahlung von **Konzessionsabgaben** in Höhe der Höchstsätze nach § 48 Abs. 2 EnWG verweigert und eine **Einigung** über die Höhe der Konzessionsabgabe noch nicht erzielt ist. 55

a) Leitungen und Zubehör

§ 46 Abs. 1 EnWG erfasst nur **Leitungen,** die der **unmittelbaren Versorgung** von **Letztverbrauchern** im **Gemeindegebiet** dienen. Dabei umfasst diese Regelung zunächst alle Leitungen unabhängig von ihrer Ausgestaltung, etwa als Kabel oder als Freileitung, und unabhängig von ihrer Spannungs- oder Druckebene. Damit werden grundsätzlich **alle Arten** von Leitungen erfasst, d. h. Niederspannungsleitungen, Mittelspannungsleitungen, Hoch- und Höchstspannungsleitungen für den Strombereich und für den Gasbereich Niederdruck-, Mitteldruck- und Hochdruckleitungen, soweit sie der unmittelbaren Versorgung im **Gemeindegebiet** dienen.[38] Darunter fallen auch **Stichleitungen** zu einzelnen Kunden durch Wettbewerber.[39] 56

Vom Anwendungsbereich des § 46 Abs. 1 EnWG erfasst werden auch sog. Direktleitungen. Eine **Direktleitung** ist ausweislich der Definition in § 3 Nr. 12 EnWG eine Leitung, die einen einzelnen **Produktionsstandort** mit einem **einzelnen Kunden** verbindet, oder eine Leitung, die einen **Elektrizitätserzeuger** und ein **Elektri-** 57

38 BerlK-EnR/*Wegner*, § 46 EnWG Rn 27.
39 So auch *Büdenbender*, § 13 Rn 24.

zitätsversorgungsunternehmen zum Zwecke der direkten Versorgung mit ihrer eigenen Betriebsstätte, Tochterunternehmen oder Kunden verbindet, oder eine zusätzlich zum Verbundnetz errichtete Gasleitung zur Versorgung einzelner Kunden.

58 § 46 Abs. 1 EnWG erfasst alle Leitungen, die zur unmittelbaren Versorgung von **Letztverbrauchern** im Gemeindegebiet benötigt werden, unabhängig davon, ob und zu welchem Netz sie gehören. Damit erfasst diese Bestimmung auch diejenigen Leitungen, die zu einem **Energieversorgungsnetz** der **allgemeinen Versorgung** gehören. Insoweit ist es nicht begründbar, die Verpflichtung zur diskriminierungsfreien Zurverfügungstellung von öffentlichen Verkehrswegen nach § 46 Abs. 1 EnWG nur auf Leitungen zu beziehen, nicht aber auf die **Gesamtheit von Leitungen**, die ein Netz der allgemeinen Versorgung bilden.[40]

59 Die Berechtigung zur Nutzung öffentlicher Verkehrswege bezieht sich sachlich nicht nur auf Energieleitungen, sondern auch auf **Fernwirkleitungen zur Netzsteuerung** und Zubehör („einschließlich"). Fernwirkleitungen zur Netzsteuerung dienen notwendigen **betrieblichen Steuerungen** und stehen damit in einem untrennbaren Zusammenhang zu Energieleitungen. Beispielsweise dienen Rundsteueranlagen dem Ziel, Input und Output über mehrere Verbraucher im Einklang zu halten. Dazu müssen Signale hin- und hertransportiert werden.[41]

60 Vom Leitungsbegriff erfasst wird nach § 46 Abs. 1 EnWG auch das **Zubehör** der Leitungen. Zubehör im Sinne des § 97 BGB sind Sachen, die dem **wirtschaftlichen Zweck** der Hauptsache zu dienen bestimmt sind. Darunter fallen beispielsweise Ortsnetzstationen, Kabelschränke sowie Druckreglerstationen der Gasversorgung.[42]

61 Nicht erfasst von dem Begriff der Energieanlagen bzw. des Zubehörs werden dagegen **Kraftwerke**, gleich welcher Art. **Gasspeicher** sind dagegen dann als Energieanlagen bzw. Zubehör für die der örtlichen Versorgung dienenden Gasleitungen anzusehen, wenn sie für die unmittelbare Endverbraucherversorgung zur Flankierung des Netzbetriebs **unverzichtbar** sind.[43]

62 Zusammenfassend werden von § 46 Abs. 1 EnWG alle Teile des Netzes erfasst, die zur unmittelbaren Versorgung von Letztverbrauchern im Gemeindegebiet benötigt werden, ohne dass der Anwendungsbereich des § 46 Abs. 1 EnWG hierauf beschränkt ist.

---

40 So aber Schneider/Theobald/*Albrecht*, S. 465; Britz/Hellermann/Hermes/*Hellermann*, § 46 Rn 37; *Hoch*/*Theobald*, KSzW 3/2011, 300 ff.

41 *Salje*, EnWG, § 45 Rn 30.

42 BerlK-EnR/*Wegner*, § 46 EnWG Rn 27; *Büdenbender*, § 13 Rn 26; *Salje*, EnWG, § 46 Rn 32.

43 *Büdenbender*, § 13 Rn 26.

b) Gebietsbezogenheit der Wegenutzungsverträge

Während die Wegenutzung infolge eines **Konzessionsvertrages** allgemein als **gebietsbezogen** und nicht leitungsbezogen angesehen wird, wird dies im Rahmen von einfachen Wegenutzungsverträgen verneint.[44] Diese Auffassung vermag indes nicht zu überzeugen. Da § 46 Abs. 1 EnWG von seinem Anwendungsbereich auch Netze der allgemeinen Versorgung erfasst, und es auch in Abs. 1 EnWG um die zur Verfügung Stellung öffentlicher Verkehrswege im Gemeindegebiet geht, ist auch die Wegenutzung im Rahmen von **einfachen Wegenutzungsverträgen gebietsbezogen** und nicht leitungsbezogen. 63

c) Abgrenzung zu nicht der unmittelbaren Versorgung dienenden Leitungen (z. B. Durchgangsleitungen)

Die Energieleitungen, einschließlich Fernwirkleitungen zur Netzsteuerung und Zubehör, müssen der unmittelbaren Versorgung von Letztverbrauchern im **Gemeindegebiet** dienen. Nach seinem Wortlaut setzt § 46 Abs. 1 EnWG nicht voraus, dass sich die Leitungen ausschließlich dem Gebiet des Netzes der allgemeinen Versorgung zuordnen lassen. Anders als nach § 46 Abs. 2 EnWG werden von § 46 Abs. 1 EnWG Leitungen erfasst, die sowohl **Transportfunktion** haben als auch der **örtlichen Versorgung** dienen.[45] Nicht unter § 46 Abs. 1 EnWG fallen dagegen Leitungen mit ausschließlich **weiterverteilendem** Charakter. Hier fehlt es an der Letztverbrauchereigenschaft des Kunden. Letztverbraucher sind nach § 3 Nr. 25 EnWG nur diejenigen Kunden, die Energie für den **eigenen Verbrauch** kaufen. 64

Nicht von dieser Regelung erfasst werden auch die Errichtung und der Betrieb von Leitungen, die der Anbindung und der Versorgung von Kunden in einer **Nachbargemeinde** dienen. Hierbei handelt es sich um sog. **Durchgangsleitungen.** 65

Auch wenn die vorgenannten Leitungen nicht in den Anwendungsbereich des § 46 Abs. 1 EnWG fallen, bedeutet dies nicht, dass die EVU keine Möglichkeit hätten, diese in den gemeindlichen Verkehrswegen zu verlegen. Soweit sich die Parteien über die Errichtung und den Betrieb einer solchen Leitung nicht verständigen können, besteht für das EVU auch die Möglichkeit einer **zwangsweisen** Inanspruchnahme nach § 45 EnWG in Form der **Enteignung.** 66

---

44 So insb. Danner/*Theobald*, EnWG, § 46 Rn 25.
45 BerlK-EnR/*Wegner*, § 46 EnWG Rn 28.

Praxistipp

Um zu vermeiden, zur Verlegung reiner Durchgangsleitungen ein Enteignungsverfahren einzuleiten, sollten hierüber im Wegenutzungsvertrag Regelungen getroffen werden. Dies kann dergestalt erfolgen, dass die reinen Durchgangsleitungen in den Wegenutzungsvertrag von vornherein einzubeziehen sind oder zumindest in dem Wegenutzungsvertrag vorzusehen, dass hierüber zwischen den Parteien eine gesonderte Vereinbarung getroffen wird.

d) Energieversorgungsnetz der allgemeinen Versorgung – Abgrenzung zu anderen Netzen

67 Wie eingangs dieses Kapitels bereits dargelegt, grenzen sich einfacher und qualifizierter Wegenutzungsvertrag danach ab, ob die betreffende Energieleitung zu einem **Energieversorgungsnetz** der allgemeinen Versorgung gehört oder nicht. Im ersten Fall ist die Leitung Gegenstand eines **Konzessionsvertrages**. Da Konzessionsverträge sehr viel strengeren Regelungen unterworfen sind, wie in den nachfolgenden Kapiteln noch aufgezeigt werden wird, ist eine Abgrenzung der Energieversorgungsnetze der **allgemeinen Versorgung** zu möglichen anderen „Netzformen" notwendig.

68 Das EnWG definiert in § 3 Nr. 17 **Energieversorgungsnetze der allgemeinen Versorgung** als Energieversorgungsnetze, die der Verteilung von Energie an Dritte dienen und von ihrer Dimensionierung nicht von vornherein nur auf die Versorgung bestimmter, schon bei Netzerrichtung feststehender oder bestimmbarer Letztverbraucher ausgelegt sind, sondern grundsätzlich für die Versorgung jedes Letztverbrauchers offen stehen. Merkmal eines solchen Netzes ist mithin die **Versorgung Dritter** im Sinne von **Letztverbrauchern** in Abgrenzung zur Eigenversorgung. Darüber hinaus ist ein solches Netz dadurch gekennzeichnet, dass bezogen auf seine Dimensionierung eine unbestimmte Zahl an **Anschlussnehmern** beabsichtigt ist.

69 In der Beratungspraxis werden Energieversorgungsnetze der allgemeinen Versorgung häufig von sog. **Arealnetzen** abgegrenzt. Des Weiteren sieht das EnWG seit der letzten Energierechtsnovelle 2011 eine besondere Form von Netzen vor, nämlich die sog. **geschlossenen Verteilnetze**. Davor enthielt das EnWG an gleicher Stelle Regelungen über **Objektnetze**. Diese Netze gilt es im Folgenden näher zu untersuchen.

aa) Arealnetze

70 Unter Arealnetz wird eine aus einem oder mehreren Grundstücken bestehende, zu Wohn- oder gewerblichen Zwecken genutzte **private Liegenschaft** verstanden, die zur Versorgung der im Areal ansässigen Letztverbraucher über ein eigenes **Niederspannungsnetz** verfügt.[46] Das Arealnetz ist meist über eine eigene **Um-**

46 BGH WuW/E DE-R 1513 „Mainova".

spannanlage an die Mittelspannungsebene des vorgelagerten Netzes angeschlossen.[47]

Das Arealnetz kann bei Vorliegen der in § 3 Nr. 17 EnWG genannten Voraussetzungen ein Energienetz der allgemeinen Versorgung sein. Soweit der Netzbetreiber **öffentliche Verkehrswege** nutzt, gelten die in § 46 Abs. 2 EnWG genannten Beschränkungen. Liegen die Voraussetzungen nach § 3 Nr. 17 EnWG nicht vor, findet bei der Nutzung öffentlicher Verkehrswege § 46 Abs. 1 EnWG Anwendung. 71

Zu beachten ist, dass es sich im Einzelfall bei den auf dem Areal befindlichen Anlagen nicht um ein Netz, sondern um eine sog. **Kundenanlage** handeln kann. Um eine Kundenanlage handelt es sich nach der nunmehr ausdrücklich aufgenommenen Definition in § 3 Nr. 24a EnWG 2011 bei **Energieanlagen** zur Abgabe von Energie, die sich auf einem räumlich zusammengehörenden **Gebiet** befinden, mit einem **Energieversorgungsnetz** oder mit einer Erzeugungsanlage verbunden sind, für die Sicherstellung eines wirksamen und unverfälschten **Wettbewerbs** bei der Versorgung mit Elektrizität und Gas unbedeutend sind und **jedermann** zum Zwecke der Belieferung der angeschlossenen Letztverbraucher im Wege der Durchleitung unabhängig von der Wahl des Energielieferanten diskriminierungsfrei und unentgeltlich zur Verfügung gestellt werden. 72

§ 3 Nr. 24b EnWG enthält eine Definition der **Kundenanlagen zur betrieblichen Eigenversorgung** als Energieanlagen zur Abgabe von Energie, die sich auf einem räumlich zusammengehörenden Betriebsgebiet befinden, mit einem Energieversorgungsnetz oder mit einer Erzeugungsanlage verbunden sind, fast ausschließlich dem **betriebsnotwendigen Transport von Energie** innerhalb des eigenen Unternehmens oder zu verbundenen Unternehmen oder fast ausschließlich dem der Bestimmung des Betriebs geschuldeten **Abtransport** in ein Energieversorgungsnetz dienen sowie jedermann zum Zwecke der Belieferung der an sie angeschlossenen Letztverbraucher im Wege der Durchleitung unabhängig von der Wahl des Energielieferanten diskriminierungsfrei und unentgeltlich zur Verfügung gestellt werden. 73

bb) Geschlossene Verteilnetze als Nachfolger der Objektnetze

§ 110 EnWG enthielt in der bis zum 4.8.2011 geltenden Fassung Regelungen über sog. Objektnetze. Dabei sah das Gesetz drei Formen von Objektnetzen vor. Es handelte sich um die **Werks- und Industrienetze** (§ 110 Abs.1 Nr. 1 EnWG a.F.), **Netze mit übergeordnetem Geschäftszweck** (§ 110 Abs.1 Nr. 2 EnWG a.F.) und um **Eigenversorgungsnetze** (§ 110 Abs.1 Nr. 3 EnWG a.F.). Um als Objektnetz zu gelten, durfte es sich in allen drei Fällen nicht um Energieversorgungsnetz der allgemeinen Versorgung i.S.d. § 3 Nr. 17 EnWG handeln. 74

---

47 BerlK-EnR/*Wegner*, § 46 EnWG Rn 47.

75 In der Folgezeit hielt der **EuGH** die bundesdeutsche Regelung teilweise für europarechtswidrig.[48] Hieraus zog das **OLG Dresden**, das seinerzeit den **EuGH** angerufen hatte, die Schlussfolgerung, dass § 110 Abs.1 Nr. 1 EnWG wegen Verstoßes gegen höherrangiges Gemeinschaftsrecht nicht anwendbar sei.[49] Dem trat der **BGH** jedoch in seinem Beschluss vom 24.8.2010 entgegen. § 110 Abs.1 EnWG sei richtlinienkonform dahin auszulegen, dass auf Objektnetze i.S.d. Nr. 1 dieser Vorschrift Teil 3 des EnWG nur insoweit Anwendung findet, als dem nicht der Anspruch auf diskriminierungsfreien Netzzugang entgegenstehe.[50]

76 Der Gesetzgeber sah sich unabhängig davon veranlasst, die ursprüngliche Regelung in § 110 EnWG zu ändern. Das EnWG in der seit 4.8.2011 geltenden Fassung enthält nunmehr Regelungen über **geschlossene Verteilernetze**. Ausweislich § 110 Abs. 2 EnWG stuft die Regulierungsbehörde, auf Antrag, ein Energieversorgungsnetz als geschlossenes Verteilernetz ein, mit dem Energie zum Zwecke der Ermöglichung der Versorgung von Kunden in einem geografisch begrenzten Industrie- oder Gewerbegebiet oder einem Gebiet verteilt wird, in dem **Leistungen gemeinsam genutzt** werden, wenn

- die **Tätigkeiten** oder **Produktionsverfahren** der Anschlussnutzer dieses Netzes aus konkreten technischen oder sicherheitstechnischen Gründen verknüpft sind oder
- mit dem Netz in erster Linie an den **Netzeigentümer oder -betreiber** oder an mit diesen verbundenen **Unternehmen** verteilt wird; maßgeblich ist der Durchschnitt der letzten drei Kalenderjahre; gesicherte Erkenntnisse über künftige Anteile sind zu berücksichtigen.

77 Allerdings erfolgt die Einstufung als geschlossenes Verteilernetz in diesen Fällen nur, wenn **keine Letztverbraucher**, die Energie für den Eigenverbrauch im Haushalt kaufen, über das Netz versorgt werden **oder nur eine geringe Zahl von solchen Letztverbrauchern**, wenn diese ein Beschäftigungsverhältnis oder eine vergleichbare Beziehung zum Eigentümer oder Betreiber des Netzes unterhalten.

78 Solchermaßen definierte geschlossene Verteilernetze fallen unter die von § 46 Abs. 1 EnWG erfassten Leitungen zur unmittelbaren Versorgung von Letztverbrauchern im Gemeindegebiet.

48 EuGH RdE 2008, 245 ff. „Citiworks".
49 OLG Dresden RdE 2009, 254 ff.
50 BGH, Beschl. v. 24.8.2010 – EnVR 17/09 –.

4. Grundversorgung

a) Trennung der allgemeinen Anschluss- und der allgemeinen Versorgungspflicht im Energiebereich

Gegenstand eines **Wegenutzungsvertrages** ist nach dem geltenden EnWG die Vereinbarung eines Wegerechts zur Nutzung gemeindlicher Verkehrswege für die Verlegung und den Betrieb von Leitungen zur unmittelbaren Versorgung von Letztverbrauchern im Gemeindegebiet gegen Zahlung von Konzessionsabgaben. Handelt es sich bei diesen Leitungen um solche, die zu einem Energieversorgungsnetz der allgemeinen Versorgung i.S.d. § 3 Nr. 17 EnWG gehören, handelt es sich um einen qualifizierten Wegenutzungsvertrag oder Konzessionsvertrag i.S.d. § 46 Abs. 2 EnWG. 79

Der Inhalt des Konzessionsvertrages nach geltendem Recht unterscheidet sich von denjenigen nach altem Recht erheblich. Denn über ihn wird heute nicht mehr der **allgemeine Versorger** i.S.d. § 10 EnWG 1998 im betreffenden Gemeindegebiet bestimmt.[51] Nach geltendem Recht wird über den Konzessionsvertrag nur noch der zur **allgemeinen Anschlusspflicht** nach § 18 EnWG verpflichtete Netzbetreiber bestimmt, nicht dagegen das zur allgemeinen Versorgung verpflichtete Versorgungsunternehmen, das in der Gesetzessprache **Grundversorger** heißt. 80

Der Konzessionsnehmer hat als Betreiber des Energieversorgungsnetzes der allgemeinen Versorgung von Letztverbrauchern im Gemeindegebiet nach § 18 Abs. 1 EnWG (nur noch) **allgemeine Bedingungen** für den Netzanschluss von Letztverbrauchern in Niederspannung oder Niederdruck und für die **Anschlussnutzung** durch Letztverbraucher zu veröffentlichen sowie zu diesen Bedingungen **jedermann** an sein Energieversorgungsnetz **anzuschließen** und die **Nutzung** des Anschlusses zur Entnahme von Energie zu gestatten. 81

Dagegen besteht seitens des Konzessionsnehmers aufgrund der konzessionsvertraglichen Beziehung keine entsprechende **Verpflichtung** hinsichtlich der Allgemeinen Versorgung mit Energie, wie es noch § 10 EnWG 1998 vorgesehen hatte. Die allgemeine Pflicht zur Versorgung der Haushaltskunden, d.h. die **Grundversorgungspflicht**, obliegt nach § 36 EnWG dem Grundversorger. 82

Die Herausnahme der allgemeinen (Grund-)Versorgungspflicht aus dem Konzessionsvertrag ist Folge der in den sog. **EU-Beschleunigungsrichtlinien** Strom[52] und Gas[53] zwingend vorgegebenen **Entflechtung** des Netzbetriebs von den übrigen Be- 83

---

51 In der Literatur wurde unter der Geltung des EnWG 1998 teilweise die Versorgungsbezogenheit der Konzession nach § 13 Abs. 2 verneint. So insb. *Erman*, RdE 2003, 171, 174; ders., et 2005, 272; ähnlich *Kermel*, RdE 2005, 153, 156f.

52 RL 2003/54/EG des EP und des ER v. 26.6.2003 über gemeinsame Vorschriften für den Elektrizitätsbinnenmarkt und zur Aufhebung der RL 96/92/EG (ABl. Nr. L 176, S. 37).

53 RL 2003/55/EG des EP und des ER v. 26.6.2003 über gemeinsame Vorschriften für den Erdgasbinnenmarkt und zur Aufhebung der RL 98/30/EG (ABl. Nr. L 176, S. 57).

reichen wie beispielsweise dem Versorgungsbereich: Um einen effizienten und nichtdiskriminierenden Netzzugang zu gewährleisten, sollen die Netze durch unterschiedliche **Rechtspersonen** betrieben werden, wenn vertikal integrierte Unternehmen bestehen.[54] Rechtsform, Organisation und Entscheidungsgewalt des Netzbetreibers sollen nach dem gemeinschaftsrechtlichen Versorgungskonzept von den übrigen Tätigkeitsbereichen **unabhängig** sein. Versorgung und Netzbetrieb werden also getrennt.

84 Der deutsche Gesetzgeber hat diese Entflechtungsvorgaben der EU-Beschleunigungsrichtlinien in den §§ 6 ff. EnWG umgesetzt. So haben vertikal integrierte EVU nach § 7 EnWG sicherzustellen, dass mit ihnen verbundene Netzbetreiber hinsichtlich ihrer **Rechtsform** unabhängig von anderen Tätigkeitsbereichen der Energieversorgung sind. Nach § 8 EnWG haben vertikal integrierte Unternehmen und rechtlich selbständige Betreiber von Energienetzen, die mit vertikal integrierten EVU verbunden sind, die **Unabhängigkeit** ihrer Netzbetreiber hinsichtlich der Organisation, der Entscheidungsgewalt und der Ausübung des Netzgeschäfts sicherzustellen.

85 Darüber hinaus verlangt die **Beschleunigungsrichtlinie Strom** von den Mitgliedstaaten die Schaffung eines **Grundversorgers**, indem es sie verpflichtet, dafür Sorge zu tragen,

> „... dass alle Haushaltskunden über eine Grundversorgung verfügen, also das Recht auf Versorgung mit Elektrizität einer bestimmten Qualität zu angemessenen [...] Preisen haben ...".[55]

86 Entsprechend sehen §§ 36 f. EnWG die Bestimmung eines **Grundversorgers** und eine Verpflichtung zur Belieferung von Haushaltskunden zu allgemeinen Bedingungen und allgemeinen Preisen vor.

87 Ist Gegenstand des Konzessionsvertrages nach § 46 EnWG nur (noch) das **Wegenutzungsrecht**, nicht dagegen (mehr) ein Versorgungsrecht, kann die Gemeinde über den Konzessionsvertrag auch nicht (mehr) festlegen, wer im Gemeindegebiet die Grundversorgung durchführt. Anders als bisher hat der Gesetzgeber im EnWG 2005 sowohl den Inhalt der Grundversorgungspflicht geregelt als auch, wie der Grundversorger bestimmt wird. Diese in § 36 EnWG enthaltenen Regelungen schließen es aus, den Grundversorgerstatus vertraglich **abweichend** einem anderen Unternehmen zukommen zu lassen.

---

54 Vgl. Erwägungsgrund (8) und Art. 10 und 15 der RL 2003/54/EG für Übertragungs- und Stromverteilernetzbetreiber; Erwägungsgrund (10) und Art. 9 und 13 der RL 2003/55/EG für Fernleitungs- und Gasverteilernetzbetreiber.

55 Art. 3 Abs. 3 S. 1 RL 2003/54/EG.

b) Inhalt und Grenzen der Grundversorgungspflicht

Nach § 36 Abs. 1 EnWG obliegt dem Grundversorger die **Pflicht**, für Netzgebiete, in denen er die Grundversorgung von Haushaltskunden durchführt, **Allgemeine Bedingungen** und **Allgemeine Preise** für die Versorgung in Niederspannung oder Niederdruck öffentlich bekannt zu geben und im Internet zu veröffentlichen und zu diesen Bedingungen und Preisen jeden **Haushaltskunden** zu versorgen. Die Pflicht zur Grundversorgung besteht nicht, wenn die Versorgung für das EVU aus **wirtschaftlichen** Gründen nicht zumutbar ist. 88

Die Regelung beinhaltet eine sondergesetzlich geregelte privatrechtliche Vertragsabschlusspflicht, d.h. einen **Kontrahierungszwang** zu Lasten des EVU.[56] Der Kontrahierungszwang begründet ein gesetzliches Schuldverhältnis, dass allerdings nur die Pflicht zum **Abschluss eines Versorgungsvertrags** nach den allgemeinen Regeln des Zivilrechts, nicht dagegen die Pflicht zur unmittelbaren Leistung durch Vorhaltung und Lieferung von Energie auslöst.[57] Der Pflicht des EVU auf Versorgung entspricht auf Seiten des Haushaltskunden der **Anspruch** auf Abschluss eines Versorgungsvertrages. 89

Eine besondere Form für den Abschluss von Grundversorgungsverträgen ist nicht vorgesehen. Der Vertrag soll **in Textform** nach § 126b BGB abschlossen werden (§ 2 Abs. 1 S. 1 StromGVV/GasGVV). Er kann aber auch auf andere Weise, etwa **mündlich** oder **durch Entnahme von Energie** aus dem Verteilungsnetz zustande kommen.[58] 90

aa) Haushaltskunden

Während der allgemeinen Versorgungspflicht nach § 10 EnWG 1998 Tarifkunden unterfielen, sind Anspruchsberechtigte der Grundversorgung nach § 36 EnWG Haushaltskunden. **Haushaltskunden** sind nach § 3 Nr. 22 EnWG: 91

> „Letztverbraucher, die Energie überwiegend für den Eigenverbrauch im Haushalt oder für den einen Jahresverbrauch von 10.000 kWh nicht übersteigenden Eigenverbrauch für berufliche, landwirtschaftliche oder gewerbliche Zwecke kaufen".[59]

Der Begriff „Haushaltskunde" hat seine Grundlage in den bereits genannten EU-Beschleunigungsrichtlinien Strom und Gas aus dem Jahr 2003. So werden die Mitgliedstaaten in Art. 3 Abs. 3 der Beschleunigungsrichtlinie Strom verpflichtet, jedenfalls allen Haushaltskunden eine Grundversorgung zur Verfügung zu stellen. 92

56 Hempel/Franke/*Hempel*, § 36 EnWG Rn 36.
57 Hempel/Franke/*Hempel*, § 36 EnWG Rn 36.
58 Zu den Einzelheiten vgl. Hempel/Franke/*Hempel*, § 36 EnWG Rn 39 ff.
59 Zur Bedeutung des Begriffs des Haushaltskunden für die konzessionsabgabenrechtliche Einordnung als Tarifkunde im Gasbereich s. u. Kap. 10 Rn 17.

Haushaltskunden sind danach alle Kunden, die Elektrizität oder Gas für den **Eigenverbrauch** im Haushalt kaufen, dies schließt gewerbliche und berufliche Tätigkeiten nicht mit ein.[60] Auch in der Beschleunigungsrichtlinie Gas ist nur die Rede davon, dass die Mitgliedstaaten für einen **angemessenen Schutz** schutzbedürftiger Kunden zu sorgen haben.[61]

93 Der bundesdeutsche Gesetzgeber hat sich demgegenüber für ein **einheitliches Schutzniveau** für Haushaltskunden im Strom- und Gasbereich entschieden. Darüber hinaus hat er von der Möglichkeit Gebrauch gemacht, den Schutzbereich der Grundversorgung auch auf andere als im Gemeinschaftsrecht definierte Haushaltskunden auszuweiten.[62] Neben den Abnehmern für private Zwecke (1. Alt.) wurden auch solche Abnahmeverhältnisse mit einbezogen, die Energie für **nicht private Zwecke** (2. Alt) abnehmen.

94 In beiden Alternativen muss es sich um **Letztverbraucher** handeln, die über ein Netz der allgemeinen Versorgung versorgt werden. Als Letztverbraucher kommen alle natürlichen und juristischen Personen unabhängig von ihrer Gesellschaftsform in Betracht (§ 3 Nr. 25 EnWG). Hiervon abzugrenzen sind **weiterverteilende Kunden** oder **Energiehändler**. Auch muss die Versorgung über ein Versorgungsnetz der **allgemeinen Versorgung** erfolgen, um einen Anspruch auf Grundversorgung zu begründen, wie sich aus § 36 Abs. 1 S. 1 EnWG ergibt. So gelten, wie der Gesetzgeber ausdrücklich geregelt hat, die Regelungen über die Grundversorgungspflicht nicht für **geschlossene Verteilernetze** i.S.d. § 110 EnWG.[63]

95 Haushaltskunden sind zum einen diejenigen Letztverbraucher, die die Energie überwiegend zum **Eigenverbrauch** im Haushalt verwenden. Ein Eigenverbrauch zu anderen Zwecken schadet nicht, soweit er den Privatverbrauch nicht übersteigt.[64] Für diese Haushaltskunden hat der Gesetzgeber keine **Abnahmemengen** festgelegt, deren Überschreitung zum Ausscheiden aus der Grundversorgung führt. Energie, die überwiegend für den privaten Verbrauch im Haushalt bezogen wird, unterfällt also der Grundversorgung unabhängig von dem Jahresverbrauch.

96 Demgegenüber sieht das Gesetz für Letztverbraucher, die die Energie für berufliche, landwirtschaftliche oder gewerbliche Zwecke gebrauchen, eine maximale **Abnahmemenge** von **10.000 kWh** vor. Deren Überschreitung führt dazu, dass bezogen auf die Gesamtmenge der für den Eigenverbrauch für berufliche, landwirtschaftliche oder gewerbliche Zwecke bezogenen Energie kein Anspruch auf Grundversorgung besteht.[65]

---

60 Art. 2 Nr. 10 der Beschleunigungsrichtlinie Strom.

61 Art. 3 Abs. 3 der Beschleunigungsrichtlinie Gas.

62 Vgl. BerlK-EnR/*Busche*, § 36 EnWG Rn 9.

63 Vgl. § 36 Abs. 4 EnWG.

64 BerlK-EnR/*Busche*, § 36 EnWG Rn 11.

65 Hempel/Franke/*Hempel*, § 36 EnWG Rn 78.

bb) Versorgung zu Allgemeinen Bedingungen und Preisen

Die Pflicht zur Versorgung nach § 36 EnWG besteht nur zu Allgemeinen Bedingungen und Preisen. Eine Versorgungspflicht zu **Sonderkonditionen** und dementsprechend einen Anspruch auf Gewährung von Bedingungen und Preisen, die von den allgemeinen Bedingungen und Preisen abweichen, wird durch § 36 EnWG nicht begründet.[66] 97

Allgemeine Bedingungen in diesem Sinne sind die §§ 2 bis 23 StromGVV bzw. 98
GasGVV vom 26.10.2006. Der Verordnungsgeber hat insoweit von der in § 39 Abs. 2 EnWG vorgesehenen **Verordnungsermächtigung** Gebrauch gemacht. Neben den auf dem Verordnungswege erlassenen Allgemeinen Bedingungen können die EVU auch eigene (ergänzende) Bedingungen erlassen, soweit die Verordnungen dafür Spielraum geben.[67]

Keinen Gebrauch gemacht hat der Verordnungsgeber dagegen von der Verord- 99
nungsermächtigung des § 39 Abs.1 EnWG für die Gestaltung **der Allgemeinen Preise**. Für den Strombereich blieb bis zum 1.7.2007 die BTOElt in Kraft.[68] Mit Außerkrafttreten der BTOElt findet eine **ex-ante Prüfung** der einseitig von den EVU festgelegten allgemeinen Preise für die Grundversorgung (und auch für die Ersatzversorgung) nicht statt. Eine Preiskontrolle kommt hier in der Regel nur über die kartellrechtliche Missbrauchsaufsicht in Betracht. Hier ist insbesondere die Regelung in § 29 GWB[69] zu nennen, durch die die **Preismissbrauchsaufsicht** im Energiebereich verschärft worden ist. Daneben kommt eine zivilrechtliche **Billigkeitskontrolle** der von den EVU geforderten allgemeinen Preise auf der Grundlage von § 315 BGB in Betracht.

Die allgemeinen Preise und Bedingungen sind **öffentlich** bekannt zu geben und 100
im **Internet** zu veröffentlichen. Dabei bezieht sich diese Pflicht nicht auf die im Verordnungswege erlassenen Allgemeinen Bedingungen (StromGVV/GasGVV), da diese im Bundesgesetzblatt veröffentlicht worden sind, sondern auf die **eigenen** (ergänzenden) Bedingungen des **Grundversorgers.**[70]

cc) Niederspannung/Niederdruck

Die in § 36 EnWG statuierte Grundversorgungspflicht besteht nach wie vor nur in der 101
Versorgung in Niederspannung (Strom) bzw. in Niederdruck (Gas).

---

66 BerlK-EnR/*Busche*, § 36 EnWG Rn 6.

67 S. hierzu im Einzelnen BerlK-EnR/*Busche*, § 39 EnWG, §§ 1 StromGVV/GasGVV Rn 3.

68 Art. 5 Abs. 3 Zweites EnWR-NRG.

69 Eingefügt durch das Gesetz zur Bekämpfung von Preismissbrauch im Bereich der Energieversorgung und des Lebensmittelhandels vom 18.12.2007, BGBl. I S. 2966.

70 Hempel/Franke/*Hempel*, § 36 EnWG Rn133 ff.

dd) Wirtschaftliche Zumutbarkeit

102 Das Gesetz sieht in § 36 Abs. 1 S. 2 EnWG eine **Ausnahme** von der Grundversorgungspflicht vor. Danach besteht die Pflicht zur Grundversorgung dann nicht, wenn die Versorgung für das EVU aus **wirtschaftlichen Gründen** nicht zumutbar ist. Diese Ausnahmeregelung ist unter dem Gesichtspunkt des **Verhältnismäßigkeitsgrundsatzes** deshalb geboten, weil die Grundversorgungspflicht in die verfassungsrechtlich geschützte Vertragsfreiheit eingreift.[71]

103 Anknüpfungspunkt für das Freiwerden von der Grundversorgungspflicht ist, wie bereits nach § 10 Abs. 1 S. 2 EnWG 1998, die wirtschaftliche **Unzumutbarkeit** der Energielieferung. Dabei ist als Maßstab die wirtschaftliche Unzumutbarkeit isoliert für das jeweilige Versorgungsverhältnis zu ermitteln und nicht die Auswirkungen des Einzelgeschäfts auf die Rentabilität des Grundversorgers zu betrachten.[72] Abzuwägen ist dabei das **Allgemeininteresse** an einer Sicherstellung der Grundversorgung für eine möglichst große Zahl potenziell zur Grundversorgung berechtigter Personen gegen das **Individualinteresse** des Grundversorgers, solche Abnehmer von der Grundversorgung auszuschließen, die hohe Risiken darstellen. Nicht jede wirtschaftlich ungünstige Abweichung von dem in den allgemeinen Preisen und Bedingungen verkörperten „Normalabnahmeverhältnis" kann insoweit bereits zu einem Freiwerden von der Grundversorgungspflicht führen. Es muss tatsächlich eine **erhebliche** Abweichung von den typisierten Verhältnissen vorliegen, die es rechtfertigt, dass das Allgemeininteresse an einer Grundversorgung dem Individualinteresse des Grundversorgers weicht.[73]

104 Gründe für die wirtschaftliche Unzumutbarkeit können dabei sowohl in der Person des Grundversorgungsberechtigten (z. B. Zahlungsunfähigkeit) als auch in dem Abnahmeverhältnis (z. B. unzureichende Dimensionierung von Leitungsverbindungen) liegen.[74]

ee) Weitere Einschränkungen von der Grundversorgungspflicht

105 Eine weitere Einschränkung von der Grundversorgungspflicht ist in § 37 EnWG geregelt für den Fall, dass der Energieabnehmer eine Eigenanlage zur Energieerzeugung betreibt oder sich von einem Dritten versorgen lässt.

---

71 Hempel/Franke/*Hempel*, § 36 EnWG Rn 155.

72 BerlK-EnR/*Busche*, § 36 EnWG Rn 20 m. z. N.; zu § 10 Abs. 1 S. 2 EnWG 1998, BGH WuW/E/BGH 1648, 1649 „Braunlage"; *Büdenbender*, Rn 793.

73 KG RdE 1997, 239, 244; AG Hamburg RdE 1987, 148, 149, BerlK-EnR/*Busche*, § 36 EnWG Rn 20.

74 Zu den verschiedenen Gründen s. ausführlich Hempel/Franke/*Hempel*, § 36 EnWG Rn 158 ff.

c) Feststellung des Grundversorgers im Gemeindegebiet

Wem die Grundversorgungspflicht obliegt, ist in § 36 Abs. 2 EnWG geregelt. Grundversorger i.S.d. Abs. 1 ist jeweils das EVU, das die **meisten** Haushaltskunden in einem Netzgebiet der allgemeinen Versorgung beliefert. Zunächst umstritten war, was das Netzgebiet der allgemeinen Versorgung ist. Das Gesetz selbst definiert dies nicht. Vor diesem Hintergrund wurde für die Bestimmung dieses Gebietes teilweise auf das Konzessionsgebiet, teilweise auf das jeweils zusammenhängende Netzgebiet abgestellt. Diese Uneinigkeit wurde in der Zwischenzeit allerdings zugunsten des **Konzessionsgebietes** entschieden. So haben das BMWi und die Aufsichtsbehörden in einem gemeinsamen Schreiben klargestellt, dass nach ihrer Auffassung bei der Bestimmung des Netzgebietes der allgemeinen Versorgung nach § 36 Abs. 2 S. 1 EnWG grundsätzlich vom jeweiligen **Konzessionsgebiet** auszugehen ist, weil die allgemeine Versorgung von Letztverbrauchern i.S.d. § 18 Abs. 1 EnWG typischerweise auf der Grundlage eines Konzessionsvertrages erfolgt.[75] 106

Festgestellt wird der Grundversorger alle drei Jahre jeweils zum 1.7., erstmals zum 1.7.2006 für die nächsten **drei Kalenderjahre** durch den jeweiligen Betreiber des Energieversorgungsnetzes der allgemeinen Versorgung. Er hat die Feststellung des Grundversorgers bis zum 30.9. des Jahres im **Internet** zu veröffentlichen und der nach Landesrecht zuständigen Behörde schriftlich mitzuteilen. Über **Einwände** gegen das Ergebnis der Feststellungen, die bis zum 31.10. des jeweiligen Jahres bei der nach Landesrecht zuständigen Behörde einzulegen sind, entscheidet diese nach Maßgabe der Sätze 1 und 2. 107

Wird der Grundversorger für einen 3-Jahreszeitraum festgestellt, stellt sich die Frage, was geschieht, wenn der Grundversorger **während** der drei Jahre, für die sein Status festgestellt worden ist, seine **Geschäftstätigkeit** einstellt. In einem solchen Fall gelten nach dem Gesetz (§ 36 Abs. 2 S. 4 EnWG) die Sätze 2 und 3 entsprechend. Damit meint der Gesetzgeber offensichtlich, dass durch den Betreiber des Energieversorgungsnetzes der allgemeinen Versorgung nach diesen Regelungen, ein neuer Grundversorger festzustellen ist, ohne an die dort genannten Termine gebunden zu sein.[76] Hierdurch soll ein Zustand ohne Grundversorger vermieden werden. 108

d) Folgen des Wechsels des Grundversorgers

Schließlich regelt § 36 Abs. 3 EnWG, was im Falle des **Wechsels** eines Grundversorgers infolge einer Feststellung nach § 36 Abs. 2 EnWG mit den bestehenden **Lieferverhältnissen** mit Haushaltskunden in der Grundversorgung geschieht: 109

75 Schreiben des BMWi und der Aufsichtsbehörden v. 15.2.2007.
76 BerlK-EnR/*Busche*, § 36 EnWG Rn 37.

„Im Falle eines Wechsels des Grundversorgers infolge einer Feststellung nach Absatz 2 gelten die von Haushaltskunden mit dem bisherigen Grundversorger auf der Grundlage des Absatzes 1 geschlossenen Energielieferverträge zu den im Zeitpunkt des Wechsels geltenden Bedingungen und Preisen fort".

110 Aus dieser Formulierung geht nicht zweifelsfrei hervor, ob diese Verträge unverändert mit dem alten oder dem neuen Grundversorger fortgelten. Schaut man allerdings in die Gesetzesbegründung, wird deutlich, dass die Vertragsverhältnisse mit dem **bisherigen** Grundversorger unverändert fortgelten. So heißt es dort:

„Absatz 3 stellt klar, dass im Falle eines Übergangs der Verpflichtung zur Grundversorgung nach Absatz 2 auf ein anderes EVU die mit dem bisherigen Grundversorger geschlossenen Lieferverträge nicht auf den neuen Grundversorger übergehen, sondern unverändert mit dem bisherigen Vertragspartner fortbestehen. Die Möglichkeit zur Kündigung des Vertrages bleibt unberührt".[77]

e) Zulässigkeit von § 36 Abs. 2 EnWG abweichenden vertraglichen Vereinbarungen?

111 Ausweislich der Regelungen in §§ 36 und 46 EnWG ist die Aufgabe der **Gemeinden** auf die **Auswahl** des Betreibers des Energieversorgungsnetzes der allgemeinen Versorgung beschränkt. Zwar wurde im Gesetzgebungsverfahren vom Bundesrat der Vorschlag eingebracht, den Gemeinden das Bestimmungsrecht für den Grundversorger zumindest in den Fällen zu gewähren, in denen Versorgungsgebiet und Gemeindegebiet identisch sind.[78] Ausweislich der Gegenäußerung der Bundesregierung vom 28.10.2004 zu der Stellungnahme des Bundesrates wurde dieser Vorschlag jedoch abgelehnt. Zur Begründung wurde ausgeführt:

„Auch teilt die Bundesregierung die Auffassung des Bundesrates nicht, wonach es sich bei der konkreten Feststellung des Grundversorgers zwingend um eine hoheitliche Tätigkeit handele. Die Gemeinden nehmen ihre Infrastrukturverantwortung in der Regel durch die Auswahl des Betreibers des allgemeinen Versorgungsnetzes im privatrechtlichen Wegenutzungsvertrag wahr. Die Ausgestaltung der vertraglichen Lieferbeziehungen in der Grundversorgung gehört spätestens seit der Liberalisierung nicht zum von der Verfassung geschützten Kernbestand der gemeindlichen Selbstverwaltung."[79]

112 Den Gemeinden ist folglich das **Bestimmungsrecht** darüber, wer in ihrem Gemeindegebiet **Grundversorger** ist, durch Gesetz entzogen worden. Dementsprechend können die Gemeinden in Konzessionsverträgen den Vertragspartner auch nicht verpflichten, die **Lieferverhältnisse** mit Haushaltskunden in der Grundversorgung nach Ablauf des Konzessionsvertrages auf den neuen Konzessionsnehmer zu **übertragen**.

77 BT-Drucks. 15/3917, S. 66.
78 BT-Drucks. 15/3917, S. 89 li. Sp.
79 BT-Drucks. 15/4068, S. 7 li. Sp; so ausdrücklich auch *Scholtka*, NJW 2005, 2421, 2426.

Der **Grundversorgerstatus** ergibt sich allein aus dem Vorliegen der Voraussetzungen des § 36 Abs. 2 EnWG. Eine Übertragung des Grundversorgerstatus aufgrund einer vertraglichen Verpflichtung kommt im Hinblick auf die mit der Grundversorgereigenschaft verbundenen Pflichten nicht in Betracht.[80]

Gegen die Zulässigkeit einer solchen abweichenden vertraglichen Vereinbarung spricht auch die Regelung in § 36 Abs. 3 EnWG, wonach bei einem Wechsel des Grundversorgers die **bestehenden Verträge** unverändert mit dem alten Grundversorger fortgelten. Der Haushaltskunde kann entscheiden, ob er das Vertragsverhältnis mit dem alten Versorger fortsetzt oder kündigt und mit dem neuen Grundversorger einen neuen Vertrag schließt. Bei der Vorschrift des § 36 Abs. 3 EnWG handelt es sich um eine **Schutzvorschrift** zugunsten des Haushaltskunden. Diese Schutzvorschrift schließt es jedoch gerade aus, durch Vereinbarungen in Konzessionsverträgen zwischen Kommune und EVU abweichende Regelungen zu treffen, durch die die Rechte der nicht am Vertrag beteiligten Haushaltskunden tangiert werden. 113

Aber auch die bereits genannten **Entflechtungsbestimmungen** im EnWG lassen für eine solche Vereinbarung keinen Raum. Aufgrund der rechtlichen und operationellen Entflechtung wird der Vertragspartner des Konzessionsvertrages ebenso wenig wie der im Gesetz genannte bisherige Nutzungsberechtigte tatsächlich in der Lage sein, die regelmäßig mit einem anderen Unternehmen bestehenden Lieferverhältnisse auf das neue EVU zu übertragen. Der bisherige Vertragspartner der Gemeinde bzw. der bisherige Nutzungsberechtigte wird in den meisten Fällen nicht mit dem Unternehmen identisch sein, das den **Grundversorgerstatus** inne und die Lieferverträge mit den Haushaltskunden geschlossen hat. 114

Ist danach eine vertragliche Regelung im Konzessionsvertrag, mit der sich der Vertragspartner der Gemeinde verpflichtet, die Haushaltskundenverhältnisse nach Ablauf des Konzessionsvertrages dem neuen EVU zu übertragen, nicht zulässig, ergibt sich hieraus auch, dass die im Gesetz zugunsten des neuen EVU, bei dem es sich häufig um den unmittelbaren Vertragspartner der Gemeinde handeln wird, formulierte **Übertragungspflicht** nicht die Lieferverhältnisse mit Haushaltskunden in der Grundversorgung erfasst. 115

80 So auch die Auffassung des BMWi sowie der Aufsichtsbehörden der Länder wiedergegeben in einem Schreiben v. 15.2.2007.

Praxistipp

Da der Grundversorger im jeweiligen Gemeindegebiet nicht über den Konzessionsvertrag von der Gemeinde bestimmt werden kann, kann die Gemeinde im Konzessionsvertrag auch keine Verpflichtung des Vertragspartners regeln, nach Beendigung des Vertrags die Lieferverhältnisse in der Grundversorgung auf das neue EVU zu übertragen. Dies gilt über § 113 EnWG auch für Altverträge. Es sollte daher im Einzelfall überlegt werden, die Altverträge klarstellend entsprechend anzupassen und die vertraglich vorgesehene Verpflichtung zur Übertragung der Kundenverhältnisse zu streichen.

f) Folgen der §§ 36 und 46 EnWG für Altkonzessionsverträge

116 Unter der Geltung des EnWG 2005 ist die Frage, ob von der **Übertragungspflicht** des § 46 Abs. 2 S. 2 EnWG auch die **Tarifkundenverhältnisse** erfasst werden, als geklärt zu betrachten. Aufgrund der im Gesetz eindeutig geregelten Unabhängigkeit der Feststellung des Grundversorgers vom Konzessionsvertrag nach dem EnWG 2005 wird niemand mehr die Auffassung vertreten (können), dass mit Übertragung der Verteilungsanlagen auch die Tarifkundenverhältnisse übertragen werden (müssen).[81] Streit besteht hier allerdings noch in den Fällen der **Altverträge**, die bereits vor Inkrafttreten des EnWG 1998 bzw. des EnWG 2005 abgelaufen waren und eine entsprechende vertragliche Verpflichtung zur Übertragung der Kundenverhältnisse beinhalten.

117 Es gilt daher, im Folgenden der Frage nachzugehen, ob zumindest in den Fällen, in denen dies in den Konzessionsverträgen, die vor Inkrafttreten des EnWG 2005 geschlossen wurden, entsprechend vertraglich geregelt wurde, ein solches Recht der Gemeinden noch geltend gemacht werden kann. So finden sich in einigen dieser **Altverträge** Vereinbarungen, nach denen der Konzessionsnehmer **verpflichtet** ist, mit Übergang der Versorgungsanlagen auch die **Tarifkundenverhältnisse** zu übertragen.

118 Hierfür könnte § 113 EnWG sprechen, wonach im Zeitpunkt des Inkrafttretens des 2. NeuregelungsG laufende Konzessionsverträge insoweit („im Übrigen") unberührt bleiben, als sie nicht durch § 36 oder § 46 EnWG eine Änderung erfahren. Die Formulierung, wonach die Wegenutzungsverträge unter anderem *„unbeschadet ihrer Änderung durch §§ 36 [. . .] im Übrigen unberührt bleiben"* könnte allerdings auch dafür sprechen, dass die Herausnahme der Grundversorgung aus dem Regelungsgegenstand des Konzessionsvertrages auch Auswirkungen auf die vertragliche Endschaftsbestimmung im Altkonzessionsvertrag hat.

81 So auch *Klemm*, CuR 2007, 44, 47; allerdings werden im Rahmen von Netzübernahmen die Übertragung von Kundenverhältnissen gleichwohl von einigen Beratern der das Netz übernehmenden EVU noch verlangt.

Der **BGH** hat sich in zwei Entscheidungen vom 29.9.2009 mit der Regelung in § 113 EnWG auseinandergesetzt.[82] Dabei hatte sich der **BGH** mit dem Verhältnis der vertraglichen Endschaftsbestimmung zur gesetzlichen Regelung auseinanderzusetzen, um zu klären, ob die in den vertraglichen Endschaftsbestimmungen geregelte Eigentumsübertragungspflicht fortgilt. Der **BGH** hat insoweit entschieden, dass weder die Einführung des gesetzlichen Überlassungsanspruchs durch § 13 Abs. 2 S. 2 EnWG 1998 noch die Übernahme dieser Regelung in § 46 Abs. 2 S. 2 EnWG 2005 Auswirkungen auf die vertraglichen Endschaftsbestimmungen habe.[83] Dass in § 113 EnWG 2005 von einer „Änderung durch § 46" gesprochen werde, ändere hieran nichts. Dies finde seine Erklärung darin, *„dass der Konzessionsvertrag nach § 46 Abs. 2 EnWG im Gegensatz zu früherem Recht (§ 13 Abs. 2 i. V. mit § 10 Abs. 1 EnWG 1998) keine Grundversorgungspflicht mehr enthält; diese wurde nach § 36 EnWG im Zuge der Entflechtungsbestimmungen demjenigen Energieversorgungsunternehmen zugewiesen, das die meisten Haushaltskunden im Netzgebiet versorgt"*.[84] 119

Auch wenn der **BGH** über eine andere Rechtsfrage entschieden hat, könnte aus den vorstehenden Aussagen des **BGH** durchaus abgeleitet werden, dass auch er eine aus einem Altkonzessionsvertrag abgeleitete Tarifkundenüberlassungspflicht aufgrund der Klarstellung in § 113 EnWG verneint. Für dieses Ergebnis spricht im Übrigen auch der Umstand, dass andernfalls § 36 EnWG umgangen werden könnte. Über eine Fortgeltung der vertraglich begründeten Pflicht zur Übertragung der Lieferkundenverhältnisse auf den neuen Konzessionsvertragspartner würde die Grundversorgungspflicht ggf. auf ein Unternehmen verlagert werden, das nach dem Gesetz nicht als Grundversorger vorgesehen ist. 120

Praxistipp
Zur Vermeidung zukünftiger Streitigkeiten sollte im Einzelfall erwogen werden, im Vertrag eine klarstellende Regelung aufzunehmen, dass Lieferverhältnisse von der Übertragungspflicht nicht erfasst werden. i

g) Ersatzversorgung

Im Zusammenhang mit der Grundversorgung sollen zur Abrundung im Folgenden noch einige kurze Anmerkungen zu der sog. **Ersatzversorgung** gemacht werden, auch wenn diese keinen unmittelbaren Bezug zu den konzessionsvertraglichen Themen hat. 121

---

82 S. hierzu Kap. 6 Rn 43 ff.
83 BGH, Urt. v. 29.9.2009 – EnZR 15/08 Rn 16 ff. –.
84 BGH, Urt. v. 29.9.2009 – EnZR 15/08 Rn 18 –.

122 Nach § 38 Abs. 1 EnWG gilt in den Fällen, in denen Letztverbraucher über das Energieversorgungsnetz der allgemeinen Versorgung in Niederspannung oder Niederdruck Energie beziehen, ohne dass dieser Bezug einer Lieferung oder einem bestimmten Liefervertrag zugeordnet werden kann, die Energie als von dem Unternehmen geliefert, das nach § 36 Abs. 1 EnWG berechtigt und verpflichtet ist.

123 Mit dieser Regelung hat der Gesetzgeber den infolge der Liberalisierung aufgetretenen Konflikt gelöst, wer im Zweifel **Lieferant** der Energie ist. Denn während zu Monopolzeiten unabhängig vom Vorliegen eines schriftlichen Vertrages nur ein EVU in einem bestimmten Netzgebiet der Lieferant sein konnte, änderte sich dies mit der Öffnung des Energiemarktes. Im Falle der **Tarifkundenbelieferung** war diese Frage aufgrund der Regelung in § 2 Abs. 2 AVBEltV a.F. bzw. § 2 Abs. 2 AVBGasV a.F. relativ einfach zu beantworten. Danach konnte der Vertrag mit dem allgemeinen Versorger dadurch zustande kommen, dass die Energie durch den Letztverbraucher aus dem Netz entnommen wurde. Es bedurfte daher im Tarifkundenbereich nicht eines ausdrücklich geschlossenen schriftlichen Vertrages. Ein solcher kam bereits durch die tatsächliche Entnahme aus dem Netz zustande.

124 Anders verhielt es sich dagegen, wenn der Kunde einen **Sondervertrag** abgeschlossen hatte und der Lieferant dieses Sonderkunden ohne Wissen des Kunden aus der Versorgung wegbrach, d.h. wenn der Lieferant die Lieferung beendete, z.B. wegen Insolvenz, der Kunde aber weiterhin Energie aus dem Netz entnahm und dabei davon ausging, er werde noch vom bisherigen Lieferanten beliefert. Hier stellte sich die Frage, wer nun sein **Vertragspartner** war und zu welchen Konditionen er beliefert wurde.

125 Der mit dieser Rechtsfrage mehrfach betraute **BGH** verneinte den konkludenten Abschluss eines Energieliefervertrages durch Entnahme des von dem Netzbetreiber zur Verfügung gestellten Stroms, wenn der Abnehmer mit einem Dritten einen Stromlieferungsvertrag geschlossen hat und weder weiß noch wissen muss, dass der Dritte ihn nicht mehr mit Energie beliefert.[85] Der **BGH** griff daher auf die gesetzlich geregelte **Geschäftsführung ohne Auftrag** zurück, die einen Aufwendungsersatzanspruch in Höhe der bestehenden allgemeinen Tarifpreise auslöst, allerdings u.U. vermindert um einen **Schadenersatzanspruch**, den der Kunde hat, wenn er von dem allgemeinen Versorger nicht darauf hingewiesen wurde, dass der Energiebezug nicht zur Erfüllung des Vertrages mit dem ursprünglichen Lieferanten geschah. Der Schaden besteht im **Preisunterschied** zwischen dem ursprünglichen Preis, den der Letztverbraucher an den Lieferanten bezahlte, und dem Tarifpreis.

126 Die seit der Liberalisierung bestehende Lücke hat der Gesetzgeber durch § 38 EnWG mit der Schaffung der Ersatzversorgung geschlossen. Die Vorschrift begründet ein **gesetzliches Schuldverhältnis** zwischen dem Energieabnehmer und dem

85 BGH NJW-RR 2005, 639ff.

Grundversorger,[86] aufgrund dessen der Grundversorger auch von den allgemeinen Preisen abweichende Kosten in Rechnung stellen darf. Diese Kosten dürfen aber die allgemeinen Preise nicht übersteigen, wenn Haushaltskunden die Energie beziehen. Das Rechtsverhältnis **endet spätestens drei Monate** nach dem Beginn der Energielieferung.

Allerdings kann im Hinblick darauf, dass ein Grundversorgungsvertrag nach § 2 127
Abs. 2 StromGVV bzw. GasGVV auch durch tatsächliche Entnahme aus dem Netz der allgemeinen Versorgung zustande kommt, die Abgrenzung von Grund- und Ersatzversorgung problematisch sein.[87] Dementsprechend kommt eine Ersatzversorgung nur in **Ausnahmefällen** in Betracht. So heißt es auch in der amtlichen Begründung zu § 3 der jeweiligen GVV, dass eine Ersatzversorgung nur dann erfolgt, sofern im Fall einer Entnahme von Strom/Gas aus dem Verteilernetz, über das der Grundversorger die Grundversorgung durchführt, ausnahmsweise kein Grundversorgungsvertrag zustande kommt.[88]

Eine Ersatzversorgung kommt jedenfalls in den Fällen in Betracht, in denen der 128
Energieabnehmer kein Haushaltskunde i.S.d. § 3 Nr. 22 EnWG ist und damit keinen Anspruch auf Abschluss eines Grundversorgungsvertrags hat. Von der Ersatzversorgung erfasst werden nämlich nicht nur Haushaltskunden, sondern Letztverbraucher. **Letztverbraucher** sind nach § 3 Nr. 25 EnWG natürliche oder juristische Personen, die Energie für den eigenen Verbrauch kaufen. Der begünstigte **Abnehmerkreis** ist also weiter gezogen als bei der Grundversorgung.

Beispiel

Ein Fall der **Grundversorgung** und nicht der Ersatzversorgung liegt regelmäßig bei einem Energiebezug nach Vertragskündigung ohne Abschluss eines neuen Liefervertrages und Belieferung durch einen dritten Lieferanten vor. Hierin ist ein Vertragsschluss durch schlüssiges Verhalten zu sehen.
Ebenfalls ein Fall der **Grundversorgung** liegt vor bei der Entnahme von Energie durch Letztverbraucher in Niederspannung oder Niederdruck aus dem Netz der allgemeinen Versorgung ohne Abschluss eines wirksamen Liefervertrages. Auch hier wurde ein Vertragsverhältnis durch schlüssiges Verhalten begründet.
Demgegenüber liegt ein Fall der **Ersatzversorgung** in dem Fall vor, dass der Lieferant durch Insolvenz oder aus sonstigen Gründen nicht liefert und der Kunde hiervon keine Kenntnis hat.

---

5. Zulässige Laufzeiten bei Wegenutzungsverträgen

Ob und welche **Laufzeiten** bei Wegenutzungsverträgen im Energiebereich zu beach- 129
ten sind, richtet sich nach der Art des Vertrages.

---

86 BerlK-EnR/*Busche*, § 38 EnWG Rn 1.
87 Vgl. hierzu BerlK-EnR/*Busche*, § 38 EnWG Rn 10ff.
88 BR-Drucks. 306/06, S. 25.

a) Keine ausdrücklichen Vorgaben bei einfachen Wegenutzungsverträgen

130 Das EnWG regelt für einfache Wegenutzungsverträge keine Laufzeitbegrenzung. Insbesondere gilt für diese Verträge nicht die in § 46 Abs. 2 S. 2 EnWG geregelte 20-jährige Laufzeitbegrenzung. Einfache Wegenutzungsverträge können daher auf **unbestimmte** oder auch auf eine **bestimmte** Zeit geschlossen werden. Allerdings dürfte es dem **gesetzlichen Leitbild** entsprechen, einfache Wegenutzungsverträge mit einer unbegrenzten Laufzeit abzuschließen. Dies lässt sich insbesondere aus einem **Umkehrschluss** aus der ausdrücklich gesetzlich geregelten Laufzeitbegrenzung für qualifizierte Wegenutzungsverträge ableiten. Hätte der Gesetzgeber auch einfache Wegenutzungsverträge zeitlich begrenzen wollen, hätte er dies ausdrücklich geregelt bzw. auch diese Verträge der in § 46 Abs. 2 S. 1 EnWG geregelten Laufzeitbegrenzung unterworfen. Folglich geht auch der **Gesetzgeber** von einem unbefristeten Vertragsverhältnis bei einfachen Wegenutzungsverträgen aus.

131 Als **Dauerschuldverhältnis** unterliegt der einfache Wegenutzungsvertrag der in § 314 BGB geregelten **Kündigungsmöglichkeit** aus wichtigem Grund.

b) Laufzeitbegrenzung und deren Bedeutung bei qualifizierten Wegenutzungsverträgen im Energiebereich

132 Demgegenüber unterliegen qualifizierte Wegenutzungsverträge oder Konzessionsverträge der in § 46 Abs. 2 S. 2 EnWG geregelten Laufzeitbegrenzung. Diese Verträge dürfen höchstens für eine **Laufzeit von 20 Jahren** geschlossen werden.

133 Die Laufzeitbegrenzung soll zusammen mit der Verpflichtung zur Übertragung der notwendigen Verteilungsanlagen im Falle des Konzessionswechsels und dem in § 46 Abs. 3 EnWG geregelten Bekanntmachungsverfahren den **Wettbewerb** um Netze sicherstellen, indem zumindest alle 20 Jahre ein Wechsel des Betreibers des Netzes der allgemeinen Versorgung ermöglicht wird.[89]

c) Ist die Laufzeitbegrenzung noch zeitgemäß?

134 Fraglich ist allerdings, ob eine solche Laufzeitbegrenzung heute noch notwendig ist. Dies ist mit Fug und Recht ernsthaft zu bezweifeln.[90]

aa) Hintergrund der Laufzeitbegrenzung

135 Die 1980 eingeführte Laufzeitbegrenzung von Konzessionsverträgen ist vor dem Hintergrund **geschlossener Versorgungsgebiete** und des seinerzeit fehlenden Wettbe-

89 BerlK-EnR/*Wegner*, § 46 EnWG Rn 5, 40; Schneider/Theobald/*Albrecht*, § 6 Rn 67 unter Hinweis auf Gesetzesentwurf der BReg. BT-Drucks. 13/7274, S. 21; OLG Düsseldorf RdE 2008, 287 ff.

90 So auch das BKartA in seinem Tätigkeitsbericht 2009/2010, BT-Drucks. 17/6640, S. 117.

werbs um den Endkunden zu sehen. Durch die Befristung der Konzessionsverträge auf 20 Jahre sollte einer **Erstarrung** der Versorgungsstrukturen entgegengewirkt werden. Im regelmäßigen Abstand von jeweils höchstens 20 Jahren sollte eine echte „Prüfungszäsur“ eintreten. Die Konzessionsvertragspartner sollten völlig frei darüber entscheiden können, ob die Energieversorgung durch den bisherigen Vertragspartner, durch ein anderes Versorgungsunternehmen oder durch die Gemeinde selbst fortgesetzt werden sollte. Folglich zielte die Laufzeitbegrenzung nach § 103a GWB a.F. auf den Schutz des **Wettbewerbs** um die Versorgung der Kunden in den geschlossenen Versorgungsgebieten.[91]

Auch die **Gesetzesmaterialien** belegen, dass die **Laufzeitbegrenzung** auf einen Wettbewerb um die Belieferung von Kunden abzielte. So hielt ausweislich der Materialien zur 4. GWB-Novelle der zuständige Bundestagsausschuss die Laufzeitbegrenzung für geboten, 136

> „um zu verhindern, dass das System der Gebietsmonopole zum Nachteil der Abnehmer erstarrt und nicht mehr flexibel genug ist, auf die versorgungswirtschaftlichen Erfordernisse zu reagieren“.[92]

Die Laufzeitbegrenzung von Konzessionsverträgen nach §§ 103, 103a GWB a.F. zielte folglich darauf ab, die **Versorgungsbedingungen** gegenüber den Letztverbrauchern dadurch zu verbessern, dass zumindest alle 20 Jahre ein Wettbewerb um die geschlossenen Versorgungsgebiete stattfand. Damit diente die Laufzeitbegrenzung dem Schutz des mit Energie zu beliefernden Kunden, nicht dagegen dem Schutz des Netzkunden. Es ging dem Gesetzgeber offensichtlich allein um einen **Wettbewerb im Netz**, nicht dagegen um einen Wettbewerb um das Netz. Dem Lieferkunden sollte in geschlossenen und demarkierten Gebieten zumindest in einem 20 Jahresrhythmus ein **Versorgerwechsel** ermöglicht werden.[93] 137

bb) Notwendigkeit einer Laufzeitbegrenzung im EnWG 1998

Die Befristung der Laufzeit von qualifizierten Wegenutzungsverträgen auf 20 Jahre wurde von § 13 Abs. 2 S. 2 EnWG 1998 übernommen. Dies erstaunt deswegen, weil bereits durch das Verbot ausschließlicher Wege- und Versorgungsrechte sowie durch die Einfügung des Anspruchs auf verhandelten **Netzzugang** in § 6 EnWG 1998 und § 6a EnWG 2003[94] der hinter der Laufzeitbegrenzung nach §§ 103, 103a GWB a.F. stehenden Funktion, einer Verkrustung der gebietsmonopolistischen Versor- 138

91 BGHZ 143, 128 „Kaufering“.
92 BT-Drucks. 8/3690, S. 32.
93 Vgl. Bericht 1980, BT-Drucks. 8/3690, S. 32.
94 Eingefügt durch das am 24.5.2003 in Kraft getretene Erste Gesetz zur Änderung des 1. NeuregelungsG, BT-Drucks. 15/197.

gungsstruktur durch periodischen Wettbewerb um Versorgungsgebiete entgegenzuwirken, Rechnung getragen worden war. Der Letztverbraucher konnte danach zunächst im Strombereich und mit Einfügung des § 6a EnWG auch im Gasbereich grundsätzlich seinen **Lieferanten** von Strom und Gas frei wählen und die **Durchleitung** vom Netzbetreiber beanspruchen. Damit wäre der sachliche Grund für die 20-jährige Laufzeitbegrenzung von Konzessionsverträgen bereits mit dem Inkrafttreten des EnWG 1998 entfallen.[95] Vor diesem Hintergrund kann die Übernahme der Laufzeitbegrenzung in das EnWG 1998 eigentlich nur als **Versehen** betrachtet werden.[96]

139 Tatsächlich hätte eine Aufrechterhaltung der Laufzeitbegrenzung für Konzessionsverträge nur Sinn gemacht, wenn, wie ursprünglich im Gesetzgebungsverfahren vorgesehen, kein eigenständiger **Durchleitungstatbestand** in das EnWG 1998 aufgenommen worden wäre und man stattdessen an dem im Gesetzesentwurf der Bundesregierung vom 23.3.1997 vorgesehenen maßgeblichen Wettbewerbselement des **alternativen Leitungsbaus** festgehalten hätte.[97] Dieses **Wettbewerbsmodell** zielte auf einen Wettbewerb um Netze, letztlich aber deswegen, um damit aufgrund des „Drucks des Rechts zum Leitungsbau“ einen Wettbewerb im Netz zu schaffen.

140 Letztlich hat sich das Wettbewerbsmodell des alternativen Leitungsbaus im Gesetzgebungsverfahren zum EnWG 1998 nicht durchgesetzt. Stattdessen wurde als maßgebliches Wettbewerbsinstrument der **Durchleitungstatbestand** in § 6 EnWG 1998 aufgenommen. Nachdem auf europäischer Ebene sich die Netzöffnung im Wege des sog. **„Third Party Access“** durchsetzte, änderte auch die Bundesregierung ihre Einstellung und unterstützte die Einfügung eines Durchleitungstatbestands, wie er schließlich in § 6 EnWG 1998 seinen Niederschlag fand.

141 Über die im EnWG 1998 schließlich Gesetz gewordene Möglichkeit, Strom (und später auch Gas) durch Netze Dritter **durchzuleiten**, wurde im EnWG 1998 der Wettbewerb im Netz etabliert. Damit bedurfte es des Wettbewerbs um Netze nicht mehr, um Wettbewerb im Netz zu schaffen. Über die Schaffung eines Durchleitungstatbestands war die mit der Laufzeitbegrenzung verbundene Zielsetzung, einer **Verkrustung** der gebietsmonopolistischen Versorgungsstruktur durch Wettbewerb entgegenzuwirken, erreicht. Insoweit hätte es im Prinzip keine sachliche Rechtfertigung mehr für die **Aufrechterhaltung** der Laufzeitbegrenzung gegeben.

142 Allerdings wurde nach den ersten Erfahrungen mit dem EnWG 1998 vielfach bezweifelt, ob das EnWG 1998 tatsächlich zu einem **Wettbewerb im Netz** in dem Sinne geführt hat, dass jeder Kunde seinen Lieferanten frei wählen konnte.[98] Auch

95 Dies gilt insb., wenn man wie *Erman* das Versorgungsrecht nicht mehr als Bestandteil des Konzessionsvertrages ansieht, et 2005, 272 ff.

96 In diese Richtung auch *Erman*, et 2005, 272 ff.

97 Ausführlich hierzu Kermel/Brucker/Baumann/*Keller*, S. 50 ff.

98 Vgl. hierzu nur den Monitoring-Bericht des BMWi v. 31.8.2003.

sah § 6 EnWG 1998 nur einen Anspruch auf verhandelten Netzzugang vor und das auch nur im Strombereich, der eine freie **Versorgerwahl** aller Kunden, jedenfalls der Tarifkunden, relativierte.

Der Gesetzgeber sah insbesondere für **Tarifkunden** nach wie vor die Gefahr, 143
dass diese ihren Versorger nicht wechseln konnten. So führte der Gesetzgeber des EnWG 1998 aus:

> „Da auch künftig ein Wettbewerb um Tarifkunden nur beschränkt stattfinden wird, ist [eine besondere staatliche Preisaufsicht] weiterhin als Gegengewicht zur jedenfalls faktischen Monopolsituation des Elektrizitätsversorgungsunternehmens notwendig".[99]

Danach wird man die Aufrechterhaltung der Laufzeitbegrenzung unter der Geltung 144
des EnWG 1998 noch für **sachgerecht** halten können, da ein Wettbewerb im Netz allenfalls im Strombereich und dort auch eher im Sonderkundenbereich und weniger im Tarifkundenbereich tatsächlich stattfand.

cc) Laufzeitbegrenzung unter Geltung des EnWG 2005 unnötig

Eine Laufzeitbegrenzung von Konzessionsverträgen unter der Geltung des EnWG 145
2005 ist dagegen nicht mehr zeitgemäß. Der **Wettbewerb** im Netz ist durch das EnWG 2005 sichergestellt, sodass ein Wettbewerb um das Netz und damit auch eine Laufzeitbegrenzung seitdem **überflüssig** geworden ist.[100] So kann ein **Versorgerwechsel** durch den Kunden selbst jederzeit, d.h. auch ohne eine Netzübertragung realisiert werden. Umgekehrt führt ein Wechsel des Netzbetreibers nicht automatisch zum Versorgerwechsel.

Jedenfalls seit Inkrafttreten des EnWG 2005 wird über den Konzessionsver- 146
trag nur noch der **Betreiber** des Netzes der allgemeinen Versorgung, nicht mehr der Grundversorger im Gemeindegebiet bestimmt. Durch einen Wechsel des Betreibers des Energienetzes der allgemeinen Versorgung findet kein Wechsel des Versorgers statt und umgekehrt.[101] Das **Lieferverhältnis** hängt nicht mehr am Netz.

Auch die Einführung des **regulierten Netzzugangs** stellt den Wettbewerb im 147
Netz sicher. Zusätzlich wird aufgrund der **Entflechtungsvorgaben** der Netzbetrieb von den übrigen Tätigkeitsbereichen wie beispielsweise dem Bereich Versorgung getrennt. Ein Wettbewerb um Netze bedarf es vor diesem Hintergrund zur Schaffung des Wettbewerbs im Netz nicht mehr.[102]

---

99 BT-Drucks. 13/7274, S. 17.
100 So auch BerlK-EnR/*Wegner*, § 46 EnWG Rn 5; *Ballwieser/Lecheler*, S. 34; *Erman*, et 2005, 272, 274; a.A. Schneider/Theobald/*Albrecht*, § 9 Rn 66.
101 S.o. Rn 106.
102 BerlK-Enr/*Wegner*, § 46 EnWG Rn 5.

148 Da der Wettbewerb im Netz stattfindet, ist der sachliche Grund für die **Laufzeitbegrenzung** von Konzessionsverträgen auf 20 Jahre endgültig **entfallen.**[103] Die Funktion, einer Verkrustung der gebietsmonopolistischen Versorgungsstruktur durch periodischen Wettbewerb um Versorgungsgebiete entgegenzuwirken, ist jedenfalls mit Einführung des regulierten Netzzugangs durch das EnWG 2005 obsolet geworden. Die Laufzeitbegrenzung von Konzessionsverträgen, die in der alten Monopolwelt mit geschlossenen Versorgungsgebieten ihren guten Sinn hatte, ist nicht mehr zeitgemäß. Der Wettbewerb um das Netz macht keinen ökonomischen Sinn, wenn der **diskriminierungsfreie Zugang** aller Nutzer garantiert ist.[104]

149 Zudem stellt sich die Frage nach der **Verfassungsmäßigkeit** der Laufzeitbegrenzung. Ist es unter dem Gesichtspunkt des Eigentumsschutzes verfassungsrechtlich zu rechtfertigen, Unternehmen, die in länger als 20 Jahre lebensfähige Anlagegüter investieren, zu zwingen, diese Anlagen nach Ablauf dieser Frist anderen EVU zu übereignen?[105]

150 Selbst wenn eine Laufzeitbegrenzung für Konzessionsverträge auch in der Welt des regulierten Netzzugangs noch den verfassungsrechtlichen Anforderungen an die Eigentumsgarantie erfüllen sollte, muss dann aber zumindest ein **Korrektiv** sowohl beim **Preis** für die zwangsweise Übertragung der Verteilungsanlagen als auch bei der **Art der Übertragung** angesetzt werden. Denn wenn Gründe des Wettbewerbs um die Netze die Laufzeitbegrenzung nicht mehr rechtfertigen, dann müsste konsequenter Weise auch die Rechtfertigung für die Deckelung des **Sachzeitwertes** durch den Ertragswert entfallen. Sie ist in einer seit der maßgeblichen Entscheidung des **BGH**[106] ökonomisch grundlegend veränderten Umwelt nicht mehr angezeigt.[107] Die gleichen Argumente sprechen gegen eine Verpflichtung zur Eigentumsübertragung. Hier muss, da wirtschaftlich identisch, die **Besitzüberlassung** ausreichen. Eine zwangsweise Übertragung des Eigentums scheint verfassungsrechtlich nicht angebracht.[108]

Praxistipp

i Trotz bestehender verfassungsrechtlicher Bedenken sollte die Laufzeitbegrenzung von Konzessionsverträgen auf 20 Jahre auch weiterhin **vereinbart** werden. Nur so lässt sich vermeiden, dass im Falle der Feststellung der Verfassungsmäßigkeit der Laufzeitbegrenzung gem. § 46 Abs. 2 EnWG durch die entsprechenden Gerichte der Vertrag möglicherweise unwirksam ist

---

103 So auch BerlK-EnR/*Wegner*, § 46 EnWG Rn 5; *Ballwieser/Lecheler*, S. 34; Kermel/Brucker/Baumann/*Keller*, S. 54 f.; *Erman*, et 2005, 272, 274.

104 So *Ballwieser/Lecheler*, VEnergR 127, S. 34.

105 Die Verfassungsmäßigkeit implizit verneinend *Recknagel*, et 2006 Special 6, 36, 38.

106 BGH NJW 2000, 108 = BGHZ 143, 128 „Kaufering".

107 So auch *Ballwieser/Lecheler*, VEnergR 127, S. 34 f.; *Recknagel*, et 2006 Special 6, 36 ff.; *Büdenbender/Rosin/Bachert*, S. 59.

108 S. Kap. 6 Rn 17 ff.

d) Unzulässige Verlängerung der Laufzeiten infolge Verzögerungen in der Netzübernahme?

Vielfach reiht sich die Übernahme des Netzes der allgemeinen Versorgung durch das neue EVU nicht nahtlos an das Auslaufen des ursprünglichen Konzessionsvertrages. Dies ist insbesondere dann der Fall, wenn Streit über die Höhe des zu zahlenden **Netzübernahmeentgelts** besteht. Die Verpflichtung zur Netzübertragung steht nach dem EnWG und regelmäßig auch nach den vertraglichen Endschaftsbestimmungen in einem sog. **Zug-um-Zug Verhältnis** zur Zahlung des Entgelts für das Netz („gegen Zahlung"). Das das Netz übertragende Unternehmen kann über die Geltendmachung von **Zurückbehaltungsrechten** (§ 273 BGB) bzw. der **Einrede** des nicht erfüllten Vertrags (§ 320 BGB) die Übertragung des Netzes solange verweigern, wie die Höhe des Übernahmeentgelts streitig ist. Einen **Vorbehaltskauf** muss es grundsätzlich nicht akzeptieren.[109] 151

Dieses beschriebene Dilemma versuchen einige Berater in der Praxis dadurch zu „lösen", dass sie in der Geltendmachung eines Zurückbehaltungsrechts bzw. der Einrede des nicht erfüllten Vertrages mit der Folge der Weigerung auf Netzübertragung bis zur Klärung der Höhe des Netzübernahmeentgelts einen **Verstoß** gegen die Laufzeitbegrenzung nach § 46 Abs. 2 S. 2 EnWG behaupten. Dieser Auffassung ist jedoch bislang keines der mit dieser Thematik befassten Gerichte gefolgt. Im Gegenteil haben bislang alle Gerichte, die sich mit dieser „Argumentation" auseinandersetzen mussten, einen Verstoß gegen die Laufzeitbegrenzung ausdrücklich verneint.[110] 152

So hat etwa das **OLG Koblenz** ausgeführt: 153

> „Der Auffassung der Klägerin, ein Zurückbehaltungsrecht des Altkonzessionärs verlängere die vertragliche Bindung der Gemeinden in unzulässiger Weise über das gesetzlich vorgeschriebene Maximum von 20 Jahren hinaus, ist nicht zu folgen. Nach § 46 Abs. 2 Satz 1 EnWG dürfen Wegenutzungsverträge zwischen Gasversorgungsunternehmen und Gemeinden höchstens für eine Laufzeit von 20 Jahren abgeschlossen werden. [...] Dem läuft es nicht zuwider, wenn dem weichenden Netzbetreiber im Hinblick auf seinen Vergütungsanspruch nach § 46 Abs. 2 Satz 2 EnWG im Rahmen der Überleitung auf den Nachfolger ein Zurückbehaltungsrecht zugestanden wird. Die Beendigung des Vertragsverhältnisses nach 20 Jahren wird dadurch rein rechtlich nicht verhindert. Aber auch eine tatsächliche Umgehung der Laufzeitbegrenzung ist in der Geltendmachung des Zurückbehaltungsrechts durch das alte Gasversorgungsunternehmen nicht zu erblicken. Wie § 48 Abs. 4 EnWG zeigt, geht auch der Gesetzgeber davon aus, dass die Übergabe an das Nachfolgeunternehmen nicht unmittelbar nach Vertragsbeendigung erfolgen muss".[111]

---

109 S. Kap. 7 Rn 295 ff.

110 OLG Frankfurt a. M., Urt. v. 14.6.2011 – 11 U 36/10 (Kart.) – S. 30; OLG Koblenz, Grund- und Teilurt. v. 23.4.2009 – U 646/06 –; OLG Frankfurt a. M. ZNER 1998, 41 ff.

111 OLG Koblenz, Grund- und Teilurt. v. 23.4.2009 – U 646/06 – S. 23.

6. Folgepflicht und Folgekostenpflicht

154 Auch wenn das Gesetz hier keine Vorgaben macht, sollten in den Wegenutzungsverträgen Regelungen über Folgepflichten infolge von **Baumaßnahmen** an den öffentlichen Verkehrswegen und die hierdurch entstehenden **Folgekosten** getroffen werden.

a) Verursacher der Baumaßnahmen

155 Insbesondere die Konzessionsverträge werden in der Regel über die maximal zulässige Laufzeit von 20 Jahren geschlossen. Innerhalb dieses langen Zeitraums ist es wahrscheinlich, dass **Baumaßnahmen** an den öffentlichen Verkehrswegen erforderlich sein werden, die eine Veränderung an Teilen des **Energieverteilernetzes** der allgemeinen Versorgung erforderlich machen. Ebenso wahrscheinlich ist die Notwendigkeit von Maßnahmen an den **Versorgungsleitungen**, die auch Maßnahmen an den öffentlichen Verkehrswegen notwendig machen.

156 Dementsprechend kann **Verursacher** von Baumaßnahmen einmal die Gemeinde und ein anderes Mal der Netzbetreiber sein. Es kommt aber auch vor, dass ein Dritter Baumaßnahmen verursacht, etwa ein anderes Versorgungsunternehmen.

157 Für diese Fälle muss zum einen geregelt werden, ob und ggf. inwieweit das Versorgungsunternehmen durch **Straßenbaumaßnahmen** notwendige Veränderungen an seinen Versorgungsanlagen akzeptieren muss (sog. **Folgepflicht**). Zum anderen muss geregelt werden, wer in welchen Fällen die Kosten für die Veränderung an den Versorgungsanlagen übernimmt (sog. **Folgekostenpflicht**).

b) Folgepflicht

158 Unter dem Begriff der **Folgepflicht** versteht man die vertraglich begründete Pflicht des EVU, in den Fällen, in denen **kommunale Maßnahmen** Sicherungen, Änderungen oder Umverlegungen an den bestehenden Versorgungsanlagen des EVU erfordern, diese durchzuführen. Als kommunale Maßnahmen sind Gründe des **Straßenbaus**, der **Verkehrssicherheit** oder aus sonstigen Gründen des **öffentlichen Interesses** anzusehen. In den Konzessionsverträgen findet sich dabei etwa die folgende Regelung:

> „Erfordern kommunale Maßnahmen im öffentlichen Interesse Änderungen oder Sicherungen der bestehenden Versorgungsanlagen des EVU auf Vertragsgrundstücken, so führt das EVU nach schriftlicher Aufforderung durch die Gemeinde die Änderung oder Sicherung in angemessener Frist durch (Folgepflicht)."

159 Die Folgepflicht des EVU wird allerdings zunehmend auch auf die Fälle ausgeweitet, in denen Veränderungen nicht durch die Straße, sondern durch andere Einrichtungen wie beispielsweise Entsorgungseinrichtungen der Stadt notwendig werden. Vor

dem Hintergrund des in § 3 KAV geregelten **Nebenleistungsverbots** sind solche Regelungen durchaus kritisch zu betrachten.[112]

Eine **Folgepflicht** in dem umgekehrten Sinne, dass die **Gemeinde** ihre öffentlichen Verkehrswege in vergleichbaren Fällen zu verändern hat, findet sich in den Wegenutzungsverträgen nicht. Soweit Baumaßnahmen oder Veränderungen von Versorgungsleitungen auf den Vertragsgrundstücken durchgeführt werden sollen, ist dies zuvor mit der Kommune abzustimmen. Das EVU hat die in Anspruch genommenen Flächen der Kommune nach Fertigstellung ihrer Anlagen auf ihre Kosten wiederherzurichten. Gleichzeitig haftet sie innerhalb der vertraglich vereinbarten **Gewährleistungsfrist** für auftretende Mängel. 160

c) Folgekostenpflicht

Neben der Folgepflicht bedarf es auch einer vertraglichen Regelung darüber, wer 161
diejenigen Aufwendungen zu tragen hat, die aus der **Durchführung** der Folgepflichten entstehen. Träger der Folgepflicht und Träger der Folgekosten müssen keinesfalls identisch sein.

Die Tragung dieser als **Folgekosten** bezeichneten Aufwendungen hängt zum 162
einen davon ab, wer sie verursacht hat. Ist dies das EVU, trägt es auch die Folgekosten. Vielschichtiger ist dies dagegen in den Fällen, in denen die **Kommune** die Folgekosten verursacht hat. In diesem Fall sehen die Konzessionsverträge jedenfalls keine vollständige Kostentragungspflicht der Kommune vor. Stattdessen finden sich in den Verträgen beispielsweise Regelungen, nach denen die Kosten von der Kommune und dem EVU je **hälftig** zu tragen sind. In anderen Verträgen findet sich eine vollständige **Kostentragungspflicht** des **EVU.** Häufig richtet sich die Kostentragung auch nach dem Alter der **Verteilungsanlagen.** So findet sich beispielsweise die Regelung:

> „Erfolgt die Anpassung der Versorgungsanlagen auf Veranlassung der Stadt, werden die Kosten wie folgt getragen:
> – In den ersten fünf Jahren nach der Errichtung oder Erneuerung der anzupassenden Versorgungsanlagen tragen die Stadt und das EVU die Kosten je zur Hälfte.
> – Sind seit der Errichtung oder Erneuerung der anzupassenden Versorgungsanlagen fünf Jahre, aber noch nicht zehn Jahre vergangen, trägt die Stadt $1/3$ und das EVU $2/3$ der Kosten.
> – Sind die anzupassenden Versorgungsanlagen älter als zehn Jahre, trägt das EVU die Kosten der Anpassung und Sicherung allein.“

Hat dagegen ein **Dritter** die Veränderung, Verlegung oder Sicherung an Verteilungs- 163
anlagen verursacht, soll nach dem Willen beider Vertragsparteien dieser auch die

112 S. Kap. 3.

Folgekosten tragen. Da der Dritte aber nicht Partner des Wegenutzungsvertrags ist, kann hier zu seinen Lasten keine Verpflichtung begründet werden. Da aber die Gemeinde in der Regel in diesen Fällen näher an diesem Dritten dran ist, fällt es auch in ihren Verantwortungsbereich, dem Dritten diese Kosten aufzuerlegen. Daher treffen Kommune und EVU im Konzessionsvertrag häufig folgende Regelung:

> „Die Gemeinde trägt die Folgekosten, in den Fällen und in der Höhe, in denen ein Dritter verpflichtet ist oder von der Gemeinde verpflichtet werden könnte, die Folgekosten zu erstatten oder soweit sich ein Dritter an den Kosten der gemeindlichen Maßnahmen beteiligt. Dies gilt nicht für Beiträge, Gebühren, und privatrechtliche Entgelte nach abgaberechtlichen Vorschriften."

164 Die vorgenannten Folgekostenregelungen gelten in der Regel nur für Veränderungen an **Versorgungsanlagen**, die in öffentlichen Straßen verlegt sind. Das Recht zur Nutzung dieser Grundstücke leitet sich allein aus den Konzessionsverträgen ab. Eine dingliche Sicherung, etwa durch **Eintragung beschränkt persönlicher Dienstbarkeiten** erfolgt bezogen auf diese Grundstücke in der Regel nicht. Allerdings befinden sich Teile des Energieverteilnetzes der allgemeinen Versorgung häufig auch auf fiskalischen bzw. entwidmeten Grundstücken der Kommune. Diese Versorgungsanlagen sind dann in der Regel durch eine im jeweiligen **Grundbuch** eingetragene beschränkte persönliche Dienstbarkeit gem. § 1090 BGB dinglich gesichert. Für diesen Fall sieht § 1023 Abs. 1 BGB vor, dass der Grundstückseigentümer zwar die Verlegung der Leitung auf dem Grundstück verlangen kann, allerdings muss er die **Kosten der Verlegung** tragen.

165 Um dieser gesetzlichen Regelung Rechnung zu tragen, regeln die Wegenutzungsverträge regelmäßig, dass Folgepflicht- und Folgekostenregelungen, die **kraft Gesetzes** oder auf Grund anderweitiger schuldrechtlicher Vereinbarungen oder dinglicher Rechte bestehen, von den vertraglich begründeten Folgepflichten bzw. Folgekostenregelungen nicht berührt werden.

d) Weitere Kostenbelastungen aus den Wegenutzungsverträgen

aa) Beseitigung stillgelegter Verteilungsanlagen

166 Immer häufiger wird in den Wegenutzungsverträgen die Verpflichtung des EVU geregelt, **stillgelegte Verteilungsanlagen** unter bestimmten Voraussetzungen zu entfernen. So findet sich etwa folgende Regelung:

> „Die Stadt kann die Beseitigung endgültig stillgelegter Gasversorgungsanlagen auf Kosten des EVU verlangen, wenn von ihnen Gefahren ausgehen oder erhebliche Behinderungen von Baumaßnahmen der Stadt entstehen."

167 Allerdings kann auch ohne eine solche vertragliche Regelung auf der Grundlage straßenrechtlicher Regelungen eine **Beseitigung** verlangt werden, wenn diese Anlagen den Gemeingebrauch über die Maßen beeinträchtigen.

Praxistipp
Soweit eine solche Regelung in den Wegenutzungsvertrag aufgenommen werden sollte, sollte die Verpflichtung zum Rückbau auf die Fälle begrenzt werden, in denen ein überwiegendes öffentliches Interesse an der Beseitigung besteht.

bb) Altlasten

Nur vereinzelt finden sich Regelungen über **Altlasten** in den Wegenutzungsverträgen. Dies dürfte seine Ursache darin haben, dass nur in wenigen Fällen Altlastenthemen relevant werden. Allerdings kommt es immer wieder vor, dass beim Tiefbau für den Leitungsbau in den Verkehrsflächen belastete oder verunreinigte Böden vorgefunden werden. Der **Verursacher** dieser Verunreinigungen ist häufig nicht mehr zu ermitteln. Da durch den Aushub verunreinigter Böden deutlich höhere **Deponiekosten** beim Konzessionsvertragspartner anfallen, könnte erwogen werden, der Kommune diese **Mehrkosten** über eine entsprechende vertragliche Regelung aufzuerlegen. Sind dagegen im Konzessionsgebiet detaillierte Kataster über Altlasten ausgewiesen, kann sich der Konzessionsvertragspartner vorher ein hinreichendes Bild über die ggfs. zu erwartenden Kosten machen. 168

cc) Bestellung von Dienstbarkeiten

Eine Bestellung von Dienstbarkeiten in Form von beschränkten persönlichen Dienstbarkeiten gem. §§ 1090, 1092 BGB erfolgt nur an **fiskalischen Grundstücken** bzw. an Grundstücken, die während der Laufzeit des Konzessionsvertrages **entwidmet** und veräußert werden sollen. 169

Nach § 1090 Abs. 1 BGB kann ein Grundstück in der Weise **belastet** werden, dass derjenige, zu dessen Gunsten die Belastung erfolgt, berechtigt ist, das Grundstück in einzelnen Beziehungen zu benutzen, oder dass ihm eine sonstige Befugnis zusteht, die den Inhalt einer **Grunddienstbarkeit** bilden kann (beschränkte persönliche Dienstbarkeit). Der Umfang einer beschränkten persönlichen Dienstbarkeit bestimmt sich dabei im Zweifel nach dem persönlichen Bedürfnis des Berechtigten (§ 1091 BGB). 170

Beschränkte persönliche Dienstbarkeiten sind zwar grundsätzlich **nicht übertragbar**. Hiervon macht das BGB jedoch bei Energieleitungen eine Ausnahme. So ist in den Fällen, in denen eine beschränkte persönliche Dienstbarkeit einer juristischen Person oder einer rechtsfähigen Personengesellschaft zusteht, die dazu berechtigt, ein Grundstück für **Anlagen** zur Fortleitung von Elektrizität, Gas, Fernwärme, Wasser, Abwasser, Öl oder Rohstoffe einschließlich aller dazugehöriger Anlagen, die der Fortleitung unmittelbar **dienen**, so sind die Dienstbarkeiten **übertragbar** (§ 1092 Abs. 3 BGB). 171

Der Vorteil solcher **dinglichen** Sicherheiten ist, dass sie auch dann bestehen bleiben, wenn die Grundstücke veräußert werden. Ein gutgläubiger lasten- 172 freier Erwerb der Grundstücke durch den neuen Eigentümer ist nicht möglich. Er muss diese dingliche Sicherheit gegen sich gelten lassen. Allerdings **mindern** solche dinglichen Rechte den **Wert** des Grundstücks. Sie ist daher regelmäßig mit der Zahlung einer **Entschädigung** an die Gemeinde für die Wertminderung verbunden.

Praxistipp

Der Wegenutzungsvertrag sollte eine Verpflichtung der Kommune enthalten, den Konzessionsvertragspartner vor Verkauf von Grundstücken hierüber zu informieren. Gleichzeitig sollte der Vertrag dem Konzessionsvertragspartner in diesen Fällen das Recht einräumen, die Eintragung einer beschränkten persönlichen Dienstbarkeit vor Veräußerung eintragen zu lassen. Im Gegenzug verpflichtet sich das EVU zur Zahlung einer Entschädigung für die Wertminderung aufgrund der Eintragung der beschränkten persönlichen Dienstbarkeit.

Praxistipp

Deswegen der Formulierungsvorschlag:
„Bei der Entwidmung oder Nutzungsänderung von öffentlichen Wegen bleiben die gem. § XX vereinbarten Benutzungsrechte bestehen. Vor einem Verkauf an Dritte wird die Gemeinde das EVU rechtzeitig unterrichten und auf Verlangen des EVU zu dessen Gunsten und auf dessen Kosten eine beschränkt persönliche Dienstbarkeit im Grundbuch eintragen lassen. Für die etwaige Wertminderung des jeweils zu veräußernden Grundstücks aufgrund der beschränkten persönlichen Dienstbarkeit leistet das EVU eine einmalige angemessene Entschädigung, die mit Eintragung der Dienstbarkeit fällig wird".

---

7. Informations- und Datenherausgabepflichten

173 Insbesondere in den älteren Konzessionsverträgen sind verschiedentlich Regelungen über **Informations- und Datenherausgabepflichten** enthalten. So finden sich Regelungen, nach denen das EVU in den letzten drei Jahren vor Vertragsende die Kommune über die Errichtung von Versorgungsanlagen zu informieren hat. Tut sie dies nicht, ist die Kommune zur Übernahme dieser Anlagen nicht verpflichtet es sei denn, die Errichtung dieser Anlagen war zur Erfüllung der **Versorgungspflicht** bzw. eines sicheren Netzbetriebs erforderlich.

174 In diesem Rahmen wurden in der Vergangenheit zugunsten der Kommunen auch Verpflichtungen zur **Herausgabe** von bestimmten Daten formuliert. Danach ist das EVU verpflichtet, der Gemeinde auf Verlangen Aufschluss darüber zu geben, welche Anlagen vorhanden sind, sowie alle **Auskünfte** zu erteilen und Unterlagen zur Verfügung zu stellen, die sie zur Ausübung des **Übernahmerechts** benötigt.

175 Solche Regelungen sind seit dem 4.8.2011 in Wegenutzungsverträgen nicht mehr erforderlich, da der Gesetzgeber in § 46 Abs. 3 EnWG nunmehr eine ausdrückliche **Verpflichtung** des Konzessionsvertragspartners zur Herausgabe bestimm-

ter Daten bereits 3 Jahre vor Ablauf des jeweiligen Konzessionsvertrages statuiert hat.[113]

8. Endschaftsregelungen

Der Inhalt von vertraglichen Endschaftsbestimmungen gestaltet sich angesichts der nach wie vor unklaren gesetzlichen Regelung derzeit sehr schwierig. Dies war nicht immer so. Insbesondere vor der Aufnahme einer gesetzlichen Regelung im EnWG regelten die Parteien die Folgen eines Wechsels des Konzessionsvertragspartners in den Endschaftsbestimmungen der Konzessionsverträge. So fanden sich hier Regelungen darüber, welche Anlagen zu übertragen, wie diese Anlagen zu übertragen sind und welcher Preis hierfür zu zahlen ist. 176

a) Vertragliche Endschaftsbestimmungen aus Monopolzeiten

So sehen die häufig noch zu Monopolzeiten geschlossenen Konzessionsverträge vielfach eine **Verpflichtung** des das Netz abgebenden Unternehmens zur **Eigentumsübertragung** der Verteilungsanlagen vor. Dabei besteht die Verpflichtung zur Eigentumsübertragung an die Gemeinde. Die Gemeinde hat für die Übernahme der Anlagen einen Kaufpreis in Höhe des **Sachzeitwertes** zu zahlen. In anderen Fällen war nicht nur die Gemeinde, sondern auch der neue Konzessionär insoweit in den Vertrag mit einbezogen, als die Pflicht des EVU zur Eigentumsübertragung sich auf die Gemeinde oder auf einen von der Gemeinde zu benennenden **Dritten** erstreckte. So wurden beispielsweise folgende Vereinbarungen im Konzessionsvertrag getroffen: 177

> „Wird für die Zeit nach Ablauf dieses Vertrages kein neuer Konzessionsvertrag zwischen der Kommune und dem EVU geschlossen, hat das EVU die im Gebiet der Kommune vorhandenen Anlagen, welche das EVU für die Verteilung des Gases/Stroms im Gebiet der Kommune benötigt, der Kommune oder einen von der Kommune zu benennenden Dritten gegen Erstattung des Sachzeitwertes zu übertragen".

Häufige wurde die **Ermittlung** des Sachzeitwertes im Konzessionsvertrag auch konkretisiert: 178

> „Als Entgelt hat die Gemeinde dem EVU den Sachzeitwert der zu übernehmenden Anlagen zum Zeitpunkt der Übergabe unter zeitanteiliger Berücksichtigung geleisteter Baukostenzuschüsse und Berücksichtigung öffentlicher Finanzierungshilfen zu vergüten, soweit nichts anderes vereinbart ist. Als Sachzeitwert gilt der Herstellungswert der Anlagen zum Übernahmezeitpunkt unter Berücksichtigung der bisherigen Nutzungsdauer und des technischen Erhaltungszustands der Anlagen."

---

113 S. hierzu Kap. 5 Rn 98ff.

179 In zahlreichen Konzessionsverträgen findet sich nicht nur das Recht, sondern auf Verlangen des EVU auch die Verpflichtung der Kommune, die Anlagen zu übernehmen. Als Beispiel eines solchen **Andienungsrechts** des EVU lässt sich folgende Formulierung anführen:

> „Endet der Vertrag und wird für die Zeit nach Ablauf dieses Vertrages kein neuer Konzessionsvertrag zwischen der Kommune und dem EVU geschlossen, ist die Kommune berechtigt und auf Verlangen des EVU verpflichtet, die im Gebiet der Kommune vorhandenen Anlagen, welche das EVU für die Verteilung des Gases/Stroms im Gebiet der Kommune benötigt, gegen Erstattung des Sachzeitwertes zu übernehmen."

180 Zahlreiche Konzessionsverträge aus der Zeit vor Inkrafttreten des EnWG 1998 enthalten darüber hinaus Regelungen darüber, welche Energieanlagen zu übertragen sind. Häufig sehen die Endschaftsbestimmungen dabei vor, dass nur die **Anlagen** zu übertragen sind, die ausschließlich der Versorgung des **Vertragsgebietes** dienen. Die bei dem EVU verbleibenden Anlagen einschließlich der reinen Durchgangsleitungen dürfen nach den vertraglichen Regelungen in der Regel für einen **Zeitraum** von weiteren 20 Jahren in den von dem Konzessionsvertrag erfassten Grundstücken verbleiben. So enthalten die Verträge etwa folgende Regelung:

> „Erlischt der Vertrag und wird zwischen der Kommune und dem EVU kein neuer Konzessionsvertrag abgeschlossen, ist die Kommune berechtigt und auf Verlangen des EVU verpflichtet, die im Gebiet der Kommune vorhandenen Anlagen des EVU, soweit sie ausschließlich der Verteilung der elektrischen Energie im Gemeindegebiet dienen, zu erwerben. Die übrigen Anlagen, im folgenden Durchgangsleitungen nebst -anlagen genannt, verbleiben beim EVU.
>
> Die Kommune ist verpflichtet, die auf Vertragsgrundstücken gelegenen und nicht übernommenen Leitungen und Anlagen nach Beendigung des Vertrags für einen Zeitraum von 20 Jahren zu dulden. Für Änderungen an diesen Leitungen und Anlagen gilt auch nach Vertragsablauf § XX entsprechend."

181 Auch finden sich in den vertraglichen Endschaftsbestimmungen regelmäßig Regelungen über die **Entflechtungsmaßnahmen** und insbesondere über deren **Kostentragung**. Dabei wurden die Kosten für die Entflechtung teilweise auf beide Parteien anteilsmäßig verteilt. In anderen Verträgen trägt das EVU die Kosten der Entflechtung und die Kommune die Kosten der Einbindung. Folgende Formulierung sei beispielhaft aufgeführt:

> „Sollten aufgrund des Anlagenerwerbs Entflechtungsmaßnahmen (Maßnahmen zur Trennung der Netze und zur Wiederherstellung der Versorgungssicherheit) erforderlich werden, so sind die hierdurch in den bei dem EVU verbleibenden Netzen anfallenden Kosten von der Kommune zu 75% und von dem EVU zu 25% und die übrigen Kosten von der Kommune im vollen Umfang zu tragen."

b) Endschaftsbestimmungen nach Inkrafttreten des EnWG 1998

Im EnWG 1998 wurde in § 13 Abs. 2 S. 2 für den Fall des Konzessionswechsels die Pflicht des bisher versorgenden Unternehmens aufgenommen, seine für die allgemeine Versorgung im Gemeindegebiet notwendigen Verteilungsanlagen dem neuen **EU** gegen Zahlung einer wirtschaftlich angemessenen Vergütung zu überlassen. Gleichwohl wurden auch nach Inkrafttreten des EnWG weiterhin in den Konzessionsverträgen Regelungen über die **Folgen** eines Konzessionswechsels zwischen **Gemeinde** und EVU getroffen. Soweit die vertragliche und die gesetzliche Regelung voneinander abweichen, stellt sich in vielen Fällen allerdings das Problem, welche **Regelung** maßgeblich ist.[114] 182

Unproblematisch ist es, wenn die vertragliche Regelung nur auf die **gesetzliche** Regelung verweist oder sie deren **Wortlaut** übernommen hat. Problematisch wird es jedoch dann, wenn die vertragliche Regelung von einer Verpflichtung zur Überlassung im Sinne einer **Besitzüberlassung** spricht, während das EnWG in der seit dem 4.8.2011 geltenden Fassung eine Pflicht zur **Eigentumsübertragung** regelt. Folgende Regelung findet sich beispielsweise in neueren Konzessionsverträgen: 183

> „Bei Beendigung des Vertragsverhältnisses ist das EVU verpflichtet, seine für die allgemeine Versorgung im Gemeindegebiet notwendigen Verteilungsanlagen dem übernehmenden Versorgungsunternehmen gegen Zahlung einer wirtschaftlich angemessenen Vergütung zu überlassen."

In vielen Verträgen, die nach Inkrafttreten des EnWG 1998 geschlossen bzw. angepasst wurden, findet sich vielfach nach wie vor die Regelung, dass als Entgelt für die Überlassung oder Übernahme der Anlagen ein Entgelt in Höhe des **Sachzeitwertes** zu zahlen ist. Die **Höhe** des für die Übernahme von Energieverteilnetzen der allgemeinen Versorgung zu zahlenden **Entgelts**, sei es in Form eines Kaufpreises, sei es in Form einer Pacht, gehört derzeit zu den umstrittensten Themen.[115] Aus diesem Grund kann es nicht verwundern, dass auch eine **vertragliche** Endschaftsbestimmung, die diesen Punkt regeln soll, häufig ein, wenn nicht sogar der wesentlichste „Knackpunkt" in den Vertragsverhandlungen ist. Dies gilt um so mehr als auch die Gemeinde nicht frei darin ist, einen beliebigen Kaufpreis festzulegen. So verbietet § 3 Abs. 2 Nr. 2 KAV eine Verpflichtung zur Übertragung von Versorgungseinrichtungen ohne wirtschaftlich **angemessenes** Entgelt. Verboten ist danach nicht nur die Vereinbarung eines zu hohen, sondern auch eines zu niedrigen Entgelts.[116] 184

Solange höchstrichterlich nicht entschieden ist, welches Entgelt als **Gegenleistung** für den Erwerb bzw. die Überlassung des jeweiligen Energieverteilnetzes der allgemeinen Versorgung angemessen ist, könnten solche Endschaftsregelungen, die 185

114 S. hierzu Kap. 6 Rn 37 ff.
115 S. hierzu Kap. 7.
116 BerlK-EnR/*Kermel*, § 3 KAV Rn 37; zu den Einzelheiten siehe Kap. 3 Rn 109 ff.

von vornherein allein auf den kalkulatorischen Restwert nach Maßgabe der Strom-NEV/GasNEV abstellen, möglicherweise zur Nichtigkeit des gesamten Konzessionsvertrags führen. Aus diesem Grund sollte beispielsweise folgende **Regelung** vermieden werden:

> „Als Übernahmeentgelt ist der objektivierte Ertragswert des örtlichen Stromverteilnetzes vereinbart. Dieser bestimmt sich unter der Voraussetzung ausschließlich finanzieller Ziele durch den Barwert der mit dem Eigentum an dem Netz verbundenen Nettozuflüsse an den Netzeigentümer. Als objektivierter Wert muss dieser intersubjektiv nachprüfbar sein. Er ist unter Berücksichtigung der Besonderheiten der Regulierung zu ermitteln."

Praxistipp

i Es bietet sich vielmehr folgende **Formulierung** in neu zu schließenden Verträgen an:

„Die Ermittlung des Übernahmeentgelts erfolgt auf der Ausgangsbasis des Sachzeitwertes der übergehenden Anlagen zum Übertragungszeitpunkt unter zeitanteiliger Berücksichtigung geleisteter Baukostenzuschüsse und voller Berücksichtigung öffentlicher Finanzierungshilfen. Als Sachzeitwert gilt der Herstellungswert für Anlagen zum Übernahmezeitpunkt unter Berücksichtigung der bisherigen Nutzungsdauer und des technischen Erhaltungszustandes der Anlagen.

Für den Fall, dass der Sachzeitwert den Ertragswert der übergehenden Vermögensgegenstände übersteigt, ist das Übernahmeentgelt durch den Ertragswert begrenzt. Der Ertragswert wird aus Sicht eines kaufmännisch objektiv und vernünftig handelnden Erwerbers bestimmt.

Sollte kraft gesetzlicher Normierung oder letztinstanzlicher höchstrichterlicher Rechtsprechung geregelt oder festgestellt werden, dass ein anderer Wert als der Sachzeitwert für die Bestimmung der wirtschaftlich angemessenen Vergütung gem. § 46 Abs. 2 S. 2 EnWG maßgeblich ist, so gilt dieser Wert ab dem Zeitpunkt der Rechtsgültigkeit der gesetzlichen Regelung bzw. Rechtskraft der höchstrichterlichen Entscheidung anstelle des in Abs. XX genannten Sachzeitwertes."

---

9. Konzessionsabgaben

186 Die Gemeinden können für die Einräumung des Rechts auf Nutzung ihrer öffentlichen Verkehrswege zur Verlegung und zum Betrieb von Energieleitungen die Zahlung von **Konzessionsabgaben** in Höhe der Höchstsätze nach § 48 Abs. 2 EnWG verlangen. Bereits an dieser Stelle ist deutlich zu machen, dass die Kommunen keine Konzessionsabgaben in beliebiger Höhe verlangen können. Sie sind vielmehr im Energiebereich an die Vorgaben der KAV gebunden. Die **KAV** enthält **Höchstpreisrecht**. Eine Überschreitung der dort geregelten Höchstsätze ist verboten.[117]

187 Die KAV bildet allerdings keine Rechtsgrundlage dafür, Konzessionsabgaben verlangen zu können. Ein solcher Anspruch lässt sich nur auf **vertraglicher** Basis begründen. Wichtig ist daher, die Verpflichtung des Konzessionsvertragspartners zur Zahlung von Konzessionsabgaben in dem **Wegenutzungsvertrag** zu vereinbaren.

---

117 BerlK-EnR/*Kermel*, § 1 KAV Rn 2 im Anh. zu § 48 EnWG.

Praxistipp
Die Verpflichtung zur Zahlung von Konzessionsabgaben ist zwingend im Wegenutzungsvertrag zu regeln. Weder das EnWG noch die KAV bilden hierfür eine Rechtsgrundlage.

IV. Gegenstand und Inhalt der Wegenutzungsverträge im Wasserbereich

1. Die Strukturen

Auch im **Wasserbereich** bestehen zahlreiche Wegenutzungsverträge,[118] deren Gegenstand und Inhalt im Vergleich zu den Wegenutzungsverträgen im Strom- und Gasbereich im Folgenden näher untersucht werden. 188

Im Bereich der Wasserversorgung sind die Strukturen in Deutschland sehr kleinteilig. Nach aktuellen Angaben des Statistischen Bundesamtes sind mehr als 6.200 **Wasserversorgungsbetriebe** in der örtlichen Wasserversorgung tätig. Im Wasserbereich fehlt es an einer **Marktöffnung** im Sinne eines Durchleitungswettbewerbs. 189

Anders als im Bereich der Strom- und Gasversorgung sind im Bereich der Wasserwirtschaft **Netzinhaberschaft**, **Wassergewinnung** und **Wasserlieferung** nicht getrennt. Dementsprechend sehen Konzessionsverträge neben dem reinen Wegenutzungsrecht regelmäßig auch eine Lieferverpflichtung des Konzessionsnehmers vor. 190

Das Recht der Wegenutzungsverträge im Wasserbereich hat entgegen den Entwicklungen im Strom- und Gasbereich kaum **Änderungen** erfahren. So finden auf Wegenutzungsverträge im Wasserbereich die Regelungen in § 46 EnWG keine Anwendung. Über die **Übergangsregelung** in § 131 Abs. 6 GWB gelten für die Wasserversorgung die §§ 103 und 103 a GWB a. F. zunächst fort. 191

Hier ist vor allem die Regelung in § 103 Abs. 1 Nr. 2 GWB a. F. relevant. Danach finden die §§ 1, 15 und 18 keine Anwendung auf Verträge von Versorgungsunternehmen mit **Gebietskörperschaften**, soweit sich durch sie eine Gebietskörperschaft verpflichtet, die Verlegung und den Betrieb von Leitungen auf oder unter öffentlichen Wegen für eine bestehende oder beabsichtigte unmittelbare öffentliche Versorgung von Letztverbrauchern im Gebiet der Gebietskörperschaft mit Elektrizität, Gas oder Wasser ausschließlich einem **Versorgungsunternehmen** zu gestatten. Durch die Regelung erfolgt eine **Freistellung** dieses Vertragstyps vom Kartellverbot (§ 1), vom Verbot der Preis- und Konditionenbindung (§ 15) und von der Missbrauchsaufsicht über Ausschließlichkeitsbindungen (§ 18). Zur Erlangung der Freistellung gem. § 103 Abs. 1 GWB a. F. müssen die Konzessionsverträge im Wasserbereich bei der 192

118 Zum Begriff des Wegenutzungsvertrages vgl. Kap. 2 Rn 14 ff.

Kartellbehörde angemeldet werden. Dies folgt aus § 103 Abs. 1 GWB a.F. i.V.m. § 9 GWB a.F. Diese **Anmeldepflicht** gilt weiter fort.[119]

193 Bereits im Rahmen des Inkrafttretens des 1. NeuregelungsG im Jahr 1998, mit dem man die Anwendbarkeit der §§ 103, 103a GWB a.F. im Strom- und Gasbereich aufhob, sah der Gesetzgeber lediglich eine **Übergangsregelung** für die Wasserwirtschaft für notwendig an, da man davon ausging, dass eine Aufhebung der §§ 103, 103a GWB a.F. auch für die Wasserwirtschaft nach einer kurzfristigen Klärung, welche Änderungen oder Ergänzungen der wasserwirtschaftlichen Fachgesetze notwendig seien, möglich sei. Spätere Reformbemühungen scheiterten jedoch mit der Folge, dass die Übergangsvorschrift de facto zu einer **Dauerlösung** geworden ist.[120]

194 Im aktuellen **Referentenentwurf** des BMWi für die 8. Novelle des Gesetzes gegen Wettbewerbsbeschränkungen wird nun vorgeschlagen, die bisher in § 103 GWB a.F. enthaltenen Vorschriften für die Wasserwirtschaft unter Berücksichtigung notwendiger Verweisungen in § 31 GWB n.F. zu überführen. Dabei werden ausweislich der Begründung des Entwurfs die praktische Relevanz der bisherigen Vorschriften berücksichtigt und sprachliche Anpassungen vorgenommen.[121] Inhaltlich sind jedoch keine wesentlichen **Änderungen** vorgesehen. Insbesondere rechtfertigten die Bedingungen und Strukturen in der Wasserwirtschaft, die in der Regelung genannten Vertragstypen, die **wettbewerbsbeschränkend** wirken, weiterhin vom **Kartellverbot** des § 1 GWB freizustellen. Damit wären weiterhin in der Wasserwirtschaft Demarkations-, Konzessions- und Verbundverträge sowie **Meistbegünstigungen** zulässig. Die Norm ziele darauf ab, auch künftig eine sichere und preisgünstige Versorgung mit Wasser zu gewährleisten.[122]

195 Die Fortgeltung des § 103 GWB a.F. hat zur Folge, dass die im Bereich der **Wasserversorgung** geschlossenen Konzessionsverträge im Vergleich zu den Konzessionsverträgen in der Energieversorgung einige **Besonderheiten** aufweisen. So können im Wasserbereich auch heute noch ausschließliche Wegenutzungsrechte vereinbart werden, wonach die Wegenutzung im Konzessionsgebiet ausschließlich einem Unternehmen gestattet wird.

---

119 Loewenheim/Meessen/Riesenkampff/*Zuber*, § 131 Rn 8; s. auch Referentenentwurf vom 10.11.2011, Achtes Gesetz zur Änderung des Gesetzes gegen Wettbewerbsbeschränkungen, S. 9 (§ 31 Abs. 2).

120 Langen/Bunte/*Stadler*, § 131 Rn 13; *Salzwedel*, N&R 2004, 36ff.; Loewenheim/Meessen/Riesenkampff/*Zuber*, § 131 Rn 11.

121 Referentenentwurf vom 10.11.2011, Achtes Gesetz zur Änderung des Gesetzes gegen Wettbewerbsbeschränkungen, S. 8f. und S. 35ff.

122 Referentenentwurf vom 10.11.2011, Achtes Gesetz zur Änderung des Gesetzes gegen Wettbewerbsbeschränkungen, S. 35.

Praxistipp

„Die Stadt erteilt den Stadtwerken die Berechtigung zur Wasserversorgung der Stadt sowie anderer Städte und Gemeinden und von Werken in anderen Städten und Gemeinden, die sämtlich der Stadt gehörenden oder im Verfügungsrecht der Stadt befindlichen öffentlichen Straßen, öffentlichen Wege und öffentlichen Plätze zur Verlegung, Unterhaltung und zum Betrieb von Wasserleitungsrohren zu benutzen. Die Stadt gibt den Stadtwerken die Zusicherung, dass diese Berechtigung zur Verlegung, Unterhaltung und Betrieb von Wasserleitungsrohren während der Dauer dieses Vertrages nur den Stadtwerken zusteht."

Darüber hinaus kann eine allgemeine **Anschluss- und Versorgungspflicht** im Konzessionsgebiet vereinbart werden. Ferner besteht im Wasserbereich keine gesetzliche Pflicht zur **Laufzeitbegrenzung** auf 20 Jahre, da die Regelungen in § 46 Abs. 2 S. 1 EnWG und § 103 a Abs. 1 GWB a.F. auf Konzessionsverträge im Wasserbereich keine Anwendung finden. 196

Im Folgenden soll auf die Bedeutung von **Ausschließlichkeitsrechten** im Wasserbereich, die mögliche Vereinbarung der allgemeinen Anschluss- und Versorgungspflicht und auf die **Laufzeit** von Konzessionsverträgen in diesem Bereich eingegangen werden. 197

2. Bedeutung von Ausschließlichkeitsrechten im Wasserbereich

Die im Wasserbereich zulässige Vereinbarung von Ausschließlichkeitsrechten hat in der Praxis eine erhebliche **Bedeutung**, da auf diese Weise im Konzessionsgebiet das Wegenutzungsrecht für die Dauer des Konzessionsvertrages ausschließlich einem **Versorgungsunternehmen** gestattet werden. 198

Die **Geschlossenheit** der Versorgungsgebiete in der Versorgung mit Strom und Gas wurde als eine der wesentlichen **Voraussetzungen** für die Einführung von Wettbewerb durch Art. 2 des Gesetzes zur Neuregelung des Energiewirtschaftsrechts vom 24.4.1998 aufgehoben. Art. 2 dieses Gesetzes bestimmte ferner, dass die §§ 103 und 103 a GWB in der damaligen Fassung für die Versorgung mit Wasser weiterhin gelten bis zur **Aufhebung** durch Bundesgesetz. 199

In der Begründung für die Fortgeltung geschlossener Versorgungsgebiete in der Wasserversorgung wird darauf hingewiesen, dass der Bereich der Wasserversorgung einer strengen staatlichen **Fachaufsicht** unterworfen ist, um eine qualitativ hochwertige und hygienisch einwandfreie **Trinkwasserversorgung** und einen flächendeckenden **Gewässerschutz** zu gewährleisten. Dies erfolge insbesondere durch das Wasserhaushaltsgesetz, die Wassergesetze der Länder sowie das Lebensmittel- und Seuchenrecht. Die staatliche Aufsicht gemäß diesen Gesetzen ging von dem Vorhandensein geschlossener Versorgungsgebiete aus.[123] 200

---

123 Begründung zum Gesetzesentwurf der Bundesregierung BT-Drucks. 13/7274, S. 9, 24 und BT-Drucks. 13/9720, S. 30, 70; kritisch zur Fortgeltung

201 Durch die Fortgeltung der Regelung in § 103 GWB a.F. können Gemeinden durch Konzessionsverträge weiterhin einem Versorgungsunternehmen **ausschließliche Wegenutzungsrechte** einräumen. Auf diese Weise ist es möglich, die **Geschlossenheit der Versorgungsgebiete** zu sichern und dadurch eine sichere und preiswürdige Wasserversorgung zu gewährleisten. Den Besonderheiten der Wasserversorgung kann damit Rechnung getragen werden.[124]

3. Allgemeine Anschluss- und Versorgungspflicht

202 Des Weiteren besteht im Wasserbereich noch heute eine allgemeine Anschluss- und Versorgungspflicht, d.h. über den Wasserkonzessionsvertrag wird der **allgemeine Versorger** im betreffenden Gemeindegebiet bestimmt und diesen allgemeinen Versorger trifft eine **Netzanschlusspflicht.**

203 Demgegenüber wird in der Energieversorgung nach geltendem Recht über den Konzessionsvertrag nur noch der zur **allgemeinen Anschlusspflicht** nach § 18 EnWG verpflichtete Netzbetreiber bestimmt, nicht aber das zur allgemeinen Versorgung verpflichtete Versorgungsunternehmen, der sog. **Grundversorger.**

204 Anstelle der verbundenen Anschluss- und Versorgungspflicht wurden im Strom- und Gasbereich zwei sich ergänzende Regelungen geschaffen. § 18 EnWG trifft eine Regelung zur **allgemeinen Anschlusspflicht.** Danach besteht eine Netzanschlusspflicht des EVU, das in einem bestimmten Gemeindegebiet ein Netz der allgemeinen Versorgung betreibt. Daneben begründet § 36 EnWG eine **Grundversorgungspflicht** in Bezug auf Haushaltskunden, die vom Netzbetrieb unabhängig ist.[125]

205 Die Herausnahme der allgemeinen Versorgungspflicht aus dem Konzessionsvertrag im Bereich der Energieversorgung ist Folge der in den sog. **EU-Beschleunigungsrichtlinien** Strom[126] und Gas[127] zwingend vorgegebenen **Entflechtung** des Netzbetriebs vom Versorgungsbereich: Um einen effizienten und nichtdiskriminierenden Netzzugang zu gewährleisten, sollen die Netze durch unterschiedliche Rechtspersonen betrieben werden, wenn vertikal integrierte Unternehmen bestehen.[128]

---

der kartellrechtlichen Bereichsausnahme für die Wasserversorgung *Markert*, N&R 2009, 119f.

124 *Morell*, S. 40 c, 40 d.

125 Zur grundsätzlichen Unvereinbarkeit von Grundversorgung und Netzbetrieb, Brandenburgisches OLG, Beschl. v. 25.9.2008 – Kart. W 4/08 – = RdE 2009, 225f.

126 RL 2003/54/EG des EP und ER v. 26.6.2003 über gemeinsame Vorschriften für den Elektrizitätsbinnenmarkt und zur Aufhebung der RL 96/92/EG (ABl. Nr. L 176, S. 37).

127 RL 2003/55/EG des EP und ER v. 26.6.2003 über gemeinsame Vorschriften für den Erdgasbinnenmarkt und zur Aufhebung der RL 98/30/EG (ABl. Nr. L 176, S. 57).

128 Vgl. Erwägungsgrund (8) und Art. 10 und 15 der RL 2003/54/EG für Übertragungs- und Stromverteilernetzbetreiber; Erwägungsgrund (10) und Art. 9 und 13 der RL 2003/55/EG für

Rechtsform, Organisation und Entscheidungsgewalt des Netzbetreibers sollen nach dem gemeinschaftsrechtlichen Versorgungskonzept von den übrigen Tätigkeitsbereichen unabhängig sein. **Versorgung** und **Netzbetrieb** werden demnach getrennt. Der deutsche Gesetzgeber hat diese Entflechtungsvorgaben der EU-Beschleunigungsrichtlinien in den §§ 6 ff. EnWG umgesetzt.

Im Wasserbereich besteht hingegen keine gesetzliche Verpflichtung, Netzbetrieb 206
und Wasserlieferung zu entflechten und als eigenständige Geschäftsfelder zu betreiben. Anschluss an das Wassernetz und die Lieferung des Wassers können daher aus einer Hand vom örtlichen **Wasserversorgungsunternehmen** angeboten werden.

Bereits aufgrund ihrer vorhandenen **Monopolstellung** folgt für Wasserversor- 207
gungsunternehmen mit Blick auf die kartellrechtlichen Vorschriften in §§ 19, 20 GWB sowie nach allgemeinen zivilrechtlichen Vorschriften gem. §§ 138, 826 BGB wegen ihrer Tätigkeit im Rahmen der Daseinsvorsorge eine faktische **Anschluss- und Versorgungspflicht.**[129]

a) Inhalt der allgemeinen Anschluss- und Versorgungspflicht

Die Anschluss- und Versorgungspflicht des Wasserversorgungsunternehmens wird 208
bestimmt durch den **Anschluss- und Versorgungsanspruch** von Letztverbrauchern im jeweiligen Gemeindegebiet. Die allgemeine Anschlusspflicht bedeutet die Pflicht zur Herstellung und Vorhaltung eines Netzanschlusses und einen korrespondierenden Anspruch der Letztverbraucher auf Anschluss an das Wassernetz. Neben dem Anspruch auf Anschluss an das Netz besteht der Anspruch des Letztverbrauchers auf **Versorgung**. Es besteht demnach grundsätzlich ein **Kontrahierungszwang** des Wasserversorgungsunternehmens.

Berechtigter des Anschluss- und Versorgungsanspruchs gegenüber dem Wasser- 209
versorgungsunternehmen ist – abweichend von der Energieversorgung – in der Regel der **Grundstückseigentümer** oder ein ähnlich dinglich Berechtigter. Nach höchstrichterlicher Rechtsprechung haben die Unternehmen ihre Versorgungsaufgabe durch den Abschluss des Wasserliefervertrages mit diesem Personenkreis erfüllt.[130] Demgegenüber können **Mieter** oder **Pächter** einer Wohnung bzw. eines Grundstücks grundsätzlich keinen eigenen Versorgungsanspruch geltend machen.[131]

Fernleitungs- und Gasverteilernetzbetreiber; vgl. zur Trennung der allgemeinen Anschluss- und der allgemeinen Versorgungspflicht im Energiebereich Kap. 2 Rn 79 ff.

129 Hempel/Rodemann/Stintzing/*Wesche*, Kap. 1 Rn 116; Hempel/Franke/*Schütte/Horstkotte*, Einf. zu AVBWasserV Rn 139.

130 BGH, Urt. v. 30.4.2003 – VIII ZR 278/02 –; BGH, Urt. v. 10.12.2008 – VIII ZR 293/07 –; Hempel/Rodemann/Stintzing/Wesche, Kap. 1 Rn 119.

131 Unter Hinweis auf weitere Rechtsprechung Hempel/Rodemann/Stintzing/*Wesche*, Kap. 1 Rn 120.

b) Rechtliche Durchsetzung und Grenzen der allgemeinen Anschluss- und Versorgungspflicht

210 Der Anspruch auf Anschluss und Versorgung kann gerichtlich im Wege der **Leistungsklage** gegenüber dem Versorgungsunternehmen durchgesetzt werden. Da es sich um Leistungen der **Daseinsvorsorge** handelt, wird in der Regel auch der Antrag auf Erlass einer **einstweiligen Verfügung** im einstweiligen Rechtsschutzverfahren zulässig sein. Zuständig sind die **ordentlichen Gerichte**.

211 Ihre Grenzen findet die allgemeine Anschluss- und Versorgungspflicht jedoch dort, wo einem Wasserversorgungsunternehmen im Einzelfall der Anschluss oder die Versorgung wirtschaftlich nicht **zumutbar** ist. Dies gilt in der Regel im **Außenbereich**, wenn die Wasserversorgung nur über übermäßig lange Zuleitungen möglich ist. Eine Pflicht des Versorgungsunternehmens besteht in diesen Fällen erst dann, wenn der Kunde durch besondere Leistungen die wirtschaftliche Unzumutbarkeit ausgeräumt hat. In Betracht kommen etwa die Zahlung eines besonderen **Baukostenzuschusses** oder die Übernahme von Unterhaltungs- und Erneuerungskosten bei überlangen **Hausanschlüssen.**[132]

4. Keine im Gesetz vorgegebene Laufzeitbegrenzung

212 Anders als im Strom- und Gasbereich findet sich für den **Wasserbereich** keine gesetzliche **Laufzeitbegrenzung.**

213 Nach § 46 Abs. 2 S. 1 EnWG dürfen Konzessionsverträge im Strom- und Gasbereich höchstens für eine Laufzeit von **20 Jahren** abgeschlossen werden. Im Wasserbereich besteht demgegenüber keine im Gesetz vorgegebene **Laufzeitbegrenzung**. In der Praxis wird jedoch vielfach auch in Konzessionsverträgen im Wasserbereich eine begrenzte Laufzeit vorgesehen.

a) Zur Fortgeltung der Regelungen in § 103 a Abs. 1 GWB a. F. (§ 131 Abs. 6 GWB)

214 Zwar ist gem. § 131 Abs. 6 GWB auch die Regelung in § 103 a GWB a. F. weiter anzuwenden. Bei diesem Verweis dürfte es sich aber um ein Redaktionsversehen handeln. § 103 a Abs. 1 GWB a. F. beschränkte die **zulässige Laufzeit** von Konzessionsverträgen und Demarkationsverträgen auf 20 Jahre, allerdings nur im Bereich der Strom- und Gasversorgung. Diese Bestimmung war auf die Versorgung mit Wasser nicht anwendbar.[133] Folglich kann der Verweis auf die Fortgeltung des § 103 a Abs. 1 GWB a. F. für die Wasserversorgung keine sachliche Bedeutung haben.

---

132 Hempel/Rodemann/Stintzing/*Wesche*, Kap. 1 Rn 121 f.

133 Immenga/Mestmäcker/*Klaue*, GWB, § 131 Rn 26; BerlK-EnR/*Reif*, § 117 EnWG Rn 3; Loewenheim/Meessen/Riesenkampff/*Zuber*, § 131 Rn 17; *Gersemann*, VersW 2011, 57, 58.

b) Beschränkung der Laufzeit

Obwohl es keine ausdrücklich im Gesetz vorgegebene Laufzeitbegrenzung für Konzessionsverträge in der Wasserversorgung gibt, sind auch in diesem Bereich langfristige ausschließliche Vertragsbindungen **Schranken** unterworfen. Diese Schranken ergeben sich aus **kartellrechtlicher** sowie **gemeindeordnungsrechtlicher** Sicht. 215

So sind langfristige ausschließliche Vertragsbindungen kartellrechtlich problematisch, da sie im Geschäftsverkehr regelmäßig eine Beschränkung des **Nachfrage- und Anbieterwettbewerbs** bewirken. Eine überlange Laufzeit kann deshalb als wettbewerbsbeschränkendes Verhalten gegen die §§ 19, 20 Abs. 1 GWB und gegen Art. 102 AEUV verstoßen. 216

Die Gemeinden sind ferner nach den **Grundsätzen** der **Wirtschaftlichkeit** und **Sparsamkeit** gehalten, von Zeit zu Zeit günstigere Alternativen zu suchen und Leistungen neu auszuschreiben. Dies gilt ebenso für den Abschluss von Wegenutzungsverträgen. Daher sollten auch für Konzessionsverträge in der Wasserversorgung keine überlangen Vertragslaufzeiten vereinbart werden. 217

Eine lange Laufzeit könnte folglich kommunalrechtlich und kartellrechtlich problematisch sein. Andererseits gibt es für die Wegenutzungsverträge in der Wasserversorgung keine gesetzliche Beschränkung wie in der Energieversorgung. Für eine Grenze, bis zu der eine **kartellrechtliche Zulässigkeit** gegeben ist, bietet es sich an, die Regelung über die Laufzeit für Wegenutzungsverträge in der Energieversorgung entsprechend anzuwenden. 218

Praxistipp
Für die Laufzeit von Konzessionsverträgen in der Wasserversorgung bietet sich eine Orientierung an der Laufzeit von höchstens 20 Jahren in der Energieversorgung an. i

---

B. Gesetzliche Vorgaben

I. Gesetzliche Anforderungen an die Einräumung von Wegenutzungsrechten im Energiebereich

1. Diskriminierungsfreie Zurverfügungstellung der öffentlichen Wege durch Vertrag gem. § 46 Abs. 1 EnWG

Das EnWG verpflichtet die Gemeinden, ihre **öffentlichen Verkehrswege** für die Verlegung und den Betrieb von Leitungen zur unmittelbaren Versorgung von **Letztverbrauchern** im Gemeindegebiet diskriminierungsfrei durch **Vertrag** zur Verfügung zu stellen. Damit kann die Gemeinde die **Zurverfügungstellung** von dem Abschluss eines Vertrages abhängig machen. Eine Zurverfügungstellung ohne einen solchen Vertrag kann grundsätzlich vom EVU nicht verlangt werden. Nach § 154 BGB ist ein Vertrag nur dann als geschlossen anzusehen, wenn sich die Parteien über alle Punkte 219 geeinigt haben, über die nach dem erklärten Willen auch nur einer Partei eine Einigung erzielt werden sollte.

220 Dabei gewährt § 46 Abs. 1 EnWG grundsätzlich einen **Anspruch** auf Abschluss eines Wegenutzungsvertrages. Die Gemeinde unterliegt daher einem **Kontrahierungszwang.** Ein solcher Kontrahierungszwang wurde als notwendig angesehen, da die Gemeinden als Eigentümer der öffentlichen Verkehrswege eine starke Stellung haben.[134] Dabei bezieht sich der Kontrahierungszwang zunächst auf **Leitungen** einschließlich Fernwirkleitungen zur **Netzsteuerung** und Zubehör. Umfasst werden daher auch einzelne Leitungen wie z.B. Stichleitungen. Dabei sieht der Gesetzeswortlaut keine Einschränkungen auf bestimmte Spannungs- oder Druckebenen vor. Entgegen vereinzelter Stimmen werden auch **Netze** der **allgemeinen Versorgung** von dem Anwendungsbereich des § 46 Abs. 1 EnWG erfasst.[135] Zusätzlich gelten für sie die Regelungen in § 46 Abs. 2 bis Abs. 4 EnWG. Da ein solches Netz auch **Leitungen** umfasst, erscheint es widersinnig, zwar die einzelnen Leitungen, nicht aber das gesamte Netz von § 46 Abs. 1 EnWG erfasst anzusehen.[136]

221 Weigert sich die **Gemeinde**, den EVU einen entsprechenden Wegenutzungsvertrag anzubieten, stellt dies ein **diskriminierendes** Verhalten seitens der Gemeinde dar. Etwas anderes gilt nur, wenn sachliche Gründe vorliegen, die eine Verweigerung der Gemeinde auf Abschluss eines Wegenutzungsvertrages rechtfertigen.

222 Verstärkt wird der Kontrahierungszwang nach § 46 Abs. 1 EnWG dadurch, dass er gem. § 46 Abs. 5 EnWG einer **Aufsicht** durch die **Kartellbehörden** unterworfen ist. Ausdrücklich heißt es in der Gesetzesbegründung zur Vorgängervorschrift:

> „Absatz 5 stellt klar, dass insbesondere die Frage, ob im Einzelfall eine Diskriminierung nach Absatz 1 vorliegt, den Kartellbehörden obliegt".[137]

223 Bei dem Begriff **„diskriminierungsfrei"** handelt es sich um einen aus dem **Kartellrecht** bekannten Begriff.[138] Eine Diskriminierung i.S.d. Kartellrechts liegt dann vor, wenn eine **Ungleichbehandlung** ohne sachlichen Grund erfolgt. Ein solcher **sachlich** gerechtfertigter Grund besteht nach der ständigen Rechtsprechung des **BGH** im Kartellrecht immer dann, wenn eine Ungleichbehandlung aufgrund einer **Abwägung** der wechselseitigen Interessen unter Berücksichtigung der auf die Freiheit des Wettbewerbs ausgerichteten Zielsetzung des GWB akzeptabel ist.[139]

---

134 Amtliche Begründung BT-Drucks. 13/7274, S. 20.
135 BerlK-EnR/*Wegner*, § 46 EnWG Rn 27.
136 So aber Theobald/Schneider/*Albrecht*, § 9 Rn 42; ihm folgend Britz/Hellermann/Hermes/*Hellermann*, § 46 Rn 36.
137 BT-Drucks. 13/7274, S. 21.
138 Vgl. §§ 19, 20 GWB.
139 BGHZ 38, 90 ff.; BGHZ 52, 65 ff.; BGHZ 107, 273 ff.; BGH ZIP 2000, 426 ff.; ständige Rechtsprechung.

Übertragen auf § 46 Abs. 1 EnWG, bei dem es sich um eine spezialgesetzliche Ausprägung des allgemeinen kartellrechtlichen **Diskriminierungsverbots** handeln dürfte,[140] bedeutet dies, dass sachliche Gründe im jeweiligen Einzelfall die Gemeinde zur **Ablehnung** des Abschlusses eines Wegenutzungsvertrages berechtigen.[141] Dabei spielen die mit dem EnWG verbundenen **Ziele** der sicheren, preisgünstigen, verbraucherfreundlichen, effizienten und umweltverträglichen **Energieversorgung** eine entscheidende Rolle.[142] Deren Einhaltung kann im Einzelfall eine Ablehnung rechtfertigen.[143] Die jeweilige Gemeinde ist nur dann zur **Verweigerung** der Einräumung eines Wegerechts **berechtigt**, wenn ihr Interesse an einer **Ablehnung** gegenüber denjenigen des das Wegerecht Begehrenden unter Berücksichtigung der auf Sicherheit, Preiswürdigkeit, Verbraucherfreundlichkeit, Effizienz und Umweltverträglichkeit der Energieversorgung ausgerichteten Zielsetzung des EnWG (§ 1) **Vorrang** hat. Da auch dem Wettbewerb durch § 46 EnWG Rechnung getragen werden soll, dürfen jedenfalls **Drittinteressenten** nicht zum Schutze der im **kommunalen Besitz** befindlichen Netzbetreiber oder anderen **Netzbetreibern** bzw. EVU von der Leitungserrichtung ausgeschlossen werden.[144] Auch die bloße Berufung auf die **Eigentümerstellung** (§ 903 BGB) scheidet als sachlicher Grund aus.[145] Damit stellt sich die Frage nach den Gründen, die die Gemeinde berechtigen, das Wegerecht zu verweigern. 224

2. Sachliche Gründe zur Verweigerung eines Vertragsschlusses

Das Gesetz nennt selbst keine Gründe, die es der Gemeinde gestatten, die **Zurverfügungstellung** ihrer öffentlichen Verkehrswege zu **verweigern**. Allerdings sieht § 46 Abs. 1 EnWG das Recht der Gemeinde vor, den **Abschluss** eines Wegenutzungsvertrages solange zu **verweigern**, bis Einigung über die Höhe der zu zahlenden Konzessionsabgaben erzielt worden ist. Aus dieser Formulierung sowie aus der Verwendung des Begriffs der **„diskriminierungsfreien“** Zurverfügungstellung lassen sich Verweigerungsgründe der Gemeinden ableiten. 225

a) Verweigerung einer Vereinbarung über die höchstzulässigen Konzessionsabgaben

Auch wenn die Gemeinde zur **diskriminierungsfreien** Zurverfügungstellung ihrer öffentlichen Verkehrswege zur Leitungsverlegung verpflichtet ist, muss sie dies nicht 226

140 So auch BerlK-EnR/*Wegner*, § 46 EnWG Rn 29.
141 *Böwing* in: Energiewirtschaftsgesetz 1998, § 13, S. 250.
142 Im Rahmen der Vergabe von Konzessionsverträgen hat der Gesetzgeber dies durch die Einfügung eines neuen Satz 5 in § 46 Abs. 3 im Rahmen der EnWG-Novelle verdeutlicht.
143 *Büdenbender*, § 13 Rn 29; Danner/Theobald/*Theobald*, § 13 EnWG Rn 17.
144 *Büdenbender*, § 13 Rn 29.
145 *Böwing* in: Energiewirtschaftsgesetz 1998, § 13, S. 251.

unentgeltlich tun. Vielmehr kann sie nach § 46 Abs. 1 S. 2 EnWG den Abschluss des Wegenutzungsvertrages von der Vereinbarung der Zahlung von **Konzessionsabgaben** in Höhe der **Höchstsätze** nach § 48 Abs. 2 EnWG abhängig machen. Dieser Verweis auf § 48 Abs. 2 EnWG ist allerdings insoweit ungenau, als § 48 Abs. 2 EnWG selbst nicht die Höhe der Konzessionsabgaben regelt. Es handelt sich bei dieser Bestimmung lediglich um die **Ermächtigungsgrundlage** für die KAV. Gemeint ist mit dem Verweis auf § 48 Abs. 2 EnWG aber augenscheinlich der Verweis auf die in der KAV geregelten Höchstsätze.[146]

227 Das der Gemeinde in § 46 Abs. 1 EnWG eingeräumte Recht, im Rahmen des Abschlusses eines Wegenutzungsvertrages die Zahlung von **Konzessionsabgaben** in Höhe der Höchstsätze nach der KAV verlangen zu können, macht deutlich, dass die Höchstsätze der Konzessionsabgaben **unabhängig** von der **Art des Vertrages** (einfacher oder qualifizierter Wegenutzungsvertrag) und unabhängig von dessen **Inhalt** von der Gemeinde verlangt werden können.

228 Aus dem Recht der Kommune, den Abschluss eines Wegenutzungsvertrages von der Vereinbarung der Zahlung der höchstzulässigen Konzessionsabgaben abhängig zu machen, lässt sich ein weiterer **Weigerungsgrund** der Kommune ableiten: Solange es der **Vertragspartner** ablehnt, für die Einräumung des Rechts auf Wegenutzung die Zahlung der nach der KAV **höchstzulässigen Konzessionsabgaben** zu vereinbaren, ist die Gemeinde berechtigt, den Vertragsschluss zu verweigern. Da nach § 46 Abs. 1 S. 1 EnWG der Abschluss eines Wegenutzungsvertrages **Voraussetzung** für die Verpflichtung der Gemeinde zur Zurverfügungstellung ihrer öffentlichen Verkehrswege ist, dieser erst bei **Einigung** über die Höhe der **Konzessionsabgaben** von der Gemeinde geschlossen werden muss, kann sie solange die Zurverfügungstellung der öffentlichen Verkehrswege verweigern.

b) Kapazitätsengpässe

229 Diskriminierungsfreie **Zurverfügungstellung** öffentlicher Verkehrswege setzt voraus, dass diese Verkehrswege für die Verlegung und den Betrieb der Energieleitungen **geeignet** sind. Dies ist dann nicht der Fall, wenn die räumlichen **Kapazitäten** erschöpft sind und keine Verlegung weiterer Leitungen erlauben.[147]

---

146 Zu den Regelungen der KAV und den Höchstsätzen der Konzessionsabgaben s. u. Kap. 10 Rn 17 ff.

147 *Böwing* in: Energiewirtschaftsgesetz 1998, § 13, S. 250 f.; *Salje*, EnWG, § 46 Rn 64.

Praxistipp

Die Frage, ob Gründe vorliegen, die die Gemeinde berechtigen, die Wegenutzung zu verweigern, kann immer nur auf den Einzelfall bezogen beantwortet werden. Es ist daher in jedem Einzelfall sorgfältig zu prüfen, ob entsprechende Gründe vorliegen. Dabei sollte die Verweigerung eher vermieden werden, da kaum Gründe bestehen, die dies tatsächlich rechtfertigen.

c) Fehlen einer Genehmigung nach § 4 EnWG als sachlicher Grund?

Fraglich ist, ob die Kommune den Abschluss eines Wegenutzungsvertrages verweigern kann, wenn das den Wegenutzungsvertrag begehrende Unternehmen keine **Genehmigung** nach § 4 EnWG hat oder nur über eine solche Genehmigung für eine **Sparte**, z.B. für Strom, verfügt, nunmehr aber auch Leitungen für die Gasversorgung verlegen und betreiben möchte. 230

Nach § 4 Abs. 1 EnWG bedarf die Aufnahme des Betriebs eines Energieversorgungsnetzes der Genehmigung durch die nach Landesrecht zuständige Behörde. Ziel einer solchen **Betriebsgenehmigung** ist die Feststellung der personellen, technischen und wirtschaftlichen **Leistungsfähigkeit** für den Betrieb des jeweiligen Energienetzes. Damit soll sichergestellt werden, dass die Netzbetreiber die ihnen nach §§ 11 ff. EnWG zugewiesenen Aufgaben erfüllen und damit die in § 1 EnWG genannten Ziele erfüllen. Und obwohl die allgemeine Versorgung im jeweiligen Gemeindegebiet nicht mehr Bestandteil der **Selbstverwaltungsgarantie** der Gemeinden nach Art. 28 Abs. 2 GG ist, gilt dies nicht für den Betrieb der **Energieversorgungsnetze** der allgemeinen Versorgung. Wenn der Betrieb dieser Netze Bestandteil der Aufgaben der Kommunen ist, dann müssen sie auch darauf achten, dass die Betreiber zumindest dieser Netze die entsprechende Leistungsfähigkeit besitzen. Insoweit ist es sachgerecht, dass die **Kommunen** jedenfalls den Abschluss eines **Konzessionsvertrages** von dem Vorhandensein einer **Genehmigung** nach § 4 EnWG abhängig machen können. Es sprechen aber keine wirklichen Argumente dagegen, dieses Recht den Kommunen auch bei den **einfachen Wegenutzungsverträgen** zuzugestehen. 231

Dabei reicht es nicht aus, dass das den Wegenutzungsvertrag begehrende Unternehmen über eine für eine **andere Sparte** erteilte Genehmigung verfügt. Das Vorliegen einer Genehmigung für den Betrieb des Stromnetzes umfasst nicht den Betrieb eines Gasversorgungsnetzes. Es muss für den Betrieb des Gasversorgungsnetzes eine eigenständige Genehmigung beantragt werden. Allerdings ist die Frage nach dem einer Betriebsgenehmigung nach § 4 EnWG umstritten. So leitet *Büdenbender* aus dem Gesetzeswortlaut „**Energieversorgung**" und damit der darin fehlenden Differenzierung zwischen Strom- und Gasversorgung ab, dass bei Vorliegen einer Betriebsgenehmigung der Wechsel in eine andere Versorgungssparte nicht einer erneuten Genehmigung bedarf.[148] Nun ist allerdings nicht davon auszugehen, 232

148 *Büdenbender*, § 3 Rn 31.

dass in einem Genehmigungsverfahren für den Betrieb eines Stromnetzes auch die personelle, technische und wirtschaftliche Leistungsfähigkeit für den Betrieb eines Gasnetzes überprüft wird. Insbesondere wenn die vorhandene Genehmigung sich auf den Betrieb eines Stromnetzes beschränkt, spricht vieles dafür, dass es einer neuen Genehmigung für den Betrieb eines Gasnetzes bedarf.[149]

d) Zulässigkeit der Verweigerung eines Wegenutzungsvertrages unter Hinweis auf schon bestehende Wegenutzungsverträge?

233 Nach dem Wortlaut des § 46 Abs. 1 EnWG können hinsichtlich derselben öffentlichen Verkehrswege gleichzeitig mehrere Wegenutzungsverträge über verschiedene Leitungen geschlossen werden. Insbesondere die Verpflichtung der Gemeinde, ihre öffentlichen Verkehrswege **„diskriminierungsfrei"** zur Verfügung zu stellen, macht deutlich, dass das Gesetz grundsätzlich davon ausgeht, dass auch mehrere Wegenutzungsverträge bezüglich derselben öffentlichen Verkehrswege nebeneinander bestehen können. Dies gilt umso mehr, als seit dem Inkrafttreten des 1. NeuregelungsG zum 29.4.1998 die Vereinbarung von ausschließlichen Wegenutzungsrechten unzulässig ist und dieses Verbot aufgrund der Regelung in Art. 4 § 1 des 1. NeuregelungsG auch für die zu diesem Zeitpunkt bereits geschlossenen Konzessionsverträge galt.

234 Trotz des Verbots der Einräumung ausschließlicher Wegenutzungsrechte wird vereinzelt nach wie vor die Auffassung vertreten, dass Gemeinden in den Fällen, in denen für ihr Gebiet bereits ein **Konzessionsvertrag besteht, nicht verpflichtet sind, daneben** einen **weiteren Wegenutzungsvertrag innerhalb des selben Gebietes** zu schließen. Dies gilt sowohl für den Abschluss eines einfachen als auch eines weiteren qualifizierten Wegenutzungsvertrages.[150] Eine entsprechende Auffassung vertrat insbesondere die Stadt Frankfurt a.M. im Zusammenhang mit der Angelegenheit **„Arealnetzversorgung Mainova"**.[151]

aa) Der Fall Mainova

235 Hintergrund dieses Verfahrens war die **Weigerung** der Mainova AG, sog. **Arealnetze** in Neubaugebieten, die bislang nicht an das öffentliche Netz der Mainova angeschlossen waren, an ihr Mittelspannungsnetz anzuschließen. Mit Verfügung vom 8.10.2003 verbot das BKartA der Mainova das von den betroffenen Unternehmen beanstandete Verhalten wegen des **Missbrauchs einer marktbeherrschenden Stellung** nach § 19 Abs. 1 und 4 Nr. 1 und 4 GWB und wegen eines Verstoßes gegen

149 In diese Richtung auch *Salje*, EnWG, § 4 Rn 36 ff.; ähnlich *Büdenbender*, § 3 Rn 34, in Fällen einer sog. limitierten Genehmigung.

150 So insb. in Schneider/Theobald/*Albrecht*, § 9 Rn 48 bei Direktleitungen.

151 BGH WuW 2005, 924 ff. „Mainova".

das **Behinderungsverbot** nach § 20 Abs. 1 GWB.[152] Die hiergegen von Mainova eingelegten Rechtsbehelfe vor dem **OLG Düsseldorf**[153] und vor dem **BGH**[154] blieben erfolglos. Interessant sind hier insbesondere die Ausführungen des **BGH** zu dem Einwand der Mainova, der Anschluss der Arealnetze führe zu einer **Beeinträchtigung** der Netzstruktur mit der Folge, dass deren Betrieb teurer werde:

> „Auch die Beeinträchtigungen, die sich aus der Öffnung der Energiemärkte für die Netzstruktur der traditionellen Versorgungsnetze ergeben könnten, lassen die Verweigerung des Zugangs zum Mittelspannungsnetz nicht als gerechtfertigt erscheinen. Zwar ist zutreffend, dass der Betrieb eines Netzes generell teurer werden kann, wenn es vermehrt Inseln innerhalb des Gebietes gibt, die das Netz nicht versorgt. Dies ist jedoch eine Folge der Liberalisierung der Energiemärkte, die mit Stichleitungen ebenso verbunden sein kann wie mit Arealnetzen. Im Übrigen ist die Bundesregierung in § 17 Abs. 3 des neuen Energiewirtschaftsgesetzes ermächtigt worden, durch Rechtsverordnung „unter angemessener Berücksichtigung der Interessen der Betreiber von Energieversorgungsnetzen und der Anschlussnehmer" zu regeln, „in welchem Umfang und unter welchen Bedingungen ein Netzanschluss ... zumutbar ist; dabei kann auch das Interesse der Allgemeinheit an einer möglichst kostengünstigen Struktur der Energieversorgungsnetze der allgemeinen Versorgung berücksichtigt werden" ... Der Verordnungsgeber hat es demnach in der Hand, in Zukunft Bestimmungen zu treffen, die eine stärkere Berücksichtigung des Strukturinteresses ermöglichen".[155]

Gleichwohl weigerte sich die Stadt Frankfurt a.M. auch in der Folgezeit gegenüber 236
einem der **Arealnetzversorger**, mit ihm einen einfachen bzw. qualifizierten Wegenutzungsvertrag abzuschließen und zwar unter Hinweis auf den mit der Mainova bestehenden **qualifizierten Wegenutzungsvertrag** für das Gebiet Frankfurt a.M. Die Besonderheit lag hier darin, dass das vom Arealnetzversorger errichtete Gas- und Stromnetz teilweise in Wegen verlegt war, die aufgrund der Regelungen im **städtebaulichen Vertrag** mit der Stadt Frankfurt a.M. nach Fertigstellung dem **öffentlichen Verkehr** gewidmet werden sollten. Eine Verpflichtung, die in diesen Wegen verlegten Energieleitungen nach Widmung der Straßen zu öffentlichen Verkehrswegen auf die Mainova zu übertragen, enthielt der städtebauliche Vertrag allerdings nicht. Da der Arealnetzbetreiber davon ausging, dass es sich bei seinem Netz um ein **Objektnetz** i.S.d. § 110 EnWG handelt, verlangte er von der Stadt Frankfurt a.M. den Abschluss eines einfachen und nur hilfsweise den Abschluss eines qualifizierten **Wegenutzungsvertrages.** Beides wurde von der Stadt Frankfurt a.M. abgelehnt. Zur Begründung ihrer ablehnenden Haltung berief sich die Stadt auf die Garantie der **kommunalen Selbstverwaltung** durch das Grundgesetz (Art. 28 Abs. 2 GG). Ergänzend vertrat die Stadt die Auffassung, dass

152 BKartA WuW 2003, 1315 ff.
153 OLG Düsseldorf WuW 2004, 1053 ff.
154 BGH WuW 2005, 924 ff.
155 BGH WuW 2005, 924, 930.

durch die Widmung der Straßen das Areal Teil des allgemeinen **Versorgungsgebietes** geworden sei, für das man sich gegenüber der Mainova in dem bestehenden qualifizierten **Konzessionsvertrag** verpflichtet habe. Im Übrigen gehe es nicht an, in einem Gemeindegebiet zwei qualifizierte Wegenutzungsverträge gleichzeitig zu haben.

bb) Stellungnahme

237 Auch wenn sich die Parteien in der Zwischenzeit außergerichtlich verständigt haben, überzeugen die von der Stadt Frankfurt a.M. vorgebrachten Argumente nicht. Sie stellen keine sachlichen Gründe dar, die sie zu einer **Weigerung** des Abschlusses eines einfachen **Wegenutzungsvertrages** berechtigen. Art. 28 Abs. 2 GG beinhaltet jedenfalls nicht das Recht, **Arealnetzversorgern** die Einräumung einfacher **Wegerechte** zu verweigern. Wäre dies der Fall, liefe das Verbot der Einräumung ausschließlicher Wegerechte sowie die einfach gesetzliche Regelung zur **diskriminierungsfreien** Zurverfügungstellung (§ 46 Abs. 1 EnWG) leer.

Praxistipp

i Das Bestehen eines Konzessionsvertrages wird die Gemeinde grundsätzlich nicht dazu berechtigen, den Abschluss einfacher Wegenutzungsverträge zu verweigern. Allenfalls bei Vorliegen anderer Gründe wie fehlender Kapazitäten in den öffentlichen Verkehrswegen, kann im Einzelfall eine Verweigerung zulässig sein.

---

238 Viel komplizierter ist allerdings die Beantwortung der Frage, ob die Kommune verpflichtet ist, neben einem bereits **bestehenden Konzessionsvertrag** einen **zweiten Konzessionsvertrag** im selben Gebiet abzuschließen.[156] Hierdurch würden im Prinzip zwei Energieversorgungsnetze der allgemeinen Versorgung parallel entstehen. Dies dürfte aus betriebswirtschaftlicher Sicht wenig Sinn machen und daher eher eine akademische Frage von wenig praktischer Relevanz sein. Aus Rechtsgründen sind gleichwohl auch **konkurrierende** qualifizierte Wegenutzungsverträge in ein und demselben Gemeindegebiet zulässig.[157]

239 Damit dürften in der **Praxis** im Wesentlichen die Fälle relevant sein, in denen – wie in dem Fall Frankfurt a.M. – **Energienetze** errichtet werden und diese Areale dann teilweise oder ganz Bestandteil des **Gemeindegebietes** werden, und hinsichtlich des Gemeindegebietes bereits ein qualifizierter Wegenutzungsvertrag besteht.

---

156 Ablehnend *Böwing in:* Energiewirtschaftsgesetz 1998, § 13, S. 254.
157 In Schneider/Theobald/*Albrecht*, § 9 Rn 45 ff.

Praxistipp

Es sollte im Konzessionsvertrag von vornherein eine Regelung aufgenommen werden, wie mit während der Laufzeit des Konzessionsvertrages neu hinzukommenden Gemeindeteilen bzw. Arealnetzen zu verfahren ist. Insbesondere wenn nicht ausgeschlossen werden kann, dass **neue Areale** innerhalb des **Gemeindegebietes** erschlossen werden, sollte eine offene Regelung in Form einer sog. **Sprechklausel** aufgenommen werden. So lassen sich Schadenersatzforderungen Dritter vermeiden.

Werden Areale erschlossen, sollten seitens der Kommune im Rahmen von **städtebaulichen Verträgen** die bestehenden konzessionsvertraglichen Regelungen unbedingt beachtet werden. Liegen diese Areale in dem vom bestehenden Konzessionsvertrag erfassten **Vertragsgebiet**, sollte im Rahmen des Zulässigen mit dem Erschließungsträger eine Regelung getroffen werden, dass im Fall der Widmung der Straßen die darin verlegten **Leitungen** dem Konzessionsnehmer zu überlassen sind.

3. Laufzeitbegrenzung bei qualifizierten Wegenutzungsverträgen

Neben § 46 Abs. 1 EnWG enthält § 46 Abs. 2 EnWG weitere **gesetzliche Vorgaben** 240
für die Einräumung von Wegenutzungsrechten. Diese gelten allerdings nach dem eindeutigen Wortlaut nur für die qualifizierten Wegenutzungsverträge. So dürfen Konzessionsverträge im Energiebereich nur für eine **Laufzeit von maximal 20 Jahren** geschlossen werden. Die Hintergründe dieser Laufzeitbegrenzung wurden bereits an anderer Stelle ausführlich dargelegt.[158]

II. Gesetzliche und verordnungsrechtliche Vorgaben für Konzessionsverträge im Wasserbereich

Im Folgenden soll untersucht werden, welche gesetzlichen und verordnungsrechtli- 241
chen Vorgaben für Konzessionsverträge im Wasserbereich bestehen.

Das Recht der Wegenutzungsverträge im Wasserbereich hat entgegen der Ent- 242
wicklungen im Strom- und Gasbereich kaum **Änderungen** erfahren. Über die Übergangsregelung in § 131 Abs. 6 GWB gelten hier die §§ 103, 103 a GWB a. F. fort. Dies hat zur Folge, dass Verträge, durch welche die Verlegung und der Betrieb von Leitungen auf oder unter öffentlichen Wegen für eine unmittelbare öffentliche Versorgung von Letztverbrauchern im Gebiet der Gebietskörperschaft mit Wasser **ausschließlich** einem **Versorgungsunternehmen** gestattet wird, freigestellt sind vom Kartellverbot gem. § 1 GWB, vom Verbot der Preis- und Konditionenbindung gem. § 15 GWB und von der Missbrauchsaufsicht über Ausschließlichkeitsbindungen gem. § 18 GWB. Deshalb ist es zulässig, **ausschließliche Wegenutzungsrechte** für ein Wasserversorgungsunternehmen zu vereinbaren.

158 Siehe Kap. 2 Rn 45 ff.

243 Neben dieser kartellrechtlichen **Freistellung** der Wegenutzungsverträge im Wasserbereich enthält § 117 EnWG eine Regelung zu **Konzessionsabgaben** für die Wasserversorgung. Danach gilt für die Belieferung von Letztverbrauchern im Rahmen der öffentlichen Wasserversorgung § 48 EnWG **entsprechend.**

244 Bereits § 15 EnWG 1998 enthielt eine Regelung für Konzessionsabgaben in der Wasserversorgung, die auf die Regelung zu Konzessionsabgaben für den Strom- und Gasbereich verwiesen hat. § 117 EnWG 2005 hat diese Regelung übernommen und verweist nunmehr auf § 48 EnWG. Weitere gesetzliche Vorgaben für Konzessionsverträge im Wasserbereich sind nicht vorhanden. Vor dem Hintergrund der Regelung in § 117 EnWG stellt sich die Frage, ob auch § 46 EnWG, der weitere Vorgaben für Konzessionsverträge im Strom- und Gasbereich enthält, auf Konzessionsverträge in der **Wasserversorgung** anwendbar ist. Ferner ist auf die Bedeutung des § 117 EnWG einzugehen.

245 Daneben kommen Vorgaben für Konzessionsverträge im Wasserbereich aus der **Konzessionsabgabenanordnung** und deren Anordnungs- und Durchführungsbestimmungen (A/KAE und D/KAE) in Betracht.

1. Bedeutung des § 117 EnWG – gilt § 46 EnWG auch für den Wasserbereich?

a) Gilt § 46 EnWG auch für den Wasserbereich?

246 § 46 EnWG enthält Regelungen zu Wegenutzungsverträgen für den Strom- und Gasbereich wie etwa Regelungen zum **Bekanntmachungs- und Auswahlverfahren.** Wegenutzungsverträge im **Wasserbereich** werden von dieser Norm jedoch nicht erfasst. § 117 EnWG enthält zwar eine Regelung über Konzessionsabgaben für die Wasserversorgung. Diese Norm verweist aber ausdrücklich nur auf die Regelung in Bezug auf **Konzessionsabgaben** im Strom- und Gasbereich in § 48 EnWG. Ein Verweis auf § 46 EnWG erfolgt nicht. Daraus kann gefolgert werden, dass nach dem **Willen des Gesetzgebers** die Regelung in § 46 EnWG nicht entsprechend auf Wegenutzungsverträge im Wasserbereich anwendbar sein soll.

b) Bedeutung des § 117 EnWG

247 Gem. § 117 EnWG gilt für die **Belieferung von Letztverbrauchern** im Rahmen der öffentlichen Wasserversorgung § 48 EnWG entsprechend.

248 Maßgeblich für die Verweisung auf § 48 EnWG ist vor allem die Regelung in § 48 Abs. 2 EnWG. Dort ist eine **Verordnungsermächtigung** für die **Bundesregierung** vorgesehen, um die Zulässigkeit und Bemessung der Konzessionsabgaben zu regeln. Es können gestaffelt nach der **Einwohnerzahl** der Gemeinden unterschiedliche Höchstsätze in Cent je gelieferter Kilowattstunde festgesetzt werden.

249 Bereits § 14 Abs. 2 EnWG 1998 enthielt eine **Ermächtigungsgrundlage** für den Erlass einer **Rechtsverordnung** zur Zulässigkeit und Bemessung der Konzessionsabgaben, jedoch ausdrücklich **beschränkt** auf die Bereiche **Elektrizität und Gas.**

Eine Rechtsgrundlage zur Erweiterung der Rechtsverordnung auf die Belieferung von Letztverbrauchern im Rahmen der öffentlichen Wasserversorgung sah § 15 EnWG 1998 vor. Die Regelung des § 15 EnWG 1998 hat § 117 EnWG 2005 im Wortlaut unverändert übernommen.[159] Ebenso ist § 117 EnWG 2011 unverändert.

Der Verweis in § 117 EnWG hat zur Folge, dass weiterhin eine **Ermächtigung** 250 zum Erlass einer Rechtsverordnung auch für den Wasserbereich besteht. Parallel zu den Vorgaben für den Strom- und Gasbereich in der seit dem 1.1.1992 geltenden Konzessionsabgabenverordnung (KAV) könnten somit die Zulässigkeit und Bemessung der **Konzessionsabgaben** für den Wasserbereich neu geregelt werden. Bislang gelten für den Wasserbereich die **Vorgaben** aus der Anordnung über die Zulässigkeit von Konzessionsabgaben der Unternehmen und Betriebe zur Versorgung mit Elektrizität, Gas und Wasser an Gemeinden und Gemeindeverbände[160] und ihren Ausführungs- und Durchführungsbestimmungen[161] fort.

2. Vorgaben aus der Konzessionsabgabenanordnung

Bei der Konzessionsabgabenanordnung vom 4.3.1941 handelt es sich um eine Rege- 251 lung des **Preisrechts** mit dem Ziel, bestimmte, als angemessen erachtete Grenzen durch **Konzessionsabgaben** nicht zu überschreiten. Sie galt ursprünglich für die Bereiche Elektrizität, Gas und Wasser. Die Erhebung von Konzessionsabgaben nach der Konzessionsabgabenanordnung war nur als **Übergangslösung** gedacht. Dies wird aus der Regelung in § 2 Abs. 2 S. 2 KAE deutlich. Darin heißt es, dass die Konzessionsabgaben in den folgenden Jahren weiter herabgesetzt und in angemessener Frist ganz beseitigt werden. Hierzu ist es jedoch nicht gekommen.[162] Während im Strom- und Gasbereich die **Konzessionsabgabenverordnung** die Konzessionsabgabenanordnung abgelöst hat, gilt die Anordnung für den Wasserbereich fort.

Die **Rechtsgültigkeit** der Konzessionsabgabenanordnung wurde wiederholt 252 von den obersten Gerichten bestätigt.[163] Das **BVerwG** hat in seinem Urteil vom 20.11.1990 das Verbot der Neueinführung von Konzessionsabgaben (§ 1 Abs. 1 KAE) für **nichtig** erklärt, im Übrigen aber festgestellt, dass die Rechtsgültigkeit der Konzessionsabgabenanordnung dadurch nicht berührt wird.[164]

Die Konzessionsabgabenanordnung enthält Regelungen über die **Zulässigkeit** 253 der Konzessionsabgaben. Sie enthält mittelbar **Vorgaben** für die Ausgestaltung des

159 BT-Drucks. 15/3917, S. 76.

160 Konzessionsabgabenanordnung vom 4.3.1941, RAnz 1941, Nr. 57.

161 A/KAE, D/KAE vom 27.2.1943, RAnz 1943, Nr. 75.

162 Kritisch zur Fortgeltung der kartellrechtlichen Bereichsausnahme für die Wasserversorgung *Markert*, N&R 2009, 119f.

163 BGH, Urt. v. 22.10.1954 – I ZR 226/53 –; BVerwG, Urt. v. 12.10.1965 – VII C 115.63 –.

164 BVerwG, Urt. v. 20.11.1990 – 1 C 30.89 –.

Konzessionsvertrages. Auf die wesentlichen Vorgaben soll im Folgenden eingegangen werden:

254 Vergleichbar zum Strom- und Gasbereich enthält § 6 KAE ein **Nebenleistungsverbot.**

255 Gem. § 6 Abs. 1 KAE dürfen Gemeinden, Gemeindeverbände oder Zweckverbände **Finanzzuschläge** oder sonstige Leistungen (z.B. Verwaltungskostenbeiträge, Sachleistungen) von Versorgungsunternehmen neben oder anstelle von Konzessionsabgaben nicht mehr erheben. Diese Regelung steht jedoch der Vereinbarung sonstiger Leistungen insoweit nicht entgegen, als

- durch die Zahlung von Verwaltungskostenbeiträgen **Aufwendungen** abgegolten werden sollen, die die Gemeinden auf Verlangen oder zum Vorteil der Versorgungsunternehmen machen,
- **Sachleistungen** zu einem Preis angerechnet werden, den sonstige Abnehmer mit gleichen Abnahmeverhältnissen zu zahlen haben (§ 6 Abs. 3 KAE).

256 Die vorgenannten **Leistungen** der Versorgungsunternehmen sind zulässig, da ihnen eine **Gegenleistung** der Gemeinde gegenübersteht, die über die Einräumung des Wegenutzungsrechts hinausgeht. Diese Regelungen entsprechen den Vorgaben für das **Nebenleistungsverbot** im Strom- und Gasbereich in § 3 Abs. 1 S. 1 Nr. 3 KAV und in § 3 Abs. 2 Nr. 1 KAV.

3. Gibt es weitere Vorgaben aus den Anordnungs- und Durchführungsbestimmungen zur KAE?

257 Aus den Anordnungs- und Durchführungsbestimmungen zur KAE sind folgende weitere **Vorgaben** zu beachten:

a) Konkretisierung des Nebenleistungsverbots

258 § 10 A/KAE konkretisiert, welche **Leistungen** nicht als sonstige Leistungen i.S.d. § 6 KAE anzusehen sind und damit nicht unter das **Nebenleistungsverbot** fallen. Hierzu zählen ausdrücklich

- **Aufwendungen**, die den Versorgungsunternehmen aus einer etwaigen **Folgepflicht** der Versorgungsleitungen (Aufwendungen, die dadurch notwendig werden, dass der Straßenkörper, in dem Leitungen verlegt sind oder der von Leitungen überspannt oder gekreuzt wird, aus Verkehrsinteressen oder sonstigen Gründen verändert wird) erwachsen (sog. **Folgekosten**);
- monatliche oder vierteljährliche **Abschlagszahlungen** in Höhe eines Zwölftels oder eines Viertels der für das Vorjahr gezahlten Konzessionsabgaben oder gleichgestellten **Leistungen**, soweit sie vorbehaltlich eines am Jahresschluss zu bewirkenden **Ausgleichs** gezahlt werden.

259 Sodann benennt § 12 A/KAE weitere Leistungen, die nicht als verbilligte **Sachleistungen** gelten. Hierzu zählen unentgeltliche oder verbilligte **Wasserlieferungen** für

Feuerlösch- und Feuerlöschübungszwecke, für Zwecke der Straßenreinigung und für öffentliche Zier- und Straßenbrunnen sowie die verbilligte oder kostenlose Errichtung und Unterhaltung von **Anlagen** für Löschwasserversorgung und Feuerschutz durch ein **Wasserwerk**. Eine Umsetzung dieser Regelung erfolgt regelmäßig durch eine ausdrückliche Bestimmung im Konzessionsvertrag in Bezug auf **Feuerlöschwasser**.

Als Verbilligung einer Sachleistung gilt ferner nicht ein **Preisnachlass** für den 260
Eigenverbrauch der Gemeinden, wenn er
- nach **Hundertsätzen** des Rechnungsbetrags bemessen wird und 10 vom Hundert des Rechnungsbetrages nicht übersteigt,
- für alle **Abnahmestellen** einer Gemeinde, deren Verbrauch nach allgemeinen Tarifen abgerechnet wird, gleich hoch ist und
- von dem nach allgemeinen Tarifpreisen ermittelten Rechnungsbetrag sichtbar in Abzug gebracht wird, sog. **Gemeinderabatt** (§ 12 Abs. 2 A/KAE).

In Bezug auf die Regelung zur Geltung für alle **Abnahmestellen** einer Gemeinde 261
sieht Nr. 47 Abs. 1 D/KAE eine **Ausnahme** vor. Danach kann die Gemeinde für bestimmte Abnahmestellen die Belieferung zu **Sondervertragspreisen** fordern, wenn dies die **Abnahmeverhältnisse** (insbesondere die Größe des Verbrauchs) der betreffenden Abnahmestelle rechtfertigen und anderen Abnehmern in solchen Fällen derartige Preise eingeräumt werden.

Die Regelungen über den **Hundertsatz** und den **Gemeinderabatt** entsprechen 262
der Regelung in § 3 Abs. 1 S. 1 Nr. 1 KAV für den Strom- und Gasbereich. Auch im **Wasserbereich** sind damit neben oder anstelle von Konzessionsabgaben Gemeinderabatte, die Übernahme von Folgekosten und Verwaltungskostenbeiträge zulässig.

b) Unzulässige Heimfallverpflichtungen

Gem. § 13 A/KAE gelten ausdrücklich Heimfallverpflichtungen als verbilligte **Sach-** 263
leistungen. Unter einer Heimfallverpflichtung versteht man die Verpflichtung eines Versorgungsunternehmens, nach **Ablauf** des Konzessionsvertrages seine Anlagen **unentgeltlich** oder gegen eine nur teilweise **Entschädigung** auf die Gemeinde zu übertragen. Der Wert, den ein **Heimfallrecht** besitzt, besteht in dem **Sachzeitwert**, den die unentgeltlich heimfallenden Anlagen zum Zeitpunkt des Heimfalls besitzen, oder wenn ein Entgelt zu zahlen ist, in der **Differenz** zwischen dem Sachzeitwert und dem zu zahlenden Entgelt.[165] In älteren Konzessionsverträgen waren solche **Heimfallverpflichtungen** häufig zu finden. Nach § 13 A/KAE gelten sie als verbilligte Sachleistungen, die gem. § 6 Abs. 1 KAE nicht mehr zulässig sind.

---

165 *Morell*, S. 125.

c) Keine Tarifordnung mit allgemeinen Bedingungen und Tarifpreisen

264 Für den **Wasserbereich** besteht ferner keine Tarifordnung mit allgemeinen Bedingungen und Tarifpreisen, wie sie für den Strom- und Gasbereich mit den Bundestarifordnungen Elektrizität und Gas vorhanden waren. § 2 Abs. 3 KAE bestimmt, dass hier die Preise maßgebend sind, die den **allgemeinen Tarifpreisen** der anderen Sparten entsprechen. Dies wird in § 5 Abs. 1 A/KAE konkretisiert. Danach gelten als Lieferungen, die nicht zu den allgemeinen Bedingungen und allgemeinen Tarifpreisen abgegeben werden:

- alle Lieferungen, die ausdrücklich als Lieferungen nach **Sonderverträgen** oder zu Großabnehmerpreisen bezeichnet sind,
- alle Lieferungen, die nicht zu **öffentlich** bekanntgemachten Preisen erfolgen,
- alle Wasserlieferungen an **Einzelabnehmer**, die in Gemeinden von
  - 3.001 bis 25.000 Einwohnern 6.000 Kubikmeter,
  - 35.001 bis 100.000 Einwohnern 15.000 Kubikmeter,
  - mehr als 100.000 Einwohnern 60.000 Kubikmeter

  im Jahr **übersteigen** ohne Rücksicht darauf, ob die Preise für diese Lieferungen öffentlich bekannt gemacht sind oder nicht.

d) Sachzeitwert als Mindestwert des Netzes bei Netzübernahme

265 Im Wasserbereich findet sich zwar keine ausdrückliche Regelung für die **Netzübernahme** (der Gemeinde). Demgegenüber sieht § 46 Abs. 2 S. 2 EnWG für den Strom- und Gasbereich die Zahlung einer wirtschaftlich angemessenen **Vergütung** vor. Allerdings bestimmt § 6 KAE i.V.m. § 13 A/KAE und Nr. 60 D/KAE, dass der **Sachzeitwert** den Mindestwert des Netzes bildet. Damit ist für den Wasserbereich als Mindestwert für die Netzübernahme eine Zahlung in Höhe des Sachzeitwertes vorgegeben.

Kapitel 3
Höchstpreisrecht und Nebenleistungsverbot der KAV*

A. Überblick

Mit der KAV verfolgt der Verordnungsgeber **drei Hauptziele**: 1

- die Wahrung des Rechts der Kommunen, Konzessionsabgaben für Strom und Gas zu vereinbaren,
- die Konzessionsabgaben in ihrer Höhe zu begrenzen und
- Transparenz in Bezug auf die Zahlungen von Konzessionsabgaben zu schaffen.[1]

Ausweislich des Wortlauts des § 1 Abs. 1 KAV werden durch die Verordnung die Zulässigkeit und die Bemessung von Konzessionsabgaben geregelt. Indes ist der **Anwendungsbereich der KAV weiter** als der Wortlaut des § 1 Abs. 1 KAV.[2] In § 3 KAV wird abschließend geregelt, in welchem Umfang zwischen der Kommune und dem Wegenutzungsvertragspartner neben oder anstelle der Konzessionsabgabe andere Leistungen vereinbart werden dürfen. Daher wird die Bestimmung des § 3 KAV auch als sog. „**Nebenleistungsverbot**" bezeichnet.[3] „**Graue Märkte**" auf dem Nebengebiet der Nebenleistungen, die in der Praxis auch „Morgengaben" genannt wurden, soll es nicht mehr geben.[4] Die bereits im Jahre 1992 erlassene Regelung stellt eine Anknüpfung an die Vorgängerregelung des § 6 KAE[5] dar.[6] Dies macht deutlich, dass die Gewährung von Nebenleistungen im Rahmen des Abschlusses von Wegenutzungsverträgen bereits einer langen Rechtspraxis entspricht. 2

---

* Der Beitrag gibt ausschließlich die persönliche Auffassung des Autors wieder. Der Autor dankt Herrn Dipl. iur. Simon Thomas Groneberg, Essen, für die tatkräftige und wertvolle Unterstützung.

1 Vgl. BR-Drucks. 686/91, S. 11 ff.

2 BerlK-EnR/*Kermel*, Anh. § 48 EnWG, § 1 KAV Rn 1.

3 Vgl. nur *Feuerborn/Riechmann*, § 3 Rn 1; BerlK-EnR/*Kermel*, Anh. § 48 EnWG, § 3 KAV Rn 2 ff.

4 *Feuerborn/Riechmann*, § 3 Rn 1.

5 Anordnung über die Zulässigkeit von Konzessionsabgaben der Unternehmen und Betriebe zur Versorgung mit Elektrizität, Gas und Wasser an Gemeinden und Gemeindeverbände vom 4.3.1941, RAnz 1941, Nr. 57, S. 120, aufgehoben durch § 9 S. 2 V vom 9.1.1992 I 12 mit Wirkung zum 1.1.1992.

6 *Feuerborn/Riechmann*, § 3 Rn 1. Vgl. auch *Keller-Herder*, S. 207.

B. § 3 KAV als Verbotsgesetz

3 Die Bestimmung des § 3 KAV ist unstreitig ein **Verbotsgesetz.**[7] Die KAV geht bei den Pflichten der Vertragspartner eines Wegenutzungsvertrages strukturell von einer Gegenseitigkeit der Leistungen i.S.d. § 320 BGB aus. Grundsätzlich und in erster Linie ist die Einräumung des Wegerechts (als Hauptleistung der Kommune) **synallagmatisch verknüpft** mit der Zahlung der Konzessionsabgabe (als Hauptleistung des Konzessionärs).[8] Dies macht auch § 48 EnWG deutlich, der im Zusammenhang mit §§ 46, 113 EnWG das KA-Aufkommen der Kommunen in Deutschland sichern will.[9] Maßstab für die Vereinbarungen über die Höhe der Konzessionsabgabe stellt § 2 KAV dar. Hierin werden **Höchstbeträge der Konzessionsabgaben** für Strom und Gas mit dem Ziel festgelegt, das KA-Aufkommen zu begrenzen.[10] Neben oder anstelle dieser Konzessionsabgabe können weitere Leistungen, gemeinhin als „Nebenleistungen" bezeichnet, zulässig sein. Wären sie nur „anstelle der KA" zulässig, würden auch die Nebenleistungen in einem synallagmatischen Verhältnis zur kommunalen Leistung stehen. Da sie aber auch „neben der KA" vereinbart werden dürfen (was der praktische Regelfall ist), ist das Synallagma dort nicht zwingend.

4 Die Zulässigkeit von weiteren Nebenleistungen richtet sich nach den Absätzen 1 und 2 des § 3 KAV: § 3 Abs. 1 S. 1 KAV zählt abschließend die zulässigen Nebenleistungen auf, welche ergänzend zu der vereinbarten Konzessionsabgabe geleistet werden dürfen, und § 3 Abs. 2 KAV stellt **beispielhaft** („insbesondere") klar, welche Leistungen als **unzulässige Nebenleistungen** zu qualifizieren sind. Andere Nebenleistungen, die als Gegenausnahme beispielhaft in § 3 Abs. 2 KAV genannt sind, dürfen damit nur ausnahmsweise vereinbart oder gewährt werden.

5 Die Bestimmungen der KAV stellen für die Zahlung der Konzessionsabgabe **keine Anspruchsgrundlage** dar. Vielmehr geht die gesamte Verordnung davon aus, dass die Konzessionsabgaben auf der **Grundlage privatrechtlicher Verträge** gezahlt werden,[11] mithin also auf der Grundlage der Konzessionsverträge. Dies gilt auch für die Nebenleistungen.

6 Der vertragliche Gestaltungsspielraum der Vertragsparteien des Wegenutzungsvertrags wird dabei durch die KAV beschränkt.[12] Hierbei ist der systematische Zusammenhang zwischen § 2 KAV und § 3 KAV zu beachten. Der Verordnungsgeber

---

7 Statt vieler: Kermel/Brucker/Baumann/*Baumann*, S. 215.

8 *Büdenbender*, EnWG, § 14 Rn 51. Damit werden auch die „Abnutzung" und die Einschränkungen abgegolten.

9 BerlK-EnR/*Kermel*, Anh. § 48 EnWG Rn 1.

10 BerlK-EnR/*Kermel*, Anh. § 48 EnWG, § 2 KAV Rn 5.

11 BR-Drucks. 686/91, S.14. Baumgart/*Höffken/Schneider*, Kap. 11. Rn 7. A. A. für KA-Zahlungen nach § 2 Abs. 8 KAV *Morell*, § 2 Abs. 8 KAV Anm. 2.

12 BR-Drucks. 686/91, S.14.

selbst hat in § 2 Abs. 2 und 3 KAV den Begriff der „Höchstbeträge“ verwendet. Das Recht der Konzessionsabgaben wird daher auch als **„Höchstpreisrecht“** bezeichnet.[13] Die KAV besitzt insoweit die Funktion, den (preis-)rechtlichen Rahmen vorzugeben, innerhalb dessen Konzessionsabgaben und Nebenleistungen zulässig sind.[14] Das bedeutet, dass die Gemeinde mit dem Konzessionär unterhalb der verordnungsrechtlichen Höchstgrenzen die Zahlung einer Konzessionsabgabe in beliebiger Höhe vereinbaren kann, die **Privatautonomie** der Vertragsparteien jedoch mit Erreichen der in § 2 KAV geregelten Höchstbeträge der Höhe nach **beschränkt** ist. Dieses Höchstpreisrecht des § 2 KAV erhält mit der ausdrücklichen Regelung zulässiger und unzulässiger Nebenleistungen nach § 3 KAV seine erforderliche Flankierung. Mit § 3 KAV soll gerade verhindert werden, dass im „Wettbewerb um das Netz“ die konzessionsvertraglich nur beschränkte Möglichkeit zur attraktiven Gestaltung der Konzessionsabgaben dadurch umgangen wird, dass den Gemeinden bei Vertragsabschluss eine Vielzahl sachwidriger Nebenleistungen zugesagt wird. Denn eine solche Rechtspraxis liefe letztlich auf eine Aushöhlung der in § 2 KAV niedergelegten Höchstbeträge hinaus. Das Nebenleistungsverbot erweitert und umrahmt somit das Höchstpreisrecht des § 2 KAV in der Beschränkung der Privatautonomie.

Vereinbarungen oberhalb der Höchstpreise sind unzulässig. Alles, was über 7 die zulässigen Höchstpreise hinaus geht und keine zulässige Nebenleistung darstellt, muss folglich als ein Verstoß gegen gesetzliche Verbote angesehen werden.[15] Mithin kommt § 3 KAV als Verbotsgesetz die Funktion eines **Umgehungsverbotes** zu.[16]

Nach § 3 Abs. 2 KAV sind verbotene Leistungen der Konzessionäre nicht nur an 8 die Kommune, sondern **auch an Dritte** unzulässig, etwa an die Bürgerinnen und Bürger der Kommune, die örtlichen Vereine oder die ortsansässigen Unternehmen.[17] Dies gilt erst recht bei Nicht-Ortsansässigkeit.

Praxistipp

Unzulässige Vermögensvorteile nach der KAV dürfen nicht nur nicht an die konzessionierende Kommune, sondern ebenso wenig an Dritte geleistet werden.

Anderenfalls könnte das Nebenleistungsverbot generell dadurch umgangen werden, 9 dass sich die Kommunen Leistungen zwar nicht an sich selbst, aber an Dritte – zum

13 Vgl. nur BerlK-EnR/*Kermel*, Anh. § 48 EnWG, § 1 KAV Rn 2; *Scholtka/Keller-Herder*, RdE 2009, 279, 286; Baumgart/*Höffken/Schneider*, Kap. 11 Rn 47.

14 BerlK-EnR/*Kermel*, Anh. § 48 EnWG, § 1 KAV Rn 2.

15 *Scholtka/Keller-Herder*, RdE 2009, 279, 286; BerlK-EnR/*Kermel*, Anh. § 48 EnWG, § 3 KAV Rn 6.

16 *Büdenbender*, EnWG, § 14 Rn 69.

17 Kermel/Brucker/Baumann/*Baumann*, S. 215.

Beispiel an ortsansässige Unternehmen, Vereine oder Privatpersonen – versprechen ließen, an deren Begünstigung sie ein Interesse hätten.[18]

10 Die Begrenzungen finden ihre Berechtigung in dem **Telos einer preisgünstigen Energieversorgung** nach § 1 EnWG.[19] Der Grundsatz der Preisgünstigkeit wird nicht ausschließlich durch Wettbewerb, sondern auch durch ergänzende Instrumente sichergestellt.[20] Das Höchstpreisrecht der KAV stellt ein solches, den Wettbewerb ergänzendes Instrument zur Sicherstellung der preisgünstigen Energieversorgung dar und trägt mit der Beschränkung der Höhe der Konzessionsabgabenzahlung dazu bei, die Gas- und Strompreise insofern möglichst kostengünstig zu halten.[21] Bereits die Höchstbeträge des § 2 KAV machen deutlich, dass die Cent-Beträge für die über das Netz gelieferte Kilowattstunde[22] der einzig zulässige Bemessungsmaßstab für die Konzessionsabgaben ist.

11 Dieser Bemessungsmaßstab ermöglicht die Weiterwälzung der Konzessionsabgabenbelastung nach den gleichen Maßstäben an die Netznutzer, da der Netzbetreiber die Konzessionsabgaben im Rahmen der Nutznutzungsentgelte nach § 2 Abs. 8 S. 2 KAV i.V.m. Abs. 6 S. 2 und 3 KAV den Weiterverteilern in Rechnung stellen kann. Insbesondere der Bereich der Netznutzungsentgelte stellt sich als bedeutsame Ausprägung der Verwirklichung des energiewirtschaftlichen Gesetzeszwecks der Preisgünstigkeit dar.[23] Eine Begrenzung der Konzessionsabgabe ist damit zugleich eine **Begrenzung der Netznutzungskosten**. Könnten die Wegenutzungsvertragsparteien hingegen schrankenlos Konzessionsabgaben bis in jedwede denkbaren Höhen vereinbaren, ginge eine solche Vereinbarung stets zulasten der Netznutzer und liefe somit letztlich auf eine Vereinbarung zulasten Dritter hinaus. Ein solches Ansteigen der Energiekosten für den Letztverbraucher durch versorgungsfremde Kosten soll durch das Höchstpreisrecht gerade verhindert werden.[24]

---

18 Kermel/Brucker/Baumann/*Baumann*, S. 215.

19 So schon *Feuerborn/Riechmann*, § 3 Rn 1.

20 Britz/Hellermann/Hermes/*Hellermann/Hermes*, § 1 Rn 30.

21 Nicht unerwähnt sollte bleiben, dass in der Telekommunikation KA-Zahlungen unbekannt sind. Die Kommunen haben ihre öffentlichen Wege dort unentgeltlich zur Verfügung zu stellen.

22 Der Bemessungsmaßstab der Cent-Beträge je gelieferter Kilowattstunde ist erst mit Erlass der KAV eingeführt worden. Unter der Vorgängerregelung der KAE wurden die Konzessionsabgaben noch nach einem Prozentsatz der Erlöse aus dem Strom- und Gasverkauf ermittelt. Mit dieser Neuregelung wurde mithin auch das Ziel verfolgt, die Konzessionsabgaben von der Preisentwicklung von Strom und Gas abzukoppeln. Vgl. hierzu auch *Feuerborn/Riechmann*, § 2 Rn 2.

23 Britz/Hellermann/Hermes/*Hellermann/Hermes*, § 1 Rn 30.

24 *Scholtka/Keller-Herder*, RdE 2010, 279, 281.

C. Zulässige Nebenleistungen nach § 3 Abs. 1 S. 1 KAV

I. Grundlagen

Das strenge Nebenleistungsverbot der KAV lässt nur wenige Ausnahmen zu. Hier besteht ein **klassisches Regel-Ausnahme-Verhältnis**. Die Ausnahmen werden zunächst in § 3 Abs. 1 S. 1 KAV enumerativ aufgezählt: Die Norm nennt namentlich 12
- den Kommunalrabatt,
- die Folgekosten- und
- die Verwaltungskostenbeiträge

als die drei zulässigen Nebenleistungen. Oder anders formuliert: Er nennt sie als Leistungen, die nicht tatbestandsmäßig i.S.d. Verbots sind.[25] Die Norm des § 3 Abs. 1 S. 1 KAV ist dabei grundsätzlich als finale Regelung zu verstehen.[26] Es wird bei § 3 Abs. 1 S. 1 mithin von einer **„abschließenden Positivliste"** gesprochen.[27] Aus diesem Grund können der Kommune grundsätzlich keine zusätzlichen Leistungen, die über die in § 3 Abs. 1 S. 1 KAV aufgezählten Leistungen hinaus gehen, gewährt werden.[28] Dies gilt auch in dem Fall, dass bei der Zahlung der Konzessionsabgaben die Höchstbeträge der KAV im Konzessionsvertrag nicht vereinbart worden sind; die Höhe der Konzessionsabgabenzahlung tangiert die Bewertung einer zulässigen Nebenleistung insoweit nicht.[29] Da es sich bei den in § 3 Abs. 1 S. 1 KAV ausdrücklich genannten Leistungen um Ausnahmen zum Nebenleistungsverbot handelt, ist der allgemeine Grundsatz zu beachten, dass diese Ausnahmen eng auszulegen sind.[30]

II. Kommunalrabatt

1. Einräumung von Rabattierungen

Der Kommunalrabatt, synonym auch „Gemeinderabatt" genannt, wird nach § 3 Abs. 1 S. 1 Nr. 1 KAV als Preisnachlass für den in **Niederspannung oder in Niederdruck abgerechneten Eigenverbrauch** der Gemeinde gewährt. Dies entspricht einen langen Tradition,[31] weicht aber nach der Energierechtsreform 2005 von der früheren Regelung ab, wonach die gesamte Energielieferung – also einschließlich der Commodity Strom oder Gas – rabattiert werden konnte (§ 3 Abs. 1 S. 1 Nr. 1 KAV in 13

---

25 So *Scholtka*, S. 206.
26 *Feuerborn/Riechmann*, § 3 Rn 2.
27 So *Cronauge*, S. 61.
28 Die Ausnahmen des § 3 Abs. 2 KAV bleiben selbstverständlich unberührt.
29 *Feuerborn/Riechmann*, § 3 Rn 2.
30 Vgl. *Larenz/Canaris*, S. 174 ff.
31 Vgl. BR-Drucks. 686/91, S. 18.

der Fassung vom 9.1.1992[32]). Die Novellierung des EnWG im Jahre 2005 führte somit konsequenterweise auch zu einer entsprechenden Anpassung der Regelungen des § 3 Abs. 1 S. 1 Nr.1 KAV. Kam bis zum Inkrafttreten des zweiten Neuregelungsgesetzes noch die allgemeine Versorgung – also die **Kundenbelieferung** – als Gegenstand des Konzessionsvertrags in Betracht, so war ein Preisnachlass bis zu 10% für den nach Tarifpreisen abgerechneten Eigenverbrauch gem. § 3 Abs. 1 S. 1 Nr. 1 KAV a. F. nur folgerichtig. Da seit der Novellierung indes nur noch die reine Wegenutzung für den Netzbetrieb Gegenstand des Konzessionsvertrags sein kann,[33] ist die Beschränkung der Rabatthöhe auf 10% des Rechnungsbetrages für den **Netzzugang** eine regelungstechnisch logische Harmonisierung an die Entflechtungsvorschriften der §§ 6ff. EnWG.

14 Nach § 113 EnWG blieben laufende Konzessionsverträge unberührt. Dies sollte verhindern, dass Konzessionäre die kommunale Leistung, für die die KA die wesentliche Gegenleistung darstellt, als entwertet betrachteten und kürzten.[34] Die konzessionsvertraglich vereinbarte KA sollte vielmehr ungeschmälert erhalten bleiben.[35]

15 Über die ausdrücklich verordnungsrechtlich geregelten 10% hinausgehende Nachlässe sind nach der KAV unzulässig, da das Nebenleistungsverbot nicht mittels umfangreicherer Rabattvereinbarungen zugunsten der Kommunen umgangen werden darf.

16 Die Einräumung eines Kommunalrabatts ist – was in der Praxis zwingend zu beachten ist – an die offene Ausweisung in der Rechnung gekoppelt. Dies dient der Kostentransparenz und korrespondiert insoweit mit der Regelung des § 4 Abs. 1 S. 1 KAV, wonach die Konzessionsabgaben in den Entgelten für die Netznutzung und allgemeinen Tarifen auszuweisen sind.[36] Die Ausweisung in der Rechnung ist damit Ausdruck der Verbraucherfreundlichkeit der Energieversorgung i.S.d. § 1 EnWG.

2. Konkreter Gegenstand der Rabattierung

17 Ausweislich des Wortlauts des § 3 Abs. 1 S. 1 Nr. 1 KAV knüpft der Preisnachlass an den **Rechnungsbetrag für den Netzzugang** an. Als Gegenstand des Kommunalrabatts kommen daher Preisbestandteile in Betracht, welche im Zusammenhang mit dem Netzzugang stehen. Es bedeutet zunächst – insoweit lediglich konsequent in Anknüpfung an das gesetzliche Idealbild der entflochtenen Energieversorgung –, dass Preisbestandteile, die im Zusammenhang mit der Stromerzeugung oder vor al-

32 Konzessionsabgabenverordnung vom 9.1.1992, BGBl. I S. 12, 407.

33 Vgl. auch § 1 Abs. 2 KAV („Konzessionsabgaben sind Entgelte für die Einräumung des Rechts zur Benutzung öffentlicher Verkehrswege [...]").

34 BerlK-EnR/*Kermel*, § 113 EnWG Rn 4.

35 Britz/Hellermann/Hermes/*Hellermann/Hermes*, § 113 Rn 10.

36 BerlK-EnR/*Kermel*, Anh. § 48 EnWG, § 3 KAV Rn 8.

lem mit dem Stromvertrieb stehen, nicht Gegenstand des Kommunalrabatts sein können. Der Preisnachlass wird somit nicht mehr auf den vollständigen „integrierten" Preis,[37] sondern auf den **Preis des reinen Netzbetriebs** bezogen. Die Kostenbestandteile des Netzbetriebs, mithin diejenigen der Netzzugangskosten, richten sich im Wesentlichen nach den Bestimmungen der StromNEV.[38] Für die Berechnung der Summe der Netzentgelte sind demgemäß im Wesentlichen die Einzelkosten aus dem Grundpreis, dem Arbeitspreis, dem Entgelt für die Messung (soweit diese durch den Netzbetreiber vorgenommen wird, beim separaten Messstellenbetreiber nicht anrechnungsfähig) und Abrechnung sowie die Mehrkosten gemäß dem KWK-G[39] und die Konzessionsabgaben zu berücksichtigen.[40] Die Rabattierung der Summe des Netzentgeltes inkludiert infolgedessen eine Rabattierung der entsprechenden einzelnen Kostenanteile.

Die Novellierung des Wortlauts des § 3 Abs. 1 S. 1 Nr. 1 KAV betrifft ferner die 18
Frage des Umfangs der Rabattierung. Nach der alten Fassung bezog sich der Kommunalrabatt nur auf den „nach Tarifpreisen abgerechneten Eigenverbrauch der Gemeinde". Voraussetzung für die Gewährung des Kommunalrabatts war damit die Eigenschaft der Gemeinde als Tarifkunde. Im geltenden Rechtsrahmen ist demgegenüber der *„in Niederspannung oder Niederdruck abgerechnete Eigenverbrauch der Gemeinde"* maßgeblich. Es ist also entscheidend, auf die gemeindlichen Abnahmestellen abzustellen. Der Umfang des Preisnachlasses ist somit nicht mehr von der vertraglichen Kundengestaltung abhängig, sondern bemisst sich fortan nach **allen Abnahmestellen der Gemeinde**. Diese können auch auf der Grundlage sog. „Sonderkundenverträgen" beliefert werden.[41] Zu beachten ist in diesem Zusammenhang zweierlei: Zum einen waren laufende Konzessionsverträge auf die neue Rechtslage durch eine einvernehmliche Vertragsanpassung umzustellen. Denn die Rabattierung hatte einen völlig neuen, unbundling-konformen Gegenstand erhalten, der nicht durch unbundling-inkonforme Regelungen – auch nicht durch Auslegung – umgesetzt werden durfte.[42] Für eine nötige **einvernehmliche Vertragsanpassung** lässt

---

37 Zur sog. „integrierten Belieferung" siehe von Westphalen/*Schöne*, Rn 9 (gilt analog für Gas).

38 Stromnetzentgeltverordnung vom 25.6.2005, BGBl. I S. 2225, zuletzt geändert durch Art. 4 des Gesetzes vom 28.7.2011, BGBl. I S. 1690.

39 Kraft-Wärme-Kopplungsgesetz vom 19.3.2002, BGBl. I S. 1092, zuletzt geändert durch Art. 11 des Gesetzes vom 28.7.2011, BGBl. I S. 1634.

40 Vgl. auch *Meier*, ZKG 2007, 57.

41 Zu dieser Begrifflichkeit vgl. von Westphalen/*Schöne*, Rn 21 (gilt analog für Gas).

42 *Salje*, EnWG, § 113 Rn 9; BerlK-EnR/*Kermel*, Anh. § 48 EnWG, § 3 KAV Rn 11; *Scholz/Stappert/Haus*, RdE 2007, 106, 107 f. Obschon der unbundling-relevante Anpassungshintergrund erkannt wird und ohne Hinweis, wie die Rabattierung eines allgemeinen Tarifs überhaupt noch praktisch abgewickelt werden soll, a.A. *Bachert*, RdE 2006, 76 ff.; *Scholtka/Keller-Herder*, RdE 2010, 279, 286; *Keller-Herder*, S. 208. Von einem Wahlrecht – entweder sich die Regelung des § 113 EnWG anführen, wonach bei langfristigen Konzessionsverträgen Änderungen der §§ 46, 48 EnWG zu beachten sind. In § 46 Abs. 1 S. 2 EnWG wird ausdrücklich Bezug genommen auf Konzessionsabgaben *„in Höhe der Höchstsätze in § 48 Abs. 2 EnWG“*. § 48 Abs. 2 EnWG enthält die Verordnungsermächtigung, auf derer Grundlage die KAV erlassen wurde. Die Änderungen der KAV können also nicht isoliert betrachtet werden. Sie stehen auch nicht beziehungslos neben den Bestimmungen der §§ 46, 48 EnWG, sondern vielmehr in einem inhaltlich unmittelbaren Zusammenhang[43] und bilden daher einen einheitlichen Regelungskomplex.[44] Dies wird auch daran deutlich, dass die verordnungsrechtliche Novellierung des § 3 Abs. 1 Nr. 1 KAV auf den neuen Entflechtungsvorschriften des EnWG beruht. Letztlich dienen beide Novellierungen der Umsetzung der Energiebinnenmarkt-Richtlinien der Europäischen Union.[45] Der Verweis des § 113 EnWG auf die beiden energiewirtschaftsrechtlichen Vorschriften der §§ 46, 48 EnWG muss damit als Verweis auf den einheitlichen Regelungskomplex der Konzessionsabgaben verstanden werden. Infolgedessen müssen Veränderungen des § 3 Abs. 1 Nr. 1 KAV zu einer Vertragsanpassung bestehender Konzessionsverträge führen, um wirken zu können. Sind bestehende Konzessionsverträge infolge der Novellierung des § 3 Abs. 1 Nr. 1 KAV nicht angepasst worden, aber wird der Rabatt dennoch eingeräumt, würde eine konzessionsabgabenrechtlich nicht vorgesehene Nebenleistung gewährt.

Praxistipp

i Die Strom- und Gaskonzessionsverträge sind zwingend anzupassen. Wer dennoch ohne Vertragsanpassung weiterhin den unangepassten und damit entflechtungsrechtswidrigen Kommunalrabatt gewährt, gewährt unzulässige Nebenleistungen.

---

19 Zum anderen hatte der Verordnungsgeber bei der Novellierung der KAV zunächst die Worte „oder in Niederdruck“ vergessen. Das war ein klassisches redaktionelles Versehen,[46] doch waren energiewirtschaftliche Praxis und Gerichte daran gebunden. Sie durften also bis zur abermaligen Anpassung der KAV am 1.11.2006[47] keinerlei

---

Allgemeiner Tarif oder Netznutzung – gehen *Dedy/Fuchs*, DStG-Dokumentation Nr. 63 (2006), S. 12 f. aus, was auch *Keller-Herder*, a. a. O. zu weit geht.

43 *Scholz/Stappert/Haus*, RdE 2007, 106, 108.

44 So zutreffend *Meier*, ZKF 2007, 57.

45 Vgl. hier insb. die Art. 10, 15, 16, 19 Abs. 3 EltRL, Art. 9, 10 Abs. 1, 13, 14 Abs. 1, 17 Abs. 3 GasRL.

46 BerlK-EnR/*Kermel*, Anh. § 48 EnWG, § 3 KAV Rn 10, die dies als ein *„offensichtliches Missgeschick des Gesetzgebers“* qualifiziert.

47 Art. 3 Abs. 4 der Verordnung zum Erlass von Regelungen des Netzanschlusses von Letztverbrauchern in Niederspannung und Niederdruck vom 1.11.2006, BGBl. I S. 2477.

Rabatte im Gasbereich gewähren.[48] Hier stellten Verstöße – sei es die Rabattierung der Gasnetzentgelte trotz fehlender Rechtsgrundlage, sei es die rückwirkende Rabattgewährung im Anschluss an die Korrektur des Versehens – verbotene Nebenleistungen dar.

Praxistipp

Es ist dem Konzessionär verwehrt, das verordnungsgeberische Versehen durch (nachgeholte) Rabattierung selbst zu korrigieren. i

---

3. Verpflichteter

Auf die Einräumung eines Kommunalrabatts besteht kein gesetzlicher bzw. verord- 20
nungsrechtlicher Anspruch.[49] Ebenso wie beim Anspruch auf Zahlung der Konzessionsabgaben besteht ein Anspruch auf Gewährung des Kommunalrabatts also nur dann, wenn die Parteien des Wegenutzungsvertrags dies ausdrücklich durch konzessionsvertragliche Vereinbarungen geregelt haben.[50] Damit kommt als Verpflichteter der Einräumung des Kommunalrabatts ausschließlich der Vertragspartner der Gemeinde im Konzessionsvertrag, also der **Konzessionär,** in Betracht.[51]

Häufig wird der Netzbetreiber das rabattgewährende Unternehmen sein.[52] Bei 21
Vorliegen schuldrechtlicher **Netzverpachtungen** oder **gesellschaftsrechtlicher Beteiligungsmodelle** zwischen der Kommune und dem EVU kann es je nach Ausgestaltung im Einzelfall vorkommen, dass die Person des Netzbetreibers von der Person des Netzeigentümers (= Konzessionär) abweicht. Für die Verpflichtung zur Einräumung des Kommunalrabatts ist auch in diesen Fällen maßgeblich auf die Person des Konzessionärs abzustellen.[53]

Praxistipp

Der Kommunalrabatt wird vom Verpflichteten idealerweise durch eine Gutschrift an den Berechtigten gewährt. Dies hat unabhängig davon zu geschehen, wer Lieferant ist.[54] Denkbar ist auch, dass die Kommune einen Dritten benennt, an den schuldbefreiend geleistet werden kann. i

---

48 So auch BerlK-EnR/*Kermel*, Anh. § 48 EnWG, § 3 KAV Rn 10 ff. Unklar *Theobald*, IR 2005, 149, 150; krit. *Bachert*, RdE 2006, 76, 77.
49 Baumgart/*Höffken/Schneider*, Kap. 11 Rn 61.
50 Schneider/Theobald/*Albrecht*, § 9 Rn 169.
51 Schneider/Theobald/*Albrecht*, § 9 Rn 169 a. E.
52 Kermel/Brucker/Baumann/*Baumann*, S. 205.
53 A. A. BerlK-EnR/*Kermel*, Anh. § 48 EnWG, § 3 KAV Rn 16; ähnlich auch Stuhlmacher/Stappert/Schoon/Jansen/*Reinhardt*, Kap. 6 Rn 75, die stets auf den Konzessionär abstellen will, weil der Rabatt auf Netzentgelte entfällt, dabei aber übersieht, dass der Netzbetreiber nicht zwingend Vertragspartner der Konzessionsgemeinde sein muss.
54 Vgl. auch *Geipel*, VersW 2011, 197, 198.

4. Berechtigter

22 Der bei oberflächlicher Betrachtung eindeutig erscheinende Topos des **„Eigenverbrauchs der Gemeinde"** weist bei näherer Betrachtung eine Fülle von Rechtsproblemen auf. Der Verordnungsbegründung ist keine weitergehende Klärung zu entnehmen, ob und inwiefern der Verordnungsgeber diesen Begriff konkretisieren wollte.[55] Unstreitig ist insoweit noch, dass der rabattierfähige Eigenverbrauch als diejenige Energiemenge definiert werden kann, die die Kommune zur Deckung des in den eigenen Liegenschaften und Anlagen entstehenden Energiebedarfs benötigt.[56] Was aber ist der Eigenverbrauch im rechtlichen Sinne? Bedarf es ggf. der wertenden Zuordnung?

a) Kommunaler Vertragspartner

23 Rabattierfähig ist nur der Eigenverbrauch der Gemeinden, die in Deutschland in der Regel als Gebietskörperschaften konstituiert sind.[57] Jeder Energiebezug, der **unmittelbar** dieser Körperschaft zuzurechnen ist, kann damit als zulässige Grundlage für eine Rabattierung gem. § 3 Abs. 1 S. 1 Nr. 1 KAV dienen, soweit die kommunale Gebietskörperschaft Konzessionsvertragspartner ist.[58]

aa) Stadt/Gemeinde

24 Zweifelsfrei steht derjenigen Kommune ein Rabatt zu, die kommunalverfassungsrechtlich als Gemeinde bzw. Stadt organisiert und Konzessionsvertragspartner ist. Dies wird in der Rechtsliteratur nicht diskutiert, sondern vorausgesetzt.[59]

25 In denjenigen Bundesländern, in denen es zwischen den Gemeinden und den Kreisen eine weitere Organisationsstufe gibt, stellen sich jedoch Folgefragen. So kommen die **Samtgemeinden** in Niedersachsen und die **Verbandsgemeinden** in Rheinland-Pfalz in Betracht.[60] Dies wird am ehesten unter dem Stichwort der **„Verwaltungsgemeinschaften"** zu erörtern sein. Fraglich ist in diesem Zusammenhang, wie sich diese organisationsrechtliche Ausgestaltung der Verwaltungstätigkeit auf die Person des Begünstigten des Kommunalrabatts auswirkt.

26 Das Bundeswirtschaftsministerium hatte diese Problematik bereits in den Auslegungshinweisen zur KAV vom 27.8.1992 erkannt und insoweit ausgeführt, dass **hö-**

---

55 Vgl. BR-Drucks. 686/91, S. 18.
56 Kermel/Brucker/Baumann/*Baumann*, S. 204.
57 Vgl. z. B. § 1 Abs. 2 GO NW.
58 Kermel/Brucker/Baumann/*Baumann*, S. 202.
59 Vgl. etwa Baumgart/*Höffken/Schneider*, Kap. 11 Rn 63; Kermel/Brucker/Baumann/*Baumann*, S. 202.
60 Vgl. auch Sachsen-Anhalt: Verbandsgemeinde; Brandenburg, Mecklenburg-Vorpommern und Schleswig-Holstein: Amt; Baden-Württemberg, Bayern, Sachsen und Thüringen: Verwaltungsgemeinschaft; Baden-Württemberg: Gemeindeverwaltungsverband.

here Organisationsstufen wie Verbandsgemeinden, Samtgemeinden oder Landkreise bei Abschluss des Konzessionsvertrags mit der Ortsgemeinde grundsätzlich **keinen Rabatt** erhalten können.[61] Sollten andererseits die höheren Organisationsstufen Partner des Konzessionsvertrags sein, ist deren unmittelbarer Verbrauch – insoweit unstreitig – rabattierfähig.[62] Problematisch ist jedoch, ob in diesem Falle auch die Ortsgemeinden einen Rabattanspruch haben bzw. ob umgekehrt in dem Fall, dass die Ortsgemeinden den Konzessionsvertrag schließen, auch die höhere Organisationsstufe einen – wie im Einzelnen auch immer gearteten – Rabattanspruch haben kann.

Dies wird von der h.M. bejaht, allerdings rechtsdogmatisch als eine zu diskutie- 27
rende Ausnahme von dem Grundsatz, dass nur der konzessionierende Vertragspartner einen Anspruch auf die nach § 3 KAV zulässigen Nebenleistungen haben kann, erörtert.[63] Dies entspricht auch der dogmatischen Einschätzung des Bundeswirtschaftsministeriums.[64] Entgegen dieser ansonsten üblichen Einordnung der Problematik geht es bei genauer Betrachtung aber nicht um deren Qualifikation als Ausnahmetatbestand, sondern um die Frage, ob Lieferstellen der Verwaltungsgemeinschaften dem konzessionierenden Vertragspartner **als eigene Lieferstellen zugeordnet** werden können. Alles andere wäre rechtsdogmatisch mit dem Grundsatz, dass § 3 Abs. 1 KAV eng auszulegen ist, kaum vereinbar, auch wenn das Ergebnis dasselbe ist.

Praxistipp

Die Frage nach der Berechtigung des Kommunalrabatts bei Verwaltungsgemeinschaften ist damit im Kern kein Qualifikations-, sondern ein Zuordnungsproblem.

Ob der Konzessionsvertragspartei die Lieferstellen des jeweils anderen – also je nach 28
Konstellation des Konzessionsvertragsabschlusses entweder der Ortsgemeinde oder der höheren Verwaltungsstufe – zugerechnet werden können, muss im Wege einer **wertenden Betrachtung** ermittelt werden. Abzustellen ist hierbei auf den organisationsrechtlichen Funktionszusammenhang der Verwaltungsgemeinschaften sowie auf ihren Sinn und Zweck in Bezug auf die Gewährung eines Kommunalrabatts. Hierzu wurde der Begriff der **Funktionseinheit** geprägt.[65] In wertender Betrachtung

---

61 Abgedruckt in RdE 1993, 35, 36.

62 Bei der Bemessung der Höhe ist sodann auf die Gesamteinwohnerzahl der Samt- bzw. Verbandsgemeinde abzustellen; vgl. *Feuerborn/Riechmann*, § 3 Rn 16. Ebenso das BMWi, RdE 1993, 35.

63 *Feuerborn/Riechmann*, § 3 Rn 4; Kermel/Brucker/Baumann/*Baumann*, S. 202; Baumgart/*Höffken/Schneider*, Kap. 11 Rn 63 f. Wohl auch *Morell*, § 3 KAV Anm. 3; vgl. auch Immesberger, § 3 KAV Rn 14. A.A. *Scholtka*, S. 208.

64 Abgedruckt in RdE 1993, 35, 36.

65 *Feuerborn/Riechmann*, § 3 Rn 4. Ihnen folgend Baumgart/*Höffken/Schneider*, Kap. 11 Rn 64.

müssen in diesen Konstellationen die Lieferstellen derjenigen Partei, die zwar ein Teil des Gefüges „Verwaltungsgemeinschaft", nicht aber Vertragspartei des Konzessionsvertrags ist, dem jeweiligen Konzessionsvertragspartner des EVU zugerechnet werden. Für diese Lieferstellen besteht folglich ein Rabattanspruch.

bb) Landkreise

29 Gem. § 7 KAV dürfen auch (Land-)Kreise anstelle einer Kommune Konzessionsabgaben vereinbaren. Hierbei handelt es sich um ein **abgeleitetes KA-Vereinbarungsrecht** der Kreise.[66] Im parlamentarischen Entstehungsprozess des § 7 KAV hat sich damit die Ansicht des Bundesrates durchgesetzt, wonach die (Land-)Kreise Gebietswegerechte für die Energieversorgung vor dem Hintergrund des Art. 28 Abs. 2 GG **nicht aus eigenem Recht** mit Dritten vereinbaren können, sondern dass dieses Recht ausschließlich den Gemeinden zusteht.[67] Damit besitzen die Gemeinden das originäre KA-Vereinbarungsrecht. Nach § 7 S. 2 KAV finden die Vorschriften über die KA-Zahlung, die grundsätzlich nur für gemeindliche Abreden mit dem Versorgungsunternehmen gelten, aber auf Vereinbarungen der Kreise entsprechende Anwendung. Zu diesen Vorschriften zählt auch § 3 Abs. 1 Nr. 1 KAV.[68] Hieraus ist zu schlussfolgern, dass (Land-)Kreise vom Grundsatz her einen Kommunalrabatt auf ihren Eigenverbrauch gem. § 3 Abs. 1 S. 1 Nr. 1 KAV vereinbaren dürfen.[69]

30 Das setzt wiederum freilich voraus, dass nur derjenige Landkreis einen Kommunalrabatt erhalten kann, der auch selbst nach Übertragung der Rechte durch seine kreisangehörigen Kommunen **Partner des Konzessionsvertrages** geworden ist.[70] Da in solchen Konstellationen die Wahrnehmung von Rechten und Pflichten nicht aus dem Gesetz heraus, sondern lediglich aufgrund von Absprachen mit den Gemeinden eine Übernahme von Rechten und Pflichten erfolgt,[71] kommt in diesen Fällen keine Rabattierung von Lieferstellen der kreisangehörigen Gemeinden in Betracht. Hier **ermangelt** es gerade an der die Verwaltungsgemeinschaften charakterisierenden Besonderheit einer **Funktionseinheit** aus Landkreis und Ortsgemeinde. Für eine wertende Betrachtung fehlt damit der Anknüpfungspunkt.

31 Soweit die Vorschriften der KAV auf Kreiskonzessionsverträge Anwendung finden, sind gem. § 7 S. 3 KAV für die Bestimmung der Höchstbeträge nach § 2 KAV die

66 *Feuerborn/Riechmann*, § 7 Rn 2.
67 BR-Drucks. 686/91 (Beschl.), S. 6.
68 BerlK-EnR/*Kermel*, Anh. § 48 EnWG, § 7 KAV Rn 5.
69 Kermel/Brucker/Baumann/*Baumann*, S. 202 f.
70 Kermel/Brucker/Baumann/*Baumann*, S. 203.
71 Vgl. § 7 S. 1 KAV.

Einwohnerzahlen der jeweiligen Gemeinde des (Land-)Kreises maßgeblich. Unzulässig ist infolgedessen, bei der Bestimmung der Höchstbeträge auf die Gesamteinwohnerzahl des (Land-)Kreises abzustellen.[72]

b) Kommunale Zweckverbände

Problematisch ist schließlich auch eine etwaige Rabattierung der Lieferstellen von kommunalen Zweckverbänden. Nach zutreffender Auffassung können Zweckverbände nicht Partner eines Konzessionsvertrages und damit auch **kein berechtigter Empfänger von Kommunalrabatten** sein.[73] Denn im Gegensatz zu den Landkreisen werden die Zweckverbände in der KAV nicht ausdrücklich als berechtigte Empfänger von Konzessionsabgaben erwähnt, während dies unter der Vorgängernorm des § 1 Abs. 1 S. 1 KAE noch der Fall war. Der Verordnungsgeber hat sich beim Erlass der KAV damit explizit gegen eine fortwährende Berechtigung der Zweckverbände entschieden. Dies kommt auch in der Verordnungsbegründung deutlich zum Ausdruck, worin es lautet, dass *„nur an Gemeinden und Landkreise"* eine Konzessionsabgabe gezahlt[74] und damit ein Kommunalrabatt als zulässige Nebenleistung zur Konzessionsabgabe eingeräumt werden darf. Nach der Einführung der KAV wurde die Vorgängerregelung der KAE für Strom und Gas aufgehoben. Damit besteht auch eine **Sperre für wertende Betrachtungen**. Gleichwohl erfolgende Rabattierungen stellten **verbotene Nebenleistungen** dar. 32

Eine Ausnahme ist allenfalls dort berechtigt und damit nach § 3 Abs. 1 S. 1 Nr. 1 KAV zulässig, wo im Einzelfall Verwaltungsgemeinschaften angenommen werden dürfen.[75] In der Wasserwirtschaft gelten die o.g. Vorschriften und damit auch die Berechtigung der Zweckverbände weiterhin.[76] 33

c) Regiebetriebe, Eigenbetriebe und eigenbetriebsähnliche Einrichtungen

Der Topos des „Eigenverbrauchs der Kommune" muss vor dem Hintergrund ausdifferenzierter öffentlich-rechtlicher Handlungsformen und Handlungsinstrumente kommunalwirtschaftlicher Betätigung noch weiter präzisiert werden. 34

72 Entsprechende Überlegungen haben sich in den Beratungen zur KAV nicht durchgesetzt, vgl. *Feuerborn/Riechmann*, § 7 Rn 5.

73 *Scholtka*, S. 209.

74 BR-Drucks. 686/91, S. 14.

75 Vgl. *Feuerborn/Riechmann*, § 3 Rn 4. Siehe dazu auch oben Rn 25.

76 Zum Diskussions- und Streitstand vgl. BDEW-Leitfaden „Konzessionsverträge und Konzessionsabgaben in der Strom- und Gasversorgung" vom 9.11.2010, S. 13.

Praxistipp

Bei der Erledigung ihrer Aufgaben besitzt die Verwaltung grundsätzlich eine Wahlfreiheit hinsichtlich öffentlich-rechtlicher und privatrechtlicher Rechtsformen.[77] Hieraus erwächst in Bezug auf kommunalwirtschaftliche Gestaltungsmöglichkeiten eine Vielzahl möglicher Organisationsformen.

35 Damit drängt sich die in diesem Kontext zentrale Fragestellung auf, welche **Arten kommunalwirtschaftlicher Organisations- und Handlungsformen** noch im Einzelnen dem Eigenverbrauch der Gemeinde wertend zugerechnet werden können. Zur weiteren Systematisierung und als vordergründige Zuordnungsdeterminante kommt dabei der eigenständigen Rechtspersönlichkeit der gewählten Organisations- und Handlungsform eine besondere Bedeutung zu. Aufgrund dessen sei im Folgenden zwischen Regie- und Eigenbetrieben (sowie eigenbetriebsähnlichen Einrichtungen) und Eigengesellschaften weitergehend zu differenzieren.

36 Als gemeinsame Kennzeichen der Organisationsformen der Regie- und Eigenbetriebe sowie der eigenbetriebsähnlichen Einrichtungen lassen sich herausstellen, dass

- ihre Rechtsform öffentlich-rechtlich ist und
- sie in alleiniger Trägerschaft einer einzelnen Kommune geführt werden.

37 Diese drei Organisationsformen besitzen allesamt **keine eigene Rechtspersönlichkeit.**

38 Der **Regiebetrieb**, der als historischer Ausgangstypus kommunaler Wahrnehmung wirtschaftlicher Betätigung angesehen werden kann,[78] stellt einen Teil der Kommunalverwaltung ohne rechtliche oder leitungs- und haushaltsmäßige Verselbständigung dar.[79] Die Haushaltsführung richtet sich nach den Vorschriften des kommunalen Haushaltswesens und die Personalwirtschaft ist in den allgemeinen Stellenplan eingebunden.[80]

39 Der **Eigenbetrieb** ist ebenso wie der Regiebetrieb rechtlich unselbständig, ist jedoch im Gegensatz zu ihm organisatorisch und finanzwirtschaftlich von der Kommunalverwaltung verselbständigt.[81] Diese organisatorische Selbständigkeit zeigt sich neben dem Vorhandensein eigener Organe auch daran, dass durch die Ausweisung als Sondervermögen eine besondere finanzwirtschaftliche Stellung geschaffen wird, die eine eigene kaufmännische Buchführung oder einen selbständigen Stellenplan ermöglicht.[82]

---

77 Vgl. nur Fehling/Kastner/*Unruh*, § 40 VwGO Rn 113 m. w. N.
78 Hoppe/Uechtritz/*Hellermann*, § 7 Rn 22.
79 *Cronauge*, Rn 52.
80 *Cronauge*, Rn 52.
81 *Cronauge*, Rn 148.
82 *Cronauge*, Rn 148.

Von dem Eigenbetrieb zu unterscheiden sind die sog. **eigenbetriebsähnlichen Einrichtungen**. Letztere nehmen gleichsam eine Zwischenstellung zwischen Regie- und Eigenbetrieb ein. Eigenbetriebsähnliche Einrichtungen können als solche Unternehmen definiert werden, die zwar – teilweise kraft Gesetzes[83] – nicht zu den wirtschaftlichen Unternehmen des Gemeinderechts zählen, auf die gleichwohl die Vorschriften des Eigenbetriebsrechts partiell oder vollständig zur Anwendung kommen.[84] Die nähere rechtliche Ausgestaltung der eigenbetriebsähnlichen Einrichtungen kann damit zwischen den Leitplanken des Regie- und Eigenbetriebs auf ganz unterschiedliche Art und Weise konkretisiert werden.[85] 40

Diese drei Organisationsformen der kommunalwirtschaftlichen Betätigung unterscheiden sich im Ergebnis also im Grad ihrer organisatorischen und finanzwirtschaftlichen Loslösung von der Kommunalverwaltung. Als Konsequenz aus ihrer **rechtlichen Unselbständigkeit** teilen sie jedoch das Schicksal, dass im Verhältnis zu Dritten ihr **Handeln ausschließlich der Gemeinde zugerechnet** wird.[86] Diese Zurechnung ist von entscheidender Bedeutung für die Frage, ob der Eigenverbrauch der Regie- und Eigenbetriebe sowie der eigenbetriebsähnlichen Einrichtungen als „Eigenverbrauch der Gemeinde" i.S.d. § 3 Abs. 1 S. 1 Nr. 1 KAV angesehen werden kann. Aus ihrer rechtlichen Unselbständigkeit folgt ein unmittelbarer Zusammenhang ihres Verbrauchs mit dem Eigenverbrauch der Kommune. Es ist infolgedessen unstreitig anerkannt, dass zur rabattierfähigen Energiemenge gem. § 3 Abs. 1 S. 1 Nr. 1 KAV auch der Verbrauch der kommunalen Eigenbetriebe zählt.[87] Diese Ansicht wird gestützt durch die Gesetzesgeschichte: Der ursprüngliche Wortlaut im Verordnungsentwurf, in welchem es noch *„Eigenverbrauch der Gemeinde, der ausschließlich aus dem Haushalt der Gemeinde finanziert wird"* lautete, wurde nach der Stellungnahme des federführenden Wirtschaftsausschusses des Bundesrates bewusst um den letzten (hier zitierten) Halbsatz gekürzt.[88] Aus der Verordnungsbegründung ergibt sich damit ausdrücklich, dass aufgrund der Kürzung Preisnachlässe für Eigenbetriebe zulässig sein sollen.[89] Von der ursprünglichen Fassung des Wortlauts wäre wegen seiner haushaltsrechtlichen Unselbständigkeit hingegen lediglich der Regiebetrieb erfasst worden. Ferner hätten solche eigenbetriebsähnlichen Einrichtungen in den Anwendungsbereich fallen können, welche in ihrer Konstituierung eine enge rechtliche Nähe zu den Regiebetrieben aufgewiesen hätten. Eine Zuord- 41

83 Vgl. nur § 107 Abs. 2 GO NRW.
84 Vgl. *Tiemann*, Städte- und Gemeinderat 1991, 77, 77; Hoppe/Uechtritz/*Hellermann*, § 7 Rn 43; *Meier*, KommJur 2006, 101.
85 Näher dazu Hoppe/Uechtritz/*Hellermann*, § 7 Rn 43.
86 *Gern*, Rn 741.
87 *Scholz/Stappert/Haus*, RdE 2007, 106; Kermel/Brucker/Baumann/*Baumann*, S. 203.
88 BR-Drucks. 686/1/91, S.12.
89 Vgl. BR-Drucks. 686/1/91, S. 12.

nung im Übrigen würde hingegen wohl auf eine **dezidierte Einzelfallkasuistik** hinausgelaufen. Mit der Kürzung des Wortlauts um den letzten Halbsatz ist diese Fragestellung eindeutig geklärt worden.

42 Die geltende Fassung des § 3 Abs. 1 S. 1 Nr. 1 KAV soll den **Eigenbetrieb** als den im Vergleich zum Regiebetrieb und den eigenbetriebsähnlichen Einrichtungen verselbständigte Form der öffentlichen-rechtlichen Handlungsformen nunmehr ausdrücklich erfassen. So findet die Vorschrift im Wege des „argumentum a maiori ad minus“[90] also „erst recht“ Anwendung auf die noch enger in die Kommunalverwaltung eingebundenen Regiebetriebe sowie auf die eigenbetriebsähnlichen Einrichtungen unabhängig ihrer konkreten rechtlichen Ausgestaltung.

Praxistipp

i Im Ergebnis ist damit der Eigenverbrauch aller drei Organisationsformen – Regiebetriebe, Eigenbetriebe und eigenbetriebsähnliche Einrichtungen – als unmittelbarer „Eigenverbrauch der Gemeinde“ der Kommune zuzurechnen.[91]

---

d) Kommunale Eigengesellschaften

43 In Rechtsprechung und Rechtsliteratur ist die Frage, ob auch kommunale Eigengesellschaften oder kommunale Beteiligungen einen Rabattanspruch haben können, **nicht abschließend geklärt**. Ausgangspunkt für diese Fragestellung ist das aus der Organisationshoheit erwachsende Recht der Gemeinde, sich für ihre Unternehmen auch der Rechtsformen des Privatrechts bedienen zu dürfen.[92]

44 Der Begriff der Eigengesellschaft wird in verschiedenen Gemeindeordnungen legaldefiniert als ein „*Unternehmen mit eigener Rechtspersönlichkeit, deren sämtliche Anteile der Gemeinde gehören*“[93] oder als „*Gesellschaften, die der Gemeinde gehören*“.[94] Als **Eigengesellschaften** im weitesten Sinne können damit gemeindeeigene Unternehmen (= Gemeinde unmittelbar oder auch mittelbar über andere Eigengesellschaften als alleinige Gesellschafterin) bezeichnet werden, die der wirtschaftlichen Betätigung dienen und in privatrechtlicher Rechtsform geführt werden.[95] Zu unterscheiden sind die Eigengesellschaften von Beteiligungen. Oder genauer gesagt: Von den gemischtwirtschaftlichen Unternehmen bei Beteiligungen Privater und von gemischt-öffentlichen Unternehmen bei Beteiligungen anderer Kommunen mit unterschiedlich denkbaren Beteiligungsquoten.

---

90 *Larenz/Canaris*, S. 209.
91 So auch *Geipel*, VersW 2011, 197, 198.
92 BVerfGE 91, 228, 236ff.; *Mann/Püttner*, § 52 Rn 1.
93 Vgl. § 92 Abs. 2 Nr. 3 BbgKVerf, § 108 Abs. 2 Nr. 2 NdsGO.
94 Vgl. § 125 Abs. 1 S. 1 HGO, § 104 Abs. 1 GO S-H.
95 Hoppe/Uechtritz/*Hellermann*, § 7 Rn 91.

Diese in privatrechtlicher Rechtsform ausgestalteten Organisations- und Handlungsformen der Gemeinde unterscheiden sich von den öffentlich-rechtlichen Betätigungsformen des Regie- und Eigenbetriebs und eigenbetriebsähnlichen Einrichtung in erheblicher Weise dadurch, dass sie eine **eigene Rechtspersönlichkeit** besitzen. Dies führt unweigerlich zu der Frage, ob einer Gemeinde im Rahmen des § 3 Abs. 1 S. 1 Nr. 1 KAV auch der Verbrauch wertend zugerechnet werden kann, der durch andere juristische Personen erfolgt, deren Geschäftsanteile sich vollständig oder anteilig in der Hand der Konzessionsgemeinde(-n) befinden. 45

Ganz überwiegend wird beim Preisnachlass für **Eigengesellschaften** eine rein formale Betrachtung angestellt, die auf die rechtliche Selbständigkeit von Eigengesellschaften – und damit auch von Beteiligungen – abstellt: Daraus soll resultieren, dass eine Rabattierfähigkeit bei einer Selbständigkeit nicht besteht.[96] Hierfür lässt sich auf der Grundlage der rechtlichen Selbständigkeit argumentativ anführen, dass Eigengesellschaften und Beteiligungsunternehmen eigene Rechtssubjekte sind, welche im Rechtsverkehr auch als selbständige Einheiten und nicht als Einheit der Gemeinde wahrgenommen werden. Vereinzelt wird der Preisnachlass für Eigengesellschaften – ohne weitere Begründung – bereits **„definitionsgemäß“ ausgeschlossen.**[97] Soweit sich diese Ansicht dergestalt auf den Wortlaut der Norm stützen sollte, dass ein Ausschluss für Eigengesellschaften aus der Verwendung „Eigenverbrauch der Gemeinde“ resultiert, lässt sich diese ebenfalls als eine – insoweit noch engere – formalisierte Ansicht charakterisieren. 46

Die rein formale Betrachtung stellt sich zwar vordergründig als ein klares Abgrenzungskriterium dar, dennoch ist diese Ansicht kritisch zu beleuchten. Sie wird in der obergerichtlichen Rechtsprechung auch nicht geteilt.[98] Denn bei näherer Betrachtung erscheint es fraglich, ob eine rein formale Betrachtung als alleiniger Bewertungsmaßstab ausreichend ist, um angesichts der **facettenreichen Typologie privatrechtlicher Organisationsformen** der Kommunen zu sachgerechten Ergebnissen zu gelangen. Diese facettenreiche Typologie wird von vornherein bei der Ansicht verkannt, welche die Rabattierung von Eigengesellschaften bereits „definitionsgemäß“ für ausgeschlossen erachtet. Ungeachtet dieser vereinzelt gebliebenen Betrachtung und ganz allgemein verkennt jedoch jede Reduzierung des Zuordnungsproblems auf die Frage der formalen Selbständigkeit der Eigengesellschaft die gesellschaftsrechtlichen Zusammenhänge der Einflussnahme der Gemeinde auf die Eigengesellschaft. Eigengesellschaften befinden sich grundsätzlich zu 100% – mittelbar oder sogar unmittelbar – in den Händen der Konzessionsgemeinde. Diese Kommune hält damit alle Gesellschaftsanteile der Eigengesellschaft. Hiermit ist eine 47

96 Kermel/Brucker/Baumann/*Baumann*, S. 203 f.; *Scholtka*, S. 208.
97 *Feuerborn/Riechmann*, § 3 Rn 3.
98 OLG Frankfurt a. M. ZNER 2008, 57 ff., insoweit nicht näher betrachtet durch BGH ZNER 2010, 165 ff. Ihm folgend *Templin*, S. 343 f.

vollständige Einflussnahme auf die Tätigkeit möglich. Durch dieses Beherrschungsverhältnis kann die Gemeinde die Entscheidungs- und Geschäftsprozesse steuern und führen. Die rein organisationsrechtliche Verselbständigung muss damit nicht immer zu einer gänzlichen Autonomie der Verwaltungseinheit führen. Einer solchen Grundannahme läge letztlich auch eine Pauschalierung der durch nicht unerhebliche Heterogenität geprägten Motive einer Entscheidung zur Verselbständigung zugrunde. Oftmals basiert eine Verselbständigung auch auf rein fiskalischen oder effizienzsteigernden Motiven, deren Zielsetzung konzessionsabgabenrechtlich konterkariert werden würde, wenn ihnen eine Rabattierung vorenthalten bliebe. Dies stünde im Widerspruch zum Sinn und Zweck der KAV, die gerade die Gemeinden privilegieren möchte. Auf diese Weise käme die rechtliche Verselbständigung einer konzessionsabgabenrechtlichen Sanktionierung gleich.

48 Neben der fehlenden Berücksichtigung der gemeindlichen Einflussnahme treten bei einer rein formalen Betrachtung weitere Wertungswidersprüche zu Tage, wenn man den Blick auf diejenigen Eigengesellschaften lenkt, die bei einer 100%igen Beteiligungsquote der Konzessionskommune keine im Wettbewerb stehenden Leistungen erbringen.

Beispiel

Ein Praxisbeispiel hierfür könnte eine Kindergarten-GmbH sein. Wenn es einer Kommune einerseits nicht möglich ist, sich durch die Formenwahl den öffentlich-rechtlichen und verfassungsrechtlichen Anforderungen zu entledigen,[99] dann besteht umgekehrt auch kein ersichtlicher Grund, warum die bloße formale Betrachtung den Weg zum Kommunalrabatt versperren sollte. Anstelle einer rein formalen, ist vielmehr wiederum eine **wertende Betrachtung** angezeigt, welche auch den Inhalt der jeweiligen Leistungserbringung nicht unberücksichtigt lässt. Danach macht es bezüglich des Kommunalrabatts keinen Unterschied, ob der Kindergarten als „Organisationseinheit des Rathauses", als Eigenbetrieb oder als GmbH betrieben wird.

---

49 Die Wahl der Privatrechtsform betrifft in der Regel lediglich den „Modus" der Aufgabenwahrnehmung.[100] Die Aufgabe als solche wird hierdurch nicht verändert. Dieser Umstand muss bei Frage der Zurechnung bei Eigengesellschaften und Beteiligungen hinreichend berücksichtigt werden. Die inhaltliche Betrachtung macht deutlich, dass die Aufgabe „Betreuung von Kindern" als klassische Daseinsvorsorge im sozialen Bereich der Gemeinde zuzurechnen ist. Losgelöst von diesem Beispiel erscheint es bei **Aufgaben der Daseinsvorsorge im weitesten Sinne** angebracht, einen Preisnachlass nach § 3 Abs. 1 S. 1 Nr. 1 KAV zu bejahen. Bei diesen Aufgaben auf eine rein formale Betrachtung und damit auf die Rechtsform abzustellen, greift des-

99 Maunz/Düring/*Kirchhoff*, Art. 83 Rn 103; *Sodan/Ziekow*, § 40 Rn 314 m.w.N.
100 Vgl. *Burgi*, § 17 Rn 1.

wegen zu kurz, weil das Ziel der Aufgaben im Bereich der Daseinsvorsorge nicht in der reinen Gewinnerzielung, sondern vielmehr in der Erreichung und Sicherstellung bestimmter Sachziele zu sehen ist. Als Ausdruck der verfassungsrechtlichen Gewährleistung des Art. 28 Abs. 2 GG soll die kommunale Betätigung unabhängig von der Wahl ihrer Organisationsformen stets eine gemeinwohlgebundene Wahrnehmung von Angelegenheiten der örtlichen Gemeinschaft sein. Die Bindung an einen öffentlichen Zweck korrespondiert zudem mit einer kommunalpolitischen Steuerung und Kontrolle, die sicherstellen soll, dass der Allgemeinheit entsprechende Leistungen zur Verfügung gestellt werden. Oftmals handelt es sich hierbei um Leistungen, die im Wettbewerb nicht im erforderlichen Umfang zur Verfügung gestellt werden. Mit der gebotenen inhaltlichen Betrachtung ist ein Kommunalrabatt bei (nicht-wirtschaftlich betriebenen) Eigengesellschaften damit grundsätzlich zulässig.[101]

Es erscheint jedoch auch vertretbar, diese Rabattierung auf **wirtschaftlich betriebene Eigengesellschaften** auszuweiten, z. B. kommunale Wohnungsgesellschaften.[102] Dieser Befund findet seine Bestätigung im Vergaberecht, wo nach den Grundsätzen des Rechtsinstituts der sog. Inhouse-Vergabe[103] anerkannt ist, dass unter engen Voraussetzungen auch solche Auftragsvergaben nicht den Vorschriften des Vergaberechts unterfallen, bei denen eine Eigengesellschaft der Kommune beauftragt wird.[104] Oder anders gewendet: Die Eigengesellschaft wird im Vergaberecht behandelt wie die Kommune selbst; das kann auch für das Konzessionsabgabenrecht gelten. 50

e) Kommunale Beteiligungen

Weiterhin stellt sich die Frage, ob der Gemeinde auch der Verbrauch von Gesellschaften wertend zugerechnet werden kann, an welchen sie als Gesellschafterin beteiligt ist. Ein solcher Fall einer konzessionsvertraglichen Vereinbarung über **Beteiligungen** der Gemeinde war Gegenstand einer Entscheidung des **OLG Frankfurt a. M.**, das im Ergebnis eine Einbeziehung des Energieverbrauchs der **kommunalen Mehrheits-Gesellschaft** in den Eigenverbrauch der Gemeinde bejaht hat.[105] Zur 51

---

101 So auch der BDEW-Leitfaden „Konzessionsverträge und Konzessionsabgaben in der Strom- und Gasversorgung" vom 9.11.2010, S. 70f. Dem folgt *Geipel*, VersW 2011, 197, 198.

102 Wohl ebenso OLG Frankfurt a. M. RdE 2008, 146ff.; *Templin*, S. 343f., die nicht nach wirtschaftlicher und nicht-wirtschaftlicher Tätigkeit unterscheiden. A. A. *Geipel*, VersW 2011, 197, 198f., der die Rabattierung auf nicht-wirtschaftliche Eigengesellschaften beschränken will.

103 Die Nähe von Vergabe- und Konzessionsrecht betonen, wenn auch mit zweifelhaften Ergebnissen, *Hoch/Theobald*, KSzW 2011, 300.

104 *Weyand*, § 99 GWB Rn 1915ff.; Immenga/Mestmäcker/*Dreher*, § 99 Rn 51ff.; EuGH NZBau 2000, 90, 91; EuGH NZBau 2009, 54, 55; EuGH NZBau 2009, 797, 300ff.

105 OLG Frankfurt a. M. RdE 2008, 146ff., insoweit nicht näher betrachtet durch BGH RdE 2010, 253ff.

Begründung wird allerdings schlicht ausgeführt, dass gegen die im Konzessionsvertrag *„enthaltene Regelung eines Rabatts auf den Eigenverbrauch der Gemeinde einschließlich der von ihr beherrschten Unternehmen im Ergebnis keine Bedenken bestehen, weil insoweit eine Unterscheidung zwischen Eigenbetrieb und eigenständiger juristischer Person nicht von erheblicher Bedeutung erscheint*".[106] Dem folgt, allerdings wiederum ohne nähere Begründung, ein Teil der Literatur und führt weiter aus, dass bei Beteiligungen auf eine Beherrschung durch die Gemeinde abzustellen sei.[107] Das **OLG Frankfurt a.M.** hat bei seiner unzureichenden Begründung leider versäumt, mit weitergehenden Ausführungen die nötige Rechtsklarheit für die Praxis zu schaffen. Dies gilt insbesondere im Hinblick auf die Unterschiedlichkeit der Ausgestaltung von den verschiedenen Organisationsformen.

52 Ausgehend von der Entscheidung des **OLG Frankfurt a.M.** lässt sich im Weiteren eine differenzierende Betrachtung zwischen Mehrheits- und Minderheitsbeteiligungen vornehmen. Der konzessionsvertraglichen Vereinbarung im Streitfall des **OLG Frankfurt a.M.** lag eine Einbeziehung von durch die Gemeinde „beherrschte Unternehmen", mithin eine **Mehrheitsbeteiligung** zugrunde. Nach dieser Rechtsprechung ist also bei Mehrheitsbeteiligungen die Wahl der Rechtsform grundsätzlich ohne Belang („nicht von erheblicher Bedeutung").

53 Allerdings lässt die Entscheidung auch Fragen offen. Da das Gericht nicht etwa ausführt, dass eine Unterscheidung nach Rechtsformen „nicht von Bedeutung" ist, sondern vielmehr „nicht von **erheblicher** Bedeutung" sei, drängt sich die folgende Frage auf: Kommen Ausnahmekonstellationen in Betracht, bei welchen trotz Vorliegens einer Mehrheitsbeteiligung die Unterscheidung zwischen Eigenbetrieben und eigenständigen juristischen Personen Bedeutung erlangen könnten? Den Ausführungen des **OLG Frankfurt a.M.** sind insoweit keine Anhaltspunkte zu entnehmen. Die Rechtsprechung gibt auch keine weiteren Konkretisierungshinweise vor, unter welchen Voraussetzungen im konzessionsvertrags- bzw. konzessionsabgabenrechtlichen Kontext des Kommunalrabatts von einem „beherrschten Unternehmen" auszugehen ist. Bezüglich dieser Fragestellung lässt sich aber rechtsdogmatisch anknüpfen an die allgemeine Diskussion um die Grundrechtsbindung gemischtwirtschaftlicher Unternehmen in Privatrechtsform.[108] Ebenso wie privatrechtlich organisierte öffentliche Unternehmen, die vollständig im Eigentum der öffentlichen Hand stehen, sind auch **gemischtwirtschaftliche Unternehmen** der unmittelbaren Grundrechtsbindung unterworfen, wenn jene von der öffentlichen Hand **beherrscht** werden. Dies ist in der Regel dann der Fall, wenn mehr als die Hälfte der Anteile im Eigentum der öffentlichen Hand stehen.[109] Die Annahme ei-

---

106 OLG Frankfurt a.M., Urt. v. 29.1.2008 – 11 U 20/07 – Rn 71.

107 *Templin*, S. 343.

108 Vgl. nur Maunz/Düring/*Herdegen*, Art. 1 Abs. 3 Rn 51 ff.

109 Jüngst BVerfG NJW 2011, 1201 ff.

ner unmittelbaren Grundrechtsbindung stellt einerseits eine effektive Grundrechtsbindung unabhängig davon sicher, ob, inwieweit und in welcher Form der oder die Eigentümer gesellschaftsrechtlich auf die Leitung der Geschäfte Einfluss nehmen können. Andererseits wird sichergestellt, wie bei Unternehmen mit verschiedenen öffentlichen Anteilseignern eine Koordination der Einflussrechte verschiedener öffentlicher Eigentümer zu gewährleisten ist.[110] Die Grundzüge dieser grundrechtsdogmatischen Diskussion können auch auf die Frage übertragen werden, unter welchen Voraussetzungen kommunale Unternehmen im Rahmen des Preisnachlasses der KAV rabattierfähig sind. Insoweit ist der allgemeinen Aussage zuzustimmen, dass eine Beherrschung im Grundsatz dann anzunehmen ist, wenn mehr als die Hälfte der Anteile gehalten werden. Daraus folgt, dass grundsätzlich solche Organisationseinheiten der Gemeinde im Rahmen des Kommunalrabatts rabattierfähig sind, bei welchen die Anteile mehrheitlich im Eigentum der öffentlichen Hand stehen.

Anders als im grundrechtsdogmatischen Diskurs fragt es sich jedoch im Bereich 54
des **Kommunalrabatts**, ob möglichen gesellschaftsrechtlichen Besonderheiten der Einflussnahme in Bezug auf Qualifizierung des **„beherrschten** Unternehmens" nicht Rechnung zu tragen ist. Die **Qualifizierung der Beherrschung** muss im grundrechtsdogmatischen Kontext in Anbetracht der weiterreichenden Problematik getroffen werden, dass eine Grundrechtsbindung entweder nur bejaht oder nur verneint werden kann. Die Qualifizierung im konzessionsvertrags- und konzessionsabgabenrechtlichen Kontext muss weniger rigide getroffen werden. Denkbar erscheinen kommunale Organisationseinheiten, bei welchen die Gemeinde zwar mehrheitlich die Anteile hält, die gesellschafts- und/oder konsortialvertraglichen Vereinbarungen hiervon abweichend aber eine disquotale Verteilung des gesellschaftsrechtlichen Einflusses oder eine disquotale Verteilung der unternehmerischen Risiken vorsehen. Vor diesem Hintergrund kann der Topos „nicht von **erheblicher** Bedeutung" des **OLG Frankfurt a. M.** betrachtet werden.

Praxistipp

Im Grundsatz sind Mehrheitsbeteiligungen folglich rabattierfähig, es sei denn, dass gesellschaftsrechtliche Besonderheiten im Einzelfall eine abweichende Bewertung als geboten erscheinen lassen.

Allerdings drängt sich die Überlegung auf, ob ggf. nur eine **anteilige Rabattierung**, 55
namentlich in Höhe der kommunalen Beteiligungsquote, in Betracht kommt. In Höhe des Anteils des privaten Gesellschafters käme der Rabatt nicht zum Tragen. Denn ansonsten würde gegen den Grundsatz verstoßen, dass Kommunalrabatte

110 BVerfG NJW 2011, 1201, 1203.

nicht in den Wettbewerb eingreifen dürfen. Ein „Teil-Rabatt" würde diesen Verstoß ausschließen oder zumindest abmildern.

56 Für die Frage der Rabattierfähigkeit von **Minderheitsbeteiligungen** hat die Rechtsprechung bislang keine Aussagen getroffen. Das Problem ist auch in der Literatur lediglich gestreift worden.[111] Auf der Grundlage der Ausführungen des **OLG Frankfurt a.M.** dürften jedoch nicht unerhebliche Zweifel bestehen an der Zulässigkeit einer wertenden Zurechnung von nicht durch die Gemeinde beherrschten Unternehmen zum Eigengebrauch der Gemeinde. Das **OLG Frankfurt a.M.** hatte eine Vereinbarung zu prüfen, welche ausschließlich beherrschte Unternehmen der Gemeinde zum Gegenstand hatte. Die Feststellung, dass eine solche Vereinbarung kartell- und energiewirtschaftsrechtlich nicht zu beanstanden sei, kann daher nicht auf den Fall von Minderheitsbeteiligungen heruntergebrochen werden. Denn nach den Ausführungen des Gerichts *„bestehen im Ergebnis keine Bedenken, weil insoweit die Unterscheidung zwischen Eigenbetrieb und eigenständiger juristischer Person nicht von erheblicher Bedeutung"* erscheine.[112] Diese Aussage bezieht sich durch die Verwendung des Wortes „insoweit" lediglich auf die „beherrschten Unternehmen" und damit ausschließlich auf die im Streitfall vorliegende und zu entscheidende Konstellation.

57 Der unklare Rechtszustand ist für die **kautelarjuristische Praxis** der Gestaltung von Wegenutzungsverträgen ausgesprochen misslich. Fasst ein potenzieller Konzessionär die Rabattfähigkeit zu eng, steht er in der Gefahr, kein wettbewerbsfähiges Angebot im Verhältnis zu Konkurrenten vorzulegen, obschon sich später herausstellen könnte, dass eine sehr weitgehende Rabattierung möglich war. Fasst ein potenzieller Konzessionär den Rabatt zu weit, so könnte er sich dem Vorwurf aussetzen, unzulässige Nebenleistungen anzubieten. Das **OLG Frankfurt a.M.** – und zumindest in einem „obiter dictum" auch der **BGH** – hätte an dieser Stelle für die erforderliche Rechtssicherheit sorgen können.

Praxistipp

i Es bietet sich in dem Gesamtkontext an, eine Rabattierfähigkeit von kommunalen Gesellschaften im Konzessionsvertrag vorzusehen und daran den Zusatz **„soweit rechtlich zulässig"** zu koppeln. Denn stellt sich die Zulässigkeit heraus, hat die Kommune rechtmäßiger Weise einen umfassenden Anspruch erworben. Würde die Rechtmäßigkeit ganz oder teilweise fehlen, haben die Konzessionsvertragsparteien deutlich gemacht, diese weder vereinbaren noch gewähren – also sich rechtstreu im Rahmen des § 3 KAV bewegen – zu wollen.[113]

---

111 Ablehnend – mit Recht – wohl *Templin*, S. 344.

112 OLG Frankfurt a. M. ZNER 2008, 57, 58.

113 Die Compliance-Relevanz betont zu Recht *Geipel*, VersW 2011, 197, 198.

5. KA-Verzicht für gemeindeeigene Lieferstellen?

Ein **„zusätzlicher Gemeinderabatt“**[114] könnte dadurch erzielt werden, dass die Kommune auf die Konzessionsabgabe für ihre eigenen Lieferstellen verzichtet. Dies wird in der Rechtslehre **weithin abgelehnt.**[115] Auch das Bundeswirtschaftsministerium hält den Verzicht für unzulässig, weil darin eine Bevorzugung einzelner Abnehmer läge.[116] 58

Abweichend von dieser Auffassung ist der KA-Verzicht für gemeindeeigene Lieferstellen **in bestimmten Grenzen zulässig**. Zunächst einmal ist nicht erkennbar, warum der Leistungsempfänger nicht auf eine lediglich ihm zustehende Leistung verzichten können sollte. Des Weiteren ist der Grund zu beachten, warum eine KA-Befreiung für einzelne Abnehmer nicht zulässig sein soll: Er liegt in der zwingend zu beachtenden Wettbewerbsneutralität der KA und damit der Kommune. Eine KA-Befreiung z.B. für den Einzelhandel in Innenstadtlage, um ihn wettbewerbsfähiger gegenüber Großmärkten am Stadtrand zu machen, kann nicht akzeptiert werden. D.h. aber umgekehrt, dass dort, wo kein Wettbewerb existiert, einem KA-Verzicht nichts entgegensteht. 59

Praxistipp

Dort, wo eine gemeindeeigene Lieferstelle nicht einem wettbewerblichen Verhalten der Kommune zugeordnet werden kann, ist ein KA-Verzicht zulässig und stellt mithin keine verbotene Nebenleistung dar.

Da die Konzessionsabgabe an die Kommune abgeführt wird, liegt der Vorteil bei den Lieferstellen im Wesentlichen in der Ersparnis der Umsatzsteuer, denn die Kommunen sind grundsätzlich nicht umsatzsteuerpflichtig[117] und damit nach § 15 Abs. 1 UStG nicht vorsteuerabzugsberechtigt. 60

III. Folgekosten

Nach § 3 Abs. 1 S. 1 Nr. 2 KAV darf ein Wegenutzungsvertrag die Vergütung notwendiger Kosten vorsehen, die bei Bau- und Unterhaltungsmaßnahmen an öffentlichen Verkehrswegen der Gemeinde durch Versorgungsleitungen, die in oder über diesen Verkehrswegen verlegt sind, entstehen. Sinn und Zweck dieser Regelung ist die Entlastung der Gemeinde als Träger der Straßenbaulast von etwaigen straßenfremden 61

---

114 So die Diktion bei *Feuerborn/Riechmann*, § 3 Rn 7.
115 Vgl. nur *Morell*, § 3 KAV Anm. 6.
116 BMWi RdE 1993, 35.
117 Hoppe/Uechtritz/*Beinert*, § 11 Rn 1.

Kosten.[118] Im Rahmen von Konzessionsverträgen ist traditionell eine Entlastung der Kommunen durch die Kostenübernahme der Energieversorgungsunternehmen anerkannt, weil in oder über sämtliche Straßen und Wege der Kommune Versorgungsleitungen verlaufen.

62 Die gesetzliche Formulierung steckt einen weiten Rahmen, der in der Praxis häufig durch zeitliche Staffelungen oder inhaltliche Abgrenzungen reduziert wird. Dies ist inhaltlich sachgerecht.[119]

63 Der weite Wortlaut findet lediglich durch den Begriff **„notwendig“** vor dem Hintergrund der verordnungsgeberisch gewollten Preisbegrenzungsfunktion des § 3 Abs. 1 S. 1 KAV ein Korrektiv. Generelle Zahlungen scheiden ohnehin aus.[120] Nach einhelliger Auffassung muss die Folgekostenregelung der KAV dabei eng ausgelegt werden, zumal die für diese Kosten aufkommenden Letztverbraucher keine Kosten tragen sollen, die der Konzessionär hätte vermeiden können.[121] Eine **Angemessenheitskontrolle** kennt § 3 Abs. 1 S. 1 Nr. 2 KAV jedoch **nicht.**[122] Für eine **begrenzende Funktion** des Begriffs „notwendig“ sprechen auch seine Verwendungen in weiteren rechtlichen Kontexten. Das Kostenrecht des Zivilprozessrechts sieht als „notwendige Kosten“ nach § 91 ZPO nur solche zur zweckentsprechenden Rechtsverfolgung und Rechtsverteidigung an.[123] Im Pachtrecht richtet sich die Frage nach den „notwendigen Verwendungen“ i.S.d. § 590b BGB nach dem Verwendungszweck.[124] Beiden terminologischen Verwendungen ist damit ein finales Element bei der Bestimmung der Notwendigkeit immanent. Etwas sachlich konkreter ist der Terminus der „zur Erhaltung notwendigen Maßnahmen“ i.S.d. § 744 BGB zu verstehen. Hiernach sind solche Maßnahmen als notwendig anzusehen, die die Substanz und den Wert des Gegenstandes erhalten.[125] Überträgt man das Begriffsverständnis aus weiteren rechtlichen Kontexten auf die Regelung des § 3 Abs. 1 S. 1 Nr. 2 KAV, so wird man wohl solche Kosten für Bau- und Unterhaltungsmaßnahmen für notwendig erachten dürfen,

- welche nicht zweckwidrig sind und
- im Zusammenhang mit der Substanz- und Werterhaltung der Versorgungsleitungen in oder auf den öffentlichen Verkehrswegen der Gemeinde stehen.

Hierunter können auch die sog. **Erschwerniskosten** fallen.

---

118 *Büdenbender*, EnWG, § 14 Rn 70.
119 Vgl. *Immesberger*, § 3 KAV Rn 21; *Theobald*, DÖV 2009, 356, 359.
120 *Morell*, § 3 KAV Anm. 7.
121 *Scholtka*, S. 209; Kermel/Brucker/Baumann/*Keller*, S. 207.
122 *Immesberger*, § 3 KAV Rn 23.
123 Musielak/*Wolst*, § 91 ZPO Rn 8.
124 Staudinger/*von Jeinsen*, § 590b Rn 8.
125 Staudinger/*Langhein*, § 744 Rn 21.

Dem Wortlaut des § 3 Abs. 1 S. 1 Nr. 2 KAV ist eine weitere sachliche Einschränkung der Kostenregelung zu entnehmen. Da lediglich die Kosten für „Bau- und Unterhaltungsmaßnahmen an öffentlichen Verkehrswegen" im Konzessionsvertrag durch das Energieversorgungsunternehmen vereinbart und übernommen werden können, setzt das die Existenz der Versorgungsleitungen voraus. Kosten im Rahmen von Neuverlegungen sind demnach nicht erfasst.[126] Diese sind vielmehr von der Konzessionsabgabe abgedeckt. 64

Verboten sind in jedem Falle solche Folgekostenregelungen, die die Zahlung **pauschaler Beiträge** oder den Ausgleich einer **fiktiven Wertminderung** der öffentlichen Verkehrswege vorsehen.[127] Wertminderungen, die konkret trotz erheblicher Bemühungen zur Wiederherstellung des Ursprungszustands verbleiben, sind dagegen nach allgemeinem Schadensersatzrecht, das insoweit unberührt bleibt, gem. § 249 BGB zu ersetzen. Es dürfte sich im Übrigen anbieten, bei der praktischen Beurteilung des Notwendigkeitskriteriums auf marktübliche Kosten für Bau- und Unterhaltungsmaßnahmen abzustellen. 65

IV. Verwaltungskostenbeiträge

In der Praxis führten die nach § 3 Abs. 1 S. 1 Nr. 3 KAV zulässigerweise zu vereinbarenden Verwaltungskostenbeiträge bisher ein **Schattendasein.** Dies scheint sich gegenwärtig insoweit zu ändern, als die Bestimmung des § 3 Abs. 1 S. 1 Nr. 3 KAV in die konzessionsvertraglichen Regelungen übernommen wird. Als Spiegelung der abstrakten Norm, die damit zum Vertragsinhalt gemacht wird, ist dies **konzessionsabgabenrechtlich ohne Weiteres zulässig.** 66

Auffällig ist, dass in der Rechtsliteratur eine positive Abgrenzung nicht zu finden ist. Die Rechtsprechung hatte sich, soweit ersichtlich, offensichtlich noch nie mit diesem Thema auseinanderzusetzen. Daher ist zunächst eine Begriffsnäherung des „Verwaltungskostenbeitrags" geboten. Anknüpfungspunkt für eine terminologische Betrachtung könnte sowohl der Begriff der „Kosten" als auch der Begriff der „Beiträge" sein. 67

Der Begriff der **„Kosten"** ist der zentrale Oberbegriff des Verwaltungskostengesetzes. Nach § 1 Abs. 1 S. 1 VwKostG sind hierunter Gebühren und Auslagen öffentlich-rechtlicher Verwaltungstätigkeit der Behörden zu verstehen. Wenn und soweit unterschiedliche Regelungen geboten erscheinen, differenziert das VwKostG stets zwischen den Begriffen der **„Gebühr"** und der **„Auslage"**, ohne hierbei den Termi- 68

126 Kermel/Brucker/Baumann/*Keller*, S. 207 f.; BerlK-EnR/*Kermel*, Anh. § 48 EnWG, § 3 KAV Rn 19.
127 Kermel/Brucker/Baumann/*Keller*, S. 208; Stuhlmacher/Stappert/Schoon/Jansen/*Reinhardt*, Kap. 6 Rn 75.

nus des Verwaltungskostenbeitrags zu nennen.[128] Ein bundesrechtlicher Begriff des „Verwaltungskostenbeitrags" existiert somit nicht.

69 Da es sich im Falle des § 3 Abs. 1 S. 1 Nr. 3 KAV um Gebühren und Auslagen der Gemeinden handelt, finden insoweit auch die jeweiligen landesrechtlichen Kommunalabgabengesetze Anwendung. Den Kommunalabgabengesetzen liegt wiederum der Oberbegriff der **„Abgaben"** zugrunde. Darunter werden Steuern, Gebühren und Beiträge zusammengefasst.[129] Der Begriff der Gebühren wird ebenfalls in den landesrechtlichen Kommunalabgabengesetzen legaldefiniert. Nach § 8 Abs. 2 S. 1 KAG NW etwa sind **Beiträge** *„Geldleistungen, die dem Ersatz des Aufwandes für die Herstellung, Anschaffung und Erweiterung öffentlicher Einrichtungen und Anlagen, bei Straßen, Wegen und Plätzen auch für deren Verbesserung, jedoch ohne die laufende Unterhaltung und Instandsetzung, dienen. Sie werden von den Grundstückseigentümern als Gegenleistung dafür erhoben, dass ihnen durch die Möglichkeit der Inanspruchnahme der Einrichtungen und Anlagen wirtschaftliche Vorteile geboten werden."*[130] Von den Beiträgen abzugrenzen sind die Gebühren. Hierunter sind Geldleistungen zu verstehen, *„die als Gegenleistung für eine besondere Leistung – Amtshandlung oder sonstige Tätigkeit – der Verwaltung (Verwaltungsgebühren) oder für die Inanspruchnahme öffentlicher Einrichtungen und Anlagen (Benutzungsgebühren) erhoben werden"*.[131] Trotz der insoweit landesrechtlich weiter reichenden Konkretisierung der Terminologie ist den Kommunalabgabengesetzen ebenso wenig wie dem VwKostG eine ausdrückliche Legaldefinition oder Verwendung des Begriffs der „Verwaltungskostenbeiträge" zu entnehmen.

70 Damit stellt sich die Frage, ob die Verwaltungskostenbeiträge i.S.d. § 3 Abs. 1 S. 1 Nr. 3 KAV dem skizzierten kostenrechtlichen System zugeordnet werden können und insbesondere, ob sie als „Beiträge" im Sinne der **landesrechtlichen Kommunalabgabengesetze** angesehen werden können. Eine Abgrenzung der Beiträge und Gebühren zunächst von den Steuern kann dadurch gezogen werden, dass Steuern ein Entgelt- sowie ein Gegenleistungscharakter fehlt.[132] Da Konzessionsverträge indes entgeltlich sind, spricht dies gegen das Vorliegen von Steuern. Die Abgrenzung ist vielmehr zwischen den Beiträgen und Gebühren zu suchen.

71 **Gebühren** sind auf öffentlich-rechtlicher Rechtsgrundlage geschuldete Geldleistungen, die aus Anlass individuell zurechenbarer öffentlicher Leistungen dem einzelnen Schuldner (und Leistungsempfänger) auferlegt werden. Demgegenüber sind

---

128 „Kosten-": §§ 6, 11 bis 14 VwKostG, „Gebühren-": §§ 3, 4, 5, 7, 8, 9, 15 VwKostG sowie „Auslagen-": § 10 VwKostG.

129 Vgl. nur § 1 Abs.1 NdsKAG, § 1 Abs. 1 RhPfKAG, § 1 Abs. 1 KAG NW.

130 Vgl. auch in ähnlicher Weise § 7 Abs. 1 RhPfKAG, § 6 Abs. 1 und 3 NdsKAG.

131 Z.B. § 4 Abs. 2 KAG NW; vgl. auch in ähnlicher Weise § 7 Abs. 2 RhPfLKAG, §§ 4 Abs. 1, 5 Abs. 1 NdsKAG.

132 *Loening/Schmitz*, S. 41.

Beiträge, wie oben dargelegt, Geldleistungen, die zur **vollen oder teilweisen Deckung des Aufwandes** für öffentliche Leistungen unabhängig deren tatsächlicher Inanspruchnahme (es reicht die Möglichkeit aus) erhoben werden.[133] Auf der Grundlage dieser Definitionen und Differenzierungen erscheint eine entsprechende Zuordnung der „Verwaltungskostenbeiträge" i.S.d. § 3 Abs. 1 S. 1 Nr. 3 KAV als „Beiträge" im öffentlich-rechtlichen Sinne allerdings keineswegs zwingend.[134] Zwar legt der Wortlaut dadurch, dass die Verwaltungskostenbeiträge eben als „Beiträge" bezeichnet werden, eine solche Sichtweise nahe. Gleichzeitig aber stellt der Wortlaut auch explizit auf die *„Leistung, die die Gemeinde* [...] *erbringt"* ab.

Für die Qualifikation als Gebühr müsste diese Leistung verstanden werden als 72
die konkret geleistete Vorgangsbearbeitung, die eine **Kostenaufbringungspflicht** auslöst. Für eine konkrete Leistungsinanspruchnahme könnte sprechen, dass § 3 Abs. 1 S. 1 Nr. 3 KAV auf Kosten für Leistungen abstellt, die die Gemeinde *„auf Verlangen oder im Einvernehmen"* mit dem Versorgungsunternehmen zu seinem Vorteil erbringt. Dieser Passus macht deutlich, dass die Leistung auf der Grundlage einer gemeinsamen Übereinkunft der Vertragspartner erbracht wird bzw. die Gemeinde jedenfalls vorab über die Erforderlichkeit der Leistung in Kenntnis gesetzt wurde. Geht der eigentlichen Leistungserbringung eine solche wie auch immer geartete Absprache voraus, ist wohl regelmäßig davon auszugehen, dass die Leistung hinreichend konkret ist. Dass es insofern überhaupt einer **Konkretisierung durch die Vertragspartner** bedarf, macht auf der anderen Seite aber auch deutlich, dass der Gesetzeswortlaut die zu erbringende Leistung als solche nicht hinreichend konkret umschreibt. Der Wortlaut des § 3 Abs. 1 S. 1 Nr. 3 KAV kann insofern auch in Bezug auf Leistung als generalklauselartig verstanden werden. Daher ist – letztlich wegen der **offenen Begrifflichkeit** – im Ergebnis auch die Annahme einer **Mischform zwischen Gebühr und Beitrag** denkbar. Diesem Ergebnis insoweit ähnlich, wird teilweise auch vertreten, dass von einer freiwillig vereinbarten und ggf. nur anteiligen „Beteiligung an Verwaltungskosten" gesprochen werden könne.[135] Zu beachten ist jedoch, dass pauschalierte oder geschätzte Verwaltungskosten nicht erhoben werden dürfen; vielmehr hat die Kommune ihre Verwaltungskosten detailliert aufzuschlüsseln.[136]

Da die Verwaltungskostenbeiträge i.S.d. § 3 Abs. 1 S. 1 Nr. 3 KAV jedenfalls 73
nicht eindeutig als „Beiträge" im Sinne der Kommunalabgabengesetze qualifiziert werden können, ist, anders als dies in der Praxis gelegentlich behauptet wird, eine **Gebührensatzung** für die Erhebung von Verwaltungskostenbeiträgen **nicht erfor-**

---

133 *Wolff/Bachof/Stober/Kluth*, § 42 Rn 19ff.

134 So im Ergebnis auch *Scholtka*, S. 210.

135 *Scholtka*, S. 210.

136 *Feuerborn/Riechmann*, § 3 Rn 10; Kermel/Brucker/Baumann/*Baumann*, S. 214; *Geipel*, VersW 2011, 197, 199.

derlich.[137] Denn bestände bereits mit einer Gebührensatzung eine Rechtsgrundlage zur Zahlung von Verwaltungskosten, müsste ein Konzessionär – genau wie jeder andere Dritte – auch ohne konzessionsvertragliche Regelung bzw. Erwähnung in der KAV die entsprechenden Gebühren bezahlen. Dafür spricht auch die Systematik der KAV. Sowohl die Zahlung der Konzessionsabgaben als auch die Gewährung von zulässigen Nebenleistungen nach § 3 Abs. 1 S. 1 Nr. 1 und 2 KAV bedürfen einer ausdrücklichen konzessionsvertraglichen Regelung. Etwas anderes kann daher auch nicht für die Verwaltungskostenbeiträge nach Nr. 3 gelten.[138]

Beispiel

Hier sei bspw. die öffentliche Beglaubigung von Unterlagen erwähnt, die auch ohne konzessionsvertragliche Erwähnung der Verwaltungskostenbeiträge bei Bestehen einer entsprechenden kommunalen Gebührensatzung der Gemeinde zu vergüten ist.

74 In Bezug auf die Frage, was im Einzelnen als **zulässige Verwaltungskostenbeiträge** in Betracht kommen kann, besteht Einvernehmen darüber, dass Leistungen der Kommune im Zusammenhang mit der Straßennutzung bereits mit der Konzessionsabgabe abgegolten sind und daher nicht zusätzlich vereinbart bzw. gezahlt werden dürfen.[139] Als solche „klassischen" Kosten, die mit der Konzessionsabgabe bereits „bezahlt" sind, kommen bspw. Kosten der Gemeinde für eine bestimmte Anzahl von Angestellten in Betracht, die für die Koordination und Überwachung von Leitungsbaumaßnahmen eingesetzt werden müssen,[140] oder auch die Kosten für die Planung bestimmter Baumaßnahmen, welche notwendigerweise mit der Erteilung umfassender Genehmigungen durch die Verwaltung einhergehen, in Betracht.[141] Es bleiben damit für die Praxis nur sehr wenige Beispiele übrig, die allein deshalb einer zulässigen Vergütung unterworfen sind, weil der Konzessionsvertrag die Regelung des § 3 Abs. 1 S. 1 Nr. 3 KAV spiegelt. Entweder ist in der Regel das behördliche Tun ohnehin zu vergüten oder aber die Tätigkeit ist schon durch die Konzessionsabgabe abgegolten.

Praxistipp

Als zulässigen Verwaltungskostenbeitrag können die Parteien z. B. eine Vergütung für die baurechtliche Abnahme einer Baumaßnahme vorsehen, die die Kommune für den Konzessionär gegenüber einem Drittunternehmen durchführt.[142]

137 I. E. wohl ebenso *Geipel*, VersW 2011, 197, 199.
138 So auch *Scholtka*, S. 211.
139 Kermel/Brucker/Baumann/*Baumann*, S. 214.
140 *Morell*, § 3 KAV Anm. 8.
141 *Morell*, § 3 KAV Anm. 8.
142 Ähnlich *Geipel*, VersW 2011, 197, 199, der Bauüberwachungsmaßnahmen nennt.

Hier wird die kommende Handhabung der Branche bzw. der Gemeinden, aber auch die Rechtsprechung und Rechtsliteratur abzuwarten sein. Die Handlungsspielräume sind freilich eng.[143] 75

D. Die Nebenleistungsbegrenzungen des § 3 Abs. 1 S. 2 KAV

Die Bestimmung des § 3 Abs. 1 S. 2 KAV enthält eine weitere, für die Praxis sehr bedeutsame Begrenzung von Nebenleistungen. Die Bedeutung dieser Norm besteht in der Beschränkung von Zahlungspflichten bei reinen Durchgangsleitungen. Reine Durchgangsleitungen liegen vor, wenn durch vorhandene Leitungen eine Belieferung von Kunden nur **außerhalb des Gemeindegebiets** erfolgt.[144] 76

I. Der Konzessionär

Mit dem Konzessionär darf lediglich eine Vereinbarung über Folgekosten und Verwaltungskostenbeiträge geschlossen werden, nicht aber über Kommunalrabatt und vor allem nicht über Konzessionsabgaben oder sonstige Wegenutzungsentgelte.[145] 77

Im Fall der sog. „gemischt genutzte Anlagen“, die neben der überörtlichen Versorgung auch teilweise Kunden im Konzessionsgebiet versorgen und die heute in Konzessionsverträgen häufig ausdrücklich erwähnt sind,[146] ist allerdings eine KA-Zahlung für den auf das Gemeindegebiet entfallenden – aber eben auch nur diesen – Verbrauch zulässig. 78

II. Der Nicht-Konzessionär

Dies gilt – über den Wortlaut und den Anwendungsbereich der KAV hinaus – auch für Durchgangsleitungen, die ein **Nicht-Konzessionär** in einem Gemeindegebiet betreibt.[147] Dies hat bereits im Jahre 1996 der Bund-Länder-Ausschuss „Energiepreise“ festgestellt. Dort hieß es: „*Wirtschaftlich ist es nicht vertretbar, dass Energie, die durch mehrere Gemeinden geleitet werden muss, um den Endverbraucher zu erreichen, mehrfach mit KA (Wegebenutzungsentgelt) belastet wird. Ziel der KAV ist es, die Belastung der Verbraucher möglichst zu begrenzen. Der § 3 Abs. 1 KAV ist deshalb als eine* 79

143 *Geipel*, VersW 2011, 197, 199.
144 Zu eng *Held/Frenzel*, LKV 2010, 19, 20.
145 *Morell*, § 3 KAV Anm. 9; Schneider/Theobald/*Albrecht*, § 9 Rn 169.
146 Instruktiv zu diesem Begriff *Jacob*, N&R 2011, 176 ff.; *Kermel/Hofmann*, RdE 2011, 353.
147 Wohl auch Schneider/Theobald/*Albrecht*, § 9 Rn 169.

abschließende Regelung bezüglich Vereinbarungen neben oder anstelle von KA zu verstehen.“[148]

80 Die Gesetzgebungsorgane haben dies noch einmal bestätigt: § 3 Abs. 1 S. 2 KAV enthalte ein generelles Verbot von Konzessionsabgaben für Lieferungen an Verteilerunternehmen. Damit solle sichergestellt werden, dass für die Belieferung eines Letztverbrauchers – trotz u.U. mehrfach gestufter Lieferverhältnisse – nur einmal Konzessionsabgabe gezahlt wird und dadurch Wettbewerbsverzerrungen durch überzogene Belastungen einzelner Kunden oder Kundengruppen vermieden würden. Dieser Effekt würde aber eintreten, wenn eine Gemeinde auch für Energiemengen, die von einem Versorger über Durchgangsleitungen an Letztverbraucher in einer benachbarten Gemeinde geliefert werden, Konzessionsabgaben – und nach dem Sinn und Zweck auch sonstige Durchleitungsentgelte – verlangen könnte.[149]

Praxistipp

i Für reine Durchgangsleitungen dürfen keine Konzessionsabgaben oder sonstigen privaten Entgelte vereinbart werden.

---

81 Daraus ist gleichzeitig zu schlussfolgern, dass eine konzessionsvertragliche Vereinbarung, die eine KA-Zahlung in Anlehnung an § 48 Abs. 1 S. 2 EnWG und § 2 Abs. 8 KAV für Mengen, die an Kunden außerhalb des Gemeindegebietes vorsieht, eine unzulässige Gegenleistung nach KA darstellt.[150] Eine solche Klausel wird gleichwohl in der Praxis gelegentlich verwendet. Zur Begründung wird darauf verwiesen, dass § 48 Abs. 1 S. 2 EnWG und § 2 Abs. 8 KAV abweichend von § 48 Abs. 1 S. 1 EnWG nicht auf die Versorgung innerhalb des Gemeindegebietes rekurrieren, also ein darüber hinaus gehender Anwendungsbereich eröffnet sein müsse. Diese Ansicht verkennt jedoch, dass § 48 Abs. 1 EnWG insgesamt nur die Belieferung innerhalb eines Gemeindegebietes meint,[151] wie zudem an der Regelung § 1 Abs. 2 KAV deutlich wird. Die Streitfrage ist aber noch nicht (höchst-)richterlich entschieden, so dass ein Konzessionsbewerber bei weiter Auslegung durch eine Kommune zumindest die Gelegenheit haben muss, eine entsprechende Vereinbarung zu treffen, „soweit dies rechtlich zulässig ist“.

---

148 Sitzung vom 12./13.11.1996 in Wiesbaden zu TOP 10 „Zahlung von Wegebenutzungsentgelten für Durchgangsleitungen“.
149 Vgl. zu alledem BR-Drucks. 358/99, S. 7.
150 I.E. ebenso Schneider/Theobald/*Albrecht*, § 9 Rn 169.
151 Schneider/Theobald/*Albrecht*, § 9 Rn 169.

E. Unzulässige Nebenleistungen

I. Vorbemerkung

Über den eng auszulegenden § 3 Abs. 1 KAV hinaus enthält die KAV auch noch ausdrückliche Regelungen zu unzulässigen Nebenleistungen. In § 3 Abs. 2 KAV sind Regelungen darüber getroffen, welche Leistungen oder Verpflichtungen nicht vereinbart oder gewährt werden dürfen. Systematisch wird dabei § 3 Abs. 1 KAV als abschließende Aufzählung gewertet,[152] während § 3 Abs. 2 KAV durch die Verwendung des Wortes „insbesondere" deutlich macht, dass die dort genannten Verbote gerade nicht abschließend sind.[153] Vielmehr haben die Tatbestände des § 3 Abs. 2 KAV den Charakter von **Regelbeispielen,**[154] welche nach Ansicht des Verordnungsgebers offensichtlich beispielhafte Fallkonstellationen darstellen, die zur Umgehung des konzessionsabgabenrechtlichen Höchstpreisrechts geeignet wären. Gegenüber den ausdrücklich zulässigen Nebenleistungstatbeständen des § 3 Abs. 1 S. 1 Nr. 1 bis 3 KAV besitzt § 3 Abs. 2 KAV eine Klarstellungsfunktion[155] dergestalt, dass aus dem abschließenden Charakter des § 3 Abs. 1 KAV geschlussfolgert werden kann, dass jedwede weitere Vereinbarungen über Leistungen, die nicht den Anforderungen des § 3 Abs. 2 KAV entsprechen, im Zusammenhang mit dem Konzessionsvertrag unzulässig sind. 82

Eine besondere Bedeutung ist dem 2. Halbsatz des § 3 Abs. 2 Nr. 1 KAV beizumessen. Die hierin genannten *„Leistungen der Versorgungsunternehmen bei der Aufstellung kommunaler oder regionaler Energiekonzepte oder Maßnahmen, die dem rationellen und sparsamen sowie ressourcenschonenden Umgang mit der vertraglich vereinbarten Energieart dienen"* bleiben vom Verbot unberührt. Sie stellen damit eine Durchbrechung des Nebenleistungsverbots,[156] mithin **Gegenausnahmen** dar. 83

II. Finanz- oder Sachleistungen ohne angemessenes Entgelt

1. Grundsätze

§ 3 Abs. 2 Nr. 1 KAV verbietet **sonstige Finanz- und Sachleistungen**, die **unentgeltlich** oder zu einem **Vorzugspreis** gewährt werden. Die Verwendung des Begriffs der „sonstigen" Finanz- und Sachleistung weist darauf hin, dass hierunter einschränkungslos jedwede nicht von § 3 Abs. 1 S. Nr. 1 bis 3 KAV erfassten Finanz- 84

152 Kermel/Brucker/Baumann/*Baumann*, S. 214.
153 Kermel/Brucker/Baumann/*Baumann*, S. 215.
154 BerlK-EnR/*Kermel*, Anh. § 48 EnWG, § 3 KAV Rn 25.
155 *Feuerborn/Riechmann*, § 3 Rn 12.
156 *Scholtka*, S. 212.

und Sachleistungen subsumiert werden sollen. Dies legt eine **weite Auslegung** der Leistungen nahe, die von dem Verbot erfasst sein sollen. Grundsätzlich sind „Leistungen" die Zuwendung eines wirklichen oder vermeintlichen Vorteils, der typischerweise – aber nicht notwendigerweise – einen Vermögenswert hat.[157]

a) Keine Drittvergleichsfähigkeit

85 Da sämtliche Leistungen unzulässig sind, die unentgeltlich oder zu einem Vorzugspreis gewährt werden, stellen die Begriffe der „Unentgeltlichkeit" und des „Vorzugspreis" die entscheidenden Beurteilungsparameter für die Frage unzulässiger Nebenleistungen dar. Der Begriff der **Unentgeltlichkeit** ist dabei aus sich heraus verständlich: Der eigenen Leistung steht hier keine Gegenleistung gegenüber.[158] Genannt werden können z.B. die „Schenkung" einer energetischen Rathausdachsanierung oder von stromsparenden Computern, die in der Praxis unstreitig verbotene Nebenleistungen i.S.d. § 3 Abs. 2 N. 1 KAV sind, wenn sie im Zusammenhang mit dem Abschluss oder der Verlängerung von Konzessionsverträgen stehen. Augenfällig verboten sind natürlich auch direkte Zahlungen an den Bürgermeister oder die Förderung Dritter,[159] etwa die Tennisplatzsanierung des örtlichen Sportvereins.

Praxistipp

i Gelegentlich ist das „Verbotensein" nicht ohne Weiteres erkennbar. Hier sind Vorsicht und Fingerspitzengefühl gefordert, zumal manche Vereinbarungen wie z.B. Gewährleistungsverlängerungen bei Folgepflichten in ihrer Wirksamkeit in der Praxis umstritten sind und mangels Rechtsprechung keine klaren Aussagen getroffen werden können. Hier darf auf die obigen Ausführungen verwiesen werden („soweit rechtlich zulässig" als kautelarjuristisches Gestaltungsinstrument).[160]

---

86 Der Begriff des **Vorzugspreises** bedarf hingegen einer Auslegung. Man wird einen Vorzugspreis dann annehmen müssen, wenn er **nicht marktgerechten Konditionen** entspricht.[161] Denn hier fehlt es an dem wesentlichen Merkmal der **Drittvergleichsfähigkeit**. Dies ist jedenfalls dann der Fall, wenn der gewährten Leistung keine angemessene Gegenleistung gegenübersteht.[162] Dabei ist vom Wortlaut ausgehend zu beachten, dass dem Begriff des „Vorzugspreises" weniger eine rechtliche, als vielmehr eine kaufmännisch-wirtschaftliche Bedeutung zugrunde liegt. Es kommt also darauf an, dass bei einer wirtschaftlichen Gesamtbetrachtung unter

---

157 Palandt/*Grüneberg*, § 214 Rn 4.
158 Palandt/*Grüneberg*, § 311 Rn 8.
159 Zu den Grundsätzen siehe Rn 3ff.
160 Siehe Rn 57.
161 Kermel/Brucker/Baumann/*Baumann*, S. 216.
162 BerlK-EnR/*Kermel*, Anh. § 48 EnWG, § 3 KAV Rn 28.

Zugrundelegung normaler Marktbedingungen eine berücksichtigungsfähige Gegenleistung vorliegt. Es darf somit keine auffällige (= kaufmännisch nicht zu rechtfertigende) Abweichung vom Marktpreis als den Preis, der nach allgemeinen wirtschaftswissenschaftlichen Grundsätzen durch das Zusammentreffen von Angebot und Nachfrage gebildet wird, vorliegen. Nach handelsrechtlicher Beurteilung ist eine **Marktüblichkeit**[163] anzunehmen, wenn die Bedingungen sich nach allgemeiner Auffassung der Verkehrskreise im Rahmen vernünftiger kaufmännischer Gepflogenheiten halten und bei wertender Betrachtung auch nicht missbräuchlich erscheinen.[164] Als ein Beispiel wird im Schrifttum häufig die Zahlung eines überhöhten Mietzinses an die Gemeinde für die Nutzung von Gemeindeeigentum durch den Konzessionsvertragspartner angeführt.[165]

Praxistipp

In einer jüngeren Entscheidung hat das **OLG Bamberg** eine Kostenerstattungs-Vereinbarung über die Erschließung des Gemeindegebiets mit einer schnellen Breitband-Internetverbindung (DSL-Verkabelung) als unzulässige Nebenleistung qualifiziert, wenn tatsächlich die einzige Gegenleistung der Abschluss des Konzessionsvertrags war.[166] Als unzulässige Nebenleistungen können ferner bestimmte Art und Weisen der Leistung von Spenden angesehen werden. Dies ist der Fall, wenn bei der Vergabe der Mittel an Dritte die jeweilige Gemeinde das Bestimmungsrecht über den/die Empfänger der Spenden oder über hiermit zu verfolgenden Ziele hat.[167] Um nicht den Tatbestand des § 3 KAV zu erfüllen, ist es somit erforderlich, dass die Empfänger der Spenden weder unmittelbar noch mittelbar durch die Gemeinde bestimmt werden.[168]

Es stellt sich die Frage, ob nicht den Grundgedanken weiterer Rechtsregime weitergehende Konkretisierungen für die Bestimmung allgemeiner Grundsätze zur Beurteilung der Marktüblichkeit einer Leistung entnommen werden können. Die Frage, ob eine Leistung marktüblich ist, stellt sich häufig auch im Europäischen Beihilfenrecht nach Art. 107 ff. AEUV (vgl. Art. 87 EGV). Im Kontext des europäischen Beihilfenrechts bedarf es regelmäßig einer Abgrenzung marktgerechten staatlichen Ver- 87

---

163 Die „Marktüblichkeit" ist auch nach *Theobald*, KSzW 2011, 300, 309, entscheidend, wobei er jedoch vorsichtig andeutet, de lege ferenda eine Aufhebung des gesamten § 3 KAV zu favorisieren.

164 MüKo-HGB/*Bahnsen*, Anh. zu §§ 407-475 h Rn 276.

165 *Feuerborn/Riechmann*, § 3 Rn 13; BerlK-EnR/*Kermel*, Anh. § 48 EnWG Rn 29.

166 OLG Bamberg RdE 2011, 160 ff. Das bedeutet jedoch umgekehrt, dass dort, wo die Breitbandversorgung zu marktübliche Preisen vorgenommen wird oder aber die unentgeltliche Mitverlegung von Leerrohren der späteren unternehmerischen Ausnutzung dienen soll, keine Unzulässigkeit nach § 3 Abs. 2 Nr. 1 KAV gegeben sein kann (vgl. auch *Geipel*, VersW 2011, 197, 203).

167 *Säcker*, BB 2009, 282, 284.

168 *Säcker*, BB 2009, 282, 285.

haltens und Zuwendungen mit Beihilfecharakter. Der Begriff der Beihilfe erfasst in beliebiger Form gewährte Zuwendungen, die keine marktgerechte Gegenleistung für eine von diesem Wirtschaftsteilnehmer erbrachte Leistung darstellen.[169] Ob Leistung und Gegenleistung in einem angemessenen Verhältnis zueinander stehen, beurteilt sich im europäischen Beihilfenrecht nach dem sog. **„private investor test"**, d.h. danach, ob sich ein hypothetisch marktwirtschaftlich handelnder Privatanleger genauso verhalten hätte.[170] Es ist für die Frage, ob eine Maßnahme den Charakter einer staatlichen Beihilfe hat, darauf abzustellen, ob das begünstigte Unternehmen eine wirtschaftliche Vergünstigung erhält, die es unter normalen Marktbedingungen nicht erhalten hätte. Als gleichsam konzessionsabgabenrechtlich modifizierter „private investor test" zur Ermittlung der Drittvergleichsfähigkeit könnte im Rahmen des § 3 Abs. 2 Nr. 1 KAV infolgedessen gefragt werden, ob ein hypothetisch marktwirtschaftlich Handelnder die betreffende Finanz- oder Sachleistung (einem beliebigen Dritten) genauso gewährt hätte (wie das Energieversorgungsunternehmen der Gemeinde).[171]

88 Für die Vereinbarungen von Nebenleistungen kann damit im **Umkehrschluss** gelten, dass die Konzessionsvertragsparteien alle möglichen Leistungen vereinbaren dürfen, solange die Gemeinde einen entsprechenden marktüblichen Preis für eine bestimmte Leistung des Energieversorgungsunternehmens entrichtet. Diese Vereinbarungen, auch im Zusammenhang mit dem Abschluss von Konzessionsverträgen, sind (konzessionsabgaben-)rechtlich unbedenklich.[172] Dies gilt z.B. für die **Straßenbeleuchtung**,[173] die häufig im Zusammenhang mit Strom-Konzessionsverträgen thematisiert wird, aber auch für die nicht lediglich fremdnützige Breitbandversorgung.[174]

b) Überhöhte KA

89 Die Drittvergleichsfähigkeit fehlt ebenfalls, wenn **unzulässig hohe Zahlungen von KA** erfolgen. Auch in diesen Fällen liegen verbotene Nebenleistungen vor.[175] Dies ist offenkundig gegeben, wenn die Vereinbarung oder Gewährung der KA über die Höchstgrenzen des § 2 Abs. 2 u. 3 KAV hinausreicht oder die Regelungen des § 2 Abs. 4

---

169 Calliess/Ruffert/*Cremer*, Art. 107 AEUV Rn 10.
170 Vgl. hierzu Calliess/Ruffert/*Cremer*, Art. 107 AEUV Rn 11; Grabitz/Hilf/Nettesheim/*v. Wallenberg*, Art. 87 EGV Rn 31 ff.; *Giesberts/Kleve*, EuZW 2009, 287 ff.
171 Zur Kasuistik des EuGH vgl. Schwarze/Becker/Hatje/Schoo/*Bär-Bouyssière*, Art. 87 EGV Rn 28 ff.
172 So auch *Templin*, S. 348.
173 Ebenso *Geipel*, VersW 2011, 197, 202.
174 So auch *Geipel*, VersW 2011, 197, 203. Insoweit offen gelassen von OLG Bamberg RdE 2011, 160 ff.
175 *Scholtka/Keller-Herder*, RdE 2010, 279, 286.

bis 8 KAV zu Gunsten höherer KA-Zahlungen missachtet werden. Dass die KA nur anfallen kann, wenn sie im Konzessionsvertrag vereinbart ist, sei der Klarstellung halber hier ausdrücklich erwähnt, zumal es in der Praxis hierzu immer wieder Fehlvorstellungen gibt.[176] So sind etwa die Gemeindeklassen zwingend zu beachten und ggf. im Laufe des „Konzessionsvertragslebens" nach entsprechender behördlicher Feststellung zum nächsten Jahresanfang oder, wenn gewünscht, unterjährig zum nächst möglichen Termin anzupassen.[177] Ein Verstoß gegen das Nebenleistungsverbot liegt nach zutreffender Ansicht aber auch dort vor, wo unzulässige **Mengengrenzvereinbarungen**, wie es in der Praxis wegen § 2 Abs. 6 KAV gelegentlich bei Gas-Konzessionsverträgen gefunden werden kann,[178] zu höheren KA-Zahlungen führen.[179] Ein davon abweichendes Verlangen der Kommune verstößt gegen das Unbundling und läuft auf eine verbotene Nebenleistung hinaus.[180]

Auch die **Belieferung von Nicht-Haushaltskunden zu Tarifkundenverträgen** 90
ist zumindest in KA-rechtlicher Hinsicht unzulässig, weil sie die (i.d.R. Gas-)KA-Höhe wider den Gesetzeszweck manipuliert.[181] Erst recht ist es unzulässig, **Sonderkundenverträge als Tarifkundenverträge zu „deklarieren"**,[182] um die (Gas-)KA zu erhöhen.[183]

Praxistipp

Diese „versteckten" KA-Erhöhungen haben dieselben zivil-, straf- und steuerrechtlichen Folgen wie offenkundige Verstöße gegen das Nebenleistungsverbot. Die Praxis sollte dies nicht unterschätzen.

Die Frage nach der Zulässigkeit der Zahlung einer Konzessionsabgabe in Bezug 91
auf Höhe und Umfang kann sich ferner im Zusammenhang mit dem **nachvertraglichen Anspruch** auf Zahlung von Konzessionsabgaben nach § 48 Abs. 4 EnWG

176 *Theobald*, DÖV 2009, 356, 360.

177 Die abrechnungsrelevanten Mengen können analog in § 12 Abs. 2 StromGVV, § 12 Abs. 2 GasGVV fest gestellt werden.

178 *Meyer-Hetling/Templin*, ZNER 2010, 139 gehen sogar davon aus, dass diese KAV-widrige Praxis den Regelfall darstellt. Die beiden Autoren versuchen zwar, diese Praxis juristisch „zu retten", empfehlen aber dann doch eine Änderung de lege ferenda.

179 Wie hier *Höch/Kalwa*, ZNER 2009, 361; *Rosin/Semmler/Hermeier*, et 9/2010, 88 (jeweils mit Hinweisen zur Gegenmeinung).

180 Ohne Begründung a.A. Schneider/Theobald/*Albrecht*, § 9 Rn 180 a.E.

181 Baumgart/*Höffken/Schneider*, Kap. 11 Rn 45. Wegen der Regelung des § 7 Abs. 7 KAV findet man diese Manipulation bei Strom in der Praxis nahezu überhaupt nicht.

182 Zur Abgrenzung vgl. *Büdenbender*, RdE 2011, 201 ff.

183 Selbst kleinste Abweichungen vom Vertrag nach den Grundversorgungsverordnungen genügen, um einen Sondervertrag annehmen zu müssen; vgl. von Westphalen/*Schöne*, Rn 21 m.w.N. (gilt analog für Gas).

stellen. Eine über die Jahresfrist des § 48 Abs. 4 EnWG fortgesetzte Zahlung wäre ohne weitere Vereinbarungen zwischen der Gemeinde und dem Energieversorgungsunternehmen als nachvertraglicher Verstoß gegen das Nebenleistungsverbot zu werten. Die Parteien haben aber die Möglichkeit, in Interimsvereinbarungen abweichende Vereinbarungen zu treffen, welche in zeitlicher Hinsicht nicht auf ein Jahr beschränkt sind. Nur auf der Grundlage eindeutiger Vereinbarungen in Interimsverträgen kann eine im Einklang mit dem Nebenleistungsverbot stehende Regelung einer verlängerten Konzessionsabgabenzahlung getroffen werden.[184]

92 Umstritten ist, ob **Energietankstellen** KA-pflichtig sind.[185] Richtigerweise wird man dies bei sachgerechter Anwendung des § 2 Abs. 8 KAV bejahen müssen. Damit unterfallen diese Verbrauchsmengen der KA-Pflicht, was ausdrücklich im Vertrag geregelt werden darf. Umgekehrt wäre ein KA-Verzicht der Kommune ebenfalls zulässig.[186]

2. Gegenausnahmen

a) „Leistungen"

93 Der § 3 Abs. 2 Nr. 1 KAV kennt Gegenausnahmen von den zuvor geschilderten Grundsätzen. Sie sind ausdrücklich im Wortlaut des § 3 Abs. 2 KAV verankert. So sind zunächst Leistungen des Konzessionärs bei der Aufstellung kommunaler oder regionaler Energiekonzepte zulässig („*bleiben unberührt*"). Nach einhelliger Auffassung sind hiermit nur **nicht-investive** – also in der Regel beratende – **Leistungen** gemeint.[187] Der verordnungsrechtliche Gegenbegriff, auf den noch eingegangen werden wird, ist der der „Maßnahmen". Diese Unterscheidung mag man als sprachlich misslungen einstufen, ist aber seit Jahrzehnten eingeschliffen.

94 Unter „Energiekonzepte", deren Bedeutung nicht überschätzt werden sollte,[188] sind im Wesentlichen **Energieberatungen jeglicher Art** (also sowohl Energieeinsparungen als auch Energiekonzepte) sowie Informationen über energetische Förderprogramme und/oder Fördermittel zu fassen. Besondere Aktualität haben die zulässigen Energieberatungen mit Blick auf **Energieeffizienz** und Erfassung von Energieverbräuchen an Bedeutung gewonnen. Als Beispiele kommen Konzepte zur Ausweisung des Energieverbrauchs einzelner Geräte oder Modelle zur Verwendung bestimmter Energieträger oder zur andersartigen Nutzung vorhandener Ressourcen in Betracht.

---

184 Ausführlich vgl. Kap. 10 Rn 183.
185 Zum Streitstand *Geipel*, VersW 2011, 197, 203.
186 *Geipel*, VersW 2011, 197, 203.
187 BerlK-EnR/*Kermel*, Anh. § 48 EnWG, § 3 KAV Rn 30; *Feuerborn/Riechmann*, § 3 Rn 14.
188 *Kahl/Schmidtchen*, RdE 2012, 1, 9.

Praxistipp
Die „Leistungen" im Sinne der Ausnahmebestimmung des § 3 Abs. 2 Nr. 1 KAV erfasst, anders als der Wortlaut vermuten lässt, im Wesentlichen die Energieberatung. Da der Begriff der Leistungen alle typischerweise geldwerten Vorteile erfasst, muss die Beratung nicht unmittelbar durch den Konzessionär durchgeführt werden, auch wenn dies häufig der Fall sein wird.[189] Es ist auch zulässig, einen **Dritten**, z. B. ein energetisches Consulting-Unternehmen, damit **zu beauftragen**. Wer den Auftrag erteilt – der Konzessionär oder, in Abstimmung mit diesem, die Kommune – ist gleichgültig. Denn es sind auch finanzielle Leistungen des Konzessionärs zulässig, wenn diese vom Ergebnis her eine Beratung (also eine Dienstleistung) und nicht eine Investition (also eine Werkleistung) zum Gegenstand hat.[190]

Die Energieberatung ist nach zutreffender Meinung **nicht auf die konzessionierte Energieart beschränkt**, sondern umfasst den gesamten Bereich des energetischen Umweltschutzes.[191] Die Gegenauffassung[192] übersieht, dass die beiden Alternativen des § 3 Abs. 2 Nr. 1 Hs. 2 KAV durch das Wort „oder" getrennt sind und infolgedessen auch differenziert betrachtet werden müssen. Aufgrund der sprachlichen Gestaltung kann sich der Nebensatz „[...] *mit der vereinbarten Energieart* [...]" nur auf die zweite Gegenausnahme, die noch zu besprechen sein wird, beziehen. Denn erst nach diesem Nebensatz folgt die Umklammerung des Satzteiles durch die Worte „[...] *bleiben unberührt* [...]". Zutreffenderweise wird man die Beratung sogar auf die Energiearten erstrecken dürfen, die nicht von der KAV erfasst sind. Denn eine energetisch sinnvolle Beratung muss naturgemäß auch andere Energieträger wie z. B. **Öl oder Holzpellets** erfassen.[193] Im Rahmen von Konkurrenzenergien ist die Einbeziehung weiterer Energiearten sogar notwendige Voraussetzung, um bei einem Energiekonzept aus der Untersuchung beider Energiearten überhaupt erst eine Aussage über diejenige sinnvolle und effizientere Energieart treffen zu können.[194] 95

Praxistipp
Die energetische Beratung ist weder auf die konzessionierte Energieart noch auf die konzessionierbaren Energiearten beschränkt. Sie kann damit auch Öl oder Holzpellets umfassen.

189 Kermel/Brucker/Baumann/*Baumann*, S. 215 m. FN 412.
190 Vgl. BerlK-EnR/*Kermel*, § 48 EnWG, Anh. § 3 KAV Rn 30 (mit Blick auf die KAV-Historie); Baumgart/*Höffken/Schneider*, Kap. 11 Rn 89. Siehe auch *Immesberger*, § 3 KAV Rn 18.
191 Geipel, VersW 2011, 197, 200; Templin, S. 346; Immesberger, § 3 KAV Rn 15. Wohl auch Theobald, DÖV 2009, 356, 358. Dem hat sich der BDEW angeschlossen, vgl. BDEW-Leitfaden „Konzessionsverträge und Konzessionsabgaben in der Strom- und Gasversorgung" vom 9.11.2010, S. 72: Siehe auch die VO-Historie bei BR-Drucks. 686/91, S. 4, 18. Undeutlich Baumgart/Höffken/Schneider, Kap. 11 Rn 89f.; Feuerborn/Riechmann, § 3 Rn 14f.
192 *Scholtka*, S. 215; BerlK-EnR/*Kermel*, Anh. § 48 EnWG, § 3 KAV Rn 30.
193 I.E. wohl auch *Geipel*, VersW 2011, 197, 200.
194 *Immesberger*, § 3 KAV Rn 18.

96 Dieses Ergebnis stützt im Übrigen noch einmal die o. g. These, dass die Energieberatung nicht selbst, sondern auch durch beauftragte (und vom Konzessionär bezahlte) Dritte vorgenommen werden darf. Denn das **Fachwissen des Konzessionärs** dürfte sich auf die konzessionierte bzw. auf die konzessionierbaren Energieart(-en) beschränken, so dass eine Beratung zu Öl und Holzpellets kaum selbst durchgeführt werden könnte.

97 Eine energetisch nachhaltige und praktisch wirksame Energieberatung im Rahmen des örtlichen oder regionalen Energiekonzepts kann sich nicht auf die Beratung der kommunalen Verwaltung beschränken, sondern muss auch **unmittelbar die Bürger** erreichen.[195] Hierfür lassen sich insbesondere rechtspolitische Gründe anführen. Die Bestimmungen der KAV korrespondieren durch ihre **Verankerung in § 48 Abs. 2 EnWG** mit den energiewirtschaftsrechtlichen Zielbestimmungen der „Umweltverträglichkeit" und der „Effizienz" des § 1 EnWG. Nach dem Ziel der Umweltverträglichkeit soll der Umgang mit der Energie rationell und sparsam erfolgen, die Ressourcen sollen schonend genutzt werden und die Umweltbelastung soll sich möglichst gering halten.[196] Für diese drei Einzelaspekte hat die Energieberatung eine große Bedeutung. Sie erlaubt eine **Individualisierung dieser allgemeinen energiewirtschaftlichen Zielbestimmung** in der Weise, dass jeder Einzelne die Ziele für seine Lebenssituation konkretisieren kann. Das Ziel der Umweltverträglichkeit wird durch das Ziel der Effizienz flankiert, welches einen möglichst geringen Aufwand zur Erreichung eines bestimmten Ziels verlangt.[197] Dieses Ziel beansprucht gerade im Kontext der Energieberatung seine Geltung. Denn die Bemühungen um mehr Energieeffizienz und um die Ausschöpfung aller Möglichkeiten zum Energiesparen setzt stets eine Bestandsanalyse des Status quo voraus. Eine solche Bestandsanalyse ist Aufgabe der Energieberatung. Nur wenn diese umfassend vorgenommen wird, ist der Weg zur Erreichung der vom Gesetzgeber gewollten **Ziele des § 1 EnWG** geebnet. Daher erscheint es rechtspolitisch widersinnig, die Energieberatungen lediglich auf die gemeindlichen Stellen zu beziehen. Die energiewirtschaftsrechtlichen Zielbestimmungen sind nicht auf eine punktuelle, sondern eine gesamtheitliche Lösung angelegt. Durch den energiewirtschaftlichen Rahmen soll schließlich eine umweltverträgliche Energieversorgung im Ganzen bezweckt werden.[198] Infolgedessen muss es zulässig sein, innerhalb des Energiekonzeptes auch die Bürgerinnen und Bürger vor Ort zu beraten.[199]

---

195 So auch Kermel/Brucker/Baumann/*Baumann*, S. 215 m. FN 412, mit Blick auf die Verordnungshistorie.
196 *Salje*, EnWG, § 1 Rn 22.
197 Britz/Hellermann/Hermes/*Hellermann*/*Hermes*, § 1 Rn 34.
198 *Templin*, S. 347.
199 So auch *Lehnert/Templin/Theobald*, VerwArch 2011, 83, 100.

Diese rechtspolitischen Erwägungen lassen sich mit einer für die Frage der Energieberatungen notwendigen **wertenden Gesamtbetrachtung** stützen. Eine Sichtweise, die die Energieberatung ausschließlich nur auf die kommunale Verwaltung als Empfänger der Leistung reduzieren würde, würde letztlich auf eine nicht sachgerechte, rein formale Betrachtung hinauslaufen. Bereits der Wortlaut des § 3 Abs. 2 Nr. 1 Hs. 2 KAV gibt für eine solche Auslegung keine Anhaltspunkte. Um eine solche Beschränkung anzunehmen, hätte der Verordnungsgeber wohl von „Energiekonzepten der Gemeinde" sprechen müssen (ähnlich wie der Formulierung des § 3 Abs. 1 S. 1 Nr. 1 KAV). Stattdessen zeigt der Wortlaut vielmehr eine weite Auslegung an. Durch die Verwendung der Begriffe *„kommunale oder regionale Energiekonzepte"* hat der Verordnungsgeber den Terminus des Energiekonzepts bewusst weit gefasst. Diese Ausweitung ist indes nicht nur rein örtlich (ansonsten hätte die Norm wohl „kommunale und regionale Energiekonzepte der Gemeinde" lauten müssen), sondern vor allem nutzer- bzw. verbraucherorientiert zu verstehen. Eine eindeutige Trennung zwischen „der Gemeinde" einerseits und „ihren Bürgern" andererseits ist zudem gar nicht möglich und im Übrigen bei der Aufstellung von Energiekonzepten auch nicht sachgerecht. Denn bei Energiekonzepten sind von jeher Raum und Umwelt Verpflichtung und Maßstab zugleich. Innerhalb von Raum und Umwelt sind sämtliche Energieverbraucher und -nutzer von gleichrangiger Bedeutung. Dies macht die Notwendigkeit einer wertenden Gesamtbetrachtung notwendig, denn ein Energiekonzept für eine Gemeinde ist zugleich auch ein Energiekonzept für ihre Einwohner. Andersherum kann eine Beratung der Gemeinde immer auch durch eine Beratung durch die Einwohner erfolgen. Dieses Ergebnis wird schließlich durch die VO-Historie untermauert, denn der Gesetzgeber spricht ausdrücklich von einer Ausnahme *„für die Einsparberatung"*,[200] die schon seit den 1970er Jahren traditionell und überwiegend die Beratung der Bürger zu Einsparpotenzialen beim Energieeinsatz meint. 98

Praxistipp
Ein Konzessionär darf neben der Beratung der Konzessionskommune auch die Beratung von deren Einwohnern zusagen. i

---

Sämtliche Beratungsleistungen im Sinne der Gegenausnahme von § 3 Abs. 2 Nr. 1 KAV dürfen nach h.M. **bei Konzessionsvertragsabschluss** zugesagt werden.[201] Der Wortlaut der Bestimmung am Ende ist allerdings nicht eindeutig. Jedoch ergibt die Gesetzesgeschichte, dass der verbotene Zusammenhang mit dem Abschluss oder 99

200 BR-Drucks. 686/91, S. 18.
201 *Geipel*, VersW 2011, 197, 200; Kermel/Brucker/Baumann/*Baumann*, S. 217; *Feuerborn/Riechmann*, § 3 Rn 14; BerlK-EnR/*Kermel*, Anh. § 48 EnWG, § 3 KAV Rn 23; wohl auch *Templin*, S. 346; a. A. *Morell*, § 3 Anm. 2; Stuhlmacher/Stappert/Schoon/Jansen/*Reinhardt*, Kap. 6 Rn 78.

der Verlängerung von Konzessionsabgabeverträgen (gemeint sind Konzessions- bzw. Wegenutzungsverträge) sich nicht auf die Beratungsleistungen erstrecken soll.[202]

Praxistipp

Die beratenden (nicht-investiven) Leistungen dürfen bei Konzessionsvertragsabschluss vereinbart werden.

---

b) „Maßnahmen"

100 Der § 3 Abs. 2 Nr. 1 KAV kennt eine weitere Gegenausnahme zum Nebenleistungsverbot, die jedoch mehreren Restriktionen unterworfen ist. Gemeint sind die „Maßnahmen", wobei nach einhelliger Meinung **investive Maßnahmen** gemeint sind.[203]

Praxistipp

Hier kommen z. B. Leistungen zu
- der Wärmedämmung des Rathauses,
- der Anschaffung von Energiesparlampen,
- dem Anteilskauf für Windpark-Beteiligungsgesellschaft oder
- der Erdverkabelung[204]

in Betracht. Dies kann als Werkleistung oder als Zahlung geleistet werden, doch sollten möglichst Barzahlungen an die Kommune unterbleiben.

---

101 Nach dem insoweit zweifelsfreien Wortlaut sind die investiven Maßnahmen nach allgemeiner Meinung auf die **konzessionierte Energieart** beschränkt.[205] Wortlaut und Historie sowie Sinn und Zweck der Regelung lassen keine andere Auslegung zu. Auch die systematische Auslegung stützt diese Auffassung, nennt doch § 1 EnWG ausdrücklich den Umweltschutz.[206] Die Maßnahmen können auch auf der Umsetzung eines Energiekonzeptes beruhen,[207] wenn diese Einschränkung beachtet wird. Zudem sind nicht nur „Energiemaßnahmen im eigentlichen Sinne" gemeint, sondern nach zutreffender Lesart z. B. „Elektromobilisierung" oder „smart grid".[208]

---

202 Vgl. zunächst Verordnungsentwurf zur KAV BR-Drucks. 686/91, S. 4; sodann Empfehlung der Ausschüsse BR-Drucks. 686/1/91, S. 12 und anschließend Beschluss des Bundesrates BR-Drucks. 686/91 (Beschl.), S. 4.

203 Kermel/Brucker/Baumann/*Baumann*, S. 217.

204 *Kahl/Schmidtchen*, RdE 2012, 1, 6.

205 Baumgart/*Höffken/Schneider*, Kap. 11 Rn 90; *Feuerborn/Riechmann*, § 3 Rn 14; BerlK-EnR/*Kermel*, Anh. § 48 EnWG, § 3 KAV Rn 30.

206 So auch *Kahl/Schmidtchen*, RdE 2012, 1, 8.

207 *Feuerborn/Riechmann*, § 3 Rn 15.

208 So auch *Kahl/Schmidtchen*, RdE 2012, 1, 7.

Praxistipp

Somit ist es unzulässig, einer Kommune, in der ein Konzessionär lediglich einen Gas-Wegenutzungsvertrag hält, Unterstützungszahlungen bei der Anschaffung von stromsparenden Glühlampen zu gewähren. Dort, wo der Konzessionär umgekehrt lediglich einen Strom-Wegenutzungsvertrag hält, darf er z. B. keine investiven Maßnahmen zur Isolierung der mit Gas beheizten städtischen Sporthalle erbringen.

Hält ein Konzessionär jedoch einen Konzessionsvertrag über beide Energiearten, so **102** sind sämtliche darauf bezogenen Maßnahmen zulässig.[209] Gibt es umgekehrt Maßnahmen, die energetisch sowohl Strom wie auch Gas betreffen können (z. B. BHKW-Errichtung), so ist die Maßnahme auch dann zulässig, wenn ein Konzessionsvertrag nur über eine der beiden Energiearten der KAV besteht; dies muss zumindest anteilig gelten.

Nach ganz h. M. dürfen die investiven Maßnahmen **keinesfalls im Zusammenhang mit dem Abschluss oder der Verlängerung des Wegenutzungsvertrages** vereinbart oder gezahlt werden.[210] Auch eine lediglich „umrisshafte" Vereinbarung, die aber bereits einen klagbaren Anspruch begründet, kommt damit nicht in Betracht.[211] Bei dem Terminus „nicht im Zusammenhang" bietet die KAV wenig Hilfestellung für die Frage, wie der „Zusammenhang" näher qualifiziert werden kann. Von dem insoweit wenig konkreten Wortlaut der Norm erscheint auf den ersten Blick jeder Zusammenhang ausreichend zu sein. Der Zusammenhang könnte also normativ, inhaltlich oder auch zeitlich zu verstehen sein. Mit Blick auf den Sinn und Zweck des Nebenleistungsverbots, (zu) umfangreiche Zusicherungen derartiger Maßnahmen zum Zwecke des Abschlusses – ggf. sogar als Bedingung für den Abschluss – des Konzessionsvertrags zu verhindern, kann es in erster Linie nur auf einen **inhaltlichen Zusammenhang** ankommen. Die Vereinbarungen, die die Gemeinden mit dem Konzessionär treffen, dürfen infolgedessen nicht den Verdacht erhärten, dass der Vertragsschluss nicht ohne die zugesagten Leistungen durch den Konzessionär getroffen worden wäre. Die zeitliche Nähe kann ein Indiz, aber nicht allein entscheidend sein. **103**

Praxistipp

Gleichwohl wird aus Gründen der Vorsorge empfohlen, in einem Zeitraum von einem Jahr vor und einem Jahr nach dem Konzessionsvertragsabschluss derartige Maßnahmen möglichst zu unterlassen. Es könnte sonst für die Praxis schwer werden, eine mangelnde inhaltliche Kausalität darzulegen.

209 So auch BerlK-EnR/*Kermel*, Anh. § 48 EnWG, § 3 KAV Rn 32.

210 *Feuerborn/Riechmann*, § 3 Rn 14; BerlK-EnR/*Kermel*, Anh. § 48 EnWG, § 3 KAV Rn 30; Baumgart/*Höffken/Schneider*, Kap. 11 Rn 89.

211 So aber *Geipel*, VersW 2011, 197, 200, der die Compliance-Relevanz freilich nachhaltig unterschätzt.

104 Rechtspolitisch ist diese Einschränkung des Zusammenhangs mit dem Abschluss oder der Verlängerung des Konzessionsvertrags immer wieder einmal kritisiert worden. Hierbei wird insbesondere hervorgehoben, dass durch den Einschub des letzten Halbsatzes die praktische Wirkung der zulässigen investiven Maßnahmen aufgehoben werde.[212] Denn der **Sinn und Zweck der Gegenausnahmen** liege in einer Förderung und zunehmenden Implementierung von Energiekonzepten und Maßnahmen zum rationellen Umgang mit Energie. Dabei erscheine es gerade aus der energiewirtschaftlichen Zielbestimmung des Umweltschutzes heraus gerechtfertigt, bei Abschluss des Konzessionsvertrages nicht nur lediglich Energiekonzepte, sondern auch umfassende umweltschützende und energieeinsparende investive Maßnahmen vereinbaren zu dürfen.[213] Dies mag ggf. zukünftig („de lege ferenda") wünschenswert sein, ist aber angesichts des insoweit eindeutigen Wortlauts der Norm nach geltendem Recht („de lege lata") nicht gegeben.[214]

3. Angemessenheit der zulässigen Leistungen und Maßnahmen

105 Bei den ausdrücklich normierten unzulässigen Nebenleistungen handelt es sich um Regelbeispiele. Der Katalog der unzulässigen Nebenleistungen ist nicht abschließend und erfordert einen allgemeinen Maßstab, anhand dessen mögliche weitere und nicht ausdrücklich geregelte unzulässige Nebenleistungen gemessen werden müssen. Die Gemeinsamkeit, die den normierten Regelbeispielen in § 3 Abs. 2 KAV immanent ist und damit gleichsam als **„kleinster gemeinsamer Nenner"** abgeleitet werden kann, ist die Erfordernis der Angemessenheit. Dies folgt aus einer systematischen Auslegung des § 3 Abs. 2 KAV: Denn sowohl § 3 Abs. 2 Nr. 1 Hs. 1 KAV mit dem Begriff des „Vorzugspreises" als auch § 3 Abs. 2 Nr. 2 KAV mit dem Begriff des „wirtschaftlich angemessenen Entgeltes" stellen auf eine Angemessenheit von Leistungen in Form einer gewissen Marktadäquanz ab. Beide Regelbeispiele sollen marktunübliche Leistungen verhindern.

106 Im Zusammenhang der **Förderung erneuerbarer Energien** wird neuerdings vertreten, dass der zweite Halbsatz rechtstechnisch eine Erweiterung der zulässigen Nebenleistungen mit gleichzeitiger Einschränkung des Anwendungsbereiches der Erweiterung darstelle.[215] Als Einschränkung wird in diesem Zusammenhang der letzte Halbsatz *„soweit sie nicht im Zusammenhang mit dem Abschluss oder der Verlängerung von Konzessionsverträgen stehen"* verstanden. Aus der Ansicht, dass § 3 Abs. 2 Nr. 1 Hs. 2 KAV eine Erweiterung der zulässigen Nebenleistungen darstelle, wird im Folgenden geschlossen, dass Regelungen zur Förderung der erneuerbaren

212 So *Morell*, § 3 Anm. 2.
213 Vgl. auch *Lehnert/Templin/Theobald*, VerwArch 2011, 83, 99.
214 Dies erkennt wohl auch *Theobald*, KSzW 2011, 300, 309.
215 *Lehnert/Templin/Theobald*, VerwArch 2011, 83, 99.

Energien im weitesten Sinne nahezu ausnahmslos vom Nebenleistungsverbot des § 3 KAV ausgenommen bleiben sollen.[216] Dabei erkennen die Vertreter dieser Ansicht gleichwohl, dass solche Vereinbarungen den Wettbewerb verzerren. Die Sichtweise der Annahme einer Wettbewerbsverzerrung sei indes „veraltet".[217] Diese Ansicht ist de lege lata kritisch zu würdigen. Abgesehen davon, dass weder eine vermeintlich „veraltete" Auslegung erkennbar ist[218] noch eine solche, würde sie bestehen, eine umfassende Freistellung von Leistungen und Maßnahmen zu rechtfertigen vermag, verkennt diese Ansicht die systematische Stellung des § 3 Abs. 2 Nr. 1 Hs. 2 KAV. Die Annahme einer Erweiterung der zulässigen Nebenleistungen mag zwar – vom Ergebnis her betrachtet – im Einzelfall wünschenswert erscheinen, suggeriert jedoch eine allgemeine gleichberechtigte Zulässigkeit der Leistungen und Maßnahmen des § 3 Abs. 2 Nr. 1 Hs. 2 KAV neben den ausdrücklich zulässigen Nebenleistungen des § 3 Abs. 1 S. 1 Nr. 1 bis 3 KAV. Eine solche gleichberechtigte Betrachtung lässt sich indes vom Gesetz her nicht ableiten. Hätte der Verordnungsgeber die Maßnahmen und Leistungen des § 3 Abs. 2 Nr. 1 Hs. 2 KAV als ebenso zulässig wie die Nebenleistungen des § 3 Abs. 1 S. 1 Nr. 1 bis 3 KAV ansehen wollen, so hätte er diese als Nr. 4 im ersten Absatz aufnehmen müssen. Die Regelung im zweiten Absatz macht jedoch deutlich, dass der Verordnungsgeber **bewusste Unterschiede** machen wollte. Denn durch die Aufnahme im zweiten Halbsatz ist der Anknüpfungspunkt für die Leistungen und Maßnahmen nicht die Zulässigkeit von Nebenleistung (Abs. 1), sondern vielmehr das Verbot von Nebenleistungen (Abs. 2). Folglich stellt die Regelung des § 3 Abs. 2 Nr. 1 Hs. 2 KAV **rechtstechnisch** nicht eine Erweiterung der zulässigen Nebenleistungen dar, sondern vielmehr eine **Ausnahme vom Nebenleistungsverbot**. Als Ausnahmen sind die zulässigen Leistungen und Maßnahmen des § 3 Abs. 2 Nr. 1 KAV infolgedessen nach allgemeinen Rechtsgrundsätzen eng auszulegen.[219]

Davon zu unterscheiden ist die – mit der h.M. zu bejahende[220] – Frage, ob eine **Angemessenheit** auch für die zulässigen Leistungen und Maßnahmen des § 3 Abs. 2 KAV gleichsam **als ungeschriebenes Tatbestandsmerkmal** zu verlangen ist. Alles andere würde zu einer finanziellen Ausuferung und damit faktisch zu einer **Umgehung des Höchstpreisrechts** führen.[221] Alle Leistungen und Maßnahmen müssen mithin angemessen sein. In der Praxis wird zur Wahrung des Telos des § 3 Abs. 2 Nr. 1 KAV vertreten, dass bei einem 20-jährigen Konzessionsvertrag die inves- 107

216 *Lehnert/Templin/Theobald*, VerwArch 2011, 83, 100.
217 *Lehnert/Templin/Theobald*, VerwArch 2011, 83, 100.
218 Denn dann hätte der Gesetzgeber bei der Energierechtsnovelle 2011 ausreichend Gelegenheit zu einer Anpassung gehabt.
219 So ausdrücklich auch Kermel/Brucker/Baumann/*Baumann*, S. 217.
220 Statt vieler Kermel/Brucker/Baumann/*Baumann*, S. 217; Baumgart/*Höffken/Schneider*, Kap. 11 Rn 90.
221 Dies verkennt *Templin*, S. 347.

tiven Maßnahmen den Wert einer gemittelten **21. Jahres-KA** erreichen dürfen. Dabei darf die **Auszahlung auch kumuliert** – sogar in einem einzigen Betrag – erfolgen, um größere Projekte sinnvoll zu unterstützen. Diese Projekte müssen jedoch konkret bezeichnet sein; die geleisteten Beträge müssen zweckgebunden in Abstimmung mit dem Konzessionär verwendet werden. Ein „Geldpool", aus dem sich die Kommune nach Bedarf bedienen dürfte, ist unzulässig.

108 Es dürfen keine über die 21. Jahres-KA hinausgehenden Zahlungen, schon gar nicht solche in Erwartung und/oder unter Anrechnung auf einen neuen Konzessionsvertrag, erfolgen.

Praxistipp

i Hat der Konzessionsvertrag, wie ab 2010/11 gelegentlich in der Praxis zu beobachten, eine kürzere Laufzeit als 20 Jahre, muss der Betrag anteilig gekürzt werden. Enthält der Konzessionsvertrag Sonderkündigungsrechte (z.B. nach 10 und nach 15 Jahren), muss bei der Berechnung der angemessenen Höhe der investiven Maßnahmen darauf geachtet werden, dass lediglich die „gesicherte" Laufzeit zugrunde gelegt wird.

III. Wirtschaftlich unangemessene Überlassungsentgelte

109 Der – in der Praxis vielfach überlesene – § 3 Abs. 2 Nr. 2 KAV stellt im Rahmen eines weiteren Nebenleistungsverbots klar, dass die Versorgungsanlagen des Alt-Konzessionärs bei einem Konzessionswechsel der Gemeinde bzw. einem neuen Konzessionär nur gegen die Zahlung eines „*wirtschaftlich angemessenen Entgelts*" übertragen werden dürfen. Diese Regelung korrespondiert mit § 46 Abs. 2 S. 2 EnWG, wonach Verteilungsanlagen dem neuen Energieversorgungsunternehmen gegen Zahlung einer „*wirtschaftlich angemessenen Vergütung*" zu übereignen sind. Der Gesamtausdruck des „wirtschaftlich Angemessenen" stellt einen unbestimmten Rechtsbegriff dar, dessen Auslegung streitbehaftet ist.[222] Die Regelungen der KAV konkretisieren diesen Topos nicht weiter und lassen somit offen, was im Einzelnen hierunter zu verstehen ist.

110 Der Verordnungsbegründung lässt sich entnehmen, dass Übertragungen ohne angemessenes Entgelt ebenso verhindert werden sollen wie überzogene Entgeltforderungen, damit der „**Wettbewerb um die Netze**" nicht durch überhöhte Entgeltforderungen unangemessen erschwert wird.[223] Der Verordnungsgeber selbst hat den **Sachzeitwert** als diejenige Entgeltvereinbarung benannt, welche der Praxis entspreche und auch – vorbehaltlich anderweitiger kartellrechtlicher und preisrechtli-

---

222 Vgl. im Einzelnen Kap. 7 Rn 1 ff.
223 BR-Drucks. 686/91, S. 19.

cher Entwicklungen – nicht zu beanstanden sei.[224] Dadurch, dass der Gesetz- und Verordnungsgeber weder in § 46 Abs. 2 S. 2 EnWG noch in § 3 Abs. 2 Nr. 2 KAV eine ausdrückliche Berechnungsmethode vorgegeben hat, wollte er es der Rechtsprechung überlassen, den Topos der „wirtschaftlichen Angemessenheit" zu konkretisieren.[225] Auch in der Rechtsprechung wird nach der höchstinstanzlichen „Kaufering"-Entscheidung des **BGH**[226] im Zusammenhang mit der Ermittlung des Preises für die Überlassung von Versorgungsanlagen eine Berechnung auf der Basis des Sachzeitwerts für zulässig erachtet.[227] Hiernach sind solche Regelungen unzulässig, bei welchen der Preis in Höhe des Sachzeitwerts prohibitiv wirke, was insbesondere dann der Fall sei, wenn der Sachzeitwert den Ertragswert des Netzes nicht unerheblich übersteige.[228] Die Berechnung des Ertragswerts hat nach kaufmännischen Vorgaben zu erfolgen, die die obergerichtliche Rechtsprechung im Einzelnen instruktiv und fachkundig aufgestellt hat.[229] Damit ist die Sachzeitmethode zur Ermittlung des Kaufpreises im Grundsatz anerkannt.

Mithin ist auch die teilweise vertretene Ansicht abzulehnen, dass im Hinblick 111
auf die Vorgaben der Gas- bzw. StromNEV nur der sog. **tarifkalkulatorische Restwert** maßgeblich sei.[230] Die Gas- bzw. StromNEV findet für die Ermittlung der wirtschaftlichen Angemessenheit bereits gar keine unmittelbare Anwendung. Denn das Entgelt für die Netzüberlassung richtet sich nicht nach dem regulierten Bereich der Regulierungsbehörden, sondern vielmehr nach der Privatautonomie der Parteien.[231] Des Weiteren ist die Anwendung der Gas- bzw. StromNEV im Rahmen des Konzessionsvertragsrechts nicht durch die Ermächtigungsgrundlage gedeckt.[232]

Die „Kaufering"-Entscheidung des **BGH** erging indes zum alten Rechtsrahmen 112
vor Inkrafttreten des EnWG 2005. Es bleibt somit abzuwarten, wie sich die höchstrichterliche Rechtsprechung durch das Inkrafttreten des EnWG 2005 und 2011 – und auch vor dem Hintergrund des verfassungskonform dahingehend auszulegenden § 6 Abs. 7 StromNEV, der nur konzerninterne Übertragungen meint[233] – ent-

224 BR-Drucks. 686/91, S. 19.
225 Baumgart/*Höffken/Schneider*, Kap. 11 Rn 96.
226 BGHZ 143, 168ff.
227 OLG Koblenz RdE 2011, 191; LG Hannover RdE 2011, 198.
228 Grundlegend BGHZ 143, 168ff.; OLG München ZNER 2006, 84f. Jüngst etwa OLG Koblenz RdE 2011, 191ff.; LG Hannover ZNER 2011, 203ff.
229 OLG Koblenz, RdE 2011, 191, 192f.
230 So Danner/*Theobald*, § 46 EnWG Rn 55. Wohl auch Gemeinsamer Leitfaden von BKartA und BNetzA zur Vergabe von Strom- und Gaskonzessionen und zum Wechsel des Konzessionsnehmers vom 15.12.2010, Rn 44.
231 Baumgart/*Höffken/Schneider*, Kap. 11 Rn 99.
232 *Morell*, S. 35.
233 *Büdenbender/Bachert/Rosin*, S. 83ff. Verfassungsrechtliche Bedenken auch bei Kermel/Brucker/Baumann/*Kermel*, S. 154f.

wickeln wird. Der Reformgesetzgeber vom EnWG 2011 hat an der Formulierung des § 46 Abs. 2 S. 2 EnWG keine Änderungen vorgenommen, was als Indiz dafür gewertet werden kann, dass an den bisherigen, von der Rechtsprechung auf der Grundlage des Sachzeitwerts entwickelten Bewertungsmaßstäben festgehalten werden soll.

F. Rechtsfolgen des Verstoßes gegen § 3 KAV

I. Zivilrecht

113 Wie eingangs dargelegt, handelt es sich bei der Regelung des § 3 KAV um ein Höchstpreisrecht und ein Nebenleistungsverbot.[234] Sollte es sich bei § 3 KAV um ein Verbotsgesetz i.S.d. § 134 BGB handeln, wäre eine entgegenstehende Vereinbarung nichtig. Abzugrenzen ist das etwaige gesetzliche Verbot dabei von einer bloßen Ordnungsvorschrift.[235]

1. Nichtigkeit der Klausel

114 Bereits die normative Anknüpfung für die Beurteilung der Frage eines Verbotsgesetzes ist im Rahmen des § 3 KAV fraglich. Teilweise wird vertreten, dass § 3 Abs. 2 KAV keine eigene Verbotsfunktion hätte, sondern das eigentlich in § 3 Abs. 1 KAV normierte Verbot in den § 3 Abs. 2 Nr. 1 und 2 KAV nur besonders hervorhebe[236] oder dieses nur ergänze.[237] Dies ist kritisch zu würdigen. Diese Ansicht wird – bereits unter fälschlicher Berufung auf die Verordnungsbegründung – damit begründet, dass § 3 Abs. 2 KAV der Klarstellung des Verbots des § 3 Abs. 1 KAV diene.[238] Ausweislich der Verordnungsbegründung dient § 3 Abs. 2 KAV indes nicht der Klarstellung eines Verbots, sondern der Klarstellung und Abgrenzung der Zulässigkeit von Konzessionsabgaben. Die Regelung des § 3 Abs. 2 KAV **konkretisiert** damit die **Leistungen**, die neben und anstelle der Konzessionsabgaben erbracht werden dürfen, in näherer Art und Weise. Der Regelungszusammenhang der beiden Absätze des § 3 KAV besteht damit in einer Leistungsbeschreibung, welcher sich die beiden Absätze einmal aus Sicht einer ausdrücklich abschließenden positiven Wertung und einmal aus Sicht einer beispielhaft negativen Wertung nähern. Da die Regelungen der beiden Absätze in § 3 KAV aus diesem Grund in einem systematischen sowie inhaltlich-

234 Vgl. Rn 3 ff.
235 Staudinger/*Sack*, § 134 Rn 31.
236 *Scholtka*, S. 211.
237 Kermel/Brucker/Baumann/*Baumann*, S. 214.
238 So ausdrücklich *Scholtka*, S. 211.

wechselseitigen Verhältnis zueinander stehen, manifestiert gerade eine **einheitliche** Betrachtung des § 3 KAV den **Verbotscharakter** der Norm mit der Folge, dass sowohl Abs. 1 als auch Abs. 2 ein Verbot immanent ist.

Unter den Gesetzesbegriff des § 134 BGB fallen alle Gesetze im formellen Sinne 115 sowie Verordnungen wie hier und sogar Satzungen.[239] Damit steht der Rechtscharakter der KAV als Rechtsverordnung der Annahme eines Verbotsgesetzes von vornherein nicht entgegen.

In manchen Gesetzen heißt es ausdrücklich, dass ein bestimmtes Rechtsge- 116 schäft „verboten" sei. Dies ist bei der Regelung des § 3 KAV indes nicht der Fall. Fehlt diese Formulierung, so kann das Gesetz jedoch trotzdem ein Verbotsgesetz i.S.v. § 134 BGB sein.[240] Soweit ein Gesetz das betreffende Rechtsgeschäft nicht selbst ausdrücklich verbietet, ist durch Auslegung zu ermitteln, ob es ein Verbotsgesetz i.S.v. § 134 BGB darstellt.[241] Stellt man dabei auf den Wortlaut *„dürfen"* (Abs. 1) bzw. *„nicht [...] dürfen"* (Abs. 2) ab, könnte die Annahme nahe liegen, dass etwas, was man nicht darf, als verboten angesehen werden könnte. Allerdings ist der Begriff „dürfen" im Lichte der Rechtsprechung für die Auslegung unergiebig, da diese Begrifflichkeit in gesetzlichen Verboten sowohl mit als auch ohne Nichtigkeitsfolge verwandt wird.[242] Entscheidend ist, ob das Verbotsgesetz ein Rechtsgeschäft betrifft, das der Betroffene vornehmen kann, aber **nicht vornehmen darf.**[243] Eine solche **Einschränkung** der Gestaltungsmacht wird den Vertragsparteien des Wegenutzungsvertrags durch die konzessionsabgabenrechtlichen Bestimmungen gerade **auferlegt**. Die Vorschriften der KAV stellen für sie eine Schranke ihrer Privatautonomie dar.[244] Ebenso wie Vereinbarungen über Konzessionsabgaben nur bis zu den Höchstpreisen zulässig sind, können die Vertragsparteien auch nur solche nach § 3 KAV zulässigen Nebenleistungen vereinbaren. Alles, was über die zulässigen Höchstpreise hinaus geht oder keine zulässige Nebenleistung darstellt, muss folglich als ein Verstoß bewertet werden. Auch die **Ratio der KAV** spricht dafür, die Vorschrift als Verbotsgesetz zu qualifizieren. Denn sie soll verhindern, dass die Kommunen als Wegerechtsmonopolisten ihre Stellung ausnutzen und von den Konzessionären für das Wegerecht unverhältnismäßig hohe Leistungen fordern. Damit dient § 3 KAV im Ergebnis einer Begrenzung der Energiepreise. Die Höchstbeträge der KA etwa sollen nicht rechtswirksam unterlaufen werden können.[245]

239 BGH NJW 1986, 2360; Erman/*Palm*, § 134 Rn 8; Palandt/*Heinrichs*, § 134 Rn 2.
240 PWW/*Ahrens*, § 134 Rn 12.
241 BGHZ 85, 39, 43.
242 BGH NJW 1992, 2022; Palandt/*Heinrichs*, § 134 Rn 6a.
243 Palandt/*Heinrichs*, § 134 Rn 5.
244 Vgl. Rn 6.
245 Vgl. *Bachert*, RdE 2006, 76, 78.

Praxistipp

i Nach allgemeiner Auffassung stellt § 3 KAV nicht nur eine reine Ordnungsvorschrift, sondern ein Verbotsgesetz i. S. d. § 134 BGB dar.[246] Folglich führt ein Verstoß einer vertraglichen Nebenleistungsvereinbarung gegen § 3 KAV zumindest zur Nichtigkeit der entsprechenden Vertragsklausel.[247]

2. Nichtigkeit des Gesamtvertrages?

117 Uneinheitlich wird beurteilt, ob die Nichtigkeit der überschießenden Nebenleistungen den gesamten Wegerechtsvertrag infiziert oder ob die Nichtigkeitsfolge auf die Einzelabrede beschränkt bleibt.[248] Gegen die **Gesamtnichtigkeit** des Wegenutzungsvertrages könnte sprechen, dass der Verstoß gegen ein gesetzliches Verbot nicht zwingend zur Gesamtnichtigkeit eines Vertrages führen muss. Daran ist insbesondere zu denken, wenn der von der Nichtigkeit nicht betroffene Teil objektiv abtrennbar ist.[249] Da Vereinbarungen über Nebenleistungen in der Regel als eigenständige Abrede im Konzessionsvertrag getroffen werden, könnte man sich in rein formaler Betrachtung auf den Standpunkt stellen, dass diese Abreden von den übrigen im Konzessionsvertrag enthaltenen Vereinbarungen **objektiv trennbar** sind. Eine solche vordergründige Ansicht würde jedoch den systematischen Zusammenhang zwischen dem Höchstpreisrecht und dem Nebenleistungsverbot verkennen und ist daher **abzulehnen.**

118 Im Weiteren könnte für eine **Teilnichtigkeit** der preisrechtliche Charakter der KAV angeführt werden.[250] Denn ist ein überhöhter Preis vereinbart, so gebietet es der Schutz des hierdurch benachteiligten Vertragspartners regelmäßig, den Vertrag im Übrigen, d.h. ohne die Preisabrede, mit einer Reduktion auf das gerade noch Zulässige aufrechtzuerhalten.[251] Diese Erwägungen können von ihrer preisrechtlichen Bedeutung her in erster Linie für Vereinbarungen über (überhöhte) Konzessionsabgaben von Belang sein. Doch auch diese Argumentation begegnet erheblichen Zweifeln. Denn obschon ein systematischer Zusammenhang dergestalt gegeben ist, dass das Höchstpreisrecht durch das Nebenleistungsverbot flankiert wird, können die Maßstäbe zur Beurteilung des Höchstpreisrechts nicht einfach auf die Beurteilung

246 *Büdenbender*, EnWG, § 14 Rn 69; *Keller-Herder*, S. 135 f.; *Scholz/Stappert/Haus*, RdE 2007, 106, 107; *Scholtka/Keller-Herder*, RdE 2010, 279, 280; *Bachert*, RdE 2006, 76, 78; *Rosin/Semmler/Hermeier*, et 9/2010, 91; Stuhlmacher/Stappert/Schoon/Jansen/*Reinhardt*, Kap. 6 Rn 79.

247 So auch Baumgart/*Höffken/Schneider*, Kap. 11 Rn 84.

248 Vgl. dazu beispielhaft *Scholz/Stappert/Haus*, RdE 2007, 106; *Bachert*, RdE 2006, 76. Unentschieden sind Stuhlmacher/Stappert/Schoon/Jansen/*Reinhardt*, Kap. 6 Rn 79; *Kahl/Schmidtchen*, RdE 2012, 1, 5.

249 Wiedemann/*Topel*, § 50 Rn 12.

250 MüKo-BGB/*Armbrüster*, § 134 Rn 107.

251 MüKo-BGB/*Armbrüster*, § 134 Rn 107.

der Nebenleistungen übertragen werden. Vielmehr muss die Beurteilung auch den qualitativen Unterschieden gerecht werden. Eine Reduzierung der Nebenleistungsvereinbarungen auf das **Maß des gerade noch Zulässigen** ist, sofern überhaupt möglich, jedenfalls **nicht sachgerecht**.

Es sprechen demgegenüber vielmehr folgende Erwägungen für eine Gesamtnichtigkeit des Konzessionsvertrages: Beim Wettbewerb um das Netz ist der Spielraum für wesentlich unterschiedliche Angebote der Energieversorgungsunternehmen durch die Regeln der KAV sehr **eng gesteckt**. Wenn die Kommunen bei der Zahlung der Konzessionsabgaben die Höchstsätze wie selbstverständlich voraussetzen,[252] rückt damit die Nebenleistung als maßgebliches Unterscheidungskriterium der Angebote in den Fokus der gemeindlichen Entscheidung, mit welchem Wettbewerber der neue Konzessionsvertrag abgeschlossen werden soll. Die angebotenen Nebenleistungen haben vor diesem Hintergrund eine enorme Entscheidungsbedeutung. Anhand der Nebenleistungen kann der Abschluss eines Konzessionsvertrages stehen oder fallen. Ihre Vor- oder Nachteile können damit der entscheidende Beweggrund für den Vertragsabschluss für die weiteren 20 Jahre sein. Angesichts dieser **Tragweite der Nebenleistung** für die Entscheidung der Gemeinde kann die Nichtigkeit ihrer Vereinbarung nicht isoliert betrachtet und muss zwingend im Gesamtkontext des Konzessionsvertrages gesehen werden. Dies muss zwingend zur **Rechtfolge der Gesamtnichtigkeit** führen. 119

Die Ansicht, dass **nichtige Abreden** einer Nebenleistung zu einer Gesamtnichtigkeit des Konzessionsvertrages führen, scheint auch aus der Rechtsprechung ableitbar, wenngleich unmittelbar einschlägige Judikatur fehlt. So muss man aber wohl das **OLG Düsseldorf** verstehen, wenn man die dem Urteil zugrunde liegende Argumentation zu einem Verstoß gegen die Bekanntmachungsvorschriften des EnWG auf einen Verstoß gegen das Nebenleistungsverbot der KAV überträgt.[253] Die Gesamtnichtigkeit im zugrunde liegenden Urteil wurde mit dem Schutz dritter Mitbewerber begründet. Verstöße mit wettbewerblicher Relevanz führen somit zur Nichtigkeit eines Konzessionsvertrages.[254] Ausweislich der Verordnungsbegründung dienen die Regelungen des § 3 KAV letztlich auch dem **Schutz vor Wettbewerbsverzerrungen**.[255] 120

Die besseren Argumente sprechen damit für eine **Gesamtnichtigkeit**. Dabei dürfte § 139 BGB ohne besondere Anknüpfungspunkte insoweit nicht durchschlagen, als sich daraus die Aufrechterhaltung des Restvertrages ableiten ließe.[256] Die damit gegebene Unanwendbarkeit ist u.a. dann gegeben, wenn sich aus dem Geset- 121

252 *Höch/Kalwa*, RdE 2010, 364.
253 OLG Düsseldorf RdE 2008, 287 ff.
254 *Rosin/Kemmler/Hermeier*, et 2010, 88, 91.
255 BR-Drucks. 686/91, S. 18 f.
256 I. E. wohl auch *Höch/Kalwa*, RdE 2010, 364.

zeszweck eine andere Regelung ergibt.[257] Diese abweichende Regelung ist § 3 KAV immanent. Denn ohne die **Sanktionierung** mit einer Gesamtnichtigkeit würde der Wettbewerb erheblich verzerrt. Besonders aggressive Wettbewerber könnten ohne Weiteres Nebenleistungen zusagen bzw. mit den Kommunen vereinbaren, die weit und ggf. offenkundig über § 3 KAV hinaus gehen – oder salopp formuliert: Sie könnten der Gemeinde das „Blaue vom Himmel versprechen". Für den Konzessionär wäre dies unter zivilrechtlichen Gesichtspunkten gänzlich unproblematisch, denn er könnte sich anschließend auf die Unwirksamkeit der überschießenden Regelungen berufen, ohne dass der auf diese Weise insgesamt erlangte Konzessionsvertrag betroffen wäre. Im umgekehrten Fall, in dem die Kommune die verbotswidrigen Nebenleistungen verlangt, müsste nach dem Verfahrenszeitpunkt differenziert werden. Wäre die Forderung einer unzulässigen Nebenleistung bereits in der Bekanntmachung oder Ausschreibung enthalten, der Konzessionsvertrag aber noch nicht abgeschlossen, müsste vor dem Hintergrund der Rechtsprechung des OLG Düsseldorf dies als unzulässiges Entscheidungskriterium und somit als Bekanntmachungsfehler gewertet werden. Eine „Heilung" des Verfahrens durch Fortführung ohne das entsprechende Leistungsverlangen wird wohl nicht ausreichend sein. Vielmehr dürfte ein Verstoß in diesem Stadium wohl zur Neuausschreibung führen. Wäre der Konzessionsvertrag indes bereits abgeschlossen, so müsste auch die gemeindliche Forderung unzulässiger Nebenleistungen zur Rechtfolge der Gesamtnichtigkeit führen. Wegen der besonderen Bedeutung, die die Rechtsprechung dem **Wettbewerbsschutz** beimisst, wird in Bezug auf die Folgen der Gesamtnichtigkeit auf das Konzessionierungsverfahren eine „Vergabe" an den zweiten Sieger wohl nicht ausreichend sein dürfen. Vielmehr muss verlangt werden, dass unter Berücksichtigung der unzulässigerweise versprochenen Nebenleistung das Verfahren mit den gleichen Chancen für alle Wettbewerber wiederholt wird.

122 Das gleiche Ergebnis muss für den Fall gelten, dass Kommune und Konzessionär **kollusiv** zusammenwirken und in der Hoffnung, dass verbotene Nebenleistungen von keiner dritten Seite festgestellt und gerügt werden, das gesetzliche Verbot umgehen.

123 Eine andere Beurteilung könnte sich allenfalls dann ergeben, wenn der Konzessionsvertrag eine sog. **„salvatorische Klausel"** dergestalt enthält, dass entgegen § 139 BGB die Nichtigkeit einzelner Bestimmungen die Wirksamkeit der übrigen Regelungen unberührt lässt. Der **BGH** hat in einem solchen Fall bereits schon einmal die verbleibende Wirksamkeit des Rest-Wegenutzungsvertrages bejaht,[258] ohne dies aber näher geprüft zu haben. Seine Ansicht vermag daher allenfalls in eng begrenzten Ausnahmefällen zu überzeugen. Denn in denjenigen Fällen, in denen auf ausdrückliche Veranlassung des Konzessionärs oder der Kommune bzw. durch kollusi-

---

257 Palandt/*Heinrichs*, § 139 Rn 18.
258 BGH RdE 2010, 253ff.

ves Zusammenwirken beider Parteien verbotene Nebenleistungen bewusst – man könnte auch sagen: vorsätzlich – vereinbart werden, obschon sie gegen das Höchstpreisrecht und das Nebenleistungsverbot der KAV verstoßen, bliebe durch einen – womöglich noch bewusst gewählten – „juristischen Taschenspielertrick" das Vorgehen weitestgehend zivilrechtlich sanktionslos. Dies kann bei einer wertenden Betrachtung nicht hinnehmbar sein. Allenfalls dort, wo in einer gänzlich ungeklärten oder hoch umstrittenen Rechtsfrage ohne höchstrichterliche Klärung Gestaltungs- und Beurteilungsspielräume bestehen, könnte im Einzelfall die Sanktion der Gesamtnichtigkeit zu weitgehend sein.[259] Um das Nebenleistungsverbot des § 3 KAV jedoch nicht leer laufen zu lassen, kann es sich hierbei allenfalls um **Ausnahmen** handeln.

Praxistipp
Der Verstoß einer Klausel gegen das Nebenleistungsverbot führt in der Regel zur Gesamtnichtigkeit des Konzessionsvertrags. i

---

Am Maßstab des § 3 KAV müssen sich auch umfassende **Kooperations- und Beteiligungsmodelle** im Zusammenhang mit dem Abschluss von Konzessionsverträgen messen lassen.[260] Sofern einzelne Vereinbarungen bei der Vereinbarung eines Kooperations- oder Beteiligungsmodell als Verstoß gegen das Nebenleistungsverbot (z. B. überhöhte Garantiedividenden,[261] Vertriebsaktivitäten) gewertet werden müssen, folgt wegen der inneren Verbundenheit der Kooperation oder Beteiligung mit dem Abschluss des Konzessionsvertrages hieraus auch die Nichtigkeit des Gesellschaftsvertrags. 124

II. Wettbewerbsrecht

In einer neueren Entscheidung hat sich das **OLG Bamberg** nicht nur eingehend mit dem Verstoß gegen das in § 3 KAV geregelte Nebenleistungsverbot, sondern auch mit der Folgefrage auseinandergesetzt, ob und in welchem Umfang aus dem Verstoß gegen § 3 KAV wettbewerbsrechtliche Ansprüche resultieren.[262] Gegenstand der Entscheidung war eine Vereinbarung über eine unentgeltliche flächendeckende Erschließung des Gemeindegebiets mit einer schnellen Breitband-Internetverbindung 125

---

259 In der Praxis werden diese Grenzfälle oft durch den schon zitierten Halbsatz „soweit rechtlich zulässig" deutlich.
260 Vgl. hierzu im Einzelnen Kap. 4 Rn 60ff.
261 Vgl. *Scholtka/Baumann*, N&R 2010, 1, 4.
262 OLG Bamberg RdE 2011, 160ff.

(DSL-Verkabelung), welche die Beklagte (Neukonzessionär) der Gemeinde im Gegensatz zur Klägerin (Wettbewerber) beim Abschluss des Konzessionsvertrages versprochen hatte. Diese Vereinbarung kannte in tatsächlicher Hinsicht allein den **Abschluss des Stromkonzessionsvertrags als Gegenleistung**. Das Angebot wertete das **OLG Bamberg** als Verstoß gegen das Nebenleistungsverbot des § 3 KAV.

126 Infolgedessen hat jeder Mitbewerber[263] einen **Anspruch auf Beseitigung und Unterlassung** nach § 8 UWG. Nach Ansicht der Rechtsprechung stelle § 3 Abs. 2 KAV eine gesetzliche Vorschrift i.S.d. § 4 Nr. 11 UWG dar, da sie dazu bestimmt sei, im Interesse der Marktteilnehmer das Marktverhalten zu regeln. Der Anspruch aus §§ 8 Abs. 1, 3, 4 Nr. 11 UWG i.V.m. § 3 Abs. 2 Nr. 1 KAV wird auch nicht durch die Regelungen des Energiewirtschaftsgesetzes ausgeschlossen. Zwar gewährt auch § 32 Abs. 1 EnWG einen Unterlassungsanspruch, dieser bezieht sich jedoch auf Verstöße gegen das EnWG im Zusammenhang mit der Regulierung des Netzbetriebs und nicht auf Verstöße gegen die KAV. Mit der Entscheidung des **OLG Bamberg** wird deutlich, dass die Wettbewerber im Rahmen des „Wettbewerbs um das Netz" wettbewerbsrechtlich den erforderlichen Schutz gegen Verstöße gegen das Nebenleistungsverbot erhalten und auf diese Weise gemeindlichen Entscheidungen zum Abschluss eines Konzessionsvertrags mit einem bestimmten Anbieter zu Fall bringen können.

III. Strafrecht

127 Auf die **strafrechtlichen Konsequenzen** der verbotenen Nebenleistungen weist die Rechtsliteratur schon geraume Zeit hin.[264] Es sind zunächst die Amtsträgerdelikte der §§ 331ff. StGB in Betracht zu ziehen. Die Gewährung einer Nebenleistung im Zusammenhang mit dem Abschluss eines Konzessionsvertrages kann je nach Ausgestaltung den Straftatbestand der **Vorteilsgewährung** oder der **Bestechung** erfüllen. Als Vorteil, worunter jede Zuwendung zu verstehen ist, auf die die Amtsperson oder der begünstigte Dritte keinen Anspruch und die ihre/seine wirtschaftliche, rechtliche oder auch nur persönliche Lage verbessert,[265] kommt auch eine unzulässige Nebenleistung nach der KAV in Betracht. Nach der Neufassung der Vorschrift des § 331 Abs. 1 StGB durch das **Korruptionsbekämpfungsgesetz**[266] reicht es aus, wenn der Amtsträger den Vorteil für einen Dritten fordert, versprechen lässt oder annimmt. Der Vorteil muss nicht mehr als Gegenleistung für eine bestimmte oder zumindest hinreichend bestimmbare Diensthandlung des Amtsträgers gedacht sein.[267]

---

263 § 8 Abs. 3 Nr. 11 UWG.
264 Kermel/Brucker/*Baumann*, S. 216.
265 *Lackner/Kühl*, § 331 Rn 4.
266 Korruptionsbekämpfungsgesetz vom 13.8.1997, BGBl. I 2038.
267 Vgl. BGHSt 32, 290; BGHSt 39, 45.

Vielmehr genügt es, wenn er von Vorteilsgeber und Vorteilsnehmer allgemein im Sinne eines Gegenseitigkeitsverhältnisses mit der Dienstausübung des Amtsträgers verknüpft wird.[268] Korrespondierend wurde der Tatbestand der Vorteilsgewährung in gleicher Weise neu gefasst. Nach den §§ 331 ff. StGB ist es für einen (werbenden) Konzessionär folglich strafbar, einem Amtsträger oder einem für den öffentlichen Dienst besonders Verpflichteten für die rechtmäßige Dienstausübung (Vorteilsgewährung) bzw. für die Vornahme einer bestimmten pflichtwidrigen Diensthandlung (Bestechung) einen Vorteil für diesen oder einen Dritten anzubieten, zu versprechen oder zu gewähren.

In einem Fall des **BGH**, welcher die Zurverfügungstellung von Wahlkampfunter- 128
stützung für einen Oberbürgermeister zum Gegenstand hatte, wird deutlich, dass die Schwelle zur strafrechtlichen Tatbestandsmäßigkeit schnell überschritten sein kann. Dort hatte der Oberbürgermeister ein Angebot zur Finanzierung seines Wahlkampfes angenommen.[269] Diese Vorteile hat sich der Angeklagte für seine Dienstausübung versprechen lassen. Für die Tatbestandsmäßigkeit des § 331 StGB war es ausreichend, dass er die Absicht des Mitangeklagten erkannte, ihm die Wahlkampfunterstützung *„aufgrund seiner dienstlichen Stellung als Oberbürgermeister und seiner investorenfreundlichen Politik“* zukommen zu lassen.[270] Auch und gerade im Bereich des Abschlusses von Konzessionsverträgen besteht die Gefahr, dass Bürgermeister einer Konzessionsgemeinde aus investorenfreundlicher Politik gegenüber dem (Neu-)Konzessionär unzulässige Nebenleistungen als Vorteil annehmen.

Diese Gefahr besteht indes nicht ausschließlich für Bürgermeister oder sonsti- 129
ge Amtsträger. Auch bei Beratungsunternehmen (z. B. Steuerberater, Wirtschaftsprüfer, Rechtsanwälte) kommt in diesem Zusammenhang nach allgemeinen Rechtsgrundsätzen eine **Strafbarkeit wegen Beihilfe** in Betracht.

Eine weitere Gefahr strafrechtlicher Verfolgung besteht im Bereich von **Sponso-** 130
ringmaßnahmen.[271] So hat das **LG Offenbach** einen Bürgermeister der Vorteilsannahme schuldig gesprochen, weil dieser der Gemeinde aus Anlass des Neuabschlusses des Konzessionsvertrags eine Sonderspende für einen kulturellen Zweck hat zukommen lassen.[272] Das **OLG Karlsruhe** hat diese Entscheidung zwar wieder aufgehoben. Gleichwohl wird deutlich, dass der Bereich des Sponsoring gewisse strafrechtliche Risiken für die Partner des Konzessionsvertrages in sich birgt und die politischen Folgen nicht abschätzbar sind.

Konzessionäre können sich im Wettbewerb spiegelbildlich der Vorteilsgewäh- 131
rung gem. § 333 StGB bzw. der Bestechung gem. § 334 StGB strafbar machen. Unter-

---

268 BGH NJW 2004, 3569, 3571.
269 Vgl. BGH NJW 2004, 3569 ff.
270 BGH NJW 2004, 3569, 3571.
271 Vgl. hierzu im Überblick *Säcker*, BB 2009, 282 ff.
272 Unveröffentlichte Entscheidung des LG Offenbach; vgl. aber OLG Karlsruhe NStZ 2011, 164 f.

nehmen, die sich mit Hinweis darauf, dass sie geldwerte Leistungen ohne irgendeine Gegenleistung gewährt haben, gegen diese Vorwürfe zu verteidigen suchen, könnten sich der **Untreue** gem. § 266 StGB strafbar machen. Daran ist insbesondere zu denken, wenn durch die Gewährung einer unangemessen hohen Nebenleistung durch einen unmittelbar Beteiligten das Vermögen des jeweiligen Konzessionärs pflichtwidrig geschädigt oder gefährdet wird.

IV. Steuerrecht

132 Bei Konzessionären, die ganz oder teilweise in der Hand der Konzessionsgemeinde(-n) liegen, besteht bei einem Verstoß gegen § 3 KAV das Risiko der **verdeckten Gewinnausschüttung.**[273] Eine verdeckte Gewinnausschüttung i.S.d. § 8 Abs. 3 S. 2 KStG ist eine Vermögensminderung oder verhinderte Vermögensmehrung, die durch das Gesellschaftsverhältnis veranlasst ist, sich auf die Höhe des Einkommens auswirkt und nicht auf einem den gesellschaftsrechtlichen Vorschriften entsprechenden Gewinnverteilungsbeschluss beruht.[274]

133 Durch das Institut der verdeckten Gewinnausschüttung wird betrieblicher Aufwand einer Körperschaft durch gesetzliche Fiktion zu einer nicht auf ordentlichem Gesellschafterbeschluss i.S.v. § 46 Nr. 1 GmbHG beruhenden Gewinnverwendung umqualifiziert.[275] Als Indiz für das Vorliegen einer verdeckten Gewinnausschüttung wird auch die **Unüblichkeit des Vereinbarten** gewertet, wie bspw. die Zahlung eines unangemessen hohen Gehalts an einen Gesellschafter für seine Geschäftsführertätigkeit.[276] Gemessen am Maßstab der Unüblichkeit kommen auch unzulässige Nebenleistungen der KAV als verdeckte Gewinnausschüttungen in Betracht. Unzulässige Nebenleistungen würden bei der Gesellschaft des Konzessionärs zu einer entsprechenden Erhöhung des steuerlichen Einkommens in Höhe des unangemessenen Teils führen[277] und müssten u.U. sogar rückabgewickelt werden.[278]

---

273 So auch Baumgart/*Höffken/Schneider*, Kap. 11 Rn 82 a.E. am (in der Praxis allerdings wohl zu vernachlässigenden) Beispiel der Verwaltungskostenbeiträge.

274 BFH BStBl. II 475 und BStBl. II 1990, 189, Abschnitt 31 Abs. 3 KStR; Oppenländer/Trölitzsch/*Weber*, § 39 Rn 55.

275 Ziemons/Jeager/*Deussen*, § 29 Rn 38.

276 Oppenländer/Trölitzsch/*Weber*, § 39 Rn 57.

277 Michalski/*Spönemann*, Rn 765.

278 Oppenländer/Trölitzsch/*Weber*, § 39 Rn 73f.

Kapitel 4
Kooperations- und Beteiligungsmodelle im Zusammenhang mit Konzessionen*

A. Übersicht

Im Zuge des Auslaufens von Konzessionsverträgen wird in den konzessionsvergebenden Städten und Gemeinden oftmals darüber diskutiert, wie die Zukunft der örtlichen Energieversorgung organisiert werden soll. Schlagwort dieser Diskussionen ist der Wunsch nach einer sog. **„Re-Kommunalisierung“**.[1] Die Debatte findet dabei häufig in einem Umfeld statt, das durch eine angespannte Haushaltslage der Städte und Gemeinden geprägt ist: Eine Vielzahl von Kommunen befindet sich in der **Haushaltssicherung**.[2] Nicht zuletzt deswegen erhoffen sich viele Kommunen, durch eine wirtschaftliche Teilhabe an der Energieversorgung im Zuge einer Übernahme der Netze, aber auch darüber hinaus durch die Gründung von Stadtwerken mit weiteren Geschäftsfeldern, zusätzliche Einnahmequellen[3] erschließen zu können. 1

Daneben verstärkt die von der Bundesregierung in 2011 initiierte sog. **„Energiewende“** den kommunalen Trend, die Energie- und Erzeugungslandschaft dezentraler zu organisieren.[4] Auch hier sehen Kommunen ein **neues Betätigungsfeld**, das ggf. im Zuge der **Konzessionsvergabe** mit erschlossen werden soll. Dabei sind die Vorstellungen und Wünsche in der örtlichen Verwaltung sowie in der Lokalpolitik vielschichtig und gehen häufig über das wirtschaftlich Vertretbare oder rechtlich Zulässige hinaus. 2

Die Bandbreite der Wünsche geht von einer rein **wirtschaftlichen Teilhabe** im Rahmen einer **schuldrechtlichen Kooperation** bis hin zu der Gründung eines klassischen, **voll-integrierten Stadtwerkes**, das ggf. zu 100% in kommunaler Hand stehen soll. Gerade hinsichtlich des kommunalen Einflusses sind in der Praxis 3

---

* Der Beitrag gibt ausschließlich die persönliche Auffassung des Autors wieder. Der Autor dankt Herrn Dipl. iur. Simon Thomas Groneberg, Essen, für die tatkräftige und wertvolle Unterstützung.

1 Dabei kann der Begriff einer „Re-Kommunalisierung“ durchaus missverständlich sein, da den kommunalen Gebietskörperschaften oftmals die örtlichen Gas- oder Stromnetze nie gehört haben. Vielmehr wurden diese, häufig seit über 100 Jahren, von dem bisherigen Konzessionär aufgebaut, instandgehalten, erneuert und betrieben. Die Kommunen haben in diesen Fällen in der Vergangenheit nie selbst in die Netze investiert und sie erst anschließend an den Konzessionär verkauft. Soweit also die Begrifflichkeit „Re-Kommunalisierung“ impliziert, dass die Kommune sich etwas zurückholt, was ihr einmal gehört hat, ist der Begriff irreführend.

2 Vgl. zur Situation der Kommunalfinanzen im Überblick Henneke/Pünder/Waldhoff/*Faber*, § 34 Rn 1 ff.

3 *Ehlers*, DVBl. 1998, 497, 498 spricht gar von einer „Goldgräbermentalität“ vieler Kommunen.

4 Vgl. BT-Drucks. 17/6071, S. 48.

höchst unterschiedliche Ausgestaltungen und Wunschvorstellungen zu finden: Einige Städte und Gemeinden möchten sich nur als **Finanzinvestoren** beteiligen, um eine möglichst hohe Rendite zu erzielen. Dagegen möchten andere Kommunen die **operative Führung** übernehmen, wobei diese in letzteren Fällen häufig bestrebt sind, dennoch einen **Fachpartner** zu beteiligen. Dies geschieht nicht zuletzt deswegen, um die Risiken der Kommune, die regelmäßig kein eigenes energiewirtschaftliches Wissen besitzt, zu minimieren. So kommt häufig der Wunsch nach einer möglichst **weitgehenden wirtschaftlichen Absicherung** der kommunalen Seite durch den Fachpartner bei gleichzeitiger kommunaler Mehrheit auf, was nicht nur auf den ersten Blick widersprüchlich wirkt.

4 Insgesamt bleibt festzuhalten, dass derzeit die Vorstellungen vieler kommunaler Gebietskörperschaften weg von dem klassischen Konzessionsvertrag für die örtliche Versorgung mit Strom oder Gas und hin zu einer wie auch immer ausgestalteten **wirtschaftlichen Teilhabe** an dem Bereich der Energieversorgung gehen.

5 Die mit den in diesem Zusammenhang[5] nachgefragten Kooperations- oder Beteiligungsmodellen auftretenden **Rechtsfragen** sind vielschichtig, oftmals in den Details ungeklärt und begegnen einer Vielzahl von rechtlichen Vorgaben.[6] Beispielhaft sind zuvörderst die Vorschriften des EnWG zu nennen, die aufgrund des inneren Zusammenhangs der Kooperations- oder Beteiligungsmodelle mit der Strom- oder Gaskonzession anzuwenden sind.[7]

I. Übersicht über mögliche Kooperations- und Beteiligungsmodelle

6 Vor dem Hintergrund einer Vielzahl möglicher Kooperations- und Beteiligungsmodelle, die im Zusammenhang mit der Vergabe von Konzessionsverträgen denkbar sind, bedarf es zunächst einer **typisierenden Strukturierung**, die allerdings nur beispielhaft sein kann.[8] Es sind darüber hinaus – basierend auf den Bedürfnissen

---

5 Vgl. auch im Übrigen zu anderen, nicht im Zusammenhang mit der Verlängerung eines Konzessionsvertrags stehenden Kooperationsformen in der Energiewirtschaft Schneider/Theobald/*Jung*, § 6 Rn 325ff.

6 Siehe auch Danner/Theobald/*Schulte-Beckhausen/Krutisch*, XII B2 Rn 4.

7 Positionspapier Konzessionsvergabe des Ministeriums für Umwelt, Klima und Energiewirtschaft Baden-Württemberg als Landeskartellbehörde Energie zur Beteiligung von Gemeinden an Gemeinschaftsunternehmen mit Energieversorgungsunternehmen sowie zu Pachtmodellen im Zusammenhang mit wegerechtsbezogenen Konzessionsvergaben im Strom- und Gassektor vom 5.12.2011, http://www.versorger-bw.de/fileadmin/BENUTZERDATEN/Bildmaterial/Kartell/Positionspapier_ Konzessionsvergabe_final.pdf.

8 Siehe zu möglichen Fallgestaltungen etwa auch Kap. B.I. des Positionspapiers Konzessionsvergabe des Ministeriums für Umwelt, Klima und Energiewirtschaft Baden-Württemberg als Landeskartellbehörde Energie zur Beteiligung von Gemeinden an Gemeinschaftsunternehmen

und Wünschen im Einzelfall – weitere, unterschiedlich ausgestaltete Varianten denkbar.

Kooperations- und Beteiligungsmodelle können im Rahmen einer groben Strukturierung beispielsweise nach dem **Grad der Zusammenarbeit** von einem losen schuldrechtlichen Zusammenschluss bis zu einem ausgefeilten Beteiligungskonstrukt reichen. Ohne Anspruch auf Vollständigkeit lassen sich etwa die nachfolgend beschriebenen Zusammenarbeitsmodelle zu Grunde legen. 7

1. Zusammenarbeit auf schuldrechtlicher Ebene („Kooperationsmodell")

Zunächst kann sich die Zusammenarbeit auf eine rein schuldrechtliche Ebene beschränken, die nicht durch eine gemeinsame Gesellschaft der Kommune mit einem Fachpartner untermauert ist. 8

In diesem Modell hat die **kommunale Gebietskörperschaft**, etwa über einen Eigenbetrieb oder eine 100%ige Tochtergesellschaft, die Konzession inne und ist selbst Eigentümerin des Netzes. Da das Kooperationsmodell das **Eigentum** der kommunalen Gebietskörperschaft an dem zu verpachtenden und zu betreibenden Netz voraussetzt, muss die Kommune das Netz ggf. zunächst von dem Altkonzessionär erwerben, bevor das Kooperationsmodell umgesetzt werden kann. Im Rahmen des Netzerwerbs trägt die kommunale Gebietskörperschaft damit das **Kaufpreisrisiko** bei der Übernahme des Netzes vom Altkonzessionär. 9

Der operative Netzbetrieb wird im Wege der **Verpachtung der Netz-Vermögensgegenstände** auf einen Fachpartner übertragen, der dadurch insbesondere die kaufmännische und technische Betriebsführung übernimmt. Dieser Fachpartner ist ein energiewirtschaftlich versiertes Unternehmen, das die notwendige Expertise und das notwendige Personal hat, um das Netz zu betreiben. 10

Der **wirtschaftliche Ertrag** für die kommunale Gebietskörperschaft ergibt sich aus dem anlässlich der Verpachtung vereinbarten **Pachtentgelt**. In diesem Kooperationsmodell werden im Rahmen der Ausgestaltung der Pachtzins-Formel oftmals alle Risiken, insbesondere aus den Veränderungen des regulatorischen Umfelds und die Betriebsrisiken vollständig auf den Fachpartner übertragen, so dass die kommunale Seite aufgrund der sicheren Rendite aus der Verpachtung ein **reiner Finanzinvestor** ist. 11

Für die Berechnung des Pachtentgelts wird in der Praxis häufig die **regulatorisch zugestandene Rendite des Netzeigentümers** als Berechnungsgrundlage vereinbart. Das Pachtentgelt wird dabei entsprechend der Rendite, die aus der regu- 12

mit Energieversorgungsunternehmen sowie zu Pachtmodellen im Zusammenhang mit wegerechtsbezogenen Konzessionsvergaben im Strom- und Gassektor vom 5.12.2011, http://www.versorger-bw.de/fileadmin/BENUTZERDATEN/Bildmaterial/Kartell/Positionspapier_Konzessionsvergabe_final.pdf.

latorisch anerkannten **Vermögensbasis** fließt, bemessen. Diese Rendite bestimmt sich dann nach § 14 Abs. 2 S. 3 ARegV[9] i.V.m. den Festlegungen der Bundesnetzagentur.[10] Je nach Ausgestaltung der Pachtformel wird das Pachtentgelt über die Laufzeit des Pachtvertrags auf Basis der bei Vertragsabschluss anzuwendenden regulatorischen Vorgaben ermittelt und festgeschrieben **(fixes Pachtentgelt)**. Alternativ kann vereinbart werden, dass sich das Pachtentgelt analog den Veränderungen im anwendbaren regulatorischen Ordnungsrahmen verändern soll **(variables Pachtentgelt)**. Damit wird über die Ausgestaltung des Pachtentgelts auch geregelt, inwieweit die Kommune an Regulierungsrisiken aus der Netzeigentümerrolle beteiligt sein soll.

13 Des Weiteren können die Vertragsparteien etwa regeln, ob die Kommune an den operativen **Effizienzgewinnen** teilhaben soll. In der Praxis wird oftmals vereinbart, dass allein der Fachpartner im Rahmen der Netzverpachtung sämtliche operativen Risiken tragen soll. Dies ist, soweit sich die Kommune nur an der Netzeigentümerrolle wirtschaftlich beteiligt, folgerichtig, da die operativen Effizienzgewinne aus der Netzbetreiber-Rolle herrühren. Folglich ist eine Teilhabe der Kommune an den operativen Effizienzgewinnen so lange systemwidrig und zu hinterfragen, wie die Kommune die Übernahme der Netzbetreiber-Rolle nicht mitbezahlt hat.

14 In der Praxis sind aber auch Kooperationsmodelle zu finden, bei denen das Pachtentgelt abweichend von den vorstehenden Vorgaben berechnet wird. Hierbei wird der Kommune ein höheres Pachtentgelt gezahlt. Dies dürfte im Einzelfall problematisch sein.[11]

15 Im Hinblick auf rein schuldrechtlich begründete Kooperationsmodelle wird teilweise angeführt, dass bisherige Kooperationen auf schuldrechtlicher Basis, beispielsweise im Bereich des Einkaufs oder der Materialbeschaffung, nicht erfolgreich gewesen seien.[12] Als Grund hierfür wird die fehlende gesellschaftsrechtliche Ver-

---

9 Anreizregulierungsverordnung vom 29.10.2007 (BGBl. I S. 2529), zuletzt geändert durch Art. 5 des Gesetzes vom 28.7.2011 (BGBl. I S. 1690).

10 Die Bundesnetzagentur legt gem. § 7 Abs. 6 StromNEV und GasNEV die Höhe der Eigenkapitalzinssätze fest. Gem. des Beschlusses BK4-08-068 vom 7.7.2008, http://www.bundesnetzagentur. de/cae/servlet/contentblob/16988/publicationFile/4422/BeschlussBK408068BundId13939pdf.pdf (Stand: 28.10.2011), wurde für die Dauer der ersten Anreizregulierungsperiode für Neuanlagen ein Eigenkapitalzins in Höhe von 9,29% vor Steuern und für Altanlagen ein Eigenkapitalzins in Höhe von 7,56% vor Steuern festgelegt. Gem. des Beschlusses BK4-11-304 vom 31.10.2011, http://www. bundesnetzagentur.de/DE/DieBundesnetzagentur/Beschlusskammern/1BK-Geschaefts zeichen-Datenbank/BK4-GZ/2011/2011_300bis399/BK4-11-304_BKV/BK4-11-304_Festlegungsbeschluss_ Zinssatz.pdf?_blob =publicationFile, beträgt für die Dauer der zweiten Anreizregulierungsperiode für Neuanlagen der Eigenkapitalzins 9,05% vor Steuern und für Altanlagen der Eigenkapitalzins 7,14% vor Steuern (Stand 31.10.2011).

11 Siehe unter Rn 78 ff., 83.

12 Danner/Theobald/*Schulte-Beckhausen/Krutisch*, XII B2 Rn 19.

bindung angeführt: Das Fehlen verbindlicher **gesellschafts- und konsortialvertraglicher Abreden** berge die Gefahr in sich, dass Einzelinteressen eines schuldrechtlichen Partners vor Gemeinschaftsinteressen einer gemeinsamen Gesellschaft stehen. Diese Gefahr muss jedoch vor dem Hintergrund der konkreten vertraglichen Ausgestaltung im Einzelfall gesehen werden. Zwar stellt im Grundsatz eine gesellschaftsrechtliche Beteiligung mitsamt der zahlreichen Gestaltungsmöglichkeiten im Gesellschafts- und Konsortialvertrag eine stärkere rechtliche Verknüpfung zweier Partner dar als eine losere schuldrechtliche Kooperation. Gleichwohl besteht auch in Beteiligungsfällen, vor allem bei entsprechenden Mehrheitsverhältnissen eines Gesellschafters, die Gefahr, dass sich jener Mehrheitsgesellschafter seinen Einfluss zur Durchsetzung seiner Einzelinteressen zu Nutze macht. Diese Gefahr der Durchsetzung von Einzelinteressen spricht insofern nicht grundsätzlich gegen eine schuldrechtliche Kooperation.

2. Gesellschaftsrechtliche Beteiligung an der Marktrolle des Netzeigentümers („Netzeigentumsmodell")

Eine gesellschaftsrechtlich ausgeprägte Form einer kommunalen Finanzbeteiligung ist die Gründung einer gemeinsamen Gesellschaft mit einem Fachpartner, die das Eigentum an dem Netz übernimmt **(Netzeigentumsmodell)**. Je nach der konkreten Ausgestaltung im Einzelfall erwirbt hier eine Netzeigentumsgesellschaft das Netzeigentum von dem bisherigen Konzessionär oder der bisherige Konzessionär bringt als Mitgesellschafter der Netzeigentumsgesellschaft das Netz bei Gründung ein. 16

Da das Netzeigentumsmodell als reine **Eigentumsgesellschaft** ausgeprägt ist, wird vereinbart, dass ein Dritter, nämlich regelmäßig der Fachpartner, über entsprechende vertragliche Gestaltungen Netzbetreiber wird. Hierzu wird das Netz seitens der Netzeigentumsgesellschaft – und insoweit vergleichbar zu dem Kooperationsmodell – an den Fachpartner verpachtet, der hierdurch insbesondere auch die kaufmännische und die technische Betriebsführung übernimmt. Folglich muss die kommunale Gebietskörperschaft im Rahmen des Netzeigentumsmodells keine energiewirtschaftliche Expertise aufbauen und bleibt wie auch in dem Kooperationsmodell ein reiner Finanzinvestor. 17

Die Kommune erwirbt im Rahmen eines **Anteilskaufs** oder bei der Gesellschaftsgründung durch **Bar- oder Sacheinlage** eine Beteiligung an der Netzeigentumsgesellschaft. Der Kaufpreis oder der Wert der von der Kommune im Rahmen der Gründung zu leistenden Einlage bemisst sich allein auf Basis der Netzeigentümerstellung, da sich die Kommune nur an der Marktrolle des Netzeigentümers beteiligt. Dabei wird der Kaufpreis bzw. der Wert des kommunalen Anteils im Rahmen eines **Substanz- oder Ertragswertverfahren** zum Bewertungsstichtag ermittelt. Bei der Bewertung muss die Marktrolle des Netzbetriebs und die damit ggf. zu erzielenden weiteren Erlöse unberücksichtigt bleiben, da diese bei einer reinen Netzeigentums- 18 gesellschaft von der Kommune nicht mit bezahlt wird. Dementsprechend stehen die Erlöse aus dem Netzbetrieb allein dem Fachpartner zu.

19 Mit ihrer Beteiligung partizipiert die Kommune **beteiligungsquotal** an den Erträgen, die der Netzeigentumsgesellschaft zufließen. Dabei handelt es sich im Wesentlichen um die Erträge aus der Verpachtung des Netzes an den Fachpartner. Das Pachtentgelt wird dabei entsprechend der Rendite, die aus der regulatorisch anerkannten Vermögensbasis fließt, bemessen. Hierbei handelt es sich letztendlich – wie bei dem Kooperationsmodell auch – um die regulatorisch anerkannte **Eigenkapitalverzinsung** für die Netzeigentümerstellung. Eine Teilhabe an z.B. den operativen Effizienzgewinnen findet demgegenüber nicht statt, da diese die Kommune über ihren Kaufpreis nicht mitbezahlt hat.

20 In der Praxis zu finden sind aber auch Beteiligungsmodelle, bei denen das Pachtentgelt abweichend von den vorstehenden Vorgaben berechnet wird. Hierbei wird der Netzeigentumsgesellschaft und damit mittelbar der Kommune als deren Gesellschafter ein höheres Pachtentgelt gezahlt. Dies dürfte im Einzelfall problematisch sein, da die Kommune nur die Marktrolle des Netzeigentümers erworben und bezahlt hat.

3. Gesellschaftsrechtliche Beteiligung an den Marktrollen des Netzeigentümers und des Netzbetreibers („Netzbetreiber-Modell")

21 In Erweiterung des Netzeigentumsmodells kann sich die Kommune auch entscheiden, sich im Rahmen der gemeinsamen Beteiligung mit dem Fachpartner nicht nur an den Erträgen aus der Netzeigentümerrolle, sondern auch an den **Erträgen aus dem Netzbetrieb** zu beteiligen. Dies wäre entweder über eine entsprechende Ausgestaltung des Pachtentgelts oder etwa dadurch gestaltbar, dass die gemeinsame Gesellschaft zusätzlich zu den vorbeschriebenen Rahmenbedingungen auch die Rolle des Netzbetreibers übernimmt, so dass diese in den vollständigen Genuss der aus der Netzregulierung entstammenden Erträge kommt.

22 Entsprechend der im Vergleich zu einer reinen Netzeigentumsgesellschaft ggf. höheren erzielbaren Erträge bemisst sich der **Kaufpreis** oder der **Einlagewert**, den die Kommune für den Anteil an der gemeinsamen Netzbetreibergesellschaft investieren muss, nach den insgesamt regulatorisch erzielbaren Erträgen einschließlich z.B. der operativ erzielbaren Effizienzgewinne. Dementsprechend ist für die Kommune der Kaufpreis für die Beteiligung bzw. der Wert für die von ihr zu erbringende Einlage auf der Basis der einschlägigen Bewertungsmethoden entsprechend der hinzutretenden Marktrolle des Netzbetriebs höher als im Netzeigentumsmodell.

23 Inwieweit die Kommune sich an den **wirtschaftlichen Risiken** der ggf. notwendigen Netzübernahme von dem Altkonzessionär beteiligt, ist im Einzelfall zu regeln. Vor dem Hintergrund der Teilhabe der Kommune an den gesamten wirtschaftlichen Chancen und Risiken des Netzbetreiber-Modells dürfte es üblich sein, dass sie auch die Risiken aus der Netzübernahme mitzutragen hat.

4. Einbeziehung anderer energiewirtschaftlicher Geschäftsfelder (Vertrieb, Erzeugung, Handelsaktivitäten etc., „Stadtwerk-Modell")

Schließlich haben Kommunen ggf. den Wunsch, im Zuge der Neuvergabe eines auslaufenden Konzessionsvertrages nicht nur die Frage neu zu entscheiden, wer die Gas- oder Stromkonzession erhält, sondern aus diesem Anlass darüber hinaus ein **voll-integriertes Stadtwerk** aufzubauen. Dabei kommt sowohl eine rein kommunale Gesellschaft als auch eine gemeinsame Gesellschaft mit einem Fachpartner in Betracht. 24

Entsprechend der Umstände im Einzelfall ist es das Ziel der Kommune, sich nicht nur an dem Netzeigentum und dem Netzbetrieb zu beteiligen, sondern auch weitere **energiewirtschaftliche Geschäftsfelder**, wie etwa Vertrieb, Handel, (konventionelle oder regenerative) Erzeugung mit einzubeziehen. Hierbei spielt auch die Überlegung eine Rolle, durch die kommunale Beteiligung Einfluss auf die örtliche Energielandschaft nehmen zu können oder etwa die örtliche **Wertschöpfung** zu sichern. 25

Praxistipp

i

Es sei bereits jetzt darauf hingewiesen, dass in einem Stadtwerk-Modell die im Zusammenhang mit der Konzessionsvergabe anzuwendenden Vorschriften, insbesondere die konzessionsrechtlichen Bestimmungen, aber auch die **Entflechtungsvorgaben** beachtet werden müssen, um Verfahrensfehler zu vermeiden.[13]

II. Wirtschaftliche und rechtliche Einzelfragen im Rahmen von Beteiligungsmodellen

Unabhängig von der gesellschaftsrechtlichen Ausprägung des Beteiligungsmodells im Einzelfall sind in der Praxis verschiedene Entscheidungen zwischen den Beteiligten zu fällen, die später auch bei der rechtlichen Bewertung der einzelnen Beteiligungsmodelle eine Rolle spielen werden.[14] Die Gestaltung erfolgt hierbei regelmäßig über entsprechende Regelungen in den Konsortial- oder Gesellschaftsverträgen. Dabei sind die insoweit gesellschaftsformabhängigen Grenzen der **Vertrags- und Satzungsautonomie** zu beachten. 26

1. Kapitalaufbringung

Bei der Frage, welcher Gesellschafter welchen Teil des aufzubringenden Eigenkapitals (Grund- oder Stammkapital sowie Dotierung der Kapitalrücklagen) der Gesell- 27

---

13 Siehe unter Rn 59.

14 Siehe unter Rn 67 ff.

schaft zur Verfügung stellt, ist zunächst darauf hinzuweisen, dass die gesellschaftsrechtlichen Regelungen grundsätzlich von einer **beteiligungsquotalen Aufbringung des Eigenkapitals** ausgehen: § 19 Abs. 1 GmbHG sieht vor, dass die Einzahlungen auf die Geschäftsanteile nach dem Verhältnis der Geldeinlagen zu leisten sind. Im Aktienrecht verpflichtet § 54 Abs. 1 AktG die Aktionäre zur Leistung der Einlagen entsprechend dem Ausgabebetrag je Aktie. Der Ausgabebetrag bemisst sich bei Nennwertaktien nach dem Nennbetrag der Aktie und bei Stückaktien nach dem auf eine einzelne Aktie entfallenden anteiligen Betrag des Grundkapitals.[15] Auch § 706 BGB sieht für die Personengesellschaften grundsätzlich vor, dass die Gesellschafter gleiche Beiträge zu leisten haben.

28 Inwieweit von dem Grundsatz zur beteiligungsquotalen Kapitalaufbringung abgewichen werden kann, hängt von der gewählten Gesellschaftsform ab.[16] Die stärkste Einschränkung der Vertragsfreiheit besteht aufgrund der **Satzungsstrenge**[17] des § 23 Abs. 5 AktG im Aktienrecht. Abweichungen von den gesetzlichen Bestimmungen des Aktiengesetzes sind danach nur zulässig, wenn sie ausdrücklich im Gesetz zugelassen sind und ergänzende Satzungsbestimmungen kommen nur in Betracht, wenn das Aktiengesetz keine abschließende Regelung enthält.[18] Die aktienrechtlichen Bestimmungen zur Kapitalaufbringung stellen **zwingendes Recht** dar.[19] Dies gilt etwa für das Verbot einer Unterpariemission (§ 9 Abs. 1 AktG) oder das Verbot, Aktionäre von ihren Leistungspflichten zu befreien.[20] Eine Überpariemission, also die Ausgabe von Aktien zu einem höheren Betrag als dem Nennbetrag oder bei Stückaktien als dem anteiligen Betrag des Grundkapitals, ist hingegen gem. § 9 Abs. 2 AktG zulässig.[21] Aufgrund des aktienrechtlichen **Gleichbehandlungsgrundsatzes** gem. § 53a AktG ist allerdings auch im Falle einer Überpariemission keine abweichende Kapitalaufbringung zulässig.[22]

29 Demgegenüber haben die Gesellschafter einer GmbH einen größeren Gestaltungsspielraum, vor allem in Bezug auf die Ausgestaltung des Binnenrechts zwischen den Gesellschaftern. Der Grundsatz der Gleichbehandlung der Gesellschafter hinsichtlich des Einforderns der Einlagen nach § 19 Abs. 1 GmbHG stellt **dispositives Recht** dar.[23] Wird die GmbH als Gesellschaftsform gewählt, kann somit vertraglich vom gesetzlichen Grundsatz abgewichen werden.

---

15 Spindler/Stilz/*Cahn/v. Spannenberg*, AktG, § 54 Rn 23.
16 MüAnwHB-AktR/*Schüppen*, § 2 Rn 26 ff.
17 Vgl. zum Grundsatz der Satzungsstrenge Heidel/*Braunfels*, § 23 Rn 40 ff.
18 Bayer/Koch/*Bayer*, S. 91.
19 *Petrikowski*, S. 111.
20 Vgl. Spindler/Stilz/*Limmer*, AktG, § 23 Rn 29.
21 *Hüffer*, § 9 Rn 1, 8.
22 MüKo-AktG/*Pentz*, § 36a Rn 8; MüKo-AktG/*Hüffer*, § 271 Rn 21; Spindler/Stilz/*Vatter*, AktG, § 9 Rn 26.
23 Lutter/Hommelhoff/*Bayer*, GmbHG, § 19 Rn 6.

Die größte Vertragsfreiheit findet sich im Recht der **Personengesellschaften.**[24] Dieser Grundsatz gilt auch für das Innenrecht der Gesellschafter,[25] so dass auch bei Personengesellschaften Abweichungen vereinbart werden dürfen. 30

Unter Ausnutzung der **Vertragsfreiheit** im GmbH-Recht und bei Personengesellschaften finden sich in der Praxis im Zusammenhang mit Beteiligungsmodellen bei der Vergabe von Konzessionsverträgen häufig Regelungen, wonach der Fachpartner der Gesellschaft mehr **Eigenkapital** zur Verfügung stellt als es seiner Beteiligungsquote entspricht. Damit wird dem immer wieder geäußerten Wunsch der Kommunen Rechnung getragen, ihre angespannte Haushaltslage zu berücksichtigen und ihr **wirtschaftliches Risiko** zu minimieren. Die Kommunen verweisen in diesem Zusammenhang auch gerne darauf, dass dies sachgerecht sei, weil der Fachpartner im Gegensatz zur Kommune über eine weitreichende Fachexpertise verfüge.[26] 31

Praxistipp

Angesichts der unterschiedlichen rechtlichen Möglichkeiten zur Ausgestaltung der Satzungen bzw. Gesellschaftsverträge ist im Einzelfall und insbesondere unter Berücksichtigung der gewählten Gesellschaftsform zu prüfen, ob vertragliche Regelungen, die von dem gesetzlichen Grundsatz abweichen, zulässig sind. i

---

2. Verteilung der wirtschaftlichen Chancen und Risiken

Bei der Ausgestaltung des Beteiligungsmodells muss auch entschieden werden, welcher **Gesellschafter** welche wirtschaftlichen Chancen und Risiken tragen soll. Regelmäßig ist davon auszugehen, dass Gesellschafter die wirtschaftlichen Chancen und Risiken entsprechend ihrer **wirtschaftlichen Beteiligung**, also beteiligungsquotal zu tragen haben.[27] Dies entspricht auch dem grundsätzlichen gesetzlichen Leitbild: Die gesetzliche Grundkonzeption der **wirtschaftlichen Teilhabe** eines Gesellschafters einer GmbH an den Gewinnen dieser Gesellschaft erfolgt gem. § 29 Abs. 3 Satz 1 GmbHG nach dem **Verhältnis der Geschäftsanteile**. Gleiches gilt für das Aktienrecht. Gem. § 60 Abs. 1 AktG bemisst sich der Gewinnanteil nach den An- 32

---

24 Bayer/Koch/*Bayer*, S. 91.

25 MüKo-BGB/*Ulmer*, § 705 Rn 133.

26 Wenn diese Aussage richtig ist, drängt sich die Frage auf, warum sich die Kommune überhaupt an der Gesellschaft beteiligen sollte und ob es hierfür eine (kommunal-)rechtliche Berechtigung gibt; siehe im Einzelnen unter Rn 116 ff.

27 So auch Ziffer C.I.2. des Positionspapiers Konzessionsvergabe des Ministeriums für Umwelt, Klima und Energiewirtschaft Baden-Württemberg als Landeskartellbehörde Energie zur Beteiligung von Gemeinden an Gemeinschaftsunternehmen mit Energieversorgungsunternehmen sowie zu Pachtmodellen im Zusammenhang mit wegerechtsbezogenen Konzessionsvergaben im Strom- und Gassektor vom 5.12.2011; abrufbar unter: http://www.versorger-bw.de/fileadmin/BENUTZERDATEN/Bildmaterial/Kartell/Positionspapier_Konzessionsvergabe_final.pdf.

teilen des Aktionärs am Grundkapital. Im Recht der Personengesellschaft schreibt demgegenüber § 722 Abs. 1 BGB als Maßstab für die Verteilung von Gewinn und Verlust die Aufteilung nach Köpfen vor.[28]

33 Allerdings sind die gesetzlichen Vorgaben bezüglich der Gewinnverteilung bei allen vorgenannten Gesellschaftsformen **dispositiv**. Im Rahmen der Vertragsfreiheit können daher abweichende **Verteilungsschlüssel** vereinbart werden. Sowohl § 29 Abs. 3 Satz 2 GmbHG als auch § 60 Abs. 3 AktG bestimmen qua Gesetz ausdrücklich eine Abweichungsbefugnis der Gesellschafter. Die Abweichungsbefugnis gilt für **Personengesellschaften** in entsprechender Weise.[29]

34 Zusätzlich zu der vertraglichen Ausgestaltung der Gewinnverteilung geht es in der Praxis bei den Beteiligungsmodellen im Zusammenhang mit der Vergabe von Konzessionsverträgen häufig um die Frage, ob ein Gesellschafter, regelmäßig der Fachpartner, bereit ist, einseitig und umfassend **operative Risiken** zu übernehmen. So finden sich etwa Regelungen, wonach der Fachpartner die Kommune von sämtlichen Risiken, etwa im Zusammenhang mit der Ermittlung des Kaufpreises für die Übernahme des Netzes von dem Altkonzessionär, dem operativen Netzbetrieb, den regulatorischen Risiken oder den Risiken, die aus dem Aufbau anderer Geschäftsfelder, wie etwa einer Vertriebssparte, resultieren, freistellt. Im Einzelfall soll die Kommune aber trotzdem an den Ergebnissen des Geschäfts teilhaben. Somit fallen **Chancen- und Risikotragung** auseinander.

35 Eine vollständige **Freistellung** der Kommune von den wirtschaftlichen Risiken ihrer Beteiligung erfolgt, wenn der Fachpartner der Kommune eine wie auch immer gestaltete **Garantiezusage** im Sinne einer fixen Garantierendite oder einer Mindestrendite macht. Bei einer **fixen Garantierendite** verspricht der Fachpartner, dass die Kommune über einen vertraglich vereinbarten Zeitraum einen bestimmten Ergebnisbetrag oder Prozentsatz auf das von der Kommune wirtschaftlich eingesetzte Kapital bekommt. Diese fixe Garantierendite bekommt die Kommune unabhängig von der tatsächlichen Gewinnsituation. Sie partizipiert folglich nicht an geringeren, aber auch nicht an höheren Ergebnissen. Eine andere, wirtschaftlich ggf. noch attraktivere Gestaltung ist die **Mindestrendite**. Hier verspricht der Fachpartner der Kommune eine Mindestrendite. Übersteigt der Gewinn in einem Geschäftsjahr die zugestandene Mindestrendite, bekommt die Kommune – im Gegensatz zur fixen Garantierendite – nicht nur die Mindestrendite, sondern beteiligungsquotal auch den darüber hinaus gehenden Gewinn.

36 Beide Gestaltungen, **fixe Garantierendite** oder **Mindestrendite**, sind ein seitens der Kommunen häufig nachgefragter Wunsch, der regelmäßig auch mit einem erheblichen Prozentsatz in den Kriterienkatalog für eine Vergabeentscheidung der Kommune eingeht.

---

28 Staudinger/*Habermeier*, § 722 Rn 1.

29 Staudinger/*Habermeier*, § 722 Rn 3.

Die Garantiezusage kann vertraglich etwa über die Vereinbarung einer fest stehenden Formel zur Berechnung des **Pachtzinses** im Rahmen des Pachtvertrages oder über eine anderweitige vertragliche Regelung erfolgen. Hierbei wird z.B. ein fester **Prozentsatz** zugesagt oder vereinbart, dass die Kommune über die Laufzeit der Garantiezusage eine **variable Rendite** in der Höhe erhält, die der Regulator jeweils für das regulatorisch anerkannte Eigenkapital oder Gesamtkapital zugesteht. Dabei bezieht sich die Garantiezusage beispielsweise auf das von der Kommune für die jeweilige Gesellschaft wirtschaftlich aufgebrachte **Eigenkapital**. 37

Praxistipp
Eine entsprechende Regelung wird zweckmäßiger Weise in dem Konsortialvertrag der Gesellschafter der gemeinsamen Gesellschaft oder in deren Gesellschaftsvertrag als eine feste Ausschüttungszusage verankert.

Abhängig von der Risikobereitschaft der Kommune werden derartige Garantiezusagen entweder über die **Laufzeit des Pachtvertrages**[30] festgeschrieben oder nur über eine gewisse Zeit vereinbart, damit sich die Kommune mit den im Rahmen der Regulierung der **Netzentgelte** auftretenden Chancen und Risiken vertraut machen kann, bevor sie ein unternehmerisches Risiko nach dem Auslaufen der Garantiezusage übernimmt. Auch der Fachpartner hat ggf. ein Interesse an einer nur beschränkten Laufzeit für eine Garantiezusage, da er die zukünftige **Entwicklung**, insbesondere hinsichtlich des regulatorischen Umfelds nur über einen gewissen Zeitraum abschätzen kann. 38

3. Verteilung des gesellschaftsrechtlichen Einflusses

Natürlich muss bei der Ausgestaltung zwischen den Partnern auch geklärt werden, wer welchen gesellschaftsrechtlich vermittelten Einfluss bekommt. Hier geht es zunächst um die Frage der **Verteilung der Stimmrechte** in den Gremien der Gesellschafter, wie etwa Gesellschafter-/Hauptversammlung oder dem Aufsichtsorgan (Aufsichtsrat oder Beirat). Weiterhin ist auch zu klären, wer welchen Einfluss bei der Besetzung des **geschäftsführenden Organs** und eines ggf. einzurichtenden Aufsichtsorgans erhält. 39

Gem. § 47 Abs. 2 GmbHG richtet sich die Stimmengewichtung nach der **Kapitalbeteiligung**: Jeder Euro eines Geschäftsanteils gewährt eine Stimme. Diese Regelung stellt indes dispositives Recht dar.[31] Die Gesellschafter können also im Gesellschaftsvertrag abweichende Vereinbarungen treffen: **Stimmkraft nach Köpfen** oder 40

30 Die Laufzeit des Pachtvertrages wird, soweit rechtlich zulässig, regelmäßig der Laufzeit des Konzessionsvertrags entsprechen, um die Kommune über die Laufzeit abzusichern.

auch **Mehr- bzw. Höchststimmrecht**. Dabei unterliegt im GmbH-Recht die Schaffung von Mehrheitsrechten ebenso wie die Schaffung stimmrechtsloser Geschäftsanteile keinen Begrenzungen.[32]

41 Im Aktienrecht gilt der Grundsatz des **proportionalen Stimmrechts**: Hiernach richtet sich das Stimmengewicht des jeweiligen Aktionärs nach der Höhe seiner Kapitalbeteiligung.[33] Das Aktienrecht will mit diesem gesetzlichen Leitbild sicherstellen, dass der Aktionär nur den **Einfluss** auf die AG ausüben kann, der seiner **Beteiligung** und damit seinem übernommenen **Risiko** entspricht.[34] Entsprechend lässt das AktG weniger Raum für eine Satzungsfreiheit: **Mehrstimmrechte** sind gem. § 12 Abs. 2 AktG ausdrücklich verboten. Einzelne Abweichungen in der Satzung sind (für nicht börsennotierte Gesellschaften) lediglich im Rahmen des § 134 Abs. 1 AktG möglich: Das Stimmrecht kann durch Festsetzung eines bestimmten Höchstbetrags des Aktiennennwerts, eines Bruchteils des Grundkapitals oder auch einer Höchstzahl stimmberechtigter Aktien (bei Stückaktien) begrenzt werden.[35]

42 Die vorstehenden gesetzlichen Leitbilder beruhen auf dem Gedanken, dass der Einfluss der einzelnen Gesellschafter deren **Beteiligungsquote** entsprechen soll,[36] so dass ein Mehrheitsgesellschafter auch einen stärkeren, insbesondere den operativ entscheidenden Einfluss gegenüber einem **Minderheitsgesellschafter** bekommt, der ggf. nur die Grundlagenentscheidungen, wie Änderungen des Gesellschaftsvertrags, Umwandlung der Gesellschaft etc. sowie die strategischen Entscheidungen mit beeinflussen soll. Für den Fall einer Risikoverminderung oder gar -freistellung liegt es nahe, den **Mehrheitseinfluss** demjenigen einzuräumen, der wirtschaftlich die Chancen und Risiken trägt.

43 In Abweichung von diesen allgemeinen rechtlichen und wirtschaftlichen Grundsätzen finden sich in der Praxis der Beteiligungsmodelle im Zusammenhang mit der **Vergabe von Konzessionsverträgen** allerdings häufig Modelle, bei denen einerseits die Kommune die Mehrheit der Anteile hält, sie andererseits von den Risiken der gemeinsamen Gesellschaft durch den Fachpartner ganz oder teilweise

---

31 Baumbach/Hueck/*Zöllner*, § 47 Rn 67.
32 Baumbach/Hueck/*Zöllner*, § 47 Rn 68 ff.
33 *Hüffer*, § 12 Rn 1.
34 MüKo-AktG/*Heider*, § 12 Rn 8.
35 Vgl. *Hüffer*, § 134 Rn 3 f.
36 *Hüffer*, § 17 Rn 5 ff.; Emmerich/Habersack/*Emmerich*, § 17 Rn 5 ff.; MüKo-AktG/*Bayer*, § 17 Rn 26 f.; Ebenso Kap. C.I.2 des Positionspapiers Konzessionsvergabe des Ministeriums für Umwelt, Klima und Energiewirtschaft Baden-Württemberg als Landeskartellbehörde Energie zur Beteiligung von Gemeinden an Gemeinschaftsunternehmen mit Energieversorgungsunternehmen sowie zu Pachtmodellen im Zusammenhang mit wegerechtsbezogenen Konzessionsvergaben im Strom- und Gassektor vom 05.12.2011, http://www.versorgerbw.de/fileadmin/BENUTZERDA TEN/Bildmaterial/Kartell/Positionspapier_Konzessionsvergabe_final.pdf.

freigestellt wird. Die Kommunen sind dabei aufgrund ihrer Stellung als **Wegerechtsmonopolist** und alleiniger Entscheider über die Vergabe der Konzession regelmäßig in der Lage, diese **disquotale Verteilung** von Einfluss und Risikotragung durchzusetzen. Diese Praxis ist fragwürdig und muss rechtlich genau analysiert werden.[37]

III. Endschaftsregelungen bei unterschiedlichen Kooperations- und Beteiligungsmodellen im Rahmen der Gesellschafts- oder Konsortialverträge

Aufgrund der maximal **zwanzigjährigen Laufzeit** des Konzessionsvertrags, der die maßgebliche wirtschaftliche Grundlage für das **Beteiligungsmodell** bildet, müssen sich die Gesellschafter auch Gedanken darüber machen, wie im Falle des Auslaufens des Konzessionsvertrags und einer ggf. damit einhergehenden Auflösung der Gesellschaft der **Liquidationserlös** unter den Gesellschaftern zu verteilen ist. Gleiches gilt bei der **Kaufpreisbemessung** für die Gesellschaftsanteile für den Fall, dass die Gesellschaftsanteile bei Auslaufen des Konzessionsvertrages von einem Gesellschafter übernommen werden sollen. 44

Die gesetzlichen Regelungen des § 72 S. 1 GmbHG[38] und des § 271 Abs. 1 und 2 AktG[39] gehen grundsätzlich davon aus, dass der Liquidationserlös unter den Gesellschaftern entsprechend deren **Beteiligungsquote** verteilt wird. Gem. § 734 BGB[40] erfolgt bei einer Gesellschaft bürgerlichen Rechts die Verteilung vorbehaltlich abweichender vertraglicher Regelungen im Zweifel nach Köpfen. Im Rahmen der **Abfindungsklausel** bei einer Übernahme der Gesellschaftsanteile durch einen Gesellschafter wird man sich regelmäßig auf eine bewährte Bewertungsformel, etwa dem **Bewertungsstandard** IDW S 1[41] beziehen. 45

Die vorgenannten Grundsätze sind allerdings **dispositiv**. Gem. § 271 Abs. 2 AktG gehen etwa **abweichende Verteilungsschlüssel**, die in der Satzung vereinbart sind, dem gesetzlich statuierten Grundsatz der **quotalen Vermögensverteilung** vor.[42] Ähnliches gilt gem. § 72 S. 2 GmbHG für die Gestaltung des GmbH-Gesellschaftsvertrags und gem. §§ 734, 722 BGB für die Personengesellschaften.[43] Hierfür bietet sich eine Verankerung im Rahmen des **Gesellschaftsvertrages** an, da 46

37 Siehe unter Rn 87 ff.
38 Lutter/Hommelhoff/*Kleindiek*, § 72 Rn 9 ff.
39 *Hüffer*, § 271 Rn 6.
40 Vgl. Staudinger/*Habermeier*, § 734 Rn 3.
41 IDW Standard, Grundsätze zur Durchführung von Unternehmensbewertungen, WPg 2005, 1303 ff.; vgl. auch Emmerich/Habersack/*Emmerich*, § 305 Rn 52a ff.
42 MüKo-AktG/*Hüffer*, § 271 Rn 21 f.
43 Staudinger-BGB/*Habermeier*, § 734 Rn 3.

dieser als statutarische Regelung – im Gegensatz zu einer rein schuldrechtlichen Abrede in einem Konsortialvertrag[44] – auch für alle zukünftig in die Gesellschaft eintretenden Gesellschafter gilt.

47 Inwieweit bei den hier zu untersuchenden Kooperations- und Beteiligungsmodellen eine **Abweichung** von den gesetzlichen Leitbildern notwendig ist, hängt von dem gewählten Modell ab.

48 Für das **Kooperationsmodell** bedarf es keiner gesonderten Regelung, da nach Auslaufen der Verträge die vereinbarten und vergüteten Leistungen und Gegenleistungen schlicht enden.

49 Anders ist es im **Netzeigentumsmodell**. Hier hat die Kommune eine Beteiligung an dem Wert des Netzeigentums erworben, so dass sie bei Liquidation der Gesellschaft auch nur ihren Anteil an der fortentwickelten Vermögensbasis vergütet bekommt. Alle anderen etwaig erwirtschafteten Wertsteigerungen in der Gesellschaft, z. B. im Bereich operativer Effizienzgewinne stehen allein dem Fachpartner zu.

50 Im **Netzbetreiber-Modell** partizipieren die Gesellschafter beteiligungsquotal an den Ergebnissen der Gesellschafter, so dass hier die üblichen Regelungen ausreichend sind. Dies gilt allerdings nur, solange die Gesellschafter an den wirtschaftlichen Chancen und Risiken entsprechend ihrer Beteiligungsquote teilhaben. Für den Fall einer **Garantiezusage** zugunsten der Kommune muss überlegt werden, ob der Fachpartner aufgrund der Tatsache, dass er allein die wirtschaftlichen Chancen und Risiken zu tragen hat, an möglichen Wertveränderungen allein beteiligt wird. Die Kommune bekommt in diesem Falle nur ihre Einlage zurück erstattet; weitergehende Liquidationserlöse stehen allein dem Fachpartner zu.

51 Entsprechendes gilt für das **Stadtwerk-Modell**: Solange die Chancen und Risiken entsprechend der Beteiligungsquote gleichmäßig verteilt sind, partizipieren die Gesellschafter beteiligungsquotal am Liquidationserlös. Bei Abweichungen gilt auch hier das Vorgenannte.

B. Rechtliche Rahmenbedingungen

I. Einleitung

52 Ausgehend von den unter A. dargestellten Gestaltungsvarianten soll nur die Frage analysiert werden, wo die **rechtlich zulässigen Grenzen** für Kooperations- und Beteiligungsmodelle liegen. Vorab sei darauf hingewiesen, dass die Beantwortung die-

44 In einem Konsortialvertrag müsste ansonsten geregelt werden, dass sich die Parteien verpflichten, neue Gesellschafter nur aufzunehmen, wenn diese dem Konsortialvertrag vollumfänglich beitreten. Gleiches gilt für den Fall, dass ein Gesellschafter/Konsorte seine Beteiligung ganz oder teilweise an einen Dritten verkauft.

ser Frage im Einzelfall zu erheblichen Schwierigkeiten führen kann, da eine Vielzahl von Vorschriften zu beachten sind, die in Einklang gebracht werden müssen. Dabei kommt hinzu, dass neben den üblicherweise einschlägigen gesellschafts- und steuerrechtlichen Vorschriften auch eine Vielzahl anderer Normen aus Zivilrecht, Öffentlichem Recht und Strafrecht zu beachten sind.

Die nachfolgende Darstellung beschränkt sich auf einige wesentliche Problemkreise, die im Zusammenhang mit **Beteiligungsmodellen** bei der Vergabe von Konzessionen eine wichtige Rolle spielen. 53

II. Energierecht

1. Anwendbarkeit der energierechtlichen Vorschriften im Zusammenhang mit Beteiligungsmodellen

Zunächst stellt sich die Frage, inwieweit die energiewirtschaftlichen Vorschriften bei einem Kooperations- oder Beteiligungsmodell beachtet werden müssen. 54

Bei einem rein schuldrechtlichen **Kooperationsmodell** finden im Rahmen der Netzverpachtung und -betriebsführung die energiewirtschaftlichen Regelungen direkt Anwendung. 55

Vordergründig schwieriger wird die Prüfung für die gesellschaftsrechtlich begründeten **Beteiligungsmodelle**. Diese sind zunächst zwar lediglich Gesellschaften, für deren Gründung und Existenz die jeweiligen gesellschaftsrechtlichen Regelungen, etwa das Aktiengesetz oder das GmbH-Gesetz, zu beachten sind. Allerdings wird das Beteiligungsmodell nicht im luftleeren Raum angeboten und verhandelt. Vielmehr steht das Beteiligungsmodell bei der vergebenden Kommune und damit auch bei den Verfahrensbeteiligten nur auf der Agenda, weil die Kommune eine **Konzession** zu vergeben hat. In diesem Zusammenhang gibt die Kommune zu erkennen, dass sie ihre Entscheidung über die Vergabe der Konzession auf die eine oder andere Weise mit der Vorgabe verknüpft, die Konzession nur an eine **Gesellschaft** vergeben zu wollen, an der die Kommune beteiligt sein möchte. Ohne das kommunale Wegerecht, das durch den Konzessionsvertrag vergeben wird, wäre der angestrebte Netzbetrieb gar nicht möglich. Folglich kann das von der Kommune nachgefragte Beteiligungsmodell ohne die Konzessionsvergabe gar nicht umgesetzt werden. 56

Verfahrensseitig wird die Kommune im Rahmen ihrer **Ausschreibung** ein förmliches Verfahren zur Konzessionsvergabe gem. § 46 EnWG durchführen und parallel oder in zeitlicher Nähe zu der Konzessionsvergabe ein Beteiligungsmodell ausschreiben. Dabei muss die Kommune die Kriterien für die Konzessionsvergabe so wählen, dass sie sich mit ihrer **Vergabe** nicht angreifbar macht.[45] Zugleich wird sie 57

45 Siehe hierzu insb. die in Ziffern 21 ff. dargestellten Vergabekriterien und Rahmenbedingungen des Gemeinsamen Leitfadens des BKartA und der BNetzA zur Vergabe von Strom- und

bei der Wahl des Partners für das Beteiligungsmodell darauf Acht geben, dass dieser Partner die Bedingungen der Konzessionsvergabe erfüllt.

58 Aufgrund der inneren und im Ergebnis **untrennbaren Verbindung** zwischen dem Beteiligungsmodell und der Konzessionsvergabe erkennt man unschwer, dass das Beteiligungsmodell nur wegen der ausgeschriebenen Konzession nachgefragt wird und ohne diese keinen Sinn macht. Folglich kann man das Beteiligungsmodell als eine – in Wirklichkeit die wesentliche – **Nebenbedingung** für die Entscheidung über die Konzessionsvergabe bezeichnen. Demzufolge sind auf die Beteiligungsmodelle im Zusammenhang mit der Konzessionsvergabe die **energiewirtschaftlichen Vorschriften** anwendbar, weshalb die Anforderungen des Energiewirtschaftsgesetzes, seiner Verordnungen und der Regulierung zu beachten sind.[46]

59 Dies bedeutet unter anderem, dass die Kommunen bei der Auswahl einer Kooperations- oder Beteiligungslösung nach § 46 Abs. 3 S. 5 EnWG an die Ziele des § 1 EnWG, also einer möglichst **sicheren, preisgünstigen, verbraucherfreundlichen, effizienten und umweltverträglichen Energieversorgung**, gebunden sind.[47] Ferner muss – vor allem im Hinblick auf das Stadtwerk-Modell – nach den §§ 6 ff. EnWG gewährleistet sein, dass die wettbewerblichen Bereiche der Erzeugung und des Vertriebs von dem Netzbereich, soweit gesetzlich bestimmt, entflochten sind, mithin also **selbständige Organisationseinheiten** als neutrale Plattform für Wettbewerb aller Marktteilnehmer gebildet werden. Im besonderen Fokus stehen bei der Anwendung der energiewirtschaftsrechtlichen Vorgaben im Weiteren insbesondere die Regelungen der Konzessionsabgabenverordnung.

Gaskonzessionen und zum Wechsel des Konzessionsnehmers vom 15.12.2010, abgedruckt in ZNER 2011, 153, 155. Zu den Details der zulässigen Vergabekriterien siehe auch Kap. 5, Rn 135 ff.

46 So auch Kap. A. des Positionspapiers Konzessionsvergabe des Ministeriums für Umwelt, Klima und Energiewirtschaft Baden-Württemberg als Landeskartellbehörde Energie zur Beteiligung von Gemeinden an Gemeinschaftsunternehmen mit Energieversorgungsunternehmen sowie zu Pachtmodellen im Zusammenhang mit wegerechtsbezogenen Konzessionsvergaben im Strom- und Gassektor vom 5.12.2011, http://www.versorger-bw.de/fileadmin/BENUTZERDATEN/Bildmaterial/Kartell/Positionspapier_Konzessionsvergabe_final.pdf.

47 Ebenso Kap. B.II.1 des Positionspapiers Konzessionsvergabe des Ministeriums für Umwelt, Klima und Energiewirtschaft Baden-Württemberg als Landeskartellbehörde Energie zur Beteiligung von Gemeinden an Gemeinschaftsunternehmen mit Energieversorgungsunternehmen sowie zu Pachtmodellen im Zusammenhang mit wegerechtsbezogenen Konzessionsvergaben im Strom- und Gassektor vom 5.12.2011, http://www.versorger-bw.de/fileadmin/BENUTZERDA TEN/Bildmaterial/Kartell/Positionspapier_Konzessionsvergabe_final.pdf.

2. § 3 KAV im Zusammenhang mit Beteiligungsmodellen

a) Kriterien für eine Drittvergleichsfähigkeit

Aufgrund der Anwendbarkeit der energierechtlichen Vorschriften steht bei Kooperations- und Beteiligungsmodellen, die im Zusammenhang mit der Konzessionsvergabe nachgefragt, angeboten und abgeschlossen werden, gerade die Vereinbarkeit mit den Vorgaben der **Konzessionsabgabenverordnung** im Fokus.[48] Da das Konzessionsabgabenrecht als gesetzliches **Höchstpreisrecht** die Möglichkeiten für eine Steigerung der wirtschaftlichen Attraktivität von Angeboten im Zusammenhang mit Konzessionsvergaben strikt begrenzt, müssen alle in diesem Zusammenhang getroffenen Abreden diesen strikten Vorgaben gerecht werden.[49] Dabei ist ein **weites Verständnis** geboten, da anderenfalls das in der KAV statuierte Höchstpreisrecht ausgehöhlt werden könnte.[50] Im Kontext der Kooperations- und Beteiligungsmodelle sind folglich insbesondere die Bestimmungen zu dem sog. **Nebenleistungsverbot** von besonderer Bedeutung. Mit dem Nebenleistungsverbot nach § 3 Abs. 2 KAV bestimmt der Verordnungsgeber, dass neben den in der KAV ausdrücklich zugelassenen Vereinbarungen andere Leistungen nicht neben oder anstelle der Konzessionsabgabe vereinbart werden dürfen. 60

Sämtliche Vereinbarungen im Rahmen eines Kooperations- oder Beteiligungsmodells sind daher am Maßstab des § 3 Abs. 2 Nr. 1 KAV zu messen,[51] der besagt, dass **sonstige Finanz- und Sachleistungen,**[52] die unentgeltlich oder zu einem Vorzugspreis gewährt werden, konzessionsabgabenrechtlich untersagt sind. Im Fokus der rechtlichen Bewertung stehen dabei die **Drittvergleichsfähigkeit**[53] und damit die **Marktüblichkeit** der Kooperations- oder Beteiligungsmodelle. Die Voraussetzungen liegen jedenfalls nicht vor, wenn für ein Modell keine marktgerechten Konditionen[54] vereinbart werden. 61

Zunächst ist festzuhalten, dass selbstverständlich alle Angebote, die dem grundsätzlichen gesetzlichen Leitbild entsprechen, den Vorgaben des § 3 KAV entsprechen. Gestalten etwa die Gesellschafter ihre **wirtschaftliche Teilhabe** an den Chancen und 62

---

48 Zur Anwendbarkeit von § 3 KAV siehe auch *Hoch/Theobald*, KSzW 2011, 300, 307.

49 Vgl. im Einzelnen Kap. 3 Rn 82 ff. sowie Kap. C. des Positionspapiers Konzessionsvergabe des Ministeriums für Umwelt, Klima und Energiewirtschaft Baden-Württemberg als Landeskartellbehörde Energie zur Beteiligung von Gemeinden an Gemeinschaftsunternehmen mit Energieversorgungsunternehmen sowie zu Pachtmodellen im Zusammenhang mit wegerechtsbezogenen Konzessionsvergaben im Strom- und Gassektor vom 5.12.2011, http://www.versorger-bw.de/fileadmin/BENUTZERDATEN/Bildmaterial/Kartell/Positionspapier_Konzessionsvergabe_final.pdf.

50 Feuerborn/*Riechmann*, § 3 Rn 1.

51 *Hoch/Theobald*, KSzW 2011, 300, 307 ff.

52 Siehe Kap. 3 Rn 84.

53 Zur Drittvergleichsfähigkeit vgl. Kap. 3 Rn 85 ff.

54 Kermel/Brucker/Baumann/*Baumann*, S. 216.

Risiken sowie den gesellschaftsrechtlich vermittelten Einfluss, wie z. B. die Verteilung der Stimmrechte oder die Vertretung in den Gesellschaftsorganen entsprechend der jeweiligen **Beteiligungsquote**, ist dies insoweit nicht zu beanstanden. Je weiter dagegen die Verteilung des Einflusses sowie die Teilhabe an den wirtschaftlichen Chancen und Risiken von der jeweiligen Beteiligungsquote entkoppelt werden, umso mehr stellt sich die Frage nach den Gründen und der **Drittvergleichsfähigkeit**.

63 Soweit eine Ableitung nicht direkt aus den gesetzlichen Vorgaben erfolgen kann, stellt sich damit die Frage, wie die **Drittvergleichsfähigkeit** und damit Marktüblichkeit festgestellt werden kann. Für Beteiligungsmodelle, die im Zusammenhang mit Konzessionsverträgen stehen, kommt es hierbei auf den **Markt für Gesellschaftsbeteiligungen** als den relevanten Vergleichsmarkt an. Vordergründig erscheint ein Vergleich mit ggf. bereits bestehenden Beteiligungsmodellen in anderen Gebietskörperschaften naheliegend. Allerdings verbleiben auch dort Zweifel, soweit es sich um Modelle handelt, die in anderen Branchen nicht vorzufinden sind. Deshalb sollte eine Marktüblichkeit nur angenommen werden, wenn sich darüber hinaus vergleichbare Gestaltungen am Markt in anderen, aber **vergleichbaren Branchen** finden lassen.

64 Soweit es um monetäre Aspekte, wie beispielsweise die Höhe der Garantieverzinsung geht, kann eine Marktüblichkeit über **öffentlich zugängliche Werte** nachgewiesen werden. Einer der transparentesten Nachweise ist dabei eine **Notierung am Kapitalmarkt**. Aber auch Vorgaben der **Regulierungsbehörden**, die in monopolistisch geprägten Märkten die Marktmechanismen durch Regulierungsvorgaben ersetzen, sind, nicht zuletzt weil sie sich aus den gesetzlichen und verordnungsrechtlichen Regulierungsvorgaben[55] ableiten, als marktüblich anzusehen.

65 Weiterhin ist es möglich, die Marktüblichkeit durch ein **Gutachten** eines öffentlich bestellten Sachverständigen, wie etwa eines Wirtschaftsprüfers nachzuweisen. Inwieweit derartige Gutachten allerdings anerkannt werden, ist vom Einzelfall abhängig. Vor dem Hintergrund, dass die Gutachten vom Auftraggeber bezahlt werden, bleibt immer ein Restzweifel ob der damit verbundenen wirtschaftlichen Abhängigkeit des Gutachters von dem Auftraggeber.

66 In jedem Fall untauglich ist der Versuch, die **Marktüblichkeit** dadurch nachweisen zu wollen, dass in dem konkret zu untersuchenden Fall sämtliche Bieter aufgrund der Vorgabe der Kommune Angebote vorlegen, die sich ansonsten am Markt nicht einstellen. Denn die Kommune agiert im Rahmen der Vergabe einer Konzession als **Wegerechtsmonopolist**, so dass die Bieter keine andere Wahl haben, als den Wunsch der Kommune zu erfüllen, da sie ansonsten befürchten müssen, aus dem Vergabeverfahren ausgeschlossen zu werden. Gesetzeswidrige Angebote werden jedoch nicht dadurch üblich, dass alle Bieter von dem **Wegerechtsmonopolist** gezwungen werden, derartige Angebote abzugeben. Vielmehr bedarf es idealerweise

55 Siehe etwa §§ 21 Abs. 2, 29 Abs. 1 EnWG; § 7 Abs. 4 bis 6 GasNEV; § 7 Abs. 4 bis 6 StromNEV; § 14 Abs. 2 ARegV.

eines Vergleichs mit Angeboten aus anderen Branchen, um die Marktüblichkeit nachweisen zu können.

b) Exemplarische Einzelfälle

Da die Frage der **Drittvergleichsfähigkeit** und damit **Marktüblichkeit** von Angebo- 67
ten nur in konkreten Einzelfällen geprüft und nachgewiesen werden kann, ist eine **Bewertung** der einzelnen Regelungen jenseits ihrer Zuordnung zu einem bestimmten Modell von Bedeutung. Dieser Problemkreis soll nachfolgend anhand exemplarischer Einzelfälle verdeutlicht werden.

aa) Garantiezusagen

Wie ausgeführt,[56] wird seitens der Kommune immer wieder gefordert, dass der Fach- 68
partner diese mittels einer Garantiezusage, sei es in Form einer **fixen Garantierendite** oder einer **Mindestrendite**, zumindest zeitweise von den Risiken der gemeinsamen Gesellschaft freistellen soll. Hier ist Vorsicht geboten, denn es muss genau geprüft werden, ob die im Einzelfall vereinbarten Bedingungen marktüblich sind. Für die **Bewertung der Marktüblichkeit** spielen die Parameter

- rechtliche Ausgestaltung,
- Beteiligungsanteil und Einflussrechte desjenigen, der eine Garantiezusage erhält,
- Höhe der Garantiezusage sowie
- Dauer der Zusage

eine wesentliche Rolle.

Einen ersten Anhaltspunkt bei der Prüfung der Marktüblichkeit bietet die **rechtliche** 69
Ausgestaltung. Gesteht der Fachpartner etwa dem außenstehenden kommunalen Minderheitsgesellschafter eines Unternehmensvertrages entsprechend den gesetzlichen Vorgaben des § 304 AktG eine Ausgleichszahlung zu und wird der Unternehmensvertrag auch steuerlich als **Organschaft** anerkannt, so ist dies nicht zu beanstanden und marktüblich.

Bei rein **schuldrechtlichen Abreden**, die sich an das Modell des § 304 AktG an- 70
lehnen, dieses aber nicht gesellschaftsrechtlich umsetzen, gelten dieselben Grundsätze, da auf schuldrechtlicher Basis letztendlich die **gesetzlichen Vorgaben** abgebildet werden. In der Praxis sind derartige schuldrechtliche Modelle bisher nur in Einzelfällen diskutiert worden. Dies ist auch dadurch begründet, dass die schuldrechtlichen Modelle entgegen der gesetzlichen Gestaltung **keine steuerliche Organschaft** mit den im Rahmen des steuerlichen Querverbunds vorhandenen Verrechnungsmöglichkeiten bieten. Eine Verankerung würde durch entsprechende

---

56 Siehe unter Rn 32 ff.

Abreden der Gesellschafter in dem Gesellschaftsvertrag oder dem Konsortialvertrag erfolgen.

71 Ein weiterer Prüfungspunkt ist die Höhe der im Rahmen der Gestaltung des Beteiligungsmodells zugesagten **Rendite**. Nach dem Positionspapier der Landeskartellbehörde Energie Baden-Württemberg ist zumindest die Zusage einer Mindestrendite von derzeit 5,55% vor allen Steuern auf das eingesetzte Eigenkapital aus kartellrechtlicher Sicht nicht zu beanstanden, da insoweit nur eine Rendite im **Bereich der Verzinsung sicherer Anlagen** zugesagt wird.[57]

72 Will man darüber hinausgehen und vereinbaren die Parteien des Beteiligungsmodells einen Unternehmensvertrag ist die Bemessung der **Ausgleichszahlung** gem. § 304 AktG gesetzlich geregelt: Es erfolgt eine Ermittlung des nachhaltigen, um Sondereffekte bereinigten **Ergebnisses** der letzten bis zu fünf Geschäftsjahre und eine **Ergebnisvorschau** für das nachhaltige Ergebnis der Gesellschaft für die nächsten bis zu fünf Geschäftsjahre.[58] Daraus wird ein Durchschnitt gebildet, der der nach § 304 AktG zuzusagenden Ausgleichszahlung – ggf. mit einem kleineren prozentualen Abschlag[59] – zu Grunde gelegt wird.

73 Für den Fall einer Netzgesellschaft kommt es bei der Ergebnisermittlung im Rahmen des § 304 AktG letztendlich darauf an, wie sich die sich aus dem regulatorischen Rahmen ergebenden Erlöse entwickeln. Dabei muss bei einem Netzeigentumsmodell auf die **regulatorisch zugestandene Rendite** für die Marktrolle des Netzeigentümers abgestellt werden. Bei einem Netzbetreiber-Modell sind die weiteren Erträge aus der **Marktrolle des Netzbetreibers** mit in die Kalkulation einzubeziehen. Letztlich werden über § 304 AktG die jeweiligen, regulatorisch zugestandenen Erlöse abgebildet. Diese Vorgehensweise ist – wie bereits erwähnt[60] – als gesetzlich festgelegte Rendite ohne weiteres drittvergleichsfähig.

74 Dasselbe gilt folglich auch, wenn eine **Garantiezusage** nicht entsprechend den Vorgaben des § 304 AktG gestaltet wird. Solange der Garantiegeber, also im Falle der Netzgesellschaften der Fachpartner, dem Garantienehmer, also der Kommune, lediglich eine Rendite zusagt, die der Regulator der Gesellschaft als wirtschaftliches Ergebnis im Sinne einer regulatorischen Rendite zugesteht, handelt es sich um eine

---

57 Kap. C.I.3 des Positionspapiers Konzessionsvergabe des Ministeriums für Umwelt, Klima und Energiewirtschaft Baden-Württemberg als Landeskartellbehörde Energie zur Beteiligung von Gemeinden an Gemeinschaftsunternehmen mit Energieversorgungsunternehmen sowie zu Pachtmodellen im Zusammenhang mit wegerechtsbezogenen Konzessionsvergaben im Strom- und Gassektor vom 5.12.2011, http://www.versorger-bw.de/fileadmin/BENUTZERDATEN/Bildmaterial/Kartell/Positionspapier_Konzessionsvergabe_final.pdf.

58 Im Einzelnen vgl. auch Emmerich/Habersack/*Emmerich*, § 304 Rn 30ff.

59 Ein Abschlag könnte dadurch gerechtfertigt werden, dass die Netzbetreiber die regulatorisch anerkannte Eigenkapitalrendite aufgrund rechtsstruktureller Mängel ohnehin nicht erreichen können; so *Büdenbender*, RGutachten, S. 100.

60 Siehe unter Rn 62.

der Höhe nach marktübliche und damit drittvergleichsfähige Ausgestaltung. Im Ergebnis handelt es sich in diesen Fällen immer um eine Garantiezusage, die nur das Ergebnis der Gesellschaft abbildet, und damit den Gesellschaftern ohnehin beteiligungsquotal zusteht.

Zwischen der rechtlichen Konstruktion auf Basis der gesetzlichen Vorgaben des 75
§ 304 AktG und einer vertraglichen Regelung, die dessen Vorgaben nicht erfüllt und der nur die regulatorisch zugestandene Rendite zusteht, gibt es allerdings einen entscheidenden Unterschied: Der § 304 AktG geht bei der Ermittlung der Ausgleichszahlung qua Gesetzes davon aus, dass die Ergebnisrück- und -vorschau auf **Basis des Status quo** erfolgen muss. Folglich wird die Ausgleichszahlung nur einmal fixiert und anschließend solange geschuldet, wie der Unternehmensvertrag existiert.

Demgegenüber stellt sich bei einer anderen vertraglichen Gestaltung die Frage, 76
ob es nicht ratsam sein könnte, die **Garantiezusage** auf dasjenige zu beschränken, was jeweils seitens des Regulators zugestanden wird. Denn es wurde bewusst darauf verzichtet, sich der gesetzlichen Regelung des § 304 AktG zu unterwerfen und stattdessen die **Vertragsfreiheit** zu nutzen. Folglich sollte bei der vertraglichen Ausgestaltung der Garantiezusage jenseits des § 304 AktG ggf. darauf geachtet werden, dass nach Vertragsabschluss erfolgende Anpassungen des regulatorischen Rahmens[61] auch zu einer **Veränderung der Garantiezusage** führen. Ansonsten liefe die vertragliche Ausgestaltung bei einer 20-jährigen Laufzeit Gefahr, mit der Garantiezusage einen zwischenzeitlich wesentlich veränderten Regulierungsrahmen nicht mehr abzubilden. Es ist zweifelhaft, ob eine Garantiehöhe, die aus einem mittlerweile überholten Regulierungsrahmen abgeleitet wurde, in einer späteren Regulierungsperiode noch als marktgerecht betrachtet werden kann. Demgegenüber wäre eine **dynamische Bezugnahme** auf den jeweils geltenden regulatorischen Rahmen drittvergleichsfähig. Eine Analogie zu dem Regime des § 304 AktG bietet sich dagegen nur an, wenn eine Vergleichbarkeit der Rechts- und Interessenlage gegeben ist.

Als Zwischenergebnis kann festgehalten werden, dass Kooperations- und Be- 77
teiligungsmodelle, die letztendlich nur die jeweils gesetzlich oder regulatorisch zugestandenen Erlöse absichern, **drittvergleichsfähig** und damit marktüblich im Sinne des § 3 KAV sind.[62]

---

61 Vgl. nur die neue Festlegung für die Eigenkapitalzinssätze für die zweite Anreizregulierungsperiode: Beschluss BK4-11-304 vom 31.10.2011, http://www.bundesnetzagentur.de/DE/DieBundesnetzagentur/Beschlusskammern/1BK-Geschaeftszeichen-Datenbank/BK4-Z/2011/2011_300bis399/BK4-11-304_BKV/BK4-11-304_Festlegungsbeschluss_Zinssatz.pdf?__blob=publicationFile). Danach beträgt für die Dauer der zweiten Anreizregulierungsperiode der Eigenkapitalzins für Neuanlagen 9,05% vor Steuern und für Altanlagen 7,14% vor Steuern (Stand 31.10.2011).

62 A.A. für den Bereich der Mindestrendite-Zusagen wohl Kap. C.I.3 des Positionspapiers Konzessionsvergabe des Ministeriums für Umwelt, Klima und Energiewirtschaft Baden-Württemberg als Landeskartellbehörde Energie zur Beteiligung von Gemeinden an Gemeinschaftsunternehmen

78 Deutlich schwieriger wird der Nachweis der Marktüblichkeit, wenn eine Rendite versprochen wird, die über den regulatorischen Rahmen hinausgeht. Zunächst hilft ein Vergleich mit Renditen, die bei **mündelsicheren Wertanlagen**, etwa Bundesanleihen zu erzielen sind, nicht weiter. Denn die Renditen dieser Anlageform liegen regelmäßig unter den regulatorisch anerkannten Renditen. Im regulatorischen Rahmen dienen die Wertanlagen zwar auch als **Grundlage der Zinsberechnung**. Es treten jedoch noch weitere Berechnungsfaktoren hinzu,[63] wodurch der regulatorische Zinssatz im Ergebnis höher als der Zinssatz von mündelsicheren Wertanlagen ist, so dass diese Wertanlagen nicht als Nachweis herangezogen werden können.

79 Weiterhin könnte man sich mit einem Renditevergleich mit am **Kapitalmarkt notierten Papieren** von Unternehmen behelfen. Für eine Vergleichbarkeit setzt dies aber voraus, dass eine zu dem Beteiligungsmodell einer Netzgesellschaft vergleichbare wirtschaftliche **Chancen- und Risiken-Situation** gegeben ist. Der Vergleich einer reinen Netzgesellschaft mit den börsennotierten Unternehmenspapieren dürfte nur schwer möglich sein, da die meisten Gesellschaften, die an der Börse notiert sind oder deren Anleihen etc. dort gehandelt werden, ein **integriertes Geschäftsmodell** einschließlich Vertrieb, Handel oder Erzeugung aufweisen. Insoweit ist fraglich, ob hier ein Vergleich überhaupt möglich ist. Auch der Vergleich mit anderen regulierten Industrien, wie etwa der Telekommunikationsbranche verfängt nicht, da deren Geschäftsmodell ein vollständig anderes ist und neben dem reinen Netzgeschäft auch andere Bereich, insbesondere vertrieblicher Natur beinhaltet.

80 Als Prüfpunkt ist außerdem die Ausgestaltung der **Einflussrechte der Gesellschafter** zu berücksichtigen. Wie bereits bei den Unternehmensverträgen erwähnt, stellt der Fachpartner als **Mehrheitsgesellschafter** die Kommune als Minderheitsgesellschafterin gem. § 304 AktG mittels der **Ausgleichzahlung** von den wirtschaftlichen Risiken frei. In der Praxis der Ausschreibungen von Konzessionsvergaben mit Beteiligungsmodellen kommt es häufig vor, dass die Kommunen in ihrem Kriterienkatalog für das Beteiligungsmodell die Mehrheitsposition in der gemeinsamen Gesellschaft bei gleichzeitiger Zusage einer **Garantierendite** durch den Fachpartner einfordern. Im Ergebnis wird also der Mehrheitsgesellschafter durch den Minderheitsgesellschafter von den Risiken freigestellt.

81 Eine derartige vertragliche Abrede im Rahmen eines Unternehmensvertrages ist zwar aktienrechtlich möglich, findet aber steuerlich keine Anerkennung, da die für eine Organschaft nach § 14 Abs. 1 Nr. 1 KStG notwendige **finanzielle Eingliede-**

---

mit Energieversorgungsunternehmen sowie zu Pachtmodellen im Zusammenhang mit wegerechtsbezogenen Konzessionsvergaben im Strom- und Gassektor vom 5.12.2011, http://www.versorger-bw.de/fileadmin/BENUTZERDATEN/Bildmaterial/Kartell/Positionspapier_Konzessionsvergabe_final.pdf.

63 Etwa Marktrisikoprämie oder Beta-Faktoren; vgl. § 7 Abs. 4 Satz 1 StromNEV, § 14 Abs. 2 Satz 5 ARegV.

rung fehlt.[64] Außerdem dürfte eine solche Situation in der Praxis – jenseits der Vorgaben von Kommunen als **Wegerechtsmonopolisten** im Zuge der Ausschreibung von Konzessionsverträgen – kaum zu finden sein. Dies verwundert auch nicht, weil es eine Anomalie ist, dass der Mehrheitsgesellschafter, der aufgrund seines **Mehrheitseinflusses** die operativen Geschicke der Gesellschaft steuert, gleichzeitig über die vereinbarte **Ausgleichszahlung** wirtschaftlich von den Ergebnissen seines operativen Einflusses freigestellt würde. Hier fallen augenscheinlich der operative Einfluss sowie die Tragung der wirtschaftlichen Chancen und Risiken auseinander, so dass an der **Marktüblichkeit** derartiger Gestaltungen erhebliche Zweifel bestehen.[65]

Als letzter Prüfpunkt stellt sich schließlich die Frage nach der **zulässigen Lauf-** 82
zeit einer **Garantiezusage.** Für den Fall eines Unternehmensvertrags ist diese Frage leicht zu beantworten: Sie gilt für die Laufzeit des Vertrages, wobei gem. § 14 Abs. 1 Nr. 3 KStG eine **Mindestlaufzeit** von fünf Geschäftsjahren notwendig ist, um steuerlich anerkannt zu werden. Für rein **schuldrechtliche Abreden**, auf die eine analoge Anwendung des § 304 AktG in Betracht kommt,[66] gilt dasselbe. Bei abweichenden, mit § 304 AktG nicht vergleichbaren Formen muss dagegen die **Ausgestaltung der Garantiehöhe** mit berücksichtigt werden. Wenn die Garantiehöhe nur die jeweils regulatorisch zugestandene Rendite abbildet, ist eine Laufzeit über die gesamte Dauer des **Konzessionsvertrages** möglich. Bei einer festen Renditehöhe stellt sich dagegen die Frage, wie ein adäquater Nachweis gelingt. Hier muss die zugesagte Rendite auf Basis der zugesagten Laufzeit mit entsprechenden am Markt befindlichen Papieren korrelieren, um drittvergleichsfähig zu sein.

Zusammenfassend ist festzuhalten, dass der Nachweis der Marktüblichkeit und 83
damit Drittvergleichsfähigkeit einer Garantiezusage eine **wertende Betrachtung** aller Einzelaspekte der Garantiezusage erfordert. Soweit die vertragliche Konstruktion nicht unter die Ratio des § 304 AktG zu subsumieren ist und dessen Vorgaben vollständig abbildet, bedarf es einer Zusammenschau von **Renditehöhe, Laufzeit und Einflussrechten.** Dabei gilt, dass eine Rendite oberhalb der nachweislich aus dem regulatorischen Rahmen zu erzielenden Rendite nur auf Basis eines nachvollziehbaren **Markttests** möglich ist. Wird diese Garantiezusage dann noch von dem Minderheitsgesellschafter an den Mehrheitsgesellschafter gegeben, sind erhebliche Zweifel an der **Marktüblichkeit** angebracht. Dies gilt umso mehr, wenn die Garan-

64 Vgl. Gosch/*Neumann*, § 14 Rn 125 ff.
65 So auch Kap. C.I.2. des Positionspapiers Konzessionsvergabe des Ministeriums für Umwelt, Klima und Energiewirtschaft Baden-Württemberg als Landeskartellbehörde Energie zur Beteiligung von Gemeinden an Gemeinschaftsunternehmen mit Energieversorgungsunternehmen sowie zu Pachtmodellen im Zusammenhang mit wegerechtsbezogenen Konzessionsvergaben im Strom- und Gassektor vom 5.12.2011, http://www.versorger-bw.de/fileadmin/BENUTZERDATEN/Bildmaterial/Kartell/Positionspapier_Konzessionsvergabe_final.pdf.
66 Emmerich/Habersack/*Emmerich*, § 293 Rn 47 f.; Saenger/Aderhold/Lenkaitis/Speckmann/*Weßling*, § 9 Rn 176 ff.

tiezusage über die gesamte Vertragslaufzeit der Konzession gegeben wird. Diese Zweifel können ggf. im Einzelfall ausgeräumt werden, wenn der Nachweis gelingt, dass die Kommune nach der konkreten vertraglichen Ausgestaltung trotz Mehrheitsbeteiligung keinen maßgeblichen operativen Einfluss hat.

Praxistipp

Am Rande sei darauf hingewiesen, dass eine Vergleichbarkeit von Renditehöhen in der Praxis oftmals daran scheitert, dass die steuerlichen Einzelheiten ausgeblendet werden. Eine Vergleichbarkeit ist nur gegeben, wenn klar ist, ob es sich um eine Rendite vor oder nach Gewerbesteuer und/ oder Körperschaftsteuer handelt.

84 Für die Frage der Drittvergleichsfähigkeit sollte dabei auf eine **Vorsteuerbetrachtung** abgestellt werden,[67] da die steuerliche Situation Einzelner für die Marktüblichkeit keine Rolle spielt. So stellt sich bspw. die Kapitalmarktrendite immer vor der individuellen Steuersituation der Marktteilnehmer ein. Im Übrigen spricht für eine Vorsteuer-Betrachtung die sich regelmäßig ändernde Steuergesetzgebung.

bb) Kapitalaufbringung

85 Ein weiterer Aspekt bei der Analyse der Drittvergleichsfähigkeit und Marktüblichkeit ist die Frage, wie die Gesellschafter die **Kapitalaufbringung** der gemeinsamen Gesellschaft geregelt haben. Klassischerweise bringen die Gesellschafter bzw. Aktionäre gem. § 19 Abs. 1 GmbHG bzw. § 54 Abs. 1 AktG ihr Kapital entsprechend ihrer jeweiligen **Beteiligungsquote** auf. Eine Abweichung hiervon bedarf deshalb eines nachvollziehbaren, sachlichen Grundes. Denkbar wären hier insbesondere die Fälle, in denen ein Gesellschafter über einen sog. **„Tracking Stock"**[68] nur an einzelnen Geschäftsfeldern beteiligt ist. Dies ist aber bei Netzgesellschaften, und darum geht es bei der Vergabe einer Konzession mit angeschlossenem Beteiligungsmodell, gerade nicht der Fall. Höchstens im Stadtwerk-Modell wäre theoretisch eine derartige Fallgestaltung denkbar, wobei dies in der Praxis eher selten vorkommt.

86 Im Ergebnis sind daher **erhebliche Zweifel** angebracht, ob disquotale Kapitalaufbringungen marktüblich sind.

67 Im Ergebnis ebenso Kap. C.I.3. des Positionspapiers Konzessionsvergabe des Ministeriums für Umwelt, Klima und Energiewirtschaft Baden-Württemberg als Landeskartellbehörde Energie zur Beteiligung von Gemeinden an Gemeinschaftsunternehmen mit Energieversorgungsunternehmen sowie zu Pachtmodellen im Zusammenhang mit wegerechtsbezogenen Konzessionsvergaben im Strom- und Gassektor vom 5.12.2011, http://www.versorger-bw.de/fileadmin/BENUTZERDATEN/Bildmaterial/Kartell/Positionspapier_Konzessionsvergabe_final.pdf.

68 Zu Tracking Stocks vgl. im Überblick *Sieger/Hasselbach*, BB 1999, 1277 ff.

cc) Verteilung der wirtschaftlichen Chancen und Risiken

Das Gesetz geht von einer beteiligungsquotalen Verteilung der wirtschaftlichen Chancen und Risiken aus.[69] Dies gilt für sämtliche denkbaren Risiken, wie die **allgemeinen unternehmerischen Risiken**, aber auch die **Kaufpreis- und Prozessrisiken** im Zusammenhang mit einer ggf. notwendigen Netzübernahme von dem Altkonzessionär. Abweichungen von dem Grundsatz der beteiligungsquotalen Chancen- und Risikoverteilung sind nur unter engen Voraussetzungen und in Abhängigkeit von der gewählten Gesellschaftsform möglich. Dabei ist darauf zu achten, dass der Einfluss mit der gewählten Konstruktion korreliert und eine belastbare rechtliche Grundlage für die **Risikofreistellung**, sei es auf Basis des § 304 AktG oder auf einer anderen, zulässigen gesetzlichen, regulatorischen oder vertraglichen Grundlage, geschaffen wurde. 87

Ähnliche Prinzipien gelten auch bei den **Endschaftsregelungen** für die gemeinsame Beteiligung, z.B. für den Fall, dass die gemeinsame Gesellschaft zukünftig keine Konzession mehr erhält oder einer der Gesellschafter die **Auflösung der Gesellschaft** verlangt. Es ist für die Drittvergleichsfähigkeit auch im Hinblick auf die unterschiedlichen Marktrollen darauf zu achten, dass die Gesellschafter eine angemessene wirtschaftliche **Teilhabe** im Rahmen der Auseinandersetzung erhalten. 88

Im Falle des **Netzeigentumsmodells** bedeutet dies, dass die Kommune im Rahmen der Auseinandersetzung die **fortgeschriebene Vermögensbasis** der Netzeigentümer-Rolle erhält, während dem Fachpartner das **restliche Auseinandersetzungsguthaben**, das etwa aus der Marktrolle des Netzbetreibers resultiert, zusteht. Erhält die Kommune eine darüber hinausgehende Abfindung, ist hierfür grundsätzlich keine Rechtfertigung vorhanden. Vielmehr spricht ein derartiger Auseinandersetzungs-Mehrerlös dafür, dass die Kommune bei der Verhandlung und dem Abschluss des Vertragswerks ihre Stellung als Wegerechtsmonopolist ausgenutzt und einen Vorteil erhalten hat, der auf einem Wettbewerbsmarkt nicht üblich ist. 89

Demgegenüber ist in dem **Netzbetreiber-Modell** die wirtschaftliche Teilhabe der Kommune auf alle mit dem Netzeigentum und -betrieb verbundenen Erlöse und geschaffenen Werte bezogen. Folglich erhält die Kommune einen **beteiligungsquotalen Anteil** an dem gesamten Auseinandersetzungserlös. Gleiches gilt für das **Stadtwerk-Modell.** 90

dd) Verteilung des Einflusses

Analog zu den vorgenannten Ausführungen gilt, dass auch die Verteilung des Einflusses entsprechend der Verteilung der **wirtschaftlichen Chancen und Risiken** zu erfolgen hat. Wie bereits ausgeführt,[70] ist üblicherweise derjenige, der die wirtschaftlichen Chancen und Risiken trägt, auch der für das **operative Geschäft Verantwortliche.** 91

---

69 Siehe unter Rn 32.
70 Siehe unter Rn 42.

92 Im Detail können dabei Unterschiede vereinbart werden, die diesen Grundsatz aber insgesamt nicht in Frage stellen. Vorrangig geht es um die **Stimmenverteilung in den Gesellschaftsorganen**: Derjenige, der die wirtschaftlichen Chancen und Risiken trägt, sollte auch den operativen Einfluss mittels seiner Stimmrechte haben. Mit anderen Worten: Er sollte in operativen Angelegenheiten durchregieren können. Dies betrifft zum einen bei einer GmbH oder Personengesellschaft das Recht, mittels der Stimmenmehrheit der Geschäftsführung **Weisungen** erteilen zu können. Dabei sind selbstverständlich die entflechtungsrechtlichen Vorgaben über die Unabhängigkeit der Geschäftsführung in operativen Netzfragen einzuhalten. Zum anderen sollte sich der operative Einfluss auch in der **Besetzung des geschäftsführenden Organs** (Vorstand oder Geschäftsführung) widerspiegeln: Der operativ Verantwortliche, der die Chancen und Risiken trägt, sollte auch den **maßgeblichen Einfluss** bei der Besetzung des geschäftsführenden Organs haben. Demgegenüber ist die Anzahl der Vertreter in ggf. vorhandenen Aufsichtsgremien solange zweitrangig, solange über die **Ausgestaltung der Beschlussmehrheiten** in dem betreffenden Organ sichergestellt ist, dass keine operativen Themen gegen den Willen der Vertreter des operativ Verantwortlichen beschlossen werden können.

93 Für den Fall, dass diese Grundsätze nicht eingehalten werden, also etwa die Kommune trotz ihrer Minderheitsbeteiligung in Kombination mit einer Garantiezusage wesentlichen Einfluss auf das operative Geschäft erhält, der über einen reinen Minderheitsschutz hinausgeht, ist zumindest ein starkes Indiz dafür gegeben, dass eine nicht marktübliche Konstruktion vereinbart wurde.

c) Bewertung/Gesamtschau

94 Für die Bewertung der Marktüblichkeit und damit Drittvergleichsfähigkeit im konkreten Einzelfall bedarf es einer Gesamtschau der Umstände. Marktunüblich ist ein Modell, bei dem die Kommune über ihre Mehrheitsbeteiligung den wesentlichen operativen Einfluss hat, gleichzeitig aber durch eine Garantiezusage des Fachpartners von wesentlichen operativen Risiken freigestellt ist. Aber auch eine Garantiezusage allein, die über die gesamte Laufzeit des Vertrages zugunsten der Kommune erteilt wird und die der Kommune eine erheblich über der regulatorisch zugestandenen Verzinsung liegende Rendite zugesteht, ist marktunüblich, da sie das spezifische Risiko eines Netzgeschäfts mit einer zu anderen Branchen vergleichsweise niedrigen Risikostruktur nicht angemessen abbildet.

d) Rechtsfolgen

Im Falle des Vorliegens eines Verstoßes gegen § 3 KAV[71] ist das gesamte Vertragswerk einschließlich des Konzessionsvertrages und der Konzessionsvergabe **nichtig.**[72] Demzufolge besteht kein vertraglicher oder gesetzlicher Anspruch gegen den Altkonzessionär auf Übernahme des Netzes. Die Kommune ist vielmehr verpflichtet, das gesamte Konzessionsvergabeverfahren **neu aufzurollen.**[73] Dies hat im Zusammenhang mit einem Kooperations- oder Beteiligungsmodell auch Ausstrahlwirkung auf die im Rahmen des Modells abgeschlossenen **Verträge**. Aufgrund des inneren Zusammenhangs zwischen dem Konzessionsvertrag und dem Kooperations- oder Beteiligungsmodell strahlt die Nichtigkeit des Konzessionsvertrages auch auf die übrigen Verträge aus, so dass sämtliche gewährte Leistungen zurück gewährt werden müssen. 95

Diese Konsequenz veranschaulicht die Notwendigkeit, die **Konzessionsvergabe,** aber insbesondere auch das Kooperations- oder Beteiligungsmodell strikt an den gesetzlichen Regelungen auszurichten, um nicht am Ende mit leeren Händen dazu stehen. 96

Im Übrigen ist auch die **strafrechtliche Relevanz** eines Verstoßes gegen das Nebenleistungsverbot zu beachten, welche in der Praxis von den Beteiligten leider häufig verkannt wird. Bei der Gewährung unzulässiger Nebenleistungen kommen insbesondere die Tatbestände der Untreue nach § 266 StGB sowie der Amtsträgerdelikte nach §§ 331 ff. StGB in Betracht.[74] 97

III. Kommunalrecht

Außer den energierechtlichen Vorschriften müssen die Kommunen bei der Ausgestaltung eines Kooperations- oder Beteiligungsmodells auch die für die Kommunen geltenden verfassungsrechtlichen und landesrechtlichen Vorgaben für eine kommunale wirtschaftliche Betätigung beachten. 98

---

71 Ausführlich zu den Rechtsfolgen bei einem Verstoß gegen das Nebenleistungsverbot vgl. Kap. 3 Rn 113 ff.

72 So auch *Höch/Kalwa*, RdE 2010, 364, 364; *Rosin/Kemmler/Hermeier*, et 2010, 88 91; eingehend zur Gesamtnichtigkeit Kap. 3 Rn 117 ff.

73 Vgl. Kap. 3 Rn 121.

74 Zu den strafrechtlichen Rechtsfolgen vgl. Kap. 3 Rn 127 ff.

1. Gesetzliche Grundlagen

a) Art. 28 Abs. 2 Satz 1 GG

99 Verfassungsrechtlicher Ausgangspunkt ist die **kommunale Selbstverwaltungsgarantie** aus Art. 28 Abs. 2 S. 1 GG.[75] Hieraus lässt sich zwar mangels konkreter spezifischer Aufgabenzuweisungen für den Bereich der Energieversorgung lediglich eine **generelle Gewährleistungsfunktion** der Kommunen ableiten.[76] Gleichwohl ist die Kommune im Rahmen der noch zu erläuternden gesetzlichen Schranken in ihrer Entscheidung frei, sich im Rahmen eines Kooperations- oder Beteiligungsmodells (energie-)wirtschaftlich zu betätigen.

100 Für die wirtschaftliche Betätigung lassen dabei spezifische inhaltliche Vorgaben aus **Art. 28 Abs. 2 GG** ableiten. Die Selbstverwaltungsgarantie gewährleistet den Kommunen nicht weniger, aber auch nicht mehr als das Recht, alle Angelegenheiten der örtlichen Gemeinschaft im Rahmen der Gesetze in eigener Verantwortung zu regeln. Diese Regelung der Angelegenheiten der örtlichen Gemeinschaft setzt ein **aktives Handeln** der Kommune voraus. Der verfassungsrechtlich gewährleistete Schutz gilt zusätzlich nur für solche Bedürfnisse und Interessen, die in der örtlichen Gemeinschaft wurzeln oder auf sie einen spezifischen Bezug haben.[77] Die Gewährleistung der Selbstverwaltung umfasst gem. Art. 28 Abs. 2 S. 3 Hs. 1 GG auch die **Grundlagen der finanziellen Eigenverantwortung**.

101 Ob und inwieweit allerdings gem. Art. 28 Abs. 2 S. 1 GG die **energiewirtschaftliche Betätigung** der Kommunen überhaupt als eine Angelegenheit der örtlichen Gemeinschaft anzusehen ist, wird in Rechtsprechung und Literatur sehr unterschiedlich beurteilt.[78]

102 Nach der Rechtsprechung ist die Energieversorgung eine dem **Gemeinwohl** dienende Aufgabe von besonderer Bedeutung und eine Leistung, deren der Bürger zur Sicherung einer **menschenwürdigen Existenz** unumgänglich bedarf.[79] Deshalb ist die örtliche Energieversorgung nach der Rechtsprechung den Angelegenheiten der örtlichen Gemeinschaft im Sinne des Art. 28 Abs. 2 GG zuzurechnen.[80] Allerdings sichert die verfassungsrechtliche Garantie der kommunalen Selbstverwaltung die wirtschaftliche Betätigung nur insoweit, wie sie durch ein **öffentliches Interesse** gerechtfertigt ist.[81]

---

75 Im Einzelnen siehe etwa Sachs/*Nierhaus*, Art. 28 Rn 32 ff.

76 Vgl. eingehend BerlK-EnR/*Pielow*, Einl. Rn 325 ff., welcher im Bereich der Netzwirtschaften von einer sog. „Infrastrukturverantwortung“ spricht.

77 BVerfGE 79, 127, 151 f. = NVwZ 1989, 347, 350 f.

78 Eingehend *Templin*, S. 181 ff.

79 BVerfGE 66, 248, 258 = NJW 1984, 1872, 1873.

80 BVerwGE 98, 273, 277 = RdE 1995, 240, 241 f.

81 VerfGH RhPf Urt. v. 28.3.2000 – N 12/98 = NVwZ 2000, 801, 803.

In der Literatur dagegen wird die Frage der Zuordnung der örtlichen Energieversorgung zu den Angelegenheiten der örtlichen Gemeinschaft sehr unterschiedlich beantwortet. Teilweise wird mit Verweis auf die **Daseinsvorsorge** vertreten, dass die Energieversorgung zum absolut geschützten **Kernbereich** der kommunalen Selbstverwaltungsangelegenheiten gehört.[82] Teilweise wird eine Zuordnung der Energieversorgung zur örtlichen Gemeinschaft wegen ihrer **großräumigen Verflechtung** gänzlich abgelehnt.[83] Andere wiederum differenzieren nach den **Wertschöpfungsstufen**, wonach jedenfalls der Netzbetrieb und die Energieerzeugung als Angelegenheiten der örtlichen Kommune anzusehen sind.[84] 103

Soweit man nicht bereits der Meinung folgt, dass die Energieversorgung nicht Teil der örtlichen Gemeinschaft und damit keine zulässige Form der wirtschaftlichen Betätigung einer Kommune ist, kann den anderen Meinungen aus Rechtsprechung und Literatur zumindest entnommen werden, dass die Übernahme der Energieversorgung **aktiv** betrieben werden, einen hinreichenden Bezug zum Gemeinwohl und zu den Angelegenheiten der örtlichen Gemeinschaft aufweisen muss, um dem Schutzbereich des Art. 28 Abs. 2 S. 1 GG zu unterfallen. Die genaue **Reichweite** des Rechts auf wirtschaftliche Betätigung der Kommunen wird zwar erst durch die unterschiedlichen landesrechtlichen Regelungen näher bestimmt. Aber bei der Anwendung und Auslegung der kommunalwirtschaftsrechtlichen Bestimmungen spielt der Art. 28 Abs. 2 GG eine maßgebliche Rolle.[85] 104

Im Rahmen der grundgesetzlichen **Mindestgarantien** endet der verfassungsrechtlich garantierte Schutzbereich jedenfalls dort, wo die kommunale Tätigkeit nicht mehr am Maßstab des Gemeinwohlanliegens zu rechtfertigen ist oder keinen spezifischen Bezug zur örtlichen Gemeinschaft mehr aufweist.[86] Zweifel sind mithin immer angebracht, wenn der **innere Zusammenhang** zwischen dem Inhalt und der Ausgestaltung der tatsächlich ausgeübten wirtschaftlichen Betätigung mit den Sachaufgaben der **Daseinsvorsorge** und der Verfolgung eines öffentlichen Zweckes nur noch schwerlich herzustellen ist. Wenn der Versorgungsauftrag der Kommune wegen des nicht zuletzt aus der Gewährleistungsfunktion folgenden Gemeinwohlbezugs verfassungsrechtlich legitimiert ist, sind (Zusatz-)Aktivitäten der Kommune, welche mit dem eigentlichen Versorgungsauftrag nichts oder nur wenig zu tun haben, in ihrer **Zulässigkeit** streng zu überprüfen. Aus Sicht des Verfassungsrechts können jedenfalls bloße oder ausschließliche **Erwerbsinteressen** niemals für sich genommen ein kommunalwirtschaftliches Engagement rechtfertigen.[87] Soweit also 105

82 *Püttner*, RdE 1992, 93 f.
83 *Gern*, Rn 60.
84 *Schmidt-Aßmann*, in: FS Fabricius, 1989, S. 259.
85 Vgl. nur *Badura*, DÖV 1998, 818; *Schink*, NVwZ 2002, 129, 136.
86 v. Mangoldt/Klein/Stark/*Tettinger/Schwarz*, Art. 28 Rn 168 ff.
87 BerlK-EnR/*Pielow*, Einl. Rn 331.

die Kommune im Bereich der Energiewirtschaft lediglich eine **Finanzbeteiligung** eingeht, in deren Rahmen der Fachpartner die Kommune etwa mittels einer Garantiezusage von den Risiken der Beteiligung freistellt, degeneriert die (vermeintliche) wirtschaftliche Betätigung der Kommune zu einer reinen Geldanlage. Es bestehen erhebliche Zweifel, ob dies dem Verständnis entspricht, das dem grundgesetzlichen Bestandsschutz zugunsten der Kommunen zu Grunde liegt.

106 Dieses Ergebnis wird letztlich auch aus dem **Rollenverständnis** der Kommunen bei der Konzessionsvergabe gestützt. Durch das gesetzlich eingeräumte Recht zur Einräumung der Wegenutzungsrechte besitzt die Kommune eine wesentliche **Lenkungsbefugnis** im Rahmen der örtlichen Energieversorgung.[88] Diese Lenkungsbefugnis der Kommune wird vielfach auch aus der kommunalen Selbstverwaltungsgarantie aus Art. 28 Abs. 2 GG hergeleitet und folgt aus der engen Verknüpfung des gemeindlichen Wegeeigentums mit der örtlichen Elektrizitätsversorgung.[89] Mittels des Konzessionsvertrages erhält die Kommune die Kompetenz, die Energieversorgung in ihrem Gemeindegebiet zu ordnen und zu lenken.[90] Dieser Ordnungs- und Lenkungsbefugnis wird die Kommune zunächst gerecht, indem sie über die **Neuvergabe** der Konzession entsprechend den energierechtlich vorgegebenen Entscheidungskriterien entscheidet. Möchte sie über das gesetzliche Grundmodell hinaus eine eigenständige Rolle im Rahmen der Konzessionsvergabe spielen und sich im Rahmen eines Kooperations- und Beteiligungsmodells selbst beteiligen, muss sie auch hier ihrer grundgesetzlich gesicherten **Gestaltungsrolle** aktiv gerecht werden. Steht am Ende der Konzessionsvergabe aber nur eine reine Finanzbeteiligung, missbraucht die Kommune ihre Ordnungs- und Lenkungsbefugnis für ihre eigene Erlösoptimierung. Steht bei der Kommune das **finanzielle Interesse** im Vordergrund, ist sie nach der gesetzlichen Systematik dann aber auf den Abschluss des reinen Konzessionsvertrags reduziert, der ihr die gesetzlich vorgeschriebenen Zahlungszuflüsse gewährleistet.

b) Kommunalrecht

107 Unter Berücksichtigung der grundgesetzlichen Vorgaben ist die (energie-)wirtschaftliche Betätigung der Kommune nunmehr kommunalrechtlich zu werten. Die **Gemeindeordnungen** aller Bundesländer enthalten Regelungen, die die kommunalwirtschaftliche Betätigung der Kommunen näher bestimmen.[91] Die Zielsetzung die-

88 *Templin*, S. 165.
89 Vgl. *Templin*, S. 181 ff. m. w. N.
90 *Büdenbender*, EnWG, Rn 973; *Hellermann*, S. 281 ff. versteht den Konzessionsvertrag gar als privatförmige Wahrnehmung einer Selbstverwaltungsaufgabe.
91 Vgl. §§ 107 ff. GO NRW; §§ 85 ff. GO RhPf; §§ 108 ff. NGO; §§ 102 ff. GO BW; Art. 86 ff. BayGO; §§ 91 ff. BbgKVerf; §§ 121 ff. HGO; §§ 68 ff. KV M-V; §§ 108 ff. SaarKSVG; §§ 95 ff. SächsGO; §§ 116 ff. GO LSA; §§ 101 ff. GO S-H; §§ 71 ff. ThürKO. Gemeinsame Grundlage aller

ser Bestimmungen besteht in der Konzentration der gemeindlichen Aktivitäten auf die **politische Gestaltung** und auf den **Schutz der Kommune** sowie ihres **Haushaltes** gegen die mit jeder wirtschaftlichen Betätigung verbundenen Risiken.[92] Trotz der verschiedenen landesrechtlichen Ausgestaltungen ist in den Gemeindeordnungen eine gemeinsame Grundstruktur, sog. **Schrankentrias**[93] erkennbar, welche insbesondere das Erfordernis eines öffentlichen Zwecks verlangt.

Die **landesrechtlichen Bestimmungen** sollen im Folgenden am Beispiel der 108
§§ 107 ff. GO NRW[94] dargestellt werden. Die §§ 107, 107a GO NRW regeln die Grundlagen für die wirtschaftliche Betätigung der Kommunen. § 108 Abs. 1 GO NRW, der das Vorliegen der Voraussetzungen der §§ 107, 107a GO NRW voraussetzt, befasst sich mit der Gründung von Unternehmen durch Kommunen bzw. deren Beteiligung an Unternehmen.

aa) Allgemeine Grundsätze für eine wirtschaftliche Betätigung (§ 107 GO NRW)

Nach § 107 Abs. 1 GO NRW setzt die wirtschaftliche Betätigung der Kommunen 109
das Vorhandensein eines **öffentlichen Zwecks**, ein **angemessenes Verhältnis** der wirtschaftlichen Betätigung zur Leistungsfähigkeit der einzelnen Kommune sowie die Einhaltung des **Subsidiaritätserfordernisses** voraus.

Eine positive Definition des Begriffs des **„öffentlichen Zwecks"** ist wegen der 110
Unbestimmtheit des Begriffes nicht gelungen.[95] Der unbestimmte Rechtsbegriff des „öffentlichen Zwecks" greift vielmehr die Bandbreite des kommunalen **Zuständigkeitsbereiches** gem. Art. 28 Abs. 2 GG, Art. 78 LV NRW auf und kann demnach jede Art von Betätigung sein, die im verfassungsrechtlich vorgesehenen Aufgabenbereich der Kommune liegt.[96] Das **Gemeindewirtschaftsrecht** untersagt demzufolge eine wirtschaftliche Betätigung der Kommunen, die keinen **hinreichenden Bezug** zu ihren öffentlichen Aufgaben aufweist.

Für das Vorliegen einer kommunalrechtlich zulässigen wirtschaftlichen Betäti- 111
gung muss der gefestigte Meinungsstand[97] zu der Frage, ob und in welchem Umfang

---

Gemeindeordnungen in Deutschland ist die Deutsche Gemeindeordnung DGO, die in § 67 DGO die Zulässigkeit der kommunalwirtschaftlichen Betätigung geregelt hat.

92 *Burgi*, § 17 Rn 37.

93 Vgl. hierzu *Burgi*, § 17 Rn 41 ff.

94 Gemeindeordnung für das Land Nordrhein-Westfalen vom 14.7.1994 (GV NRW 1994, S. 666), zuletzt geändert durch Art. 1 ÄndG vom 24.5.2011 (GV NRW 2011, S. 271).

95 *Otting*, S. 110 ff.

96 Articus/Schneider/*Söbbeke*, Erl. § 107, S. 477.

97 BVerfGE 61, 82, 107 = NJW 1982, 2173, 2175 f.; OVG Münster, Beschluss vom 13.8.2003 – 15 B 1137/03 = NWVBl. 2003, 462, 464; OVG Münster, Beschluss vom 21.9.2004 – 15 B 1709/04 = NWVBl. 2005, 68; OVG Münster, Beschluss vom 1.4.2008 – 15 B 122/08 = NVwZ 2008, 1031, 1035.

eine **Gewinnerzielungsabsicht** der Annahme eines öffentlichen Zwecks entgegensteht, mit in die Wertung einbezogen werden. Danach ist auf das Gewicht der Gewinnerzielungsabsicht im **Vergleich** zu den weiteren Betätigungsabsichten abzustellen. Nach der überwiegenden Lehre im Schrifttum[98] sind Tätigkeiten, die ausschließlich der Gewinnerzielung dienen, nicht mit dem Erfordernis des öffentlichen Zwecks vereinbar. Das schließt zwar nicht aus, dass die Kommune **im Rahmen der wirtschaftlichen Tätigkeit** auch – also mit untergeordneter Bedeutung – mit Gewinnabzielungsabsicht handelt, es darf aber nicht der vorrangige Zweck sein.[99] Dass eine Eigenkapital-Verzinsung und damit eine gewisse Gewinnerzielungsabsicht im Rahmen der wirtschaftlichen Betätigung der Kommunen kommunalrechtlich grundsätzlich erwünscht ist, ergibt sich etwa aus § 109 Abs. 2 GO NRW, wonach der Jahresgewinn der wirtschaftlichen Unternehmen mindestens eine **marktübliche Verzinsung** des Eigenkapitals erreichen soll.[100]

112 Im Zusammenhang mit der Frage, ob die reine Gewinnerzielungsabsicht der Kommune der Annahme eines öffentlichen Zwecks entgegensteht, müssen auch die Forderungen der Kommunen nach einer **Garantiezusage** bewertet werden. Die Frage der kommunalrechtlichen Zulässigkeit solcher Vereinbarungen stellt sich dabei unabhängig von dem konkret vereinbarten Kooperations- oder Beteiligungsmodell, da derartige Garantiezusagen bei allen Modellen vereinbart werden können. Sofern die Garantiezusage dazu dient, der Kommune eine **marktübliche Eigenkapitalverzinsung** im Rahmen etwa des § 109 Abs. 2 GO NRW zu gewährleisten, steht eine derartige Garantiezusage grundsätzlich mit dem Kommunalwirtschaftsrecht im Einklang,[101] solange die übrigen Voraussetzungen einer wirtschaftlichen Betätigung vorliegen. Eine Garantiezusage ist folglich kommunalrechtlich **unzulässig**, wenn sich das kommunale Engagement ausschließlich auf die **reine Verzinsung von Eigenkapital** beschränkt, ohne dass im Übrigen eine zulässige wirtschaftliche Betätigung vorliegt. Folglich muss die Kommune bzw. das wirtschaftliche Unternehmen der Kommune als rechtlich **gleichberechtigter Marktteilnehmer** im Wettbewerb auftreten. § 109 Abs. 1 Satz 1 GO NRW unterstreicht mit den Begriffen „Führen“[102] und „Steuern“ des wirtschaftlichen Unternehmens der Kommune deutlich, dass den

---

98 Articus/Schneider/*Söbbeke*, Erl. § 107, S. 477 ff. m. w. N.; Kleerbaum/Palmen/*Flüshöh/Otto*, Anhang A, Erl. § 107 GO NRW, S. 1118 m. w. N.; *Buchmann*, S. 56 ff. m. w. N.

99 Articus/Schneider/*Söbbeke*, Erl. § 107, S. 477.

100 Vgl. ähnliche Regelungen in § 121 Abs. 8 Satz 2 Nr. 3 HGO; § 114 Abs. 2 Satz 1 NGO; § 85 Abs. 3 Satz 2 Nr. 3 GO RhPf; § 107 Satz 2 GO S-H; § 12 Abs. 3 Satz 2 EigBG BW.

101 So auch *Buchmann*, S. 63.

102 So auch § 121 Abs. 8 Satz 1 HGO; § 85 Abs. 3 Satz 1 GO RhPf; noch deutlicher wird hingegen § 114 Abs. 1 Satz 2 NGO, der nach kommunaler Mehrheitsbeteiligung („steuern und überwachen“) und kommunaler Minderheitsbeteiligung („hinwirken“) differenziert: unabhängig von den Mehrheitsverhältnissen wird also das Erfordernis einer aktive Einflussnahme durch die Kommune betont.

Erträgen auch eine **operative Verantwortung** und damit letztendlich die Übernahme von wirtschaftlichen Risiken zugrundeliegt.

Weiterhin muss die wirtschaftliche Betätigung der Kommune nach § 107 Abs. 1 113
Nr. 2 GO NRW nach Art und Umfang in einem **angemessenen Verhältnis** zur Leistungsfähigkeit der Kommune stehen. Mit diesem Erfordernis sollen die vielfältigen Risiken, die mit dem **unternehmerischen** Tätigwerden verbunden sind und der Kommune sowie dem Gemeindehaushaltsrecht anders als den Unternehmen der Privatwirtschaft an sich fremd sind, auf ein **Mindestmaß** begrenzt werden.[103] Hierauf wird im Rahmen der Bewertung der einzelnen Kooperations- und Beteiligungsmodelle zurück zu kommen sein.[104]

Schließlich muss die Kommune im Rahmen ihrer wirtschaftlichen Betätigung 114
den **Grundsatz der Subsidiarität** gem. § 107 Abs. 1 S. 1 Nr. 3 GO NRW beachten. Danach ist ein kommunales Engagement nur zulässig ist, wenn der öffentliche Zweck durch andere (private) Unternehmen nicht besser und wirtschaftlicher erfüllt werden kann.

bb) Besondere Grundsätze für eine energiewirtschaftliche Betätigung (§ 107 a GO NRW)

Neben den allgemeinen Grundsätzen für eine wirtschaftliche Betätigung hat der 115
nordrhein-westfälische Landesgesetzgeber mit der Bestimmung des § 107 a GO NRW einen gesonderten Ordnungsrahmen für die energiewirtschaftliche Betätigung der Kommunen geschaffen. Bei dieser handelt es sich rechtssystematisch keineswegs um eine neue gemeindewirtschaftsrechtliche Kategorie, sondern vielmehr um einen **speziellen Unterfall der wirtschaftlichen Betätigung.**[105] Demgemäß knüpft auch die energiewirtschaftliche Betätigung der Kommune an die Erfordernisse des öffentlichen Zwecks sowie dem angemessenen Verhältnis zur Leistungsfähigkeit an. Lediglich das Prinzip der Subsidiarität wird gesetzlich aufgehoben.

Hinsichtlich des öffentlichen Zwecks ist in § 107 a Abs. 1 GO NRW mittels einer ge- 116
setzlichen Festlegung[106] bestimmt worden, dass die wirtschaftliche Betätigung in den Bereichen der **Strom-, Gas- und Wärmeversorgung** einem öffentlichen Zweck dient. Der Landesgesetzgeber wollte mit dieser gesetzlichen Ausgestaltung der **elementaren Bedeutung** einer gesicherten Versorgung mit Strom, Gas und Wärme Rechnung tra-

---

103 Vgl. Articus/Schneider/*Söbbeke*, Erl. § 107, S. 478 f.
104 Siehe unter Rn 122 ff.
105 Änderungsantrag zu LT-Drucks. 15/27, S. 13; Siehe im Anhang zu Beschlussempfehlung und Bericht des Ausschusses für Kommunalpolitik, LT-Drucks. 15/867.
106 Änderungsantrag zu LT-Drucks. 15/27, S. 13; Siehe im Anhang zu Beschlussempfehlung und Bericht des Ausschusses für Kommunalpolitik, LT-Drucks. 15/867.

gen.[107] Ein öffentlicher Zweck ist demgemäß immer zu bejahen, wenn die Versorgungsaufgabe **wahrgenommen** wird. Der Begriff der Wahrnehmung impliziert wiederum ein aktives Tätigwerden der Kommune. Des Weiteren wird deutlich, dass nicht jede Tätigkeit im Bereich der Energiewirtschaft einem öffentlichen Zweck dient, sondern ausschließlich die Tätigkeit der **Versorgung**. Was unter dem Begriff der „Versorgung" zu verstehen ist, besagt die landesrechtliche Vorschrift nicht, so dass auf die energiewirtschaftsrechtliche **Legaldefinition** des § 3 Nr. 36 EnWG zurückgegriffen werden muss. Hiernach ist unter dem Begriff der „Versorgung" die Erzeugung oder Gewinnung von Energie zur Belieferung von Kunden, der Vertrieb von Energie an Kunden und der Betrieb eines Energieversorgungsnetzes zu verstehen.

117 In Bezug auf die Kooperations- und Beteiligungsmodelle ist insbesondere das Merkmal des **Betriebs eines Energieversorgungsnetzes** von Bedeutung und dient als Maßstab dafür, ob das kommunale Engagement (noch) als Tätigkeit der Versorgung gewertet werden kann. Die Anknüpfung an den „Betrieb" eines Netzes legt nahe, dass hiermit zuvörderst die **operative Steuerung** gemeint ist. Ist die Tätigkeit der Kommune beim Abschluss eines Kooperations- oder Beteiligungsmodells hingegen im Wesentlichen dadurch gekennzeichnet, dass sie keine operative Verantwortung und infolgedessen keine wirtschaftlichen Risiken eingeht, bestehen erhebliche Bedenken, ob ihre passive Rolle noch als Betrieb eines Energieversorgungsnetzes gewertet werden kann.

118 Noch deutlichere Zweifel sind angebracht, wenn sich die wirtschaftliche Teilnahme der Kommune nicht mehr als Ausdruck ihrer verfassungsrechtlich garantierten Gewährleistungsverantwortung darstellt, sondern lediglich als **Finanzinvestition**. Eine reine Finanzinvestition stellt keine Versorgungstätigkeit dar, so dass bereits **tatbestandlich** keine wirtschaftliche Betätigung in den Bereichen der Strom- und Gasversorgung im Sinne des § 107a Abs. 1 GO NRW gegeben ist. Eine andere Sichtweise, die allenfalls bei einer weiten Auslegung der „wirtschaftlichen" Tätigkeit denkbar wäre, gerät nicht nur mit der verfassungsrechtlichen Aufgabendefinition in Widerspruch, sondern überdehnt auch den Wortlaut des § 107 a Abs. 1 GO NRW.

119 Liegt indes eine wirtschaftliche Betätigung der Kommune im Bereich der Energieversorgung vor, die einem öffentlichen Zweck dient, so ist nach § 107 a Abs. 1 Hs. 2 GO NRW darüber hinaus erforderlich, dass diese wirtschaftliche Betätigung nach Art und Umfang in einem **angemessenen Verhältnis** zu der Leistungsfähigkeit der betreffenden Kommune steht. In diesem Zusammenhang stellt sich bei dem Abschluss von Kooperations- und Beteiligungsmodellen im Besonderen die Frage, ob mit den vorhandenen kommunalen Ressourcen z. B. die mit diesen verbundenen Kaufpreis-, Regulierungs- oder Betriebsrisiken getragen werden können oder ob die wirtschaftliche Betätigung im Einzelfall die personellen, finanziellen und sachlichen Kräfte der

107 Änderungsantrag zu LT-Drucks. 15/27, S. 13; Siehe im Anhang zu Beschlussempfehlung und Bericht des Ausschusses für Kommunalpolitik, LT-Drucks. 15/867.

Kommune übersteigt. Insbesondere mit Blick auf die letztgenannten **erforderlichen Ressourcen** einer Kommune ist deren jeweilige Größe von erheblicher Bedeutung. Eine kleinere Kommune verfügt in aller Regel lediglich über vergleichsweise geringe personelle, finanzielle und sachliche Ressourcen für die Bewältigung der mit der (energie-)wirtschaftlichen Betätigung verbundenen Aufgaben. Die Frage der Leistungsfähigkeit muss daher stets auch unter Berücksichtigung ihrer Größe beurteilt werden.

Bei der Vielzahl der sich in der **Haushaltssicherung** befindlichen Kommunen 120
lässt sich zudem trefflich darüber streiten, ob diese neben der Bewältigung ihrer bereits vorhandenen Haushaltsrisiken auch noch weitere Risiken, die sich aus den Kooperations- und Beteiligungsmodellen ergeben, eingehen sollten. Darauf wird im Rahmen der Bewertung der einzelnen Kooperations- und Beteiligungsmodelle zurück zu kommen sein.

c) Zusammenfassung

Zusammenfassend ist festzuhalten, dass sich aus den grundgesetzlichen und den 121
kommunalrechtlichen Vorschriften die folgenden **Kriterien** für eine zulässige wirtschaftliche Betätigung von Kommunen hinsichtlich der Ausgestaltung von Kooperations- und Beteiligungsmodellen ableiten lassen:

- Die Kommune muss eine Versorgungsaufgabe **wahrnehmen**, also eine **aktive Rolle** in dem Kooperations- oder Beteiligungsmodell einnehmen. Damit verträgt es sich nicht, wenn sie sich allein auf die Finanzinvestoren-Rolle zurück zieht und lediglich die Erzielung einer garantierten, risikofreien Rendite anstrebt.
- Vor dem Hintergrund der Vorgaben zur **Leistungsfähigkeit** muss die Kommune sehr sorgfältig prüfen, ob sie überhaupt selbst in der Lage ist, die sich aus einem Kooperations- oder Beteiligungsmodell ergebenden Risiken und Probleme zu beherrschen. Hier gilt der Grundsatz: Je kleiner die Kommune, umso größer die **Zweifel** an einer **rechtlichen Zulässigkeit** der wirtschaftlichen Betätigung der Kommune. Unabhängig davon muss ganz besonders intensiv geprüft werden, wenn sich die Kommune in der **Haushaltssicherung** befindet.

2. Bewertung der Modelle

Unter Berücksichtigung der vorgenannten grundgesetzlichen und kommunalrechtlichen Vorgaben ergibt sich die folgende **Bewertung** für die Kooperations- und Beteiligungsmodelle. 122

a) Kooperationsmodell

Bei dem Kooperationsmodell übernimmt die Kommune den Konzessionsver- 123
trag selbst und erwirbt das Netz von dem bisherigen Konzessionär. Dadurch trägt

die Kommune das **Kaufpreisrisiko** im Zusammenhang mit dem Netzerwerb. Die Betriebsrisiken werden demgegenüber mittels des Pachtvertrages gegen Zahlung eines Pachtentgelts an die Kommune auf den Fachpartner als Netzbetreiber überwälzt.

124 Die Frage nach dem Vorhandensein der kommunalen Leistungsfähigkeit stellt sich hier vorrangig hinsichtlich des Kaufpreises für das Netz. Es ist dabei maßgeblich auf die **finanzielle Leistungsfähigkeit** der Kommune abzustellen,[108] also auf die Frage, ob sich die Kommune den Erwerb der für den Betrieb der Netze erforderlichen Anlagen überhaupt leisten kann. Daneben sind die aus dem Abschluss des Pachtvertrags resultierenden wirtschaftlichen Verpflichtungen mit in die Betrachtung einzubeziehen.

125 Die kommunale Leistungsfähigkeit hängt maßgeblich von der Größe und der finanziellen Ausstattung der konkreten Kommune ab.[109] Unter Beachtung des **Grundsatzes der Wirtschaftlichkeit und Sparsamkeit**[110] der Kommune bedarf die Zulässigkeit eines Netzkaufs im Einzelfall stets einer besonderen Rechtfertigung, da die Kommune im Kooperationsmodell das vollständige Risiko des Netzkaufs trägt. Somit kann vorbehaltlich der näheren Umstände im Einzelfall nicht gesagt werden, ob der Netzerwerb durch eine Kommune per se kommunalwirtschaftsrechtlich zulässig oder unzulässig ist. Es kommt wesentlich darauf an, wie die **lokalen Verhältnisse** sind. Je kleiner die Kommune oder je schwieriger die Haushaltssituation, umso eher ist die Leistungsfähigkeit der Kommune fraglich. Generell sollte bei Kommunen, die sich in der Haushaltssicherung befinden, die Leistungsfähigkeit sehr sorgfältig hinterfragt werden.[111]

126 Weiterhin ist im Rahmen der rechtlichen Bewertung die Ausgestaltung der **Pachtentgelt-Formel** mit einzubeziehen. Erhält die Kommune über die Pachtentgelt-Formel ein risikoloses Pachtentgelt, liegt die Annahme einer reinen Finanzbeteiligung nahe, so dass erhebliche Zweifel bestehen, ob eine derartige Beteiligung eine zulässige wirtschaftliche Betätigung darstellt.

b) Beteiligungsmodelle

127 Im Rahmen der Beteiligungsmodelle stellt sich für die Kommune nach § 108 Abs. 1 Nr. 1 GO NRW i. V. m. § 107 a Abs. 1 GO NRW die kommunalrechtliche Frage, ob mit der Beteiligung an einer Netzgesellschaft ein **öffentlicher Zweck** verfolgt wird. Nach den Feststellungen des **OVG Münster** zum § 107 Abs. 1 S. 1 GO NRW a. F. ist der Begriff der wirtschaftlichen Betätigung der Kommune betriebs- und nicht handlungsbezo-

108 Vgl. *Henneke/Ritgen*, S. 50.
109 BerlK-EnR/*Pielow*, Einl. Rn 361.
110 Hoppe/Uechtritz/*Oebbecke*, § 9 Rn 7 m.w.N; vgl. auch § 75 Abs. 1 Satz 2 GO NRW.
111 Siehe hierzu auch unter Rn 148.

gen.[112] Für die Errichtung und den Betrieb gemischtwirtschaftlicher Unternehmen bedeutet dies, dass es nicht auf jede einzelne unternehmerische, sondern auf den **Unternehmensgegenstand** insgesamt ankommt. Maßgeblich ist also, ob der Unternehmensgegenstand selbst einem öffentlichen Zweck dient.

Im Hinblick auf die Beurteilung des Unternehmensgegenstandes ist zwischen den verschiedenen Beteiligungsmodellen zu unterscheiden: 128

aa) Netzeigentumsmodell

Bei dem Netzeigentumsmodell erwirbt die Kommune eine **Beteiligung** an einer Gesellschaft, der zwar das Netz gehört, die aber den **Netzbetrieb** einem Dritten überlässt. Im Netzeigentumsmodell trägt die Kommune im Vergleich zum Kooperationsmodell, sofern die Kommune hier nicht bereits Netzeigentümerin war, nicht das vollständige Kaufpreisrisiko des Netzes, sondern nur das ihrer **Beteiligungsquote** entsprechende Risiko. Ein geringeres Risiko der Kommune bei dem Netzkauf wird wohl eher mit dem Erfordernis der angemessenen Leistungsfähigkeit in Einklang zu bringen sein. Nichtsdestotrotz bedarf es auch hier im Einzelfall einer genauen Überprüfung der kommunalen Finanzsituation. 129

Da der Netzbetrieb im Netzeigentumsmodell durch einen Dritten übernommen wird, erhält die Kommune, je nach der Ausgestaltung der Pachtzins-Formel über die Netzpacht ggf. eine **feste Rendite**, ohne sich selbst über die Beteiligungsposition hinaus unternehmerisch zu betätigen. Diese unternehmerische, aktive Betätigung bzw., mit dem gesetzlichen Wortlaut gesprochen, das **„Führen" oder „Steuern" des Unternehmens** im Sinne des § 109 Abs. 1 S. 1 GO NRW ist jedoch zwingende Voraussetzung für die Annahme einer zulässigen wirtschaftlichen Betätigung der Kommune. 130

Eine kommunale Beteiligung im Rahmen eines Netzeigentumsmodells stellt sich je nach Ausgestaltung der Pachtzins-Formel als eine **reine Finanzbeteiligung** dar. Folglich bestehen auch hier erhebliche Zweifel, ob eine derartige Beteiligung eine zulässige wirtschaftliche Betätigung darstellt. 131

bb) Netzbetreiber-Modell

Bei dem Netzbetreiber-Modell beteiligt sich die Kommune an dem eigentlichen Netzbetreiber. Hier ist im Einzelfall fraglich, ob die jeweilige Kommune die **notwendige Leistungsfähigkeit** hat, um sich an einem Netzbetreiber zu beteiligen. Denn unabhängig von der wirtschaftlichen Leistungsfähigkeit muss die Kommune auch die notwendigen sonstigen Leistungsfähigkeiten, insbesondere das notwendige Know-how vorweisen, um die gesellschaftsrechtliche Beteiligung einzugehen. Die Risiken einer 132

---

112 OVG Münster, Beschluss vom 13.8.2003 – 15 B 1137/03 = NVwZ 2003, 1520, 1522.

Beteiligung am Netzbetrieb gehen wesentlich über die Risiken einer Beteiligung im Rahmen des Netzeigentumsmodells hinaus.

133 Bei den netzbetrieblichen **Risiken** geht es zusätzlich um die fachliche, technische und personelle **Leistungskraft** der Kommune bezüglich der mit dem Netzbetrieb zusammenhängenden Themenkreise und hier ganz besonders bei der Beurteilung und Steuerung der **regulatorischen Rahmenbedingungen**. So haben etwa unter dem derzeitigen Regime der Anreizregulierung **Netzineffizienzen** einen erheblichen Einfluss auf die Ergebnissituation der Gesellschaft. Gelingt es dem Netzbetreiber nicht, die beeinflussbaren Kostenanteile innerhalb einer Regulierungsperiode abzubauen, ist die **Wirtschaftlichkeit** des Netzbetriebs gefährdet. Es bedarf also umfangreicher Konzepte und Maßnahmen, um die erforderlichen Effizienzvorgaben umzusetzen. Dazu ist auch ein entsprechendes Know-how erforderlich.

134 Den hohen Investitionskosten der Kommune bei dem Eingehen der Beteiligung steht durch die schwer kalkulierbare Netzentgeltregulierung folglich ein erhebliches **Refinanzierungsrisiko** gegenüber, das erkannt und bewältigt werden muss.

135 Spezielles Augenmerk muss diesem Aspekt bei **kleineren Netzgesellschaften** gewidmet werden. Denn hier stellt sich in besonderem Maße die Frage, ob die für einen profitablen Netzbetrieb notwendigen Effizienz überhaupt realisiert werden kann. Denn Effizienz-Vorteile stellen sich oftmals erst ab einer gewissen kritischen Größe ein. Es besteht im Grundsatz Einvernehmen darüber, dass größere Unternehmen eher in der Lage sind, die regulatorischen Aufgaben mit den bereits vorhandenen Ressourcen zu bewältigen als kleine.[113] Auch der Verordnungsgeber ist der Ansicht, dass kleine Netzbetreiber durch den regulatorischen Aufwand im Rahmen eines umfassenden **Anreizregulierungssystems** überproportional belastet sind und es ihnen zudem wesentlich schwerer als größeren Netzbetreibern fällt, die regulatorischen Entscheidungen der Regulierungsbehörden im Einzelnen nachzuvollziehen.[114]

136 **Effizienzgewinne** sind aber die wesentliche Grundvoraussetzung dafür, dass sich die kommunale Beteiligung rechnet. Insgesamt erscheint es angesichts dieser Komplexität der **Regulierungsvorgaben** im Hinblick auf die fachliche, technische und personelle Leistungsfähigkeit von kleineren Kommunen sehr fraglich, ob die Beteiligung an einer Netzbetreiber-Gesellschaft in einem angemessenen Verhältnis zu ihrer eigenen **Leistungsfähigkeit** steht. Sollte dies nicht der Fall sein, läge keine kommunal-rechtlich zulässige wirtschaftliche Betätigung der Kommune vor.

---

113 BerlK-EnR/*Angenendt*, vor § 21 a EnWG Rn 108.

114 Vgl. BR-Drucks. 417/07, S. 68; Der Verordnungsgeber hat darin auch die Notwendigkeit zur Schaffung eines vereinfachten Verfahrens nach § 24 gesehen.

Praxistipp

Deshalb liegt es für die Kommunen nahe, sich nur gemeinsam mit einem Fachpartner an einer Netzbetreiber-Gesellschaft, der die notwendigen Kenntnisse mitbringt, zu beteiligen. Hierin ist so lange eine den kommunalrechtlichen Vorgaben entsprechende wirtschaftliche Betätigung zu sehen, wie die Kommune entsprechend ihrer Beteiligungsquote an den Chancen und Risiken des Modells beteiligt ist und entsprechende Einflussrechte hat. Dem Fachpartner sollte indes der operative Einfluss, sprich die Mehrheitsbeteiligung eingeräumt werden, um keinen Zweifel an der Leistungsfähigkeit der Kommune aufkommen zu lassen. Denn die Gesellschaft sollte von demjenigen gesteuert werden, der die hierfür notwendigen Kenntnisse mitbringt.

137 Demzufolge ist eine **wirtschaftliche Betätigung** der Kommune entsprechend den kommunalrechtlichen Vorgaben umso unwahrscheinlicher, je mehr die Kommune durch den Fachpartner von den wirtschaftlichen **Risiken** frei gestellt wird. Eine kommunalrechtliche Rechtfertigung für eine kommunale Beteiligung im Rahmen des Netzbetreiber-Modells, bei dem die Kommune über eine umfassende **Garantiezusage** freigestellt wird, erscheint mangels wirtschaftlicher Betätigung zweifelhaft. Dies gilt umso mehr, wenn die Kommune trotz Risikofreistellung dennoch **Mehrheitsgesellschafterin** ist und damit den steuernden operativen Einfluss hat. In derartigen Konstellationen stellt sich darüber hinaus auch die Frage, ob der verfassungsrechtlich geforderte **Gemeinwohlbezug** noch erkennbar ist: Bei einer **disquotalen Verteilung** von Chancen, Risiken und Einflussrechten kann schnell der Verdacht nahe liegen, dass das eigentliche Engagement der Kommune eine kommunalrechtlich unzulässige (Zusatz-)Aktivität darstellt, welche mit der reinen Versorgungstätigkeit nichts mehr zu tun hat, sondern der ausschließlichen **Ertragsoptimierung** dient.

Demzufolge sollte die Kommune an den Chancen und Risiken der gemeinsamen Gesellschaft entsprechend ihrer Beteiligungsquote teilhaben, damit sie nicht in Gefahr kommt, eine reine Finanzbeteiligung einzugehen. 138

c) Stadtwerk-Modell

Die vorgenannten Grundsätze gelten in besonderem Maße auch für das Stadtwerk-Modell, da hier die Kommune sich nicht nur an der Netzsparte, sondern auch an weiteren Geschäftsfeldern beteiligt. Hier ist insgesamt zu prüfen, ob die Kommune die **notwendige Leistungsfähigkeit** hat, um den Ansprüchen an die Gesellschafterstellung bei einer derartigen Beteiligung gerecht zu werden. 139

Denn neben den bereits beschriebenen netzspezifischen Risiken kommen hier weitere Risiken aus den anderen Geschäftsfeldern hinzu. Im Bereich des Energievertriebs muss etwa die **Beschaffungsseite** so bewirtschaftet werden, dass die Bezugskonditionen marktfähige Angebote auf der Absatzseite ermöglichen, nicht zuletzt um eine marktübliche Verzinsung des Eigenkapitals im Sinne des § 109 Abs. 2 GO NRW erreichen zu können. Hierfür bedarf es in der liberalisierten Welt eines ausgefeilten **Portfoliomanagements**, um die Beschaffungs- und Absatzrisiken zu minimie- 140 ren. Ähnliches gilt für andere Geschäftsfelder, wie etwa die **Erzeugung**. Insgesamt dürfte es sich vor dem Hintergrund der vielfältigen Risiken empfehlen, derartige Modelle nur gemeinsam mit einem Fachpartner aufzubauen.

3. Rechtsfolgen bei Verstößen

141 Für den Fall einer kommunalrechtlich unzulässigen wirtschaftlichen Betätigung der Kommune stellt sich sodann die Frage nach den Rechtsfolgen. Im Kommunalrecht stellt die **Kommunalaufsicht** das notwendige Gegenstück zur Selbstverwaltungsgarantie der Kommunen dar:[115] Die Kommunalaufsicht hat zu beachten, dass das Recht der Kommune, alle Angelegenheiten der örtlichen Kommune in eigener Verantwortung im Rahmen der Gesetze zu regeln, nicht beliebig ausgestaltet und geformt werden kann.[116] Die **Kommunalaufsichtsbehörde** muss daher prüfen, ob und inwieweit kommunale Vereinbarungen über Kooperations- und Beteiligungsmodelle mit den Vorschriften des Kommunal(-wirtschafts)rechts in Einklang stehen. Da die Gesellschaftsgründung oder das Eingehen einer kommunalen Beteiligung keine Weisungsaufgabe oder Pflichtaufgabe zur Erfüllung nach Weisung, sondern eine **Selbstverwaltungsangelegenheit** darstellt, sind die Kommunalaufsichtsbehörden lediglich zur **Rechtsaufsicht** befugt.[117]

142 Nichtsdestotrotz erscheint eine dezidierte Kommunalaufsicht erforderlich,[118] denn die allseits verbreitete Ansicht, der Kommune stünde bei ihrer wirtschaftlichen Betätigung und insbesondere bei ihrer Beurteilung des öffentlichen Zwecks eine umfassende **Einschätzungsprärogative** zu,[119] erscheint zweifelhaft[120] und bedarf einer genauen Überprüfung.

143 Diese erfolgt in den nach in der jeweils anwendbaren Gemeindeordnung vorgegebenen **Kommunalaufsichtsverfahren**. In aller Regel muss die Kommune bei der Kommunalaufsichtsbehörde ein **Anzeigeverfahren** durchlaufen.[121] Bei der Anzeigepflicht besteht für die jeweilige Gebietskörperschaft die Verpflichtung, ihre Ent-

115 *Gern*, Rn 802.

116 OVG Bautzen, Urt. v. 26.5.2009 – 4 A 486/08 = KommJur 2010, 154.

117 Die Aufsichtsbehörden haben somit keinerlei Weisungsbefugnisse oder Befugnisse für eine Zweckmäßigkeitskontrolle, sondern prüfen lediglich die Einhaltung der Vorgaben des formellen und materiellen Rechts; vgl. *Burgi*, § 8 Rn 32 ff.

118 Sachs/*Tettinger/Schwarz*, Art. 12 Rn 9; *Pielow*, S. 511 ff.; *Hösch*, S. 56 ff.

119 Vgl. *Hellermann*, S. 208; *Ehlers*, DVBl. 1998, 497, 502.

120 So auch BerlK-EnR/Pielow, Einl. Rn 353.

121 So etwa nach § 115 GO NRW; § 96 Abs. 1 BayGO; § 110 Abs. 1 Nr. 1 BbgGO; § 127 a Abs. 1 HGO; § 77 Abs. 1 KV M-V; § 108 Abs. 1 Satz 1GO S-H; § 118 Satz 1 SaarKSVG, § 116 Abs. 1 NGO, § 72 ThürKO. Dabei stellt die Anzeigepflicht eine besondere Form des Informationsrechts dar, da die Vorlage im Vergleich zum reinen Unterrichtungsrecht obligatorisch ist. Beide Formen stellen im Gegensatz zum Genehmigungsvorbehalt das mildere Mittel dar. Vgl. *Brüning/Vogelsang*, Rn 191.

scheidung zur Gründung einer Gesellschaft bzw. zu einer Beteiligung hieran bei der Kommunalaufsicht anzuzeigen. Die Anzeige ist ein **Informationsmittel**; sie muss alle für die rechtliche Beurteilung durch die Aufsichtsbehörde erforderlichen Angaben und Unterlagen erhalten.[122] Vor dem Hintergrund der Komplexität einzelner Kooperations- und Beteiligungsmodelle ist bereits vor der gesellschaftsrechtlichen Abwicklung eine **umfassende Abstimmung** der Kommune mit den Aufsichtsbehörden dringend geboten, um eine Beratung durch die Kommunalaufsicht zu ermöglichen und etwaige Beanstandungen möglichst zu vermeiden.

Zur Abwendung eines aus der Sicht der Kommunalaufsicht fehlerhaften Verhaltens einer Kommune bei der Vereinbarung von Kooperations- und Beteiligungsmodellen stehen den Aufsichtsbehörden unterschiedliche **repressive**[123] **Aufsichtsmittel** zur Verfügung, welche in den jeweiligen Gemeindeordnungen für die einzelnen Länder gesetzlich bestimmt und abschließend geregelt sind. 144

Im Zusammenhang mit Kooperations- und Beteiligungsmodellen ist unter den verschiedenen Aufsichtsmitteln[124] das Mittel der **Beanstandung und Aufhebung**[125] von besonderer Bedeutung.[126] Mit der Beanstandung kann die Kommunalaufsichtsbehörde die Rechtswidrigkeit von Beschlüsse und Entscheidungen der Kommunen feststellen und darüber hinaus verlangen, dass die von der Kommune getroffenen Beschlüsse sowie Maßnahmen, die auf der Grundlage dieser rechtswidrigen Beschlüsse getroffen worden sind,[127] aufgehoben werden.[128] Der **Beanstandungsgegenstand** ist somit in einem weiten Sinne zu verstehen. Ein Einschreiten der Rechtsaufsichtsbehörde in das privatrechtliche Handeln der Kommune ist mit Bezug auf die **Bindung der Kommunen** als Teil der vollziehenden Gewalt an Recht und Gesetz gem. Art. 20 Abs. 3 GG nicht ausgeschlossen, sodass das Beanstandungsrecht auch die privatrechtliche Tätigkeit der Kommune,[129] mithin also auch **privatrechtli-** 145

---

122 Hoppe/Uechtritz/*Oebbecke*, § 8 Rn 83.

123 Zur Problematik der Abgrenzung zwischen präventiven und repressiven Aufsichtsmitteln vgl. *Brüning/Vogelsang*, Rn 162 ff.

124 Grundsätzlich in Betracht kommen: Beanstandungsrecht, Aufhebungsrecht, Anordnungsrecht, Ersatzvornahme, Bestellung eines Beauftragten, Auflösung einer Vertretungskörperschaft oder Beendigung der Amtszeit des Bürgermeisters; vgl. hierzu im Einzelnen *Gern*, Rn 810 ff.

125 Vgl. z. B. § 121 Abs. 1 Satz 1 GO BW; § 122 Abs. 1 GO NRW; § 112 Abs. 1 BayGO; § 138 HGO; § 130 Abs. 1 Satz 1 NGO; § 121 Satz 1 GO RhPf; § 114 Abs. 1 Satz 1 SächsGO. Fehlt im Landesrecht eine entsprechende Befugnisnorm zur Aufhebung, muss die Aufsichtsbehörde auf das Mittel der Ersatzvornahme zurückgreifen; vgl. *Brüning/Vogelsang*, Rn 260 ff.

126 Von geringerer praktischer Relevanz im Rahmen von Kooperations- und Beteiligungsmodellen dürfte das Anordnungsrecht sein, da es grundsätzlich nur in Betracht kommt, wenn die Kommune trotz bestehender gesetzlicher Pflicht zum Handeln untätig bleibt.

127 Kleerbaum/Palmen/*Buttler*, Erl. § 122 GO NRW, S. 1216; *Schoch*, JURA 2006, 188, 192.

128 Eine Sperrwirkung des Beanstandungs- und Aufhebungsrechts wegen einer zuvor erteilten Genehmigung besteht nicht; vgl. *Brüning/Vogelsang*, Rn 214.

129 Vgl. OVG Weimar, Beschluss vom 7.12.2006 – 4 EO 534/06 = DÖV 2007, 261, 262.

che Vertragsabschlüsse erfasst.[130] Kommt die Kommune einer Beanstandungspflicht nicht nach, kann die Aufsichtsbehörde die Beanstandung selbst vornehmen.

146 Im Falle einer aufsichtsrechtlichen Beanstandung und **Aufhebung** ist auch auf der **Rechtsfolgen-Seite** die innere Verbundenheit von Konzessionsvertrag und Beteiligungslösung zu beachten. Die Kommune muss alles Erforderliche veranlassen, um die in Durchführung eines von der Kommunalaufsichtsbehörde aufgehobenen Beschlusses getroffene Maßnahme **rückgängig** zu machen. Selbst wenn die Beanstandung bzw. die Aufhebung damit keine konkrete Vertragsbestimmung der Beteiligung, wie z.B. einzelne Abreden aus dem Gesellschafts- oder Konsortialvertrag, sondern die Zustimmung zum Wegenutzungsvertrag zum Gegenstand hat, stellen **Beteiligungsvereinbarungen** Maßnahmen dar, die nur wegen des Abschlusses des Wegenutzungsvertrages getroffen wurden. Eine Beanstandung und Aufhebung der kommunalen Zustimmung zu dem Wegenutzungsvertrag mit der Folge seiner Rückgängigmachung – mithin wohl: **Neuausschreibung** der Konzession – würde folglich auch die gesellschaftsrechtlichen Vertragsgestaltungen der Beteiligung „infizieren" und zu deren Rückabwicklung führen – mit der Gefahr etwaiger **Schadensersatzansprüche** gegen die Kommune.[131]

Praxistipp

i Bestehen im Einzelnen Unsicherheiten über die Reichweite der kommunalwirtschaftsrechtlichen Zulässigkeit der Betätigung der Kommune, empfiehlt es sich in der kautelarjuristischen Praxis zur Abwendung rechtlicher und wirtschaftlicher Nachteile gegenüber dem Fachpartner ein entsprechendes **Rücktrittsrecht** für den Fall einer kommunalaufsichtsrechtlichen Beanstandung zu vereinbaren.

---

147 Wie bereits dargestellt, befinden sich zahlreiche Kommunen wegen ihrer defizitären, jedenfalls angespannten Finanzsituation in der **Haushaltssicherung**. Diese dient dem Ziel, die dauernde Leistungsfähigkeit der Kommune sicherzustellen.[132] Die Bedeutung der Haushaltssicherung und ihre praktische Relevanz steigt mit der Zunahme der Anzahl von Kommunen, deren Haushaltssicherungskonzept[133] nicht **genehmigungsfähig** ist und die sich daher im sog. **Nothaushalt**[134] befinden. Auch wenn in der Praxis örtliche Kommunalvertreter eine kommunale Beteili-

---

130 So ausdrücklich VG Weimar, Beschluss vom 8.12.2000 – 2 E 2653/00 = NVwZ-RR 2002, 137, 138.

131 Vgl. *Schwokowski*, LKV 1992, 69, 70.

132 Vgl. z.B. § 76 Abs. 2 Satz 1 GO NRW.

133 Vgl. § 75 Abs. 4 GO NRW; § 53 a Abs. 1 Satz 1 ThürKO; § 74 Abs. 4 Satz 1 BbgGO; § 43 Abs. 7 Satz 1 KV M-V; § 92 Abs. 4 Satz 2 HGO; § 82 Abs. 6 Satz 1 NGO; auch „Haushaltssanierungsplan" bezeichnet, vgl. § 82 a Abs. 1 Satz 1 SaarKSVG; eingehend zum Begriff des Haushaltssicherungskonzepts vgl. *Diemert*, S. 6 ff.

134 Henneke/Pünder/Waldhoff/*Faber*, § 34 Rn 64.

gung an einem Energieversorgungsunternehmen mit den verständlichen Argumenten eines „klaren Bekenntnisses der Politik zu einem Wirtschaftsstandort" oder einer „Stärkung sog. weicher Standortfaktoren" zu rechtfertigen versuchen,[135] muss eine strenge Prüfung der konkreten haushaltsrechtlichen Zulässigkeit erfolgen.

Befinden sich Kommunen im Nothaushalt, hat dies zur Folge, dass sie nur noch solche Aufwendungen entstehen lassen und Auszahlungen leisten dürfen, zu denen sie **rechtlich verpflichtet** sind, oder die für die Weiterführung notwendiger Aufgaben **unaufschiebbar** sind.[136] Als Grundlage dieser Leistungspflichten kommen auch kommunale Beteiligungen an Gesellschaften in Betracht.[137] In Nothaushalts-Kommunen gelten demgemäß **strengere kommunalaufsichtsrechtliche Maßstäbe**. Denn angesichts des sehr engen kommunalen Handlungsspielraums wird die Kommunalaufsichtsbehörde im Einzelfall stets genau zu prüfen haben, ob Beteiligungen einer Nothaushalts-Kommune mit dem Haushaltssicherungsrecht zu vereinbaren sind. 148

Es bestehen **grundsätzliche Zweifel** daran, ob eine Nothaushalts-Kommune in ihrer Situation zu einer Beteiligung an einer Netzgesellschaft sowie einer umfangreichen Finanzinvestition, so wie es § 82 Abs. 1 Nr. 1 GO NRW formuliert, „rechtlich verpflichtet ist". Diese Zweifel erhärten sich dort, wo die Kommune, wie im Kooperationsmodell, das vollständige wirtschaftliche Risiko eines Netzkaufs oder gar, wie im Netzbetreiber-Modell, die zwar nur **beteiligungsquotalen**, aber gleichwohl noch wesentlich umfangreicheren **Risiken** des Netzbetriebs zu tragen hat. Es würde überraschen, wenn die **Aufsichtsbehörde** einer Nothaushalts-Kommune die Eingehung solcher Risiken gestatten und nicht einschreiten würde. 149

IV. Kartellrecht

Aufgrund der Stellung der konzessionsvergebenden Kommune als **Wegerechtsmonopolistin** sind in letzter Zeit auch vermehrte Aktivitäten des BKartA und einzelner Landeskartellbehörden[138] zu verzeichnen. Im Fokus der Kartellbehörden steht hierbei die Frage, ob die Kommunen im Rahmen des Konzessionsvergabe-Verfahrens 150

135 So *Eggert*, Der Gemeindehaushalt 2007, 127, 127.
136 Vgl. z. B. § 82 Abs. 1 Nr. 1 GO NRW.
137 Vgl. hierzu auch Kleerbaum/Palmen/*Flüshöh*, Anh. A Erl. § 82 GO NRW, S. 959 ff.; *Rehn/Cronauge/v.Lennep/Knirsch*, § 82 II. 2.
138 Aufgrund der verstärkt aufgetretenen Überlegungen zum Beteiligungsmodell in Baden-Württemberg hat das dortige Ministerium für Umwelt, Klima und Energiewirtschaft als Landeskartellbehörde Energie am 5.12.2011 sogar ein Positionspapier Konzessionsvergabe zur Beteiligung von Gemeinden an Gemeinschaftsunternehmen mit Energieversorgungsunternehmen sowie zu Pachtmodellen im Zusammenhang mit wegerechtsbezogenen Konzessionsvergaben im

und besonders im Zusammenhang mit Kooperations- und Beteiligungsmodellen ihre **Monopolstellung missbrauchen**.

151 Zunächst ist festzuhalten, dass gem. § 46 Abs. 5 EnWG, § 130 Abs. 2 GWB auf diese Fälle das Kartellrecht anwendbar ist, da sich die Kommunen **unternehmerisch** betätigen. Sie sind gem. § 19 Abs. 2 Satz 1 Nr. 1 GWB **marktbeherrschend**, da sie auf dem Markt der Konzessionsvergabe ohne Wettbewerber sind. Ihr Verhalten unterfällt damit den kartellrechtlichen Beschränkungen gem. §§ 19, 20 GWB.[139] Daneben kann in dem Vertragswerk auch eine kartellrechtswidrige Vereinbarung im Sinne des § 1 GWB gesehen werden.[140]

152 Gem. § 19 Abs. 1 GWB ist die missbräuchliche **Ausnutzung einer marktbeherrschenden Stellung** verboten. § 19 Abs. 4 Nr. 1 GWB konkretisiert das Vorliegen eines Missbrauchs dahingehend, dass die **Wettbewerbsmöglichkeiten** anderer Unternehmen in einer für den Wettbewerb erheblichen Weise ohne sachlichen Grund nicht beeinträchtigt werden dürfen. Ein solcher Verstoß ist anzunehmen, wenn eine Kommune vor der Neuvergabe der Konzession kein **transparentes und diskriminierungsfreies Verfahren** zur Auswahl eines neuen Konzessionsnehmers durchführt, um auf diese in Ausnutzung ihrer Monopolstellung ein kommunales Stadtwerk zu begünstigen.[141] Des Weiteren dürfen von einem marktbeherrschenden Unternehmen gem. § 19 Abs. 4 Nr. 2 GWB keine Leistungen gefordert werden, die sich bei einem wirksamen Wettbewerb nicht einstellen. Weiterhin verbietet § 20 Abs. 1 S. 1 GWB die unbillige Behinderung durch marktbeherrschende Unternehmen. § 20 Abs. 3 S. 1 GWB verbietet einem marktbeherrschenden Unternehmen, Andere dazu aufzufordern oder zu veranlassen, dem Marktbeherrscher ohne sachliche Rechtfertigung Vorteile zu gewähren.

153 Soweit in einem Konzessionsvergabe-Verfahren gegen die Regelungen des **Höchstpreisrechts und das Nebenleistungsverbot** der KAV verstoßen wird, liegt

---

Strom- und Gassektor veröffentlicht, http://www.versorger-bw.de/fileadmin/BENUTZERDATEN/Bildmaterial/Kartell/Positionspapier_Konzessionsvergabe_final.pdf.

139 BGH, Urt. v. 11.11.2008 – KZR 43/07 = WuW/E DE-R 2581 ff.; BKartA, Beschl. vom 16.9.2009 (GAG Ahrensburg, B10-11/09), ZNER 2009, 429, 431; Ziffern 17 f. des Gemeinsamen Leitfadens des BKartA und der BNetzA zur Vergabe von Strom- und Gaskonzessionen und zum Wechsel des Konzessionsnehmers vom 15.12.2010, abgedruckt in ZNER 2011, 153, 154; Kap. B.II.3 des Positionspapiers Konzessionsvergabe des Ministeriums für Umwelt, Klima und Energiewirtschaft Baden-Württemberg als Landeskartellbehörde Energie zur Beteiligung von Gemeinden an Gemeinschaftsunternehmen mit Energieversorgungsunternehmen sowie zu Pachtmodellen im Zusammenhang mit wegerechtsbezogenen Konzessionsvergaben im Strom- und Gassektor vom 5.12.2011, http://www.versorger-bw.de/fileadmin/BENUTZERDATEN/Bildmaterial/Kartell/Posi-tionspapier_Konzessionsvergabe_final.pdf.

140 Vgl. auch *Säcker*, ZNER 2005, 270, 271.

141 Vgl. jüngst BKartA, Beschl. vom 18.10.2011 – B 10 – 6/11 – Rn 24, wonach hierdurch zugleich auch ein Verstoß gegen Art. 101 Abs. 1 und 3 AEUV sowie § 1 GWB gegeben ist, http://www.bundeskartellamt.de/wDeutsch/download/pdf/Missbrauchsaufsicht/B10-06-11.pdf.

ein Verstoß gegen die §§ 19f. GWB vor,[142] da rechtstreue Bewerber diskriminiert werden. Der Verstoß gegen die §§ 19f. GWB hat zur Folge, dass das gesamte Vertragswerk gem. § 134 BGB nichtig ist.

Daneben kommt auch eine Anwendung des § 1 GWB in Betracht.[143] Denn die **vertragliche Vereinbarung** zwischen der Kommune und dem erfolgreichen Bewerber, die eine KAV-widrige Nebenleistung enthält, **diskriminiert** die Bewerber, die sich **rechtstreu** verhalten haben. Das Vertragswerk wäre dann ebenfalls gem. § 1 GWB i. V. m. § 134 GWB nichtig. 154

Zusätzlich droht den Kommunen, die KAV-widrige Leistungen vereinbaren neben der Nichtigkeit des Vertragswerkes eine **Untersagungsverfügung** der Kartellbehörden gem. § 32ff. GWB und im schlimmsten Fall ein **Bußgeldverfahren** der Kartellbehörden gem. § 81 GWB, das mit empfindlichen Strafen geahndet werden kann. 155

Zur Beseitigung jedweder **Wettbewerbsbeschränkungen** ist die Kommune darüber hinaus gehalten, die Wegenutzungsrechte in einem unter allen Gesichtspunkten **gesetzeskonformen Verfahren** – also auch unter Berücksichtigung KAV-konformer Kooperations- und Beteiligungsmodelle – neu zu vergeben.[144] 156

C. Zusammenfassung

Dem verständlichen Wunsch der Kommunen, sich im Rahmen der **Neuvergabe** von Konzessionen auf unterschiedliche Art und Weise an den Chancen der **Energieversorgung** zu beteiligen, sind im Rahmen des Rechts Grenzen gesetzt. Bei der Gestaltung von Kooperations- oder Beteiligungsmodellen sollte darauf geachtet werden, dass wegen der inneren **Verbundenheit** von Konzessionsvergabe und den zu vereinbarenden Kooperations- oder Beteiligungsmodellen die **energierechtlichen Vorschriften** mit der Folge Anwendung finden, dass das gewählte Modell einem **Drittvergleich** nach § 3 KAV Stand halten muss. Weiterhin kann vor einer Orientierung der Kommunen an der eigenen Gewinnmaximierung bei gleichzeitiger, möglichst weitgehender Risikominimierung nur gewarnt werden. Hierfür sind insbesondere (verfassungs-)rechtlich enge Grenzen gesteckt. Die energiewirtschaftliche 157

---

142 Ziffer 22 des Gemeinsamen Leitfadens des BKartA und der BNetzA zur Vergabe von Strom- und Gaskonzessionen und zum Wechsel des Konzessionsnehmers vom 15.12.2010, abgedruckt in ZNER 2011, 153, 155.

143 Ziffer 24 des Gemeinsamen Leitfadens des BKartA und der BNetzA zur Vergabe von Strom- und Gaskonzessionen und zum Wechsel des Konzessionsnehmers vom 15.12.2010 m. w. N., abgedruckt in ZNER 2011, 153, 155.

144 BKartA, Beschluss vom 18.10.2011 – B 10 – 6/11 – Rn 26, http://www.bundeskartellamt.de/wDeutsch/download/pdf/Missbrauchsaufsicht/B10-06-11.pdf.

Betätigung der Kommune setzt stets die aktive **Wahrnehmung** einer **Versorgungsaufgabe** voraus und darf sich nicht auf die Rolle eines reinen Finanzinvestors beschränken. Dies sollte beherzigt werden, wenn man als Kommune eine aktive Rolle in der örtlichen Energieversorgung spielen möchte.

Kapitel 5
Die „Vergabe“ von Wegenutzungsverträgen

A. Gesetzliche Anforderungen an das Verfahren um die „Vergabe“ von Wegenutzungsverträgen

I. Die gesetzlichen Rahmenbedingungen

Die „Vergabe“ von Wegenutzungsverträgen kann nach den gesetzlichen Rahmenbedingungen in § 46 EnWG auf zwei Arten erfolgen: Entweder über den Abschluss eines **einfachen Wegenutzungsvertrags** nach § 46 Abs. 1 EnWG oder gem. § 46 Abs. 2 EnWG durch den Abschluss eines **qualifizierten Wegenutzungsvertrags** oder auch **Konzessionsvertrags** über die Nutzung öffentlicher Verkehrswege für die Verlegung und den Betrieb von Leitungen, die zu einem Energieversorgungsnetz der allgemeinen Versorgung gehören. 1

In beiden Fällen ist die **Gemeinde** bei der Auswahl ihres Vertragspartners nicht vollständig frei, sondern sie **unterliegt gesetzlichen Anforderungen.** Die maßgeblichen Bestimmungen finden sich in **§ 46 EnWG,** im **GWB** und – in Ausnahmefällen – im **Vertrag über die Arbeitsweise der Europäischen Union.** 2

Die Gemeinde hat sowohl einfache Wegenutzungsverträge als auch Konzessionsverträge in einem diskriminierungsfreien und transparenten Verfahren zu vergeben. Wie das Verfahren im Fall des Neuabschlusses bzw. der vorzeitigen Verlängerung von Konzessionsverträgen konkret zu gestalten ist, regelt § 46 Abs. 3 EnWG. 3

II. Anforderungen an die Vergabe einfacher Wegenutzungsverträge nach § 46 Abs. 1 EnWG

Nach **§ 46 Abs. 1 S. 1 EnWG** haben die Gemeinden ihre öffentlichen Verkehrswege für die Verlegung und den Betrieb von Leitungen, einschließlich von Fernwirkleitungen zur Netzsteuerung und Zubehör, zur unmittelbaren Versorgung von Letztverbrauchern im Gemeindegebiet **diskriminierungsfrei** zur Verfügung zu stellen. Nach dem Gesetzeswortlaut unterliegt die Gemeinde einem gesetzlichen **Kontrahierungszwang.**[1] 4

Weitere Anforderungen an das Verfahren um die Vergabe von Wegenutzungsverträgen sieht das Gesetz nicht vor.[2] 5

---

1 *Salje*, EnWG, § 46 Rn 49; Britz/Hellermann/Hermes/*Hellermann*, § 46 Rn 38; BGH NVwZ-RR 2009, 596

2 Zu den Anforderungen an das Verfahren um die Vergabe einfacher Wegenutzungsverträge vgl. Kap. 2 Rn 219ff.

III. Anforderungen an den Neuabschluss bzw. die Verlängerung von Konzessionsverträgen nach § 46 Abs. 3 EnWG

6 § 46 Abs. 2 S. 1 EnWG begrenzt die **Laufzeit von Konzessionsverträgen** auf höchstens 20 Jahre. Anders als im Fall der einfachen Wegenutzungsverträge regelt das Gesetz in § 46 Abs. 3 EnWG zusätzliche Anforderungen, wie die Gemeinden das als **Bekanntmachungsverfahren** bezeichnete Verfahren um den Abschluss von Konzessionsverträgen auszugestalten haben. Das Gesetz differenziert dabei zwischen der Vergabe des Konzessionsvertrags nach seinem regulären Vertragsablauf und der Vergabe des Konzessionsvertrags vor Ablauf dessen vertraglich vereinbarter Laufzeit.

1. Gesetzliche Anforderungen an die Durchführung des Bekanntmachungsverfahrens im Fall des regulären Auslaufens von Konzessionsverträgen

7 Nach **§ 46 Abs. 3 S. 1 EnWG** hat die Kommune **spätestens zwei Jahre vor Ablauf von Konzessionsverträgen** das Vertragsende und einen ausdrücklichen Hinweis auf die nach Abs. 2 S. 4 von der Gemeinde in geeigneter Form zu veröffentlichenden Daten sowie den Ort der Veröffentlichung durch Veröffentlichung im **Bundesanzeiger** oder im **elektronischen Bundesanzeiger** bekannt zu machen. Sofern im Gemeindegebiet mehr als 100.000 Kunden unmittelbar oder mittelbar an das Versorgungsnetz angeschlossen sind, hat die Bekanntmachung zusätzlich im **Amtsblatt der Europäischen Union** zu erfolgen. Anders als noch unter der Geltung des §§ 103 und 103 a GWB a. F. stellt § 46 Abs. 3 S. 1 EnWG damit konkrete Anforderungen an die Durchführung des Bekanntmachungsverfahrens.

a) Das Bekanntmachungsverfahren – ein historischer Überblick

8 Ausdrückliche gesetzliche Regelungen für das Verfahren um die Vergabe von Wegenutzungsverträgen enthielt das Gesetz unter der Geltung der §§ 103 und 103 a GWB a. F. nicht. Unter der **Geltung der §§ 103 und 103 a GWB a. F.** umfassten die **Konzessionsverträge** zwischen Gemeinde und Energieversorgungsunternehmen neben der Einräumung des **ausschließlichen Wegerechtes** auch das **Recht zur unmittelbaren öffentlichen Versorgung von Letztverbrauchern.** Ergänzt wurden die Konzessionsverträge durch so genannte **Demarkationsabsprachen**, d. h. Verträge zwischen Energieversorgungsunternehmen mit dem Inhalt, die Versorgung von Letztverbrauchern im jeweiligen Versorgungsgebiet des Vertragspartners zu unterlassen. Im Ergebnis verfügte das Energieversorgungsunternehmen infolge der über die Konzessionsverträge eingeräumten ausschließlichen Wegerechte sowie das Recht zur unmittelbaren Versorgung von Letztverbrauchern über in der Regel **auf unbestimmte Zeit eingeräumte Wege- und Versorgungsrechte** im jeweiligen Konzessionsvertragsgebiet.

Das Gesetz enthielt weder Vorgaben an die Gemeinde, wie sie im Falle eines Neuabschlusses des Konzessionsvertrags nach Ablauf der Vertragslaufzeit vorzugehen hatte, noch gab es eine **gesetzliche Laufzeitbegrenzung** für Konzessionsverträge. Dies änderte sich erst im Jahr 1980 mit Inkrafttreten der **4. GWB-Novelle.**[3] Ab diesem Zeitpunkt durften **Konzessionsverträge** und **Demarkationsabsprachen** der Elektrizitäts- und Gasversorgung **nicht mehr auf unbestimmte Zeit abgeschlossen werden**, sondern waren auf eine Laufzeit von **maximal 20 Jahren** begrenzt. Hierdurch sollte unter Aufrechterhaltung des Systems geschlossener Versorgungsgebiete ein gewisser Wettbewerb geschaffen werden. 9

Ausweislich der Gesetzesbegründung hielt man diese Neuregelung für geboten, damit das **System der Gebietsmonopole** nicht zum Nachteil der Abnehmer erstarrt und **nicht mehr flexibel** genug ist, auf die versorgungswirtschaftlichen Erfordernisse zu reagieren.[4] Spätestens alle 20 Jahre sollten die versorgungswirtschaftlichen Gegebenheiten einer Kontrolle unterworfen werden. Wie diese Kontrolle auszusehen hatte bzw. in welchem Verfahren Gemeinde und Energieversorger einen neuen Konzessionsvertrag abschließen konnten, ließ der Gesetzgeber jedoch offen. 10

Das änderte sich mit der Neufassung des Energiewirtschaftsgesetzes durch das **Gesetz zur Neuregelung des Energiewirtschaftsrechts vom 24.4.1998.**[5] Darin wurde erstmalig auch das **Bekanntmachungsverfahren** geregelt, das die Gemeinden im Rahmen der Vergabe von Konzessionsverträgen zu beachten haben. Ausweislich von **§ 13 Abs. 3 EnWG 1998** hatte die Gemeinde spätesten **zwei Jahre vor Ablauf** von Verträgen nach § 13 Abs. 2 (d.h. den Konzessionsverträgen) das **Vertragsende in geeigneter Form bekannt zu machen.** Darüber hinaus sah das Gesetz die **Pflicht der Gemeinde** vor, ihre **Auswahlentscheidung** zu begründen. Sofern sich mehrere Unternehmen um den Abschluss des Konzessionsvertrags beworben hatten, war die Gemeinde verpflichtet, bei Neuabschluss oder Verlängerung von Konzessionsverträgen ihre Entscheidung unter Angabe der maßgeblichen Gründe öffentlich bekannt zu machen. 11

Nach welchen **Kriterien** die Gemeinde ihre **Auswahlentscheidung** zu treffen hatte, gab der Gesetzgeber den Gemeinden nicht vor. Der Gesetzgeber war der Auffassung, dass **allein eine höhere Transparenz** sowie eine bessere **Nachvollziehbarkeit** der gemeindlichen Entscheidung dazu beitragen werden, dass die Auswahl nach rationalen Kriterien erfolgt.[6] 12

Im Rahmen der Neufassung des Energiewirtschaftsrechts durch das **Zweite Gesetz zur Neuregelung des Energiewirtschaftsrechts vom 7.7.2005**[7] wurde die Re- 13

3 BGBl. I 1980 S. 458.
4 BT-Drucks. 8/3690, zu § 103 und 103 a EnWG, S. 32 li. Sp.
5 BGBl. I Nr. 23, S. 730 ff.
6 BT-Drucks. 806/96, zu § 8 EnWG, S. 45.
7 BGBl. I Nr. 42, S. 1970 ff.

gelung des § 13 Abs. 3 EnWG 1998 in **§ 46 Abs. 3 EnWG** übernommen. Ein gewisser Anpassungsbedarf ergab sich allerdings aus dem Umstand, dass – anders als noch unter der Geltung des EnWG 1998 – vom Gegenstand eines **Konzessionsvertrags** nur noch das **Recht zur Nutzung der öffentlichen Verkehrswege für die Verlegung und den Betrieb eines örtlichen Verteilnetzes** umfasst ist, nicht dagegen mehr das Versorgungsrecht.[8]

14 Die **Bekanntmachung** hat im **Bundesanzeiger** oder im **elektronischen Bundesanzeiger** zu erfolgen. Damit entfiel der unter der Vorgängerregelung, d. h. des § 13 Abs. 3 EnWG 1998, aufgetretene Streit über die Frage, wann eine Bekanntmachung „in geeigneter Form“ erfolgt ist. Sollten in dem Gemeindegebiet **mehr als 100.000 Kunden** unmittelbar oder mittelbar an das Versorgungsnetz angeschlossen sein, hat die **Bekanntmachung zusätzlich im Amtsblatt der Europäischen Union** zu erfolgen. Die bestehende gesetzliche Regelung wurde in **§ 46 Abs. 3 S. 4 und S. 5 EnWG** durch eine ausdrückliche Regelung der **vorzeitigen Verlängerung von Konzessionsverträgen** ergänzt.

15 Im Zuge der **Gesetzesnovellierung im Jahr 2011**[9] wurde das in § 46 EnWG geregelte Bekanntmachungsverfahren weiter konkretisiert. So wurde in § 46 Abs. 2 S. 4 EnWG ein **Informationsanspruch der Gemeinde** gegenüber dem Altkonzessionär normiert. Der Altkonzessionär hat danach der Gemeinde alle technischen und wirtschaftlichen Daten, die für eine Bewertung des Netzes erforderlich sind, zur Durchführung des Bekanntmachungsverfahrens zur Verfügung zu stellen. Ausweislich der Gesetzesbegründung müssen diese Daten durch den gegenwärtigen Netzbetreiber zur Verfügung gestellt werden. Denn nur auf dieser Grundlage können Unternehmen entscheiden, ob sie sich auf die nach § 46 Abs. 3 EnWG durchzuführende Ausschreibung bewerben.[10]

16 Ergänzend verpflichtet § 46 Abs. 3 S. 1 EnWG die Gemeinde, in der **Bekanntmachung** einen ausdrücklichen **Hinweis auf die Daten nach § 46 Abs. 2 S. 4 EnWG** sowie den **Ort der Veröffentlichung** aufzunehmen.

17 **§ 46 Abs. 2 S. 5 EnWG** regelte nunmehr ausdrücklich, dass die **BNetzA** die **Befugnis** hat, den **Umfang** der zur Verfügung zu stellenden **Daten** sowie das **Datenformat festzulegen**. Die Entscheidung muss dabei im Einvernehmen mit dem BKartA ergehen. Inwieweit hier auf die bereits im Gemeinsamen Leitfaden von BNetzA und BKartA zur Vergabe von Strom- und Gaskonzessionen und zum Wechsel des Konzessionsnehmers vom 15.12.2010[11] genannten Maßstäbe, insbesondere auf den Umfang der herauszugebenden Daten abzustellen sein wird, bleibt abzuwarten.

---

8 Vgl. Kap. 2 Rn 79 ff.

9 BGBl. I Nr. 41, S. 1554 ff.

10 BT-Drucks. 17/6072, S. 88.

11 http://www.bundeskartellamt.de/wDeutsch/download/pdf/Diskussionsbeitraege/101215_Leitfaden_Konzessionsrecht_BNetzA-BKartA.PDF.

Schließlich wurde in **§ 46 Abs. 3 EnWG** ein neuer Satz 5 eingefügt. Darin hat der Gesetzgeber ausdrücklich **klargestellt**, dass die **Gemeinde** bei der Auswahl des Konzessionsvertragspartners **den Zielen des § 1 EnWG**, d.h. einer möglichst **sicheren**, **preisgünstigen**, **verbraucherfreundlichen**, **effizienten** und **umweltverträglichen** leitungsgebundenen **Versorgung der Allgemeinheit** mit Elektrizität und Gas, die zunehmend auf erneuerbaren Energie beruht, **verpflichtet** ist. 18

Offensichtlich versucht der Gesetzgeber damit einer **verbraucher- und wettbewerbsschädlichen Ausnutzung der Marktmacht der Gemeinden bei der Zuteilung der Wegerechte entgegenzuwirken.**[12] § 13 EnWG 1998 bzw. § 46 EnWG 2005 beschränkten sich in Abs. 1 auf die ausdrückliche Vorgabe einer „diskriminierungsfreien“ Entscheidung sowie in Abs. 5 auf einen Verweis auf die allgemeinen kartellrechtlichen Missbrauchsvorschriften.[13] Hieraus wurde vielfach von Gemeinden der – falsche – **Rückschluss** gezogen, es reiche für eine **diskriminierungsfreie Vergabe** von Wegerechten aus, **wenn die Gemeinde irgendeinen – ggf. auch nur sie selbst begünstigenden – sachlichen Grund für ihre Wegerechtsentscheidung anführen konnte**. In der jüngsten EnWG-Novelle wurde § 46 Abs. 3 EnWG um einen neuen Satz 4 ergänzt, in dem klargestellt wurde, dass die Gemeinde bei ihrer Entscheidung über den Konzessionsvertragspartner den Zielen des § 1 EnWG verpflichtet ist.[14] Das bedeutet sie muss mit ihrer Entscheidung zu einer sicheren, preisgünstigen, verbraucherfreundlichen, effizienten und umweltverträglichen leitungsgebundenen Energieversorgung und gem. § 1 Abs. 2 EnWG zu einem wirksamen und unverfälschten Wettbewerb und einen langfristig angelegten leistungsfähigen und zuverlässigen Netzbetrieb beitragen. Dies **engt die sachlichen Rechtfertigungsgründe i.S.v. § 46 Abs. 1 EnWG ein. Orientiert sich die Gemeinde** bei der Zuteilung des Wegerechts **nicht an diesen Zielen**, sondern daran, welcher Bewerber die für sie selbst vorteilhaftesten Regelungen anbietet, wäre dies wohl **diskriminierend**. 19

12 Schon vor Jahren von den Aufsichtsbehörden gefordert, vgl. z. B. *Schäfer*, RdE 1993, 185, 193.

13 Dazu gehört neben den „klassischen“ Verboten der Diskriminierung (§§ 19 Abs. 4 Nr. 3, 20 GWB) sowie des Behinderungs- und Ausbeutungsmissbrauchs (§ 19 Abs. 4 Nr. 1, 2 GWB) auch die 1998 in das GWB aufgenommene essential-facility-Regelung (§ 19 Abs. 4 Nr. 4 GWB); unter die dort genannten Netze fällt auch das öffentliche Straßennetz (vgl. *Haellmigk/Wippich*, RdE 2011, 248ff.), jedenfalls soweit die Straßennutzung nicht straßenrechtlich (Sondernutzungserlaubnis) oder spezialgesetzlich (z. B. §§ 68ff. TKG) geregelt ist und, wie bei der Strom- und Gasverteilung, einen „bottleneck“ für den (Netz-)Kundenzugang darstellt.

14 Gem. § 1 Abs. 1 EnWG u. a. eine möglichst sichere, preisgünstige, verbraucherfreundliche und effiziente Versorgung, gem. § 1 Abs. 2 EnWG ein wirksamer und unverfälschter Wettbewerb und ein langfristig angelegter leistungsfähiger und zuverlässiger Netzbetrieb. Dies engt die sachlichen Rechtfertigungsgründe i. S. v. § 46 Abs. 1 EnWG ein. Orientiert sich die Gemeinde bei der Zuteilung des Wegerechts nicht an diesen Zielen, sondern daran, welcher Bewerber die für sie selbst vorteilhaftesten Regelungen anbietet (so die bisheriger Praxis, vgl. *Jacob*, RdE 2011, 212, 214, bei Fn. 35), wäre dies wohl als diskriminierend anzusehen.

20 Es bleicht abzuwarten, ob diese Vorgaben der häufig vorgefundenen gemeindlichen Selbstbegünstigung bei der Wegerechtsvergabe effektiv entgegenwirkt.

b) Form und Inhalt des gesetzlichen Bekanntmachungsverfahrens

21 Nach **§ 46 Abs. 3 S. 1 EnWG** hat eine **Bekanntmachung des Vertragsendes** zu erfolgen. Sinn und Zweck der Bekanntmachung ist es, **Wettbewerb um die Vergabe von Konzessionen sicherzustellen.** Nur wenn bekannt ist, dass ein Konzessionsvertrag zum Neuabschluss ansteht, kann auch Wettbewerb entstehen.[15]

22 Was im Rahmen einer Bekanntmachung im energiewirtschaftsrechtlichen Sinn erforderlich ist, ist im EnWG nur rudimentär geregelt. Es kann daher nicht erstaunen, dass viele Einzelheiten streitig sind. Einig ist man sich allerdings darüber, dass **eine förmliche Ausschreibung** nach den Bestimmungen der §§ 97 ff. GWB **nicht erforderlich** ist.[16] Die Bekanntmachung ist folglich als **bloße Mitteilung an die Allgemeinheit** zu verstehen, dass der örtliche Wegenutzungsvertrag zu einem bestimmten Zeitpunkt auslaufen wird.

23 Die Bekanntmachung muss seit der am 4.8.2011 in Kraft getretenen Gesetzesnovellierung neben der Mitteilung, zu welchem Zeitpunkt der der Bekanntmachung zugrundeliegende Strom- bzw. Gaskonzessionsvertrag endet, auch einen **Hinweis** auf die nach § 46 Abs. 2 S. 4 EnWG[17] **von dem Altkonzessionär der Gemeinde zu übergebenden Daten** sowie den **Ort der Veröffentlichung dieser Daten** enthalten. Der Hinweis auf diese Daten nach § 46 Abs. 2 S. 4 EnWG sowie den Ort der Veröffentlichung ist nicht so zu verstehen, dass die Daten konkret in der Bekanntmachung aufgeführt sein müssen. Vielmehr **reicht es aus,** wenn die **Gemeinde in der Bekanntmachung darauf hinweist, dass sie über diese Daten verfügt und gleichzeitig den Ort nennt,** an dem diese Daten eingesehen werden können.

24 Die Benennung des Veröffentlichungsortes bedeutet aber nicht, dass jeder, der sich für diese Daten interessiert, diese auch einfach einsehen kann. Vielmehr wird ein **Einsichtsrecht** auch weiterhin nur den **berechtigten Interessenten** zustehen. Das sind diejenigen **Bewerber**, die innerhalb der in der Bekanntmachung bezeichneten Frist, der so genannten **Interessensbekundungsfrist**, ihr Interesse am Abschluss des Konzessionsvertrags geäußert haben. Gleichzeitig wird man von diesen

---

15 So OLG Düsseldorf, Urt. v 12.3.2008 – VI-2 U 8/07 (Kart.) – Rn 28; BerlK-EnR/*Wegner*, § 46 EnWG Rn 97; Danner/Theobald/*Theobald*, § 46 EnWG Rn 104; *Salje*, EnWG, § 46 Rn 137; Schneider/Theobald/*Albrecht*, § 46 EnWG Rn 72; Britz/Hellermann/Hermes/*Hellermann*, § 46 Rn 61; *Büdenbender*, EnWG, zu § 13 (a. F.) Rn 72; a. A. *Keller-Herder*, S. 273 ff.; Kermel/Brucker/Baumann/*Keller*, S. 59.

16 So auch Britz/Hellermann/Hermes/*Hellermann*, § 46 Rn 66; BerlK-EnR/*Wegner*, § 46 EnWG Rn 103.

17 In § 46 Abs. 3 Satz 1 EnWG wird fälschlicherweise auf § 46 Abs. 2 Satz 3 EnWG verwiesen. Hierbei kann es sich nur um ein redaktionelles Versehen handeln.

Interessenten auch weiterhin die Unterzeichnung einer **Vertraulichkeitsvereinbarung** verlangen können, da es sich bei diesen Daten regelmäßig um Betriebs- und Geschäftsgeheimnisse handeln wird.[18] Aus diesem Grund scheidet auch eine Veröffentlichung dieser Daten bspw. auf der offiziellen Homepage der Gemeinde aus.[19]

Die **Bekanntmachung** hat im Fall des regulären Ablaufs von Konzessionsverträgen im **Bundesanzeiger** oder **elektronischen Bundesanzeiger** zu erfolgen. Soweit an das Energieversorgungsnetz **mehr als 100.000 Kunden** unmittelbar oder mittelbar angeschlossen sind, muss die Bekanntmachung zusätzlich im **Amtsblatt der Europäischen Union** erfolgen. Eine Bekanntmachung im öffentlichen Gemeinde- oder Amtsblatt reicht demgegenüber nicht aus.[20] 25

Praxistipp
Eine Bekanntmachung nach § 46 Abs. 3 S. 1 EnWG könnte beispielsweise den folgenden Inhalt haben: i

„Die Stadt A macht gem. § 46 Abs. 3 S. 1 Energiewirtschaftsgesetz (EnWG) bekannt, dass der bestehende Stromkonzessionsvertrag zwischen der Stadt A und der B GmbH am [Datum] endet. Energieversorgungsunternehmen, die an dem Abschluss eines Stromkonzessionsvertrags mit der Stadt A interessiert sind, werden hiermit aufgefordert, ihr Interesse schriftlich bis spätestens [Datum] bei der Stadt A [Dezernat, Ansprechpartner, Adresse] zu bekunden. Die zur Abgabe eines Angebots auf Abschluss eines Konzessionsvertrags erforderlichen technischen und wirtschaftlichen Netzdaten hat die B GmbH der Stadt A zur Verfügung gestellt. Diese können gegen Unterzeichnung einer Vertraulichkeitsvereinbarung bei der Stadt A eingesehen werden.“

c) Zeitpunkt der Bekanntmachung

Die **Bekanntmachung** hat **spätestens zwei Jahre** vor Ablauf des Konzessionsvertrags zu erfolgen. Die im Gesetz gewählte Formulierung „spätestens“ lässt darauf schließen, dass die Möglichkeit besteht, die Bekanntmachung auch zu einem früheren Zeitpunkt durchzuführen. Dies spricht dafür, dass es sich um eine **gesetzliche Mindestfrist** handelt.[21] 26

In diesem Zusammenhang stellt sich aber die Frage, **wie viel früher** als die gesetzliche Mindestfrist eine **Bekanntmachung** nach § 46 Abs. 3 S. 1 EnWG erfolgen darf. Die Frage beantwortet sich unter Berücksichtigung von Sinn und Zeck der Bekanntmachung. Die Bekanntmachung dient dazu, zumindest ansatzweise Wettbewerb um die Vergabe von Konzessionen zu ermöglichen. Die **Zulässigkeit** einer zeit- 27

18 Vgl. hierzu Kap. 5 Rn 98ff.

19 So aber die Gesetzesbegründung, BT-Drucks. 17/6072, S. 88.

20 Zu den Rechtsfolgen einer fehlenden bzw. fehlerhaften Bekanntmachung s.u. Kap. 5 Rn 259ff.

21 Kermel/Brucker/Baumann/*Keller*, S. 61.

lich früheren Bekanntmachung **richtet sich** also danach, ob der **Wettbewerb** in einem zeitlich früheren Stadium **mit der Bekanntmachung des Vertragsendes rechnen durfte.**

28 Einzelne **Kartellbehörden** haben zur Vorgängerregelung des § 46 Abs. 3 EnWG, d.h. zu § 13 Abs. 3 EnWG 1998, die Auffassung vertreten, dass die **Gemeinden** ihre **marktbeherrschende Stellung** bei der Vergabe des Konzessionsvertrags **ausnutzen**, sofern der **Abschluss** eines neuen Konzessionsvertrags **erheblich vor dem regulären Ablauf** des alten Konzessionsvertrags **erfolgt** und hierfür **keine berechtigten Gründe vorliegen.**

29 Dem ist jedoch entgegenzuhalten, dass bei der erheblichen **Anzahl von Konzessionsverträgen, die auslaufen oder zur Verlängerung anstehen**, die Ablaufdaten überhaupt nicht bekannt sind. Der **Wettbewerb muss sich** folglich stets darauf **einstellen**, dass **Bekanntmachungen jederzeit** in den dafür vorgesehenen Bekanntmachungsmedien **erfolgen können**. Damit obliegt es dem potentiellen **Interessenten**, sich über ein mögliches Auslaufen von Konzessionsverträgen regelmäßig und gewissenhaft zu **informieren.**[22]

30 Letztlich wird es aber auf den **Einzelfall** ankommen, ob von einer zeitlichen Vorverlagerung der Bekanntmachung eine nachteilige Wirkung ausgeht. Je weiter die Bekanntmachung zeitlich vorgezogen wird, umso eher besteht das Risiko, dass der Wettbewerb hiervon keine Kenntnis erlangt. Eine abstrakte Aussage oder starre zeitliche Grenze, ab wann eine Wettbewerbsbeeinträchtigung vorliegt, kann daher nicht getroffen werden. Dies gilt umso mehr als **sachliche Gründe** auch einen zeitlich sehr viel **früheren Neuabschluss zweckmäßig und angemessen machen können**. In solchen Fällen kann auch eine zeitliche Vorverlagerung bis zu **fünf Jahren** zulässig sein.

31 Als sachliche Gründe kommen Gründe in Betracht, die für die **lokalen Belange** von erheblicher Bedeutung und für die die Gewährleistung einer Energieversorgung, die den Zwecken des § 1 EnWG entspricht, unabdingbar sind. Beispielhaft können hier **größere Ansiedlungs- oder kommunale Entwicklungsprojekte im Gemeindegebiet** in Betracht kommen, oder die Notwendigkeit einer Standortsicherung zugunsten bereits angesiedelter Unternehmen.

32 **Anknüpfungspunkt für die Berechnung** der Zwei-Jahres-Frist **ist das Vertragsende des geltenden Konzessionsvertrags.** Dabei ist es unerheblich, wenn der Konzessionsvertrag nicht über die maximale Laufzeit von 20 Jahren geschlossen worden ist. Auch bei einer kürzeren Vertragslaufzeit hat eine Bekanntmachung i.S.v. § 46 Abs. 3 S. 1 bzw. S. 2 EnWG zu erfolgen.[23]

---

22 Kermel/Brucker/Baumann/*Keller*, S. 61.
23 BerlK-EnR/*Wegner*, § 46 EnWG Rn 100.

d) Interessensbekundungsfrist

An die formale Bekanntmachung im Bundesanzeiger/elektronischen Bundesanzeiger bzw. im Amtsblatt der EU schließt sich die **Frist** an, **innerhalb derer die Interessenten** um den Konzessionsvertrag gegenüber der Gemeinde **ihr Interesse für den Abschluss des Konzessionsvertrags bekunden** können. Diese als **Interessensbekundungsfrist** zu bezeichnende Frist ist im Gesetz im Falle des regulären Ablaufs eines Konzessionsvertrags nicht ausdrücklich geregelt. Üblicher Weise wird eine solche Interessensbekundungsfrist in Anlehnung an den in § 46 Abs. 3 S. 3 und S. 4 EnWG geregelten Fall der vorzeitigen Verlängerung **drei Monate** betragen. 33

Verschiebt sich die **Bekanntmachung** nun zeitlich deutlich nach vorne, d.h. erfolgt sie **weit früher als 2 Jahre vor Vertragsablauf**, ist die **Interessensbekundungsfrist** gegebenenfalls **angemessen zu verlängern**. Als angemessen erscheint in diesem Zusammenhang eine Frist von bis zu **sechs Monaten**. Dementsprechend sollte in einer früheren Bekanntmachung den Interessenten eine Frist von sechs Monaten gesetzt werden, innerhalb derer sie sich um den Abschluss des Konzessionsvertrags bewerben können. 34

2. Gesetzliche Anforderungen an die Durchführung des Bekanntmachungsverfahrens im Fall der vorzeitigen Verlängerung von Konzessionsverträgen

a) Die vorzeitige Verlängerung von Konzessionsverträgen als Ausnahmetatbestand?

Unter der Geltung von § 13 EnWG 1998 kam es immer wieder vor, dass bestehende Konzessionsverträge vor deren regulären Vertragsablauf, d.h. vorfristig, über 20 Jahre hinaus verlängert werden sollten. **§ 13 Abs. 3 EnWG 1998** enthielt, anders als § 46 Abs. 3 EnWG, **keine ausdrückliche Regelung** für solche Fälle. 35

Trotz des Fehlens einer § 46 Abs. 3 S. 3 EnWG entsprechenden Regelung in § 13 Abs. 3 EnWG 1998 vertraten die **Kartellbehörden** die Auffassung, dass die Gemeinde auch zur **Bekanntmachung im Fall der vorzeitigen Verlängerung** eines Konzessionsvertrags verpflichtet war. Gleichzeitig hatte die Gemeinde nach Auffassung der Kartellbehörden zu gewährleisten, dass der **bisherige Konzessionsvertrag** vor dem Neuabschluss **beendet** werden konnte und ggf. auch beendet wurde, damit sich **sämtliche Interessenten** bei Interessensbekundung und Verhandlung in einer **behinderungsfreien und diskriminierungsfreien Ausgangslage** befänden. Eine entsprechende Verpflichtung der Gemeinde leiteten die Kartellbehörden aus § 32 Abs. 1 GWB i.V.m. §§ 19, 20 GWB ab.[24] 36

24 Pressemitteilung des BKartA v. 6.11.2003.

37 Demzufolge war nach Auffassung der Kartellbehörden das in **§ 13 Abs. 3 S. 1 EnWG 1998** geregelte Verfahren **entsprechend** auch auf den Fall **der vorzeitigen Verlängerung von Konzessionsverträgen anzuwenden.**

38 Das **OLG Düsseldorf** schloss sich dieser Auffassung in einem Urteil vom 12.3.2008 an.[25] § 13 Abs. 3 EnWG 1998 gelte auch bei einer vorzeitigen Beendigung des Konzessionsvertrags entsprechend. Bei einem anderen Verständnis hätte die Regelung des § 13 Abs. 3 EnWG 1998 ohne großen Aufwand umgangen werden können. In diesem Fall bestehe die Möglichkeit, Verträge über eine Laufzeit von mehr als 20 Jahren zu schließen, ohne dass die Chance eines Wettbewerbs bestanden hätte.[26]

39 Im Zuge der **EnWG-Novelle im Jahr 2005** wurde in § 46 Abs. 3 S. 3 und S. 4 EnWG **erstmals Regelungen** für den Fall der **vorzeitigen Verlängerung von Konzessionsverträgen** eingeführt. Obwohl der Bundesrat eine entsprechende Verpflichtung zur Beendigung des bestehenden Konzessionsvertrags und dessen Bekanntmachung bereits in seiner Stellungnahme zum Regierungsentwurf vom 24.9.2004 vorgeschlagen hatte,[27] wurde sie erst im Vermittlungsausschuss eingefügt.

40 Ausweislich der Gesetzesbegründung soll die Regelung gewährleisten, dass auch im Falle einer **vorzeitigen Verlängerung** von Wegenutzungsverträgen interessierte Energieversorgungsunternehmen von **der Eröffnung des Wettbewerbs um das Wegenutzungsrecht** Kenntnis erlangen und ihr Interesse gegenüber der Gemeinde bekunden können. Die Beendigung des bestehenden Vertrags trägt dazu bei, dass sich sämtliche interessierte Energieversorgungsunternehmen bei Interessenbekundung und Verhandlung in einer behinderungs- und diskriminierungsfreien Ausgangssituation befinden.[28]

41 Die vom Gesetzgeber gewählte **Bezeichnung** der **„vorzeitigen Verlängerung“** ist dabei insofern unglücklich als es sich tatsächlich um die vorzeitige Beendigung eines bestehenden Vertrags und den gleichzeitigen Abschluss eines neuen Konzessionsvertrags handelt.

b) Gesetzliche Vorgaben bei der vorzeitigen Verlängerung von Konzessionsverträgen

42 Die **Regelung zur vorzeitigen Verlängerung** von Konzessionsverträgen sind im **Gesetz zur Neuregelung energiewirtschaftlicher Vorschriften vom 26.7.2011**[29] **unverändert beibehalten** worden. Danach muss im Fall einer vorzeitigen Verlänge-

25 OLG Düsseldorf, Urt. v. 12.3.2008 – VI 2 U 8/07 (Kart.) –.
26 OLG Düsseldorf, Urt. v. 12.3.2008 – VI 2 U 8/07 (Kart.) – Rn 31.
27 BT-Drucks. 15/3917, S. 91.
28 BT-Drucks. 15/3917, S. 91.
29 BGBl I 2011 S. 1554 ff.

rung der bestehende Konzessionsvertrag beendet und die vorzeitige Beendigung sowie das Vertragsende öffentlich bekannt gegeben werden, soweit die Gemeinden eine Verlängerung des Konzessionsvertrags beabsichtigen. Darüber hinaus dürfen Vertragsschlüsse mit Unternehmen frühestens drei Monate nach der Bekanntgabe der vorzeitigen Beendigung erfolgen.

aa) Was heißt „vorzeitig“?

Eine **vorzeitige** Verlängerung im Sinne von § 46 Abs. 3 S. 3 EnWG liegt vor, wenn in die **Vertragslaufzeit des gegenwärtigen Konzessionsvertrags vor Ablauf der Vertragslaufzeit eingegriffen** wird. Dies kann entweder durch eine Verlängerung der Vertragslaufzeit oder aber durch eine vorzeitige Beendigung des bestehenden Vertrags und den Abschluss eines neuen Konzessionsvertrags geschehen.[30] Seit der Neuregelung im EnWG 2005 ist der Begriff der „vorzeitigen Verlängerung“ für letzteren Fall belegt. 43

„Vorzeitig“ bedeutet, dass die Parteien den Konzessionsvertrag vor der in **§ 46 Abs. 3 S. 1 EnWG** geregelten Zweijahresfrist verlängern wollen. Da es sich bei der in § 46 Abs. 3 S. 1 EnWG enthaltenen Zweijahresfrist um eine „Mindestfrist“ („spätestens“) handelt, kann die Gemeinde den Ablauf des Konzessionsvertrags auch schon früher als zwei Jahre vor Vertragsende bekannt machen. Soweit sachlich nachvollziehbare Gründe vorliegen, kann der reguläre Ablauf des Konzessionsvertrags bspw. auch schon fünf Jahre vor Vertragsende bekannt gemacht werden. Von daher empfiehlt es sich, die **vorzeitige Verlängerung spätestens fünf Jahre vor dem regulären Ablauf** des Konzessionsvertrags **einzuleiten**. Allerdings wird von verschiedenen **Kartellbehörden** ein solches Vorgehen **kritisch** gesehen. Die vorzeitige Verlängerung stelle nach deren Auffassung eines **Ausnahmeregelung** dar, die in Ausnahmefällen genutzt werden können soll. Eine solche Lesart lässt sich dem Gesetz allerdings nicht entnehmen. 44

bb) Beendigungspflicht

Gem. § 46 Abs. 3 S. 3 EnWG ist der **Altkonzessionsvertrag** im Zuge der vorzeitigen Verlängerung zunächst **zu beenden**. Mit dieser Verpflichtung soll sichergestellt werden, dass sich sämtliche Interessenten um den Neuabschluss bei ihrer Interessenbekundung und den daran anknüpfenden Verhandlungen in einer **behinderungs- und diskriminierungsfreien Ausgangslage** befinden.[31] 45

Die in § 46 Abs. 3 S. 3 EnWG normierte „Absicht“ der Gemeinde, den Konzessionsvertrag vor Ablauf der Vertragslaufzeit zu verlängern, räumt der Gemeinde aber 46

30 Kermel/Brucker/Baumann/*Brucker*, S. 65f.
31 BR-Drucks. 248/1/05, S. 5.

kein Sonderkündigungsrecht ein.[32] Konzessionsverträge sind **Dauerschuldverhältnisse.** Insofern könnte die Gemeinde den Konzessionsvertrag nur bei Vorliegen eines wichtigen Grundes außerordentlich kündigen.

47 Die vom Gesetz geforderte Beendigung des laufenden Konzessionsvertrags wird also nur dadurch ermöglicht, dass die Vertragsparteien den bestehenden Konzessionsvertrag **einverständlich aufheben.**[33]

cc) Ort der Bekanntmachung der Beendigung

48 Die vorzeitige Beendigung und das Vertragsende sind nach § 46 Abs. 3 S. 3 EnWG **„öffentlich bekannt zu geben“.** Anders als im Fall des regulären Ablaufs von Konzessionsverträgen wird der Ort der Bekanntmachung, d.h. das **Bekanntmachungsmedium, nicht genannt.** Einige Stimmen in der Literatur vertreten die Auffassung, dass es sich hierbei um ein **gesetzgeberisches Versehen** handelt. In Anlehnung an § 46 Abs. 3 S. 1 EnWG müsste auch bei einer vorzeitigen Verlängerung eine **Veröffentlichung im Bundesanzeiger/elektronischen Bundesanzeiger** oder im Amtsblatt **der Europäischen Union** erfolgen.[34]

49 Schon die **sprachliche Unterscheidung** zwischen „Bekanntmachung im Bundesanzeiger/elektronischen Bundesanzeiger“ einerseits und „öffentlich bekannt machen“ andererseits sprechen jedoch für das Gegenteil.

50 Auch die **Gesetzeshistorie** belegt, dass eine **Vereinheitlichung der verschiedenen Bekanntmachungspflichten** gerade **nicht bezweckt** war. Obwohl der Gesetzgeber am Ende des Gesetzgebungsverfahrens ein konkretes Bekanntmachungsmedium für den Fall des regulären Ablaufs eines Konzessionsvertrags in § 46 Abs. 3 S. 1 und S. 2 EnWG aufgenommen hat, d.h. die ursprüngliche Formulierung „in geeigneter Form“[35] angepasst hat, unterblieb eine entsprechende Anpassung für den Fall der vorzeitigen Verlängerung eines Konzessionsvertrags in § 46 Abs. 3 S. 3 EnWG und dies, obwohl zu diesem Zeitpunkt bereits feststand, dass der Vorschlag des Bundesrates[36] in das EnWG 2005 aufgenommen werden sollte.

51 Demzufolge wollte der **Gesetzgeber** im Fall der vorzeitigen Verlängerung offensichtlich **bewusst eine von § 46 Abs. 3 S. 1 und S. 2 EnWG abweichende Regelung treffen.**

---

32 BerlK-EnR/*Wegner*, § 46 EnWG Rn 109.

33 Wegner geht insoweit vom Abschluss eines Aufhebungsvertrags aus in: BerlK-EnR/*Wegner*, § 46 EnWG Rn 109.

34 BerlK-EnR/*Wegner*, § 46 EnWG Rn 110, *Säcker/Mohr/Wolf*, S. 90; Danner/Theobald/*Theobald*, § 46 EnWG Rn 108; Schneider/Theobald/*Albrecht*, § 9 Rn 93.

35 So noch im Gesetzesentwurf, BT-Drucks. 15/3917, S. 24.

36 BT-Drucks. 15/3917, S. 91.

Hierfür spricht auch die **Stellungnahme des Wirtschaftsausschusses.**[37] Danach bedurfte es einer **„Sonderregelung“ für die vorzeitige Beendigung von Wegenutzungsverträgen.** Die Wahl des Begriffs Sonderregelung zeigt ganz deutlich, dass für den Fall der vorzeitigen Verlängerung von Konzessionsverträgen andere Voraussetzungen gelten sollten als für den regulären Ablauf. 52

Insoweit liegt offensichtlich **kein gesetzgeberisches Versehen** vor. Im Zusammenhang mit der vorzeitigen Verlängerung von Konzessionsverträgen gab es vielmehr eine **bewusste Entscheidung zugunsten einer von § 46 Abs. 3 S. 1 EnWG abweichenden Regelung.** Hierfür spricht auch, dass andernfalls im Zusammenhang mit der **jüngsten Novellierung des EnWG** § 46 Abs. 3 S. 3 EnWG bezüglich des Bekanntmachungsmediums an die Regelung in § 46 Abs. 3 S. 1 EnWG hätte angepasst werden können. Dies ist jedoch unterblieben. **§ 46 Abs. 3 S. 3 und S. 4 EnWG wurden anlässlich der jüngsten Gesetzesnovellierung nicht verändert.** 53

Auch das vielfach zitierte **wettbewerbliche Argument** macht es nicht erforderlich, dass die Bekanntgabe der vorzeitigen Beendigung zwingend im Bundesanzeiger erfolgen muss. Sollte im Fall der vorzeitigen Verlängerung von Konzessionsverträgen sogar ein gesteigertes Bekanntmachungsbedürfnis bestehen, spricht sogar vieles dafür, dass die Bekanntmachung in mehreren überregionalen Zeitungen, Anzeigen- und Ausschreibungsblättern erfolgen müsste. Insofern kann eben **nicht darauf abgestellt werden,** dass der Bundesanzeiger/elektronischen Bundesanzeiger das einzig geeignete Bekanntmachungsmedium ist. 54

Auch die **Gerichte** bzw. die **Kartellbehörden** haben sich bislang auf kein spezifisches Bekanntmachungsmedium festgelegt. Voraussetzung ist lediglich, dass die Bekanntmachung **überregionale Wirkung** entfaltet. 55

dd) Drei-Monats-Frist

Nach § 46 Abs. 3 S. 4 EnWG darf der neue Konzessionsvertrag im Falle der vorzeitigen Verlängerung frühestens **drei Monate nach Bekanntgabe der vorzeitigen Beendigung** abgeschlossen werden. Üblicherweise wird diese Frist als so genannte **Interessensbekundungsfrist** bezeichnet.[38] 56

c) Anwendung der Zweijahresfrist auch auf die vorzeitige Verlängerung von Konzessionsverträgen?

Neben den gesetzlichen Vorgaben des § 46 Abs. 3 S. 3 und S. 4 EnWG stellte sich im Fall der vorzeitigen Verlängerung vereinzelt die Frage, ob die Gemeinde die **Zwei-** 57

37 BR-Drucks. 248/1/05.

38 Kermel/Brucker/Baumann/*Brucker*, S. 70.

jahresfrist des § 46 Abs. 3 S. 1 EnWG im Rahmen der **vorzeitigen Verlängerung eines Konzessionsvertrags zu beachten** hat.

58 Unter der Geltung von § 13 Abs. 3 EnWG 1998 bzw. § 46 Abs. 3 EnWG 2005 vertraten die **Kartellbehörden** verschiedentlich die Auffassung, dass die in § 46 Abs. 3 S. 4 EnWG geregelte **Dreimonatsfrist nicht die Zweijahresfrist** in § 13 Abs. 3 EnWG 1998 bzw. § 46 Abs. 3 S. 1 EnWG 2005 **ersetzen würde**. Folglich müsste auch bei einer vorzeitigen Verlängerung von Konzessionsverträgen die Zweijahresfrist grundsätzlich beachtet und die im Gesetz vorgesehene Dreimonatsfrist nur als Mindestfrist angesehen werden.

59 Aus dem **Sinn und Zweck der Bekanntmachungspflichten** – Information über den Ablauf des Konzessionsvertrags und Schaffung der Möglichkeit für den Interessenten, ggf. ein Angebot abgeben und sich damit um den Vertragsschluss bemühen zu können – lässt sich **lediglich ableiten**, dass zwischen der **Bekanntmachung** und dem **Abschluss des neuen Konzessionsvertrags ausreichend Zeit** bestehen muss, damit der **Interessent überhaupt ein Angebot abgeben kann**. Hieraus lässt sich **nicht ableiten**, dass dies grundsätzlich nur unter **Beachtung der Frist des § 46 Abs. 3 S. 1 EnWG** erfolgen kann.

3. Zusätzliche Anforderungen an die Durchführung des Bekanntmachungsverfahrens im Fall des Neuabschlusses bzw. der vorzeitigen Verlängerung von Konzessionsverträgen

a) Diskriminierungsfreiheit und Transparenz des Bekanntmachungsverfahrens

aa) Aus Kartellrecht

60 Unabhängig von der Frage, ob der Konzessionsvertrag als Dienstleistungskonzession einzuordnen ist oder nicht,[39] verpflichtet bereits § 46 Abs. 1 EnWG die **Gemeinde**, ihre öffentlichen **Verkehrswege diskriminierungsfrei für den Betrieb von Energieleitungen zur Verfügung zu stellen**. Diese Regelung erfasst auch die Konzessionsverträge i. S. d. § 46 Abs. 2 EnWG.[40]

61 Die Gemeinde ist mithin bereits nach § 46 Abs. 1 EnWG i. V. m. § 46 Abs. 2 EnWG verpflichtet, Konzessionsverträge diskriminierungsfrei zu vergeben. Eines **Rückgriffs auf das Diskriminierungsverbot und das Transparenzgebot aus dem EG-Primärrecht** mit der Begründung, bei der Vergabe von Konzessionen im Strom- und Gasbereich handele es sich um Dienstleistungskonzessionen, **bedarf es damit nicht**.[41]

39 Vgl. Kap. 5 Rn 76 ff.
40 Siehe hierzu Kap. 2 Rn 219 ff.
41 So aber: *Säcker/Mohr/Wolf*, S. 85 ff.; Britz/Hellermann/Hermes/*Hellermann*, § 46 Rn 66 a; Gemeinsamer Leitfaden des BKartA und der BNetzA zur Vergabe von Strom- und Gaskonzessionen und zum Wechsel des Konzessionsnehmers vom 15.12.2010, Rn 15.

Eine **Pflicht der Gemeinde**, den Konzessionsvertrag in einem diskriminierungsfreien und transparenten Verfahren zu vergeben, **resultiert** schließlich auch **aus kartellrechtlichen Vorschriften.** Bei der Auswahl des Konzessionsvertragspartners trägt die Gemeinde im Sinne des Allgemeinwohls und der Ziele des § 1 EnWG – d.h. einer möglichst sichereren, preisgünstigen, verbraucherfreundlichen, effizienten und umweltfreundlichen Energieversorgung – eine besondere Verantwortung für den **Wettbewerb** um den Konzessionsvertrag, aber auch für den Wettbewerb auf den Endkundenmärkten.[42] Diese besondere Verantwortung resultiert daraus, dass die **Gemeinde bei der Vergabe von Konzessionen** für Gas- und Stromverteilernetze **marktbeherrschend** ist. **§ 19 Abs. 1 GWB verbietet** der Gemeinde, diese **marktbeherrschende Stellung missbräuchlich auszunutzen.** Ein **Missbrauch** liegt nach § 19 Abs. 4 Nr. 1 GWB insbesondere dann vor, wenn ein **marktbeherrschendes Unternehmen als Anbieter oder Nachfrager** einer bestimmten Art von **Waren** oder **gewerblichen Leistungen** die **Wettbewerbsmöglichkeiten anderer Unternehmen** in einer für den Wettbewerb auf dem Markt erheblichen Weise ohne sachlich gerechtfertigten Grund **beeinträchtigt.** Darüber hinaus sind marktbeherrschenden Unternehmen **Diskriminierungen und unbillige Behinderungen nach § 20 Abs. 1 GWB untersagt.** 62

Die **kartellrechtlichen Regelungen** sind im Zusammenhang mit der Vergabe von Konzessionsverträgen auch **anwendbar.** Weder das EnWG noch der Umstand, dass eine Gebietskörperschaft des öffentlichen Rechts, d.h. die Gemeinde, den Konzessionsvertrag vergibt, stehen der Anwendung kartellrechtlicher Vorschriften entgegen. Das EnWG eröffnet in § 46 Abs. 5 EnWG die Möglichkeit, dass kartellrechtswidriges Verhalten im Zusammenhang mit der Vergabe von Konzessionen durch die Kartellbehörden verfolgt werden kann. Das **unternehmerische Handeln von Gemeinden,** fällt dabei auch in den **Anwendungsbereich des GWB,** soweit sie als Anbieter oder Nachfrager von Leistungen am Wirtschaftsleben beteiligt sind.[43] Hierzu zählt auch die **entgeltliche Vergabe von Wegenutzungsrechten.** 63

Die **Gemeinde** ist bei der **Vergabe von Konzessionen** bezogen auf ihr Gemeindegebiet ohne Wettbewerber und damit **marktbeherrschend** i.S.d. § 19 Abs. 2 S. 1 Nr. 1 1. Alt. GWB bzw. § 20 Abs. 1 GWB. **Jede Konzession ist Gegenstand eines eigenen Marktes.** Sie garantiert dem Konzessionsnehmer über die Vertragslaufzeit von zumeist 20 Jahren das Recht, die örtlichen Straßen, Wege und Plätze zum Betrieb des Energieversorgungsnetzes der allgemeinen Versorgung zu nutzen. Die durch die Gemeinde vergebene Konzession ist **nicht mit anderen, gleichartigen Konzessionen austauschbar.**[44] Darüber hinaus **gewährt nur die jeweilige Konzession das Recht,** 64

42 Gemeinsamer Leitfaden des BKartA und der BNetzA zur Vergabe von Strom- und Gaskonzessionen und zum Wechsel des Konzessionsnehmers vom 15.12.2010, Rn 21.

43 Vgl. auch BGH, Urt. v. 11.11.2008 – KZR 43/07 – „Neue Trift".

44 Gemeinsamer Leitfaden des BKartA und der BNetzA zur Vergabe von Strom- und Gaskonzessionen und zum Wechsel des Konzessionsnehmers vom 15.12.2010, Rn 18.

auf den nachgelagerten Markt **Netzdienstleistungen** für die Bevölkerung **anzubieten.** Der relevante Markt ist folglich sachlich und räumlich auf die Vergabe der Konzession für das jeweils eigene Gemeindegebiet begrenzt. Auf diesem abgegrenzten Markt ist die Gemeinde als alleiniger Anbieter von Konzessionen marktbeherrschend.

65 Dieser Umstand gebietet es, dass die **Vergabe der Konzession** in einem **transparenten** und **diskriminierungsfreien Verfahren** erfolgt. Andernfalls missbraucht die Kommune ihre marktbeherrschende Stellung bei der Vergabe örtlicher Wegerechte i.S.d. §§ 19, 20 GWB und ggf. Art. 102 AEUV.

66 Auf das Verfahren um den Abschluss des Konzessionsvertrags sind die formalen Vorgaben des Kartellvergaberechts nicht unmittelbar anzuwenden. Das heißt jedoch nicht, dass die Gemeinde in der Ausgestaltung des Verfahrens um die Vergabe des Konzessionsvertrags völlig frei ist. Die Gemeinde hat insbesondere die Verpflichtung zur **Transparenz** und zur **Gleichbehandlung** zu beachten.

67 Die der Gemeinde obliegende Verpflichtung zur Transparenz gebietet die Herstellung eines **angemessenen Grades an Öffentlichkeit.** Die Gemeinde muss jedem potenziell interessierten Unternehmen so viele Informationen zur Verfügung stellen, wie es benötigt, um über eine Teilnahme am Verfahren oder über die Abgabe eines Angebots entscheiden zu können.[45] Dies gebietet die **Bereitstellung objektiver und nachvollziehbarer Kriterien**, die **gleichmäßig** und **willkürfrei angewendet werden.**[46] Diskriminierend und missbräuchlich sind nach zwei Entscheidungen des **LG Kiel** vom 3.2.2012 bspw. **Auswahlkriterien**, die **einseitig** lediglich **den fiskalischen Interessen der Gemeinde dienen** und die Ziele des § 1 EnWG völlig außer Betracht lassen.[47] Dies ist z.B. der Fall, soweit im Rahmen der Auswahlentscheidung einseitig auf die **Stärkung der örtlichen Wirtschaftskraft** und des **kommunalen Einflusses der Gemeinde** abgestellt wird. Dieses Kriterium ist nach Auffassung des **LG Kiel** kein Ziel des EnWG.[48] Es darf also in der Auswahlentscheidung der Gemeinde keine Rolle spielen.

68 Die Gemeinde kann sich in diesem Zusammenhang auch nicht auf die Grundsätze zur sog. **„In-House-Vergabe“** berufen. Aus § 46 EnWG ergebe sich nach Auffassung der **LG Kiel** vielmehr der Wille des Gesetzgebers, die Netze nicht zwangsläufig den Gemeinden zu überlassen, sondern einen an den Zielen des § 1 EnWG ausgerichteten **Wettbewerb um die Netze** zu ermöglichen. Insoweit dürfen kommunale Eigenbetriebe nicht anders als private Betriebe behandelt werden. Die öffentliche Hand darf sich insbesondere nicht dadurch einen Vorsprung vor ihren Mitbewerbern verschaffen, indem sie ihre **hoheitlichen Befugnisse zur Durchset-**

---

45 EuGH, Urt. v. 21.7.2005 – C-231/03 – Rn 28.
46 Langen/Bunte/*Nothdurft*, § 20 Rn 178.
47 LG Kiel, Urt. v. 3.2.2012 – 14 O 12/11 (Kart.) –; LG Kiel, Urt. v. 3.2.2012 – 14 O 83/10 (Kart.) –.
48 LG Kiel, Urt. v. 3.2.2012 – 14 O 83/10 (Kart.) – S.13.

zung ihrer privatwirtschaftlichen Interessen und zur Förderung ihres Wettbewerbs einsetzt oder private Mitbewerber mit Mitteln verdrängt, die diesen nicht zugänglich sind.[49]

Eine transparente und diskriminierungsfreie Vergabe des Konzessionsvertrags erfordert es schließlich, dass die **Auswahlentscheidung** anhand der zuvor aufgestellten und **kommunizierten Auswahlkriterien** erfolgt.[50] Darüber hinaus muss die **ablehnende Entscheidung ausreichend** und **widerspruchsfrei begründet werden.**[51] 69

bb) Aus dem europäischen Primärrecht

Nach Auffassung des BKartA und der BNetzA müssen bei der Vergabe von Konzessionen nach § 46 Abs. 3 EnWG insbesondere die Bekanntmachung in geeigneter Form erfolgen, die Vergabe transparent und nicht diskriminierend durchgeführt werden, die Entscheidung begründet werden und es müssen Rechtsschutzmöglichkeiten gewährt werden:[52] 70

– **Ausschreibungspflicht**

Diese Mindestanforderungen können sich nach der Rechtsprechung des **EuGH** im Einzelfall sogar zu einer **Pflicht zur europaweiten Ausschreibung** verdichten, wenn ein „eindeutiges grenzüberschreitendes Interesse“ besteht.[53] Aus dem europäischen Recht kann daher im Einzelfall auch dann eine Pflicht zur Ausschreibung im Europäischen Amtsblatt folgen, wenn im Gemeindegebiet weniger als 100.000 Kunden unmittelbar oder mittelbar an das Versorgungsnetz angeschlossen sind.[54] 71

– **Vorherige Bekanntmachung der Auswahlkriterien und ihrer Gewichtung**

Teilweise wird vertreten, das europäische Gemeinschaftsrecht verpflichte die Gemeinde zur **vorherigen Bekanntmachung der Auswahlkriterien** und ihrer Ge- 72

---

49 LG Kiel, Urt. v. 3.2.2012 – 14 O 83/10 (Kart.) – S.13; schon BGH, Urt. v. 24.9.2002 – KZR 4/01 – „Kommunaler Schilderprägebetrieb“.

50 LG Kiel, Urt. v. 3.2.2012 – 14 O 83/10 (Kart.) –.

51 OLG Frankfurt a. M., Beschl. v. 17.3.1992, WuW/E OLG 5027 „Art Frankfurt 1992“; OLG Düsseldorf, Urt. v. 15.11.2000, WuW/E DE-R 619 „Fetting“; OLG Düsseldorf, Urt. v. 5.7.2002, WuW/E DE-R 994. Welche konkreten Anforderungen an die Auswahlkriterien im Zusammenhang mit der Vergabe von Konzessionsverträgen zu knüpfen sind, s. Kap. 5 Rn 135ff.

52 Kommissionsmitteilung, ABl. 2000 6 C 179, S. 2, bestätigt durch EuGH, Urt. v. 20.5.2010 – C-258/06 – (Vergabemitteilung).

53 EuGH, Urt. vom 13.11.2007 – C 507/03 – (Kommission./.Irland) Rn 29 in Bezug auf nachrangige Dienstleistungsaufträge.

54 *Ortner*, VergabeR 2008, 608, 614.

wichtung.[55] Dies deckt sich jedoch zumindest im Hinblick auf die Gewichtung der Zuschlagskriterien nicht mit der Entscheidung des **EuGH** vom 18.11.2010, wonach sich für Vergaben außerhalb des Regimes der Vergaberichtlinien aus den primärrechtlichen Verpflichtungen **keine Verpflichtung zur vorherigen Bekanntmachung der Gewichtung** der Zuschlagskriterien ableiten lässt.[56]

– **Unsachliche Kriterien**

73 Es dürfen **keine unsachlichen**, nicht mit dem Auftragsgegenstand in Zusammenhang stehenden **Anforderungen** aufgestellt werden.[57]

– **Ungleichbehandlungen im Verfahren nach Bekanntmachung**

74 Aus den gemeinschaftsrechtlichen Vorgaben lässt sich weiter eine Pflicht zur **Gleichbehandlung im Verfahren** ableiten. So darf etwa die relative Gewichtung der Zuschlagskriterien nicht nach einer ersten Prüfung der Angebote geändert werden.[58] Eher problematisch ist es daher auch, wenn angenommen wird, die Gemeinde habe deshalb, weil § 46 EnWG keine Kriterien für die Auswahlentscheidung festlege, einen „Ermessensspielraum“ bei der Auswahl des künftigen Konzessionärs.[59] Die Tatsache, dass § 46 EnWG keine Vorgaben enthält, führt nicht dazu, dass sich die Kommune über das kartell- und gemeinschaftsrechtlich begründete Gleichbehandlungsgebot hinweg setzen und etwa von vorher festgelegten Auswahlkriterien im Wege der „Ermessensentscheidung“ abweichen könnte. **Beurteilungsspielräume** bestehen – wenn überhaupt – immer nur innerhalb des zuvor selbst gesteckten Rahmens.

75 Weiter dürfen nicht einzelne Interessenten ohne sachlichen Grund bevorzugt oder benachteiligt werden – sei es bei der Informationsweitergabe oder aber bei der Entscheidung über die Konzessionsvergabe.[60]

---

55 Gemeinsamer Leitfaden des BKartA und der BNetzA zur Vergabe von Strom- und Gaskonzessionen und zum Wechsel des Konzessionsnehmers vom 15.12.2010, S. 6; *Sauer*, EWeRK Nr. 4/2009, S. 117 ff.

56 EuGH, Urt. v. 18.11.2010 – C 226/09 – (Kommission./.Irland), Rn 43, 44.

57 Gemeinsamer Leitfaden des BKartA und der BNetzA zur Vergabe von Strom- und Gaskonzessionen und zum Wechsel des Konzessionsnehmers vom 15.12.2010, S. 6; Mitteilung der Kommission, Gemeinschaftsrecht außerhalb der Vergaberichtlinien, EU-ABl. 2006 C 179, Ziff. 2.2.

58 EuGH, Urt. v. 18.11.2010 – C 226/09 – (Kommission./.Irland) Rn 60.

59 BDEW-Leitfaden „Konzessionsverträge und Konzessionsabgaben in der Strom- und Gasversorgung“ vom 9.11.2010, S. 18.

60 Gemeinsamer Leitfaden des BKartA und der BNetzA zur Vergabe von Strom- und Gaskonzessionen und zum Wechsel des Konzessionsnehmers vom 15.12.2010, S. 6.

b) Anwendung der vergaberechtlichen Vorgaben in §§ 97 ff. GWB?

Nach ganz überwiegender Auffassung finden die kartellvergaberechtlichen Vorschriften der §§ 97 ff. GWB auf die Vergabe von Konzessionsverträgen gem. §§ 46 Abs. 2 EnWG **keine Anwendung.**[61] 76

aa) Kein Anwendungsvorrang des § 46 EnWG

Teilweise wurde dies – jedenfalls im Hinblick auf die Vorgängervorschriften des § 46 EnWG – damit begründet, dass die energierechtlichen den vergaberechtlichen Regelungen vorgingen.[62] Ein solches **Rangverhältnis** besteht jedoch nicht.[63] Wie der **BGH** in seiner Entscheidung zur Ausschreibungspflichtigkeit von Schienenpersonennahverkehrsleistungen und dem Verhältnis zwischen § 15 AEG und §§ 97 ff. GWB ausführlich dargelegt hat, sind die **Ausnahmen** vom Kartellvergaberecht **abschließend** in § 100 GWB geregelt.[64] Eine Ausnahme für Wegenutzungsverträge i. S. d. § 46 EnWG findet sich dort jedoch nicht. 77

bb) Kein öffentlicher Auftrag i. S. d. § 99 GWB

Die herrschende Meinung lehnt die Anwendbarkeit des GWB-Vergaberechts zutreffenderweise mit einem anderen Argument ab: Es fehlt bereits am Merkmal eines öffentlichen Auftrags i. S. d. § 99 GWB. Öffentliche Aufträge i. S. d. § 99 GWB sind **entgeltliche Verträge** von öffentlichen Auftraggebern mit Unternehmen über die **Beschaffung** von Leistungen, die Liefer-, Bau- oder Dienstleistungen zum Gegenstand haben, sowie Baukonzessionen. Bei den Wegenutzungsverträgen i. S. d. § 46 EnWG aber fehlt es an einer entgeltlichen Beschaffung der öffentlichen Hand. Bei der Einräumung eines Rechts zur Nutzung öffentlicher Verkehrswege handelt es sich um einen für die Kommune unentgeltlichen Überlassungs- und nicht um einen Beschaffungsvorgang.[65] Die 78

---

61 Gemeinsamer Leitfaden des BKartA und der BNetzA zur Vergabe von Strom- und Gaskonzessionen und zum Wechsel des Konzessionsnehmers vom 15.12.2010, S. 3; BDEW-Leitfaden „Konzessionsverträge und Konzessionsabgaben in der Strom- und Gasversorgung“ vom 9.11.2010, S. 18; *Kermel*, RdE 2005, 153–158; *Ortner*, VergabeR 2008, 608, 609; *Keller-Herder*, S. 441; *Michaels* IR 2009, 246 ff.; *Pippke/Gaßner*, RdE 2006, 33, 36, jeweils m. w. N.; *Hoch/Theobald*, KSzW 2011, S. 300, 302; a. M. wohl nur: *Salje*, EnWG, § 46 Rn 145, 150.

62 Schneider/Theobald/*Albrecht*, § 8 Rn 93 (zur Vorgängervorschrift des § 46 EnWG); *Byok/Dierkes*, RdE 2011, 126, 135.

63 *Ortner*, VergabeR 2008, 608, 609, wenn auch ohne nähere Begründung.

64 BGH, Beschl. v. 8.2.2011 – X ZB 4/10 – Rn 16 ff.

65 *Keller-Herder*, S. 441; *Pippke/Gaßner*, RdE 2006, 33, 36, jeweils m. w. N.; allgemein zur Überlassung öffentlicher Güter, insbesondere Immobilien: Müller-Wrede/*Kaelble*, § 99 Rn 73.

öffentliche Hand tritt hier nicht als Nachfrager, sondern als **Anbieter** an den Markt heran.[66]

79 Zwar ist der Begriff der Beschaffung i.S.d. § 99 GWB **gemeinschaftskonform** dahingehend auszulegen, dass hierfür kein unmittelbares Austauschverhältnis zwischen Auftraggeber und Auftragnehmer erforderlich ist.[67] Vielmehr soll es nach der Rechtsprechung des **EuGH** genügen, wenn die vom Auftragnehmer erbrachte Leistung im „**unmittelbaren wirtschaftlichen Interesse** des Auftraggebers ausgeführt wird".[68] Weiter verlangt der **EuGH**, dass es sich bei den vom Auftragnehmer zu erbringenden Leistungen um Verpflichtungen handelt, deren Erfüllung einklagbar ist.[69] Nicht ausreichend soll es dagegen nach der Rechtsprechung des **EuGH** – anders als zeitweise vom **OLG Düsseldorf** im Zusammenhang mit der Vergabe von städtebaulichen Verträgen vertreten[70] – sein, dass mit der vom Auftragnehmer zu erbringenden Leistung lediglich ein im **allgemeinen Interesse** liegendes öffentliches Ziel erfüllt wird.[71] Dementsprechend genügt es nicht, allein darauf abzustellen, dass auch die Wegenutzungsrechte der möglichst sicheren, preisgünstigen, verbraucherfreundlichen, effizienten und umweltverträglichen Versorgung der Allgemeinheit mit Elektrizität und Gas dienen, § 1 Abs. 1 EnWG. Die das Wegerecht einräumende Gemeinde hat unter Berücksichtigung von § 1 Abs. 1 EnWG nur ein **mittelbares wirtschaftliches Interesse** an der Verlegung und dem Betrieb von im „allgemeinen Interesse" (!) liegenden Energieversorgungsnetzen. Die Wegenutzungsverträge nach § 46 EnWG gewähren der Kommune zudem kein einklagbares Recht, die Verpflichtung der Energieversorgungsunternehmen, den Zielen des § 1 Abs. 1 EnWG nachzukommen, durchzusetzen. Die Verträge, bei denen sich Energieversorgungsunternehmen und Gemeinde auf gleicher Ebene gegenüberstehen, dienen allein dazu, den Energieversorgungsunternehmen ein **zivilrechtliches Nutzungsrecht** einzuräumen.[72] Daher liegt kein Dienstleistungsauftrag vor, so dass das GWB-Vergaberecht auf Wegenutzungsverträge gem. § 46 EnWG im Ergebnis nicht anwendbar ist.

66 Vgl. im Einzelnen zu diesem Kriterium als wesentliches Merkmal des Beschaffungsvorgangs: Müller-Wrede/*Kaelble*, § 99 Rn 72.

67 EuGH, Urt. v. 18.1.2007 – C-220/05 – „Stadt Roanne"; BGH Beschl. v. 1.12.2008 – X ZB 31/08 „Rettungsdienstleistungen"; BGH, Beschl. v. 8.2.2011 – X ZB 4/10 – „SPNV".

68 EuGH, Urt. v. 25.3.2010 – C-451/08 – „Wildeshausen", Rn 49–54. Auch wenn diese Ausführungen des EuGH zum Begriff des öffentlichen Bauauftrages ergangen sind, ist kein Grund ersichtlich, warum Gleiches nicht auch für den öffentlichen Dienstleistungsauftrag gelten sollte, da es sich um grundsätzliche Fragen zur Auslegung der Richtlinie 2004/18/EG VKR handelt.

69 EuGH, Urt. v. 25.3.2010 – C-451/08 – „Wildeshausen", Rn 63.

70 OLG Düsseldorf, Beschl. v. 12.12.2007 – Verg. 30/07 = NZBau 2008, 138; OLG Düsseldorf, Beschl. v. 13.6.2007 – Verg. 2/07 = NZBau 2007, 530.

71 EuGH v. 25.3.2010 – C-451/08 – „Wildeshausen", Rn 55, 57.

72 BerlK-EnR/*Wegner*, § 46 EnWG Rn 37.

cc) Chancen und Risiken einer freiwilligen (analogen) Anwendung

Denkbar wäre es, ein Verfahren zur Vergabe eines Wegenutzungsrechts **freiwillig** 80 analog der vergaberechtlichen Vorschriften der §§ 97 ff. GWB und der VOL/A zu vergeben, um so den in § 46 Abs. 1 GWB enthaltenen unbestimmten Rechtsbegriff der diskriminierungsfreien Vergabe mit Inhalt zu füllen. Eine solche Verfahrensweise hätte den Vorteil, dass der Kommune ein detailliertes Regelwerk zur Verfahrensgestaltung zur Verfügung stünde. Jedenfalls dann aber, wenn die Gemeinde in der Bekanntmachung ausdrücklich auf die Anwendung vergaberechtlicher Vorschriften verweist, würde sie riskieren, dass die Rechtsprechung rechtsschutzsuchenden Bietern den vollen **Vergaberechtsschutz** einschließlich **Schadenersatzansprüchen** im Falle der Verletzung vergaberechtlicher Vorschriften gewährt.[73]

c) Anwendung der europarechtlichen Vorgaben für Dienstleistungskonzessionen?

aa) Dienstleistungskonzession

Der Begriff der Dienstleistungskonzession richtet sich allein nach europarechtlichen 81 Vorgaben. Er ist in Art. 1 Abs. 4 der Richtlinie 2004/18/EG VKR und Art. 1 Abs. 3 b) der Richtlinie 2004/17/EG SKR definiert. Danach ist die Dienstleistungskonzession ein Vertrag, der von einem öffentlichen Dienstleistungsauftrag nur insoweit abweicht, als die Gegenleistung für die Dienstleistung entweder nur in dem **Recht zur Nutzung der Dienstleistung** oder in diesem Recht zuzüglich der Zahlung eines **Preises** besteht.

Gem. Art. 17 VKR, Art. 18 SKR unterfällt die Dienstleistungskonzession nicht dem Anwendungsbereich des europäischen Vergaberechts. Allerdings erfolgt auch die Vergabe von Dienstleistungskonzessionen nicht im rechtsfreien Raum. Nach ständiger Rechtsprechung des **EuGH** sind hierbei vielmehr die Europäischen Grundfreiheiten zu beachten. Hieraus leitet der **EuGH** ab, dass die Grundsätze der **Diskriminierungsfreiheit** und der **Transparenz** auch bei der Vergabe von Dienstleistungskonzessionen Geltung beanspruchen.[74]

---

73 BGH mit Urt. v. 21.2.2006 – X ZR 39/03 – zur freiwilligen Anwendung der VOB/A und VOL/A durch einen privaten Auftraggeber; OLG Düsseldorf, Urt. v. 13.1.2010 – 27 U 1/09 zur freiwilligen Anwendung der VOB/A im Unterschwellenbereich.

74 EuGH, Urt. v. 7.12.2000 – C 324/98 – (Teleaustria), 60; Urt. v. 13.10.2005 – C 458/03 – (Parking Brixen), Rn 46; Urt. v. 6.4.2006 – C-410/04 – (ANAV), Rn 18; Urt. v. 17.7.2008 – C-347/06 – (ASM Brescia SpA), Rn 57; Urt. v. 13.4.2010 – C-91/06 – (Wall AG./.Stadt Frankfurt a. M.), Rn 33 ff.

bb) Argumente für die Annahme einer Dienstleistungskonzession

82 Vielfach wird vertreten, bei Konzessionsverträgen gem. § 46 EnWG handele es sich um Dienstleistungskonzessionen.[75] Zur Begründung wird ausgeführt, die **Dienstleistung** bestehe in der Instandhaltung vorhandener, der Errichtung neuer oder im schlichten Betrieb von Leitungsnetzen.[76] Das **Verwertungsrecht** ergebe sich aus der Erhebung von Nutzungsgebühren.[77] Auch der **EuGH** sei in einem vergleichbaren Fall[78] von einer Dienstleistungskonzession ausgegangen.[79]

83 Teilweise wird auch angenommen, eine im Jahr 2011 ergangene Entscheidung des **OLG München** zur Errichtung und zum Betrieb eines **Breitbandkabelnetzes** auf öffentlichem Grund sei auf Wegenutzungsverträge gem. § 46 EnWG übertragbar.[80] Dort hatte das **OLG München** angenommen, es genüge zur Annahme des Beschaffungscharakters einer Leistung, dass dem öffentlichen Auftraggeber die erbrachte Gegenleistung einen mittelbaren Nutzen bringe. Dies sei auch dann der Fall, wenn ihm die Leistung nicht wirtschaftlich zugutekomme, sondern wenn er mit der Leistung ihm obliegende **Daseinsvorsorgeaufgaben** gegenüber der Bevölkerung erfülle. Zu derartigen Daseinsvorsorgeaufgaben zählt das **OLG** auch die Breitbandkabelversorgung im ländlichen Bereich.[81]

cc) Argumente gegen eine Einordnung als Dienstleistungskonzession

84 Die Gegenauffassung verneint die Anwendbarkeit der Rechtsprechung zur Dienstleistungskonzession auf Wegenutzungsverträge nach § 46 EnWG. Es handele sich nicht um eine Dienstleistungskonzession, da **kein Beschaffungsvorgang** vorläge.[82]

dd) Position des Gemeinsamen Leitfadens

85 Der gemeinsame Leitfaden von BKartA und BNetzA, lässt im Ergebnis offen, ob es sich bei Konzessionsverträgen i. S. d. § 46 EnWG um Dienstleistungskonzessionen

---

75 VG Aachen, Beschl. v. 13.4.2011 – 1 L 113/11 –; Britz/Hellermann/Hermes/*Hellermann*, § 46 Rn 66f.; *Ortner*, EWeRK Jg 11/3/2011, 111, 112; *Hoch/Theobald*, KSzW 2011, 300, 302; *Säcker/Mohr/Wolf*, S. 67; *Pippke/Gaßner*, RdE 2006, 33, 36; *Thomale/Kießling*, N&R 2008, S. 166, 168.
76 VG Aachen, Beschl. v. 13.4.2011 – 1 L 113/11 –, S. 3; *Ortner*, EWeRK Jg 11/3/2011, 111, 112.
77 VG Aachen, Beschl. v. 13.4.2011 – 1 L 113/11 –, S. 3; *Ortner*, EWeRK Jg 11/3/2011, 111, 112.
78 EUGH, Urt. v. 17.7.2008 – C-347/06 – (ASM Brescia./.Commune die Rodengo Saiano).
79 VG Aachen, Beschl. v. 13.4.2011 – 1 L 113/11 – S. 2.
80 *Ott*, Vergabeblog 16. Mai 2011: http://www.vergabeblog.de/2011-10-25/eugh-entscheidet-zur-qualifizierung-von-erschliesungsmasnahmen-als-offentlicher-bauauftrag-urteil-v-26-mai-2011-c-30608.
81 OLG München, Beschl. v. 25.3.2011 – Verg. 4/11 –.
82 *Niehof*, RdE 2011, 15, 18; *Pippke/Gaßner*, RdE 2006, 33, 36; *Reinmann/Decker*, RdE 2000, 16, 21.

im Sinne des durch europäische Richtlinien harmonisierten Vergaberechts handelt.[83]

ee) Stellungnahme

Entscheidend für die Einordnung von Wegenutzungsverträgen gem. § 46 EnWG als Dienstleistungskonzession ist die Frage, ob ein **„öffentlicher Auftrag"** im Sinne von Art. 1 Abs. 2 der Richtlinie 2004/18/EG VKR vorliegt. Denn **Konzessionen** sind nach europäischem Recht ebenfalls öffentliche Aufträge. Der **EuGH** verweist daher auch darauf, dass die in den Richtlinien enthaltenen Definitionen des Dienstleistungsbegriffs dahingehend ergänzt und präzisiert werden müssten, dass das mit der Konzession eingeräumte Nutzungsrecht jeweils die *„Gegenleistung für die Erbringung einer Dienstleistung"* sein müsse.[84] 86

Insofern erstaunt es, dass im Hinblick auf die Konzessionsverträge gem. § 46 EnWG die wohl herrschende Meinung einerseits vertritt, das GWB-Vergaberecht sei mangels Beschaffungscharakter nicht anwendbar, andererseits aber annimmt, es läge eine Dienstleistungskonzession vor. Dienstleistungsauftrag und Dienstleistungskonzession unterscheiden sich aber grundsätzlich nur darin, von wem der Auftragnehmer sein Entgelt erhält und wie die wirtschaftliche Risikoverteilung gelagert ist, nicht jedoch beim erforderlichen **Beschaffungscharakter** des Vertrags. Wenn also die Vertreter der Meinung, bei Wegenutzungsverträgen i. S. d. § 46 EnWG handele es sich um Dienstleistungskonzessionen, zur Begründung ihrer Auffassung auf Fragen der **Risikoverteilung** und **Entgelterhebung** verweisen, machen sie den zweiten Schritt vor dem ersten. Sie prüfen nämlich Kriterien, die eigentlich zur Abgrenzung zwischen Dienstleistungsauftrag und Dienstleistungskonzession entwickelt wurden, ohne sich zuvor die eigentlich maßgebliche Frage gestellt zu haben, ob sich der öffentliche Auftraggeber hier eine Dienstleistung beschafft. Dies ist aber beim Abschluss eines reinen Wegenutzungsvertrags gerade nicht der Fall.[85] 87

Das Beschaffungsmerkmal kann auch nicht – wie in der oben dargestellten Entscheidung des **OLG München** aus einem allgemeinen Verweis auf **Daseinsvorsorgeaufgaben** abgeleitet werden. Vielmehr hat der **EuGH** in seiner „Wildeshausen"-Entscheidung aus dem Jahr 2010 zur Ausschreibungspflichtigkeit städtebaulicher Verträge eindeutig festgehalten, dass es für die Annahme einer Konzession nicht ausreicht, dass die Erbringung der vertraglich vereinbarten Leistung im allgemeinen Interesse liegende öffentliche Ziele erfüllen soll.[86] Vielmehr ist ein Beschaf- 88

83 Gemeinsamer Leitfaden des BKartA und der BNetzA zur Vergabe von Strom- und Gaskonzessionen und zum Wechsel des Konzessionsnehmers vom 15.12.2010, S. 3.
84 EuGH, Urt. v. 10.9.2009 – C-206/08 – (WAZV Gotha./.Eurawasser), Rn 58.
85 S. o. Kap. 5 Rn 70.
86 EuGH, Urt. v. 25.3.2010 – C-451/08 – „Stadt Wildeshausen", Rn 55.

fungsvorgang nur dann anzunehmen, wenn die vertraglich **vereinbarte Leistung** dem öffentlichen Auftraggeber **unmittelbar wirtschaftlich** zugutekommt.[87] Dies wäre jedoch nur dann der Fall, wenn es sich bei der Verlegung und dem Betrieb von Leitungen i.S.d. § 46 Abs. 1 und 2 EnWG um eine **originär kommunale Aufgabe** handeln würde, die nun per Vertrag auf einen Privaten übertragen wird. Dies ist jedoch nicht der Fall. Im Gegenteil geht das EnWG davon aus, dass Netzbetreiber natürliche oder juristische Personen oder rechtlich unselbständige Organisationseinheiten eines Energieversorgungsunternehmens sind (vgl. § 3 EnWG).

89 Auch der Verweis auf das Urteil des **EuGH** in der Sache „ASM Brescia" geht fehl. Zwar ging es in dem entschiedenen Fall um eine *„Konzession für die Tätigkeit der Erdgasverteilung"*.[88] Weder das Urteil noch die vorausgehenden Schlussanträge des Generalanwalts setzen sich jedoch explizit mit der Frage auseinander, ob es sich bei dem streitgegenständlichen Auftrag um eine Dienstleistungskonzession handelt. Vielmehr war diese Frage offensichtlich – ebenso übrigens wie in einem weiteren vergleichbaren vom **EuGH** entschiedenen Fall „Co.Na.Me" – im Ausgangsverfahren vor dem vorlegenden Gericht nicht streitig. Da es sich jeweils um **Vorabentscheidungsersuchen** nationaler Gerichte gem. Art. 267 AEUV handelte, beschränkte sich der **EuGH** auf die Beantwortung der gestellten Fragen und prüfte nicht weiter, ob die von den nationalen Gerichten getroffenen Annahmen dazu, dass die streitgegenständlichen Verträge tatsächlich, wie im Sachverhalt aufgeführt, eine Dienstleistung für den öffentlichen Auftraggeber, nämlich die *„öffentliche Dienstleistung der Erdgasverteilung"*[89] bzw. die *„Dienstleistung der Verwaltung, des Vertriebs und der Wartung der Anlagen des Methangasnetzes"*[90] beinhalteten, zutreffend waren. Wegenutzungsverträge gem. § 46 EnWG jedenfalls beinhalten derartige Dienstleistungen zugunsten des öffentlichen Auftraggebers nicht. Verlegung und Betrieb der Leitungen stellen, wie oben dargelegt, keine Dienstleistung für die öffentliche Hand dar.

d) Aus europäischen Grundfreiheiten abgeleitete Prinzipien

90 Nach gemeinsamer Auffassung von BKartA und BNetzA sind aufgrund der Monopolstellung der Kommunen für die Vergabe von Wegenutzungskonzessionen gem. § 46 EnWG unabhängig vom Vorliegen einer Dienstleistungskonzession auch die aus den **europäischen Grundfreiheiten** abgeleiteten Vergabeprinzipien anwendbar.[91]

---

87 EuGH, Urt. v. 25.3.2010 – C-451/08 – „Stadt Wildeshausen", Rn 49, 54.

88 Schlussanträge des Generalanwalts M. Poiares Maduro v. 24.4.2008 – C-347/06 – (ASM Brescia./.Commune di Rodengo Saiano), Rn 3 und 5.

89 EuGH, Urt. v. 17.7.2008 – C-347/06 – (ASM Brescia./.Commune di Rodengo Saiano), Rn 48.

90 EuGH, Urt. v. 21.7.2005 – C-231/03 – (CO.NA.ME./.Commune Cingia de'Botti), Rn 3.

91 Gemeinsamer Leitfaden des BKartA und der BNetzA zur Vergabe von Strom- und Gaskonzessionen und zum Wechsel des Konzessionsnehmers vom 15.12.2010, S. 4; in diesem

Die europäischen Grundfreiheiten greifen jedoch nur dann ein, wenn ein so genannter **Binnenmarktbezug** vorliegt. Ausweislich des Gemeinsamen Leitfadens von BKartA und BNetzA ist die Schwelle für die Betroffenheit des innergemeinschaftlichen Handels bei Konzessionen jedoch äußerst niedrig anzusetzen.[92] Tatsächlich lässt es der **EuGH** regelmäßig genügen, dass die Verletzung einer Transparenzpflicht zu einer **potentiellen Diskriminierung** von Unternehmen aus anderen Mitgliedstaaten führen kann.[93] Es muss nicht nachgewiesen werden, dass sich tatsächlich ein ausländisches Unternehmen für die zu vergebende Konzession interessiert hat.[94] Eine Binnenmarktrelevanz wird nur dann abgelehnt, wenn ausländische Unternehmen ausnahmsweise aufgrund der konkreten **Vertragsanforderungen** – etwa lokaler, kultureller oder sprachlicher Art – von vorneherein als potentielle Interessenten ausscheiden oder aber wenn Auswirkungen auf das Funktionieren des Binnenmarktes wegen der sehr geringen wirtschaftlichen Bedeutung eines Auftrags von vorneherein nicht zu erwarten sind.[95] 91

Im Hinblick auf die Wegenutzungsverträge des § 46 EnWG wird man dagegen keinen Grundsatz aufstellen können, dass etwa nur die bereits nach dem EnWG europaweit bekannt zu machenden **qualifizierten Wegenutzungsverträge** binnenmarktrelevant sind. Zwar liegt der gesetzlichen Regelung eine entsprechende Wertung zugrunde.[96] Diese ist jedoch europarechtlich nicht bindend. Hier ist vielmehr eine Bewertung des Sachverhalts in jedem Einzelfall vorzunehmen. 92

e) Praktische Relevanz der vergabe- und kartellrechtlichen Einordnung

Ganz überwiegend wird somit davon ausgegangen, dass die **europäischen Grundfreiheiten** auf die Konzessionierung nach § 46 EnWG anzuwenden sind – sei es weil die Wegenutzungsverträge als Dienstleistungskonzession eingeordnet werden oder sei es aufgrund der Monopolstellung der Kommunen. Es stellt sich daher die Frage, 93

Sinne auch *Säcker/Mohr/Wolf*, S. 37; BerlK-EnR/*Wegner*, § 46 EnWG Rn 116; *Byok/Dierkes*, RdE 2011, 126, 134 f.; wohl auch BDEW-Leitfaden „Konzessionsverträge und Konzessionsabgaben in der Strom- und Gasversorgung" vom 9.11.2010, S. 18.

92 Gemeinsamer Leitfaden des BKartA und der BNetzA zur Vergabe von Strom- und Gaskonzessionen und zum Wechsel des Konzessionsnehmers vom 15.12.2010, S. 4 unter Verweis auf die EuGH Entscheidung „Parking Brixen", Urt. v. 13.10.2003 – C-458/03 –.

93 EuGH, Urt. v. 13.4.2010 – C-91/08 –, Rn 35 (Wall AG./.Stadt Frankfurt a. M.), Rn 34 m. w. N. aus der Rspr. des EuGH.

94 Gemeinsamer Leitfaden des BKartA und der BNetzA zur Vergabe von Strom- und Gaskonzessionen und zum Wechsel des Konzessionsnehmers vom 15.12.2010, S. 4; *Säcker/Mohr/Wolf*, S. 70.

95 Vgl. hierzu, Mitteilung der Kommission zu Auslegungsfragen in Bezug auf das Gemeinschaftsrecht, das für die Vergabe öffentlicher Aufträge gilt, die nicht oder nur teilweise unter die Vergaberichtlinien fallen (2006/C 179/02), Ziff. 1.3.; *Säcker/Mohr/Wolf*, S. 71.

96 BerlK-EnR/*Wegner*, § 46 EnWG Rn 102.

ob es auf die oben diskutierte Problematik des Vorliegens einer Dienstleistungskonzession in **praktischer Hinsicht** überhaupt ankommt.

aa) Relevanz für die die Kommune treffenden Pflichten

94 Da auch dann, wenn keine Dienstleistungskonzession vorliegt, nach zutreffender Auffassung für die Vergabe von Wegenutzungsverträgen i.S.d. § 46 EnWG in jedem Fall die europäischen Grundfreiheiten und damit die Grundsätze der **Transparenz** und der **Diskriminierungsfreiheit** anzuwenden sind, ist derzeit jedenfalls für die Frage, welche Verpflichtungen die Kommune treffen, der Streit, ob Wegenutzungsverträge i.S.d. § 46 EnWG als Dienstleistungskonzessionen im Sinne der europäischen Richtlinien einzustufen sind, rein akademischer Natur. In beiden Fällen sind die sich aus dem AEUV ergebenden **primärrechtlichen Verfahrensanforderungen** zu wahren.

95 Nicht nachvollziehbar ist die Auffassung, die Annahme einer Dienstleistungskonzession hätte deshalb „erhebliche praktische Relevanz“, weil dann die Mitteilung der Kommission vom 23.6.2006 zu beachten sei, die detaillierte Bestimmungen für die Vergabe von Dienstleistungskonzessionen enthalte und als europäische Auslegungsmitteilung dem nationalen Leitfaden vorgehe.[97] Zunächst gibt es ein derartiges Rangverhältnis zwischen nationalen und supranationalen **Auslegungsmitteilungen**, denen jeweils kein **Rechtsnormcharakter** zukommt, nicht. Hinzu kommt, dass die **Kommissionsmitteilung** keine verbindlichen Bestimmungen zur Vergabe von Dienstleistungskonzessionen enthält, sondern lediglich die von der Kommission hierzu vertretenen **Rechtsauffassungen** widergibt.[98] Aus der Kommissionsmitteilung können sich daher keine weitergehenden Rechte und Pflichten ergeben als diejenigen, die unmittelbar aus den im Binnenmarkt geltenden Grundfreiheiten abzuleiten sind. Insofern kann sich auch kein Unterschied zum nationalen Leitfaden ergeben, der ebenfalls auf die Grundfreiheiten abstellt.

bb) Relevanz nach Umsetzung der Europäischen Vergaberechtsreform

96 Die Unterscheidung könnte allerdings dann bereits auf der Verpflichtungsebene an Bedeutung gewinnen, wenn die Europäische Kommission sich mit Ihrem Vorschlag für eine eigene **Konzessionsrichtlinie** durchsetzt und auch die Dienstleistungskon-

97 *Ortner*, EWeRK 11/3/2011, 111.

98 So ausdrücklich die Einleitung der Kommissionsmitteilung vom 23.6.2006 – Mitteilung der Kommission zu Auslegungsfragen in Bezug auf das Gemeinschaftsrecht, das für die Vergabe öffentlicher Aufträge gilt, die nicht oder nur teilweise unter die Vergaberichtlinien fallen (2006/C 179/02).

zession dem Europäischen Vergaberechtsregime unterstellt wird.[99] Noch ist allerdings ungewiss, ob die Kommissions-Entwürfe in der im Dezember 2011 vorgelegten Form das Europäische Parlament passieren werden, zumal sich dieses bislang kritisch zur weiteren Regulierung im Bereich der Dienstleistungskonzessionen geäußert hatte.[100] Hinzu kommt, dass die neue Richtlinie (nach derzeitigem Stand) erst bis zum 30.6.2015 umzusetzen wäre, so dass zumindest bis zu diesem Zeitpunkt die Streitfrage nach der Einordnung der Konzessionsverträge als Dienstleistungskonzessionen im Sinne des Europarechts zunächst offen gelassen werden könnte, wenn sich nicht auf der Rechtsfolgenseite doch maßgebliche Unterschiede ergäben.

cc) Relevanz für die Rechtsfolgenseite

Während die Rechtsprechung im Bereich der Dienstleistungskonzessionen davon 97 ausgeht, dass sich Verstöße gegen verfahrensrechtliche Anforderungen nicht auf die **Wirksamkeit des Vertrags** auswirken,[101] führen Verstöße gegen die gesetzlichen Verbote der §§ 19, 20 GWB, Art. 102 AEUV zur **Unwirksamkeit** des Vertrags gem. § 134 BGB.[102] Auch beim **Rechtsweg** kann die Unterscheidung relevant werden: Die Überprüfung **kartellrechtlicher Verstöße** ist den Kartellrechtsbehörden und der Zivilgerichtsbarkeit zugewiesen. Bei der Überprüfung möglicher Rechtsverstöße im Bereich der **Dienstleistungskonzessionen** haben bisher – wenn auch nicht unumstritten – häufig die Verwaltungsgerichte ihre Zuständigkeit angenommen.[103]

IV. Datenherausgabe- und Informationspflichten im Bekanntmachungsverfahren

1. Unterschiedliche Interessen bezüglich der Herausgabe von Daten und Informationen

Das **EnWG 1998** und das **EnWG 2005** enthielten **keine** ausdrücklichen **Regelungen** darüber, ob und wenn ja, welche **Daten**, Unterlagen oder ähnliche Informationen im Rahmen des **Bekanntmachungsverfahrens** den Interessenten zur Verfügung zu stellen waren. Es kann deshalb nicht verwundern, dass es hierüber in der 98

---

99 Vorschlag für Richtlinie des Europäischen Parlaments und des Rates über die Konzessionsvergabe vom 20.12.2011, KOM (2011) 897 endgültig.

100 Monatsinfo Vergabe 11/2011, 374, 375 zum aktuellen Stand des Rechtssetzungsverfahrens auf EU-Ebene sowie zur Position des Parlaments zur Normierung der Dienstleistungskonzession.

101 EuGH, Urt. v. 13.4.2010 – C-91/08 – (Wall AG./.Stadt Frankfurt a. M.), Rn 65; VG München VergabeR 2008, 138.

102 *Säcker/Mohr/Wolf*, S. 97 f.

103 VG Münster, Beschl. v. 9.3.2007 – 1 L 64/07 – und v. 15.4.2011 – L 113/11 –; VG Köln, Urt. v. 16.10.2008 – 1 K 4507/08 –; OVG Münster, Beschl. v. 4.5.2006 – 15 E 453/06 – und v. 7.2.2011 – 15 D 1485/10 –.

Vergangenheit häufig zu Streitigkeiten zwischen Gemeinde und/oder Interessent bzw. dem Altkonzessionär kam.

99 Unter Hinweis darauf, dass die Gemeinde verpflichtet sei, ein diskriminierungsfreies und transparentes Verfahren um den Abschluss des Konzessionsvertrags durchzuführen, wurde vom Altkonzessionär regelmäßig die Herausgabe umfänglicher Daten und Informationen zum Netz gefordert. Die „Wunschliste" der **Gemeinde** umfasste daher regelmäßig folgende Daten:

- Benennung sämtlicher notwendiger Verteilungsanlagen für den Betrieb des Energienetzes (inklusive Grundstücke und grundstücksgleiche Rechte)
- Technische Dokumentationen, Hausanschlussakten, Bestandsplanwerke
- Alle vereinnahmten und nicht aufgelösten Baukostenzuschüsse
- Alle Verträge nach NAV, NDAV; alle Netzkundendaten
- Informationen aus dem letzten Geschäftsjahr nach Maßgabe der StromNEV bzw. GasNEV
- Historische Anschaffungs- und Herstellungskosten sowie das Jahr der Aktivierung
- Die der letzten Netzentgeltgenehmigung nach § 23 a EnWG zugrunde liegenden kalkulatorischen Restwerte und die Nutzungsdauern für die laufende Abschreibung.

100 Von Seiten des **Altkonzessionärs** wurde diesem Begehren regelmäßig das **Bedürfnis nach Wahrung der Geschäfts- und Betriebsgeheimnisse** entgegengehalten. Neben der Herausgabe eines technischen Mengengerüsts war der Altkonzessionär zumeist lediglich dazu bereit, der Gemeinde eine Aufstellung der gezahlten Konzessionsabgabe sowie ggf. einen Netzplan zur Verfügung zu stellen.

101 Der Streit um die zur Durchführung des Bekanntmachungsverfahrens herauszugebenden Daten hat sich infolge der Veröffentlichung des **Gemeinsamen Leitfadens von BKartA und BNetzA** gelegt. Ausweislich der darin zum Ausdruck gebrachten Auffassung beider Behörden hat der **Altkonzessionär** im Rahmen des **Bekanntmachungsverfahrens**, der Gemeinde diejenigen **Informationen** zur Verfügung zu stellen, die potentielle **Interessenten benötigen**, um effektiv an der **Vergabe der Konzession teilzunehmen.**[104] Hierunter fallen nach der Auffassung von BKartA und BNetzA ausschließlich solche Daten, die eine **indikative Preiskalkulation** der zu übernehmenden Anlagen ermöglichen.[105]

102 Eine **Absage** erteilten beide Behörden dem Begehren der Gemeinden bzw. der Interessenten hinsichtlich der Herausgabe **kalkulatorischer Daten.** Diese Daten sind auch nach Auffassung von BKartA und BNetzA für eine indikative Preiskal-

---

104 Gemeinsamer Leitfaden des BKartA und der BNetzA zur Vergabe von Strom- und Gaskonzessionen und zum Wechsel des Konzessionsnehmers vom 15.12.2010, Rn 28.

105 Gemeinsamer Leitfaden des BKartA und der BNetzA zur Vergabe von Strom- und Gaskonzessionen und zum Wechsel des Konzessionsnehmers vom 15.12.2010, Rn 25.

kulation nicht erforderlich und dementsprechend zur Durchführung eines wettbewerbsrechtlich ordnungsgemäßen Konzessionsvergabeverfahrens nicht erforderlich.

Mit der **jüngsten Novellierung des EnWG** reagierte auch der Gesetzgeber und 103
fügte in § 46 Abs. 2 EnWG eine Regelung in Satz 4 und Satz 5 ein, die der Gemeinde gegenüber dem Altkonzessionär einen Anspruch auf Herausgabe von Daten zubilligt. Danach ist:

> „der bisherige Nutzungsberechtigte [...] verpflichtet, der Gemeinde spätestens ein Jahr vor Bekanntmachung der Gemeinde nach Absatz 3 diejenigen Informationen über die technische und wirtschaftliche Situation des Netzes zur Verfügung zu stellen, die für eine Bewertung des Netzes im Rahmen einer Bewerbung um den Abschluss eines Vertrags nach Satz 1 erforderlich sind. Die Bundesnetzagentur kann im Einvernehmen mit dem Bundeskartellamt Entscheidungen über den Umfang und das Format der zur Verfügung zu stellenden Daten durch Festlegung gegenüber den Energieversorgungsunternehmen treffen.“

2. Welche Daten muss die Gemeinde in welchem Umfang an den Interessenten im Rahmen des Verfahrens um die Vergabe von Konzessionsverträgen herausgeben?

a) Rechtsgrundlagen für einen Herausgabeanspruch

Bis zum Inkrafttreten des neuen EnWG am 4.8.2011 konnte die Gemeinde vom Alt- 104
konzessionär auf der Grundlage einer **vertraglichen Regelung im Altkonzessionsvertrag** Daten und Informationen zum Netz heraus verlangen. In den Altkonzessionsverträgen finden sich vielfach Regelungen, nach denen die Gemeinde ca. zwei bis drei Jahre vor Ablauf des Vertrags ein **technisches Mengengerüst** vom Altkonzessionär verlangen kann.

Darüber hinaus wurde verschiedentlich ein Recht der Gemeinde gegenüber dem 105
Altkonzessionär auf Datenherausgabe aus einer **ungeschriebenen Nebenpflicht aus dem auslaufenden Konzessionsvertrag** i. V. m. § 242 BGB abgeleitet.[106] § 46 Abs. 2 bzw. Abs. 3 EnWG sahen demgegenüber keinen entsprechenden Daten- und Informationsanspruch der Gemeinde gegenüber dem Altkonzessionär vor. Dies änderte sich erst mit Inkrafttreten der **jüngsten Gesetzesnovelle** am 4.8.2011. Nunmehr sieht **§ 46 Abs. 2 S. 4 EnWG** einen ausdrücklichen Anspruch der Gemeinde vor, spätestens ein Jahr vor der Bekanntmachung des Auslaufens des Konzessionsvertrags bestimmte Daten von dem Konzessionsvertragspartner verlangen zu können.

106 Hinweise der Niedersächsischen Kartellbehörde zur Durchführung eines wettbewerblichen Konzessionsvergabeverfahrens nach § 46 EnWG, 3/2010, S. 10; Gemeinsamer Leitfaden des BKartA und der BNetzA zur Vergabe von Strom- und Gaskonzessionen und zum Wechsel des Konzessionsnehmers vom 15.12.2010, Rn 27; *Säcker/Mohr/Wolf*, S. 96.

106 Demgegenüber stehen auch nach der jüngsten Gesetzesänderung dem **Interessenten** in diesem Verfahrensstadium **keine gesetzlichen Daten- und Informationsansprüche** gegenüber dem **Altkonzessionär** zu. Die Interessenten können weder einen vertraglichen noch einen gesetzlichen Anspruch auf Herausgabe von Daten und Informationen geltend machen. Vertragliche Beziehungen bestehen lediglich zwischen der Gemeinde und dem Altkonzessionär. Der gesetzliche Informationsanspruch in § 46 Abs. 2 Satz 4 EnWG besteht lediglich zugunsten der Gemeinde.

107 Gleichwohl werden dem **Interessenten** auch in diesem Verfahrensstadium aus kartellrechtlichen Erwägungen Informationsansprüche einzuräumen sein. So besteht wohl ein **Informationsanspruch gegenüber der Gemeinde**. Diese hat aufgrund ihrer marktbeherrschenden Stellung bei der Vergabe von Konzessionsverträgen ein **transparentes und diskriminierungsfreies Verfahren** um die Vergabe des Konzessionsvertrags durchzuführen. Eine entsprechende Verpflichtung ergibt sich aus §§ 19 Abs. 1, 20 Abs. 1 GWB bzw. Art. 102 AEUV. Diese kartellrechtlichen Vorgaben wirken sich dahingehend aus, dass die Gemeinde die ihr vom Altkonzessionär zur Verfügung gestellten Daten und Informationen **allen Interessenten gleichermaßen** zur Verfügung zu stellen hat. Ein entsprechender Anspruch des Interessenten ergibt sich aus § 32 Abs. 1 GWB.

b) Inhalt und Umfang des Datenherausgabeanspruchs

108 Ausweislich **§ 46 Abs. 2 S. 4 EnWG** hat der Altkonzessionär der Gemeinde diejenigen **Informationen über die technische und wirtschaftliche Situation des Netzes** zur Verfügung zu stellen, die für eine **Bewertung des Netzes** im Rahmen einer Bewerbung um den Abschluss eines Konzessionsvertrags **erforderlich sind**. Welche Daten und Informationen dies sein sollen, hat der Gesetzgeber offen gelassen. Hinweise lassen sich in diesem Zusammenhang auch nicht der Gesetzesbegründung entnehmen.[107] Gem. **§ 46 Abs. 2 S. 5 EnWG** hat der Gesetzgeber allerdings der BNetzA das Recht eingeräumt, im Einvernehmen mit dem BKartA Entscheidungen über den **Umfang** und das Format der zur Verfügung stellenden Daten **durch Festlegung** gegenüber dem Energieversorgungsunternehmen zu treffen.

109 Ob es einer derartigen Festlegung noch bedarf, ist fraglich. Denn in dem Gemeinsamen Leitfaden von BKartA und BNetzA hatten beide Behörden zum Umfang des **Datenherausgabeanspruchs** bereits Stellung genommen.[108] Zur Durchführung eines transparenten und diskriminierungsfreien Konzessionsvergabeverfahrens sind den Bietern danach die folgenden Daten mitzuteilen:

107 BT-Drucks. 17/6072, S. 88.

108 Gemeinsamer Leitfaden des BKartA und der BNetzA zur Vergabe von Strom- und Gaskonzessionen und zum Wechsel des Konzessionsnehmers vom 15.12.2010, Rn 25.

- Anzahl der von § 46 Abs. 2 S. 2 EnWG erfassten **Anlagegüter**, aufgeteilt nach Kategorien,
- **Altersstruktur** der Anlagegüter des Elektrizitäts- bzw. Gasversorgungsnetzes des jeweiligen Konzessionsgebiets (originäre historische Anschaffungs-/Herstellungsjahre),
- **Art und Besonderheiten** des Elektrizitäts- bzw. Rohrleitungsnetzes (z.B. verbaute Materialien) und sonstige Anlagegüter,
- Angaben zum **Konzessionsgebiet** einschließlich eines Netzplans mit Kennzeichnung z.B. der Netzverknüpfungspunkte und derjenigen Leitungen, welche nicht vom Überlassungsanspruch nach § 46 Abs. 2 S. 2 EnWG erfasst werden,
- **Strukturdaten** gem. § 27 Abs. 2 Strom- bzw. GasNEV (Veröffentlichungspflichten des Netzbetreibers) bezogen auf das Konzessionsgebiet, also insbesondere
  - im Falle von Gasnetzen:
    1. die Länge des Gasleitungsnetzes jeweils getrennt für die Niederdruck, Mitteldruck- und Hochdruckebene zum 31.12. des Vorjahres,
    2. die Länge des Gasleitungsnetzes in der Hochdruckebene nach Leitungsdurchmesserklassen,
    3. die im Vorjahr durch Weiterverteiler und Letztverbraucher entnommene Jahresarbeit in Kilowattstunden oder in Kubikmetern,
    4. die Anzahl der Ausspeisepunkte jeweils für alle Druckstufen und
    5. die zeitgleiche Jahreshöchstlast aller Entnahmen im Megawatt oder Kubikmetern pro Stunde und den Zeitpunkt des jeweiligen Auftretens;

und

  - im Falle von Stromnetzen:
    1. die Stromkreislänge jeweils der Kabel- und Freileitungen in der Niederspannungs-, Mittelspannungs-, Hoch- und Höchstspannungsebene zum 31.12. des Vorjahres,
    2. die installierte Leistung der Umspannebenen zum 31.12. des Vorjahres,
    3. die im Vorjahr entnommene Jahresarbeit in Kilowattstunden pro Netz- und Umspannebene,
    4. die Anzahl der Entnahmestellen jeweils für alle Netz- und Umspannebenen,
    5. die Einwohnerzahl im Netzgebiet von Betreibern von Elektrizitätsversorgungsnetzen der Niederspannungsebene zum 31.12. des Vorjahres,
    6. die versorgte Fläche nach § 24 Abs. 2 Satz 2 und Satz 3 StromNEV zum 31.12. des Vorjahres und
    7. die geografische Fläche des Netzgebietes zum 31.12. des Vorjahres;

sowie

  - das Konzessionsabgabenaufkommen (getrennt nach den jeweiligen Tarif- und Sondervertragskunden).

c) Kalkulatorische Daten sind vom Herausgabeanspruch nicht umfasst

110 Weitergehende Daten, wie z. B. **kalkulatorische Daten**, sind auch nach der Neuregelung in § 46 Abs. 2 S. 4 EnWG **technisch und wirtschaftlich nicht erforderlich** und müssen zur Durchführung des Bekanntmachungsverfahrens nicht zur Verfügung gestellt werden.

111 Auch das **BKartA lehnt die Herausgabe weitergehender Daten**, wie zum Beispiel die Herausgabe von kalkulatorischen Restwerten und Nutzungsdauern, **ab.**[109] Eine Erweiterung des im Gemeinsamen Leitfaden von BKartA und BNetzA definierten Datenumfangs sei nicht notwendig und wäre auch nicht sachgerecht. Weiterführende netzrelevante Daten und Informationen sind erst einem künftigen Neukonzessionär in den Phasen nach der Auswahlentscheidung der Kommune und nach Abschluss des neuen Konzessionsvertrags zu überlassen.[110]

112 Nach **anderer Auffassung** muss jeder Bewerber um die Konzession die Kosten und die Chancen einer Übernahme des Netzes einschätzen können. Hierzu sei **zwingend Kenntnis** über die für das Netz unter Umständen zu zahlende **Vergütung**, die **künftigen Erlöse** aus dem Netzbetrieb und über den **zukünftigen Investitionsbedarf** erforderlich. Erst wenn diese Informationen zur Verfügung gestellt worden sind, kann von einem Interessenten eine verbindliche Bewerbung um die Konzession erwartet werden.[111]

113 Ein solcher umfassender **Informationsanspruch kann** jedoch **weder aus energierechtlichen** noch aus **kartellrechtlichen Vorschriften abgeleitet werden.** Diese Daten und Informationen sind für die Durchführung des Bekanntmachungsverfahrens folglich nicht erforderlich.

114 Jeder Interessent kann auf der Grundlage der nach Rn 25 des Gemeinsamen Leitfadens von BKartA und BNetzA benannten Daten die zukünftig mit dem Netzbetrieb erzielbaren Erlöse näherungsweise bestimmen.[112] Dies reicht, um die Chancen und Risiken einer Netzübernahme abzuwägen und zu entscheiden, ob ein Angebot auf Abschluss des Konzessionsvertrags abgegeben werden soll oder nicht.

---

109 BKartA, Schreiben v. 6.4.2011 – B 10 10/11 –; a. A. *Säcker/Mohr/Wolf*, S. 94; Schneider/Theobald/*Albrecht*, § 9 Rn 85 ff.

110 Anders die Niedersächsische Landeskartellbehörde, die zusätzlich die Herausgabe der erforderlichen kaufmännischen Angaben zum Mengengerüst für erforderlich erachtet, um eine Kalkulation des auf den zukünftigen Netzerlösen basierenden Ertragswerts des Netzes vornehmen zu können; Vgl. Hinweise der Niedersächsischen Kartellbehörde zur Durchführung eines wettbewerblichen Konzessionsvergabeverfahrens nach § 46 EnWG, 3/2010, S. 9 f.

111 Schneider/Theobald/*Albrecht*, § 9 Rn 86.

112 Gemeinsamer Leitfaden des BKartA und der BNetzA zur Vergabe von Strom- und Gaskonzessionen und zum Wechsel des Konzessionsnehmers vom 15.12.2010, Rn 25.

d) Keine rechtskräftigen Gerichtsentscheidungen vorhanden

Rechtskräftige Entscheidungen gibt es hierzu bislang nicht. Das **LG Hannover** hat bislang lediglich die Auffassung vertreten, dass der Altkonzessionär im Rahmen der Übernahmeverhandlungen, d.h. **nach Abschluss des neuen Konzessionsvertrags**, dem Neukonzessionär die erforderlichen **Daten zur Bewertung der Ertragssituation** herauszugeben hat. Ein solcher Anspruch ergebe sich aus einer **Nebenverpflichtung zu § 46 Abs. 2 S. 2 EnWG.**[113] Dieser Anspruch entstehe nach Auffassung des **Brandenburgischen OLG** erst mit Ablauf des Altkonzessionsvertrags.[114] 115

Die Frage, ob dies auch schon für einen **früheren Zeitpunkt** gilt, ist derzeit Gegenstand eines Rechtsstreits vor dem **LG Hannover. Streitig** ist, ob der Altkonzessionär bereits vor Beginn des Bekanntmachungsverfahrens verpflichtet ist, die historischen Anschaffungs- und Herstellungskosten sowie das Jahr der Aktivierung, die der Netzentgeltgenehmigung zugrunde gelegten kalkulatorischen Restwerte, kalkulatorische Nutzungsdauern sowie die aktuellen kalkulatorischen Restwerte mitzuteilen.[115] 116

3. Gilt § 46 Abs. 2 S. 4 EnWG auch für den Fall der vorzeitigen Verlängerung?

Es stellt sich zudem die Frage, ob die in **§ 46 Abs. 2 S. 4 EnWG** verankerte **Datenherausgabepflicht** auch für den Fall der **vorzeitigen Verlängerung** eines Konzessionsvertrags nach § 46 Abs. 3 S. 3 EnWG gilt. 117

Dem Wortlaut nach bezieht sich § 46 Abs. 2 S. 4 EnWG auf die „Bekanntmachung der Gemeinde nach Absatz 3“. Auch der Gesetzesbegründung zu § 46 Abs. 2 EnWG ist zu entnehmen, dass die Datenherausgabepflicht nach § 46 Abs. 2 S. 4 EnWG auch den Fall der **vorzeitigen Verlängerung** eines Konzessionsvertrags umfassen soll.[116] 118

Richtigerweise kann sich § 46 Abs. 2 S. 4 EnWG aber nur auf den Fall des § 46 Abs. 3 S. 1 EnWG beziehen. Erst wenn feststeht, dass der gültige **Konzessionsvertrag einvernehmlich beendet wird**, kann der Gemeinde ein **Datenherausgabeanspruch** zustehen. Da im Fall einer vorzeitigen Verlängerung regelmäßig nicht bereits drei Jahre früher ein solches Vorgehen geplant wird, ist der zeitliche Ablauf ein ganz anderer. Damit geht der zeitlich sehr früh gesetzte Anspruch in diesen Fällen ins Leere. Der in § 46 Abs. 2 S. 4 EnWG geregelte Auskunftsanspruch wird daher gesetzeskonform auf den **Zeitpunkt der Entscheidung**, den Vertrag vorzeitig zu verlängern, verlegt werden müssen. 119

Dem **Umfang** nach kann ein solcher Datenherausgabeanspruch **nicht über** das in **§ 46 Abs. 2 S. 4 EnWG** enthaltene Maß hinausgehen. Demzufolge sind lediglich 120

113 LG Hannover, Urt. v. 24.6.2010 – 18 O 260/08 –.
114 Brandenburgisches OLG, Beschl. v. 29.12.2009 – W 13/09 (Kart.) – S. 5.
115 LG Hannover – 21 O 10/11 –.
116 BT-Drucks. 17/6072, S. 88.

die **technischen und wirtschaftlichen** Daten zur Verfügung zu stellen, die die Gemeinde benötigt, um ein wettbewerbsrechtlich ordnungsgemäßes Konzessionsvergabeverfahren durchführen zu können.

4. Ist der Abschluss einer Vertraulichkeitsvereinbarung zulässig?

121 Da es sich teilweise um **vertrauliche Daten** handelt, hat der Altkonzessionär regelmäßig ein Interesse daran, dass die von ihm an die Gemeinde zu übergebenden Daten vertraulich behandelt werden. Fraglich ist insoweit, ob der Altkonzessionär vor der Übermittlung der Daten an die Gemeinde den **Abschluss einer Vertraulichkeitsvereinbarung** verlangen kann. § 46 EnWG trifft hierzu keine Regelung. Allerdings ist die Vereinbarung einer strafbewehrten Vertraulichkeitsvereinbarung vor der Überlassung vertraulicher Daten im allgemeinen Geschäftsverkehr ein üblicher Vorgang.

122 Der Altkonzessionär verhält sich demzufolge nicht missbräuchlich, wenn er von der Gemeinde vor der Übermittlung der erforderlichen technischen und wirtschaftlichen Daten die Unterzeichnung einer Vertraulichkeitserklärung verlangt. Zulässig ist es auch, im Rahmen der Vertraulichkeitsvereinbarung eine **Vertragsstrafe** für den Fall zu vereinbaren, dass die Gemeinde die Daten an unberechtigte Dritte weitergibt. In welcher **Höhe** eine Vertragsstrafe vereinbart wird, steht im Ermessen des Altkonzessionärs. Als angemessen erscheint beispielsweise eine Vertragsstrafe in Höhe von € 50.000,00.

123 Überdies ist es zulässig, die **Gemeinde ihrerseits zu verpflichten**, dass sie sich vor der Herausgabe der vom Altkonzessionär zur Verfügung gestellten Daten und Informationen die **Vertraulichkeit durch den Interessenten zusichern** lässt. Demzufolge erscheint es auch als sachgerecht, dass die **Gemeinde** für die **Einhaltung der Vertraulichkeit** durch den Interessenten, dem sie die Daten überlassen hat, **haftet**.

Praxistipp

i Der Altkonzessionär sollte vor Herausgabe der Daten von der Gemeinde eine Vertraulichkeitserklärung verlangen. Des Weiteren sollte er die Gemeinde verpflichten, vor Weitergabe der Daten an berechtigte Interessenten eine entsprechende Vertraulichkeitserklärung zu verlangen. Die Vertraulichkeitserklärung sollte eine Vertragsstrafe im Falle der Zuwiderhandlung enthalten.

Diese könnte etwa lauten:

„Die Gemeinde verpflichtet sich, für jeden Fall der Zuwiderhandlung gegen diese Vereinbarung eine Vertragsstrafe in Höhe von € 50.000,00 an den Altkonzessionär zu zahlen. Das Recht zur Geltendmachung eines weitergehenden Schadens, der durch die Verletzung dieser Vertraulichkeitsvereinbarung entsteht, bleibt hiervon unberührt.“

---

5. Folgen einer verweigerten Datenherausgabe durch den Altkonzessionär

124 **Verweigert der Altkonzessionär die Herausgabe** der entsprechenden Daten an die Kommune, **verletzt** der Altkonzessionär **§ 46 Abs. 2 S. 4 EnWG**. Welche Rechts-

folgen sich hieran anknüpfen, hat das EnWG nicht geregelt. Soweit der Gemeinde hieraus ein **Schaden** entsteht, wäre der Altkonzessionär gegenüber der Gemeinde zum Schadensersatz nach § 280 Abs. 1 BGB verpflichtet.

Weigert sich der Altkonzessionär, der Gemeinde die zur Durchführung des Bekanntmachungsverfahrens erforderlichen Daten herauszugeben, verstößt er unter Umständen gegen **§ 21 Abs. 2 GWB**. § 21 Abs. 2 GWB regelt den Tatbestand der **verbotenen einseitigen Einflussnahme**. Er dient dem Schutz der unternehmerischen Entscheidungsfreiheit vor unerlaubter Einflussnahme durch andere Unternehmen und will der Gefahr vorbeugen, dass wettbewerbswidriges Verhalten durch Druck- oder Lockmittel erzeugt wird und damit kartellrechtliche Verbote umgangen werden.[117] Soweit ein Verstoß gegen § 21 Abs. 2 GWB vorliegt, stellt dies gleichzeitig eine **Ordnungswidrigkeit** gem. **§ 81 Abs. 3 Nr. 2 GWB** dar und kann mit einem Bußgeld belegt werden. 125

Ein zwischen der **Gemeinde** und dem **Altkonzessionär** aufgrund der Weigerung zur Datenherausgabe **geschlossener Konzessionsvertrag** kann wegen eines Verstoßes gegen das Kartellverbot gem. § 1 GWB ggf. Art. 101 AEUV **nichtig** sein. Denn in diesem Fall hat der gesetzlich vorgeschriebene Wettbewerb um die Konzession nicht stattgefunden.[118] Auch in diesem Zusammenhang können Bußgelder drohen. 126

6. Rechtsschutz gegen eine verweigerte Datenherausgabe

Dem **Interessenten** steht **weder aus § 46 EnWG noch aus** dem **Altkonzessionsvertrag** ein Anspruch auf Herausgabe der wirtschaftlichen und technischen Daten gegenüber dem Altkonzessionär zu. Mangels Anspruch scheidet damit auch eine gerichtliche Geltendmachung aus. 127

Fraglich ist, ob der **Interessent** gegenüber der **Gemeinde** Ansprüche hat. Ein solcher Anspruch kann sich aufgrund der marktbeherrschenden Stellung der Gemeinde bei der Vergabe der Konzession ergeben. Hiernach ist die Gemeinde verpflichtet, allen Interessenten die notwendigen Informationen zur Teilnahme am Verfahren zur Verfügung zu stellen. Verweigert sie gegenüber einem Interessenten die Herausgabe der erforderlichen Daten kann dieser seinen Anspruch aus § 32 Abs. 1 GWB im Wege der **Leistungsklage** gerichtlich geltend machen. 128

Die **Gemeinde** kann ihren Anspruch gegenüber dem **Altkonzessionär aus § 46 Abs. 2 S. 4 EnWG** gerichtlich im Wege der **Leistungsklage** durchsetzen. Gleiches gilt für einen vertraglichen Auskunftsanspruch, soweit er im Altkonzessionsvertrag zwischen der Gemeinde und dem Altkonzessionär vereinbart ist. Es stellt sich dabei 129

117 Langen/Bunte/*Nothdurft*, § 21 Rn 49.
118 Gemeinsamer Leitfaden des BKartA und der BNetzA zur Vergabe von Strom- und Gaskonzessionen und zum Wechsel des Konzessionsnehmers vom 15.12.2010, Rn 24.

die Frage, ob dies nur im **ordentlichen Verfahren** möglich ist, ober ob die Gemeinde hierzu auch ein **Eilverfahren** anstrengen kann.

130 Da in diesem Fall keine Geldforderung, sondern eine **gegenständliche Leistung** (d. h. die Auskunft) gesichert werden soll, richtet sich der Antrag auf den Erlass einer einstweiligen Verfügung nach §§ 935 ff. ZPO.

131 Allerdings besteht bei der Geltendmachung von Auskunftsansprüchen immer das **Problem der Vorwegnahme der Hauptsache**. Soweit die streitgegenständlichen Auskünfte im Eilverfahren erteilt werden, ist der Anspruch erfüllt. Ein Hauptsacheverfahren bedarf es insoweit nicht mehr.

132 Die **Geltendmachung von Auskunftsansprüchen** in einem **Eilverfahren** ist deswegen **nur dann zulässig**, wenn die Realisierung der Hauptpflicht zur Vermeidung einer **existenziellen Notlage des Antragstellers** erforderlich ist und ohne sofortige Erteilung der Auskunft nicht möglich ist.[119]

133 Inwieweit sich jedoch existentielle Nachteile für die Kommune ergeben sollen, soweit der Altkonzessionär nicht innerhalb der Frist des § 46 Abs. 2 S. 4 EnWG die Daten an die Gemeinde herausgibt, ist nicht ersichtlich. Folglich dürfte die **Durchsetzung** des Auskunftsanspruchs in einem Eilverfahren kaum möglich sein.

134 Neben der Möglichkeit, die Datenherausgabeansprüche auf gerichtlichem Wege durchzusetzen, besteht für die **Gemeinde** die Möglichkeit, sich an die **Kartellbehörden** zu wenden, um eine **Abstellungsverfügung** gegenüber dem Altkonzessionär nach § 32 Abs. 1 GWB zu erwirken.

V. Kriterien für eine transparente und diskriminierungsfreie Auswahlentscheidung; Begründungserfordernis[120]

1. Einführung

135 Die Frage nach Kriterien für eine transparente und diskriminierungsfreie Auswahlentscheidung zielt in das Herz des Rechts der Energiekonzessionsverträge. Schon die Unterworfenheit der Gemeinde unter rechtliche Beschränkungen bei der Aufstellung von **Auswahlkriterien** wird in der Literatur bestritten,[121] unter Verweis auf die **grundgesetzliche Selbstverwaltungsgarantie** in Art. 28 Abs. 2 GG. In der Folge stellen sich Fragen nach dem Rahmen, der zulässige Kriterien umgrenzt, insbesondere, ob eine **Inhouse-Vergabe** zulässig ist, welche Grenzen sich aus dem ausgeschriebenen Gegenstand der Konzession ergeben und schließlich inwieweit der Verweis auf § 1 EnWG in § 46 Abs. 3 S. 5 EnWG beschränkend wirkt.

---

119 LG Dortmund, Urt. v 4.2.2010 – 13 O 5/10 (Kart.) –.

120 Der Beitrag gibt ausschließlich die persönliche Auffassung des Bearbeiters wieder.

121 *Templin*, S. 357 ff.; *Büttner/Templin*, ZNER 2011, 121, 123.

Generell gilt, dass viele **materielle** Auswahlkriterien zukunftsgerichtet sein werden; hier kann also nicht Bestehendes bewertet werden, vielmehr ist eine Konzeptionalisierung und Prognose erforderlich.[122] 136

2. Rechtsunterworfenheit der Gemeinde bei der Aufstellung von Auswahlkriterien

Den Gemeinden steht ein **grundgesetzlich** garantiertes Recht zur Regelung der Angelegenheiten der örtlichen Gemeinschaft zu, die sog. **Selbstverwaltungsgarantie** (Art. 28 Abs. 2 GG). Zwar ist die Energieversorgung eine solche örtliche Angelegenheit.[123] Es griffe jedoch zu kurz, hieraus auf eine völlige Autonomie der Gemeinden zu schließen, und damit jegliche **rechtlichen Schranken** der Gemeinden bei der Auswahl von Konzessionsnehmern zu verneinen. 137

Das Grundgesetz gewährleistet die Selbstverwaltungsgarantie der Gemeinden lediglich beschränkt im Rahmen der Gesetze. So steht dem Bundesgesetzgeber im Verhältnis zu den Landesgesetzgebern die Kompetenz zur **konkurrierenden Gesetzgebung** über das **Recht der Wirtschaft** zu (Art. 74 Abs. 1 Nr. 11 GG); dies schließt ausdrücklich die **Energiewirtschaft** mit ein. Als Untergliederungen der Länder werden die Gemeinden ebenfalls von dieser abdrängenden Kompetenzzuordnung erfasst, von welcher der Bundesgesetzgeber mit dem EnWG Gebrauch gemacht hat. Zugleich reichen die Rechtsgrundlagen des EnWG über den rein nationalen Kompetenzrahmen hinaus; das EnWG dient auch der Umsetzung **europarechtlicher Vorgaben** in nationales Recht, insbesondere der **Energiebinnenmarktrichtlinien.**[124] 138

Bei der Auswahl von Konzessionsnehmern ist daher die grundgesetzliche Selbstverwaltungsgarantie der Gemeinden unter anderem durch die Vorgaben des EnWG, des GWB und der unmittelbar anwendbaren Regelungen des europäischen Rechts beschränkt. Zugleich stellen sich diese **normativen Beschränkungen** nicht als Eingriffe in den **Kernbereich** der kommunalen Selbstverwaltungsgarantie dar. Sie tragen der **grundgesetzlichen Wertentscheidung** für eine kommunale Selbstverwaltung Rechnung, indem sie lediglich einen weit gesteckten **Rahmen** für die Aufstellung von Kriterien für die Auswahl von Strom- und Gaskonzessionsnehmern vorgeben und den Gemeinden damit inhaltlich einen breiten **Gestaltungsspielraum** lassen. 139

---

122 Positionspapier Konzessionsvergabe des Ministeriums für Umwelt, Klima und Energiewirtschaft Baden-Württemberg als Landeskartellbehörde Energie zur Beteiligung von Gemeinden an Gemeinschaftsunternehmen mit Energieversorgungsunternehmen sowie zu Pachtmodellen im Zusammenhang mit wegerechtsbezogenen Konzessionsvergaben im Strom und Gassektor vom 5.12. 2011, S. 3; *Hampel*, EWeRK Jg 11/3/2011, S. 96; *Büdenbender*, S. 50.

123 BVerwG, Urt. v. 20.1.2005 – 3 C 31/03 = BVerwGE 122,350 = NVwZ 2005, 959; BVerwG, Urt. v. 18.5.1995 – 7 C 58/94 = BVerwGE 98, 273, 278; *Templin*, S. 181 ff.

124 Amtliche Fußnote zur Überschrift des Energiewirtschaftsgesetzes.

140 In der Frage nach den Grenzen möglicher Auswahlkriterien für einen Konzessionär kulminieren die Überlegungen zu den übrigen **Rahmenbedingungen** des energiewirtschaftlichen **Konzessionsrechts.**

141 Das europarechtlich vorgegebene **Vergaberecht** (§§ 97 ff. GWB) ist auf die Auswahl von Konzessionären nach § 46 Abs. 2 EnWG nicht anwendbar.[125] Allenfalls können die **Grundprinzipien** des Vergaberechts (insbesondere Transparenz und Nichtdiskriminierung) unter besonderer Berücksichtigung der Logik der Energiewirtschaft leitend herangezogen werden; die Auseinandersetzung mit Details einer vergaberechtlichen Rechtsprechung ist indes müßig. Unter diesem Gesichtspunkt ist auch die Bestimmung des **Gegenstands der Konzession** und mithin des Bezugsobjekts der Auswahlentscheidung in den Blick zu nehmen; auch diese Bestimmung enthält eine Präferenzentscheidung der Gemeinde.

142 Zunächst könnten die Grenzen des Gegenstands einer Konzessionierung mögliche Kriterien bestimmen: Der Gegenstand der Konzession wird vom **regulatorischen Rahmen** umschrieben und die möglichen **Gegenleistungen** sind von § 48 EnWG i. V. m. der KAV eng begrenzt.

143 Die **Auswahlentscheidung** für einen Konzessionär von örtlichen Energieversorgungsnetzen im Sinne von § 46 Abs. 2 EnWG steht weitergehend im **energiewirtschaftsrechtlichen Kontext**. Das **Ermessen** der Gemeinde bei der Aufstellung von Auswahlkriterien ist daher in den gesetzlichen Rahmen eingebunden. Mangels weitergehender Konkretisierung[126] sind es die **Ziele des § 1 EnWG**, die den möglichen Auswahlkriterien Grenzen setzen. Seit der EnWG-Novelle 2011 ist dieser Zusammenhang in § 46 Abs. 3 S. 5 EnWG klarstellend[127] ausdrücklich niedergelegt.

144 Von Kartellrechts wegen muss die Gemeinde bei ihrer Auswahlentscheidung zudem die Verbote beachten, die sich aus ihrer unternehmerischen Tätigkeit bei der Vergabe örtlicher Wegerechte[128] und ihrer Stellung als örtlicher Marktbeherrscher dabei ergeben.[129] Sie muss insbesondere transparent und nicht-diskriminierend auswäh-

---

125 Gemeinsamer Leitfaden des BKartA und der BNetzA zur Vergabe von Strom- und Gaskonzessionen und zum Wechsel des Konzessionsnehmers vom 15.12.2010, Rn 14; *Kermel*, RdE 2005, 153, 158; *Templin*, IR 2009, 101, 103; MWEBWV NRW/*Ehricke*, Thesen 8–11, S. 109; wohl als einziger ernsthaft zweifelnd *Byok*, RdE 2008, 268, 270; ausführlich Kap. 5 Rn 76 ff.

126 Allein darauf bezieht sich wohl der Verweis in OLG Düsseldorf, Urt. v. 12.3.2008 – VI-2 U (Kart.) 8/07 = WuW/E DE-R 2518 Rn 23 juris, der in seiner Breite von den Fakten des Falles nicht erfordert wird.

127 BT-Drucks. 17/6072, S. 88.

128 BGH, Urt. v. 11.11.2008 – KZR 43/07 = WuW/E DE-R 2581 – „Neue Trift"; Gemeinsamer Leitfaden des BKartA und der BNetzA zur Vergabe von Strom- und Gaskonzessionen und zum Wechsel des Konzessionsnehmers vom 15.12.2010, Rn 16; *Säcker/Mohr/Wolf*, S. 47 ff.; BerlK-EnR/*Wegner*, § 46 EnWG Rn 116; *Schau*, RdE 2011, 1, 6; siehe auch die ausführliche Analyse bei *Büdenbender*, S. 67 ff.

129 Gemeinsamer Leitfaden des BKartA und der BNetzA zur Vergabe von Strom- und Gaskonzessionen und zum Wechsel des Konzessionsnehmers vom 15.12.2010, Rn 17 f.;

len[130] und darf Positionen, die ihr allein aus ihrer Eigenschaft als Hoheitsträger zuwachsen, nicht zur Verdrängung leistungsbereiter Dritter zur Maximierung ihres eigenen wirtschaftlichen Vorteils verwenden.[131]

3. Keine freie Konzessionierung als Inhouse-Vergabe

Auch wenn eine Gemeinde eine Konzession nach § 46 Abs. 2 EnWG einem in ihrem Alleineigentum stehenden Unternehmen (**Eigengesellschaft**) oder sogar einem rechtlich **unselbständigen Eigenbetrieb** erteilt, muss die Gemeinde die Verfahrensvorschriften nach Abs. 2 und 3 befolgen.[132] Insbesondere muss die Gemeinde das Auslaufen der alten Konzession **ausschreiben**; jedenfalls wenn sich mehrere Interessenten melden, muss sie Auswahlkriterien aufstellen und anhand dieser **Auswahlkriterien** eine Auswahlentscheidung treffen und begründen.[133] 145

Die **Grundsätze** des europarechtlich vorgegebenen **Vergaberechts** zur **Inhouse-Vergabe**[134] sind nicht auf die Auswahlentscheidung einer Gemeinde nach § 46 Abs. 2 und 3 EnWG übertragbar.[135] Vielmehr ordnet § 46 Abs. 4 EnWG an, dass die Abs. 2 und 3 auf Eigenbetriebe der Gemeinden entsprechende Anwendung finden.[136] Formal ist diese Regelung notwendig, um auch die Erteilung von **Konzessionen** durch **gemeindliche Satzung** in den Anwendungsbereich von § 46 Abs. 2 EnWG zu bringen, der lediglich auf **Verträge** abstellt.[137] Da es sich bei **Eigenbetrieben** aber nicht um selbständige juristische Personen handelt, kann zwischen einer Gemeinde und ihrem eigenen Eigenbetrieb kein Vertrag geschlossen werden. 146

Zugleich setzt die Erstreckung der **Verfahrensvorschriften** nach Abs. 2 und 3 implizit voraus, dass diese Verfahrensvorschriften ohnehin auf die vertragliche Erteilung von Konzessionen an rechtlich selbständige, im Alleineigentum der konzessionserteilenden Gemeinde stehende **Unternehmen** (Eigengesellschaften) anwendbar 147

Monopolkommission, Sondergutachten 59 – Energie 2011: Wettbewerbsentwicklung mit Licht und Schatten, Rn 43 a. E.; *Säcker/Mohr/Wolf*, S. 59 f.; auch schon *C. Becker*, IR 2004, 151, 152; OLG Frankfurt a. M., Urt. v. 9.5.1995 – 11 VA 1/94 (Kart.) = WuW/E OLG 5416, 5430; siehe auch *Schau*, RdE 2011, 1, 6.

130 S. Rn 60 ff.; zur Herleitung des Diskriminierungsverbots ausführlich *Büdenbender*, S. 40 ff.

131 Sie dazu näher unten, Rn 183 ff.

132 Schneider/Theobald/*Albrecht*, § 9 Rn 83.

133 BKartA, Beschl. v. 18.10.2011 – B10-6/11 – „Dinkelsbühl“.

134 Ob diese Grundsätze, hielte man sie für anwendbar, im Falle der Auswahl von Konzessionsnehmern nach § 46 Abs. 2 und 3 EnWG einschlägig wären, kann mit guten Gründen bezweifelt werden; ausführlich *Hütting/Hopp*, RdE 2011, 255; auch *Büdenbender*, S. 79.

135 MWEBWV NRW/*Ehricke*, These 19, S. 109.

136 Die Vorschrift des § 46 Abs. 4 EnWG entspricht wortgleich § 13 Abs. 4 EnWG und dieser wiederum § 8 Abs. 4 RegE EnWG 1998 (BT-Drucks. 13/7274).

137 BT-Drucks. 13/7274, S. 21.

sind. In diesem Zusammenhang ist auch kein Grund für eine Unterscheidung zwischen diesen beiden Formen **kommunaler Betätigung** ersichtlich, warum also die Verfahrensvorschriften zwar auf die Konzessionserteilung an einen **Eigenbetrieb**, nicht aber auf eine Konzessionserteilung an eine **Eigengesellschaft** anwendbar sein sollten.

148 Die unterschiedslose Anwendung der Verfahrensvorschriften der Abs. 2 und 3 entspricht auch den **Zielen** des Abs. 4. Demnach soll die Wegenutzung in allen Gemeinden erfasst werden und es soll verhindert werden, dass der **Zweck der Vorschrift** der heutigen § 46 Abs. 2 und 3 EnWG, **Ewigkeitsrechten** vorzubeugen, unterlaufen werden kann.[138] Abs. 4 dient also der Durchsetzung des **Wettbewerbsgedankens** auch in diesem Verhältnis.[139]

149 Die **Gegenposition** in der Literatur vermag nicht zu überzeugen. So geht zunächst von Abs. 4 **kein Privatisierungszwang**[140] aus; es werden lediglich die Anwendung der Verfahrensvorschriften angeordnet, aber weder der Ausgang des Auswahlverfahrens noch die rechtsförmliche Ausgestaltung der Konzessionsbeziehung vorgegeben.[141] Auch werden **Eigenbetriebe** von § 46 Abs. 2 und 3 EnWG weder verpflichtet noch berechtigt;[142] mangels **Rechtspersönlichkeit** richten sich sowohl die Rechte als auch die Pflichten jeweils an die **Gemeinde.**[143]

150 Auch das vorgeblich europarechtlich gestützte Hauptargument der Gegenposition erweist sich bei näherer Betrachtung als sprichwörtliches Potemkinsches Dorf. Demnach seien § 46 Abs. 2 und 3 EnWG von der **Unionsrechtsprechung** zur Inhouse-Vergabe überlagert; eine Bekanntmachungs- und Ausschreibungspflicht gäbe es danach nicht;[144] ansonsten werde der **„staatsorganisatorische Handlungsspielraum** unverhältnismäßig beschränkt".[145]

151 Die **Grundsätze der Inhouse-Vergabe** lassen **Ausnahmen** von den europarechtlich vorgegebenen Vergabevorschriften zu. Die in Bezug genommene Teckal-Rechtsprechung des **EuGH** beschränkt lediglich die europarechtlichen Vorgaben auf den nationalen Rechtsrahmen – bei einer Inhouse-Vergabe ist von Europarechts wegen **kein Vergabeverfahren** erforderlich.[146] Dieser Rechtsprechung ist aber nicht zu entnehmen, dass außerhalb des vorgegebenen Vergaberechts **nationales Recht** keine strengeren Vorschriften erlassen darf.

---

138 BT-Drucks. 13/7274, S. 21.
139 Britz/Hellermann/Hermes/*Hellermann*, § 46 Rn 87.
140 So aber *Ortner*, EWeRK 11/3/2011, 111, 113.
141 Stellungnahme des BKartA v. 24.1. 2011, Deutscher Bundestag, Ausschuss für Wirtschaft und Technologie, Ausschussdrucksache 17 (9) 383, S. 4.
142 So aber *Ortner*, EWeRK 11/3/2011, 111, 113.
143 Britz/Hellermann/Hermes/*Hellermann*, § 46 Rn 88.
144 *Theobald/Templin*, S. 13 f.; *Büttner/Templin*, ZNER 2011, 121, 123.
145 *Ortner*, EWeRK 11/3/2011, 111, 113.
146 EuGH, Urt. v. 18.11.1999 – C-107/98 – *Teckal* – Slg. 1999 I-8121, Rn 50.

Wie oben schon festgestellt ist das europarechtlich vorgegebene Vergaberecht aber auf die **Auswahl des Konzessionsnehmers** durch die Gemeinde ohnehin **nicht anwendbar.**[147] Es ist auch ohne Belang, ob es sich bei einer Konzession nach § 46 Abs. 2 EnWG um eine **Dienstleistungskonzession** im Sinne der Ausnahmen vom Anwendungsbereich des europarechtlich vorgegebenen Vergaberechts handelt oder um noch ein anderes **Rechtsinstitut**, das nicht dem europarechtlich vorgegebenen Vergaberecht unterfällt.[148] Mangels Anwendbarkeit des europarechtlich vorgegebenen Vergaberechts läuft auch eine Ausnahme zu diesem leer; die Ausnahme hat keine Wirkung außerhalb der Regel. 152

Vielmehr lässt Europarecht strengere **nationale Vorschriften** gegen einseitiges Verhalten in Art. 3 Abs. 2 S. 2 VO 1/2003 ausdrücklich zu.[149] Dies betrifft insbesondere das Verhalten von marktbeherrschenden Akteuren. Gemeinden, welche bei der **unternehmerischen Tätigkeit** der Erteilung von Konzessionen für örtliche Wegerechte **marktbeherrschend** sind, werden somit erfasst. 153

4. Ausgangspunkt: Nur sachbezogene Auswahlkriterien

Aus dem Gebot einer transparenten und nicht-diskriminierenden Auswahl des Konzessionsnehmers folgt, dass Auswahlkriterien nicht willkürlich festgesetzt sein dürfen.[150] Um **Willkür** auszuschließen muss es sich um **sachliche** und **objektive Kriterien** handeln.[151] Dies setzt denknotwendig einen Bezug zum Gegenstand des Konzessionsvertrags voraus,[152] der zugleich Ausdruck des dem Rechtsstaatsprinzip zugrundeliegenden Gebots der **funktionalen Adäquatheit**[153] ist. Die Forderung nach einem Sachbezug lässt sich auch aus der **Verhältnismäßigkeit der Inhaltsbestimmung** des § 46 Abs. 2 S. 2 EnWG herleiten;[154] Kriterien ohne **Zweckzusammenhang** mit dieser Inhaltsbestimmung erweisen sich von vornherein als **unverhältnismäßig**. Die teils geäußerte abweichende Auffassung, Entscheidungsparameter könnten ihren Ursprung auch außerhalb des Konzessionsvertrags haben,[155] ist daher abzulehnen. 154

---

147 S. Rn 141.

148 Siehe zu dieser Frage oben Rn 81 ff. sowie *Michaels*, IR 2009, 246.

149 Verordnung (EG) Nr. 1/2003 des Rates vom 16.12.2002 zur Durchführung der in den Art. 81 und 82 des Vertrags niedergelegten Wettbewerbsregeln.

150 *Templin*, IR 2009, 101, 103.

151 Schneider/Theobald/*Albrecht*, § 9 Rn 81; noch sehr vage *Keller-Herder*, S. 415 f.

152 Zustimmend *Büttner/Templin*, ZNER 2011, 121, 122. Siehe auch Mitteilung der Kommission zu Auslegungsfragen in Bezug auf das Gemeinschaftsrecht, das für die Vergabe öffentlicher Aufträge gilt, die nicht oder nur teilweise unter die Vergaberichtlinien fallen (ABl. 2006, C 179, S. 2).

153 *Byok/Dierkes*, RdE 2011, 394, 400.

154 *Büdenbender*, S. 33 und 55.

155 *Schau*, RdE 2011, 1, 3.

155 Auch beim europarechtlich vorgegebenen **Vergaberecht** ist grundsätzlich ein Sachbezug erforderlich. Schon die **Eignungskriterien** dürfen nur dazu dienen, diejenigen Bewerber zu ermitteln, die für die Ausführung des Auftrags in Betracht kommen. Außerdem erhält das **wirtschaftlichste Angebote** den **Zuschlag**. Schließlich wurde in jüngerer Vergangenheit zwar in das Gesetz aufgenommen, dass für die Ausführung des Auftrags zusätzliche Anforderungen an Auftragnehmer gestellt werden dürfen, die insbesondere **soziale, umweltbezogene** oder **innovative Aspekte** betreffen. Auch diese zusätzlichen Anforderungen müssen jedoch ausdrücklich im **sachlichen Zusammenhang** mit dem Auftragsgegenstand stehen. Auswahlkriterien ohne Bezug zum konkreten Auftrag dürfen also keine Rolle spielen.[156] Zudem findet sich eine vergleichbare Ausnahmeregelung nicht in § 46 Abs. 3 S. 5 EnWG, der nur auf die Ziele des § 1 EnWG verweist.

156 Hieraus folgt, dass z. B. die Ortsansässigkeit aus sich heraus kein zulässiges Auswahlkriterium ist. Kriterien ohne Bezug zum Gegenstand der Konzession sind demnach von vornherein sachwidrig und in kartell- wie energierechtlich missbräuchlicher Weise willkürlich.

5. Beschränkungen für Auswahlkriterien aus den Grenzen der zulässigen Gegenstände von Energiekonzessionsverträgen

157 Zulässige Auswahlkriterien dürfen zunächst einen sachlichen Bezug zur charakteristischen Hauptleistungspflicht des Konzessionsvertrags aufweisen, dem Recht zur Verlegung und zum Betrieb von Strom- bzw. Gasversorgungsleitungen, die zu einem Netz der allgemeinen Versorgung im Gemeindegebiet gehören.

a) Netzbezug, nicht mehr Versorgungsbezug

158 Der **Gegenstand von Konzessionen** nach § 46 Abs. 2 EnWG hat sich seit Einführung dieser Bestimmung als § 13 EnWG 1998 grundlegend gewandelt.[157] Bezogen sich Konzessionen damals noch auf „die Verlegung und den Betrieb von Leitungen zur Durchführung der allgemeinen Versorgung nach § 10 Abs. 1 S. 1", so beziehen sich Konzessionen seit der EnWG-Novelle 2005 nur noch auf „die Verlegung und den Betrieb von Leitungen, die zu einem Energieversorgungsnetz der allgemeinen Versorgung" gehören.[158] Die Auswahlentscheidung über den Konzessionsnehmer beinhaltet damit seit der EnWG-Novelle 2005 nicht mehr die Bestimmung des zur Durchführung der allgemeinen Versorgung Verpflichteten. Dieser Inhalt der Konzession wurde mit der EnWG-Novelle 2005 durch eine am **Wettbewerbsergebnis** ori-

---

156 BT-Drucks. 16/10117, S. 16 f.
157 Ausführlich *Keller-Herder*, S. 68 ff.
158 Dazu, was ein Netz der allgemeinen Versorgung ausmacht, *Templin*, IR 2009, 101, 102.

entierte **zyklische Bestimmung** des **Grundversorgers** nach § 36 EnWG ersetzt. So wurde auch die Übergangsvorschrift in § 113 EnWG notwendig, die das bis auf die Änderungen in §§ 36, 46 und 48 EnWG unberührte Fortgelten der laufenden Konzessionsverträge anordnete.

Die Bestimmung des Gegenstands der Konzessionsverträge in § 46 Abs. 1 und 2 **159**
EnWG spiegelt demnach die energiewirtschaftsrechtliche Grundentscheidung für eine **Entflechtung von Netz und Vertrieb** nach §§ 6 ff. EnWG.[159] Die Normen betreffend die Beschränkung der Gegenleistungen für Konzessionen nehmen diesen veränderten Bezugspunkt auf (§ 48 Abs. 1 S. 1 EnWG, § 1 Abs. 2 KAV).[160]

Gegenstand heutiger Auswahlverfahren nach § 46 Abs. 2 und 3 EnWG sind da- **160**
her nur noch die **Netze der allgemeinen Versorgung**, nicht mehr aber der über diese Netze abgewickelte Energiehandel oder gar die Energieerzeugung. Auswahlkriterien müssen daher einen **Bezug zum Verteilernetz** und dessen **Rahmenbedingungen** aufweisen; sie dürfen keinen Bezug zu einer handelsseitigen Versorgungstätigkeit[161] oder gar zur Erzeugungstätigkeit[162] haben.[163]

b) Energiearten

Auf den ersten Blick scheinen die Gegenstände von Strom- und Gaskonzessionen **161**
in § 46 Abs. 2 EnWG klar bestimmt zu sein. Dort werden jeder Gemeinde Pflichten bezüglich der Auswahl von Konzessionsnehmern für ihre Verkehrswege für Strom- bzw. Gasverteilernetze auferlegt. Das EnWG geht demnach grundsätzlich davon aus, dass jede Gemeinde **Konzessionsnehmer** getrennt für **Strom** und **Gas** auswählt.

Die **Ausschreibung** eines einheitlichen Strom- und Gaskonzessionsvertrags stellt **162**
regelmäßig eine diskriminierende, weil willkürliche und sachfremde Zusammenfassung von Ausschreibungsgegenständen dar. Für eine solche **Diskriminierung** spricht vor allem, dass es etliche **reine Strom- bzw. Gasverteilernetzbetreiber** gibt,

---

159 Die Anpassungen des Entflechtungsregimes des EnWG 2011 betreffen im Wesentlichen nicht die Verteilernetzbetreiber. BT-Drucks. 17/6072, S. 54 ff.; eingehend *Boers*, N&R 2011, 16.

160 Mittelbar auch § 1 Abs. 3 und 4 KAV, welche die geänderte Bestimmung des Grundversorgers nachvollziehen: OLG Düsseldorf, Urt. v. 19.10.2011 – VI-3 1/11 [V] (Kart.) – „GAG Ahrensburg“ Rn 82 juris (Rechtsbeschwerde beim BGH anhängig unter – KVR 54/11 –).

161 BKartA, Beschl. v. 21.11.2011 – B10-17/11 – „Markkleeberg“, Rn 22.

162 So aber – dem Prinzip einer entflochtenen Energiewirtschaft zuwider – der Antrag der SPD-Fraktion, BT-Drucks. 17/3649, S. 4.

163 BT-Drucks. 17/6072, S. 88; so auch Positionspapier Konzessionsvergabe des Ministeriums für Umwelt, Klima und Energiewirtschaft Baden-Württemberg als Landeskartellbehörde Energie zur Beteiligung von Gemeinden an Gemeinschaftsunternehmen mit Energieversorgungsunternehmen sowie zu Pachtmodellen im Zusammenhang mit wegerechtsbezogenen Konzessionsvergaben im Strom und Gassektor vom 5.12.2011, S. 6 unten.

die eine solche gemeinsame Ausschreibung von vornherein vom Wettbewerb um diese Konzession ausschlösse.

163 Dieser Ausschluss kann auch nicht mit pauschalem Verweis auf die **Effizienz** von Netzerrichtung und Netzbetrieb aus einer Hand begegnet werden.[164] So kann schon die jeweilige Effizienz beim Netzbetrieb durch eine geeignete Koordinierung von Baumaßnahmen verschiedener Netzbetreiber – auch mit Betreibern anderer Netze als solchen zur Energieversorgung – erheblich gesteigert werden. Zudem können **Spartenunternehmen** Effizienz auf andere Weise, etwa durch Größe und Spezialisierung erreichen, welche die Effizienz eines energieartenübergreifenden Netzbetriebs sogar übertreffen können. Beide „Fallgruppen“ operativer Effizienz sind indes der Bewertung im Einzelfall zugänglich, da ein **qualifizierter Bieter** seine eigene operative Effizienz einschätzen können sollte; die **Kapitalintensität** des zu übernehmenden örtlichen Verteilernetzes ist ohnehin für alle Bewerber dieselbe. Hinzu kommt, dass die Effizienz eines Bieters ohnehin nur insoweit für die **Netzentgelte** und damit für die Gemeindebevölkerung relevant ist, als sie in der Netzentgeltregulierung Berücksichtigung findet. Dies ist bei einer Regulierung im vereinfachten Verfahren nach § 24 ARegV jedoch nicht der Fall. Andernfalls ist die Bewertung operativer Effizienz im Rahmen von **Auswahlverfahren** durchaus möglich. Vor diesem Hintergrund ist eine gemeinsame Ausschreibung einer Strom- und Gaskonzession regelmäßig **unzulässig**.

164 Dieses Ergebnis entspricht auch dem vergaberechtlichen **Prinzip der mittelstandsfreundlichen Vergabe**, nach dem, soweit sinnvoll möglich, nach Fach- oder Teillosen aufzuteilen ist.[165] Strom- und Gaskonzessionen sind demnach getrennt auszuschreiben.

165 Besteht im Einzelfall die Befürchtung, dass sich für eine separate Konzession für eine Energieart möglicherweise kein Bieter fände, könnte dieser mit einem Vorgehen wie bei einer vergaberechtlichen **Gesamtvergabe** begegnet werden. Ein solches Vorgehen setzte aber voraus, dass sich die Gemeinde nachvollziehbar und „in besonderer Weise mit dem **Gebot der Fachlosvergabe** und den dagegen sprechenden Gründen auseinandersetzt“; dabei bedarf es „einer **umfassenden Abwägung der widerstreitenden Belange**, als deren Ergebnis die für eine zusammenfassende Vergabe sprechenden Gründe nicht nur anerkennenswert sein, sondern überwiegen müssen.“[166] Dies dürfte angesichts möglicher Effizienzen bei beiden Arten der Ausschreibung regelmäßig nicht zu begründen sein.

---

164 In diesem Sinne aber wohl *Byok*, RdE 2008, 268, 272.

165 Siehe insb. OLG Düsseldorf, Beschl. v. 23.3.2011 – VII-Verg. 63/10 = NZBau 2011, 369, 370.

166 Für das europarechtlich vorgegebene Vergaberecht OLG Düsseldorf, Beschl. v. 23.3.2011, VII-Verg. 63/10 = NZBau 2011, 369 unter Verweis auf OLG Düsseldorf, Beschl. v. 25.11.2009 – VII-Verg. 27/09-.

Eine – im Vergaberecht zwingend erforderliche – Zulassung von **Bietergemeinschaften** milderte zwar die Schwere eines Verstoßes in Form einer unzulässigen Gesamtvergabe ab, höbe ihn aber nicht auf. 166

Darüber hinaus scheidet schon aus den oben genannten Gründen eine **Ausschreibung** einer Gas- oder Stromkonzession gemeinsam mit Konzessionen für **andersartige Netze** – etwa Wasser, Abwasser oder Fernwärme – aus. Zudem sind nur Strom- und Gasnetze in den spezifischen Kontext des **Energiewirtschaftsrechts** eingebunden, was zu Spannungen mit andersartigen Regelungskontexten führte. 167

c) Bezügliches Gebiet

Nach § 46 Abs. 2 S. 1 EnWG ist die Einräumung eines Rechts zur Nutzung **öffentlicher Verkehrswege**[167] für ein Leitungsnetz der allgemeinen Versorgung im Gemeindegebiet der Gegenstand einer Konzession. Ob sich eine Konzession demnach notwendig auf das gesamte **Gemeindegebiet** beziehen muss,[168] ist zumindest vom Wortlaut des § 46 Abs. 2 S. 1 EnWG nicht zwingend indiziert. Entspricht die Konzessionierung für das gesamte Gemeindegebiet wohl der **überwiegenden Praxis**, widerspräche eine dahingehende Einschränkung der Möglichkeit zur Konzessionierung jedoch der historisch gewachsenen Realität. Konzessionsgebiete, die bei Vertragsschluss noch dem Gebiet einer gesamten Gemeinde entsprochen haben, können durch **Eingemeindungen** zu bloßen Gebietsteilen geworden sein. Es ist kein Grund ersichtlich, diese historisch gewachsenen Strukturen für widerrechtlich zu erklären oder eine Vereinheitlichung herbeizuzwingen. 168

Auch heute noch können sachliche Gründe für eine separate Konzessionierung von **Gemeindeteilen** sprechen, etwa wenn ein Gemeindeteil aufgrund geographischer Bedingungen von einem anderen Konzessionär besser miterschlossen werden kann. Zudem ist mit der Einführung von § 13 EnWG 1998 das mit der Konzessionierung früher verbundene **Ausschließlichkeitsrecht** entfallen. Bei der Konzessionierung mehrerer Konzessionsnehmer sollte darauf geachtet werden, dass die jeweiligen Gebiete klar voneinander abgegrenzt sind. Ansonsten könnte es im Hinblick auf den **Netzübereignungsanspruch** nach § 46 Abs. 2 S. 2 EnWG zu Konkurrenzen kommen, die möglicherweise sogar Schadensersatzansprüche gegen die Gemeinde zur Folge hätten. 169

Die **Zusammenfassung von mehreren Gemeindegebieten** in einer Ausschreibung dürfte sich gerade in Ländern mit kleinteiliger Kommunalstruktur anbieten. Hierdurch könnten die Transaktionskosten auf Seiten der ausschreibenden Gemein- 170

167 Zum Begriff der öffentlichen Verkehrswege BGH, Urt. v. 11.11.2008 – KZR 43/07 – „Neue Trift“ = WuW 2581; siehe auch oben Kap. 2 Rn 42 ff.

168 So *Templin*, IR 2009, 101, 102.

den gesenkt und zugleich durch die Schaffung einer attraktiven Größe des ausgeschriebenen Gebiets der Wettbewerb um diese Netze gesteigert werden.

171 Die Zusammenfassung von Gemeindegebieten in einer Ausschreibung begegnet, anders als die Zusammenfassung von Energiearten, keinen **kartellrechtlichen Bedenken** unter dem Gesichtspunkt der Diskriminierung von Bietern, solange die Gebietszusammenfassung nicht willkürlich erfolgt und die Größe des zusammengefassten Gebiets nicht wiederum diskriminierend ist. Eine problematische Größe dürfte wohl etwa ab der **Überschreitung** der Größe eines **Landkreises** gegeben sein.

172 Das **bezügliche Gebiet** muss zum Zeitpunkt der Ausschreibung und des Konzessionsvertragsschlusses feststehen. Eine „Weiterfresserklausel" oder **Eingemeindungsklausel**, nach der automatisch etwaige in Zukunft eingemeindete Gebiete dem Konzessionär zuwachsen sollen, widerspräche der Bezogenheit der Auswahlentscheidung auf einen **konkreten Gegenstand.**[169] Für mögliche zukünftige Gebietsentwicklungen könnten Kriterien nicht ausgewertet werden. Es würde eine Entscheidung ohne Substrat getroffen.

d) Laufzeiten und Kündigungsmöglichkeiten

173 Im Hinblick auf die **Laufzeit** ausgeschriebener Konzessionsverträge setzt § 46 Abs. 2 S. 1 EnWG den Gemeinden eine **Höchstgrenze** für die Laufzeit von 20 Jahren.[170] Verträge mit einer **längeren Laufzeit** oder solche, die sich automatisch verlängern,[171] wären widerrechtlich und können nicht zum Gegenstand einer Ausschreibung gemacht werden.[172]

174 Konzessionen mit **kürzeren Laufzeiten** als 20 Jahren dürfen grundsätzlich ausgeschrieben werden.[173] Vor dem Hintergrund der wettbewerblichen Zielsetzung von § 46 Abs. 2 und 3 EnWG könnte jedoch die willkürliche Ausschreibung von Konzessionen mit extrem kurzen Laufzeiten von unter zwei Jahren im Einzelfall **missbräuchlich** sein. Für einen solchen extremen Kurzläufer dürfte regelmäßig ob der **Transaktionskosten** kein Wettbewerb zu erwarten sein. Eine mögliche sachliche Rechtfertigung läge jedoch darin, dass so die Laufzeiten mehrerer Konzessionsverträge, die jeweils Teilgebiete einer Gemeinde betreffen, synchronisiert werden sollen, um so einen effektiveren Wettbewerb um eine Konzession für das gesamte Gemeindegebiet oder jedenfalls einen größeren Teil desselben zu ermöglichen.

---

169 So auch *Säcker/Mohr/Wolf*, S. 151.

170 Zum inzwischen auch europarechtlichen Hintergrund dieser Regel siehe Art. 13 Richtlinie 2003/54/EG bzw. Art. 24 Richtlinie 2009/72 EG, sowie für Gas Art. 11 Richtlinie 2003/55/EG bzw. Art. 24 Richtlinie 2009/73/EG.

171 Sie hierzu den Überblick zu solchen Klauseln bei *Säcker/Mohr/Wolf*, S. 144 ff.

172 OLG Düsseldorf, Urt. v. 12.3.2008 – VI-2 U 8/07 (Kart.) = WuW/E DE-R 2518.

173 *Büdenbender*, S. 12 und 15.

6. Beschränkungen für Auswahlkriterien aus den Grenzen der zulässigen Gegenleistungen für die Einräumung einer Energiekonzession

Ebenso wie der Gegenstand der Konzessionen nach § 46 Abs. 2 und 3 EnWG wirken 175 die **Grenzen** der möglichen **Gegenleistungen** für Konzessionen beschränkend auf die Zulässigkeit von Auswahlkriterien für Konzessionäre.[174] **Widerrechtliches** darf nicht gefordert werden.

Die zulässigen Gegenleistungen für die Konzessionserteilung sind in § 48 EnWG 176 i.V.m. der KAV eng umschrieben. Zentralnorm ist das **Nebenleistungsverbot** nach § 3 KAV. Demnach sind die **Konzessionsabgaben** grundsätzlich die einzige zulässige Gegenleistung für Konzessionen. Auch **Einstands- bzw. Endschaftsregelungen** werfen immer wieder Fragen auf.

a) Konzessionsabgaben und Nebenleistungsverbot

Weder § 48 EnWG noch die KAV schreiben die Vereinbarung von Konzessionsabga- 177 ben durch Gemeinden als Gegenleistung für die Konzessionserteilung vor. Vielmehr sind diese Gegenstand der **Autonomie der Parteien** des Konzessionsvertrags, im Rahmen der **Schranken**, welche die KAV setzt. Diese Schranken betreffen nicht nur die Einhaltung der **Höchstsätze** nach § 2 Abs. 2 und 3 KAV, sondern auch die weiteren Regelungen zur **Bemessung** der Konzessionsabgaben.[175] Insbesondere dürfte z.B. eine Gemeinde keine von § 2 Abs. 6 KAV abweichende höhere Konzessionsabgabe von **Drittlieferanten** fordern;[176] am einfachsten und sichersten ist es hier, bei der Gestaltung eines Konzessionsvertrags auf die entsprechenden **Vorschriften der KAV** zu verweisen, ohne diese zu paraphrasieren.

Es ist in der Literatur umstritten, ob eine Forderung nach den Konzessionsabga- 178 benhöchstsätzen der KAV stets über einen **Marktmachtmissbrauch** erhaben ist.[177] Jedenfalls scheint die Position, eine solche Forderung könne missbräuchlich sein,[178] eher von theoretischer Bedeutung.

Andere Gegenleistungen als Konzessionsabgaben sind nur in klar umrisse- 179 nem Umfang zulässig (§ 3 Abs. 1 S. Nr. 1 bis 3 KAV).[179] Alle übrigen Leistungen müssen zu marktangemessenen Entgelten erfolgen (Nebenleistungsverbot). Dabei ist auf einen **Drittvergleich** abzustellen: Würden einem beliebigen Dritten die Leistun-

---

174 BerlK-EnR/*Wegner*, § 46 EnWG Rn 118.
175 Ausführlicher zu einigen Sonderfällen Kap. 10.
176 OLG Düsseldorf, Urt. v. 19.10.2011 – VI-3 1/11 [V] – (Kart.) „GAG Ahrensburg“; Rechtsbeschwerde beim BGH anhängig unter – KVR 54/11 –.
177 Statt aller das obiter dictum OLG Frankfurt a.M., Urt. v. 9.5.1995 – 11 VA 1/94 (Kart.) = WuW/E OLG 5416, 5428.
178 Dies andeutend *Salje*, EnWG, § 46 Rn 92 und 185 sowie § 48 Rn 16f.
179 S.o. Kap. 3 Rn 12ff.

gen zu ähnlichen Konditionen angeboten werden? Im Einzelfall ist die **Marktüblichkeit einer Leistung** regelmäßig schwierig zu beurteilen. Einen besonders krassen Fall verbotener Nebenleistungen stellen **direkte Geldleistungen** an die Gemeinde dar, etwa zur Abgeltung von Zahlungen der Gemeinde an den bisherigen Konzessionär.[180]

180 **Verbotene Nebenleistungen** dürfen nicht gefordert werden.[181] Solche Auswahlkriterien für den neuen Konzessionsnehmer sind unzulässig.

b) Einstandsregelungen und Endschaft

181 Ein besonders relevanter Punkt sind die Einstands- bzw. Endschaftsregelungen. So dürfen Verpflichtungen zur Übertragung von **Versorgungseinrichtungen** nur gegen wirtschaftlich angemessenes Entgelt vereinbart oder gewährt werden (§ 3 Abs. 2 Nr. 2 KAV). Diese Regel spiegelt sich in § 46 Abs. 2 S. 2 EnWG, der die Übereignung von Versorgungseinrichtungen gegen eine wirtschaftlich angemessene Vergütung vorsieht.

182 Die **Höhe von Gegenleistungen für Einstand- und Endschaft** ist dabei kein feststehender Wert. Vielmehr unterliegt er einer Veränderung über die Zeit, bewirkt durch wertsteigernde **Investitionen** und wertmindernde **Abschreibungen** sowie gegebenenfalls wertrelevante Veränderungen des Umfeldes der Konzession. Die **Festlegung eines (Rück-)Kaufpreises** für einen zukünftigen Termin läuft daher regelmäßig Gefahr, gegen das Nebenleistungsverbot zu verstoßen.

7. Weitergehende Interessen der Gemeinden

183 Im Rahmen der Auswahl von Konzessionsnehmern verfolgen Gemeinden in den letzten Jahren zunehmend auch weitergehende Interessen, insbesondere **wirtschaftliche** und **Fiskalinteressen** jenseits von Konzessionsabgaben. Dabei treten sie aus dem von Konzessionsrecht primär in den Blick genommenen privatwirtschaftlichen Verhältnis von Leistung und Gegenleistung des Konzessionsvertrags hinaus und spielen „über Bande“. So geht es etwa um die örtliche **Gewerbesteuer**, **Arbeitsplätze** vor Ort oder um die **(Re-)Kommunalisierung** bzw. Beteiligungsmodelle, gerne auch unter dem Mantel der Vorteile aus **kommunalem Querverbund**.

---

180 OLG Bamberg, Urt. v. 3.11.2010 – 3 U 92/10 – RdE 2011, 160, 161.

181 Gemeinsamer Leitfaden des BKartA und der BNetzA zur Vergabe von Strom- und Gaskonzessionen und zum Wechsel des Konzessionsnehmers vom 15.12.2010, Rn 22, 2. Spiegelstrich.

a) Bevorzugung eines bestehenden kommunalen Energieversorgungsunternehmens und (Re-)Kommunalisierung

Nach vielfältig, vor allem von kommunaler Seite vertretener Auffassung sind **kommunale Fiskalinteressen** bei der Auswahl eines Konzessionsnehmers berücksichtigungsfähig,[182] zumindest jedenfalls das Bestehen eines eigenen Unternehmens zur **Gewährleistung der Daseinsvorsorge**.[183] Dieser Ansatz ignoriert bereits, dass die örtliche Daseinsvorsorge heute ein nicht mehr abgegrenzter Begriff ist, wie auch die Monopolkommission konstatiert.[184] Zugleich findet sich im Energiewirtschaftsrecht kein Hinweis darauf, dass die Übernahme der Versorgung durch den Staat intendiert sei. Mit der Entflechtung von Netzbetrieb und Versorgung sowie der Bestimmung des Grundversorgers über den Wettbewerb schrumpft vielmehr die staatliche Rolle in der Energieversorgung auf eine **Gewährleistungsverantwortung**. Der politische Wille zu staatlicher Tätigkeit bietet keine Rechtfertigung für Beschränkungen von Wettbewerb.[185] 184

Dementsprechend gibt es keine kontrollfreie **Systementscheidung** von Gemeinden für einen kommunaleigenen oder nicht-kommunaleigenen Netzbetreiber.[186] Die einseitige **Bevorzugung** eines eigenen Unternehmens ist nicht zulässig.[187] Dies folgt bereits aus der Unanwendbarkeit der Grundsätze der Inhouse-Vergabe im Auswahlverfahren für einen Konzessionär[188] und aus dem zwingend erforderlichen Sachbezug der Auswahlkriterien.[189] Zudem ergibt sich das Verbot der einseitigen Bevorzugung eines kommunalen Unternehmens aber auch aus den Grundgedanken zum **kartellrechtlichen Diskriminierungsverbot**, die der **BGH** in der sogenannten Schilderpräger-Rechtsprechung entwickelt hat.[190] 185

---

182 Schneider/Theobald/*Albrecht*, §9 Rn 82; *Templin*, IR 2009, 125, 127.
183 *Büttner/Templin*, ZNER 2011, 121, 123.
184 Monopolkommission, Sondergutachten 59 – Energie 2011: Wettbewerbsentwicklung mit Licht und Schatten, Rn 56.
185 Danner/Theobald/*Theobald*, § 1 EnWG Rn 12.
186 Stellungnahme des BKartA vom 24.1.2011, Deutscher Bundestag, Ausschuss für Wirtschaft und Technologie, Ausschussdrucksache 17 (9) 383, S. 4; Gemeinsamer Leitfaden des BKartA und der BNetzA zur Vergabe von Strom- und Gaskonzessionen und zum Wechsel des Konzessionsnehmers vom 15.12.2010, Rn 26 Fn 16; *Säcker/Mohr/Wolf*, 76 ff.; So aber *Templin*, IR 2009, 125; *Theobald/Templin*, S. 14 und 68 f.; *Büttner/Templin*, ZNER 2011, 121, 123; *Byok/Dierkes*, RdE 2011, 394, 401.
187 Monopolkommission, Sondergutachten 59 – Energie 2011: Wettbewerbsentwicklung mit Licht und Schatten, Rn 45 a. E.
188 S. Rn 145 ff.
189 S. Rn 154 ff.
190 Gemeinsamer Leitfaden des BKartA und der BNetzA zur Vergabe von Strom- und Gaskonzessionen und zum Wechsel des Konzessionsnehmers vom 15.12.2010, Rn 26; *Säcker/Mohr/Wolf*, S. 121 f.; auch schon *C. Becker*, IR 2004, 151, 152.

186 Danach sind **konzernmäßig** mit dem marktbeherrschenden Unternehmen verbundene Unternehmen zwar grundsätzlich nicht gleichartig im Sinne von § 20 Abs. 1 GWB.[191] Etwas anderes gilt aber, wenn sich die **überragende Marktstellung** des Unternehmens aus einer **öffentlichen Aufgabe** ergibt.[192] In einem solchen Fall stellt die diskriminierende Bevorzugung eines Konzernunternehmens eine **unzulässige Verquickung öffentlich-rechtlicher Aufgaben mit erwerbswirtschaftlicher Betätigung** dar; die Verdrängung leistungsbereiter und -fähiger Privater zur Erzielung eines größeren wirtschaftlichen Vorteils ist dann unzulässig.[193]

187 Die marktbeherrschende Stellung der Gemeinden beim Angebot von Wegerechten für Versorgungsleitungen im Gemeindegebiet[194] ergibt sich letztlich aus ihrer **Inhaberschaft des Straßen- und Wegenetzes**, die wiederum vor dem Hintergrund der öffentlich-rechtlichen **straßenrechtlichen Aufgaben** zu sehen ist. Die Verquickung der straßenrechtlich vermittelten Machtstellung mit Erwerbszielen ist folglich unzulässig.

188 Ließ der **BGH** in den Schilderprägerfällen noch offen, ob hieraus ein bloßes Verbot einer Bevorzugung des eigenen Unternehmens oder völliges Tätigkeitsverbot für die Gemeinden im Hinblick auf die Schilderprägung abzuleiten sei,[195] kann dies im Energiewirtschaftsrecht vor dem Hintergrund der langen Tradition der Stadtwerke und deren expliziter Ansprache in § 46 Abs. 4 EnWG nur im Sinne eines **Verbots der diskriminierenden Bevorzugung eigener Unternehmen** ausgelegt werden.

189 Die Anwendung eines **Konzernprivilegs** im Rahmen der Prüfung, ob eine wettbewerbswidrige Diskriminierung vorliegt, wäre bei der Auswahl eines energiewirtschaftlichen Konzessionsnehmers dabei noch fraglicher als bei den Schilderprägerfällen. In den Schilderprägerfällen ist leistungsbereiten Privaten durch die **Auswahlentscheidung** eine Tätigkeit nicht schlechterdings unmöglich, sondern lediglich erschwert. Die Auswahl eines Konzessionärs hat hingegen eine faktische völlige **Sperrwirkung** für leistungsbereite Private zur Folge.[196]

190 Zudem schlösse ein **Verstoß gegen eine Verbotsnorm** mit **Wettbewerbsbezug** die sachliche Rechtfertigung eines diskriminierenden Verhaltens im Sinne von § 20 Abs. 1 GWB ebenfalls aus.[197] Eine solche Verbotsnorm mit Wettbewerbsbezug ist die

191 BGH, Urt. v. 24.9.2002 – KZR 4/01 = WuW/E DE-R 1003, Rn 25 juris.

192 BGH, Urt. v. 24.9.2002 – KZR 4/01 = WuW/E DE-R 1003, Rn 26 juris.

193 BGH, Urt. v. 24.9.2002 – KZR 4/01 = WuW/E DE-R 1003, Rn 27 juris.

194 Rn 28 des Urteils thematisiert die vorangegangene BGH-Rechtsprechung zur grundsätzlichen Zulässigkeit der Vermietung kommunaler Räume zur Verbesserung der Versorgung. Die Frage nach der Zulässigkeit der Wegerechtseinräumung stellt sich angesichts der dahingehenden Verpflichtung der Gemeinden nach § 46 Abs. 1 EnWG, ihre Wege transparent und diskriminierungsfrei für Versorgungsleitungen zur Verfügung zu stellen, vorliegend nicht.

195 BGH, Urt. v. 24.9.2002 – KZR 4/01 = WuW/E DE-R 1003, Rn 27 juris.

196 *Büdenbender*, S. 46 und 70.

197 *C. Becker*, IR 2004, 151, 153.

Subsidiaritätsklausel in vielen Gemeindeordnungen,[198] nach der Gemeinden dafür Sorge zu tragen haben, dass Leistungen, die private Anbieter in mindestens gleicher Qualität und Zuverlässigkeit zu gleichen oder geringeren Kosten erbringen können, diesen übertragen werden.[199]

Kommunale Unternehmen können sich – wie alle anderen auch – um eine Konzession bewerben und sich im Wettbewerb nach sachlichen Kriterien behaupten. Allein ihre einseitige **Bevorzugung** stellt einen Verstoß gegen das **Diskriminierungsverbot** dar. Auswahlkriterien „finanzieller Vorteil für die Gemeinde" oder „nur gemeindeeigenes Unternehmen" sind folglich unzulässig.[200] 191

b) Beteiligungsmodelle

Die **Förderung** oder **positive Bewertung** des Angebots eines Beteiligungsmodells stellt eine Abwandlung der **einseitigen Bevorzugung** eines eigenen Unternehmens dar und ist daher nach den oben dargestellten Grundsätzen unzulässig.[201] 192

Dem steht auch nicht das Urteil des **BGH** vom 29.9.2009 entgegen. Dort konnte ein Zusammenhang zwischen der Konzessionserteilung und der späteren Einräumung eines **Kommanditanteils am Versorgungsunternehmen** in den Tatsacheninstanzen nicht nachgewiesen werden; vielmehr bestand mit der späteren Einbringung der Wasserbetriebe eine anderweitige plausible Erklärung für die spätere Einräumung eines Kommanditanteils.[202] 193

Die Forderung oder positive Wertung von Beteiligungsmodellen kann zudem in Konflikt mit dem **Nebenleistungsverbot** geraten. Dies bringt wiederum den Grundsatz ins Spiel, dass nur von der **Rechtsordnung** anerkannte Interessen bei der **Interessenabwägung** Berücksichtigung finden können.[203] Ein Verstoß gegen eine Verbotsnorm mit Wettbewerbsbezug schließt zudem ebenfalls die sachliche Rechtferti- 194

---

198 A.A. *Säcker/Mohr/Wolf*, S. 120f.

199 *Geßner*, et 5/2011, 70, 72; siehe aber z.B. die systemwidrige Ausnahmevorschrift § 107 a GO NRW zu § 107 GO NRW.

200 So auch Positionspapier Konzessionsvergabe des Ministeriums für Umwelt, Klima und Energiewirtschaft Baden-Württemberg als Landeskartellbehörde Energie zur Beteiligung von Gemeinden an Gemeinschaftsunternehmen mit Energieversorgungsunternehmen sowie zu Pachtmodellen im Zusammenhang mit wegerechtsbezogenen Konzessionsvergaben im Strom und Gassektor vom 5.12.2011, S. 3.

201 Umfassend Positionspapier Konzessionsvergabe des Ministeriums für Umwelt, Klima und Energiewirtschaft Baden-Württemberg als Landeskartellbehörde Energie zur Beteiligung von Gemeinden an Gemeinschaftsunternehmen mit Energieversorgungsunternehmen sowie zu Pachtmodellen im Zusammenhang mit wegerechtsbezogenen Konzessionsvergaben im Strom und Gassektor vom 5.12.2011.

202 BGH, Urt. v. 29.9.2009 – EnZR 15/08 – insoweit n.v., Rn 31 juris.

203 OLG Frankfurt a.M., Urt. v. 9.5.1995 – 11 VA 1/94 (Kart.) = WuW/E OLG 5416, 5435.

gung eines diskriminierenden Verhaltens im Sinne von § 20 Abs. 1 GWB aus.[204] Das Nebenleistungsverbot stellt dabei eine solche Verbotsnorm mit Wettbewerbsbezug dar, indem es die **Parameter zulässigen Wettbewerbs** festlegt. Es kommt vor allem bei **asymmetrischen** gesellschaftsrechtlichen Gestaltungen oder bei Garantierenditen ins Spiel.[205]

195 Für **Beteiligungsmodelle** gilt in abgewandelter Form das oben für kommunale Unternehmen Gesagte. Beteiligungsmodelle können sich – wie alle anderen auch – um eine Konzession bewerben und sich im Wettbewerb nach sachlichen Kriterien behaupten. Allein ihre einseitige Bevorzugung stellt einen Verstoß gegen das Diskriminierungsverbot dar.

c) Arbeitsplatzaspekte

196 Eine andere Form der Verfolgung kommunaler Interessen über Bande manifestiert sich in Forderungen etwa nach dem **Verbleib** des Regionalzentrums des bisherigen Konzessionärs in der Gemeinde, nach dem **Unternehmenssitz** in der Gemeinde oder der **Beschäftigung von Arbeitnehmern** in der Gemeinde.[206] Solche lokal-arbeitsplatzbezogenen Forderungen weisen **keinen funktionalen Bezug** zum Gegenstand der Konzession oder zum Netzbetrieb auf;[207] ebensowenig finden sie Rückhalt in den Zielen des EnWG.[208] Vielmehr kann von ihnen eine **Diskriminierungswirkung** im Hinblick auf eine überörtliche Dienstleistungserbringung ausgehen. Sie stellen folglich grundsätzlich keine zulässigen Auswahlkriterien bei der Auswahl eines Konzessionsnehmers dar.

d) Gewerbesteuerzerlegung

197 Zudem wird häufig eine Forderung nach **Gewerbesteuerzerlegung** aufgestellt. Eine solche Forderung verfolgt zunächst ein **Fiskalinteresse** mit Hilfe der öffentlich-rechtlich vermittelten Stellung als Marktbeherrscher auf dem Markt für örtliche Wegerechte für die Leitungsverlegung. Dies indiziert die **Unzulässigkeit** eines solchen Auswahlkriteriums.

198 Nun könnte argumentiert werden, dass von einem solchen Kriterium keine Diskriminierungswirkung ausgehe, da Gewerbesteuer von jedem Energieversorgungsunternehmen ohnehin zu entrichten sei. Dies lässt aber zunächst unberücksichtigt, dass Gemeinden nach § 16 Abs. 1 GewStG das **Hebesatzrecht** in Bezug auf die Ge-

---

204 *C. Becker*, IR 2004, 151, 153.
205 Zu Beteiligungsmodellen und ihren rechtlichen Grenzen siehe Kap. 4.
206 Beispiele mit Quellnachweisen bei *Byok/Dierkes*, RdE 2011, 394, 400.
207 *Byok/Dierkes*, RdE 2011, 394, 400.
208 *Büdenbender*, S. 38 f.

werbesteuer zusteht. Deren Höhe kann also örtlich unterschiedlich sein. Eine **Gewerbesteuerzerlegung** muss mithin nicht kostenneutral sein. Gewichtiger ist jedoch, dass eine Gewerbesteuerzerlegung nach § 28 Abs. 1 S. 1 GewStG eine **Betriebsstätte im Gemeindegebiet** voraussetzt. Der Zerlegungsmaßstab richtet sich gem. § 29 GewStG nach den an der jeweiligen Betriebsstätte gezahlten **Arbeitslöhnen**, mit einer einzigen Sonderregelung für Windenergieanlagen. Die Forderung nach Gewerbesteuerzerlegung stellt sich demnach als verkappte Form einer Forderung nach einer Betriebsstätte im Gemeindegebiet heraus. Es gilt daher das oben zu Arbeitsplatzaspekten Gesagte entsprechend: Eine Forderung nach Gewerbesteuerzerlegung stellt kein zulässiges Auswahlkriterium dar.

8. Orientierung an den Zielen des § 1 EnWG

Für die **Auswahlentscheidungen** der Gemeinden sind keine konkreten Auswahlkriterien festgesetzt.[209] Die Gemeinden dürfen diese **Kriterien** selbst bestimmen. Sie sind hierbei jedoch nicht gänzlich frei; vielmehr ist ihre Auswahlentscheidung in den **energiewirtschaftlichen Kontext** des EnWG eingebunden und damit dessen **Zielen** verpflichtet. Diese Beziehung war unter dem EnWG 1998 und EnWG 2005 implizit[210] und wurde klarstellend explizit in § 46 Abs. 3 S. 5 EnWG 2011 kodifiziert.[211] 199

Die **Ziele des Energiewirtschaftsrechts** finden sich seit jeher in § 1 EnWG. Die dort festgelegten Ziele haben sich jedoch über die Zeit verändert. Das EnWG 1998 definierte in § 1 als „Zweck“ des Gesetzes eine „möglichst sichere, preisgünstige und umweltverträgliche [...] Versorgung [...] im Interesse der Allgemeinheit.“ Dabei gehen die Ziele einer sicheren und preisgünstigen Versorgung sogar noch auf das EnWG 1935 zurück.[212] Mit dem EnWG 2005 kam als zusätzliches Ziel die **„Effizienz“** der Versorgung hinzu, und aus einer „Versorgung im Interesse der Allgemeinheit“ wurde die **„Versorgung der Allgemeinheit“**. Weiter wurden als Ziele der Regulierung die „Sicherstellung eines wirksamen und unverfälschten Wettbewerbs bei der Versorgung“ und die „Sicherung eines langfristig angelegten leistungsfähigen und zuverlässigen Betriebs von Energieversorgungsnetzen“ hinzugefügt. Mit dem EnWG 2011 wurde der „Zweck“ des Gesetzes in § 1 Abs. 1 EnWG um den Nachsatz ergänzt, dass die Versorgung mit Strom und Gas „zunehmend auf **erneuerba-** 200

209 BT-Drucks. 13/7274, S. 21; Britz/Hellermann/Hermes/*Hellermann* § 46 Rn 65.

210 Siehe z. B. die entsprechende Bezugnahme in OLG Bamberg, Urt. v. 3.11.2010 – 3 U 92/10 – RdE 2011, 160, 161; Schneider/Theobald/*Albrecht*, §9 Rn 25; BT-Drucks. 13/7274, S. 21 steht im Kontext nicht entflochtener Versorgung und bezieht sich nur § 13 Abs. 3 EnWG 1998, überdies ist die Aussage zutreffend, dass Kriterien nicht gesetzlich festgelegt sind.

211 BT-Drucks. 17/6072, S. 88.

212 Danner/Theobald/*Theobald*, § 1 EnWG Rn 1.

ren Energien" beruhen solle. Mit Blick auf **Verteilernetzbetreiber** finden diese Ziele inzwischen auch eine Grundlage in den europarechtlichen Vorgaben.[213]

201 Schon bei kursorischer Betrachtung dieser vielfältigen zweckbestimmenden Parameter wird deutlich, dass der Gesetzeszweck des EnWG nicht monolithisch ist. Vielmehr bestimmen teilweise **gegenläufige** (z.B. Preisgünstigkeit und Umweltschutz), teilweise scheinbar **deckungsgleiche** (z.B. Preisgünstigkeit und Effizienz) Zielrichtungen den „Zweck" des EnWG. Diese vielfältigen Ziele müssen in konkreten Entscheidungen im Rahmen des EnWG zum **Ausgleich** gebracht werden.

202 Diese Ziele richten sich an den **Anwender der gesetzlichen Vorgaben** des EnWG.[214] Als von § 46 EnWG verpflichtete staatliche Untergliederungen schließt dies die **Gemeinden** mit ein. Dabei sind diese Ziele nicht eigenständig vollziehbar, sondern ihre Bedeutung liegt vor allem darin, die „Auslegung und Anwendung spezieller Normen des EnWG zu determinieren."[215] Mithin sind die **Ziele des EnWG** im Rahmen der Auswahlentscheidung nach § 46 Abs. 2 und 3 EnWG bezogen auf das örtliche Versorgungsnetz durch die Gemeinde in Form ihrer **Auswahlkriterien** zu konkretisieren. Der Gemeinde kommt dabei ein breiter **Gestaltungsspielraum** zu, der übergreifend durch den Netzbezug der Kriterien geprägt ist.[216]

a) Versorgung der Allgemeinheit

203 Die oben aufgezählten vielfältigen Ziele des EnWG stehen adjektivisch zum Kernzweck des EnWG, der **leitungsgebundenen Versorgung** der Allgemeinheit mit Strom und Gas. Zwar wird in der Literatur vertreten, dem Ziel des EnWG einer Versorgung „im Allgemeininteresse" käme keine eigenständige Bedeutung zu.[217] Aber zunächst ist dieses Ziel mit dem EnWG 2005 umformuliert worden und lautet nun „Versorgung der Allgemeinheit". Die übrigen von § 1 Abs. 1 EnWG aufgezählten Aspekte charakterisieren lediglich den **Modus** dieser **Versorgungsaufgabe** näher. Die Verfolgung des Interesses staatlicher Einnahmeerzielung steht dabei – ob der Verteuerung und damit Erschwerung – im Widerspruch zum Zweck der Optimierung der Versorgung der Allgemeinheit. Dies erkennt auch der Gesetzgeber des EnWG 1998, wenn er zum übergreifenden Zweck des EnWG ausführt, die Energiewirtschaft sei eine **Schlüsselbranche** mit erheblicher Bedeutung für die gesamtwirtschaftliche Entwicklung, sowie für alle privaten und öffentlichen Verbraucher, deren

---

213 Für Strom Art. 14 Abs. 1 Richtlinie 2003/54/EG und Art. 25 Abs. 1 Richtlinie 2009/72 EG, sowie für Gas Art. 12 Abs. 1 Richtlinie 2003/55/EG und Art. 25 Abs. 1 Richtlinie 2009/73/EG.

214 Britz/Hellermann/Hermes/*Hellermann/Hermes*, § 1 Rn 22b.

215 Britz/Hellermann/Hermes/*Hellermann/Hermes*, § 1 Rn 40.

216 BT-Drucks. 17/6072, S. 88 a. E.

217 Danner/Theobald/*Theobald*, § 1 EnWG Rn 11.

Leistungsfähigkeit im Allgemeininteresse gesteigert werden solle.[218] Der **Versorgungszweck** des EnWG unterstreicht damit das oben gefundene Ergebnis zum Behinderungsverbot, das eigenständig gemeindliche Fiskalinteressen als Auswahlkriterium verbietet. Vor diesem Hintergrund ist auch die strenge **Limitierung der Gegenleistungen** zur Einräumung von Wegerechten in § 48 EnWG in Verbindung mit der KAV zu sehen. **Gemeindliche Fiskalinteressen** als Auswahlkriterium stehen damit auch im **Widerspruch** zu dem Zweck des EnWG einer Versorgung der Allgemeinheit.[219]

b) Versorgungssicherheit

Unter Versorgungssicherheit ist zunächst die **mengenmäßig ausreichende Versorgung**, die auch **Spitzenbedarf** jederzeit abdeckt[220] zu verstehen. Daneben bildet die **technische Sicherheit** im Sinne der Ungefährlichkeit[221] einen weiteren eigenständigen Bedeutungsgehalt des Ziels der Versorgungssicherheit. Im Hinblick auf die zwischenzeitlich durchgeführte Entflechtung der Netze vom Vertrieb dürfen im Rahmen der Auswahl eines Konzessionärs lediglich **netzbezogene Kriterien** herangezogen werden,[222] insoweit also der netzbezogene Bestandteil des Ziels der Versorgungssicherheit. 204

Unter dem Gesichtspunkt der Versorgungssicherheit kann im Hinblick auf Energieverteilnetzkonzessionen nicht das im **Gewerberecht** übliche Kriterium „bekannt und bewährt" gefasst werden; dieses ist vielmehr unzulässig. Konzessionen vermitteln für eine erhebliche Zeitspanne von bis zu 20 Jahren ein **Monopol**. Ein solches Kriterium würde daher andere Bewerber von vornherein diskriminieren.[223] 205

Ein Kriterium zur Darlegung der **wirtschaftlichen Leistungsfähigkeit** im Hinblick auf Netzübernahme und -betrieb ist demgegenüber im Sinne der Versorgungssicherheit zu begrüßen.[224] Die **Prüfung** der Leistungsfähigkeit nach § 4 EnWG durch die nach Landesrecht zuständige Behörde hindert die Gemeinden nicht an einer eigenständigen Prüfung.[225] 206

218 BR-Drucks. 806/96, S. 27f.
219 Stellungnahme des BKartA v. 24.1. 2011, Deutscher Bundestag, Ausschuss für Wirtschaft und Technologie, Ausschussdrucksache 17 (9) 383, S. 4; *Büdenbender*, S. 40 oben.
220 BR-Drucks. 806/96, S. 28.
221 BR-Drucks. 806/96, S. 28.
222 S. Rn 158ff.
223 BKartA, Beschl. v. 21.11.2011 – B10-17/11 – „Markkleeberg" Rn 22.
224 BKartA, Beschl. v. 21.11.2011 – B10-17/11 – „Markkleeberg" Zusagen.
225 *Templin*, IR 2009, 125, 126.

aa) Netzqualität

207 Zunächst könnten Kriterien auf die **Sicherstellung** oder **Verbesserung** einer hinreichenden Netzqualität abstellen.[226] Zwar sind bestimmte Teile der Netzqualität schon durch die Pflicht zur Einhaltung von **Industriestandards** sichergestellt, im Einzelfall können jedoch **konkrete Verbesserungen** möglich sein, etwa die Umstellung von Freilandleitungen auf Erdkabel oder die Ersetzung besonders anfälliger Netzbestandteile.

208 Der **Q-Faktor** nach der §§ 18 ff. ARegV[227] dürfte dabei nur ein begrenzt geeigneter Indikator sein. Insoweit er von der **technischen Qualität** des von § 46 Abs. 2 S. 2 EnWG erfassten Netzbestandteils in der jeweiligen Gemeinde abhängt, ergeben sich keine Änderungen durch einen Netzübergang. Insoweit er auf die technische Qualität anderer Netzbestandteile abstellt, sind diese ohne Aussagekraft für das Konzessionsgebiet. Nur insoweit er auf nicht-technische Qualitätsmomente abstellt, könnten diese direkt durch einen Wechsel des Konzessionärs verändert werden.

bb) Netzausbau

209 Weiter erfasst das Ziel der Versorgungssicherheit auch den **bedarfsgerechten Ausbau** der Energieverteilernetze.[228]

210 Im Hinblick auf die **Ausspeisung von Energie** dürfte ein Netzausbau nur im Hinblick auf Gasnetze relevant sein. Hier könnte etwa die **verbindliche Zusage** der Erschließung eines Ortsteils im Rahmen der Auswahl eines Konzessionärs positiv bewertet werden.

211 Die **Vereinbarung**, einen bestimmten Ortsteil **nicht zu erschließen**, dürfte demgegenüber in einem Konzessionsvertrag regelmäßig unzulässig sein; beabsichtigt eine Gemeinde etwa selbst mit einem eigenen Fernwärmenetz in einem bestimmten Gebiet aktiv zu werden, könnte in einer solchen Vereinbarung sogar eine verbotene **wettbewerbsbeschränkende Vereinbarung** i. S. d. § 1 GWB gesehen werden.[229] Die bauplanerische öffentlich-rechtliche Kompetenz der Gemeinde bleibt hiervon unberührt.

212 Der bedarfsgerechte Ausbau der Energieverteilernetze erfasst aber auch die **Einspeisung von Energie**. Die **dezentrale Erzeugung** von erneuerbaren Energien und **Kraft-Wärme-Kopplung** zeitigen hier Konsequenzen. Insoweit überschneidet sich das Ziel der Versorgungssicherheit insbesondere mit dem neu eingefügten Ziel der zunehmenden Basierung der Energieversorgung auf erneuerbaren Energien. Der Schwerpunkt des Einspeisungsaspekts ist dort zu veranschlagen.

---

226 Schneider/Theobald/*Albrecht*, § 9 Rn 81.
227 *Büdenbender*, S. 49.
228 Schneider/Theobald/*Albrecht*, § 9 Rn 81.
229 BKartA, Beschl. v. 21.11.2011 – B10-17/11 – „Markkleeberg“ Rn 24.

cc) Leerrohre für Breitbandkabel

Einen Sonderaspekt des Netzausbaus stellen Forderungen nach der Verlegung von Leerrohren für die Erstellung eines örtlichen **Breitbandnetzes** dar. 213

Es wurde bereits obergerichtlich in Erwägung gezogen, dass die Verlegung eines Breitbandnetzes, um ein sogenanntes **intelligentes Stromnetz** zu schaffen, von der Verpflichtung des Verteilernetzbetreibers aus §§ 1 Abs. 1, 2 Abs. 1 EnWG umfasst ist, ein sicheres, zuverlässiges und leistungsfähiges Stromnetz zu betreiben.[230] Die **Verlegung von Leerrohren und Glasfasern** kann darüber hinaus eine Maßnahme der Ertüchtigung bestehender **Netzsteuerungsleitungen** sein; eine solche Ertüchtigung wird von der bisherigen Existenz eines parallelen **Kupferkabels** indiziert. 214

Die Voraussetzungen der **Anerkennung von Kosten** für die Verlegung von **Fernwirkleitungen**[231] bieten eine Möglichkeit zum Rückschluss auf den mit Blick auf den Netzausbau insoweit zulässigen **Inhalt von Konzessionsverträgen** und damit von Auswahlkriterien. Zu Fernwirkleitungen zählen Glasfaserkabel einschließlich der Leerrohre, in denen jene verlegt sind. Die entgeltregulatorische Anerkennung der Kosten für die Verlegung von Fernwirkleitungen ist grundsätzlich möglich, vorausgesetzt, dass keine **parallele Infrastruktur** entsteht, dass **künftige Erträge** aus der weitergehenden Vermarktung der Leerrohre oder der Glasfasern den in Vorleistung getretenen **Netznutzern** zugutekommen – d.h. dem Regulierungskonto gutgeschrieben werden – und die anschließende **Vermarktung** nach wettbewerblichen Kriterien transparent und diskriminierungsfrei erfolgt. 215

Soll also die Verlegung von Leerrohren zu einem Auswahlkriterium gemacht werden, so muss sichergestellt sein, dass ein **energiewirtschaftlicher Bedarf** besteht und die überschießenden Erträge den Netznutzern zugutekommen. Demnach wäre also ein Auswahlkriterium unzulässig, das die Überlassung verlegter Leerrohre an die konzessionsvergebende Gemeinde zu **Vorzugskonditionen** fordert. 216

c) Preisgünstigkeit

Das Ziel der Preisgünstigkeit verlangt eine Energieversorgung zu **Wettbewerbspreisen**, ersatzweise zu möglichst geringen Kosten.[232] Vor dem Hintergrund der von Erzeugung und Vertrieb **entflochtenen Netze** kann sich das Ziel der Preisgünstigkeit nicht mehr auf die Endkundenpreise, sondern nur noch auf die **Höhe der örtlichen Netzentgelte** beziehen. Dabei bietet es sich an, zwischen Konzessionsabgaben, sowie Kapitalkosten zukünftiger Investitionen und bestehender Anlagegüter zu unter- 217

230 OLG Bamberg, Urt. v. 3.11.2010 – 3 U 92/10 = RdE 2011, 160, 161.
231 S. hierzu die Überlegungen der BNetzA in der Präsentation der BK8 im Arbeitskreis FTTX, Bonn, 27.1.2011, S. 8.
232 BR-Drucks. 806/96, S. 28.

scheiden, und zudem die operative Effizienz eines Netzbetreibers gesondert in den Blick zu nehmen.

aa) Konzessionsabgaben

Ganz im Vordergrund der Auswahlkriterien für einen Konzessionär steht der offensichtliche **Zielkonflikt** zwischen den regelmäßigen Forderungen der Gemeinden nach den **Konzessionsabgabenhöchstsätzen** und dem Ziel des EnWG einer möglichst **preisgünstigen Versorgung.**[233] Als dauerhaft nicht beeinflussbare und damit nicht regulierte Kostenbestandteile nach § 11 Abs. 2 Nr. 4 ARegV schlagen die Konzessionsabgaben voll auf die vom örtlichen Letztverbraucher zu entrichtenden **Netzentgelte** durch. Auch vor diesem Hintergrund ist mindestens die Einhaltung der KAV zwingend geboten.[234]

bb) Investitionen

218 Für Investitionen in **Netzinfrastruktur** bietet es sich an, auf eine richtige Dimensionierung der Netzinvestition zu achten; gewachsene Strukturen können etwa anlässlich von **Ersatzinvestitionen** durchaus Optimierungspotential bieten. Weiter wäre unter den Aspekt der **Preisgünstigkeit** auch eine Verpflichtung zur **Koordinierung von Tiefbaumaßnahmen** zu fassen.[235] Hier bieten sich Kosteneinsparpotentiale zwischen verschiedenen Infrastrukturen an.[236] Eine solche Koordinierung setzt indes keine Leistungserbringung „aus einer Hand" voraus; ein solches Kriterium bietet also kein Deckmäntelchen für eine (Re-)Kommunalisierung.

cc) Bestehende Infrastruktur

219 Für die bestehende Infrastruktur könnte auf die Höhe der örtlichen **Netznutzungsentgelte** abgestellt werden.[237]

220 Bewerber können schon heute auf Grundlage der nach der Rechtslage des EnWG 2005 mit Sicherheit zur Verfügung zu stellenden **Informationen**[238] die **Höhe** der zu erwartenden Netznutzungsentgelte im Gemeindegebiet näherungsweise einschätzen.

233 OLG Frankfurt a. M., Urt. v. 9.5.1995 – 11 VA 1/94 (Kart.) = WuW/E OLG 5416, 5428; Immenga/Mestmäcker/*Klaue*, 2. Aufl. 1992, § 103 Rn 55.

234 S. Rn 177 ff.

235 *Templin*, IR 2009, 125, 127 f.

236 Eher mit Blick auf Verkehrsstörungen *Büdenbender*, S. 34.

237 Schneider/Theobald/*Albrecht*, § 9 Rn 81; *Büdenbender*, S. 48.

238 Gemeinsamer Leitfaden des BKartA und der BNetzA zur Vergabe von Strom- und Gaskonzessionen und zum Wechsel des Konzessionsnehmers vom 15.12.2010, Rn 28 unter Verweis auf die Aufstellung in Rn 25.

Das EnWG 2011 hat im neuen § 46 Abs. 2 S. 4 EnWG ausdrücklich kodifiziert,[239] dass sich die **Informationspflicht des Altkonzessionärs** auch auf die **wirtschaftlichen Daten** des Verteilernetzes in einem Konzessionsgebiet erstreckt. In Folge einer Festlegung der zur Verfügung zu stellenden Daten durch die Bundesnetzagentur im Einvernehmen mit dem Bundeskartellamt nach § 46 Abs. 2 S. 5 EnWG 2011 könnte Bewerbern eine noch präzisere Einschätzung möglich werden.

Auch mit Blick auf die **Kapitalkosten** der in der Gemeinde belegenen Anlagegüter im Sinne von § 46 Abs. 2 S. 2 EnWG hängen die örtlichen Netzentgelte von verschiedenen Faktoren ab. 221

Zunächst führt der **Wechsel des Konzessionärs** regelmäßig dazu, dass abgrenzbare **Netzinfrastruktureinrichtungen** aus einem bestehenden größeren Infrastrukturverbund herausgelöst und teils in einen anderen Infrastrukturverbund eingefügt werden. Dadurch ändert sich aus der Perspektive der **Letztverbraucher** in der jeweiligen Gemeinde das für die Berechnung der Netzentgelte maßgebliche Verhältnis zwischen im Infrastrukturverbund gebundenem Kapital und Verbrauch, und in der Folge ändern sich die örtlichen Netzentgelte. Unter-stellt man ortsübergreifend konstanten Kapitaleinsatz und konstanten Verbrauch, sinken die Netzentgelte an einem Ort, während sie andernorts steigen.[240] Führt dieser Effekt zu einem Absinken der örtlichen Netzentgelte, so ist damit andernorts ein entsprechender Anstieg verbunden, der im Ergebnis zu einer Nullsumme führt. 222

Der jeweiligen Gemeinde kann bei ihrer Auswahlentscheidung keine Verantwortung für die Verhältnisse außerhalb ihres Gemeindegebiets zukommen. Es ist daher legitim, auf ein örtliches Absinken der Netzentgelte abzustellen, auch wenn dies zu einer Einschränkung der **Quersubventionierung** (derzeit) weniger effizienter Netzteile führt. Zugleich müssen Gemeinden aber im Einzelfall prüfen, inwieweit sich ein hieraus ergebender Vorteil nicht durch die Kumulation mit Entgelten für vorgelagerte Netze ins Gegenteil verkehrt.[241] 223

dd) Effizienzwert

Mit einem Wechsel des Konzessionsnehmers geht regelmäßig der **Wechsel des Netzbetreibers** einher; eine Ausnahme bilden wohl lediglich **kommunale Beteiligungsmodelle** unter Beibehaltung des Altkonzessionärs als Netzbetreiber.[242] Mit dem Wechsel des Netzbetreibers verändert sich auch der netzentgeltrelevante **ope-** 224

239 BT-Drucks. 17/6062, S. 88.

240 Zur operativen Effizienz sogleich.

241 Zur sog. Pancaking-Problematik siehe den Leitfaden der BNetzA zur Findung sachgerechter Sonderregelungen in den Fällen der Kostenwälzung nach § 14 Abs. 2 S. 3 StromNEV.

242 Zu Beteiligungsmodellen als Auswahlkriterien s. Rn 192 ff.; zu Grenzen der Gestaltung s. Kap. 4 Rn 52 ff.

rative Kostenblock. Dieser schlägt sich – neben anderen Faktoren – im Effizienzwert eines jeden Netzbetreibers nieder.

225 Daher wird gefordert, die Auswahl eines neuen Konzessionsnehmers mit einem schlechteren **Effizienzwert** als dem des alten per se als sachwidrig zu verwerfen.[243] Dies hätte zur Folge, dass jede Gemeinde zwingend ein solches Kriterium aufstellen und diesem einen Vorrang vor allen anderen Kriterien einräumen müsste. Die Berechtigung dieser Forderung muss bezweifelt werden.

226 Der Effizienzwert bezieht sich jeweils auf die **gesamte Tätigkeit** eines Netzbetreibers, nicht aber auf eine konkrete Gemeinde. Dies gilt sowohl für den alten Netzbetreiber, als auch für den neuen. Zugleich bezieht sich der Effizienzwert jeweils auf das **Photojahr**; sein Substrat verändert sich aber über die Zeit. Um als Vergleichsmaßstab tauglich zu sein, müsste ein Effizienzwert für alle Bewerber – einschließlich des Altkonzessionärs – in die Zukunft projiziert werden. Ein historischer Effizienzwert brächte zudem Probleme im Hinblick auf eine **Diskriminierung** von Bewerbern im **Binnenmarkt** mit sich, da sich Bewerber ohne einen bestehenden Effizienzwert nicht bewerben könnten, was insbesondere potentielle Bewerber aus anderen Mitgliedsstaaten ausschließen dürfte.[244] Die rechtssichere Ausgestaltung eines solchen Kriteriums dürfte daher schwierig sein.

227 Der langfristig erreichbare Effizienzwert ist allerdings nicht unbedeutend, insbesondere um die **wirtschaftliche Überlebensfähigkeit** eines Verteilernetzbetreibers unter dem Regime der **Anreizregulierung** auf die lange Sicht sicherzustellen. In einer weniger dramatischen Situation stünde nur die Erhaltung der **Investitionskraft** der Verteilernetzbetreiber[245] in Rede. Das vereinfachte Verfahren nach § 24 ARegV mag derzeit in seinem Anwendungsbereich einen gewissen Schutz bieten; es bleibt abzuwarten, wie lange und wie weit dieser währt.

228 Der **historische** regulatorische Effizienzwert stellt demnach nur ein sehr eingeschränkt sachgerechtes Kriterium dar. Eine **Projektion** des Effizienzwertes ist erforderlich, aber kompliziert. Zumindest eine grobe **Schätzung** sollte mit Blick auf die langfristige wirtschaftliche Stabilität des Verteilernetzbetriebs und die Erhaltung der Investitionskraft des Netzes erfolgen.

ee) Abschlag auf regulierte Netzentgelte

229 Die regulierten Netzentgelte waren nach § 23 a Abs. 2 S. 2 EnWG **Höchstpreise**; ihre Unterschreitung war regulierungsrechtlich zulässig. Im Wege der Anreizregulierung seit dem 1.1.2009 wird lediglich eine **Erlösobergrenze** für den jeweiligen Netzbe-

243 *Büdenbender*, S. 47 und 58.

244 Auf die Bedeutung dieses Aspekts zu Recht hinweisend *Byok*, RdE 2008, 268, 271; *Büdenbender*, S. 78.

245 Zu deren grundsätzlicher Bedeutung Danner/Theobald/*Theobald*, § 1 EnWG Rn 19.

treiber festgelegt.[246] Deren **Unterschreitung** ist zulässig. Hierzu korrespondiert, dass der Netzbetreiber bei Änderung der Erlösobergrenze im Laufe einer Regulierungsperiode eine Reduzierung weitergeben muss, zur Weitergabe einer Erhöhung aber lediglich berechtigt ist (§ 17 ARegV).

Soweit eine Regulierung **Verhaltensspielräume** eröffnet, können diese wett- 230 bewerblich genutzt werden. Dem entspricht die Rechtsprechung der europäischen Gerichte, dass soweit eine Regulierung Verhaltensspielräume lässt, das **Kartellrecht** anwendbar ist.[247]

Funktional steht die **Regulierung** dabei neben der Auswahl des Konzessions- 231 nehmers und Netzbetreibers, weil die Regulierung beim bestehenden Netzbetreiber ansetzt.[248] Der **Abbau von Ineffizienzen** nach § 16 Abs. 1 ARegV geschieht nach dem dort vorgegebenen Zeitplan und bezieht sich auf den vorherigen Konzessionär und Netzbetreiber. Die Auswahl eines effizienteren Netzbetreibers im Konzessionswettbewerb ist hierzu komplementär.[249]

Vor diesem Hintergrund bietet sich das **Maß der Unterschreitung** der von der 232 Regulierungsbehörde zugestandenen Netzentgelte[250] (eigentlich Erlösobergrenze) als Auswahlkriterium an. Die **Monopolkommission** schlägt als Maßgröße einen **Abschlag auf die Netznutzungsentgelte** vor.[251] Ein solches Auswahlkriterium würde sehr direkt eine **Leitnorm** des vorgegebenen Vergaberechts abbilden, dass der Zuschlag auf das wirtschaftlichste Angebot zu erteilen ist (§ 97 Abs. 5 GWB). Eine Ausgestaltung über die konkrete Höhe der Netzentgelte dürfte indes schwierig sein, weil diese einem nicht unerheblichen Wandel über die Zeit unterliegen. Zur Vereinbarung konkreter Preise wären komplizierte vertragliche Mechanismen erforderlich; ein **prozentualer Abschlag** auf die Erlösobergrenze dürfte eher praktikabel sein.

d) Verbraucherfreundlichkeit

Ein weites Verständnis des Ziels der Verbraucherfreundlichkeit überlappt mit vielen 233 anderen Zielen des EnWG, z.B. der Preisgünstigkeit oder der Versorgungssicherheit. Eigenständige Bedeutung kommt der Verbraucherfreundlichkeit im Wesentlichen im Hinblick auf **Informations- und Verfahrensrechte** zu.[252] Durch die Beschränkung

---

246 Dies übersieht BerlK-EnR/*Wegner*, § 46 EnWG Rn 115.
247 EuGH, Urt. v. 10.4.2008 – T-271/03 – (Deutsche Telekom./.Kommission) – Slg. 2008 II-477 Rn 88; EuGH; Urt. v. 14.10.2010 – C-280/08 P – (Deutsche Telekom./.Kommission) – noch n.v., Rn 80ff.; EuGH, Urt. v. 17.2.2011 – C-52/09 – (Konkurrensverket./.TeliaSonera) – noch n.v. Rn 49ff.
248 *Büdenbender*, S. 14 und 57.
249 Siehe auch *Säcker/Mohr/Wolf*, S. 142ff.
250 *Byok/Dierkes*, RdE 2011, 394, 402.
251 Monopolkommission, Sondergutachten 59 – Energie 2011: Wettbewerbsentwicklung mit Licht und Schatten, Rn 47.
252 Danner/Theobald/*Theobald*, § 1 EnWG Rn 23.

möglicher Auswahlkriterien auf netzbezogene Aspekte wird dieses Ziel zwar nicht eliminiert,[253] sein Anwendungsbereich ist aber beschränkt. So könnte etwa auf den **Servicelevel** beim Netzanschluss abgestellt werden;[254] dies könnte sowohl Informations- und Verfahrensrechte beim Netzanschluss von Verbrauchern als auch beim Netzanschluss von Einspeisern in Bezug nehmen.

e) Effizienz

234 Das Ziel einer effizienten Energieversorgung nimmt vor allem die **Verringerung der Verluste bei Erzeugung, Transport und Verteilung** in den Blick.[255] Aufgrund der zwingenden Netzbezogenheit der Auswahlkriterien könnte etwa auf eine Verringerung der Verlustleistung des Verteilernetzes abgestellt werden. Insoweit ergeben sich auch **Überschneidungen** mit dem Umweltschutzziel.

235 Weiter bezweckte der Gesetzgeber, die Einführung von Regelungen zur **Steigerung der Kosteneffizienz** der Energieversorgungsnetze im Gesetzeszweck zu unterlegen.[256] Die Aspekte der Kosteneffizienz sind schon unter dem Gesichtspunkt der **Preisgünstigkeit** diskutiert worden.

f) Umweltverträglichkeit

236 Das Ziel der Umweltverträglichkeit steht **gleichrangig** neben den zwei althergebrachten Zielen des Energiewirtschaftsrechts, der **Preisgünstigkeit** und der **Versorgungssicherheit**.[257] Sie wird vor allem durch den Einsatz **umweltschonender Technologien** erreicht.[258] Es sind zwar nur wenige netzbezogene Auswahlkriterien denkbar, die diesem Ziel des EnWG zugeordnet werden könnten.[259] Eine „Elimination" dieses Ziels durch Beschränkung auf Aspekte des Netzbetriebs[260] erfolgt aber dennoch nicht.

237 Zunächst könnte die **Einhaltung der bestehenden technischen Vorgaben** und **Standards** gefordert werden, bzw. eher **negative Folgen** an einen schlechten **Track-Record** in dieser Hinsicht geknüpft werden. Weiter könnten über den am Durchschnitt orientierten Stand der Technik hinausgehende Anstrengungen etwa zur **Reduzierung der elektrischen Verlustleistung** positiv bewertet werden. Vereinzelt mag auch die Umstellung von Freileitungen auf Erdverkabelung unter diesen Aspekt subsumiert

---

253 So aber *Kappel*, ZNER 2011, 482.
254 BKartA, Beschl. v. 21.11.2011 – B10-17/11 – „Markkleeberg" Zusagen.
255 Danner/Theobald/*Theobald*, § 1 EnWG Rn 25.
256 BT-Drucks. 15/5268, S. 116.
257 BR-Drucks. 806/96, S. 27 und 29.
258 BR-Drucks. 806/96, S. 28.
259 Zu eng Monopolkommission, Sondergutachten 59 – Energie 2011: Wettbewerbsentwicklung mit Licht und Schatten, Rn 51.
260 So aber *Kappel*, ZNER 2011, 482.

werden, wobei es sich hier eher um einen Aspekt der Landschaftspflege oder der Versorgungssicherheit als um einen Aspekt des Umweltschutzes handeln dürfte.

Im Hinblick auf die **Energieerzeugung** aus erneuerbaren Energien und Kraft-Wärme-Kopplung wird das Ziel der Umweltverträglichkeit[261] neuerdings durch das Ziel einer Energieversorgung, die zunehmend auf erneuerbaren Energien basiert, überlagert. 238

g) Zunehmende Basierung auf erneuerbaren Energien

Dieses Ziel des EnWG wurde erst mit der EnWG-Novelle 2011 in § 1 Abs. 1 EnWG angefügt. Ausweislich der Begründung soll es den „Gedanken, dass der Anteil der Erneuerbaren an der Energieversorgung zukünftig zunehmen wird“, berücksichtigen. Dabei sollen die Energieversorgungsnetze auch die **Voraussetzungen** für den **Ausbau der erneuerbaren Energien** schaffen.[262] 239

Auswahlkriterien für einen örtlichen Konzessionsnehmer mit Bezug zu erneuerbaren Energien sind daher grundsätzlich zulässig. Auch solche Kriterien müssen dabei einen **Bezug zum örtlichen Verteilernetz** bzw. zur Verteilernetzstufe aufweisen. Kriterien dürfen sich also nicht auf die vorgelagerten Netzebenen beziehen, auch wenn diese im Konzernverbund eines Bewerbers stehen. Diese Netzebenen liegen außerhalb der örtlichen Versorgungsverhältnisse einer Gemeinde. Gleichermaßen sind Forderungen zum **Energiemix** der Erzeugungs- bzw. Handelsunternehmen im Konzernverbund eines Bewerbers ohne Bezug zum Verteilernetz und daher sachwidrig und unzulässig. Ein besonders krasser Fall wäre die Forderung nach Leistungen im Zusammenhang mit der Errichtung von Anlagen zur **Erzeugung von erneuerbaren Energien** oder **KWK-Anlagen**.[263] 240

Zulässige Kriterien mit Bezug auf erneuerbare Energien können sich letztlich also nur auf den **Anschluss** solcher Erzeugungsanlagen an das Verteilernetz und die **Abnahme** darin erzeugter erneuerbarer Energien beziehen. 241

In der **Literatur** wird – im Ergebnis nicht überzeugend – vertreten, dass Auswahlkriterien mit Blick auf den Anschluss von Energieerzeugungsanlagen für erneuerbare Energien ausschieden, weil die **Pflicht zum Anschluss** von erneuerbaren Energien umfassend **gesetzlich geregelt** ist.[264] Dieses Argument läuft darauf hinaus, dass gar nicht sein kann, was nicht sein darf. Dies ist schon offensichtlich falsch. Aber selbst wenn man dies als zutreffend unterstellen würde, käme einem solchen Kriterium kein unzulässiges Diskriminierungspotential zu, es liefe lediglich leer. 242

---

261 S. dazu auch § 2 Abs. 4 EnWG 1998 und § 3 Nr. 33 EnWG 2011.
262 BT-Drucks. 17/6072, S. 50.
263 Zu einem solchen Fall s. BKartA, Beschl. v. 21.11.2011 – B10-17/11 – „Markkleeberg“ Rn 24.
264 *Büdenbender*, S. 36 f. und S. 80.

243 Die Fragwürdigkeit der Argumentation, aus bestehenden Rechtspflichten folge die Unzulässigkeit dahingehender Kriterien, gesteht der Autor dann auch selbst ein, indem er wiederum ein dahingehendes **Negativkriterium** zulassen will; wäre die Frage ohne Relevanz, liefe auch dieses leer. Das Negativkriterium könne sich demnach allenfalls auf **nachhaltige und eindeutige Verstöße** beziehen; dabei solle selbst ein gerichtlich festgestellter Rechtsverstoß nicht genügen, solange nur eine vertretbare Auffassung zu einer kontroversen Rechtsfrage eingenommen worden ist.[265]

244 Soweit **Rechtspflichten** zum Anschluss erneuerbarer Energien reichen, kann auf deren Missachtung abgestellt werden. Ein möglicher Anknüpfungspunkt für Kriterien wäre etwa der bisherige **Track-Record** von Bewerbern um eine Konzesssion im Hinblick auf Anschlussbegehren vor Ort oder in anderen Verteilernetzen. Die oben dargestellte Forderung einer Beschränkung eines Negativkriteriums auf eindeutige Verstöße ist aber nicht nachvollziehbar; Rechtswidriges bleibt rechtswidrig.

245 Umgekehrt gilt aber auch: Wenn Gemeinden eine strittige Rechtsauffassung in ein **Negativkriterium** gießen, setzen sie sich der Gefahr aus, rechtswidrige Kriterien aufgestellt zu haben und damit die Wirksamkeit ihrer hierauf basierenden Auswahlentscheidung eines Konzessionsnehmers zu gefährden.

246 Soweit die bestehenden Rechtspflichten Raum für weitergehendes netzseitiges Engagement lassen, ist grundsätzlich nichts dagegen einzuwenden, diesen auszunutzen. Über den **reaktiven Part** des Netzbetreibers – die Bearbeitung von Netzanschlussanträgen und ggf. Netzanschluss – hinaus kommen **proaktive Optimierungen**, Verstärkungen oder Ausbauten von Verteilernetzen im Hinblick auf realistischerweise zu erwartende Netzanschluss- und -einspeisebegehren in Betracht. Entsprechende Kriterien müssen jedoch den Grundgedanken des **Nebenleistungsverbots** beachten. Demnach muss ein Konzessionär für eine Investition ein **wirtschaftlich angemessenes Entgelt** erhalten. Soweit also **Investitionskosten** nicht entweder von der Gemeinde finanziert werden oder über Netzentgelte refinanziert werden können, verstoßen entsprechende Forderungen gegen das Nebenleistungsverbot.

247 Auch und gerade **Kriterien** bezüglich des Anschlusses von Erneuerbaren müssen **hinreichend klar** sein, damit eine Auswahlentscheidung anhand dieser Kriterien objektiv nachvollzogen und ggf. einer **gerichtlichen Überprüfung** zugeführt werden kann. Zugleich ist bei der Gewichtung solcher Kriterien auch der **Verhältnismäßigkeit** Rechnung zu tragen.

9. Entscheidungsfindung in der Pattsituation

248 Führt der Auswahlprozess für einen Konzessionär auf Grundlage der von der Gemeinde in **Ausübung ihres Ermessens** aufgestellten Kriterien zu keiner Entschei-

---

265 *Büdenbender*, S. 36 f. und S. 80.

dung zwischen den Bewerbern, stellt sich die Frage, wie in einer solchen **Pattsituation** der neue Konzessionär ausgewählt werden muss. Nach einer Ansicht steht der Gemeinde dann, wegen der **Selbstverwaltungsgarantie**, die **freie Auswahl** zwischen den Bewerbern zu.[266] Nach einer anderen Ansicht ist in einer solchen Pattsituation, wegen des Berufsfreiheit und der Eigentumsgewährleistung in Art. 12 und 14 GG, der **alte Konzessionsinhaber** zu bevorzugen.[267]

Die Voraussetzungen müssen vor dem Hintergrund der **Rechtsfolge** gesehen 249 werden. Der Wechsel des Konzessionärs zeitigt die Übereignungspflicht nach § 46 Abs. 2 S. 2 EnWG. Diese Inhaltsbestimmung dient den positiven Wirkungen eines **Wettbewerbs um die Netze**. Können solche positiven Wirkungen auf Grundlage der von der Gemeinde in Ausübung ihres Ermessens aufgestellten Kriterien nicht erreicht werden, verliert die Inhaltsbestimmung ihre Grundlage.[268] Zugleich ist die Selbstverwaltungsgarantie kein Grundrecht, dass geeignet wäre, in praktischer Konkordanz mit einer Inhaltsbestimmung von Eigentum ein anderes Ergebnis zu rechtfertigen; sie ist ein **staatsorganisationsrechtliches Prinzip**, sie ermächtigt aber nicht zu Eingriffen in die Rechtsstellung Privater.[269] Daher ist in einer Pattsituation der bisherige Konzessionär zu bevorzugen.

10. Rechtsfolgen bei Verstößen

Die Verwendung unzulässiger Kriterien bei der Auswahl eines Konzessionsnehmers 250 zeitigt einen **Verstoß** der Gemeinde gegen das energiewirtschaftsrechtliche **Gebot der transparenten und nicht-diskriminierenden Auswahl** von Konzessionsnehmern sowie zugleich einen Verstoß der Gemeinde gegen das **kartellrechtliche Verbot des Missbrauchs der marktbeherrschenden Stellung** auf dem Markt für die Vergabe von Wegerechten in der Gemeinde.

Eine regulierungsbehördliche Durchsetzungsmöglichkeit mittels **Verbotsverfügung** nach § 65 EnWG kann sich nur nach dem persönlichen Anwendungsbereich 251 der Norm richten, gegen die verstoßen wurde.[270] Hier könnte also nur ein Verhalten der Gemeinde im **Verfahrensverlauf** untersagt werden, nicht aber ein erfolgter Vertragsabschluss infolge eines Verstoßes der Gemeinde, der auch in die Rechte eines Vertragspartners eingriffe.[271]

Demgegenüber besteht eine **kartellbehördliche Durchsetzungsmöglichkeit** 252 durch Untersagung der Praktizierung eines infolge sachwidriger Kriterien abgeschlos-

266 *Byok*, RdE 2008, 268, 272; *Büdenbender*, S. 7.
267 BerlK-EnR/*Wegner*, § 46 EnWG Rn 117.
268 *Büdenbender*, S. 32 und 55ff., im Widerspruch hierzu auf S. 7.
269 Dreier/*Dreier*, Art. 28 Rn 107; *Büdenbender*, S. 61.
270 Vgl. *Salje*, EnWG, § 65 Rn 6.
271 *Büdenbender*, S. 82.

senen Vertrags, wenn dies im Einzelfall zur wirksamen Abstellung der Zuwiderhandlung nach § 32 Abs. 2 GWB erforderlich ist. Die Verwendung diskriminierender Auswahlkriterien dürfte als **prima-facie-Beweis** für eine diskriminierende Auswahl genügen. Handelt es sich um diskriminierende Zulassungskriterien, dürfte das Fehlen einer diskriminierenden Wirkung schwer zu widerlegen sein. Bei diskriminierenden Auswahlkriterien könnte die fehlende **Kausalität** für eine Entscheidung zwischen konkreten Bewerbungen hingegen von der Gemeinde nachgewiesen werden.

253 Zivilrechtlich steht – neben **Schadensersatz-** und **Unterlassungsansprüchen** – die Gültigkeit eines aufgrund einer kartellrechtswidrigen Diskriminierung abgeschlossenen Konzessionsvertrags im Vordergrund. Das **kartellrechtliche Diskriminierungsverbot** ist ein **Verbotsgesetz**; ein Verstoß führt zu dessen zivilrechtlicher **Nichtigkeit** nach § 134 BGB. Die Diskriminierung liegt zunächst in der Auswahlentscheidung der Gemeinde und könnte auch den Konzessionsvertrag mit dem begünstigten Unternehmen erfassen. Diese Frage stellt sich allerdings gar nicht, wenn es sich um eine Konzerngesellschaft der Gemeinde handelt. Der **kartellrechtliche Unternehmensbegriff** des § 36 Abs. 2 GWB, der auch außerhalb der Zusammenschlusskontrolle anwendbar ist,[272] umfasst auch beherrschte **Tochterunternehmen**. So sind kommunalen Eigenbetrieben oder Eigengesellschaften sowie beherrschten Tochterunternehmen Verstöße ihrer Gemeinde gegen Kartellrecht wie **eigene Verstöße** zuzurechnen,[273] mit der Folge der **Nichtigkeit** solcher Verträge.

254 Handelt es sich nicht um ein Konzernunternehmen der konzessionsvergebenden Gemeinde, muss die **Reichweite** der originären Nichtigkeit einer diskriminierenden Auswahlentscheidung mit Blick auf den **Zweck des Verbotes** bestimmt werden. Bei der diskriminierenden Auswahl eines Konzessionärs können andere Bewerber nicht auf ein **Recht auf Gleichbehandlung** verwiesen werden; die Netzinhaberschaft vermittelt zwar kein rechtliches, aber ein **faktisches Monopol** auf dem örtlichen Markt für Netzdienstleistungen. Eine diskriminierende Auswahlentscheidung hätte den völligen Ausschluss unterlegener Bewerber von diesem Markt zur Folge.[274] Obsiegende Bewerber haben zudem regelmäßig Kenntnis von den sachwidrigen Auswahlkriterien und sind dementsprechend keine „unbeteiligten“ Dritten.[275] Bei der diskriminierenden Auswahl eines Konzessionärs muss sich die **Nichtigkeitsfolge** nach § 134 BGB auch auf den **Konzessionsvertrag** erstrecken.[276]

255 Erfolgt eine diskriminierende Auswahl – sind also diskriminierende Auswahlkriterien für die Auswahl ursächlich gewesen – so ist ein im Nachgang abgeschlos-

---

272 BGH, Urt. v. 23.6.2009 – KZR 21/08 = WuW/E DE-R 2739.

273 *Büdenbender*, S. 82.

274 *Büdenbender*, S. 87 ff.

275 Generell hierauf abstellend *Bechtold*, § 20 Rn 68.

276 In diesem Sinne auch OLG Düsseldorf, Urt. v. 12.3.2008 – VI-2 U 8/07 (Kart.) = WuW/E DE-R 2518 Rn 43 juris.

sener **Konzessionsvertrag** schon originär nach § 134 BGB insgesamt nichtig. Mangels Teilnichtigkeit ist der Anwendungsbereich von salvatorischen Klauseln dann auch schon gar nicht eröffnet.[277]

11. Anforderungen an die Bekanntmachung der maßgeblichen Gründe für die Auswahlentscheidung

Nach § 46 Abs. 3 S. 6 EnWG müssen Gemeinden, sofern sich mehrere Unternehmen beworben haben, bei **Neuabschluss** oder **Verlängerung** eines Konzessionsvertrags ihre Entscheidung unter Angabe der maßgeblichen Gründe **öffentlich bekanntmachen**. Diese Vorschrift dient dazu, die **Transparenz** und **Nachvollziehbarkeit** der gemeindlichen Entscheidung sicherzustellen.[278] Damit einher geht ein **Selbstdiziplinierungeffekt** für die Gemeinden.[279] Sie legen so Rechenschaft gegenüber der Gemeindebevölkerung ab.[280] Vor dem Hintergrund dieser Zielrichtung kommen als Medien vor allem ein örtliches **Amtsblatt** oder ergänzend die **Lokalpresse** in Betracht.[281] Zur Erreichung dieses Zwecks ist eine Publikation im (elektronischen) Bundesanzeiger oder im Amtsblatt der EU für sich hingegen ungeeignet, wie sie anderweitig in § 46 Abs. 3 S. 1 und 2 EnWG vorgesehen ist.[282] 256

Darüber hinaus ist eine **detailliertere Begründung** der Auswahlentscheidung für den Kreis der (potentiellen) Bewerber erforderlich, neben der im vorigen Absatz beschriebenen vor allem politischen Rechenschaft. Eine Pflicht zur Begründung folgt aus den **Grundsätzen des europäischen Primärrechts**; sie dient der **Dokumentation**, dass das Auswahlverfahren unparteiisch durchgeführt worden ist.[283] Ihre **Glaubwürdigkeit** wird erhöht, wenn sie zeitnah erfolgt. Sie erfordert eine Auflistung aller Auswahlkriterien und deren Gewichtung[284] sowie die detaillierte Darlegung, welcher Bewerber welche Kriterien am besten erfüllt. Ergänzend kann sich am Umfang der **Begründungspflicht** nach § 39 Abs. 1 S. 1 VwVfG[285] und den Begrün- 257

277 Siehe aber die mangels Feststellungen zur diskriminierenden Wirkung diskriminierender Kriterien konsequente Anwendung salvatorischer Klauseln in BGH, Urt. v. 29.9.2009 – EnZR 15/08 – insoweit n.v., Rn 33 juris und – EnZR 14/08 = WuW/E DE-R 2921, Rn 30 juris.

278 BT-Drucks. 13/7274, S. 21 auf die BT-Drucks. 15/3917, S. 67 verweist.

279 *Büdenbender*, S. 52; *Templin*, IR 2009, 125, 128.

280 *Keller-Herder*, S. 416.

281 Kermel/Brucker/Baumann/*Brucker*, S. 72; BerlK-EnR/*Wegner*, § 46 EnWG Rn 113.

282 Schneider/Theobald/*Albrecht*, §9 Rn 84; Templin, IR 2009, 125, 128; BerlK-EnR/*Wegner*, § 46 EnWG Rn 113; so aber *Salje*, EnWG, § 46 Rn 153.

283 Mitteilung der Kommission zu Auslegungsfragen in Bezug auf das Gemeinschaftsrecht, das für die Vergabe öffentlicher Aufträge gilt, die nicht oder nur teilweise unter die Vergaberichtlinien fallen (ABl. 2006, C 179, S. 2, 6).

284 Weiter als *Templin*, IR 2009, 125, 129.

285 Angelehnt an *Büdenbender*, S. 53.

dungspflichten im Rahmen einer Vergabeentscheidung in Vergabeverfahren im Anwendungsbereich der §§ 97 ff. GWB orientiert werden.

258 Hierbei sind zwar **Geschäftsgeheimnisse** zu wahren. Dies kann aber durch die **Angabe von Spannen** geschehen. In Bezug auf das Netz und dessen Betrieb bzw. Ausbau dürften Geschäftsgeheimnisse ohnehin eher selten sein, da es sich um ein **natürliches Monopol** handelt, das für wettbewerbliche Märkte **neutral** sein muss. Überdies bestehen vielfältige Veröffentlichungspflichten im Rahmen des Gesellschaftsrechts und des Energiewirtschaftsrechts; bei kommunalen Gesellschaften kommen etwaige **landesspezifische** kommunalwirtschaftsrechtliche **Berichtspflichten** hinzu. Im Rahmen dieser Veröffentlichungspflichten scheiden Geschäftsgeheimnisse ohnehin aus. Diese umfassendere Begründung ist den Bewerbern und Interessenten – ggf. abgestuft nach der Stufe ihrer Beteiligung am Auswahlprozess – mitzuteilen um ihnen so die Möglichkeit zu eröffnen, **Rechtsschutz** zu suchen.

VI. Rechtsfolgen bei Verstößen gegen die gesetzlichen Bekanntmachungsvorgaben

1. Verstöße im Bekanntmachungsverfahren

259 Trotz der gesetzlichen Vorgaben, an die sich die Kommune bei der Vergabe von Konzessionsverträgen halten muss, kommt es vor allem im Zusammenhang mit den zunehmenden Bestrebungen nach einer „(Re-)Kommunalisierung" vermehrt zu **Verstößen** bei der Durchführung des Bekanntmachungsverfahrens nach §46 Abs. 3 EnWG. Verstöße treten sowohl im Zusammenhang mit der Durchführung des formalen **Bekanntmachungsverfahrens („formale Fehler")** auf. Sie können aber auch die konkrete **Vergabeentscheidung** der Gemeinde (**„materielle Fehler"**) betreffen. Besondere Vorsicht ist dann geboten, wenn die Gemeinde im Rahmen des Bekanntmachungsverfahrens auch über ein Kooperations- und Beteiligungsmodell entscheiden soll.

a) Formale Fehler

260 Ein formaler Fehler liegt dann vor, wenn das **Bekanntmachungsverfahren nicht formal ordnungsgemäß** durchgeführt wird.

aa) Fehlende Bekanntmachung

261 Ein Verstoß kann unter anderem darin liegen, dass die **Bekanntmachung** nach § 46 Abs. 3 Satz 1 EnWG bzw. § 46 Abs. 3 Satz 3 und Satz 4 EnWG ganz **unterbleibt**. In diesem Fall hat der mit § 46 EnWG gesetzlich angeordnete Wettbewerb um den Konzessionsvertrag nicht stattgefunden.[286]

286 Vgl. BKartA, Beschl. v. 18.10.2011 – B 10 6/11 – „Große Kreisstadt Dinkelsbühl".

bb) Fehler in der Bekanntmachung

Das Ende des Konzessionsvertrags hat im Falle des regulären Ablaufs gem. § 46 Abs. 3 S. 1 EnWG durch **Veröffentlichung im Bundesanzeiger** oder im **elektronischen Bundesanzeiger** zu erfolgen. Anders als im Fall der vorzeitigen Verlängerung gibt das Gesetz ausdrücklich ein bestimmtes Bekanntmachungsmedium vor. Von daher ist es im Fall des **regulären Ablaufs** eines Konzessionsvertrags **fehlerhaft**, wenn die **Bekanntmachung** davon abweichend in einem **anderen Bekanntmachungsmedium** erfolgt. 262

Ein weiterer **Verstoß** gegen § 46 Abs. 3 EnWG liegt vor, sofern die **Bekanntmachung später als zwei Jahre** vor dem **regulären Ablauf** des Konzessionsvertrags erfolgt. 263

Im Fall der **vorzeitigen Verlängerung** eines Konzessionsvertrags gibt das Gesetz **kein konkretes Bekanntmachungsmedium** vor. Der Gesetzeswortlaut ist nicht in der Weise auszulegen, dass eine Bekanntmachung im Fall der vorzeitigen Verlängerung eines Konzessionsvertrags nach § 46 Abs. 3 Satz 3 und Satz 4 EnWG zwingend auch im Bundesanzeiger bzw. elektronischen Bundesanzeiger erfolgen muss. Voraussetzung ist lediglich, dass die Bekanntmachung **überregionale Wirkung** hat. **Fehlerhaft** könnte es aber sein, soweit die vorzeitige Beendigung des ursprünglichen Konzessionsvertrags lediglich im **örtlichen Anzeigenblatt** veröffentlicht wird. 264

cc) Fehlerhaftes Bekanntmachungsverfahren

Auch in dem im Anschluss an die Bekanntmachung durchzuführenden Verfahren können Fehler auftreten. 265

Fehlerhaft ist es beispielsweise, wenn die Kommune das Ende des Konzessionsvertrags zwar bekannt gibt, die **Konzession** aber **ohne die Durchführung eines Auswahlverfahrens** vergibt, etwa weil sie sich bereits zu Beginn des Verfahrens für einen Konzessionsvertragspartner entschieden hat. Mit dieser Verhaltensweise behindert die Kommune potentielle Interessenten an der Übernahme der Konzession.[287] Dies gilt nur dann nicht, soweit sich auf die Bekanntmachung der Kommune nur ein Interessent um den Abschluss des Konzessionsvertrags beworben hat. In diesem Fall wäre die Durchführung eines Auswahlverfahrens eine unnötige Förmelei. 266

Das **Bekanntmachungsverfahren** ist schließlich auch **fehlerhaft**, wenn die Kommune ihre **Auswahlkriterien** und deren **Gewichtung** nicht klar gegenüber den Interessenten benennt. Nur so kann der Interessent bei der Erstellung seines Angebotes erkennen, ob und in welchem Umfang die einzelnen Kriterien in die Auswahlentscheidung der Kommune einfließen werden. Für den Interessenten muss insbe- 267

287 Vgl. BKartA, Beschl. v. 18.10.2011, – B 10 – 6/11 – „Große Kreisstadt Dinkelsbühl".

sondere erkennbar sein, ob die einzelnen Punkte lediglich einfach (beispielsweise mit einem Punkt) in die Entscheidung einfließen oder ob einzelne Kriterien höher gewichtet werden und von daher einen größeren Wert in der Auswahlentscheidung haben können.

268 Nach einer aktuellen Entscheidung des **BKartA** hat die Gemeinde diese **Transparenz** hinsichtlich ihrer **Entscheidungskriterien** bereits im **Interessenbekundungsverfahren** herzustellen.[288] Soweit die Bekanntmachung im Bundesanzeiger bzw. elektronischen Bundesanzeiger keine weiterführenden Informationen enthält, hat die Gemeinde den Bewerbern in einem **Verfahrensbrief** die konkreten Entscheidungskriterien mitzuteilen. Darüber hinaus sollte den **Bewerbern** in einer **mündlichen Präsentation** Gelegenheit geben werden, sich den städtischen Gremien zu präsentieren. Eine zielgerichtete, d.h. nicht auf allgemeine Aussagen zur eigenen „Qualifizierung" als Konzessionsnehmer und Netzbetreiber beschränkte Bewerbung um die Konzession ist andernfalls nach Auffassung des BKartA nicht möglich.[289]

269 **Fehlerhaft** ist es auch, soweit die Gemeinde ihrer Entscheidung **Auswahlkriterien** zugrunde legt, die mit der Durchführung des Konzessionsvertrags bzw. mit einer möglichst sicheren, preisgünstigen, verbraucherfreundlichen, effizienten und umweltverträglichen leitungsgebundenen Versorgung der Allgemeinheit bezogen auf den **Netzbetrieb nicht im Zusammenhang stehen.**[290] Das ist insbesondere dann der Fall, wenn die Kommune an Auswahlkriterien anknüpft, die beispielsweise den **Bereich der Erzeugung** oder den **Vertrieb** betreffen.

270 Die **Gemeinde** darf schließlich bei der Durchführung des Bekanntmachungsverfahrens ihr eigenes **kommunales Stadtwerk nicht** dadurch **bevorzugen**, dass sie **Auswahlkriterien** aufstellt, die allein auf das **eigene Stadtwerk zugeschnitten** sind und nur von diesem erfüllt werden können.[291] In diesem Fall ist die Auswahlentscheidung bereits zu Beginn des Verfahrens getroffen und das Bekanntmachungsverfahren wird lediglich pro forma durchgeführt, um die Auswahlentscheidung zu rechtfertigen. Auch dies verstößt gegen den vom Gesetz geforderten **Wettbewerb**.

dd) Fehlerhafter Abschluss des Bekanntmachungsverfahrens

271 Gem. **§ 46 Abs. 3 S. 6 EnWG** hat die Gemeinde ihre **Entscheidung** über den Neuabschluss bzw. eine vorzeitige Verlängerung unter Angabe der maßgeblichen Gründe **öffentlich bekannt** zu machen. Diese Verpflichtung besteht allerdings nur in dem Fall, dass sich **mehrere Unternehmen** um den Abschluss des Konzessionsvertrags beworben haben. In diesem Zusammenhang ist es nach Auffassung des BKartA

288 Vgl. BKartA, Beschl. v. 21.11.2011, – B 10 – 17/11 – „Stadt Markleeberg".
289 Vgl. BKartA, Beschl. v. 21.11.2011, – B 10 – 17/11 – „Stadt Markleeberg" Rn 20, 21.
290 Vgl. BKartA, Beschl. v. 21.11.2011 – B 10 17/11 – „Stadt Markleeberg" Rn 22.
291 LG Kiel, Urt. v. 3.2.2012 – 14 O 83/10 (Kart.) –; LG Kiel, Urt. v. 3.2.2012 – 14 O 12/11 (Kart.) –.

nicht ausreichend, soweit die Gemeinde hierüber lediglich in einem Pressebericht über die Entscheidung der zuständigen gemeindlichen Gremien informiert.[292]

b) Materielle Fehler im Zusammenhang mit der Konzessionsvergabeentscheidung

Zu den **materiellen Fehlern** im Zusammenhang mit der Konzessionsvergabe zählen Fehler, die den **Inhalt** der Konzessionsvergabeentscheidung betreffen. In diesem Zusammenhang kommen neben **Verstößen gegen kartellrechtliche Vorschriften** auch **Verstöße gegen das Nebenleistungsverbot** der KAV in Betracht. Zu differenzieren ist zwischen dem Fall, dass lediglich eine Entscheidung über den **zukünftigen Konzessionsvertragspartner** erfolgt und dem Fall, dass im Rahmen der Vergabe des Konzessionsvertrags gleichzeitig über ein **Beteiligungsmodell** entschieden wird. 272

aa) Verstöße im Zusammenhang mit Beteiligungslösungen im Konzessionsvergabeverfahren

In Kap. 4 wurden die verschiedenen Möglichkeiten dargestellt, die die Gemeinde im Zusammenhang mit einer beabsichtigen **Beteiligungslösung** beschreiten kann. Kooperations- und Beteiligungsmodelle können dabei von einem losen schuldrechtlichen Zusammenschluss bis zu einem ausgefeilten Beteiligungskonstrukt reichen.[293] 273

Die **Gemeinde** ist dabei in der Absicht, sich **wirtschaftlich betätigen** zu wollen, grundsätzlich frei. Diese **Freiheit endet** allerdings dort, wo sie bestehende **Machtpotentiale einseitig** zu ihren Gunsten ausnutzt. Es ist insbesondere aus kartellrechtlichen Gesichtspunkten bedenklich, wenn die **Gemeinde** ihre **Marktmacht** im Zusammenhang mit der **Vergabe von Konzessionsverträgen** einsetzt, um ein **Beteiligungsmodell** durchzusetzen. Denn das Beteiligungsmodell wird teilweise nur deswegen von den Bewerbern um den Konzessionsvertrag angeboten werden, weil die Gemeinde eine Konzession zu vergeben hat und in diesem Zusammenhang zu erkennen gibt, dass sie ihre Entscheidung über die Vergabe der Konzession auf die eine oder andere Weise mit der Vorgabe verknüpft, die Konzession nur an eine Gesellschaft vergeben zu wollen, an der sie beteiligt ist.[294] In diesen Fällen könnte die Gemeinde den Tatbestand einer unzulässigen **Kopplungsbindung** verwirklichen. 274

In Kap. 4 wurde auch dargelegt, dass im Zusammenhang mit **Beteiligungsmodellen** verschiedene wirtschaftliche und rechtliche **Einzelfragen** zu klären sind. Hierzu gehört bspw. eine Entscheidung bezüglich der Kapitalaufbringung. Nach der Kapitalaufbringung richtet sich im Einzelfall auch die Entscheidung, welche Chancen und Risiken der einzelne Gesellschafter tragen soll. Die gesellschaftsrechtlichen 275

292 Vgl. BKartA, Beschl. v. 21.11.2011 – B 10 17/11 – „Stadt Markleeberg“ Rn 20.
293 Vgl. die ausführliche Darstellung Kap. 4 Rn 6ff.
294 Vgl. Kap. 4 Rn 56.

Regelungen gehen dabei grundsätzlich von einer **beteiligungsquotalen Aufbringung des Eigenkapitals** aus.[295]

276 Bei der Konzeption der Beteiligungslösung muss schließlich auch festgelegt werden, in welcher **Höhe** der einzelne Partner **gesellschaftsrechtlichen Einfluss** auf die Gesellschaft nehmen kann. Vom **Grundsatz** her richtet sich auch die **Stimmenverteilung** nach der **Kapitalbeteiligung**. Im Zusammenhang mit der Vergabe von Konzessionsverträgen finden sich jedoch vereinzelt Bestrebungen, bei denen die **Gemeinde** zwar die Mehrheit der Anteile an der Gesellschaft hält, auf der anderen Seite von den **wirtschaftlichen Risiken** ganz oder teilweise **freigestellt werden** soll.

277 So verlangen einige Gemeinden die Freistellung von **Netzkaufpreisrisiken** sowie von **Risiken**, die im Zusammenhang mit dem **operativen Netzbetrieb** stehen (bspw. regulatorische Risiken). Darüber hinaus sind Fälle aufgetreten, in denen sich die Gemeinde vom zukünftigen Partner eine so genannte **Garantiezusage** im Sinne einer **Garantierendite** oder einer **Mindestrendite** zusagen lässt.[296] In der Praxis ist es dabei häufiger vorgekommen, dass sich die Gemeinde die Garantierendite **unabhängig** von der **tatsächlichen Gewinnsituation** der Gesellschaft zusagen ließ.

278 Diese „Wunschliste" der Gemeinde ist nur dann zulässig, wenn die begehrte rechtliche Ausgestaltung des Kooperations- und Beteiligungsmodell **marktüblich** ist. Ist sie es nicht, kommt ein Verstoß gegen § 3 KAV in Betracht.

279 Gem. § 3 Abs. 2 Nr. 1 KAV sind **sonstige Finanz- und Sachleistungen**, die der Gemeinde unentgeltlich oder zu einem **Vorzugspreis** gewährt werden, verboten. Während der Begriff der „Unentgeltlichkeit" aus sich heraus verständlich ist, bedarf der Begriff des „Vorzugspreises" der Auslegung.[297] Nach Sinn und Zweck der Regelung in § 3 Abs. 2 Nr. 1 KAV liegt ein Vorzugspreis dann vor, wenn er **nicht marktgerechten Konditionen** entspricht, d.h. marktunüblich ist.[298]

280 Die in § 3 Abs. 2 KAV aufgeführte Aufzählung unzulässiger Nebenleistungen ist dabei nicht abschließend.[299] Neben den in § 3 Abs. 2 Nr. 1 und Nr. 2 KAV ausdrücklich aufgeführten unzulässigen Nebenleistungen ist darüber hinaus **jede marktunübliche Leistung** an die Kommune unzulässig.

281 Hierzu bedarf es einer Gesamtschau der Umstände. Als **marktüblich** wird dabei nur ein solches Kooperations- und Beteiligungsmodell anzusehen sein, das die jeweils **regulatorisch zugestandenen Erlöse** absichert.[300] **Marktunüblich** ist dem-

---

295 Vgl. Kap. 4 Rn 27ff.
296 Vgl. Kap. 4 Rn 32ff.
297 Vgl. Kap. 3 Rn 85ff.
298 Vgl. Kap. 3 Rn 85ff.
299 Vgl. Kap. 3 Rn 105ff.
300 Im Fall eines Gemeinschaftsunternehmens ist nach dem Positionspapier Konzessionsvergabe der Landeskartellbehörde Baden-Württemberg eine garantierte Mindestrendite zu Gunsten nicht-unternehmerisch tätiger, kommunaler Gesellschafter möglich, soweit sie unterhalb oder im Bereich der langfristigen Renditen für festverzinsliche Wertpapiere inländischer Emittenten liegt.

gegenüber ein Modell, bei dem die Gemeinde über ihre Mehrheitsbeteiligung den **wesentlichen operativen Einfluss** hat, gleichzeitig aber durch eine Garantiezusage in Form einer Garantierendite oder Mindestrendite **von wesentlichen operativen Risiken freigestellt** wird.[301] Solche Angebote dürfen in der Konzessionsvergabeentscheidung der Gemeinde keine Rolle spielen. Ansonsten liegt ein Verstoß gegen das Nebenleistungsverbot vor.

bb) Sonstige Verstöße im Zusammenhang mit der Entscheidung über die Vergabe des Konzessionsvertrags

Unzulässige Nebenleistungen können immer auch außerhalb einer Beteiligungslösung im Zusammenhang mit dem **Abschluss des Konzessionsvertrags** eine Rolle spielen. Als Praxisbeispiele können in diesem Zusammenhang z. B. die **Schenkung** einer energetischen Rathausdachsanierung oder von stromsparenden Computern an die Gemeinde genannt werden.[302] Diese Angebote sind, soweit ihnen keine angemessene **Gegenleistung** gegenüber steht, unzulässig. 282

Das **OLG Bamberg** hat es darüber hinaus als unzulässig angesehen, der Gemeinde die von ihr an den bisherigen Konzessionsvertragspartner gezahlten **Folgekosten** zu erstatten, wenn diese Erstattung allein aufgrund der Tatsache erfolgt, dass der Konzessionsvertrag mit dem Bewerber geschlossen wird.[303] Auch ein solches Angebot darf in der Konzessionsvergabeentscheidung der Gemeinde keine Rolle spielen. 283

Als Verstoß gegen das Nebenleistungsverbot hat es das **BKartA** jüngst angesehen, soweit sich die Gemeinde im Zusammenhang mit dem Abschluss des Konzessionsvertrags **Leistungen im Zusammenhang mit dem Bau und dem Betrieb von Anlagen zur Kraft-Wärme-Kopplung** zusagen lässt.[304] Hierdurch habe die Gemeinde ihre marktbeherrschende Stellung auf dem Markt für die entgeltliche Vergabe von Wegenutzungsrechten missbraucht und dabei andere Unternehmen behindert und diskriminiert. Zugleich liege auch eine Wettbewerbsbeschränkung nach § 1 GWB vor. 284

Inklusive aller Sicherheitszuschläge hält die Landeskartellbehörde Baden-Württemberg eine Mindestrendite in Höhe von 5,55% auf das eingesetzte Eigenkapital vor Steuern bei Gemeinschaftsunternehmen für zulässig. Bei Pachtmodellen ist eine Mindestrendite für den Verpächter bezogen auf den Netzkaufpreis von 5,55% (eiserne Pacht) bzw. 6% (Verpächter trägt Risiko der Verschlechterung des Netzes) absolute Obergrenze für eine rechtssichere Ausgestaltung, vgl. Ministerium für Umwelt, Klima und Energiewirtschaft Baden-Württemberg (Landeskartellbehörde), Positionspapier Konzessionsvergabe Stand 12/2011 v. 5.12.2011.

301 Zum Ganzen: Kap. 4 Rn 60ff.

302 Vgl. zum Ganzen Kap. 3 Rn 84ff.

303 OLG Bamberg, Urt. v. 4.11.2010 – 3 U 92/10 –, OLG Bamberg RdE 2011, S. 160ff.

304 Vgl. BKartA, Beschl. v. 21.11.2011 – B 10 17/11 – „Stadt Markleeberg" Rn 24.

2. Rechtsfolgen bei Verstößen gegen die Bekanntmachungsvorgaben

285 Die **Gemeinde** nimmt bei der **Vergabe von Wegerechten** eine **marktbeherrschende** Stellung ein, weil nur ihr die Dispositionshoheit über die Entscheidung zukommt, wer neuer Konzessionsvertragspartner über die Vertragslaufzeit von in der Regel 20 Jahren wird. Verstöße im Bekanntmachungsverfahren führen deswegen regelmäßig dazu, dass die Gemeinde ihre marktbeherrschende Stellung **missbraucht**. Die **Rechtsfolgen** lassen sich demnach den **Kartellgesetzen** entnehmen. Unabhängig davon stellt sich aber auch die Frage, ob auch ein selbständiger Verstoß gegen § 46 Abs. 3 EnWG in Betracht kommt und welche **zivilrechtlichen Konsequenzen** hieran zu knüpfen sind. Schließlich sind im Zusammenhang mit unzulässigen Nebenleistungen stets auch an die **strafrechtlichen** Konsequenzen zu denken.

a) Zivilrechtliche Rechtsfolgen – § 46 Abs. 3 EnWG als Verbotsgesetz

286 Das **OLG Düsseldorf** hat in einer Entscheidung vom 12.3.2008 zur Vorgängernorm des § 46 Abs. 3 EnWG 2005, d.h. zu § 13 Abs. 3 EnWG 1998, entschieden, dass es sich bei der Norm um ein **Verbotsgesetz** handelt.[305] Dem Verbotscharakter der Norm stehe es nicht entgegen, dass die Vorschrift als **Gebot** und nicht als Verbot ausformuliert sei. Das Verbot brauche im Gesetz nicht ausdrücklich ausgesprochen zu sein, sondern könne sich auch aus dem **Gesamtzusammenhang** des Gesetzes ergeben.

287 Ob § 46 Abs. 3 EnWG tatsächlich als Verbotsgesetz einzuordnen ist, ist **umstritten**. Gewichtige Stimmen in der Literatur sind dieser Einschätzung des **OLG Düsseldorf** nicht gefolgt.[306] **Gegen die Einordnung** als Verbotsgesetz spricht vor allem die Tatsache, dass die **Vorschrift als Gebot und nicht als Verbot** formuliert ist. Darüber hinaus bezieht sich dieses **Gebot auf den laufenden Konzessionsvertrag**. Dessen Ende hat die Gemeinde spätestens zwei Jahre vor Ablauf bekannt zu machen.[307] Hieraus lassen sich noch keine unmittelbaren Konsequenzen für die Wirksamkeit des neu geschlossenen Konzessionsvertrags ziehen.

288 Sollte es sich bei § 46 Abs. 3 EnWG tatsächlich um ein **Verbotsgesetz** handeln, ist dieses jedoch nur **einseitig**, d.h. es richtet sich nur an die **Gemeinde**. In diesem Fall ist bei einem Verstoß das verbotswidrig zustande gekommene Rechtsgeschäft in der Regel gültig.[308] Etwas anderes gilt nur dann, wenn sich aus dem **Zweck des Verbotes die Nichtigkeit des Rechtsgeschäfts** ergibt.[309]

---

305 OLG Düsseldorf, Urt. v. 12.3.2008 – VI-2 U 8/07 (Kart.) – Rn 24.

306 *Salje*, EnWG, § 46 Rn 141; in: Danner/Theobald/*Theobald*, § 46 EnWG Rn 105; BerlK-EnR/*Wegner*, § 46 EnWG Rn 120.

307 Vgl. *Jaeger*, in: FS Kühne, 2009, S.152

308 Palandt/*Ellenberger*, § 134 Rn 9.

309 Palandt/*Ellenberger*, § 134 Rn 9.

Die **Gesamtnichtigkeit** hat das **OLG Düsseldorf** in dem Fall einer **gänzlich fehlenden Bekanntmachung** angenommen. Das Gesetz diene dem Schutz Dritter. Ohne eine Nichtigkeit des Vertrags könne dieser Schutz nicht verwirklicht werden, weil die Gemeinde dann daran gehindert wäre, eine Bekanntmachung durchzuführen, mit konkurrierenden Unternehmen Verhandlungen durchzuführen und mit ihnen gegebenenfalls einen Konzessionsvertrag abzuschließen. Könnte sich die Gemeinde auf die **Nichtigkeit** des ohne Einhaltung der genannten Vorschriften abgeschlossenen Konzessionsvertrags nicht berufen, würde der **Gesetzeszweck** (Herstellung von Wettbewerb) damit über eine längere Zeit vereitelt.[310] 289

Dieser Auffassung des **OLG Düsseldorf** hat *Jaeger* entgegengehalten, dass sich das in § 13 Abs. 3 EnWG 1998/§ 46 Abs. 3 EnWG 2005 enthaltene **Verbot** nicht auf den Inhalt, also die inhaltliche Ausgestaltung des Konzessionsvertrags, sondern auf das – von der Gemeinde nicht eingehaltene – **wettbewerbliche Verfahren seines Zustandekommens** und damit um die **Umstände des Abschlusses** richten würde. Dieser Umstand lasse es nach der höchstrichterlichen Praxis zur Anwendung des § 134 BGB als fragwürdig erscheinen, den dem Verfahren vor dem Vertragsschluss zuzuordnenden Verstoß der Gemeinde gegen ihre Publizitätspflicht mit der Rechtsfolge der Vertragsnichtigkeit zu ahnden.[311] 290

Es stellt sich insofern jedoch die Frage, ob dies auch für den Fall gelten kann, dass gleichzeitig gegen **kartellrechtliche Verbote** verstoßen wird. Denn nach der überwiegenden Ansicht in der Kommentarliteratur sind Verträge, die unter Verstoß gegen kartellrechtliche Normen zustande gekommen sind, **nichtig**.[312] 291

b) Kartellrechtliche Rechtsfolgen

Der **Missbrauch** einer **marktbeherrschenden Stellung** ist gem. § 19 Abs. 1 GWB und § 20 Abs. 1 GWB verboten. In Einzelfällen kann darüber hinaus auch ein Verstoß gegen Art. 102 AEUV in Betracht kommen. Art. 102 AEUV enthält das **europäische Missbrauchsverbot**. Voraussetzung für dessen Eingreifen ist es, dass das missbräuchliche Verhalten den **Handel zwischen den Mitgliedsstaaten** beeinträchtigt.[313] 292

§ 19 Abs. 1 bzw. § 20 Abs. 1 GWB sowie Art. 102 AEUV sind **Verbotsgesetze** i.S.d. § 134 BGB. Rechtsgeschäfte, die unter Verstoß gegen ein Verbotsgesetz geschlossen werden, sind **grundsätzlich nichtig**. Dementsprechend kann der Neukonzessionär auch keinen Anspruch auf Übertragung der örtlichen Strom- bzw. Gas- 293

---

310 OLG Düsseldorf, Urt. v. 12.3.2008 – VI-2 U 8/07 (Kart.) – Rn 40.

311 *Jaeger*, in: FS Kühne, 2009, S. 156f.

312 Wiedemann/*Wiedemann*, § 23 Rn 82; Langen/Bunte/*Nothdurft*, § 19 Rn 201, § 20 Rn 207; Loewenheim/Meessen/Riesenkampff/*Götting*, § 19 Rn 101.

313 Langen/Bunte/*Bunte*, Band 2, Art. 82 (a.F.) Rn 384.

verteilungsanlagen aus § 46 Abs. 2 S. 2 EnWG gegenüber dem Altkonzessionär ableiten.[314]

294 § 32 GWB begründet das Recht der Kartellbehörden[315] gegen die sich missbräuchlich verhaltende Gemeinde vorzugehen. Hier kommt insbesondere der Erlass einer **Abstellungsverfügung** in Betracht. Seit der 7. GWB-Novelle[316] ist die Verfügung nicht mehr nur auf die Untersagung des betreffenden Verhaltens gerichtet, die Kartellbehörde kann nach § 32 Abs. 2 GWB vielmehr auch positiv im Wege der **Gebotsverfügung** alle Maßnahmen aufgeben, die für eine wirksame Abstellung erforderlich sind.

295 Die **Kommune** kann diese Rechtsfolge durch **Verpflichtungserklärung** gem. § 32 b GWB abwenden. Bei der Verpflichtungserklärung geht es um eine **konsensuale Lösung** des Konflikts zwischen Kartellbehörde und dem Betroffenen.[317] Danach kann der Betroffene **Zusagen gegenüber der Kartellbehörde** machen. Die Zusagen können verhaltensorientiert oder struktureller Art sein. Sie müssen geeignet sein, die mitgeteilten kartellrechtlichen Bedenken zu zerstreuen.[318]

c) Strafrechtliche Rechtsfolgen

296 Soweit im Konzessionsvertrag bzw. im Rahmen eines Beteiligungsmodells verbotene Nebenleistungen nach § 3 KAV vereinbart oder gewährt werden, ist immer auch an die möglichen strafrechtlichen Konsequenzen zu denken. In Betracht kommt insofern ein **Verstoß gegen die Amtsträgerdelikte** der §§ 331 ff. StGB.[319] Hierunter fallen die **Vorteilsannahme** nach § 331 StGB und die **Vorteilsgewährung** nach § 333 StGB.

297 Durch die §§ 332 ff. StGB soll das Vertrauen in die **Unkäuflichkeit von Trägern staatlicher Funktionen** und damit zugleich die Sachlichkeit staatlicher Entscheidungen geschützt werden.[320] Die Amtsträgerdelikte gehören insofern zu den **abstrakten Gefährdungsdelikten**. Sowohl die Vorteilsannahme als auch die Vorteilsgewährung sind mit Freiheitsstrafe bis zu drei Jahren oder mit Geldstrafe bedroht.

---

314 LG Kiel, Urt. v. 3.2.2012 – 14 O 83/10 (Kart.) –; LG Kiel, Urt. v. 3.2.2012 – 14 O 12/11 (Kart.) –.

315 Kartellbehörden sind nach § 48 Abs. 1 GWB das BKartA, das Bundesministerium für Wirtschaft und Technologie sowie die nach Landesrecht zuständigen obersten Landesbehörden (Landeskartellbehörde). § 48 Abs. 2 GWB enthält eine Zuständigkeitsregel. Danach sind die Landeskartellbehörden zuständig, soweit die Wirkung des wettbewerbsbeschränkenden oder diskriminierenden Verhaltens [...] nicht über das Gebiet eines Landes hinausreicht.

316 BGBl. I S. 2114.

317 Langen/Bunte/*Bornkamm*, Band 1, § 32 b Rn 1.

318 Langen/Bunte/*Bornkamm*, Band 1, § 32 b Rn 7.

319 Vgl. ausführlich Kap. 3 Rn 127 ff.

320 *Lackner/Kühl*, § 331 Rn 1.

Kern der Amtsträgerdelikte ist die inhaltliche **Verknüpfung von Dienstausübung und Vorteilszuwendung** i.S. einer sogenannten **Unrechtsvereinbarung**. 298
Im Rahmen des Konzessionsvergabeverfahrens muss dabei im konkreten Einzelfall beurteilt werden, wie eng die zu beurteilende Handlung des die unzulässige Nebenleistung Anbietenden oder des Empfängers in zeitlicher und sachlicher Hinsicht zur Konzessionsvergabe steht. Nach der Auffassung des **BGH** kann bei der Beurteilung auf die folgenden Indizien zurückgegriffen werden:

- Ist die behauptete Zielsetzung des Vorteils plausibel oder kommen auch andere Zielsetzungen in Betracht,
- Stellung des Amtsträgers,
- Beziehung des Vorteilsnehmers zu dessen dienstlichen Aufgaben,
- Vorgehensweise bei dem Angebot, dem Versprechen oder dem Gewähren von Vorteilen,
- Art, Wert und Zahl der Vorteile.[321]

3. Heilungsmöglichkeiten von Verstößen im Konzessionsvergabeverfahren

Anders als im förmlichen Vergaberecht kommt die **Heilung von Verstößen** in Betracht, ohne das gesamte Verfahren wiederholen zu müssen. Dies ist jedoch abhängig davon, in welchem **Verfahrensstadium** welcher Verstoß stattgefunden hat. 299

Für den Fall der gänzlich **unterlassenen Bekanntmachung** hat das OLG Düsseldorf entschieden, dass eine **nachträgliche Bekanntmachung nicht** zur Heilung des Verstoßes **ausreicht.**[322] Insofern ist das Verfahren zu wiederholen und die Konzession neu zu vergeben.[323]

Hat eine Bekanntmachung demgegenüber stattgefunden und ist lediglich gegen **formale Anforderungen** an ein transparentes Vergabeverfahren verstoßen worden, kommt eine **Heilung** des Konzessionsvergabeverfahrens grundsätzlich in Betracht. In diesem Fall ist das **Verfahren ab dem Zeitpunkt zu wiederholen,** an dem der Fehler eingetreten ist. Gleichzeitig ist den Bewerbern um den Konzessionsvertrag Gelegenheit zur **Stellungnahme** zu geben. 300

Streitig ist, ob im Fall von **unzulässigen Nebenleistungen** nach § 3 KAV das gesamte Verfahren einschließlich des Abschlusses des Konzessionsvertrags mit dem Neukonzessionär infiziert ist, oder ob die **Nichtigkeitsfolge** des § 134 BGB lediglich die **betroffene Einzelabrede** betrifft.[324] Gegen die letztere Auffassung sprechen insbesondere die folgenden Argumente. Beim Wettbewerb um das Netz steckt die 301

---

321 BGH, Urt. v. 14.10.2008 – 1 StR 260/08 –.

322 OLG Düsseldorf, Urt. v. 12.3.2008 – VI-2 U 8/07 (Kart.) – Rn 36.

323 OLG Düsseldorf, Urt. v. 12.3.2008 – VI-2 U 8/07 (Kart.) –; BKartA, Beschl. v. 18.10.2011 – B 10 6/11 – Rn 36.

324 Vgl. Kap. 3 Rn 114.

KAV dem jeweiligen Bewerber enge Grenzen. Insbesondere dürfen bei der Zahlung der Konzessionsabgaben die Höchstsätze des § 2 KAV nicht überschritten werden. Damit rücken die **Nebenleistungen** als maßgebliches **Unterscheidungskriterium** der Angebote in den Mittelpunkt der gemeindlichen Entscheidung. Sie können entscheidend für den Abschluss des Konzessionsvertrags über 20 Jahre sein. Angesichts dieser Bedeutung der Nebenleistung für die **gemeindliche Entscheidung** kann die Nichtigkeit ihrer Vereinbarung nicht isoliert betrachtet werden, sondern sie muss zwingend im **Gesamtkontext** des Konzessionsvertrags gesehen werden. Ein Verstoß gegen das Nebenleistungsverbot muss deshalb zur **Gesamtnichtigkeit des Konzessionsvertrags** führen.[325]

VII. Rechtsschutzmöglichkeiten gegen Verstöße im Verfahren um die Vergabe von Konzessionsverträgen

302 Ist es im Verfahren um den **Neuabschluss** des Konzessionsvertrags zu Verstößen gekommen, stehen dem (unterlegenen) Bewerber gegenüber der Gemeinde verschiedene Rechtsschutzmöglichkeiten zu.

Verstöße gegen **kartellrechtliche Normen** werden durch die **Kartellbehörden** verfolgt. Der unterlegene Bewerber hat dabei grundsätzlich die Möglichkeit, die Einleitung eines **Missbrauchsverfahrens** bei den Kartellbehörden anzuregen. Die Behörde entscheidet im Rahmen ihres pflichtgemäßen Ermessens, ob sie gegen die Gemeinde ein Verfahren von Amts wegen gem. § 54 Abs. 1 GWB einleiten will oder nicht.

303 Darüber hinaus besteht die Möglichkeit, Rechtsschutz vor den **Zivilgerichten** in Anspruch zu nehmen. Unterlegenen Bewerbern stehen auf der Grundlage von § 33 GWB **Unterlassungs-, Beseitigungs- und Schadensersatzansprüche** zu.

304 Dem steht auch nicht die aktuelle Entscheidung des **VG Aachen** entgegen. Das **VG Aachen** hatte in einem einstweiligen Rechtschutzverfahren die Auffassung vertreten, bei der **Konzessionsvergabe** handele es sich um die **Vergabe einer** so genannten **Dienstleistungskonzession.** Gehe es um die Vergabe von Dienstleistungskonzessionen, liegt nach der Auffassung des Gerichts eine öffentlich-rechtliche Streitigkeit vor, für die die Verwaltungsgerichte zuständig sind.[326]

305 Die Auffassung des **VG Aachen** widerspricht der **allgemeinen Auffassung,** dass der **Konzessionsvertrag** dem **bürgerlichen Recht** zuzuordnen ist.[327] Dies leitet sich insbesondere aus § 8 Abs. 10 des Bundesfernstraßengesetzes i.V.m. den

325 Vgl. Kap. 3 Rn 113ff.

326 VG Aachen, Beschl. v. 13.4.2011 – 1 L 113/11 –.

327 BerlK-EnR/*Wegner*, § 46 EnWG Rn 129; Britz/Hellermann/Hermes/*Hellermann*, § 46 Rn 59; *Salje*, EnWG, § 46 Rn 105ff.

landesrechtlichen Bestimmungen ab, wonach sich die Einräumung von Rechten zur Nutzung des Eigentums an Straßen nach bürgerlichem Recht richtet, wenn der **Gemeingebrauch** nicht beeinträchtigt wird.[328] Damit ist für Streitigkeiten aus dem Konzessionsvertrag der **Zivilrechtsweg** eröffnet.[329]

Neben der Gemeinde kann der **unterlegene Wettbewerber** schließlich auch ge- 306
gen den **obsiegenden Wettbewerber** vorgehen. In diesem Zusammenhang besteht die Möglichkeit, **Beseitigungs- und Unterlassungsansprüche** aus UWG, GWB und BGB geltend zu machen, vorausgesetzt, dem Konkurrenten kann ein **wettbewerbswidriges Verhalten** nachgewiesen werden. Soweit dem unterlegenen Bewerber ein Schaden durch das Handeln des Konkurrenten entstanden ist, kommt gleichzeitig ein Anspruch auf **Schadensersatz** in Betracht.

Wendet der unterlegene Wettbewerber gegenüber dem Neukonzessionär die 307
Kartellrechtswidrigkeit des neu geschlossenen Konzessionsvertrags ein, handelt es sich hierbei um einen **Einwand**, für den nach allgemeinen Grundsätzen der unterlegene Wettbewerber **darlegungs- und beweisbelastet** ist. Von diesem allgemeinen Grundsatz ist nach Auffassung des **LG München I** dann abzuweichen, soweit der **Neukonzessionär** im Hinblick auf den mit der Gemeinde geschlossenen Konzessionsvertrag sowie im Hinblick auf eine eventuelle Abtretung von Ansprüchen aus dem Altkonzessionsvertrag **zu näheren Angaben zum Auswahlverfahren in der Lage** ist, während eine Vertragsbeziehung zwischen der Gemeinde und dem Altkonzessionär gerade nicht zustande gekommen ist. Der Neukonzessionär ist insofern in der Lage, zu der Auswahlentscheidung der Gemeinde vorzutragen, während dem Altkonzessionär diese Informationen weniger leicht zugänglich sind. Den Neukonzessionär trifft nach der Auffassung des **LG München** damit zumindest eine **sekundäre Darlegungslast.**[330]

Der Auffassung des **LG München I** ist zuzustimmen. Naturgemäß ist der **Alt-** 308
konzessionär nicht an den Verhandlungen der **Wettbewerber** mit der jeweiligen Stadt oder Gemeinde um den Abschluss des Konzessionsvertrags **beteiligt**. Insofern steht er außerhalb des Geschehensablaufs und kann zwangsläufig nur über **sekundäre Erkenntnisquellen** – wie z.B. über Zeitungsartikel – Kenntnis von Rechtsverstößen im Konzessionsvergabeverfahren erlangen. In diesen Fällen ist typischer Weise auf den **Grundsatz der sekundären Darlegungs- bzw. Behauptungslast** zurückzugreifen.[331] In diesem Fällen trifft als Folge die sekundäre Behauptungslast den Prozessgegner und zwar auch dann, wenn die eigentlich darlegungspflichtige Partei beispielsweise nur pauschal zu den relevanten Tatsachen vorgetragen hat.

328 Schoch/Schmidt-Aßmann/Pietzner/*Ehlers*, § 40 Rn 346
329 Vgl. ausführlich Kap. 2 Rn 11 ff.
330 LG München I – 37 O 23668/10 –.
331 Vgl. BGH, NJW 2008, S. 982; BGH, NJW 1999, S. 579 (580); BGH, NJW 1987, S. 2008.

309 Der **Einwand der Kartellrechtswidrigkeit** des Konzessionsvergabeverfahrens muss schließlich nicht unverzüglich nach der Bekanntmachung der Vergabeentscheidung erfolgen. Der Einwand kann auch erst **im Rahmen eines streitigen Verfahrens** zwischen dem Alt- und dem Neukonzessionär geltend gemacht werden. Auf den **Einwand der Verwirkung** kann sich der Neukonzessionär nicht berufen.[332]

B. Vergabe von Konzessionsverträgen im Wasserbereich

310 Welche Vorgaben sind beim Abschluss bzw. der Verlängerung von Konzessionsverträgen im Wasserbereich zu beachten?

I. Keine Anwendung von § 46 Abs. 3 EnWG

311 § 46 Abs. 3 EnWG ist auf Wegenutzungsverträge im Wasserbereich nicht anwendbar. Die Regelung in § 46 Abs. 3 EnWG gilt für Wegenutzungsverträge im Strom- und Gasbereich. Wegenutzungsverträge im Wasserbereich werden von dieser Norm jedoch nicht erfasst. § 117 EnWG enthält zwar eine Regelung über Konzessionsabgaben für die Wasserversorgung. Danach gilt für die Belieferung von Letztverbrauchern im Rahmen der öffentlichen Wasserversorgung § 48 EnWG entsprechend. § 117 EnWG verweist aber ausdrücklich nur auf die Regelung in Bezug auf Konzessionsabgaben in § 48 EnWG. Ein Verweis auf § 46 EnWG besteht nicht. Daraus kann gefolgert werden, dass nach dem Willen des Gesetzgebers die Regelung in § 46 Abs. 3 EnWG nicht auf Wegenutzungsverträge im Wasserbereich entsprechend anwendbar ist.

II. Europarechtliche Vorgaben

1. Zum Inhalt der Konzessionsverträge

312 Anders als im Bereich der Strom- und Gasversorgung sind im Bereich der Wasserwirtschaft Netzinhaberschaft, Wassergewinnung und Wasserlieferung nicht getrennt. Konzessionsverträge im Bereich der Wasserwirtschaft haben daher regelmäßig einen viel weitergehenden Inhalt als die reinen Wegenutzungsverträge i.S.d. § 46 EnWG (siehe hierzu oben). Betrachtet man etwa den vom EuGH entschiedenen Fall zur Konzessionsvergabe des Wasser- und Abwasserzweckverbands Gotha und Landkreisgemeinden (**WAZV Gotha**),[333] so war dort Gegenstand des Vertrags nicht

---

332 LG Kiel, Urt. v. 3.2.2012 – 14 O 83/10 (Kart.) – LG Kiel, Urt. v. 3.2.2012, 14 O 12/11 (Kart.) –.
333 EuGH, Urt. v. 10.9.2009 – C-206/08 – (WAZV Gotha./.Eurawasser).

nur ein reines Wegenutzungsrecht, sondern die **Trinkwasserversorgung** und **Abwasserbeseitigung** für die Bevölkerung im Verbandsgebiet.

Es war vorgesehen, dass der Auftragnehmer in eigenem Namen und auf eigene 313 Rechnung gegenüber dem im Verbandsgebiet des WAZV Gotha ansässigen Nutzern Leistungen erbringt und hierfür von den jeweiligen Nutzern ein entsprechendes Entgelt erhält. Der Konzessionär sollte das Recht haben, die Entgelte für die geleisteten Dienste nach billigem Ermessen selbst zu bestimmen und alleinverantwortlich festzusetzen. Diese Befugnis war jedoch insoweit beschränkt, als bis zum 31.12.2009 die im Zeitpunkt der Veröffentlichung und der Vergabebekanntmachung gültigen Entgelte zu erheben waren und danach die Entgelte den Vorgaben des Thüringer Kommunalen Abgabengesetzes entsprechen mussten. Es war ferner vorgesehen, dass die **technischen Anlagen** zur Wasserversorgung und zur Abwasserbeseitigung im Eigentum des WAZV Gotha verbleiben und an den Konzessionär verpachtet werden sollten, wobei Letzterer den Pachtzins bei der Berechnung des von den Nutzern erhobenen Entgeltes für die Dienstleistungen berücksichtigen dürfen sollte. Die Instandhaltung der betreffenden Anlagen oblag dem Konzessionär. Der WAZV Gotha verpflichtete sich, im Wege einer Satzung einen **Anschluss- und Benutzungszwang** an das System der Wasserversorgung und der Abwasserbeseitigung auszusprechen. Der Konzessionär hatte jedoch keinen Anspruch darauf, dass dieser Zwang in jedem einzelnen Fall auch vollzogen wird. Die Unterschiede zu den Wegenutzungsverträgen i. S. d. § 46 EnWG sind somit klar erkennbar: Anstelle des Rechts zur Nutzung öffentlichen Straßenlandes zur Einbringung eigener, im Eigentum des Stromversorgers stehender Leitungen, als Hauptvertragsgegenstand, ist bei den Wasserkonzessionsverträgen die Überlassung der (zudem im Eigentum der öffentlichen Hand stehenden) technischen Anlagen lediglich ein Bestandteil eines umfassenden, verschiedene Dienstleistungen und Geschäftsbesorgungen umfassenden Vertrags.

2. Vorliegen einer Dienstleistungskonzession

Gegenstand des Verfahrens vor dem EuGH war mithin auch nicht die Frage, ob vor- 314 liegend die Schwelle zur Dienstleistungskonzession überschritten sei, sondern vielmehr rügte Eurawasser, dass die betreffenden Dienstleistungen nicht im Rahmen einer förmlichen Ausschreibung als **Dienstleistungsauftrag**, anstelle einer **Dienstleistungskonzession** vergeben werden sollte.

Die Abgrenzung zwischen Dienstleistungsauftrag und Dienstleistungskonzession 315 richtet sich maßgeblich danach, ob dem Auftragnehmer ein Recht zur Nutzung einer bestimmten Leistung übertragen wird und ob er ganz oder teilweise das **wirtschaftliche Risiko der Nutzung** oder entgeltlichen Verwertung seiner Leistung trägt.[334]

---

334 *Weyand*, § 99 GWB, Rn 246 m. w. N.

Maßgebliche Frage bei dem vom EuGH zu entscheidenden Rechtsstreit zwischen dem WAZV Gotha und Eurawasser war daher, ob dem Konzessionsnehmer noch ein relevantes wirtschaftliches Risiko verblieb.

316 Der EuGH entschied, bei einem Vertrag über Dienstleistungen genüge der Umstand, dass eine unmittelbare Entgeltzahlung des öffentlichen Auftraggebers an den Auftragnehmer nicht erfolgt, sondern der Auftragnehmer das Recht enthält, Entgelte von Dritten zu erheben, um den betreffenden Vertrag als Dienstleistungskonzession einzuordnen, wenn das vom öffentlichen Auftraggeber eingegangene Betriebsrisiko aufgrund der öffentlich-rechtlichen Ausgestaltung der Dienstleistung von vornherein zwar erheblich eingeschränkt ist, der Auftragnehmer aber dieses **eingeschränkte Risiko** in vollem Umfang oder zumindest zu einem erheblichen Teil übernimmt.[335] Die Tatsache, dass für den Bereich der Wasserver- und Abwasserentsorgung ein **Anschluss- und Benutzungszwang** besteht, schließt somit aufgrund der unter Umständen dennoch bestehenden verbleibenden Betriebsrisiken die Annahme einer Dienstleistungskonzession nicht aus. Denn es verbleibt auch im Rahmen des Anschluss- und Benutzungszwanges ein gewisses **Absatzrisiko** (etwa beim Rückgang industrieller Nutzungen) sowie das **Beitreibungsrisiko** bei mittellosen oder vom Anschluss- und Nutzungszwang aufgrund der in diesem Bereich ebenfalls bestehenden Ausnahmevorschriften befreiten Nutzern.[336] Hinzu kommt, dass der Konzessionär bei der Bildung der Wasser- und Abwasserpreise in der Regel bereits aufgrund des Konzessionsvertrags oder aber über öffentlich-rechtliche Vorschriften bestimmten Preisgestaltungsvorschriften und damit auch einem Preisrisiko unterliegt.[337] Diese Risiken rechtfertigen es, bei der Vergabe von Konzessionen im Wasserbereich von einer Dienstleistungskonzession und nicht von einem Dienstleistungsauftrag auszugehen.

3. Verpflichtungen bei Annahme einer Dienstleistungskonzession

317 Geht man somit mit dem EuGH davon aus, dass Konzessionsverträge im Bereich der Wasserver- und Abwasserentsorgung regelmäßig Dienstleistungskonzessionen und keine Dienstleistungsaufträge sind, so sind bei der Konzessionsvergabe zwar nicht die Regelungen des GWB-Vergaberechts, dafür aber – sofern im Einzelfall ein hinreichender Binnenmarktbezug besteht (siehe hierzu oben 0) – die gemeinschaftsrechtlichen Vorgaben zum **Diskriminierungsverbot** und **Transparenzgebot** zu beachten.

---

335 EuGH Urt. v. 10.9.2009 – C-206/08 – (WAZV Gotha./.Eurawasser) Rn 82.
336 Vgl. hierzu auch *Byok/Dierkes*, RdE 2011, 126, 133.
337 *Byok/Dierkes*, a. a. O., S. 134.

Im Einzelnen ergeben sich hieraus folgende Pflichten:

- Herstellung eines angemessenen Grads an **Öffentlichkeit**, der das Verfahren dem Wettbewerb öffnet und auch die Nachprüfung ermöglicht, ob die Vergabe unparteiisch durchgeführt wurde,[338]
- d.h. regelmäßig **Bekanntmachung** in Medien mit europaweiter Publizität, jedoch nicht zwingend im Europäischen Amtsblatt,[339]
- **Gleichbehandlung** im Verfahren und in der Wertung, d.h. z.B. keine nachträgliche Änderung der Gewichtung der Zuschlagskriterien,[340]
- eventuell sogar zwei wöchige **Vorabinformationspflicht**, d.h. Information der unterlegenen Bieter über den geplanten Zuschlag,[341]
- **Keine unverhältnismäßigen**, d.h. in keinem sachlichen Zusammenhang mit der Konzessionsvergabe stehenden **Anforderungen** in den Vergabeunterlagen,[342]
- **Keine nachträgliche wesentliche Änderung von Vertragsbedingungen**, d.h. u.U. auch kein Austausch eines Nachunternehmers, der wesentliche Leistungsbestandteile erbringt,[343]
- **Keine unverhältnismäßig lange Vertragsdauer.**[344]

III. Rechtsfolgen bei Verstößen

1. Schadenersatzansprüche

Der bei der Vergabe einer Dienstleistungskonzession in seinen Rechten verletzte Bieter wird ganz überwiegend auf die Geltendmachung von **Schadenersatzansprüchen** verwiesen.[345] Mangels Anwendbarkeit der Regelung des § 101 b GWB zur Unwirksamkeit von Verträgen, die unter Verstoß gegen Vorabinformationspflichten oder aufgrund von sog. de-facto-Vergaben, d.h. letztlich unter gänzlicher Missachtung des Vergaberechts, zustande gekommen sind, ist davon auszugehen, dass Dienstleis- 318

338 EuGH, Urt. v. 7.12.2000 – C-324/98 "Teleaustria" – Rn 61, 62; EuGH, Urt. v. 13.10.2005 – C-458/03 "Parking Brixen" – Rn 49.

339 EG-Kommission, Grünbuch ÖPP v. 30.4.2004 – KOM (2004) 324, Rn 30; Mitteilung Gemeinschaftsrecht außerhalb der Vergaberichtlinien, EU-ABl. 2006 C 179, 2, 4; Müller-Wrede/*Kaelble*, § 99 Rn 100 m.w.N.

340 EuGH, Urt. v. 19.6.2009 – C-226/09 (Kommission./.Irland) – Rn 42 ff.

341 OVG Berlin-Brandenburg, Beschl. v. 30.11.2010 – 1 S 107.10 = IBR 2011, 1190.

342 Müller-Wrede/Kaelble, § 99 Rn 99.

343 EuGH, Urt. v. 13.4.2010 – C 91/08 – (Wall AG./.Frankfurt a. M.), Rn 39.

344 EuGH, Urt. v. 9.3.2006 – C-323/03 – (Kommission./.Spanien), zu einem 20 Jahre andauernden Konzessionsvertrag.

345 OLG München, Beschl. v. 25.3.2011 – Verg. 4/11 – „Breitbandnetz" = VergabeR 2011, 606, 612; OLG Düsseldorf, Beschl. v.10.5.2006 – VII Verg. 12/06 –; *Weyand*, § 99 GWB, Rn 287.

tungskonzessionsverträge, die unter Verstoß gegen das Diskriminierungsverbot und Transparenzgebot zustande gekommen sind, grundsätzlich **wirksam** sind.[346]

2. Unterlassungsansprüche

319 Teilweise wurden in der verwaltungsgerichtlichen Rechtsprechung Bietern allerdings im Vorfeld einer Vergabe (jedenfalls grundsätzlich) **Unterlassungsansprüche** im Hinblick auf die – aus ihrer Sicht – rechtswidrige Konzessionierung eines Dritten zugestanden.[347]

3. Kündigungspflichten

320 Während im unmittelbaren Anwendungsbereich des Europäischen Kartell-Vergaberechts nach ständiger Rechtsprechung des EuGH eine Verpflichtung zur Aufhebung vergaberechtswidrig geschlossener Verträge besteht,[348] lässt der Gerichtshof im Bereich der Dienstleistungskonzessionen „Milde walten“. Hier nimmt er an, das Diskriminierungsverbot und das Transparenzgebot verpflichteten die nationalen Behörden **nicht in allen Fällen**, in denen behauptet wird, dass diese Pflichten bei der Vergabe von Dienstleistungskonzessionen verletzt worden seien, zur **Kündigung** der entsprechenden Verträge.[349]

4. Rechtsweg

a) Vergabenachprüfungsinstanzen

321 Für die Überprüfung der Vergabe von Dienstleistungskonzessionen ist nach ganz herrschender Meinung der Rechtsweg zu den **Vergabe-Nachprüfungsinstanzen** der §§ 102ff. GWB nicht gegeben.[350] Der EuGH selbst hat sich im Hinblick auf die

---

346 Vgl. etwa BayObLG, Beschl. v. 11.12.2001 – Verg. 15/01 – damals noch zur (nicht gegebenen) Nichtigkeit gem. § 13 VgV; OVG Berlin-Brandenburg, Beschl. v. 30.11.2010 – 1 S 107.10 –, obwohl sogar eine Vorabinformationspflicht – allerdings abgeleitet aus Art. 19 Abs. 4 GG –angenommen wurde.

347 VG Münster, Beschl. v. 9.3.2007 – 1 L 64/07 – und 15.4.2011 – 1 L 113/11 – im konkreten Fall allerdings abgelehnt; VG Köln, Urt. v. 16.10.2008 – 1 K 4507/08 –; OVG Münster, Beschl. v. 4.5.2006 – 15 E 453/06 – und v. 7.2.11 – 15 D 1485/10 –.

348 EuGH, Urt. vom 18.7.2007 – C-503/049 – (Kommission./.Deutschland).

349 EuGH, Urt. vom 13.4.2010 – C 91/08 – (Wall AG./.Frankfurt a. M.) Rn 65.

350 OLG München, Beschl. v. 25.3.2011 – Verg. 4/11 – „Breitbandnetz“ = VergabeR 2011, 606, 612; OLG Düsseldorf, Beschl. v. 10.5.2006 – VII Verg. 12/06 –; Thüringer OLG, Beschl. v. 11.12.2009 9 Verg. 2/08 –; BayObLG, Beschl. v. 11.12.2001 – Verg. 15/01 –; Kulartz/Kus/Portz, § 99 Rn 237; Byok/Jaeger/*Noch*, § 102 Rn 751; Müller-Wrede/*Schneevogl*, § 110 Rn 9; *Weyand*, § 99 GWB Rn 287 – nur scheinbar abweichend: OLG Düsseldorf, Beschl. v. 2.3.2011 – Verg. 48/10 =

konkrete Ausgestaltung nationaler Rechtsschutzmöglichkeiten bei der Überprüfung von Dienstleistungskonzessionen stets zurück gehalten. Nach der Rechtsprechung des EuGH ist es in Ermangelung von verbindlichen Unionsregelungen zu Dienstleistungskonzessionen Sache des innerstaatlichen Rechts jeden einzelnen Mitgliedsstaats, die Rechtsschutzmöglichkeiten zu bestimmen, die den Schutz der dem Bürger aus dem Unionsrecht erwachsenden Rechte gewährleisten sollen.[351]

b) Zivilgerichts- oder Verwaltungsgerichtsbarkeit?

Ob für den Rechtschutz der Rechtsweg zu den **Zivilgerichten**[352] oder den **Verwaltungsgerichten**[353] eröffnet ist, ist umstritten. Die Rechtswegwahl ist insofern von entscheidender Relevanz, weil sich viele Verstöße gegen Transparenz- und Gleichbehandlungsgrundsätze nur bei genauer Kenntnis der **Vergabeakte** nachweisen lassen werden. Während die Behördenakten aber im verwaltungsgerichtlichen Verfahren dem Gericht von Amts wegen vorzulegen sind, ist der Antragsteller/Kläger im zivilgerichtlichen Verfahren beweisbelastet. Möglicherweise ist dies auch der Grund dafür, dass die bislang publizierten und nicht zunächst bei den Vergabekammern anhängig gemachten Verfahren schwerpunktmäßig vor den Verwaltungsgerichten geführt wurden. 322

VergabeR 2011, S. 471, da es dort um einen Sonderfall der Personenbeförderung mit Bussen – VO (EG) Nr. 1370/2007 – ging.

351 So zuletzt wieder EuGH, Urt. v. 13.4.2010 – C-91/08 – (Wall./.Frankfurt a. M.) Rn 63, 64.

352 OLG Brandenburg, Beschl. v. 13.7.2001 – Verg. 3/01; BayObLG, Beschluss vom 11.12.2001 – Verg. 15/01 –.

353 BayObLG, Beschl. v. 9.7.2003, – Verg. 7/03 –; VG Münster, Beschl. v. 9.3.2007 – 1 L 64/07 – und 15.4.2011 – 1 L 113/1 – im konkreten Fall allerdings abgelehnt; VG Köln, Urt. v. 16.10.2008 – 1 K 4507/08 –; OVG Münster, Beschl. v. 4.5.2006 – 15 E 453/06 – und v. 7.2.11 – 15 D 1485/10 –, offen gelassen: OLG Düsseldorf, Beschl. v. 10.5.2006 – VII Verg. 12/06 –.

Kapitel 6
Praxis der Netzüberlassung

Am Ende eines jeden **„Vergabeverfahrens“** steht die Entscheidung der **Kommune**, mit welchem der Bewerber der **Konzessionsvertrag** abgeschlossen werden soll. Entscheidet sich die Kommune für den bisherigen Vertragspartner, ist das Verfahren mit Abschluss des Konzessionsvertrags für alle Beteiligten beendet. Weitere Umsetzungsschritte sind nicht erforderlich. Wählt die Kommune allerdings einen neuen Vertragspartner, sind der bisherige und der neue Vertragspartner gehalten, die sich aus dem Wechsel ergebenden Konsequenzen gemeinsam umzusetzen. Dies läuft aufgrund der oftmals gegensätzlichen Interessens- sowie der wenig klaren Gesetzeslage nicht immer reibungslos. 1

Wesentliche bei einer Netzüberlassung zu beachtenden **Fragestellungen** sind: 2

- „Wie“ sind die örtlichen Verteilungsanlagen an den Neukonzessionär herauszugeben? Kann eine Verpachtung der Anlagen vereinbart werden oder ist zwingend das Eigentum zu übertragen?
- Wann und in welchem Umfang sind dem Neukonzessionär Daten und Informationen zur Verfügung zu stellen?
- Kann der Neukonzessionär Schadensersatzansprüche wegen verzögerter Netzübernahme geltend machen?
- Was passiert eigentlich mit Netzen, die keiner will?
- Welchen Inhalt und welche Bedeutung haben Schiedsgutachter- und Schiedsrichterverfahren in Konzessionsverträgen?
- Welche arbeitsrechtlichen Aspekte sind bei einem Konzessionärswechsel zu berücksichtigen?

A. Herausgabe von Verteilungsanlagen, Auskunfts- und Informationserteilung

I. Eigentumsübertragung und Beisitzüberlassung von Energieverteilungsanlagen

Ein wesentlicher Aspekt bei einem **Konzessionärswechsel** ist die Frage, ob der Neukonzessionär Anspruch auf Übereignung der notwendigen Verteilungsanlagen hat. Bei Beantwortung dieser Frage sind sowohl § 46 Abs. 2 S. 2 und 3 EnWG als auch die Regelung im Konzessionsvertrag maßgeblich. § 46 Abs. 2 und 3 EnWG sieht seit der Novellierung im Jahr 2011 sowohl einen **Eigentums- als auch einen Verpachtungsanspruch** des Neukonzessionärs vor. Dies stellt eine wesentliche Änderung zu der Vorgängerregelung, § 46 Abs. 2 S. 2 EnwG a.F. dar, der lediglich die Verpflichtung des Altkonzessionärs, die örtlichen Verteilungsanlagen an den Neukonzessionär zu überlassen, normierte. 3

4 Nachfolgend wird zum besseren Verständnis zunächst die Regelung des § 46 Abs. 2 EnWG a.F. vorgestellt. **Entstehungsgeschichte** und **Inhalt** der Neuregelung des § 46 Abs. 2 S. 2 und 3 EnWG in Bezug auf die dort normierten Pflichten werden in einem zweiten Schritt näher beleuchtet. Des Weiteren erfolgt eine Auseinandersetzung mit dem Verhältnis von konzessionsvertraglicher zu gesetzlicher Regelung sowie mit der Frage, inwieweit die Neuregelung Auswirkungen auf bereits abgeschlossene Netzübernahmeverfahren hat.

1. Übereignung und Besitzüberlassung gem. § 46 Abs. 2 EnWG

a) Überlassen gem. § 46 Abs. 2 S. 2 EnWG a.F.

5 § 46 Abs. 2 S. 2 EnWG a.F. lautete wie folgt:

> „Werden solche Verträge (Konzessionsverträge, Anm. d. Verf.) nach ihrem Ablauf nicht verlängert, so ist der bisherige Nutzungsberechtigte verpflichtet, seine für den Betrieb der Netze der allgemeinen Versorgung im Gemeindegebiet notwendigen Verteilungsanlagen dem neuen Energieversorgungsunternehmen gegen Zahlung einer wirtschaftlich angemessenen Vergütung zu überlassen."

6 Die in § 46 Abs. 2 S. 2 EnWG a.F. normierte **Überlassungspflicht** war Ausgangspunkt einer streitigen Auseinandersetzung in Rechtsprechung und Literatur. Denn der Begriff **„überlassen"** war weder im Gesetz selbst noch im juristischen Sprachgebrauch eindeutig mit einer bestimmten Definition belegt. Überlassen i.S.d. § 46 Abs. 2 S. 2 EnWG a.F. konnte sowohl als Verpflichtung zur Eigentumsübertragung als auch zur Besitzüberlassung interpretiert werden.[1]

7 Die Fragestellung war dabei keinesfalls rein akademischer Natur. Bei **Netzübernahmeverhandlungen** wurde insb. von den abgebenden Netzbetreibern die Auffassung vertreten, dass dem konzessionsvertraglichen bzw. gesetzlichen **Überlassungsanspruch** auch durch die Verpachtung des örtlichen Verteilnetzes Genüge getan werden könne, während der Neukonzessionär regelmäßig einen **Eigentumsübertragungsanspruch** aus der gesetzlichen Regelung ableiten wollte. Auch wurde auf Basis der Altregelung die Pachtvariante in der Praxis umgesetzt, z.B. um bei Streitigkeiten über die Übereignungsmodalitäten den Neukonzessionär durch Abschluss eines Pachtvertrags trotzdem in die Lage zu versetzen, das Netz zu betreiben.[2]

8 Nach der **h.M. in Rechtsprechung und Literatur** verpflichtete § 46 Abs. 2 S. 2 EnWG a.F. den abgebenden Netzeigentümer nicht zur Übereignung der bisher von

---

1 Zum Streitstand s. BDEW-Leitfaden „Konzessionsverträge und Konzessionsabgaben in der Strom- und Gasversorgung" vom 9.11.2010, S. 33; Berlk-EnR/*Wagner*, S. 46 Rn 65 ff.

2 Die Pachtvariante stellte in der Vergangenheit weitgehend eine Ausnahme dar, was jedoch insb. daher rührte, dass regelmäßig eine entsprechende Übereignungspflicht in Konzessionsverträgen vereinbart war.

ihm betriebenen Verteilungsanlagen an den Neukonzessionär.[3] Der gesetzlichen Überlassungspflicht konnte demnach entweder durch Übereignung oder durch Vermietung oder Verpachtung, also durch **reine Besitzüberlassung**, Genüge getan werden. Das Bestimmungsrecht, welche Form des Überlassens im konkreten Einzelfall umzusetzen war, wurde – bei Fehlen einer vertraglichen Vereinbarung – unter Hinweis auf die §§ 262, 263 BGB dem Altkonzessionär zugestanden.[4]

Begründet wurde die Auffassung insb. mit dem Wortlaut sowie mit Sinn und Zweck der Norm. Neben der Wortwahl „überlassen", die typischerweise im Zusammenhang mit Miet- oder Pachtverhältnissen gebräuchlich sei, sei entscheidend auf Sinn und Zweck der Norm abzustellen. Dieser liege darin, dass der bisherige Nutzungsberechtigte den Wechsel des Betreibers des Netzes der allgemeinen Versorgung nicht durch überzogene Entgeltforderungen für seine **Verteilungsanlagen** erschweren bzw. verhindern dürfe. Zur Erfüllung dieses Zwecks sei eine **Eigentumsübertragung** allerdings nicht grds. erforderlich, da der neue Nutzungsberechtigte auch bei einer Vermietung oder Verpachtung uneingeschränkt über die notwendigen Verteilungsanlagen verfügen könne. Dies folge insb. aus den **Unbundlingvorschriften des EnWG**, wonach der Netzbetreiber nicht Eigentümer des Netzes sein müsse, sondern die Ausübung der tatsächlichen Verfügungsbefugnis über das Netz, z.B. durch Abschluss eines Pachtvertrags, ausreichend sei. Gerade auch im Hinblick auf verfassungsrechtliche Argumente sei die **Verpflichtung zur Gebrauchsüberlassung** das ebenso geeignete, aber mildere Mittel zur Erreichung des Gesetzeszweckes gegenüber einer Pflicht zur Eigentumsüberlassung.[5] 9

Die **abweichende Auffassung** wollte den Überlassungsbegriff im Sinne einer **Eigentumsübertragungspflicht** verstanden wissen, was ebenfalls mit Sinn und Zweck der Regelung begründet wurde.[6] Sie stützte sich v.a. auf die Gesetzesbegründung zu der Vorgängerregelung des § 46 Abs. 2 S. 2 EnWG a.F., in welcher die Regelung wie folgt kommentiert wurde: 10

> „Dadurch (durch die Laufzeitbegrenzung, Anm. d. Verf.) soll ausgeschlossen werden, dass wegen des Netzeigentums des bisherigen Versorgers ein Wechsel praktisch verhindert wird und es zu wirtschaftlich unsinnigen Doppelinvestitionen kommt. Ein Versorgerwechsel darf auch nicht an prohibitiv hohen Kaufpreisen für das Netz scheitern." [7]

---

3 Vgl. OLG Frankfurt a.M., Urt. v. 14.6.2011 – 11 U 36/10 (Kart.) –; OLG Koblenz, Urt. v. 23.4.2009 – U 646/08 (Kart.) = ZNER 2009, 146ff.; OLG Frankfurt a.M., Urt. v. 29.1.2008 – 11 U 19/07 (Kart.) = RdE 2008, 166ff.; zuletzt LG Hannover, Urt. v. 15.11.2011 – 18 O 88/09 –; *Salje*, EnWG, § 46 Rn 160; *Kermel*, RdE 2005, 155.

4 Kermel/Brucker/Baumann/*Kermel*, S. 119.

5 BGH, Urt. v. 29.9.2009 – EnZR 15/08 – Rn 17; BerlK-EnR/*Wegner*, § 46 EnWG Rn 67; *Salje*, EnWG, § 46 Rn 160.

6 OLG Schleswig, Urt. v. 10.1.2006 – 6 U Kart. 58/05 = NVwZ-RR 2006, 811; Danner/Theobald/*Theobald*, § 46 EnWG Rn 35ff.; *Büttner/Templin*, ZNER 2011, 121, 124 m.w.N.

7 BT-Drucks. 13/7274, S. 21.

11 Aus der Formulierung „prohibitiv hohen Kaufpreisen" wurde abgeleitet, dass der Gesetzgeber zwingend den Verkauf und damit auch die Übereignung der Verteilungsanlagen anordnen wollte. Andernfalls könne, so die Vertreter dieser Auffassung, der Zweck des § 46 Abs. 2 S. 2 EnWG a.F., einer **Erstarrung von Versorgungsstrukturen und Ewigkeitsrechten** vorzubeugen und **Wettbewerb „um Netze"** zu ermöglichen, nicht wirksam erreicht werden.[8] Die Eigentumsübertragung entspreche darüber hinaus auch dem, was in alten und langlaufenden Konzessionsverträgen üblicherweise vereinbart worden sei.[9]

12 Auch wenn der Streit in dieser Form durch die Änderung des § 46 Abs. 2 S. 2 EnWG weitgehend obsolet geworden ist, war und ist der h. M. zuzustimmen. Denn durch die seit 2005 fortschreitende **Liberalisierung des Energiemarkts** kann ein Rückgriff auf Argumentationsstrukturen aus Monopolzeiten für die Bejahung einer Übereignungspflicht nicht mehr funktionieren. Ewigkeitsrechte, Erstarrung von Versorgungsstrukturen oder prohibitive Wirkung des Netzeigentums haben in Zeiten des **funktionierenden, diskriminierungsfreien und regulierten Netzzugangs** an Bedeutung verloren. Einer gesetzlichen Übereignungspflicht im Falle eines Konzessionswechsels ist damit die sachliche Rechtfertigung entzogen.[10] Des Weiteren ist – wie zuletzt das **LG Hannover** treffend festgestellt hat – es als eher abwegig zu betrachten, dass der Gesetzgeber sowohl bei der Verabschiedung des § 13 Abs. 2 S. 2 EnWG 1998 als auch bei der Novellierung im Jahr 2005 zwar die Absicht gehabt haben soll, einen Eigentumsübertragungsanspruch zu begründen, allerdings zu dessen gesetzlicher Umsetzung **sprachlich** nicht in der Lage gewesen sein soll.[11]

b) Neuregelung des § 46 Abs. 2 S. 2 und 3 EnWG n. F.

13 Durch Inkrafttreten des Gesetzes zur Neuregelung energiewirtschaftsrechtlicher Vorschriften am 4.8.2011 wurde in § 46 Abs. 2 S. 2 EnWG das Wort „überlassen" durch das Wort „übereignen" ersetzt. Darüber hinaus wurde ein neuer § 46 Abs. 2 S. 3 EnWG eingeführt, welcher dem **Neukonzessionär** die **Wahlmöglichkeit** eröffnet, das örtliche **Verteilnetz** alternativ zu **pachten**. Die Norm lautet nunmehr:

> „Werden solche Verträge (Konzessionsverträge, Anm. d. Verf.) nach ihrem Ablauf nicht verlängert, so ist der bisherige Nutzungsberechtigte verpflichtet, seine für den Betrieb der Netze der allgemeinen Versorgung im Gemeindegebiet notwendigen Verteilungsanlagen dem neuen Energieversorgungsunternehmen gegen Zahlung einer wirtschaftlich angemessenen Vergütung zu übereignen. Das neue Energieversorgungsunternehmen kann statt der Übereignung verlangen, dass ihm der Besitz hieran eingeräumt wird."

8 Danner/Theobald/*Theobald*, § 46 EnWG Rn 37.
9 So OLG Schleswig, Urt. v. 10.1.2006 – 6 U 58/05 Kart. = NVwZ-RR 2006, 811, 814.
10 S. hierzu auch Rn 26.
11 LG Hannover, Urt. v. 15.11.2011 – 18 O 88/09 – S. 12.

Der Anspruch auf **Eigentumsübertragung** schaffe, so der Gesetzgeber, klare Strukturen, durch die eine Vielzahl von rechtlichen, strukturellen und regulatorischen Problemen von vorneherein vermieden werden können. Darüber hinaus soll gewährleistet werden, dass durch den Eigentumsübergang auf den Neukonzessionär dieser bei einem darauffolgenden Konzessionswechsel seinerseits das Eigentum auf den Nachfolger übertragen könne.[12] 14

In der Gesetzesbegründung wurde die Änderung wie folgt kommentiert: 15

> „Die bisherige Formulierung, wonach die Anlagen zu „überlassen" sind, hatte zu kosten- und zeitaufwändigen Auseinandersetzungen darüber geführt, ob auch eine Besitzverschaffung ausreicht. Mit der gesetzlichen Klarstellung wird für die Unternehmen Rechtssicherheit geschaffen. Der Anspruch auf Übereignung stellt sicher, dass die benötigten Wegerechte für die Anlagen und das Eigentum an den Anlagen in einer Hand zusammengeführt werden können."[13]

Mit § 46 Abs. 2 S. 3 EnWG wird dem Neukonzessionär die Möglichkeit eröffnet, mit dem bisherigen Konzessionär eine **Besitzüberlassung an den Netzanlagen** bspw. durch Pachtvertrag zu vereinbaren. Er hat mithin das **Wahlrecht**, wie die Netzübertragung konkret auszugestalten ist. Als Begründung wurde angeführt, dass Fälle denkbar seien, in denen der neue Konzessionär aus unternehmensindividuellen Erwägungen heraus keine Eigentumsübertragung, sondern lediglich eine **Verpachtung** des übernehmenden Netzes wünscht.[14] 16

c) Stellungnahme zum Übereignungs- und Pachtanspruch des Neukonzessionärs

aa) Vorbemerkung

Die erstmalige gesetzliche Verankerung eines **Übereignungsanspruchs** zugunsten des Neukonzessionärs bringt insoweit die vom Gesetzgeber gewünschte Klarheit, als die bislang herrschende Meinungsverschiedenheit, wie der Wortlaut „überlassen" zu interpretieren ist, obsolet geworden ist. Der Gesetzeswortlaut lässt keine Auslegungsspielräume mehr zu. Die **klare Entscheidung für einen gesetzlichen Anspruch auf Eigentumsübertragung** entspricht auch dem Wunsch vieler Kommunen, welche die Netze (wieder) in Eigenregie durch kommunale Stadtwerke betreiben möchten.[15] Dies ist in einer Zeit, in welcher eine Vielzahl von Konzessions- 17

12 Protokoll der öffentlichen Anhörung des Ausschusses für Wirtschaft und Technologie vom 21.1.2011, S. 4.

13 BT-Drucks. 17/6072, S. 88.

14 Damit wurde insb. einer Forderung des VKU gefolgt, der im Rahmen des Gesetzgebungsverfahrens ein Wahlrecht zugunsten des Neukonzessionärs zusätzlich zu einem Übereignungsanspruch befürwortete; vgl. Stellungnahme des VKU zur öffentlichen Sachverständigenanhörung des Ausschusses für Wirtschaft und Technologie des Deutschen Bundestages am 24.1.2011 zur „Rekommunalisierung der Energienetze", S. 5.

15 Vgl. BT-Drucks. 17/3182, S. 1.

verträgen fast zeitgleich auslaufen, aus rechtspolitischen Gründen sicher nachvollziehbar.

18 Die Neuregelung des § 46 Abs. 2 S. 2 u. 3 EnWG wirft bei kritischer Betrachtung jedoch neue Fragen auf. Konsequenz der Gesetzesänderung ist ein weitreichender Eingriff in das **Eigentums- und das Bestimmungsrecht des Altkonzessionärs.** Die gesetzlich vorgesehene Eigentumsübertragung als „Grundmodell" für die Umsetzung von Konzessionärswechseln führt zum endgültigen **Verlust der Verfügungsbefugnis** des bisherigen Netzeigentümers und stellt damit den stärksten Eingriff in das verfassungsrechtlich geschützte Eigentumsrecht dar. Durch das Wahlrecht des Neukonzessionärs gem. § 46 Abs. 2 S. 3 EnWG wird daneben auch der Grundsatz der §§ 262, 263 BGB ausgehebelt und dem Altkonzessionär das Bestimmungsrecht über die konkrete Ausgestaltung, also das „Wie" der Netzübertragung entzogen.

19 Bei dem Entzug des Eigentums durch eine gesetzliche Vorschrift ist die **Eigentumsgarantie des Art. 14 GG** berührt und insoweit zu prüfen, ob der Gesetzgeber die Vorgaben und Grenzen des Grundgesetzes ausreichend beachtet hat. Bereits an dieser Stelle sei angemerkt, dass sich der Gesetzgeber bei der Neufassung des § 46 Abs. 2 S. 2 EnWG mit keinem Wort mit dem Eigentumsschutz des Art. 14 GG auseinandergesetzt hat. Dies ist ums erstaunlicher, als der **BGH** in seiner am 29.9.2009 ergangenen Grundsatzentscheidung bereits darauf hingewiesen hat, dass gegen die Festlegung einer gesetzlichen Übereignungspflicht möglicherweise im Hinblick auf Art. 14 GG **verfassungsrechtliche Bedenken** bestehen können.[16] Darin verweist der **BGH** auf *„verfassungsrechtliche Bedenken, die den Gesetzgeber möglicherweise im Hinblick auf Art. 14 GG von der Festlegung auf eine gesetzliche Übereignungspflicht abgehalten haben."* Im Folgenden sollen die in § 46 Abs. 2 S. 2 und 3 EnWG geregelten Verpflichtung zur Übereignung bzw. das Wahlrecht des Neukonzessionärs anhand Art. 14 GG überprüft werden.[17]

bb) Schutzbereich und Eingriff in das Eigentumsrecht gem. Art. 14 GG

20 Zum Schutzbereich des Art. 14 GG gehören u.a. alle vermögenswerten Rechte, die das bürgerliche Recht einem privaten Rechtsträger als Eigentum zuordnet.[18] Davon ist auch das sachenrechtliche Eigentum umfasst. Der **Eigentumsschutz** ist durch die Innehabung, Nutzungsmöglichkeit und die grds. Verfügungsbefugnis des Eigentümers über den Eigentumsgegenstand gekennzeichnet.[19] Im Falle der örtlichen **Verteilungsanlagen** ist das Eigentumsrecht des Netzeigentümers unter den Schutz-

16 BGH, Urt. v. 29.9.2009 – EnZR 15/08 – Rn 17.

17 Vgl. hierzu die verfassungsrechtliche Diskussion über das sog. „Ownership-Unbundling" z. B. bei *Pielow/Ehlers*, IR 2007, 259, 261 ff.; *Schmidt-Preuß*, et 9/2009, S. 82 f.

18 Jarass/Pieroth/*Jarass*, Art. 14 Rn 8; BVerfGE 70, 191, 199.

19 BVerfGE 104, 1, 8; BVerfGE 88, 366, 377; BVerfGE 91, 294, 308.

bereich des Art. 14 GG zu subsumieren. Wie weit die durch Art. 14 GG geschützte Rechtsposition reicht, ergibt sich aus der Gesamtheit der verfassungsmäßigen Gesetze bürgerlichen und öffentlichen Rechts.[20] Blickt man auf die bisherige Rechtsposition des Netzeigentümers nach § 46 Abs. 2 S. 2 EnWG a.F., muss festgehalten werden, dass bereits die Altregelung eine Einschränkung des Eigentumsrechts beinhaltete, da der Netzeigentümer bei einem **Konzessionärswechsel** dazu verpflichtet war, die örtlichen Verteilungsanlagen dem Neukonzessionär zu überlassen. Geht man mit der h.M., war mit § 46 Abs. 2 S. 2 EnWG zwar ein Verlust der Nutzungsmöglichkeiten über die örtlichen Verteilungsanlagen verbunden. Die **Überlassungspflicht** griff jedoch gerade nicht in die Verfügungsbefugnis ein, also in das Recht des Eigentümers selbst zu bestimmen, ob, wann, an wen und zu welchen Bedingungen er sein Eigentum veräußert.[21] Des Weiteren gab § 46 Abs. 2 S. 2 EnWG a.F. dem Netzeigentümer das Wahlrecht, ob er bei einem Konzessionärswechsel lediglich die Nutzungsüberlassung in Form der Pacht oder aber den Eigentumsübergang gegen Zahlung einer angemessenen Vergütung einräumen wollte.[22]

§ 46 Abs. 2 S. 2 EnWG dagegen entzieht dem Netzeigentümer bei einem **Konzessionärswechsel** nicht nur die Nutzungsberechtigung an den örtlichen **Verteilungsanlagen**, sondern auch die Verfügungsbefugnis über sein Eigentum endgültig und vollständig. Damit liegt ein weitergehender **Eingriff in das Eigentumsrecht** vor als gem. § 46 Abs. 2 S. 2 EnWG a.F., welches dem Netzeigentümer nur die Nutzungsbefugnis entzog. 21

cc) Rechtfertigung des Eingriffs

Eingriffe in den Schutzbereich des Eigentums müssen gerechtfertigt sein. Der Gesetzgeber hat bei Art. 14 GG in dreifacher Weise **Zugriffsmöglichkeiten auf das privatrechtliche Eigentum**. Einmal, indem er Inhalt und Schranken des Eigentums für die Zukunft neu bestimmt (**Inhalts- und Schrankenbestimmung**). Des Weiteren kann der Gesetzgeber nach Art. 14 Abs. 3 S. 3 GG die **Exekutive** ermächtigen, konkretes Eigentum vollständig oder teilweise zu entziehen oder aber gem. Art. 14 Abs. 3 S. 2 GG den Weg der **Legalenteignung** wählen. Die gesetzlichen Regelungen, die in das Eigentum eingreifen können, sind voneinander abgegrenzt und nach der Verfassung unterschiedlichen Zulässigkeitsanforderungen unterworfen.[23] 22

---

20 Jarass/Pieroth/*Jarass*, Art. 14 Rn 21 m.w.N.
21 So auch *Jacob*, RdE 2011, 212, 213.
22 S. hierzu Rn 8.
23 *Dörr*, NJW 1988, 1049; *Jarass*, NJW 2000, 2841; zur Abgrenzung zwischen Inhalts- und Schrankenbestimmung und Enteignung vgl. auch *Koch*, NJW 2000, 1529 mit umfangreichen Rechtsprechungsnachweisen.

23 Im Falle des § 46 Abs. 2 S. 2 EnWG ist aufgrund der **vollständigen Entziehung individueller Eigentumspositionen** die Annahme einer **Enteignung** naheliegend.[24] Dies insb. dann, wenn die konzessionsvergebende Kommune selbst als Neukonzessionär den Anspruch aus § 46 Abs. 2 EnWG geltend macht (sog. **Administrativenteignung**). Enteignungen sind jedoch auch zugunsten Dritter als zulässig anerkannt.[25] Voraussetzung für eine Enteignung ist, dass der Gesetzgeber mit der Enteignung einen dem Wohl der Allgemeinheit dienenden Zweck verfolgt und die Enteignung zur Erreichung des **Gemeinwohlziels** erforderlich ist. Dieser Zweck muss im Entzugsgesetz festgehalten werden.[26]

24 Ein derartiger der Allgemeinheit dienender Zweck ist aus § 46 Abs. 2 EnWG jedoch nicht ersichtlich. Die in der Gesetzesbegründung genannten Argumente der **Rechtssicherheit, Problemvermeidung sowie der Vereinheitlichung des Anlageneigentums in einer Hand** mögen pragmatisch sein, sie sind jedoch **nicht ausreichend, um als Gemeinwohlziel eine Enteignung sachlich zu rechtfertigen**. Auch die Intention, „eine Vielzahl von rechtlichen, strukturellen und regulatorischen Problemen von vorneherein zu vermeiden", ist nicht stichhaltig. Um die vom Gesetzgeber gewünschte Rechtssicherheit herbeizuführen, wäre die Einführung eines gesetzlichen Übereignungsanspruchs nicht notwendig gewesen. Eine Klarstellung in der Gesetzesbegründung, dass der Begriff des „Überlassens" sowohl die Übereignungs- als auch die Verpachtungsvariante umfasst und im Zweifel der Altkonzessionär über das „wie" der Netzübertragung entscheiden kann, wäre ausreichend gewesen, um Rechtssicherheit herbeizuführen. Genauso hätte der Gesetzgeber die Voraussetzungen dafür schaffen können, dass der rechtliche und regulatorische Rahmen geschaffen wird, um die in der Gesetzesbegründung pauschal benannten „rechtlichen und regulatorischen Probleme" zu vermeiden. Auch das in der Gesetzesbegründung genannte Ziel, das Anlageneigentum in einer Hand zu vereinheitlichen, ist nicht ausreichend, da auch bei dem Vorhandensein mehrerer Eigentümer eine Beeinträchtigung des Konzessionärswechsels nicht zwingend ist. Der bei mehreren Eigentümern bestehenden möglichen Gefahr einer Aufspaltung des Versorgungsnetzes kann in der Praxis regelmäßig durch eine entsprechende Gestaltung der Überlassungsverträge entgegengetreten werden.[27]

25 Als weiterer Grund für die Verpflichtung zur Eigentumsübertragung wird angeführt, dass die **Überlassungspflicht** des § 46 Abs. 2 S. 2 EnWG a. F. die **kommunale Entscheidungsfreiheit bei Neuabschluss von Konzessionsverträgen behindert** habe. Die Übernahme der Energieversorgungsnetze stelle die Rückgewinnung der

24 Vgl. *Mayen/Karpenstein*, RdE 2008, 33, 36 ff.
25 *Jacob*, RdE 2011, 212, 213.
26 Jarass/Pieroth/*Jarass*, Art. 14 Rn 21 m. w. N.
27 OLG Koblenz, Urt. v. 23.4.2009 – U 646/08 (Kart.) = ZNER 2009, 146, 149; auch zu entsprechenden pachtvertraglichen Regelungen Rn 71.

kommunalen Selbstbestimmung über die Entwicklung einer nachhaltigen, lokalen Energieversorgungsstruktur als einem wesentlichen Teil der kommunalen Daseinsvorsorge und Selbstverwaltung nach Art. 28 Abs. 2 GG dar.[28] Hintergrund ist u.a. der Wunsch vieler Kommunen, die Netze wieder in Eigenregie durch kommunale Stadtwerke zu betreiben, um bspw. die regionale Wertschöpfung zu sichern oder positive Effekte für den kommunalen Finanzhaushalt zu generieren. Diese Argumente taugen schon deshalb nicht als sachlicher Rechtfertigungsgrund für den Eingriff, weil die Stärkung der kommunalen Entscheidungsfreiheit nicht Sinn und Zweck der Regelung gewesen ist.[29] Mit § 46 Abs. 2 EnWG sollten „Ewigkeitsrechte bei den Versorgern" entgegengewirkt werden, um damit die Versorgungsbedingungen der Endkunden durch Wettbewerb zu verbessern.[30] Eine **(Re-)Kommunalisierung des Netzbetriebes** zugunsten der Kommune zu vereinfachen, war nicht Intention der Regelung. Selbst wenn man hier einen Wandel des gesetzgeberischen Willens bejahen möchte, so stellte die bisherige Regelung **keine Beeinträchtigung der kommunalen Selbstverwaltung** dar.[31] Die Gemeinde ist – unabhängig von den Eigentumsverhältnissen – frei in der Auswahl des neuen Konzessionärs, mit dem sie kontrahieren will. Diese Entscheidungsfreiheit wird nicht dadurch eingeschränkt, dass die örtlichen Verteilungsanlagen im Eigentum des bisherigen Konzessionärs verbleiben.[32]

Auch der ursprüngliche Zweck des § 46 Abs. 2 S. 2 EnWG bzw. seiner Vorgänger- 26
regelungen, eine **Verbesserung der Versorgungsbedingungen** und damit den **Schutz der Allgemeinheit vor monopolistischen Strukturen** zu fördern, kann nicht als rechtfertigendes Element für eine Enteignung herangezogen werden. Früher sollte Wettbewerb „um Netze" dafür sorgen, langjährige und starre Monopolstrukturen aufzubrechen, um damit – zum Schutz der Allgemeinheit – zu einer Verbesserung der Versorgungsbedingungen für die Endkunden beizutragen.[33] Heutzutage kann jedoch jeder Letztverbraucher durch den Wettbewerb „im Netz" in wenigen Schritten einen **Versorgerwechsel** herbeiführen, indem er einen neuen Strom- oder Gaslieferanten (bspw. im Internet) frei wählt. Die erforderlichen Voraussetzungen wie effektive Gewährung des Netzzugangs für Lieferanten, Standardisierung des Wechselprozesses, Regulierung der Netznutzungsentgelte und behördliche Überwachung des Netzzugangs haben insb. die §§ 20ff. EnWG, die hierzu erlassenen Verordnungen sowie die Festlegungen der Regulierungsbehörden geschaffen. Das Netzeigentum selbst ist nicht mehr maßgeblich für das Funktionieren des Wettbewerbs.

28 BT-Drucks. 17/3649, S. 3; BT-Drucks. 17/3182; *Templin*, IR 2009, 101, 1031.

29 Zu Sinn und Zweck der Vorgängerregelung s. Kap. 1 A.

30 BT-Drucks. 13/7274, S. 21.

31 So OLG Koblenz, Urt. v. 23.4.2009 – U 646/08 Kart. = ZNER 2009, 146, 149.

32 Darüber hinaus ist mehr als fraglich, inwieweit die Rekommunalisierung des Netzbetriebes überhaupt als der Allgemeinheit dienendes Ziel herangezogen werden kann.

33 OLG Koblenz, Urt. v. 23.4.2009 – U 646/08.Kart.= ZNER 2009, 146, 149.

Trotzdem soll der bisher nutzungsberechtigte Netzbetreiber durch § 46 Abs. 2 S. 2 EnWG gezwungen werden, sein Eigentum aufzugeben, ohne selbst über „ob", „wie", „wann" und „an wen" entscheiden zu können.

27 Teilweise wird die **Netzveräußerungspflicht** mit dem Argument für eigentumsrechtlich zulässig gehalten, viele EVU hätten sich schon immer gegenüber den Gemeinden zur Netzübereignung nach Ablauf des Wegerechts verpflichtet[34] bzw. die **Eigentumsposition der Netzbetreiber** sei schon immer zeitlich befristet gewesen.[35] Die Argumentation verkennt jedoch grundlegend den Unterschied zwischen einer gesetzlich zwingend vorgeschriebenen Eigentumsübertragung einerseits und einer vom Eigentümer selbst und freiwillig eingegangenen vertraglichen Übereignungspflicht. Findet sich in einer Endschaftsbestimmung eine Übereignungspflicht, hat der Altkonzessionär Gebrauch gemacht von seiner durch Art. 14 GG geschützten Verfügungsbefugnis; eine gesetzlich auferlegte Übereignungspflicht dagegen nimmt dem Eigentümer diese Verfügungsbefugnis.[36] Darüber hinaus ist zu berücksichtigen, dass die zeitliche Befristung der Eigentumsposition nicht immer gesetzlich vorgesehen war. Erst durch die 4. GWB-Novelle im Jahr 1980 wurde in § 103 a Abs. 1 S. 1 GWB eine gesetzliche Höchstlaufzeit für **Konzessionsverträge** und damit die **zeitliche Befristung** eingeführt. Eigentum im Sinne des Grundgesetzes zeichnet sich gerade durch seine Dauerhaftigkeit aus (anders als z. B. ein Erbbaurecht), das ein zwar wie Eigentum geschütztes und veräußerliches, aber eben nur befristetes Nutzungsrecht vermittelt.

28 Sieht man über die Problematik der Allgemeinwohlgründe als Rechtfertigungsgrund für einen entsprechenden Eingriff in das Eigentumsrecht hinweg, stellt sich die Frage, ob § 46 Abs. 2 S. 2 EnWG die weiteren Voraussetzungen des Art. 14 GG, insb. des Art. 14 Abs. 3 GG erfüllt. Danach müssen Art und Ausmaß der Entschädigung konkret geregelt werden, sog. **Junktimklausel gem. Art. 14 Abs. 3 GG**. Durch die Junktimklausel soll der Gesetzgeber gezwungen werden, darüber Rechenschaft zu geben, ob der zu regelnde Sachverhalt einen **Enteignungstatbestand** darstellt und dass in diesem Falle **Entschädigung** geleistet werden muss, welche die öffentlichen Haushalte belastet. Pauschale Entschädigungsklauseln werden dem nicht gerecht.[37] Eine Enteignung dürfte damit vorliegend problematisch sein, da der Ge-

---

34 Schneider/Theobald/*Albrecht*, § 9 Rn 112; Danner/Theobald/*Theobald*, § 46 EnWG Rn 41; Britz/Hellermann/Hermes/*Hellermann*, § 46 Rn 77.

35 Schneider/Theobald/*Albrecht*, § 9 Rn 113; ähnlich schon *Reimann/Deckers*, RdE 2000, 16, 19 f. sowie *Schwintowski*, ZfK 11/2011, 3; so wohl auch LG Hannover RdE 2011, 198, mit dem ebenso lapidaren wie verfassungsrechtlich erstaunlichen Argument, das Netzeigentum unterläge „*von vornherein Einschränkungen, weil hierfür – in einem regulierten Markt – fremdes Grundeigentum genutzt werden muss*".

36 Kritisch unter dem Blickwinkel des Eigentumsschutzes *Jacob*, RdE 2011, 212, 213, bei Fn 20; des Weiteren erhielt die Gemeinde das vertragliche Kaufrecht regelmäßig nur unter bestimmten Bedingungen eingeräumt, z. B. gegen Zahlung einer sachzeitwertbasierten Vergütung.

37 BVerfGE 46, 268, 287; BGHZ 105, 15, 16 f.; Maunz/Dürig/*Papier*, Art. 14 Rn 562 ff.

setzgeber mit § 46 Abs. 2 S. 2 EnWG die formalen Anforderungen an der Gesetzesmäßigkeit der Enteignung nicht einhalten würde. Denn § 46 Abs. 2 S. 2 EnWG enthält keine Angaben zum Zweck der Enteignung und setzt als Entschädigung lediglich pauschal eine „angemessene Vergütung fest“.[38]

Die Verpflichtung gem. § 46 Abs. 2 S. 2 EnWG, das Eigentum an den örtlichen Verteilungsanlagen an den Neukonzessionär gegen Zahlung einer angemessenen Vergütung zu übertragen, könnte auch als **Inhalts- und Schrankenbestimmung** qualifiziert werden.[39] Inhalts- und Schrankenbestimmungen sind gekennzeichnet durch die generelle und abstrakte Festlegung von Rechten und Pflichten durch den Gesetzgeber hinsichtlich solcher Rechtsgüter, die als Eigentum zu verstehen sind und auf die Normierung objektiv-rechtlicher Vorschriften gerichtet, die den Inhalt des Eigentums in allgemeiner Form bestimmen.[40] Der vollständige Entzug von Eigentum kann eine Inhalts- und Schrankenbestimmung sein.[41] Inhalts- und Schrankenbestimmungen unterliegen **materiellen Grenzen**, die sich insb. aus Art. 14 Abs. 1 S. 1 und Abs. 2 GG ergeben. Sie müssen danach verhältnismäßig sein und den Wesenskern des Eigentums unberührt lassen.[42] 29

Bei der **Beurteilung der Verhältnismäßigkeit** steht dem **Gesetzgeber** ein erheblicher **Prognosespielraum** zu.[43] Der Eingriff darf den Eigentümer jedoch nicht unzumutbar belasten, sondern muss sachlich geboten, geeignet, erforderlich und angemessen sein. Bei mehreren, gleichermaßen geeigneten Maßnahmen zur Erreichung des Gesetzeszweckes ist die mildere Maßnahme zu wählen.[44] Je stärker eine Inhalts- und Schrankenbestimmung den Wesenskern der Eigentumsgarantie tangiert, desto höhere Anforderungen sind an die sie legitimierenden öffentlichen Interessen in Bezug auf Geeignetheit, Erforderlichkeit und Angemessenheit zu stellen.[45] 30

Im Falle des § 46 Abs. 2 S. 2 EnWG stellt sich die Frage, ob ein Anspruch des Neukonzessionärs auf **Netzüberlassung mit Wahlrecht** des bisherigen Netzeigentümers bzgl. der Ausgestaltung der Überlassung als gleichermaßen geeignetes, milderes Mittel einer nunmehr geregelten Übereignungspflicht vorzuziehen gewesen wäre. Dass eine Netzübereignung nicht zwingend erforderlich ist und die Besitzüberlassung in Form der Verpachtung ein ebenso geeignetes Mittel darstellt, hat der Gesetzgeber selbst erkannt. Dies zeigt der neu eingefügte § 46 Abs. 2 S. 3 EnWG mit aller Deutlichkeit. Denn die Regelung ermöglicht gerade die **Wahl der Pachtvarian-** 31

---

38 S. hierzu Kap. 7.

39 So bspw. LG Hannover RdE 2011, 198.

40 BVerfGE 72, 66, 76 = NJW 1986, 2188; BVerfGE 58, 137, 144 f. = NJW 1982, 633.

41 Maunz/Dürig/*Papier*, Art. 14 GG Rn 375; BVerfGE 78, 58, 75 = NJW 1988, 2594; BVerfGE 83, 201, 212 = NJW 1991, 1807.

42 *Jacob*, RdE 2011, 212, 214; *Dörr*, NJW 1988, 1049, 1051.

43 Maunz/Dürig/*Papier* Art. 14, Rn 321 ff.

44 Jarass/Pieroth/*Jarass*, Art. 14 Rn 38b; BVerfGE 58, 137, 148 m. w. N.

45 *Jacob*, RdE 2011, 212, 214; *Mayen/Karpenstein*, RdE 2008, 33, 36 ff.

te, wenn auch nur einseitig zugunsten des neuen Konzessionärs.[46] Was jedoch für den Neukonzessionär recht ist, kann für den Altkonzessionär nur billig sein. Es ist kein stichhaltiges Argument ersichtlich, weshalb eine Verpachtung nur dann eine geeignete Alternative zur Eigentumsübertragung sein soll, wenn der Neukonzessionär diese Entscheidung trifft. Die Verpachtung von örtlichen Verteilungsanlagen wird vom Gesetzgeber selbst als ein anerkanntes und vor allem geeignetes Modell zur Umsetzung eines Konzessionswechsels dargestellt.[47] Damit wird allerdings die Verhältnismäßigkeitsprüfung im Lichte des Art. 14 Abs. 1 GG und die gesetzliche Regelung des § 46 Abs. 2 S. 2 u. 3 EnWG ad absurdum geführt.

dd) Verfassungskonforme Auslegung des Übereignungsbegriffs

32 Eine Lösung der aufgezeigten **verfassungsrechtlichen Probleme** könnte darin gesehen werden, dass man den Eingriff in die Verfügungsbefugnis des Eigentümers im Wege der verfassungskonformen Auslegung umdeutet in einen verfassungsrechtlich zulässigen Eingriff.

33 Die verfassungskonforme Auslegung ist die in ständiger Rechtsprechung des **BVerfG** entwickelte Auslegung einer Rechtsnorm, die im Rang unter dem Verfassungsrecht steht. Ist der Wortlaut der infrage stehenden Norm aus verfassungsrechtlicher Sicht bedenklich, lässt aber eine Auslegung zu, die mit der Verfassung vereinbar ist, ist die Rechtsnorm ausschließlich mit dieser Auslegung gültig.[48] Die **verfassungskonforme Auslegung** ist jedoch zweifach begrenzt: zum einen durch den Willen des Gesetzgebers, zum anderen durch den Wortlaut der jeweiligen einfachgesetzlichen Vorschrift.[49]

34 Die **Wortlautbegrenzung** führt im Falle des § 46 Abs. 2 S. 2 u. 3 EnWG bereits dazu, dass eine verfassungskonforme Auslegung im Sinne einer **Umdeutung der Übereignungspflicht** in eine durch Verpachtung erfüllbare **Überlassungspflicht** am eindeutigen Wortlaut „übereignen“ scheitert. Ob die Verfassungskonformität des § 46 Abs. 2 S. 2 u. 3 EnWG über die entsprechende Auslegung des Begriffs „angemessene Vergütung“ herbeigeführt werden kann, wird in Kap. 7 ausführlich beleuchtet.[50]

---

46 S. hierzu auch Rn 16.

47 Vgl. Gemeinsamer Leitfaden des BKartA und der BNetzA zur Vergabe von Strom- und Gaskonzessionen und zum Wechsel des Konzessionsnehmers vom 15.12.2010, Rn 32, welcher die Möglichkeit der Verpachtung des örtlichen Verteilnetzes als Alternative zur Übereignung bejaht; so auch OLG Koblenz, Urt. v. 23.4.1009 – U 646/8.Kart. = ZNER 2009 146, 148 f.

48 S. bspw. *Lüdemann*, JuS 2004, 27 ff.

49 BVerfGE 110, 226, 267; BVerfGE 101, 312, 329.

50 Zur verfassungskonformen Auslegung des Merkmals „wirtschaftlich angemessene Vergütung“ des § 46 Abs. 2 S. 2 EnWG vgl. Kap. 7 Rn 82 ff.

ee) Fazit

Mit der Neuregelung in § 46 Abs. 2 S. 2 u. 3 EnWG wollte der Gesetzgeber Rechtsunsicherheiten beseitigen. Der in § 46 Abs. 2 S. 2 u. 3 EnWG verankerte **Übereignungsanspruch des Neukonzessionärs** sowie dessen Wahlrecht sind jedoch als verfassungsrechtlich höchst problematisch anzusehen. Dass die **Frage der Verfassungsmäßigkeit** Gegenstand gerichtlicher Auseinandersetzungen werden wird, ist wahrscheinlich. Solange wird die vom Gesetzgeber gewünschte Rechtssicherheit nicht gegeben sein. Die Praxis reagiert jedenfalls bereits mit entsprechenden Vorbehaltsklauseln in Konzessionsverträgen. 35

Darüber hinaus ist die **Ausgestaltung und Umsetzung der Pachtvariante** aus rechtlicher Sicht nicht mehr oder weniger aufwändig, als eine Einigung der Parteien über die **Modalitäten einer Netzübereignung** herbeizuführen.[51] Insofern kann man auch daran zweifeln, dass die Gesetzesänderung zu dem vom Gesetzgeber gewünschten Ziel führt, „kosten- und zeitaufwändige Auseinandersetzungen" zu reduzieren.[52] 36

2. Verhältnis der konzessionsvertraglichen Regelung zu § 46 Abs. 2 S. 2 und 3 EnWG

Eine weitere Frage, welche bereits zu § 46 Abs. 2 EnWG a.F. diskutiert wurde und auch durch die Neuregelung erneut aufgeworfen wird, ist das **Verhältnis von vertraglicher Endschaftsbestimmung zu gesetzlicher Regelung.** 37

In konzessionsvertraglichen **Endschaftsbestimmungen** findet sich eine Vielzahl unterschiedlicher Regelungen zur **Form der Netzüberlassung** nach Beendigung des Konzessionsvertrags. Teilweise sind in Endschaftsbestimmungen Eigentumsübertragungsansprüche zugunsten der Kommune oder eines Dritten vereinbart, teilweise wurde insb. in jüngerer Vergangenheit lediglich die bisherige Formulierung des § 46 Abs. 2 S. 2 EnWG a.F. übernommen. Nachfolgend sind einige Varianten dargestellt. 38

Beispiel

Variante 1

Wird für die Zeit **nach Ablauf kein neuer Konzessionsvertrag** zwischen dem Netzbetreiber und der Kommune geschlossen, ist die **Kommune** berechtigt und auf Verlangen des Netzbetreibers verpflichtet, die im Gebiet der Kommune vorhandenen Anlagen, welche der Netzbetreiber für die Verteilung der Energie im Gebiet der Kommune benötigt, gegen Erstattung ihres Wertes zu übernehmen. Alternativ kann die Kommune statt der Übereignung verlangen, dass ihr der Besitz hieran eingeräumt wird.

Variante 2

Wird für die Zeit **nach Ablauf kein neuer Konzessionsvertrag** zwischen dem Netzbetreiber und der Kommune geschlossen, ist der **Netzbetreiber** verpflichtet, seine für den Betrieb der Netze der all-

---

51 Zum Inhalt von Pachtverträgen s. Rn 64ff.

52 Maßgeblicher Streitpunkt bei Netzübernahmen ist in der Regel nicht die Form der Netzübertragung, sondern die Höhe des Kaufpreises bzw. des Pachtentgeltes.

gemeinen Versorgung im Gemeindegebiet notwendigen Verteilungsanlagen dem neuen EVU gegen Zahlung einer wirtschaftlich angemessenen Vergütung zu überlassen. Der Netzbetreiber hat ein Wahlrecht gem. § 262 BGB.

Variante 3

Wird der **Konzessionsvertrag** mit dem Vertragspartner **nicht vorzeitig verlängert** oder **erneut abgeschlossen,** so ist die **Kommune** berechtigt, die Verpachtung der für den Betrieb der Netze der allgemeinen Versorgung im Gemeindegebiet notwendigen Verteilungsanlagen an sich selbst oder einen Dritten zu verlangen.

---

39 Die Ausgestaltung der **Überlassungspflicht** in konzessionsvertraglichen Regelungen spiegelt den **zum Zeitpunkt des Vertragsschlusses übereinstimmenden Willen der Vertragspartner** wider, was nach Ablauf des Konzessionsvertrags mit dem Netz geschehen soll. Im Fall der Beispielvariante 1 ist die Antwort eindeutig: Die Kommune bzw. der Neukonzessionär haben Anspruch auf Übereignung der notwendigen Verteilungsanlagen aus dem Konzessionsvertrag. Dieser Anspruch deckt sich mit der gesetzlichen Regelung in § 46 Abs. 2 S. 2 EnWG. Vertragliche und gesetzliche Regelung stimmen insoweit überein.

40 In den Beispielvarianten 2 und 3 ist dies nicht der Fall. Der Konzessionsvertrag sieht zugunsten der Kommune bzw. des Neukonzessionärs lediglich einen Anspruch auf Überlassung bzw. auf Verpachtung der notwendigen Verteilungsanlagen vor. Die Parteien haben im Konzessionsvertrag bewusst die Entscheidung getroffen, die **Wahlfreiheit bzgl. der Form der Netzüberlassung** dem Altkonzessionär zuzubilligen bzw. sich konkret auf die Pachtlösung verständigt. § 46 Abs. 2 u. 3 EnWG gewähren dem neuen EVU gegen Zahlung einer angemessenen Vergütung wahlweise einen **Eigentumsübertragungs- oder einen Besitzüberlassungsanspruch.** In diesen Beispielen sieht die vertragliche Regelung also das genaue Gegenteil der gesetzlichen Regelung vor.

41 Mit der Frage, in welchem Verhältnis vertraglicher und gesetzlicher Anspruch zueinander stehen, hat sich bereits der **BGH** in einem Urteil zur Regelung des § 46 Abs. 2 EnWG a. F. auseinandergesetzt.

a) Entscheidung des BGH vom 29.9.2009

42 Der **BGH** hat in zwei am 29.9.2009 ergangenen Urteilen zu § 46 Abs. 2 S. 2 EnWG a. F. entschieden, dass vertragliche **Endschaftsbestimmungen** grds. **von der zum Zeitpunkt der Entscheidung geltenden gesetzlichen Regelung unberührt** bleiben, so dass eine konzessionsvertragliche Verpflichtung bindend ist, auch wenn diese von der zum Zeitpunkt der Beendigung des Konzessionsvertrags geltenden gesetzlichen Regelung abweicht.[53]

---

53 BGH, Urt. v. 29.9.2009 – EnZR 15/08 – und – EnZR 16/08 –.

aa) Sachverhalt der Entscheidung

Der Entscheidung lag folgender Sachverhalt zugrunde: Das beklagte **EVU** war Eigentümer und Konzessionsinhaber der in der Gemeinde verlegten, für den Betrieb des Stromnetzes der allgemeinen Versorgung notwendigen Leitungen und Verteilungsanlagen. In dem zwischen Gemeinde und Unternehmen im Jahr 1991 geschlossenen Konzessionsvertrag war bestimmt, dass die Gemeinde bei Ablauf des Vertrags berechtigt ist, die für die Versorgung des Gemeindegebiets notwendigen Leitungen und Anlagen gegen Erstattung ihres Wertes zu erwerben. Aufgrund einer **Neuausschreibung des Wegenutzungsrechtes** im Jahr 2005 hatte die **Gemeinde die Konzession** ab 1.1.2006 **an ein anderes EVU vergeben**. Alt- und Neukonzessionär stritten im Folgenden über die Form der Netzübertragung. 43

Zwischen Abschluss des Konzessionsvertrags im Jahr 1991 und dessen Beendigung im Jahr 2005 gab es mehrere grundlegende **Änderungen des EnWG**, die auch **Auswirkungen auf laufende Konzessionsverträge** hatten. Im Jahr 1998 wurde mit § 13 EnWG a.F. gesetzlich geregelt, dass die Laufzeit von Konzessionsverträgen auf 20 Jahre zu begrenzen ist und dass nach Ablauf eines Konzessionsvertrags die örtlichen Verteilungsanlagen an den Neukonzessionär zu überlassen sind. Diese Regelung wurde in der im Jahr 2005 folgenden Energierechtsnovelle unverändert in § 46 Abs. 2 EnWG a.F. übernommen. 44

Im Verfahren vor dem **BGH** hatte sich der Neukonzessionär auf den Standpunkt gestellt, aus dem Altkonzessionsvertrag einen ihm von der Gemeinde abgetretenen Anspruch auf Netzübereignung gegen den Netzeigentümer geltend machen zu können. Er vertrat die Ansicht, dass trotz abweichender gesetzlicher Regelung die vertragliche **Endschaftsbestimmung** und die darin normierte **Übereignungspflicht als eigenständige Anspruchsgrundlage** zu beachten sei. Dies lehnte der Altkonzessionär mit Hinweis auf die Regelung in § 46 Abs. 2 S. 2 EnWG a.F. ab. Die vertragliche Pflicht zur Eigentumsübertragung sei nach § 113 i.V.m. § 46 Abs. 2 S. 2 EnWG a.F. in eine **Pflicht zur Überlassung** umgewandelt worden, die auch anders als durch Übereignung, nämlich durch bloße Gebrauchsüberlassung, erfüllt werden könne. Nach § 46 Abs. 2 S. 2 EnWG a.F. stehe dem weichenden EVU insoweit ein die vertragliche Endschaftsbestimmung verdrängendes Wahlrecht zu. Dafür sprächen auch die Überleitungsvorschriften des Art. 4 Abs. 3 S. 1 EnWG 1998 sowie des § 113 EnWG a.F., nach der laufende Wegenutzungsverträge unbeschadet ihrer Änderungen durch die §§ 36, 46 und 48 im Übrigen unberührt bleiben. Durch § 113 EnWG a.F. trete unmittelbar kraft Gesetz die in § 46 Abs. 2 EnWG a.F. normierte Pflicht zur Überlassung der örtlichen Verteilungsanlagen an die Stelle des hiermit nicht deckungsgleichen Anspruchs auf Übereignung.[54] 45

54 So bspw. LG Mainz IR 2008, 140; *Pippke/Gaßner*, RdE 2006, 33, 34.

bb) Entscheidungsgründe des BGH

46 Der **BGH** hat wie schon das Berufungsgericht in der Vorinstanz angenommen, dass der Neukonzessionär von dem Netzeigentümer aus abgetretenem Recht der Gemeinde die Übereignung der Stromleitungen und Verteilungsanlagen verlangen kann und hat der **Klage stattgegeben.**[55] Nach Auffassung des **BGH stehen konzessionsvertraglicher und gesetzlicher Anspruch nebeneinander**. Der im Rahmen der Novellierung des EnWG im Jahr 1998 neu eingeführte § 13 Abs. 2 S. 2 EnWG sowie dessen Nachfolgeregelung in § 46 Abs. 2 S. 2 EnWG a.F. habe keine Auswirkungen auf vertraglich vereinbarte Übereignungsansprüche in Konzessionsverträgen.[56] Dieses Verständnis ergibt sich nach Ansicht des **BGH** insb. aus Zweck und Entstehungsgeschichte des gesetzlichen Überlassungsanspruchs.

47 Der **BGH** führte hierzu Folgendes aus:

> „Auf vertragliche Endschaftsbestimmungen hatte die Einführung des gesetzlichen Überlassungsanspruchs durch § 13 Abs. 2 Satz 2 EnWG 1998 keinen Einfluss. Dies ergibt sich aus Art. 4 § 1 des Gesetzes zur Neuregelung des Energiewirtschaftsrechts vom 24. April 1998, wonach laufende Konzessionsverträge einschließlich der vereinbarten Konzessionsabgaben von der EnWG-Novelle 1998 trotz Wegfalls der Ausschließlichkeit unberührt geblieben sind. Im Blickpunkt dieser – nach wie vor geltenden – Überleitungsvorschrift standen vor allem die Auswirkungen, die das kartellrechtliche Verbot von Ausschließlichkeitsbindungen auf die bestehenden Verträge hatte. Es sollte sichergestellt werden, dass die vereinbarten Konzessionsabgaben trotzdem weiterhin in voller Höhe vereinnahmt werden konnten. Dass darüber hinaus die Einführung des gesetzlichen Überlassungsanspruchs in § 13 Abs. 2 Satz 2 EnWG 1998 zu einer Änderung bestehender vertraglicher Endschaftsbestimmungen führen könnte, wurde – soweit ersichtlich – im damaligen Gesetzgebungsverfahren nicht erwogen."[57]

48 Auch die **Energierechtsnovelle 2005**, in welcher der gesetzliche Überlassungsanspruch durch § 46 Abs. 2 S. 2 EnWG a.F. im Wesentlichen unverändert übernommen wurde, erfordere nach Auffassung des **BGH** keine andere Bewertung der Rechtslage. Auch sonst habe § 46 EnWG a.F. keine Änderungen erfahren, die sich im Vergleich zum früheren Rechtszustand auf vertragliche **Endschaftsbestimmungen** auswirken. Für diese bliebe es daher bei dem in § 113 EnWG a.F. zum Ausdruck gebrachten Grundsatz, dass die laufenden Konzessionsverträge unverändert Geltung beanspruchen, so dass sich die **Rechtsänderung nicht auf die vertraglichen Endschaftsbestimmungen auswirken**. Für dieses Verständnis spricht, so der **BGH**, auch die Begründung des Gesetzesentwurfs, wonach die Übergangsvorschrift des § 113

---

55 Vorinstanz OLG Frankfurt a. M., Urt. v. 29.01.2008 – 11 U 19/07 (Kart.) = RdE 2008, 166ff.

56 BGH, Urt. v. 29.9.2009 – EnZR 15/08 – Rn 12.

57 BGH, Urt. v. 29.9.2009 – EnZR 15/08 – Rn 16, vgl. auch BT-Drucks. 13/7274, S. 26.

EnWG a.F. lediglich der Klarstellung dient.[58] Damit wäre eine Auslegung nicht vereinbar, nach der die vertragliche Endschaftsbestimmung kraft Gesetzes dem gesetzlichen Überlassungsanspruch nach § 46 Abs. 2 S. 2 EnWG a.F. angeglichen würde. Denn der **gesetzliche Überlassungsanspruch** nach § 46 Abs. 2 S. 2 EnWG a.F. unterscheide sich von vertraglichen Endschaftsbestimmungen regelmäßig schon hinsichtlich der **Person des Begünstigten**. Während der gesetzliche Anspruch dem neuen Energieversorger zustehe, sei die vertragliche Endschaftsbestimmung auf Übereignung der Versorgungsanlagen an die Gemeinde gerichtet. Ein Gleichlauf der Ansprüche könnte nur durch die Annahme einer gesetzlich angeordneten Vertragsübernahme durch den neuen Energieversorger erreicht werden, was über eine, wie vom Gesetzgeber formulierte, bloße Klarstellung deutlich hinausginge.[59]

b) Auswirkung der BGH-Rechtsprechung auf konzessionsvertragliche Regelungen und § 46 Abs. 2 S. 2 und 3 EnWG

Gemäß BGH-Rechtsprechung stehen konzessionsvertraglicher Anspruch und gesetz- 49
liche Regelungen grds. selbständig nebeneinander in sog. **Anspruchskonkurrenz.**[60] Endschaftsklauseln in Konzessionsverträgen stünden damit der Anwendung der gesetzlichen Regelung in § 46 Abs. 2 S. 2 EnWG nicht entgegen.[61] Eine vertragliche **Endschaftsklausel** würde nicht zwingend eine abschließende Regelung auch gegenüber weitergehenden gesetzlichen Ansprüchen darstellen. Sie könnte die Regelung des § 46 Abs. 2 EnWG zwar konkretisieren und ausgestalten, den gesetzlichen Anspruch als eigenständige Anspruchsgrundlage jedoch nicht verdrängen.[62] Etwas anderes würde laut **BGH** nur gelten, wenn der Gesetzgeber mit der Änderung der gesetzlichen Regelung auch eine Änderung bestehender vertraglicher Endschaftsbestimmungen beabsichtigt hätte. Ein derartiger gesetzgeberischer Wille ist jedoch aus den Gesetzesmaterialien zu § 46 Abs. 2 S. 2 u. 3 EnWG nicht ersichtlich. Der Gesetzgeber wollte mit der Wortlautänderung des § 46 Abs. 2 S. 2 EnWG den bisherigen Streit über die Formulierung „Überlassen" endgültig zugunsten einer **Übereignungspflicht** beenden und damit, was den gesetzlichen Anspruch anbelangt, Rechtssicherheit schaffen. Dass er damit auch „regulierend" in die konzessionsvertragliche Gestaltung eingreifen wollte, lässt sich daraus jedoch nicht herleiten.

58 BT-Drucks. 15/3917, S. 75.
59 BGH, Urt. v. 29.9.2009 – EnZR 15/08 – Rn 18.
60 So auch BDEW-Leitfaden „Konzessionsverträge und Konzessionsabgaben in der Strom- und Gasversorgung" vom 9.11.2010, S. 33.
61 OLG Frankfurt a.M., Urt. v. 14.6.2011 – 11 U 36/10 (Kart.) = BeckRS 2011, 21503, 8; so wohl auch LG Hannover, Urt. v. 15.11.2011 – 18 O 88/09 –.
62 *Sauer*, EWeRK 2/2011, 65, 67; zum Verhältnis vertraglicher und gesetzlicher Anspruchsgrundlagen s. auch Kap. 7.

50 Wendet man die Grundsätze der **Anspruchskonkurrenz** auf die Neuregelung in § 46 Abs. 2 S. 2 u. 3 EnWG an, ergibt sich Folgendes: Bei einem selbständigen Nebeneinander von vertraglichem und gesetzlichem Anspruch kann der Neukonzessionär seinen Anspruch zum einen aus dem ihm regelmäßig abgetretenen Recht der konzessionsvertraglichen Endschaftsbestimmung geltend machen. Die vertragliche Regelung legt dabei Art und Umfang des Anspruchs fest. Enthält der **Altkonzessionsvertrag** einen **Anspruch auf Besitzüberlassung** der örtlichen Verteilungsanlagen, ist der Neukonzessionär hieran gebunden. Zum anderen kann er bei einer Anspruchskonkurrenz seinen Anspruch jedoch auch auf § 46 Abs. 2 S. 2 EnWG stützen und damit sein Recht auf Eigentumsübertragung geltend machen.

51 Dieses Ergebnis ist kritisch zu hinterfragen, denn es führt dazu, dass vertragliche Regelungen zwischen der konzessionsvergebenden Kommune und dem Altkonzessionär zur Form der **Netzübertragung** faktisch obsolet werden, da der Neukonzessionär sich unabhängig davon auf die ihm **sämtliche Wahlmöglichkeiten** eröffnende gesetzliche Regelung berufen kann. Dies würde selbst dann gelten, wenn die Kommune sich dafür entscheidet, den neuen Konzessionsvertrag mit den „eigenen" Stadtwerken abzuschließen, d.h. ein vollständig oder mehrheitlich kommunales Unternehmen könnte sich auf den gesetzlichen Übereignungsanspruch stützen, obwohl der (einzige) Gesellschafter des Unternehmens – die Kommune selbst – lediglich Anspruch auf Besitzüberlassung der örtlichen Verteilungsanlagen hätte.

52 Denkt man die Anspruchskonkurrenz konsequent zu Ende, würde sie auch auf die **Kaufpreisregelung im Konzessionsvertrag** Auswirkungen haben. Während zwischen Altkonzessionär und Kommune der vertraglich vereinbarte Kaufpreis Gültigkeit hat, könnte der Neukonzessionär sich unabhängig davon auf die „angemessene Vergütung" gem. § 46 Abs. 2 EnWG berufen, je nachdem welche Regelung für ihn günstiger ist. Dies wiederum würde eine Vielzahl von Folgefragen nach sich ziehen, z.B. die Frage, ob der Altkonzessionär den Differenzbetrag zwischen vertraglichem und gesetzlichem Vergütungswert direkt von der Kommune verlangen kann.

53 Im Rahmen der bisherigen gesetzlichen Regelung war die Entscheidung in Bezug auf das **Verhältnis von vertraglicher zu gesetzlicher Regelung** nicht in diesem Maße relevant. Dadurch, dass § 46 Abs. 2 S. 2 EnWG a.F. den Begriff des Überlassens verwendet hatte, war es den konzessionsvertraglichen Parteien möglich, die gesetzliche Regelung entweder durch einen vertraglichen Übereignungsanspruch zu konkretisieren bzw. einen über die gesetzliche Regelung hinausgehenden, eigenständigen Anspruch des Neukonzessionärs auf **Eigentumsübertragung**, aus eigenem oder abgetretenem Recht, zu begründen. In beiden Fällen konnte der konzessionsvertraglich fixierte Wille der Parteien des Altkonzessionsvertrags im Verhältnis Alt- zu Neukonzessionär Berücksichtigung finden. Nach aktueller Gesetzeslage, die dem Neukonzessionär einen Übereignungsanspruch gibt, ist die Berücksichtigung

der Regelung im Altkonzessionsvertrag bei Annahme einer Anspruchskonkurrenz nicht möglich.

Eine so verstandene **Anspruchskonkurrenz** erscheint auch aufgrund der Entstehungsgeschichte von § 13 EnWG 1998 bzw. § 46 EnWG a. F. nicht zwingend. Nach Art. 4 § 1 EnWG 1998 bzw. § 113 EnWG a. F. sollten laufende Konzessionsverträge trotz Wegfalls der Ausschließlichkeit im Übrigen unberührt bleiben, d. h. einschließlich der dortigen **Endschaftsregelungen**. Dies spricht zwar nicht unbedingt gegen eine **Anspruchsparallelität** mit § 13 Abs. 2 S. 2 EnWG 1998. Es kann jedoch die Auffassung vertreten werden, dass der Gesetzgeber mit § 13 Abs. 2 S. 2 EnWG 1998 lediglich einen allgemeinen rechtlichen Rahmen setzen wollte, der einer vertraglichen Konkretisierung durch die Parteien gerade zugänglich war.[63] 54

Zwar wird zugunsten des **Neukonzessionärs** argumentiert, dass eine vertragliche Regelung nicht zu Lasten des übernehmenden Energieversorgers gewertet werden könne, weil Gläubiger des gesetzlichen Anspruchs und Vertragspartner des Altkonzessionsvertrags nicht identisch seien bzw. sein müssen.[64] Die **Endschaftsklausel** würde in diesem Fall eine unzulässige Vereinbarung zu Lasten Dritter, nämlich zu Lasten des Neukonzessionärs darstellen. Dem ist jedoch entgegenzuhalten, dass der Neukonzessionär seine Rechte gegenüber dem Altkonzessionär einzig daraus ableitet, dass die konzessionsvergebende Kommune ihm das **Wegenutzungsrecht zum Betrieb des örtlichen Verteilnetzes** zugesprochen hat. Ist die Kommune aufgrund bestehender vertraglicher Endschaftsklauseln nicht in der Lage, einem Neukonzessionär das Eigentum an den örtlichen Verteilungsanlagen zu verschaffen, so hat dies im **wettbewerblichen Verfahren um den Neuabschluss des Konzessionsvertrags** Berücksichtigung zu finden. Denn in diesem Fall ist die Kommune gerade nicht in der Lage, dem Wettbewerber neben dem Wegenutzungsrecht auch die Rechtsstellung aus § 46 Abs. 2 S. 2 EnWG zu verschaffen. 55

Einer derartigen **Gestaltungsfreiheit der Kommune** würde § 46 Abs. 2 S. 2 EnWG nur dann entgegenstehen, wenn es sich bei der Norm um eine **Ge- bzw. Verbotsregelung in Bezug auf den Übereignungsanspruch** handeln würde. Der Regelung des § 46 Abs. 2 EnWG wird zwar grds. Schrankencharakter zugesprochen, da die Regelung dem Schutz der Allgemeinheit, nämlich u. a. der Förderung des Wettbewerbs im Interesse der Verbrauchers, dient. Vereinbarungen, welche die Erreichung dieses Zwecks vereiteln, können gem. § 134 BGB unwirksam sein.[65] Allerdings wird durch eine konzessionsvertragliche Vereinbarung, nach Beendigung des Vertrags die örtlichen Verteilungsanlagen an den Neukonzessionär zu verpachten, der gesetzliche Zweck des § 46 Abs. 2 EnWG gerade nicht vereitelt, wie schon mehr- 56

63 Vgl. *Trinkl/Saitzek*, BB 2008, 1524; *Klemm*, CuR 2007, 44.
64 OLG Frankfurt a. M., Urt. v. 14.6.2011 – 11 U 36/10 (Kart.) = BeckRS 2011, 21503, 8.
65 So OLG Koblenz, Urt. v. 23.4.2009 – U 646/08.Kart. = ZNER 2009, 146, 149.

fach festgestellt wurde. Auch eine Verpachtung an den Neukonzessionär ermöglicht dies gleichermaßen, wie § 46 Abs. 2 S. 3 EnWG verdeutlicht.

57 Insb. vor dem Hintergrund der verfassungsrechtlichen Bedenken im Hinblick auf die **Übereignungspflicht** in § 46 Abs. 2 S. 2 und 3 EnWG bestehen erhebliche Bedenken gegen ein **Verhältnis von konzessionsvertraglicher und gesetzlicher Regelung**, welches dazu führt, dass von der gesetzlichen Regelung abweichende vertragliche Vereinbarungen faktisch ins Leere laufen. Vielmehr ist davon auszugehen, dass die **Kommune als „Herrin des Verfahrens um die Konzessionsvergabe"** Vereinbarungen in Konzessionsverträgen zur Art der Übertragung des örtlichen Verteilnetzes bereits im „Vergabeverfahren" und bei der Auswahl des Neukonzessionärs berücksichtigen muss. Andernfalls bliebe die Kommune auf einem Teil der Ansprüche des Altkonzessionärs aus der vertraglichen Endschaftsbestimmung „sitzen".

Praxistipp

Auch bei dieser Rechtsfrage wird das endgültige Ergebnis einer höchstrichterlichen Entscheidung vorbehalten bleiben. Insofern ist es ratsam, auch zukünftig in konzessionsvertragliche Endschaftsbestimmungen eigenständige Regelungen zu Art und Umfang der Verpflichtung des Altkonzessionärs in Bezug auf die Übertragung der örtlichen Verteilungsanlagen aufzunehmen.

3. Exkurs: Auswirkungen der Gesetzesänderung auf Altkonzessionsverträge

58 Aufgrund der Neuregelung des § 46 Abs. 2 EnWG stellt sich die Frage, ob die **gesetzlich normierte Übereignungspflicht** Auswirkungen auf bereits abgeschlossene Netzübernahmen oder auf aktuell laufende **Netzübernahmeverhandlungen** hat. Hierbei sind folgende Konstellationen denkbar:

Beispiel

Fall 1: Der Konzessionsvertrag wurde mit dem Neukonzessionär abgeschlossen. Im Altkonzessionsvertrag war die Verpflichtung des Altkonzessionärs, das örtliche Verteilnetz an den Neukonzessionär zu verpachten, vorgesehen. Zwischen Alt- und Neukonzessionär wurde die Verpachtung der örtlichen Verteilungsanlagen vollständig umgesetzt, erst **danach** trat § 46 Abs. 2 S. 2 u. 3 EnWG in Kraft.

Fall 2: wie Fall 1 mit der Abweichung, dass die Verhandlungen über die Modalitäten des Pachtvertrags bei Inkrafttreten der gesetzlichen Neuregelung **noch nicht abgeschlossen** waren.

Fall 3: Der Altkonzessionsvertrag wurde **vor Inkrafttreten** der Neuregelung geschlossen und **läuft erst** nach dem 4.8.2011, also **nach Inkrafttreten** des geänderten Energiewirtschaftsgesetzes, **aus.** Die Gemeinde entscheidet sich, den neuen Konzessionsvertrag mit einem **neuen Vertragspartner** abzuschließen. Der Altkonzessionsvertrag enthält eine Pachtregelung.

59 Festzuhalten ist, dass sich das in Beispielsfall 1 und 2 geschilderte Problem in der Praxis faktisch kaum stellen wird. Denn in den **Konzessionsverträgen**, die in den

letzten Jahren beendet wurden, ist in den **Endschaftsklauseln** überwiegend die **Übereignungspflicht des Altkonzessionärs** geregelt, so dass sich die Pflicht zur Eigentumsübertragung bereits direkt aus der vertraglichen Regelung ergab. Erst im Zuge der Regulierung der Netzinfrastruktur und der Abtrennung des Netzbetriebes im Wege des **Unbundling** durch das EnWG 2005 wurden Überlassungs- und Verpachtungsregelungen in konzessionsvertragliche Endschaftsbestimmungen aufgenommen. Diese werden, wie in Beispielfall 3 geschildert, erst nach dem 4.8.2011 beendet werden. Gleichwohl gibt es, wie das Teilurteil des **LG Hannover** vom 15.11.2011 belegt, in der Praxis Fälle, in denen der Altkonzessionsvertrag keine Endschaftsbestimmung enthält und Alt- und Neukonzessionär eine pachtweise Regelung getroffen haben.[66]

Beim Inkrafttreten neuer Gesetze wird oftmals geregelt, in welchem Umfang, **60** wie lange und auf welche Sachverhalte das vorher geltende Recht noch anzuwenden ist. §§ 118ff. EnWG enthalten zwar **Übergangsvorschriften**, allerdings befasst sich keine dieser Regelungen mit § 46 Abs. 2 EnWG. Die Übereignungspflicht sowie das Wahlrecht des Neukonzessionärs sind seit Inkrafttreten des Gesetzes, also seit 4.8.2011 geltendes Recht. Mangels gesetzlicher Übergangsregelung ist auf den **allgemeinen Rechtsgrundsatz des Rückwirkungsverbotes** zurückzugreifen.

Das Rückwirkungsverbot entstammt dem Rechtsstaatsprinzip aus Art. 20 Abs. 1 **61** u. Abs. 3 GG und ist in der heutigen Rechtsprechung und Literatur allgemein anerkannt.[67] Danach erlaubt der **Vertrauensschutz** ein belastendes Gesetz nur, wenn dessen Rechtsfolgen für einen frühestens mit der Verkündung beginnenden Zeitraum eintreten. Hierbei wird zwischen der grds. unzulässigen echten und der unter bestimmten Bedingungen zulässigen unechten Rückwirkung unterschieden. Eine gesetzliche Regelung entfaltet „echte" Rückwirkung, wenn ihre Rechtsfolge mit belastender Wirkung schon vor dem Zeitpunkt ihrer Verkündung für bereits abgeschlossene Tatbestände gelten soll, sog. **Rückbewirkung von Rechtsfolgen**. Diese Form der Rückwirkung ist **grds. unzulässig**, es sei denn, die Parteien hätten mit einer Gesetzesänderung zum betreffenden Zeitpunkt rechnen müssen oder aber durch die Gesetzesänderung wird eine verfassungswidrige durch eine verfassungsmäßige Regelung ersetzt. Soweit belastende Rechtsfolgen einer Norm erst nach ihrer Verkündung eintreten, tatbestandlich aber von einem bereits im Werk gesetzten Sachverhalt ausgelöst werden – sog. tatbestandliche Rückanknüpfung – liegt eine „unechte" Rückwirkung vor. Sie ist nicht grds. unzulässig, bedarf aber stets einer hinreichenden Begründung nach den **Maßstäben des Übermaßverbots**. Eine Rückwirkung ist mit den Grundsätzen grundrechtlichen und rechtsstaatlichen Vertrauensschutzes daher nur vereinbar, wenn sie zur Förderung des Gesetzeszwecks geeignet und erforderlich ist und wenn

66 LG Hannover, Teilurt. v. 15.11.2011 – 18 O 88/09 –.
67 BVerfG, Urt. v. 3.12.1997 – 2 BvR 882/97 –; BVerfG, Urt. v. 7.7.2010 – 2 BvR 748/05 –; BVerfG JuS 2011, 189.

bei einer Gesamtabwägung zwischen dem Gewicht des enttäuschten Vertrauens und dem Gewicht und der Dringlichkeit der die Rechtsänderung rechtfertigenden Gründe die Grenze der Zumutbarkeit gewahrt bleibt.[68]

62 Wendet man diese Grundsätze auf die vorliegenden Beispielsfälle an, ergibt sich Folgendes:

- In **Beispielsfall 1** handelt es sich um bereits vor **Inkrafttreten des § 46 Abs. 2 EnWG abgeschlossenen Sachverhalt**. Dies ist eindeutig, da sowohl der Abschluss des Konzessionsvertrags als auch der Abschluss des Pachtvertrags bereits vor der Gesetzesänderung erfolgten. Mit § 46 Abs. 2 S. 2 u. 3 EnWG wird nämlich erst für ab dem 4.8.2011 vertraglich zu regelnde Überlassungsansprüche ein Übereignungsanspruch des Neukonzessionärs begründet. Weder der Wortlaut der Neuregelung noch deren Gesetzesbegründung ergeben Hinweise darauf, dass diese auch unmittelbar in Altfälle, also in bereits auf Grundlage des § 46 Abs. 2 S. 2 EnWG a. F. geschlossene Verträge, eingreifen soll.[69]
- In **Beispiel 2** war der Altkonzessionsvertrag bereits beendet, der Konzessionärswechsel hat bereits stattgefunden, allerdings haben sich Alt- und Neukonzessionär noch nicht auf einen Pachtvertrag einigen können. Hier ist fraglich, ob der Neukonzessionär nun einen Eigentumsübertragungsanspruch aus der Neuregelung des § 46 Abs. 2 S. 2 EnWG geltend machen kann. § 46 Abs. 2 EnWG knüpft sowohl in der Alt- als auch in der Neufassung an das **Ereignis der „Beendigung des Konzessionsvertrags“** an. Dieser Zeitpunkt ist maßgeblich für den sich aus § 46 Abs. 2 EnWG ergebenden Anspruch. Der Neukonzessionär kann sich damit nur auf die zum Zeitpunkt der Beendigung des Altkonzessionsvertrags geltende gesetzliche Regelung berufen. Andernfalls würde eine **unzulässige Rückwirkung** vorliegen.[70]
- In **Beispielsfall 3** ist der Konzessionsvertrag vor in Kraft treten der Novellierung geschlossen worden und wird erst nach dem 4.8.2011 beendet werden. In diesem Zusammenhang stellt sich erneut die Frage, in welchem **Verhältnis konzessionsvertragliche Regelung und gesetzlicher Anspruch** zueinander stehen.[71] Geht man von einer **Anspruchskonkurrenz** zwischen vertraglicher und gesetzlicher Regelung aus, sind beide Ansprüche unabhängig voneinander anwendbar. Das Rückwirkungsverbot ist hiervon nicht betroffen. Geht man von ei-

---

68 BVerfG JuS 2011, 189.

69 LG Hannover, Urt. v. 15.11.2011 – 18 O 88/09 – S. 13.

70 Die Frage der Rückwirkung stellt sich in diesem Beispiel nur, wenn man eine Anspruchskonkurrenz zwischen vertraglichem und gesetzlichem Anspruch bejaht. Sieht man die konzessionsvertragliche Endschaftsklausel des Altvertrags als auch für den Neukonzessionär bindend an, ist die Neuregelung des § 46 Abs. 2 S. 2 u. 3 EnWG irrelevant. Vgl. hierzu ausführlich unter Rn 49 ff.

71 S. hierzu bereits unter Rn 49 ff.

nem **Ge- bzw. Verbotscharakter** des § 46 Abs. 2 S. 2 EnWG aus, liegt eine **„unechte" Rückwirkung** vor. Eine Anwendung der Neuregelung des § 46 Abs. 2 EnWG auf diese Fallkonstellation wäre grds. zulässig. Ein überwiegender Vertrauensschutz der Vertragsparteien, dass sich innerhalb der 20jährigen Laufzeit des Konzessionsvertrags die gesetzlichen Rahmenbedingungen nicht ändern, wird kaum zu bejahen sein.[72]

Die Neufassung des § 46 Abs. 2 S. 2 EnWG bietet auch keinen Ansatz, die Altrege- 63
lung im Sinne eines Übereignungsanspruchs auszulegen und dadurch auch für (bereits abgeschlossene) Altfälle einen **Eigentumsübertragungsanspruch unabhängig von einer evtl. Rückwirkung** zu konstruieren. Schon die Änderung des Wortlautes der Norm von Überlassen in Übereignen stellt eine signifikante Änderung dar. Auch die Gesetzesbegründung, in welcher davon gesprochen wird, dass mit der gesetzlichen Klarstellung für die Unternehmen Rechtssicherheit geschaffen werde, reicht hierzu nicht aus.[73] Diese Auffassung hat insb. das **LG Hannover** vertreten und dazu Folgendes ausgeführt:

> „Nach Einschätzung der Kammer ergibt sich aus der Gesetzesbegründung nur, dass Rechtssicherheit für die Zukunft geschaffen werden soll. Es wird ausdrücklich darauf hingewiesen, dass die alte Regelung zu zeit- und kostenaufwendigen Auseinandersetzungen geführt hatte. Dass die Neufassung sich direkt oder mittelbar auf diese Auseinandersetzungen auswirken soll, lässt sich der Begründung nicht entnehmen. Die Begründung deutet allenfalls darauf hin, dass die derzeitige Bundesregierung dazu neigt, auch den Wortlaut der alten Fassung i.S. eines Anspruchs auf Eigentumsübertragung auszulegen. Da weder die heutige Bundesregierung noch der Gesetzgeber, d.h. der Bundestag in seiner gegenwärtigen Zusammensetzung an der Verabschiedung der vorgenannten Regelung beteiligt waren, kann dies aber lediglich als rechtliche Einschätzung, nicht aber als Wille des – historischen – Gesetzgebers bei der Auslegung berücksichtigt werden."[74]

II. Inhaltliche Ausgestaltung von Pachtverträgen

Alt- und Neukonzessionär können, sei es aufgrund der Regelung gem. § 46 Abs. 2 64
S. 3 EnWG, sei es (nach der hier vertretenen Auffassung) wegen eines konzessionsvertraglich verankerten Überlassungsanspruchs, vor der Herausforderung stehen,

---

72 Dieses Ergebnis wird auch gestützt durch den Rechtsgedanken des sog. Intertemporalen Rechtes, welcher sich aus Art. 170 EGBGB ergibt. Danach untersteht ein Schuldverhältnis nach seinen Voraussetzungen, seinem Inhalt und seinen Wirkungen dem Recht, das zum Zeitpunkt der Verwirklichung seines Entstehungstatbestandes galt. Maßgeblicher Zeitpunkt ist vorliegend die mit einem Konzessionärswechsel verbundene Beendigung des Konzessionsvertrags. Ist dieser Akt vollzogen und abgeschlossen, kann die Neuregelung des § 46 Abs. 2 EnWG in diesen Sachverhalt nicht mehr eingreifen.

73 BR-Drucks. 343/11, S. 221; so aber im Ansatz *Tischmacher*, IR 2011, 246, 250 ff.

74 LG Hannover, Urt. v. 15.11.2011 – 18 O 88/09 – S. 14.

gemeinsam einen **Pachtvertrag** zu **gestalten**. Dabei ist zu beachten, dass – im Gegensatz zu der klaren Zäsur einer Netzübertragung – bei einem Pachtverhältnis die Vertragsparteien ein **Dauerschuldverhältnis** eingehen und die gegenseitigen Rechte und Pflichten über die Laufzeit des Pachtvertrags geregelt werden müssen. Zu berücksichtigen ist zusätzlich, dass der Wille der Kommune, das Recht zur Wegenutzung für die Laufzeit des neu abgeschlossenen Konzessionsvertrags auf einen neuen Vertragspartner zu übertragen, nicht durch Vereinbarungen im Pachtvertrag (z.B. Kündigungsmöglichkeiten) umgangen werden darf. Insoweit muss die pachtvertragliche Gestaltung dem Pächter gleichwertige **Rechte einräumen wie bei einer Eigentumsübertragung**.

65 **Inhalte eines Pachtvertrags** unterliegen weitgehend der **Privatautonomie**, d.h. die Parteien sind grds. frei in der Ausgestaltung der vertraglichen Regelungen. Die §§ 581ff. BGB enthalten Vorgaben für die Ausgestaltung eines Pachtvertrags, die Regelungen sind jedoch durch vertragliche Vereinbarung abdingbar. Dies wird bei Netzpachtverträgen auch weitgehend erforderlich sein, da die gesetzlichen Regelungen auf den Sonderfall der Verpachtung von örtlichen Verteilungsanlagen an den Neukonzessionär nicht „passen“. Der Abschluss eines Pachtvertrags wird aus diesem Grund immer das **Ergebnis von individuellen Verhandlungen und Entscheidungen** sein. Einen „Musterpachtvertrag für Netzüberlassungen“ wird es nicht geben.

66 Die Darstellung sämtlicher im Zusammenhang mit der Gestaltung von Pachtverträgen auftretenden Fragen würde den Rahmen dieses Kapitels sprengen. Nachfolgend sollen daher einige **ausgewählte Regelungsinhalte** von Pachtverträgen näher beleuchtet werden.

1. Pachtgegenstand, Investitions- und Erhaltungsmaßnahmen

67 Im Pachtvertrag gilt es grundlegend sicherzustellen, dass der Pächter nicht nur die örtlichen Verteilungsanlagen pachtet, sondern dass dieser auch für den vertraglich vereinbarten **Pachtzeitraum** den **Netzbetrieb als Netzbetreiber fortführen** kann.[75]

68 Der Pachtgegenstand ist im Pachtvertrag meist allgemein und abstrakt beschrieben unter Verweis auf die **Konkretisierung** in den dem **Vertrag beigefügten Anlagen**. Darin werden sämtliche Verteilungsanlagen, Grundstücke, Dienstbarkeiten und sonstige dem Pachtgegenstand zugeordnete Gegenstände einzeln aufgelistet, um dem **Bestimmtheitsgebot** Genüge zu tun.

69 Da es bei einer derartigen **Vielzahl von Pachtgegenständen** durchaus vorkommen kann, dass die Anlagen zum Vertrag den Pachtgegenstand nicht vollständig wiedergeben, finden sich in Pachtverträgen regelmäßig Vereinbarungen

75 Baur/Salje/Schmidt-Preuß/*Fenzl*, Kap. 7 Rn 18.

darüber, dass auch die Leitungen, Anlagen und Pachtgegenstände, die dem verpachteten örtlichen Verteilnetz zuzuordnen sind und versehentlich nicht in der Auflistung enthalten sind, als vom Vertragsgegenstand erfasst gelten und umgekehrt. Da es sich bei einem **örtlichen Verteilnetz** darüber hinaus um einen **„dynamischen Pachtgegenstand"** handelt, der sich durch Zu- und Abgänge regelmäßig verändert, wird üblicherweise eine **turnusmäßige Fortschreibung der Anlagen zum Vertrag** vereinbart. Eine vertragliche Regelung könnte folgendermaßen aussehen:

Beispiel
„Soweit einzelne Pachtgegenstände nicht ausdrücklich in Anlage … zu diesem Vertrag erfasst sind, diese jedoch nach übereinstimmendem Parteiwillen den Pachtgegenständen zuzuordnen sind, werden sich die Vertragsparteien in diesem Fall im Innenverhältnis so verhalten und behandeln lassen, als ob der einzelne Pachtgegenstand in der Anlage … zu diesem Vertrag erfasst wäre."

Da der Verpächter weiterhin Eigentümer des Pachtgegenstandes bleibt, fallen **Investitions- und Erhaltungsmaßnahmen** sowie die Entscheidung hierüber gem. § 588 BGB grds. in seinen Aufgabenbereich. Die Norm ist abdingbar, so dass die Parteien **frei vereinbaren** können, wer die Entscheidung über die Investitions- und Erneuerungsmaßnahmen trifft, wer die Maßnahmen durchführt und wer Eigentümer der damit neu entstehenden Anlagen wird.[76] Bei Netzpachtverträgen wird man die Entscheidung über Investitions- und Erhaltungsmaßnahmen beim Pächter ansiedeln, um zu gewährleisten, dass er für die Laufzeit des Konzessionsvertrags unabhängig von dem Verpächter den Netzbetrieb und die Erweiterung und Veränderung des örtlichen Verteilungsnetzes betreiben kann. Schließlich ist der Pächter so zu stellen, als wäre er Eigentümer des Netzes. Konsequenterweise wird der Pächter die entsprechenden Maßnahmen auch eigenständig durchführen. 70

Auch die **eigentumsrechtliche Zuordnung der „Neuanlagen"** ist vertraglich zu regeln. Denkbar ist bspw., die Eigentümerschaft von während der Laufzeit des Pachtvertrags neu errichteter Anlagen zu splitten.[77] Während Altanlagen im Eigentum des Verpächters verbleiben, gehen beim **Anlagensplitting** neu errichtete Anlagen in das Eigentum des Pächters über. Wählen die Vertragsparteien die Alternative des Anlagensplitting, ist für die **Zeit nach Ablauf des Vertrags** eine Vereinbarung zu treffen, wie mit den unterschiedlichen Eigentumsverhältnissen umzugehen ist. Auch hier bieten sich wieder mehrere Alternativen bei der Vertragsgestaltung an. So kann bspw. ein Übereignungsanspruch des Verpächters bei Beendigung des Vertrags gegen Zahlung einer entsprechenden Vergütung ebenso vereinbart werden wie ein Wahlrecht zugunsten des Pächters. Der Pächter kann dann entscheiden, ob er die 71

---

76 Staudinger/*v. Jeinsen*, § 588 Rn 26.
77 Kermel/Brucker/Baumann/*Kermel*, S. 128.

Anlagen im Eigentum behält und an einen möglichen Neukonzessionär verpachtet oder an den bisherigen Verpächter übereignet.[78]

72 Mit dem **Anlagensplitting** geht die Problematik der Aufspaltung des Versorgungsnetzes in Teile einher, die im Eigentum des Altkonzessionärs verbleiben und denen die im Eigentum des neuen Netzbetreibers stehen. In der Praxis bietet sich regelmäßig eine Vereinbarung dahingehend an, dass Neuanlagen turnusmäßig (bspw. jährlich) in das Eigentum des Verpächters übergehen.[79] Damit einhergehend sind **pachtvertragliche Vereinbarungen erforderlich**, die einen entsprechenden Anpassungsmechanismus bei der Berechnung des Pachtzinses vorsehen, sowie die mit einer Eigentumsübertragung verbundenen Aspekte wie Haftung, Gewährleistung zwischen den Parteien regeln.

2. Haupt- und Nebenleistungspflichten

73 Die **Hauptleistungspflichten eines Pachtvertrags** ergeben sich aus § 581 BGB. Der **Verpächter** ist verpflichtet, dem Pächter den Gebrauch des Pachtgegenstandes sowie die Fruchtziehung, also die Nutzung des Pachtgegenstandes zu gewähren. Bei Netzpachtverträgen stellt die „**Fruchtziehung**" die Nutzung des örtlichen Verteilungsnetzes, also den Netzbetrieb dar. Der Verpächter haftet allerdings nicht für die Rentabilität des Pachtgegenstandes, sondern nur für die **Tauglichkeit zum vertraglich vereinbarten Gebrauch.**[80] Auch die Einsetzung des Pächters in das laufende operative Tagesgeschäft des Netzbetriebes gehört zu den Hauptleistungspflichten des Verpächters.[81] Es sind daher vertragliche Regelungen erforderlich, wonach der Verpächter dem Pächter die erforderlichen Informationen zur Fortführung des Netzbetriebes zur Verfügung stellt, bspw. bzgl. operativer Prozesse, Informationen über Netzkunden und Lieferanten. Darüber hinaus sind Regelungen im Pachtvertrag aufzunehmen, wonach der Pächter in laufende Verträge des Verpächters, z. B. mit Lieferanten oder Netzkunden, eintritt. Dies kann in Form der Vertragsübernahme durch den Pächter erfolgen, zu der allerdings die Zustimmung des Lieferanten bzw. Netzkunden erforderlich ist. Für den Fall, dass eine Zustimmung nicht erteilt wird, besteht die Möglichkeit, den Pächter im internen Verhältnis mit dem Verpächter so zu stellen, als wäre eine Vertragsübernahme wirksam erfolgt.[82]

74 **Informationsverpflichtungen** bestehen in dem speziellen Netzpachtverhältnis nicht nur zu Beginn der Vertragslaufzeit, sondern ergeben sich auch während der Vertragslaufzeit. So benötigt der Pächter bspw. Informationen des Verpächters im

---

78 Kermel/Brucker/Baumann/*Kermel*, S. 129.
79 So auch OLG Koblenz, Urt. v. 23.4.2009 – U 646/08.Kart. = ZNER 2008, 146, 149.
80 BGH NJW 1982, 2062 ff.
81 Baur/Salje/Schmidt-Preuß/*Fenzl*, Kap. 7 Rn 22.
82 Baur/Salje/Schmidt-Preuß/*Fenzl*, Kap. 7 Rn 58.

Rahmen der Antragstellung zur **Festlegung der kalenderjährlichen Erlösobergrenze** gem. § 4 ARegV (sog. **Verpächtererhebungsbogen**).[83]

Der **Pächter** ist im Gegenzug zur **Fortführung des Netzbetriebes**, zur Erhal- 75
tung und Erneuerung des Pachtgegenstandes sowie zur Zahlung des **Pachtzinses** verpflichtet.[84] Die Einigung auf die Bewertungsgrundlagen der **Pachtzinsformel** wird wie bei einem Netzpachtvertrag ein wesentlicher Streitpunkt zwischen den Parteien sein.[85] Im Pachtvertrag kann bspw. über einen Vorbehalt ein vorläufiges Pachtentgelt vereinbart werden, wonach beide Parteien das Recht haben, die Angemessenheit des Pachtzinses gerichtlich überprüfen zu lassen.

3. Laufzeit und Kündigungsmöglichkeiten

Die **Laufzeit des Pachtvertrags** wird sich an der Laufzeit des Konzessionsvertrags 76
orientieren, **in der Regel also 20 Jahre** betragen. Um dem Pächter die ausschließliche Verfügungsgewalt über das örtliche Verteilungsnetz zu ermöglichen, müssen Kündigungsmöglichkeiten vollständig ausgeschlossen sein. Problematisch ist dies insb. bei dem **Recht zur außerordentlichen Kündigung** gem. § 314 BGB. § 314 BGB ist eine gesetzliche Regelung, die vertraglich zwar auf bestimmte Kündigungsgründe beschränkt, jedoch nicht vollständig ausgeschlossen werden kann.[86] Denkbar ist bspw. eine dauerhafte Einstellung der Pachtzinszahlung durch den Pächter, welche den Verpächter zu einer außerordentlichen Kündigung berechtigen würde. Eine außerordentliche Kündigung stellt allerdings einen Widerspruch zu der Entscheidung der Kommune dar, ausschließlich dem Pächter das Recht zur Nutzung der öffentlichen Verkehrswege im Rahmen eines Konzessionsvertrags zu übertragen. Andererseits kann es dem Verpächter nicht zugemutet werden, die Nutzung seines Eigentums ohne eine entsprechende Gegenleistung dem Pächter zur Verfügung zu stellen. Im Ergebnis führt eine außerordentliche Kündigung dazu, dass der Pächter zwar weiterhin Inhaber der Konzession ist, jedoch keine Verfügungsgewalt über das örtliche Verteilnetz mehr hat, zumindest was die im Eigentum des Verpächters stehenden örtlichen Verteilungsanlagen betrifft. Der Verpächter wiederum kann den Netzbetrieb weiterführen, ist jedoch mangels Konzessionsvertrags nicht berechtigt, die öffentlichen Straßen und Wege zu nutzen. An dieser Stelle reicht eine bilaterale Vereinbarung zwischen Verpächter und Pächter nicht mehr aus; auch im Konzessionsvertrag sind **Regelungen für den Fall der außerordentlichen Kündigung zu treffen.**

83 Herunterzuladen über http://www.bundesnetzagentur.de.

84 Zur Ermittlung des Pachtzinses vgl. Kap. 7.

85 Vgl. hierzu ausführlich Kap. 7.

86 Palandt/*Grüneberg*, § 314 Rn 3.

4. Weitere Regelungsinhalte

77 Je nach Ausgestaltung des Vertrags durch die Parteien kommen noch **weitere Regelungsinhalte** eines Pachtvertrags in Betracht:

a) Zustand des Pachtgegenstandes, Gewährleistung

78 Bei dem Pachtgegenstand wird **maßgeblicher Stichtag** für Zustand, Gewährleistung und Haftung **der Beginn und das Ende des Vertrags** sein. Zu Beginn wird der Verpächter eine Erklärung über den Zustand der örtlichen Verteilungsanlagen abgeben, z.B. dahingehend, dass gepachtet wird, „wie gesehen“. Häufig erfolgt eine Zusicherung des Verpächters, dass die Anlagen nach den anerkannten Regeln der Technik errichtet und gewartet wurden. Eine weitergehende Gewährleistung wird der Verpächter in der Regel nicht abgeben. Diese Regelung wird sich im Zweifel bei Ablauf des Pachtvertrags auf die Verpflichtungen des Pächters bei Rückgabe des Pachtgegenstandes spiegeln lassen.

b) Versicherung

79 Zwischen den Parteien ist eine **Vereinbarung** über den Abschluss der erforderlichen Versicherungen (Sachversicherungen, Betriebs- und Haftpflichtversicherung etc.) zu treffen.

c) Schiedsklauseln und Allgemeine Bestimmungen

80 Oftmals findet sich in Netzpachtverträgen auch eine Vereinbarung, **Streitigkeiten über die Auslegung des Vertrags** in einem **Schiedsverfahren** auszutragen, um langwierige gerichtliche Auseinandersetzungen zu vermeiden.[87] Darüber hinaus sollte darauf geachtet werden, die üblichen Regelungen wie **Allgemeine Wirtschaftsklausel**, **Salvatorische Klausel**, **Gerichtsstandvereinbarung** und **Schriftformklausel** in den Vertrag mit aufzunehmen.

III. Herausgabe von Daten und Informationen

81 Nicht nur im Rahmen des wettbewerblichen „Vergabeverfahrens“ der Kommune spielen Informationen zum örtlichen Verteilnetz eine wesentliche Rolle. Auch nach Entscheidung der Kommune für einen Wettbewerber wird die Frage von **Informationsansprüchen des Neukonzessionärs** relevant.

---

87 S. hierzu ausführlich Rn 222 f.

Zum Zeitpunkt des Abschlusses des Konzessionsvertrags hat der Neukonzessionär aufgrund der bis dahin erlangten Informationen einen Überblick über das Netz erhalten, der ihn in die Lage versetzen sollte, am Wettbewerb um die Konzession effektiv teilzunehmen. Inhalt und Umfang sind mittlerweile durch § 46 Abs. 3 S. 4 EnWG und den dortigen Verweis auf die **Festlegungskompetenz von BKartA und BNetzA** weitgehend vorgegeben.[88] Nach Abschluss des Konzessionsvertrags stellt sich erneut die Frage über **Umfang, Qualität und Zeitpunkt der dem Neukonzessionär zur Verfügung zu stellenden Informationen**, und zwar im Verhältnis von Alt- zu Neukonzessionär. Der Neukonzessionär fordert in der Regel eine Vielzahl von Informationen, die das Netz betreffen, mit der Begründung, dass anderweitig ein geordneter Netzbetrieb durch den Neukonzessionär nicht ermöglicht wird. Darüber hinaus sollen die Informationen dazu dienen, den vom Verkäufer geforderten Kaufpreis des Netzes bewerten oder den Antrag gem. § 26 Abs. 2 ARegV stellen zu können. Im Gegensatz dazu steht das Interesse des Altkonzessionärs an der Wahrung seiner **Betriebs- und Geschäftsgeheimnisse** sowie an einer adäquaten Gegenleistung für die Zurverfügungstellung der Informationen. 82

Im Grundsatz herrscht zwar Einigkeit, dass dem Neukonzessionär Informationen „rund um das Netz" zur Verfügung zu stellen sind. Die **konkrete Ausgestaltung des Informationsanspruchs** ist jedoch **umstritten.** Weder gesetzliche noch konzessionsvertragliche Regelungen geben eine klare Vorgabe. Die Rechtsprechung hat sich bislang nur vereinzelt mit diesem Themenkomplex beschäftigt, die ergangenen Entscheidungen zeigen keine einheitliche Linie auf. Nachfolgend soll anhand der Darstellung der Rechtsgrundlagen unter Berücksichtigung der bislang ergangenen Rechtsprechung zu Auskunfts- und Informationsansprüchen aufgezeigt werden, welche **wesentlichen Kriterien bei der Informationsbereitstellung** zu berücksichtigen sind. Anhand dieser Kriterien werden Informationsansprüche des Neukonzessionärs den verschiedenen Phasen einer Netzüberlassung zugeordnet. Zuletzt erfolgt eine Auseinandersetzung damit, ob Informationsansprüche im einstweiligen Rechtsschutzverfahren geltend gemacht werden können. 83

Beispiel

Beispiel für ein **Informationsverlangen eines Neukonzessionärs** nach Abschluss des Konzessionsvertrags:
- Vollständiges Mengengerüst als GIS-Auszug sowie Aufstellung über Art, Alter und Standort der Betriebsmittel;
- Vereinnahmte und nicht aufgelöste Ertragszuschüsse, aufgegliedert nach Passivierungsjahr unter Angabe der angesetzten Nutzungsdauern und der Auflösungsmethode;
- Angaben zu Grundstücken (Grundstücksgrößen, Lage und historischen Anschaffungskosten) und Grunddienstbarkeiten;

88 S. hierzu ausführlich Kap. 5.

- Angaben zur Verteilung der Grabenoberflächen und typischen Mehrfachverlegungen für die örtlichen Verteilungsanlagen;
- Schadensstatistiken;
- Lagepläne (einschließlich Zusammenhänge zwischen Grabenlängen, Spannungsebenen und Kabelzügigkeit), Stromflusspläne und topographische Netzpläne;
- Angaben zu Absatzmengen, Erlösen und Netzverlusten;
- Kalkulatorische Restwerte der örtlichen Verteilungsanlagen (historische Anschaffungs- und Herstellungskosten, kalkulatorische Restwerte, kalkulatorische Abschreibungen gem. § 6 Abs. 5 StromNEV);
- Angaben zum Antrag auf Neufestlegung der Erlösobergrenze gem. § 26 Abs. 2 ARegV (Erlösobergrenze, beeinflussbare, vorübergehend nicht beeinflussbare und dauerhaft nicht beeinflussbare Kosten sowie Höhe des Sachanlagevermögens des Gesamtnetzes; Anteil der Erlösobergrenze, Höhe des Sachanlagevermögens, Wartungs- und Instandhaltungs-aufwendungen in Bezug auf das zu übertragende Teilnetz; Erläuterung der Aufteilungsschlüssel).

1. Grundlagen für Auskunftsansprüche des Neukonzessionärs nach Abschluss des Konzessionsvertrags

84 Nach Abschluss des Konzessionsvertrags können dem Neukonzessionär **unterschiedliche Anspruchsgrundlagen** zur Verfügung stehen, auf die er sein Informationsverlangen gegenüber dem Neukonzessionär stützen kann. In Frage kommen abgetretene Ansprüche aus dem beendeten Konzessionsvertrag, eigene Ansprüche aus vertraglichen Regelungen zwischen Alt- und Neukonzessionär (bspw. im Übertragungs- oder Pachtvertrag) und gesetzliche Ansprüche, bspw. als Nebenpflicht aus § 46 Abs. 2 S. 2 EnWG i.V.m. § 242 BGB.

a) Informationsansprüche direkt aus vertraglichen oder gesetzlichen Regelungen

aa) Gesetzliche Regelungen

85 In den sich mit Konzessionsverträgen befassenden gesetzlichen Regelungen finden sich **keine konkreten Vorgaben**, ob und in welchem Umfang dem Neukonzessionär nach Abschluss des Konzessionsvertrags Informationen über das Netz zur Verfügung zu stellen sind. § 46 Abs. 3 S. 4 EnWG regelt ausschließlich die Informationsansprüche der Kommune im Rahmen des „Vergabeverfahrens". Zwar werden diese Informationen auch an den Neukonzessionär (Bewerber) weitergeleitet, allerdings ist damit in der Regel nur ein Teil seines Informationsbedürfnisses gedeckt. § 46 Abs. 2 S. 2 u. 3 EnWG schweigt zur Frage des Informationsanspruchs nach Abschluss des Konzessionsvertrags. Auch § 26 Abs. 2 ARegV hilft nicht weiter, da hier lediglich geregelt wird, dass bei einem teilweisen Übergang eines Energieversorgungsnetzes auf einen anderen Netzbetreiber die Erlösobergrenzen auf Antrag der beteiligten Netzbetreiber neu festzulegen sind. Welche Informationen gegenseitig zur Verfügung zu stellen sind, wird von der Verordnung nicht konkretisiert.

Als allgemeine zivilrechtliche Regelung kann § 260 BGB angeführt werden, 86
wonach die Verpflichtung zur Auskunft über den Inbegriff von herauszugebenden Gegenständen besteht. Der Anspruchsberechtigte soll bei einem **Herausgabeanspruch**, der eine Mehrheit von Gegenständen umfasst, wissen, auf welche Gegenstände sich sein Anspruch bezieht, wodurch die Geltendmachung des Hauptanspruches erleichtert werden soll.[89] Konkret bezieht sich § 260 BGB auf die **Vorlage eines Bestandsverzeichnisses**. Auch diese Regelung hilft dem Neukonzessionär nicht weiter, weil mit Vorlage eines Bestandsverzeichnisses sein Informationsbedürfnis nicht befriedigt sein dürfte.[90]

bb) Vertragliche Regelungen

Konzessionsverträge enthalten regelmäßig nur Vereinbarungen zu **Auskunftsan-** 87
sprüchen zwischen den Vertragspartnern **während der Laufzeit des Konzessionsvertrags**. Informationspflichten nach Ablauf des Vertrags gegenüber einem möglichen Neukonzessionär sind nicht Gegenstand der vertraglichen Regelungen. In **Kauf- oder Pachtverträgen**, welche die Modalitäten der Netzübereignung bzw. -überlassung zwischen Alt- und Neukonzessionär konkret regeln, finden sich üblicherweise Vereinbarungen über **Umfang und Zeitpunkt der Weitergabe von Informationen**. Auf diese Informationsansprüche kann sich der Neukonzessionär stützen, falls die Informationen vom Altkonzessionär nicht zur Verfügung gestellt werden. Problematisch ist hierbei jedoch, dass dieser Vertrag oftmals überhaupt nicht zum Abschluss kommt, da die Vertragspartner sich über wesentliche Punkte, insb. den Kaufpreis oder das Pachtentgelt, weder vorläufig noch endgültig einigen können. Dann gehen auch vertraglich vorgesehene Informationsansprüche ins Leere. Darüber hinaus fehlt auch in den Fällen, in denen es zum Abschluss eines Kauf- und Pachtvertrags kommt, oftmals an der Einigung der Parteien in Bezug auf den Umfang der zur Verfügung zu stellenden Informationen, so dass sich der Neukonzessionär gerade nicht auf konkrete vertragliche Regelungen berufen kann.

b) Informationsanspruch als Nebenpflicht aus vertraglichen oder gesetzlichen Regelungen i.V.m. § 242 BGB

aa) Rechtsprechung zu Informations- und Auskunftsrechten

Mangels direkter vertraglicher oder gesetzlicher Anspruchsgrundlagen ist bei der 88
Frage, welche Informationsansprüche dem Neukonzessionär zustehen, auf **allgemeine Rechtsgrundsätze** zurückzugreifen. Das deutsche Recht kennt keine gene-

89 Palandt/*Jud*, § 260, Rn 1.
90 Vgl. LG Hannover, Urt. v. 24.6.2010 – 18 O 260/08 = ZNER 2010, 414, 415.

relle allgemeine Auskunfts- oder Informationspflicht einer Vertragspartei über alle Umstände, die für den anderen Partner von Bedeutung sein können. Auf der Grundlage besonderer rechtlicher Beziehungen vertraglicher oder außervertraglicher Art erkennt die Rechtsprechung allerdings einen **aus § 242 BGB abgeleiteten Auskunftsanspruch** an, wenn sich aus den Besonderheiten der zwischen den Parteien bestehenden Rechtsbeziehung ergibt, dass der Auskunftsbegehrende in entschuldbarer Weise über das Bestehen und den Umfang seines Rechts im Ungewissen ist, während der Verpflichtete unschwer in der Lage ist, Auskunft zu erteilen.[91] Unschwer kann die Auskunft erteilt werden, wenn die mit der Erteilung der Auskunft verbundenen Belastungen nicht ins Gewicht fallen oder dem Schuldner in Anbetracht der **Darlegungs- und Beweisnot des Gläubigers** und der Bedeutung der Auskunft für deren Beseitigung zumutbar sind.[92] Voraussetzung für eine Auskunftspflicht als unter dem Gesichtspunkt von Treu und Glauben mitgeschuldete Nebenverpflichtung ist im Regelfall ein dem Grunde nach bereits feststehender Leistungsanspruch – dessen Wahrscheinlichkeit reicht nicht aus. Wer Auskunft fordert, muss durch das Verhalten desjenigen, von dem er Auskunft will, bereits in seinem bestehenden Recht so betroffen sein, dass nachteilige Folgen für ihn ohne die Auskunftserteilung eintreten können.[93] Der Inhalt des zuzubilligenden Auskunftsanspruchs hat, wie stets bei Anwendung des § 242 BGB, unter Berücksichtigung der jeweiligen **Umstände des Einzelfalls** und unter Wahrung des **Grundsatzes der Verhältnismäßigkeit** des verlangten Mittels zu dem angestrebten Erfolg zu erfolgen. Dabei sind die beiderseitigen Interessen des Rechtsinhabers und des Käufers angemessen zu berücksichtigen.[94]

89 In der bislang zu Netzübernahmen ergangenen Rechtsprechung ist vom Grundsatz her ebenfalls anerkannt, dass der neue Konzessionsinhaber Informationsansprüche aus vertraglichen bzw. gesetzlichen Nebenansprüchen i.V.m. § 242 BGB geltend machen kann. Denn die Entscheidung der Kommune, den Konzessionsvertrag mit einem anderen als dem bisherigen Vertragspartner abzuschließen, bringt es nicht nur mit sich, dass der Neukonzessionär die physischen Netzanlagen übertragen bekommt. Besonderheit dieses Rechtsverhältnisses ist darüber hinaus, dass er auch in die Lage versetzt werden muss, den **Netzbetrieb ordnungsgemäß durchzuführen**, was ein **Informationsverlangen des Neukonzessionärs** in Bezug auf die für den Netzbetrieb erforderlichen Informationen **rechtfertigt**.[95]

---

91 BGH, Urt. v. 19.2.1982 – V ZR 234/81 = NJW 1982, 1807, 1808; OLG Frankfurt a. M., Urt. v. 29.1.2008 – 11 U 20/07 (Kart.) = RdE 2008, 166 ff.; Palandt/*Heinrichs*, § 261 Rn 8 m.w.N.
92 PWW/*Schmidt-Kessel*, § 242 Rn 57 m.w.N.
93 BGH, Urt. v. 7.12.1988 – IV a ZR 290/87 –.
94 BGH, Urt. v. 24.3.1994 – I ZR 42/93 = NJW 1994, 1958, 1960.
95 OLG Frankfurt a. M., Urt. v. 14.06.2011 – 11 U 36/10 (Kart.) = RdE 2011, 422, 425 ff.; OLG Koblenz, Urt. v. 23.4.2009 – U 646/08.Kart. = ZNER 2009, 146, 150 f.; LG Hannover, Urt. v.

bb) Wesentliche Eckpunkte für Informations- und Auskunftsansprüche

Die höchstrichterliche Rechtsprechung gibt die wesentlichen Eckpunkte bei der 90
Prüfung vor, ob Auskunfts- und Informationsansprüche bestehen. Ob der vom Neukonzessionär konkret geltend gemachte Anspruch nach Zeitpunkt und Umfang gerechtfertigt ist, wird in vielen Fällen weiterhin eine **Einzelfallentscheidung** bleiben, bei der die Umstände des konkreten Sachverhaltes zu berücksichtigen sein werden. –Anhand der dargestellten Rechtsprechung können allerdings nachfolgende **Prüfkriterien im Zusammenhang mit dem Bestehen von Informations- und Auskunftsansprüchen** bei Netzübernahmen identifiziert werden, die den Grundsatz, dass dem Neukonzessionär sämtliche für die Fortführung des Netzbetriebs erforderlichen Informationen zur Verfügung zu stellen sind, konkretisieren:

– **Informationsgefälle:**

Zwischen Auskunftsverlangendem und dem Inhaber der Information muss ein In- 91
formationsgefälle bestehen.[96] Bei Informationen, die ausschließlich der Altkonzessionär kennt, wird ein derartiges Gefälle grds. zu bejahen sein. Kann sich der Neukonzessionär in zumutbarer Weise die Information selbst beschaffen, geht ein Anspruch gegen den Altkonzessionär ins Leere.

Beispiel

Der Neukonzessionär fordert vom abgebenden Unternehmen die Vorlage von Grundbuchauszügen bzgl. der auf ihn zu übertragenden beschränkten persönlichen Dienstbarkeiten, um überprüfen zu können, ob und welche sonstigen Rechte und Belastungen im Grundbuch eingetragen sind. Derartige Informationen kann sich der Neukonzessionär jedoch selbst beschaffen, da er gegenüber dem Grundbuchamt spätestens nach Abschluss des Kauf- oder Pachtvertrags ein berechtigtes Interesse an Offenlegung der Informationen geltend machen kann.

– **Bestehen eines Leistungsanspruchs**

Voraussetzung für die Geltendmachung eines Auskunftsanspruchs gem. § 242 BGB 92
ist die Existenz eines dem Grunde nach feststehenden Leistungsanspruchs.[97] Aus § 242 BGB ergibt sich ein vertraglicher bzw. gesetzlicher Nebenanspruch, der akzessorisch an dem vertraglichen bzw. gesetzlichen Leistungsanspruch hängt. Daraus können für die Frage der Informationspflicht zwei wesentliche Aspekte hergeleitet werden:

24.6.2010 – 18 O 260/08 = ZNER 2010, 414, 415; OLG Frankfurt a. M., Urt. v. 29.1.2008 – 11 U 20/07 (Kart.) = RdE 2008, 166, 170; Gemeinsamer Leitfaden des BKartA und der BNetzA zur Vergabe von Strom- und Gaskonzessionen und zum Wechsel des Konzessionsnehmers vom 15.12.2010, Rn 56; *Büttner/Templin*, ZNER 2011, 121, 128 m. w. N.

96 Vgl. PWW/*Schmidt-Kessel*, § 242 Rn 57.

97 Staudinger/*Bittner*, § 260 Rn 19.

93 Bei Netzübernahmeverhandlungen ist Leistungsanspruch regelmäßig der vertragliche bzw. gesetzliche Anspruch auf Netzübereignung oder Netzüberlassung. Dieser steht sowohl aufgrund der **konzessionsvertraglichen Endschaftsbestimmung** als auch der gesetzlichen Regelung des § 46 Abs. 2 S. 2 u. 3 EnWG in einem **Zug-um-Zug-Verhältnis**. Der Leistungsanspruch wird erst durchsetzbar, wenn der Neukonzessionär die Verpflichtung zur Zahlung der vertraglich vereinbarten bzw. der angemessenen Vergütung für die gegenständlichen örtlichen Verteilungsanlagen erfüllt oder die Parteien sich auf einen davon abweichenden (vorläufigen) Preis einigen.[98] Solange der Leistungsanspruch jedoch **einredebehaftet** ist, z.B. wegen § 320 BGB, kann auch der Nebenanspruch in Bezug auf Informationen nicht wirksam durchgesetzt werden. Damit steht dem Neukonzessionär der Informationsanspruch gem. § 242 BGB grds. erst zu, wenn Einigkeit über die Modalitäten des Verkaufs bzw. der Verpachtung des Netzes besteht, was regelmäßig bei Abschluss des Kauf- bzw. Pachtvertrags der Fall ist. Von diesem Grundsatz wird dann eine Ausnahme gemacht werden müssen, wenn die vom Neukonzessionär verlangten Informationen erforderlich sind, um den Leistungsanspruch überhaupt geltend machen zu können. In der Regel handelt es sich allerdings dabei um Informationen, welche dem Neukonzessionär bereits aus dem Bewerberverfahren um den Abschluss des Konzessionsvertrags bekannt sind und die bereits aus § 46 Abs. 3 S. 4 EnWG herauszugeben sind.

94 Ein zweiter zu beachtender Aspekt ist, dass der dem Grunde nach feststehende Leistungsanspruch die inhaltlichen Grenzen und den Umfang des sich aus § 242 BGB ergebenden Informationsanspruchs des Neukonzessionärs vorgibt. Der Informationsanspruch ist damit in seiner Reichweite durch den Leistungsanspruch beschränkt. Dieser ergibt sich wiederum bei Netzübernahmen aus der **Endschaftsbestimmung des beendeten Konzessionsvertrags** bzw. aus § 46 Abs. 2 S. 2 u. 3 EnWG und umfasst im Wesentlichen die Herausgabe der örtlichen Verteilungsanlagen gegen Zahlung der vereinbarten Vergütung.[99] Mithin bestehen keine Auskunftsansprüche bspw. in Bezug auf Versorgungsleitungen, die nicht zu den an den Neukonzessionär herauszugebenden örtlichen Verteilungsanlagen zu zählen sind, da diese Auskünfte für den Neukonzessionär keine Bedeutung haben. Auch Informationen, die es dem Neukonzessionär ermöglichen, eine anderen als die vertraglich

---

98 Brandenburgisches OLG, Beschl. v. 29.12.2009 – Kart. W 13/09 = RdE 2010, 345; LG Dortmund, Urt. v. 4.2.2010 – 13 O 5/10 Kart. = BeckRS 2010, 04731; OLG Frankfurt a.M., Urt. v. 29.1.2008 – 11 U 20/07 (Kart.) = RdE 2008, 166 ff.; LG Frankfurt a.M., Urt. v. 28.5.2010 – 3/12 O 114/09 = RdE 2010, 347, 351; *Höch/Kalwa*, RdE 2010, 364, 366; mit der gleichen Begründung, allerdings im Ergebnis abweichend OLG Koblenz, Urt. v. 23.4.2009 – U 646/08 Kart. –.

99 So auch OLG Frankfurt a.M., Urt. v. 29.1.2008 – 11 U 20/07 (Kart.) = RdE 2008, 166, 170; LG Frankfurt a.M., Urt. v. 28.5.2010 – 3/12 O 114/09 = RdE 2010, 347, 351; *Höch/Kalwa*, RdE 2010, 364, 366; a.A. LG Hannover, Urt. v. 24.6.2010 – 18 O 260/08 = ZNER 2010, 414.

vereinbarte oder gesetzlich vorgesehene Vergütung zu ermitteln, können nicht auf eine sich aus § 242 BGB ergebende Nebenpflicht aus vertraglichen oder gesetzlichen Regeln gestützt werden.[100]

Beispiel

Oftmals ist der Neukonzessionär der Ansicht, dass der vom Altkonzessionär geforderte Kaufpreis (oder das Pachtentgelt) überhöht ist. Diese Auseinandersetzung wird regelmäßig geführt, wenn der Altkonzessionär den im Konzessionsvertrag vereinbarten Sachzeitwert als Bewertungsmaßstab zugrunde legt, der Neukonzessionär jedoch lediglich – auf Basis der „Kaufering"- Rechtsprechung des **BGH** – den Ertragswert als maßgeblichen Kaufpreis anerkennt.[101] Je nach Bewertungsmethode sind **unterschiedliche Kenngrößen der Wertermittlung** zugrunde zu legen und insofern auch **unterschiedliche Informationen** maßgeblich.

Wendet man die Rechtsprechung des **BGH** zu Informations- und Auskunftsansprüchen auf das Beispiel an, steht dem Neukonzessionär kein Anspruch auf Herausgabe der für eine Ertragswertermittlung erforderlichen Informationen nach § 242 BGB i.V.m. den genannten vertraglichen oder gesetzlichen Anspruchsgrundlagen zu. Denn der Konzessionsvertrag gibt die vereinbarte Bewertungsmethode und damit den Umfang des Informationsanspruchs vor. Ist der Neukonzessionär der Ansicht, dass bspw. die Bewertungsmethode an sich nicht zulässigerweise hätte vereinbart werden dürfen oder aber der vom Altkonzessionär geforderte Kaufpreis prohibitiv und somit kartellrechtswidrig sei, ist er berechtigt, diese Einwände bspw. im Rahmen eines gerichtlichen Verfahrens geltend zu machen. Die gerichtliche Auseinandersetzung kann darauf gerichtet sein, die Basis für die Ermittlung des Kaufpreises vorab festzustellen, um danach die entsprechenden Informationsansprüche geltend machen zu können.[102] Oder aber der Neukonzessionär lässt „im Nachgang" der vertraglichen Einigung von einem Gericht mit Unterstützung durch einen Sachverständigen entscheiden, ob der Kaufpreis gerechtfertigt war oder nicht. In einem derartigen Verfahren sind vom Altkonzessionär auch die erforderlichen Informationen offenzulegen, allerdings nur unter Wahrung seiner berechtigten Interessen an **Betriebs- und Geschäftsgeheimnissen.**[103]

– **Berechtigte Interessen**

Bei der Frage, ob ein Informationsanspruch besteht, sind nach der Recht- 95
sprechung des **BGH** die jeweiligen Umstände des Einzelfalls unter Wahrung des **Grundsatzes der Verhältnismäßigkeit und Zumutbarkeit** sowie die beiderseitigen Interessen des Rechtsinhabers und des Käufers angemessen zu berücksichtigen. Die Abwägung der beiderseitigen Interessen kann im Einzelfall ergeben, dass ein Auskunftsanspruch, der an sich gegeben ist, entfällt. Eine **Grenze für**

100 OLG Frankfurt a.M., Urt. v. 29.1.2008 – 11 U 20/07 (Kart.) = RdE 2008, 166, 170; LG Frankfurt a.M., Urt. v. 28.5.2010 – 3/12 O 114/09 = RdE 2010, 347, 351; a.A. LG Hannover, Urt. v. 24.6.2010 – 18 O 260/08 = ZNER 2010, 414.

101 Vgl. zu der Auseinandersetzung mit Sachzeitwert und Ertragswert ausführlich Kap. 7 A Rn 14ff.

102 So LG Dortmund, Urt. v. 4.2.2010 – 13 O 5/10 Kart. = BeckRS 2010, 04731.

103 So LG Frankfurt a.M., Urt. v. 28.5.2010 – 3/12 O 114/09 = RdE 2010, 347, 351.

die Auskunftserteilung kann sich aus der geschäftlichen Geheimsphäre ergeben.[104]

Beispiel

Im Falle von Netzübernahmen stellt sich diese Frage insb. im Zusammenhang mit der gemeinsamen Antragstellung zur **Übertragung der Erlösobergrenze** gem. § 26 Abs. 2 ARegV. § 26 Abs. 2 ARegV regelt lediglich, dass bei einem teilweisen Übergang eines Energieversorgungsnetzes auf einen anderen Netzbetreiber die Erlösobergrenzen auf Antrag der beteiligten Netzbetreiber neu festzulegen sind. Dabei darf die Summe der beiden Erlösanteile nicht die für das Netz des abgebenden Netzbetreibers insgesamt festgelegte Erlösobergrenze überschreiten. Ungeregelt bleibt, wie die Parteien zu diesem Ergebnis kommen und welche Informationen hierfür offengelegt werden müssen. Zur Ermittlung der zu übertragenden anteiligen Erlösobergrenze müssen im Verhältnis zu der bzw. den zuständigen Regulierungsbehörden eine **Vielzahl von unternehmensbezogenen Tatsachen, Umständen oder Vorgängen offengelegt** werden – nicht nur in Bezug auf das zu übertragende Teilnetz, sondern auch in Bezug auf das gesamte Netz des Altkonzessionärs, die oftmals Rückschlüsse auf die Kostenstruktur des Gesamt-Unternehmens und damit auch der verbundenen Wettbewerbsbereiche erlauben.[105] Deshalb ist zu unterscheiden, was der einzelne Antragsteller (nur) gegenüber den Behörden offenzulegen und was er **nach Treu und Glauben auch dem Mit-Antragsteller offenzulegen** hat.[106] Insoweit ist auch bei der Neufestlegung der Erlösobergrenze auf die grundlegenden Aussagen der Rechtsprechung zu Informations- und Auskunftsansprüchen zurückzugreifen. Hierbei wird insb. der Schutz von Betriebs- und Geschäftsgeheimnissen der Netzbetreiber in Bezug auf Informationen, die das jeweilige Gesamtnetz betreffen, im Vordergrund stehen.

---

96 Mit dem Spannungsverhältnis zwischen dem verfassungsrechtlich geschützten **Geheimhaltungsinteresse** gem. Art. 12 GG einerseits und dem ebenfalls verfassungsrechtlich anerkannten **Gebot der effektiven Rechtsausübung** beschäftigt sich die Rechtsprechung seit langem.[107] Zum gerechten Ausgleich der betroffenen Verfassungsgüter bedarf es danach einer **Abwägung der verschiedenen Interessen.** Insoweit verbietet es sich, jegliches Geheimhaltungsinteresse von vorneherein zu verneinen. Vielmehr ist jeweils im Einzelfall zu überprüfen, ob das Verlangen nach Offenlegung eine Grundrechtsverletzung darstellen kann.[108] Dem Schutz von Betriebs- und Geschäftsgeheimnissen kann bspw. dadurch Rechnung getragen werden, dass Informationen nur einem zur Verschwiegenheit verpflichteten, neutralen Wirt-

---

104 Staudinger/*Bittner*, §260 Rn 21.

105 S. hierzu Rn 166ff.

106 S. u. Kap. 8.

107 BVerfGE 101, 106, 128ff.; BGH, Urt. v. 18.7.2007 – VIII ZR 236/05 = WM 2007, Heft 40, 1901; ausführlich hierzu *Wolff*, NJW 997, 98ff.; Brandenburgisches OLG, Beschl. v. 20.10.2011 – Kart. W 10/09 = BeckRS, 2011, 24772 m. w. N.

108 Vgl. hierzu *Tüngler*, RdE 2009, 81ff.

schaftsprüfer oder Schiedsgutachter zur Verfügung gestellt werden.[109] Auch im Falle einer gerichtlichen Überprüfung sind prozessuale Möglichkeiten wie bspw. das sog. **„In-Camera"-Verfahren** vorhanden, die dem Neukonzessionär eine Überprüfung der Richtigkeit der vom Altkonzessionär gemachten Angaben und somit einen effektiven Rechtsschutz ermöglichen, ohne dadurch das Geheimhaltungsinteresse des Altkonzessionärs zu verletzen.[110]

Praxistipp
Bei Informationsverlangen des Neukonzessionärs ist immer im Einzelnen zu prüfen, ob der Anspruch nach Zeitpunkt, Inhalt und Umfang gerechtfertigt ist und ob durch die Informationsweitergabe nicht wesentliche Belange und Interessen des Altkonzessionärs betroffen sind.

---

b) Informationsanspruch gem. §§ 433, 581 als Nebenpflicht aus Kaufvertrag und Pachtvertrag

Auch aus §§ 433, 581 BGB lassen sich für den Fall, dass es zu Verkauf und Eigen- 97
tumsübertragung bzw. Verpachtung und Besitzüberlassung an den örtlichen Verteilungsanlagen kommt, Informationsansprüche des Verkäufers bzw. Pächters als Nebenpflichten aus § 242 BGB herleiten, sofern eine konkrete vertragliche Regelung fehlt. Insoweit kann auf die bereits dargestellten **Prüfkriterien zu Informationsansprüchen aus Treu und Glauben** verwiesen werden.[111]

Das Kaufrecht unterscheidet insb. zwischen vorvertraglichen, vertraglichen und 98
nachvertraglichen Nebenpflichten.[112] Überträgt man dies auf Informationspflichten, kommen **Auskunftsrechte des Käufers** zu unterschiedlichen Zeitpunkten während des Verkaufsprozesses in Betracht. Vorvertragliche Informationspflichten im Kaufrecht bestehen bspw. in Bezug auf die Eigenschaft (Art, Alter, Umfang etc.) der Kaufsache. **Auskünfte über die Preisgestaltung** dagegen gehören regelmäßig nicht zu den Auskünften, die der Verkäufer gegenüber dem Käufer offenlegen muss.[113] Ob und in welchem Umfang Informationspflichten anzunehmen sind, hängt letztlich auch im Kaufrecht von einer Bewertung der gegensätzlichen Interessen von Käufer und Verkäufer ab.

---

109 LG Frankfurt a. M., Urt. v. 28.5.2010 – 3/12 O 114/09 – RdE 2010, 347, 351; *Tüngler*, RdE 2009, 81, 83; Brandenburgisches OLG, Beschl. v. 20.10.2011 – Kart. W 10/09 = BeckRS, 2011, 24772.
110 Vgl. hierzu *Tüngler*, RdE 2009, 81, 85 m. w. N.
111 S. hierzu Rn 88f.
112 Vgl. Staudinger/*Beckmann*, § 433 Rn 92.
113 Vgl. Staudinger/*Beckmann*, § 433 Rn 95.

c) Exkurs: Urteil OLG Koblenz vom 23.4.2009

99 Das **OLG Koblenz** hatte sich in seiner Entscheidung vom 23.4.2009 ebenfalls mit Umfang und Inhalt des Informationsanspruchs bei Netzübernahmen beschäftigt und sich in seiner Entscheidung auf **kaufvertragliche Informationspflichten** gestützt.[114] Nachfolgend soll die Entscheidung des **OLG Koblenz** dargestellt und bewertet werden:

100 Zwischen den Parteien des Rechtsstreits war der Verkauf der örtlichen Verteilungsanlagen mangels Einigung über den Kaufpreis nicht zustande gekommen. Neben dem Antrag auf Eigentumsübertragung machte die Klägerin im gerichtlichen Verfahren auch umfassende Informationsansprüche in Bezug auf „alle für den Betrieb des Gasnetzes der allgemeinen Versorgung in den Gemeindegebieten notwendigen Unterlagen" geltend. Darüber hinaus wurden Informationen zu sämtlichen sonstigen auf Grundlage der GasNEV notwendigen Informationen verlangt, wie historische Anschaffungs- und Herstellungskosten und kalkulatorische Restwerte des Sachanlagevermögens. Das **OLG Koblenz** hat der Klage weitgehend stattgegeben: Der Anspruch auf Eigentumsübertragung wurde Zug um Zug gegen Zahlung einer der Höhe nach noch zu bestimmenden Kaufpreiszahlung an die Beklagte gewährt. In Bezug auf die Auskunftsansprüche wurde der Klage allerdings im Ergebnis vollständig stattgegeben. Diese Ansprüche standen nach Auffassung des **OLG Koblenz** nicht im **Zug-um-Zug-Verhältnis**. Als Begründung führte das **OLG Koblenz** an:

> „Die Klägerin hat Anspruch auf Überlassung der zum Betrieb der Netze erforderlichen Unterlagen und Informationen. Diese Nebenpflicht des Verkäufers (früher geregelt in § 444 BGB a. F.) ergibt sich aus der Verpflichtung zur mangelfreien Leistung des Kaufgegenstandes und damit auch der Unterlagen, die nötig sind, den Kaufgegenstand zu nutzen (Palandt/Putzo, BGB, 68. Aufl., § 433 Rn. 24 ff.). Sie stehen nicht im Gegenseitigkeitsverhältnis (Palandt/Putzo § 433 Rn. 22). (...) Da die Übereignung der Gasversorgungsanlagen in untrennbarem Zusammenhang steht mit deren Betrieb durch die Klägerin, darf die Beklagte dieser nach Treu und Glauben nicht die Informationen vorenthalten, die hierzu erforderlich sind."

101 Der Auffassung des **OLG Koblenz** ist im Ergebnis nicht zu folgen. Das Gericht zieht als Argument für die Informationsverpflichtungen kaufvertragsrechtliche Regelungen heran. Richtig ist für sich gesehen die Aussage, dass Informationspflichten als kaufvertragliche Nebenpflichten bestehen können, und zwar unmittelbar aufgrund des Kaufvertrags selbst.[115] Voraussetzung für den Rückgriff auf kaufvertragliche Nebenpflichten ist jedoch, dass die Parteien sich über die **wesentlichen Hauptpflichten geeinigt** haben. Denn eine wie vom Gericht angenommene Nebenpflicht aus der „Verpflichtung zur mangelfreien Leistung des Kaufgegenstandes" setzt voraus, dass eine entsprechende Einigung über Kaufgegenstand und Kaufpreis erfolgt ist. Dies war im

114 OLG Koblenz, Urt. v. 23.4.2009 – U 646/08.Kart. = ZNER 2009, 146, 150 f.
115 Palandt/*Weidenkaff*, § 433 Rn 22.

vom **OLG Koblenz** zu entscheidenden Fall mangels Kaufpreiseinigung gerade nicht der Fall. Insoweit geht auch die Argumentation, dass kaufvertragliche Auskunftsansprüche nicht im Gegenseitigkeitsverhältnis stehen, fehl. Denn in der vom **OLG Koblenz** zitierten Kommentierung zu § 433 BGB wird ausdrücklich darauf hingewiesen, dass die Nebenpflichten bei allen Kaufverträgen unmittelbar aufgrund des Vertrags bestehen.[116] Dafür muss jedoch als erster Schritt überhaupt ein entsprechender Vertrag vorhanden sein. Ist dies nicht der Fall, muss sich mit der Frage, wann dem Neukonzessionär auch **im vorvertraglichen Stadium Informationsrechte** zustehen, auseinandergesetzt werden. Dies hat das **OLG Koblenz** nicht getan und damit die Kriterien verkannt, welche durch höchstrichterliche Rechtsprechung im Zusammenhang mit Auskunfts- und Informationsansprüchen aufgestellt wurden.[117]

d) Datenherausgabe nach Leitfäden der Bundesnetzagentur und des Bundeskartellamtes

aa) Gemeinsamer Leitfaden von Bundeskartellamt und Bundesnetzagentur zur Vergabe von Strom- und Gaskonzessionen und zum Wechsel des Konzessionsnehmers

Auch die BNetzA und das BKartA haben sich zum Themenbereich der Datenherausgabe- und Informationspflicht des Neukonzessionärs in ihrem Gemeinsamen Leitfaden geäußert.[118] Die Behörden gehen im Verhältnis Alt- zu Neukonzessionär von **zwei wesentlichen Zeitpunkten für Informationsansprüche** aus. Nach Abschluss des neuen Konzessionsvertrags hat der Neukonzessionär Anspruch auf Datenherausgabe aus selbständiger Nebenpflicht zum gesetzlichen Schuldverhältnis nach § 46 Abs. 2 EnWG.[119] Folgende Informationen sollen zu diesem Zeitpunkt insb. offengelegt werden: 102

- technische Daten, Netzpläne, Kundendaten etc.;
- erstmalige historische Anschaffungs-/Herstellungskosten;
- historisches Anschaffungsjahr;
- verwendete kalkulatorische Nutzungsdauern;
- Wartungszustand des Sachanlagevermögens.

Auf Basis der Daten ergeben sich nach Auffassung der BNetzA und des BKartA 103

116 Palandt/*Weidenkaff*, § 433 Rn 22.

117 S.o. Rn 88 ff.

118 Gemeinsamer Leitfaden des BKartA und der BNetzA zur Vergabe von Strom- und Gaskonzessionen und zum Wechsel des Konzessionsnehmers vom 15.12.2010, Rn 48 ff.

119 Im Ergebnis zu weitgehend OLG Frankfurt a. M., Urt. v. 14.6.2011 – 11 U 36/10 (Kart.) = RdE 2011, 422, 425 ff., wonach ein diesbezüglicher Informationsanspruch schon der Gemeinde gegenüber dem Altkonzessionär zugesprochen wird.

> „die kalkulatorisch relevanten Kapitalkosten in Form von Abschreibungen, Eigen- und Fremdkapitalverzinsung und Gewerbesteuer. Aus diesen Angaben und aus der Kenntnis seiner eigenen Kosten- und Kapitalstruktur kann der neue Konzessionsnehmer die zukünftig entstehenden Kosten und damit die sich voraussichtlich ergebende Erlösobergrenze zumindest näherungsweise ermitteln. Diese Erkenntnisse dienen auch der Ermittlung eines angemessenen Netzüberlassungspreises im Sinne eines kalkulatorischen Ertragswertes.“[120]

104 Ein weiterer maßgeblicher Zeitpunkt für ein berechtigtes Informationsverlangen ist gem. Leitfaden der Abschluss des „**Überlassungsvertrags**“. Danach sind dem neuen Konzessionsinhaber Informationen zu übermitteln, die eine Nachprüfung der Angemessenheit der gezahlten Vergütung ermöglichen sowie sämtliche erforderlichen Daten und Belege für den Netzbetrieb und zur Fortführung der kalenderjährlichen Erlösobergrenze nach § 26 Abs. 1 ARegV oder zur Beantragung der Neufestlegung der kalenderjährlichen Erlösobergrenze nach § 26 Abs. 2 ARegV.[121]

105 Die Ausführungen zu Informationsansprüchen des Neukonzessionärs in dem Gemeinsamen Leitfaden sind insb. vor dem Hintergrund der bereits dargestellten höchstrichterlichen Rechtsprechung kritisch zu hinterfragen. Die Ausführungen der Behörden stehen insoweit im Einklang mit der zitierten Rechtsprechung, als sie die Anspruchsgrundlage für Informationsansprüche in einer **sich aus Treu und Glauben ergebenden Nebenpflicht** zu konzessionsvertraglichen bzw. gesetzlichen Schuldverhältnissen sehen. Die Unterscheidung nach Phasen, wann Informationen zur Verfügung zu stellen sind, lässt darauf schließen, dass das Bestehen eines durchsetzbaren Leistungsanspruchs für einen Teil der Informationen grds. auch von den Behörden anerkannt wird. Allerdings werden nicht alle von der Rechtsprechung aufgestellten Kriterien im Zusammenhang mit Informationsansprüchen im Gemeinsamen Leitfaden berücksichtigt. So findet weder eine Auseinandersetzung mit dem **Geheimhaltungsinteresse des Altkonzessionärs** statt, noch wird berücksichtigt, dass Inhalt und Grenzen des Informationsanspruchs durch die **Endschaftsbestimmung im Konzessionsvertrag** bzw. durch § 46 Abs. 2 S. 2 u. 3 EnWG vorgegeben wird. Insoweit geht die Auffassung der Behörden, der Neukonzessionär benötige Informationen, um den „angemessenen Netzüberlassungspreis im Sinne eines kalkulatorischen Ertragswertes“ zu ermitteln, fehl, es sei denn, dieser Wert ist vertraglich vereinbart oder zwischen den Parteien als angemessener Wert festgelegt worden. Die Aufzählung der nach Gemeinsamen Leitfaden zur Verfügung zu stellenden Daten erscheint eher von dem Interesse geleitet zu sein, dem Neukonzessionär frühzeitig eine Vielzahl von Informationen zur Verfügung zu stellen. Für eine einseitige Berücksichtigung der Interessen nur eines der betroffenen Akteure gibt es jedoch

---

120 Gemeinsamer Leitfaden des BKartA und der BNetzA zur Vergabe von Strom- und Gaskonzessionen und zum Wechsel des Konzessionsnehmers vom 15.12.2010, Rn 59.
121 Gemeinsamer Leitfaden des BKartA und der BNetzA zur Vergabe von Strom- und Gaskonzessionen und zum Wechsel des Konzessionsnehmers vom 15.12.2010, Rn 60.

keine rechtliche Grundlage. Insoweit ersetzt der Gemeinsame Leitfaden der Behörden nicht eine jeweils im **Einzelfall** notfalls von den Gerichten durchzuführende **Interessensabwägung.**[122]

bb) Leitfaden der Regulierungsbehörden zu Inhalt und Struktur von Anträgen auf Neufestlegung der kalenderjährlichen Erlösobergrenze nach § 26 Abs. 2 ARegV

Die **Regulierungsbehörden** haben sich in dem „Leitfaden der Regulierungsbehörden zu Inhalt und Struktur von Anträgen auf Neufestlegung der kalenderjährlichen Erlösobergrenzen nach § 26 Abs. 2 ARegV" auch mit der Frage der **Informationsansprüche des Neukonzessionärs** beschäftigt. Die Regulierungsbehörden gehen dabei davon aus, dass die beteiligten Netzbetreiber einen geeigneten Maßstab zur Aufteilung der kalenderjährlichen Erlösobergrenze verwenden werden. Dabei soll ein **Aufteilungsmaßstab** gewählt werden, der sich, ausgehend von einer detaillierten Darstellung des Sachanlagevermögens und dessen Wartungszustandes, an einer Aufteilung der Kosten des Ausgangsniveaus nach § 6 ARegV orientiert. Nach Auffassung der Regulierungsbehörden gilt Folgendes: 106

> „Der abgebende Netzbetreiber sollte gegenüber dem aufnehmenden Netzbetreiber vor den Verhandlungen über die Aufteilung der kalenderjährlichen Erlösobergrenze nach § 26 Abs. 2 ARegV zumindest das zu übertragende Sachanlagevermögen nach Anschaffungszeitpunkten, die jeweiligen Anschaffungs- und Herstellungskosten, die kalkulatorischen Nutzungsdauern und eine Beschreibung des Wartungszustandes des Netzteils bzw. die auf den zu übertragenden Netzteil entfallenden Wartungs- und Instandhaltungsaufwendungen offenlegen. (...) Unter anderem wird durch die Verminderung bestehender Informationsasymmetrien gewährleistet, dass die beteiligten Netzbetreiber überhaupt in die Lage versetzt werden, zu beurteilen, ob die sich nach einem Netzübergang ergebenden Effizienzvorgaben erreicht und übertroffen werden können."[123]

Im Antrag nach § 26 Abs. 2 ARegV ist von den Netzbetreibern darzulegen und nachzuweisen, dass die für die Verhandlungen über die Übertragung der Erlösobergrenze erforderlichen **Informationen beiden Netzbetreibern** vor den Verhandlungen über den Netzübergang **in gleicher Art und Weise** vorlagen.[124] 107

Auch dieser Leitfaden der Regulierungsbehörden ist vor dem Hintergrund der höchstrichterlichen Rechtsprechung zu Informations- und Auskunftspflichten kri- 108

122 So aber im Ergebnis OLG Frankfurt a. M., Urt. v. 14.6.2011 – 11 U 36/10 (Kart.) = RdE 2011, 422, 425 ff., welches bei der rechtlichen Beurteilung von Informationsansprüchen lediglich auf die Auffassung der BNetzA und des BKartA verweist.

123 Leitfaden der Regulierungsbehörden zu Inhalt und Struktur von Anträgen auf Neufestlegung der kalenderjährlichen Erlösobergrenze nach § 26 Abs. 2 ARegV, S. 14.

124 Leitfaden der Regulierungsbehörden zu Inhalt und Struktur von Anträgen auf Neufestlegung der kalenderjährlichen Erlösobergrenze nach § 26 Abs. 2 ARegV, S. 10.

tisch zu hinterfragen. Insb. die Aussage, bei abgebendem und aufnehmendem Netzbetreiber müsse ein **Informationsgleichgewicht** hergestellt werden, ist vor dem Hintergrund der **Schutzwürdigkeit der Betriebs- und Geschäftsgeheimnisse** nicht haltbar. Dies gilt insb. für die erforderliche Aufteilung der Kosten des Ausgangsniveaus nach § 6 ARegV auf das betroffene Teilnetz. Hier kann vom abgebenden Netzbetreiber lediglich verlangt werden, dass er die Art und Weise der Aufteilung darstellt, nicht jedoch die das Gesamtnetz betreffende Kostengrundlage dem aufnehmenden Netzbetreiber offenlegt.

Praxistipp

i Bei der Erarbeitung des gemeinsamen Antrages nach § 26 Abs. 2 ARegV bietet es sich an, dass abgebender und aufnehmender Netzbetreiber sich vorab auf die Vorgehensweise in Bezug auf die Ermittlung der Erlösobergrenze für das abzugebende Teilnetz abstimmen. So kann bspw. das Bedürfnis des abgebenden Netzbetreibers, seine Betriebs- und Geschäftsgeheimnisse sowie das Informationsbedürfnis des aufnehmenden Netzbetreibers dadurch gewahrt werden, dass beide gemeinsam einen unabhängigen Sachverständigen mit der Ermittlung der konkreten Erlösobergrenze beauftragen.

e) Wesentliche Zeitpunkte für Informationspflichten

109 Zusammenfassend soll eine Einteilung der Informationsansprüche nach Abschluss des Konzessionsvertrags erfolgen, die allerdings keinen Anspruch auf Vollständigkeit erhebt. Die Darstellung orientiert sich an den einzelnen **Verhandlungsschritten bei Netzübernahmeverfahren nach Abschluss des Konzessionsvertrags**. Zu beachten ist allerdings, dass diese Verhandlungsschritte nicht immer strikt nacheinander abgearbeitet werden, sondern dass oftmals auch parallel über die wesentlichen Punkte einer Netzübernahme Gespräche und Abstimmungen zwischen Alt- und Neukonzessionär erfolgen.

aa) Abstimmung des Entflechtungskonzeptes

110 Einer der ersten Schritte bei Netzübernahmeverhandlungen ist die Einigung auf ein Entflechtungskonzept. Durch die Einigung auf ein **Entflechtungskonzept** wird der Umfang der herauszugebenden Verteilungsanlagen festgelegt, der im weiteren Verhandlungsverlauf maßgeblich ist. Er konkretisiert den Vertragsgegenstand und die Grundlage für die Wert- und Kaufpreisermittlung. Des Weiteren sind – auf das Entflechtungskonzept aufbauend – die Zuständigkeiten und Verantwortlichkeiten für die erforderlichen Baumaßnahmen festzulegen. Erforderlich ist es somit in diesem frühen Verhandlungsstadium, dem Neukonzessionär **Informationen über mögliche Netzentflechtungskonzepte** zur Verfügung zu stellen, bspw. in Form von detaillierten Netzplänen. Diese Verpflichtung lässt sich oftmals als **nebenvertragliche Pflicht aus den Endschaftsbestimmungen des Konzessionsvertrags** herleiten.

Denn häufig finden sich dort Regelungen, wonach die Parteien verpflichtet sind, ein möglichst kostengünstiges Entflechtungskonzept umzusetzen.

bb) Kaufpreisangebot

Der Verkäufer bestimmt auf Basis der konzessionsvertraglichen oder gesetzlichen Regelungen den Kaufpreis bzw. das Pachtentgelt der auf Grundlage des Entflechtungskonzeptes übergehenden örtlichen Verteilungsanlagen. Der Verkäufer ist dabei zwar nicht verpflichtet, seine Preiskalkulation im Einzelnen offen zu legen.[125] Allerdings kann mit den bereits dargelegten Grundsätzen ein Auskunftsanspruch des Neukonzessionärs dahingehend bejaht werden, dass die Vorgehensweise bei der Bewertung dargestellt wird, so dass er den Weg zur **Ermittlung des Kaufpreises bzw. des Pachtentgelts** nachvollziehen kann.[126] Davon umfasst sind bspw. Informationen über die zugrunde gelegte Bewertungsmethode, den Umfang der in die Bewertung einbezogenen örtlichen Verteilungsanlagen sowie weitere der Bewertung zugrunde gelegten Annahmen. Soweit bspw. auch Grundstücke, Dienstbarkeiten oder andere werthaltige Gegenstände bei der Kaufpreisermittlung zu berücksichtigen sind, sind auch diese in Bezug auf Anzahl, Umfang, Bewertungskriterien etc. zu konkretisieren. 111

cc) Abschluss Kaufvertrag bzw. Pachtvertrag

Im Kauf- bzw. Pachtvertrag wird in der Regel eine Vielzahl von Informationsansprüchen des Neukonzessionärs geregelt. Denn dies ist der Zeitpunkt, zu dem die Parteien sich über die wesentlichen Modalitäten der Netzübernahme geeinigt haben und der Altkonzessionär die Verpflichtung hat, den Neukonzessionär in die Lage zu versetzen, dass er **ab Übernahmestichtag das Netz ordnungsgemäß betreiben** kann. Sämtliche hierfür erforderliche Informationen sind dafür in der entsprechenden Form und rechtzeitig zur Verfügung zu stellen. Üblicherweise handelt es sich dabei um Informationen zu Netzverträgen (Netzanschlussverträge, Lieferantenrahmenverträge etc.), Netzkunden, Informationen im Zusammenhang mit der operativen Abwicklung des Netzbetreiberwechsels gem. GPKE, GeLi und sonstiger von den Regulierungsbehörden erlassenen Festlegungen zu Prozessen, elektronischer Netzdaten, Informationen zur Erlösobergrenze etc. Im Vertrag wird regelmäßig auch der **Zeitpunkt der Informationsübermittlung geregelt** werden, bspw. mit Abschluss des Vertrags oder zum vereinbarten tatsächlichen Übertragungsstichtag. 112

---

125 S. o. Rn 98.

126 So auch Brandenburgisches OLG, Beschl. v. 29.12.2009 – Kart. W 13/09 = RdE 2010, 345, 346.

dd) Antragstellung gem. § 26 Abs. 2 ARegV

113 Bei der Antragstellung gem. § 26 Abs. 2 ARegV werden Informationen zur Ermittlung der zu übertragenden Erlösobergrenze relevant. Im Regelfall werden **die Parteien** einen gemeinsamen Antrag bzw. inhaltlich übereinstimmende Anträge an die zuständige/n Behörde/n stellen und insofern vorab die **Inhalte abstimmen**. Neben öffentlich zugänglichen Strukturdaten des Netzes sind hier auch das Gesamtnetz des abgebenden bzw. aufnehmenden Netzbetreibers betreffende Informationen zu Sachanlagevermögen, kalkulatorischen Nutzungsdauern, Kosten gem. §§ 11, 15 ARegV, angewendete Schlüssel etc. maßgeblich. Da es sich zumindest die Gesamtnetzdaten betreffend um **Betriebs- und Geschäftsgeheimnisse** handeln wird, ist zwischen den Parteien abzustimmen, welche Daten einen etwaigen gemeinsamen Antrag eingehen können und welche Daten vom abgebenden Netzbetreiber vertraulich unmittelbar an die Behörde/n übermittelt werden. Ggf. kann auch ein unabhängiger, von beiden Seiten gemeinsam bestimmter **Wirtschaftsprüfer** eingeschaltet werden.[127]

2. Durchsetzung von Informationsansprüchen im einstweiligen Rechtsschutzverfahren

114 In der Praxis stellt sich oftmals die Frage, ob **Auskunftsansprüche** des Neukonzessionärs bereits im **einstweiligen Verfügungsverfahren** durchgesetzt werden können, wenn der Altkonzessionär die Herausgabe der Daten verweigert. Der Neukonzessionär ist an einer zügigen Netzübernahme interessiert, damit er seinen eingegangenen Verpflichtungen aus dem Konzessionsvertrag gerecht werden kann. Voraussetzung für die Gewährung einstweiligen Rechtsschutzes ist gem. § 916 ZPO das **Vorliegen von Verfügungsanspruch und Verfügungsgrund**. Des Weiteren darf durch das einstweilige Verfügungsverfahren keine Vorwegnahme der Hauptsache erfolgen.[128]

115 Im Zusammenhang mit der Durchsetzung von Auskunftsansprüchen bei Netzübernahmen im einstweiligen Rechtsschutz besteht insb. die Gefahr der Vorwegnahme der Hauptsache. **Einstweilige Verfügungsverfahren** dienen der Befriedigung eines **Eilbedürfnisses des Antragstellers**, indem aufgrund einer bloß summarischen Prüfung unter erleichterten Nachweisvoraussetzungen und starker Einschränkungen des rechtlichen Gehörs des Antragsgegners eine lediglich **vorläufige Regelung** getroffen wird. Erst im Hauptsacheverfahren wird eine endgültige Entscheidung über das Bestehen des Anspruchs gefällt.[129] Eine Entscheidung im **Eilrechtsschutz** darf die Entscheidung in der Hauptsache grds. nicht vorwegneh-

---

127 S. hierzu bereits o. Rn 96.

128 Die in Frage kommenden Anspruchsgrundlagen (Verfügungsgrund) wurden bereits ausführlich beleuchtet, so dass an dieser Stelle auf Rn 88 ff. verwiesen wird.

129 *Baumbach/Lauterbach/Albers/Hartmann*, § 916 Rn 2.

men, also nicht zu einer endgültigen Befriedigung des Antragstellers führen.[130] Ausnahmen vom **Verbot der Vorwegnahme der Hauptsache** werden nur unter engen Voraussetzungen anerkannt, bspw. wenn dadurch eine besonders schwere und existenzielle Rechtsbeeinträchtigung beim Antragssteller verursacht wird.[131]

Die **Durchsetzung von Auskunftsansprüchen** im einstweiligen Verfügungsver- 116
fahren stellt in aller Regel eine **Vorwegnahme der Hauptsache** dar, da Auskunftsansprüche ihrem Wesen nach stets auf eine endgültige Befriedigung gerichtet sind. Einmal erteilte Auskünfte lassen sich nicht mehr „zurückholen", mit der erteilten Auskunft ist der Anspruch endgültig und nicht nur vorläufig erfüllt.[132]

Praxistipp

Für Netzübernahmeverfahren bedeutet dies, dass die Durchsetzung von Informationsansprüchen im einstweiligen Verfügungsverfahren regelmäßig unzulässig sein dürfte, da die Voraussetzung der existenziellen Rechtsbeeinträchtigung üblicherweise zu verneinen sein wird, wenn das Informationsverlangen des Neukonzessionärs auf die Bewertung des vom Altkonzessionär geforderten Kaufpreises bzw. Pachtentgelts zielt. Die hierzu bislang ergangene Rechtsprechung hat Auskunftsanträge im einstweiligen Verfügungsverfahren konsequenterweise auch wegen der Vorwegnahme der Hauptsache abgelehnt.[133]

Ein weiterer im Eilrechtsschutz bei Informationsansprüchen problematischer Aspekt 117
wird regelmäßig der Nachweis der Unzumutbarkeit des weiteren Zuwartens und damit die **Eilbedürftigkeit** sein. Der Neukonzessionär muss darlegen, dass die Verweigerung der Datenherausgabe einen **irreversiblen Nachteil** darstellt. Dies mag der Fall sein, wenn der Altkonzessionär trotz Einigung auf die wesentlichen Vertragseckpunkte weiterhin Informationen zurückhält, die der Neukonzessionär benötigt, um das örtliche Verteilnetz ordnungsgemäß betreiben zu können. Sobald bspw. die Unterversorgung der Bevölkerung mit der betroffenen Energieart wegen der Informationsverweigerung droht, dürfte eine entsprechende Eilbedürftigkeit zu bejahen sein. Regelmäßig verneint wurde von den Gerichten bislang eine Eilbedürftigkeit allerdings, wenn es um Informationsverlangen im Hinblick auf die Wertermittlung des örtlichen Verteilnetzes geht, wie bspw. Informationen zur Ermittlung des kalkulatorischen Restwertes.[134] Eine existenzielle Notlage des Neukonzessionärs, die durch das Zuwar-

130 *Baumbach/Lauterbach/Albers/Hartmann*, § 916 Rn 5.

131 LG Dortmund, Urt. v. 4.2.2010 – 13 O 5/10 Kart. = BeckRS 2010, 04731; eine derartige Unzumutbarkeit wohl bejahend *Büttner/Templin*, ZNER 2011, 121, 129 m. w. N.

132 *Höch/Kalwa*, RdE 2010, 364, 367; im Ergebnis so auch Brandenburgisches OLG, Beschl. v. 29.12.2009 – Kart. W 13/09 – m. w. N.; a. A. *Becker*, RdE 2010, 243 ff.

133 LG Dortmund, Urt. v. 4.2.2010 – 13 O 5/10 Kart. = BeckRS 2010, 04731; Brandenburgisches OLG, Beschl. v. 29.12.2009 – Kart. W 13/09 – welches die Frage im Ergebnis offen lässt.

134 LG Dortmund, Urt. v. 4.2.2010 – 13 O 5/10 Kart. = BeckRS 2010, 04731; a. A. im Ergebnis *Büttner/Templin*, ZNER 2011, 121, 129 m. w. N.

ten auf eine Entscheidung im Hauptsacheverfahren eintreten würde, ist hier schwer vorstellbar, insb. da in der Praxis regelmäßig langwierige Vertragsverhandlungen zwischen den Parteien stattfinden, in welchen gerade über diese Punkte gestritten wird. Insofern hat auch das **Brandenburgische OLG** zutreffenderweise ausgeführt, dass einem Erlass einer einstweiligen Verfügung das Führen von Verhandlungen (hier über den Zeitraum von einem Jahr) als Indiz gegen Eilbedürftigkeit und irreversible Nachteile entgegenstehe. Wird nämlich mit dem Antrag nach Eintritt der Gefährdung eines Rechts über längeren Zeitraum hinweg zugewartet, kann das Fehlen des Verfügungsgrundes wegen sog. „Selbstwiderlegung" angenommen werden.[135]

Praxistipp

i Bei Verhandlungen nach einem Konzessionärswechsel sollte frühzeitig zwischen den Parteien klargestellt werden, ob eine Einigung auf die wesentlichen vertraglichen Eckpunkte, wie bspw. den Kaufpreis bzw. das Pachtentgelt überhaupt möglich ist. Sobald sich herauskristallisiert, dass eine Einigung nicht realisierbar ist, sollten die Ansprüche des Neukonzessionärs im gerichtlichen Hauptsacheverfahren geklärt werden. Denn nur damit kann die tatsächliche Umsetzung der Netzübernahme vorangetrieben werden. Einstweilige Verfügungsverfahren mit dem Ziel der Informationserlangung sind hierfür nicht das richtige Werkzeug. Sie führen im Gegenteil zu einer weiteren Verzögerung der Verhandlungen und zusätzlichen, unnötigen Kosten.

IV. Umfang des Übertragungsanspruchs – Schicksal gemischt genutzter Anlagen

118 Strittig ist der **Umfang der gesetzlichen Übertragungspflicht** gem. § 46 Abs. 1 S. 2 in Bezug auf sog. gemischt genutzte Anlagen mit sowohl lokaler als auch überörtlicher Funktion.

1. Was sind multifunktionale Anlagen?

119 In größeren Städten mit hoher Absatzdichte auf engstem Raum dienen **Mittelspannungsnetze** ausschließlich der örtlichen Verteilung innerhalb des Stadtgebiets, in Großstädten sogar die Umspannwerke zur **Transformation von Hoch- in Mittelspannung** (HS/MS).[136] In ländlichen, absatzschwachen Regionen haben MS-Leitungen dagegen mehrere Funktionen:[137]

120 Zum einen dienen sie dem **übergemeindlichen, regionalen Stromtransport** vom Umspannwerk hin zu den Stromverbrauchern, in der Praxis auch als mittelbare

---

135 Brandenburgisches OLG, Beschl. v. 29.12.2009 – Kart. W 13/09 = RdE 2010, 345, 346.

136 Selbst das HS-Netz kann in industrie- oder einwohnerstarken Großstädten ausschließlich der innerörtlichen Verteilung dienen.

137 Zu diesen unterschiedlichen Funktionen von Verteilungsanlagen *Jacob*, N&R 2011, 176 f.

Versorgung bezeichnet. In den Netzplänen lässt sich diese übergemeindliche Funktion meist schon an der formalen Klassifizierung der **MS-Leitungen** unschwer erkennen; Leitungen mit überörtlicher Transportfunktion werden z.B. häufig als „Hauptleitungen" geführt, mit entsprechend niedrigerer oder z.B. „Doppel-Null"-Ordnungsnummer. Solche **MS-Regionalleitungen** sind häufig mit einem oder mehreren anderen Umspannwerken verbunden oder durch Schaltmaßnahmen verbindbar, um die betreffende Region auch bei einer Störung in einem der Umspannwerke aus dem bzw. den anderen weiterhin unterbrechungsfrei und sicher versorgen zu können. Dieses sog. **(n-1)-Prinzip** ist als gute fachliche Praxis der Netzplanung für Elektrizitätsversorgungsnetze allgemein anerkannt.[138] Danach muss bei Ausfall eines Betriebsmittels eine Weiterversorgung über die übrigen Betriebsmittel gewährleistet werden können. Teilweise wird auch von **Redundanzprinzip** gesprochen.

Von diesen MS-Regionalleitungen zweigen örtliche **MS-Verteilungsleitungen** 121
ab. Sie dienen teils der **Versorgung einzelner Ortsnetzstationen** und damit der Einspeisung in die örtlichen Niederspannungsnetze, teils der **Versorgung größerer gewerblicher Kunden**, die aufgrund ihres höheren Verbrauchs oder Leistungsbedarfs direkt in MS beziehen.

Deshalb ist bei regionalen MS-Netzen in eher ländlichen Gebieten mit kleineren 122
Ortschaften funktional zu unterscheiden zwischen **regionalen Transportleitungen** und **örtlichen Verteilungsleitungen**. Auch im kommunalen Schrifttum ist diese funktionale Unterscheidung im Zusammenhang mit der Härteregelung in § 14 Abs. 2 S. 3 StromNEV anerkannt.[139] MS-Regionalleitungen dienen der kollektiven, gemeinschaftlichen Versorgung **aller** Gemeinden in dieser Region, je nach Lastfluss und Schaltzustand in wechselnden Anteilen. Sie stellen auch für alle diese Gemeinden, ggf. über entsprechende Umschaltungen, gemeinschaftlich eine **unterbrechungsfreie Versorgung nach dem (n-1)-Prinzip** sicher. Dabei können sie nicht hinweggedacht werden, ohne die sichere Versorgung **aller** Gemeinden dieser Region zu beeinträchtigen. Zwar dienen sie anteilig auch der (Mit-)Versorgung der Gemeinde, die ihre Wegenutzung neu vergeben hat, darüber hinaus aber **weiteren, überörtlichen Versorgungszwecken**. Solche Anlagen sind dementsprechend **„multifunktional"**.

MS-Verteilungsleitungen dienen dagegen **ausschließlich der Letztverbrau-** 123
cherversorgung in einer einzelnen Gemeinde. Sie können hinweggedacht werden, ohne die sichere Versorgung der Umlandgemeinden im Normal- oder Reserve-

---

138 BDEW-Leitfaden „Konzessionsverträge und Konzessionsabgaben in der Strom- und Gasversorgung" vom 9.11.2010, S. 38.
139 Vgl. *Riedel*, Aktuelle Fragen des Netzzugangs vor dem Hintergrund des neuen Energiewirtschaftsrechts, 2005 (Präsentation), S. 34ff., http://www.enbw.com/content/de/industriekunden/_media/pdf/nord/fachbeitraege/Netzzugang.pdf.

fall zu beeinträchtigen. Alle derartigen Leitungen sind **keine „gemischt genutzten Anlagen"**, da sie funktional ausschließlich der Versorgung innerhalb einer einzelnen Gemeinde zuordenbar sind.

124 Eine entsprechende **funktionale Abgrenzung** ist auch bei **Umspannwerken HS/MS** möglich. In ländlich geprägten Regionalnetzen mit geringer Verbrauchsdichte sind sie stets multifunktional und dienen der Versorgung vieler Gemeinden. In aller Regel rechnet es sich nur in Großstädten, eigene HS/MS-Umspanner einschließlich der erforderlichen Reserveumspanner ausschließlich für örtliche Versorgungszwecke vorzuhalten. Selbst für Mittelstädte ist eine hinreichende Auslastung dieser Anlagen in der Regel nur erreichbar, wenn sie zugleich auch für die Umlandversorgung mitbenutzt werden. Dies ist auch dann der Fall, wenn die Umspanner im Normalfall getrennt betrieben werden, aber für den Reservefall gem. dem (n-1)-Prinzip eine Umschaltmöglichkeit besteht. Gerade die Vorhaltung der erforderlichen Netz- und Umspannreserven machen einen wesentlichen Teil der Netzkosten aus.

2. Bisherige Rechtspraxis und Rechtsprechung

125 Die bestehenden **Wegenutzungsverträge** mit den Gemeinden beziehen die Übertragungspflicht des bisherigen EVU teilweise explizit auf diejenigen Verteilungsanlagen, die **ausschließlich der Letztverbraucherversorgung** im Gebiet dieser Gemeinde dienen.[140] Teilweise sehen sie umgekehrt für sog. **Durchgangs- oder Regionalleitungen ein fortdauerndes Wegerecht** vor und setzen damit implizit voraus, dass multifunktionale Verteilungsanlagen von der Übertragungspflicht ausgenommen sind. Enthielt der auslaufende Konzessionsvertrag keine dieser Regelungen, galt nach der früheren Rechtsprechung Entsprechendes im Wege der ergänzenden Vertragsauslegung.[141]

126 Zwei neue Gerichtsentscheidungen halten diese Rechtspraxis und frühere Rechtsprechung für durch § 46 Abs. 2 S. 2 EnWG überholt. Das **LG Hannover**[142] bejahte Anfang 2011 im Anschluss an das kommunale Schrifttum[143] eine **Pflicht zur Überlassung von sog. „gemischt genutzten Anlagen"** an das von der Gemeinde

140 *Jacob*, N&R 2011, 176, 179.

141 OLG Frankfurt a. M. RdE 1997, 146.

142 LG Hannover RdE 2011, 195.

143 Vgl. z. B. Danner/Theobald/*Theobald*, § 46 EnWG Rn 30; *Flach*, Beilage zu Gemeinde und Stadt 4/2010, 7; Britz/Hellermann/Hermes/*Hellermann*, § 46 Rn 74; *Tischmacher*, IR 2011, 246, 251. Inzwischen auch Schneider/Theobald/*Albrecht*, § 9 Rn 115 ff.; anders noch in der 1. Auflage, § 8 Rn 105, wo er eine Pflicht zur Übereignung multifunktionaler Anlagen gänzlich verneinte; vermittelnd in der 2. Auflage, § 9 Rn 101 ff., wo er in Bezug auf diese Anlagen die Begründung von Miteigentum forderte. Im Folgenden wird, wenn kein ausdrücklicher Hinweis auf eine frühere Auflage erfolgt, die aktuelle 3. Auflage zitiert.

bestimmte neue EVU. Dem hat sich inzwischen das **OLG Frankfurt a.M.**[144] unter Aufgabe seiner früheren Rechtsprechung und in Anlehnung an das kommunale Schrifttum und den BKartA-BNetzA-Leitfaden zur Konzessionsvergabe[145] angeschlossen, ebenso eine BNetzA-Verfügung.[146] Diese Entscheidungen stützen sich auf den angeblich eindeutigen Wortlaut des § 46 Abs. 2 S. 2 EnWG, wonach die zur allgemeinen Versorgung in der Gemeinde „notwendigen" Anlagen zu überlassen seien, nicht etwa nur die „ausschließlich" für die allgemeine Versorgung in der Gemeinde notwendigen Anlagen.[147] Die Notwendigkeit wird, wie auch im BKartA-BNetzA-Leitfaden zur Konzessionsvergabe,[148] nach der **conditio-sine-qua-non-Formel** bestimmt: Notwendig seien alle Anlagen, die nicht hinweggedacht werden können, ohne die sichere Versorgung in dieser Gemeinde zu gefährden. Dies träfe auch für „gemischt genutzte Anlagen" zu.

Das **LG Hannover** hält es für unerheblich, ob und ggf. zu welchem Anteil die Lei- 127
tungen auch der Versorgung außerhalb des Konzessionsgebiets dienen.[149] Angesichts des in § 46 Abs. 2 EnWG klar zum Ausdruck gekommenen Willens des Gesetzgebers, einen regelmäßigen Wechsel beim Betreiber des Netzes der allgemeinen Versorgung herbeizuführen, sei es auch nicht veranlasst, *„den Anwendungsbereich der Vorschrift – dem klaren Wortlaut zuwider – einzuschränken."*[150] Auch das **OLG Frankfurt a.M.** und die **BK 6** argumentieren flankierend mit dem **Normzweck**, den sie im Anschluss an das kommunale Schrifttum[151] in der Sicherung effektiven Wettbewerbs um das örtliche Verteilnetz sehen.[152] Die Entscheidungen sind nicht rechtskräftig. Im Folgenden wird gezeigt, dass Ergebnis und Begründung rechtsmethodisch angreifbar sind.

3. Grammatikalische Auslegung

§ 46 Abs. 2 S. 2 EnWG weist dieselbe **Normstruktur** auf wie die meisten – konditio- 128
nal aufgebauten – Rechtsnormen: Hier sind bestimmte Tatbestandsmerkmale verknüpft mit einer bestimmten Rechtsfolge („wenn … dann …"). Bei dieser Norm-

---

144 Urt. v. 14.6.2011 – 11 U 26/10 (Kart.) = RdE 2011, 422ff.

145 Gemeinsamer Leitfaden des BKartA und der BNetzA zur Vergabe von Strom- und Gaskonzessionen und zum Wechsel des Konzessionsnehmers vom 15.12.2010, Rn 34ff.

146 BNetzA, Beschl. v. 26.1.2012 – BK6-11-052 –.

147 LG Hannover RdE 2011, 195, 196; OLG Frankfurt a. M. RdE 2011, 422, 423, Rn 61ff.

148 Gemeinsamer Leitfaden des BKartA und der BNetzA zur Vergabe von Strom- und Gaskonzessionen und zum Wechsel des Konzessionsnehmers vom 15.12.2010, Rn 34ff.; BNetzA, Beschl. v. 26.1.2012 – BK6-11-052 – S. 12f.

149 LG Hannover RdE 2011, 195, 196f.

150 LG Hannover RdE 2011, 195, 197.

151 Theobald/Theobald/*Theobald*, § 46 EnWG Rn 32; Danner/Theobald/*Theobald*, § 46 EnWG, Rn 32.

152 OLG Frankfurt a. M. RdE 2011, 422, 423f., Rn 67ff.; BNetzA, Beschl. v. 26.1.2012, 15, 18.

struktur hat der Tatbestand eine **zweifache Abgrenzungsfunktion**, eine positive und – spiegelbildlich dazu – eine negative:[153] Liegen die gesetzlichen Tatbestandsmerkmale vor, dann soll die gesetzliche Rechtsfolge eintreten; liegen sie nicht vor, dann soll die gesetzliche Rechtsfolge nicht eintreten (jedenfalls im Grundsatz; anders nur bei einer Analogie oder teleologischen Reduktion). Tatbestandsmerkmale des § 46 Abs. 2 S. 2 EnWG sind:

- die Nichtverlängerung eines Konzessionsvertrags nach seinem Ablauf und
- die Notwendigkeit der Verteilungsanlagen für den Betrieb der Netze der allgemeinen Versorgung im Gemeindegebiet.

129 Rechtsfolge, wenn und soweit diese tatbestandlichen Voraussetzungen vorliegen, ist die **Pflicht zur Übertragung gegen wirtschaftlich angemessene Vergütung.**

a) Weite Wortlautauslegung

130 Die Vertreter einer weiten **Übertragungspflicht**[154] betonen von diesen Tatbestandsmerkmalen einseitig nur das Merkmal „notwendig".[155] Bei dieser Lesart diente der Tatbestand des § 46 Abs. 2 S. 2 EnWG dazu, die **notwendigen Anlagen abzugrenzen von den nicht notwendigen Anlagen.**[156] Letzteres träfe nur für Anlagen zu, die für die allgemeine Versorgung im neuvergebenen Gemeindegebiet gänzlich überflüssig sind, d.h. nach dem oben Ausgeführten[157] nur für **Anlagen, die ausschließlich der allgemeinen Versorgung in einer anderen Konzessionsgemeinde dienen** oder endgültig **stillgelegte Anlagen, die gar keiner Versorgung mehr dienen.**[158] Dass solche Anlagen von der Überlassungspflicht nicht erfasst sind, ist ohnehin evident und braucht gesetzlich nicht eigens betont werden.

153 *Müller/Christensen* sprechen von positiver und negativer Grenzwirkung, z.B. Rn 318, 449.
154 LG Hannover RdE 2011, 195 ff.; OLG Frankfurt a. M. RdE 2011, 422, 423, Rn 63; Gemeinsamer Leitfaden des BKartA und der BNetzA zur Vergabe von Strom- und Gaskonzessionen und zum Wechsel des Konzessionsnehmers vom 15.12.2010, Rn 34 ff. sowie das o.g. zitierte kommunale Schrifttum.
155 Besonders deutlich in Gemeinsamer Leitfaden des BKartA und der BNetzA zur Vergabe von Strom- und Gaskonzessionen und zum Wechsel des Konzessionsnehmers vom 15.12.2010, Rn 34 ff.: Schon die Überschrift zu 2. lässt erkennen, dass der Anspruchsumfang nur aus den Wörtern *„notwendige Verteilungsanlagen"* abgeleitet werden soll. Kritisch zu einer solchen Auslegung *Müller/Christensen* Rn 534: Mit einem Wort (und „seiner" Bedeutung) könne man einen Rechtsfall ohnehin nicht entscheiden.
156 In diesem Sinne z.B. Gemeinsamer Leitfaden des BKartA und der BNetzA zur Vergabe von Strom- und Gaskonzessionen und zum Wechsel des Konzessionsnehmers vom 15.12.2010, Rn 36. Ebenso *Büdenbender*, EnWG, § 13 Rn 55, der allerdings Durchgangsleitungen zur Versorgung benachbarter Gemeinden von der Überlassungspflicht ausnimmt.
157 S.o. Rn 123.
158 Zu letzteren *Tischmacher*, IR 2011, 246, 251.

Folge der einseitigen Betonung des Merkmals „notwendig“ wäre, dass **sämtliche** für die allgemeine Versorgung im Gemeindegebiet auch nur bruchteilsmäßig erforderlichen **Anlagen zu übertragen** wären. Denn nach der in den o.g. Entscheidungen und im BKartA-BNetzA-Leitfaden angewandten **conditio-sine-qua-non-Formel** sind **quantitative Aspekte unerheblich.**[159] Somit hätte der Regionalnetzbetreiber der ersten Konzessionsgemeinde, die sich für eine Kommunalisierung entscheidet, neben den ausschließlich der Mittelspannungsverteilung in dieser Gemeinde dienenden Leitungen alle Mittelspannungs-Regionalleitungen mit der o.g. Transportfunktion in der betreffenden Region mit zu übergeben. Auch die Umspannwerke in dieser Region dienen zu einem gewissen Anteil der Versorgung auch dieser Gemeinde,[160] und auch das gesamte vorgelagerte Hochspannungsnetz kann nicht hinweggedacht werden, ohne dass die Versorgung der betreffenden Gemeinde (wie auch die des gesamten Umlandes) beeinträchtigt wäre.[161] Da alle vorgelagerten Netzebenen für die Versorgung jeder einzelnen Gemeinde im Sinne der conditio-sine-qua-non-Formel notwendig sind (wenn auch nur zu einem sehr geringen prozentualen Anteil), wären folgerichtig alle MS- und HS-Netzanlagen eines Regionalnetzbetreibers mit zu übergeben. 131

Bei dieser weiten Wortlautauslegung hat der Tatbestand des § 46 Abs. 2 S. 2 EnWG keinerlei Abgrenzungsfunktion mehr. Eine so verstandene Übertragungspflicht ginge erheblich weiter, als es der Interessenlage dieses ersten Neukonzessionärs entspräche. Es entstünden unlösbare Interessenkonflikte mit weiteren **kommunalisierungswilligen Gemeinden** in dieser Region, welche die **multifunktionalen Anlagen mit gleichem Recht zugunsten ihres Neukonzessionärs beanspruchen** könnten. Eine so weite Auslegung widerspräche sogar dem Ziel des § 46 Abs. 2 S. 2 EnWG, einen regelmäßigen Wechsel des Netzbetreibers der allgemeinen Versorgung möglich zu machen. Denn eine Übernahme aller für die allgemeine Versorgung in der neuvergebenen Gemeinde irgendwie bruchteilsmäßig erforderlichen Verteilungsanlagen bis hin zur Hoch- oder gar Höchstspannung wäre für das Gemeindewerk gar nicht finanzierbar und betrieblich zu bewältigen. Diese Konsequenz ihrer „Wortlautauslegung“ haben die o.g. Gerichte übersehen, weil in diesem Verfahren ohnehin nur „gemischt genutzte“ Mittelspannungsleitungen streitbefangen waren. 132

Eine so **extrem weitreichende Überlassungspflicht** halten alle Vertreter in der Literatur einschl. BKartA-BNetzA-Leitfaden, die unter einseitiger Betonung des Be- 133

159 So ausdrücklich LG Hannover RdE 2011, 195, 196f.

160 S.o. Rn 120ff. sei es im Normalbetrieb, sei es im Reservefall.

161 So im Grundansatz auch Gemeinsamer Leitfaden des BKartA und der BNetzA zur Vergabe von Strom- und Gaskonzessionen und zum Wechsel des Konzessionsnehmers vom 15.12.2010, Rn 36, der dann allerdings zur Vermeidung normzweckwidriger Ergebnisse zusätzliche einschränkende Bedingungen einführt, dazu nachfolgend Rn 134ff.

griffs „notwendig" bzw. der „notwendigen Anlagen" den Tatbestand des § 46 Abs. 2 S. 2 EnWG weit interpretieren, für **nicht sachgerecht**. Sie entwickeln deshalb unterschiedliche zusätzliche Kriterien, um die Überlassungspflicht auf ein vernünftiges Maß zu beschränken.

b) Versuche einer teleologischen Reduktion

134 Teilweise werden *„die zum Übertragungs- oder Fernleitungsnetz gehörenden Anlagen"* explizit von der Überlassungspflicht ausgenommen.[162] Da § 46 Abs. 2 S. 2 EnWG auf **„Verteilungsanlagen"** rekurriert, lassen sich über dieses Kriterium immerhin 400- und 220-kV-Leitungen aus der Übertragungspflicht ausscheiden.[163] **Unklar ist die Zuordnung** aber schon für die Umspannung von Höchst- in Hochspannung, und jedenfalls das 110-kV-HS-Netz gehört nach der Legaldefinition in § 3 Nr. 37 EnWG zu den Verteilungsanlagen, erst recht die Umspannung HS/MS. Diese Anlagen dienen aber in Regionalnetzen ebenfalls nur zu einem kleinen Bruchteil der Versorgung einer einzelnen Gemeinde. Auch unter Berücksichtigung des Merkmals „Verteilung" hätte der Tatbestand des § 46 Abs. 2 S. 2 EnWG noch **keine wirkliche Abgrenzungsfunktion**; der Wortlaut ginge immer noch deutlich zu weit. Deshalb führen die Vertreter einer weiten Wortlautauslegung weitere einschränkende Kriterien ein, um die Übertragungspflicht auf ein vernünftiges Maß zu beschränken:

aa) Belegenheit der Anlagen

135 Teilweise wird vertreten, zu überlassen seien nur die im Gebiet der neuvergebenen Gemeinde **belegenen Versorgungsanlagen**, die zur allgemeinen Versorgung in dieser Gemeinde notwendig sind.[164] Diese Einschränkung ist jedoch mit dem Wortlaut des § 46 Abs. 2 S. 2 EnWG unvereinbar. Das Merkmal „im Gemeindegebiet" bezieht sich nach dem Gesetzeswortlaut eindeutig nicht auf die „Verteilungsanlagen", son-

---

162 Gemeinsamer Leitfaden des BKartA und der BNetzA zur Vergabe von Strom- und Gaskonzessionen und zum Wechsel des Konzessionsnehmers vom 15.12.2010, Rn 37; *Klemm*, VersW 2005, 197, 199, der sogar die 110-kV-Hochspannungsleitungen dem Übertragungsnetz zuordnen will.

163 Vgl. einerseits die Definition der Übertragung bzw. Fernleitung in § 3 Nr. 19, 32 EnWG, andererseits die Definition der Verteilung in § 3 Nr. 37 EnWG.

164 Gemeinsamer Leitfaden des BKartA und der BNetzA zur Vergabe von Strom- und Gaskonzessionen und zum Wechsel des Konzessionsnehmers vom 15.12.2010, Rn 37: Ob ausnahmsweise auch außerhalb des Gemeindegebiets belegene Anlagen zu überlassen seien, bedürfe ggf. einer wertenden Betrachtung des Einzelfalls. Für eine Abgrenzung nach der Belegenheit der Anlage auch OLG Frankfurt a. M. RdE 2011, 424, Rn 71; ebenso BNetzA, Beschl. v. 26.1.2012 – BK6-11-052 – S. 13.

dern auf die „allgemeine Versorgung".[165] Deshalb **kommt es nicht auf die Lage der Verteilungsanlagen** im oder außerhalb des Gemeindegebiets **an, sondern auf ihre Funktion.**[166] Eine Abgrenzung der zu überlassenden von den nicht zu überlassenden Verteilungsanlagen nach der Belegenheit im oder außerhalb des Gemeindegebiets ist somit nur im Wege einer teleologischen Reduktion des § 46 Abs. 2 S. 2 EnWG möglich.[167]

Bei einer **teleologischen Reduktion** wird dem bezogen auf den Normzweck „überschießenden", zu weit gehenden **Normtext** ein zusätzliches, im Tatbestand **nicht enthaltenes, einschränkendes Merkmal hinzugefügt.**[168] Dies ist aber nur zulässig und geboten, wenn bei grammatikalischer Auslegung eine „verdeckte Lücke"[169] bzw. „Ausnahmelücke"[170] feststellbar ist. Dies ist nicht der Fall, wenn schon die grammatikalische Auslegung eine dem Normzweck entsprechende engere Auslegung erlaubt. Nachfolgend wird gezeigt,[171] dass der Wortlaut des § 46 Abs. 2 S. 2 EnWG keineswegs zwingend so weit zu verstehen ist, wie von den o.g. Vertretern der weiten Auslegung angenommen. Dann aber ist eine teleologische Reduktion anhand des Merkmals „Belegenheit der Anlage" methodisch unzulässig. 136

bb) Quantitative Abgrenzungselemente

Teilweise wird vertreten, das Merkmal „notwendig" sei um ein **quantitatives Element** zu ergänzen. Zu überlassen seien nur diejenigen Anlagen, die „überwiegend" für die allgemeine Versorgung im Gemeindegebiet notwendig sind.[172] Teilweise wird die **Überlassungspflicht** erst dann verneint, wenn die Anlage eine „eindeutig überwiegende" überörtliche Versorgungsfunktion hat.[173] Auch bei diesen quantitativen Abgrenzungsversuchen handelt es sich um eine teleologische Reduktion. Denn ein quantitatives Element ist im Tatbestand des § 46 Abs. 2 S. 2 EnWG nicht ange- 137

165 BDEW-Leitfaden „Konzessionsverträge und Konzessionsabgaben in der Strom- und Gasversorgung" vom 9.11.2010, S. 36/37.
166 BDEW-Leitfaden „Konzessionsverträge und Konzessionsabgaben in der Strom- und Gasversorgung" vom 9.11.2010, S. 36.
167 *Jacob*, N&R 2011, 176, 178.
168 Vgl. Rüthers/Fischer, Rn 902; Larenz/Canaris, S. 210 f.
169 *Larenz/Canaris*, S. 210 f.
170 *Rüthers/Fischer*, Rn 848; z.T. wird noch anschaulicher von „Ausnahmetatbestands-Lücke" gesprochen.
171 S.u. Rn 143 ff.
172 Danner/Theobald/*Theobald*, § 46 EnWG Rn 28; *Flach*, Beilage zu Gemeinde und Stadt 4/2010, 7; ablehnend Schneider/Theobald/*Albrecht*, § 9 Rn 119.
173 Gemeinsamer Leitfaden des BKartA und der BNetzA zur Vergabe von Strom- und Gaskonzessionen und zum Wechsel des Konzessionsnehmers vom 15.12.2010, Rn 39 Fn 24; ablehnend Schneider/Theobald/*Albrecht*, § 9 Rn 119.

legt.[174] Zum einen ist eine Abgrenzung nach der „überwiegenden" oder „eindeutig überwiegenden" Funktion nicht praxistauglich, weil sich die Anteile je nach konkreter Lastsituation und Schaltzustand im Netz ändern,[175] insb. im Reservefall bei Ausfall eines Umspannwerks. Zum anderen zielt dieses zusätzliche, im Gesetzeswortlaut nicht enthaltene quantitative Merkmal auf eine **teleologische Reduktion**, die wiederum nur dann zulässig und geboten ist, wenn der Wortlaut der Norm tatsächlich so weit zu verstehen wäre, wie von den Vertretern der weiten Auslegung angenommen.

cc) Teilübertragung

138 Statt solcher quantitativer Abgrenzungsversuche wird in der **Netzübernahmepraxis** hin und wieder vertreten, **an multifunktionalen Verteilungsanlagen sei Miteigentum zu begründen.**[176] Auch eine solche „Teilübertragung" i.S.v. Miteigentum oder Mitbesitz ist aber vom Wortlaut des § 46 Abs. 2 S. 2 EnWG nicht gedeckt. Zum einen hätte sie unlösbare Probleme zur Folge sowohl bei der Netzentgeltbildung nach der StromNEV als auch bei der Qualitätsregulierung nach der ARegV: Beides erfordert eine klare Zuordenbarkeit von Absatzmengen und Unterbrechungszeiten auf jeden einzelnen Netzbetreiber. Mit der Forderung nach „Teilübertragung" wird in der Praxis oft auch eine „**Summendifferenzmessung**" gefordert.[177] Diese verstößt jedoch gegen § 17 Abs. 1 StromNEV i.V.m. § 14 Abs. 2 S. 2 StromNEV, wonach bei allen verbrauchenden und verteilenden Lastgangkunden **je Entnahmestelle die in Anspruch genommene Leistung zu messen und abzurechnen** ist.[178] Hin und wieder wird unter **Teilübertragung** auch eine Trennung von Eigentum und Betriebsführung verstanden.[179]

139 Zum anderen zielen alle diese „salomonischen" Lösungsversuche auf eine **teleologische Reduktion** des § 46 Abs. 2 S. 2 EnWG.[180] Auch hier gilt wieder, dass

---

174 Hierauf verweist zu Recht LG Hannover RdE 2011, 196 f. Wenn es grammatikalisch unzulässig sein soll, dass *„zur Versorgung in der Gemeinde notwendig"* zu lesen als *„ausschließlich zur Versorgung in der Gemeinde notwendig"*, dann ist die Lesart *„überwiegend zur Versorgung in der Gemeinde notwendig"* ebenso unzulässig. Ebenso wohl auch Schneider/Theobald/*Albrecht*, § 9 Rn 119.

175 BDEW-Leitfaden „Konzessionsverträge und Konzessionsabgaben in der Strom- und Gasversorgung" vom 9.11.2010, S. 37; *Jacob*, N&R 2011, 176, 178.

176 Vgl. *Becker/Büttner/Held*, Beilage zu Stadt und Gemeinde interaktiv 6/2010, 19 f.; ebenso auch Schneider/Theobald/*Albrecht*, 2. Auflage, § 9 Rn 101 ff.; ablehnend aber in der aktuellen 3. Auflage, § 9 Rn 127.

177 Vgl. *Becker/Büttner/Held*, Beilage zu Stadt und Gemeinde interaktiv 6/2010, 19 f.; Schneider/Theobald/*Albrecht*, § 9 Rn 122.

178 Vgl. BNetzA, Festlegung v. 26.9.2011 – BK8-11/015 – zum sog. Pooling. Eine korrekte Abrechnung je Entnahmestelle schließt aber eine kostengünstige messtechnische Entflechtung keineswegs aus.

179 Vgl. hierzu BNetzA, Beschl. v. 26.1.2012 – BK6-11-052 – S. 8 „Parteivorschlag".

180 Allerdings etwas „untypisch" auf der Rechtsfolgeseite.

eine solche Reduktion nur dann zulässig und geboten ist, wenn der Wortlaut der Norm tatsächlich so weit zu verstehen wäre, wie von den Vertretern der weiten Auslegung angenommen.

dd) „Unmittelbar" lokale Verteilungsfunktion

Neben der Belegenheit der Anlagen im Gemeindegebiet verlangt die BK 6 als zusätzliches einschränkendes Merkmal z. T. auch, die **Anlage müsse unmittelbar der lokalen Versorgung dienen** bzw. ein „verbindendes Glied der örtlichen Netzstruktur" sein.[181] Dies verneint sie für das vorgelagerte **HS/MS-Umspannwerk**. Denn hier handele es sich um kein verbindendes Glied der örtlichen Netzstruktur, sondern lediglich um das „**Eingangstor**" für die örtliche Versorgung, das **nur mittelbar der lokalen Versorgung diene**. Allerdings wendet die BK 6 dieses Unmittelbarkeitskriterium nur auf die HS/MS-Umspannung an, nicht auch auf die MS-Leitungen. Dies ist widersprüchlich, denn auch die **MS-Regionalleitungen** vom Umspannwerk zum lokalen MS-Verteilnetz sind zunächst, zumindest soweit an sie keine Kunden angeschlossen sind, lediglich „Eingangstore" für die örtliche Versorgung und dienen dieser **nur mittelbar**. Bei Leitungen will die BK 6 das Unmittelbarkeitskriterium aber **nicht** gelten lassen.[182] 140

§ 46 Abs. 2 S. 2 EnWG enthält ein solches **Unmittelbarkeitserfordernis** nicht. 141 Er unterscheidet, anders als § 46 Abs. 1 EnWG, nicht danach, ob eine Anlage „unmittelbar" oder lediglich mittelbar der allgemeinen Letztverbraucherversorgung im Gemeindegebiet dient. Ein Unmittelbarkeitserfordernis lässt sich auch nicht aus dem Merkmal „Netz der allgemeinen Versorgung" ableiten. Dieses Merkmal dient nach der Legaldefinition der allgemeinen Versorgung in § 3 Nr. 17 EnWG lediglich der Abgrenzung von solchen Anlagen, die von vornherein allein zur Versorgung bestimmter oder schon im Zeitpunkt der Anlagenerrichtung bestimmbarer Kunden dimensioniert waren. Dazu gehören z.B. Kundenanlagen i.S.v. § 3 Nr. 24a EnWG, Direktleitungen i.S.v. § 46 Abs. 1 EnWG oder allein genutzte Betriebsmittel i.S.v. § 19 Abs. 3 StromNEV. Zum Netz der allgemeinen Versorgung gehören dagegen alle Netzanlagen, die **unmittelbar oder mittelbar** der Erfüllung der Allgemeinen Anschlusspflicht gem. § 18 EnWG dienen. Anders als dieser enthält § 3 Nr. 17 EnWG keine Einschränkung nur auf die Niederspannungsebene und auch kein Unmittelbarkeitserfordernis wie § 46 Abs. 1 EnWG.

---

181 Vgl. BNetzA, Beschl. v. 26.1.2012 – BK6-11-052 – S. 14.

182 BNetzA, Beschl. v. 26.1.2012 – BK6-11-052 – S. 15 f., offenbar weil dort „wirtschaftlich lukrative Sondervertragskunden" angeschlossen werden könnten (a.a.O., S. 18). Ein solcher Direktanschluss ist aber über allein genutzte Betriebsmittel i. S. v. § 19 Abs. 3 StromNEV oder kundeneigene Anschlussleitungen auch an ein Umspannwerk HS/MS möglich.

142 Somit nimmt die BK 6 mit der Einführung eines **Unmittelbarkeitserfordernisses** in Bezug auf die HS/MS-Umspannung unausgesprochen eine **teleologische Reduktion** des § 46 Abs. 2 S. 2 EnWG vor.

c) Enge Wortlautauslegung

143 Eine teleologische Reduktion erübrigt sich, wenn man die Tatbestandsseite des § 46 Abs. 2 S. 2 EnWG **insgesamt** in den Blick nimmt und nicht das Merkmal „notwendig", sondern das Merkmal **„im Gemeindegebiet"** betont. Der Tatbestand dient dann **nicht** der **Abgrenzung der notwendigen Anlagen von den nicht notwendigen Anlagen**, sondern der **Abgrenzung** der für die allgemeine Versorgung **im Gemeindegebiet notwendigen Anlagen** von den für die allgemeine Versorgung **außerhalb des Gemeindegebiets notwendigen Anlagen**. Bei dieser Betonung hat § 46 Abs. 2 S. 2 EnWG schon aufgrund der grammatikalischen Auslegung eine sinnvolle Abgrenzungsfunktion.

144 Die Rechtsfolge „überlassen" greift dann schon nach dem Normtext **nicht** ein bei allen Anlagen, die für die allgemeine Versorgung **außerhalb** des neuvergebenen Gemeindegebiets notwendig sind, d.h. bei allen Anlagen, die i.S.d. o.g. Abgrenzung der „kollektiven" Versorgung **mehrerer Gemeinden** dienen.[183] Dies sind alle Anlagen, die i.S.d. **conditio-sine-qua-non-Formel** nicht hinweggedacht werden können, ohne die allgemeine Versorgung **außerhalb der neuvergebenen Gemeinde**, also in Nachbargemeinden zu beeinträchtigen. Dazu gehören in Regionalnetzen die o.g. MS-Transportleitungen, die Umspannwerke HS/MS und auch das vorgelagerte HS-Netz.[184]

145 Das **OLG Frankfurt a.M.** fragt hier erstaunlicherweise nach einer **„existentiellen" Angewiesenheit.**[185] Eine solche gesteigerte, „ganz besondere" Notwendigkeit ist aus dem Normtext des § 46 Abs. 2 S. 2 EnWG nicht ableitbar. Zudem ist diese Frage in **vermaschten Netzen** irreführend: Wird hier eine „Masche aufgetrennt", bricht natürlich nicht sofort die Versorgung zusammen; die statistische Ausfallwahrscheinlichkeit erhöht sich jedoch. Welche Folgen das Fehlen einer einzigen „Masche" im Zusammenspiel mit weiteren netzbelastenden Umständen im Höchstspannungsnetz haben kann, zeigte die Großstörung am 4.11.2006:[186] Hier fehlte wegen einer Schiffspassage im Raum Papenburg lediglich eine einzige Höchstspannungsverbin-

---

183 Vgl. o. Rn 122.
184 *Jacob*, N&R 2011, 176, 178.
185 RdE 2011, 422, 424, Rn 70; ähnlich auch Schneider/Theobald/*Albrecht*, § 9 Rn 123: „zwingende" Erforderlichkeit.
186 Bericht der Bundesnetzagentur für Elektrizität, Gas, Telekommunikation, Post und Eisenbahnen über die Systemstörung im deutschen und europäischen Verbundsystem am 4. November 2006, Februar 2007.

dung, die bei den vorausgegangenen Simulationsrechnungen für diese eine Nacht als nicht „existentiell" angesehen worden war. Wegen unvorhersehbarer Umstände wäre sie doch notwendig gewesen; ihr Fehlen führte über einen „Laufmascheneffekt" letztlich zu großflächigen Stromabschaltungen in ganz Europa in Höhe von ca. 20% der Gesamtlast für bis zu 1,5 Stunden.

Somit sind an die Notwendigkeit der Anlagen für die allgemeine Versorgung außerhalb der betreffenden Konzessionsgemeinde keine gesteigerten Anforderungen zu stellen; maßgeblich sind die **conditio-sine-qua-non-Formel** und das **(n-1)-Prinzip.** Solche multifunktionalen Anlagen sind **nicht** mit zu übertragen. Oder positiv gewendet: Die **Übertragungspflicht** erfasst schon nach dem Gesetzeswortlaut **nur** diejenigen Anlagen, die im Sinne der conditio-sine-qua-non-Formel hinweggedacht werden können, **ohne** die allgemeine Versorgung **außerhalb** der neuvergebenen Gemeinde zu beeinträchtigen, m.a.W. diejenigen Anlagen, die **ausschließlich** der allgemeinen Versorgung **in** der neuvergebenen Gemeinde dienen.[187] 146

Auf die Belegenheit der Anlagen innerhalb oder außerhalb dieser Gemeinde kommt es nicht an. Zu überlassen sind auch solche Anlagen, die zwar **außerhalb** der neuvergebenen Gemeinde belegen sind, aber ausschließlich der allgemeinen Versorgung **in** dieser Gemeinde dienen, egal ob unmittelbar oder lediglich mittelbar. In diesen Fällen geht die hier vertretene Wortlautauslegung sogar über die o.g. „weite" Wortlautauslegung hinaus. Nur sie wird der in § 46 Abs. 2 S. 2 EnWG getroffenen **funktionalen Abgrenzung** gerecht.[188] 147

Nur diese enge Wortlautauslegung erlaubt auch sachgerechte Lösungen in **Sonderfällen**: Hin und wieder liegen Gewerbekunden auf der Gemarkungsgrenze und können nicht eindeutig der allgemeinen Versorgung nur in der einen oder anderen Gemeinde zugeordnet werden. U.U. verfügen solche Kunden aus Gründen der Versorgungssicherheit sogar über **mehrere Netzanschlüsse auf verschiedenen Gemeindegebieten.** Liegen dem Netzbetreiber in solchen Fällen keine Informationen vor, wo der „grenzständige" Kunde die bezogene Energie verbraucht, insbes. wenn mehrere Übergabestellen bisher gepoolt wurden, wird die Konzessionsabgabe meist über **sachgerechte Schlüssel**, z.B. den Flächenschlüssel, auf die beteiligten Gemeinden verteilt. In solchen Fällen können nicht einfach die Anschlussleitungen zur Versorgung der „grenzständigen" Kunden der ersten kommunalisierungswilligen Gemeinde mit dem Argument überlassen werden, es handele sich ja um keine reine Durchgangsleitung, weil der Kunde teilweise **im** Gebiet der neu vergebenden Ge- 148

187 Ebenso BDEW-Leitfaden „Konzessionsverträge und Konzessionsabgaben in der Strom- und Gasversorgung" vom 9.11.2010, S. 36ff.; Stuhlmacher/Stappert/Schoon/Jansen/*Reinhardt*, Kap. 6 Rn 36ff.; Kermel/Brucker/Baumann/*Kermel*, 130ff.; BerlK-EnR/*Wegner*, § 46 EnWG Rn 62; Bartsch/Röhling/Salje/Scholz/*Böwing*, Kap. 13 Rn 28; *Büdenbender*, EnWG, § 13 Rn 55; *Lecheler*, RdE 2007, 181f.; *Kermel/Hofmann*, RdE 2011, 353ff.

188 *Jacob*, N&R 2011, 176, 179.

meinde liegt. Hier müssen einvernehmliche Lösungen mit **allen** betroffenen Gemeinden gefunden werden. Dies bestätigt, dass Anlagen, die ganz oder teilweise der allgemeinen Versorgung außerhalb des Gemeindegebiets dienen, nicht von der Überlassungspflicht gem. § 46 Abs. 2 S. 2 EnWG erfasst sind.

4. Entstehungsgeschichte

149 Die subjektiv-historische bzw. genetische Auslegung[189] führt zu keinem anderen Ergebnis.[190] Die amtliche Begründung zu § 46 Abs. 2 S. 2 EnWG 2005[191] enthält keine expliziten Aussagen zum Umfang der **Überlassungspflicht**, ebenso wenig die zur Vorläuferregelung des § 13 Abs. 2 S. 2 EnWG 1998.[192] Dies deutet darauf hin, dass der Gesetzgeber an der vorgefundenen Vertragspraxis im Rahmen der **konzessionsvertraglichen Endschaftsregelungen** sowie an der hierzu ergangenen Rechtsprechung keine grundlegenden Änderungen vornehmen wollte.

150 Zwar ist die Auffassung des **LG Hannover** und **OLG Frankfurt a.M.** formal richtig, dass die **vor** Inkrafttreten der gesetzlichen Überlassungspflicht (1998 bzw. 2005) übliche Vertragspraxis und hierzu ergangene Rechtsprechung nicht unbedingt für die Auslegung der erst später in § 13 bzw. § 46 EnWG normierten Überlassungspflicht maßgeblich ist. Andererseits findet sich in der Entstehungsgeschichte dieser Normen auch kein Hinweis, dass der Gesetzgeber die vorgefundene **Vertragspraxis** und **Rechtsprechung** abändern und die Überlassungspflicht z.B. auf überörtliche Regionalleitungen ausweiten wollte. Selbst im kommunalen Schrifttum wurde zunächst befürwortet, die frühere Rechtsprechung, wonach nur die ausschließlich der örtlichen Versorgung dienenden Anlagen zu überlassen seien, auf das neue Recht zu übertragen.[193] Jedenfalls gibt die subjektiv-historische bzw. genetische Auslegung nichts her, was gegen die o.g. enge Wortlautauslegung spräche.

5. Systematische Auslegung

151 Die Auslegung der Überlassungspflicht gem. § 46 Abs. 2 S. 2 EnWG muss sich, soweit mit dem jeweiligen Gesetzeswortlaut vereinbar, möglichst widerspruchsfrei in

---

189 Zur Unterscheidung *Müller/Christensen*, Rn 360 f.

190 Hierzu eingehend *Kermel/Hofmann*, RdE 2011, 353, 356 f.

191 Begründung zum Gesetzentwurf der Bundesregierung, BT-Drucks. 15/3917, S. 46, 67.

192 Begründung zum Gesetzentwurf der Bundesregierung, BT-Drucks. 13/7274, S. 9, 21. Die Begründung zu § 8 des Regierungsentwurfs (entspricht § 13 der Endfassung) wiederholt insoweit lediglich den Normtext.

193 Schneider/Theobald/*Albrecht*, 1. Auflage, § 8 Rn 105; in der 2. Auflage, § 9 Rn 101 ff. allerdings schon für Übertragung von Miteigentum, in der aktuellen 3. Auflage, § 9 Rn 115 ff. für vollständige Übertragung des Eigentums an multifunktionalen Anlagen.

die übrigen Regelungen für den örtlichen Verteilernetzbetrieb im EnWG sowie anderen Gesetzen einfügen.

a) Netzanschluss- und Netzbetriebspflicht des abgebenden Betreibers

§§ 17, 18 EnWG regeln die **Anschlusspflicht** für die Betreiber von Energieversorgungsnetzen. Diese gilt nicht nur gegenüber neuen Anschlussnehmern quasi bis zur erstmaligen Herstellung eines Netzanschlusses. Vielmehr folgt daraus auch eine „**Dauerverpflichtung**", einen einmal hergestellten Netzanschluss im Rahmen der wirtschaftlichen Zumutbarkeit in branchenüblicher Qualität aufrechtzuerhalten. Damit unvereinbar wäre, bestehende Netzanschlüsse später einfach „abzuklemmen" oder durch Veräußerung der zur Versorgung dieser Netzanschlüsse erforderlichen Verteilungsanlagen qualitativ zu entwerten. 152

§ 11 EnWG verpflichtet **Betreiber von Elektrizitätsversorgungsnetzen** darüber hinaus zu einem **sicheren, zuverlässigen und leistungsfähigen Netzbetrieb**. Dazu gehört auch, die nach guter fachlicher Praxis der Netzplanung erforderlichen Reservekapazitäten im Fall eines geplanten oder ungeplanten Ausfalls einzelner Betriebsmittel vorzuhalten. Deshalb können Leitungen oder Umspannwerke, die bezogen auf bestimmte Regionen zu Redundanz- bzw. Reservezwecken vorgehalten werden, nicht beliebig abgebaut oder an Dritte veräußert und damit ihrer ursprünglichen Zweckbestimmung entzogen werden. 153

Mit diesen **Netzbetreiberpflichten** wäre es unvereinbar, wenn ein Regionalnetzbetreiber im Zusammenhang mit der Überlassung eines Ortsnetzes auch die multifunktionalen Anlagen, die für die sichere Versorgung weiterer Kunden oder Gemeinden notwendig sind, mit abgäbe. Dadurch wäre er, zumindest zeitweilig, bis er entsprechende Ersatzanlagen errichtet hat, zur Versorgung dieser Kunden oder Gemeinden entweder gar nicht mehr in der Lage oder nur noch mit **verminderter Versorgungssicherheit**. Zudem entspräche der Zubau entsprechender Ersatzanlagen, um trotz Abgabe der multifunktionalen Anlagen die sichere Versorgung der Nachbargemeinden und Netzkunden weiterhin zu gewährleisten, nicht den Grundsätzen eines effizienten Netzbetriebs.[194] Solche ineffizienten Doppelstrukturen werden übrigens auch von den o.g. Vertretern der weiten Wortlautauslegung nicht gefordert.[195] 154

b) Wettbewerbsziele des EnWG

Ferner widerspräche die o.g. weite Wortlautauslegung den aus § 1 Abs. 2, § 46 Abs. 1, § 3 Nr. 12 EnWG, § 1 GWB ableitbaren Wettbewerbszielen. Das **OLG Frank-** 155

194 Vgl. § 21 Abs. 2–4, § 21 a EnWG. Insoweit übereinstimmend wohl auch Schneider/Theobald/*Albrecht*, § 9 Rn 120.

195 Zu Miteigentums- bzw. Mitbesitzlösungen s. o. Rn 138f.

furt a. M. und die BK 6 scheinen anzunehmen, der Wettbewerb würde durch eine möglichst weit ausgelegte **Überlassungspflicht** gefördert. Dies trifft jedoch keineswegs zu.

156 In der Praxis wird die Forderung nach Übergabe aller multifunktionalen Verteilungsanlagen **im Gemeindegebiet** teilweise unverhohlen damit begründet, dem bisherigen EVU einen Direktanschluss einzelner größerer Netzkunden im Gemeindegebiet mittels **Direktleitungen** gem. § 46 Abs. 1 EnWG in Konkurrenz zum neuen EVU zu erschweren bzw. unmöglich zu machen.[196] Entsprechende **Absprachen zwischen bisherigem und neuem EVU**, dass Ersteres die Durchgangsleitungen nicht zum Anschluss von Kunden in der betreffenden Gemeinde nutzen darf, sind seit 1998 **kartellrechtswidrig**. Genau diese wettbewerblichen Auswahlmöglichkeiten wollte der Gesetzgeber aber allen dafür in Frage kommenden Netzkunden mittels § 46 Abs. 1 EnWG einräumen – und war hierzu durch das sekundäre Gemeinschaftsrecht verpflichtet.[197] Dann kann man dem Gesetzgeber schwerlich unterstellen, er habe diese in § 46 Abs. 1 EnWG eingeräumte wettbewerbliche Auswahlmöglichkeit im anschließenden Abs. 2 durch eine extrem weite Überlassungspflicht faktisch konterkarieren wollen.

157 Im kommunalen Schrifttum wird diese wettbewerbsverhindernde Zielsetzung meist hinter Kampfbegriffen, wie „Ewigkeitsrechte", versteckt.[198] Dies ist mehr als irreführend: Wird die örtliche Verteilung kommunalisiert, ist der Wettbewerb **um** das Netz ein für alle Mal zu Ende; denn die Gemeinde wird auch in 20 Jahren irgendeinen „sachlichen Rechtfertigungsgrund" finden, um dem ihr gehörenden Werk das Wegerecht zu verlängern.[199] Die **Möglichkeit von Direktanschlüssen bzw. Direktleitungen ist der einzige Rest von Wettbewerb**, der in solchen Fällen noch bleibt.

158 Die BK 6 orientiert sich einseitig nur am **Wettbewerb um Netze**. Nach ihrer Auffassung könnten, wenn die multifunktionalen Leitungen beim bisherigen Betreiber verbleiben, dort wirtschaftlich lukrative Sondervertragskunden angeschlossen werden. Ein solches „Rosinenpicken" könne dazu führen, dass der vom Gesetzgeber beabsichtigte Wechsel des Konzessionsnehmers vereitelt würde.[200] Dies mag so sein.

196 *Jacob*, N&R 2011, 176, 179. Wenn im kommunalen Schrifttum die Überlassung aller im Gemeindegebiet „belegenen" Verteilungsanlagen gefordert wird, dann zielt dies darauf, dem neuen (meist kommunalen) EVU ein möglichst wenig angreifbares Verteilungsmonopol zu verschaffen (Schneider/Theobald/*Albrecht*, § 9, Rn 127: Je Gemeindegebiet nur ein Betreiber eines Netzes der allgemeinen Versorgung); dadurch wird die Kommunalisierung des Ortsnetzes für die Gemeinde finanziell umso ergiebiger, gleichzeitig aber der gesetzlich gewollte Wettbewerb behindert.

197 Art. 22 der Elektrizitätsbinnenmarktrichtlinie 2003/54/EG.

198 Danner/Theobald/*Theobald*, § 46 EnWG, Rn 32; aufgenommen von OLG Frankfurt a. M. RdE 2011, 424, Rn 71; BNetzA, Beschl. v. 26.1.2012 – BK6-11-052 – S. 18.

199 *Jacob*, RdE 2011, 212, 215.

200 BNetzA, Beschl. v. 26.1.2012 – BK6-11-052 – S. 18.

Die BK 6 verkennt jedoch bei diesem Argument, dass der Gesetzgeber nicht nur den Wettbewerb um Netze fördern wollte,[201] sondern auch den Wettbewerb im Netz mittels Direktanschlüssen oder Direktleitungsbau. Zwar scheint die BK 6 ein solches Rosinenpicken als *„sachlich nicht gerechtfertigt"* abzulehnen,[202] dennoch hat sie diese Entscheidung des Gesetzgebers hinzunehmen. Die BNetzA ist bei ihrer Regulierungstätigkeit dem vom Gesetzgeber gewollten Wettbewerb gem. § 1 Abs. 2 EnWG sogar besonders verpflichtet, außerdem gem. § 1 Abs. 3 EnWG der **Umsetzung des EU-Rechts**; dazu gehört auch der Wettbewerb im Netzbereich durch Direktanschlüsse und Direktleitungsbau gem. Art. 34 EltRL.[203]

c) Kommunales Selbstverwaltungsrecht

Teilweise wird auch vertreten, die **Anlagenübertragungspflicht** stehe im Zusammenhang mit der **kommunalen Regelungs- und Gewährleistungskompetenz** für die örtliche Strom- und Gasverteilung als Ausfluss des kommunalen Selbstverwaltungsrechts gem. Art. 28 Abs. 2 GG.[204] Gerade damit wäre aber die o.g. weite Wortlautauslegung unvereinbar, denn das Selbstverwaltungsrecht beschränkt sich auf den **eigenen** Wirkungskreis jeder Gemeinde. Eine Gemeinde, die auf Verteilungsanlagen Zugriff nähme, die (auch) für die sichere Versorgung anderer Gemeinden notwendig ist, würde damit zwangsläufig das Selbstverwaltungsrecht bzw. die daraus fließenden Regelungskompetenzen dieser anderen Gemeinden verletzen.[205] Somit spricht die systematische Auslegung eindeutig **gegen** die o.g. weite Wortlautauslegung.[206] 159

6. Sinn und Zweck

Die teleologische Auslegung bestätigt das bisher gefundene Ergebnis. Um einen **regelmäßigen Wechsel bei dem Verteilernetzbetreiber** der allgemeinen Versorgung **effektiv** möglich zu machen, reicht die Überlassung der **ausschließlich** für die allgemeine Versorgung in der Gemeinde erforderlichen Anlagen aus. Deshalb berufen 160

---

201 Mit § 46 Abs. 2, 3 EnWG.

202 BNetzA, Beschl. v. 26.1.2012 – BK6-11-052 – S. 18; auch das kommunale Schrifttum lehnt Wettbewerb im Netz durch Direktleitungsbau bzw. Direktanschlüsse ab, vgl. z.B. Schneider/Theobald/*Albrecht*, § 9 Rn 49ff.

203 RL 2009/72/EG, EU-ABl. L 211/55 v. 14.8.2009.

204 Schneider/Theobald/*Albrecht*, § 9 Rn 22; Britz/Hellermann/Hermes/*Hellermann*, § 46 Rn 29f.; *Hoch/Theobald*, KSzW 2011, 300, 302ff.; vgl. hierzu schon *Püttner*, RdE 1992, 92ff.; kritisch *Löwer*, RdE 1992, 85ff.

205 *Jacob*, N&R 2011, 176, 180.

206 Ebenso *Kermel/Hofmann*, RdE 2011, 353, 356.

sich **LG Hannover, OLG Frankfurt a. M.** und die BK 6 zu Unrecht auf den Zweck der gesetzlichen Befristung und Übertragungspflicht.[207]

a) Lokaler Netzbetrieb ohne multifunktionale Anlagen möglich

161 Der Regelungszweck des § 46 Abs. 2 S. 2 EnWG, einen Wechsel beim **örtlichen** Verteilernetzbetrieb zu ermöglichen, spricht eher dafür, dass die für den **über**örtlichen Transport und die Versorgung von Letztverbrauchern in **anderen** Gemeindegebieten notwendigen Anlagen beim bisherigen Betreiber verbleiben können.[208] Das neue EVU hat gem. § 20 EnWG, § 1 StromNZV, § 14 Abs. 2 S. 2 StromNEV einen **umfassenden Durchleitungsanspruch** gegen den bisherigen, ihm nunmehr vorgelagerten Betreiber in Bezug auf die **multifunktionalen Anlagen.** Er kann sie also zu regulatorisch kontrollierten Bedingungen mitbenutzen.[209] Dass sie ihm nicht zu Alleinbesitz oder Eigentum überlassen werden, beeinträchtigt seine geschäftlichen Möglichkeiten beim Betrieb der übernommenen Ortsnetzanlagen in keiner Weise.[210]

162 Das **OLG Frankfurt a. M.** lehnt dieses Argument pauschal ab, weil unter Verweis auf die Durchleitungsmöglichkeit **jegliche** Anlagenübertragung abgelehnt werden könne – auch von ausschließlich örtlich genutzten Anlagen; zudem könne doch auch das netzabgebende EVU durch die multifunktionalen Anlagen durchleiten.[211] Dabei wird jedoch verkannt, dass die Überlassung der **ausschließlich** der Ortsversorgung dienenden Anlagen zu Alleinbesitz des neuen EVU völlig unstrittig ist. Es geht allein darum, ob es im Hinblick auf den Gesetzeszweck ausreicht, dem neuen EVU an den vorgelagerten Anlagen mit überörtlicher Funktion lediglich ein Mitbenutzungsrecht im Wege der Durchleitung einzuräumen. Dieses **Durchleitungsrecht nachgelagerter Netzbetreiber** ist durch das EnWG, die Netzzugangs- und Netzentgelt-Verordnungen umfassend abgesichert.

163 Deshalb trifft die Pauschalforderung im kommunalen Schrifttum, der Begriff der notwendigen Anlagen sei weit auszulegen, um einen **effektiven Wettbewerb** um das örtliche Verteilnetz zu sichern, nicht zu. Die weite Auslegung (unter Einschluss multifunktionaler Anlagen) mag eine kommunale Netzübernahme wegen des damit verbundenen Schutzes den Wettbewerb mittels Direktleitungen und Direktanschlüssen wirtschaftlich ergiebiger machen.[212] Erforderlich ist sie aber keineswegs.

---

207 LG Hannover RdE 2011, 195, 197; OLG Frankfurt a. M. RdE 2011, 422, 424, Rn 70.

208 Vgl. BerlK-EnR/*Wegner*, § 46 EnWG Rn 62. Hiermit setzen sich LG Hannover und OLG Frankfurt a. M. wegen des vermeintlich eindeutigen Gesetzeswortlauts nicht auseinander.

209 Auch Schneider/Theobald/*Albrecht* verneinte noch in der 1. Auflage, § 8 Rn 105 eine Pflicht zur Überlassung von Anlagen mit überörtlicher Funktion unter Verweis auf das daran auch zu Gunsten des Neukonzessionärs bestehenden Durchleitungsrecht; anders in der aktuellen 3. Auflage, § 9 Rn 115 ff.

210 *Jacob*, N&R 2011, 176, 180.

211 RdE 2011, 422, 424, Rn 70.

212 S. o. Rn 156.

b) Vorgelagerter Netzbetreiber auf multifunktionale Leitungen angewiesen

Dagegen ist ein Durchleitungsrecht des vorgelagerten Regionalnetzbetreibers durch multifunktionale Anlagen eines nachgelagerten Ortsnetzbetreibers nach dem **Netzzugangs- und Kostenwälzungsmodell** der StromNZV und StromNEV nicht realisierbar. Dass ein Unternehmen gleichzeitig vor- und nachgelagerter Netzbetreiber ist, je nach Lastfluss gar wechselnd, sieht die StromNEV nicht vor, sondern nur eine Nutzung ganzer Netzebenen oder allein genutzter Betriebsmittel.[213] Beides passt für die **Mitnutzung multifunktionaler Anlagen** im Netz eines nachgelagerten Betreibers nicht. 164

Dies verkennt die BK 6: Auf S. 19ff. ihres Beschlusses vom 26.1.2012 argumentiert sie rein technisch. Technisch mag zwar auch nach **Übergabe der multifunktionalen Leitungen an den nachgelagerten lokalen Netzbetreiber** eine Durchleitung zugunsten des vorgelagerten Netzbetreibers vorstellbar sein. Abrechnungstechnisch sprengt dies aber den Rahmen der StromNEV.[214] Zudem gehen die Nutzungsbedürfnisse des neuen Netzbetreibers für seine lokalen Versorgungsaufgaben vor; ggf. kann er den Netzzugang gem. § 20 Abs. 2 EnWG wegen betriebsbedingter Unmöglichkeit bzw. Unzumutbarkeit verweigern. Somit ist es für den abgebenden Netzbetreiber keine realisierbare Option, die multifunktionalen Anlagen nach Übergabe im Wege der Durchleitung weiter zu nutzen. 165

c) Faire Aufteilung der Entflechtungs- und Neueinbindungskosten

Die BK 6 erkennt ein schutzwürdiges Interesse am Betrieb eines „zusammenhängenden" Netzes nur beim nachgelagerten, neu konzessionierten Netzbetreiber an.[215] Sie verkennt, dass der netzabgebende Regionalnetzbetreiber ein mindestens ebenso schutzwürdiges Interesse an einem zusammenhängenden Netz hat. Selbst wenn er die **gesamte** lokale Verteilung an Endkunden verlöre, müsste er immer noch eine sichere Versorgung aller nachgelagerten lokalen Verteiler sicherstellen. Dazu ist er **auf ein zusammenhängendes Regionalnetz angewiesen.** Hätte er die multifunktionalen Leitungen an lokale Verteiler abzugeben, müsste er wegen der Unsicherheiten, ein jederzeit gesichertes Durchleitungsrecht durch die nachgelagerten Netze zu erhalten und abzurechnen, eigene **Ersatzleitungen allein zu Transitzwecken** bauen, um die durch die Netzübertragung aufgerissenen Lücken in seinem Regionalnetz zu schließen. 166

213 § 19 Abs. 3 StromNEV.

214 Zumal sich eine Durchleitung durch ein nachgelagertes Netz gar nicht in Form einer zeitweiligen Entnahme an einer bestimmten Übergabestelle durch den vorgelagerten Netzbetreiber bemerkbar machen muss, sondern evtl. nur in Form einer zeitweilig reduzierten Entnahme durch den nachgelagerten Netzbetreiber; auf solche „Transite" durch fremde Netze sind die Abrechnungs- und Kostenwälzungsregelungen der StromNEV nicht zugeschnitten.

215 BNetzA, Beschl. v. 26.1.2012 – BK6-11-052 – S. 14, 16.

167 Dagegen kann der nachgelagerte örtliche Verteiler durchaus mehrere nicht zusammenhängende Teilnetze betreiben. Dem trägt der Wortlaut des § 46 Abs. 2 Satz 2 explizit Rechnung: Danach sind die *„für den Betrieb* ***der Netze*** *"* (Plural!) *„der allgemeinen Versorgung im Gemeindegebiet notwendigen"* Anlagen zu übertragen. Innerhalb **einer Gemeinde** kann es also **mehrere Netze** der allgemeinen Versorgung geben. Für jedes dieser Teilnetze hat er gegenüber dem vorgelagerten Regionalnetzbetreiber einen **Netzanschluss- und Netzzugangsanspruch zu regulatorisch überwachten Bedingungen**, was ein Durchleitungsrecht durch die „multifunktionalen" Leitungen impliziert. Er ist deshalb gar nicht darauf angewiesen, die übernommenen Teilnetze mit zusätzlichen eigenen Leitungen zu einer netztechnischen Einheit zu verbinden. Auch ohne solche eigenen Verbindungsleitungen ist ihm ein jederzeit sicherer Betrieb seines Netzes möglich. Dies spricht gegen eine Pflicht zur Übertragung multifunktionaler Anlagen.

168 Entscheidet sich der Netzerwerber dennoch dafür, seine Teilnetze mit eigenen Leitungen zu verbinden, z.B. um Netznutzungsentgelte gegenüber dem vorgelagerten Netzbetreiber zu sparen, so hat er einen solchen **Neueinbindungsaufwand** nach ständiger BGH-Rechtsprechung selbst zu tragen.[216] Die Forderung nach Übertragung multifunktionaler Leitungen führt einer einseitigen Optimierung des Entflechtungs- und Neueinbindungsaufwandes zu Lasten des netzabgebenden Unternehmens. Denn dieses muss die in seinem Regionalnetz aufgerissenen Lücken infolge der Übertragung der multifunktionalen Leitungen möglichst schnell wieder mit eigenen Leitungen schließen, um seine **fortdauernde Anschluss- und Betriebspflicht** zu erfüllen.[217] Mit der Forderung nach Übertragung multifunktionaler Leitungen werden die Wertungen des **BGH** unterlaufen, wie die **Entflechtungs- und Neueinbindungskosten** zwischen abgebendem und übernehmendem Betreiber aufzuteilen ist. Deren faire Aufteilung hat in der **Anreizregulierung** noch an Bedeutung gewonnen, da hier ein Kapitalrückfluss aus Investitionen u. U. erst nach 7 Jahren Zeitversatz einsetzt.

169 Somit gibt die teleologische Auslegung entgegen der Meinung von **OLG Frankfurt a.M.** und BK 6 kein Argument, multifunktionale Anlagen in die Überlassungspflicht einzubeziehen.

7. Verfassungskonforme Auslegung

170 Schon die **gesetzliche Überlassungspflicht** in § 46 Abs. 2 S. 2 a.F. griff in das Eigentum des bisherigen EVU ein, allerdings nur in seine **Nutzungsbefugnis**. Diese unterliegt im Rahmen gesetzlicher Inhalts- und Schrankenbestimmungen traditio-

216 Z.B. BGH NJW 1992, S. 2888 m.w.N.; den Entflechtungsaufwand hat dagegen der bisherige Eigentümer zu tragen.

217 S.o. Rn 152ff.

nell **stärkeren Beschränkungen.**[218] Dem Normzweck des § 46 Abs. 2 EnWG, einen regelmäßigen Wechsel beim Betreiber des Netzes der allgemeinen Versorgung im Gemeindegebiet zu ermöglichen, wäre schon dadurch genüge getan, dass dem von der Gemeinde bestimmten neuen EVU die **ausschließlich** der allgemeinen Versorgung im Gemeindegebiet dienenden Anlagen zum Alleinbesitz überlassen werden und ihm an den multifunktionalen, dem Ortsnetz vorgelagerten Anlagen quasi Mitbesitz bzw. eine Mitnutzung im Rahmen des Netzzugangs eingeräumt wird. Vor diesem Hintergrund wurde schon zur alten Überlassungspflicht vertreten, sie beschränke sich auch im Hinblick auf den Eigentumsschutz des bisherigen EVU auf die ausschließlich der Ortsversorgung dienenden Anlagen, bzw. eine Pflicht zur Überlassung auch von Verteilungsanlagen, die für die allgemeine Versorgung **außerhalb** der betreffenden Gemeinde notwendig sind, verstieße gegen das **Übermaßverbot.**[219]

Das **LG Hannover** und **OLG Frankfurt a.M.** waren allerdings, da sie ihre weite 171 Wortlautauslegung als die einzig mögliche ansahen, an einer solchen verfassungskonformen Auslegung gehindert. Denn der Wortlaut ist die Grenze jeder zulässigen Auslegung – auch der verfassungskonformen.[220] Allerdings ergingen beide Entscheidungen noch zu § 46 Abs. 2 S. 2 a.F., der nach h.M. nur eine Besitzüberlassung verlangte. Auch **LG Hannover** und **OLG Frankfurt a.M.** gehen davon aus, dass eine **Besitzüberlassung** ausreiche. Eine so verstandene **Überlassungspflicht** greift wesentlich weniger in das Eigentum ein als eine **Übereignungspflicht.**[221]

Seit der jüngsten **EnWG-Novelle** hat sich dies grundlegend geändert. § 46 Abs. 2 172 S. 2 n.F. **verlangt inzwischen zwingend eine Übereignung**; das bisherige EVU hat nicht mehr die ihm nach altem Recht offenstehende Pachtoption. Hier stellt sich der **Konflikt mit dem Eigentumsschutz** in wesentlich verschärfter Form. Zudem erlaubt, wie gezeigt,[222] der Wortlaut der Regelung mehrere Auslegungen, die sich in Bezug auf den Umfang der zu übereignenden Anlagen deutlich unterscheiden. Deshalb ist hier eine **verfassungskonforme Auslegung zulässig und geboten.** Wären auch die Verteilungsanlagen mit überörtlicher Funktion mit zu übereignen, würde § 46 EnWG un-

---

218 Z.B. das soziale Mietrecht; im Energienetzbereich die Durchleitungspflicht gem. § 20 EnWG, die quasi zur Überlassung von Mitbesitz an Dritte gegen Durchleitungsentgelt verpflichtet, oder die Netzüberlassungspflicht gem. § 46 Abs. 2 S. 2 a.F., wonach dem neuen EVU zwar nicht zwingend Eigentum, in jedem Fall aber Alleinbesitz am Ortsnetz für die Dauer des neuen Wegerechtsvertrags einzuräumen war.

219 *Kermel/Hofmann*, RdE 2011, 353, 358; *Jacob*, RdE 2011, 212, 216 sowie N&R 2011, 176, 180. Ebenso noch 1. Auflage Schneider/Theobald/*Albrecht*, § 8 Rn 105: Auch das Eigentumsgrundrecht aus Art. 14 GG zwinge zu einer einschränkenden Auslegung der Überlassungspflicht dahingehend, dass davon nur die ausschließlich der Versorgung des betreffenden Gemeindegebiets dienenden Anlagen erfasst seien (anders in der aktuellen 3. Auflage, § 9 Rn 115ff.).

220 Vgl. BVerfGE 110, 226, 267; BVerfGE 101, 312, 329.

221 S. o. Kap. 6 Rn 18ff. sowie *Jacob*, RdE 2011, 212 ff.

222 Vgl. o. Rn 130ff., 143ff.

verhältnismäßig ins Eigentum des bisherigen EVU eingreifen. Denn das Durchleitungsrecht durch die vorgelagerten multifunktionalen Leitungen reicht aus, um einen Wettbewerb **um** Netze zu ermöglichen.[223] Deshalb spricht auch die verfassungskonforme Auslegung für die o. g. enge Wortlautauslegung.

8. Fazit

173 Schon nach dem Wortlaut des § 46 Abs. 2 S. 2 EnWG sind nur die **ausschließlich** der allgemeinen Versorgung im neukonzessionierten Gemeindegebiet dienenden **Verteilungsanlagen zu überlassen**, unabhängig von ihrer Belegenheit im oder außerhalb des Gemeindegebiets. Nicht mit zu überlassen sind „gemischt genutzte" Anlagen, die auch der allgemeinen Versorgung außerhalb des neuvergebenen Gemeindegebiets dienen. Auch mit den übrigen Methoden juristischer Auslegung lässt sich keine weitergehende Überlassungspflicht begründen. Im Gegenteil ist seit Einführung der gesetzlichen Netzübereignungspflicht eine verfassungskonforme Auslegung dahingehend geboten, dass die für die allgemeine Versorgung **außerhalb** der Gemeinde notwendigen, **„multifunktionalen" Verteilungsanlagen nicht mit zu übereignen** sind.

174 Will ein **Zivilgericht** dem nicht folgen und, gestützt auf den neuen § 46 Abs. 2 S. 2 EnWG, eine Verpflichtung zur Übereignung auch von multifunktionalen Anlagen bejahen, wäre eine **Richtervorlage** gem. Art. 100 GG geboten, um das **BVerfG** prüfen zu lassen, ob eine so weit verstandene Übereignungspflicht mit Art. 14 GG vereinbar ist. Legt das Zivilgericht nicht vor, so kann das bisherige EVU nach Ausschöpfung des Rechtsweges gem. Art. 87 GG **Verfassungsbeschwerde** einlegen.

175 Angesichts der von der BK 6 mehr als oberflächlich geprüften verfassungsrechtlichen Problematik ist der gesetzliche Sofortvollzug gem. § 76 Abs. 1 EnWG in Bezug auf die Übereignung der multifunktionalen MS-Leitungen im Hinblick auf die Rechtsschutzgarantie des Art. 19 Abs. 4 GG bedenklich. **Ein besonderer Eilbedarf ist nicht erkennbar**; die BK 6 hat zwischen mündlicher Anhörung und Beschluss über 6 Monate verstreichen lassen. Hier hätte eigentlich eine Aussetzung der Vollziehung gem. § 77 Abs. 3 S. 2 EnWG nahegelegen.

176 Wegen der o.g. rechtsmethodischen Fehler der BK 6 erscheint ein Antrag an das Beschwerdegericht auf Anordnung der aufschiebenden Wirkung gem. § 77 Abs. 3 Nr. 2 EnWG wegen **ernstlicher Rechtmäßigkeitszweifel** begründet. Begründet ist auch ein solcher Antrag gem. § 77 Abs. 3 Nr. 3, da die sofortige Vollziehung für den zur Veräußerung multifunktionaler Leitungen verpflichteten Regionalnetzbetreiber eine unbillige

---

223 Dies übersieht die BNetzA (vgl. Beschl. v. 26.1.2012 – BK6-11-052 – S. 21) und setzt sich deshalb nicht ernsthaft auseinander mit der eigentumsrechtlichen Problematik eines Veräußerungszwanges auch in Bezug auf multifunktionale, vom bisherigen Eigentümer weiterhin für eigene Netzbetreiberaufgaben benötigte Anlagen.

Härte darstellt. Zwar liegt eine möglichst schnelle Übernahme der multifunktionalen Leitungen im privaten Interesse des neu konzessionierten EVU. Dass hieran aber ein überwiegendes **öffentliches Interesse** bestünde, ist nicht erkennbar.

B. Schadensersatzansprüche im Zusammenhang mit Netzübernahmen

I. Praktische Relevanz

177 Es wurde bereits darauf hingewiesen, dass sich im Rahmen des Konzessionswechsels verschiedentlich das das Netz abgebende und das das Netz übernehmende Unternehmen über verschiedene Rechtsfragen streiten. In manchen dieser Fälle, insb. wenn die Höhe des zu zahlenden Entgelts für die Übernahme des Energieverteilnetzes der allgemeinen Versorgung in Streit ist, führt dies dazu, dass das Netz bis zu einer rechtskräftigen gerichtlichen Entscheidung bei dem das Netz abgebenden Unternehmen verbleibt und von diesem in dieser Zeit weiter betrieben wird. Obwohl der Zeitpunkt der Netzübernahme in solchen Fällen teilweise erst Jahre nach Ablauf des mit dem Altkonzessionär geschlossenen Konzessionsvertrags und Beginn des mit dem neuen Konzessionär geschlossenen Konzessionsvertrags erfolgt, haben die bislang mit dieser Frage betrauten Gerichte in einem solchen Umstand keinen Verstoß gegen die Laufzeitbegrenzung gesehen.[224] Da die Verpflichtung zur Netzübertragung nach dem EnWG, und in der Regel auch nach den vertraglichen Endschaftsbestimmungen, in einem **Zug-um-Zug Verhältnis** zur Zahlung des Entgeltes für das Netz steht, könne das das Netz übertragende Unternehmen dem Übertragungsanspruch **Zurückbehaltungsrechte** bzw. die **Einrede des nicht erfüllten Vertrags** entgegenhalten und zwar bis zur endgültigen Klärung der Höhe des Übernahmeentgelts.[225] Eine Pflicht zur Übertragung des Netzes im Rahmen eines sog. **Vorbehaltskaufs** besteht in der Regel ebenfalls nicht.[226]

178 Trotz dieser deutlichen Aussagen verschiedener Oberlandesgerichte versuchen einige Unternehmen aus dem Umstand, dass wegen des Streits über einzelne Voraussetzungen für die Übertragung des Energieverteilnetzes, insb. über die Höhe des zu zahlenden Kaufpreises, eine Netzübernahme nicht mit Ablauf des Altkonzessionsvertrags erfolgt, dem abgebenden Unternehmen eine **Schadensersatz** auslösende Pflichtverletzung wegen verzögerter Übertragung zu unterstellen. Das das Netz abgebende Unternehmen sei, so die Argumentation, nicht berechtigt, trotz

---

224 S. Kap. 2 Rn 151 ff.

225 OLG Koblenz, Grund- und Teilurt. v. 23.4.2009 – U 646/08 –; OLG Frankfurt a. M. ZNER 1998, 41 ff.

226 OLG Frankfurt a. M., Urt. v. 14.6.2011 – 11 U 36/10 (Kart) – S. 30.

Streits über einzelne Punkte eine Netzübertragung zu verweigern. Verweigere das das Netz abgebende Unternehmen gleichwohl eine Übertragung, gerate es mit der Übertragung in **Verzug**, weswegen der neue Konzessionär einen Anspruch auf Ersatz desjenigen Schadens habe, der ihm aus der zeitlichen Verzögerung der Netzübernahme entstehe.

II. Mögliche Rechtsgrundlagen für einen Schadensersatzanspruch

179 Gestützt wird der Schadensersatzanspruch wegen verzögerter Netzübertragung in der Regel auf §§ 286, 280 BGB. Gelegentlich wird der Schadensersatzanspruch zusätzlich aus § 33 GWB abgeleitet.

1. Schadensersatzanspruch nach §§ 286, 280 BGB?

180 Nach § 280 BGB kann in dem Fall, dass der Schuldner eine Pflicht aus einem Schuldverhältnis verletzt, der Gläubiger Ersatz des hierdurch entstehenden Schadens verlangen. Dies gilt allerdings dann nicht, wenn der **Schuldner die Pflichtverletzung nicht zu vertreten** hat. Die Beweislast für das fehlende Verschulden im Rahmen des § 280 BGB obliegt dabei dem Schuldner. Er muss beweisen, dass er die Pflichtverletzung nicht zu vertreten hat.

181 Schadensersatz wegen **Verzögerung der Leistung** kann der Gläubiger nur bei zusätzlichem Vorliegen der in § 286 BGB genannten Voraussetzungen verlangen. Von Bedeutung ist hier die im Vergleich zu § 280 Abs. 1 S. 2 BGB modifizierende Regelung gem. **§ 286 Abs. 4 BGB.** Nach dieser Vorschrift kommt der Schuldner nicht in Verzug, solange die Leistung infolge eines Umstands unterbleibt, den er nicht zu vertreten hat. Was der Schuldner zu vertreten hat, regeln die §§ 276, 278 BGB.

182 Zwar obliegt auch im Fall des § 286 Abs. 4 BGB dem Schuldner die Beweislast für das fehlende Verschulden. Maßgeblich ist für den Entlastungsbeweis jedoch der **Zeitpunkt, in dem alle Voraussetzungen des Verzugs vorliegen**, nicht aber der Zeitpunkt der Pflichtverletzung. Unverschuldete Leistungshindernisse oder Entschuldigungsgründe können den Eintritt des Verzuges hindern. Auch **Rechtsirrtümer** können als unverschuldete rechtliche Leistungshindernisse den Verzug ausschließen.[227]

a) Schuldverhältnis

183 Als **gesetzliches Schuldverhältnis**, aus dem sich bestimmte Pflichten des das Netz abgebenden Unternehmens gegenüber dem das Netz übernehmenden Unternehmen

227 Palandt/*Grüneberg*, § 286 Rn 32ff.

ableiten, kommt zunächst **§ 46 Abs. 2 S. 2 EnWG** in Betracht. Danach ist der bisher Nutzungsberechtigte verpflichtet, seine für den Betrieb des Netzes der allgemeinen Versorgung im Gemeindegebiet notwendigen Verteilungsanlagen dem neuen EVU gegen Zahlung einer wirtschaftlich angemessenen Vergütung zu übereignen.[228]

Als **vertragliches Schuldverhältnis** kommt darüber hinaus der zwischen der Gemeinde und dem bisherigen Konzessionsvertragspartner geschlossene sog. **Altkonzessionsvertrag** in Betracht. Zwar ist der neue Konzessionär nicht Partner dieses Vertrags und kann insoweit aus diesem Schuldverhältnis primär keine eigenen Ansprüche ableiten. Allerdings tritt die Gemeinde häufig ihren gegenüber dem bisherigen Vertragspartner bestehenden **vertraglichen Übertragungsanspruch aus dem Altkonzessionsvertrag** an den neuen Vertragspartner ab. Soweit eine solche Abtretung in Betracht kommt,[229] kann der Neukonzessionär auch aus diesem vertraglichen Schuldverhältnis die Übertragung der Verteilungsanlagen verlangen. 184

b) Vorliegen einer Pflichtverletzung?

Fraglich ist jedoch, ob eine Pflichtverletzung im Sinne von §§ 286, 280 BGB vorliegt, wenn sich der bisherige Netzbetreiber weigert, die vom Übertragungsanspruch erfassten Verteilungsanlagen auf den neuen Konzessionär zu übertragen, solange Streit über bestimmte Punkte besteht. **Pflichtverletzung** i.S.d. § 280 BGB ist jede objektive Abweichung des Verhaltens einer Partei vom geschuldeten Pflichtprogramm. Dem Schuldner fällt eine **Pflichtverletzung** zur Last, wenn er **nicht**, **nicht rechtzeitig** oder **nicht obligationsgemäß** leistet. 185

Bezogen auf die **Weigerung der Netzübertragung** zum Ablauf des Altkonzessionsvertrags stellt sich mithin die Frage, ob hierin eine Pflichtverletzung des bisherigen Netzbetreibers zu sehen ist, wenn die Weigerung auf dem Umstand beruht, dass zwischen dem alten und dem zukünftigen Netzbetreiber Streit über einzelne Punkte der Netzübernahme besteht. Die Beantwortung dieser Frage hängt maßgeblich davon ab, **welche Punkte** zwischen den Parteien **streitig** sind. 186

aa) Regelmäßig auch Streit über die Höhe des Übernahmeentgelts

Zwar streiten sich der bisherige und der zukünftige Netzbetreiber teilweise auch über den Umfang der von dem gesetzlichen bzw. dem vertraglichen Übertragungsanspruch erfassten Anlagen sowie über den Inhalt und die Kosten von Entflechtungskonzepten. Allerdings bildet auch im Rahmen dieser beiden Punkte in der Re- 187

228 Bis zum 4.8.2011 bestand nur die Verpflichtung zur Überlassung der notwendigen Verteilungsanlagen.

229 Das LG Potsdam hat in seinem Beschl. v. 2.12.2009 hierin eine Vertragsübernahme gesehen, die nur wirksam ist, wenn der Altkonzessionär dem zugestimmt hat – 2 O 326/06 –.

gel die **Höhe des zu zahlenden Übernahmeentgelts den maßgeblichen Streitpunkt**. Dies ist deshalb nicht verwunderlich, weil zahlreiche Rechtsfragen im Zusammenhang mit der Höhe des Übernahmeentgelts nach wie vor höchstrichterlich nicht entschieden sind.[230] Für die nachfolgenden Überlegungen wird daher unterstellt, dass der **Streitpunkt** zwischen den Parteien einer Netzübernahme **die Höhe des zu zahlenden Übernahmeentgelts** ist. Der neue Konzessionär ist in der Regel nicht bereit, ein, meist im Altkonzessionsvertrag vereinbartes, Übernahmeentgelt in Höhe des Sachzeitwertes zu zahlen. Im Gegenteil: Das von dem neuen Konzessionär angebotene Übernahmeentgelt liegt häufig sogar unterhalb des Ertragswertes.[231]

bb) Bestehen eines Leistungsverweigerungsrechts bei Streit über die Höhe des Übernahmeentgelts

188 Besteht Streit über die Höhe des zu zahlenden Übernahmeentgelts und weigert sich der neue Konzessionär, den von dem bisherigen Netzbetreiber verlangten Kaufpreis zu zahlen, steht Letzterem ein **Leistungsverweigerungsrecht gem. § 320 BGB** in Bezug auf die Herausgabe des Netzes zu. Darüber hinaus kann er ein **Zurückbehaltungsrecht nach § 273 BGB** geltend machen. Dies ist jedenfalls in den Fällen möglich, in denen ein Übernahmeentgelt in Höhe des Sachzeitwerts verlangt wird. Die Pflicht zur Übertragung der Energieverteilanlagen steht sowohl nach § 46 Abs. 2 S. 2 EnWG als regelmäßig auch gem. der vertraglichen Regelung in einem sog. **Zug-um-Zug Verhältnis zur Zahlung eines Kaufpreises.** Dies bedeutet, dass der bisherige Netzbetreiber seine Leistung, d.h. die Übertragung der Energieverteilanlagen, erst dann erbringen muss, wenn die das Netz übernehmende Seite gleichzeitig (Zug-um-Zug) ihre **Gegenleistung erbringt, d.h. das geschuldete Übernahmeentgelt zahlt.** Solange eine Seite ihre Leistung verweigert, ist auch die andere Seite nicht zur Leistung verpflichtet. Sie kann insoweit die Einrede des nicht erfüllten Vertrags (§ 320 BGB) und daneben ein Zurückbehaltungsrecht (§ 273 BGB) geltend machen.

189 Nach § 320 Abs. 1 BGB kann derjenige, der aus einem gegenseitigen Vertrag verpflichtet ist, die ihm obliegende Leistung bis zur Bewirkung der Gegenleistung verweigern, es sei denn, dass er vorzuleisten verpflichtet ist. Die Pflicht zur Übertragung der Energieverteilanlagen und die Pflicht zur Zahlung eines Übernahmeentgelts stehen in einem solchen **Gegenseitigkeitsverhältnis**, wie es § 320 BGB voraussetzt. Dem steht nicht entgegen, dass in einigen Fällen die Gemeinde zwar ihren im Altkonzessionsvertrag geregelten Übertragungsanspruch an den neuen Konzessionär abtritt, **nicht aber die Pflicht zur Zahlung eines Kaufpreises.** So hat das **OLG Koblenz** in einem **Hinweis- und Beweisbeschluss** vom 11.11.2010 darauf hingewiesen, dass das den vertraglichen Anspruch geltend machende Unterneh-

230 S. Kap. 7.
231 Zur Ermittlung des Kaufpreises s. Kap. 7.

men, da es hinsichtlich des Eigentumsübertragungsanspruchs infolge der Abtretung **Rechtsnachfolgerin der Gemeinde geworden** ist, sich insoweit auch die Gegenforderungen des Vertragspartners der Gemeinde aus dem Altkonzessionsvertrag entgegenhalten lassen muss.[232]

Die Forderung eines Übernahmeentgelts ist auch wirksam und fällig. So besteht 190
insb. **keine Vorleistungspflicht** des die Energieverteilungsanlagen übertragenden Netzbetreibers.[233]

Auch verhält sich derjenige, der ein Übernahmeentgelt fordert, **vertragstreu.** 191
Dies gilt auch dann, wenn er ein Übernahmeentgelt in Höhe des **Sachzeitwertes** fordert. So sehen in der Regel die Altkonzessionsverträge einen Kaufpreis für die zu übertragenden Energieverteilanlagen in Höhe des Sachzeitwertes vor. Aber auch ohne eine ausdrückliche Regelung in den Altkonzessionsverträgen kann als wirtschaftlich angemessene Vergütung i.S.d. § 46 Abs. 2 S. 2 EnWG ein Übernahmeentgelt in Höhe des Sachzeitwertes zugrunde gelegt werden.[234] Ein Kaufpreis in Höhe des Sachzeitwertes ist nach Auffassung der Gerichte, u.a. des **BGH, auch unter den geltenden gesetzlichen Regelungen zulässig.**[235]

cc) Ausübung des Leistungsverweigerungsrechts ist selbst dann nicht treuwidrig, wenn der neue Konzessionär eine Teilzahlung anbietet

Eine von dem das Netz abgebenden Unternehmen geforderte **Zahlung eines Über-** 192
nahmeentgelts in Höhe des Sachzeitwertes ist auch **nicht treuwidrig**. Das gilt selbst für den Fall, dass der neue Konzessionär eine Teilzahlung auf den geforderten Betrag anbietet. Nach § 320 BGB **erlischt das Recht zur Einrede des nicht erfüllten Vertrags erst**, wenn der Leistungserfolg durch Bewirkung der Gegenleistung seitens des Gläubigers vollständig eingetreten ist. Daher besteht grds. auch dann das Recht, die volle Gegenleistung zurückzuhalten, wenn die Leistung bereits teilweise erbracht ist.[236] Auch kann ausweislich § 320 Abs. 1 S. 3 BGB das **Leistungsverweigerungsrecht nicht durch eine Sicherheitsleistung** i.S.d. §§ 232 ff. BGB abgewendet werden.

Nur ausnahmsweise kann **nach § 320 Abs. 2 BGB** in den Fällen, in denen von 193
der einen Seite teilweise geleistet worden ist, die Gegenleistung nicht verweigert

232 OLG Koblenz, Hinweis- und Beweisbeschl. v. 11.11.2010 – U 646/08 – S. 2.

233 OLG Frankfurt a.M., Urt. v. 14.6.2011 – 11 U 36/10 – S. 30; OLG Koblenz, Grund- und Teilurt. v. 23.4.2009 – U 646/08 –.

234 BGH, NJW 2000, 108, BGHZ 143, 128 – „Kaufering"; s. hierzu im Einzelnen auch die Ausführungen in Kap. 7.

235 BGH, NJW 2000, 108; BGHZ 143, 128 „Kaufering"; BGH, Urt. v. 7.2.2006 – KZR 24/04 – „Lippstadt"; OLG Koblenz, Hinweis- und Beweisbeschl. v. 11.11.2010 – U 646/08 – S. 5 f.; LG Mannheim, Urt. v. 8.10.2011 – 7 O 20/10 –.

236 BGHZ 54, 249; Palandt/*Grüneberg*, § 320 Rn 13.

werden. Dies ist dann der Fall, wenn die Verweigerung nach den Umständen, insb. wegen verhältnismäßiger Geringfügigkeit des rückständigen Teils, gegen **Treu und Glauben** verstoßen würde.

194 Zunächst kann – das belegen die Fälle in der **Beratungspraxis** – bei der regelmäßigen Höhe der Differenz zwischen gefordertem und angebotenem Übernahmegeld **nicht von einem geringfügigen Betrag gesprochen** werden. Die Differenz bewegt sich hier meist in einer Größenordnung von über 50%. Im Übrigen kann das das Netz abgebende Unternehmen auch heute noch einen Kaufpreis in Höhe des Sachzeitwertes verlangen. Vor diesem Hintergrund ist nicht erkennbar, warum dem das Netz abgebenden Unternehmen der Vorwurf gemacht werden können soll, es verhalte sich treuwidrig, wenn es auf die Zahlung eines Kaufpreises in Höhe des Sachzeitwertes besteht. Im Gegenteil: Dem bisherigen Netzbetreiber würde ohne sachlichen Grund die ihm durch § 320 BGB gesetzlich eingeräumte Möglichkeit genommen werden, seinen Anspruch zu sichern und auf den Schuldner Druck auszuüben, damit dieser seine Verpflichtung alsbald erfüllt.

195 Hinzu kommt, dass durch die Geltendmachung der Einrede des nichterfüllten Vertrags weder der Anspruch des Gläubigers (neuen Konzessionärs) endgültig vereitelt oder beseitigt wird – z.B. bei einem Unterlassungsanspruch mit Fixschuldcharakter – noch dem Gläubiger (neuer Konzessionär) nicht mehr wieder gut zu machende schwere Schäden entstehen. Dies hat auch das **OLG Koblenz** so gesehen, wenn es ausführt:

> „Jedenfalls gegenüber dem Anspruch auf Eigentumsübertragung muss dem Verpflichteten die Möglichkeit gegeben werden, seine Gegenforderung gemäß § 320 BGB durchzusetzen. Eine Vorleistungspflicht ist insoweit nicht geboten; denn die Übereignung ist nicht erforderlich, um den Betrieb der Versorgungsanlagen durch das neue Gasversorgungsunternehmen zu ermöglichen. Da ein Zurückbehaltungsrecht nicht nur dazu dient, die zugrundeliegende Forderung zu sichern, sondern in erster Linie ein Druckmittel darstellt, kann ein Interesse der Beklagten an einem Zurückbehaltungsrecht auch nicht deshalb verneint werden, weil die Klägerin ein finanzkräftiges Unternehmen ist.“[237]

Praxistipp

i Ein Kaufpreis für die zu übertragenden Verteilungsanlagen in Höhe des Sachzeitwertes ist nach der Rechtsprechung auch heute noch zulässig. Folglich verhält sich das das Netz übernehmende Unternehmen grds. gesetzes- bzw. vertragswidrig, wenn es eine solche Kaufpreishöhe von vornherein ablehnt. Ob dieser Kaufpreis ggfs. über eine **Ertragswertbegrenzung** zu reduzieren ist, ist eine **Frage des Einzelfalls.** Angesichts der langen Zeitdauer von gerichtlichen Auseinandersetzungen empfiehlt es sich, eine außergerichtliche Lösung herbeizuführen.

237 OLG Koblenz, Urt. v. 23.4.2009 – U 646/08 – S. 23f.

dd) Angebot auf Vorbehaltskauf schließt Leistungsverweigerungsrecht nicht aus

Ebenso wenig kann der neue Konzessionär über das Angebot einer Zahlung des von dem bisherigen Netzbetreiber verlangten Kaufpreises unter dem Vorbehalt der **Rückforderung das Leistungsverweigerungsrecht** nach § 320 BGB aushebeln. Einem solchen Vorbehalt kommt gerade in den Fällen der Netzübernahme, in denen der Sachzeitwert insgesamt abgelehnt wird, keine Erfüllungswirkung zu.[238] Insoweit bedürfte es einer ausdrücklichen gesetzlichen Regelung. Eine solche besteht jedoch nicht.[239] 196

ee) Folgen des Leistungsverweigerungsrechts

Das bloße **objektive Bestehen des Leistungsverweigerungsrechts** nach § 320 BGB **hindert den Eintritt des Schuldnerverzugs.**[240] Anders als bei dem Zurückbehaltungsrecht nach § 273 BGB muss das Leistungsverweigerungsrecht nach § 320 BGB nicht erst geltend gemacht werden. 197

Was aber ist in den Fällen, in denen sich **später herausstellt, dass das tatsächlich zu zahlende Übernahmeentgelt unterhalb des Betrages liegt**, den der bisherige Netzbetreiber gefordert hat? Nach diesbezüglicher Rechtsauffassung liegt auch in diesen Fällen **keine Pflichtverletzung** i.S.d. §§ 286, 280 BGB vor. Denn insb. in den Fällen, in denen als Kaufpreis in den Altkonzessionsverträgen der Sachzeitwert vereinbart ist, verhält sich das zur Übertragung des Netzes verpflichtete Unternehmen vertragstreu, wenn es diesen Kaufpreis verlangt und insoweit sein Leistungsverweigerungsrecht nach § 320 BGB ausübt. Ob der vertraglich vereinbarte Kaufpreis, der auch für die Bemessung der wirtschaftlich angemessenen Vergütung im Sinne von § 46 Abs. 2 S. 2 EnWG maßgeblich ist, tatsächlich zu reduzieren ist, ist angesichts der insoweit ungeklärten Rechtslage im Zeitpunkt der Ausübung des Leistungsverweigerungsrechts ungeklärt. Für dieses Ergebnis spricht auch, dass auf der Grundlage von § 320 BGB die Leistung auch dann vollständig verweigert werden darf, wenn die Gegenleistung teilweise erbracht ist. Da üblicherweise von Seiten des neuen Konzessionärs ein Übernahmeentgelt sogar unterhalb des Ertragswertes angeboten wird, rechtfertigt dies allein das Leistungsverweigerungsrecht. 198

Jedenfalls aber wird man in diesen Fällen von einem **fehlenden Verschulden** auf Seiten des das Netz abgebenden Unternehmens ausgehen können. Es wurde be- 199

---

238 OLG Frankfurt a. M., Urt. v. 14.6.2011 - 11 U 36/10 – S. 30; OLG Koblenz, Grund- und Teilurt. v. 23.4.2009 – U 646/08 –; OLG Düsseldorf, Urt. v.16.6.2004 – U 36/96 –; s. hierzu Kap. 7 Rn 310; a. A. Gemeinsamer Leitfaden des BKartA und der BNetzA zur Vergabe von Strom- und Gaskonzessionen und zum Wechsel des Konzessionsnehmers vom 15.12.2010, Rn 47.
239 OLG Frankfurt a. M., Urt. v. 14.6.2011 – 11 U 36/10 – S. 30.
240 BGHZ 84, 44.

reits am Anfang dieses Abschnitts darauf hingewiesen, dass als Maßstab für das Verschulden im Rahmen des § 286 BGB die Bestimmungen der §§ 276, 278 BGB heranzuziehen sind. Hiernach muss der Schuldner auch für einen Rechtsirrtum nur einstehen, wenn er fahrlässig gehandelt hat. Ist die **Rechtslage in besonderem Maße unklar** und ist dem Schuldner eine sofortige Leistung nicht zuzumuten, **verneint die Rechtsprechung ein Verschulden,** wenn der Schuldner seine **Rechtsansicht sorgfältig gebildet hat.**[241] Angesichts der unklaren Rechtslage und der fehlenden höchstrichterlichen Rechtsprechung zur Frage, ob der vertraglich vereinbarte Sachzeitwert unter der geltenden Rechtslage überhaupt noch einer Ertragswertbegrenzung unterfällt, und wenn ja, wie der Ertragswert zu ermitteln ist, ist nach der hier vertretenen Auffassung in diesen Fällen ein **Verschulden** des bisherigen Netzbetreibers zu **verneinen.** Dies gilt umso mehr, als auch der Gesetzgeber nach § 48 Abs. 4 EnWG nicht davon ausgeht, dass die Übergabe an das Nachfolgeunternehmen unmittelbar nach Vertragsbeendigung erfolgen muss.[242]

2. Schadensersatzanspruch nach § 33 GWB?

200 Als weitere mögliche Anspruchsgrundlage kommt § 33 GWB in Betracht. Nach dieser Bestimmung ist derjenige, der gegen eine Vorschrift des GWB oder gegen Art. 81, 82 des Vertrags zur Gründung der EG verstößt, wenn der Verstoß vorsätzlich oder fahrlässig begangen wird, zum Ersatz des daraus entstehenden Schadens verpflichtet.

201 Da das das Netz abgebende Unternehmen ein **Leistungsverweigerungsrecht** in Bezug auf die Netzübertragung bis zur Zahlung des Übernahmeentgelts hat, kann in dessen Ausübung kein Verstoß gegen kartellrechtliche Bestimmungen liegen. Jedenfalls aber fehlt es aus den zuvor genannten Gründen an einem schuldhaften Verhalten des bisherigen Netzbetreibers. Ein **Schadensersatzanspruch** kann daher auch **nicht erfolgreich auf § 33 GWB** gestützt werden.

Praxistipp

i Selbst wenn im Einzelfall ein Schadensersatzanspruch bejaht werden sollte, ist es außerordentlich schwierig, dessen Höhe zu belegen. Viele Schadensersatzprozesse scheitern daran, dass die Schadenshöhe nicht belegt werden kann. In diesem Fall trägt der Anspruchssteller das Prozessrisiko. Man sollte sich wegen dieses Prozessrisikos gut überlegen, ob ein solcher Rechtsstreit geführt wird.

---

241 Palandt/*Grüneberg*, § 276 Rn 23.
242 So auch OLG Koblenz, Grund- und Teilurt. v. 23.4.2009 – U 646/08 – S. 23.

C. Netze, die keiner will

I. Einführung

Im Hinblick auf die **Beendigung von Konzessionsverträgen** ist in **§ 46 Abs. 2 EnWG** deren Befristung auf 20 Jahre (Satz 1), ferner die Verpflichtung zur Übertragung der Verteilungsanlagen auf den Neukonzessionär durch Eigentumsübertragung oder Besitzübergabe (Sätze 2, 3) geregelt. Flankiert werden diese Regelungen durch die Offenlegungspflicht des Altkonzessionärs bzgl. der technischen und wirtschaftlichen Situation des Netzes gegenüber der Gemeinde in § 46 Abs. 2 S. 4 EnWG und die Pflicht der Gemeinde zur Bekanntmachung des Vertragsendes bzw. einer ggf. beabsichtigten Vertragsverlängerung gem. § 46 Abs. 3 S. 1 bis 3 EnWG, jeweils mit ausreichendem zeitlichen Vorlauf. 202

Bezugspunkt all dieser Regelungen einschließlich derjenigen zum Zeitpunkt vorzeitiger Vertragsbeendigungen und -abschlüssen nach § 46 Abs. 3 S. 3 u. 4 EnWG und zur Auswahl und Bekanntgabe des Neukonzessionärs nach § 46 Abs. 3 S. 5 u. 6 EnWG ist die **Perpetuierung eines vertraglichen Zustands unter Beachtung wettbewerblicher Bedingungen.**[243] Stillschweigend geht das Gesetz dabei davon aus, dass es genügend Interessenten für den (Weiter-)Betrieb des jeweiligen Leitungsnetzes gibt; sonst wäre ein Wettbewerb schon denklogisch ausgeschlossen. 203

Nicht vorgesehen ist im EnWG dagegen der Fall, dass nach Ablauf des zwingend befristeten qualifizierten Wegenutzungsvertrags (oder im Fall seiner vorzeitigen Beendigung) weder ein Konkurrent Interesse daran hat, den Betrieb fortzusetzen, noch der bisherige Betreiber den Netzbetrieb aufrecht erhalten will. Auch die Gesetzesmaterialien geben für eine solche Konstellation nichts her. Dabei handelt es sich keinesfalls um ein theoretisches Problem. Denn wie sich etwa an die Tatsache des **demographischen Wandels** und hier insb. erhebliche Bevölkerungsrückgänge in verschiedenen Teilen des Landes in einem fortgeschrittenen Stadium die Frage anknüpfen kann, ob es eine Verpflichtung der Kommunen zur fortwährenden flächendeckenden Bereitstellung technischer Infrastruktur gibt,[244] stellt sich vorgelagert auf der tatsächlichen Ebene das Problem, wie mit **Leitungsnetzen** umgegangen werden soll, **die keiner mehr (betreiben) will**, weil ihre Lukrativität möglicherweise nicht mehr gewährleistet ist, deren Notwendigkeit aber dennoch weiterhin bejaht wird. 204

Ist kein Interessent für den Weiterbetrieb absehbar und fehlt es darüber hinaus an der Bereitschaft des Altkonzessionärs oder der Gemeinde, den Netzbetrieb fortzusetzen, hilft, um ein **„Horrorszenario“**[245] abzuwenden, nur eine **obligatorische Aufrechterhaltung des Netzbetriebs** weiter. Als Verpflichteter kommen dabei der 205

243 Vgl. *Hoch/Theobald*, KSzW 2011, 300, 300 f.
244 *Brosius-Gersdorf*, VerwArch 2007, 317, 333.
245 Baur/*Schulze-Jander*, S. 67 f.

bisherige Betreiber – möglicherweise zeitlich begrenzt – und die Gemeinde selbst in Betracht.

II. Verpflichtung des Altkonzessionärs zur Fortführung des Netzbetriebs nach Ablauf des Konzessionsvertrags?

206 Einen Anhaltspunkt könnte die Vorschrift des **§ 48 Abs. 4 EnWG** bieten, nach der die Pflicht zur Zahlung der vertraglich vereinbarten Konzessionsabgabe auch nach Ablauf des Wegenutzungsvertrags für ein Jahr fortbesteht, es sei denn, dass zwischenzeitlich eine anderweitige Regelung getroffen wird. Fraglich ist, ob aus dem zeitlich begrenzten **Fortbestand der KA-Pflicht** Rückschlüsse auf den Betrieb und eine etwaige **Betriebspflicht über das Vertragsende hinaus** hergeleitet werden können.

207 Die Vorschrift des § 48 Abs. 4 EnWG knüpft an einen vorangegangenen vertraglichen Zustand i.S.d. § 46 Abs. 1 u. 2 EnWG an. Zur – weiteren – Entrichtung der Konzessionsabgabe verpflichtet ist dasjenige **EVU**, das hinsichtlich des Wegenutzungsrechts und der Konzessionsabgabe vertraglich gebunden war. Es soll nach der Regelung vorübergehend zahlungspflichtig bleiben, *„sofern und solange es das Wegenetz auch über den Vertragsablauf hinaus für Zwecke des Leitungsbetriebs in Anspruch nimmt.“*[246] Die Vorschrift statuiert einen eigenen, den Problemen des Kondiktionsrechts der §§ 812 ff. BGB entzogenen **selbständigen**, wenn auch nicht zwingend abschließenden **Anspruch.**[247] *„Im übrigen endet die so begründete Konzessionsabgabenpflicht zum einen vorzeitig, wenn zwischenzeitlich eine anderweitige vertragliche Regelung getroffen, also ein neuer Wegenutzungsvertrag abgeschlossen wird, zum anderen mit Ablauf eines Jahres.“*[248]

208 Insoweit mag es sich rechtssystematisch bei § 48 Abs. 4 EnWG um eine *„gesetzlich vorgesehene Nachwirkung einer vertraglichen Absprache“* handeln.[249] Daraus jedoch weiter abzuleiten, dass sich die Fortwirkung der vertraglichen Pflichten während der Jahresfrist nicht nur auf die Zahlungspflicht, sondern automatisch auch auf die weiteren Rechte und Pflichten des Konzessionsvertrags erstrecken, insb. eine **Pflicht zum Weiterbetrieb** begründen soll, so dass die Vertragspflichten insgesamt für ein Jahr prolongiert würden,[250] ist **zu weitgehend**; § 48 Abs. 4 EnWG lässt einen

246 Britz/Hellermann/Hermes/*Hellermann*, § 48 Rn 28.
247 Berlk-EnR/*Kermel*, § 48 EnWG Rn 41.
248 Britz/Hellermann/Hermes/*Hellermann*, § 48 Rn 28.
249 *Büdenbender*, EnWG, § 14 EnWG 1998 Rn 49; die Vorgängerregelung des § 14 Abs. 4 EnWG war mit derjenigen des § 48 Abs. 4 EnWG inhaltsgleich.
250 *Büdenbender*, EnWG, § 14 EnWG 1998 Rn 51; im Ergebnis ebenso: *Kühne*, N&R Beilage 3/2010, 6, 7 f.

solchen Schluss weder vom Wortlaut her zu, noch wäre er von Sinn und Zweck der Norm her gedeckt. Dieser liegt allein darin, die Rechtsfolgen für einen – eigenmächtig – fortgesetzten Betrieb festzulegen, diesen aber weder zu gestatten noch gar zu ihm zu verpflichten.

Das EnWG enthält zwar spezifische, betreiberbezogene Pflichten wie diejenige aus dem Netzbetrieb gem. **§ 11 Abs. 1 S. 1 EnWG** oder die Regelungen zum Netzanschluss nach **§§ 17, 18 EnWG**. Daraus ergibt sich aber **keine allgemeine Betriebspflicht**, die **über das vertragliche Ende** des Konzessionsverhältnisses **hinaus** wirksam wäre und sich ggf. analog zu § 48 Abs. 4 EnWG auf ein Jahr limitieren ließe: 209

Nach § 11 Abs. 1 S. 1 EnWG haben Betreiber von Energieversorgungsnetzen ein sicheres, zuverlässiges und leistungsfähiges Energieversorgungsnetz diskriminierungsfrei zu betreiben, zu warten und bedarfsgerecht zu optimieren, zu verstärken und auszubauen, soweit es wirtschaftlich zumutbar ist. Die Vorschrift setzt den Betrieb als solchen voraus. Sie bezieht sich auf das „Wie" und nicht das „Ob" des Betriebs und zählt typische vertragliche Sorgfalts- und Nebenpflichten auf.[251] Der Katalog von Betreibern möglicher Netze und Anlagen unter den Begriffsbestimmungen in § 3 Nr. 2 bis 10 EnWG insinuiert, dass es für den Betrieb der tatsächlichen Sachherrschaft über die entsprechenden Anlagen und Netze und, soweit die Aufzählung entsprechende Aussagen trifft, neben der Unterhaltung der Organisation bestimmungsgemäßer Nutzung bedarf. „Finalen"[252] und damit verbindlichen Charakter erhalten die Sachherrschaft und die genannten Tätigkeiten erst durch den Konzessionsvertrag, dessen Bindungsdauer sich nach den in ihm getroffenen Regelungen, ergänzt durch die Ausnahmeregelung des § 48 Abs. 4 EnWG für eine evtl. Prolongation der KA-Pflicht, richtet. 210

Die Pflichten der §§ 17 f. EnWG geben ebenfalls nichts für eine übergreifende Betriebspflicht her. § 17 EnWG richtet sich an die Betreiber von Energieversorgungsnetzen als Normadressaten,[253] setzt also deren Existenz voraus. Rechtlich existent ist der Betreiber regelmäßig (erst) mit Beginn des Konzessionsverhältnisses, das durch die entsprechenden vertraglichen Regelungen markiert ist und eben mit dem Vertragsende – sieht man von der Sonderregelung des § 48 Abs. 4 EnWG zum begrenzten Fortbestand der KA-Pflicht ab – seinen Abschluss findet. Schon aus diesem Grund vermag auch die das Rechtsverhältnis zwischen Netzbetreibern und Endverbrauchern betreffende Grundregelung keine übergreifende Betriebspflicht zu begründen. 211

251 Im Einzelnen: Danner/Theobald/*Theobald*, § 11 EnWG Rn 3-28.
252 *Kühne*, N&R Beilage 3/2010, 8.
253 S. etwa Britz/Hellermann/Hermes/*Bourwieg*, § 17 Rn 4.

III. Verpflichtung der Kommune zur Übernahme und/oder Fortsetzung des Netzbetriebs bei Fehlen von Interessenten?

212 Damit bleibt allein die **Gemeinde als mögliche Verpflichtete** hinsichtlich des Weiterbetriebs des jeweiligen Leitungsnetzes übrig. Allgemein anerkannt ist, dass – als Folge von Liberalisierung und Privatisierung verschiedenster vormals allein in öffentlicher Hand betriebener Daseinsvorsorgeaufgaben und Infrastruktur – staatlichen Institutionen eine Garantie- oder Gewährleistungsverantwortung für die betreffenden Aufgaben im Sinne einer Überwachungs- und Einstandsverantwortung geblieben ist.[254] Dies gilt vornehmlich für die Energieversorgung und die für sie vorgehaltenen Einrichtungen, und zwar im Grundsatz nicht nur für die Rechtslage nach dem EnWG 1998, sondern auch die durch das EnWG 2005 herbeigeführten Änderungen der Rechtslage. In ständiger Rechtsprechung hat das **BVerfG** die **Sicherung der Energieversorgung** geradezu zu einem **„Paradebeispiel" für die Annahme einer staatlichen Gewährleistungsverantwortung** gemacht.[255]

213 Eine Aussage darüber, ob diese im Staatsaufbau von den Gemeinden als Hoheitsträger wahrzunehmen ist, ist mit ihrer Grundannahme indessen nicht getroffen. Anders als etwa das KrW-/AbfG in § 16 Abs. 1 S. 1, 2 enthält das EnWG keine (einfachgesetzliche) Zuweisung der Gewährleistungsverantwortung für die Energieversorgung bzw. den Netzbetrieb an die Gemeinden.

1. Welche Bedeutung hat Art. 28 Abs. 2 GG?

214 Es ist Aufgabe der Gemeinden, im Rahmen des ihnen durch Landesverfassungsrecht zugewiesenen Rechts der Selbstverwaltung ihre Angelegenheiten[256] bzw. die Aufgaben der örtlichen Gemeinschaft[257] in eigener Verantwortung zu verwalten. Darunter fällt ohne Frage auch die Energieversorgung, was entweder explizit geregelt ist[258] oder sich jedenfalls aus dem örtlichen, gemeindeterritorialen Bezug der Netzinfrastruktur ergibt.[259]

215 Länderübergreifend folgt die **kommunale Selbstverwaltungsgarantie** aus Art. 28 Abs. 2 S. 1 GG. Welche Kompetenzen im Hinblick auf die leitungsgebundene Versorgung vom Schutzbereich des Art. 28 Abs. 2 GG umfasst sind, lässt sich mit Hinweis auf den institutionellen Charakter der Selbstverwaltungsgarantie – ge-

254 Z. B. Wolff/Bachof/Stober/Kluth/*Stober*, VwRII, § 95 Rn 1; *Maurer*, § 1 Rn 166.
255 Z. B. BVerfG, Urt. v. 11.7.2002 – 4 C 9.00 = BVerfGE 116, 365, 371 f.; das Zitat „Paradebeispiel" findet sich bei *Kühne*, N&R Beilage 3/2010, 8.
256 Vgl. Art. 70 Abs. 1 S. 1 u. 2 VerfBW.
257 Vgl. Art. 97 Abs. 2 BbgVerf.
258 Z. B. Art. 83 Abs. 1 BayVerf; § 2 Abs. 2 S. 1 BbgKVerf.
259 Schneider/Theobald/*Albrecht*, § 9 Rn 72.

schützt ist nur der Kernbereich kommunaler Wirtschaftstätigkeit – und den allgemeinen Gesetzesvorbehalt eingrenzen.[260] Durch die Neuregelung in § 36 Abs. 2 hat das EnWG 2005 den Gemeinden das Entscheidungsrecht über den vormaligen örtlichen Allgemeinversorger entzogen, indem der örtliche Grundversorger, der die Versorgung von Verbrauchern mit Strom und Gas zu allgemeinen Preisen und Konditionen sicher zu stellen hat, unmittelbar kraft Gesetzes durch ein Stichtagsprinzip regelt. Unangetastet von der umfassenden Novelle blieb indessen der Energienetzbetrieb und hier die *„Verantwortung der Gemeinden für die Funktionsfähigkeit und den Betrieb der im Gemeindegebiet vorhandenen Netze im Rahmen der für die Verlegung und den Betrieb von Leitungen abzuschließenden Konzessionsverträge.“*[261]

Die (verfassungsdogmatische) Kernfrage liegt darin, ob der kommunalen 216 **Selbstverwaltungsgarantie** des **Art. 28 Abs. 2 S. 1 GG** auch eine **Selbstverwaltungspflicht** korreliert, ohne die die Gewährleistungsverantwortung auf der praktischen Ebene leer liefe. Zwar wird insoweit eingewandt, dass es für die Annahme eines verpflichtenden Charakters der Selbstverwaltungsgarantie an einer eindeutigen gesetzlichen Regelung fehle.[262] Die überwiegende Auffassung sieht die Gemeinde aber hinsichtlich ihrer Gewährleistungsverantwortung auch in der Pflicht. Dabei beruft sie sich – neben dem Wortlaut einiger Landesverfassungen, die ausdrücklich entsprechende Verpflichtungen statuieren[263] – darauf, dass die mit der Verfassungsnorm begründete **Eigenverantwortlichkeit auch als (exklusive) Kompetenzbegründung** zu verstehen sei und die Kommune, wenn die entsprechende Aufgabe privatisiert werde, nicht von ihrer Verantwortung dafür frei werde, sondern einer *„Sicherstellungspflicht“* unterliege.[264] Daneben findet sich auch die Ableitung des Pflichtgedankens aus dem Sozialstaatsprinzip des Art. 20 Abs. 1 GG.[265]

Konkret bedeutet das, dass dann, wenn der Altkonzessionär den Betrieb nicht 217 mehr fortsetzen möchte und auch ein neuer Interessent nicht zur Verfügung steht, die Gemeinde bzgl. des Netzbetriebs selbst tätig werden muss. Um eine kontinuierliche Sicherstellung der Versorgung zu erreichen, wird sie sich anstelle etwa der Errichtung eines neuen eigenen Netzes (was grds. zulässig wäre), auf das bestehende Versorgungsnetz konzentrieren, andere **Leistungserbringer einschalten** oder das **Netz in Eigenregie** betreiben. Ggf. muss sie **Möglichkeiten interkommunaler Zusammenarbeit** ausschöpfen. Dabei finden die Aktivitäten der Gemeinde ihre Einschränkung in der eigenen Leistungsfähigkeit. Äußerstenfalls muss das jeweilige

260 Maunz/Düring/*Maunz*, Art. 28 Rn 45, 52f.
261 Berlk-EnR/*Wegner*, § 46 EnWG Rn 19.
262 *Britz*, Die Verwaltung 2004, 145, 161.
263 So Art. 72 Abs. 1 VerfMV sowie Art. 87 Abs. 2 S. 1 VerfLSA.
264 Z.B. *Templin*, VerwArch 2009, 529, 546.
265 *Brosius-Gersdorf*, VerwArch 2007, 329ff., insb. 333-337.

Bundesland zur Ermöglichung der Aufgabenwahrnehmung durch die Gemeinde einspringen.[266]

218 Die Gewährleistungsverantwortung ist dabei in transparenter und nicht diskriminierender Weise von den Gemeinden umzusetzen. Die Öffnung des Marktes darf nicht behindert werden.[267]

219 Die Frage, ob Bürgerinnen und Bürgern einer Gemeinde **Rechtsschutzmöglichkeiten** im Fall der **Untätigkeit der Gemeinde** zustehen, wird, soweit ersichtlich, bislang nicht diskutiert. Dies würde eine entsprechende subjektive Rechtsposition voraussetzen. Ob diese gegeben ist, erscheint allerdings fraglich, da die an die Gewährleistungsverantwortung angelehnte Pflicht der Gemeinde aus institutionellen Rechten – sei es aus Art. 28 Abs. 2 S. 1 GG oder Art. 20 Abs. 1 GG – hergeleitet wird und daher objektiven Charakter aufweist.

2. Unterschiedliche Betrachtung für den Strom- und Gasbereich?

220 Das EnWG trifft keine Differenzierung hinsichtlich des Weiterbetriebs von Strom- und Gasnetzen. Es fragt sich, ob sich für die **Gewährleistungsverantwortung**, wie sie vorstehend für beide Netze erläutert ist, aus europarechtlicher Sicht eine **unterschiedliche Betrachtung nach Art des Versorgungsnetzes** ergibt. Heranzuziehen sind hier die aktuellen Elektrizitäts- bzw. Erdgasbinnenrichtlinien. Während für den Strombereich die Richtlinie 2009/72/EG des Europäischen Parlaments und des Rates vom 13.7.2009[268] in Art. 3 Abs. 3 die Gewährleistung der Bereitstellung der Grundversorgung statuiert, ist der Wortlaut der entsprechenden Vorschrift in Art. 3 Abs. 3 der Richtlinie 2009/73/EG vom gleichen Tag[269] weniger verbindlich. Die Gewährleistung bezieht sich hier nur auf den Verbraucherschutz. Zusätzlich sollen die Mitgliedstaaten geeignete Maßnahmen zum Schutz von Endkunden in abgelegenen Gebieten treffen, die an das Erdgasnetz angeschlossen sind; sie sollen schließlich sicherstellen, dass zugelassene Kunden tatsächlich problemlos zu neuen Lieferanten wechseln können.

221 Die prinzipielle **Unterscheidung** dürfte ihren Grund **in der geringeren Dichte des Gasnetzes** gegenüber dem Stromnetz haben und erscheint daher nachvollziehbar. Deutlich wird aber auch, dass der Richtliniengeber dort, wo eine infrastrukturelle Versorgungslage auch hinsichtlich des Energieträgers Gas besteht, diese sichergestellt haben möchte. Unter dem Gesichtspunkt der Fortsetzung eines vorhandenen Netzbetriebs ergeben sich keine Unterschiede.

---

266 *Kühne*, N&R Beilage 3/2010, 10.
267 EU-ABl. L 211/55, Kap. II Art. 3 Abs. 3 Unterabs. 2.
268 EU-ABl. L 211/55.
269 EU-ABl. L 211/94.

D. Inhalt und Bedeutung von vertraglich vereinbarten Schiedsrichter- und Schiedsgutachterverfahren

I. Überblick

Im Rahmen von Netzübertragungen nach **Beendigung eines Wegenutzungsvertrags** streiten sich die Beteiligten regelmäßig über die Konditionen, insb. über den Umfang der zu übertragenden Verteilungsanlagen sowie die Ermittlung und Höhe der Vergütung. Nicht selten kommt es dabei zu gerichtlichen Auseinandersetzungen. In diesem Zusammenhang können **Klauseln** zu alternativen, also **außergerichtlichen Streitbeilegungsverfahren** eine Rolle spielen, die häufig in den Endschaftsbestimmungen der auslaufenden Wegenutzungsverträge anzutreffen sind. Je nach Art der vorgesehenen alternativen Streitbeilegung können sie die Zuständigkeit der staatlichen Gerichte ganz beseitigen, die Reichweite ihrer Kompetenzen beschränken oder durch Schlichtung zu vermeiden suchen. 222

Entsprechend sind allgemein drei Arten von alternativen Streitbeilegungsklauseln zu unterscheiden: 223
- die Schiedsklausel (Schiedsrichterverfahren),
- die Schiedsgutachtenklausel (Schiedsgutachterverfahren) und
- die bloße Schlichtungsklausel.

Die Schiedsklausel führt zur Verdrängung der staatlichen Gerichte auch hinsichtlich der **endgültigen Entscheidung** des gesamten Rechtsstreits. Die Schiedsgutachtenklausel bezieht sich nur auf ein **bestimmtes Element der Entscheidung** des Rechtsstreits, das außergerichtlich, aber insoweit abschließend begutachtet werden soll, während die Entscheidung selbst bei den staatlichen Gerichten verbleibt. Eine Schlichtungsklausel zielt lediglich auf die **Vermittlung durch einen Dritten** zwecks Erreichung einer einvernehmlichen Beilegung des Streits. In der Praxis der Netzüberlassung geht es in erster Linie um Schiedsgutachtenklauseln. Dies bestätigen die bislang bekannt gewordenen Fälle aus der Rechtsprechung.[270] Jedenfalls für (ältere) auslaufende Wegenutzungsverträge ist dies nicht zuletzt durch § 91 GWB a.F. bedingt.[271] 224

Die Bedeutung alternativer Streitbeilegung liegt nicht nur in der Möglichkeit, Streitfragen durch gegenüber den staatlichen Gerichten fachkundigeren und mit der Materie vertrauten **Schiedspersonen** entscheiden bzw. vermitteln zu lassen. In der Praxis der Netzübertragung werden sie nicht selten auch als **taktisches Instrument** 225

---

270 Die Rechtsprechung ist überschaubar: OLG Frankfurt a. M., Urt. v. 14.6.2011 – 11 U 36/10 –; LG Hannover, Teilurt. v. 22.2.2011 – 18 O 383/06 –; LG Mannheim, Urt. v. 8.10.2010 – 7 O 20/10 (Kart.) –; LG Mainz, Urt. v. 24.4.2008 – 12 HK O 133/06 –; vgl. auch OLG Brandenburg, Beschl. v. 29.12.2009 – Kart. W 13/09 –; BGH, Urt. v. 22.3.1994 – KZR 22/92 = NJW-RR 1994, 822.
271 S. Rn 259.

im Rahmen der Netzüberlassungsverhandlungen genutzt. Auch für die Parteien des nachfolgenden, neuen Konzessionsvertrags stellt sich die Frage, ob und welche Art von alternativen Streitbeilegungsverfahren sie für die spätere Beendigung ihres Vertragsverhältnisses vorsehen wollen und können.

II. Rechtliche Grundlagen der Streitbeilegungsklauseln

1. Schiedsklausel

226 Unter einer Schiedsklausel ist gem. § 1029 Abs. 1 ZPO eine Vereinbarung zwischen den Parteien zu verstehen, alle oder einzelne Streitigkeiten, die zwischen ihnen in Bezug auf ein bestimmtes Rechtsverhältnis vertraglicher oder nicht vertraglicher Art entstanden sind oder künftig entstehen, der **Entscheidung durch ein Schiedsgericht** zu unterwerfen. Kennzeichnend ist, dass ein Schiedsgericht anstelle des staatlichen Gerichts einen Rechtsstreit zwischen den Parteien und damit über den Anspruch insgesamt entscheiden soll.

a) Entscheidungsbefugnisse und Verfahren

227 Das Schiedsgericht kann alle Entscheidungen treffen, die auch ein **staatliches Gericht durch Sachurteil** treffen könnte.[272] Einem Schiedsgericht können aber auch **weitergehende Entscheidungsbefugnisse** eingeräumt werden.[273] Wie im Rahmen einer Schiedsgutachtenklausel kann dem Schiedsgericht über die Schiedsklausel zudem die Befugnis eingeräumt werden, den eigentlichen **Vertrag zu ergänzen oder anzupassen**, was sich auch aus einer ergänzenden Vertragsauslegung ergeben kann. Die Schiedsklausel kann bestimmen, dass innerhalb einer bestimmten Frist nach Erlass eines Schiedsspruches noch Klage vor einem staatlichen Gericht erhoben werden kann.[274] Nicht für zulässig gehalten wird es hingegen, eine Streitentscheidung zum Teil dem Schiedsgericht und zum Teil einem staatlichen Gericht zuzuweisen, sei es mit Blick auf den Instanzenzug oder mit Blick auf einzelne Rechtsfragen. In einem solchen Fall kann die Klausel allerdings als Schiedsgutachtenklausel anzusehen sein.[275]

228 Nicht zwingend, aber empfehlenswert ist es, in die Schiedsklausel Regelungen über die **Besetzung des Schiedsgerichts**, die Bestellung der Schiedsrichter, die **Abwicklung des Schiedsverfahrens** einschließlich **Schiedsverfahrensordnung** und ggf. über die Kosten aufzunehmen. Insb. kann auf eine schiedsrichterliche Ver-

272 *Rosenberg/Schwab/Gottwald*, § 175 Rn 3.
273 BGH, Urt. v. 10.6.1976 – III ZR 71/74 – Rn 15 juris.
274 BGH, Beschl. v. 1.3.2007 – III ZB 7/06 = NJW-RR 2007, 1511.
275 BGH, Urt. v. 23.5.1960 – II ZR 75/58 = NJW 1960, 1462, 1462.

fahrensordnung Bezug genommen werden.[276] Enthält die Schiedsklausel keine entsprechenden Abreden, ist entsprechend den Vorschriften der §§ 1034ff. und 1042ff. ZPO vorzugehen.[277]

Die Vereinbarung einer Schiedsklausel hat zur Folge, dass die **Parteien verpflichtet** sind, im Falle der Berufung auf die Klausel an der Durchführung des Schiedsverfahrens **mitzuwirken**. 229

b) Wirkungen der Schiedsklausel

Das Bestehen einer wirksamen[278] Schiedsklausel berechtigt den Beklagten gem. 230 § 1032 Abs. 1 ZPO zur Erhebung der **Schiedseinrede**, wenn trotz der Schiedsklausel Klage vor dem staatlichen Gericht erhoben wird. Die Erhebung der Einrede führt zur Unzulässigkeit der Klage. Zu beachten ist, dass eine verspätete Rüge präkludiert ist. Die Rüge ist rechtzeitig, wenn sie vor Beginn der Verhandlung zur Hauptsache erhoben wird; sie muss nicht schon innerhalb der Klageerwiderungsfrist vorgebracht werden.[279] Die Schiedsklausel muss aber nicht zwingender Natur sein und eine Einrede vermitteln, sondern kann die Parteien auch nur berechtigen zu **wählen**, entweder **das staatliche Gericht oder das Schiedsgericht** anzurufen.[280]

Die Erhebung der Schiedseinrede durch den Beklagten kann ausnahmsweise 231 gegen **Treu und Glauben** verstoßen und unbeachtlich sein.[281] Dies wird etwa angenommen, wenn einerseits die Einrede erhoben wird, andererseits aber erforderliche **Mitwirkungshandlungen**, z.B. die Zahlung notwendiger Kostenvorschüsse, nicht vorgenommen werden.[282] Als treuwidrig wird auch angesehen, erst die Zuständigkeit des staatlichen Gerichts zu behaupten und dann im Gerichtsverfahren die Schiedseinrede zu erheben.[283] Ebenfalls treuwidrig ist, selbst vor dem staatlichen Gericht zu klagen und gegen eine Aufrechnung mit einer Gegenforderung die Schiedseinrede zu erheben.[284]

Der **einstweilige Rechtsschutz** vor staatlichen Gerichten wird durch eine 232 Schiedsklausel nicht ausgeschlossen. Dieser kann gem. § 1033 ZPO trotz des Beste-

276 Vgl. § 1042 Abs. 3 ZPO.
277 *Rosenberg/Schwab/Gottwald*, § 175 Rn 6.
278 Zur AGB-Kontrolle von Schiedsklauseln s. Palandt/*Grüneberg*, § 307 Rn 129.
279 BGH, Urt. v. 10.5.2001 – III ZR 262/00 = NJW 2001, 2176, 2176.
280 BGH, Urt. v. 18.12.1975 – III ZR 103/73 = NJW 1976, 852, 852.
281 *Rosenberg/Schwab/Gottwald*, § 175 Rn 37.
282 BGH, Urt. v. 12.11.1987 – III ZR 29/87 = NJW 1988, 1215, 1215.
283 BGH, Urt. v. 20.5.1968 – VII ZR 80/67 = NJW 1968, 1928, 1929.
284 OLG München, Urt. v. 28.1.1981 – 7 U 4188/79 = MDR 1981, 766, 766.

hens einer Schiedsklausel zu jedem Zeitpunkt, auch nach Etablierung des Schiedsgerichts, vor den staatlichen Gerichten gesucht werden. Im **Urkundenprozess** hingegen greift die Schiedsklausel ein.[285]

233 Gem. § 204 Abs. 1 Nr. 11 BGB wird die **Verjährung** der geltend gemachten Ansprüche mit dem Beginn des schiedsrichterlichen Verfahrens gehemmt. Der Beginn des schiedsrichterlichen Verfahrens ergibt sich aus § 1044 ZPO. Vorrangig gelten ggf. getroffene Vereinbarungen zum Beginn. Liegen solche Vereinbarungen nicht vor, beginnt das schiedsrichterliche Verfahren mit dem Tag, an dem der Beklagte den Antrag auf Vorlage der Streitigkeit an ein Schiedsgericht empfangen hat. Die **Verjährungshemmung** tritt auch dann ein, wenn das Schiedsgericht seine Zuständigkeit später verneinen sollte.[286]

c) Überprüfung der Schiedsklausel

234 Besteht zwischen den Parteien Streit, ob die Schiedsklausel wirksam oder einschlägig ist, kann gem. § 1032 Abs. 2 ZPO jede Partei bei dem zuständigen **Oberlandesgericht** beantragen, festzustellen, dass ein schiedsrichterliches Verfahren zulässig oder unzulässig ist. Der **Antrag** muss spätestens gleichzeitig mit der Konstituierung des Schiedsgerichts gestellt werden.[287] Der Antrag ist unzulässig, wenn bereits ein Hauptsacheverfahren vor dem staatlichen Gericht anhängig ist, in dem die **Schiedseinrede** erhoben wurde.[288]

d) Entscheidung durch das Schiedsgericht

235 Kommt es zur **Konstituierung des Schiedsgerichts**, hat dieses den Rechtsstreit vorbehaltlich einer abweichenden Vereinbarung durch die Parteien nach dem **einschlägigen staatlichen Recht**[289] zu entscheiden.[290] Soweit **Endschaftsbestimmungen** in Konzessionsverträgen inhaltliche Vorgaben für die Entscheidung aufstellen, stellt sich die Frage, ob und inwieweit die Parteien von den Vorgaben des § 46 Abs. 2 EnWG abweichen können.

236 Gem. § 1055 ZPO hat der Schiedsspruch unter den Parteien grds. die **Wirkungen eines rechtskräftigen Urteils**. Die sachliche Richtigkeit des Schiedsspruchs wird und kann durch ein staatliches Gericht grds. nicht mehr überprüft werden.[291]

---

285 BGH, Urt. v. 31.5.2007 – III ZR 22/06 = SchiedsVZ 2007, 215, 216.
286 Palandt/*Heinrichs*, § 204 Rn 26.
287 Thomas/Putzo/*Reichold*, § 1032 Rn 5.
288 OLG Koblenz, Beschl. v. 12.6.2008 – 2 SchH 2/08 = SchiedsVZ 2008, 262, 263.
289 Vgl. § 1051 Abs. 2 ZPO.
290 *Rosenberg/Schwab/Gottwald*, § 179 Rn 50.
291 *Rosenberg/Schwab/Gottwald*, § 181 Rn 3.

Der Schiedsspruch kann lediglich auf Antrag aus besonderen, in § 1059 ZPO genannten Gründen wegen Verstoßes gegen die öffentliche Ordnung (**ordre public**) oder dann aufgehoben werden, wenn die Ausnutzung des Schiedsspruchs missbräuchlich wäre.[292]

2. Schiedsgutachtenklausel

Im Unterschied zur Schiedsklausel bezieht sich die Schiedsgutachtenklausel lediglich auf **einzelne Tatsachen oder Elemente** einer Entscheidung. 237

a) Entscheidungsbefugnisse und Verfahren

Folgende **drei Fälle** von Schiedsgutachtenklauseln werden unterschieden: 238

- **Feststellung** von Tatsachen oder von Elementen einer Entscheidung,
- (rechtsgestaltende) **Bestimmung einer Leistung** oder von Leistungsmodalitäten durch einen Dritten und
- (rechtsgestaltende) **Anpassung eines Vertragsverhältnisses** an veränderte Umstände durch Dritte.[293] Insb. kann einem Schiedsgutachter die Ermittlung eines angemessenen Kaufpreises übertragen werden.[294]

Wird ein Schiedsgutachtenverfahren eingeleitet, kann der Schiedsgutachter das **Verfahren** vorbehaltlich der Vereinbarungen der Parteien frei gestalten; die Vorschriften der §§ 1025 ff. ZPO gelten nicht.[295] Nach Ansicht des **BGH** ist der Schiedsgutachter nicht verpflichtet, den Parteien rechtliches Gehör zu geben, obwohl das Schiedsgutachten auch für das Gericht grds. bindend ist.[296] Die Parteien sind **zur Förderung** des Verfahrens **verpflichtet** und haben dem Schiedsgutachter, mit dem ein Schiedsgutachtervertrag abgeschlossen wird, die erforderlichen Unterlagen und Informationen vorzulegen.[297] Die **Kosten** für ein vereinbarungsgemäß eingeholtes **Schiedsgutachten** sind im nachfolgenden Rechtsstreit grds. **nicht als Prozesskosten erstattungsfähig.**[298] Deshalb sollte die Schiedsgutachtenklausel eine Kostenregelung enthalten. 239

292 *Rosenberg/Schwab/Gottwald*, § 181 Rn 18.
293 Zur Frage der Einordnung als Prozessvertrag s. *Rosenberg/Schwab/Gottwald*, § 174 Rn 19.
294 LG Hamburg, Urt. v. 27.5.1970 – 17 S 306/69 = NJW 1970, 2064, 2064.
295 Palandt/*Grüneberg*, § 317 Rn 7.
296 BGH, Urt. v. 14.2.1968 – VIII ZR 189/65 – Rn 17 juris.
297 MüKo-BGB/*Gottwald*, § 317 Rn 52.
298 BGH, Beschl. v. 24.11.2005 – VII ZB 76/05 = NJW-RR 2006, 212, 213.

b) Wirkungen der Schiedsgutachtenklausel

240 Die Schiedsgutachtenklausel begründet keine auf den gesamten Rechtsstreit bezogene prozesshindernde Einrede. Beruft sich eine Partei auf die Schiedsgutachtenklausel, führt dies also nicht zur Unzulässigkeit der Klage oder des Rechtsweges.[299] § 1032 ZPO findet keine Anwendung. Kommt es zum Prozess und bringt die für den fraglichen Punkt beweispflichtige Partei das nach der Schiedsgutachtenklausel vorgesehene **Schiedsgutachten** nicht bei, führt dies auf Einrede der anderen Partei vielmehr dazu, das die beweispflichtige Partei mit Blick auf die durch das Schiedsgutachten festzustellenden Tatsachen **beweisfällig** bleibt.[300]

241 Die Schiedsgutachtenklausel wirkt sich also lediglich auf die Beweiserhebung aus. Soweit die Schiedsgutachtenklausel reicht, ist das Prozessgericht an einer **Beweiserhebung** über die entsprechende Tatsache gehindert.[301] Das Gericht wird der beweispflichtigen Partei eine **Frist zur Beibringung analog §§ 356, 431 ZPO** setzen.[302] Wird das Schiedsgutachten durch die beweispflichtige Partei nicht beigebracht, wird die Klage als „zur Zeit" unbegründet abgewiesen.[303] Die Schiedsgutachtenklausel muss nach allgemeinen prozessualen Grundsätzen rechtzeitig vorgetragen werden.

242 Auch die Berufung auf eine Schiedsgutachtenklausel kann **treuwidrig** sein. Speziell mit Blick auf ein **Netzüberlassungsverfahren** geht das **OLG Frankfurt a. M.** davon aus, dass die Ablehnung der Einleitung des Schiedsgutachtenverfahrens die Berufung auf die Klausel nicht treuwidrig macht, wenn die Ablehnung nur so lange gelten soll, wie der Kläger in seiner Klage, gegen die der Beklagte die Schiedsgutachteneinrede erhoben hat, die Nichtigkeit der Schiedsgutachtenklausel geltend macht.[304]

243 Auf ein Schiedsgutachten kann ein **Urkundenprozess** gestützt werden.[305] Dies kann im Einzelfall zu einem Zeitgewinn führen.

244 Mit Blick auf die **Verjährung** von Ansprüchen kommt der Schiedsgutachtenklausel im Rahmen des § 204 Abs. 1 Nr. 8 BGB Bedeutung zu.[306] Mit dem Beginn des Begutachtungsverfahrens wird die Verjährung derjenigen Ansprüche gehemmt, deren Voraussetzungen durch die Begutachtung geklärt werden sollen.[307] Es soll zwar

299 BGH, Urt. v. 3.3.1982 – VIII ZR 10/81 = NJW 1982, 1878, 1879.
300 Rosenberg/Schwab/Gottwald, § 174 Rn 26.
301 *Schwab/Walter/Baumbach*, Kap. 2 Rn 7.
302 LG Mannheim, Urt. v. 8.10.2010 – 7 O 20/10 Kart. – Rn 51 juris; Musielak/*Voit, § 1025 ff.*; *Schwab/Walter/Baumbach*, Kap. 2 Rn 7; a. A. – Fristsetzung nach § 273 Abs. 2 Nr. 1 ZPO – Ermessen des Gerichts – *Rosenberg/Schwab/Gottwald*, § 174 Rn 26.
303 BGH, Beschl. v. 24.11.2005 – VII ZB 76/05 = NJW-RR 2006, 212, 213; BGH, Urt. v. 8.6.1988 – VIII ZR 105/87 = NJW RR 1988, 1405 f.
304 OLG Frankfurt a. M., Urt. v. 14.6.2011 – 11 U 36/10 (Kart.) – Rn 98 juris.
305 BGH, Urt. v. 16.11.1987 – II ZR 111/87 = WM 1988, 276, 277.
306 MüKo-BGB/*Grothe*, § 204 Rn 47.
307 Palandt/*Ellenberger*, § 204 Rn 23.

die Vorschrift nur auf die Begutachtung einer Leistung anwendbar sein.[308] Der Wortlaut ist angesichts der allgemeinen Bezugnahme auf **Begutachtungsverfahren** aber über die **Qualitätsarbitrage** hinaus auch offen für Schiedsgutachtenklauseln, die dem Schiedsgutachter die Feststellung von Tatsachen oder die Bestimmung einer Leistung zuweisen. Zudem zielen auch diese Klauseln auf die Bestimmung der Voraussetzungen eines Anspruchs. Der Beginn liegt in der Beauftragung des Gutachters, wenn die Parteien nichts anderes vereinbart haben.[309] In der Schiedsgutachtenklausel kann zudem zugleich ein Stillhalteabkommen gem. § 205 BGB für die Dauer der Gutachtenerstellung liegen.[310]

c) Begutachtung durch Schiedsgutachter

Maßgeblich für den Ausgang des Schiedsgutachtenverfahrens ist die Frage, nach welchen Kriterien der Schiedsgutachter die ihm vorgelegte Frage zu entscheiden hat. Geht es um die bloße Feststellung von Tatsachen, muss der Schiedsgutachter die **Tatsachen** entsprechend der **Wahrheit** festsetzen. Die Aufgabe des Schiedsgutachters kann aber auch die **Subsumption und Beurteilung rechtlicher Vorfragen** mit umfassen, was insb. bei Schiedsgutachtenklauseln der Fall ist, nach denen der Schiedsgutachter den Inhalt eines Anspruchs verbindlich festzustellen hat.[311] 245

In erster Linie hat der Schiedsgutachter im Rahmen der **Dispositionsbefugnis der Parteien** die ggf. in der Schiedsgutachtenklausel niedergelegten Entscheidungskriterien zugrunde zu legen.[312] Im Übrigen hat er gem. § 317 Abs. 1 BGB die Bestimmung der Leistung grds. nach **billigem Ermessen** zu treffen. Allerdings sind einschlägige **objektive Beurteilungsmaßstäbe** zu berücksichtigen, die sich aus dem Gesetz ergeben.[313] Das **OLG Frankfurt a.M.** geht indirekt davon aus, dass der Schiedsgutachter – im Rahmen der zulässigerweise durch die Schiedsgutachtenklausel gesetzten Grenzen – eine angemessene Vergütung nach Maßgabe des **§ 46 Abs. 2 EnWG** zu bestimmen hat, für die auch die einschlägige Rechtsprechung der ordentlichen Gerichte zu berücksichtigen ist.[314] Dies wird man aber nur insoweit annehmen können, als die entsprechenden Vorgaben für die konkrete Endschaftsbestimmung zwingend gelten. 246

Nach Ansicht des **BGH** können die Parteien auf der Basis der Schiedsgutachtenklausel im Wege der **Feststellungsklage** den Inhalt eines für die Leistungsbestimmung durch den Schiedsgutachter maßgeblichen Rechtsverhältnisses oder die von diesem zu 247

---

308 MüKo-BGB/*Grothe*, § 204 Rn 47; Erman/*Schmidt-Räntsch*, § 204 Rn 22.
309 Palandt/*Ellenberger*, § 204 Rn 23.
310 BGH, Urt. v. 26.10.1989 – VII ZR 75/89 = NJW 1990, 1231, 1232.
311 BGH, Urt. v. 21.5.1975 – VIII ZR 161/73 = NJW 1975, 1556, 1556f.
312 Palandt/*Grüneberg*, § 317 Rn 5.
313 Palandt/*Grüneberg*, § 315 Rn 6.
314 OLG Frankfurt a. M., Urt. v. 14.6.2011 – 11 U 36710 (Kart.) – Rn 101 juris.

beachtenden **Entscheidungskriterien** feststellen lassen, um so dem Schiedsgutachter **Vorgaben** für seine Entscheidung zu machen.[315] Wird ein Schiedsgutachtenverfahren durch eine Partei eingeleitet, könnten die Parteien deshalb jeweils versuchen, durch entsprechende **Feststellungsklagen** zu erreichen, dass staatliche Gerichte dem Schiedsgutachter bspw. für die Ermittlung der angemessenen Vergütung eine **Wertermittlungsmethode** vorgeben. Das **OLG Frankfurt a.M.** hat in einem Fall die Ermittlung und Bestimmung der angemessenen Vergütung für die Überlassung der Netze allerdings nicht als rechtliche Vorfrage, sondern als die eigentliche von dem Schiedsgutachter selbst zu entscheidende Frage angesehen.[316] Es würde der betreffenden Schiedsgutachtenklausel widersprechen, wenn eine Partei mit Blick auf die dem Schiedsgutachter überlassene Aufgabe diesem einseitig Vorgaben für seine Entscheidung machen könnte. Diese Aussage lässt sich richtigerweise nicht verallgemeinern. Vielmehr wird jeweils anhand der konkreten Klausel zu entscheiden sein, welche Fragen die Schiedsgutachter entscheiden sollen. Das **OLG Frankfurt a.M.** verlangt für einen Feststellungsantrag zudem, dass das Schiedsgutachtenverfahren begonnen hat und die Schiedsgutachter sich über die Entscheidungskriterien nicht einigen können.[317]

d) Überprüfung durch das staatliche Gericht

248 Das **staatliche Gericht** ist an ein vorgelegtes Schiedsgutachten grds. insoweit **gebunden**, als die Parteien über die Frage, die dem Schiedsgutachten zugrunde liegt, verfügen können.[318] Dies gilt jedenfalls dann, wenn die Schiedsgutachter nicht nur reine Tatsachen festzustellen, sondern gem. §§ 317 ff. BGB die Leistung zu bestimmen haben, da sie dann materiell-rechtlich gestalten. In Netzüberlassungssituationen ist also insb. von Interesse, **ob und inwieweit** die Regelungen des § 46 Abs. 2 EnWG **zwingender Natur** sind.

249 Eine **Schiedsgutachtenklausel** entfaltet **keine Wirkung**, wenn der vorgesehene Schiedsgutachter ersatzlos wegfällt oder die Erstellung des Schiedsgutachtens verweigert oder diese unmöglich wird. Im Fall der **Leistungsbestimmung** bestimmt dann das staatliche Gericht die Leistung nach § 319 Abs. 1 S. 2 BGB durch Urteil.[319] Zielt die Schiedsgutachtenklausel auf eine Feststellung von Tatsachen, stellt das Gericht diese wie üblich selbst im Wege der Beweiserhebung fest.

---

315 BGH, Urt. v. 3.3.1982 – VIII ZR 10/81 = NJW 1982, 1878, 1879.
316 OLG Frankfurt a.M., Urt. v. 14.6.2011 – 11 U 36/10 (Kart.) – Rn 99 juris.
317 OLG Frankfurt a.M., Urt. v. 14.6.2011 – 11 U 36/10 (Kart.) – Rn 99 juris.
318 BAG, Urt. v. 16.10.1957 – 4 AZR 257/55 = NJW 1958, 315, 315; BVerwG, Urt. v. 19.1.1990 – 4 C 21/89 = NJW 1990, 1926, 1928; *Rosenberg/Schwab/Gottwald*, § 174 Rn 23.
319 BGH, Urt. v. 30.3.1979 – V ZR 150/77 = NJW 1979, 1543, 1544; BGH, Urt. v. 6.6.1994 – II ZR 100/92 = MDR 1994, 885, 885.

Die Parteien sind im Rahmen ihrer **Dispositionsbefugnis** an ein Schiedsgutachten nach Maßgabe der §§ 317, 319 BGB gebunden. Sie können die Bindung wegen **offenbarer Unbilligkeit** bzw. – wie in §§ 64, 184 VVG – Unrichtigkeit in Frage stellen.[320] Ist das **Schiedsgutachten** aus diesen Gründen **unverbindlich**, hat das Gericht die Leistung gem. § 319 Abs. 1 S. 2 BGB zu bestimmen bzw. die festzustellenden Tatsachen festzustellen. Auch die erhebliche Missachtung der Unparteilichkeit, Unabhängigkeit und Objektivität der Schiedsgutachter kann die Überprüfung nach § 319 Abs. 1 S. 2 BGB eröffnen.[321] 250

Die Parteien können aber in bestimmten Grenzen auch vereinbaren, dass das Schiedsgutachten für sie auch im Falle offenbarer Unbilligkeit oder Unrichtigkeit maßgeblich sein soll und somit – durch **Individualvereinbarung**, nicht in allgemeinen Geschäftsbedingungen – auf die **Überprüfungsmöglichkeit** gem. § 319 Abs. 1 S. 2 BGB **verzichten.**[322] Speziell für Konzessionsverträge und die Netzüberlassungssituation wird dabei aber neben einem Verstoß gegen die **guten Sitten** eine Grenze auch in der **Kartellrechtswidrigkeit** gesehen.[323] Im Falle eines solchen Verstoßes soll die allgemeine Schiedsgutachtenklausel dann aber aufrechterhalten werden können; § 139 BGB führe nicht zu ihrer Gesamtunwirksamkeit.[324] Hingegen gilt bei einer Unwirksamkeit aufgrund einer **AGB-Kontrolle** grds. das **Verbot der geltungserhaltenden Reduktion.** Die AGB-Kontrolle kann, wenn es sich bei den Klauseln in den Konzessionsverträgen um allgemeine Geschäftsbedingungen handelt, auch im Übrigen für Schiedsgutachtenklauseln relevant werden.[325] Insb. muss die Unparteilichkeit der Schiedsgutachter sichergestellt sein. 251

3. Schlichtungsklausel

Schlichtungsklauseln zielen lediglich auf die Vermittlung durch einen Dritten, ohne dass dieser verbindliche Vorgaben für die Lösung der Streitfrage machen würde. Sie schließen die Klagbarkeit des betreffenden Anspruchs vorübergehend aus und führen zur **Klageabweisung** als unzulässig oder ggf. auch zur Anordnung des Ruhens des Verfahrens gem. § 251 ZPO, wenn ohne vorherigen Schlichtungsversuch Klage erhoben wird und sich die andere Partei auf die Klausel beruft.[326] Schlichtungsver- 252

---

320 BGH, Urt. v. 27.6.2001 – VIII ZR 235/00 = NJW 2001, 3775, 3776 f.; BGH, Urt. v. 25.1.1979 – X ZR 40/77 = NJW 1979, 1885, 1885.
321 OLG Frankfurt a. M., Urt. v. 14.6.2011 – 11 U 36/10 (Kart.) – Rn 96 juris.
322 Palandt/*Grüneberg*, § 319 Rn 10.
323 OLG Frankfurt a. M., Urt. v. 14.6.2011 – 11 U 36/10 (Kart.) – Rn 96 juris.
324 OLG Frankfurt a. M., Urt. v. 14.6.2011 – 11 U 36/10 (Kart.) – Rn 96 juris.
325 Palandt/*Grüneberg*, § 307 Rn 130.
326 BGH, Urt. v. 23.11.1983 – VIII ZR 197/82 = NJW 1984, 669, 669.

handlungen **hemmen die Verjährung** gem. § 203 BGB. Die Vereinbarung von Schlichtungsklauseln kann auch der AGB-Kontrolle unterliegen.[327]

III. Auslegungsgrundsätze zur Abgrenzung der Streitbeilegungsklauseln

253 Die Bestimmung, welche Klausel im Einzelfall vorliegt, richtet sich nach allgemeinen Auslegungsgrundsätzen gem. §§ 133, 157 BGB. Kennzeichnend für die Schlichtungsklausel ist im Gegensatz zu Schieds- und Schiedsgutachtenklauseln, dass der Dritte keine verbindliche Entscheidung trifft, sondern nur vermittelt.

254 Die **Grenzen** zwischen **Schiedsklauseln und Schiedsgutachtenklauseln** sind hingegen **fließend**, da in beiden Fällen eine für das Gericht grds. bindende Entscheidung getroffen werden soll, mögen die Möglichkeiten zur Überprüfung des Spruchs auch unterschiedlich sein. Die Entscheidung bezieht sich jeweils nur auf einen anderen **Gegenstand**, bei der Schiedsklausel auf den Rechtsstreit insgesamt, bei der Schiedsgutachtenklausel auf ein Element der Entscheidung. Praktisch wird es jedoch schwierig, wenn die Entscheidung über das Element im Ergebnis zugleich die Entscheidung des Rechtsstreits bedeutet.

255 Entscheidend ist, welche **Wirkung der Spruch** des Dritten nach dem Willen der Parteien haben soll. Keine Schiedsklausel, sondern eine Schiedsgutachtenklausel liegt vor, wenn die Parteien im Ergebnis eine **Entscheidung des staatlichen Gerichts** (ermöglichen) wollen, wenn auch nur in beschränktem Umfang.[328] Nicht entscheidend, sondern allenfalls Indiz[329] ist hingegen die Wortwahl.[330] Als ein Indiz für eine Schiedsklausel wird es angesehen, wenn für Verfahren vor den Schiedsrichtern die Vorschriften der ZPO gelten sollen.[331] Umgekehrt spricht ein Verweis auf die Vorschriften der §§ 317 ff. BGB für eine Schiedsgutachtenklausel. Indiz für eine Schiedsgutachtenklausel ist auch der Hinweis, dass der ordentliche Rechtsweg (im Übrigen) nicht ausgeschlossen sein oder die Anrufung des Gerichts, ggf. nach zunächst zu ergreifenden anderen Schritten, möglich sein soll.[332] Der **Ausschluss der gerichtlichen Nachprüfung** speziell in Bezug auf die Feststellung bzw. Entscheidung des Schiedsgutachters führt allein nicht zur Auslegung als Schiedsgutachtenklausel.[333] Im Zweifel soll eine Vereinbarung aufgrund des weniger weitreichenden

327 S. zu Schlichtungsklauseln in AGB allgemein *Friedrich*, SchiedsVZ 2007, 31.
328 BGH, Urt. v. 27.6.2001 – VIII ZR 235/00 = NJW 2001, 3775, 3776; OLG München, Urt. v. 1.6.2005 – 34 Sch 005/05 = MDR 2005, 1186, 1187.
329 OLG Zweibrücken, Urt. v. 20.1.1971 – 2 U 75/70 = NJW 1971, 943, 944.
330 BGH, Urt. v. 21.5.1975 – VIII ZR 161/73 = NJW 1975, 1556, 1556 f.; OLG München, Urt. v. 1.6.2005 – 34 Sch 005/05 = MDR 2005, 1186, 1187.
331 BGH, Urt. v. 10.6.1976 – III ZR 71/74 – Rn 12 juris.
332 OLG Zweibrücken, Urt. v. 20.1.1971 – 2 U 75/70 – NJW 1971, 943, 944.
333 OLG Frankfurt a. M., Urt. v. 14.6.2011 – 11 U 36/10 – juris Rn 96.

Abgehens vom staatlichen Rechtsschutzverfahren als Schiedsgutachtenklausel anzusehen sein.[334]

Speziell mit Blick auf **auslaufende Altkonzessionsverträge** ist bei der Auslegung auch **§ 91 GWB a. F.**[335] in der bis Ende 1997 geltenden Fassung zu beachten. Danach waren Schiedsklauseln über künftige Rechtsstreitigkeiten aus Verträgen gem. § 103 GWB, also auch aus Konzessionsverträgen nichtig, wenn sie nicht jedem Beteiligten das Recht gaben, **im Einzelfall** statt der Entscheidung durch das Schiedsgericht eine Entscheidung durch das ordentliche Gericht zu verlangen. Dies spricht im Zweifel für eine Auslegung als Schiedsgutachtenklausel. Denn im Zweifel gebührt derjenigen Auslegung der Vorzug, die die Nichtigkeit eines Rechtsgeschäftes vermeidet.[336] 256

IV. Vorkommen in Konzessionsverträgen und praktische Bedeutung

In den derzeit (nach der regelmäßig vorgesehenen Vertragslaufzeit von 20 Jahren) auslaufenden Konzessionsverträgen sind schon wegen § 91 GWB a. F. keine Schiedsklauseln zu finden. In der Praxis sehen jedenfalls die Altkonzessionsverträge dementsprechend die Einholung eines **Schiedsgutachtens** vor, das sich in der Regel auf die Höhe der zu zahlenden Vergütung, oftmals aber auch auf die zu übertragenden Anlagen oder die vorzunehmenden **Entflechtungs- und Einbindungsmaßnahmen** oder andere Punkte bezieht. Dies wird durch die – ersichtlichen – Fallkonstellationen aus der Rechtsprechung bestätigt, die durchweg Schiedsgutachten in Bezug nehmen.[337] Allerdings wird aus der jeweiligen Regelung in den Altkonzessionsverträgen oftmals nicht ganz klar, ob das einzuholende Schiedsgutachten im Sinne einer echten Schiedsgutachtenklausel die betreffende Frage für die Parteien (grds.) bindend klären oder ob es im Sinne einer bloßen Schlichtungsklausel nur Basis für eine Vermittlung durch den oder die Schiedsgutachter sein soll. Dies gilt insb., wenn die Klauseln von einer Vermittlung durch den Gutachter oder das Erfordernis einer Einigung der Parteien über ein eingeholtes Gutachten ausgehen. Die vorgesehene **Einholung eines Gutachtens** dürfte in der Regel aber dafür sprechen, dass die Parteien es auch für den Fall für sich gelten lassen wollen, dass das staatliche Gericht 257

334 OLG München, Beschl. v. 7.8.2006 – 34 SchH 9/05 = SchiedsVZ 2006, 286, 287 f.; OLG Düsseldorf, Beschl. v. 6.7.1998 – 12 Sch 01/98 – juris Leitsatz; a. A. MüKo-ZPO/*Münch*, Vorbem. §§ 1025 ff. Rn 44.

335 Aufgehoben durch das Gesetz zur Neuregelung des Schiedsverfahrensrechts (SchiedsVfG) vom 22.12.1997, in Kraft getreten am 1.1.1998.

336 Palandt/*Ellenberger*, § 133 Rn 25.

337 Die Rechtsprechung ist überschaubar: OLG Frankfurt a. M., Urt. v. 14.6.2011 – 11 U 36/10 –; LG Hannover, Teilurt. v. 22.2.2011 – 18 O 383/06 –; LG Mannheim, Urt. v. 8.10.2010 – 7 O 20/10 (Kart.) –; LG Mainz, Urt. v. 24.4.2008 – 12 HK O 133/06 –; vgl. auch OLG Brandenburg, Beschl. v. 29.12.2009 – Kart. W 13/09 –; BGH, Urt. v. 22.3.1994 – KZR 22/92 = NJW-RR 1994, 822.

den Rechtsstreit entscheidet.[338] Reine Schlichtungsklauseln dürften auch deshalb selten gewollt sein, weil beide Seiten in der Regel mit der Materie sehr vertraut sind und der Vermittlungsbedarf wegen der jeweils intensiven Vorbereitung der Verhandlungen häufig eher gering ist. Schlichtungsklauseln führen daher mangels Entscheidung eher zur Verzögerung des Prozesses.

258 Für ab dem 1.1.1998 abgeschlossene **neue Konzessionsverträge** konnten und können wegen der Aufhebung des § 91 GWB a.F. auch Schiedsklauseln vereinbart werden.[339] Grund für ihre – soweit ersichtlich – mangelnde Verbreitung dürfte insb. sein, dass Schiedsgutachtenklauseln den Vorteil haben, dass sie eine Klärung konzentriert auf die Kernfragen herbeiführen können, ohne gleich den gesamten Rechtsstreit vor die Schiedsrichter bringen zu müssen.

V. „Schiedsfähigkeit" bei Endschaftsbestimmungen

259 Bis zum 31.12.1997 waren **Schiedsklauseln** über künftige Rechtsstreitigkeiten aus einem Konzessionsvertrag im Sinne des § 103 GWB gem. **§ 91 GWB a.F.** nichtig, wenn sie nicht jedem Beteiligten das Recht gaben, im Einzelfall statt der Entscheidung durch das Schiedsgericht eine Entscheidung durch das ordentliche Gericht zu verlangen.[340] Aufgrund dieses zwingend vorgeschriebenen Wahlrechts konnten Schiedsklauseln im Ergebnis nicht verbindlich vereinbart werden. Seit dem 1.1.1998 besteht dieses Verbot von bindenden Schiedsklauseln nicht mehr.[341] Der Gesetzgeber geht insb. davon aus, dass auch die Schiedsgerichte das zwingende Kartellrecht sachgerecht anwenden.[342] Gem. Art. 4 § 1 Abs. 1 SchiedsVfG[343] richtet sich die **Wirksamkeit von Schiedsklauseln**, die vor dem 1.1.1998 geschlossen wurden, nach dem bis Ende 1997 geltenden Recht. Für **Schiedsgutachtenklauseln** geht das **OLG Frankfurt a.M.** auch für Konzessionsverträge im Anschluss an den Wortlaut und das verbreitete Verständnis des § 91 GWB a.F. davon aus, dass sie nicht von § 91 GWB a.F. erfasst waren, sie also auch vor 1998 zulässig vereinbart werden konnten.[344]

260 Bei den **Schiedsklauseln** richtet sich die **objektive Schiedsfähigkeit**, also die Frage, ob ein Anspruch Gegenstand einer Schiedsklausel sein kann, nach § 1030 Abs. 1 ZPO. Danach ist jeder vermögensrechtliche Anspruch schiedsfähig. Es ist

---

338 Vgl. LG Mannheim, Urt. v. 8.10.2010 – 7 O 20/10 Kart. – Rn 51 juris.
339 Wiedemann/*Bumiller*, § 61 Rn 1, 16.
340 Wiedemann/*Bumiller*, § 61 Rn 1, 16.
341 Aufgehoben durch Art. 2 § 19 des Gesetzes zur Neuregelung des Schiedsverfahrensrechts vom 22.12.1997, in Kraft getreten am 1.1.1998, BGBl. I S. 3224.
342 *Gottwald/Adolphsen*, DStR 1998, 1017, 1018 f.
343 Gesetz zur Neuregelung des Schiedsverfahrensrechts vom 22.12.1997, in Kraft getreten am 1.1.1998.
344 OLG Frankfurt a.M., Urt. v. 14.6.2011 – 11 U 36/10 (Kart.) – Rn 96 juris.

nicht erforderlich, dass die Parteien über den in Frage stehenden Anspruch verfügen oder sich darüber vergleichen können.[345] Auch soweit die zu entscheidende Frage von der Norm des § 46 EnWG und damit ggf. von zwingendem Recht abhängt,[346] greifen Schiedsklauseln ein, da mit der Aufhebung von § 91 GWB a.F. gerade ermöglicht wurde, dass Schiedsgerichte auch **über zwingendes Recht entscheiden.**[347] Allenfalls dann, wenn man die im Zusammenhang mit der Netzüberlassung von einer Schiedsklausel erfassten Ansprüche als öffentlich-rechtlich ansehen wollte,[348] wäre Voraussetzung der Schiedsfähigkeit, dass die Parteien darüber einen **öffentlich-rechtlichen Vertrag** schließen können.[349]

Besonderheiten gelten hingegen, wenn inhaltliche Vorgaben für die Entscheidung gemacht werden. Insb. **Schiedsgutachtenklauseln** können einen materiellrechtlichen Bezug aufweisen, vor allem wenn es um die rechtsgestaltende Leistungsbestimmung geht. Insoweit ist Voraussetzung, dass die **Parteien dispositionsbefugt** sind.[350] Damit ist die Vereinbarung von Schiedsgutachtenklauseln im Bereich des zwingenden Rechts allerdings nicht ausgeschlossen. Entscheidend ist, dass die Schiedsgutachtenklausel dem Schiedsgutachter ausreichend Spielraum lässt, um das zwingende Recht zu beachten. Speziell für eine Schiedsgutachtenklausel in einer Endschaftsbestimmung eines Konzessionsvertrags hat es das **OLG Frankfurt a.M.** als ausreichend angesehen, wenn die Vereinbarung die Ermittlung einer **angemessenen Vergütung** im Sinne des § 46 Abs. 2 EnWG ggf. unter Berücksichtigung einschlägiger Rechtsprechung ermöglicht.[351] Im Ergebnis geht es um die Frage, inwieweit die Parteien dem Schiedsgutachter Vorgaben für seine Entscheidung machen können. Insoweit gelten diese Grundsätze auch für eine Schiedsklausel. 261

Die gesetzliche Anordnung einer **ausschließlichen Zuständigkeit**, z.B. der ordentlichen Gerichte, beinhaltet **keinen Ausschluss von Streitbeilegungsvereinbarungen**, da es lediglich um die Abgrenzung zu anderen staatlichen Gerichten geht.[352] Der **BGH** sieht zudem in der Durchführung eines Schiedsgutachtenverfahrens und einer damit ggf. verbundenen Verzögerung des Netzüberlassungsprozesses grds. kein Argument gegen die Vereinbarung einer Streitbeilegungsklausel, selbst wenn dadurch eine Übergabe des Netzes erst nach dem Auslaufen des Altkonzessionsvertrags möglich wird.[353] 262

---

345 Saenger/*Saenger*, § 1030 Rn 2.
346 BerlK-EnR/*Wegner*, § 46 EnWG Rn 53ff.
347 Wiedemann/*Bumiller*, § 61 Rn 2.
348 Dazu *Keller-Herder*, S. 46ff. *„privatrechtlich"*.
349 Thomas/Putzo/*Reichold*, § 1030 Rn 2.
350 BAG, Urt. v. 16.10.1957 – 4 AZR 257/55 = NJW 1958, 315, 315; BVerwG, Urt. v. 19.1.1990 – 4 C 21/89 = NJW 1990, 1926, 1928.
351 OLG Frankfurt a. M., Urt. v. 14.6.2011 – 11 U 36/10 (Kart.) – Rn 101 juris.
352 *Rosenberg/Schwab/Gottwald*, § 175 Rn 12.
353 BGH, Urt. v. 22.3.1994 – KZR 22/92 = NJW-RR 1994, 822, 823.

VI. Persönlicher und sachlicher Anwendungsbereich in der Netzüberlassungssituation

263 Streitbeilegungsklauseln finden sich in den Endschaftsbestimmungen der Konzessionsverträge und beziehen sich in der Regel auf die darin vertraglich geregelten Ansprüche auf Netzüberlassung und ihre Vergütung. Neben die vertraglichen treten die **gesetzlichen Ansprüche** aus § 46 Abs. 2 EnWG.[354] Parteien des auslaufenden Konzessionsvertrags sind der bisherige Netzbetreiber und die Kommune, die die Konzession vergibt. Inhaber des Anspruchs aus § 46 Abs. 2 EnWG ist der Neukonzessionär. Es fragt sich, wer sich gegenüber wem sowie gegenüber welchem geltend gemachten Anspruch auf die Streitbeilegungsklausel berufen und die entsprechende Einrede geltend machen kann.

1. Persönlicher Anwendungsbereich

264 Streitbeilegungsklauseln sind vertraglicher Natur. Aufgrund der **Relativität schuldrechtlicher Rechtsverhältnisse** und des **Verbotes von Verträgen zulasten Dritter** wirken sie daher nur zwischen den am Vertrag Beteiligten.[355] Ist – wie in der Regel – nicht die Gemeinde, etwa durch einen Eigenbetrieb, sondern ein Dritter übernehmender neuer Netzbetreiber, muss sich dieser grds. weder eine Streitbeilegungsklausel entgegenhalten lassen noch kann er sich gegenüber dem Altkonzessionär auf sie berufen.[356] Entgegen teilweise vertretener Ansicht[357] liegt Personenverschiedenheit auch dann vor, wenn eine Kommune eine eigene Netzgesellschaft gründet und konzessioniert. Gesellschafter einer Kapitalgesellschaft sind ebenso wenig aus Streitbeilegungsklauseln in Verträgen zwischen der Gesellschaft und Dritten berechtigt oder verpflichtet wie Kommanditisten einer Kommanditgesellschaft.[358] Eine missbräuchliche Umgehung der Endschaftsbestimmungen wird darin in der Regel nicht zu sehen sein.

265 **Tritt** die Kommune ihre **Rechte** aus der Endschaftsbestimmung des auslaufenden Konzessionsvertrags an den personenverschiedenen Neukonzessionär **ab**, so wird der Neukonzessionär auch aus der Streitbeilegungsklausel berechtigt, soweit sie sich auf die abgetretenen Rechte bezieht. Der **BGH** sieht **Streitbeilegungsklau-**

---

354 S. zum Verhältnis zwischen konzessionsvertraglichen Ansprüchen und Ansprüchen aus § 46 EnWG: BGH, Urt. v. 29.9.2009 – EnZR 14/08 – Rn 12 juris. Zur Unterscheidung zwischen „laufenden" und neuen Konzessionsverträgen sowie zum Streitstand s. BerlK-EnR/*Wegner*, § 46 EnWG Rn 54 ff.

355 *Rosenberg/Schwab/Gottwald*, § 175 Rn 40; *Schwab/Walter/Baumbach*, Kap. 7 Rn 22.

356 Vgl. OLG Frankfurt a. M., Urt. v. 14.6.2011 – 11 U 36/10 (Kart.) – Rn 79 juris.

357 Vgl. *Keller-Herder*, S. 392, Fn 1429 mit Verweis auf *Büdenbender/Bachert/Rosin*, S. 19.

358 *Ebbing*, NZG 1998, 281, 282.

seln als Eigenschaft des abgetretenen Rechts an, die entsprechend § 401 BGB auf den Erwerber übergeht, sofern nichts Gegenteiliges vereinbart ist oder sich aus den Umständen ergibt.[359] Im Falle von Schiedsklauseln bedarf die Abtretung dabei nicht der Form des § 1031 ZPO.[360] Der Altkonzessionär kann sich gem. § 404 BGB gegenüber dem Neukonzessionär als Zessionar auf die Streitbeilegungsklausel berufen.[361]

Denkbar ist, dass der Altkonzessionsvertrag einem Neukonzessionär die Berechtigung zur Berufung auf eine Streitbeilegungsklausel als **Vertrag zugunsten Dritter** vermittelt, wenn z. B. die Ansprüche aus der Endschaftsbestimmung nach dem Altkonzessionsvertrag auch dem Neukonzessionär zustehen sollen. Dies kann jedoch nur bei Vorliegen eindeutiger Anhaltspunkte angenommen werden. Eine Bindung des Neukonzessionärs an eine Streitbeilegungsklausel durch den Konzessionsvertrag ist, wie ausgeführt, nicht möglich, da es sich um einen Vertrag zulasten Dritter handelte. 266

2. Sachlicher Anwendungsbereich

a) Erfasste Ansprüche

Grds. bezieht sich die Streitbeilegungsklausel lediglich auf die Ansprüche, die sich aus der altkonzessionsvertraglichen Endschaftsbestimmung selbst ergeben. Auf Ansprüche aus **§ 46 Abs. 2 EnWG** erstreckt sie sich nicht ohne Weiteres. Dies ist insb. dann von Bedeutung, wenn die sich jeweils ergebenden Ansprüche unterschiedlichen Inhalts sind.[362] Eine Erstreckung der Schiedsklausel auch auf Ansprüche aus § 46 Abs. 2 EnWG setzt zunächst voraus, dass **dieselben Personen** an den Rechtsbeziehungen beteiligt sind. 267

Eine entsprechende Auslegung der Endschaftsbestimmung dürfte allenfalls im Verhältnis zwischen **Altkonzessionär** und **Kommune** für den Fall in Betracht kommen, dass die Kommune selbst das Netz übernimmt. Aber selbst in diesem Fall ist fraglich, ob die Parteien des Altkonzessionsvertrags den Willen hatten, damals in dieser Form noch nicht existente Ansprüche in Bezug zu nehmen. Dies dürfte jedenfalls dann nicht der Fall sein, wenn die Ansprüche unterschiedlichen Inhalts sind. Etwas anderes könnte nur gelten, wenn sich eindeutig der Wille ermitteln lässt, die Abwicklung des Altkonzessionsvertrags ungeachtet der rechtlichen Grundlage in jedem Fall in bestimmten Fragen, z. B. über Schiedsgutachter, abzuwickeln. 268

Für den Neukonzessionär kann sich eine Bindung an die Schiedsklausel in Bezug auf Ansprüche aus § 46 Abs. 2 EnWG und gegenüber dem Altkonzessionär ggf. 269

---

359 BGH, Urt. v. 2.10.1997 – III ZR 2/96 = NJW 1998, 371, 371; BGH, Urt. v. 2.3.1978 – III ZR 99/76 = NJW 1978, 1585, 1586.

360 BGH, Urt. v. 2.10.1997 – III ZR 2/96 = NJW 1998, 371, 371; BGH, Urt. v. 2.3.1978 – III ZR 99/76 = NJW 1978, 1585, 1586.

361 MüKo-BGB/*Roth*, § 404 Rn 5.

362 S. dazu OLG Frankfurt a. M., Urt. v. 14.6.2011 – 11 U 36/10 (Kart.) – Rn 94 am Ende juris.

aus einer **Abtretungsvereinbarung** mit der Kommune ergeben, wenn daran auch der Altkonzessionär beteiligt ist oder eine solche Vereinbarung insoweit als Vertag zugunsten Dritter zu verstehen ist.[363] Deshalb ist hier auf eine sorgfältige Formulierung und Regelung zu achten.

b) Inhaltlich erfasste Fragen bezogen auf einen Anspruch

270 Während sich eine Schiedsklausel auf den gesamten Rechtsstreit über einen Anspruch bezieht, stellt sich insb. bei Schiedsgutachtenklauseln die Frage, für welche Elemente oder Tatsachen ein Schiedsgutachten eingeholt werden kann. Es ist also zu klären, ob die konkret in Streit befindliche Frage überhaupt von der Schiedsgutachtenklausel erfasst ist. Dies richtet sich grds. nach dem **Inhalt der Klausel**. Das gilt auch für die Frage, ob die Schiedsgutachter eine rechtliche Vorfrage klären dürfen. Speziell für einen Netzüberlassungsfall geht das **LG Mannheim** wohl davon aus, dass eine herkömmliche Schiedsgutachtenklausel nicht die vorgelagerte Frage umfasst, ob die Schiedsgutachtenklausel bzw. die Endschaftsbestimmung, in der sie enthalten ist, überhaupt wirksam ist.[364]

VII. Spezielle Praxisfragen

271 Im Zusammenhang mit Streitbeilegungsklauseln stellen sich in der Praxis Fragen auch mit Bezug zu anderen Teilbereichen des Komplexes der **Netzüberlassung**, die teilweise auch schon Eingang in die Rechtsprechung gefunden haben:

272 Nicht selten kommt es in Netzüberlassungsfällen zu **einstweiligen Rechtsschutzverfahren**. Wie bereits ausgeführt, hindert eine vorgesehene außergerichtliche Streitbeilegung eine Partei nicht, vor den staatlichen Gerichten einstweiligen **Rechtsschutz** zu suchen. Das **OLG Brandenburg** hat einen Antrag auf Erlass einer einstweiligen Verfügung in einem Fall abgewiesen, weil es den Verfügungsgrund und damit die Eilbedürftigkeit verneint hat. Die Antragstellerin hatte die Eilbedürftigkeit selbst widerlegt, indem sie wegen der laufenden Verhandlungen lange mit dem Antrag gewartet hatte. Das OLG sah insb. auch in der Einleitung eines Schiedsgutachtenverfahrens keinen Grund, der das Abwarten hätte rechtfertigen können.[365] Dies ist bei der Planung des Vorgehens zu berücksichtigen.

273 Häufig zahlt der Neukonzessionär die vom Altkonzessionär geforderte Vergütung, obwohl er diese für zu hoch hält, um eine zügige Netzübernahme zu ermöglichen. Die

363 S. dazu LG Hannover, Teilurt. v. 22.2.2011 – 18 O 383/06 – Rn 18 u. 64 juris (Erstreckung verneint).
364 LG Mannheim, Urt. v. 8.10.2010 – 7 O 20/10 Kart. – Rn 52 juris.
365 OLG Brandenburg, Beschl. v. 29.12.2009 – Kart. W 13/09 – Rn 16 juris.

Zahlung erfolgt dann unter dem Vorbehalt der Rückforderung aus § 812 BGB („**Vorbehaltskauf**"). Der damit nicht aufgehobene, sondern nur aufgeschobene Streit über die Höhe der geschuldeten Vergütung wird dann im Rahmen des **Rückforderungsprozesses des Neukonzessionärs** gegen den Altkonzessionär ausgetragen. Hier stellt sich die Frage, ob der Neukonzessionär, wenn er es will, ein in der Endschaftsbestimmung – Anwendbarkeit unterstellt – vorgesehenes Schiedsgutachtenverfahren zur Bestimmung der Höhe der Vergütung durchzuführen bzw. ob der Altkonzessionär im Rückforderungsprozess die Einrede der Schiedsgutachtenklausel erheben kann. Das **LG Mannheim** scheint davon auszugehen, indem es in einem Rückforderungsprozess die Anwendbarkeit der dortigen Schiedsgutachtenklausel nicht verneint hat, weil es sich um einen Rückforderungsprozess handelt, sondern weil es die Klausel inhaltlich nicht für anwendbar gehalten hat.[366] Für die Geltung einer Schiedsgutachtenklausel im Rückforderungsprozess spricht, dass es sich letztlich um denselben Anspruch handelt und nur die Rollen als Kläger und Beklagter wechseln. Ein Ausschluss der Geltung der Streitbeilegungsklausel im Rückforderungsprozess kann sich ggf. aber im Wege der Auslegung aus dem Netzkaufvertrag ergeben. Dies sollte – in die eine oder andere Richtung – bei der Gestaltung berücksichtigt werden.

In Netzüberlassungsverhandlungen wird zur Abwehr von **Informations- und Auskunftsansprüchen** gelegentlich das Argument vorgebracht, dass die Informationen im Falle der Durchführung eines Schiedsgutachtenverfahrens nicht dem Neukonzessionär, sondern allein dem Schiedsgutachter mitzuteilen seien. Dieses Argument hat das **OLG Frankfurt a.M.**, anders als das **LG Frankfurt a.M.** als Vorinstanz,[367] zurückgewiesen.[368] Dem dürfte zuzustimmen sein, da die Informations- und Auskunftsansprüche zwischen den an dem zugrunde liegenden Rechtsverhältnis Beteiligten bestehen. Eine andere Frage ist, welche Informationen dem Schiedsgutachter zur Verfügung gestellt werden müssen. Aufgrund ihrer Pflicht zur Mitwirkung an dem Verfahren müssen die Parteien alle für die Begutachtung erforderlichen Informationen auch für den Schiedsgutachter bereitstellen. 274

E. Konzessionsverluste – arbeitsrechtliche Aspekte

I. Mitarbeiterübergang bei Konzessionsverlusten

1. Grundlagen

Ein wesentlicher Aspekt beim Übergang einer Konzession ist häufig die Frage des Mitarbeiterübergangs. Gerade beim Übergang von größeren Konzessionsgebieten 275

366 LG Mannheim, Urt. v. 8.10.2010 – 7 O 20/10 Kart. – Rn 14, 15, 52 juris.
367 LG Frankfurt a.M., Urt. v. 28.5.2010 – 3/12 O 114/09 – Rn 79 juris.
368 OLG Frankfurt a.M., Urt. v. 14.6.2011 – 11 U 36/10 (Kart.) – Rn 85 juris.

hat der Altkonzessionär häufig das Problem, dass mit dem Wegfall des Netzes auch die Arbeitsgrundlage für einen Teil seiner Mitarbeiter wegfällt. Während beim Verlust einzelner kleinerer Konzessionsgebiete eine Verlagerung von Arbeitskapazitäten in andere verbleibende Netzgebiete noch möglich erscheint, ist dies beim Verlust großer Konzessionsgebiete oder beim Verlust einer Vielzahl von kleineren Konzessionsgebieten häufig nicht der Fall. Die Situation beim Neukonzessionär ist dagegen einzelfallbezogen zu betrachten. Ist er bereits in anderen Konzessionsgebieten Netzbetreiber und erwirbt lediglich ein weiteres (kleineres) Konzessionsgebiet dazu, hat er häufig kein Interesse an der **Übernahme von Personal des Altkonzessionärs**, sondern wird versuchen, das weitere Netzgebiet mit dem vorhandenen eigenen Personal zu bearbeiten. Anders kann dies aber z. B. dann sein, wenn der Neukonzessionär bislang kein Netzbetreiber war oder ein großes, nicht mehr durch seine bestehende Mannschaft zusätzlich bearbeitbares Konzessionsgebiet bzw. Netz übernimmt. In diesen Fällen hat der neue Konzessionär ggf. selbst ein Interesse an der Übernahme von Personal, um die für den Betrieb des Netzes erforderlichen **Mitarbeiterkapazitäten** und das notwendige **Know-how** zu erlangen. Die Interessenlagen von Alt- und Neukonzessionär bzgl. der Übernahme von Personal kann daher zum Teil gleichgerichtet sein, zum Teil aber auch erheblich voneinander abweichen.

276 Vor dem Hintergrund dieser unterschiedlichen Ausgangslage stellt sich daher zunächst die generelle Frage, auf welche Weise Mitarbeiter vom Altkonzessionär auf den Neukonzessionär übertragen werden können und insb., ob für den Altkonzessionär ggf. auch die Möglichkeit besteht, ohne Zustimmung des Neukonzessionärs Mitarbeiter auf diesen zu übertragen. Als Möglichkeiten zum **Mitarbeitertransfer** kommen dabei regelmäßig nur zum einen die (einvernehmliche) **einzelvertragliche Überleitung** von Mitarbeitern in Betracht, zum anderen ein **Mitarbeiterübergang kraft Gesetzes** gem. § 613 a BGB.

2. Einzelvertragliche Überleitung

277 Die einzelvertragliche Überleitung von Mitarbeitern kommt nur in den Fällen in Betracht, in denen sowohl der Alt- und Neukonzessionär als auch der betroffene Mitarbeiter mit der Überleitung des Arbeitsverhältnisses einverstanden sind. Dies begründet sich damit, dass es bei der einzelvertraglichen Überleitung unter rechtlichen Aspekten zwingend der **Zustimmung aller beteiligten Parteien** zum Arbeitgeberwechsel bedarf. In der Praxis erfolgt dies häufig durch eine Überleitungsvereinbarung zwischen altem und neuem Arbeitgeber sowie dem betroffenen Mitarbeiter, in der die Einzelheiten der Überleitung fixiert werden. Alternativ kommt in Betracht, das bestehende Arbeitsverhältnis mit dem Altkonzessionär ordnungsgemäß zu beenden, kombiniert mit dem Abschluss eines neuen Arbeitsverhältnisses zwischen dem neuen Arbeitgeber und dem betroffenen Mitarbeiter.

278 Eine einzelvertragliche Überleitung hat für den Neukonzessionär den Vorteil, dass sie nicht den zwingenden gesetzlichen Folgen eines Betriebsübergangs gem.

§ 613a BGB unterworfen ist. Stattdessen können die Bedingungen der Überleitung individuell vereinbart werden. Um in diesen Fällen die Mitarbeiter zu einem Wechsel des Arbeitgebers zu bewegen, können – insb. wenn die Arbeitsbedingungen beim neuen Konzessionsinhaber aus finanzieller Sicht „schlechter" als die beim Altkonzessionär sind – **individuell angepasste Vereinbarungen zur Überleitung** getroffen werden, die bspw. dem Mitarbeiter beim Neukonzessionär die vollständige Anrechnung der bisherigen Betriebszugehörigkeit beim alten Arbeitgeber garantieren. Unbeschadet dieser speziellen Überleitungsregelungen bestimmen sich die Rechte und Pflichten des übergehenden Mitarbeiters, insb. auch die einschlägigen kollektiv-rechtlichen Bestimmungen, allein nach den Regelungen beim neuen Arbeitgeber, d.h. die Rechtsstellung der übergehenden Mitarbeiter entspricht grds. derjenigen sonstiger beim Neukonzessionär neu eingestellter Mitarbeiter.

3. Mitarbeiterübergang kraft Betriebsübergang

Häufig ist in der Praxis eine Zustimmung aller beteiligten Parteien, also sowohl die 279
des Alt- und des Neukonzessionärs als auch die des beteiligten Mitarbeiters, nicht zu erreichen. Gerade der Neukonzessionär scheut es in vielen Fällen, „teures Personal" vom Altkonzessionär zu übernehmen, da er Synergien gerade durch die bessere Auslastung seiner bereits vorhandenen Belegschaft oder durch günstigeres Personal erzielen will. In diesen Fällen stellt sich die Frage, ob ein Übergang von Arbeitnehmern kraft **Betriebsteilübergangs** gem. § 613a BGB auch **ohne die Zustimmung des Neukonzessionärs** möglich ist. In diesem Fall würden die Arbeitsverhältnisse der betroffenen Mitarbeiter – vorausgesetzt diese widersprechen dem Betriebsübergang nicht – kraft Gesetzes auf den Neukonzessionär übergehen, ohne dass der Neukonzessionär dies verhindern könnte. § 613a Abs. 1 BGB ordnet nämlich an, dass in dem Fall, dass ein Betriebsteil durch Rechtsgeschäft auf einen anderen Inhaber übergeht, dieser in die Rechte und Pflichten aus den im Zeitpunkt des Übergangs bestehenden Arbeitsverhältnissen eintritt.

a) Tatbestandsvoraussetzungen des § 613a BGB

aa) Betriebsteil

Das Vorliegen eines Betriebsteils setzt nach der Rechtsprechung des **BAG** eine **selbständig abtrennbare organisatorische Untergliederung** des gesamten Betriebs voraus, mit der innerhalb des betrieblichen Gesamtzwecks ein Teilzweck verfolgt wird, auch wenn es sich nur um eine untergeordnete Hilfsfunktion handelt.[369] Die 280

369 BAG, Urt. v. 13.7.2006 – 8 AZR 331/05 = NZA 2006, 1357, 1358; BAG, Urt. v. 8.8.2002 – 8 AZR 583/01 = NZA 2003, 315, 317; BAG, Urt. v. 18.4.2000 – 8 AZR 346/01 = NZA 2002, 1207, 1208; vgl. dazu auch Art. 1 Abs. 1 b der Richtlinie 2001/23/EG vom 12.3.2001, nach der als Betriebsübergang der Übergang einer ihre Identität bewahrenden wirtschaftlichen Einheit im Sinne

Untergliederung kann nur dann als Betriebsteil qualifiziert werden, wenn zudem ein hinreichendes Maß an **organisatorischer Selbständigkeit** feststellbar ist.[370] Die organisatorische Verselbständigung eines Betriebsteils setzt dabei nach der Rechtsprechung eine eigenständige Arbeitsorganisation, eine der Aufgabenstellung **fest zugeordnete Personalgruppe** und das Vorhandensein einer **eigenen Leitungsstruktur** voraus,[371] wobei die Fachvorgesetztenstellung für die Annahme eines Betriebsteils allein nicht ausreicht.[372] Zu beachten ist ferner, dass einem Betriebsteil nur diejenigen Arbeitnehmer zuzurechnen sind, die diesem auch tatsächlich organisatorisch angehören, also in dem zu übertragenden Betriebsteil beschäftigt sind. Allein die Tätigkeit für den zu übertragenden Betriebsteil reicht nicht aus, da es nicht auf die funktionale, sondern allein auf die tatsächliche organisatorische Zuordnung ankommt.[373]

281 Zu berücksichtigen ist in diesem Zusammenhang, dass Betriebsteile nicht einmalig statisch festgelegt sind, sondern sich bspw. bei **Reorganisationen des Unternehmens** auch ändern bzw. neu entstehen können. Dabei ist bislang nicht abschließend geklärt, ob es eines gewissen zeitlichen Vorlaufs für das Bestehen eines Betriebsteils bedarf. Dass ein Betriebsteil vor einem Betriebsteilübergang bereits über einen gewissen Zeitraum Bestand haben musste, lässt sich weder aus der Definition des Betriebsteils noch aus § 613 a BGB entnehmen. Maßgebend ist vielmehr, dass im Zeitpunkt des Betriebsteilübergangs nicht mehr nur eine unverbundene, mehr oder weniger zufällige Ansammlung von Betriebsmitteln und Mitarbeitern besteht, sondern eine Organisation, die einen eigenen Betriebszweck verfolgt und welche angesichts der geforderten Nachhaltigkeit im Grundsatz auf eine längere Zeit angelegt ist.[374] Insofern reicht es aus, wenn im Zeitpunkt des Betriebsübergangs die erforderliche funktionale und organisatorische Verknüpfung der den Betriebsteil charakterisierenden Merkmale vorliegt.[375]

---

einer organisierten Zusammenfassung von Ressourcen zur Verfolgung einer wirtschaftlichen Haupt- oder Nebentätigkeit gilt.

370 BAG, Urt. v. 22.7.2004 – 8 AZR 350/03 = NZA 2004, 1383, 1386; BAG, Urt. v. 18.4.2000 – 8 AZR 346/01 = NZA 2002, 1207, 1208; BAG, Urt. v. 8.8.2002 – 8 AZR 249/04 = NZA 2006, 1039, 1042.

371 Vgl. BAG, Urt. v. 16.6.2006 – 8 AZR 204/05 = NZA 2006, 794, 797; BAG, Urt. v. 22.7.2004 – 8 AZR 350/03 = NZA 2004, 1383, 1386; BAG, Urt. v. 17.4.2003 – 8 AZR 253/02 = AP Nr. 253 zu § 613 a BGB.

372 BAG, Urt. v. 16.6.2006 – 8 AZR 204/05 = NZA 2006, 794, 797.

373 BAG, Urt. v. 8.8.2002 – 8 AZR 583/01 = NZA 2003, 315, 317.

374 Staudinger/*Annuß*, § 613 a Rn 58; Henssler/Willemsen/Kalb/*Willemsen*, § 613 a BGB Rn 20; *Kreitner* in: FS Küttner, 2006, S. 399, 416 geht jedenfalls für die Frage der Zuordnungsentscheidung einzelner Arbeitnehmer zu einem Betriebsteil davon aus, dass diese vom Betriebsteilinhaber auch noch kurze Zeit vor dem Vollzug des Betriebsteilübergangs getroffen werden kann.

375 Theiselmann/*Nießen*, S. 317.

Besteht somit im Hinblick auf das Vorliegen eines Betriebsteils für das Unternehmen ein **Gestaltungsspielraum**, stellt sich die Frage, welche Maßnahmen zur Schaffung eines Betriebsteils ergriffen werden können. Es liegt grds. – vorbehaltlich bestehender gesetzlicher Vorgaben, z.B. kartellrechtlicher Art – im freien Ermessen des Unternehmers, wie er seine Organisation aufbaut oder verändert. Auch bezogen auf den Netzbetreiber ist es daher vom Grundsatz eine rein unternehmerische Entscheidung, ob das Unternehmen z.B. den Aufbau einer Flächenorganisation bevorzugt oder einen regional- oder konzessionsgebietsbezogenen Aufbau wählt. Insofern steht es dem Netzbetreiber grds. auch frei, einen Aufbau zu wählen, der zur Folge hat, dass für sämtliche oder viele seiner Konzessionsgebiete jeweils eigene Betriebsteile gebildet werden. 282

Bei der Frage, **durch welche Maßnahmen ein Betriebsteil gebildet werden kann**, ist zu berücksichtigen, dass nicht nur die Frage des Betriebsteilübergangs[376] durch eine Gesamtschau aller Umstände zu beantworten ist, sondern eine solche Gesamtschau auch bei der Frage des Vorliegens eines Betriebsteils vorzunehmen ist. Als – nicht abschließend zu verstehende – Maßnahmen kommen z.B. 283

- die bereichsweise Zusammenfassung von Funktionen inkl. entsprechender Personalaufteilung/-zuweisung,
- die räumliche Abgrenzung der entsprechenden Arbeitnehmer, die z.B. auch über separate Mietverträge darstellbar ist,
- die Zuweisung von „eigenen" Betriebsmitteln und Kundenbeziehungen zu den konkreten Bereichen,
- die Einrichtung neuer bereichsspezifischer Kostenstellen oder
- die Einführung neuer betriebs(teil)bezogener Unterschriftenregelungen

in Betracht.

Dabei sollten diese **Organisationsstrukturen** auch entsprechend **dokumentiert** werden, z.B. über die entsprechende Darstellung dieser Betriebsstrukturen in Organigrammen oder Organisationshandbüchern (mit Beschreibung des jeweils verfolgten Teilzwecks), die Darstellung der jeweiligen Betriebsteile im Rahmen eines ggf. mit dem Betriebsrat vorzunehmenden Interessenausgleichs oder ein die Strukturveränderung dokumentierender Geschäftsführungs-/Gesellschafterbeschluss. 284

Vor diesem Hintergrund dürfte die Bildung von konzessionsbezogenen organisatorisch verselbständigten Betriebsteilen, deren Zweck jeweils der Betrieb, die Instandhaltung und der Ausbau eines über die jeweilige Konzession(-en) definierten Betriebsteils ist, in der Praxis zumindest bei kleineren Konzessionsgebieten zum Teil nur schwer umsetzbar sein, da sich eine personenscharfe Zuweisung von Arbeit- 285

376 S. dazu unten unter Rn 286ff.

nehmern und die erforderliche eigenständige Arbeitsorganisation und Leitungsstruktur bei kleinen Konzessionsgebieten und anteilig nur wenigen Mitarbeitern häufig nur schwer realisieren lässt. Bei größeren Konzessionsgebieten oder mehreren zusammenhängenden Konzessionsgebieten dürfte eine Betriebsteilbildung dagegen durchaus praktisch abbildbar sein.

bb) Rechtsgeschäftlicher Betriebs(teil)übergang

286 Für einen Betriebsteilübergang muss die Inhaberschaft des bisherigen Rechtsträgers über den Betriebsteil erlöschen und der neue Rechtsträger die wirtschaftliche Einheit tatsächlich fortführen. Der **EuGH**[377] und ihm folgend das **BAG**[378] prüft das Vorliegen eines Betriebsteilübergangs primär anhand folgender **7-Punkte-Prüfung,** wobei jedoch stets eine Gesamtschau sämtlicher vorliegenden Umstände vorzunehmen ist:

- Art des (bisherigen) Betriebs/Unternehmens,
- etwaiger Übergang der materiellen Betriebsmittel,
- Wert der immateriellen Aktiva im Zeitpunkt des Übergangs,
- etwaige Übernahme der Hauptbelegschaft durch den neuen Inhaber,
- etwaiger Übergang der Kundschaft,
- Grad der Ähnlichkeit zwischen den vor und nach dem Übergang verrichteten Tätigkeiten und
- Dauer einer eventuellen Unterbrechung der Tätigkeit.

287 Nach Ansicht des **EuGH**[379] ist es dabei für einen Betriebs(teil)übergang nicht erforderlich, dass die veräußerte wirtschaftliche Einheit beim neuen Arbeitgeber ihre Struktur 1:1 beibehält. Nach der ursprünglich vom **BAG** vertretenen Auffassung[380] konnte der Erwerber durch die vollständige „Eingliederung" des erworbenen Betriebsteils in seine bereits vorhandene eigene Organisationsstruktur einen Betriebsübergang im Sinne des § 613a BGB vermeiden. Im Anschluss an den **EuGH** sieht das **BAG** aber nunmehr die Beibehaltung der organisatorischen Selbständigkeit des Betriebsteils nicht mehr als zwingend erforderlich an,[381] sondern es kommt vielmehr auf die Beibehaltung der **„funktionellen Verknüpfung der Wechselbeziehung und gegenseitigen Ergänzung der übergehenden Faktoren"**[382]

---

377 EuGH, Urt. v. 18.3.1986 – Rs 24/85 = Slg. 1986, 1119; EuGH, Urt. v. 19.5.1992 – Rs C-29/91 = NZA 1994, 207; EuGH, Urt. v. 11.3.1997 – Rs C-13/95 = Slg. 1997, I-1259.
378 BAG, Urt. v. 11.9.1997 – 8 AZR 555/95 = NJW 1998, 1253; BAG, Urt. v. 11.12.1997 – 8 AZR 426/94 = DB 1998, 885; BAG, Urt. v. 22.1.1998 – 8 AZR 775/96 = DB 1998, 1137.
379 EuGH, Urt. v. 12.2.2009 – Rs C-466/07 = NJW 2009, 2029.
380 Vgl. dazu nur BAG, Urt. v. 6.4.2006 – 8 AZR 249/04 = NZA 2006, 1039.
381 BAG, Urt. v. 21.2.2009 – 8 AZR 158/07 = NZA 2009, 905; EuGH, Urt. v. 12.2.2009 – C 466/07 = NZA 2009, 251.
382 BAG, Urt. v. 21.2.2009 – 8 AZR 158/07 = NZA 2009, 905, 21.

an. Allein der Übergang materieller und immaterieller Betriebsmittel, die in keiner Wechselbeziehung zueinander stehen, führt dagegen zu keinem Betriebsübergang.[383]

Bei der Frage eines Betriebsteilübergangs ist zwischen **betriebsmittelarmen** 288 und **betriebsmittelgeprägten Betrieben** zu unterscheiden. Bei betriebsmittelarmen Tätigkeiten, wie z.B. Bewachungs- oder Reinigungstätigkeiten, kann die tatsächliche Übernahme von Personal ein ganz wesentliches, ggf. sogar das entscheidende Kriterium für die Anwendbarkeit des § 613a BGB sein. Die Wahrung der **Identität der wirtschaftlichen Einheit** ist in diesem Fall anzunehmen, wenn der neue Betriebsinhaber nicht nur die betreffende Tätigkeit weiterführt, sondern auch einen nach Zahl und Sachkunde wesentlichen Teil des Personals übernimmt, das sein Vorgänger gezielt für diese Tätigkeit eingesetzt hatte. Hingegen stellt die bloße Fortführung der Tätigkeit durch einen anderen Auftragnehmer (Funktionsnachfolge) ebenso wenig einen Betriebsteilübergang dar, wie die reine Auftragsnachfolge.[384] In betriebsmittelgeprägten Betrieben kann dagegen ein Betriebsübergang auch ausgelöst werden, ohne dass der Erwerber (freiwillig) Personal übernimmt.[385] Ein betriebsmittelgeprägter Betriebsteil liegt vor, wenn bei wertender Betrachtungsweise der Einsatz sächlicher Betriebsmittel den eigentlichen Kern des zur Wertschöpfung erforderlichen Funktionszusammenhangs ausmacht und diese somit unverzichtbar zur auftragsgemäßen Verrichtung der Tätigkeiten sind.[386]

Zum Teil wird vertreten, dass es sich bei den konzessionsbezogenen Netzbe- 289 triebsteilen um überwiegend betriebsmittelarme Betriebe handelt, da diese Betriebsteile überwiegend Dienstleistungen erbringen würden.[387] Die Betriebsmittel würden nur eine untergeordnete Rolle spielen, so dass die Voraussetzungen für einen Betriebsübergang für die meisten Arbeitnehmer nicht erfüllt seien. Zu berücksichtigen ist in diesem Zusammenhang jedoch insb. die Entscheidung des **BAG** vom 2.3.2006 (Forschungsschiff),[388] die 2009 durch den **BGH** im Ergebnis bestätigt wurde.[389] Dort war der Kläger auf einem Forschungsschiff, welches im Eigentum des Landes Schleswig-Holstein stand, eingesetzt. Bezüglich dieses Schiffes bestand ein Bereederungsvertrag mit der Arbeitgeberin des Klägers, der im Rahmen eines **öffentlichen Ausschreibungsverfahrens** der Beklagten, von der der Kläger nunmehr die Fortsetzung seines Heuerverhältnisses verlangte, neu erteilt wurde.

383 BAG, Urt. v. 18.3.1999 – 8 AZR 159/98 = NZA 1999, 704, 705f.
384 BAG, Urt. v. 25.9.2008 – 8 AZR 607/07 = NZA-RR 2009, 469.
385 BAG, Urt. v. 29.3.2007, NJW 2007, 3371, 3374; BAG, Urt. v. 15.2.2007 – 8 AZR 431/06 = NZA 2007, 793, 795.
386 BAG, Urt. v. 21.2.2009 – 8 AZR 158/07 = NZA 2009, 905; BAG, Urt. v. 27.9.2007 – 8 AZR 941/06 = NZA 2008, 1130; BAG, Urt. v. 25.9.2008 – 8 AZR 607/07 = NZA-RR 2009, 469.
387 So offenbar *Gaul*, der entsprechend in JUVE 12/09, S. 72 zitiert wird.
388 BAG, Urt. v. 2.3.2006 – 8 AZR 147/05 = NZA 2006, 1105.
389 BGH, Urt. v. 19.3.2009 – III ZR 106/08 = NZA 2009, 848.

Das **BAG** bejahte einen Betriebsübergang, da das Forschungsschiff kein betriebsmittelarmer Betriebsteil sei, bei dem es auf den Übergang der Hauptbelegschaft ankomme. Die für den Betriebsübergang erforderliche Identität der wirtschaftlichen Einheit sei mit der Bereederung des Schiffs als prägendes Betriebsmittel und der Weiterführung als Forschungsschiff auch ohne Übernahme der ursprünglichen Schiffsbesatzung gewahrt. Da das Forschungsschiff den eigentlichen Kern der zur Wertschöpfung erforderlichen Funktionszusammenhangs ausmache, könne der Dienstleistungsauftrag der Bereederung nicht als bloße Funktionsnachfolge angesehen werden.[390]

290 Im Rahmen von **Konzessionsverlusten** kommt es neben der Neuvergabe der **Konzession** an einen Dritten auch zu einem **Übergang der Verteilungsanlagen**, also den Netzen, und der zwangsläufig dem Netz anhaftenden **Kundenverträgen** auf den Dritten. Gemäß der dargestellten Rechtsprechung des **BAG** ist daher im Fall von konzessionsbezogenen Betriebsteilen von betriebsmittelreichen Betriebsteilen auszugehen sein, bei denen die Übernahme der Mitarbeiter für das Vorliegen eines Betriebsteilübergangs nicht das ausschlaggebende Kriterium ist. Vielmehr sind die Netze als solche zusammen mit den ebenfalls auf den neuen Konzessionsinhaber übergehenden Netzkundenverträgen und der Konzession als solcher als wesentliche Betriebsmittel des Betriebsteils anzusehen, die bei wertender Betrachtungsweise den eigentlichen Kern des zur Wertschöpfung erforderlichen Funktionszusammenhangs ausmachen. Ein Betriebsteilübergang nach § 613 a BGB kann daher im Fall von Konzessionsverlusten auch ohne (freiwillige) Übernahme von Personal vorliegen.

291 Basis für den Übergang eines Betriebsteils muss gem. § 613 a Abs. 1 BGB ein **Rechtsgeschäft** sein. Dieses Merkmal ist weit auszulegen. Nach Ansicht des **EuGH** und des **BAG** ist § 613 a Abs. 1 BGB in allen Fällen anwendbar, in denen die für den Betrieb des Unternehmens verantwortliche natürliche oder juristische Person, die die Arbeitgeberverpflichtung gegenüber den Beschäftigten des Unternehmens eingeht, im Rahmen vertraglicher Beziehungen wechselt.[391] Mit diesem sehr weiten Verständnis des Rechtsgeschäfts werden nach der Rechtsprechung auch diejenigen Fälle erfasst, in denen der **Übergang der betrieblichen Leitungskompetenz** das Resultat eines Bündels verschiedener Rechtsgeschäfte oder sogar von Verträgen mit

---

390 Vgl. dazu auch Willemsen/Hohenstatt/Schweibert/Seibt/*Willemsen*, G 96g., der annimmt, dass es für den Fall, dass der Bereederungsvertrag die vollständige Durchführung der Forschungsfahrten gegen Entgelt zum Gegenstand hatte, zur Erreichung dieses Zwecks unerlässlich war, dass das Forschungsschiff als einziges und wesentliches Betriebsmittel in die Arbeitsorganisation der Reederei integriert war.

391 Vgl. nur EuGH, Urt. v. 5.5.1998 – Rs 144/87 – 145/87 = Slg. 1988, 2559; BAG, Urt. v. 27.4.1988 – 5 AZR 358/87 = AP Nr. 71 zu § 613 a BGB.

Dritten ist.[392] Letzteres kann bspw. bei einer Auftragsneuvergabe der Fall sein, wenn der neue Auftragnehmer die die betriebliche Organisationsstruktur verkörpernden Ressourcen, die ggf. im Eigentum des Auftraggebers stehen, übernimmt und für eigene Zwecke weiternutzt. Obwohl in diesem Fall kein unmittelbares Rechtsgeschäft zwischen dem alten und dem neuen Auftragnehmer getätigt wird, kann es zu einem Betriebsübergang vom ursprünglichen Auftragnehmer auf seinen Nachfolger kommen.[393] Dem steht auch nicht entgegen, dass im Fall eines Konzessionsverlustes Auslöser für den Übergang des Betriebsteils eine öffentliche Neuvergabe war. § 613a BGB findet nach der Rechtsprechung des **BAG** auch dann Anwendung, wenn ein Betrieb oder Betriebsteil nach Vergabe eines öffentlichen Auftrags übertragen wurde.[394]

Ein Betriebsübergang liegt dabei unabhängig davon vor, ob der Neukonzessionär das Eigentum an dem Netz erwirbt oder dieses nur pachtet. Einem Betriebsteil sind sächliche Betriebsmittel nämlich auch dann zuzurechnen, wenn sie aufgrund einer **mit Dritten getroffenen Nutzungsvereinbarung** zur Erfüllung der Betriebszwecke eingesetzt werden können.[395] Maßgeblich ist allein, ob das jeweilige Rechtsgeschäft dem neuen „Inhaber" die **Verfügungsbefugnis über den betrieblichen Funktionszusammenhang** vermittelt, er mithin die betriebliche Leitungsmacht übernimmt. 292

Im Ergebnis ist daher festzuhalten, dass je nach konkreter Ausgestaltung im Einzelfall im Rahmen der Überlassung des Netzes bei einem Konzessionsübergang ein Betriebsteilübergang gem. § 613a Abs. 1 BGB vorliegen kann.[396] 293

---

392 BAG, Urt. v. 21.2.2008 – 8 AZR 157/07 = NZA 2008, 815, 816; BAG, Urt. v. 15.2.2007 – 8 AZR 431/06 = NZA 2007, 793, 796; BAG, Urt. v. 6.4.2006 – 8 AZR 222/04 = NZA 2006, 723, 726.

393 BAG, Urt. v. 13.6.2006, NZA 2006, 1101.

394 BAG, Urt. v. 2.3.2006 – 8 AZR 147/05 = NZA 2006, 1105; so auch EuGH, Urt. v. 25.1.2001 – C-172/99 = EuGHE I 2001, 745; vgl. zu einem Betriebsübergang bei Zwangsverwaltung eines Grundstücks auch BAG, Urt. v. 18.8.2011 – 8 AZR 230/10.

395 BAG, Urt. v. 2.3.2006 – 8 AZR 147/05 = NZA 2006, 1105.

396 So auch BerlK-EnR/*Wegner*, § 46 EnWG, Rn 64 mit Hinweis auf *Eder/von Blumenthal*, IR 2007, 222 ff.; *Gersemann/Trunit*, DVBl 2000, 1101, 1105; *Gentges*, RdE 1994, 222 ff.; *Morell*, der städtetag 4/1993; kritisch *Reck*, KommJur 2009, 401, 406; vgl. auch *Büdenbender*, Energiewirtschaftliche Tagesfragen Heft 12/1989, S. 840 ff.; Erörterungen der Kartellbehörden des Bundes und der Ländern vom 22./23.10.1992 des kartellrechtlichen Rahmens für sog. Endschaftsbestimmung in Konzessionsverträgen über die Elektrizitäts- oder Gasversorgung, RdE 1993, 80 f.; Stellungnahme von DVG und ARE zu den Erörterungen der Kartellbehörden des Bundes und der Ländern vom 22./23.10.1992 des kartellrechtlichen Rahmens für sog. Endschaftsbestimmung in Konzessionsverträgen über die Elektrizitäts- oder Gasversorgung, RdE 1993, 208 ff.

b) Rechtsfolgen eines Betriebsteilübergangs

aa) Der Mechanismus des § 613 a Abs. 1 S. 2–4 BGB

294 Gem. § 613 a Abs. 1 S. 1 BGB tritt der neue Betriebsinhaber kraft Gesetzes in die Rechte und Pflichten aus den im Zeitpunkt des Betriebsübergangs bestehenden Arbeitsverhältnissen ein.[397] Es findet insofern ein **Vertragspartnerwechsel** auf Arbeitgeberseite statt.[398] Der neue Betriebsinhaber wird Schuldner, aber auch Gläubiger aller arbeitsvertraglichen Ansprüche der bzw. gegenüber den übergehenden Arbeitnehmern.

295 Die **Rechtsfolgen** eines Betriebsteilübergangs beschränken sich jedoch nicht darauf, dass der Arbeitgeber auf individualvertraglicher Ebene in den bestehenden Arbeitsvertrag eintritt, sondern erfassen auch die kollektiv-rechtliche Seite. Nach Maßgabe des § 613 a Abs. 1 S. 2–4 BGB kommt es dabei zur **Fortgeltung kollektivrechtlicher Regelungen**. Danach gelten die bisherigen Regelungen von Tarifverträgen und Betriebsvereinbarungen nach dem Betriebsübergang beim Betriebserwerber, hier also den Neukonzessionär, fort, indem sie zum Inhalt des Arbeitsverhältnisses zwischen Arbeitnehmer und neuem Betriebsinhaber werden und für ein Jahr nach Betriebsübergang individualvertraglich nicht zum Nachteil des Arbeitnehmers geändert werden dürfen. Die Wirkungsweise der nach § 613 a Abs. 1 S. 2 BGB in das Arbeitsverhältnis zwischen Betriebserwerber und Arbeitnehmer transformierten Normen entspricht dabei regelmäßig derjenigen, die bei einem Austritt aus dem tarifschließenden Arbeitgeberverband hinsichtlich des zum Zeitpunkt des Austritts geltenden Verbandstarifvertrags nach § 3 Abs. 3 TVG eintreten würde.[399]

296 Insofern sind diese Bedingungen nicht den unmittelbar arbeitsvertraglich vereinbarten und nach § 613 a Abs. 1 S. 1 BGB übergehenden Arbeitsbedingungen gleichzustellen, sondern behalten ihren kollektiv-rechtlichen Charakter. Diese grds. **statische Fortgeltung**[400] gilt jedoch gem. § 613 a Abs. 1 S. 3 BGB nicht, soweit die übergegangenen Arbeitsverhältnisse bei dem neuen Betriebsinhaber durch **Betriebsvereinbarung** oder **Tarifvertrag** zu denselben Regelungsgegenständen erfasst werden.[401] In diesem Fall bestimmt sich der Inhalt der kollektiv-

---

397 Hinsichtlich der Einzelheiten vgl. ErfKo-AR/*Preis*, § 613 a BGB Rn 107 ff. *Bachner/Köstler/Matthießen/Trittin*, Rn D 95 ff. und E 242 ff.; KölK-UmwG/*Hohenstatt/Schramm*, § 324 Rn 26 ff.; Henssler/Willemsen/Kalb/*Willemsen/Müller-Bonanni*, § 613 a BGB Rn 221 ff.

398 BAG, Urt. v. 22.2.1978 – 5 AZR 800/76 = AP Nr. 11 zu § 613 a BGB.

399 BAG, Urt. v. 22.4.2009 – 4 AZR 100/08 = NZA 2010, 41. Das Ende der Sperrfrist nach § 613 a Abs. 1 S. 2 und 4 BGB entspricht dabei dem Ende des nachbindenden Tarifvertrags.

400 BAG, Urt. v. 29.8.2001 – 4 AZR 332/00 = NZA 2002, 513, 515; vgl. dazu aber auch BAG, Urt. v. 22.4.2009 – 4 AZR 100/08 = NZA 2010, 41, wonach auch eine im Tarifvertrag bereits angelegte dynamische Veränderung, die erst nach dem Betriebsübergang eintreten soll, zu den transformierten Regelungen gehört.

401 § 613 a Abs. 1 S. 4 BGB enthält zwei Ausnahmen von der einjährigen Veränderungssperre: Zum einen gilt diese nicht, wenn der Tarifvertrag oder die Betriebsvereinbarung beim Betriebsveräußerer

rechtlich geltenden Rechte und Pflichten nach den beim Betriebserwerber geltenden Vorschriften, selbst wenn diese aus Sicht des Arbeitnehmers ungünstiger sind.[402]

Die Regelung des **§ 613 a Abs. 1 S. 2 bis 4 BGB** stellt jedoch nur *„einen* **Auffangtatbestand** *dar, der Lücken im Betriebsverfassungs- und Tarifrecht schließen soll.“*[403] Sie greift nicht ein, wenn die jeweiligen Tarifverträge oder Betriebsvereinbarungen auf kollektiv-rechtlicher Grundlage beim Erwerber weitergelten. Dies ist z. B. bei Betriebsvereinbarungen der Fall, wenn entweder eine Übertragung eines gesamten Betriebs unter Wahrung von dessen betriebsverfassungsrechtlicher Identität auf den Betriebserwerber erfolgt[404] oder der Betriebserwerber einen übertragenen Betriebsteil als betriebsverfassungsrechtlich selbständigen Betriebsteil fortführt.[405] Im Rahmen von Netzüberlassungen spielt dabei – wenn überhaupt – die zweite Variante eine Rolle, wenn, z. B. bei größeren Netzgebieten, diese vom Konzessionserwerber als eigenständiger Betriebsteil fortgeführt werden. 297

bb) Sonderproblem: Pensionsverbindlichkeiten

Der Eintritt des neuen Betriebsinhabers gem. § 613 a Abs. 1 S. 1 BGB in alle Rechte 298
und Pflichten aus den Arbeitsverhältnissen der übergehenden Arbeitnehmer gilt auch für etwaige Verpflichtungen gegenüber diesen Arbeitnehmern aus der **betrieblichen Altersversorgung.**[406] Der Betriebserwerber muss also den auf ihn übergegangenen Mitarbeitern die vom alten Betriebsinhaber zugesagte Altersversorgung gewähren.[407] In diesem Zusammenhang ist jedoch zu beachten, dass nach § 613 a Abs. 2 BGB den bisherigen Betriebsinhaber nach dem Betriebsübergang nur eine, auf den Zeitraum von **einem Jahr nach Betriebsübergang begrenzte, gesamt-**

---

nicht mehr gilt, d. h. wenn diese im Zeitpunkt des Betriebsübergangs nur noch kraft Nachwirkung gelten oder während der Jahresfrist enden und hierdurch nur noch nachwirken. Zum anderen gilt die Veränderungssperre nicht, wenn bei fehlender beidseitiger Tarifgebundenheit im Geltungsbereich eines anderen Tarifvertrags, dessen Anwendung zwischen dem neuen Betriebsinhaber und dem Arbeitnehmer vereinbart wird.

402 BAG, Urt. v. 22.4.2009 – 4 AZR 100/08 = NZA 2010, 41; zum Sonderproblem der sog. Über-Kreuz-Ablösung vgl. BAG, Urt. v. 6.11.2007 – 1 AZR 862/06 = BAGE 124, 323; BAG, Urt. v. 13.11.2007 – 3 AZR 191/06 = BAGE 125, 1.

403 BAG, Beschl. v. 5.2.1991 – 1 ABR 21/90 = NZA 1991, 639, 641; KölK-UmwG/*Hohenstatt/Schramm*, § 324 Rn 26.

404 BAG, Urt. v. 27.7.1994 – 7 ABR 37/93 = NZA 1995, 222; BAG, Urt. v. 5.2.1991 – 1 ABR 32/90 = NZA 1991, 639, 641.

405 BAG, Urt. v. 18.9.2002 – 1 ABR 54/01 = NZA 2003, 670; BAG, Urt. v. 18.3.2003 – 1 ABR 604/02 = AP Nr. 15 zu § 77 BetrVG 1972.

406 BAG, Urt. v. 12.11.1991 – 3 AZR 559/90 = NZA 1992, 929; ErfKo-AR/*Preis*, § 613 a BGB Rn 192.

407 BAG, Urt. v. 12.5.1992 – 3 AZR 247/91 = NZA 1992, 1080.

schuldnerische Nachhaftung trifft.[408] Die Nachhaftung gem. Abs. 2 ist dabei persönlich begrenzt auf diejenigen Arbeitnehmer, deren Anwartschaft innerhalb dieses einen Jahres durch Eintritt des Versorgungsfalls zum Vollrecht erstarkt und erfasst sachlich nur die bis zum Ablauf dieses einen Jahres fälligen Rentenzahlungen.[409] Die Arbeitnehmer können wegen der unter Abs. 2 fallenden Ansprüche gem. § 421 S. 1 BGB nach Belieben entweder den bisherigen oder den neuen Betriebsinhaber in Anspruch nehmen. Da eine weitergehende Haftung des ehemaligen Betriebsinhabers nach § 613 a BGB nicht besteht, hat dies zur Folge, dass der bisherige Betriebserwerber im Übrigen von den Versorgungsverpflichtungen frei wird.[410] Im Ergebnis bedeutet dies, dass im Rahmen eines Betriebsteilübergangs die Versorgungsanwartschaften auf den Betriebserwerber übergehen, eine Freistellung oder eine Erstattung der entsprechenden Kosten auf Basis des § 613 a BGB aber nicht stattfindet.[411] Daher kommt es insb. auch nicht zu einer automatischen „Übertragung von Pensionsrückstellungen" des Betriebsveräußerers an den Betriebserwerber.[412] Zum einen bilden **Rückstellungen** nur einen Passivposten in der Bilanz und stellen kein übertragbares Wirtschaftsgut dar, zum anderen erfolgt im Rahmen eines Betriebsübergangs auch keine automatische Übertragung von Wirtschaftsgütern.

299 Eine Ausnahme von der in § 613 a Abs. 2 BGB geregelten (begrenzten) **Haftungsverteilung** macht die Rechtsprechung im Wege der **teleologischen Gesetzeskorrektur** nur in ganz seltenen Fällen, z. B. im Fall des Erwerbs aus der Insolvenz. Findet in diesem Fall ein Betriebsübergang statt, soll der Betriebserwerber im Versorgungsfall nur die bei ihm erdiente Versorgungsanwartschaft schulden.[413] Dass es sich hierbei um eine Ausnahmekonstellation handelt, zeigt die Entscheidung des **BGH** in einem Fall, dem eine Neuvergabe der Bereederung eines Forschungsschiffes im Wege eines öffentlichen Vergabeverfahrens zugrundelag.[414] In der Ausschreibung hatte der öffentliche Auftraggeber darauf hingewiesen, dass die Neuvergabe möglicherweise einen Betriebsübergang im Sinne des § 613 a BGB zur Folge hat. Der neue Auftragnehmer verlangte später vom alten Auftragnehmer die Freistellung von Pensionsverbindlichkeiten für den Zeitraum von der Begründung der Verbindlichkeiten bis zum Zeitpunkt der Übernahme der Bereederung. Der **BGH** entschied, vom Haf-

---

408 Henssler/Willemsen/Kalb/*Willemsen/Müller-Bonanni*, § 613 a BGB Rn 296.

409 *Rolfs*, NZA-Beilage 2008, 164, 165; Henssler/Willemsen/Kalb/*Willemsen/Müller-Bonanni*, § 613 a BGB Rn 296.

410 BAG, Urt. v. 24.3.1977 – 3 AZR 649/76 = AP Nr. 6 zu § 613 a BGB; BAG, Urt. v. 12.5.1992 – 3 AZR 147/91 = EzA § 613 a BGB Nr. 104.

411 Willemsen/Hohenstatt/Schweibert/Seibt/*Schnitker*, J 421.

412 Willemsen/Hohenstatt/Schweibert/Seibt/*Schnitker*, J 429.

413 BAG, Urt. v. 12.11.1991 – 3 AZR 559/90 = NZA 1992, 929.

414 BGH, Urt. v. 19.3.2009 – III ZR 106/08 = NZA 2009, 848; vgl. zu ähnlich gelagerten Fällen einer Unterstützungskasse auch BAG, Urt. v. 5.5.1977 – 3 ABR 34/76 = AP Nr. 7 zu § 613 a BGB; BAG, Urt. v. 15.3.1979 – 3 AZR 859/77 = AP Nr. 15 zu § 613 a BGB.

tungssystem des § 613a Abs. 2 BGB sei in einem solchen Fall nicht abzuweichen. Als wesentlichen Aspekt wies der **BGH** darauf hin, dass der Gesetzgeber mit § 613a Abs. 2 BGB Ansprüche des Arbeitnehmers absichern wolle, nicht aber etwaige Belange des neuen Betriebsinhabers im Blick habe. Zudem wolle der Gesetzgeber eine unangemessene Erweiterung der Haftung des bisherigen Arbeitgebers vermeiden. Etwas anderes ergebe sich auch nicht aus der besonderen Konstellation der öffentlichen Auftragsvergabe. Es wäre dem erfolgreichen Bieter und Übernehmer der Arbeitnehmer nämlich im Rahmen des Vergabeverfahrens möglich gewesen, die mit dem Betriebsübergang einhergehenden Belastungen bei seinem Angebot zu berücksichtigen.

In der Praxis werden auf den Erwerber übergehende **Pensionsverbindlichkeiten** von den Parteien eines Unternehmenskaufvertrags üblicherweise bei der Kaufpreisfindung preismindernd berücksichtigt, sofern die Versorgungsverpflichtungen durch den Veräußerer nicht extern – z. B. in einer Pensionskasse – gedeckt sind und der Erwerber direkten Zugriff auf die Deckungsmittel erhält. Im Fall eines Konzessionsübergangs regelt § 46 Abs. 2 S. 2 EnWG, dass der bisherige Konzessionsinhaber dem neuen Konzessionsinhaber die Verteilungsanlagen gegen Zahlung einer wirtschaftlich angemessenen Vergütung überlassen muss. Diese Vorschrift soll den Konzessionswechsel praktisch ermöglichen und wirtschaftlich unsinnige Doppelinvestitionen vermeiden.[415] In diesem Zusammenhang ist ferner die Grundsatzentscheidung des Kartellsenats des **BGH**[416] zu berücksichtigen, nach der die Vereinbarung des Sachzeitwerts als angemessene Vergütung angesehen wurde, sofern dieser den Ertragswert nicht oder nur unerheblich überschreitet. Auch wenn diskutiert wird, ob diese Rechtsprechung des **BGH**, die sich auf die Rechtslage vor dem EnWG 2005 bezieht, heute noch angesichts des Unbundling und der Regulierung des Netzbetriebs aufgrund der NetzentgeltVO anwendbar ist,[417] dürfte sich jedenfalls an der Kernaussage des **BGH** nichts geändert haben: Danach wirkt der Netzkaufpreis prohibitiv, d. h. wettbewerbsbeschränkend, wenn er die Übernahme der Strom- bzw. Gasversorgung durch einen nach den Maßstäben wirtschaftlicher Vernunft handelnden anderen Versorger ausschließt und die Kommune faktisch an den bisherigen Netzbetreiber gebunden bleibt. Dies spricht dafür, dass Pensionsverpflichtungen im Rahmen der Bemessung der **„wirtschaftlich angemessenen Vergütung"** zu berücksichtigen sind. Pensionsverbindlichkeiten der übergehenden Mitarbeiter füh- 300

415 Begründung des Gesetzesentwurfs, BT-Drucks. 13/7274, S. 21.

416 BGH, Urt. v. 16.11.1999 – KZR 12/97 = BGHZ 143, 128.

417 So jedenfalls das BKartA und die BNetzA in ihrem gemeinsamen Leitfaden zur Vergabe von Strom- und Gaskonzessionen und zum Wechsel des Konzessionsnehmers vom 15.12.2010, Rn 41 ff.; für eine Anwendung mangels Klarstellung des Gesetzgebers auch etwa BerlK-EnR/*Wegner*, § 46 EnWG, Rn 80 ff.; Danner/Theobald/*Theobald*, § 46 EnWG Rn 35 ff., 55 ff. m. w. N.; a. A. etwa Kermel/Brucker/Baumann/*Kermel*, S. 155.

ren zwar nicht unmittelbar zu einer Reduzierung des Wertes der Versorgungsanlagen. Bei einer kaufmännischen Betrachtungsweise stellen diese aber Kosten der Netzübernahme dar. Ein neuer Konzessionsnehmer müsste die Arbeitsverhältnisse und damit auch die aus diesen resultierenden Verbindlichkeiten zusammen mit den Versorgungsanlagen übernehmen und würde diese daher in seine wirtschaftliche Gesamtbetrachtung einbeziehen.[418]

c) Sonderkonstellationen bei Konzessionsverlusten

aa) Verlust von mehreren Konzessionsgebieten an denselben Neukonzessionär

301 In der Praxis kommt es häufiger vor, dass sich mehrere, örtlich verbundene Kommunen „bündeln" und eine **gemeinsame Ausschreibung der Konzessionen** vornehmen und diese dann auch einheitlich an einen neuen Konzessionär vergeben. In diesen Konstellationen wird häufig zwischen dem Alt- und dem Neukonzessionär eine Vereinbarung zur Übergabe sämtlicher Konzessionsgebiete getroffen. Möglich und der gesetzlichen Konzeption entsprechend ist es jedoch auch, für jedes Konzessionsgebiet einzeln eine entsprechende Vereinbarung abzuschließen. In diesen Konstellationen stellt sich dann die Frage, ob ein Betriebsteilübergang auch dann vorliegt, wenn zwar pro Konzessionsgebiet jeweils kein eigener Betriebsteil besteht, aber für alle übergehenden Konzessionsgebiete zusammen ein Betriebsteil gegeben ist.

302 Nach der Rechtsprechung des **BAG** kommt ein **Betriebsteilübergang** nicht nur dann in Betracht, wenn er auf einem einheitlichen Rechtsgeschäft beruht, sondern er kann auch **Ergebnis eines Bündels von Rechtsgeschäften** sein. Maßgeblich ist alleine, dass diese verschiedenen Rechtsgeschäfte insgesamt auf den Erwerb eines funktionsfähigen Betriebs oder Betriebsteils angelegt sind.[419] Insofern werden auch diejenigen Fälle erfasst, in denen der Übergang der betrieblichen Leitungskompetenz das Resultat eines Bündels verschiedener Einzelrechtsgeschäfte ist.[420] Werden daher parallel mehrere Übergabeverträge im Hinblick auf Netze verschiedener Kommunen abgeschlossen und ist der Betrieb des Altkonzessionärs dergestalt organisiert, dass insgesamt ein oder mehrere Betriebsteile für diese gesamten Konzessionsgebiete bestehen, steht dies einem (Gesamt-)Betriebsteilübergang auf einen neuen Netzbetreiber nicht entgegen. Sofern der neue Betriebsführer im Hinblick auf den für sämtliche Netze zusammen gebildeten Betriebsteil die Leitungsmacht zum selben Zeitpunkt übernimmt, liegt daher auch in dieser Konstellation ein Be-

---

418 Vgl. zur „alten" Rechtslage aber auch *Gentges*, RdE 1994, 222, 229, der eine Pflicht zur „*Übertragung von Rückstellungen*" ablehnte.

419 Vgl. BAG, Urt. v. 15.2.2007 – 8 AZR 431/06 = NZA 2007, 793.

420 Henssler/Willemsen/Kalb/*Willemsen*, § 613 a Rn 198.

triebsteilübergang des gesamten – konzessionsgebietsübergreifenden – Betriebsteils auf den neuen Netzbetreiber vor. Maßgeblich ist auch hier, dass der **operative Übergang der Leitungsmacht** bzgl. des gesamten Betriebsteils zu einem **einheitlichen Zeitpunkt erfolgt.**

bb) Verlust von mehreren unterschiedlichen Konzessionen im selben Konzessionsgebiet an denselben Neukonzessionär

Zum Teil finden sich in der Praxis auch Fälle, in denen in einem Konzessionsgebiet nicht nur z.B. die Stromkonzession neu vergeben wird, sondern parallel dazu auch die Gaskonzession. In diesen Fällen kommt es für die Frage, ob ein Betriebsteilübergang vorliegt, im Ergebnis auf die betriebliche Ausgangsstruktur der Altkonzessionärs an. Möglich ist bspw., dass der Altkonzessionär sowohl für den Bereich Strom als auch für den Bereich Gas jeweils einen eigenen konzessionsbezogenen Betriebsteil gebildet hat und diese jeweils separat auf den (jeweiligen) Neukonzessionär übergehen. 303

Denkbar ist aber auch, dass der Altkonzessionär für den Gas- und Strombereich in diesem Konzessionsgebiet zusammen einen Betriebsteil gebildet hat. Erhält in dieser Konstellation der Neukonzessionär sowohl die Strom- als auch die Gaskonzession, kommt es zu einem **Betriebsteilübergang im Hinblick auf diesen Gesamtbetriebsteil.** Dass hier von den betroffenen Mitarbeitern ggf. unterschiedliche Funktionen im Gas- und Strombereich ausgeübt werden, steht dem nicht entgegen. Anders ist es in diesen Konstellationen jedoch dann, wenn Strom- und Gaskonzession an verschiedene Neukonzessionäre vergeben werden. In diesen Fällen ist jeweils im Einzelfall zu prüfen, ob überhaupt und, wenn ja, auf welchen der Neukonzessionäre es zu einem Betriebsteilübergang kommt. Nicht ausgeschlossen ist es in diesen Konstellationen, dass zwar beide Konzessionen auf einen jeweiligen neuen Konzessionär übergehen, ein Betriebsteilübergang aber auf keinen Neukonzessionär erfolgt, da es in jedem einzelnen Fall – isoliert betrachtet – an einem übergehenden Betriebsteil fehlt. 304

cc) Zeitlich „gestaffelter" Betriebsübergang

Da die Konzessionsverträge nicht alle zum gleichen Zeitpunkt auslaufen, sind Konstellationen denkbar, in denen sich Kommunen im Rahmen der Neuvergabe von Konzessionen zu einem **gemeinsamen Ausschreibungsverfahren** zusammenfinden und die Konzessionen an einen neuen (einheitlichen) Neukonzessionär vergeben, die **Altkonzessionsverträge** aber **zu unterschiedlichen Zeitpunkten auslaufen.** Es stellt sich in diesen Situationen die Frage, ob in den Fällen, in denen die Konzessionsgebiete nur zusammen einen oder mehrere Betriebsteile bilden, nicht jedoch jedes Konzessionsgebiet für sich allein, ein Betriebsteilübergang auch dann vorliegt, wenn die Konzessionen zeitlich versetzt auslaufen. 305

306 Wie bereits dargestellt, kann nach der Rechtsprechung des **BAG** ein Betriebsteilübergang auch durch mehrere Einzelgeschäfte herbeigeführt werden.[421] Darüber hinaus hat das **BAG** entschieden, dass in Fällen, in denen Betriebsmittel in einzelnen Schritten auf den neuen Betriebsinhaber übergehen, ein Betriebsübergang zu dem Zeitpunkt erfolgt, in dem die wesentlichen, zur Fortführung des Betriebs erforderlichen Betriebsmittel übergegangen sind und die Entscheidung über den Betriebsübergang nicht mehr rückgängig gemacht werden kann.[422] Allerdings betrafen diese Entscheidungen insolvenzrechtliche Sachverhalte, in denen es um die Frage ging, ob der Betriebsübergang vor oder nach der Insolvenzeröffnung erfolgt ist.

307 Insb. in den Fällen, in denen große Zeitabstände zwischen den einzelnen Übergaben der Konzessionsgebiete liegen, steht der Annahme eines Betriebsteilübergangs entgegen, dass es keinen einheitlichen Zeitpunkt gibt, in dem die Leitungsmacht über den Betriebsteil insgesamt auf den neuen Betreiber übergeht. Vielmehr ist es regelmäßig so, dass der übernehmende Netzbetreiber die gestaffelt **übergehenden Netze** jeweils separat **Stück für Stück mit seiner eigenen Organisation bewirtschaftet**. Anders als in Fällen, in denen ein gesamter Betriebsteil Stück für Stück übernommen wird, ohne dass es in der Zwischenzeit zu einem Betrieb der jeweils vorab übertragenen Teilbereiche gekommen ist, werden in einer Konstellation der zeitlich gestreckten Netzübergänge die verschiedenen Netze in der Zwischenzeit jeweils isoliert vom Neukonzessionär weiterbetrieben. Anders dürfte der Fall jedoch ggf. dann liegen, wenn der Altkonzessionär zunächst – übergangsweise – auch für die bereits eigentumsmäßig auf den Neukonzessionär übergegangenen Netzgebiete die Betriebsführung übernimmt und der Neukonzessionär dann zu einem bestimmten einheitlichen Zeitpunkt für sämtliche Netzgebiete die Betriebsführung insgesamt übernimmt.

308 Im Ergebnis wird man daher davon ausgehen müssen, dass ein zeitlich versetzter Übergang von verschiedenen Konzessionsgebieten einen Betriebsübergang im Hinblick auf ein Gesamtnetzgebiet zwar nicht kategorisch ausschließt, insb. wenn nur **temporäre Zwischenzustände** geschaffen werden, die nach Übergang weiterer Konzessionsgebiete wieder aufgelöst werden. In der Praxis dürfte allerdings häufig ein Betriebsübergang in diesen Konstellationen ausscheiden, insb. wenn der Neukonzessionär die übergehenden Betriebe dauerhaft mit bereits vorhandenem eigenem Personal bewirtschaftet.

---

421 BAG, Urt. v. 22.5.1985 – 5 AZR 173/84 = NZA 1985, 773; BAG, Urt. v. 15.2.2007 – 8 AZR 431/06 = NZA 2007, 793.

422 BAG, Urt. v. 16.2.1993 – 3 AZR 347/92 = NJW 1993, 2259; BAG, Urt. v. 27.10.2005 – 8 AZR 568/04 = NZA 2006, 668; vgl. auch BAG, Urt. v. 31.1.2008 – 8 AZR 2/07 = AP Nr. 339 zu § 613 a BGB.

dd) „Doppelter“ Betriebsübergang (Auseinanderfallen von Netzeigentum und Netzbetrieb)

Im Rahmen von **Kooperationsmodellen**[423] werden zum Teil Modelle umgesetzt, in denen zwar das **Netzeigentum auf einen Dritten**, z.B. eine gemeinsame Netzeigentumsgesellschaft von Altkonzessionär und Kommune, übertragen wird, der tatsächliche **Netzbetrieb** aber **weiterhin vom Altkonzessionär** durchgeführt wird. Dies kann z.B. dadurch erfolgen, dass der Altkonzessionär das Netz von der Netzeigentumsgesellschaft zurückpachtet, also im eigenen Namen und auf eigene Rechnung betreibt, oder in dem er eine (unechte) Betriebsführung durchführt, also das Netz zwar im eigenen Namen, aber für Rechnung der Netzeigentumsgesellschaft betreibt. Sofern dem oder den Konzessionsgebiet(-en) ein Betriebsteil zugeordnet werden kann, stellt sich die Frage, wer bei Auseinanderfallen von Netzeigentum und Netzbetrieb Inhaber des Betriebsteils und damit Arbeitgeber der betroffenen Mitarbeiter ist. 309

Es entspricht der ganz herrschenden Auffassung in der Rechtsprechung[424] und in der Literatur,[425] dass ein neuer Betriebsinhaber nur derjenige sein kann, der den Betrieb oder Betriebsteil an Stelle des bisherigen Arbeitgebers auch tatsächlich fortführt. Die Führung des Betriebs bedeutet dabei die tatsächliche Übernahme der betrieblichen Organisations- und Leitungsmacht im eigenen Namen im Sinne der Koordination sämtlicher für die Erreichung der wirtschaftlichen Zielsetzung relevanten Betriebsmittel. Vor diesem Hintergrund wird für den Fall, in dem ein Betrieb erworben wird und in derselben logischen Sekunde auf einen dritten Rechtsträger übergeleitet wird, diskutiert, ob es zu einem **einfachen oder mehrstufigen Betriebsübergang** kommt. In der Literatur wird dazu vertreten,[426] dass man in diesen Fällen einen (Zwischen-)Betriebsübergang verneinen müsse. Ein Betriebsübergang auf den Zwischenerwerber liege nicht vor, wenn dieser den Betrieb nicht selbst, d.h. insb. nicht in eigenem Namen, führe, sondern sofort an Dritte weiterleite. Dieser Ansatz steht in Einklang mit der Rechtsprechung,[427] die für einen Betriebsübergang verlangt, dass der neue Betriebsinhaber den Betrieb zunächst tatsächlich fortführt. Allein der Übergang materieller und immaterieller Betriebsmittel führt nicht zu einem 310

423 Vgl. dazu Kap. 4.

424 Vgl. nur BAG, Urt. v. 12.11.1998 – 8 AZR 282/97 = NZA 1999, 310; BAG, Urt. v. 26.7.2007 – 8 AZR 769/06 = NZA 2008, 112.

425 Vgl. Henssler/Willemsen/Kalb/*Willemsen*, § 613 a Rn 64.

426 *Commandeur/Kleinebrink*, NZA-RR 2004, 645, 658; KölK-UmwG/*Hohenstatt/Schramm*, § 324 Rn 88; Henssler/Hohenstatt/Schweibert/Seibt/*Willemsen*, Kap. G 144; Theiselmann/*Nießen*, S. 312 Rn 107.

427 BAG, Urt. v. 12.11.1998 – 8 AZR 282/97 = NZA 1999, 310; BAG, Urt. v. 23.9.1999 – 8 AZR 135/99 –; LAG Sachsen, Urt. v. 7.3.2002 – 8 Sa 742/01 –.

Betriebsübergang, wenn der Erwerber den Betrieb nicht fortführt, also die wirtschaftliche Tätigkeit nicht mit eigener Zielsetzung weiterverfolgt.[428]

311 In den dargestellten **Pachtkonstellationen** leitet die Netzeigentumsgesellschaft zu keinem Zeitpunkt tatsächlich den Betrieb und tritt insb. gegenüber den Arbeitnehmern auch nicht als Betriebsinhaber auf. Mangels tatsächlicher Fortführung des Betriebsteils liegt daher **kein Betriebsübergang** auf die Netzeigentumsgesellschaft vor, so dass in diesen Konstellationen der alte Konzessionsnehmer, bei dem auch die tatsächliche Herrschaftsmacht über die Betriebsmittel verbleibt, Arbeitgeber bleibt. In diesen Fällen kommt jedoch das Vorliegen eines Betriebsteilübergangs in Betracht, wenn das Pachtverhältnis bzw. die (unechte) Betriebsführung endet und die Netzeigentumsgesellschaft oder ein Dritter die Betriebsführung übernimmt.

d) Widersprechende Arbeitnehmer

312 Liegt ein Betriebsteilübergang vom Altkonzessionär auf den Neukonzessionär vor, erfolgt damit ein **Mitarbeiterübergang kraft Gesetzes** (§ 613 a BGB). Einer der wesentlichen Unterschiede zur individualvertraglichen Überleitung von Mitarbeitern liegt darin, dass ein Mitarbeiterübergang in diesen Fällen ohne die Zustimmung der beteiligten Parteien, also insb. ohne die Zustimmung des Neukonzessionärs und des betroffenen Mitarbeiters, erfolgt. Allerdings steht den betroffenen Mitarbeitern gem. § 613 a Abs. 6 BGB ein **Widerspruchsrecht** zu. Danach kann der Arbeitnehmer dem Übergang des Arbeitsverhältnisses innerhalb eines Monats nach Zugang der im Rahmen eines Betriebsteilübergangs gem. § 613 a Abs. 5 BGB erforderlichen Unterrichtung schriftlich widersprechen. Die Mitarbeiter haben es somit in der Hand, durch entsprechende Erklärung einen Übergang ihres Arbeitsverhältnisses auf den Neukonzessionär zu verhindern.

313 Macht der Arbeitnehmer von seinem Widerspruchsrecht Gebrauch, verbleibt er zwar beim alten Arbeitgeber, sein Arbeitsplatz geht aber auf den Neukonzessionär über. Infolgedessen kommt es beim alten Arbeitgeber häufig zu einem **Arbeitskräfteüberhang**, auf den dieser regelmäßig aus betriebswirtschaftlichen Gründen reagieren muss. Dabei stehen ihm die verschiedensten Möglichkeiten zur Verfügung. Als Mittel zum Abbau von Personalüberhang ohne aktive Beendigung von Arbeitsverhältnissen stehen z. B. die natürliche Fluktuation, Einstellungsstopps, die Nichtverlängerung befristeter Arbeitsverhältnisse oder der Abbau von Leiharbeit zur Verfügung. Daneben kommen auch einvernehmliche Maßnahmen mit dem Mitarbeiter in Betracht, wie z. B. Altersteilzeit-/Vorruhestandsmodelle, Aufhebungsverträge, Teilzeitmodell, Kurzarbeit etc.

---

428 BAG, Urt. v. 18.3.1999 – 8 AZR 159/98 = NZA 1999, 704.

Allerdings stellt sich in solchen Konstellationen – vorbehaltlich ggf. bestehender tarifvertraglicher Bestimmungen oder Regelungen in Betriebsvereinbarungen – häufig auch die Frage nach der Möglichkeit von **betriebsbedingten Kündigungen**. Diese scheitern nicht an der Regelung des § 613a Abs. 4 BGB, nach der eine Kündigung wegen des Betriebsübergangs nicht zulässig ist. Zwar ist der Betriebsübergang in diesen Fällen für die Kündigung mitursächlich, da bei Fortführung des Betriebs durch den bisherigen Inhaber der Arbeitsplatz nicht entfallen wäre. Maßgebliche Ursache ist aber letztlich die Weigerung des Arbeitnehmers, unter dem neuen Betriebsinhaber zu arbeiten.[429] Eine betriebsbedingte Kündigung kommt jedoch nur in Betracht, wenn die **Voraussetzungen des § 1 Abs. 2 KSchG** vorliegen, also insb. keine anderweitige Beschäftigungsmöglichkeit im Betrieb oder Unternehmen des Altkonzessionärs vorhanden ist.[430] Darüber hinaus ist in diesem Zusammenhang zu berücksichtigen, dass nicht automatisch diejenigen Mitarbeiter zu kündigen sind, die dem Betriebsteilübergang widersprochen haben. Vielmehr ist nach Auffassung des **BAG** in dem Fall, dass ein Arbeitnehmer einem Betriebsteilübergang nach § 613a BGB widerspricht, bei fehlendem Beschäftigungsbedarf im Restbetrieb eine soziale Auswahl unter Einschluss sämtlicher verbliebener vergleichbarer Arbeitnehmer vorzunehmen, auch wenn sie zum Teil vom Betriebsübergang nicht betroffen sind.[431] Insofern ist ggf. der widersprechende Arbeitnehmer von der Kündigung nicht betroffen, sondern verdrängt einen sozial weniger schutzwürdigen Arbeitnehmer, selbst wenn dieser gar nicht die Möglichkeit gehabt hätte, per § 613a BGB auf den Neukonzessionär überzugehen.[432] 314

Sowohl aus Sicht des Altkonzessionärs als auch ggf. aus Sicht der übrigen Mitarbeiter des Altkonzessionärs besteht vor diesem Hintergrund ein erhöhtes Interesse, dass die betroffenen Arbeitnehmer einem Übergang des Arbeitsverhältnisses nicht widersprechen. In der Praxis werden den betroffenen Mitarbeitern vor diesem Hintergrund zum Teil seitens des Altkonzessionärs **„Wechselanreize"** angeboten, insb. dann, wenn die kollektiv-rechtlichen Regelungen beim Neukonzessionär aus Sicht der Arbeitnehmer finanziell schlechter ausgestaltet sind als beim Altkonzessionär. In Betracht kommt in diesem Zusammenhang z.B. die Zahlung von (pauschalen) Wechselprämien an wechselnde Arbeitnehmer, der temporäre Ausgleich der finanziellen Einbußen oder die Vereinbarung befristeter Rückkehrrechte etc. Zum Teil werden diese Zusagen auch in einer freiwilligen Betriebsvereinbarung mit dem Betriebsrat festgeschrieben, um auf diese Weise die Akzeptanz der Maßnah- 315

---

429 ErfKo-AR/*Preis*, § 613a Rn 102.

430 BAG, Urt. v. 15.8.2002 – 2 AZR 195/01 = AP BGB § 613a Nr. 241; BAG, Urt. v. 25.4.2002 – 2 AZR 260/01 = NZA 2003, 605.

431 BAG, Urt. v. 31.5.2007 – 23 AZR 276/06 = NZA 2008, 33; Henssler/Willemsen/Kalb/*Quecke*, § 1 KSchG Rn 338; KR-*Pfeffer*, § 613a Rn 116ff.

432 Kritisch zu dieser Konstellation: Henssler/Willemsen/Kalb/*Quecke*, § 1 KSchG Rn 338.

men in der Belegschaft zu erhöhen und so letztlich die Widerspruchsquote zu reduzieren.

II. Mitarbeiterübergang und Erlösobergrenzenabspaltung

316 **Personalkosten** stellen im Rahmen des Netzbetriebs regelmäßig einen wesentlichen Kostenblock dar. Das EnWG unterwirft grds. auch die Personalkosten in gleicher Weise wie andere vom Netzbetreiber gestaltbare Kosten der **Anreizregulierung** und den mit dieser verbundenen **Effizienzvorgaben**. Die Herstellung eines effizienten Verhältnisses zwischen individueller Entgelthöhe, Arbeitsproduktivität und Prozessoptimierung ist damit im Ergebnis Sache des jeweiligen Arbeitgebers.[433]

317 Davon ausgenommen sind lediglich die personalbezogenen Kosten, die nach Maßgabe des § 11 ARegV als nicht beeinflussbare Kosten definiert sind. Als **nicht beeinflussbare Kostenanteile** führt § 11 ARegV dabei u. a. auf:

- Kosten aus betrieblichen und tarifvertraglichen Vereinbarungen zu Lohnzusatz- und Versorgungsleistungen, soweit diese vor dem 31.12.2008 abgeschlossen sind (Nr. 9),
- Kosten für im gesetzlichen Rahmen ausgeübte Betriebs- und Personalratstätigkeit (Nr. 10) und
- Kosten der Berufsausbildung und Weiterbildung im Unternehmen sowie Kosten von Betriebskindertagesstätten für Kinder der im Netzbereich beschäftigten Betriebsangehörigen (Nr. 11).

318 Nach einem Netzübergang sind – nach Auffassung der BNetzA auf gemeinsamen Antrag des Alt- und Neukonzessionärs – die **Erlösobergrenzen**, in denen grds. auch die Personalkosten Berücksichtigung finden, gem. § 26 Abs. 2 S. 1 ARegV neu festzulegen. Im Antrag ist dabei anzugeben und zu begründen, welcher Erlösanteil dem übergehenden und dem verbleibenden Netzanteil zuzurechnen ist, wobei die Summe der Erlösanteile die für das Netz bisher insgesamt festgelegte Erlösobergrenze nicht überschreiten darf, so § 26 Abs. 2 S. 3 ARegV.[434]

319 Im Fall von (teilweisen) Netzübergängen stellt sich nunmehr das Problem, dass der Altkonzessionär in dem Fall, dass die entsprechend auf dieses Netzgebiet entfallenden Mitarbeiterkapazitäten und die damit verbundenen Personalkosten nicht auf den neuen Konzessionär übergehen, weiterhin mit den Personalkosten für diese Mitarbeiter belastet ist. Diese Personalkosten können zum einen daraus resultieren, dass der **Altkonzessionär** die **„überschüssigen“ Mitarbeiterkapazitäten** z. B. auf-

---

433 BerlK-EnR/*Säcker/Meinzenbach/Hansen*, Anh. zu § 21 a EnWG Rn 21; *Säcker*, IR 2007, 242, 244.

434 Vgl. dazu auch den Leitfaden der Regulierungsbehörden zu Inhalt und Struktur von Anträgen auf Neufestlegung der kalenderjährlichen Erlösobergrenzen nach § 26 Abs. 2 ARegV, Stand: Mai 2010.

grund von kollektiv-rechtlichen Regelungen nicht abbauen kann und insofern mit laufenden Personalkosten belastet bleibt, zum anderen daraus, dass ein entsprechender Personalabbau häufig mit Kosten (z.B. Abfindungen, Umschulungskosten etc.) verbunden ist, insb. wenn er sozialverträglich erfolgen soll. Dies kann sowohl in dem Fall auftreten, dass kein Betriebsteilübergang vorliegt und eine individualvertragliche Überleitung von Mitarbeitern nicht erfolgt, zum anderen aber auch in den Fällen eines Betriebsteilübergangs, sofern und soweit die betroffenen Mitarbeiter widersprechen. Auf der anderen Seite geht auf den Neukonzessionär mit der Konzession und dem Netz das Arbeitssubstrat über, so dass dieser ggf. – sofern keine Mitarbeiter übergehen – neue Mitarbeiter einstellen muss, um das übernommene Netz zu betreiben, bei ihm also ebenfalls Personalkosten anfallen.

Es stellt sich somit die Frage, wie mit diesen zusätzlichen **Remanenzkosten** im 320
Rahmen von Konzessionsübergängen umzugehen ist. Weder im EnWG noch in der ARegV oder der GasNEV/StromNEV finden sich zu dieser Frage Regelungen. Die BNetzA weist in ihrem Leitfaden generell – also ohne auf das konkrete Problem der Personalkosten im Speziellen einzugehen – lediglich darauf hin, dass ein Netzübergang keine Grundlage für einen späteren Antrag nach § 4 Abs. 4 S. 1 Nr. 2 ARegV oder § 16 Abs. 2 S. 1 ARegV darstellt.[435] Soweit ersichtlich, liegt zu dieser Frage bislang auch keine Rechtsprechung vor.

Anders als bei der Frage der Netzentflechtungs- bzw. Netzeinbindungskosten[436] 321
dürften diese Kosten nicht als Kosten der Übergabe im Sinne des § 448 BGB zu qualifizieren sein, da die Kosten nicht mit der Übergabe des Netzes als solches verbunden sind, sondern eine mittelbare Folge des Netzübergangs darstellen. In einer M&A-Situation werden im Rahmen eines (Teil)Unternehmenskaufs häufig dem Erwerber die Kosten, die mit widersprechenden Arbeitnehmern für den Veräußerer verbunden sind, zugewiesen. Hintergrund hierfür ist, dass es sich dabei letztlich um Kosten handelt, die dem zu veräußernden Unternehmensteil – ähnlich einer Verbindlichkeit – anhaften. Es spricht einiges dafür, diesen Gedanken auch im Fall von Konzessionsübergängen anzuwenden, da die Personalkosten – wie deren Berücksichtigung in der Erlösobergrenze zeigt – als dem jeweiligen Netz zuzuweisende Kosten anerkannt werden. Insofern erhält der Neukonzessionär im Rahmen der **Erlösobergrenzenabspaltung** letztlich auch die auf das Netzgebiet entfallenden Personalkosten „erstattet". Die Zuweisung dieser Kosten an den Neukonzessionär dürfte daher jedenfalls in den Konstellationen sachgerecht sein, in denen ein Mitarbeiterübergang aus Gründen scheitert, die der Sphäre des Neukonzessionärs zuzurechnen sind, z.B. weil dieser in dem Fall, dass kein Betriebsteilübergang vorliegt, zur Steigerung sei-

---

435 Leitfaden der Regulierungsbehörden zu Inhalt und Struktur von Anträgen auf Neufestlegung der kalenderjährlichen Erlösobergrenzen nach § 26 Abs. 2 ARegV, Stand: Mai 2010, S. 10.

436 BGH, Urt. v. 7.7.1992 – KZR 2/91 = RdE 1992, 235, 237; OLG Frankfurt a. M., Urt. v. 23.4.1992 – 6 U 213/90 (Kart.) = RdE 1992, 159, 162.

ner eigenen Effizienz nicht bereit ist, den dem übergehenden Versorgungsnetz ordnungsgemäß zugewiesenen Mitarbeitern ein tragfähiges Angebot zur Übernahme ihrer Arbeitsverträge zu unterbreiten. Andernfalls würde der **Neukonzessionär** einen **ungerechtfertigten Vorteil** erhalten, da er über die Erlösobergrenzenabspaltung auch die auf das Konzessionsgebiet entfallenden Personalkosten zugeschlüsselt bekommt ohne die entsprechenden Personalkosten jedoch tatsächlich zu übernehmen oder mit anderen an deren Stelle tretende Personalkosten belastet zu werden. Berücksichtigung finden muss dies durch entsprechende **Ausgleichsverpflichtungen** im Netzüberleitungsvertrag bzw. im Rahmen der „wirtschaftlich angemessenen Vergütung" im Sinne des § 46 Abs. 2 EnWG, so dass der Neukonzessionär insofern einen um die entsprechenden Kosten erhöhten Netzerwerbspreis zu zahlen hat.

III. Mitarbeiterübergang und Datenherausgabe

322 Laut „Gemeinsamen Leitfaden von Bundeskartellamt und Bundesnetzagentur zur Vergabe von Strom- und Gaskonzessionen und zum Wechsel des Konzessionsnehmers" vom 15.12.2010 sind im Rahmen eines **wettbewerbsrechtlich ordnungsgemäßen Konzessionsvergabeverfahrens** die folgenden **Daten** allen Bietern transparent mitzuteilen, um eine indikative Preiskalkulation für die zu übernehmenden Anlagen zu ermöglichen:

- Anzahl der von § 46 Abs. 2 S. 2 EnWG erfassten Anlagegüter, aufgeteilt nach Kategorien;
- Altersstruktur der Anlagegüter des Elektrizitäts- bzw. Gasversorgungsnetzes des jeweiligen Konzessionsgebiets (originäre historische Anschaffungs-/Herstellungsjahre);
- Art und Besonderheiten des Elektrizitäts- bzw. Rohrleitungsnetzes (z. B. verbaute Materialien) und sonstige Anlagegüter;
- Angaben zum Konzessionsgebiet einschließlich eines Netzplans mit Kennzeichnung z. B. der Netzverknüpfungspunkte und derjenigen Leitungen, welche nicht vom Überlassungsanspruch nach § 46 Abs. 2 S. 2 EnWG erfasst werden;
- Strukturdaten gem. § 27 Abs. 2 Strom- bzw. GasNEV (Veröffentlichungspflichten des Netzbetreibers) bezogen auf das Konzessionsgebiet;
- das KA-Aufkommen (getrennt nach den jeweiligen Tarif- und Sondervertragskunden).[437]

---

437 Gemeinsamer Leitfaden des BKartA und der BNetzA zur Vergabe von Strom- und Gaskonzessionen und zum Wechsel des Konzessionsnehmers vom 15.12.2010, S. 7 Rn 25 sowie S. 16 Rn 48 ff.

Nicht erforderlich sind nach Ansicht des BKartA und der BNetzA offensichtlich Angaben darüber, ob und, wenn ja, in welchem Umfang Arbeitnehmer dem entsprechenden Netz zuzuordnen sind. Vor dem Hintergrund, dass gerade auch Personalkosten häufig einen wesentlichen Ausgabenblock bei Netzbetreibern darstellen, dürfte aber gerade die **Information, ob und wie viele Arbeitnehmer auf ein Konzessionsgebiet** entfallen und ggf. übergehen für den Neukonzessionär von erheblichem Interesse sein. Dies gilt umso mehr, als der neue Konzessionsinhaber in die Arbeitgeberposition gegenüber den übergehenden Arbeitnehmer einrückt, er also z.B. die bestehenden Arbeitsverträge übernimmt,[438] so dass die übergehenden Arbeitnehmer ggf. höher zu vergüten sind als vergleichbare bei ihm angestellte Arbeitnehmer. Hinzu kommen ggf. weitere Belastungen durch kollektiv-rechtliche Vereinbarungen (Tarifverträge, Betriebsvereinbarungen) beim Altkonzessionär, die es beim Neukonzessionär nicht gibt. Gerade im Bereich der betrieblichen Altersversorgung kann es hier zu erheblichen (übergehenden und künftigen) finanziellen Belastungen kommen.[439] Auf der anderen Seite hat der Neukonzessionär aber ggf. auch deshalb ein Interesse an der Frage, ob Mitarbeiter übergehen, da er die Bewirtschaftung des auf ihn übergehenden Konzessionsgebiets sicherstellen muss und hierfür auf übergehende Arbeitnehmer des Altkonzessionärs setzt. Vor diesem Hintergrund dürfte ein erhöhtes Bedürfnis nach diesen Informationen bei möglichen Bewerbern um die Konzession bestehen. Dies gilt im Hinblick auf die dargestellte Problematik aufgrund der Relevanz für die „wirtschaftlich angemessene Vergütung" aber auch in den Fällen in denen es nicht zu einem Mitarbeiterübergang kommt. 323

Es besteht jedoch auch beim Altkonzessionär, der ohne Übergang von Arbeitnehmern auf den Neukonzessionär ggf. mit einem Mitarbeiterüberhang konfrontiert wäre, ein Interesse, diese **Informationen im Rahmen des Ausschreibeverfahrens** zur Verfügung zu stellen. Auf der einen Seite dürfte ein Übergang von Mitarbeitern gerade aufgrund der damit verbundenen Belastungen bei dem einen oder anderen potenziellen Bewerber bei der Entscheidung, ob er sich für ein Konzessionsgebiet bewirbt, von gewisser Bedeutung sein. Auf der anderen Seite spricht aber auch die Rechtsprechung des **BGH** für eine entsprechende Mitteilung seitens des Altkonzessionärs. So hat der BGH in seiner Entscheidung zur Frage des Umfangs der Haftung des bisherigen Betriebsinhabers für betriebliche Versorgungsanwartschaften ausgeführt, dass *„der Betriebsübernehmer den ihn treffenden nachteiligen Folgen in einem solchen Fall nicht schutzlos ausgeliefert* [ist]. [...] *Jedoch bleibt es dem Übernehmer im Rahmen des Vergabeverfahrens unbenommen, die mit dem Betriebsübergang einhergehenden Belastungen bei seinem Angebot zu berücksichtigen,* [...]."[440] U.a. aus diesem Grund hat der BGH in der Entscheidung eine Ausdehnung der Haftung für be- 324

438 S.o. Rn 279ff.

439 Vgl. dazu bereits unter 298ff.

440 BGH, Urt. v. 19.3.2009 – III ZR 106/08 = NZA 2009, 848.

triebliche Versorgungsanwartschaften des bisherigen Betriebsinhabers über die Vorgaben des § 613a Abs. 2 S. 1 BGB hinaus abgelehnt.

325 In die gleiche Richtung geht auch die Rechtsprechung des **EuGH**. Dieser hatte für ein Vergabeverfahren bereits in seiner Entscheidung Liikenne[441] ausgeführt, dass der Umstand, dass ein Auftrag im Rahmen eines Vergabeverfahrens vergeben wird, keinen Einfluss auf die Beurteilung der Frage nimmt, ob ein damit verbundener Betreiberwechsel zu einem Betriebsübergang führt oder nicht. Der Vergabewettbewerb werde durch das Betriebsübergangsrecht nicht tangiert. Der Bewerber könne prüfen, ob ein Betriebsübergang eintreten wird und sein Angebot entsprechend kalkulieren.[442] Insofern hat auch der bisherige Netzbetreiber regelmäßig ein Interesse, die entsprechenden Informationen im Rahmen des Konzessionierungsverfahrens bekannt zu machen. Dies gilt umso mehr, da nach § 46 Abs. 2 S. 4 EnwG der bisherige Nutzungsberechtigte verpflichtet ist, der **Gemeinde** spätestens ein Jahr vor der Bekanntmachung nach § 46 Abs. 3 EnWG diejenigen **Informationen über die technische und wirtschaftliche Situation des Netzes** zur Verfügung zu stellen, die für eine Bewertung des Netzes im Rahmen einer Bewerbung um den Abschluss eines Vertrags nach § 46 Abs. 2 S. 1 EnWG erforderlich sind. Was dabei unter der „wirtschaftlichen Situation des Netzes" genau zu verstehen ist, bleibt offen. In der Gesetzesbegründung heißt es hierzu: *„Nur auf dieser Grundlage können Unternehmen entscheiden, ob sie sich auf die nach § 46 Abs. 3 EnWG durchzuführende Ausschreibung bewerben."*[443] Vor dem Hintergrund der dargestellten finanziellen Auswirkungen spricht daher einiges dafür, dass auch Daten im Hinblick auf die übergehenden Mitarbeiter mitzuteilen sind, da diese auf die **Wirtschaftlichkeit des Netzes** nicht unerheblichen Einfluss haben.

326 Es stellt sich sodann die Frage, in welchem Umfang der ehemalige Netzbetreiber in diesem Zusammenhang Daten zur Verfügung stellen muss. Auch wenn es, soweit ersichtlich, zu dieser Frage bislang weder Rechtsprechung noch Literatur gibt, dürften – als grobe Richtlinie – diejenigen Daten herauszugeben sein, die der Bewerber zur Kalkulation seines Angebots zwingend benötigt. Neben einer Circa-Angabe der Anzahl der betroffenen Mitarbeiter dürfte dies zumindest auch die Information sein, welche finanzielle Belastungen auf Basis der zum Zeitpunkt der Bekanntmachung beim bisherigen Netzbetreiber bestehenden Gegebenheiten insgesamt aufgrund des Betriebsübergangs ungefähr auf den Neukonzessionär zukommen würden.

---

441 EuGH, Urt. v. 25.1.2001 – C-172/99 = NZA 2001, 249.
442 Vgl. dazu auch *Bayreuther*, NZA 2009, 582 ff.
443 BR-Drucks. 343/11, S. 222.

Kapitel 7
Das Entgelt für die Netzüberlassung (Kaufpreis und Pacht)

A. Entgelte für die Überlassung/Übertragung

I. Entwicklung der vertraglichen und normativen Entgeltregelungen

Bei Auslaufen und Neuabschluss von Wegenutzungsverträgen für Strom und Gas hatten die Gemeinden seit jeher eine **marktmächtige Stellung**. Die gemeindlichen Straßen und Wege umschließen praktisch alle **Verbrauchsorte** in der Gemeinde. Ohne ein Recht zu ihrer Nutzung sind die Verbraucher für Strom- und Gasangebote nicht erreichbar.[1] Diese Marktmacht haben die Gemeinden traditionell in zweierlei Richtungen genutzt, zum einen zur Durchsetzung einer **Konzessionsabgabe,**[2] zum anderen zur Durchsetzung sog. **Heimfallklauseln** nach Ablauf des Wegerechts. Die gemeindlichen Interessenvertreter argumentierten schon damals, der Strom- oder Gasversorger habe während der Dauer des ausschließlichen Wegerechts – vor 1980 meist deutlich länger als 20 Jahre – genügend Gelegenheit, seine **Investitionen** für die örtliche Strom- und Gasversorgung abzuschreiben bzw. damit **Gewinne** zu erwirtschaften. Deshalb sei es wirtschaftlich angemessen, bei Ablauf des Wegerechts die Anlagen unentgeltlich auf die Gemeinde zu übertragen. Freilich führten solche Regelungen zu einem zunehmenden Investitionsattentismus, je näher das Ende des Konzessionsvertrags rückte.[3] 1

1. Konzessionsabgabenrechtliche Vorgaben

Vor diesem Hintergrund sah sich der Verordnungsgeber schon 1941 veranlasst, eine **verbraucherschädliche** Ausnutzung des gemeindlichen **Wegemonopols** zu unterbinden, zunächst durch Erlass der Konzessionsabgabenanordnung (KAE),[4] 1943 konkretisiert durch eine Ausführungsanordnung (A/KAE)[5] und ergänzende Durch- 2

1 Vgl. hierzu auch Schneider/Theobald/*Albrecht*, § 9 Rn 1, 30; Britz/Hellermann/Hermes/*Hellermann*, § 46 Rn 7.

2 Inzwischen bundesweit mehr als € 3,5 Mrd. pro Jahr; ein Vergleich mit dem Aufkommen aus (öffentlich-rechtlichen) Sondernutzungsgebühren, aber auch mit dem Wert der Straßengrundstücke in der Baulast der Gemeinden wäre interessant.

3 Ebenso heute, weil § 46 Abs. 3 S. 3 EnWG eine vorzeitige Verlängerung bei größeren Investitionen faktisch ausschließt und ein sachzeitwertbasierter Verkaufserlös nach Ablauf des Wegerechts nicht gesichert ist, Jacob, RdE 2011, 212, 216, bei Fn 42.

4 V. 4.3.1941, RAnz. Nr. 57 und Nr. 120.

5 V. 27.2.1943, RAnz. Nr. 75.

führungsbestimmungen (D/KAE).[6] Die **Konzessionsabgaben** wurden auf seinerzeitigem Niveau gedeckelt, ihre Neueinführung verboten, ebenso eine Umgehung dieser Vorgaben durch **Nebenleistungen**, u.a. auch durch unentgeltliche Sachleistungen. Dementsprechend verbot § 13 A/KAE sog. **Heimfallrechte** der Gemeinden, d.h. Ansprüche auf Übertragung der örtlichen Versorgungsanlagen ohne wirtschaftlich angemessene Gegenleistung.

3 Konkretisiert wurde diese Regelung in Nr. 60 D/KAE. Danach war mindestens der **Sachzeitwert** der übergehenden Anlagen zu vergüten. Der Sachzeitwert war dort definiert als **Restwert** eines Vermögensgegenstandes auf der Grundlage des **Tagesneuwertes** unter Berücksichtigung seines Alters und Zustandes, d.h. unter Berücksichtigung der **technisch-wirtschaftlichen Nutzungsdauer**, der Tagesneuwert als der unter Berücksichtigung der technischen Entwicklung maßgebliche Anschaffungswert für einen neuen Vermögensgegenstand im jeweiligen Bewertungszeitpunkt.[7] An dieser normativen Vorgabe orientierte sich die Konzessionsvertragspraxis jahrzehntelang.

4 Seit 1980 gab es verschiedene **wettbewerbliche** Auflockerungen, die jeweils die Marktmacht der Gemeinden bei Auslaufen und Neuabschluss von Wegenutzungsverträgen stärkten: 1980 wurde in der 4. GWB-Novelle die **Laufzeit ausschließlicher Wegenutzungsverträge** auf max. 20 Jahre begrenzt. Damit konnte die Gemeinde häufiger als in der Vergangenheit entscheiden, ob sie die örtliche Versorgung dem bisherigen EVU entziehen und in Eigenregie übernehmen wollte, sog. **Kommunalisierung**. Häufig wird hier von „Rekommunalisierung" gesprochen; dies ist meist irreführend, da in den meisten Kommunalisierungsfällen das Netz zuvor nie von der wegerechtsvergebenden Gemeinde oder einem ihr gehörenden EVU betrieben wurde.[8] Die Kartellbehörden konnten gegen eine solche gemeindliche Selbstbegünstigung seinerzeit nicht vorgehen, da ausschließliche Konzessionsverträge vom sog. **Transparenzverfahren** gem. § 103a Abs. 2–4 GWB explizit ausgenommen waren.

5 1990 wurde in der 5. GWB-Novelle die sog. **Fristensynchronisierung** eingeführt. Sie führte zur **Teilunwirksamkeit** zeitlich überlappender **Demarkationsverträge**.[9] Damit sollte der Wettbewerb um örtliche Versorgungsgebiete verstärkt werden. Der Kreis potenzieller Nachfrager nach **Wegerechten** wurde dadurch erweitert. Die Gemeinde konnte seither die örtliche Versorgung nicht nur selbst übernehmen (Kommunalisierung), sondern auch einem interessierten **Dritten** übertragen. Dies stärkte die Position der Gemeinden, förderte freilich auch die Ausnutzung des gemeindlichen **Wegemonopols**: Während die Gemeinde Alleinanbieter des örtlichen

6 V. 27.2.1943, RAnz. Nr. 75.
7 Nr. 60 D/KAE.
8 S. *Jacob*, RdE 2011, 212, 212, 214.
9 Hierzu *Jacob*, RdE 1991, 55, 66 sowie *Büdenbender*, EnergieKartR, S. 12 ff.

Wegenutzungsrechts blieb, standen ihr nun u.U. eine größere Anzahl potenzieller Nachfrager gegenüber.[10]

Trotz dieses Anreizes für einen **Überbietungswettbewerb** bei der Konzessionsabgabe, den zulässigen Nebenleistungen oder verbilligten Sachleistungen wurde das Konzessionsabgabenrecht durch die KAV-Novelle 1991 gelockert. Seither verbietet § 3 Abs. 2 Nr. 2 KAV nur noch *„Verpflichtungen zur Übertragung von Versorgungseinrichtungen ohne wirtschaftlich angemessenes Entgelt"*. Die **wirtschaftliche Angemessenheit** wurde im Verordnungstext nicht mehr präzisiert. Die amtlichen Begründung[11] führt insoweit aus, dass Entgeltvereinbarungen, die an den **Sachzeitwert** der Anlagen anknüpften, der gegenwärtigen Praxis entsprächen und auch in Zukunft – vorbehaltlich anderweitiger kartell- oder preisrechtlicher Entwicklungen – *„nicht zu beanstanden"* seien. Vor diesem Hintergrund waren auch in den nach 1992 abgeschlossenen Wegenutzungsverträgen **Sachzeitwertklauseln** für **Netzübertragungen** bei Nichtverlängerung des Wegerechts verbreitet und galten nach h.M. als wirtschaftlich angemessen.[12] Auch die von den kommunalen Interessenvertretungen mitgetragene „Verständigungslösung" vom 22.12.1992 zur Stromversorgung in den neuen Ländern sah in Nr. 1.1 einen Anspruch kommunalisierungswilliger Gemeinden auf Übertragung der örtlichen Versorgungsanlagen gegen Erstattung des **Sachzeitwerts** vor.[13] 6

2. Vorgaben im Energiewirtschaftsgesetz

Die EnWG-Novelle 1998 knüpfte an diese vorgefundene **Vertragspraxis** an. § 13 Abs. 2 S. 2 sah erstmalig eine **gesetzliche Verpflichtung** des bisherigen EVU vor, *„seine für die allgemeine Versorgung im Gemeindegebiet notwendigen Verteilungsanlagen dem neuen EVU gegen Zahlung einer wirtschaftlich angemessenen Vergütung zu überlassen"*. Diese Formulierung lehnt sich an § 3 Abs. 2 Nr. 2 KAV an. Die Gesetzesmaterialien zu § 13 Abs. 2 S. 2 enthalten keinen Hinweis, dass damit die bisherige Vertragspraxis bezüglich der **Überlassungsvergütungen** geändert oder eingeschränkt werden sollte. Im Gegenteil legte Art. 4 § 1 EnWG-NeuregelungsG fest, dass bestehende **Wegenutzungsverträge** mit den Gemeinden trotz Wegfalls der **Ausschließlichkeit** im Übrigen unberührt blieben, d.h. einschließlich der dort vereinbarten **Endschaftsregelungen**.[14] Dies lässt nur den Schluss zu, dass der Gesetzge- 7

10 *Böwing*, RdE 1995, 219, 222, Fn 32.

11 BR-Drucks. 686/91.

12 *Böwing*, RdE 1995, 219; RdE 1996, 15; *Braun*, et 1998, 472; *Markert*, RdE 1989, 94; *Recknagel*, RdE 1996, 218; *von Gamm*, WuW 1997, 404.

13 *Theobald/Theobald*, S. 427.

14 So BGH IR 2010, 84 zu einem konzessionsvertraglichen Übereignungsanspruch der Gemeinde.

ber 1998 wie schon der Verordnungsgeber bei der KAV-Novelle 1992 die verbreiteten Sachzeitwertregelungen für grundsätzlich **wirtschaftlich angemessen** hielt und die weitere Detailklärung der Rechtsprechung überlassen wollte.

8 Die EnWG-Novelle 2005 übernahm § 13 Abs. 2 S. 2 a.F. praktisch unverändert in § 46 Abs. 2 S. 2, ersetzte nur den Begriff „bisher versorgendes Unternehmen" durch den „**bisher Nutzungsberechtigten**". Dies folgte letztlich aus der EG-rechtlich erforderlich gewordenen Trennung zwischen **Verteilernetzbetrieb** und **Energielieferung**. Laut § 46 Abs. 1, 2 EnWG beschränkte sich der Regelungsgegenstand der Wegenutzungsverträge auf *„die Verlegung und den Betrieb der Leitungen"*, also Kernaufgaben des zu entflechtenden Verteilernetzbetreibers.[15] Anders als noch im EnWG 1998 konnte die **Grundversorgerstellung** nicht mehr mit dem **Verteilernetzbetrieb** verknüpft werden, sondern wurde unabhängig davon in § 36 EnWG geregelt.

9 Dem entsprechend sah § 113 EnWG 2005 vor, dass **bestehende Wegenutzungsverträge** mit den Gemeinden *„unbeschadet ihrer Änderung durch §§ 36, 46 und 48 EnWG"* im Übrigen unverändert fortbestehen. Mit „Änderung" war aber nur die entflechtungsbedingte Entkleidung bestehender Wegenutzungsverträge um bisherige energieversorgungsbezogene Regelungen gemeint, bei den Endschaftsregelungen z.B. etwaige Kundenüberlassungspflichten. Die Vorgaben zur Netzüberlassung, insbesondere die **wirtschaftlich angemessene Vergütung**, wurde wortgleich aus § 13 Abs. 2 S. 2 a.F. übernommen. Auch in den Gesetzesmaterialien findet sich kein Hinweis, dass der Gesetzgeber insoweit von den bisherigen **Wertungen** in der KAV-Novelle 1992 oder der EnWG-Novelle 1998 abweichen und in die vorgefundene **Vertragspraxis**, nach wie vor geprägt von sachzeitwert-basierten Kaufpreisregelungen, ändernd eingreifen wollte – oder auch in die hierzu zwischenzeitlich ergangene **Rechtsprechung**.[16]

10 In der EnWG-Novelle 2011 wurde die bisherige Netzüberlassungs- in eine **Netzübereignungspflicht** geändert und die **Pachtoption** dem neuen EVU eingeräumt.[17] Darüber hinaus beantragte der Bundesrat eine **Konkretisierung** der „wirtschaftlich angemessenen Vergütung" i.S.d. **Ertragswertverfahrens** mit Ermächtigung an die BNetzA, Details der Kaufpreisermittlung festzulegen.[18]

11 Die **Bundesregierung** widersprach dem jedoch in ihrer Gegenäußerung.[19] Nach ihrer Auffassung gälten die Bewertungen des Kaufering-Urteils unverändert fort. Ein **Wechsel des Konzessionärs** solle nicht an einem prohibitiv hohen Kaufpreis schei-

---

15 In § 3 Nr. 3, 7 EnWG legaldefiniert als Verantwortlichkeit für Betrieb, Wartung und Ausbau des Verteilernetzes.

16 S. u. II. Rn 14ff.

17 Kritisch hierzu *Jacob*, RdE 2011, 212ff. sowie oben Kap. 6 Rn 17ff.

18 BR-Drucks. 343/11, Beschl. v. 17.6.2011, S. 13ff., Nr. 14.

19 BT-Drucks. 17/6248, S. 25, zu Nr. 14.

tern. Im Übrigen solle jedoch die **Vertragsfreiheit** der Parteien sowie das verfassungsrechtlich geschützte Recht zur Verwertung des **Anlageneigentums** nicht über Gebühr beschränkt werden. Gegen die ausschließliche Festlegung des an den Netzentgelten orientierten **Ertragswertverfahrens** spreche, dass eine solche Vorgabe im Extremfall – bei vollständig abgeschriebenem Netz – zu einer Zwangsschenkung führen könne. Ein solch intensiver **Eingriff in das Eigentumsrecht** solle vermieden werden. In diesem Zusammenhang sei auch zu berücksichtigen, dass sich der Wert eines Netzes aus Sicht des Erwerbers nicht ausschließlich an den möglichen Netzentgelteinnahmen bemessen müsse.

Der **Bundestag** hat sich dem im Ergebnis angeschlossen und ist der Bundesrats- 12 forderung zu § 46 EnWG nicht gefolgt. Somit hielt der Gesetzgeber insoweit an den **Wertungen** in den vorangegangenen Novellierungen der KAV und des EnWG fest, wollte also in die bestehende **Vertragspraxis**, nach wie vor geprägt von sachzeitwertbasierten Kaufpreisregelungen, nicht ändernd eingreifen – ebenso wenig in die hierzu zwischenzeitlich ergangene Rechtsprechung.

Diese **Entstehungsgeschichte** des 2011 letztendlich verabschiedeten § 46 13 Abs. 2 S. 2 EnWG ist im Rahmen der **genetischen Auslegung** durchaus aussagekräftig.[20] Der Gesetzgeber wollte die „wirtschaftlich angemessene Vergütung" gerade nicht pauschal mit dem **Ertragswert** gleichgesetzt wissen,[21] sonst wäre er der Bundesratsforderung gefolgt. Die Verweisung auf die **BGH**-Entscheidung „Kaufering",[22] der im Laufe des weiteren Gesetzgebungsverfahrens kein beteiligtes Gesetzgebungsorgan widersprach, macht deutlich, dass nach den Vorstellungen des Gesetzgebers eine nach dem **Sachzeitwert-Methode** ermittelte Vergütung für die übergehenden Ortsnetzanlagen nicht a priori als wirtschaftlich unangemessen gelten kann. Ferner macht die Gegenäußerung deutlich, dass § 46 Abs. 2 S. 2 EnWG nicht als **abschließende** gesetzliche **Anspruchsgrundlage** zu verstehen ist, sondern noch der vertraglichen **Konkretisierung** durch die Beteiligten bedarf.[23] Es gibt also nicht „die" eine einzige, „allein richtige" Vergütung. Lediglich eine **wirtschaftlich unangemessene** Entgeltforderung des bisherigen Netzeigentümers wollte der Gesetzgeber mit § 46 Abs. 2 S. 2 EnWG ausschließen, im Übrigen aber nicht in das verfassungsrechtlich geschützte Recht zur Verwertung des Anlageneigentums eingreifen.

20 Anders *Tischmacher*, IR 2011, 246, 251 bei Fn 47, der jedoch nur auf die Begründung zum Regierungsentwurf abstellt.

21 Oder gar dem noch niedrigeren kalkulatorischen Restwert oder Anschaffungskostenrestwert, dazu näher u. Rn 54ff.

22 Dazu näher u. Rn 14ff.

23 S. o. Kap. 6 Rn 37ff. sowie u. Rn 69ff.

II. BGH-Entscheidungen zur Angemessenheit von Netzkaufpreisen

1. Eckpunkte der „Kaufering-Entscheidung“

14 Eine erste grundlegende **Leitentscheidung** des **BGH** zur wirtschaftlichen Angemessenheit von Netzkaufpreisen erging am 16.11.1999 im Fall **„Kaufering“**.[24] Die Entscheidung betraf noch eine Netzübernahme vor der Liberalisierung des Energiemarktes und stützte sich auf § 103a GWB a.F. Nach dieser Entscheidung sind **vertragliche Sachzeitwertregelungen** grundsätzlich zulässig. Sie dürfen jedoch nicht den durch die gesetzliche Befristung intendierten **Wettbewerb um Versorgungsgebiete** verhindern. Eine solche prohibitive Wirkung sei dann anzunehmen, wenn der Sachzeit- oder Substanzwert **nicht unwesentlich** über dem **Ertragswert** der übernommenen Ortsnetzanlagen liegt und dadurch eine Übernahme durch einen kaufmännisch handelnden Erwerber verhindert.[25]

15 Der **BGH** verlangt weder, dass sich die Netzübernahme in jedem **Einzelfall** zugunsten des konkreten, von der Gemeinde bestimmten **Erwerbers** rechnen muss, noch eine **Preisbildung**, die so niedrig ist, dass sich eine möglichst große Anzahl von **Bewerbern** bei der Gemeinde um das **Wegerecht** bemüht.[26] In Bezug auf einen **Versorgerwechsel** prohibitiv und damit unzulässig sind lediglich solche **Preisforderungen**, die **kein** denkbarer Erwerber zu zahlen bereit ist. Kontrollmaßstab für eine etwaige **Prohibitivität** des Sachzeitwerts ist also ein verobjektivierter Ertragswert aus Sicht aller kaufmännisch handelnden potenziellen Erwerber. Dieser Ansatz ist **markt- und wettbewerbsorientiert**.[27]

16 2006 hat der **BGH** seine o.g. Rechtsprechung im Falle **„Lippstadt“** nochmals bestätigt.[28] Allerdings betraf auch diese Entscheidung eine Netzübernahme vor der Liberalisierung 1998.

2. Übertragbarkeit auf den heutigen Rechtsrahmen

17 Teilweise wird bezweifelt, ob die wettbewerbsrechtliche Begründung des **BGH** für die **Angemessenheitsprüfung** heute noch trägt. Im heutigen, wettbewerblich geöffneten Ordnungsrahmen ist **Wettbewerb** bis hin zu Kleinkunden möglich und auch de facto wirksam. Alle Energieverbraucher können sich ihren **Lieferanten** selbst aussuchen und binnen kurzer Fristen wechseln.[29] Da es keine geschlossenen

---

24 BGHZ 143, 128 = NJW 2000, 577 = RdE 2000, 108 ff.
25 Näher zur „Kaufering“-Entscheidung: *Schütte*, in: FS Lukes, 2000, S. 175 ff.
26 Im Sinne möglichst weit gehender Auswahlmöglichkeit der Gemeinde z. B. Danner/Theobald/*Theobald*, § 46 EnWG Rn 65.
27 S. u. 6. Rn 48 ff.
28 BGH NJW-RR 2006, 1139.
29 Forciert noch durch den neuen § 20a Abs. 3 EnWG.

Versorgungsgebiete mehr gibt, mache auch ein turnusmäßiger Wettbewerb um Versorgungsgebiete keinen Sinn mehr.[30]

18 Dem ist zuzugeben, dass Wettbewerb um **Versorgungsgebiete** als Wettbewerbssurrogat neben dem funktionierenden Wettbewerb in der Versorgung, d.h. um **Einzelkunden** wettbewerbspolitisch nicht mehr begründbar ist. Die kommunalen Interessenvertreter versuchen dem neuerdings dadurch Rechnung zu tragen, dass sie den **Zweck der Befristung** darin sehen, *„das Eigentum der Kommunen an den Wegerechten"* zu stärken.[31] Dabei wird übersehen, dass sich **Träger öffentlicher Gewalt** über ihre Eigentümerposition[32] keine zusätzlichen **Kompetenzen** verschaffen können.

19 Die Gemeinden räumen Wegenutzungsrechte in ihrer Funktion als **Straßenbaulastträger** ein, nicht als „Privateigentümer".[33] Dies wird sichtbar in solchen Sonderfällen, wo eine Straße z.B. nur **faktisch** gewidmet wurde ohne vorherige förmliche Enteignung. Auch hier kann das Wegenutzungsrecht gem. § 46 EnWG i.V.m. § 8 Abs. 10 FStrG bzw. LStrG **nur** der Baulastträger erteilen, nicht etwa der **private Eigentümer**, der noch im **Grundbuch** eingetragen ist. Dessen Eigentumsposition gem. §§ 903, 1004 BGB wird durch die **Widmung** überlagert; er hat jede straßenrechtlich zulässige **Nutzung** zu dulden. Umgekehrt hat er auch kein Recht, die Straße über die Widmung und den Gemeingebrauch hinaus selbst zu nutzen oder Dritten eine auch nur vorübergehend gemeingebrauchsunverträgliche **Sondernutzung** zu gestatten.

20 Die o.g. Argumente für oder gegen die Sinnhaftigkeit der **Befristung** und **Netzübereignungspflicht** sind jedoch eher rechtspolitischer Natur. Solange der Gesetzgeber an der Befristung in § 46 Abs. 2 EnWG festhält, will er offenbar einen Wechsel in der örtlichen Strom- und Gasverteilung ermöglichen.[34] Zwar besteht seit 2009 mit der **Anreizregulierung** ein wirksames Wettbewerbssurrogat auch im **Netzbereich** als einem weitgehend „natürlichen Monopol"; dennoch wollte der Gesetzgeber offenbar am Wettbewerb um örtliche Verteilungsnetze als weiterem Wettbewerbssurrogat festhalten.[35] Insoweit hat auch nach wie vor der Hinweis in der Amtlichen Begründung zu § 13 EnWG 1998 Bedeutung, dass ein Wechsel des Netzbetreibers

---

30 Vgl. BDEW-Leitfaden „Konzessionsverträge und Konzessionsabgaben in der Strom- und Gasversorgung" vom 9.11.2010, S. 31 ff.

31 So ZfK 11/2011, S. 3.

32 § 903 BGB: *„... mit der Sache nach Belieben verfahren und andere von jeder Einwirkung ausschließen"*.

33 So wohl auch Schneider/Theobald/*Albrecht*, § 9 Rn 11–18, *Jacob*, RdE 2011, 212, 215 sowie u. Rn 86.

34 Vgl. OLG Koblenz RdE 2011, 191, 192 f.; LG Hannover RdE 2011, 198.

35 Zur Ungeeignetheit dieses Wettbewerbssurrogats zur Förderung der Netznutzerinteressen und dem sukzessiven Bedeutungswandel, den die Befristung und Netzüberlassungspflicht im Laufe der stufenweisen Marktöffnung zwischen 1980 und 2005 erfahren hat, s. *Jacob*, RdE 2011, 212, 213 f.

nicht an prohibitiv hohen **Kaufpreisforderungen** des bisherigen EVU scheitern dürfe.[36]

21 Die Vorgabe einer „wirtschaftlich angemessenen Vergütung" diente zwar ursprünglich, jedenfalls im **Konzessionsabgabenrecht**, eher dazu, unangemessen niedrige **Netzkaufpreise** zu verhindern. Wenn der Gesetzgeber aber an dieser Vorgabe in den EnWG-Novellen 2005 und 2011 in Kenntnis der o.g. **BGH**-Rechtsprechung zur Angemessenheit bzw. Prohibitivität von Netzkaufpreisregelungen festhielt, hierauf in den Gesetzesmaterialien sogar Bezug nahm, hat er diese Rechtsprechung in seinen Willen aufgenommen. Damit erhielt die Vorgabe der „wirtschaftlich angemessenen Vergütung" eine doppelte Schutzrichtung, einerseits zugunsten des **netzabgabepflichtigen** bisherigen EVU vor einem **Eigentumsverlust** gegen unangemessen niedrige Vergütung, andererseits zugunsten der **Gemeinde** bzw. des von ihr bestimmten neuen EVU vor einer prohibitiv hohen **Kaufpreisforderung**,[37] die eine Netzübernahme durch einen kaufmännisch handelnden Erwerber ausschließt.

3. Erheblichkeitszuschlag auch im heutigen Rechtsrahmen

22 Jüngere Gerichtsentscheidungen halten die **BGH**-Entscheidung „Kaufering" zwar für im Grundsatz weiterhin anwendbar.[38] Allerdings werden teilweise Anpassungen an den geänderten Rechtsrahmen gefordert. So wird eingewandt, die vom **BGH** geforderte **Erheblichkeitsschwelle** sei nicht mehr anwendbar. Sie gelte nur bei einem **kartellrechtlichen** Ansatz. Dagegen sei die „wirtschaftliche Angemessenheit" i.S.v. § 46 Abs. 2 S. 2 EnWG **eigenständig** zu beurteilen, unabhängig von kartellrechtlichen Grundsätzen.[39]

23 Dem ist zuzugeben, dass § 46 EnWG eine **eigenständige Regelung** darstellt und deshalb prinzipiell unabhängig von kartellrechtlichen Grundsätzen ausgelegt werden kann. § 46 EnWG greift jedoch an verschiedenen Stellen **kartellrechtliche** Begriffe auf. Die Vorgabe einer „**diskriminierungsfreien**" Wegerechtsvergabe in § 46 Abs. 1 EnWG lehnt sich erkennbar an das kartellrechtliche Diskriminierungsverbot in § 19 Abs. 4 Nr. 3, § 20 GWB an, die **wirtschaftlich angemessene Vergütung** in § 46 Abs. 2 S. 2 EnWG an das **angemessene Entgelt** für essential facilities in § 19

---

36 BT-Drucks. 13/7274, S. 21.

37 Vgl. BT-Drucks. 13/7274, S. 21.

38 LG Mannheim WuW/E DE-R 3269, 3272, bei Fn 9; OLG Koblenz RdE 2011, 191, 192; LG Hannover RdE 2011, 198; OLG Frankfurt a. M. RdE 2011, 422, 425, Rn 80; ebenso BKartA/BNetzA, BDEW-Leitfaden „Konzessionsverträge und Konzessionsabgaben in der Strom- und Gasversorgung" vom 9.11.2010, Rn 43.

39 OLG Koblenz RdE 2011, 191, 193 f.; LG Hannover RdE 2011, 198; OLG Frankfurt a. M. RdE 2011, 422, 425, Rn 81.

Abs. 4 Nr. 4 GWB und die **unangemessene Kostenüberschreitung** in § 29 S. 1 Nr. 2 GWB. Vor diesem Hintergrund liegt es nahe, die im Rahmen dieser kartellrechtlichen Regelungen entwickelten Grundsätze auch zur **Auslegung** des § 46 EnWG heranzuziehen.

Dafür spricht auch ein **inhaltlicher** Aspekt: Der **angemessene** Preis, egal, ob im Rahmen des traditionellen kartellrechtlichen **Vergleichsmarktprinzips** ermittelt oder, wie in § 29 GWB, im Rahmen einer **Kostenbetrachtung**, lässt sich nicht punktgenau objektivieren. Die Ermittlung geeigneter Vergleichsmärkte und der auf diesen Märkten **üblichen Preise** ist zwangsläufig mit Unsicherheiten behaftet. Auch im Rahmen der kostenbasierten **Preiskontrolle** gem. § 29 GWB gibt es unterschiedliche kalkulatorische Kostenansätze und Bewertungsmethoden. So wurde z.B. im Rahmen der **Tarifpreisaufsicht** gem. BTOElt, aber auch im Vorfeld der Gas- und StromNEV intensiv diskutiert, ob die **Brutto-** oder **Netto-Substanzerhaltung** zu wirtschaftlich angemesseneren Ergebnissen führt.[40] 24

Dieselben methodischen Unsicherheiten bestehen auch bei der Ermittlung der „wirtschaftlich angemessenen Vergütung" in 46 Abs. 2 S. 2 EnWG. Auch hier gibt es unterschiedliche **Bewertungsmethoden**, die sich schon im Grundansatz unterscheiden, z.B. der Sachzeit-, Substanz- oder Bruttorekonstruktionswert, der objektive Wert,[41] der Ertragswert, Anschaffungsrestwert, kalkulatorische Restwert oder gar handelsrechtliche Restbuchwert.[42] Selbst innerhalb bestimmter Methoden sind unterschiedliche **Vorgehensweisen** und **Bewertungsprämissen** denkbar. So lässt sich der Sachzeitwert „top down" auf Wiederbeschaffungsbasis oder „bottom up" durch Hochindizierung der Anschaffungs- und Herstellungskosten ermitteln mit teilweise unterschiedlichen wirtschaftlichen Auswirkungen.[43] Dennoch ist der **Sachzeitwert** noch einigermaßen **objektivierbar**: Soweit Anlagen „ortsnetzscharf" aktiviert wurden, was bei regionalen Netzbetreibern mit zahlreichen kleinen Konzessionsgemeinden allerdings nicht die Regel ist, lassen sich die **Anschaffungs- und Herstellungskosten** unmittelbar aus der Anlagenbuchhaltung entnehmen und über sachgerechte Indexreihen auf **Tagesneuwerte** hochindizieren. Ist dies nicht möglich, lässt sich die **Restnutzungsdauer** zumindest aufgrund der Einbaujahre der vorhandenen Betriebsmittel und der Wartungs- und Reinvestitionszyklen, die in geographischen Informationssystemen oder Betriebsmitteldatenbanken der Netzbe-

---

40 Vgl. Entwurf einer Arbeitsanleitung v. 10./11.6.1997, abgedr. in Danner/Theobald, C 1.3 EnPR III; *Sieben/Maltry*, S. 32ff.

41 OLG Düsseldorf ZNER 2004, 291, 296f.

42 S.u. Rn 54ff. Instruktiv zu den unterschiedlichen Bewertungsmethoden *Salcher/Keller/Beckmann/Maier*, N&R Beilage 1/2012, 1, 2ff.

43 Vgl. BDEW-Leitfaden „Konzessionsverträge und Konzessionsabgaben in der Strom- und Gasversorgung" vom 9.11.2010, S. 25f. *Salcher/Keller/Beckmann/Maier*, N&R Beilage 1/2012, 1, 3 sprechen von direkter oder indirekter Methode zur Sachzeitwert-Ermittlung, mit deutlicher Präferenz für erstere.

treiber hinterlegt sind, feststellen und verifizieren, ebenso die Tagesneuwerte anhand aktueller **Ausschreibungsergebnisse**.[44]

25 Größer sind die Unsicherheiten bei der **Ertragswert-Methode**. Hier lassen sich mehr oder minder weitreichend Synergien berücksichtigen,[45] zudem hängen die **künftigen Ertragserwartungen** von Annahmen über die künftige Netzentgeltregulierung ab[46] mit erheblichen Auswirkungen auf das Bewertungsergebnis. Wegen dieses prognostischen Elements gibt es nicht „den" punktgenau bestimmbaren Ertragswert.[47]

26 Diese Unsicherheiten bei der **Maßstabsgewinnung** sind kein spezifisch kartellrechtliches Problem. Der Erheblichkeitszuschlag wurde in der bisherigen **BGH-Rechtsprechung** z. T. ausdrücklich mit den Unsicherheiten bei der Ermittlung des **Kontrollmaßstabs** begründet.[48] Im Kern dient er dazu, die gerichtliche Angemessenheitskontrolle auf eine **Rechtmäßigkeitskontrolle** zu beschränken. Sie setzt den vertraglichen Gestaltungs- und Vereinbarungsmöglichkeiten der Parteien zwar einen **rechtlichen Rahmen**, der nicht überschritten werden darf. Das Gericht setzt sich aber nicht an die Stelle der Parteien und dekretiert selbst punktgenau den quasi einzigen „angemessenen Preis".

27 Die historischen Versuche zur Bestimmung des **„pretium iustum"**[49] zeigen durch ihre Methoden- und Ergebnisvielfalt, dass es „den" gerechten Preis nicht gibt. Viel erreicht ist schon bei einer approximativen **Annäherung** an einen Preis, wie er sich bei **funktionsfähigem Wettbewerb** mit hoher Wahrscheinlichkeit ergäbe. Selbst hierzu gab es in der jüngeren kartellrechtlichen Diskussion eine lebhafte **Methodendiskussion** unter den Stichworten „Gewinnbegrenzungskonzept"[50] versus „Als-Ob-Wettbewerb".[51] Um diesen Unsicherheiten bei der Gewinnung des Maßstabs für die **Angemessenheitskontrolle** Rechnung zu tragen, ist auch im Rahmen des § 46 Abs. 2 S. 2 EnWG ein Erheblichkeitszuschlag gerechtfertigt.

28 Die Höhe dieses **Erheblichkeitszuschlags** hat der **BGH** offengelassen. Das **OLG München** hat nach Rückverweisung die Erheblichkeit verneint, weil der Ertragswert

---

44 Nicht nachvollziehbar ist deshalb, wenn Schneider/Theobald/*Albrecht*, § 9 Rn 134 die Sachzeitwert-Methode als im Vergleich zur Ertragswert-Methode „*sehr unsicher*" bezeichnet.

45 Vgl. OLG Koblenz RdE 2011, 191, 193; LG Hannover RdE 2011, 198 f. sowie u. Rn. 30 ff.; Rn. 38 ff.

46 BDEW-Leitfaden „Konzessionsverträge und Konzessionsabgaben in der Strom- und Gasversorgung" vom 9.11.2010, S. 31.

47 Dies übersieht Schneider/Theobald/*Albrecht*, § 9 Rn 137, der die Ertragswert-Methode als „*sehr zuverlässig*" darzustellen versucht.

48 BGH WuW/E BGH 1678, 1682 „Valium II".

49 Von Aristoteles über die mittelalterlichen Scholastiker (z. B. Thomas von Aquin, Albertus Magnus), Martin Luther, Immanuel Kant und die alten Nationalökonomen (z. B. Adam Smith, Karl Marx).

50 So insb. *Knöpfle*, BB 1974, 862; *Knöpfle*, BB 1975, 1607; *Knöpfle*, BB 1979, 1101; *Knöpfle*, DB 1984, 1129 und 1184.

51 So insb. Immenga/Mestmäcker/*Möschel*, § 19 Rn 154 ff.

im Falle Kaufering weniger als 10% unter dem Sachzeitwert lag. Eine 10%-Schwelle erscheint auf den ersten Blick niedrig; der **BGH** hat schon Erheblichkeitszuschläge in Höhe von 15%[52] und mehr gefordert. Allerdings wurden Zuschläge dieser Höhe auch über das mit einem **Missbrauchsvorwurf** verbundene **Unwerturteil** begründet, einen kartellrechtsspezifischen, auf § 46 Abs. 2 S. 2 EnWG nicht übertragbaren Aspekt. Soll der Zuschlag nur die Unsicherheiten bei der **Maßstabgewinnung** ausgleichen, erscheint die vom **OLG München** angewandte 10%-Schwelle angemessen.[53]

Im **kommunalen Schrifttum** wird ein Erheblichkeitszuschlag dieser Größenordnung für zu hoch und somit **„prohibitiv"** gehalten.[54] Eine solche Differenz könne auch mit erheblichen **Effizienzsteigerungen** und Synergieeffekten nicht kompensiert werden. Dabei wird jedoch übersehen, dass der Verordnungsgeber selbst bei extrem ineffizienten Netzbetreibern eine **Kostensenkung** von 40% pro Regulierungsperiode, d.h. von 8% **pro Jahr** für zumutbar und übertreffbar hält.[55] Dann kann eine einmalige 10%ige Abweichung bei der Netzübernahmevergütung nicht prohibitiv i.S.d. **BGH**-Entscheidung „Kaufering" sein. Erst recht gilt dies dann, wenn der Netzübernehmer schon ein eigenes größeres Netz betreibt, in das er das übernommene Ortsnetz unter Erzielung von **Synergien** eingliedert. Hier geht eine 10%ige Preisabweichung beim übernommenen Netz sogar in den üblichen jährlichen Kostenschwankungen wirtschaftlich unter. 29

4. Berücksichtigung vertrieblicher Synergien beim Ertragswert

Teilweise wird die prinzipielle Anwendbarkeit der **BGH**-Entscheidung „Kaufering" nicht bestritten; es werden jedoch aus dem geltenden energierechtlichen Ordnungsrahmen verschiedene **Einschränkungen** abzuleiten versucht. So soll der Ertragswert allein auf der Grundlage der regulatorisch zulässigen Netzentgelte ermittelt werden.[56] Ertragsaussichten durch Synergien im **Energievertriebsbereich** sollen unberücksichtigt bleiben.[57] 30

---

52 BGHZ 142, 239; WuW/E DE-R 375, 379 „Flugpreisspaltung".

53 OLG Düsseldorf RdE 2004, 141, 146 forderte bei einem Strompreisvergleich einen *„wenigstens"* 5%igen Preisabstand, in dieser Entscheidung spielte der Gedanke eines missbrauchsimmanenten Unwerturteils keine Rolle.

54 Z.B. Schneider/Theobald/*Albrecht*, § 9 Rn 142; kritisch zum Erheblichkeitszuschlag auch Danner/Theobald/*Theobald*, § 46 EnWG Rn 91f.

55 Vgl. § 12 Abs. 4 ARegV, der über eine Effizienzwertfiktion bei 60% die max. zulässige Erlössenkungsvorgabe auf 40% pro Regulierungsperiode beschränkt (ohne X_{gen}).

56 Schneider/Theobald/*Albrecht*, § 9 Rn 135; Britz/Hellermann/Hermes/*Hellermann*, § 46 Rn 81; *Gersemann/Maqua*, Versorgungswirtschaft 2006, 53, 56; In die gleiche Richtung ging auch die Forderung des BR zu § 46 in der EnWG-Novelle 2011 (s.o. Rn 10ff.).

57 Danner/Theobald/*Theobald*, § 46 EnWG, Rn 74ff.

31 Dem ist zuzugeben, dass Netzbetrieb und Energievertrieb wegen der energierechtlich vorgegebenen **Entflechtung** üblicherweise separat betrachtet werden. Freilich ist zu bedenken, dass viele EVU, die derzeit Netze übernehmen, wegen der **De-minimis-Regelung** weder rechtlich noch operationell entflochten sind. In diesen Fällen ist das ohnehin eher formale Entflechtungsargument nicht tragfähig für die Forderung, energievertriebliche **Ertragsaussichten** infolge der Netzübernahme unberücksichtigt zu lassen.

32 Gewichtiger ist das Argument, dass mit der Netzübernahme die **Energiekunden** nicht mehr automatisch mit übergehen.[58] Seit der EnWG-Novelle 2005 ist dies nicht mehr ernsthaft bestritten.[59] Denn mit Wegenutzungsverträgen i.S.v. § 46 Abs. 2 S. 1 EnWG legt die Gemeinde lediglich fest, wer künftig das Netz der allgemeinen Versorgung in ihrem Gebiet betreibt.[60] Unabhängig davon wird der **Grund- und Ersatzversorger** alle 3 Jahre gem. § 36 EnWG in einem eigenständigen Verfahren vom jeweiligen **Netzbetreiber** ermittelt.[61] § 36 Abs. 3 EnWG stellt ausdrücklich klar, dass der Wechsel des Netzbetreibers nicht zum Wechsel der Energiekunden bzw. des Grundversorgers führt. Dies scheint auf den ersten Blick dafür zu sprechen, den Ertragswert übergehender Ortsnetze ohne künftige **energievertriebliche Ertragsaussichten** zu ermitteln.

33 Bei längerfristiger Betrachtung ist dies jedoch verfehlt. Ein kaufmännisch handelnder Erwerber würde auch die erst mittelfristig realisierbaren nachhaltigen Ertragsaussichten infolge der Netzübernahme in sein **Wirtschaftlichkeitskalkül** einstellen. Zwar ändert sich der **Grundversorger** infolge der Netzübernahme kurzfristig nicht. Bei der nächsten Turnusfeststellung gem. § 36 Abs. 2 EnWG wird jedoch erfahrungsgemäß der mit dem neuen Netzbetreiber verbundene **Energievertrieb** als neuer Grundversorger festgestellt, da er bis dahin normalerweise die meisten Haushaltskunden in dem betreffenden Netzgebiet versorgt. Dies ist automatisch der Fall, wenn ein Stadtwerk kleinere Ortsnetze in Umlandgemeinden übernimmt, in sein ursprüngliches Netz integriert und bei der Feststellung der versorgten Haushaltskunden auf sein neues, nun vergrößertes Gesamtnetz abstellt.[62]

34 Selbst in Fällen, in denen ein **Ortsnetz** durch ein neu gegründetes Stadt- oder Gemeindewerk übernommen wird, gelingt es ihm erfahrungsgemäß binnen weniger Monate, seine **Netzkunden** zum Abschluss von **Energiebezugsverträgen** zu ge-

---

58 Anders noch OLG Schleswig RdE 2006, 199; Gegenauffassung bei BerlK-EnR/*Dörmer* § 46 EnWG, Anh. A Rn 4ff.; *Säcker/Dörmer*, RdE 2002, 161ff.

59 Vgl. BDEW-Leitfaden „Konzessionsverträge und Konzessionsabgaben in der Strom- und Gasversorgung" vom 9.11.2010, S. 36.

60 Schneider/Theobald/*Albrecht*, § 9 Rn 9.

61 Eingehend hierzu *Germer*, Versorgungswirtschaft 2011, 151ff.

62 Ausführlich zur Feststellung des Grundversorgers und zum Begriff des Netzgebiets i.S.v. § 36 Abs. 2 EnWG, *Germer*, Versorgungswirtschaft 2011, 151, 152f.

winnen, teilweise unter ausdrücklichem Hinweis auf die neue Netzbetreiberstellung.[63] Deshalb ändert sich am Ergebnis – Übergang des **Grundversorger-Status** binnen weniger Jahre nach Netzübergang auf das neue EVU – auch dann nichts, wenn für die Feststellung des Grundversorgers nicht auf das Gesamt-Netzgebiet des neuen EVU abgestellt wird, sondern auf jedes einzelne Konzessionsgebiet.[64]

Dieser Status ist energievertrieblich durchaus attraktiv, da neu hinzuziehende Kunden dem **Grundversorger** ohne eigene Akquiseanstrengungen und entsprechende Kosten quasi automatisch anheimfallen, wenn sie sich nicht für einen anderen Versorger entscheiden. Denn gem. § 2 Abs. 2 GVV kommt mit dem Grundversorger ein **Energielieferverhältnis** allein durch die **Energieentnahme** aus dem Netz der allgemeinen Versorgung zustande, ohne dass es noch einer bewussten Kundenentscheidung bedürfte. Mit Übernahme des Grundversorger-Status spart das netzübernehmende EVU Akquiseaufwand gegenüber einer normalen Wettbewerbsversorgung von Kunden in fremden Netzen und kann somit höhere Vertriebsmargen erzielen. 35

Solche energievertrieblichen **Synergien** wird ein kaufmännisch handelnder Netzerwerber in sein **Wirtschaftlichkeitskalkül** einbeziehen. Selbst wenn für ihn ein Netzerwerb zu einem gegebenen Kaufpreis X, berücksichtigt man allein die erzielbaren Erlöse aus Netzentgelten, wirtschaftlich lediglich „neutral" wäre („schwarze Null"), ist er wegen der o.g. energievertrieblichen Synergien attraktiv, d.h. der Kaufpreis X wäre nicht prohibitiv i.S.d. **BGH**-Entscheidung „Kaufering". Somit liegt es in der Logik dieser Entscheidung, die mit dem Netzerwerb verbundenen energievertrieblichen Synergien auch im heutigen Rechtsrahmen zu berücksichtigen.[65] 36

Gleiches gilt für netznahe **Dienstleistungen** im nicht-regulierten Bereich wie z.B. die Wartung und Instandhaltung der Straßenbeleuchtung. Wer dank des Wegerechts die Wartung und Instandhaltung des örtlichen Niederspannungsnetzes wahrnimmt, hat erhebliche Synergien mit den Dienstleistungen rund um die Straßenbeleuchtung. Er kann die dafür erforderlichen Wartungs-, Instandhaltungs- und Überwachungsdienstleistungen wettbewerbsfähiger anbieten als Dritte bzw. erzielt daraus höhere Margen. Auch solche Synergien im Bereich netznaher Dienstleistungen sind beim **Ertragskalkül** eines kaufmännisch handelnden Ortsnetzerwerbers nach der Logik der **BGH-Entscheidung „Kaufering"** einzubeziehen. 37

63 Die entflechtungsrechtliche Zulässigkeit einer solchen „netzgestützten" Kundenakquise einmal dahingestellt; zwar erscheint sie im Hinblick auf die Gleichbehandlung „intern wie extern" und die informatorische Entflechtung, die auch für De-minimis-Unternehmen gilt, energierechtlich angreifbar; die Entflechtungsüberwachung durch die Landesregulierungsbehörden ist aber in der Praxis nicht allzu stringent.

64 Vgl. *Germer*, Versorgungswirtschaft 2011, S. 152.

65 Ebenso im Ergebnis auch *Salcher/Keller/Beckmann/Maier*, N&R Beilage 1/2012, 1, 7f.

5. Generelle Berücksichtigung von Synergien beim Ertragswert

38 Teilweise wird eingewandt, nach den Bewertungsgrundsätzen des IDW seien Synergien bei der **Ertragsbewertung** generell nicht berücksichtigungsfähig, d.h. nicht einmal **netzbetriebliche** Synergien.[66] Hier werden die IDW-Grundsätze fehlinterpretiert. Diese unterscheiden zwischen **objektiven Synergien**, die jeder Erwerber eines Unternehmens erzielen kann, und **subjektiven Synergien**, die nur ein bestimmter Erwerber erzielen kann. Erstere sind auch nach den IDW-Grundsätzen zur Unternehmensbewertung berücksichtigungsfähig.

39 Im Übrigen gelten die IDW-Grundsätze nur für **Unternehmenskäufe.**[67] Dabei geht es regelmäßig um **Gesamtheiten** aus sächlichen und personellen Mitteln, Know-how, Goodwill für Marken oder Kundenbeziehungen etc. Dadurch liegt ein **Unternehmenswert** normalerweise deutlich über dem **Zeitwert** der reinen Sachanlagen (z.B. Maschinen, Fabrikgebäude). Bei Ortsnetzverkäufen gem. § 46 Abs. 2 S. 2 EnWG geht aber normalerweise gar kein **Unternehmen** in diesem Sinne über. Insbesondere bei kleineren Ortsnetzen, denen kein individuelles Netzbetriebspersonal i.S.v. § 613a BGB zuordenbar ist, werden allein **Sachanlagen** übertragen.

40 Bei größeren Ortsnetzen mögen die Voraussetzungen für einen **Betriebsübergang** gem. § 613a BGB im Einzelfall vorliegen, so dass mit den Netzanlagen auch technisches Netzservicepersonal auf den Erwerber übergeht; alternativ können sich beide Parteien auch auf eine **technische Betriebsführung** verständigen. Auch dann wird jedoch die kaufmännische Betriebsführung einschließlich IT und Abrechnung üblicherweise durch den **Netzerwerber** mit eigenen Ressourcen – meist ohne Zusatzaufwand – abgewickelt. Der abgebende Netzbetreiber erfährt insoweit also nicht zurechenbare Effizienznachteile (schlechtere Auslastung seiner kaufmännischen Verwaltung, IT und Abrechnung), umgekehrt erzielt der Netzübernehmer entsprechende Synergien.

41 Noch höher sind diese Synergien bei **Übernahme kleinerer Ortsnetze**, bei denen nicht einmal technisches Netzservicepersonal übergeht, sondern nur die reinen **Sachanlagen**. Solche Netze sind i.d.R. wirtschaftlich gar **nicht eigenständig** betreibbar, und zwar für jeden denkbaren Erwerber, sondern nur dann, wenn sie gemeinsam mit einem nahegelegenen anderen **Verteilungsnetz** betrieben werden.[68] Deshalb ist auf **Ortsnetzübergänge**, bei denen ausschließlich oder überwiegend **Sachanlagevermögen** übergeht, die nach den IDW-Grundsätzen für Unternehmensbewertungen erforderliche Abgrenzung zwischen subjektiven und objektiven Synergien nicht übertragbar.

---

66 Danner/Theobald/*Theobald*, § 46 EnWG Rn 63 ff., 74 ff.; *Sauer*, EWeRK 2/2011, 65, 68.
67 Vgl. auch Schneider/Theobald/*Albrecht*, § 9 Rn 145 sowie Danner/Theobald/*Theobald*, § 46 EnWG Rn 74 ff., die jedoch diese IDW-Grundsätze pauschal auf Ortsnetzübergänge übertragen, ohne überhaupt zu prüfen, ob die Sachverhalte vergleichbar sind.
68 Vgl. auch LG Hannover RdE 2011, 198 f.

Vor allem bei der Übernahme kleinerer Netze spielen meist weniger die damit erzielbaren Erträge aufgrund der **kalkulatorischen Kosten**[69] eine Rolle, sondern vor allem die **Synergien** für den Erwerber durch bessere Auslastung seines Personals, z.B. ersparte Abfindungen für einen andernfalls durch die Anreizregulierung erzwungenen Personalabbau oder bessere Auslastung seiner IT. Nach der Logik der **BGH**-Entscheidung „Kaufering“ sind auch solche Synergien vollumfänglich bei der **Ertragswertermittlung** zu berücksichtigen. Denn ob ein gegebener Kaufpreis X für einen kaufmännisch handelnden Erwerber prohibitiv ist oder nicht, bestimmt sich natürlich auch nach den nur für ihn erzielbaren, d.h. **subjektiven Synergien.**[70] 42

6. Durchschnittlicher Erwerber oder objektiver, effizienter Erwerber?

Teilweise wird aus den normativen Vorgaben der **Anreizregulierung** zu folgern versucht, abweichend von der Ertragsbewertung nach **BGH**-"Kaufering“ sei nicht die objektive Sicht aller wirtschaftlich handelnder potenzieller Netzerwerber maßgeblich, sondern eine Bewertung aus Sicht eines **„durchschnittlich effizienten“ Unternehmens.**[71] Begründet wird dies damit, dass nach Sinn und Zweck der Befristung die Gemeinde die Auswahl unter möglichst vielen Wegerechtsbewerbern haben solle.[72] 43

Hintergrund dieser Forderung dürfte eher sein, dass viele kleinere kommunale EVU, die derzeit die ganz überwiegende Zahl der **Netzübernehmer** stellen, wegen Unterschreitung der Schwellenwerte in § 24 Abs. 1 ARegV für das vereinfachte Verfahren optiert haben. Zu ihren Gunsten wird gem. § 24 Abs. 2 S. 2 ARegV pauschal der **Durchschnitt** aus dem letzten **Effizienzvergleich** der Netzbetreiber im Regelverfahren angewandt. Damit entspräche eine Ertragswertermittlung aus Sicht durchschnittlich effizienter Unternehmen „zufällig“ exakt dem individuellen Effizienzwert der meisten aktuellen Netzübernehmer. 44

Ist aber das bisherige EVU **effizienter** als der von der Gemeinde bevorzugte Bewerber, wäre es weder mit den Grundsätzen der Kaufering-Entscheidung noch mit den Zwecken der **Befristung** vereinbar, dem bisherigen EVU nur deshalb einen Kaufpreisabschlag zuzumuten, weil sich die Gemeinde für ein nur „durchschnittlich effizientes“ Unternehmen entschieden hat, dessen **Ertragsaussichten** eventuell schlechter sind. Die **BGH-Entscheidung „Kaufering“** stellt bei der Prüfung, ob ein 45

---

69 Kalkulatorische Abschreibungen gem. § 6 Strom-/GasNEV, kalk. EK-Verzinsung gem. § 7 Strom-/GasNEV und kalkulatorische Gewerbesteuer gem. § 8 Strom-/GasNEV.

70 Für Einbeziehung sämtlicher Synergien bei der Ertragswert-Ermittlung *Salcher/Keller/Beckmann/Maier*, N&R Beilage 1/2012, 1, 7f., bis hin zu Finanzierungssynergien.

71 Vgl. z.B. Schneider/Theobald/*Albrecht*, § 9 Rn 140: Weder ein Erwerber, der mit dem Netz den größtmöglichen Ertrag erzielen könnte, noch ein besonders ertragsschwacher, z.B. uneffizienter Erwerber.

72 In diese Richtung wohl *Sauer*, EWeRK 2/2011, 65, 68: Der Preisbemessung könne nicht die Aufgabe zufallen, mittelmäßige Bewerber auszusieben.

sachzeitwertbasierter Kaufpreis prohibitiv wirkt, auf die Sicht **aller potenziellen**, nach den Maßstäben wirtschaftlicher Vernunft handelnden **Erwerber** ab. Für einen solchen Bewerber bietet die **Anreizregulierung** zusätzliche Ertragschancen. Diese Chancen hängen nicht einmal von einem möglichst hohen Effizienzwert im **BNetzA-Benchmarking** ab. Ein Netzbetreiber mit geringerem Effizienzwert hat u.U. leicht realisierbare Kostensenkungspotenziale und kann so den von der **Regulierungsbehörde** vorgegebenen Erlössenkungspfad übertreffen und hat somit zusätzliche Ertragsaussichten für die restliche Regulierungsperiode. Der **Verordnungsgeber** hält in solchen Fällen Kostensenkungen von 40% im Laufe einer **Regulierungsperiode** für erreichbar und übertreffbar, d.h. von 8% jährlich.[73]

46 Ein „durchschnittlich effizienter" Netzerwerber, der Netze übernimmt, obwohl er seine Kosten nicht oder nur in „durchschnittlichem Umfang" zu senken gedenkt, handelt somit nicht – wie in der **BGH-Entscheidung „Kaufering"** gefordert – nach den Maßstäben wirtschaftlicher Vernunft. Deshalb ist der **Ertragswert** in der Anreizregulierung nicht aus Sicht eines solchen „durchschnittlichen" Erwerbers zu bestimmen, sondern aus **Sicht eines effizient handelnden Erwerbers.**[74] Zum gleichen Ergebnis kommt man bei einer **zweckorientierten** Auslegung des § 46 Abs. 2 EnWG: Wenn die Befristung dazu dient, dass in einem wettbewerblichen **Ausleseprozess** Ortsnetze letztlich „zum besten Wirt wandern", dann kann für die Ertragsbewertung kein „durchschnittlicher" oder gar ein „ineffizienter" Erwerber maßgeblich sein, sondern nur ein solcher, der dieses Netz **optimal** bewirtschaftet.

47 Dies führt nicht einmal zu einer Benachteiligung weniger effizienter Netzerwerber. Ein solcher Erwerber kann zwar infolge der **Anreizregulierung** nur mit jährlich sinkenden Netzentgelten rechnen und deshalb, wenn er seine Kosten nicht entsprechend senkt, unter Renditedruck geraten. Würde er aber nach den Maßstäben **wirtschaftlicher Vernunft** handeln, würde er das Ortsnetz im Falle ungünstiger subjektiver Ertragsaussichten nicht weiter betreiben, sondern vorzeitig einem effizienteren Betreiber veräußern, der damit in der Anreizregulierung höhere Erträge erwirtschaften kann. Somit kann auch ein weniger effizienter Erwerber unter Berücksichtigung des möglichen **Veräußerungserlöses** letztlich auf den „objektiven Ertragswert" aus Sicht eines wirtschaftlich handelnden Erwerbers gemäß **BGH-Entscheidung „Kaufering"** kommen – wenn er nach den Maßstäben wirtschaftlicher Vernunft handelt.

7. Markt- und Wettbewerbskonformität des BHG-Ansatzes

48 Die wirtschaftliche Angemessenheit der Bewertungsmethodik der „Kaufering"-Entscheidung bestätigt eine **„Als-ob-Wettbewerbs"-Betrachtung**: Die Gemeinde

---

73 Vgl. § 12 Abs. 4 ARegV; danach ist max. eine Kostensenkungsvorgabe von 40 % je Regulierungsperiode möglich (ohne X_{gen}).

74 Ebenso OLG Koblenz RdE 2011, 191, 193.

verschafft durch ihre Entscheidung, wem sie das Wegerecht für die allgemeine Versorgung zuteilt, dem neuen EVU ein **Nachfragemonopol** nach dem Ortsnetz.[75] Schon vor der jüngsten EnWG-Novellierung hatte das bisherige EVU keine Wahl, als sein Netz dem neuen EVU zu überlassen;[76] ein normales **marktwirtschaftliches Verhandeln** mit Verkauf an den Meistbietenden war nicht möglich. Seit Einführung einer unbedingten **Übereignungspflicht** in § 46 Abs. 2 S. 2 EnWG hat es nicht einmal mehr die bisher bestehende Pachtoption als „Ausweichalternative".[77]

Hätten alle potenziellen Bieter ein Wegerecht, z. B. auf gesetzlicher Grundlage wie in §§ 68 ff. TKG, käme es zu wirksamem **Nachfragewettbewerb** um das Ortsnetz.[78] Bei einer solchen **Auktionierung**[79] würde der effizienteste potenzielle Erwerber ein Gebot abgeben entsprechend aller Gewinnerwartungen des zweiteffizientesten Bieters (einschließlich objektiver und subjektiver Synergien). Wegen der Unsicherheit über die **potenziellen Synergien** bei den Mitbietern würde der effizienteste Mitbieter sogar einen Teil seiner subjektiven Synergien im markträumenden Gebot an den Veräußerer abgeben. Bei wirksamem Nachfragewettbewerb käme es somit zu einem Gebot entsprechend der **objektivierenden Ertragswertbetrachtung** gemäß **BGH-Entscheidung „Kaufering"**, unter Einschluss der mit dem Ortsnetzerwerb erzielbaren Synergien und aus Sicht eines effizienten Erwerbers. 49

Eine solche marktbezogene Betrachtung wird von den Befürwortern einer **Kommunalisierung** abgelehnt. Die Vertreter dieser Auffassung versuchen, aus der allgemeinen **Zielsetzung** des § 46 Abs. 2 EnWG abzuleiten, die Gemeinde solle die Wahl unter einer möglichst großen Zahl von Konzessionswettbewerbern haben.[80] Konsequent zu Ende gedacht bedeutet dies, dass ein Ortsnetz verschenkt werden müsste; denn in diesem Fall wäre die Zahl der Bewerber natürlich am höchsten. Dies widerspricht jedoch dem klaren **Wortlaut** des § 3 Abs. 2 Nr. 2 KAV wie auch des § 46 Abs. 2 S. 2, die beide eine *„wirtschaftlich angemessene Vergütung"* für das Ortsnetz verlangen. Zweck des § 46 Abs. 2 S. 2 EnWG ist es nicht, dass die Gemeinde dem von ihr bestimmten neuen EVU risikolose **Monopolrenten** verschaffen kann, indem bestimmte Ertragsaussichten aus der **Kaufpreisfindung** ausgeklammert wer- 50

---

75 BDEW-Leitfaden „Konzessionsverträge und Konzessionsabgaben in der Strom- und Gasversorgung" vom 9.11.2010, S. 27; *Jacob*, RdE 2011, 212, 217.

76 BDEW-Leitfaden „Konzessionsverträge und Konzessionsabgaben in der Strom- und Gasversorgung" vom 9.11.2010, S. 28; vgl. auch *Büdenbender/Bachert/Rosin*, S. 62 m. w. N.: *„Dominierte Konfliktsituation"*.

77 *Jacob*, RdE 2011, 212, 217.

78 Gleichzeitig auch zu wirksamem Wettbewerb *im* Netz, vgl. *Jacob*, RdE 2011, 212, 216 f.

79 Dieses gedankliche Modell liegt auch der BGH-Entscheidung „Kaufering" zugrunde, wenn dort auf eine „Grenzpreis"-Betrachtung abgestellt wird (BGHZ 143, 128, 154).

80 Danner/Theobald/*Theobald*, § 46 EnWG Rn 65: Das bisherige EVU könne sich nicht auf das Wesen des Bieterwettbewerbs berufen. Ähnlich auch *Sauer*, EWeRK 2/2011, 65, 68: Der Preisbemessung könne nicht die Aufgabe zufallen, mittelmäßige Bewerber auszusieben.

den. Dem Zweck des § 46 Abs. 2 EnWG entspricht schon ein Kaufpreis, der eine Netzübernahme durch einen effizienten Bewerber **kaufmännisch** vernünftig erscheinen lässt.

51 Unter normalen Marktbedingungen gäbe es allerdings neben den Ertragsaussichten eines effizienten Bewerbers noch eine zweite einschränkende Größe, die auch in einem wettbewerblichen Auktionierungsverfahren nicht überschritten würde: Liegt der **Substanzwert**, d.h. der **Bruttorekonstruktionswert** der Anlagen unter dem **Ertragswert**, würde der potenzielle Erwerber nicht mehr bieten als diesen Substanzwert. Denn dann könnte er zu entsprechenden Kosten ein Netz gleicher Art und Güte selbst errichten. Insofern bilden der Substanz- bzw. Sachzeitwert und der Ertragswert aus Sicht eines effizienten Bieters zwei voneinander unabhängige Begrenzungen des „**markträumenden Gebots**" bei funktionsfähigem Nachfragewettbewerb. Die in der **BGH**-Entscheidung „Kaufering" angewandte Bewertungsmethodik entspricht somit einer „Als-ob-Wettbewerbs-Betrachtung"; sie ist uneingeschränkt **markt- und wettbewerbskonform**.

III. Ertragswert versus kalkulatorischer Restwert

52 Teilweise knüpfen die Befürworter einer **Kommunalisierung** zwar vordergründig an die **BGH**-Entscheidung „Kaufering" an, wonach der Ertragswert einen **sachzeitwertbasierten Kaufpreis** begrenze. Für den Ertragswert von Netzanlagen soll aber aufgrund der regulatorischen Rahmenbedingungen angeblich nur noch die erzielbare **Eigenkapitalverzinsung** gem. § 7 Gas-/StromNEV maßgeblich sein,[81] die wiederum vom **kalkulatorischen Restwert** abhängt. Deshalb sei die „wirtschaftlich angemessene Vergütung" i.S.v. § 46 Abs. 2 S. 2 EnWG identisch mit dem kalkulatorischen Restwert gem. Gas-/StromNEV.[82] Dies bedeutet in letzter Konsequenz, dass das bisherige EVU kalkulatorisch vollständig abgeschriebene Anlagen dem neuen EVU unentgeltlich zu übereignen hätte, unabhängig von ihrem Erhaltungszustand, ihrer Gebrauchstauglichkeit, ihrer Restnutzungsdauer und selbst einem etwaigen Schrottwert.

53 Allerdings können sich die Vertreter dieser Auffassung nicht auf die **BGH**-Entscheidung „Kaufering" berufen. In Wirklichkeit lösen sie sich von dieser Entscheidung und fordern mit dem kalkulatorischen Restwert eine vom Ertrags- und Sachzeitwert grundlegend abweichende **Bewertungsmethodik**.

---

81 Schneider/Theobald/*Albrecht*, § 9 Rn 136; Sauer, EWeRK 2/2011, 65, 68.

82 Danner/Theobald/*Theobald*, § 46 EnWG Rn 73; *Schwintowski*, ZfK 11/2011, S. 3. Zu weiteren Bewertungsprämissen, die alle auf möglichst niedrige Substanz- und Ertragswerte zielen, Danner/Theobald/*Theobald*, § 46 EnWG Rn 89f. Dabei wird verkannt, dass die Vorgabe der „wirtschaftlich angemessenen Vergütung" nicht dem einseitigen Schutz nur der Gemeinde bzw. des von ihr bestimmten neuen EVU dient, sondern auch dem Schutz des bisherigen EVU.

1. Methodendiskussion bis zur BGH-Entscheidung „Kaufering"

Diese grundsätzlichere Methodendiskussion ist nicht neu. Schon im Vorfeld der „Kaufering"-Entscheidung gab es vereinzelt Stimmen, die eine Bewertung übergehender Ortsnetzanlagen mit dem **Anschaffungskosten-Restwert** oder mit dem **tarifkalkulatorischen Restwert** gem. BTOElt befürworteten.[83] Diese Methoden können u.U. zu einem **Wertansatz** deutlich unterhalb des Ertragswertes und des Sachzeitwertes führen.[84] Sie würden der Gemeinde bzw. dem von ihr bestimmten neuen EVU eine besonders billige Netzübernahme ermöglichen und damit risikolose Monopolgewinne verschaffen.[85] 54

Der **Anschaffungskosten-Restwert** basiert auf den ursprünglichen Anschaffungs- und Herstellungskosten, also nicht auf **Tagesneuwertbasis** hochindiziert. Diese werden mit tatsächlichen, betriebsüblichen **Nutzungsdauern** abgeschrieben, u.U. deutlich oberhalb der handels- und steuerrechtlichen, aber auch der regulatorischen Nutzungsdauern. Die tatsächlich zu erwartende **Restnutzungsdauer** eines gebrauchten Wirtschaftsguts hängt nicht allein vom Alter der Anlagen ab, sondern auch davon, ob diese regelmäßig gewartet und gepflegt wurden. Der Zeitpunkt der erstmaligen **Aktivierung** ist für die Restnutzungsdauer kaum aussagekräftig; eventuell ist das ursprüngliche Wirtschaftsgut durch nachhaltige **Instandhaltung** und regelmäßigen Ersatz aller Verschleißkomponenten schon längst „runderneuert". Beim Anschaffungskosten-Restwert wird zwar die Abschreibungs- bzw. Nutzungsdauer realitätsnah abgebildet, nicht aber die **Wertbasis**. Durch technischen Fortschritt kann der Wiederbeschaffungspreis, der bei einer Reinvestition aufzuwenden ist, inzwischen niedriger liegen, inflationsbedingt aber auch deutlich höher als bei der seinerzeitigen Aktivierung. 55

Der **tarifkalkulatorische Restwert** vermeidet diesen letzteren Mangel, indem die ursprünglichen Anschaffungs- und Herstellungskosten je nach **Kapitalerhaltungsansatz** ganz oder teilweise auf **Tagesneuwertbasis** hochindiziert werden. Hier erfolgt die Abschreibung jedoch mit regulatorisch vorgegebenen, regelmäßig kürzeren Nutzungsdauern.[86] Vor allem bei älteren Netzen liegt der kalkulatorische Restwert deshalb regelmäßig noch niedriger als der Anschaffungskosten-Restwert.[87] 56

---

83 *Schäfer*, RdE 1993, 185; *Klaue*, BB 1995, 989.
84 Vgl. näher *Salcher/Keller/Beckmann/Maier*, N&R Beilage 1/2012, 8ff.
85 S.o. Rn 50.
86 Zur Zeit der „Kaufering"-Entscheidung galt noch die von der jeweiligen Landespreisaufsichtsbehörde angesetzten tarifkalkulatorischen Nutzungsdauern gem. BTOElt. Wenn Danner/Theobald/*Theobald*, § 46 EnWG Rn 89 zur Ermittlung des Sachzeitwerts immer noch eine Abschreibung mit den kurzen BTO-Nutzungsdauern fordert, ist dies methodisch schlicht falsch; hier wird nicht der Sachzeitwert ermittelt, sondern der davon zu unterscheidende kalkulatorische Restwert.
87 S.u. Rn 59.

57 Der **BGH** hat diese beiden **Bewertungsansätze** in seiner „Kaufering"-Entscheidung ausdrücklich verworfen. Der Veräußerer sei nicht darauf verwiesen, im Kaufpreis lediglich seine ursprünglichen Anschaffungs- und Herstellungskosten (abzüglich Abschreibungen) zu erlösen, also nur den **Anschaffungskostenrestwert**.[88] Ebenso wenig hielt der **BGH** den sog. tarifkalkulatorischen Restwert für eine geeignete Bewertungsbasis.[89] Nach der **BGH**-Entscheidung „Kaufering" sind das **Sachzeitwert- und das Ertragswertverfahren** grundsätzlich gleichermaßen für eine realitätsnahe Bewertung übergehender Ortsnetze geeignet. Der Sachzeitwert bildet durch die **Tagesneuwertbasierung** und Abschreibung mit betriebsüblichen Nutzungsdauern die tatsächliche Restnutzungsdauer und den gegenwärtigen Restwert realitätsnah ab. Der Ertragswert stellt mehr auf die nachhaltig erzielbaren **Überschüsse** ab; diese aber hängen wesentlich ebenfalls von der tatsächlichen Restnutzungsdauer und dem damit zusammenhängenden Reinvestitionsbedarf ab. Deshalb wäre eigentlich anzunehmen, dass mit der **BGH**-Entscheidung „Kaufering", nochmals bestätigt in der „Lippstadt"-Entscheidung, die grundlegende Methodendiskussion entschieden gewesen wäre und sich die Forderung nach einer Bewertung zum kalkulatorischen Restwert erledigt hätte.

2. Neue Aspekte durch Netzentgeltregulierung?

58 Gleichwohl wird von den Befürwortern einer **Kommunalisierung** unter Verweis auf die neuen regulatorischen Vorgaben noch immer eine Begrenzung des angemessenen **Netzkaufpreises** auf den **kalkulatorischen Restwert** gefordert, inzwischen nicht mehr nach BTOElt, sondern nach Gas- bzw. StromNEV.[90] Einzelne Gerichtsentscheidungen scheinen dem folgen zu wollen.[91]

59 Dieser grundlegende **Methodenwechsel** unter Abkehr von der **BGH-Entscheidung** „Kaufering" kann vor allem bei älteren Stromnetzen in bestimmten Fällen zu einer extrem niedrigen **Bewertung** führen.[92] Jedenfalls die BNetzA hat, gestützt auf

---

88 BGHZ 128, 158 ff. = NJW 2000, 577, 584 sowie *Büdenbender/Bachert/Rosin*, S. 43.

89 BGHZ 128, 160 = NJW 2000, 577, 584 sowie *Büdenbender/Bachert/Rosin*, S. 43

90 Schneider/Theobald/*Albrecht*, § 9 Rn 136.

91 OLG Frankfurt a. M. RdE 2011, 422, 425 ist insoweit unklar: Wenn für den Ertragswert „zunächst" der kalkulatorische Restwert maßgeblich sein soll (Rn 82), dann muss es offensichtlich noch weitere ertragswertbestimmende Faktoren geben. Offenbar hat das OLG Frankfurt a. M. insoweit lediglich den Gemeinsamen Leitfaden des BKartA und der BNetzA zur Vergabe von Strom- und Gaskonzessionen und zum Wechsel des Konzessionsnehmers vom 15.12.2010 abgeschrieben, ohne sich eigene Gedanken zur „*wirtschaftlich angemessenen Vergütung*" zu machen, evtl. auch, weil das OLG auf der Grundlage des alten Rechts eine pachtweise Überlassung für ausreichend hielt.

92 In der Praxis haben es Berater kommunalisierungswilliger Gemeinden durch Wahl zielorientierter Bewertungsprämissen schon verstanden, in solchen Fällen einen *negativen* Ertragswert „hinzurechnen"; folgerichtig wäre hier selbst eine unentgeltliche Überlassung die Fiktion in § 32 Abs. 3 StromNEV, bis 2004 für Stromnetze in aller Regel sehr kurze **steuerliche Nutzungsdauern** unterstellt, selbst für Zeiten, in denen entsprechende Arbeitsanleitungen der Landespreisaufsichtsbehörden gar nicht existierten. Dies führte bei älteren Netzen zu entsprechend niedrigen kalkulatorischen **Restwerten** und zu entsprechend niedrigen kalkulatorischen Kosten. Seit 2005 werden üblicherweise, wie bei Gas insgesamt, die etwas längeren unteren **Nutzungsdauern** gem. Anlage 1 zur StromNEV/GasNEV (NEV-Nutzungsdauern) zugrunde gelegt. Auch diese liegen noch deutlich unter den tatsächlichen betriebsüblichen Nutzungsdauern, die eher den oberen NEV-Nutzungsdauern entsprechend, z. T. noch darüber liegen. Gleichwohl waren wohl alle Netzbetreiber durch die o. g. behördlichen **Restwertkürzungen** genötigt, mit den eigentlich unrealistisch kurzen unteren NEV-Nutzungsdauern weiter zu kalkulieren, weil anders die notwendigen **Reinvestitionen** in die Netze vollends nicht mehr finanzierbar wären. Diese regulatorisch erzwungene unrealistisch schnelle **Abschreibungspraxis** führt zu kalkulatorischen Restwerten deutlich unter dem tatsächlichen **Zeitwert** der Anlagen. Auch wenn sie kalkulatorisch schon vollständig abgeschrieben sind, weisen sie regelmäßig noch eine beträchtliche Restnutzungsdauer auf, bevor altersbedingt mit wachsendem Instandhaltungsaufwand oder Reinvestitionsbedarf zu rechnen ist.[93]

Auf normalen **Wettbewerbsmärkten** wäre es undenkbar, dass kalkulatorisch 60
abgeschriebene Anlagen unabhängig von ihrer Gebrauchstauglichkeit, Restnutzungsdauer und den mit ihnen noch erzielbaren Erträgen unentgeltlich auf Dritte übertragen würden. Fraglich ist, ob im **Netzbereich** aufgrund der **Regulierung** anderes gilt. Zwar muss ein Netzerwerber die vom Voreigentümer vorgenommenen bzw. diesem behördlich unterstellten kalkulatorischen **Abschreibungen** wegen §§ 6 Abs. 6, 7 Gas-/StromNEV in der Tat gegen sich gelten lassen. Dies beruht darauf, dass §§ 6, 7 Gas-/StromNEV auf die „historischen", im Zeitpunkt ihrer Errichtung erstmalig aktivierten **Anschaffungs- und Herstellungskosten** abstellen, nicht, wie sonst beim Erwerb gebrauchter Anlagengüter, auf den vom Erwerber gezahlten Kaufpreis, mit dem nach dessen Aktivierung nach normalen **handels- und steuerrechtlichen Grundsätzen** ein neuer Abschreibungszyklus beginnt, unabhängig von den Abschreibungen des Voreigentümers.

Die **Verfassungskonformität** dieser Gas- und StromNEV-Vorgaben abweichend 61
von normalen handels- und steuerrechtlichen Grundsätzen zunächst unterstellt,[94]

(Verschenken) noch prohibitiv, weil für das neue EVU wirtschaftlich nachteilig. Difficile est, satiram non scribere.

93 Auch Schneider/Theobald/*Albrecht*, § 9 Rn 136 a. E. erkennt den „Nutzwert" kalkulatorisch abgeschriebener Anlagen an, negiert aber jeden Ertragswert. Wenn das so wäre, fragt sich, wieso in der Praxis ein Interesse an der Übernahme solcher Anlagen besteht. Offenbar lässt sich der „Nutzwert" doch in Erträge „ummünzen".

94 Hierzu u. Rn 76ff.

hängen zwar die erzielbaren Erlöse aus **kalkulatorischen Kosten**[95] vom kalkulatorischen Restwert der überlassenen Anlagen ab. Schon zur Zeit der reinen **Kostenregulierung** gem. Gas-/StromNEV ging der Ertragswert von Sachanlagen jedoch über die mit diesen Anlagen erzielbaren kalkulatorischen Kosten hinaus, sei es durch die o.g. **Synergien**, sei es durch die kostendämpfende Wirkung kalkulatorisch abgeschriebener Anlagen im **Vergleichsverfahren** gem. § 21 Abs. 3, 4 EnWG, §§ 22 ff. StromNEV, §§ 21 ff. GasNEV.

62 In der **Anreizregulierung** eröffnet eine **Mischkalkulation** mit kalkulatorisch teilweise abgeschriebenen Anlagen erst recht zusätzliche Ertragsaussichten.[96] Für kalkulatorisch abgeschriebene Anlagen fallen auf der Inputseite keine kalkulatorischen **Kosten** mehr an; gleichzeitig erhöhen sich aber die **Outputparameter**. Deshalb führen abgeschriebene Anlagen zu einer Verbesserung des **Effizienzwertes**. Ein ohne diese Anlagen nicht vollständig effizienter Netzbetreiber wird so in die Lage versetzt, einen eigentlich ineffizienten operativen Aufwand mit solchen abgeschriebenen Anlagen zu **kompensieren**. Dieser Vorteil wirkt zwar nicht bei einem ohnehin 100% effizienten Erwerber oder bei einem Erwerber, der sich für das **vereinfachte Verfahren** gem. § 24 ARegV entschieden hat. Alle Erwerber im Regelverfahren mit einer **Effizienz** unter 100% profitieren aber in der Anreizregulierung durch eine Übernahme kalkulatorisch abgeschriebener Anlagen, umso mehr, je niedriger ihr Effizienzwert ohne diese Übernahme wäre. Da nach der **BGH**-Entscheidung „Kaufering" eine **objektivierende Sichtweise** aus Sicht aller wirtschaftlich handelnder Erwerber geboten ist, haben auch kalkulatorisch abgeschriebene Anlagen in der Anreizregulierung einen positiven Ertragswert.[97]

63 Teilweise wird eingewandt, solche zusätzlichen Ertragsaussichten dürften im **Netzkaufpreis** nicht berücksichtigt werden, weil sie nach **Sinn und Zweck** der Anreizregulierung dem Netzerwerber zustünden.[98] Diese Argumentation löst sich von der normalen, allein auf die **Wirtschaftlichkeit** abstellenden Ertragsbewertung und unterstellt, dass aufgrund **normativer** Wertungen nur bestimmte **Ertragsaussichten** im Netzkaufpreis berücksichtigt werden dürften, andere nicht. Schlüssig ist sie allenfalls in Bezug auf die Gewinnchancen infolge eines „überplanmäßigen" **Kostenabbaus** durch den Netzerwerber, die er sich durch eigene Effizienzanstrengungen erarbeitet. Anderes gilt dagegen für die Übernahme kleinerer **Ortsnetze** ohne

---

95 Kalk. Abschreibungen gem. § 6 Strom-/GasNEV, kalk. EK-Verzinsung gem. § 7 Strom-/GasNEV sowie kalk. Gewerbesteuer gem. § 8 Strom-/GasNEV.

96 BDEW-Leitfaden „Konzessionsverträge und Konzessionsabgaben in der Strom- und Gasversorgung" vom 9.11.2010, S. 29 f.

97 BDEW-Leitfaden „Konzessionsverträge und Konzessionsabgaben in der Strom- und Gasversorgung" vom 9.11.2010, S. 30.

98 Vgl. *Sauer*, EWeRK 2/2011, 65, 68.

jedes Netzservicepersonal oder für die Übernahme kalkulatorisch schon relativ stark **abgeschriebener Anlagen**. Durch solche Netzübernahmen verbessert der Netzerwerber seinen Effizienzwert und seine Erlösaussichten nicht aufgrund eigener Anstrengungen. Vielmehr erhält er dank gemeindlicher Unterstützung die Möglichkeit, eigene Ineffizienzen auf das netzabgebende EVU zu verlagern.

Dagegen hat das **netzabgebende EVU** keine Möglichkeit, sein Netzservicepersonal im Vorfeld der Konzessionsentscheidung der Gemeinde quasi „prophylaktisch" abzubauen. Zum einen muss es bis zum letzten Tag seine **Netzbetriebspflicht** gem. § 11 EnWG erfüllen, hätte andernfalls sogar Erlöskürzungen in der **Qualitätsregulierung** gem. §§ 18ff. ARegV zu gewärtigen. Zum anderen kann das EVU im Vorhinein gar nicht abschätzen, ob die Gemeinde ihm das Wegerecht verlängert oder einem anderen Konzessionsbewerber. Deshalb ist nicht erkennbar, wieso die zusätzlichen synergiebedingten Ertragsaussichten eines Netzerwerbers, der ein Ortsnetz „personallos" oder kalkulatorisch schon weitgehend abgeschrieben übernimmt, im Netzkaufpreis nicht berücksichtigt werden sollten. Sinn und Zweck der Anreizregulierung ist es, überplanmäßige **Effizienzanstrengungen** eines Netzbetreibers zu „belohnen", nicht aber **„windfall profits"** infolge von Netzübernahmen zu ermöglichen. 64

Im Übrigen macht die o.g. „Als-ob-Wettbewerbs"-Betrachtung[99] deutlich, dass sich bei wirksamem **Nachfrage-Wettbewerb** um ein Ortsnetz letztlich alle Ertrags-Chancen effizienter Erwerber im markträumenden Gebot abbilden. Wenn behauptet wird, bestimmte Ertrags-Chancen „stünden dem Erwerber und nicht dem Veräußerer" zu, so werden damit dem von der Gemeinde bestimmten neuen EVU wettbewerbswidrige **Monopolgewinne** zugesprochen, die es ohne das von der Gemeinde vermittelte Nachfragemonopol nicht erzielen könnte. Somit ist aus dem neuen regulatorischen **Ordnungsrahmen** keine stichhaltige Begründung ableitbar, abweichend von der Ertragsbewertung gemäß **BGH**-„Kaufering" bestimmte Ertragschancen bei der Kaufpreisermittlung auszuklammern oder statt auf den Sachzeit- und Ertragswert auf gänzlich abweichende Bewertungsmethoden wie den kalkulatorischen Restwert abzustellen. 65

Dies scheint auch der **BKartA/BNetzA-Leitfaden** zur Konzessionsvergabe anzuerkennen: Unter Rn 44 führt er aus, dass der neue Netzbetreiber Erträge *„zunächst nur"*[100] auf der Grundlage des kalkulatorischen Restwerts erzielen könne. Damit sei der kalkulatorische Restwert *„eine maßgebliche Eingangsgröße"*.[101] Am Ende dieser 66

99 S.o. Rn 48ff.

100 Hervorhebung nur hier, nicht im Original; ebenso OLG Frankfurt a.M. RdE 2011, 422, 425, Rn 82.

101 Hervorhebung nur hier, nicht im Original; insoweit zitiert OLG Frankfurt a. M. den Gemeinsamen Leitfaden von BKartA und BNetzA zur Vergabe von Strom- und Gaskonzessionen und zum Wechsel des Konzessionsnehmers vom 15.12.2010 nicht mehr.

Randnummer wird jedoch eingeräumt, dass im Ertragswert auch besondere **Erlöschancen** in Folge der Anreizregulierung zu berücksichtigen seien.[102]

67 Somit bleibt festzuhalten, dass ein nach den Maßstäben wirtschaftlicher Vernunft handelnder, objektiver Erwerber in der Anreizregulierung auch durch Übernahme **kalkulatorisch abgeschriebener Anlagen** Erlöse erwirtschaften kann. Eine Bewertung allein zum kalkulatorischen Restwert führt zu unangemessen niedrigen Netzübernahmevergütungen und ist weder mit § 3 Abs. 2 Nr. 2 KAV noch mit § 46 Abs. 2 S. 2 EnWG vereinbar.

68 Im Übrigen zeigt eine weitere Vergleichsbetrachtung, dass der kalkulatorische Restwert keine „wirtschaftlich angemessene Vergütung" sein kann: Ist ein Ortsnetz nicht nur kalkulatorisch abgeschrieben, sondern auch seine technisch-wirtschaftliche **Nutzungsdauer abgelaufen**, ist es gleichwohl nicht gänzlich wertlos. Auch dann lässt sich für die zu ersetzenden Anlagen zumindest noch der **Schrottwert** erlösen[103] – bei alten Niederspannungs-Freileitungen angesichts der aktuellen Kupferpreise durchaus attraktiv. Insoweit liegen sowohl der Ertrags- als auch der Sachzeitwert eines Netzes stets oberhalb von „Null".[104]

IV. Verhältnis vertraglicher Kaufpreisregelungen zu § 46 Abs. 2 S. 2 EnWG

69 Die **BGH**-Entscheidung „Kaufering" bezog sich auf eine vertragliche Kaufpreisregelung zwischen Gemeinde und bisherigem EVU. Seinerzeit gab es noch keine gesetzliche Überlassungspflicht. Vor diesem Hintergrund ist zu klären, in welchem Verhältnis die **gesetzliche Vergütungsregelung** (wirtschaftlich angemessene Vergütung) und eine **vertragliche Vergütungsregelung** stehen. Teilweise wird vertreten, § 46 Abs. 2 S. 2 EnWG beinhalte einen eigenständigen, unmittelbar einklagbaren Anspruch des neuen EVU auf Netzübereignung gegen wirtschaftlich angemessene Vergütung. Selbst wenn die Gemeinde einen etwaigen vertraglichen Überlassungsanspruch aus dem Altkonzessionsvertrag dem neuen EVU abtritt, stünde dieser vertragliche Anspruch in Konkurrenz zu dem gesetzlichen Überlassungsanspruch; das neue EVU hätte dann die Wahl, welchen seiner parallelen Ansprüche es geltend macht.[105]

70 Das Verhältnis zu vertraglichen Überlassungs- und Vergütungsregelungen im Alt-Konzessionsvertrag mit der Gemeinde wurde schon unter Kap. 6 eingehend erörtert. Hier soll nur noch untersucht werden, welche Ansprüche § 46 Abs. 2 S. 2 EnWG

---

102 Ebenso BDEW-Leitfaden „Konzessionsverträge und Konzessionsabgaben in der Strom- und Gasversorgung" vom 9.11.2010, S. 29 f.
103 Vgl. hierzu auch *Börner*, Versorgungswirtschaft 2009, 201, 202.
104 So im Ergebnis auch OLG Koblenz, RdE 2011, 191, 192.
105 *Sauer*, EWeRK 2/2011, 65, 67.

zwischen dem bisherigen Netzeigentümer und dem neuen EVU begründet. Unstrittig liegt hier ein **gesetzliches Schuldverhältnis** vor. Damit ist aber noch nichts über seinen Inhalt gesagt. Es könnte sich lediglich um einen gesetzlichen **Kontrahierungszwang** handeln, wie auch sonst im EnWG häufig anzutreffen. Dann wäre der Anspruch gerichtet auf Abschluss eines Netzveräußerungsvertrags gegen wirtschaftlich angemessene Vergütung.

Es könnte aber auch – so die These von der **Anspruchskonkurrenz** – gerichtet 71
sein unmittelbar auf Übereignung der Ortsnetzanlagen gegen wirtschaftlich angemessene Vergütung. In diesem Fall stellt sich die weitere Frage, ob ein Fall des § 316 BGB vorliegt, so dass der bisherige Netzeigentümer die **Gegenleistung** im Rahmen des § 315 BGB bestimmen kann, oder ob es sich bei der Formulierung „wirtschaftlich angemessene Vergütung" um einen **unbestimmten Rechtsbegriff** handelt, der vom Gericht im Wege der **Auslegung** zu konkretisieren wäre. Dann könnte letztlich das Gericht die „wirtschaftlich angemessene Vergütung" im Rahmen der **Netzherausgabeklage** dekretieren, ohne dass es zuvor noch einer Einigung der Parteien oder auch nur einer Preisbestimmung durch den bisherigen Netzeigentümer nach billigem Ermessen bedürfte.

Eine solche Auslegung des § 46 Abs. 2 S. 2 EnWG erscheint jedoch nach der o.g. 72
Entstehungsgeschichte nicht vertretbar. Wenn nach den Gesetzesmaterialien mit der Formulierung „wirtschaftlich angemessene Vergütung" zwar eine prohibitiv hohe Kaufpreisforderung ausgeschlossen werden, im Übrigen jedoch die **Vertragsfreiheit** der Parteien sowie das verfassungsrechtlich geschützte Recht zur Verwertung des Anlageneigentums nicht über Gebühr beschränkt werden sollte, dann spricht dies eindeutig für einen **Kontrahierungszwang**. Somit setzt § 46 Abs. 2 S. 2 mit der Vorgabe einer „wirtschaftlich angemessenen Vergütung" zwar einen **verbindlichen Rahmen** für die Beteiligten, der weder über- noch unterschritten[106] werden darf, der aber durchaus noch einer vertraglichen Konkretisierung fähig und bedürftig ist.

Selbst wenn man § 46 Abs. 2 S. 2 EnWG als **eigenständige Anspruchsgrundlage** des neuen EVU auf Übereignung der Ortsnetzanlagen ansähe, ändert sich im Er- 73
gebnis nichts. In diesem Fall wäre der unbestimmte Rechtsbegriff der „wirtschaftlich angemessenen Vergütung" – auch schon in der Vorgängernorm des § 13 Abs. 2 S. 2 EnWG 1998 – durch Auslegung näher zu bestimmen. Die Begründungen der EnWG-Novellen 1998 und 2005 enthalten keine Hinweise zur Konkretisierung der „wirtschaftlich angemessenen Vergütung". Der **Normtext** entspricht allerdings dem in

---

106 § 3 KAV ist unstrittig eine Verbotsnorm i. S. v. § 134 BGB und führt zur Nichtigkeit unangemessen niedriger Kaufpreisvereinbarungen in Konzessionsverträgen (was die Gemeinde infolge ihrer Marktmacht bei der Wegerechtsvergabe ohne § 3 KAV unschwer durchsetzen könnte). Ebenso schließt § 46 Abs. 2 S. 2 EnWG aus, dass das von der Gemeinde bestimmte neue EVU sein Nachfragemonopol zur Durchsetzung eines unangemessen niedrigen Kaufpreises ausnutzen kann.

§ 3 Abs. 2 Nr. 2 KAV. Die dortige Begründung nahm auf den **Sachzeitwert** Bezug.[107] Zudem war dem Gesetzgeber in der EnWG-Novelle 2005 die **BGH**-Rechtsprechung zur Angemessenheit von Netzkaufpreisen bekannt, die **sachzeitwertbasierte Netzkaufpreise** nicht als wirtschaftlich unangemessen befand, außer sie lägen nicht unerheblich über dem **Ertragswert** aus Sicht eines wirtschaftlich handelnden Erwerbers. Wenn der Gesetzgeber in dieser Situation die relativ offene Formulierung aus § 3 Abs. 2 Nr. 2 KAV und § 13 Abs. 2 S. 2 EnWG a.F. unverändert in § 46 EnWG 2005 übernahm und auch die Materialien nichts dafür hergeben, dass er an der bisherigen **Rechtspraxis** zur Netzkaufpreisbestimmung etwas ändern wollte, hat er die zwischenzeitlich ergangene **BGH**-Rechtsprechung offenbar in seinen Willen aufgenommen.[108]

74 Erst recht gilt dies für die jüngste **EnWG-Novelle 2011**. Der Bundesrat hatte gefordert, die „wirtschaftlich angemessene Vergütung" abweichend von der bisherigen **BGH**-Rechtsprechung allein durch den Ertragswert zu konkretisieren. Die Bundesregierung widersprach dem,[109] und der Bundestag folgte dieser Linie und behielt die bisherige offene Formulierung „wirtschaftlich angemessene Vergütung" bei. Damit wollte er die bisherige **BGH**-Rechtsprechung zur Angemessenheit von Netzkaufpreisen nicht korrigieren, ließ freilich auch den **Raum für eine Fortentwicklung** im Lichte neuer Erkenntnisse.

75 Somit dürfte die **wirtschaftliche Angemessenheit** i.S.v. § 46 Abs. 2 S. 2 EnWG im Zweifel nach den Grundsätzen der **BGH**-Entscheidung „Kaufering" zu bestimmen sein. Auch dann gilt als Maßstab grundsätzlich der **Sachzeitwert**, ggf. korrigiert um den **Ertragswert** aus Sicht eines wirtschaftlich handelnden Erwerbers.[110] Im Übrigen deckt sich dieser Maßstab mit einer **„Als-ob-Wettbewerbs-Betrachtung"**.[111] Deshalb kann es in Bezug auf die Vergütung dahinstehen, ob § 46 Abs. 2 S. 2 EnWG eine eigenständige Anspruchsgrundlage auf Netzübereignung oder lediglich einen Kontrahierungszwang beinhaltet.

V. Verfassungskonforme Auslegung

1. Verfassungskonforme Reduktion der Gas-/StromNEV?

76 Teilweise wurden **eigentumsrechtliche** Bedenken gegen das Verbot der „Abschreibung unter Null" in § 6 Strom-/GasNEV geltend gemacht und im Wege verfassungs-

107 S.o. Rn 6.
108 S.o. Rn 7 ff.
109 S.o. Rn 11 ff.
110 Vorbehaltlich einer neuerdings gebotenen verfassungskonformen Auslegung des Begriffs „wirtschaftlich angemessene Vergütung"; dazu u. Rn 82 ff.
111 S.o. Rn 48 ff.

konformer Auslegung eine Anwendung allein auf **konzerninterne Veräußerungsvorgänge** gefordert.[112] Ergänzend wurde dieses Ergebnis auch auf die Entstehungsgeschichte bzw. die Vorläufernorm in der VV II plus gestützt.[113]

Der **BGH** hat die Verfassungsmäßigkeit dieser Kalkulationsvorgaben bisher nur 77
im Rahmen der **Netzentgeltkontrolle**, d.h. in Bezug auf den Netzerwerber geprüft.[114] Dieser hatte eingewandt, das Verbot von Abschreibungen unter Null auch im Falle eines Eigentümerwechsels sei in verfassungskonformer Auslegung nur auf konzerninterne Veräußerungsvorgänge zu beziehen. Der **BGH** folgte dem nicht und sah keine Bedenken, die kalkulatorischen Abschreibungen eines Netzbetreibers unter Berücksichtigung der kalkulatorischen Abschreibungen des Voreigentümers zu ermitteln.[115] Insoweit seien lediglich künftige **Erwerbsaussichten** betroffen, die von Art. 14 GG nicht geschützt sind.[116] Die Kaufering-Entscheidung habe eine gänzlich andere, auf die Netzentgeltkontrolle nicht übertragbare Sachverhaltskonstellation behandelt.[117] Dem ist zu folgen; denn insoweit wäre auch der **Eigentumsbestand** betroffen, der anders als künftige Erwerbsaussichten von Art. 14 GG geschützt ist.

Teilweise wird eine Anwendung der o.g. **Kalkulationsvorgaben** der Strom- und 78
GasNEV auf Netzüberlassungspreise auch unter dem Blickwinkel einer unzulässigen **Rückwirkung** verfassungsrechtlich problematisiert.[118] Wegen der unterschiedlichen **Verordnungsermächtigungen** einerseits in § 24 EnWG, andererseits in § 48 Abs. 3 EnWG seien die Kalkulationsvorgaben der Strom- und GasNEV strikt zu trennen von der **Angemessenheitsprüfung** von Netzüberlassungspreisen.

Der **BGH** hat hierzu bezogen auf die **Angemessenheitskontrolle** von Netzüber- 79
nahmepreisen bisher keine Stellung genommen. Zu bedenken ist auch, dass sich die o.g. Vorgaben der Strom- und GasNEV nicht auf ein „Verbot von Abschreibungen unter Null" beschränken; insoweit entsprächen sie noch allgemeinen handels- und steuerrechtlichen Grundsätzen. Nach allgemeinem Handels- und Steuerrecht ist bei **Veräußerung gebrauchter Wirtschaftsgüter** eine **Sonderabschreibung** in Höhe des **Restbuchwerts** vorzunehmen, der der erzielte Verkaufserlös gegenübersteht, und beim Erwerber beginnt mit Aktivierung des gezahlten Kaufpreises ein neuer, eigenständiger Abschreibungszyklus. Hier bleiben **Buchgewinne** also beim Veräußerer.

Der Verordnungsgeber hat jedoch in § 6 Abs. 2 Nr. 2 von einer **normativen Fik-** 80
tion Gebrauch gemacht, indem für die kalkulatorischen Abschreibungen generell,

112 *Büdenbender/Bachert/Rosin*, S. 82–101.
113 *Büdenbender/Bachert/Rosin*, S. 85 ff.
114 BGH RdE 2008, 341 ff. „SW Neustadt".
115 BGH RdE 2008, 341, 342, Rn 47 f. „SW Neustadt".
116 BGH RdE 2008, 341, 342, Rn 52 „SW Neustadt".
117 BGH RdE 2008, 341, 342, Rn 49 „SW Neustadt".
118 Vgl. Kermel/Brucker/Baumann/*Kermel*, S. 151; *Ballwieser/Lecheler*, et 2007, Heft 4, S. 48.

auch im Falle einer Netzveräußerung, die **historischen Anschaffungs- und Herstellungskosten** maßgeblich sein sollen, legaldefiniert als AHK bei erstmaliger Anlagenerrichtung. Daraus folgern die Befürworter einer Netzveräußerungspflicht zum kalkulatorischen Restwert, die im Ortsnetz enthaltenen **stillen Reserven** seien unentgeltlich auf das neue EVU zu übertragen. Dies als „wirtschaftlich angemessen" zu bezeichnen, erfordert beträchtliche Chuzpe. Die o.g. normative Fiktion mag aus Gründen des **Verbraucher- oder Wettbewerbsschutzes** im Rahmen der Netzentgeltkontrolle gerechtfertigt sein.[119] Solche normativen Fiktionen[120] können aber bei rechtsmethodisch korrekter Auslegung nicht über ihre ihnen zugedachte Funktion erweiternd auch auf gänzlich andere **Sachverhaltskonstellationen**[121] angewandt werden.

81 Ob sich der **BGH** diesen verfassungsrechtlichen und rechtssystematischen Bedenken anschließt, bleibt abzuwarten.

2. Zusätzliche verfassungsrechtliche Problematik infolge der Netzübereignungspflicht gem. § 46 Abs. 2 S. 2 EnWG n.F.

82 Die verfassungsrechtliche Problematik hat sich inzwischen verschärft. Die jüngste EnWG-Novelle hat eine **unbedingte Netzübereignungspflicht** des bisherigen EVU eingeführt. Ob sich diese Vorgabe noch im Rahmen einer zulässigen Inhaltsbestimmung bewegt, erscheint zweifelhaft; die Geeignetheit und Erforderlichkeit dieses **Eigentumseingriffs** lässt sich mit guten Gründen bezweifeln.[122] Im Folgenden soll allein die **Angemessenheit** (Verhältnismäßigkeit i.e.S.) in den Blick genommen werden. Ein gesetzlich bzw. durch Entscheidungen der öffentlichen Hand erzwungener **Eigentumsverlust** kann auch dann, wenn man ihn nicht als Enteignung ansieht, sondern als **Inhalts- und Schrankenbestimmung** des Eigentums, eine substanzorientierte wirtschaftliche **Kompensation** erfordern; andernfalls ist seine Angemessenheit zu verneinen.[123]

83 Vor diesem Hintergrund ist der unbedingte **Übereignungszwang** vor allem dann eigentumsrechtlich angreifbar, wenn die Rechtsprechung zur Angemessenheit von Netzkaufpreisen unverändert auf den **Ertragswert** als Korrektiv für den **Sachzeitwert** abstellen würde. Die normativen und regulierungsbehördlichen Vorgaben

119 Vgl. BGH RdE 2008, 341, 342, Rn 52. Ebenso wie die auf § 32 Abs. 3 StromNEV gestützte BNetzA-Unterstellung einer früheren kalk. Abschreibung mit kurzen steuerlichen Nutzungsdauern (s.o. Rn 59), vgl. hierzu BGH RdE 2008, 334 ff. „SW Engen".

120 Ein in der Juristenausbildung beliebtes Beispiel: „Als Wurst im Sinne der Einfuhr-Durchführungsverordnung gilt auch Geflügel."

121 BGH RdE 2008, 341, 342, Rn 49.

122 *Jacob*, RdE 2011, 212 ff. sowie oben Kap. 6 Rn 22 ff.

123 *Jacob*, RdE 2011, 212, 217 f. m.w.N.; seit BVerfGE 58, 137 „Pflichtexemplar" anerkannt.

für die Netzentgelte können in ihrer Intensität und Schärfe im Zeitablauf stark schwanken. Beispielhaft zu nennen ist hier die Fiktion kurzer steuerlicher Abschreibungsdauern zu Beginn der Kostenregulierung[124] oder ein pauschaler, weder mit branchenspezifischen Preissteigerungen noch mit branchenspezifischen Effizienzpotenzialen zu rechtfertigender „genereller Erlössenkungsfaktor (X_{gen})“ zu Beginn der Anreizregulierung.[125] Zu Zeiten einer derartigen besonders scharfen Regulierung kann der Ertragswert – auch aus Sicht eines effizienten Betreibers – zeitweilig erheblich unter den Sachzeitwert sinken.

Zwar ist ein solches **Auseinanderklaffen** nur vorübergehender Natur; denn wenn der Ertragswert selbst aus Sicht effizienter Betreiber unter den **Bruttorekonstruktionswert** sinkt, wird kein kaufmännisch handelndes EVU mehr in Netze investieren. Wird dies erkennbar, wird die Regulierung bald wieder auf ein vernünftiges Maß zurückgeführt. Langfristig können der Bruttorekonstruktionswert und der Ertragswert aus Sicht eines wirtschaftlich handelnden Betreibers nicht erheblich auseinanderklaffen, kurzfristig aber durchaus.[126] 84

§ 46 Abs. 2 S. 2 EnWG a.F. erlaubte dem bisherigen EVU, sein Netz zu Zeiten einer solchen zeitweilig besonders scharfen, vorübergehend ertragswertmindernden Regulierung dem neuen EVU zunächst nur **pachtweise** zu überlassen und erst dann zu verkaufen, wenn sich Ertragswert und Sachzeitwert wieder angenähert haben. Gleiches galt auch, wenn sich das bisherige EVU vertraglich gegenüber der Gemeinde zur **Übereignung** verpflichtet hatte.[127] Denn diese Verpflichtung war entsprechend der bisher überwiegenden Vertragspraxis verknüpft mit einer **sachzeitwertbasierten Kaufpreisregelung**. Kam die Rechtsprechung zu deren Unwirksamkeit, weil der Ertragswert nicht unerheblich niedriger lag, war damit auch die synallagmatisch verbundene **Übereignungspflicht** unwirksam, so dass dem bisherigen EVU wieder die Pachtoption des § 46 Abs. 2 S. 2 EnWG a.F. offenstand.[128] Somit konnte der Netzeigentümer nach altem Recht nicht gezwungen werden, sein Eigentum zu veräußern, ohne dafür den vollen **Substanzwert** zu erlösen. 85

Dies ist nach neuem Recht nicht mehr möglich. Hielte die Rechtsprechung an der **Deckelung des Sachzeitwerts** durch den Ertragswert fest, so zwänge § 46 Abs. 2 S. 2 EnWG n.F. das bisherige EVU u.U. zu einer Veräußerung „zur Unzeit“, d.h. wenn der Ertragswert für Netze zeitweilig extrem niedrig liegt. Dabei ist zu bedenken, dass die **Netzveräußerung** nicht freiwillig erfolgt, sondern aufgrund des Zusammenwirkens verschiedener Träger öffentlicher Gewalt: Der **Gesetzgeber** 86

124 S. o. Rn 59.

125 Vom BGH (RdE 2011, 308, 312 f.) für überwiegend unzulässig erklärt, inzwischen aber vom Gesetzgeber legislativ abgesichert (hierzu *Koenig*, N&R 1/2012, 55 f.).

126 Vgl. hierzu *Jacob*, RdE 2011, 212, 217.

127 In jüngeren, nach 1998 geschlossenen Verträgen ist z. T. nur eine „Überlassung“ vereinbart.

128 S. o. Kap. 6 Rn 6 ff.

zwingt zur Netzveräußerung, indem er eine **gesetzliche Netzübereignungspflicht** statuiert, die Gemeinde, indem sie das **Wegerecht** dem bisherigen EVU entzieht und einem anderen (meist ihrem eigenen) EVU zuteilt. Die Gemeinde als **Straßenbaulastträgerin** handelt bei ihrer Entscheidung über das Wegerecht zwar wegen der straßenrechtlichen Sondervorschriften in zivilrechtlicher Form, materiell aber als **Trägerin öffentlicher Gewalt**, [129] ebenso, wenn man die Entscheidung über das Wegerecht aus Art. 28 Abs. 2 GG ableitet.[130] Aus Sicht des bisherigen EVU ist sein Eigentumsverlust unfreiwillig, vergleichbar dem seinerzeitigen **Abmeierungsverfahren** gem. § 8 EnWG 1935, bei der nach dem damaligen § 9 vom neuen EVU für die übernommenen Anlagen eine an **enteignungsrechtlichen** Grundsätzen orientierte **Entschädigung** zu zahlen war.[131] Nach der neueren Judikatur zur Enteignungsentschädigung ist dies bei einem vollständigen Eigentumsverlust regelmäßig der **Substanzwert**, [132] nicht der Ertragswert.[133]

87 Vor diesem Hintergrund ist inzwischen eine **verfassungskonforme Interpretation** der „wirtschaftlich angemessenen Vergütung" in § 46 Abs. 2 S. 2 EnWG n.F. geboten. Zwingt diese Vorschrift das bisherige EVU u.U. zum „Verkauf zur Unzeit", ist der Ertragswert in einer regulierten Branche als **Korrekturfaktor** nicht mehr geeignet. Vielmehr muss sich die „wirtschaftlich angemessene Vergütung" auch dann am **Substanz- bzw. Sachzeitwert** orientieren, wenn der Sachzeitwert aus Sicht eines effizienten Erwerbers wegen ungünstiger regulatorischer Rahmenbedingungen z.Z. des Eigentumsübergangs deutlich niedriger liegt. Eine solche verfassungskonforme Auslegung des § 46 EnWG kann der **BGH** selbst vornehmen, indem er unter Abkehr von der „Kaufering"-Entscheidung den **Ertragswert** nicht mehr als Korrekturfaktor heranzieht.

88 Hielte der **BGH** dagegen an der **bisherigen Rechtsprechung** fest und läge der Ertragswert bei einer Netzüberlassung wegen der derzeit geltenden regulatorischen Rahmenbedingungen im Einzelfall erheblich unter dem Substanz- bzw. Sachzeitwert, wäre die Netzübereignungspflicht gem. § 46 Abs. 2 S. 2 n.F. nicht mehr angemessen und wegen **Verstoßes gegen Art. 14 GG** unwirksam. Dies wäre dann letzt-

---

129 § 8 Abs. 10 FStrG und die entsprechenden Regelungen in den meisten Landesstraßengesetzen; hierzu oben II 1 sowie *Jacob*, RdE 2011, 212, 215 f; für eine eher straßenrechtliche Betrachtung auch *Bartelsberger*, DVBl 1980, 249 ff. sowie *Tettinger*, RdE 1992, 2 ff. m.w.N.

130 Vgl. hierzu *Jacob*, RdE 2011, 212, 215 f.; in diesem Sinne Schneider/Theobald/*Albrecht*, § 9 Rn 19 ff., 74 ff., 104, 111; Britz/Hellermann/Hermes/*Hellermann*, § 46 Rn 29 f., 77; *Hoch/Theobald*, KSzW 2011, 300, 302 ff.; ähnlich schon *Püttner*, RdE 1992, 92 ff.; kritisch hierzu *Löwer*, RdE 1992, 85 ff.

131 BDEW-Leitfaden „Konzessionsverträge und Konzessionsabgaben in der Strom- und Gasversorgung" vom 9.11.2010, S. 28.

132 Vgl. Maunz/Düring/*Papier*, Art. 14 Rn 614 f. m.w.N.; *Jacob*, RdE 2011, 212, 217 f.

133 Orientierung am Ertragsausfall nur bei vorübergehendem Eingriff in einen Gewerbebetrieb, vgl. Maunz/Düring/*Papier*, Art. 14 Rn 227 f., m.w.N.

verbindlich vom **BVerfG** zu klären, sei es nach Richtervorlage gem. Art. 100 GG oder im Wege der Verfassungsbeschwerde.

Wegen des Vorrangs der **verfassungskonformen Auslegung** ist dieser Weg aber nur eine ultima ratio. Eine verfassungskonforme Auslegung ist insoweit[134] zulässig. Der unbestimmte Rechtsbegriff der „wirtschaftlich angemessenen Vergütung“ schließt eine rein **substanzorientierte Kaufpreisbestimmung** unabhängig vom regulierungsbedingt schwankenden Ertragswert nicht aus. Im Gegenteil werden in den Gesetzesmaterialien zur EnWG-Novelle 2011 Bedenken deutlich, dass eine ausschließliche Orientierung am Ertragswertverfahren und den erzielbaren Netzentgelten im Extremfall – bei vollständig abgeschriebenem Netz – zu einer **Zwangsschenkung** führen könne und ein solch intensiver Eingriff in das Eigentumsrecht vermieden werden sollte. Dies spricht eher für das Erfordernis einer **verfassungskonformen Auslegung** des Merkmals „wirtschaftlich angemessenen Vergütung“ im Sinne einer substanzorientierten Entschädigung unabhängig von dem je nach regulatorischen Rahmenbedingungen schwankenden Ertragswert. 89

Seit **BVerfGE „Lüth“**[135] ist anerkannt, dass grundrechtlich geschützte Positionen als für alle Gerichte verbindliche **Wertentscheidungen** bei der Auslegung unbestimmter Rechtsbegriffe im Zivilrecht zu beachten sind (sog. **mittelbare Drittwirkung**). Gleiches gilt für unbestimmte Begriffe im Energiewirtschaftsrecht. Ist der Ertragswert der Ortsnetzanlagen unter den aktuellen Regulierungsbedingungen niedrig und sind die potenziellen Wegerechtsbewerber durchgängig eher „risikoscheu“, d.h. nicht bereit, auf künftig investitionsförderlichere Regulierungsbedingungen zu spekulieren, so geht zwar bei einer substanzorientierten Vergütung die Nachfrage nach Ortsnetzen zurück. Dennoch tritt dadurch keine dauerhafte Verfestigung der bestehenden Verhältnisse ein. Zum einen ist **Wettbewerb im Netz** mittels **Durchleitung** ohnehin möglich. Zeitweilig stagnieren würde nur der **Wettbewerb um Netze**. Andererseits wäre dies der beste Markttest, ob die regulatorischen Bedingungen richtig justiert sind oder ob sie durch den Verordnungsgeber oder die BNetzA nachjustiert werden müssen. 90

Dann würden sich die Ertragswerte wieder den **Bruttorekonstruktionswerten** annähern und die Nachfrage nach Ortsnetzen steigen. Der einzige Nachteil für die Gemeinde und potenzielle Wegerechtsbewerber wäre, dass sie für einige Jahre zusätzliche **Wettbewerbspotentiale** bzw. zusätzliche **Erwerbschancen** nicht nutzen 91

---

134 In Bezug auf die Angemessenheit der Inhalts- und Schrankenbestimmung. Dass diese auch auf anderen Ebenen der Verhältnismäßigkeitsprüfung (Geeignetheit, Erforderlichkeit) Bedenken begegnet, wurde schon in Kap. 6 eingehend erörtert. Die dortigen Bedenken lassen sich im Wege der verfassungskonformen Auslegung nicht beheben, da man die eindeutige Formulierung „übereignen“ nicht als bloßes „überlassen“ interpretieren kann (Wortlaut als Grenze jeder zulässigen Interpretation).

135 BVerfGE 7, 198ff.

könnten. Solche zusätzlichen Erwerbschancen sind aber durch Art. 14 GG nicht geschützt, allenfalls durch die allgemeine Berufs- und Handlungsfreiheit.

92 Würde dagegen der bisherige Netzeigentümer zu Zeiten regulatorisch bedingt niedriger Ertragswerte zur Veräußerung zum Ertragswert gezwungen, wäre sein Eigentumsverlust endgültig. Ein solcher Eigentumsverlust ohne substanzorientierte Gegenleistung greift in den **Schutzbereich** des Art. 14 GG ein. Auch die **mittelbare Drittwirkung der Grundrechte** spricht also dafür, das Merkmal „wirtschaftlich angemessene Vergütung" im Sinne einer substanzorientierten Entschädigung auszulegen, unabhängig von dem – je nach regulatorischen Rahmenbedingungen – hoch volatilen Ertragswert.

VI. Netzpacht

1. Anwendungsfälle

93 Im Rahmen der Netzüberlassungspflicht gem. § 46 Abs. 2 S. 2 EnWG a.F. hatte das bisherige EVU die Wahl zwischen Übereignung und Verpachtung.[136] Auch für den letzteren Fall galt die gesetzliche Vorgabe einer **„wirtschaftlich angemessenen Vergütung"**. Sie begrenzte den zulässigen **Pachtzins** nach oben und unten. Diese Frage ist unverändert relevant z.B. in Fällen, wo sich das bisherige und das neue EVU schon auf eine pachtweise Überlassung verständigt hatten oder künftig verständigen werden.

94 Seit Inkrafttreten der jüngsten EnWG-Novelle am 4.8.2011 dürfte die Frage des „wirtschaftlich angemessenen" **Pachtzinses** wohl nur noch in besonderen Ausnahmefällen stellen. Denn seither liegt das Wahlrecht zwischen Übereignung und Verpachtung gem. § 46 Abs. 2 S. 3 EnWG n.F. beim neuen EVU,[137] und Netzübernehmer wollen nach allen bisherigen Erfahrungen Ortsnetze nur zu **Eigentum** erwerben.

Teilweise wurde diskutiert, ob eine Netzverpachtung auch als **Übergangslösung** Sinn macht, bis sich das bisherige und das neue EVU auf einen „wirtschaftlich angemessenen" Netzkaufpreis geeinigt haben.[138] Dies ist jedoch zur Problemlösung ungeeignet. Denn auch der **Pachtzins** lässt sich auf Basis des Sachzeitwerts oder des Ertragswerts ermitteln.[139] Damit führt die Pachtlösung lediglich zu einer **Problemverlagerung**. Im Übrigen ist eine Verpachtung kein „minus" gegenüber einer Enteignung, sondern ein **aliud**.[140] Vor diesem Hintergrund erscheint es sinnvoller,

---

136 S.o. Kap. 6 Rn 6 ff.
137 Kritisch hierzu *Jacob*, RdE 2011, 212, 217.
138 Vgl. *Becker*, RdE 2010, 243 ff.
139 S.u. Rn 95.
140 Vgl. *Höch/Kalwa*, RdE 2010, 364 ff.

bei Uneinigkeit über den „wirtschaftlich angemessenen" Kaufpreis den übereinstimmend gewollten **Kaufvertrag** abzuschließen. Dabei kann sich der Erwerber eine **Rückforderung** vorbehalten[141] für den Fall, dass die Kaufpreisbestimmung wegen wirtschaftlicher Unangemessenheit unwirksam sein sollte.

2. Kalkulation der Pacht

Der Pachtzins kann ebenso wie der Netzkaufpreis **sachzeitwert-basiert** oder **ertragswert-basiert** ermittelt werden. Im letzteren Fall wären nicht nur die erzielbaren **Kapitalkosten** gem. §§ 6–8 Strom-/GasNEV zu berücksichtigen, sondern auch zusätzliche **Ertragsaussichten** infolge der Anreizregulierung durch Kostensenkungspotenziale bei den Netzbetriebskosten bzw. infolge von Synergien.[142] Insofern stellen sich bei der Ermittlung des „wirtschaftlich angemessenen" Pachtzinses letztlich genau dieselben Fragen wie beim „wirtschaftlich angemessenen" Kaufpreis. 95

B. Sachzeitwert

I. Begriff

Der Sachzeitwert ist ein in der Energiewirtschaft seit vielen Jahrzehnten gebräuchlicher Begriff, um jenen **Wert** zu definieren, zu dem nach Maßgabe sog. **Endschaftsklauseln** anlässlich des Auslaufens von Konzessionsverträgen eine **Übertragung** von örtlichen Energieversorgungsanlagen auf einen neuen Konzessionsnehmer oder die betreffende Kommune zu erfolgen hat. 96

Als Sachzeitwert wird hierbei jener Wert verstanden, der sich für **Wirtschaftsgüter** eines zu übertragenden Ortsnetzes auf der Grundlage deren **Tagesneuwerte** unter Berücksichtigung deren Alters und Zustandes als **Restwert** ermitteln lässt.[143] 97

Für den in **Endschaftsklauseln** von Konzessionsverträgen verwendeten **Sachzeitwertbegriff** besteht keine rechtliche Definition, wie sie beispielsweise für den Sachwert von Immobilien in Form des § 21 der Immobilienwertverordnung vorliegt. Bei gutachtlichen Sachzeitwertermittlungen wird häufig auf eine **Definition des** 98

141 Hierzu ausführlich nachfolgend Rn 295 ff.

142 S. o. Rn 30 ff., 38 ff.

143 Dieser Sachzeitwertbegriff befindet sich im Einklang mit den in der Betriebswirtschaftlehre zur Definition des Substanzwertes eines Unternehmens bzw. Betriebes ebenfalls verwendeten Begriffen wie Reproduktionskostenwert, Sachwert oder Wiederherstellungswert.

VDEW Bezug genommen.[144] Der Sachzeitwert kann jedoch aufgrund seiner langjährigen und bis vor wenigen Jahren konsensualen Anwendung bei einer Vielzahl von vergangenen Netztransaktionen als ein im **Transaktionsmarkt** „Ortsnetze" feststehender Wertbegriff verstanden werden, dem im Hinblick auf eine nachfolgend vorgetragene **betriebswirtschaftliche** Würdigung Elemente einer tradierten Wertkonvention anhaften.

99 Hiernach ermittelt sich der Sachzeitwert eines Ortsnetzes aus der **Summe** der für einzelne **Netzkomponenten** gesondert ermittelten Sachzeitwerte, wobei dieser jeweils wie folgt zu ermitteln ist:

- Sachzeitwert = (Wieder-)Herstellungswert × Restwertfaktor,
  wobei der Restwertfaktor wie folgt ermittelt wird:
- Restwertfaktor = Restnutzungsdauer/Gesamtnutzungsdauer

100 Die aufgezeigte und **branchenübliche Berechnungsweise** des Sachzeitwertes ist dadurch gekennzeichnet, dass sie auf einem einfachen **Algorithmus** beruht, der nach Maßgabe fortschreitender Nutzungsdauer eine linear verlaufende **Restwertentwicklung** unterstellt und somit in Analogie zur bilanziellen Restbuchwertermittlung bei linear verlaufenden **Bilanzschreibungen** verstanden wird. Der Tradition dieses langjährig praktizierten Sachzeitwertverständnisses ist es im Sinne einer herausgebildeten branchenüblichen Wertkonvention geschuldet, dass die in der Betriebswirtschaftslehre alternativ und unter Berücksichtigung investitionstheoretischer Elemente entwickelten Ansätze für ein sog. **modifiziertes Sachzeitwertkonzept** keinen Eingang in die branchenübliche Sachzeitwertdefinition gefunden haben.

101 Auf die Aspekte, die sich abweichend vom konventionellen (konzessionsvertraglichen) linearen Sachzeitwertkonzept nach Maßgabe investitionstheoretisch begründeter Sachzeitwertinterpretationen ergeben, wird im nachfolgenden Abschnitt 3 eingegangen. Die nachfolgenden Ausführungen zur Sachzeitwertermittlung beziehen sich auf das bislang branchenübliche **lineare Sachzeitwertkonzept**.

II. Ermittlung

1. Das übertragungs- und bewertungsrelevante Mengengerüst

a) Vorbemerkungen

102 Die Ermittlung des konzessionsvertraglich vereinbarten **Sachzeitwertes** beruht auf einer Identifikation der nach Maßgabe des Konzessionsvertrages zu übertragenden **Netzanlagen**, das sog. **Mengengerüst**. I.d.R. sind ortsnetzscharfe Bestandsaufnahmen nicht erforderlich, da auf entsprechende **Dokumentationen** beim bisheri-

144 VDEW, Begriffsbestimmungen in der Elektrizitätswirtschaft, Teil 8, Begriffe des Rechnungswesen, 1991, S. 26.

gen Netzbetreiber Bezug genommen werden kann, die normalerweise ein zutreffendes Abbild der tatsächlich vorhandenen und zu übertragenden **Netzkomponenten** darstellen. In Einzelfällen kann eine Überprüfung aus der Sicht des Netzerwerbers angezeigt erscheinen, wenn Hinweise für eine **mangelbehaftete Fortschreibung** technischer Aufzeichnungen vorliegen.[145]

Nicht selten sind Unsicherheiten bei bestehenden Dokumentationen des Mengengerüstes im Hinblick auf die Identifikation von **Bau- bzw. Anschaffungsjahren** für ältere Netzkomponenten anzutreffen.[146] 103

Eine Sachzeitwertermittlung erfolgt i.d.R. auf der Basis eines übertragungsrelevant identifizierten Mengengerüstes und einer sich hieran anschließenden **Neubewertung der Netzanlagen** mit aktuellen Tagesneuwerten. Diese sich am Prinzip „Menge × Preis", d.h. „zu übertragendes Mengengerüst × stichtagsbezogene Wiederbeschaffungskosten" orientierende Vorgehensweise steht im Vordergrund einer differenzierten **Sachzeitwertermittlung** und kann mit Ergebnissen einer vereinfachten Vorgehensweise zur überschlägigen Sachzeitwertermittlung mittels Indizierung historisch angefallener bzw. nachgewiesener Anschaffungs- und Herstellungskosten (AHK) nicht gleichgesetzt werden.[147] 104

Wesentliche Aspekte der Abgrenzung des übertragungsrelevanten Mengengerüstes werden nachfolgend erörtert. 105

b) Abgrenzung zwischen übertragungspflichtigen Netzanlagen und optional übertragbaren Netzanlagen

Zu übertragen sind i.d.R. alle im Konzessionsgebiet gelegenen **Verteilnetzanlagen**, soweit sie der **örtlichen Versorgung** dienen. Ausgeschlossen sind jene Anlagen, die der überörtlichen Versorgung zuzuordnen sind (sog. **Durchgangsleitungen**). Umstritten ist die Zuordnung sog. **multifunktionaler Leitungen.**[148] 106

Unabhängig davon können örtliche Netzstrukturen bestehen, bei denen sich aus der Sicht des Erwerbers ein Kauf **zusätzlicher Leitungsabschnitte** anbietet, um somit die ansonsten entstehenden Entflechtungs- bzw. Einbindungskosten reduzieren zu können. Vielfach bieten sich verschiedene **Entflechtungsvarianten** an, für die sich ein unterschiedlicher Umfang sog. **optional** zu übertragender Netzanlagen ergeben kann. Für deren Überlassung und Kaufpreisfindung gilt die konzessionsvertragliche **Endschaftsregelung** nicht. Für diese optionalen Anlagen wer- 107

145 In der Regel werden Risiken aus eventuell auftretenden Abweichungen zwischen einer Sachzeitwertermittlung und einem tatsächlichem Anlagenübergang durch entsprechende Vertragsgarantien geregelt.

146 Häufig werden diese Netzkomponenten dann nur mit ihrem Anhaltewert bewertet.

147 Hinweis auf Ausführungen in Abschnitt Rn 148.

148 S.o. Kap. 6.

den im Zusammenhang mit den auf notwendige Ortsnetzanlagen abstellende Sachzeitwertberechnungen in der Praxis häufig **gesonderte Sachzeitwerte** ermittelt.

108 Deshalb werden einer Sachzeitwertermittlung vielfach eine Auslotung **alternativer Entflechtungskonzepte** und die Erzielung einer diesbezüglichen Einigungslösung vorangestellt.

c) Berücksichtigung von alters-, technologie- und funktionsbedingten Zustandsmerkmalen

109 Alters- und funktionsbedingte Merkmale werden i.d.R. mit dem jeweiligen Baujahr der einzelnen Netzkomponenten und die damit einhergehende Bestimmung der Restnutzungsdauer erfasst. Für bestimmte Anlagen bietet es sich darüberhinaus an, einen Tagesneuwert anzusetzen, der für eine funktionsgerechte und aktuell ggf. günstigere Ersatzbeschaffung (z.B. für Trafostationen) zu bezahlen wäre.

110 Grundsätzlich orientiert sich die Sachzeitwertmittlung am **tatsächlich vorhandenen** und zur Übertragung vorgesehenen Mengengerüst und nicht an einer virtuellen Netzkonfiguration, wie sie im Falle einer aktuellen Neuerrichtung eines Ortsnetzes Beachtung finden würde.

d) Bewertungsstichtag und Übertragungsstichtag

111 Sachzeitwertermittlungen werden i.d.R. im zeitlichen Vorgriff auf den konzessionsvertraglich geregelten **Übertragungsstichtag** vorgenommen und stellen deshalb auf das Mengengerüst eines Stichtages ab, der bis zu zwei Jahren vor dem Übertragungsstichtag liegt. Die Sachzeitwerte dieser Netzanlagen können dennoch und werden auch zum künftigen Übertragungsstichtag ermittelt. Eine Aktualisierung dieser Berechnungen ist dann für jene Ab- und Zugänge beim Ortsnetz vorzusehen, die sich zwischen **Bewertungsstichtag** und Übertragungsstichtag ergeben haben.

2. Ableitung anzusetzender Tagesneuwerte

a) Neuerrichtungsfiktionen

112 Eine Sachzeitwertermittlung geht i.d.R. von der **bestehenden Infrastruktur** des vorliegenden Ortsnetzes aus und unterstellt für dessen Wertigkeit i.S.d. Sachzeitwertkonzeptes, dass das zu übertragende Netz von einem Erwerber in seiner konkreten Konfiguration auch so errichtet werden müsste, wie es besteht.

113 Gegen diese Annahme werden von Erwerberseite teilweise **Einwendungen** erhoben, die z.B. darauf abstellen, dass einzelne Netzkomponenten sich in einem im Vergleich zur aktuell vorliegenden Auslastung überdimensioniertem Zustand befinden.

114 In der **Praxis** entsteht eine entsprechende Diskussion im Hinblick auf die Wertigkeit vorgenommener **Netzerweiterungen** nur in Einzelfällen und beschränkt sich

typischerweise auf das Vorliegen bestimmter (ambitionierter) **Gasnetzerweiterungen.**

Im Bereich der Stromversorgung sind mögliche Überdimensionierungen von Netzausbaumaßnahmen überwiegend in den **neuen Bundesländern** anzutreffen, die z. B. zum Anschluss von neuen **Industriegebieten** vorgenommen wurden. 115

Der Forderung nach entsprechenden Wertabschlägen stehen verschiedene Aspekte entgegen. Einerseits hat jeder Netzbetreiber gesetzliche Pflichten zur langfristig ausgerichteten **Versorgungssicherheit** zu erfüllen, bei deren vorausschauender Wahrnehmung **prognosebedingt** verschiedene investive Vorlaufsituationen entstehen. Andererseits werden dem neuen Netzbetreiber i. d. R. die auf erbrachte Investitionen entfallenden **Vergütungsbestandteile** für entsprechende Kapitalkosten künftiger Netzentgeltansprüche im Zuge der aufzuteilenden EOG übertragen. 116

b) Ansatzfähige Tagesneuwerte

Sachzeitwertermittlungen, die vom abgebenden Netzbetreiber oder in dessen Auftrag von einem Gutachter vorgenommen werden, gehen beim Ansatz von Tagesneuwerten i. d. R. von der **aktuellen Beschaffungssituation** und den hierauf basierenden **Wiederherstellungskosten** des abgebenden Netzbetreibers aus. Hierbei handelt es sich um fundierte und konkret nachweisbare Daten eines im relevanten Netzgebiet (Regionalnetz) agierenden Netzbetreibers, der zudem auf eine Vielzahl aktueller Netzbaumaßnahmen mit unterschiedlichen Baulosgrößen zurückgreifen kann. 117

Erfahrungsgemäß ergeben sich aus dem Blickwinkel des Erwerbers keine Akzeptanzprobleme im Hinblick auf die Angemessenheit der in die Wiederbeschaffungskostenkalkulation eingehenden **Einstandspreise** für einzelne Netzkomponenten, da sie die Vorteilhaftigkeit großer **Beschaffungsvolumina** eines **Regionalnetzbetreibers** widerspiegeln. Sie unterschreiten i. d. R. die von einem kleineren Netzinvestor erzielbaren Beschaffungspreise. Aus Sicht des Erwerbers beziehen sich Akzeptanz- und Diskussionsfragen auf den Umfang und den Nachweis der im Wege der Gesamtkostenkalkulation hinzugerechneten **Gemeinkosten** und der **Zusatzkosten** für Bauplanung und Projektierung. 118

Ein weiteres Diskussionsfeld erstreckt sich auf bestimmte **Typisierungen** und deren Repräsentanz, die im Rahmen eines **Tagesneuwertansatzes** üblicherweise vorgenommen werden. Sie betreffen insbesondere Annahmen und Schätzungen zum angewandten Oberflächen-Mix verlegter Stromkabel- bzw. Gasleitungen, zur Verwendung von typisierten Baulosgrößen beim Kostenansatz für den Grabenbau und zu ähnlichen bewertungsrelevanten Sachverhalten. 119

Der Tatsache, dass zwischen dem abgebenden Netzbetreiber und dem neuen Netzbetreiber bzw. der zur Netzherausgabe bevorrechtigten Kommune mögliche divergierende Vorstellungen zum konzessionsvertraglich übertragungsrelevanten **Sachzeitwert** bestehen können, wird in einer Vielzahl von Konzessionsverträgen durch eine entsprechende **Regelung** berücksichtigt, wonach beide Seiten jeweils 120 einen **Gutachter** zur Sachzeitwertermittlung beauftragen können und darüber hinaus für den Fall einer ausbleibenden Konsenslösung die Einschaltung eines **Obmannes** vorsehen.

121 Hiermit wurde bereits bei Abschluss des Konzessionsvertrages von beiden Vertragspartnern einer zu erwartenden **Divergenz** bei der Ermittlung des Sachzeitwertes Rechnung getragen.[149]

122 Die vielfach anzutreffenden Einwendungen, wonach beim Ansatz der Tagesneuwerte auch zu beachten sei, dass bei der Sachzeitwertermittlung für ein bestehendes Ortsnetz von der Fiktion einer **Ad-hoc-Errichtung** und der Erzielbarkeit eines in diesem Falle generierbaren **Großbaustellenrabattes** zu berücksichtigen wäre, entsprechen einer unzutreffenden und nicht sachgerechten Als-ob-Betrachtung.

123 Der Sachzeitwert ist vor dem Hintergrund seiner wirtschaftlichen und theoretischen Begründung nicht als „Relikt aus einer zwischenzeitlich überholten Wertfindungskonvention" einzustufen, sondern reflektiert eine **Wertfindung**, für die eine **systemkonforme Einordnung** in die betriebswirtschaftliche Theorie zur zukunftsorientierten Investitionsrechnung nachgewiesen werden kann.[150]

3. Ansatzfähige Nutzungszeiten

124 Die Einschätzung der bei betriebsgewöhnlicher Nutzung erreichbaren **Gesamtnutzungsdauer** einzelner **Netzkomponenten** erlangt einen sehr bedeutsamen Einfluss auf die Höhe des sog. **Restwertfaktors** und des damit ermittelbaren Sachzeitwertes einzelner Netzkomponenten. Für die hier ansatzfähigen Nutzungszeiten besteht eine nicht unerhebliche Bandbreite. Für Zwecke der weiteren Erläuterungen unterscheiden wir die nachfolgenden Kategorien:

- Technische Nutzungszeiten,
- Technisch-wirtschaftliche Nutzungszeiten,
- Kalkulatorische bzw. zur Netzentgeltkalkulation verwendete Nutzungszeiten.

125 In der Regel sind jene Nutzungszeiten, die in der **konzessionsvertraglichen Endschaftsklausel** vorgesehen sind, heranzuziehen. Zum Teil sind auch **Nachtragsvereinbarungen** getroffen worden, wonach ursprünglich vorgesehene technische durch technisch-wirtschaftliche Nutzungszeiten ersetzt wurden.

126 Umstritten ist, welche Nutzungszeiten anzusetzen sind, wenn Endschaftsklauseln eine Sachzeitwertübernahme **ohne konkretisierende Regelungen** zu dessen Ermittlung vorsehen. Vielfach wird argumentiert, dass in diesen Fällen ein Sachzeitwert unter Verwendung **technischer Nutzungszeiten** zu ermitteln ist, da eine

149 Diese zu erwartende Divergenz beschränkt sich nicht nur auf den Ansatz von Tagesneuwerten, sondern auch auf alle anderen Berechnungs- und Schätzungskomponenten, die Eingang in eine Sachzeitwertermittlung finden.

150 Hierzu ausführlich nachfolgend unter II 2 Rn 145 f.

Abweichung vom branchenüblichen Standard (Sachzeitwert auf Basis technischer Nutzungszeiten) eine entsprechende **vertragliche Regelung** erfordert. Bei den technischen Nutzungszeiten handelt es sich um **branchenübliche Erfahrungswerte**, die bei entsprechender Wartung als betriebsgewöhnliche Nutzungsdauern erreicht werden. Sie übertreffen die Bandbreite der in Anlage 1 zur StromNEV bzw. Anlage 1 zur GasNEV erheblich.

Als technisch-wirtschaftliche **Nutzungszeiten** wird deshalb vielfach die obere 127
Bandbreite der dort angegebenen Nutzungszeiten verwendet.

Für die zum Teil erwerberseitig vorgetragene Forderung, zur Sachzeitwertermitt- 128
lung jene Nutzungszeiten heranzuziehen, die für kalkulatorische Zwecke d.h. für die **Netzentgeltkalkulation** bzw. zuvor für die **Strompreisgenehmigung** verwendet worden sind, kann keine mit dem Ziel einer sachgerechten Sachzeitwertermittlung vereinbare Begründung vorgebracht werden. Argumente, die darauf ausgerichtet sind, einen zu hohen Unterschied zwischen Sachzeitwert und dem kalkulatorischen Restwert gemäß Netzentgeltgenehmigung zu vermeiden, vermengen Aspekte einer **Ertragswertkontrolle** des Sachzeitwertes mit der **Methodik** der Sachzeitwertermittlung.

4. Anhaltewerte

Eine durchgängig lineare Sachzeitwertermittlung würde dazu führen, dass für ältere 129
Netzkomponenten, deren durchschnittlich angenommene Nutzungsdauer abgelaufen ist, kein Wert mehr und für solche Netzteile mit einer rechnerisch verbleibenden kurzen Restlaufzeit nur sehr geringe Restwerte zum Ansatz kämen. Die Tatsache, dass sich oftmals ein nicht unerheblicher Teil von älteren Netzkomponenten voll funktionstüchtig im Einsatz befindet, gilt als Beleg dafür, dass die **Annahme durchschnittlicher Gesamtnutzungsdauern** im Prinzip für ältere Netzkomponenten fallweise zu überprüfen bzw. zu modifizieren ist.

Der Ansatz von Anhaltewerten, der sich in Höhe von 10% bis 30% des **Tages-** 130
neuwertes bewegen kann, hat die Funktion einer pauschalen Korrektur **des Linearitätsprinzips**. Anstelle einer fallweise vorzunehmenden Einzelschätzung deren verlängerten Restnutzungszeiten wird angenommen, dass für das Vorhandensein älterer und funktionstüchtiger Netzkomponenten ein **Restwertansatz** in Höhe sog. **Anhaltewerte** einer wirtschaftlich vertretbaren Einschätzung entspricht. Dieses Vorgehen steht prinzipiell im Einklang mit den branchenintern vorliegenden Erfahrungen, dass fortlaufend gewartete Anlagen über eine **Funktionstüchtigkeit** verfügen, die weit über deren allgemeine durchschnittliche Nutzungszeiten hinausreicht.

Bei der vielfach vorgebrachten Kritik am Ansatz sog. Anhaltewerte ist zu diffe- 131
renzieren. Eine kritische Auseinandersetzung über die **Höhe des Prozentsatzes** ist sicherlich angezeigt, wenn ein überaltertes Netz vorliegt und zudem Indizien für erhöhte Störungen und zeitnah vorzunehmende Erneuerungsmaßnahmen vorliegen. Erfahrungsgemäß kann jedoch darauf hingewiesen werden, dass der Bedeutung der

Anhaltewerte im Vergleich zu einer alternativ strikt linear vorgenommenen Sachzeitwertermittlung insgesamt eine **untergeordnete Bedeutung** zukommt; auf Anhaltewerte entfällt i.d.R. ein Anteil am gesamten Sachzeitwert, der sich erfahrungsgemäß weit unter 10% bewegt.

132 Kritische Einwendungen gegen den Ansatz von Anhaltewerten, deren Begründungen sich auf die **kalkulatorischen Restriktionen** beziehen, die im Bereich der Netzentgeltkalkulation und -genehmigung mit einem Verbot einer kalkulatorischen **Abschreibung unter Null** gelten, unterliegen einer Verwechslung der strikt voneinander zu trennenden bewertungsrelevanten Sachverhalte zwischen „Sachzeitwert" der Netzanlagen auf der einen Seite und eines ihm ggf. zu gegenüberstellenden „Ertragswertes".

III. Wirtschaftliche Einordnung des Sachzeitwertkonzeptes

1. Sachzeitwert als Wertindikation für ersparte Zukunftsausgaben eines Netzinvestors

133 Zur Bedeutung der **Substanzwertermittlung** für Unternehmen und deren Grundlagen sowie deren wirtschaftlichen Hintergründe liegt eine umfassende betriebswirtschaftliche Literatur vor.[151]

134 Die üblicherweise im Rahmen eines auslaufenden Konzessionsvertrages vorzusehende Transaktion von örtlichen **Verteilnetzanlagen** stellt keinen Unternehmensverkauf, sondern die **Übertragung von „Assets"** dar, die ggf. eine wesentliche Grundlage eines im Nachgang zu einer Übertragung zur Gründung vorgesehenen Netzunternehmens bilden können.

135 Für die zu übertragenden Ortsnetzanlagen kann ein eindeutig zuordenbarer Sachzeitwert ermittelt werden. Im Zusammenhang hiermit kann auch jener Entgeltbestandteil, der im Wege einer Aufspaltung der EOG auf den neuen Netzwerber zu übertragen ist, i.d.R. ortsnetz- bzw. anlagenscharf identifiziert werden.

136 Die **Wertigkeit** eines am freien Markt erwerbbaren **Wirtschaftsgutes** bildet sich i.d.R. vorrangig aus jener Situation ab, die sich vor dem Hintergrund dessen **Wiederbeschaffungs- bzw. Wiedererrichtungsmöglichkeit** ergibt. Kaufinteressenten bezahlen dem Besitzer eines bestimmten Wirtschaftsgutes maximal jenen Marktpreis, den sie ansonsten auch bei Erwerb auf alternativen Beschaffungsmärkten bezahlen müssten. Diese marktorientierte Wertbeimessung entspricht grundsätzlich dem **Verkehrswert** eines Wirtschaftsgutes, dessen Wertinhalt und -begründung ausschließlich auf die Markt- und Preislogik der jeweiligen **Beschaffungsmärkte** ausgerichtet und beschränkt ist.

151 S. bspw. WP-Handbuch 2008/*Wagner*, S. 156ff.

Der **individuelle Nutzen**, den ein bestimmtes Wirtschaftgut aus dem Blickwinkel des Erwerbers für dessen Investitionskonzept entwickeln kann, erlangt somit keinen direkten und unmittelbar bestimmenden Einfluss auf den Verkehrswert eines marktgängigen Wirtschaftsgutes. Individuelle Nutzenerwartungen schlagen sich in freien Märkten nur indirekt in der **Gesamtaggregation** von Nachfrage- und Angebotssituationen über eine Vielzahl von Marktteilnehmern hinweg aus und führen im Schnittpunkt sich hieraus ergebender Nachfrage- und Angebotskurven zu einem **Markt- bzw. Verkehrswert.** 137

Liegt der Marktpreis bzw. Wiederbeschaffungswert eines Wirtschaftsgutes unterhalb der individuellen **Nutzenerwartung** eines Kaufinteressenten, wird dieser nicht bereit sein, deshalb einen höheren Kaufpreis zu bezahlen. Dieser Sachverhalt gilt auch umgekehrt: ein Kaufinteressent kann keinen zielführenden **Kaufpreiseinwand** gegen einen Markt- bzw. Wiederbeschaffungspreis geltend machen, wenn seine individuelle Nutzenerwartung unterhalb dieses Preises liegt. Ein ökonomisch handelnder Investor wird in einer solchen Situation sein Investitionskonzept überdenken bzw. ggf. von der Kaufabsicht abrücken oder auch eine Inkaufnahme einer solchen Wertlücke akzeptieren, soweit andere Aspekte vorliegen, die im Zusammenspiel mit anderen vorteilhaften Faktoren und Rahmenbedingungen eine **Kompensationserwartung** rechtfertigen. 138

Solange und soweit für bestimmte Wirtschaftgüter intakte **Beschaffungsmärkte** bestehen, dominieren deren Beschaffungsmöglichkeiten die **Verkehrswertsituation** sowohl für neue als auch gebrauchte Wirtschaftsgüter. Der Erwerb eines gebrauchten Wirtschaftsgutes stellt im Prinzip nur eine Alternative zum Erwerb eines neuen Wirtschaftsgutes dar und dessen Verkehrswert bestimmt sich i.d.R. unter Vornahme adäquater altersbedingter Wert- bzw. Neupreisabschläge der relevanten Beschaffungsmärkte. 139

Eine signifikante Differenz zwischen **Marktpreis bzw. Verkehrswert** eines Wirtschaftsgutes im Vergleich zu dessen marktüblich aufzuwendenden Wiederherstellungskosten ergibt sich nur in wirtschaftlich außerordentlichen Situationen eines vorherrschenden **Angebotsüberhanges** bzw. einer vorherrschenden **Nachfragelücke.** Solche marktbezogenen Wiederbeschaffungssituationen werden jedoch durch eine Bezugnahme auf aktuelle **Tagesneuwerte** im Rahmen des sog. **Sachzeitwertkonzeptes** ausdrücklich abgebildet. 140

Die in **Endschaftsklauseln** von Gas- und Stromkonzessionsverträgen i.d.R. vereinbarte Sachzeitwertübernahme folgt im Prinzip der vorstehend aufgezeigten Wertfindungs- bzw. Begründungslogik und kann deshalb auch für sich beanspruchen, einem grundsätzlich sachgerechten und marktorientierten Vorgehen zur Bestimmung eines **Mindest-Verkehrswertes** von Netzanlagen zu entsprechen. 141

Dagegen sprechen auch nicht **Einwendungen**, die mit Hinweis auf den Charakter von Ortsnetzen als **spezielle Sachgesamtheiten** argumentieren. Jede im Wirtschaftsverkehr nutzbare Sachgesamtheit (Netz, Haus, Werksanlage u.a.) stellt eine in technischer und wirtschaftlicher Hinsicht bestehende Aggregation von einer Viel- 142 zahl alternativ beschaffungsfähiger Komponenten bzw. Wirtschaftsgütern dar und verliert deshalb nicht den Bezug und die begründete Bezugnahme auf die für einzelne Wirtschaftsgüter dominante Beschaffungsmarktsituation.

143 Die grundsätzliche Orientierung des Sachzeitwertkonzeptes an aktuellen Beschaffungsmarktsituationen gilt auch für **gebrauchte Sachgesamtheiten**. Die Differenz zu Neupreisen für neue Wirtschaftsgüter wird durch alters- und technologiebedingte **Abschläge** abgebildet. Der sachgerechten Bemessung dieser Abschläge kommt somit eine wichtige **Wertermittlungsfunktion** zu; die Tatsache, dass gebrauchte Sachgesamtheiten zu bewerten sind, kann jedoch nicht als Argument zur generellen Ablehnung der genannten aggregierenden und sich am **Beschaffungsmarkt** für Neuanlagen orientierenden Vorgehensweise der Wertermittlung nach dem Sachzeitwertkonzept verwendet werden.

144 Zwar gibt es eine Vielzahl von Märkten für sog. gebrauchte Sachgesamtheiten, z.B. für Immobilien und andere gebrauchte Wirtschaftsgüter, für die ein spezifischer **Marktpreisbildungsprozess** ohne direkte Wertbildung unter Bezugnahme auf deren aktuelle Wiederherstellungskostensituation festgestellt werden kann. Eine vergleichbare **Verkehrswertbildung** und die hierzu erforderliche freie, nach Angebot und Nachfrage sich ausrichtende **Marktfunktionalität** für Ortsnetze ist durch eine rechtliche Privilegierung der Kommunen beim bestehenden Konzessionsvergabeverfahren ausgeschlossen. Daher erlangt das Sachzeitwertkonzept die Bedeutung eines Substituts zur **typisierten Verkehrswertabbildung**, welches die Interessen des zur Ortsnetzabgabe verpflichteten Netzbetreibers wahrt.

2. Investitionstheoretische Betrachtung ersparter Zukunftsausgaben

145 Der Sachzeitwert betriebsnotwendiger Anlagen eines zu übertragenden Teilbetriebs reflektiert dem Grunde nach jenen **bewertungsrelevanten Sachverhalt**, nach dem der Erwerber eine bestehende Substanz bzw. Infrastruktur übernimmt und somit Vorteile dahingehend erlangt, dass sich zukünftige Ausgaben für **Ersatzbeschaffungen** auf dem Zeitstrahl einer vorzunehmenden Zukunfts- bzw. Investitionsrechnung nach Maßgabe der relevanten **Restnutzungszeiten** der zu übernehmenden Altanlagen in die Zukunft verschieben.

146 Der genannte Vorteil **ersparter Zukunftsausgaben** kann durch Ermittlung eines Sachzeitwertes festgestellt werden. Eine Sachzeitermittlung kann deshalb grundsätzlich den Anspruch erheben, die **Wertigkeit von Altanlagen** aus dem Blickwinkel einer zukunftsorientierten und im Einklang mit einer entsprechenden betriebswirtschaftlichen Investitionsrechnung stehenden Beurteilung zu erfassen.

147 Das vereinfachte **Bewertungskonzept** des linear ermittelten Sachzeitwertes reflektiert jedoch nicht vollständig jene bewertungsrelevanten Aspekte, die sich aus der Umsetzung einer betriebswirtschaftlich korrekten und somit finanzmathematisch ausgerichteten Barwertermittlung ersparter Zukunftsausgaben für **Ersatzbeschaffungen** zur Erhaltung einer bestehenden und zu übertragenden Netzinfrastruktur er-

geben würden. Hierbei wäre neben dem vorhandenen **Nutzungspotenzial**, das sich ausschließlich auf das linear ermittelte Volumen ersparter Wiederbeschaffungskosten erstreckt, auch noch der **Zinsvorteil** ersparter Zinsausgaben zu erfassen. Insoweit stellen wir fest, dass das sog. lineare Sachzeitwertkonzept **systematische Lücken** aufweist, um den Vorteil ersparter Zukunftsausgaben umfassend abzubilden.[152]

IV. Konkurrierende Wertansätze und deren Aussagekraft

1. Vereinfachte Sachzeitwertermittlung

Der Sachzeitwert eines Ortsnetzes kann vereinfacht auch dadurch ermittelt werden, 148
dass anstelle einer detaillierten Neubewertung einzelner Netzkomponenten mittels ihrer jeweiligen Tagesneupreise, eine **Indizierung** historischer **Anschaffungs- und Herstellungskosten** vorgenommen wird. Diese Vorgehensweise kann mit einer Reihe verschiedener Unzulänglichkeiten verbunden sein. Problematisch erweist sich bereits die Ausgangsbasis dieses Indexverfahrens, da die historischen Anschaffungs- und Herstellungskosten i.d.R. nicht so differenziert dokumentiert sind, dass eine Unterscheidung in **Material- und Baukosten** möglich ist. Ferner repräsentieren Anschaffungs- und Herstellungskosten, die oftmals nur aus bilanziell vorliegenden Aufzeichnungen entnommen werden können, nicht jenes **Mengengerüst**, das eigentlich zu bewerten ist. Je nach den in der Vergangenheit beachteten Grundsätzen für die Abgrenzung von Herstellungs- und Erhaltungsaufwand, haben aufwandswirksam erfasste Ausgaben für Netzerneuerungen mangels Aktivierung keinen Eingang in die fortgeschriebenen Anschaffungs- und Herstellungskosten gefunden. Dadurch ergibt sich auch ein unzutreffendes Bild für die **Altersstruktur** der Netzanlagen, da erneuerte Netzkomponenten mit jüngeren Bau- und Anschaffungsjahren nicht an die Stelle ersetzter Altanlagen getreten sind. Eine weitere Unschärfe entsteht durch die Verwendung von anlagengruppenspezifischen **Preisindices**, die i.d.R. auf bestimmten anteilsmäßigen Gewichtungen von Lohn-, Material- und anderen Kostenkomponenten beruhen.

Deshalb ist einer Sachzeitwertermittlung mittels eines **Indexverfahrens** nur ein 149
begrenzter Aussagewert beizumessen; sie ist allenfalls geeignet, eine erste **Orientierung** über die zu erwartende Größenordnung eines Sachzeitwertes zu geben. Sie erfüllt auch nicht jene Anforderungen, die an eine konzessionsvertraglich geregelte Sachzeitwertermittlung zu stellen ist. Diese hat grundsätzlich vom übertragungsrelevanten **Mengengerüst** auszugehen, dessen Nachweis i.d.R. nur sorgfältig aktualisierten technischen Aufzeichnungen entnommen werden kann oder ersatzweise das Ergebnis einer umfänglich notwendigen Bestandsaufnahme (technische Inventarisierung) voraussetzt.

---

152 Vgl. *Sieben*, S. 76.

2. Heranziehung des kalkulatorischen Restwertes gemäß Netzentgeltverordnung („Regulated Asset Base")

150 Von Seiten der Netzerwerber wird vielfach die Behauptung aufgestellt, dass eine Sachzeitwertermittlung zu einem **überhöhten Netzkaufpreis** führt, da er systembedingt den **kalkulatorischen Restwert** der Ortsnetzanlagen, wie er für Zwecke der Netzentgeltkalkulation gemäß Netzentgeltverordnungen Strom und Gas zu ermitteln ist, erheblich übersteigt. Anstelle des Sachzeitwertes wird von Netzerwerbern vielfach die ausschließliche Maßgeblichkeit dieser kalkulatorischen **Wertbasis** für die Ermittlung eines angemessenen Netzkaufpreises betont und dieser kalkulatorische **Restwert** mit einem sog. **Ertragswert** eines Ortsnetzes gleichgesetzt. Die Heranziehung des kalkulatorischen Restwertes kann jedoch nicht eine Sachzeitwertermittlung ersetzen, da ein Sachzeitwert als vertraglich geregelter Anspruch solange und insoweit besteht, bis dessen Höhe nach dem Ergebnis einer sachgerecht durchgeführten **Ertragswertkontrolle** in Frage gestellt ist.

151 In verschiedenen Fällen verweigert sich die Erwerberseite, am konzessionsvertraglich vorgesehenen Verfahren einer Sachzeitwertermittlung durch Bestellung eines **Parteigutachters** mitzuwirken, um somit bereits ihren **Dissens** im Zuge anstehender und konzessionsvertraglicher Sachzeitwertermittlungen zum Ausdruck zu bringen. Kaufinteressenten, die ein derartiges prozessuales Verhalten praktizieren, laufen Gefahr, gegen rechtliche **Darlegungsverpflichtungen** im Hinblick auf umstrittene Sachzeitwertforderungen zu verstoßen, gegen deren Akzeptanzfähigkeit sie kritische Einwendungen vorbringen wollen.

3. Ertragswertorientierte Wertansätze

152 Ertragswertorientierte Wertansätze können eine Sachzeitwertermittlung nicht ersetzen. Sie erlangen im Sinne einer zusätzlichen **Wertbetrachtung** eine Bedeutung im Zusammenhang mit Fragen zur **Angemessenheit** von Sachzeitwertforderungen, die im nachfolgenden Kapitel gesondert erläutert werden.

C. Ertragswertkontrolle des Sachzeitwertes

I. Grundsätzliche Überlegungen zu begrifflichen Unterscheidungen und zu ungeklärten rechtserheblichen Sachverhalten

153 Im Hinblick auf vielfältige Publikationen zur Problematisierung der Angemessenheit einer konzessionsvertraglich abgeleiteten Sachzeitwertforderung für die Abgabe eines Ortsnetzes sowie der hierzu ergangenen Rechtsprechung bedarf es einer **Differenzierung** und **Klarstellung** der hierbei zum Teil unpräzise erfolgenden Verwendung von feststehenden **Fachbegriffen**. Die üblicherweise im Rahmen eines auslaufenden Konzessionsvertrages vorzusehende Transaktion von

örtlichen Verteilnetzanlagen stellt keinen Unternehmensverkauf, sondern die **Übertragung von Assets** dar, die ggf. eine wesentliche Grundlage eines im Nachgang zu einer Netzübertragung zur Gründung vorgesehenen Netzunternehmens bilden.

Deshalb ist es unzutreffend, wenn davon ausgegangen wird, dem Sachzeitwert von Ortsnetzanlagen einen sog. Ertragswert gegenüberstellen zu können. Die Ortsnetzanlagen haben einen wie auch immer gearteten **Nutzwert** für den Netzinvestor, aber keinen selbständigen Ertragswert. Ein **Ertragswert** i.S.d. allgemeinen **Grundsätze der Unternehmensbewertung** kann allenfalls für ein selbständig fortführungsfähigen Netzbetrieb oder ein entsprechendes Netzunternehmen ermittelt werden. 154

Der nach konzessionsvertraglichen Vorschriften von der entscheidungsbefugten Kommune ausgewählte **Konzessionsinhaber** erwirbt in erster Linie **Ortsnetzanlagen** und keinen Netzbetrieb. Die von ihm zu übernehmenden Netzanlagen leisten somit einen Wertbeitrag zu dessen Vorhaben, das auf die Errichtung eines künftigen ortsnetzbezogenen Netzbetriebs oder auch auf die Integration dieses Ortsnetzes in ein bereits bestehendes Netzunternehmen ausgerichtet sein kann. 155

Zum verfolgten **Investitionskonzept** können weitere Wertschöpfungsabsichten gehören, zu deren Realisierung der Netzkauf nur ein erster und notwendiger Schritt zum Einstieg in das **Energieversorgungsgeschäft** darstellen kann. Der durch die Konzessionsentscheidung einer Kommune privilegierte Netzinvestor verfügt grundsätzlich über eine Vielzahl von unternehmerischen Optionen, die sich für ihn im Nachgang zur Ausübung des Netzübertragungsanspruches eröffnen. Die mögliche Reichweite künftiger **Nutzenerwartungen** wird nachstehend noch differenzierter betrachtet. 156

Zunächst gilt es die Frage zu erörtern, ob und welche Gründe dafür sprechen, eine sog. **Ertragswertkontrolle** der konzessionsvertraglichen Sachzeitwertforderung als limitierende **Obergrenzenbestimmung** für den **Vergütungsanspruch** des zur Ortsnetzabgabe verpflichteten Netzbetreibers postulieren zu können. Streng genommen stellt die in Anlehnung an mittlerweile gebrauchsübliche Formulierungen gewählte Umschreibung der hier zu erörternden Problematik als „Ertragswertkontrolle der Sachzeitforderung“ bereits eine unsachgemäß formulierte Fragestellung dar. 157

Im Zusammenhang mit einem **Anlagenerwerb** als Teil eines künftig entstehenden Unternehmens oder als Teil eines in ein bestehendes Unternehmen zu integrierenden **Assets** sollte betriebswirtschaftlich zutreffend von einem **Wertbeitrag** dieses Transaktionsgegenstandes zu Gunsten eines Zielkonzeptes des neuen Netzinvestors gesprochen werden. 158

Ob eine solche **Wertbeitragskontrollrechnung** im Hinblick einer grundsätzlich auf zutreffende marktorientierte Typisierungen abstellende Sachzeitwertforderung zulässig erscheint, entspricht einer Fragestellung mit rechtlicher wie auch wirtschaftlicher Dimension.

159 Normalerweise erlangen individuelle (käuferseitige) Wertbeitragsauslotungen für ein zu erwerbendes Wirtschaftsgut keine limitierende Bedeutung für Kaufpreisforderungen eines Verkäufers, wenn sich dieser hierbei an **allgemeinen Verkehrs- und Marktpreisen** orientiert. Entweder akzeptiert ein Kaufinteressent diese Kaufpreisforderung oder er verliert die Kaufmöglichkeit zu Gunsten eines besseren Bieters.

160 Die betriebswirtschaftliche Logik des dem Sachzeitwertkonzept beizumessenden allgemeingültigen investitionstheoretischen Wertansatzes i.S.v. **ersparten Investitionskosten** wird als typisierende marktorientierte Mindestwertvermutung ausgehöhlt, wenn von der Kommune ohne Rücksichtnahme auf wirtschaftliche Folgen für den bisherigen Netzbetreiber eine erzwungene **Transaktionssituation** herbeigeführt wird und der bevorzugte Netzinvestor sich das Recht einräumt, den von ihm erzielbar gehaltenen **Wertbeitrag** der erworbenen Netzanlagen zum limitierenden Maßstab für einen akzeptanzfähigen Netzkaufpreis erheben zu können.

161 Der Umgang mit Forderungen und hierauf ausgerichtete **Klagen von Netzerwerbern** gegen Sachzeitwertforderungen abgebender Netzbetreiber limitierende Wertbeimessungen im Wege von ertragsorientierten Wertbeitragsrechnungen vorzutragen, ist noch nicht abschließend juristisch geklärt. Keines der nach Novellierung des Energiewirtschaftgesetzes angestrengten Gerichtsverfahren hat zu einer Befassung durch den **BGH** geführt. Eine Auseinandersetzung des **BGH** mit den hiermit verbundenen Rechtsfragen wird in absehbarer Zeit allgemein erwartet.

162 Die damit noch geraume Zeit fortdauernde **Rechtsunsicherheit** bei Netztransaktionen gibt Anlass zu der Empfehlung, keine zu hohen Erwartungen an mögliche Beschränkungen von **Vergütungsforderungen** nach dem Sachzeitwertkonzept zu stellen. Netzkäufe unter dem **Vorbehalt** einer späteren Ertragswertkontrolle bzw. Wertbeitragskontrolle und unter Prämisse einer künftig sicher erzielbaren Kaufpreisreduktion zu vollziehen, können sich ggf. als riskante Investitionen erweisen.

II. Anlass, Gegenstand und Methodik für ertragsorientierte Bewertungsvorgänge

1. Bewertungsanlässe für ertragsorientierte Bewertungsvorgänge

163 Käufer und Verkäufer von Ortsnetzen haben verschiedene Anlässe und **Zielsetzungen**, zur Vorbereitung und Umsetzung einer bevorstehenden Netztransaktion Überlegungen und Berechnungen im Sinne einer **ertragsorientierten Wertfindung** vorzunehmen.

164 Auf der Käuferseite steht die entscheidende Frage an, unter welchen Bedingungen sich ein Netzkauf unter der Prämisse einer **Sachzeitwertübernahme** rentiert, mit welchen künftigen Ergebnis- und Wertbeiträgen der Netzkauf und alle daran anknüpfenden Maßnahmen verbunden sein werden, wie sich Chancen und Risiken aus künftigen Entwicklungsszenarien auf den gesamten Wertbeitrag einer mit dem Netzkauf verfolgten **Geschäftsstrategie** auswirken können, sowie andere entschei-

dungs- und bewertungsrelevante Sachverhalte, zu denen nicht zuletzt auch **Finanzierungsfragen** und -entscheidungen gehören. Diese auf interne Entscheidungsprozesse ausgerichteten Bewertungsfragen werden seit geraumer Zeit verstärkt auch mit der extern zu kommunizierenden **Zielsetzung** umgesetzt, um gegenüber der Verkäuferseite darzulegen, wonach die von ihr aufgestellte Sachzeitwertforderung als eine unangemessene Vergütung für den anstehenden Netzkauf darstellt. In vielen Fällen werden bereits für Zwecke der **Netzkaufverhandlungen** und im Falle eines Netzkaufes unter dem Vorbehalt einer später zulässigen Ertragswertkontrolle für eine vorläufig und vorbehaltlich auf Basis eines Sachzeitwertes vorgenommene Netzübertragung **Begutachtungsaufträge** an externe Berater und Sachverständige erteilt.

Auch die Verkäuferseite sieht sich veranlasst, Berechnungen zum ertragsorientierten **Wertpotential** für ein abzugebendes Ortsnetz vorzunehmen, auch wenn sie zunächst von der uneingeschränkten Geltendmachung ihrer Sachzeitwertforderung ausgeht. Im Vordergrund dieser Überlegungen und Berechnungen stehen einerseits eine sorgfältige Vorbereitung von anstehenden Netzverkaufsverhandlungen und einer sachgerecht ausgerichteten **Replik** auf die von der Käuferseite zu erwartenden ertragsorientierten **Einwendungen** gegen eine sachzeitwertbasierte Kaufpreisforderung, andererseits die wertmäßige Auslotung jener Effekte, die sich bei alternativ wahrnehmbaren Optionen im Zuge der anstehenden Aufteilung einer bestehenden **Erlösobergrenze** (EOG) auf das abzugebende Ortsnetz und verbleibende Netzteile haben werden. 165

Schließlich haben Entscheidungen über den Umfang der dem Ortsnetzerwerber zu übertragenden EOG einen unmittelbaren Einfluss auf die ertrags- und wertmäßige Attraktivität einer **Netzübernahme** und auf die potentiellen Einwendungen gegen eine **sachzeitwertbasierte Kaufpreisforderung**. Die Verkäuferseite versucht mit Hilfe ertragsorientierter Berechnungen, **Transaktionsbedingungen** für einzelne Ortsnetzübertragungen sowohl für Zwecke interner Entscheidungen als auch für Zwecke einer externen Kommunikation mit der Verkäuferseite sachgerecht zu dokumentieren. Nicht selten engagieren die zur Netzabgabe verpflichteten Netzbetreiber auch externe Berater und Sachverständige, um die hier intern und extern darzulegenden bewertungsrelevanten Sachverhalte möglichst sachgerecht und objektiv dokumentieren bzw. bestätigen zu lassen. 166

Von zentraler Bedeutung werden ertragsorientiert ausgelegte Wertuntersuchungen jedoch dann, wenn anlässlich strittig und rechtsanhängig geführter Netzkaufverhandlungen neutrale **Gutachter** bzw. **Sachverständige** durch zuständige **Gerichte** bestellt werden, um den befassten Richtern eine entsprechende neutrale und objektivierende Sichtweise auf strittig diskutierte Sachverhalte geben zu können. 167

2. Gegenstand der Bewertung

Hauptsächlicher Gegenstand der Bewertung im Sinne einer konfliktbehafteten und ertragsorientierten Wertfindung stellen jene Ortsnetzübertragungen dar, die als rei- 168 ne Netzanlagenübertragungen klassifiziert werden können. Sie sind i.d.R. als sog. **personenlose Netzübertragung** konzipiert. Auf der Erwerberseite befinden sich entweder bereits bestehende Netzbetreiber oder EVU oder es handelt sich um klassische Fälle sog. **Kommunalisierungsprojekte**, bei denen die zur Konzessionsvergabe berechtigte Kommune ein mehr oder weniger ausgeprägtes Interesse an einer unmittelbaren **unternehmerischen Partizipation** verfolgt. Auffallend häufig werden zur Umsetzung von Kommunalisierungsvorhaben **etablierte EVU** als strategische Partner engagiert.

169 Hier dominiert als **Bewertungsgegenstand** ein Transaktionsobjekt **Ortsnetzanlagen**, dem keine selbständige Fortführungsfähigkeit beigemessen werden kann. Als selbständig fortführungsfähiges Netzunternehmen könnte es allenfalls unter der Fiktion ergänzend hinzukommender kaufmännischer und technischer Betriebsführungsverträge dargestellt werden.

170 Jene Netztransaktionen, die unter einer **kooperativen Mitwirkung** des bisherigen Netzbetreibers bzw. unter einer verbleibenden Beteiligung des Altbesitzers zustande kommen, unterliegen i.d.R. selten einer konfliktbehafteten Auseinandersetzung über bewertungsrelevante Sachverhalte, da hier beide Vertragspartner bemüht sind, vor dem Hintergrund möglicher einseitig verfolgter Optionen die Chancen einer kooperativen **Win-Win-Situation** konsensual zu lösen. Hier sind abgebende Netzbetreiber aufgrund der Ihnen verbleibenden Kooperationsvorteile auch geneigt, eine Netzeinbringung in eine gemeinsam zu gründende **Netzgesellschaft** oder in ein gar vollumfänglich agierendes **Strom- und Gasversorgungsunternehmen** auf Basis von Ertragswerten vorzunehmen.

171 Als Hauptgegenstand einer konfliktbehafteten Wertauseinandersetzung stellen sich jene Ortsnetztransaktionen dar, bei denen ein bisheriger Netzbetreiber von einer **Teilhabe** an einer umzusetzenden Zukunftslösung völlig ausgeschlossen bleibt und somit alle **nachteiligen Folgen** einer **Ortsnetzabspaltung** zu Lasten seiner bisherigen Kosten- und Ergebnissituation zu tragen hat.

172 Hier stellen die **abgehenden Ortsnetzanlagen** den relevanten Bewertungsgegenstand dar; sie entsprechen in keiner Weise einem abspaltungsfähigen und selbständig fortführbaren Teilbetrieb. Für diesen „Anlagenabgang“ eine belastbare ertragsorientierte **Wertfindung** darzustellen, ist eine besondere Herausforderung.

3. Anzuwendende Methodik und Notwendigkeit einer ertragsorientierten Bewertung

a) Die ertragsorientierte Bewertung als notwendiges Element einer sorgfältig vorbereiteten Entscheidung anlässlich der geplanten Netztransaktion

173 Für die auf Käufer- und Verkäuferseite für interne Zwecke vorzunehmende **Kontrollrechnungen** im Sinne eines ertragsorientierten Bewertung einer Netzübertragung bestehen große Freiheitsgrade im Hinblick auf die Anwendung und Beachtung **methodischer Grundsätze** zur Ermittlung von prämissengestützten **Ertragswerten.**

Hier dominieren die jeweils subjektiv ausgeprägte Wahrnehmung von **Chancen und Risiken**. Ferner steht es im Belieben der entscheidungsverantwortlichen Organe, in welchem Detaillierungsgrad sowie unter Anwendung welcher Betrachtungsreichweiten hier bestimmte **Kontrollrechnungen** vorgenommen werden. Es sind jedoch allgemeine **kaufmännische Sorgfaltspflichten** bei der Vorbereitung entscheidungsrelevanter Grundlagen und der Herbeiführung einer strategischen Kauf- bzw. Verkaufsentscheidung zu beachten. Das jeweilige Management ist deshalb dazu verpflichtet, alle wesentlichen **Informationen** und vorherrschenden **Rahmenbedingungen** im Zusammenhang mit einer Netztransaktion sachgerecht auszuloten, um zu einer begründeten und sorgfältig abgewogenen Kauf- bzw. Verkaufsempfehlung innerhalb des Managementgremiums sowie gegenüber dessen Aufsichtsorganen gelangen zu können. Das Management der Käuferseite muss in nachvollziehbarer Form unter Beachtung allgemeiner betriebswirtschaftlicher Kriterien und ggf. intern vorgegebener Mindestrenditen darlegen, welche konkreten Zukunftserwartungen dafür sprechen, einen Netzkauf unter bestimmten Kaufpreis- und anderen Rahmenbedingungen als strategisch sinnvolle Entscheidung zu präsentieren.

Diese **ertragsorientierten Kontrollrechnungen** orientieren sich deshalb an allgemeingültigen Bewertungsgrundsätzen, wie sie in verschiedenen Verlautbarungen des IDW zur **Unternehmensbewertung** niedergelegt worden sind. Die Orientierung an hier vorgegebenen Bewertungsgrundsätzen und -methodiken ist für ein sorgfältig handelndes Management quasi verpflichtend, um sich gegen spätere Einwendungen gegen Vornahme einer Netztransaktion wegen unüberlegten oder unsachgemäßen Vorgehens schützen zu können. 174

Das Management eines Unternehmens, das sich für einen Netzkauf interessiert, hat in Abwägung der bei einer solchen Transaktion zu beachtenden **Sorgfaltsgrundsätze** nicht zuletzt vor dem Hintergrund der bereits zum „Kaufering"-Urteil des **BGH** vorgetragenen Kriterien eine unumgängliche Pflicht, alle **werterheblichen Umstände** eines avisierten Netzkaufes sachgerecht auszuloten. 175

Würde das Management eines am Netzkauf interessierten Unternehmens „blindlings" die von der Verkäuferseite aufgestellte Sachzeitwertforderung ohne Vornahme einer ertragsorientierten Kontrollrechnung akzeptieren, würde es Gefahr laufen, sich aus der Sicht potenziell geschädigter **Anteilseigner** dieses Erwerbsunternehmens Klagen wegen Nichtausübung zu beachtender **Sorgfaltspflichten** sowie ggf. erheblicher **Schadenersatzforderungen** wegen unterlassener Wahrnehmung gebotener Sorgfaltspflichten ausgesetzt zu sehen. 176

Das Management des Netzerwerbers ist also sowohl angesichts der aktuell nicht mehr allgemeingültig anwendbaren Grundsätze des bereits erläuterten „Kaufering"-Urteils des **BGH** als auch vor dem Hintergrund der aktuell geführten Diskussion zur Angemessenheit von Sachzeitwertforderungen dazu aufgefordert, alle denkbaren **branchenüblichen Argumentationsstrategien** gegen die Angemessenheit von Sachzeitwertforderungen abgebender Netzbetreiber sachgerecht wahrzunehmen. 177

178 Die hier aus dem Blickwinkel der Käuferebene angesprochene und in der einschlägigen Fachliteratur nicht nennenswert thematisierte **Grundsatzproblematik** des auf Käuferseite unter Beachtung von Sorgfaltspflichten handelnden Vorstandes bzw. Geschäftsführers findet eine entsprechende reziproke Beachtlichkeit für das Management, das auf Verkäuferseite verantwortlich tätig ist.

179 Hier stellen die bislang aus dem Blickwinkel der Käuferseite angesprochenen Aspekte mit umgekehrtem Vorzeichen notwendige Analyseschritte und demgemäß zu beachtende Sorgfaltspflichten dar.

b) Ertragsorientierte Bewertung im Zusammenhang mit der EOG-Aufteilung

180 Da optionale Vorgehensweisen bei einer vorzunehmenden Aufteilung der genehmigten EOG auf abzugebende und verbleibende Energienetzteile und sich hiernach ergebende Ergebnisse für das Erlössplittung sowohl für den abgebenden als auch für den übernehmenden Netzbetreiber eine sehr erhebliche Bedeutung haben, werden diese Vorgänge i.d.R. stets von betriebswirtschaftlich ausgerichteten **Kontrollrechnungen** im Hinblick auf mögliche ertragsorientierte Wertfindungen begleitet. Der zur **Netzabgabe** und **EOG-Aufteilung** verpflichtete Netzbetreiber hat hierbei vorrangig seine eigenen kurz- und mittelfristigen Ergebnisauswirkungen im Blickfeld, ohne hierfür eine Wertfindungsberechnung anstellen zu müssen. Neben seinem eigenen Handlungs- und Entscheidungsumfeld sind auch die Erfordernisse einer sachgerecht führbaren Kommunikation von **aufteilungsrelevanten** EOG-Sachverhalten, die Möglichkeiten und Perspektiven von Verhandlungen mit dem Netzerwerber sowie mögliche Auswirkungen auf dessen Wertfindungskalkül in Erwägung zu ziehen. So wird er geeignete Berechnungen zur Auslotung der aus dem Blickwinkel des Netzerwerbes sich ergebenden Wertfindungsaspekte anstellen.

181 Eine den Prozess der EOG-Aufteilung begleitende (interne) ertragsorientierte Untersuchung von **Werteffekten** gehört deshalb zum Bestandteil einer professionell organisierten Netztransaktion eines zur Netzherausgabe verpflichteten Regionalnetzbetreibers. Die wahrnehmbaren und letztendlich zu verfolgenden Optionen einer EOG-Aufteilung folgen mithin jenen Erkenntnissen, die sich der netzabgebende **Regionalversorger** auf Basis einer aus der Sicht des Netzerwerbers sich abbildenden **Wertfindungsvermutung** ableiten kann. Bleiben Möglichkeiten zur Herbeiführung einer konsensfähigen Lösung ausgeschöpft, dient das Ergebnis bisher wahrgenommener interner Wertfindungsprozesse zur Auslotung eines eventuellen Ausgangs sich anschließender **Rechtstreitigkeiten**.

c) Ertragsorientierte Bewertung im Rahmen einer gerichtlich veranlassten gutachterlichen Untersuchung

182 Die gerichtliche Klärung rechtsanhängig gewordener Netztransaktionen erfolgt i.d.R. vor dem Hintergrund der zentralen Frage, ob die vom abgebenden Netzbetrei-

ber beanspruchte konzessionsvertraglich geregelte Sachzeitwertforderung einem angemessenen **Vergütungsanspruch** entspricht.

Die hier strittig aufgeworfenen **Sachverhalts- und Bewertungsfragen** sind oftmals äußerst komplex und bedürfen zur Herstellung einer für das Gericht notwendigen und entscheidungsfähigen Transparenz der Einschaltung eines oder gar mehrerer unabhängiger Sachverständigen. 183

Dabei erweist sich nicht nur die Auswahl der als unabhängig zu qualifizierender **Gutachter** aus einem beschränkt zur Verfügung stehenden Kreis fachlich geeigneter Gutachter als ein in der Praxis anzutreffendes Problem, sondern auch die begrenzte Fähigkeit verantwortlicher Richter im Umgang mit den an den Gutachter zu stellenden **Fachfragen**. 184

Praxistipp

Um Vorkehrungen gegen unsachgemäße Fragestellungen an einen gerichtlich zu bestellenden Gutachter treffen zu können, binden die streitenden Parteien in der Praxis häufig bereits in die vorprozessuale Schriftsatzauseinandersetzung **Parteigutachter** ein und legen deren gutachterliche Stellungnahmen vor. i

---

Trotz dieser parteiseitigen und sachverständig fokussierten Vorlagen verbleiben – nicht zuletzt aufgrund der permanent erfolgenden Fortentwicklung von regulatorischen Rahmenbedingungen – erhebliche **Unsicherheiten** beim involvierten Gericht im Umgang mit verfahrens- und stichtagsrelevant aufzuwerfenden Beurteilungssachverhalten. 185

Die langjährige **Laufzeit** anhängiger Prozesse führt infolge eingetretener Veränderungen beim beurteilungsrelevanten Umfeld für Ortsnetzübertragungen zu einer weiteren Unsicherheit im Umgang mit rein **stichtagsbezogen** zu behandelnden Sachverhalten. 186

Es ist deshalb nicht überraschend, wenn am Ende einer gerichtlich veranlassten Begutachtung das Ergebnis einer gutachterlichen Stellungnahme von den streitenden Parteien deshalb **angefochten** wird, weil der **Gerichtsgutachter** auf unpräzise gestellte Gerichtsfragen keine fundierten bzw. stichtagsbezogenen Antworten gegeben hat oder möglicherweise Hinweise gegeben hat, warum einzelne Sachverhalte vor dem Hintergrund aktueller Erkenntnisse abweichend beurteilt werden könnten. 187

Besonders virulent erweisen sich Fragen zur möglichen ertragsorientierten Wertkontrolle einer Sachzeitwertforderung für Netztransaktionen, für die das jetzt vorherrschende Reglement zu einer Aufteilung der EOG vor dem Hintergrund der nunmehr gültigen **ARegV** noch nicht bestanden hat. 188

Unabhängig von der genannten **Stichtagsrelevanz** erweist sich der Umgang mit einzelnen Aspekten einer sachgerecht vorzunehmenden ertragsorientierten Untersuchung zur Wertkontrolle von Sachzeitwertforderungen als ein spezifisches Problem. 189

190 Gutachter, die Wertbeurteilungen für transaktionsrelevante Sachverhalte ausschließlich auf Basis vorliegender **Planungsrechnungen** orientiert an den zur Unternehmensbewertung geltenden Grundsätzen abgeben, erscheinen nicht geeignet. Der gutachterliche Umgang mit Fragen einer sachgerecht vorzunehmenden und ertragsorientierten Wertkontrolle einer Sachzeitwertforderung setzt die **branchenbezogene Befähigung** eines Gutachters voraus, eine nachstehend erläuterte **Wertbeitragsrechnung** vorzunehmen, zu deren Umsetzung neben vorliegender allgemeiner **Unternehmensbewertungskompetenz** auch spezielle branchenbezogene Kenntnisse erforderlich sind. Deshalb eignen sich besonders solche Gutachter, die über **einschlägige Erfahrungen** aus der beratenden Begleitung von Netztransaktionen sowohl aus Erwerbersicht als auch Verkäufersicht verfügen.

191 Die sachgerechte Beantwortung von gerichtlich beurteilungsrelevanten Sachverhalten durch einen gerichtlichen Gutachter setzt eine intensive Befassung des verantwortlichen Richters und ein zielführendes Aufwerfen von relevanten und an den Gutachter zu adressierenden Fragen voraus.

192 Eine gerichtlich aufgeworfene Frage, wie hoch der **Ertragswert** eines zu übertragenden Ortsnetzes zu veranschlagen sei, ist seriös nicht beantwortbar. Der Gerichtsgutachter würde hier zur Ermittlung eines Ertragswertes eines Unternehmens aufgefordert, das bewertungsrelevant gar nicht existiert und für das es weder seitens des abgebenden Netzbetreibers noch des erwerbenden Netzinvestors eine konkrete Zukunftsplanung geben kann.

Praxistipp

i Damit das Gericht die **Angemessenheit** aufgestellter Sachzeitwertforderungen beurteilen kann, muss es sich zunächst selbst fundiert mit den wesentlichen strittigen **Sachverhaltsfragen** befassen, bevor Gerichtsgutachter bestellt und die beurteilungsrelevanten Fragen formuliert werden. Die untersuchungsrelevanten Fragen können im Vorfeld mit den streitenden Parteien abgestimmt werden und sollten so präzise wie möglich formuliert werden.

III. Modulare Vorgehensweise einer ertragsorientierten Untersuchung bewertungsrelevanter Aspekte einer Orts-netztransaktion

1. Vorbemerkungen und Unterscheidungen zur Bewertungsrelevanz der Erlösobergrenzenaufteilung

193 Die **Ertragskraft** eines zu übertragenden Ortsnetzes wird im Wesentlichen vom **Volumen** der auf den neuen Netzbetreiber zu übertragenden EOG beeinflusst. Diese auf das abzuspaltende Ortsnetz zuzuordnende EOG setzt sich i.d.R. zusammen aus den

- zuzuordnenden Entgeltbestandteilen für die Kapitalkosten (CAPEX) sowie den
- zuordenbaren Entgeltbestandteilen für die Betriebskosten (OPEX).

Die auf kalkulatorische **Kapitalkosten** des Ortsnetzes entfallenden Entgeltbestandteile werden überwiegend anlagenscharf und in Abhängigkeit der auf den neuen Netzbetreiber zuzuordnenden kalkulatorischen **Restbuchwerte** der betreffenden Netzanlagen und der hierzu gehörenden Baukostenzuschüsse ermittelt werden. Hierbei ergeben sich keine nennenswerten **Zuordnungsspielräume**. 194

Hingegen besteht für die Zuordnung von **Entgeltbestandteilen** für die **Betriebskosten** ein gewisser Gestaltungsspielraum, der nicht zuletzt auch davon abhängt, welche effektive künftige Kostenentstehung – insbesondere auch im Zusammenhang einer Personalübertragung – auf den neuen Ortsnetzbetreiber übergehen wird sowie auch davon, welche **Remanenzkosten** beim abgebenden Netzbetreiber bestehen bleiben. 195

Die beim neuen Netzbetreiber entstehende Erlös- und Kostensituation im Hinblick auf **Kosten vorgelagerter Netzebenen** kann grundsätzlich von einer detaillierten Betrachtung ausgeklammert werden, da deren entgeltwirksame bzw. aufwandsneutrale Kostenweiterwälzung systembedingt gewährleistet bleibt. 196

Die bewertungsrelevante Ergebniswirksamkeit einer künftigen **EOG-Aufteilung** wird aus der Sicht eines Netzerwerbers somit von folgenden zwei Schlüsselfragen dominiert: 197

- Wie können die im Zuge der EOG-Aufteilung zu übertragenden **Kapitalkosten** und die hierin enthaltenen kalkulatorischen Gewinn- bzw. Ergebnisbestandteile für transformierbare **Verzinsungsansprüche** für die Eigenkapital- und Fremdkapitalbindung bewertungsrelevant gewürdigt werden?
- Wie können zu übertragende Entgeltbestandteile für **übergehende** bzw. neu beim künftigen Netzbetreiber entstehende Kostensituationen im Hinblick auf die betriebsnotwendigen **Betriebskosten** qualifiziert werden?

Aus der Beurteilung der genannten Fragestellungen ergeben sich erste grundsätzliche Schlussfolgerungen zur Beantwortung der Frage, welches erzielbare **Wertpotenzial** der vorgesehenen Ortsnetzübertragung auf den neuen Netzbetreiber übergehen kann. 198

Um die Auslotung dieser Fragestellungen sinnvoll differenzieren zu können, bietet es sich an, von folgenden differenzierten Fallkonstellationen auszugehe:[153] 199

- **Fallgestaltung A:**
  Die avisierte EOG-Aufteilung gewährleistet dem neuen Netzbetreiber eine 200
  künftige Ergebniserzielung, die ihm im Wesentlichen eine **ergebnisneutrale Erlösdeckung** der bei ihm entstehenden Betriebskostensituation erlaubt.

153 Vgl. *Sauthoff/Windloff/Kreutzmann/Topphof-Erpenstein*, et 2011, 69.

- **Fallgestaltung B:**
201 Der neue Netzbetreiber erhält im Rahmen der EOG-Aufteilung Erlösbestandteile für typisierte und splittungsfähige Betriebskostensituationen zugewiesen, die seine künftige Betriebskostensituation **erheblich übersteigt.**

- **Fallgestaltung C:**
202 Der neue Netzbetreiber erhält im Rahmen der EOG-Aufteilung Erlösbestandteile für typisierte und splittungsfähige Betriebskostensituationen zugewiesen, die seine künftige Betriebskostensituation **erheblich unterschreitet.**

2. Erläuterung der bewertungsrelevanten Aspekte möglicher EOG-Aufteilungen

a) Fallkonstellation A

203 Gemäß angenommener Fallgestaltung A erzielt der neue Netzbetreiber Zukunftsergebnisse, die dem Volumen nach jener **Kapitalverzinsung** entsprechen, wie sie nach bestehenden Vorschriften der NEV maximal erlaubt sind.

204 Orientiert sich der Erwerber bei der Bewertung bzw. Abzinsung seiner künftig erzielbaren Ergebnisansprüche an jenen **Verzinsungsansprüchen**, wie sie in den Netzentgeltverordnungen (Strom-/GasNEV) festgelegt sind, ergibt sich ein **Ertragswert** für die Netzanlagen, der der kalkulatorischen Verzinsungsbasis gemäß Netzentgeltverordnung entspricht. Deshalb wird in der Praxis die RAB, also die EK/FK-gewichteten kalkulatorischen Restwerte abzüglich der Restwerte an noch nicht aufgelösten Ertragszuschüssen, als sog. **Mindestwert** eines Ortsnetzes im Sinne einer Ertragswertkontrolle verstanden.

205 Erhebt der Erwerber einen geringeren Anspruch an die **Mindestrendite**, der die von den Netzentgeltversordnungen vorgesehenen kalkulatorischen Zinssätze für eigen- und fremdfinanzierte Netzanlagen unterschreitet, weil er beispielsweise einen vergleichsweise geringeren Risikozuschlag für vertretbar hält, ergibt sich ein Ertragswert, der die **RAB** entsprechend übersteigt.[154]

b) Fallkonstellation B

206 Erhält der neue Ortsnetzbetreiber anlässlich der EOG-Aufteilung **Erlösbestandteile** für Betriebskosten zugeteilt, die seine künftig entstehende OPEX-Situation übertreffen, erzielt er **Zusatzgewinne**, die zusätzlich zum NEV-kalkulatorischen Mindestergebnis aus der Kapitalverzinsung zumindest solange entstehen, bis diese im Zuge einer nachfolgenden kostenorientierten Netzentgeltüberprüfung wegfallen.

154 Wegen Einzelheiten zur Ermittlung bewertungsrelevanter Kapitalkosten zur Diskontierung künftiger Netzergebniserwartungen wird auf Ausführungen im Abschnitt „Bemessung des Kapitalisierungszinssatzes" verwiesen.

Sie können jedoch darüber hinaus auch einer verbleibenden **Zusatzrendite** entsprechen, soweit sie durch künftig veränderte Kostenzuordnungen zum vorliegenden oder neu entstandenen größeren Gesamtnetzbetrieb kompensiert werden. Diese Effekte können dadurch entstehen, dass **Kostenumlagen** für Gemein- bzw. Fixkosten des Unternehmens, die im Wege von Kostenschlüsselungen dem Netzbereich zugeordnet werden, infolge des Netzkaufs eine Erweiterung erfahren.[155] 207

Ein ähnlicher Effekt wird erzielt, wenn ein bestehender partiell ineffizienter Netzbetrieb eine zusätzliche **Auslastung** für einen ansonsten abzubauenden Gemein- bzw. Fixkostenüberhang erfährt. 208

Es entstehen dann echte und dauerhaft wirkende **Optimierungseffekte**, die ein Netzerwerber mit einem bereits bestehenden Netzbetrieb erzielen kann. Ein Teil der genannten Umlageeffekte wirkt sich insbesondere bei Vorliegen anderer nicht regulierter Unternehmensaktivitäten zu Gunsten deren Kostenentlastung aus. 209

c) Fallkonstellation C

Die Fallkonstellation C, bei der dem Netzerwerber eine EOG zugeteilt wird, deren Erlösbestandteile für Betriebskosten sich als **nicht kostendeckend** darstellen, dürfte i.d.R. nicht zu erwarten sein. In diesem Fall würde ein Teil des NEV-kalkulatorischen **Mindestergebnisses** aufgezehrt werden und hätte die Forderung nach einer Kaufpreisfestlegung unterhalb der RAB zur Folge, soweit nicht aus anderen übernahmerelevanten Sachverhalten kompensierende Vorteilserwartungen zu Buche schlagen. 210

3. Kontrolle einer angemessenen EOG-Aufteilung als wichtiger Baustein einer ertragsorientierten Überprüfung des Netzkaufpreises

Die Kontrolle, ob und inwieweit sich ein geplanter Netzkauf als rentable Investition darstellen kann, hängt in entscheidendem Maße davon ab, ob die mit dem Netzkauf einhergehende **EOG-Aufteilung** den Voraussetzungen für eine angemessene **Ergebniserzielung** entspricht. Diese Frage wird maßgeblich vom Umfang der künftig beim neuen Netzbetreiber entstehenden Grenz- bzw. Zusatzkostensituation im OPEX-Bereich beeinflusst. Der Erwerber muss den hier entstehenden **Kostenbedarf** sowie die bereits angesprochenen Folgeeffekte im Zusammenspiel mit einer bereits bestehenden Netzbetriebsorganisation sachgerecht ausloten. 211

Diese Kontrolle hat nicht zur Voraussetzung, dass die historische Betriebskostensituation des bisherigen Netzbetreibers in vollem Umfang transparent gemacht 212

155 Sog. Umlageeffekte infolge der Erweiterung eines bestehenden Netzbetriebs durch Zukauf von Netzen.

wird. Allenfalls können einzelne **Netzbetriebskosten** mit spezifisch technischem Hintergrund und dadurch veranlasste Kostenverursachung hier eine begrenzte (und überwiegend untergeordnete) Bedeutung erlangen.

213 Die Aufteilung der EOG hat die Allokierbarkeit von bestimmten **Erlösanteilen** zu Gunsten des Netzerwerbers zur Folge, die im Zusammenhang mit der neu entstehenden **Grenzkostensituation** und anderen Kosteneffekten beim Netzerwerber eine spezifische Ergebniserzielung erwarten lassen.

214 Der zur Netzabgabe und EOG-Aufteilung verpflichtete Netzbetreiber wird sich an betriebswirtschaftlichen Überlegungen und Berechnungen orientieren, die einerseits mit denen des Netzerwerbers vergleichbar sind und andererseits auf eine ausreichende **Erlössicherung** zur Finanzierung der bei ihm nach einer Ortsnetzherausgabe verbleibenden **Remanenzkosten** ausgerichtet sind. Das Interesse an einer Zurückbehaltung von Netzerlösen findet dort seine Grenze, wo der abgebende Netzbetreiber Gefahr läuft, diese Erlöse spätestens anlässlich der folgenden **Photojahrkontrolle** zu verlieren. Zudem ist der abgebende Netzbetreiber auch daran interessiert, günstige Voraussetzungen für eine ertragsorientierte Wertkontrolle seiner Sachzeitwertforderung zu schaffen.

4. Systembedingte Wertlücke zwischen Sachzeitwert und Regulated Asset Base

215 Die Systematik der Sachzeitwertermittlung führt systembedingt zu einer Wertlücke zwischen **Sachzeitwert** und dem NEV-kalkulatorischen **Restbuchwert** von Netzanlagen. Letzterer enthält nur für den eigenfinanzierten Teil der Netzanlagen (bis zum Anschaffungsjahr 2007) Restwerte auf Basis von **Tagesneupreisen**, wohingegen die übrigen Anlagen sowie der **fremdfinanzierte** Anlagenteil mit Restwerten auf Basis historischer Anschaffungs- und Herstellungskosten angesetzt sind. Neben dem umfassenden **Neubewertungseffekt** für alle Netzkomponenten beruht der Sachzeitwert i.d.R. auf der Annahme längerer Nutzungszeiten, die sich an der technischen bzw. technisch-wirtschaftlichen **Nutzbarkeit** orientieren. Diese übertreffen die für Zwecke einer Netzentgeltkalkulation verwendbaren kürzeren kalkulatorischen Nutzungszeiten gemäß der in der Anlage 1 der Strom- bzw. GasNEV angegebenen unteren und oberen Bandbreite zum Teil ganz erheblich. Darüber hinaus erhöht sich der Sachzeitwert im Vergleich zum NEV-kalkulatorischen Restbuchwert auch noch durch den Ansatz sog. **Anhaltewerte** für ältere Netzkomponenten, für die keine vergleichbare Vorgehensweise bei der Kalkulation der Netznutzungsentgelte infolge des Verbots einer über Null hinausgehenden kalkulatorischen Abschreibung besteht.

216 Die nachhaltigen **Ertragsaussichten** von Ortsnetzanlagen basieren jedoch keineswegs allein auf der NEV-Verzinsung der RAB. Vielmehr ist eine Reihe weiterer transaktionsbedingter Wertbeiträge hinzuzurechnen.

5. Ansatzfähige netzbetriebliche Wertbeiträge

Im Rahmen einer ertragsorientierten **Wertkontrolle** können insbesondere die folgenden netzbetrieblichen Wertbeiträge in Ansatz kommen: 217

a) Wertbeiträge, die sich aus der sicher erzielbaren Mindestverzinsung der NEV-kalkulatorischen Kapitalbasis ableiten lassen

Ohne Vornahme einer mehrjährigen Zukunftsrechnung und einer Abzinsung der hierin auszuweisenden („Stand-alone"-)**Zukunftsergebnisse** kann i.d.R. vereinfachend davon ausgegangen werden, dass die im Zuge eines Netzkaufs zu übertragende RAB dem **Barwert** der künftigen NEV-kalkulatorischen Mindestergebnisse entspricht. 218

b) Wertbeiträge, die sich als Rentabilitätsvorteile im Vergleich zu den NEV-kalkulatorischen Zinssätzen ergeben können

Die aus dem Blickwinkel des Netzerwerbers sich ergebenden Möglichkeiten zur Annahme alternativer **Eigenkapital- und Fremdkapitalkosten** führen zur Abbildung spezifischer finanzieller Vorteile. Hierzu kann die Annahme eines im Vergleich zu NEV-kalkulatorischen Vorgaben niedriger ausfallenden Eigenkapitalverzinsungsanspruches gehören. Für ein konkretes Ortsnetzinvestment kann ggf. eine **geringere Risikoprämie** angezeigt sein, die nicht jener pauschalierenden Risikobeurteilung folgt, die zu Gunsten einer höher angesetzten Risikoprämie bei den allgemeinen NEV-kalkulatorischen Verzinsungsvorgaben Eingang gefunden haben. 219

Ferner kann ein Netzinvestor sich mit einer unterhalb der NEV-typisierten **Eigenkapitalquote** von 40% günstig refinanzieren. Darüber hinaus können einem Netzinvestor **Fremdfinanzierungsmöglichkeiten** zur Verfügung stehen, die im Wege einer mehrstufigen Finanzierungsgestaltung zu einer Allokation von Finanzierungsvorteilen außerhalb der reinen netzbetrieblichen Ebene ermöglichen (nicht regulierter Bereich). 220

Die hier genannten (Zins-)Vorteile können im Hinblick auf ihren Wertbeitrag zur Finanzierung einer systembedingten **Wertlücke** zwischen Sachzeitwert und RAB zunächst nur auf jenen Kaufpreisanteil bezogen werden, der auf die RAB entfällt. 221

c) Wertbeiträge, die sich aus nachhaltig erzielbaren Synergievorteilen ermitteln lassen

Die im Rahmen der EOG-Aufteilung erfolgende Zuordnung eines Erlösanteils für anteilig zugeordnete OPEX-Kosten kann infolge von Optimierungsmöglichkeiten des Netzerwerbers bei diesem zu **Kostenvorteilen** und Mehrergebnissen führen. Infolge von Synergieeffekten lassen sich nachhaltig ansatzfähige **Zusatzergebnisse** ableiten und auf deren Basis ein synergetischer Wertbeitrag errechnen. 222

223 Zu diesen Synergieeffekten gehört z.B. neben Vorteilen bei der geschlüsselten Kostenzuordnung aus einem vorhandenen Gemein- bzw. Fixkostenanfall auch **spezifische Vorteilsallokationen**, die sich im Zuge von neu abzuschließenden Betriebsführungsverträgen oder der Anpassung von bestehenden Betriebsführungsverträgen mit strategischen Geschäftspartnern oder innerhalb einer Unternehmensgruppe des Netzerwerbers realisieren lassen.

224 Zudem spielt das Vorhandensein einer bereits vor einer Ortsnetzübernahme beim Erwerber bestehenden netzbetrieblichen Organisations- und Kostenstruktur und deren **Auslastungsreserve** eine entscheidende Rolle.

225 Synergievorteile ergeben sich insbesondere dann, wenn keine **Personalübertragung** vorgesehen ist und beim Erwerber kein adäquater Ausbau eines bereits bestehenden und netzspezifisch ausgerichteten Fachpersonals vorgesehen ist.

d) Wertbeiträge, die aus einer geänderten Aktivierungspraxis im Hinblick auf übertragene Entgeltanteile für aufwandswirksam verrechnete Erneuerungsaufwendungen erzielt werden können

226 Im Rahmen der EOG-Aufteilung überträgt der bisherige Netzbetreiber als Bestandteil anteilig zuordenbarer OPEX-bezogener Entgelte i.d.R. auch jene Erlösanteile, die auf bisher von ihm aufwandswirksam geltend gemachte **Erneuerungsausgaben** entfallen.

227 Dem Netzerwerber eröffnet sich die Möglichkeit, künftig von dieser aufwandswirksamen Behandlung der **Erneuerungsinvestitionen** abzukehren und für eine Aktivierung dieser Ausgaben zu optieren. Die Vorteile, die sich aus einer künftig vermehrten **Aktivierung** ergeben, können auf Basis einer alternativen Vorgehensweise ausgelotet werden. Erfahrungsgemäß kann davon ausgegangen werden, dass mindestens zwei Drittel künftiger Erneuerungsinvestitionen einer Aktivierung unterworfen werden. Es sind somit jene Ergebniseffekte auszuloten, die sich aus einer künftigen Aktivierung eines jährlichen Teil- bzw. Mehrbetrages ableiten lassen.

228 Ersatzinvestitions- bzw. Erneuerungsausgaben, die nicht sofort aufwandswirksam, sondern durch eine Aktivierung und spätere abschreibungsbedingte **Aufwandsverrechnung** in die Kalkulation von Netznutzungsentgelten eingehen, unterliegen mit ihren künftigen **Restbuchwerten** der kalkulatorischen Verzinsung. Trotz der sich auf die Nutzungsdauer erstreckenden ratierlichen Verteilung durch kalkulatorische **Abschreibungen** ergibt sich infolge des Aufbaus einer verzinslichen Kapitalbindung ein insgesamt positiver Erlös- und Ergebniseffekt.

229 Ein Netzbetreiber stellt sich im Hinblick auf die **Fortschreibung** seiner Netzerlöse durch eine Optimierung des Aktivierungsanteils seiner Erneuerungsausgaben besser als bei einer sofortigen Aufwandserfassung

230 Die hier im Wege einer künftigen Erlösfortschreibung generierbaren Vorteile können unter Berücksichtigung möglicher **time-lags** bei der regulatorischen Aner-

kennung abgebildet werden und zu einem gesonderten Wertbeitrag zusammengefasst werden.

6. Ergänzend zu berücksichtigende Wertbeiträge, die als Folgeeffekte einer Ortsnetztransaktion nominiert und ermittelt werden können

a) Typisierende Betrachtungen zum Transaktionsmarkt „Ortsnetze"

Die typischerweise am Markt konzessionsvertraglich veranlasster Ortsnetztransaktionen auftretenden **Investoren** erwägen eine Netzübernahme nicht, um damit nur eine sich an der kalkulatorischen **Mindestverzinsung** gemäß Strom- bzw. GasNEV orientierende Netzrendite erzielen zu können. Ganz offensichtlich verknüpfen die sich um eine Konzession und eine Netzübernahme bewerbenden Interessenten ihr geplantes Investment mit einer Vielzahl von damit verbundenen **Renditechancen** und strategischen Perspektiven, die zum überwiegenden Teil auch künftige **Aktivitätsmöglichkeiten** betreffen, die über den reinen Netzbetrieb hinausreichen. Hierfür gibt es eine Vielzahl nachvollziehbarer Aspekte, die sich nicht nur aus der Beratungstätigkeit des Autors in diesem Transaktionsfeld belegen lassen, sondern auch aus offiziellen Dokumentationen und Handlungsempfehlungen jener Interessenvertreter hervorgehen, die sich für eine **Rekommunalisierung** von Ortsnetzen engagieren. Entsprechende Hinweise geben wir in den nachfolgenden Ausführungen. 231

Auf Art und Umfang der in eine Ertragswertkontrolle einzubeziehenden Komponenten künftiger **Ergebniserwartungen**, die für einen hier auftretenden Investoren- bzw. Interessentenkreis außerhalb der netzbetrieblichen Sphäre typisch sind, wird noch gesondert eingegangen. 232

Für Netzübernahmen anlässlich auslaufender Konzessionsverträge interessieren sich **Kommunen** i.d.R. nur dann, wenn sie bereits über ein entsprechend aufgestelltes **Energieversorgungsunternehmen** verfügen, bei dem sich z.B. eine Stromnetzübernahme als sinnvolle Ergänzung des bereits bestehenden Energieversorgungsportfolios (Wasser-, Gas- und ggf. Fernwärmeversorgung) darstellen lässt. 233

Transaktionen, die ohne einen solchen unternehmerischen Hintergrund z.B. zur **Neugründung** eines Stadtwerkes angestrebt werden, erfolgen i.d.R. mit Unterstützung eines **strategischen Geschäftspartners**. Hierbei verfolgte kooperative Geschäftsmodelle dienen insbesondere zur Realisierung von **Verbundvorteilen,** die im Wege sog. **Betriebsführungsverträge** mit in der Energieversorgung (einschließlich Netzbetrieb) tätigen Geschäftspartnern umgesetzt werden. 234

Insoweit kann allgemein typisierend und aus nachvollziehbaren ökonomischen Überlegungen zutreffend festgestellt werden, das konzessionsvertraglich veranlasste Netztransaktionen i.d.R. nur vor dem Hintergrund konkreter **Optimierungsmöglichkeiten** wahrgenommen werden. Gemeinden, denen sich die Realisierung der genannten Optimierungsmöglichkeiten nicht anbietet, optieren für eine **Fortsetzung des Konzessionsvertrages** oder treffen eine Vergabeentscheidung für andere Interessenten, die als Energieversorger über Möglichkeiten zur Betriebsoptimierung 235 für das zu übernehmende Ortsnetz verfügen. Vergleichbare Erwartungen bestehen auch beim **Zusammenschluss** mehrerer Kommunen zur Umsetzung einer gemeinsamen **Kooperation**.

236 Jede Netztransaktion hat einen **strategischen** Hintergrund, der sich an Nutzen- und Ergebniserwartungen orientiert, die weit über den Horizont eines sog. **Stand-alone-Netzbetriebs** hinausreichen.[156] Es lassen sich zusätzliche Optionen und somit Einflussfaktoren auf das Wertpotenzial einer Netzübernahme identifizieren und ermitteln, deren Perspektiven im Fall einer **mannlosen Netzübertragung** besonders bedeutsam werden. Sie sind als marktrelevante Entscheidungs- und Werttreiber im Wettbewerb um Konzessionen zu betrachten und können nicht mit Hinweisen auf Bewertungsstandards des IDW (IDW S 1) und hieraus abgeleiteten Einwendungen gegen die Berücksichtigung von Synergieeffekten für Zwecke einer Angemessenheitskontrolle der Sachzeitforderung als irrelevante Sachverhalte bezeichnet werden.

237 Die am Transaktionsmarkt „Konzessionen und Ortsnetze" anzutreffenden Motive, Interessen auftretender Bewerber um die Konzessionszuteilung erstrecken sich auch auf Vorteilserwartungen, die über den Netzbetrieb hinausreichen und die Umsetzung gezielter **Akquisitionsmaßnahmen** zur Gewinnung der am Netz versorgten Energiekunden zum Ziel haben. Der reine Netzerwerb stellt hierzu einen wesentlichen Baustein für nachfolgende **Marketing- und Preismaßnahmen** zur Gewinnung bzw. zum Abwerben von Energiekunden aus dem nicht zu übertragenden Strom- bzw. Gasvertriebskundenstamm des bisherigen Regionalversorgers dar. Der neue Netzbetreiber ist i.d.R. mit anderen **Versorgungssparten** (Wasser und oder Gas) bereits im örtlichen Kundengebiet tätig und kann nun die Tatsache des erfolgten Netzerwerbs zu gezielten **Kommunikationsstrategien** nutzen. Dies nimmt er nicht auf der Ebene des Netzbetriebs, sondern im Rahmen seiner bereits bestehenden oder im Ausbau befindlichen **Energievertriebsorganisation** wahr. Dabei muss er die Vorschriften zum netzbetrieblichen **Unbundling** nicht verletzen, um diese Vertriebspotenziale ausschöpfen zu können. Das häufig gegen diese Betrachtungsweise vordergründig entgegengebrachte Argument, wonach der künftige Netzbetrieb an sich keine **Vertriebsaktivitäten** erlaube, verliert seine Aussagekraft, denn die grundsätzlich bestehenden Freiheitsgrade zum wettbewerblichen Agieren werden durch die bestehenden Unbundlingvorschriften nicht begrenzt, sondern nur transparent separiert.

238 Die besondere Perspektive, die der Netzerwerb und die damit verbundene **Netzseparierung** des Ortsnetzes vom Regionalnetz für künftige Energievertriebsstrategien ermöglichen, ergeben sich in Regel durch eine damit verbundene Senkung des

156 Stellvertretend für vielfältige Publikationen kann auf die VKU-Studie „Konzessionsverträge – Handlungsoptionen für Kommunen und Stadtwerke", 2009 verwiesen werden: http://www.vku.de/presse/publikationen/konzessionsvertraege.html.

künftigen **NNE-Niveaus** im Vergleich zum Niveau des bisher geltenden. Dieses niedrigere NNE-Niveau gilt zwar auch für den bisherigen Energieversorger, jedoch nutzt der neue Netzbetreiber/Energieversorger dieses Argument als sein Verdienst. Die sog. **Rosinenpicker**, die das verdichtet versorgte Ortsnetz aus einem größeren Regionalnetz herauslösen, ernten damit auch noch eine **Zusatzdividende**, die nicht im Netzbetrieb der Erwerbers, sondern in dessen Vertriebsbereich anfällt.

Diese Sachverhalte und auch die durch die **Ortsnetzabgabe** entstehenden Aus- 239
wirkungen für den **Regionalversorger**, die nicht nur den Netzbetrieb, sondern auch einen hierzu aufgestellten Energievertriebsbereich tangieren, können bei einer umfassenden Betrachtungsweise aller wirtschaftlichen Effekte einer Ortsnetztransaktion nicht ausgeblendet bleiben.

Letztendlich ist auch hier auf die eigentliche und nach Auffassung verschiede- 240
ner Experten zwischenzeitlich obsolet gewordene Funktion zur Herstellung einer **Wettbewerbssituation** der in regelmäßigen Abständen erfolgenden Konzessionsvergabe hinzuweisen. Dem Wechsel des Konzessionärs kommt die ursprünglich gewollte Wettbewerbsfunktion nicht mehr zu, da jetzt nur noch Netzbesitz- und Netzbetriebsfunktionen ausgewechselt werden, die mittlerweile einem strengen Regulierungsregime unterworfen sind.

Da aber trotzdem einem Netzerwerber erlaubt bleibt, im neu erworbenen Netz- 241
gebiet über seine neue Netzbetriebsfunktion hinausgehende **Vertriebsaktivitäten** zu entfalten, sind dem **Konzessionswettbewerb** und den mit dem Netzerwerb verbundenen Chancen weiterhin erhebliche Opportunitäten im Hinblick auf den Energievertrieb und die Gewinnung netzbezogener Vertriebskunden immanent.

Mit den Netzanlagen werden **Netzkunden** übertragen, deren Mehrzahl i.d.R. 242
Privatkunden darstellen, die zu einem erheblichen Anteil auch noch auf Basis von **Standardtarifen** versorgt werden. Dieser Kundenstamm wird i.d.R. vom Erwerber für Zwecke einer gezielten **Kundenakquise** für ein eigenes Stromvertriebsgeschäft genutzt. Erfahrungsgemäß wird der Netzübergang zu einem aggressiven Marktauftritt des neuen Versorgers und zu werblichen Zwecken für die Akquisition von Strom- bzw. Vertriebskunden verwendet. Hierbei knüpfen die Marketingstrategien des Erwerbes zur Mobilisierung des Kundenwechsels an die Kommunikation des **Netzübergangs** an. Sie nutzen den sich ergebenden Effekt aus entflechtungsbedingt niedrigeren Netznutzungsentgelten zu einem Teilbetrag dazu, die bisherigen Tarifpreise im Vergleich zu den bisherigen Anbietern, zu denen i.d.R. überwiegend der bisherige Energieversorger und Netzbetreiber gehört, attraktiver zu gestalten.

Entflechtungsbedingt entstehende Absenkungseffekte beim Niveau der **Netz-** 243
nutzungsentgelte des neu entstehenden Ortsnetzes im Vergleich zum überregional kalkulierten NNE-Niveau des bisherigen Regionalversorgers haben neben diesem kundenfreundlichen Aspekt auch den Komfort, in Höhe des nicht an den Kunden weitergegebenen Vorteils aus gesunkenen NNE zu Gunsten einer eigenen höheren **Vertriebsmarge** realisieren zu können. Die Netzübertragung und die hierbei stattfindende **Fragmentierung** der NNE, die i.d.R. zu Gunsten eines niedrigeren NNE-

Niveaus der in dicht besiedelten Ortsnetzen versorgten Kunden ausfällt, kann der Erwerber des Ortsnetzes gezielt zur **Kundenakquise** im Stromvertrieb ohne nennenswerte Zusatzkosten nutzen.

244 Theoretisch könnte der Erwerber auch ohne den Netzerwerb eigene wettbewerbliche **Stromvertriebsaktivitäten** aufnehmen; diese wären aber mit einem erheblichen Werbeaufwand und zu Lasten der Vertriebsmarge zu kalkulierenden Preisvorteilen verbunden. Der Netzübergang und der damit einhergehende entflechtungs- bzw. fragmentierungsbedingte Absenkungseffekt beim Niveau der NNE ersparen ihm diese Werbekosten. Es handelt sich um echte vorteilhafte **Sekundäreffekte**, die ursächlich durch den Netzerwerb und der damit verbundenen Separierung der ortsnetzbezogenen (günstigeren) NNE-Situation von der bisherigen regionalweit geltenden (ungünstigeren) NNE-Situation veranlasst wird.

245 Der erzielbare Wertbeitrag aus der Nutzung dieser Vorteilssituation kann auf Basis von **Erfahrungswerten** überschlägig ausgelotet werden. Erzielbare **Kundenwechselquoten** können im Bereich der Privatkunden auf über 30% beziffert werden. Zur Auslotung des im konkreten Fall einer Ortsnetzübernahme anzusetzenden Sekundäreffektes können weitere Kriterien wie die bisherige Aktivität wettbewerblicher Anbieter und deren bislang erzielte Erfolge und somit auch die anzutreffende **Wechselbereitschaft** hinzugezogen werden. Das hieraus erzielbare Ergebnisvolumen kann bei einem durchschnittlichen zusätzlichen **Deckungsbeitrag** je Haushaltskunde und Jahr von X EUR bei einer hinreichend plausibel eingeschätzten Wechselquote von Y% zu einer bewertungsfähigen **Ergebniserwartung** rund Z EUR beziffert werden. Der hieraus erzielbare Wertbeitrag kann unter Beachtung eines angemessenen Kapitalisierungszinssatzes, der der höheren Risikosituation des Energievertriebs im Vergleich zum Netzbetrieb Rechnung trägt, ermittelt werden.

IV. Kapitalisierung von bewertungsrelevanten Ergebniserwartungen zur Ermittlung einzelner Wertbeiträge einer Ortsnetztransaktion

1. Ermittlung bewertungsrelevanter Ergebniserwartungen

246 Die Ermittlung von bewertungsrelevanten Ergebniserwartungen wird auch vom **Umfang** des im Rahmen einer Aufteilung der EOG des abgebenden Netzbetreibers auf den neuen Netzbetreiber entfallenden **Erlösanspruches** bestimmt. Eine zukunftsbezogene Fortschreibung dieses Erlösvolumens hat die Vorgaben der **Anreizregulierung**, die Effekte aus künftigen Veränderungen infolge netzbezogener Investitionen sowie die Auswirkungen infolge künftiger Überprüfungs- und Genehmigungsprozesse (Anpassungen im Nachgang zu künftigen Photojahren) abzubilden.[157]

157 Vgl. hierzu *Zander/Steinbach/Hintze*, et 2008, 44, 45.

Darüber hinaus bestimmt der zur Fortführung des Ortsnetzes beim neuen Netzbetreiber entstehende **Kostenanfall** die Größenordnung der nach einer Netzübernahme entstehenden Ergebnisperspektiven. 247

Diese Ergebnisperspektiven, deren Nachhaltigkeit und deren risikoorientierte Bewertung können im Rahmen einer **modularen Vorgehensweise**, wie sie vorstehend skizziert wurden, transparent und sachgerecht beurteilt werden. 248

Bewertungsrelevant sind ausschließlich die **Bewertungsperspektiven** aus der Sicht potenzieller Erwerber. Aussagen und Feststellungen darüber, welche Ergebnisbeiträge der bisherige Netzbetreiber mit dem entsprechenden abzugebenden Teilnetz in der Vergangenheit erzielt hatte bzw. in der Zukunft erzielen könnte, haben für das zu übertragenden Ergebnispotenzial keinen Aussagewert. 249

Um Ansätze für eine **objektivierbare Typisierung** künftiger Ergebnisperspektiven – auf der Basis vorab bestimmter Bandbreiten möglicher EOG-Aufteilungen – ableiten zu können, könnte es sich anbieten, für abzugebende Ortsnetze eine Als-ob-Betrachtung für eine denkbare **Fortführungsalternative** auf Basis einer Inanspruchnahme sog. **kaufmännischer** und **technischer Betriebsführungsverträge** auszuloten. Diese Bewertungsfiktion stellt allerdings nur einen vorläufigen Ansatz dar, eine von möglichen Optionen des Netzerwerbers objektivierend und unter Zuhilfenahme marktüblicher Betriebsführungskonditionen zu simulieren. 250

Hiermit könnte ein **Ausgangswert** für weitergehende Betrachtungen ermittelt werden. Die Ergebnis- und Wertbeitragsperspektiven dieser fiktiven Netzbetriebsfortführungsvariante können in einem weiteren Schritt dadurch modifiziert werden, dass im Vergleich zu einem (marktüblich) typisierten Betriebsführungsaufwand jene vorteilhaftere **Aufwandsentstehung** abgebildet wird, die sich aus der Sicht interessierter Netzerwerber mit einem bereits bestehenden Netzbetrieb ergeben würde. 251

2. Kapitalisierung von Ergebniserwartungen

Die Umsetzung einer ertragsorientierten **Wertkontrolle** von **Sachzeitforderungen** beginnt mit dem Aufzeigen und der Auslotung jener Ergebniserwartungen, die ein Erwerber mit einer Ortsnetzübernahme erzielen kann. Für Zwecke von werterheblichen Aussagen im Hinblick auf die Angemessenheit einer Sachzeitwertforderung besteht die Notwendigkeit, auf Basis von vorliegenden und auslotbaren Ergebniserwartungen einen Wert bzw. verschiedene Wertbeiträge zu ermitteln, um aus der Summe einzelner Wertbeiträge einen **Gesamtwertbeitrag** für die geplante Netztransaktion ermitteln zu können und diesen dann einer Sachzeitwertforderung gegenüberstellen zu können. Hierzu sind zur **Diskontierung** bewertungsrelevanter Ergebniserwartungen **Kapitalisierungszinssätze** zu verwenden, die sich aus gesondert zu ermittelnden Einzelkomponenten, wie dem Basiszinssatz, dem Risikozuschlag und der Wachstumsrate, zusammensetzen. 252

3. Zur Funktionalität und Aussagekraft einer zielorientierten Bemessung von Kapitalisierungszinssätzen

253 Berechnungen zur ertragsorientierten Wertkontrolle und eine damit einhergehende Ermittlung von bewertungsrelevanten Kapitalisierungszinssätzen können unter Berücksichtigung unterschiedlicher Sichtweisen vorgenommen werden. Die Sichtweise eines **Erwerbers** wird von einem vorwiegend vorsichtigen Verhalten und die Sichtweise eines **Veräußerers** von einer vorwiegend optimistischen Betrachtung im Hinblick auf hierbei zu berücksichtigende **Risikoaspekte** dominiert werden.

254 Dessen ungeachtet gilt es im Folgenden, jene **bewertungsrelevanten** Betrachtungen konkreter zu beleuchten, die im Falle einer gerichtlich veranlassten objektivierbaren Beurteilung von einem neutralen Gutachter vorzunehmen sein werden.

4. Anwendbare Grundsätze zur sachgerechten Ermittlung von Kapitalisierungszinssätzen

a) Bezugnahme auf allgemeine Bewertungsgrundsätze der Unternehmensbewertung

255 **Ortsnetzanlagen** stellen eine wichtige Grundlage für einen neu entstehenden Netzbetrieb oder für eine vorzusehende Netzbetriebserweiterung dar. Deshalb sehen Gerichte sowie Gutachter eine Bezugnahme auf bestehende Grundsätze der **Unternehmensbewertung** sowie auf die hierin enthaltenen Empfehlungen und Vorgaben zur Bemessung von **Kapitalisierungszinssätzen** sowie zur hierbei vorzusehenden Abbildung von **Risikoprämien** vielfach für sachgerecht und analog anwendbar. Auf eine Erläuterung der im IDW-Standard S1[158] vorzufindenden Empfehlungen und Vorgaben wird hier verzichtet.[159]

256 Im Übrigen beschränken sich die nachfolgenden Ausführungen auf die hier bestehende Problematik, die mit einer sachgerechten Bemessung der **Risikoprämie** als wichtigem Bestandteil der festzulegenden Kapitalisierungszinssätze verbunden ist. Die Höhe der anzusetzenden Risikoprämie hat eine erhebliche Bedeutung im Sinne eines **Werttreibers.**

257 Ergänzende Erläuterungen werden zum sog. **Wachstumsabschlag** gegeben, der eine weitere Komponente bei der Bemessung der Kapitalisierungszinssätze darstellt.

258 Da bei der ertragsorientierten Wertkontrolle einer Sachzeitwertforderung auch Wertbeiträge eine Rolle spielen, die außerhalb netzbetrieblicher Aktivitäten erzielt werden können, wird auf die hierbei zu berücksichtigenden Besonderheiten ergänzend eingegangen.

---

158 IDW S 1 i.d.F. 2008, Grundsätze zur Durchführung von Unternehmensbewertungen. http://www.idw.de/idw/portal/d302226.

159 Weitere Ausführungen finden sich in: WP-Handbuch 2008/*Wagner*, Abschnitt A, S.1–196.

b) Zur Grundsatzproblematik der Anwendbarkeit der allgemeinen Grundsätze der Unternehmensbewertung auf das Transaktionsobjekt „Ortnetzanlagen"

Die allgemeinen Grundsätze zur Unternehmensbewertung, auf die Gerichte und Gutachter sich i.d.R. beziehen, regeln ein **Bewertungsvorgehen**, wie sie bei der Bewertung von unbegrenzt fortzuführenden Unternehmen anzuwenden sind. Das Bewertungsobjekt „zu übertragende Ortsnetzanlagen" entspreche per se nicht dieser Bewertungsprämisse. Sie verfügen nur über eine **begrenzte Restnutzungsdauer**. Diese könnte die Anwendbarkeit der genannten Bewertungsgrundsätze mit einer Ausrichtung auf eine ewige Betrachtung unter Einschluss einer ewigen Rente grundsätzlich in Frage stellen und dafür sprechen, den künftig erzielbaren **Kapitalfreisetzungsprozess** in Form erzielbarer **Cash-flows** infolge der übernommenen Netzanlagen in den Vordergrund einer Wertkontrolle zu stellen. 259

Diese Betrachtung würde sich in Übereinstimmung mit jenen Bewertungsgrundsätzen befinden, die im Zuge der **Verkehrswertermittlung** von Immobilien Anwendung finden. Eine ertragsorientierte Wertermittlung für eine Immobilie stellt auf die Auslotung jener **liquidierbaren Überschüsse** ab, die nach Maßgabe der anzunehmenden Restnutzungsdauer für ein konkretes Immobilienobjekt erzielbar erscheinen. 260

Dagegen spricht aber, dass der Netzbetreiber verpflichtet ist, durch Vornahme der erforderlichen **Ersatzinvestitionen** einen zuverlässigen Netzbetrieb sicherzustellen, zusätzlich sanktioniert durch das Qualitätselement in der Anreizregulierung. Er muss deshalb eine bestehende bzw. übernommene Netzinfrastruktur unterhalten. Diese Verpflichtung entspricht andererseits auch einer Chance, nach Auslaufen einzelner Netzkomponenten erneute **Kapitalbindungsprozesse** auf der Basis regulierter **Rendite-Perspektiven** und Chancen eingehen zu können. Die Übernahme von Ortsnetzanlagen ist als „exklusiver" Einstieg in einen sich perpetuierenden Kapitalfreisetzungs- und Kapitalbindungsprozess zu sehen und zu bewerten, mit deren Kapitalbindung sich bei einer guten Netzbetriebsführung relativ sichere (regulierte) Renditen erzielen lassen. 261

Zwar ist die Möglichkeit zur Teilnahme an diesen Kapitalfreisetzungs- und -bindungsprozessen auf Basis regulierter Verzinsungsansprüche wegen der befristeten **Laufzeit** der Wegenutzungsverträge zeitlich begrenzt. Dies ist aber kein wertbeeinträchtigender Aspekt, wenn der Erwerber davon ausgehen kann, dass ihm eine spätere angemessene **Exit-Vergütung** gesichert erscheint. 262

Letztendlich erscheint die Orientierung an den Grundsätzen der Unternehmensbewertung und des hierin verankerten Prinzips unlimitierter **Langfristbetrachtungen** für unbegrenzt fortzuführende Unternehmen bzw. zu übertragende Ortsnetzanlagen grundsätzlich sachgerecht. 263

c) Zur Beachtlichkeit der bei der Festlegung der kalkulatorischen Eigenkapitalverzinsung für Zwecke der NEV-relevanten Netznutzungsentgeltkalkulation vorgenommenen Risikoeinschätzung

264 Bei der Festlegung der kalkulatorischen **Eigenkapitalverzinsung** nach der Strom- bzw. GasNEV dominieren sehr globale Betrachtungen, die zudem darauf ausgerichtet sind, eine möglichst **pauschale** und **typisierende** Betrachtung für alle Kategorien von Netzbetreibern und deren spezifischen Risikostruktur anzuwenden. Nachdem eine wirtschaftlich vertretbare Segmentierung spezifischer Risikoaspekte zwischen Strom- und Gasnetzbetreibern zu Gunsten eines einheitlich zu berücksichtigenden **Risikozuschlages** aufgegeben worden war, sind unseres Erachtens begründbare Risikobeurteilungsspielräume zu Gunsten der **risikoärmer** zu beurteilenden **Stromnetze** erkennbar geworden.

265 Von der Segmentierung spezieller Risikofaktoren, die für den Betreiber sog. **Übertragungsnetze** im Unterschied zum Betreiber kleinerer **Ortsnetze** dominant sind, hat die BNetzA zu Gunsten einer pauschalen Beurteilung und Typisierung Abstand genommen.

266 Bei der Ertragsbewertung orientieren sich Gutachter häufig an den **Risikobeurteilungen** der BNetzA. Diese sind jedoch für Zwecke der **Netzentgeltkalkulation** und unter Beachtung gesetzlicher Vorgaben notwendigerweise pauschalierend und typisierend. Das Risiko einer hinlänglich gut zu prognostizierenden **Ergebniserwartung** für ein örtliches Stromnetz kann erheblich von einer für alle Netzbetreiber – nicht differenziert nach Versorgungssparten (Strom/Gas) und nicht differenziert nach Netzübertragungssituationen – vorgenommenen Risikobetrachtung abweichen.

267 Um zu einer **individuell** bzw. fallbezogen angemessenen Risikobeurteilung anstelle der auf alle Netzbetriebe ausgerichteten **Risikobetrachtung** der BNetzA zu gelangen, sind spezielle Überlegungen und Untersuchungen anzustellen. Diese sollten auch das am Markt beobachtbare **Bieterverhalten** berücksichtigen, um eine auf die reine **Anlagenübertragung** anwendbare Risikoeinschätzung vornehmen zu können.

d) Risiko-Überlegungen für den Fall einer Ortsnetzübernahme im Sinne einer Erweiterung eines bereits bestehenden Netzbetriebs

268 Die Übernahme eines Ortsnetzes zur Ergänzung eines bereits bestehenden **Netzbetriebs** ist i.d.R. mit einer Realisierung von zusätzlichen Chancen für den bisherigen Netzbetreiber verbunden. Für die Beurteilung der **Wertigkeit** eines solchen **Investments** erscheinen grundsätzlich spezifische Maßstäbe zur Auslotung und Bewertung hiermit verbundener Chancen und Risiken möglich.

269 Den zusätzlich hinzukommenden erzielbaren Wertbeitrag einer Netzerweiterung mit jenem **Alternativrendite**-Anspruch zu messen, den der Erwerber zur Beurteilung seines bereits bestehenden **Bestandsgeschäftes** in Anlehnung an vorliegende NEV-relevante **Risikoeinschätzungen** für sachgerecht hält und den ein Gutachter in undifferenzierter Weise auch für die Beurteilung einer hinzukommende **Geschäfts-**

erweiterung für anwendbar hält, kann unseres Erachtens zutreffend in Frage gestellt werden.

Die Möglichkeit zum Erwerb weiterer quasi-sicherer **Ergebnispotentiale** durch 270
Übernahme eines Ortsnetzes, welches den bereits bestehenden Netzbetrieb ergänzt, würde bei einem freien und wettbewerblich gestaltbaren Verkaufsprozess ein **Angebotsverhalten** konkurrierender Bieter erwarten lassen, bei dem jedoch keine pauschale Übertragung jenes **Risikoprämienanspruchs** erfolgt, wie er für die Beurteilung eines bestehenden **Bestandsgeschäftes** betriebswirtschaftlich richtigerweise zu erheben ist.

Die strategisch sachgerechte Beurteilung erzielbarer **Zusatzergebnisse** erfolgt 271
sinnvollerweise auf der Basis eines kaufmännischen bzw. betriebswirtschaftlichen Kalküls hinzukommender Ergebnis-Chancen und Risiken. Für die Beurteilung quasi-sicherer Zusatzergebnisse – zumindest jener, die auf einer regulatorischen Basis entstehen werden – erscheint eine Übertragung **standardisierter** (NEV-orientierter) **Risikobeurteilungsmaßstäbe**, wie sie für ein **Bestandsgeschäft** (eingerichteter Netzbetrieb) ermittelt wurden, nicht angemessen.

Die hierbei allokierbaren Risiken sind im Unterschied zur **Fortführung** eines 272
bestehenden Bestandsgeschäftes wesentlich geringer zu beurteilen.

Die hier vorgetragenen Überlegungen und Aspekte finden i.d.R. eine betriebs- 273
wirtschaftlich nachvollziehbare Berücksichtigung bei allen **Transaktionsfällen**, bei denen sich einem bestehenden Unternehmen die Chance eröffnet, ein hervorragend integrierbares **Zusatzgeschäft** ohne Übernahme nennenswerter **Fixkostenanteile**[160] erwerben zu können. Zur Angebotsabgabe aufgeforderte Kaufinteressenten würden bei der **Kalkulation** ihres zielführenden Kaufpreisangebotes eine grundsätzlich differenzierte Herangehensweise wählen. Im Hinblick auf die Auslotung und Bewertung des erzielbaren Wertbeitrages würden sie von einer **Anspruchsübertragung** von Risikoprämien, wie sie für ganze Unternehmen (hier Netzbetriebe) für angebracht erscheinen, sehr wohl Abstand nehmen, da eine auf das Transaktions- bzw. Integrationsobjekt abstellende Risikobetrachtung zu einer ganz anderen (niedrigeren) Risikobeurteilung Anlass gibt.

Beobachtbare Erfahrungen über das sich an Grenznutzen- und Grenzkosten- 274
Analysen orientierenden **Bieterverhaltens** von Kaufinteressenten für Unternehmen, Unternehmensteile oder Teilbetriebe, die im Bereich **freier Transaktionsmärkte** gemacht werden können, bleiben im Bereich konzessionsrechtlich dominierter Ortsnetztransaktionen gänzlich ausgeschlossen.

Das bedeutet aber nicht, dass erwerberseitig die Erzielbarkeit von Vorteilen im 275
Sinne einer **Grenznutzen- und Grenzkostenbetrachtung** keine Rolle spielen würden; sie werden nur nicht marktrelevant transparent.

---

160 Insb. im Hinblick auf Personalübernahme oder anderer in organisatorischer Hinsicht bestehender und kostenerzeugender Strukturen.

276 Das Problem eines (Gerichts-)Gutachters besteht in der Notwendigkeit, seine Überlegungen zur Ermittlung des **Kapitalisierungszinssatzes** und der hierbei anzusetzenden **Risikoprämie** objektivierbar und nachvollziehbar darlegen zu müssen. Hierbei findet bislang keine ausreichende Differenzierung statt. Zumeist beschränken sich gutachterliche Untersuchungen auf **Kapitalmarktdaten**, die für **börsennotierte Netzunternehmen** in Europa vorliegen oder auf Risikoüberlegungen und -untersuchungen, wie sie von der BNetzA anlässlich der Festlegung von kalkulatorischen Zinssätzen zur **Eigenkapitalverzinsung** für Zwecke der Netzentgeltkalkulation und deren Fortschreibung herangezogen wurden. Diese Ansätze entsprechen aber stets einer Betrachtung für ein **Netzunternehmen** und vernachlässigen den erheblichen Unterschied zwischen der Risikosituation eines Netzbetriebs und der speziellen (verminderten) Risikosituation beim zusätzlichen Erwerb von Ortsnetzanlagen.

277 Vorliegende Gutachten und Gerichtsgutachten zur Beurteilung des ertragsorientierten Wertbeitrages einer Ortsnetzübernahme weisen hier eine auffallend undifferenzierte Vorgehensweise auf. Überraschend ist, dass diese in betriebswirtschaftlicher Hinsicht zu beachtende **Sachverhaltsdifferenzierung** „Ortsnetzanlagen versus Netzbetrieb" und auch die vor dem Hintergrund von Transaktionsbeobachtungen im freien Markt naheliegenden Überlegungen keinen Eingang in Erörterungen zur Festlegung einer angemessenen **Risikoprämie** bei der Bemessung des bewertungsrelevanten Kapitalisierungszinssatzes gefunden haben.

278 An Daten und Informationen zur Vornahme von strukturierten Überlegungen und vergleichenden Betrachtungen besteht u. E. kein Mangel. Eine Reihe von Publikationen, die die Attraktivität von **Ortsnetzübernahmen** und hiermit verbundene Chancen thematisieren, sind als Beleg für das bewertungsrelevante Vorliegen von **Vorteilserwartungen** und abweichenden **Risikobeurteilungen** zu werten.[161] Ferner bieten sich Vergleichsbetrachtungen zu transaktionsähnlichen Bewertungsobjekten an, die einen Quervergleich im Sinne einer Auslotung angemessener Risikoprämien nahelegen. Letztendlich kann der Gutachter hiermit auf markt- und objektähnliche **Risikotypisierungen** zurückgreifen. Hierzu kann beispielsweise auch der freie **Transaktionsmarkt für Immobilien** gezählt werden, bei dem übertragbare Risikobeurteilungen infolge vorliegender und mit einer Ortsnetzübernahme vergleichbaren **Kapitalbindungs- und -freisetzungsprozesse** sowie ähnlich gelagerten **Finanzierungsstrukturen** anzutreffen sind. Hieraus können sachgerechte Hinweise zur Einstufung und Beurteilbarkeit eines **Risikoprämienanspruchs** abgeleitet werden, die einen wesentlichen Beitrag zur Typisierung einer angemessenen Risikoprämie leisten können, um den Komfort einer beschränkten Risikoübernahme bei einer **Ortsnetzanlagenübernahme** im Vergleich zu jener Risikosituation beurteilen zu können, die bei Übernahme eines voll eingerichteten **Netzbetriebs** vorliegt.

---

161 Stellvertretend für vielfältige Publikationen kann auf die VKU-Studie „Konzessionsverträge – Handlungsoptionen für Kommunen und Stadtwerke", 2009 verwiesen werden.

Der im Bereich von Immobilientransaktionen und zur deren Wertbeurteilung heranzuziehenden objektbezogenen **Risikoklassifizierungen** zur Ermittlung von ertragswertorientierten **Verkehrswerten** können sachgerechte Hinweise auf eine vergleichende Auslotung der einzustufenden Risikodimension einer assetbezogenen Ortsnetzübernahme bereitstellen. Dem Grunde nach gehen Immobilienbewertungen von **Ergebniserwartungen** aus, die nach Abzug von Mietausfallrisiken und typisierten Betriebskosten auf einen **assetbezogenen** normalisierten Wertbeitrag abstellen, der strukturell mit regulierten Ergebniserwartungen einer künftigen Assetnutzung von Ortsnetzanlagen vergleichbar erscheint. 279

e) Umsetzung sachgerechter Risikobetrachtungen

Den Ausgangspunkt für die Ermittlung einer sachgerechten Risikoprämie bilden Untersuchungen zu den aus beobachtbaren **Kapitalmarktdaten** ableitbaren Schlussfolgerungen zur Höhe der allgemeinen **Marktrisikoprämie** sowie zur Bandbreite und zu Durchschnittswerten von **Betafaktoren** für **börsennotierte Netzunternehmen** sowie zu hiermit vergleichbaren **EVU**. Diese Untersuchungen können stichtagsbezogen vorgenommen werden. Ein Gutachter kann sich auch ersatzweise auf bereits vorliegende Ergebnisse aktueller Untersuchungen abstützen, die von der BNetzA anlässlich der Neufestsetzung der Zinssätze für die kalkulatorischer **Eigenkapitalverzinsung** in Auftrag gegeben und veröffentlicht wurden. 280

Ausgehend von der **Risikoprämie** in Höhe von 3,59 Prozentpunkten, wie sie von der Beschlusskammer der **BNetzA** bei der Festlegung der kalkulatorischen Eigenkapitalverzinsung für Strom- und Gasnetzbetriebe nach § 7 Abs. 6 der Strom-/GasNEV verwendet worden ist,[162] sind **Abschläge** vorzunehmen, um eine auf den Transaktionsvorgang „Übertragung von Ortsnetzanlagen" anwendbare **Risikobetrachtung** ableiten zu können. Bei einem Abschlag von 50% würde sich diese Risikoprämie auf 1,8% verkürzen. Rechnerisch entspräche eine Risikoprämie von 1,8% einem Gewichtungsfaktor von rund 0,4 bezogen auf die von der BNetzA – gestützt auf gutachterliche Untersuchungen – verwendete Marktrisikoprämie 4,4 Prozentpunkten. 281

Wird dieser rechnerische Gewichtungsfaktor von 0,4 mit **Betafaktoren** verglichen, wie sie für die **Immobilienbranche** mit Werten von unter 0,2[163] liegend ermittelt wurden, kann hiermit ein plausibilisierender Hinweis für die vorgenommene Einschätzung des genannten Abschlages auf die von der BNetzA herangezogene Risikoprämie hergestellt werden. Ein Gewichtungsfaktor von 0,4 liegt deutlich über den für die Immobilienbranche feststellbaren Betafaktoren und unterhalb des für Netzbetriebe ermittelten Betafaktors von 0,66. 282

162 BNetzA, Beschl. v. 31.10.2011 – BK4-11-304 –.
163 Vgl. Drukarczyk/Ernst/*Schäfers/Matzen*, S. 560.

283 Das spezifisch niedrigere **Risiko**, das mit einer **Ortsnetzübernahme** und der Fortführung dieses Netzes als Ergänzungsgeschäft zu einem bereits bestehenden Netzbetrieb abweichend vom Risiko eines bestehenden Netzbetriebs anzusetzen ist, dürfte mit der vorgetragenen Vorgehensweise zu einem sachgerecht zu beurteilenden Schätzungsergebnis führen.

284 Ergänzend zu dem verwendeten **Ausgangswert** der Risikoprämie für bestehende Netzbetriebe von 3,59% ist darauf hinzuweisen, dass nach dem Ergebnis der von Frontiers Economics vorgenommen Untersuchungen die **Risikoprämie** für Netzbetreiber mit einem Gewichtungsfaktor von 0,66 aus einer allgemeinen **Marktrisikoprämie** von 4,4 Prozentpunkten abzuleiten gewesen wäre, womit sich eine Risikoprämie für Netzbetriebe nur in Höhe von 2,9 Prozentpunkten ergeben hätte.[164]

285 Die BNetzA hat mit Hinweis auf verschiedene Herausforderungen, die insbesondere im Zusammenhang mit dem erforderlichen **Netzausbau** gesehen wurden, von einer **Absenkung** der bislang in Höhe von 3,59 Prozentpunkten bestehenden Risikoprämie Abstand genommen.

286 Die Frage, welche sachgerechten **Risikobetrachtungen** im Falle von Ortsnetzübertragungen – insbesondere bei angestrebten Integrationslösungen – anzuwenden sein werden, hängt vom Ausgang anhängiger Gerichtsverfahren und der hierbei zu erwartenden Befassung durch den **BGH** ab.

f) Segmentspezifische Differenzierung von Risikoprämien

287 Wertbeiträge, die außerhalb der netzbetrieblichen Tätigkeit erzielt werden, sind unter Verwendung einer **segmentspezifischen Risikobetrachtung** zu bewerten. Sind Vorteile in die Betrachtung einzubeziehen, die der Erwerber eines Netzbetriebs im Bereich des **Energievertriebs** infolge einer Ortsnetzübernahme erzielen kann, ist für die Bewertung der hiermit verbundenen Ergebniserwartungen eine Risikoprämie bei der Bemessung des Kapitalisierungszinssatzes anzusetzen, die dem im Vergleich zum Netzbetrieb erhöhten Risiko des Energievertriebsgeschäftes angemessen Rechnung trägt.

g) Interdependenzen zwischen der Bemessung eines Kapitalisierungszinssatzes und einer Ergebnisprognose für Ortsnetze auf Basis NEV-relevanter Verzinsungsansprüche

288 Die Ermittlung eines **Kapitalisierungssatzes** erfolgt ausgehend von einem Basiszins, der aus einer stichtagsbezogenen Beurteilung der langfristig zu erwartenden **Verzinsung** alternativer sicherer **Geldanlagen** abgeleitet wird. Korrespondierend zu

164 Vgl. Frontiers Economics, Gutachten zur Ermittlung des Zuschlages zur Abdeckung netzbetriebsspezifischer unternehmerischer Wagnisse im Bereich Gas, im Auftrag der BNetzA, 9/2011.

dieser Vorgehensweise ist zu beachten, dass bei der Prognose künftiger Ergebniserwartungen auch jene Effekte berücksichtigt werden, die sich aus einer zu erwartenden Anpassung der kalkulatorischen **Eigenkapitalzinssätze** gem. § 7 Abs. 6 Strom-/GasNEV ergeben können. Dies ist insbesondere dann der Fall, wenn sich seit der letzten Festlegung kalkulatorischer Eigenkapitalzinssätze eine signifikante Veränderung des **Zinsniveaus** zum Bewertungsstichtag ergeben hat.

h) Ansatz eines Wachstumsabschlages

Der für die **Verrentung** eines nachhaltigen Zukunftsergebnisses (ewige Rente) zu 289
verwendende Kapitalisierungszinssatz ist um einen **Wachstumsabschlag** zu korrigieren, der dem Umstand Rechnung trägt, dass die zu kapitalisierende Ergebnisgröße im Unterschied zum nominal gleichbleibenden **Zinsertrag** einer Wertpapieranlage in Zukunft ein **nominelles Wachstum** erfährt und insoweit nur partiell einem inflationsbedingten Realwertverlust unterliegt. Unternehmen und als solches auch Netzbetriebe verfügen über Möglichkeiten, künftige Inflationsauswirkungen weiterwälzen zu können, sodass **Kaufkraftverluste** bewertungsfähiger Zukunftsergebnisse reduziert oder gänzlich ausgeschlossen werden können. Je nach Einschätzung der Möglichkeiten zur Weiterwälzung der künftig zu erwartenden inflationsbedingten Belastungen kann der Wachstumsabschlag die Höhe einer künftig durchschnittlich erwarteten **Inflationsrate** erreichen. In der Bewertungspraxis ist vielfach ein Wachstumsabschlag von 1 Prozentpunkt anzutreffen, da typisierend davon ausgegangen wird, dass die zu bewertenden Unternehmen in der Lage sein werden, die Inflationsfolgen einer Kaufkraftaushöhlung von **Zukunftsergebnissen** durch eine partielle (hälftige) Weiterwälzung kompensieren zu können.

Die **Einschätzung** der Möglichkeiten eines Netzbetreibers muss eigentlich min- 290
destens mit der vorgetragenen typisierenden Betrachtung identisch sein, wenn nicht außerordentliche befristete (abzubauende) **Ineffizienzen** vorliegen. Liegen diese nicht vor, kann unter Hinweis auf den in der Erlösfortschreibungsformel der **ARegV** enthaltenen **Inflationsparameter** von einem besonderen Komfort für die Netzbetreiber gegenüber inflationsbedingten Ergebnisbeeinträchtigungen ausgegangen werden, der den Ansatz eines **Wachstumsabschlages** in Höhe einer zu erwartenden Inflationsrate rechtfertigt.

Diese Einschätzung liegt zumindest für die Bewertung jener **Ortsnetztransak-** 291
tionen nahe, für die eine reine Anlagenübertragung mit einer entsprechend aufwandsgerechten EOG-Aufteilung vorgesehen wird.

V. Bedeutung anfallender Entflechtungskosten

Entflechtungskosten bzw. beim Netzerwerber entflechtungsbedingt anfallende **Ein-** 292
bindungskosten stellen unumgängliche **Investitionsmaßnahmen** zur Sicherstel-

lung des künftigen separierten Netzbetriebs dar. Insoweit erweitert sich die erforderliche und grundsätzlich i.S.d. Netzentgeltverordnung anerkennungswürdige **Kapitalbindung** des betreffenden Netzbetreibers. Sie findet somit Eingang in die spätere Fortschreibung und Anpassung der **Netzentgelte** und ist nicht, wie oftmals für Zwecke einer ertragsorientierten Wertbeitragskontrolle behauptet wird, von einer NEV-relevanten **Anerkennung** ausgeschlossen. Da die künftigen NNE-Anpassungen durch ein systematisches **Time-lag** im Hinblick auf die Einrechnung von **Netzinvestitionen** geprägt sind, ergibt sich für diese entflechtungsbedingten Investitionen der Aspekt eines **nachlaufenden Erlöseffektes.**

293 Die Bedeutung ihrer **Rentabilitätsbeeinträchtigung** hängt vom Volumen notwendiger Entflechtungsmaßnahmen ab. Hier spielt das zwischen Ortsnetzerwerber und abgebendem Netzbetreiber abzustimmende und ggf. auch zu verhandelnde Entflechtungskonzept eine große Rolle. Hier können ggf. sehr vielgestaltige Varianten möglicher **Netzentflechtungen** zum Tragen kommen, die überwiegend von der historisch gewachsenen Struktur der bestehenden Einbindung des zu entflechtenden Ortsnetzes in das abgebende Regionalnetz abhängt.

294 Lassen sich bestimmte **Mittelspannungsanlagen** ohne Beeinträchtigung von fortbestehenden Durchleitungsinteressen des abgebenden Netzbetreibers optional einer Ortsnetzübertragung zuordnen, können ggf. aufwändige Netzentflechtungsvarianten durch eine **erweiterte Sachzeitwertübernahme** sog. optionaler Netzanlagen ersetzt werden. Bei entsprechender Parallelität zu der hierbei vorzunehmenden Aufteilung der EOG erhält der Netzerwerber auch entsprechende Erlösbestandteile übertragen.

D. Der Vorbehaltskauf bei der Übertragung von Energieverteilungsnetzen

295 Wird der **Konzessionsvertrag** nach Ende der Laufzeit nicht mit dem bisherigen Konzessionär und Netzbetreiber, sondern mit einem anderen EVU neu abgeschlossen, muss das Netz gemäß § 46 Abs. 2 EnWG an den neuen Konzessionär auf dessen Wunsch übereignet werden.[165]

296 Nach **§ 46 Abs. 2 S. 2 EnWG** ist der bisher Nutzungsberechtigte verpflichtet, die für den Betrieb der Netze der allgemeinen Versorgung im Gemeindegebiet notwendigen **Verteilungsanlagen** dem neuen EVU gegen Zahlung einer wirtschaftlich angemessenen Vergütung zu übereignen. Demgegenüber sehen zahlreiche aktuell auslaufende Konzessionsverträge in den **Endschaftsregelungen** eine Ver-

165 Die Regelung des § 46 EnWG bezieht sich auf die seit dem 4.8.2011 gültige Rechtslage.

pflichtung zur Übertragung des örtlichen Energieversorgungsnetzes gegen Zahlung eines Kaufpreises in Höhe des Sachzeitwertes vor.

Wie der **Kaufpreis** für den Übergang des Netzes auf Basis von § 46 EnWG oder der Endschaftsregelung aus dem jeweiligen Konzessionsvertrag konkret zu berechnen ist, ist weder gesetzlich geregelt noch höchstrichterlich entschieden.[166] Daher besteht zwischen dem bisherigen Konzessionär und Netzbetreiber als Verkäufer und dem neuen Konzessionär als Käufer regelmäßig Uneinigkeit über die Höhe des für das Netz zu zahlenden Kaufpreises. Während der Verkäufer für das Netz häufig einen Kaufpreis in Höhe des **Sachzeitwertes** verlangt, ist nach Auffassung des Käufers nur ein Kaufpreis in Höhe des Ertragswertes, der auf Basis des **kalkulatorischen Restwertes** zu bestimmen ist, zu zahlen. 297

Um trotz dieser Differenzen über die Höhe des Kaufpreises eine zeitnahe Netzübertragung herbeizuführen, ist der Käufer in vielen Fällen zunächst bereit, den vom Verkäufer verlangten Kaufpreis in Höhe des Sachzeitwertes zu zahlen. Der Käufer behält sich jedoch die Möglichkeit vor, nach Übernahme des Netzes den aus seiner Sicht zu viel gezahlten **Kaufpreisanteil** zurückzufordern (sog. **Vorbehaltskauf).** Die Angemessenheit des gezahlten Kaufpreises und damit das Bestehen eines **Rückforderungsanspruches** kann nach der Netzübertragung (gerichtlich) geklärt werden. 298

I. Netzherausgabe und Kaufpreiszahlung unter Vorbehalt

1. Recht auf Verweigerung der Netzherausgabe

Das abgebende EVU kann sowohl dem konzessionsvertraglichen als auch dem gesetzlichen Herausgabeanspruch das **Zurückbehaltungsrecht** gem. § 273 BGB sowie die **Einrede des nicht erfüllten Vertrags** gem. § 320 BGB entgegenhalten und damit die Netzherausgabe verweigern. Das EVU ist danach zur Herausgabe des Netzes nur **Zug-um-Zug** gegen Zahlung einer angemessenen Vergütung als Gegenleistung verpflichtet. 299

Gegenleistung für die Herausgabe des Netzes ist gem. § 46 EnWG die Zahlung einer **wirtschaftlichen angemessenen Vergütung** bzw. gemäß den konzessionsvertraglichen Endschaftsbestimmungen die Zahlung des vertraglich **vereinbarten Kaufpreises.** Wenn das abgebende EVU die Gegenleistung vom übernehmenden EVU nicht erhält, ist es nicht zur Herausgabe des Netzes verpflichtet, sofern es ein Zurückbehaltungsrecht gem. § 273 BGB oder die Einrede des nichterfüllten Vertrages gem. § 320 BGB geltend machen kann. Das Zurückbehaltungsrecht gem. § 273 BGB gilt für **sämtliche Schuldverhältnisse**; § 320 BGB ist hingegen nur auf alle **gegenseitigen Verträge** anwendbar. 300

166 S. Kap. 7 A.

301 Voraussetzung für die Einrede nach § 320 BGB ist, dass die **Gegenforderung** noch nicht bewirkt ist oder nicht gleichzeitig bewirkt wird.[167] Die Einrede nach § 320 BGB besteht also nicht mehr, wenn durch Bewirkung der Gegenleistung seitens des Gläubigers **Erfüllung** eintritt.[168] Ein **Leistungsverweigerungsrecht** besteht hinsichtlich der gesamten Leistung aber auch dann, wenn die Gegenleistung bereits teilweise erbracht ist.[169] Danach kann das abgebende EVU die ihm obliegende Leistung, die Herausgabe des Netzes, verweigern, bis die ihm gebührende Gegenleistung, die geforderte Zahlung des Kaufpreises für das Netz, vollständig bewirkt ist.

302 Das **Zurückbehaltungsrecht** nach § 273 BGB ist kein Befriedigungs-, sondern ein **Sicherungsrecht.**[170] Der Schuldner kann durch Geltendmachung des Zurückbehaltungsrechts nach § 273 BGB lediglich das Risiko absichern, dass er seine Leistung erbringt, die Gegenleistung jedoch ausfällt.[171] § 273 Abs. 3 BGB sieht daher auch die Möglichkeit vor, die Ausübung des Zurückbehaltungsrechtes durch **Sicherheitsleistung** abzuwenden. Dieser Ausschluss gilt gem. § 320 Abs. 1 S. 3 BGB nicht für die **Einrede des nichterfüllten Vertrages.** Denn die Einrede des nicht erfüllten Vertrages hat – anders als das Zurückbehaltungsrecht aus § 273 BGB – nicht nur eine Sicherungsfunktion.[172] § 320 BGB hat den weiteren Zweck, auf den Schuldner Druck auszuüben, damit dieser die von ihm geschuldete Leistung endgültig erbringt.[173] Insofern verfolgt § 320 BGB andere und weitergehende Zwecke als § 273 BGB, woraus sich auch erklärt, dass die Einrede aus § 320 BGB grundsätzlich nicht über eine Sicherheitsleistung abgewendet werden kann.[174]

303 In der obergerichtlichen Rechtsprechung besteht bislang Einigkeit darüber, dass eine Verpflichtung zur Übertragung des Eigentums und/oder des Besitzes am Netz[175] nur **Zug-um-Zug** gegen Zahlung der vertraglich vereinbarten bzw. der wirtschaftlich

---

167 Palandt/*Grüneberg*, § 320 Rn 7.
168 MüKo-BGB/*Emmerich*, § 320 Rn 35.
169 BGHZ 54, 244, 249; Palandt/*Grüneberg*, § 320 Rn 8.
170 Palandt/*Heinrichs*, § 273 Rn 24.
171 MüKo-BGB/*Krüger*, § 273 Rn 95.
172 Erman/*Krüger*, § 273 Rn 5.
173 OLG Frankfurt a. M., Urt. v. 14.6.2011 – 11 U 36/10 (Kart.) – S. 30; OLG Koblenz, Teil- und Grundurt. v. 23.4.2009 – U 646/08 (Kart.) – S. 23 f.; Erman/*Ebert*, § 273 Rn 2; in MüKo-BGB/*Emmerich*, § 320 Rn 2; Palandt/*Grüneberg*, § 320 Rn 1; Erman/*Westermann*, § 320 Rn 1.
174 MüKo-BGB/*Emmerich*, § 320 Rn 2.
175 § 46 Abs. 2 S. 2 EnWG sieht aufgrund der EnWG-Novellierung seit dem 4.8.2011 eine Verpflichtung des abgebenden EVU zur Eigentumsübertragung der Anlagen gegen Zahlung einer wirtschaftlich angemessene Vergütung vor. Darüber hinaus kann das übernehmende EVU gem. § 46 Abs. 2 S. 3 EnWG statt der Übereignung der für den Betrieb der Netze der allgemeinen Versorgung im Gemeindegebiet notwendigen Verteilungsanlagen auch verlangen, dass ihm lediglich der Besitz daran eingeräumt wird. Auch in den vertraglichen Endschaftsbestimmungen des Konzessionsvertrags ist regelmäßig die Verpflichtung zur Überlassung des Netzes Zug-um-Zug gegen Zahlung eines Übernahmeentgeltes, häufig in Höhe des Sachzeitwertes, geregelt.

angemessenen Vergütung i.S.d. § 46 Abs. 2 S. 2 EnWG besteht. Dem abgebenden EVU steht nach der Rechtsprechung damit sowohl ein Zurückbehaltungsrecht gem. § 273 BGB als auch die Einrede des nicht erfüllten Vertrages nach § 320 BGB bezüglich der Übertragung des Netzes an das übernehmende EVU zu. Diese Rechte kann er dem **Herausgabeanspruch** des übernehmenden EVU bis zur Zahlung des Übernahmeentgelts entgegensetzen.[176]

Das **OLG Koblenz**[177] und das **OLG Frankfurt a.M.**[178] haben dem jeweils verklagten abgebenden Netzbetreiber die **Einrede des nicht erfüllten Vertrages** aus § 320 BGB auch in dem Fall zugestanden, in dem es nicht um einen konzessionsvertraglichen Anspruch, sondern um den auf § 46 Abs. 2 S. 2 EnWG bzw. §§ 103, 103 a GWB a.F. gestützten, also gesetzlichen, Anspruch ging. Nach Auffassung des **OLG Frankfurt a.M.** ist eine entsprechende Anwendung dieser Regelung auf gesetzliche Schuldverhältnisse möglich, sofern sie ihrer Art nach vertraglichen Schuldverhältnissen gleichstehen, wie sie durch gegenseitige Verträge begründet werden. Dies sei im Falle der §§ 103, 103 a GWB a.F. zu bejahen, weil das abgebende EVU die **Besitzeinräumung** am Netz und dessen **Übereignung** nur gegen Zahlung eines Entgeltes schuldet. Das gesetzliche Schuldverhältnis komme damit einem **Kaufvertrag** im Sinne von § 433 BGB gleich. Dies ergebe sich nach Ansicht des OLG Frankfurt a.M. auch aus § 493 BGB a.F. Danach fanden die Vorschriften über die Verpflichtung des Verkäufers zur **Gewährleistung** wegen Mängeln der Sache auf andere Verträge, die auf Veräußerung oder Belastung einer Sache gegen Entgelt gerichtet sind, entsprechende Anwendung. Nicht entscheidend sei, dass die Parteien einen Kaufpreis für das Netz vertraglich nicht vereinbart haben.[179] Die Erhebung der Einrede des nicht erfüllten Vertrages durch das abgebende EVU sei auch nicht **treuwidrig**. Im konkreten Fall wurden etwaige Schäden des übernehmenden EVU in Form von entgangenen Gewinnen durch die Einnahmen aus Konzessionsabgaben teilweise ausgeglichen, da es sich bei dem Netzübernehmer um einen Eigenbetrieb der Kommune handelte und das abgebende EVU zur Weiterzahlung der Konzessionsabgaben an die Kommune bis zur Übergabe des Netzes verpflichtet war.[180] Doch auch wenn das Netz nicht von der Kommune bzw. einem Eigenbetrieb übernommen wird, ist die Geltendmachung eines Zurückbehaltungsrechtes nicht treuwidrig. Dies ist nur ausnahmsweise der Fall wenn beispielsweise der **Netzherausgabeanspruch** dadurch vereitelt oder der Netzübernehmer einen nicht wieder gut zu machenden schweren Schaden erleiden würde. 304

176 OLG Frankfurt a.M., Urt. v.14.6.2011 – 11 U 36/10 (Kart.) – S. 30; OLG Koblenz, Teil- und Grundurt. v. 23.4.2009 – U 646/08. (Kart.) – S. 23; OLG Frankfurt a.M., Urt. v. 11.2.1997, ZNER 1998, 49, 55; LG Dortmund, Urt. v. 4.2.2010 – 13 O 5/10 Kart. – S. 12f.

177 OLG Koblenz, Teil- und Grundurt. v. 23.4.2009 – U 646/08 (Kart.) –.

178 OLG Frankfurt a.M., Urt. v. 11.2.1997, ZNER 1998, 49ff.

179 OLG Frankfurt a.M. ZNER 1998, 49, 55.

180 OLG Frankfurt a.M. ZNER 1998, 49, 56 unter Hinweis auf BGH JZ 1996, 1127, 1130.

305 Demgegenüber hat das **OLG Koblenz** die Anwendbarkeit des § 320 BGB auf den gesetzlichen Anspruch nach § 46 Abs. 2 S. 2 EnWG für gegeben erachtet, ohne dies näher zu begründen.[181] Das OLG Koblenz sieht in der Geltendmachung eines Zurückbehaltungsrechtes und einer Einrede des nicht erfüllten Vertrages durch den bisherigen Netzbetreiber auch keine **Umgehung der Laufzeitbegrenzung** von Konzessionsverträgen auf 20 Jahre. Hierfür spreche die Regelung des § 48 Abs. 4 EnWG, wonach der bisherige Konzessionär für einen Zeitraum von einem Jahr nach Ablauf des Konzessionsvertrages noch zur Zahlung der vertraglich vereinbarten Konzessionsabgabe an die Kommune verpflichtet bleibt, soweit vertraglich nicht etwas anderes vereinbart worden ist. Auch der Gesetzgeber gehe mithin davon aus, dass die Übergabe an den neuen Konzessionär nicht unmittelbar nach Auslaufen des Konzessionsvertrages erfolgt.[182]

306 Das abgebende EVU kann also sowohl dem konzessionsvertraglichen als auch dem gesetzlichen **Herausgabeanspruch** das Zurückbehaltungsrecht aus § 273 BGB sowie die Einrede des nicht erfüllten Vertrags aus § 320 BGB entgegenhalten und damit die Netzherausgabe verweigern. Wenn also das abgebende EVU die Einrede des nichterfüllten Vertrags gem. § 320 BGB geltend macht, kann das übernehmende EVU die Herausgabe des Netzes nicht durch Sicherheitsleistung erzwingen.

2. Netzherausgabepflicht bei Vereinbarung eines Rückforderungsvorbehalts

307 In den Fällen, in denen Uneinigkeit in Bezug auf den „richtigen" Kaufpreis besteht, bieten Netzübernehmer häufiger die Übernahme des Netzes gegen **vorläufige Zahlung** des vom abgebenden EVU verlangten Kaufpreises an. Gleichzeitig verlangen sie die Vereinbarung eines sog. **Rückforderungsvorbehaltes** in den zur Abwicklung des Netzübergangs abgeschlossenen Verträgen.

308 Mit einem Rückforderungsvorbehalt will sich der Käufer die Möglichkeit sichern, den nach seiner Auffassung zu viel bezahlten Kaufpreis vom Verkäufer zurückzufordern. Hintergrund dafür ist, dass bislang weder gesetzlich noch durch höchstrichterliche Rechtsprechung geregelt ist, welches der **„richtige" Kaufpreis** für ein Strom- oder Gasverteilernetz ist. Der Käufer hat ein Interesse, dass der Übergang des Netzes nicht durch eine langwierige gerichtliche Auseinandersetzung über den „richtigen" Kaufpreis verzögert wird. Daher ist der Käufer häufig bereit, einen höheren Kaufpreis zu zahlen als er selbst für richtig hält, wenn er das Recht erhält, die Höhe des Kaufpreises anschließend gerichtlich überprüfen zu lassen.

309 Fraglich ist allerdings, ob, und wenn ja, welche **Vorbehalte** eines Käufers von Energienetzen vom Verkäufer akzeptiert werden müssen. Dies hängt davon ab, ob das abgebende EVU ein Zurückbehaltungsrecht gem. § 273 BGB oder die Einrede des

---

181 OLG Koblenz, Teil- und Grundurt. v. 23.4.2009 – U 646/08 (Kart.) – S. 23.
182 OLG Koblenz, Teil- und Grundurt. v. 23.4.2009 – U 646/08 (Kart.) – S. 23.

nichterfüllten Vertrags gem. § 320 BGB geltend machen kann, wenn das netzübernehmende EVU die Zahlung des Kaufpreises unter einem Rückforderungsvorbehalt anbietet. Es ist dabei irrelevant, ob der Käufer den Anspruch auf Übertragung des Eigentums aus **abgetretenem Recht** aus dem Konzessionsvertrag mit dem bisherigen Konzessionsvertragspartner oder aus dem **gesetzlichen Überlassungs- bzw. Eigentumsübertragungsanspruch** nach § 46 Abs. 2 S. 2 EnWG geltend macht.

a) Ausgestaltung und Auswirkungen des Vorbehalts („kleiner" und „großer" Vorbehalt)

Ob ein Vorbehalt vom Verkäufer akzeptiert werden muss, hängt von der konkreten inhaltlichen Ausgestaltung des Vorbehalts ab. 310

Das übernehmende EVU muss als **Gegenleistung** für die Eigentumsübertragung des Netzes dem abgebenden EVU den vereinbarten **Kaufpreis** zahlen, um die Verbindlichkeit aus dem Kaufvertrag zu erfüllen. Maßgeblich für das Bestehen der Eigentumsübertragungspflicht ist, ob der Zahlung des Kaufpreises unter Vorbehalt **Erfüllungswirkung** gem. § 362 BGB zukommt. Erfüllung tritt nach der herrschenden Theorie der realen Leistungsbewirkung als objektive Tatbestandsfolge der Leistung ein. Ein subjektives Merkmal ist für den Eintritt der Erfüllung nicht erforderlich.[183] Die früher vertretene Vertragstheorie sowie die Zweckvereinbarungstheorie, die für die Erfüllung eine vertragliche Willenseinigung zwischen Gläubiger und Schuldner fordern, haben sich nicht durchgesetzt.[184] Da die Erfüllung also nicht von einer Willenseinigung zwischen Gläubiger und Schuldner abhängt, kann der Gläubiger den Eintritt der Erfüllung durch die **Leistungserbringung** des Schuldners letztlich nicht verhindern. 311

Nach ständiger Rechtsprechung des **BGH** stellt die Zahlung des Kaufpreises unter Rückforderungsvorbehalt dann eine **ordnungsgemäße Erfüllung** im Sinne von § 362 BGB dar, wenn der Käufer lediglich die **Wirkung des § 814 BGB** ausschließen will, d.h. sich also die Möglichkeit offen halten will, den nach seiner Auffassung zu viel gezahlten Kaufpreis nach § 812 BGB zurückzufordern. Der Käufer will mit diesem **„kleinen" Vorbehalt** lediglich verhindern, dass die Kaufpreiszahlung als **Anerkenntnis** des Bestehens des Kaufpreisanspruchs in der geforderten Höhe verstanden werden kann.[185] 312

---

183 BGH NJW 1991, 1294, 1295; BGH NJW 1992, 2698, 2699; in Erman/*Buck-Heeb*, § 362 Rn 2; Palandt/*Grüneberg*, § 362 Rn 1; MüKo-BGB/*Wenzel*, § 362 Rn 10.
184 Palandt/*Grüneberg*, § 362 Rn 1; MüKo-BGB/*Wenzel*, § 362 Rn 6ff.
185 BGH NJW 2007, 1269, 1270; BGH NJW-RR 2006, 61, 62f.; BGH NJW 1999, 494, 496; BGH NJW 1983, 1111, 1112; BGH NJW 1982, 2301, 2302; BGH NJW 1982, 1147; Palandt/*Grüneberg*, § 362 Rn 14; MüKo-BGB/*Wenzel*, § 362 Rn 4.

313 Wenn die Kaufpreiszahlung in der geforderten Höhe hingegen unter einem weitergehenden **„großen" Vorbehalt** erfolgt, mit dem der Käufer das Bestehen des Kaufpreisanspruches in der geforderten Höhe bzw. den Sachzeitwert als **angemessene Vergütung** insgesamt in Frage stellt, ist die Kaufpreiszahlung keine ordnungsgemäße Erfüllung im Sinne von § 362 BGB.

314 Nach ständiger Rechtsprechung des **BGH** hat eine Vorbehaltszahlung **keine Erfüllungswirkung** und lässt die Schuldtilgung offen, wenn der Schuldner in der Weise unter Vorbehalt leistet, dass den Gläubiger in einem späteren Rückforderungsstreit auch die **Beweislast** für das Bestehen des Anspruchs treffen soll.[186] Denn der Käufer leistet die Zahlung in diesem Fall nur unter der Bedingung des Bestehens der Kaufpreisforderung **ohne Anerkennung der Schuld**.[187] Ein Vorbehalt dieser Art lässt die Schuldtilgung in der Schwebe und schließt die Erfüllung nach § 362 BGB aus. In diesem Fall darf der Verkäufer als Gläubiger der Kaufpreiszahlung diese ablehnen.[188] Ein großer Vorbehalt ist insbesondere dann anzunehmen, wenn die Zahlung des Schuldners an den Gläubiger nur aufgrund eines vorläufig vollstreckbaren Urteils zur Abwendung der Zwangsvollstreckung erfolgt[189] oder wenn der Schuldner ohne Anerkennung des Bestehens der Forderung und nur zur Abwendung der Zwangsvollstreckung aus einem Vorbehaltsurteil zahlt.[190] Ein erfüllungshindernder Vorbehalt ist auch in Fällen vorgerichtlicher Leistung anzunehmen, wenn der Schuldner nur zur Abwendung eines empfindlichen Übels leistet.[191]

315 Ob einem Vorbehalt **Erfüllungswirkung** zukommt oder nicht, richtet sich nach dem jeweiligen Einzelfall. Die Abgrenzung ist oft schwierig und daher streitig. Besteht über die Tragweite eines Vorbehalts Streit, trifft denjenigen, der den Vorbehalt erklärt, die **Beweislast** für Art und Inhalt des Vorbehalts.[192] Der Schuldner muss in einem solchen Fall beweisen, dass er unter Aufrechterhaltung der dem Gläubiger obliegenden **Beweislast** geleistet hat.[193]

186 BGH NJW 2007, 1269, 1270; BGH NJW 2003, 2014, 2017; BGH NJW 1999, 494, 496; BGH NJW 1984, 2826 f.; BGH NJW 1983, 1111, 1112.

187 BGH NJW 2007, 1269, 1270; OLG Düsseldorf NJW-RR 1989, 27, 28;OLG Düsseldorf NJW-RR 1996, 1430; OLG Hamm NJW-RR 1987, 985, 986.

188 Palandt/*Grüneberg*, § 362 Rn 14; MüKo-BGB/*Wenzel*, § 362 Rn 4.

189 BGH NJW 1999, 494, 496.

190 BGH NJW 1983, 1111, 1112.

191 BGH NJW 2003, 2014, 2017.

192 OLG Hamm NJW-RR 1987, 985, 986; MüKo-BGB/*Wenzel*, § 362 Rn 4.

193 OLG Hamm NJW-RR 1987, 985, 986.

Praxistipp
Wenn das übernehmende EVU aufgrund des erklärten Rückforderungsvorbehalts die Angemessenheit des geforderten Kaufpreises in Frage stellt, muss das abgebende EVU – mangels Erfüllungswirkung der Kaufpreiszahlung – das Netz nicht herausgeben. Eine solche Zahlung unter Vorbehalt sollte also vom abgebenden EVU mit dem Hinweis auf die fehlende Erfüllungswirkung zurückgewiesen werden.

Wie dargestellt muss das abgebende EVU als Gläubiger die Kaufpreiszahlung des Netzübernehmers im Falle eines großen Vorbehalts nicht annehmen und auch das Netz nicht herausgeben. Mangels **Erfüllungswirkung** steht ihm ein Zurückbehaltungsrecht gem. § 273 BGB sowie die Einrede des nicht erfüllten Vertrages gem. § 320 BGB zu. Nimmt der Gläubiger die Leistung unter Vorbehalt gleichwohl an, unterwirft er sich jedoch dem **Vorbehalt.**[194] Wenn also das abgebende EVU den Inhalt des vom übernehmenden EVU erklärten Vorbehalts nicht akzeptieren möchte, sollte es dies klarstellen und die Gegenleistung in Form der Netzherausgabe verweigern. 316

Zusammenfassend ist festzuhalten, dass das abgebende EVU die Kaufpreiszahlung, die das übernehmende EVU unter dem **kleinen Vorbehalt** leistet, nicht als nicht ordnungsgemäße **Erfüllung** ablehnen kann. Ihm steht weder ein Zurückbehaltungsrecht am Netz gem. § 273 BGB noch die Einrede des nicht erfüllten Vertrags gem. § 320 BGB zu. Das übernehmende EVU ist für die spätere **Rückforderung** eines etwaig zu viel gezahlten Kaufpreises **beweispflichtig.** 317

b) Anwendung der Rechtsprechung auf Vorbehalte im Rahmen von Netzübertragungen

Für die Beurteilung, ob die im Rahmen von Netzübernahmen angebotenen Vorbehalte **Erfüllungswirkung** im Sinne von § 362 BGB haben, hängt nach ständiger Rechtsprechung des BGH vom jeweiligen **Einzelfall** ab. 318

Das übernehmende EVU möchte sich in der Praxis regelmäßig vorbehalten, 319
- die vom abgebenden EVU gewählte **Berechnungsmethode** zur Ermittlung des Kaufpreises in Höhe des Sachzeitwertes zu überprüfen (beispielsweise besteht Uneinigkeit über die anzusetzenden Tagesneuwerte, Anhaltewerte, etc.);
- den vom abgebenden EVU verlangten Kaufpreis in Höhe des **Sachzeitwertes** zu überprüfen, weil der Kaufpreis nach seiner Auffassung auf den Ertragswert unter Berücksichtigung der Vorgaben der Strom-/GasNEV auf Basis des kalkulatorischen Restbuchwerts begrenzt ist.

194 BGH NJW 1989, 161, 162; Palandt/*Grüneberg*, § 362 Rn 14; MüKo-BGB/*Wenzel*, § 362 Rn 4.

320 Im Rahmen von Netzübertragungsverhandlungen wird vom übernehmenden EVU mit derartigen **Rückforderungsvorbehalten** regelmäßig eingewandt, ein Kaufpreis in Höhe des **Sachzeitwertes** sei unzulässig. Dies gelte selbst, wenn im Altkonzessionsvertrag ein Kaufpreis in Höhe des Sachzeitwertes ausdrücklich geregelt sei. Das abgebende EVU ist stets nur bereit, für das Netz einen Kaufpreis in Höhe des **Ertragswertes** zu zahlen. Dabei soll der Ertragswert auf Basis des netzentgeltkalkulatorischen **Restbuchtwertes** gemäß der Netzentgeltverordnungen (StromNEV bzw. GasNEV) ermittelt werden. Damit wird der im Altkonzessionsvertrag geregelte Anspruch auf Zahlung eines Kaufpreises in Höhe des Sachzeitwertes durch das übernehmende EVU faktisch abgelehnt.

321 Das übernehmende EVU bietet zwar an, den Kaufpreis für das Netz in Höhe des Sachzeitwertes unter Vorbehalt der Rückforderung zu zahlen. Allerdings steht dabei nicht im Vordergrund, einen etwaig überhöhten Kaufpreis zurückzufordern. Vielmehr geht es dem Netzübernehmer vorrangig darum, zügig – ohne langwierige gerichtliche Klärung des richtigen Kaufpreises – den **Besitz** und das **Eigentum** des Netzes zu erlangen. Damit leistet das übernehmende EVU einen Kaufpreis in Höhe des Sachzeitwertes unter der Bedingung des Bestehens der Forderung und stellt damit in Frage, dass der Kaufpreisanspruch in Höhe des Sachzeitwerts überhaupt besteht. Eine Zahlung unter einem solchen **großen Vorbehalt** stellt dann keine Erfüllung im Sinne von § 362 BGB dar.

322 Höchstrichterliche Rechtsprechung zur Frage der **Erfüllungswirkung** bei Vorbehaltskäufen im Rahmen von Netzübertragungen nach § 46 Abs. 2 EnWG existiert bislang nicht. Die **instanzgerichtliche Rechtsprechung** tendiert dazu, die in der Praxis vereinbarten Vorbehalte dahingehend zu interpretieren, dass die Zahlung unter Vorbehalt keine Erfüllungswirkung hat.

323 Das **OLG Koblenz** vertritt in einem Hinweis- und Beweisbeschluss vom 11.11. 2010[195] die Auffassung, die Zahlung des Kaufpreises unter Vorbehalt habe **keine Erfüllungswirkung**, wenn das übernehmende EVU den Sachzeitwert als angemessene Vergütung generell in Frage stellt und nur unter der Voraussetzung leistet, dass die Forderung des Sachzeitwerts zu Recht besteht. Es genüge die Behauptung des Netzübernehmers, der Sachzeitwert liege erheblich über dem Ertragswert und die Zahlung des geforderten Kaufpreises sei deshalb wirtschaftlich unvernünftig. In einer Entscheidung vom 16.6.2004 hat das **OLG Düsseldorf**[196] die Auffassung vertre-

---

195 OLG Koblenz, Hinweis- und Beweisbeschluss vom 11.11.2010 – U 646/08 (Kart.) – S. 6. In diesem Netzüberlassungsfall hat das OLG Koblenz Aussagen zur Beweislastverteilung bei Uneinigkeit über die Höhe des Kaufpreises getroffen. Zwar hatte in diesem Fall der neue Konzessionär das Netz noch nicht durch Abschluss eines Vorbehaltskaufes übernommen; allerdings betreffen die Ausführungen dieselbe Rechtsfrage der Beweislastverteilung und sind damit auch auf den Vorbehaltskauf übertragbar.

196 OLG Düsseldorf, Urt. v. 16.6.2004 – U 36/96 (Kart.), VI-U 36/96 (Kart.) –.

ten, dass einer Vorbehaltszahlung dann keine Erfüllungswirkung gem. § 362 BGB zukommt, wenn der in einer **Abwicklungsvereinbarung** zum Netzübergang vereinbarte Vorbehalt die Zulässigkeit eines Kaufpreises in Höhe des Sachzeitwertes von vornherein in Abrede stellt. Da eine solche Vorbehaltsregelung offen lässt, ob die Methode der **Sachzeitwertermittlung** für die Bestimmung des Kaufpreises überhaupt maßgebend sein und den anzuwendenden **Bewertungsansatz** bilden sollte, werde vom übernehmenden EVU nur unter der Voraussetzung geleistet, dass die Forderung des Sachzeitwerts zu Recht besteht.[197]

Schließlich hat das **OLG Frankfurt a.M.** in einer aktuellen Entscheidung vom 14.6.2011[198] diese obergerichtliche Rechtsprechung dahingehend bestätigt, dass ein Vorbehalt als **vertragliche Vereinbarung** nicht akzeptiert werden muss. Der Netzübernehmer hatte in diesem Verfahren unter anderem beantragt festzustellen, dass das abgebende EVU verpflichtet ist, das Eigentum am Netz Zug-um-Zug gegen Zahlung des geforderten Kaufpreises zu übertragen und dem übernehmenden EVU dabei die rechtliche Überprüfung der Kaufpreishöhe zu gestatten. Das OLG Frankfurt a. M. hat den Anspruch des übernehmenden EVU auf Abschluss eines Kaufvertrages unter dem Vorbehalt einer späteren Überprüfung der Kaufpreishöhe abgelehnt. Es fehle an einer **Anspruchsgrundlage** des Netzübernehmers auf Abschluss eines **Vorbehaltskaufs**. Weder aus § 46 Abs. 2 S. 2 EnWG noch aus der konzessionsvertraglichen Endschaftsklausel resultiere ein solcher Anspruch. Vielmehr bedürfe es für die Verpflichtung, einen Vorbehalt zu akzeptieren, einer expliziten gesetzlichen Regelung; eine solche gesetzliche Regelung existiere jedoch nicht. 324

Hingegen hat das **LG Hannover** in einem Vorbehaltsurteil vom 8.12.2010[199] entschieden, dass das EVU, welches das Netz pachtweise übernimmt, nicht berechtigt ist, im Anschluss an die besitzweise Netzübernahme das auf Basis des Sachzeitwertes ermittelte **Pachtentgelt** zu kürzen, wenn der Pachtvertrag eine **Vorbehaltsregelung** enthält, nach der eine **Rückzahlung** zu viel gezahlter Pacht erst verlangt werden kann, wenn gerichtlich festgestellt worden ist, dass das auf Basis des Sachzeitwertes ermittelte Pachtentgelt prohibitiv überhöht ist. 325

Soweit das **LG Mannheim** in der Entscheidung vom 8.10.2010 der Zahlung unter Vorbehalt **Erfüllungswirkung** zugesprochen hat, stellt dies aufgrund des dort zu entscheidenden Sachverhaltes einen **Sonderfall** dar.[200] Wenn der Netzübernehmer das Gasverteilnetz bereits erworben und damit die Grundsatzentscheidung getroffen hat, dass der Erwerb des Netzes bei wirtschaftlich vernünftiger, kaufmännischer Abwägung attraktiv sei, spreche dies gegen die prohibitive Wirkung der Sachzeitregelung.[201] 326

197 OLG Düsseldorf, Urt. v. 16.6.2004 – U 36/96 (Kart.), VI-U 36/96 (Kart.) – Rn 71 f., juris.

198 OLG Frankfurt a. M., Urt. v. 14.6.2011 – 11 U 36/10 (Kart.) – S. 29 f.

199 LG Hannover, Urt. v. 8.12.2010 – 21 O 8/10 – S. 12.

200 LG Mannheim, Urt. v. 8.10.2010 – 7 O 20/10 (Kart.) – S. 10 (nicht rechtskräftig).

201 LG Mannheim, Urt. v. 8.10.2010 – 7 O 20/10 (Kart.) – S. 11 f. (nicht rechtskräftig).

Praxistipp

Die einvernehmliche Vereinbarung eines Vorbehalts im Kaufvertrag darf vom abgebenden EVU verweigert werden, weil das übernehmende EVU hierauf keinen Anspruch hat.

327 Allerdings kann es im Einzelfall trotzdem sinnvoll sein, eine **einvernehmliche Regelung** eines Vorbehalts im Kaufvertrag zu treffen auch wenn das abgebende EVU dazu nicht verpflichtet ist. Dies hat den Vorteil, dass die konkrete Vorbehaltsregelung gemeinsam ausgestaltet werden kann.

328 Wie dargestellt geht es dem übernehmenden EVU i.d.R. darum, zügig das Netz zu übernehmen, um damit wirtschaften zu können. Es kommt dem übernehmenden EVU daher nicht darauf an, die **Erfüllungswirkung** einer Kaufpreiszahlung durch einen großen Vorbehalt zu verhindern. Vielmehr möchte es sich die Möglichkeit offen halten, den nach seiner Auffassung zu viel gezahlten Kaufpreis zurückzufordern, also die Wirkung des § 814 BGB auszuschließen. Die Vereinbarung eines **kleinen Vorbehalts** ist mithin für beide Seiten auch interessengerecht. Um jedoch Zweifel bei der Auslegung des Vorbehalts zu vermeiden, sollte bei der Regelung des Vorbehalts im **Kaufvertrag** explizit klargestellt werden, dass die Vereinbarung des Vorbehalts lediglich dem Ausschluss der Wirkung des § 814 BGB dient.

Praxistipp

Um eine rechtssichere Auslegung eines vertraglich vereinbarten Vorbehalts sicherzustellen, ist in die Formulierung des Vorbehalts ausdrücklich aufzunehmen, dass es sich lediglich um einen Vorbehalt zum Ausschluss der Wirkung des § 814 BGB handelt.

329 Im Ergebnis ist also immer im **konkreten Einzelfall** zu prüfen, welche Art von Vorbehalt vom übernehmenden EVU angeboten wird. Eine **Verpflichtung**, einen Vorbehalt im Rahmen eines Kaufvertrages zu vereinbaren, besteht nicht. Aus Gründen der **Rechtsicherheit** kann es sinnvoll sein, eine explizite Vorbehaltsregelung in den Kaufvertrag aufzunehmen sowie klarzustellen, dass mit dem Vorbehalt nur die Wirkung des § 814 BGB ausgeschlossen werden soll.

c) Gemeinsamer Leitfaden von BKartA und BNetzA zu Vorbehalten im Rahmen von Netzübertragungen

330 Nach dem Gemeinsamen Leitfaden von BKartA und BNetzA[202] ist § 46 Abs. 2 S. 2 EnWG dahingehend ergänzend auszulegen, dass der Altkonzessionär die Übergabe

202 Gemeinsamer Leitfaden von BKartA und BNetzA zur Vergabe von Strom- und Gaskonzessionen und zum Wechsel des Konzessionsnehmers vom 15.12.2010, Rn 47 mit Verweis auf BGH NJW-RR 2006, 1139.

des Netzes mit Ende des alten Konzessionsvertrages jedenfalls dann nicht verweigern dürfe, wenn ihm der Neukonzessionär eine **Zahlung unter Vorbehalt** anbietet. Insgesamt ist die Argumentation des Leitfadens zum Vorbehaltskauf nicht überzeugend. Insbesondere gibt es keinen Rechtsanspruch auf Abschluss eines Kaufvertrages unter Rückforderungsvorbehalt.

BKartA und BNetzA leiten ihre Einschätzung aus § 46 Abs. 2 S. 2 EnWG a.F. ab. 331
Im Zeitpunkt der Veröffentlichung des Gemeinsamen Leitfadens beinhaltete § 46 Abs. 2 S. 2 EnWG a.F. nach Ansicht der BNetzA lediglich einen Anspruch auf **Besitzüberlassung**. Folglich kann mit der genannten Übergabe des Netzes auch nur die Besitzeinräumung gemeint sein.[203] Die Auffassung von BKartA und BNetzA, dass eine Netzherausgabe nicht verweigert werden dürfe, wenn eine Zahlung unter Vorbehalt angeboten wird, ist in ihrer Pauschalität unzutreffend. Das reine **Angebot** einer Vorbehaltszahlung führt nicht zu einer Verpflichtung des abgebenden EVU, das Netz herausgeben. Darüber hinaus darf die Netzherausgabe selbst bei tatsächlicher Zahlung unter großem Vorbehalt, der nicht lediglich die Wirkung des § 814 BGB ausschließt, mangels Erfüllungswirkung verweigert werden.

BKartA und BNetzA argumentieren mit den **wirtschaftlichen Folgen** für das 332
übernehmenden EVU, die aus der Uneinigkeit über die Höhe des Kaufpreises resultieren können. Die wirtschaftlich angemessene Vergütung sei anhand der Kaufering-Rechtsprechung[204] zu ermitteln. Dabei werde der **Ertragswert** maßgeblich durch die Vorgaben der StromNEV bzw. GasNEV bestimmt. Die Forderung eines über dem so ermittelten Ertragswert liegenden Kaufpreises führe faktisch zur Verhinderung eines Netzüberganges, wodurch dem Netzübernehmer **wirtschaftliche Nachteile** erwachsen können. Wirtschaftliche Nachteile erleide der Netzübernehmer bei einer verzögerten **Netzübernahme** aus der verspäteten Einnahme von Netzentgelten, da diese bei einer späteren Netzübertragung noch an den bisherigen Konzessionär fließen.[205] Dies hätte zur Folge, dass der Netzübernehmer zwar eine Finanzierung vorhalten sowie Finanzierungskosten für das Netz tragen müsse, ohne dass ihm jedoch die Erträge aus dem Netzbetrieb zufließen. Dieses Argument überzeugt allerdings nicht. Zum einen stehen die Netznutzungsentgelte dem Netzbetreiber zu, denn die Netzkosten und Aufwendungen entstehen durch den Netzbetrieb und die Netznutzungsentgelte stellen die Gegenleistung für den **Zugang zum Verteilernetz** dar. Zum anderen entstehen dem übernehmenden EVU die **Finanzierungskosten** erst dann, wenn der Kaufpreis tatsächlich geleistet wird. In diesem Fall erhält der Netzübernehmer auch Zug-um-Zug das Netz und kann ab diesem Zeitpunkt damit wirt-

---

203 Gemeinsamer Leitfaden von BKartA und BNetzA zur Vergabe von Strom- und Gaskonzessionen und zum Wechsel des Konzessionsnehmers vom 15.12.2010, Rn 47, Fn 21.
204 BGHZ 143, 128ff.
205 Gemeinsamer Leitfaden von BKartA und BNetzA zur Vergabe von Strom- und Gaskonzessionen und zum Wechsel des Konzessionsnehmers vom 15.12.2010, Rn 46.

schaften. Insofern kann der Netzübernehmer hieraus keinen Anspruch auf Netzherausgabe bei Zahlung unter Vorbehalt herleiten.

333 Zudem ist die Argumentation des Leitfadens widersprüchlich. BKartA und BNetzA sehen in der Vereinbarung eines Vorbehaltskaufes einen Nachteil für den Netzübernehmer, da er einen etwaig überzahlten Kaufpreis vorfinanzieren muss. Die Regelung eines niedrigeren Verzugszinses für den möglichen Rückforderungsbetrag verstärke den wirtschaftlichen Schaden.[206] Obwohl BKartA und BNetzA die Vereinbarung eines Vorbehaltskaufes als nachteilig für den Netzübernehmer ansehen, wird ein Vorbehaltskauf befürwortet. Zudem verkennen das BKartA und die BNetzA bei ihrer Argumentation hinsichtlich eines **Zinsrisikos**, dass im Falle einer Rückzahlung eines etwaig überhöhten Kaufpreises der wirtschaftliche Schaden aus dem Zinsrisiko nicht den Netzübernehmer, sondern das abgebende EVU trifft. Denn dieser müsste einen etwaig überzahlten Kaufpreis **verzinst** zurückzahlen.

334 Schließlich wird als wirtschaftlicher Nachteil für das übernehmende EVU durch Zahlung des etwaig überhöhten Kaufpreises angeführt, dass die für die **Aufteilung der EOG** maßgeblichen Daten dem übernehmenden EVU bei Vereinbarung eines Kaufpreises nicht bekannt seien und daraus eine Unwägbarkeit in Bezug auf den Kaufpreis und dessen Finanzierung entstehe.[207] Allerdings bestehen diese Unwägbarkeiten unabhängig von der Höhe des Kaufpreises.

335 Soweit der Gemeinsame Leitfaden von BKartA und BNetzA in Fußnote 27 zur Zulässigkeit der Zahlung unter Vorbehalt auf das Urteil des **BGH** vom 7.2.2006[208] verweist, ist darauf hinzuweisen, dass dieser Entscheidung ein anderer Sachverhalt zugrunde lag. Dort hatten sich die Parteien ausdrücklich auf die **vertragliche Regelung** eines Vorbehaltskaufs verständigt. Die Frage, ob eine Verpflichtung zur vertraglichen Vereinbarung einer Vorbehaltsregelung besteht oder ob die Zahlung unter Vorbehalt zulässig ist, war nicht Gegenstand der Entscheidung.

336 Außerdem handelt es sich bei den Ausführungen im Gemeinsamen Leitfaden nicht um Vorgaben der BNetzA oder des BKartA, die rechtlich verbindlich sind, sondern lediglich um die **Darlegung von Rechtsansichten** der Behörden. Das Werkzeug des „Leitfadens" ist gesetzlich nicht geregelt. Die Einflussnahme auf die Marktakteure und Verwaltungs- und Gerichtsverfahren wird daher in der Literatur zu Recht kritisch gesehen.[209]

---

206 Gemeinsamer Leitfaden von BKartA und BNetzA zur Vergabe von Strom- und Gaskonzessionen und zum Wechsel des Konzessionsnehmers vom 15.12.2010, Rn 46.

207 Gemeinsamer Leitfaden von BKartA und BNetzA zur Vergabe von Strom- und Gaskonzessionen und zum Wechsel des Konzessionsnehmers vom 15.12.2010, Rn 46.

208 BGH, Urt. v. 7.2.2006 – KZR 24/04 –.

209 *Kermel/Hofmann*, KSzW 03.2011, S. 310ff.

3. Praktische Bedeutung für Netzübertragungen

Zusammenfassend bedeutet das Recht auf Verweigerung der Netzherausgabe im Rahmen von Netzübertragungsverhandlungen für den Umgang mit Rückforderungsvorbehalten des Netzübernehmers Folgendes: 337

Bietet das übernehmende EVU im Rahmen von Netzübertragungsverhandlungen an, den geforderten Kaufpreis unter dem **Vorbehalt der Rückforderung** eines überzahlten Teils zu zahlen, kommt es für die Geltendmachung eines Zurückbehaltungsrechts darauf an, ob der Zahlung trotz Vorbehalt **Erfüllungswirkung** zukommt. 338

Wie dargestellt[210] ist bei dieser Beurteilung zwischen **großem** und **kleinem Vorbehalt** zu unterscheiden. Ein Vorbehalt, mit dem lediglich die Wirkung des § 814 BGB ausgeschlossen werden soll, hat **Erfüllungswirkung**. Das bedeutet, dass das abgebende EVU das Netz herausgeben muss, wenn das übernehmende EVU den geforderten Kaufpreis unter dem kleinen Vorbehalt zahlt. Außerdem trägt in diesem Fall das übernehmende EVU die **Beweislast** dafür, dass der von ihm gezahlte Kaufpreis überhöht ist. Wenn das übernehmende EVU die Zahlung des geforderten Kaufpreises unter einen großen Vorbehalt stellt und damit der geforderte Kaufpreis als zulässige Vergütung für das übergehende Netz insgesamt abgelehnt wird, hat dieses Angebot auf Netzübernahme keine Erfüllungswirkung im Sinne von § 362 BGB. Dem abgebenden EVU steht dann ein **Zurückbehaltungsrecht** mit der Folge zu, dass das Netz bis zur endgültigen Feststellung des zu zahlenden Kaufpreises nicht herausgegeben werden muss. 339

Praxistipp

Wird ein Rückforderungsvorbehalt erklärt, der die Erfüllung nicht hindert, kann das abgebende EVU die Einrede des nicht erfüllten Vertrages gemäß § 320 BGB nicht mehr geltend machen. i

---

Diesen **Rückforderungsvorbehalt** kann der Netzübernehmer im Zeitpunkt der Zahlung einseitig gegenüber dem abgebenden EVU erklären. Dieses ist jedoch nicht verpflichtet, die Festschreibung eines solchen Vorbehalts in der Vereinbarung zur Eigentumsübertragung des Netzes zu akzeptieren. Ein Anspruch des Käufers auf **konsensuale Regelung** eines Vorbehalts besteht nicht.[211] Weder aus der gesetzlichen Regelung in § 46 Abs. 2 EnWG noch aus den regelmäßig bestehenden Endschaftsbestimmungen in Konzessionsverträgen ergibt sich ein Anspruch auf Abschluss eines Vertrages über einen Vorbehaltskauf. Um die Verpflichtung, einen Rückforderungsvorbehalt **vertraglich** zu regeln, bedarf es einer **expliziten gesetzlichen Regelung.**[212] Dies gilt sowohl für den kleinen als auch den großen Vorbehalt. Da die 340

---

210 Ziffer 2a, Rn 310ff.
211 OLG Frankfurt a.M., Urt. v. 14.6.2011 – 11 U 36/10 (Kart.) – S. 29f.
212 OLG Frankfurt a.M., Urt. v. 14.6.2011 – 11 U 36/10 (Kart.) – S. 30.

Zahlung unter einem kleinen Vorbehalt Erfüllungswirkung hat, kann die Netzherausgabe vom abgebenden EVU nicht verhindert werden. Somit kann es im Einzelfall sinnvoll sein, auch im Kaufvertrag **freiwillig** eine **Vorbehaltsregelung** zu akzeptieren, wenn über die Höhe des Kaufpreises keine Einigkeit erzielt wird. Dies hat den Vorteil, dass die konkrete Ausgestaltung des Vorbehaltes zwischen den Parteien ausgehandelt werden kann.

4. Keine Verpflichtung zur Eigentumsübertragung aus Treu und Glauben – Ausschlusstatbestände

341 In den Fällen, in denen das übernehmende EVU die Zahlung des Kaufpreises nur unter großem Vorbehalt zahlen wird und diese Zahlung damit keine Erfüllungswirkung entfaltet, kann das abgebende EVU die Netzherausgabe aufgrund des ihm zustehenden **Leistungsverweigerungsrechtes** grundsätzlich verweigern.

342 Das Leistungsverweigerungsrecht i.S.d. § 320 BGB ist jedoch ausnahmsweise ausgeschlossen, soweit **Treu und Glauben** entgegenstehen. § 320 Abs. 2 BGB stellt dies für einen wichtigen Sonderfall der **Unverhältnismäßigkeit** ausdrücklich klar. Wenn die Gegenleistung teilweise erbracht wurde, kann die Leistung insoweit nicht verweigert werden, als die vollständige Zurückbehaltung nach den Umständen wegen der **Geringfügigkeit** des noch ausstehenden Leistungsteils gegen Treu und Glauben verstoßen würde.[213] Dabei sind alle Umstände zu berücksichtigen, insbesondere die sich aus der fehlenden **Teilleistung** für den Gläubiger ergebenden Nachteile und Risiken.[214]

343 Darüber hinaus kann die Leistungsverweigerung treuwidrig sein, wenn beispielsweise die **Art des Gegenstandes** eine Zurückhaltung verbietet,[215] wenn die Leistungen in einem offensichtlichen **Missverhältnis** stehen, wenn die Leistungsverweigerung den Anspruch des Gläubigers endgültig vereitelt[216] oder wenn die Ausübung der Einrede dem Gläubiger einen nicht mehr wieder gutzumachenden schweren **Schaden** zufügt.[217]

344 Fraglich ist, wie sich die dargestellten **Ausnahmen** zum Leistungsverweigerungsrecht nach dem Grundsatz von Treu und Glauben auf den vom Netzübernehmer angebotenen Vorbehaltskauf auswirken.

345 Dass bis zu einer endgültigen Klärung des richtigen **Kaufpreises** das Netzeigentum nicht auf den Netzübernehmer übertragen wird, führt weder zu einer endgültigen **Vereitelung** des Anspruchs noch entsteht diesem dadurch ein nicht mehr wie-

---

213 BGH NJW 1997, 938, 939.
214 Palandt/*Grüneberg*, § 320 Rn 10.
215 Palandt/*Grüneberg*, § 320 Rn 10.
216 BGH BB 1974, 671, 672; BAG NJW 1983, 2896, 2897.
217 MüKo-BGB/*Emmerich*, § 320 Rn 48.

der gutzumachender schwerer **Schaden**. Dies gilt erst recht, weil häufig zwischen den Parteien noch zahlreiche weitere Fragen verhandelt werden müssen und die Uneinigkeit über die Höhe des Kaufpreises nicht der einzige offene Punkt ist. Die Geltendmachung des Leistungsverweigerungsrechtes durch das abgebende EVU ist damit **nicht treuwidrig.**

Das abgebende EVU muss seine Kaufpreisforderung gem. § 320 BGB jedenfalls 346 gegenüber dem Anspruch auf Eigentumsübertragung durchsetzen können. Ohne eine vorbehaltlose Zahlung des geforderten Kaufpreises ist die Übereignung des Netzes als **Vorleistung** an den Netzübernehmer nicht erforderlich, um den Betrieb der Versorgungsanlagen durch das übernehmende EVU zu ermöglichen.[218] Denn das Leistungsverweigerungsrecht dient nicht nur dazu, die Kaufpreisforderung zu sichern, sondern stellt in erster Linie ein **Druckmittel** des abgebenden EVU dar.[219] Das Leistungsverweigerungsrecht des abgebenden EVU ist auch nicht deshalb ausgeschlossen, weil es ein finanzkräftiges Unternehmen ist.[220]

Damit kann auch unter dem Gesichtspunkt von **Treu und Glauben** eine Eigen- 347 tumsübertragung bis zur endgültigen Klärung aller streitigen Punkte im Rahmen der Netzübertragung nicht verlangt werden.

5. Besitzeinräumung bei Erklärung eines Rückforderungsvorbehalts

Bei einem Angebot auf Vorbehaltszahlung kann sich jedoch aus dem Gesichtspunkt 348 von Treu und Glauben im Einzelfall eine Pflicht des abgebenden EVU zur **Besitzeinräumung** ergeben. Fordert der Netzübernehmer statt einer Übertragung des Netzeigentums lediglich eine Besitzüberlassung, kann im Einzelfall die Verweigerung der Besitzüberlassung treuwidrig sein.

Das abgebende EVU ist unter bestimmen Voraussetzungen dann zu einer **Besitz-** 349 **überlassung** verpflichtet, wenn der Netzübernehmer bereit ist, einen Kaufpreis in Höhe des vom abgebenden EVU geforderten Betrages zu zahlen und diese Zahlung unter einen großen Vorbehalt stellt. Das bedeutet, dass er zwar den geforderten Kaufpreis zahlt, jedoch nur unter dem Vorbehalt der **Bedingung** des **Bestehens der Forderung**. Insoweit wird vom Netzübernehmer mit dem Vorbehalt der vom abgebenden EVU geforderte Kaufpreis in Höhe des Sachzeitwertes oder die gewählte Berechnungsmethode zur Ermittlung des Kaufpreises in Frage gestellt und er behält sich vor, den Kaufpreis in der Höhe zurückzufordern, die ein Gericht für überhöht erachtet. Dies ist insbesondere dann der Fall, wenn davon ausgegangen werden muss, dass die Parteien über Jahre hinweg über die Höhe des **Kaufpreises** streiten werden.

---

218 OLG Koblenz, Teil- und Grundurt. v. 23.4.2009 – U 646/08 (Kart.) – S. 23 f.

219 OLG Frankfurt a. M., Urt. v. 14.6.2011 – 11 U 36/10 (Kart.) – S. 30; OLG Koblenz, Teil- und Grundurt. v. 23.4.2009 – U 646/08 (Kart.) – S. 23 f.

220 OLG Koblenz, Teil- und Grundurt. v. 23.4.2009 – U 646/08 (Kart.) – S. 23 f.

350 Für die Pflicht, dem Netzübernehmer zumindest den Besitz einzuräumen, spricht, dass die Verpflichtung zur Besitzüberlassung regelmäßig sowohl in den **Altkonzessionsverträgen** als auch im **gesetzlichen Herausgabeanspruch** in § 46 Abs. 2 EnWG geregelt ist. Danach besteht für das abgebende EVU zwar seit dem 4.8.2011 aufgrund der EnWG-Novelle eine **Verpflichtung zur Eigentumsübertragung** des Netzes.[221] Allerdings regelt der neue § 46 Abs. 2 EnWG ein **Wahlrecht** für das übernehmende EVU. Es kann anstelle des Netzes auch verlangen, dass ihm lediglich der **Besitz** daran eingeräumt wird. Damit sieht die EnWG-Novelle zumindest eine Besitzeinräumung vor. Durch diese Regelung wird deutlich, dass aus Sicht des Gesetzgebers eine Besitzeinräumung ausreicht, um die Verpflichtung aus dem Konzessionsvertrag gegenüber der Kommune zu erfüllen, insbesondere das Netz nach den Vorgaben des EnWG zu betreiben.

351 Das das Netz abgebende EVU ist damit zur Besitzüberlassung verpflichtet, wenn es den vom ihm geforderten Kaufpreis – wenn auch unter Vorbehalt – erhält. Es besteht in dieser Konstellation kein weiteres **Sicherungsinteresse** des abgebenden EVU, da es weiterhin **Eigentümer** des Netzes bleibt und damit weiterhin ein **Druckmittel** i. S. d. § 320 BGB im Hinblick auf eine vorbehaltlose Zahlung des Kaufpreises behält. Im Gegenzug kann der neue Netzbetreiber seinen vertraglichen Verpflichtungen gegenüber der Gemeinde aus dem neu geschlossenen Konzessionsvertrag nachkommen.

352 Im Rahmen eines einstweiligen Verfügungsverfahrens hat das **OLG Düsseldorf** am 28.1.1997 entschieden, dass das Netz abgebende EVU **Zug-um-Zug** gegen Zahlung des maximal vom abgebenden EVU zu fordernden Betrages den Besitz des Netzes überlassen muss. Dabei erfolgte die Zahlung dieses Betrages ausdrücklich unter dem **Vorbehalt**, dass eine aufgrund rechtskräftigen Urteils festgestellte **Differenz** zwischen dem vorbehaltlich geleisteten und durch rechtskräftiges Urteil tatsächlich für die Netzübernahme zu zahlenden Betrages an das abgebende EVU zurückzuzahlen ist.[222] Eine solche **Leistungs- oder Befriedigungsverfügung** sei gerechtfertigt. Denn das übernehmende EVU hatte in dem einstweiligen Verfügungsverfahren glaubhaft gemacht, dass bei weiterem Zuwarten bis zur Klärung der zulässigen Höhe des Kaufpreises in einem Hauptsacheverfahren erhebliche **Vermögenseinbußen** entstehen. Die **wesentlichen Nachteile** i. S. d. § 940 ZPO wurden vom Gericht insbesondere vor dem Hintergrund bejaht, dass das abgebende EVU die Zahlung der vol-

221 § 46 Abs. 2 S. 2 EnWG sieht aufgrund der EnWG-Novellierung seit dem 4.8.2011 eine Verpflichtung des abgebenden EVU zur Eigentumsübertragung der Anlagen gegen Zahlung einer wirtschaftlich angemessene Vergütung vor. Darüber hinaus kann das übernehmende EVU gem. § 46 Abs. 2 S. 3 EnWG statt der Übereignung der für den Betrieb der Netze der allgemeinen Versorgung im Gemeindegebiet notwendigen Verteilungsanlagen auch verlangen, dass ihm lediglich der Besitz daran eingeräumt wird. Auch in den vertraglichen Endschaftsbestimmungen des Konzessionsvertrags ist regelmäßig die Verpflichtung zur Überlassung des Netzes Zug-um-Zug gegen Zahlung eines Übernahmeentgeltes, häufig in Höhe des Sachzeitwertes, geregelt.

222 OLG Düsseldorf, Urt. v. 28.1.1997 – U (Kart.) 27/96 – „Nümbrecht“.

len Konzessionsabgaben eingestellt hatte und nur noch reduzierte Konzessionsabgaben zahlte.[223]

Auch das **OLG Koblenz** hat eine Pflicht des abgebenden EVU auf **Besitzeinräumung** vor endgültiger Klärung der Höhe des zu zahlenden Kaufpreises im Falle einer langen **Verfahrensdauer** über die Netzübertragung in seiner Entscheidung vom 23.4.2009 für möglich erachtet.[224] Dieser Auffassung hat sich auch das **OLG Frankfurt a.M.** mit Urteil vom 14.6.2011 angeschlossen und ausgeführt, dass eine **Übereignung** des Netzes nicht erforderlich sei, um den **Betrieb** des Netzes durch den neuen Netzbetreiber zu ermöglichen.[225] 353

Damit kann im Einzelfall unter dem Gesichtspunkt von **Treu und Glauben** eine Verpflichtung des abgebenden EVU bestehen, dem Netzübernehmer bei einem Angebot auf Vorbehaltszahlung den Besitz am Netz einzuräumen. Denn die Überlassung des Besitzes wird wie dargestellt geschuldet, wenn ein langwieriges Gerichtsverfahren zur Klärung des richtigen Kaufpreises zu einem **treuwidrigen Schaden** beim Netzübernehmer führt. Einen solchen Schaden hat der Netzübernehmer dem Grunde und der Höhe nach nachzuweisen. 354

6. Ergebnis

Bis zu einer endgültigen Einigung über alle Punkte der Netzübertragung einschließlich über die Höhe des richtigen Kaufpreises besteht **keine Verpflichtung** des abgebenden EVU zur **Eigentumsübertragung** des Energieverteilungsnetzes. Denn dem abgebenden EVU steht ein **Zurückbehaltungsrecht** gem. § 273 BGB bzw. die **Einrede des nicht erfüllten Vertrages** gem. § 320 BGB zu, sofern die geforderte Gegenleistung nicht erbracht wird. Die Einrede des nicht erfüllten Vertrages nach § 320 BGB kann auch nicht durch eine etwaige Sicherheitsleistung abbedungen werden. Eine Verpflichtung zur Eigentumsübertragung des Netzes besteht nur dann, wenn das übernehmende EVU den Kaufpreis unter einem **Rückforderungsvorbehalt** zahlt und diesem Vorbehalt **Erfüllungswirkung** im Sinne von § 362 BGB zukommt. Ob dies der Fall ist, ist im konkreten Einzelfall zu ermitteln. 355

Kommt dem angebotenen Vorbehalt hingegen keine Erfüllungswirkung zu, kann vom Netzübernehmer eine **Besitzeinräumung** bis zu einer endgültigen Einigung über den Kaufpreis für die Übertragung des Netzes nur in **Ausnahmefällen** verlangt werden. Wenn absehbar ist, dass die Parteien über Jahre hinweg über die Höhe des Kaufpreises streiten werden und hierdurch ein **Schaden** auf Seiten des übernehmenden EVU entsteht, kann im Einzelfall unter dem Gesichtspunkt von **Treu und Glauben** von dem übernehmenden EVU eine Besitzeinräumung gefordert werden. 356

223 OLG Düsseldorf, Urt. v. 28.1.1997 – U (Kart.) 27/96 – „Nümbrecht“.
224 OLG Koblenz, Teil- und Grundurt. v. 23.4.2009 – U 646/08 (Kart.) – S. 23.
225 OLG Frankfurt a.M., Urt. v. 14.6.2011 – 11 U 36/10 (Kart.) – S. 30.

II. Zeitpunkt eines Vorbehaltskaufes

Fraglich ist, ab welchem **Zeitpunkt** frühestens die Netzherausgabe Zug-um-Zug gegen Zahlung eines Kaufpreises unter Vorbehalt verlangt werden kann.

357 Die Verpflichtung zur eigentumsrechtlichen Übertragung bzw. zur Besitzüberlassung auf der Grundlage des Altkonzessionsvertrages bzw. auf Grundlage von § 46 Abs. 2 S. 2 EnWG besteht frühestens mit **Ablauf des Altkonzessionsvertrages.**[226] Denn erst zu diesem Zeitpunkt besteht der Herausgabeanspruch des übernehmenden EVU. Wie oben dargestellt, besteht zu keinem Zeitpunkt eine rechtliche Verpflichtung zur vertraglichen Vereinbarung einer Vorbehaltsregelung. Allerdings kann das abgebende EVU die Zahlung des geforderten Kaufpreises unter Vorbehalt durch den Netzübernehmer in Form einer einseitigen Erklärung im Leistungszeitpunkt ab Auslaufen des Altkonzessionsvertrages nicht verhindern. Denn selbst in dem Fall, dass kein Kaufvertrag zwischen den Parteien final verhandelt ist, ist das abgebende EVU zur Herausgabe des Netzes verpflichtet, wenn die unter Vorbehalt geleistete Zahlung **Erfüllungswirkung** im Sinne von § 362 BGB hat. Allerdings ist das abgebende EVU dann lediglich zur **besitzweisen Überlassung** des Netzes verpflichtet, da eine Eigentumsübertragung vertraglich gerade nicht vereinbart wurde.

358 Darüber hinaus sind auch in dem Fall, in dem das Netz nur besitzweise überlassen wird und damit der **Netzbetreiberstatus** gem. § 3 Nr. 3 EnWG übergeht, unter anderem die **Meldefristen** entsprechend der Festlegung von Marktregeln für die Durchführung der **Bilanzkreisabrechnung Strom**[227] zu beachten. Beispielsweise müssen spätestens 3,5 Monate vor einer Gebietsabgabe die Marktpartner (Lieferanten und Bilanzkreisverantwortliche) über die Neuzuordnung bzw. die Beendigung der Zuordnung der Zählpunkte zu einem Bilanzierungsgebiet informiert werden. Bei einem Wechsel des Bilanzierungsgebiets muss der neue Verteilnetzbetreiber den Bilanzkreiskoordinator über die An- bzw. Abmeldung des Bilanzierungsgebietes sogar spätestens 4,5 Monate vor der geplanten Aktivierung informieren.

III. Vorbehaltloser Abschluss eines Netzkaufvertrages

359 Wie bereits ausgeführt, besteht keine **Verpflichtung** des abgebenden EVU, einen Vorbehalt in einer konsensualen Vereinbarung zur Abwicklung des Netzübergangs zu akzeptieren. Gleichwohl kann es sinnvoll sein, eine **Vorbehaltsregelung** zwi-

226 Brandenburgisches OLG, Beschl. v. 29.12.2009 – W 13/09 (Kart.) –; LG Dortmund, Urt. v. 4.2.2010 – 13 O 5/10 (Kart.) –.

227 Marktregeln für die Durchführung der Bilanzkreisabrechnung Strom vom 10.6.2009, MaBiS – BK6-07-002 –.

schen den Parteien zu verhandeln und auch vertraglich zu regeln. Allerdings hat das übernehmende EVU die Möglichkeit, bei der Zahlung des geforderten Kaufpreises einen kleinen Vorbehalt – zum Ausschluss der Wirkung des § 814 BGB – einseitig zu erklären, solange kein vorbehaltloser Kaufvertrag geschlossen wurde. Wenn hingegen ein **Kaufvertrag ohne Vorbehaltsregelung** abgeschlossen wurde, ist das übernehmende EVU verpflichtet, den vereinbarten Kaufpreis zu zahlen. Einem kleinen Vorbehalt, der erst mit der tatsächlichen Kaufpreiszahlung zum Fälligkeitszeitpunkt einseitig erklärt wird, kommt keine Bedeutung mehr zu.

Wenn die Parteien im Verhandlungswege eine endgültige Klärung des Kaufpreises herbeiführen, kann klarstellend eine Regelung in den Netzkaufvertrag aufgenommen werden, wonach die Kaufpreiszahlung vorbehaltlos zu leisten ist und damit das übernehmende EVU als Käufer des Netzes auf die Geltendmachung eines **Rückzahlungsanspruches** verzichtet. 360

Praxistipp

Wenn ein Kaufpreis final verhandelt wurde, kann der Netzkaufvertrag eine Regelung enthalten, die die Zahlung des Kaufpreises unter einem Rückforderungsvorbehalt explizit ausschließt, indem z. B. die vorbehaltlose Zahlung vereinbart wird. i

Ein im Netzkaufvertrag vereinbarter **Ausschluss** von Rückforderungsansprüchen ist **kartellrechtlich** zulässig. Auch im Falle der Fortgeltung der Kaufering-Rechtsprechung im Sinne einer Ertragswertbegrenzung ist eine solche Kaufpreisregelung **nicht prohibitiv** und damit kein Verstoß gegen § 1 GWB. Der **BGH** hat in seiner Kaufering-Entscheidung[228] die Unwirksamkeit einer Sachzeitwertklausel dann angenommen, wenn durch die erhebliche **Differenz** zwischen **Sachzeitwert** und **Ertragswert** eine mit dem Regelungszweck des Kartellgesetzes unvereinbare Folge bewirkt wird. Das ist dann der Fall, wenn die Kommune faktisch dadurch an den bisherigen Netzbetreiber gebunden ist, dass ein nach den Maßstäben wirtschaftlicher Vernunft handelnder anderer Netzbetreiber von der Übernahme des Energieverteilungsnetzes aufgrund des hohen Kaufpreises absehen wird.[229] 361

Nach der Entscheidung des **LG Mannheim** vom 8.10.2010[230] ist die Prohibitivität einer Kaufpreisregelung in Höhe des Sachzeitwertes nach Maßgabe der Kaufering-Rechtsprechung jedoch zu verneinen, wenn der Netzübernehmer bereit ist, einen vorläufigen Kaufpreis in Höhe des Sachzeitwertes zu zahlen. Wenn der Netzübernehmer das Energieverteilungsnetz zum geforderten Kaufpreis in Höhe des **Sachzeitwertes** erwirbt und damit die Grundentscheidung trifft, dass der Erwerb des Netzes bei wirtschaftlich vernünftiger, kaufmännischer Abwägung attraktiv ist, 362

228 BGHZ 143, 128 ff.
229 BGHZ 143, 128, 152 ff.; bestätigend BGH NJW-RR 2006, 1139, 1142.
230 LG Mannheim, Urt. v. 8.10.2010 – 7 O 20/10 (Kart.) –.

ist dies ein **Indiz** dafür, dass die Regelung nicht prohibitiv wirke.[231] Selbst der vertraglich vereinbarte **Rückforderungsvorbehalt** ändere nichts an diesem grundsätzlichen Bindungswillen des Netzübernehmers.[232] Eine Kaufpreisregelung, die sogar eine vorbehaltlose Zahlung vorsieht, ist daher erst recht nicht prohibitiv. Denn das übernehmende EVU trifft damit nach kaufmännischer Abwägung die Entscheidung, den Kaufpreis ohne Rückforderungsvorbehalt zu zahlen.

363 Sollte ein Gericht gleichwohl dazu kommen, dass eine vorbehaltlose Kaufpreisregelung prohibitiv ist, kann das übernehmende EVU einen etwaig überhöhten Anteil des Kaufpreises trotzdem nicht zurückfordern. Allerdings kann die zuständige **Kartellbehörde** über die Sanktionsvorschrift des § 34 GWB den **Gewinn** in Form dieses überhöhten Kaufpreisanteils abschöpfen.

IV. Rechtsschutzmöglichkeiten

364 Wie dargestellt, muss das abgebende EVU das Netz nicht herausgeben, solange ihm mangels Einigung über die Höhe des Kaufpreises ein **Zurückbehaltungsrecht** zusteht, weil der vom übernehmenden EVU angebotene Vorbehalt keine Erfüllungswirkung hat.

365 Das übernehmende EVU hat ein hohes Interesse daran, zu Beginn seines neu geschlossenen Konzessionsvertrages die **Verfügungsgewalt** über das **Energieverteilungsnetz** zu erlangen, um die Verpflichtungen aus dem Konzessionsvertrag gegenüber der Kommune erfüllen und mit dem Netz auch wirtschaften zu können. Daher ist fraglich, ob der Anspruch des übernehmenden EVU auf **Besitzeinräumung** im Wege des **einstweiligen Rechtsschutzes** durchgesetzt werden kann. Ein solcher Antrag auf Erlass einer einstweiligen Verfügung zur sofortigen Herausgabe des Netzes ist insbesondere im Hinblick auf eine mögliche Vorwegnahme der Hauptsache an strenge Voraussetzungen geknüpft. Regelmäßig wird es an der erforderlichen **Eilbedürftigkeit** fehlen.

366 Sowohl der Kartellsenat beim **OLG Brandenburg** in seiner Entscheidung vom 29.12.2009 als auch das **LG Dortmund** in seiner Entscheidung vom 4.2.2010 haben die Netzherausgabe im Wege des einstweiligen Rechtsschutzes aufgrund fehlender Eilbedürftigkeit sowie des Verbots der Vorwegnahme der Hauptsache abgelehnt.[233]

231 LG Mannheim, Urt. v. 8.10.2010 – 7 O 20/10 (Kart.) – S. 10.
232 LG Mannheim, Urt. v. 8.10.2010 – 7 O 20/10 (Kart.) – S. 11.
233 OLG Brandenburg, Beschl. v. 29.12.2009 – W 13/09 (Kart.) – Rn 15, 16, juris; LG Dortmund, Urt. v. 4.2.2010 – 13 O 5/10 – Rn 23, juris; vgl. aber auch OLG Düsseldorf, Urt. v. 28.1.1997 – U 27/96 (Kart.) – S. 16 ff., das eine einstweilige Verfügung auf Herausgabe Zug um Zug gegen vorläufige Zahlung des höchstmöglichen Sachzeitwertes zugelassen hatte.

Allerdings hat das **OLG Düsseldorf** am 28.1.1997[234] im Rahmen eines einstweiligen Verfügungsverfahrens entschieden, dass eine **Besitzeinräumung** erfolgen muss.[235] Dem übernehmenden EVU entstünden erhebliche Vermögenseinbußen, wenn es bis zur Klärung der Höhe des Kaufpreises im Hauptsacheverfahren keine **Verfügungsgewalt** über das Netz erhält. Bei dieser Entscheidung bestand jedoch die Besonderheit, dass der neue Netzbetreiber glaubhaft machen konnte, dass ihm durch eine zeitlich spätere Besitzüberlassung erhebliche **Vermögenseinbußen** drohen.[236] 367

Die Chancen, die Besitzeinräumung im Wege des einstweiligen Rechtsschutzes zu erlangen, sind somit gering, weil die **strengen Anforderungen** an die **Eilbedürftigkeit** i.d.R. nicht erfüllt sein werden. Lediglich der Eintritt **wesentlicher Nachteile** i.S.d. § 940 ZPO rechtfertigen im Einzelfall eine vorzeitige Besitzeinräumung. 368

V. Kartellrechtliche Betrachtung von Rückforderungsvorbehalten

Rückforderungsvorbehalte im Falle der Uneinigkeit über den Netzkaufpreis sind auch kartellrechtlich zu betrachten. 369

1. Kein Verstoß gegen Höchstlaufzeit von Konzessionsverträgen (§ 46 Abs. 2 EnWG)

Nach § 46 Abs. 2 S. 1 EnWG dürfen Wegenutzungsverträge höchstens für eine **Laufzeit von 20 Jahren** geschlossen werden. Wenn der Netzübernehmer einen Rückforderungsvorbehalt erklärt, könnte durch die Geltendmachung der Einrede des nichterfüllten Vertrages nach § 320 BGB bzw. der Ausübung des Zurückbehaltungsrechtes nach § 273 BGB durch das abgebende EVU ein **Verstoß** gegen die gesetzliche **Höchstlaufzeit** von Konzessionsverträgen Jahren vorliegen. 370

Der **BGH** hat es bereits im Jahr 1994 im Rahmen einer Entscheidung über die **nachvertragliche Konzessionsabgabe** als mit dem Gesetz vereinbar angesehen, dass sich ein Netzübergang infolge der Uneinigkeit über die Höhe des Kaufpreises verzögert. Der Netzübergang nach Wechsel des Konzessionsvertragspartners kann nur dann unmittelbar nach Beendigung des Konzessionsvertrages erfolgen, wenn feststeht, welcher Kaufpreis vom Netzübernehmer zu zahlen ist. Steht bei Konzessionsvertragsende der endgültige Kaufpreis des Energieverteilungsnetzes noch nicht fest, wird bis zum Netzübergang das bisherige EVU das **Energieverteilungsnetz** weiter nutzen. Nur so ist sichergestellt, dass das bisherige EVU bis zur Abgabe des Netzes an den Netzübernehmer seiner Verpflichtung aus § 6 EnWG [1935] nachkommen kann und 371

234 Wie unter Ziffer I. 5. dargestellt Rn 352.
235 OLG Düsseldorf, Urt. v. 28.1.1997 – U 27/96 (Kart.) –.
236 OLG Düsseldorf, Urt. v. 28.1.1997 – U 27/96 (Kart.) –.

die Versorgung fortgesetzt wird.[237] Dieser Gedanke hat in der gesetzlichen Regelung des § 48 Abs. 4 EnWG zur verpflichtenden Fortzahlung der Konzessionsabgabe nach Beendigung des Konzessionsvertrages Niederschlag gefunden.

372 Das **OLG Frankfurt a. M.** hat hieran anknüpfend im Jahr 1997 ausgeführt, dass eine mit der Geltendmachung der **Einrede des nicht erfüllten Vertrages** verbundene Verzögerung bei der Überlassung des Energieverteilungsnetzes unter den entsprechenden Umständen hinzunehmen sei. Es führt zu keinen für den Netzübernehmer nicht hinnehmbaren Ergebnissen, wenn eine Netzüberlassung erst nach gerichtlicher Klärung der Höhe des Kaufpreises erfolgt.

373 Der Umstand, dass der Netzübergang nicht zeitlich unmittelbar an das Ende des Konzessionsvertrages folgt, widerspreche nicht dem mit der Regelung in § 103 a Abs. 4 GWB a. F. verfolgten Ziel des Gesetzgebers, **Wettbewerb** um **geschlossene Versorgungsgebiete** zu eröffnen. Das Ziel, Wettbewerb zu fördern, verlangt nicht einen sofortigen Netzübergang. Insbesondere nach der **Liberalisierung des Strommarktes** können verschiedene EVU die Belieferung von Kunden mit elektrischer Energie übernehmen. Die durch § 6 EnWG 1935 bedingte Weiternutzung des Verteilungsnetzes in der Zeit bis zur Abwicklung der Übergabe an ein anderes EVU sei vielmehr gerade eine Folge des vom Gesetzgeber gewollten Wettbewerbs um Versorgungsgebiete.[238]

374 Zudem hat sich das **OLG Koblenz** in seiner Entscheidung vom 23.4.2009 dieser Auffassung des **OLG Frankfurt a. M.** angeschlossen. Die Geltendmachung eines Zurückbehaltungsrechtes durch das abgebende EVU im Hinblick auf seinen Vergütungsanspruch nach § 46 Abs. 2 S. 2 EnWG verlängere die Bindung der Kommunen nicht in unzulässiger Weise über die Höchstlaufzeit von 20 Jahren hinaus. **Zweck der Laufzeitbegrenzung** ist es, durch einen wiederholten Wechsel des Netzbetreibers in angemessenen zeitlichen Abständen den **Wettbewerb** unter den Netzbetreibern zu fördern.

375 Die **Beendigung** des Vertragsverhältnisses nach 20 Jahren wird dadurch nicht verhindert. Eine mit der Geltendmachung der genannten Zurückbehaltungsrechte verbundene spätere Netzübertragung stellt jedoch keine **Umgehung** der Laufzeitbegrenzung des auslaufenden Konzessionsvertrages dar. Wie § 48 Abs. 4 EnWG zeigt, geht auch der Gesetzgeber davon aus, dass die Netzübertragung an das übernehmende EVU nicht unmittelbar nach Beendigung des Konzessionsvertrages erfolgen muss.[239]

376 Wenn das abgebende EVU aufgrund eines Rückforderungsvorbehalts ihm zustehende **Zurückbehaltungsrechte** geltend macht und daher das Netz nicht herausgibt, liegt darin kein Verstoß gegen die Höchstlaufzeit von Konzessionsverträgen und ist damit **kartellrechtskonform**.

---

237 BGH RdE 1994, 194, 195 f.

238 OLG Frankfurt a. M. ZNER 1998, 49, 56 unter Hinweis auf BGH RdE 1994, 194.

239 OLG Koblenz, Teil- und Grundurt. v. 23.4.2009 – U 646/08 – S. 23.

2. Rückforderungsvorbehalt bei Unwirksamkeit des neuen Konzessionsvertrages

Darüber hinaus besteht keine Pflicht zur Netzübertragung unter einem Rückforderungsvorbehalt, wenn begründete **Zweifel** an der **Wirksamkeit** des neuen Konzessionsvertrages bestehen. 377

Sofern das **Verfahren zur Konzessionsvergabe** nicht ordnungsgemäß durchgeführt worden ist oder unzulässige **Nebenleistungen** im Sinne von § 3 KAV gewährt oder vereinbart werden, kann hieraus die **Nichtigkeit** des Konzessionsvertrages resultieren. Ein **Missbrauch einer marktbeherrschenden Stellung** der Kommune bei der Konzessionsvergabe gem. §§ 19, 20 GWB liegt nach Auffassung des BKartA und BNetzA beispielsweise dann vor, wenn die Kriterien zur Auswahl des Konzessionärs und deren Gewichtung nicht **transparent** gemacht wurden, **unzulässige Auswahlkriterien** zur Bewertung der Angebote herangezogen werden oder wenn mit der Kommune verbundene Unternehmen **ohne sachlichen Grund bevorzugt** werden.[240] Zulässige Auswahlkriterien müssen insbesondere einen sachlichen Bezug zum Konzessionsvertrag und/oder zum Netz aufweisen.[241] Die Kommune muss sich im Rahmen ihrer Entscheidung über die Vergabe der Konzession gem. § 46 Abs. 3 S. 5 EnWG an den Zielen des § 1 EnWG, eine preisgünstige, verbraucherfreundliche, effiziente und umweltverträgliche Versorgung i.S.d. Verbrauchers sicherzustellen, orientieren. Die sachgerechten Kriterien für die Entscheidung der Gemeinde müssen sich aufgrund der Vorgabe der Entflechtung des Netzbetriebs von Vertrieb und Erzeugung auf Aspekte des **Netzbetriebs** beschränken.[242] 378

Bei § 3 KAV und §§ 19, 20 GWB handelt es sich um **Verbotsgesetze** i.S.d. § 134 BGB. Die Rechtsfolge eines Verstoßes gegen § 3 KAV sowie eines Verstoßes gegen §§ 19, 20 GWB ist damit die **Nichtigkeit** des Konzessionsvertrages.[243] 379

Bei einem Verstoß gegen § 3 KAV oder gegen §§ 19, 20 GWB fehlt es aufgrund der Nichtigkeit des Konzessionsvertrages an einem **Anspruch auf Herausgabe** des Netzes. Denn nur wenn ein wirksamer Konzessionsvertrag zwischen der Kommune und dem 380

240 Gemeinsamer Leitfaden von BKartA und BNetzA zur Vergabe von Strom- und Gaskonzessionen und zum Wechsel des Konzessionsnehmers vom 15.12.2010, Rn 22 ff.

241 Gemeinsamer Leitfaden von BKartA und BNetzA zur Vergabe von Strom- und Gaskonzessionen und zum Wechsel des Konzessionsnehmers vom 15.12.2010, Rn 23.

242 Gesetzesbegründung zum Entwurf eines Gesetzes zur Neuregelung energiewirtschaftsrechtlicher Vorschriften, BT-Drucks. 17/6072, S. 166.

243 Hinsichtlich des Verhältnisses zwischen Regulierungsrecht und Kartellrecht sei klarstellend darauf hingewiesen, dass ein Verstoß gegen § 3 KAV grundsätzlich keinen Verstoß gegen § 1 GWB/Art. 101 AEUV darstellt noch einen solchen indiziert. Dagegen spricht bereits das einfache Gesetzesrecht und die dazu ergangene Rechtsprechung sowie das verfassungsrechtliche Bestimmtheitsgebot bzw. Analogieverbot gem. Art. 103 Abs. 2 GG. Zwar kann ein regulierungsrechtlich zulässiges Verhalten nach Rechtsprechung des BGH kartellrechtlich nicht verboten sein. Jedoch ist ein Rückschluss von einem Verstoß gegen Regulierungsrecht auf einen Verstoß gegen Kartellrecht oder auch die Annahme einer entsprechenden Indizwirkung unzulässig.

neuen EVU geschlossen wurde, besteht ein Herausgabeanspruch aus § 46 Abs. 2 EnWG oder aus abgetretenem Recht aus dem auslaufenden Konzessionsvertrag. Anderenfalls fehlt es bereits an der entsprechenden **Gläubigerstellung** des das Netz übernehmenden EVU. Das übernehmende EVU kann sich auch nicht unter dem Gesichtspunkt von Treu und Glauben darauf berufen, dass die Verweigerung der Netzübertragung den ihm zustehenden Herausgabeanspruch endgültig vereitelt oder beseitigt bzw. ihm hieraus ein nicht wieder gutzumachender schwerer Schaden entsteht.

VI. Stolpersteine beim Abschluss einer Übertragungsvereinbarung

381 Verständigen sich die Vertragspartner im Falle der Uneinigkeit über die Höhe des Kaufpreises darauf, eine **Übertragungsvereinbarung** abzuschließen und darin einen **Rückforderungsvorbehalt** zu vereinbaren, ist die konkrete Ausgestaltung des Vertragstextes, insbesondere der Vorbehaltsklausel, äußerst wichtig.

1. Das Zinsrisiko beim Vorbehaltskauf

382 Unter dem Gesichtspunkt von Treu und Glauben kann im Einzelfall eine Verpflichtung des abgebenden EVU bestehen, dem Netzübernehmer bei einem Angebot auf Zahlung des Kaufpreises unter **großem Vorbehalt** den Besitz am Netz einzuräumen.[244] Das ist dann der Fall, wenn die **Überlassung des Besitzes** geschuldet wird, weil ein langwieriges Gerichtsverfahren zur Klärung des richtigen Kaufpreises zu einem **treuwidrigen Schaden** beim Netzübernehmer führt.

383 Das abgebende EVU ist darüber hinaus auch dann verpflichtet, das Netz herauszugeben, wenn das übernehmende EVU bei Kaufpreiszahlung einen **kleinen Vorbehalt** erklärt, um die Wirkung des § 814 BGB auszuschließen. Bei diesem Vorbehalt handelt es sich um eine **Willenserklärung**, die der Netzübernehmer bei Leistung des Kaufpreises einseitig erklären kann. Dies gilt auch dann, wenn noch kein **Übertragungsvertrag** abgeschlossen wurde und sämtliche weiteren wesentlichen Punkte der Netzübertragung verhandelt sind. Die Erklärung eines einseitigen Vorbehaltes hätte zur Folge, dass das abgebende EVU sodann **Zug-um-Zug** zur Herausgabe des Netzeigentums verpflichtet wäre. Es besteht jedoch die Möglichkeit, einen Vorbehalt auf **freiwilliger Basis** in einem Übertragungsvertrag einvernehmlich zu regeln. Dies kann vorteilhaft sein, um Einzelheiten der Vorbehaltsregelung mitzugestalten.

384 Wenn in den vorgenannten Fällen also eine Pflicht zur **Eigentumsübertragung** oder zur **Besitzeinräumung** besteht, ist fraglich, unter welchen Bedingungen die Netzherausgabe umgesetzt wird. Insbesondere ist zu klären, ob der vom abgebenden

---

244 S. o. Ziffer I. 5. Rn 348 ff.

EVU geforderte Kaufpreis z.B. in Höhe des Sachzeitwertes vollständig gezahlt wird. Eine Besitzeinräumung kann im Rahmen einer Vorbehaltslösung z.B. in Form einer **Pacht** zwischen den Parteien umgesetzt werden. Der zu vereinbarende Pachtzins ist dann auf Basis des vom abgebenden EVU geforderten Kaufpreises zu berechnen. In diesem Fall ist zu klären, ob das zu zahlenden **Pachtentgelt** auf der Basis des geforderten Kaufpreises, z.B. in Höhe des Sachzeitwertes, kalkuliert wird.

Diese Frage ist deshalb so wichtig, da in dem Fall, in dem der Netzübernehmer 385 den geforderten (hohen) Kaufpreis vollständig zahlt, für das abgebende EVU ein **Zinsrisiko** entstehen kann. Da aufgrund der jüngeren Rechtsprechung[245] nicht ausgeschlossen werden kann, dass ein Kaufpreis in Höhe des Sachzeitwertes überhöht sein könnte, trägt das abgebende EVU, das zunächst einen Kaufpreis in Höhe des Sachzeitwertes erhält, unter Umständen ein Zinsrisiko.

Wenn nämlich der Netzübernehmer zunächst den von dem abgebenden EVU 386 verlangten Kaufpreis in Höhe des **Sachzeitwertes** unter Vorbehalt zahlt und später im Rahmen einer gerichtlichen Klärung festgestellt wird, dass die Kaufpreisforderung überhöht war, ist der zu viel gezahlte Kaufpreis zurückzuzahlen. Der Anspruch für eine derartige Rückzahlung folgt aus **Bereicherungsrecht**. Der zu viel gezahlte Anteil des Kaufpreises ist ab Fälligkeit des Rückforderungsanspruches aus § 812 BGB, d.h. ab Beginn des **Verzuges**, zu verzinsen. Nach Zahlung des vollständigen Kaufpreises kann der Netzübernehmer das abgebende EVU durch **Mahnung** mit Eintritt der Fälligkeit eines Rückforderungsanspruches hinsichtlich des zu viel gezahlten Anteils des Kaufpreises in Verzug setzen.

Der **Zinssatz** für den Rückzahlungsbetrag liegt gem. § 288 Abs. 1 S. 2 BGB bei 387 fünf Prozentpunkten über dem **Basiszinssatz**. Der Zinssatz in Höhe von 8 Prozentpunkten über dem Basiszinssatz gem. § 288 Abs. 2 BGB ist nicht einschlägig, da er bei Ansprüchen aus Bereicherungsrecht § 288 Abs. 2 BGB nicht gilt.[246] Dies wäre nur ausnahmsweise der Fall, wenn der Bereicherungsanspruch ein **Äquivalent** für die erbrachte Leistung darstellt und damit eine **Entgeltforderung** vorliegt.[247] Eine Entgeltforderung ist die Forderung eines Entgelts für die Lieferung von Gütern oder die Erbringung von Dienstleistungen.[248] Ob die anteilige **Rückforderung** eines unter Vorbehalt gezahlten Kaufpreises für ein Energieverteilungsnetz eine derartige Entgeltforderung darstellt, ist höchstrichterlich bisher nicht entschieden. Der gem. § 812 BGB zurückgeforderte Anteil des Kaufpreises stellt gerade kein Äquivalent für die Übergabe und Übereignung eines Energieverteilungsnetzes dar.

Wenn das abgebende EVU über die Besitzüberlassung hinaus auch die **Eigentumsübertragung** im Rahmen der Vorbehaltslösung anbietet, erfolgt dies, wie dar- 388

245 OLG Frankfurt a.M., Urt. v. 14.6.2011 – 11 U 36/10 (Kart.) –.
246 Palandt/*Grüneberg*, § 288 Rn 8.
247 Palandt/*Grüneberg*, § 286 Rn 27.
248 Palandt/*Grüneberg*, § 288 Rn 8 i.V.m. § 286 Rn 27.

gestellt, ohne dazu verpflichtet zu sein. Insoweit ist es möglich, die Aufnahme der Regelung einer Vorbehaltsklausel in den Übertragungsvertrag mit weiteren **Bedingungen,** z.B. einer Teilzahlung oder der Vereinbarung eines niedrigeren Zinssatzes, zu verknüpfen. Um das genannte **Zinsrisiko** zu minimieren, kann das Netz abgebende EVU also die Konditionen bestimmen, unter denen es bereit ist, eine Übertragung des Netzes unter Vorbehalt umzusetzen. Es kann den geforderten Kaufpreis, z.B. den Sachzeitwert zwar vom Netzübernehmer verlangen und vertraglich vereinbaren. Jedoch ist das abgebende EVU nicht verpflichtet auch die tatsächliche Zahlung des geforderten Kaufpreises anzunehmen. Es kann vielmehr zunächst einen niedrigeren Kaufpreis in Form einer **Teilzahlung** verlangen. Diese Teilzahlung wird in der Praxis regelmäßig zwischen dem vom abgebenden EVU geforderten hohen Kaufpreis und dem vom übernehmenden EVU angebotenen niedrigen Kaufpreis liegen. Deshalb muss sich das abgebende EVU ebenfalls vorbehalten, gerichtlich klären zu lassen, dass ein Anspruch auf Zahlung der **Differenz** zwischen dem vom Netzübernehmer tatsächlich gezahlten und dem vertraglich vereinbarten Kaufpreis besteht. Hierfür müsste das abgebende EVU aktiv werden und auf Zahlung dieser Differenz klagen. Die Geltendmachung der Nachzahlung kann beispielsweise auch zeitlich befristet werden, ansonsten gelten die üblichen **Verjährungsvorschriften.** Bei der Ausformulierung des Vorbehaltes des übernehmenden EVU, die Differenz zwischen dem angebotenen Kaufpreis und dem tatsächlich gezahlten Kaufpreis zurückzufordern, ist zudem darauf zu achten, dass die **Rückforderung** ebenfalls nur **zeitlich befristet** möglich ist. Das abgebende EVU muss dann innerhalb dieser Frist eine gerichtliche Klärung über die Höhe des endgültigen Kaufpreises herbeiführen. Schließlich kann die Vorbehaltsklausel derart ausgestaltet werden, dass bei Ablauf der Frist der Differenzbetrag nachzuzahlen ist.

389 Jedoch ist bei der Vereinbarung einer **Teilzahlung** auf den vertraglich vereinbarten höheren Kaufpreis, z.B. den Sachzeitwert, zu beachten, dass für die Zahlung der **Ertragssteuer** (Körperschaft- und Gewerbesteuer) auf den entstehenden Veräußerungsgewinn durch das abgebende EVU trotzdem zunächst der vertraglich vereinbarte Kaufpreis und nicht die erhaltene Teilzahlung maßgeblich ist.

390 Zudem ist als **Bemessungsgrundlage** für die **Umsatzsteuer** ebenfalls der vereinbarte Kaufpreis und nicht die Teilzahlung in Rechnung zu stellen. Eine Reduzierung der Ertragsteuern und der Umsatzsteuer erfolgt erst dann, wenn – z.B. durch gerichtliche Klärung – endgültig feststeht, dass der finale Kaufpreis tatsächlich unterhalb des vertraglich vereinbarten Kaufpreises liegt.

Praxistipp

i Um das Zinsrisiko für den Fall der Rückzahlung eines etwaig überhöhten Kaufpreises zu vermeiden, kann im Vertrag eine Teilzahlung vereinbart werden. Mithilfe dieser Kaufpreisregelung kann der geforderte Kaufpreis vertraglich fixiert werden, wobei nur ein Teil dieser Zahlung fällig gestellt wird. Zudem sollte diese Regelung die Möglichkeit des abgebenden EVU enthalten, die Zahlung der Differenz zwischen vereinbartem Kaufpreis und der Teilzahlung jederzeit nachzufordern.

Eine weitere Möglichkeit, das **Zinsrisiko** für den Fall zu minimieren, dass der vom abgebenden EVU geforderte (hohe) Kaufpreis gezahlt wird, liegt darin, einen niedrigeren **Zinssatz** für den etwaig zurückzuzahlenden Teil des Kaufpreises vertraglich zu regeln. Aufgrund der Vertragsfreiheit besteht keine Verpflichtung, den gesetzlichen Zinssatz für Verzugszinsen gem. § 288 BGB zu vereinbaren. 391

Praxistipp
Um das Zinsrisiko für den Fall der Rückzahlung eines etwaig überhöhten Kaufpreises zu verringern, kann ein Zinssatz unterhalb des gesetzlichen Zinssatzes für Verzugszinsen ausgehandelt und vereinbart werden. i

Wenn der Netzübernehmer die Kaufpreiszahlung unter einem großen Vorbehalt leisten und das abgebende EVU lediglich den **Besitz** einräumen will, erfolgt dies i.d.R. durch Abschluss eines **Pachtvertrages**. Das auf Basis des geforderten Kaufpreises kalkulierte Pachtentgelt führt zwar zu dem eben beschriebenen Zinsrisiko, allerdings wirkt sich dies aufgrund des deutlich unter dem Kaufpreis liegenden Pachtentgeltes, welches normalerweise auch in einem monatlichen Turnus zu zahlen ist, nicht im gleichen Maße aus wie bei einer einmaligen hohen Kaufpreiszahlung. 392

Wenn der Besitz am Netz vom abgebenden EVU trotz Uneinigkeit über den Kaufpreis herausgegeben wird, muss das abgebende EVU zumindest die **Bedingungen** der Besitzeinräumung und ihrer vertraglichen Ausgestaltung bestimmen können. 393

Das übernehmende EVU hat zudem keinen Anspruch darauf, den geforderten (hohen) Kaufpreis, z.B. in Höhe des Sachzeitwertes zu zahlen, um dadurch gegebenenfalls den zu viel gezahlten Kaufpreis hoch anteilig verzinst zurückzuerhalten. Die beschriebene Vorbehaltslösung kann vielmehr ein einvernehmliches Verhandlungsergebnis sein. Dabei dient die Vorbehaltslösung dazu, die unterschiedlichen Interessen des übernehmenden EVU, möglichst schnell das **Eigentum** am Netz zu erhalten sowie des abgebenden EVU, den geforderten **Kaufpreis** ohne Zinsrisiko erzielen zu können, ohne einen langwierigen Rechtsstreit abwarten zu müssen, zu wahren. Sie dient jedoch nicht dazu, dem übernehmenden EVU durch eine hohe **Verzinsung** des etwaig zu viel gezahlten Anteils des Kaufpreises eine lukrative **Anlagemöglichkeit** zu verschaffen. 394

2. Einigung auf den Sachzeitwert trotz Vorbehalt

Schließlich ist bei der vertraglichen Umsetzung von Netzübertragungen auf die konkrete **Ausgestaltung des Vertrages**, z.B. eines Kauf- oder Pachtvertrages, insbesondere im Hinblick auf den Rückforderungsvorbehalt zu achten. Der Ausgestaltung des **Übertragungsvertrages**, in dem die Übergabe des Netzes nach Ablauf des Konzessionsvertrages zwischen dem abgebenden und dem übernehmenden EVU geregelt wird, kommt im Hinblick auf die Vertragsauslegung gem. §§ 133, 157 BGB große Bedeutung zu. 395

396 Der **BGH** hat in seinem Urteil vom 7.2.2006 zur Rechtslage vor dem EnWG 1998 ausgeführt, dass trotz Regelung eines Rückforderungsvorbehaltes im Übertragungsvertrag der **Sachzeitwert** als Kaufpreis für das Energieverteilungsnetz als endgültig vereinbart gilt.[249] In dem entschiedenen Fall wurde zwischen den Parteien eine sog. **„Abwicklungsvereinbarung"** zur Übergabe des Netzes abgeschlossen. Die Endschaftsbestimmung des auslaufenden Konzessionsvertrages sah als Kaufpreis den Wiederbeschaffungswert unter Berücksichtigung des Alters und des Zustandes des Energieverteilungsnetzes vor. Das übernehmende EVU hielt in der Abwicklungsvereinbarung explizit fest, dass die Endschaftsbestimmung über die Zahlung des Sachzeitwertes **rechtsunwirksam** sei. Daher behielt sich das übernehmende EVU dort vertraglich vor, einen gegebenenfalls zu viel gezahlten Betrag nachträglich im Wege der Bereicherungsklage zurückzufordern. Mit diesem Vorbehalt sollte der Eintritt der Rechtsfolge des § 814 BGB verhindert werden.

397 Der BGH hat die Abwicklungsvereinbarung trotz der Regelung eines Vorbehaltes dahingehend ausgelegt, dass die Parteien vertraglich verbindlich den **Sachzeitwert** als Maßstab für die Bestimmung des Kaufpreises vereinbart haben. Die geschlossene Abwicklungsvereinbarung sei von den Parteien als **Kaufvertrag** verstanden worden. Daher hat der BGH damit argumentiert, dass ein Kaufvertrag nicht wirksam geschlossen werden kann, wenn keine Einigung über die **wesentlichen Vertragsbestandteile**[250]– wozu auch der Kaufpreis gehört – erfolgt ist. Ein **Einigungsmangel** in Form eines offenen Dissens im Sinne von § 154 Abs. 1 BGB liegt jedoch nicht vor, weil das übernehmende EVU sich den Kaufpreisvorstellungen des abgebenden EVU gebeugt und den geforderten Kaufpreis in Höhe des Sachzeitwertes akzeptiert habe. Wenn dagegen der Vorbehalt so zu deuten sei, dass keine Einigung der Parteien über den Kaufpreis erfolgt ist, läge ein **Dissens** gem. § 154 Abs. 1 S. 1 BGB vor, der die **Nichtigkeit** des Vertrages zur Folge hätte.[251]

398 Zu den wesentlichen Bestandteilen eines Kaufvertrages zählen der **Kaufpreis** oder zumindest die Maßstäbe, nach denen der Kaufpreis bestimmt werden kann. Die Parteien hatten die Abwicklungsvereinbarung auf der Grundlage der **Endschaftsbestimmung** (Sachzeitwert) geschlossen. Infolgedessen hat der BGH im Wege der Auslegung der Vereinbarung angenommen, dass in der Abwicklungsvereinbarung der Sachzeitwert als Kaufpreisbasis endgültig vereinbart wurde. Der Rückforderungsvorbehalt ginge dann ins Leere. Der Rückforderungsvorbehalt beziehe sich nicht auf die Maßgeblichkeit des Sachzeitwertes als Preisbemessungsgrundlage. Aus der Tatsache, dass die Parteien einen Kaufvertrag geschlossen haben, leitete der BGH ab, dass sich das übernehmende EVU verbindlich auf die Ermittlungsmethode des **Sachzeitwertes** eingelassen habe. Da die Parteien trotz unüberbrückbarer ge-

---

249 BGH NJW-RR 2006, 1139, 1142.
250 Essentialia negotii.
251 BGH NJW-RR, 2006, 1139, 1141.

gensätzlicher Auffassungen zur Kaufpreisfindung die Bewertungsmethode sowie den nach dieser Bewertungsmethode ermittelten Kaufpreis – wenn auch unter Vorbehalt – zum Vertragsinhalt gemacht haben, steht nach Ansicht des BGH die Regelung des Rückforderungsvorbehalts im Ergebnis nicht dem wirksamen Abschluss eines Kaufvertrages entgegen.[252]

Allerdings wird in der Entscheidung deutlich, dass die Grundsätze der Kaufering-Entscheidung[253] und damit die **Ertragswertüberprüfung** gelten soll. Der BGH führt im Rahmen der Zurückverweisung an das Berufungsgericht aus, dass unter anderem Feststellungen zur Höhe des Ertragswertes zu treffen sind. Dem **Ertragswert** komme nach der Rechtsprechung des Senats für die **kartellrechtlich** relevante Grenze der Preisgestaltung bei der Übertragung von Energieverteilungsnetzen entscheidende Bedeutung zu.[254] Der BGH geht somit davon aus, dass sich die Parteien auf den **Sachzeitwert** als Kaufpreis für das Energieverteilungsnetz geeinigt haben, wobei der Sachzeitwert nicht erheblich über dem Ertragswert liegen, folglich **nicht prohibitiv** wirken darf. 399

Praxistipp

Behält sich das übernehmende EVU in einem Übertragungsvertrag vor, den Sachzeitwert sowie die gewählte Berechnungsmethode zur Ermittlung des Kaufpreises in Höhe des Sachzeitwertes überprüfen zu lassen, besteht vor dem Hintergrund der dargestellten **BGH**-Rechtsprechung für das übernehmende EVU das Risiko, dass es sich mit der Vorbehaltslösung bereits endgültig auf den Sachzeitwert als Ermittlungsmethode und den Kaufpreis für das zu übernehmende Energieverteilungsnetz festlegt. i

Diese **BGH**-Rechtsprechung ist im Hinblick auf die Rechtslage vor 1998 ergangen. 400
Der gesetzliche Übertragungsanspruch war damals hinsichtlich der Höhe des Kaufpreises noch nicht konkretisiert. In § 46 Abs. 2 S. 2 EnWG (bzw. § 13 Abs. 2 EnWG 1998) ist nunmehr festgelegt, dass die Netze der allgemeinen Versorgung im Gemeindegebiet dem neuen EVU gegen Zahlung einer wirtschaftlich angemessenen Vergütung zu übereignen sind. Fraglich ist, ob der Kaufpreis nach einem **objektiven Maßstab** bestimmbar ist, wenn ein Vorbehalt zur nachträglichen Überprüfung des Kaufpreises anhand des Maßstabes des § 46 Abs. 2 S. 2 EnWG (angemessene wirtschaftliche Vergütung) vereinbart wird. Das wäre dann der Fall, wenn die Ermittlungsmethode des Kaufpreises durch den Terminus „angemessene wirtschaftlich Vergütung" bestimmt wäre und auf Basis dieser Ermittlungsmethode der richtige Kaufpreis durch ein Gericht bestimmt werden könnte. Dann könnte durch eine entsprechende vertragliche Ausgestaltung des Vorbehalts mittels Verweis auf die

252 BGH NJW-RR, 2006, 1139, 1142.
253 BGHZ 143, 128, 145 ff.
254 BGH NJW-RR 2006, 1139, 1142.

wirtschaftlich angemessene Vergütung gem. § 46 Abs. 2 S. 2 EnWG eine endgültige Festlegung auf den Sachzeitwert gemäß der BGH-Rechtsprechung verhindert werden.

401 Einige Instanzgerichte gehen insofern auch davon aus, dass ein Rückforderungsvorbehalt entgegen der dargestellten BGH-Rechtsprechung die **Überprüfung des Kaufpreises** trotz Vereinbarung eines Vorbehaltskaufs ermögliche.[255]

402 Das **LG Hannover** hat in einem Beweisbeschluss vom 22.2.2011 eine gerichtliche Überprüfung des Kaufpreises zugelassen, obwohl im Kaufvertrag ein **Rückforderungsvorbehalt** vereinbart wurde und die Präambel des Kaufvertrages auf die vertragliche **Endschaftsklausel** des ausgelaufenen Konzessionsvertrags und damit auf den dort als Kaufpreis geregelten Sachzeitwert referenziert hat. Nach Ansicht des LG Hannover genügen **Tatsachenfeststellungen**, um den Terminus der wirtschaftlich angemessenen Vergütung unter Berücksichtigung der Umstände des Einzelfalls auszufüllen.[256]

403 Der Gesetzgeber hat es allerdings im Rahmen der EnWG-Novelle 2011 bewusst unterlassen, den Begriff der **wirtschaftlich angemessenen Vergütung** im Gesetzeswortlaut des § 46 Abs. 2 S. 2 EnWG zu konkretisieren. Vielmehr führt der Gesetzgeber in der Gesetzesbegründung aus, dass das sog. **Ertragswertverfahren** unter bestimmten Voraussetzungen eine geeignete Methode zur Bestimmung der wirtschaftlich angemessenen Vergütung sei. Jedoch sei dies nur eine mögliche Ermittlungsmethode für die angemessene Vergütung; daneben seien noch andere Verfahren zur Wertbestimmung denkbar.[257] Das bedeutet, dass der Terminus der wirtschaftlich angemessenen Vergütung gerade nicht derart bestimmt ist, so dass er mit Hilfe von Tatsachenfeststellungen durch ein Gericht final festgelegt werden könnte, sondern dass es sich um einen **unbestimmten Rechtsbegriff** handelt.

404 Darüber hinaus hat das **LG Dortmund** in seinem Urteil vom 10.7.2008 im Rahmen eines **Auskunftsklageverfahrens** trotz der Vereinbarung eines Rückforderungsvorbehalts bezüglich des Kaufpreises die gerichtliche Überprüfung des Kaufpreises zugelassen. Damit hat das Gericht den Vorbehalt – anders als der BGH – gelten lassen, ohne allerdings auf diese BGH-Rechtsprechung einzugehen.[258]

405 Hingegen ist das **LG Hannover** in seinem Vorbehaltsurteil vom 8.12.2010 – anders als im Beweisbeschluss vom 22.2.2011 – dem Urteil des BGH zum Vorbehaltskauf

---

255 LG Hannover, Beweisbeschl. v. 22.2.2011 – 18 O 383/06 – Rn 3,4, juris; LG Dortmund, Urt. v. 10.7.2008 – 13 O 126/06 – Rn 17, 18, juris.

256 LG Hannover, Beweisbeschl. v. 22.2.2011 – 18 O 383/06 – Rn 5, juris; vgl. dazu auch LG Hannover, Teilurt. v. 22.2.2011 – 18 O 383/06 – Rn 3, 9, 13–15, juris, dem derselbe Sachverhalt zugrunde liegt.

257 Gesetzesbegründung in BT-Drucks. 17/6072, Einzelbegründung zu § 46 EnWG, S. 165.

258 LG Dortmund, Urt. v. 10.7.2008 – 13 O 126/06 – Rn 18, juris.

gefolgt.[259] Die Parteien hatten einen **Pachtvertrag** über das Energieverteilungsnetz abgeschlossen, wobei das Pachtentgelt auf Basis des Sachzeitwertes ermittelt wurde. Das übernehmende EVU hatte sich ausdrücklich vorbehalten, den Wert des Netzes nachträglich zu klären. Jedoch zahlte das übernehmende EVU den Pachtzins nicht in der vertraglich vereinbarten Höhe. Daraufhin hat das abgebende EVU die ausstehenden **Pachtzinszahlungen** im Rahmen eines **Urkundsprozesses** geltend gemacht. In diesem Verfahren machte das übernehmende EVU geltend, dass kein wirksamer Pachtvertrag geschlossen wurde, weil keine **Einigung** i. S. d. § 154 Abs. 1 BGB über die wesentlichen Vertragsbestandteile erzielt wurde. Denn aufgrund des Vorbehalts hinsichtlich der richtigen Höhe des Pachtentgeltes läge ein **Dissens** im Hinblick auf das Pachtentgelt vor.

Das **LG Hannover** hat jedoch in Anlehnung an die BGH-Rechtsprechung argu- 406
mentiert, dass trotz des Vorbehalts eine wirksame **Einigung** über den Pachtvertrag zustande gekommen ist, da sich das übernehmende EVU den Preisvorstellungen des abgebenden EVU beugte, um den Besitz des Energieverteilungsnetzes zu erlangen.[260] Der vorliegende Netzüberlassungsfall sei mit dem der BGH-Entscheidung zugrunde liegenden Sachverhalt vergleichbar, da der Vertrag in beiden Fällen eine eindeutige Bestimmung des Preises sowie der Berechnungsmethode enthält.[261]

Zusammenfassend besteht aufgrund der **BGH-Rechtsprechung** für das über- 407
nehmende EVU trotz Vereinbarung eines Rückforderungsvorbehalts im Übertragungsvertrag das **Risiko** der endgültigen **Festlegung** auf den **Sachzeitwert**. Bislang existieren lediglich die dargestellten Entscheidungen der beiden Instanzgerichte, die einen Rückforderungsvorbehalt anerkannt haben. Die Ausführungen des LG Hannover sind außerdem gerade hinsichtlich des Vorbehalts sowie zur entsprechenden BGH-Rechtsprechung widersprüchlich. Einerseits bestätigt das LG Hannover in dem Vorbehaltsurteil die Position des BGH; anderseits wird in dem Teilurteil und dem Beweisbeschluss – entgegen der BGH-Rechtsprechung – eine Nachprüfung der Höhe des Pachtentgeltes auf Basis des Vorbehalts zugelassen.

Darüber hinaus ist anzunehmen, dass der BGH in gleichgelagerten Fällen, ohne 408
Abkehr von seiner Rechtsprechung aus dem Jahr 2006, eine **Einigung** über den Kaufpreis zwischen den Parteien annehmen und eine **gerichtliche Überprüfung** des Kaufpreises – mit Ausnahme einer kartellrechtlich bedingten Ertragswertüberprüfung – aufgrund eines Rückforderungsvorbehalts nicht zulassen wird.

---

259 LG Hannover, Vorbehaltsurt. v. 8.12.2010 – 21 O 8/10 – S. 9. Hierbei handelt sich dabei um ein weiteres Urteil in dem Netzüberlassungsfall, der dem Beweisbeschluss und dem Teilurteil zugrunde liegt.

260 LG Hannover, Vorbehaltsurt. v. 8.12.2010 – 21 O 8/10 – S. 9.

261 LG Hannover, Vorbehaltsurt. v. 8.12.2010 – 21 O 8/10 – S. 10.

E. Anwendung der Regelung des § 46 EnWG auf kommunale Einrichtungen

409 Nach § 46 Abs. 4 EnWG sind die Absätze 2 und 3 auf Eigenbetriebe der Gemeinden entsprechend anzuwenden. **Eigenbetriebe** sind Unternehmen ohne eigene **Rechtspersönlichkeit.** Sie stellen einen **unselbständigen Teil** der Gemeinde dar. Trotz der fehlenden Rechtspersönlichkeit und der damit verbundenen fehlenden Möglichkeit, Verträge zu schließen, treffen Gemeinden mit dem Eigenbetrieb regelmäßig eine Art von Vereinbarung über die **Wegenutzung** zum Zwecke der Versorgung der Letztverbraucher im Gemeindegebiet.

I. Geltung der § 46 Abs. 2 und Abs. 3 EnWG für Eigenbetriebe

410 Auch wenn einer solchen „Konzessionierung" keine **Außenwirkung** zukommt, knüpft das Energiewirtschaftsgesetz hieran bestimmte Folgen. Die Konzessionierung des Eigenbetriebes unterliegt, unabhängig davon, in welcher Form sie geschieht, jedenfalls dann, wenn das Verteilungsnetz für die allgemeine Versorgung betroffen ist, der 20-jährigen **Laufzeitbegrenzung** und der **Übertragungsverpflichtung** nach § 46 Abs. 2 EnWG. Darüber hinaus hat die Kommune die in § 46 Abs. 3 EnWG statuierten **Bekanntmachungsvorgaben** zu beachten. Sie ist folglich auch hier den Zielen des § 1 EnWG verpflichtet. Dies ist auch sachgerecht. Es wäre ein nicht zu akzeptierendes Ergebnis, wenn die Gemeinde ihre Tätigkeit auf beiden Seiten des Verhandlungstisches, d. h. einerseits als Eigentümerin von öffentlichen Verkehrswegen und andererseits als kommunaler Eigenbetrieb, dazu nutzen könnte, sich den Bindungen der § 46 Abs. 2 und Abs. 3 EnWG zu entziehen.[262]

II. Keine Sonderregelungen für Eigengesellschaften und Eigenbetriebe bei der Vergabe von Wegenutzungsverträgen

411 Versuche in der Literatur, die Vergabe von Konzessionsverträgen an kommunale Eigengesellschaften oder Eigenbetriebe den Vorgaben des § 46 Abs. 3 EnWG bzw. dem Anwendungsbereich der europäischen Grundfreiheiten und damit der Grundsätze der **Diskriminierungsfreiheit** und **Transparenz** zu entziehen,[263] überzeugen nicht.

---

262 *Büdenbender*, § 13 Rn 88; BerlK-EnR/*Wegner*, § 46 EnWG Rn 132; Britz/Hellermann/Hermes/*Hellermann*, § 46 Rn 87.

263 So *Hoch/Theobald*, KSzW 3.2011, 300, 304 ff.

1. Art. 28 Abs. 2 S. 1 GG schließt Anwendung des § 46 EnWG nicht aus

Unabhängig davon, ob die energiewirtschaftliche Betätigung der Kommunen überhaupt als eine **Angelegenheit der örtlichen Gemeinschaft** anzusehen ist[264] und damit von Art. 28 Abs. 2 GG erfasst wird, lässt sich hieraus jedoch nicht die Nichtanwendbarkeit des § 46 Abs. 2 oder Abs. 3 EnWG ableiten. Die in Art. 28 Abs. 2 S. 1 GG statuierte **Selbstverwaltungsgarantie** gewährleistet den Kommunen insoweit nur das Recht, alle Angelegenheiten der örtlichen Gemeinschaft **im Rahmen der Gesetze** in eigener Verantwortung zu regeln. Im Rahmen der Gesetze bedeutet dabei auch, unter Beachtung der in § 46 EnWG gemachten Vorgaben. 412

Das **Brandenburgische OLG** hat hierzu in einer Entscheidung aus dem Jahr 2007 überzeugend ausgeführt: 413

> „§ 46 bzw. § 13 EnWG (a. F.) sind geschaffen worden vor dem Hintergrund Europäischer Richtlinien (Art. 21 RL-Elt u. Art. 20 RL-Gas 1996/1998 bzw. Art. 22 RL-Elt u. Art. 24 RL-Gas 2003), um den **Wettbewerb in der Energieversorgungswirtschaft** durch das Gebot von Direktleitungen zu fördern Es sollte ein Anspruch auf **diskriminierungsfreie** Zurverfügungstellung von Verkehrswegen zwecks Verlegung und Betrieb von Leitungen zur unmittelbaren Versorgung von **Letztverbrauchern** gegen Entgelt geschaffen werden. Der Gesetzgeber hat die verfassungsrechtlich zulässige Einschränkungsmöglichkeit des **Selbstverwaltungsrechtes** der Kommunen (Art. 28 II GG) zu Gunsten der wettbewerblichen Orientierung der leitungsgebundenen Energiewirtschaft genutzt.[265]

Dem ist nichts hinzuzufügen.

Praxistipp

Im Rahmen der Vergabe von Konzessionsverträgen sind von der Kommune auch dann die Vorgaben aus § 46 Abs. 1 bis Abs. 3 EnWG zu beachten, wenn die Kommune erwägt, den Konzessionsvertrag mit ihrer kommunalen Eigengesellschaft oder ihrem Eigenbetrieb zu schließen. i

---

2. Keine Anwendung der Grundsätze für In-House-Geschäfte

Ebenso wenig überzeugen die Versuche, über die Grundsätze für sog. In-House-Geschäfte auf die Konzessionierung von **kommunalen Eigengesellschaften** oder **Eigenbetrieben** zu einer **freihändigen Vergabe** ohne Beachtung der im Energiewirtschaftsrecht sowie der im europäischen Gemeinschaftsrecht angelegten Grundsätze des Diskriminierungsverbotes und Transparenzgebotes zu gelangen.[266] 414

---

264 S. hierzu die Darstellung der unterschiedlichen Auffassungen Kap. 4 Rn 99ff.
265 Brandenburgisches OLG, Urt. v. 15.5.2007 – U 3/0 (Kart.) – S. 6; Büdenbender, EnWG, § 13 Rn 18.
266 *Hoch/Theobald*, KSzW 3.2011, 300, 304ff.

a) Diskriminierungsfreie Vergabe gemäß § 46 Abs. 1 EnWG

415 Die Verpflichtung zur diskriminierungsfreien Vergabe von Konzessionsverträgen ergibt sich bereits aus § 46 Abs. 1 EnWG, der nicht nur auf die Vergabe von **einfachen Wegenutzungsrechten,** sondern auch auf **Konzessionsverträge** anzuwenden ist.[267] Da von § 46 Abs. 2 und Abs. 3 EnWG unmittelbar auch **kommunale Eigengesellschaften** erfasst werden, und **mittelbar,** nämlich über § 46 Abs. 4 EnWG die Eigenbetriebe, ist auch bei einer Vergabe von Konzessionsverträgen an diese Unternehmen das in § 46 Abs. 1 EnWG statuierte Diskriminierungsverbot zu beachten.

416 Würde man kommunale Eigengesellschaften bzw. Eigenbetriebe von der Geltung der in § 46 EnWG gemachten Vorgaben und damit von dem in dem dortigen Absatz 1 statuierten **Diskriminierungsverbot** ausnehmen, wäre der Gesetzgeber nicht in der Lage, den ordnungspolitisch erstrebten und von der kommunalen Seite geforderten **Wettbewerb** verschiedener Anbieter um örtliche Verteilnetze herbeizuführen, ein offensichtlich nicht haltbares Ergebnis.[268] Dies gilt um so mehr, als § 46 EnWG **europäisches Recht** umsetzt, worauf das **Brandenburgische OLG** in der bereits genannten Entscheidung ausdrücklich hingewiesen hat. Der Gesetzgeber habe die verfassungsrechtlich zulässige Einschränkungsmöglichkeit des Selbstverwaltungsrechtes der Kommunen (Art. 28 Abs. 2 S. 1 GG „im Rahmen der Gesetze") zu Gunsten der wettbewerblichen Orientierung der leitungsgebundenen Energiewirtschaft genutzt.[269]

b) Geltung des Diskriminierungsverbotes und des Transparenzgebotes über die Anwendung der europäischen Grundfreiheiten

417 Darüber hinaus sind auch die aus dem **europäischen Primärrecht** abgeleiteten Grundsätze des Diskriminierungsverbotes bzw. Transparenzgebots zu beachten, soweit die Kommune erwägt, die Konzessionsverträge möglicherweise mit einer Eigengesellschaft bzw. einem Eigenbetrieb zu schließen. Aus den Grundsätzen für sog. **In-House-Geschäfte** lässt sich zugunsten der kommunalen Eigengesellschaften oder Eigenbetriebe kein Recht auf **freihändige Vergabe** ableiten.

418 So scheitert die Anwendung der Grundsätze für In-House-Geschäfte auf Vergaben von Konzessionsverträgen an kommunale Eigengesellschaften oder Eigenbetriebe schon daran, dass es sich entgegen vereinzelt vertretener Auffassung bei Konzessionsverträgen im Bereich Strom und Gas gerade nicht um die Vergabe von **Dienstleistungskonzessionen** handelt. Es fehlt insoweit an dem **Beschaffungsmerkmal.**[270]

---

267 S. hierzu Kap. 2 Rn 219ff.; *Säcker/Mohr/Wolf*, Kap. C. IV. 1 b).
268 *Büdenbender*, § 13 Rn 18.
269 Brandenburgisches OLG, Urt. v. 15.5.2007 – U 3/06 (Kart.) – S. 6.
270 S. hierzu Kap. 5 Rn 81ff.

Unabhängig hiervon hat auch das BKartA, zuletzt mit Beschluss vom 21.11.2011,[271] verschiedentlichen Versuchen von Kommunen, die Regelungen über die In-House-Vergabe auf die Vergabe von **Wegerechten** nach § 46 Abs. 2 EnWG anzuwenden, eine klare Absage erteilt. Abgesehen von der Frage, ob es sich um eine **Dienstleistungskonzession** im Sinne des durch europäische Richtlinien harmonisiertes **Vergaberecht** handelt, sind nach Auffassung des BKartA die aus den europäischen Grundfreiheiten abgeleiteten Vergabeprinzipien auch im Rahmen der **Neuvergabe** von Konzessionsverträgen nach § 46 Abs. 2 und Abs. 3 EnWG anwendbar.[272] 419

Praxistipp

Im Rahmen der Vergabe von Konzessionsverträgen sind von der Kommune auch dann die Vorgaben von § 46 Abs. 1 bis Abs. 3 EnWG sowie die aus den europäischen Grundfreiheiten ableitbaren Grundsätze des Diskriminierungsverbotes und des Transparenzgebotes zu beachten, wenn die Kommune erwägt, den Konzessionsvertrag mit ihrer kommunalen Eigengesellschaft oder ihrem Eigenbetrieb zu schließen. Eine freihändige Vergabe nach Maßgabe der Grundsätze für In-House-Geschäfte ist nicht zulässig.

III. Geltung der § 46 Abs. 2 und Abs. 3 EnWG auch bei Umwandlung vom Eigenbetrieb in eine Eigengesellschaft

Wird der **Eigenbetrieb** in ein Unternehmen mit eigener Rechtspersönlichkeit umgewandelt (z.B. GmbH oder Aktiengesellschaft), gelten bei einer gleichzeitigen oder späteren **Verlängerung der Konzessionierung** die gleichen Maßstäbe wie bei der (vorzeitigen) Verlängerung bestehender Konzessionsverträge. Auch wenn es sich bei dem umgewandelten Unternehmen um eine neue **Rechtspersönlichkeit** handelt, stellt der Abschluss des Konzessionsvertrages mit dem umgewandelten Unternehmen einen **Neuabschluss** des bestehenden „Vertrages“ und keinen von den Bekanntmachungspflichten nicht erfassten **Erstabschluss** dar. 420

271 BKartA, Beschl. v. 21.11.2011 – B 10 – 17/11 – „Stadt Markkleeberg“.

272 Gemeinsamer Leitfaden von BKartA und BNetzA zur Vergabe von Strom- und Gaskonzessionen und zum Wechsel des Konzessionsnehmers vom 15.12.2010, Rn 15.

Kapitel 8
Aufteilung der Erlösobergrenzen im Zuge von Netzübernahmen

A. Erlösobergrenzen-Übergang gem. § 26 ARegV

I. Vollnetzübergang i.S.v. § 26 Abs. 1 ARegV

Ist das Netzgebiet des bisherigen EVU identisch mit dem Konzessionsgebiet, so kann das gesamte von ihm betriebene Netz gem. § 46 EnWG auf das neue EVU übergehen. Dieser Fall (sog. **Vollnetzübergang**) liegt § 26 Abs. 1 ARegV zugrunde. Danach ist die Erlösobergrenze des bisherigen Betreibers mit der des künftigen Betreibers zu addieren, und zwar für alle verbliebenen Jahre der laufenden Regulierungsperiode. Somit bleibt es für das übergehende Netz bei dem ursprünglichen **Erlössenkungspfad** entsprechend dem Effizienzwert des **abgebenden Netzbetreibers.**[1] 1

In solchen Fällen bedarf es, anders als bei den nachfolgend zu erörternden Teilnetzübergängen gem. § 26 Abs. 2 ARegV, **keiner erneuten Festlegung** durch die zuständige Regulierungsbehörde. Der übernehmende Netzbetreiber tritt vielmehr **unmittelbar** von Verordnungs wegen in die **Erlösobergrenze** des abgebenden Betreibers ein. Dessen Netzentgelte kann er weiter **fortführen**, ggf. gem. § 4 Abs. 3 ARegV angepasst. Er hat dann also zwei Netzgebiete mit unterschiedlichen Netzentgelten. Stattdessen kann er auch bei der nächsten Neukalkulation gem. § 17 ARegV beide Erlösobergrenzen **addieren** und für das bisherige und das übernommene Netzgebiet einen einheitlichen Mischpreis je Netzebene kalkulieren. 2

§ 26 Abs. 1 ARegV sieht bei Vollnetzübergängen **keine ex-ante-Kontrolle** durch behördliche Neufestlegung vor. Der Netzübernehmer hat jedoch seine **neuen Entgelte** gem. § 17 Abs. 1 Satz 1 ARegV i.V.m. § 20 StromNEV, § 16 GasNEV zu verproben und der für ihn zuständigen Regulierungsbehörde gem. § 28 ARegV mitzuteilen. Beim Vollnetzübergang unterliegt der **Netzübernehmer** also ebenso wie bei den Anpassungen der Erlösobergrenze gem. § 4 Abs. 3 ARegV einer regulatorischen **ex-post-Kontrolle**. Dies reicht aus, da die schlichte Addition von Erlösobergrenzen ebenso wenig Wertungsspielräume lässt wie die Erlösobergrenzen-Anpassung gem. § 4 Abs. 3 ARegV. 3

§ 26 Abs. 1 ARegV setzt voraus, dass **Erlösobergrenzen** *„festgelegt sind"*. Bei Vollnetzübergängen muss die Erlösobergrenze, die übergeht, also nach dem Normwortlaut schon festgelegt sein. Dies führt jedoch zu keinen zweckwidrigen Ergebnis- 4

1 BDEW-Leitfaden „Konzessionsverträge und Konzessionsabgaben in der Strom- und Gasversorgung" vom 9.11.2010, S. 40 f.

sen auch dann, wenn das Netz zwar erst nach dem für die Folgeperiode maßgeblichen Basisjahr übergeht, aber noch bevor dem alten Betreiber gegenüber eine Erlösobergrenze festgelegt ist.[2] In solchen Fällen tritt der neue Betreiber im Wege der **Einzel- oder Gesamtrechtsnachfolge** auch in die **regulatorischen Rechte und Pflichten** des abgebenden Betreibers ein und kann im Rahmen seiner Kostennachweise auch die Kosten des **abgebenden Netzbetreibers** im Basisjahr mit geltend machen. Hier bedarf es also keines Übergangs der Erlösobergrenze, weil sie auch in Bezug auf das übernommene Netz schon dem neuen Betreiber gegenüber festgelegt wird.

5 Ist beim Vollnetzübergang die Erlösobergrenze gegenüber dem **bisherigen Betreiber** noch nicht bestandskräftig festgelegt, weil dieser den Bescheid fristgerecht **angefochten** hatte, geht nicht nur die (vorläufige) **Erlösobergrenze** auf ihn über, sondern auch ein etwaiger **Neubescheidungsanspruch** gegen die seinerzeit zuständige Regulierungsbehörde. Gem. § 54 Abs. 2 S. 5 EnWG sind begonnene behördliche oder gerichtliche Verfahren von derjenigen Behörde zu beenden, die zu Beginn des behördlichen Verfahrens zuständig war. Gleiches gilt auch, wenn der **Vollnetzübergang** nach Eröffnung des Festlegungsverfahrens, aber **vor Festlegung** erfolgt. § 26 Abs. 1 ARegV ist hier zwar nicht anwendbar, da gegenüber dem abgebenden Betreiber noch keine Erlösobergrenze festgelegt ist. War der abgebende Netzbetreiber landesreguliert, der übernehmende Betreiber aber bundesreguliert, so wird die Erlösobergrenze für das übernommene Netz gem. § 54 Abs. 2 S. 5 EnWG noch von der Landesregulierungsbehörde festgelegt.

6 Vollnetzübergänge sind freilich im Zusammenhang mit dem Auslaufen eines **qualifizierten Wegenutzungsvertrags** eher theoretisch. Netz- und Konzessionsgebiet sind normalerweise nur bei Stadt- oder Gemeindewerken identisch, die der wegerechtsvergebenden Gemeinde selbst gehören. Diese wird in der Praxis stets irgendeinen „sachlichen Rechtfertigungsgrund" finden, um dem eigenen Unternehmen das **Wegerecht** zu verlängern. Deshalb ist § 26 Abs. 1 ARegV bei Netzübergängen gem. § 46 Abs. 2 S. 2 EnWG nicht praxisrelevant.

II. Teilnetzübergang i.S.v. § 26 Abs. 2 ARegV

7 In der Praxis weitaus häufiger sind sog. **Teilnetzübergänge** i.S.v. § 26 Abs. 2 ARegV. Hier ist die **Erlösobergrenze** des abgebenden Netzbetreibers **aufzuteilen.** Der dem übergehenden Netzteil zuzurechnende **Erlösanteil** wird der bisherigen Erlösobergrenze des übernehmenden Betreibers **hinzuaddiert.** Dagegen bleibt der Erlösanteil, der dem nicht übergehenden Netzteil zuzurechnen ist, beim bisherigen

2 Zur analogen Problematik bei Teilnetzübergängen s. u. Rn 26ff.

Betreiber. Für diese Fallkonstellation sieht § 26 Abs. 2 S. 1 ARegV eine **ex-ante-Kontrolle** vor; die Erlösobergrenzen beider Beteiligter müssen behördlicherseits neu festgelegt werden. Dies ist erforderlich, weil bei der Bestimmung des § 26 Abs. 2 S. 2 ARegV *„dem übergehenden Teilnetz zurechenbaren"* Erlösobergrenzen-Anteils Wertungsspielräume bestehen.[3]

1. Antragsprinzip

Die **Neufestlegung der Erlösobergrenzen** gem. § 26 Abs. 2 ARegV erfolgt nicht, 8
wie die erstmalige Festlegung der Erlösobergrenze je Netzbetreiber und Regulierungsperiode gem. § 2 ARegV von Amts wegen. § 26 Abs. 2 S. 1 ARegV sieht vor, dass die Neufestlegung *„auf Antrag der beteiligten Netzbetreiber"* erfolgt. Satz 2 enthält Vorgaben, was *„im Antrag"* anzugeben ist.

Die Regulierungsbehörden folgern aus dem Normtext, dass beide **Netzbetreiber** 9
einen formal gemeinsamen Antrag oder wenigstens zwei inhaltlich **deckungsgleiche Anträge** zu stellen hätten.[4] Diese Schlussfolgerung geht jedoch zu weit. Die Formulierung „auf Antrag" ist lediglich als Gegensatz zu „von Amts wegen" zu verstehen. Aus der Verwendung des Singulars in Satz 2 (*„im Antrag"*) lässt sich nicht folgern, dass beide beteiligten Netzbetreiber nur einen einzigen bzw. einen inhaltlich gleichlautenden Antrag stellen dürfen. Ebenso wenig lässt sich aus diesen Regelungen folgern, die beteiligten Netzbetreiber müssten sich auf einen bestimmten Erlösanteil einigen, der dem übergehenden Teilnetz zuzurechnen ist.[5]

Voraussetzung für ein Handeln der Behörden ist zwar, dass **beide Beteiligte** ei- 10
nen **Antrag auf Neufestlegung der Erlösobergrenzen** gestellt haben. Ausreichend ist jedoch, dass der Antrag zu erkennen gibt:

- zu welchem **Zeitpunkt** ein Teilnetzübergang i.S.v. § 26 Abs. 2 ARegV stattgefunden hat,
- wer der **abgebende Netzbetreiber**,
- wer der **übernehmende Netzbetreiber** ist und
- dass eine **Neufestlegung** der beiden Erlösobergrenzen beantragt wird.

Die in § 26 Abs. 2 S. 2 ARegV genannten Angaben darüber, **welche Erlösanteile** 11
dem übergehenden Teilnetz und welche dem beim abgebenden Netzbetreiber verbleibenden Teilnetz zuzurechnen sind, sind **nicht konstitutiv** für einen wirksamen

3 S.u. Rn 34ff.

4 Leitfaden der Regulierungsbehörden zu Inhalt und Struktur von Anträgen auf Neufestlegung der kalenderjährlichen Erlösobergrenzen nach § 26 Abs. 2 ARegV von Mai 2010, S. 8, http://www.bundesnetzagentur.de.

5 So aber Leitfaden der Regulierungsbehörden zu Inhalt und Struktur von Anträgen auf Neufestlegung der kalenderjährlichen Erlösobergrenzen nach § 26 Abs. 2 ARegV von Mai 2010, S. 8.

Antrag. Sie gehören zur Antragsbegründung und dienen lediglich der Verfahrensbeschleunigung und Unterstützung der Behörden.

12 § 26 Abs. 2 S. 2 ARegV führt **kein Dispositionsprinzip** der beteiligten Netzbetreiber in dem Sinne ein, dass sie selbst frei festlegen könnten, welche Erlösanteile dem übergehenden Teilnetz zuzurechnen sind und welche nicht. Der **„zuzurechnende Erlösanteil“** i.S.v. § 26 Abs. 2 S. 2 ARegV ist ein **unbestimmter Rechtsbegriff**, den die Behörde anhand des Normzwecks und der übrigen normativen Vorgaben für die Netzentgeltregulierung ggf. selbst auszulegen und anzuwenden hat.

13 Deshalb ist sie u.U. sogar verpflichtet, die Aufteilung der Erlösobergrenze anders vorzunehmen, als von den Beteiligten übereinstimmend beantragt. Das Antragsprinzip entbindet die **Behörden** also nicht von einer **eigenen Prüfung**, ob die Beteiligten den Erlösanteil, den sie in ihrer Antragsbegründung als dem übergehenden Teilnetz zurechenbar bezeichnet haben, materiell korrekt ermittelt haben. Andernfalls hätte § 26 Abs. 2 ARegV gar keine Neufestlegung, d.h. **behördliche ex-ante-Kontrolle** vorzusehen brauchen, sondern es wie bei § 26 Abs. 1 ARegV bei einer **ex-post-Kontrolle** belassen können.

14 Eine eigene **behördliche Kontrolle** ist schon wegen der **marktmachtbedingten Ungleichgewichte** zwischen den Beteiligten erforderlich. Das neue, von der Gemeinde mit dem Wegerecht ausgestattete EVU ist einziger denkbarer Nachfrager nach dem übergehenden Teilnetz. Wegen dieses **Nachfragemonopols**, gestärkt noch durch die jüngste Netzübereignungspflicht gem. §46 Abs. 2 S. 2 EnWG, verfügt das netzübernehmende neue EVU über ein erhebliches „Erpressungspotenzial“ nicht nur bei der Kaufpreisbestimmung, sondern auch beim gemeinsamen Antrag gem. §26 Abs. 2 ARegV. Da die Rechtsprechung bisher den Ertragswert als kaufpreisbegrenzend sieht,[6] andererseits die mit dem übernommenen Teilnetz erzielbaren Erträge in den ersten Jahren von der übernommenen Erlösobergrenze abhängen, ist der Anreiz für den abgebenden Netzbetreiber groß, die Erlöszurechnung eher „großzügig“ vorzunehmen.

15 Inzwischen hat die **BNetzA** standardisierte **Erhebungsbögen** vorgegeben, in denen die **Kosten für das übergehende Teilnetz und das restliche Netz** detailliert aufzuschlüsseln sind. Diese detaillierten Angaben erlaubt den Behörden ggf. auch eine ARegV-konforme Sachbescheidung bei **„kontradiktorischen“** Anträgen der beiden Beteiligten.

16 Theoretisch wäre denkbar, dass einer der beteiligten Betreiber seinen **Antrag wieder zurücknimmt**, sobald sich abzeichnet, dass die Behörde voraussichtlich nicht in seinem Sinne entscheiden wird. Wegen des Antragsprinzips entsteht dann ein **nachträgliches Verfahrenshindernis**. Mangels wirksamen Antrags ist das **Neufestlegungsverfahren** einzustellen. Zwar kann den Beteiligten in einem solchen Fall gem. § 91 Abs. 2 S. 2 EnWG noch die halbe Gebühr auferlegt werden, aber: **ohne**

6 S.o. Kap. 7 Rn 14ff.

Antrag keine Sachbescheidung. Dennoch können die Beteiligten den Neufestlegungsantrag **nicht sanktionslos** zurücknehmen, ebenso wenig die Antragstellung verzögern oder gar verweigern. Aus der Netzübertragungspflicht gem. § 46 Abs. 2 S. 2 EnWG i.V.m. § 242 BGB folgt eine **Nebenpflicht**, bei der Antragstellung gem. § 26 Abs. 2 ARegV konstruktiv mitzuwirken. Ihre schuldhafte Verletzung kann eine **Schadenersatzpflicht gegenüber dem übernehmenden Netzbetreiber** auslösen.

2. Auskünfte bzw. Vertraulichkeitsschutz im Neufestlegungsverfahren

Es wurde schon eingehend erörtert,[7] dass **vorvertragliche Nebenpflichten** zum **Netzkauf- oder -pachtvertrag**, gerichtet auf Offenlegung kaufpreisrelevanter Umstände gegenüber dem neuen EVU, nicht begründbar sind. Bejahen lassen sich solche **Mitteilungspflichten** frühestens **nach Abschluss** des Netzüberlassungsvertrages bzw. in dessen Erfüllung. Auch dann sind dem neuen EVU nur Informationen in Bezug auf das **übernommene Teilnetz** zu geben, z.B. historische Anschaffungs- und Herstellungskosten, bisherige kalkulatorische Abschreibungen und Restwerte der übernommenen Anlagen. Diese Angaben braucht es wegen § 6 Strom-/GasNEV zumindest für künftige Kostennachweise gegenüber der Regulierungsbehörde.[8] 17

Der **BKartA-BNetzA-Leitfaden zur Konzessionsvergabe** verlangt die Übergabe z.T. schon **vor Abschluss des Netzübertragungsvertrages** in der Annahme, genaue Daten zur Ermittlung der kalkulierten Kosten seien zur Ermittlung der „*wirtschaftlich angemessenen Vergütung*" erforderlich.[9] Dem hat sich inzwischen auch das **OLG Frankfurt** angeschlossen.[10] Dies ist in mehrfacher Hinsicht verfehlt, denn zum einen lässt sich ein Ertragswert auch ohne Kenntnis dieser Daten ermitteln. Zum anderen ist der Ertragswert zur Bestimmung der „wirtschaftlich angemessenen Vergütung" heute nicht mehr heranzuziehen, weil sonst die **gesetzliche Übereignungspflicht** mit Art. 14 GG nicht mehr vereinbar wäre.[11] 18

Im Übrigen erstaunt, dass das **OLG Frankfurt** statt einer eigenen Begründung lediglich auf den BKartA-BNetzA-Leitfaden verweist. Dass Behörden außerhalb ihrer originären Kompetenz in **rechtlich unverbindlichen Leitfäden** Rechtsmeinungen in zivilrechtlichen Fragen äußern, ist als **Kompetenzübergriff** schon rechtlich problematisch.[12] Hinzu kommt, dass der Behördenleitfaden entsprechende Auskunfts- 19

---

7 S. Kap. 6 Rn 88ff.

8 Vgl. Leitfaden der Regulierungsbehörden zu Inhalt und Struktur von Anträgen auf Neufestlegung der kalenderjährlichen Erlösobergrenzen nach § 26 Abs. 2 ARegV von Mai 2010, S. 14.

9 Gemeinsamer Leitfaden von BKartA und BNetzA zur Vergabe von Strom-und Gaskonzession und zum Wechsel des Konzessionsnehmers vom 15.12.2010, Rn 48ff.

10 RdE 2011, 422, 425f., Rn 85.

11 S.o. Kap. 7 Rn 82ff.

12 Kritisch zur „Leitfadenkultur" Kermel/Hofmann, KSzW 2011, 310ff.

pflichten aus vertraglichen oder gesetzlichen Schuldverhältnissen i.V.m. Treu und Glauben (§ 242 BGB) schlicht behauptet, ohne sich näher mit der Rechtsprechung der Zivilgerichte zu Nebenpflichten auseinanderzusetzen.[13]

20 Hin und wieder werden in der Praxis vom netzübernehmenden EVU **im Vorfeld der Antragstellung** gem. § 26 Abs. 2 ARegV umfassende **Auskünfte** nicht nur in Bezug auf die übernommenen Anlagen gefordert, sondern auch in Bezug auf das Restnetz, zumindest Einsicht in die den Regulierungsbehörden einzureichenden Erhebungsbögen, in denen auch die Kosten für das beim netzabgebenden EVU verbleibende Restnetz detailliert aufzuzeigen sind. Solche Forderungen sind unbegründet. Zum einen haben die **Behörden eigenständig und unabhängig** von den Angaben der Parteien im Antrag zu prüfen, welcher Erlösanteil gem. § 26 Abs. 2 Satz 2 ARegV zuzurechnen ist.[14] Zum anderen folgt daraus, dass der abgebende Netzbetreiber die Kosten des Restnetzes der Regulierungsbehörde offenzulegen hat, nicht automatisch, dass sie auch dem Mitantragsteller zugänglich gemacht werden müssten. Er kann diesen Erhebungsbogen in elektronischer Form verschlüsselt über das Datenportal der BNetzA einreichen, sich dabei auf das in § 71 EnWG geschützte **Geschäftsgeheimnis** berufen und vorsorglich für den Fall, dass der Mitantragsteller Akteneinsicht beantragt, eine **„geschwärzte Fassung“** mitschicken, in denen alle vertraulichen Daten des Restnetzes unkenntlich gemacht sind.

21 Wären tatsächlich die Kosten auch des Restnetzes dem neuen EVU im Detail offenzulegen, aufgeschlüsselt nach kalkulatorischen und aufwandsgleichen Kosten, so wird daraus nicht nur die **Aktivierungspolitik und Abschreibungspraxis des Netzbetreibers** erkennbar, sondern des Gesamtunternehmens einschl. der Wettbewerbsbereiche. Gleiches gilt für die aufwandsgleichen Kosten, die überwiegend in Querschnittsbereichen (sog. **Shared services**) entstehen und auf den Netz- und die Wettbewerbsbereiche sachgerecht geschlüsselt werden. Damit würde indirekt auch die Kostenstruktur der Wettbewerbsbereiche des netzabgebenden EVU gegenüber dem neuen EVU mit offengelegt. Dass solche Kostendaten der Wettbewerbsbereiche gegenüber konkurrierenden Unternehmen schon im Sinne unverzerrten Wettbewerbs **vertraulich** zu behandeln sind, liegt auf der Hand.

22 Zur Transparenz und „Vertrauensbildung“ gegenüber dem Netzübernehmer kann das netzabgebende EVU seine Gesamtkosten und die Methode der Erlösanteilzurechnung von einem ggf. auch gemeinsam bestellten neutralen, berufsrechtlich zur Vertraulichkeit verpflichteten **Wirtschaftsprüfer** testieren lassen. Auch ein solches Testat entbindet die **Regulierungsbehörden** aber nicht von ihrer **Pflicht zur Prüfung**, ob die Erlösanteilzurechnung gem. § 26 Abs. 2 S. 2 ARegV sach- und kostengerecht vorgenommen wurde.[15]

---

13 Dazu eingehend s. o. Kap. 6 Rn 88 ff.

14 S. o. Rn 12 ff.

15 Vgl. näher u. Rn 39 ff.

3. Behördenzuständigkeit

Der Antrag auf Neufestlegung gem. § 26 Abs. 2 ARegV ist an die zuständige Behörde zu richten. Die **Behördenzuständigkeit** bestimmt sich nach § 54 EnWG. Bei den meisten Netzübergängen gem. § 46 Abs. 2 S. 2 EnWG hat das **netzabgebende EVU** mehr als 100.000 Anschlusskunden oder ist in mehreren Bundesländern tätig und somit gem. § 54 Abs. 3 EnWG bundesreguliert. Dagegen ist das **netzübernehmende EVU** meist gem. § 54 Abs. 2 S. 1, 2 EnWG landesreguliert. In solchen Fällen ist der **Antrag** gem. § 26 Abs. 2 ARegV gleichlautend an **beide zuständigen Regulierungsbehörden** zu senden. 23

4. Neufestlegungszeitpunkt

Das **Antragsprinzip** besagt nicht, dass die Neufestlegung nur ex nunc mit Wirkung ab der Behördenentscheidung wirksam werden könnte. Vielmehr können die Beteiligten auch eine **rückwirkende Neufestlegung** ab dem Zeitpunkt beantragen, an dem der Netzübergang tatsächlich vollzogen wurde. Eine „verspätete" Antragstellung, weil z.B. die Bestimmung des aus Sicht der Beteiligten zuzurechnenden Erlösanteils längere Zeit in Anspruch nahm, ist also unschädlich. Gleiches gilt, wenn die behördliche Neufestlegung längere Zeit in Anspruch nimmt, z.B. wegen Arbeitsüberlastung, Nachforderung weiterer Informationen oder Forderung nach Darstellung in anderer, elektronisch leichter auswertbarer Form. Auch dann wirkt die Neufestlegung stets zurück auf den Zeitpunkt, für den sie beantragt wurde, d.h. den **Zeitpunkt des Netzübergangs**. Dadurch ändern sich ab diesem Zeitpunkt auch die *„nach § 4 EnWG zulässigen Erlöse"* i.S.v. § 5 Ab. 1 S. 1 ARegV, so dass zugunsten des neuen EVU ein Ausgleich über das Regulierungskonto erfolgt; ihm geht also durch eine verspätete Neufestlegung wirtschaftlich „nichts verloren". 24

Die beteiligten Netzbetreiber können – freilich auf ihr eigenes Risiko – schon vor einer Neufestlegung die **voraussichtliche Anpassung ihrer Erlösobergrenzen** bei der Neukalkulation ihrer Netzentgelte gem. § 17 ARegV berücksichtigen, ebenso die **veränderten Absatzmengen**; denn § 17 Abs. 1 S. 2 ARegV verweist auf § 15 Abs. 2 StromNEV bzw. § 15 Abs. 5 GasNEV, wonach die Netzentgelte so zu kalkulieren sind, dass nach dem Ende der Periode die Differenz zwischen den tatsächlich erzielten und den zulässigen Erlösen möglichst niedrig ist. Dadurch lassen sich die Differenzen im Regulierungskonto infolge einer verspäteten behördlichen Neufestlegung möglichst gering halten. 25

Neben diesen aus einer **„verspäteten" Antragstellung bzw. Bescheidung** resultierenden Fragen ist auch zu klären, wann der **Antrag** gem. § 26 Abs. 2 ARegV **frühestens gestellt** werden kann, ggf. schon bevor die aufzuteilende Erlösobergrenze des abgebenden Betreibers überhaupt festgelegt wurde. Praxisrelevant ist dies, wenn ein Teilnetz kurz vor Beginn einer neuen Regulierungsperiode übergeht – genauer **nach dem Basisjahr** für die Folgeperiode, **aber vor Beginn der Folgeperiode**. 26

27 Teilweise wird vertreten, auf solche Fallkonstellationen sei § 26 Abs. 2 ARegV nicht anwendbar, weil im fraglichen Zeitraum – der **Folgeperiode** – das Netz nicht übergehe.[16] Diese **zeitliche Voraussetzung** ist aber im Normtext des § 26 Abs. 2 ARegV gar **nicht enthalten** und auch mit Sinn und Zweck der Regelung nicht begründbar. Zwar ist im Zeitpunkt des Netzübergangs noch keine Erlösobergrenze für den abgebenden Netzbetreiber **„festgelegt"**. Dies schließt aber nicht aus, den Antrag gem. § 26 Abs. 2 ARegV für die Folgeperiode dann zu stellen, wenn auch dafür die Erlösobergrenze festgelegt ist.

28 Der an diese verfehlte Prämisse anknüpfende Vorschlag, der abgebende Betreiber solle die Kosten für das noch bis zum Ende der laufenden Periode übergehende Teilnetz in separaten Erhebungsbögen erfassen, damit sie schon in die **Kosten- und Effizienzprüfung** des künftig übernehmenden Betreibers eingehen,[17] ist zum einen nicht praktikabel. Vor allem bei Aufwandspositionen, die den einzelnen Ortsnetzen überwiegend nur durch Schlüsselung zuordenbar sind, könnte der Übernehmer diese Kosten und ihre Zuordnung bei kritischen Nachfragen seiner Regulierungsbehörde gar nicht näher erhärten.

29 Zum anderen entspricht eine solche Vorgehensweise nicht der klaren Vorgabe des § 6 Abs. 1 ARegV. Danach gehen in den v. g. Fallkonstellationen die Kosten des übergehenden Teilnetzes noch in die Kosten- und Effizienzprüfung des **abgebenden Betreibers** ein. Denn für die Kostenprüfung sind gem. § 6 Abs. 1 ARegV **allein die Kosten im Basisjahr** maßgeblich; gesicherte Erkenntnisse über das bzw. die Planjahr/-e sind gem. § 6 Abs. 2 a S. 2 ARegV nicht zu berücksichtigen. Die Kosten für das abgehende Teilnetz können auch nicht über die **„Besonderheiten-Regelung"** (§ 6 Abs. 2 a ARegV) unberücksichtigt bleiben; dies verbietet sich im Hinblick auf § 26 Abs. 2 ARegV. Auch für die Ermittlung der **In- und Output-Parameter** sind die Verhältnisse im Basisjahr entscheidend.[18]

30 Somit erfolgt die **Kosten- und Effizienzprüfung für die Folgeperiode** noch beim **abgebenden Betreiber**, dies selbst dann, wenn das Teilnetz zu diesem Zeitpunkt bereits übergegangen ist.[19] Seine Erlösobergrenze wird also so festgelegt, als würde er das Teilnetz auch noch in der Folgeperiode mit betreiben. Hieran besteht häufig sogar ein wirtschaftliches Interesse der netzübernehmenden Unternehmen, jedenfalls dann, wenn sie Teilnetze von einem 100% effizienten Betreiber überneh-

16 *Ketzler/Bogaczyk*, ew 2011, Heft 24, 42, 43.
17 A.a.O., 43 f.
18 Für die Kosten in § 14 Abs. 1 Nr. 1 ARegV explizit geregelt; damit korrespondierend werden auch die Vergleichsparameter gem. § 13 Abs. 3 ARegV entsprechend der Situation im Basisjahr ermittelt.
19 Auch deshalb sind die häufig erhobenen Forderungen nach frühzeitiger umfassender Offenlegung aller Kalkulationsdaten für das übergehende Teilnetz nicht begründet; in den hier erörterten Fällen benötigt der neue Netzbetreiber diese Daten erst für die übernächste regulatorische Kostenprüfung.

men, selbst aber mit einem schlechteren Effizienzwert rechnen müssen, z. B. wegen Teilnahme am vereinfachten Verfahren gem. § 24 ARegV. Ob eine solche aktuell häufig zu beobachtende Verdrängung effizienterer Unternehmen durch weniger effiziente Unternehmen mit Sinn und Zweck der Befristung in § 46 Abs. 2 EnWG vereinbar und die entsprechende Wegerechtsvergabe der Gemeinde diskriminierungsfrei ist, soll hier nicht weiter vertieft werden.

Auch hier ist aus der Netzübertragungspflicht gem. § 46 Abs. 2 S. 2 EnWG 31 i. V. m. § 242 BGB eine Verpflichtung des abgebenden Netzbetreibers abzuleiten, alle von der Regulierungsbehörde geforderten **Kostennachweise** für das übergehende bzw. schon übergegangene Teilnetz **nach bestem Können** beizubringen.

Dass die **Kosten- und Effizienzprüfung** noch beim **abgebenden Netzbetreiber** erfolgt, bedeutet natürlich nicht, dass er diese Kosten bzw. die darauf beruhenden Erlösanteile „behalten" dürfte. Auch auf eine solche Fallkonstellation ist § 26 Abs. 2 ARegV unmittelbar anwendbar. Fraglich ist nur, zu welchem **Zeitpunkt der Antrag auf Neufestlegung** zu stellen ist. Folgert man aus der Formulierung *„neu festzulegen"* in § 26 Abs. 2 S. 1 und *„festgelegte"* in Abs. 2 S. 3, dass auch hier die Erlösobergrenze für die Folgeperiode schon festgelegt sein muss, müssten die Beteiligten diesen Antrag zurückstellen und zunächst nur Neufestlegung für die **laufende Periode** beantragen. Ebenso erscheint vertretbar, den Antrag auf Neufestlegung für die laufende Periode, der in Bezug auf den zuzurechnenden Erlösanteil schon betragsmäßig näher begründet ist, mit dem Antrag zu verbinden, die noch **festzulegende Erlösobergrenze** des abgebenden Netzbetreibers für die Folgeperiode im gleichen Verhältnis aufzuteilen und dem übernommenen Teilnetz zuzurechnen. 32

Aus der Netzübertragungspflicht gem. § 46 Abs. 2 S. 2 EnWG i. V. m. § 242 BGB 33 folgt eine Verpflichtung des **abgebenden Netzbetreibers**, auch bei dieser Antragstellung konstruktiv **mitzuwirken.**

5. Kriterien für die Ermittlung des zuzurechnenden Erlösanteils

Gem. § 26 Abs. 2 S. 2 ARegV ist zu ermitteln: 34
- welcher Erlösanteil dem übergehenden Netzteil „zuzurechnen" ist bzw. umgekehrt,
- welcher dem beim abgebenden Betreiber verbleibenden Restnetz zuzurechnen ist.

§ 26 Abs. 2 Satz 3 ARegV verlangt lediglich, dass die **Summe beider Erlösanteile** 35 die für den abgebenden Betreiber bisher insgesamt festgelegte **Erlösobergrenze nicht überschreiten** dürfe. Darüber hinaus enthält § 26 Abs. 2 ARegV keine näheren Vorgaben. Deshalb ist zur Auslegung des unbestimmten Rechtsbegriffs „zuzurechnen" auf sonstige Vorgaben für die **Netzentgeltbildung** in der ARegV, der

Strom- und GasNEV und im EnWG zurückzugreifen. In der Praxis werden hier unterschiedliche Zurechnungsmethoden vertreten:[20]

- eine mengen- bzw. entgeltbasierte Aufteilung,
- eine faktorenbasierte Aufteilung und
- eine kostenbasierte Aufteilung.

36 Die Regulierungsbehörden sehen eine **mengenbasierte Aufteilung** eher kritisch, da nicht hinreichend kostenorientiert.[21] Dem ist zuzugeben, dass eine schlicht umsatzbasierte Aufteilung bei den üblichen Netzübergängen gem. § 46 Abs. 2 Satz 2 EnWG nicht den Zurechnungsvorgaben des § 26 Abs. 2 Satz 2 ARegV entspricht. Denn in solchen Fällen gehen üblicherweise nur die unteren, ausschließlich der Ortsversorgung dienenden Netzebenen über, d.h. die Niederspannung, die MSp/NSp-Umspannung („Ortsnetzstationen") und – meist kleinere – Teile des MSp-Netzes, soweit ausschließlich der Ortsversorgung zurechenbar.[22] Die Netzentgelte für diese Netzebenen enthalten aber wegen § 14 StromNEV auch **Kostenwälzungsanteile** der vorgelagerten Netzebenen, die nach § 26 Abs. 2 S. 2 ARegV dem beim abgebenden Netzbetreiber verbleibenden Restnetz zuzurechnen sind. Jedenfalls insoweit ist die mengen- bzw. entgeltabhängige Aufteilung eindeutig **nicht verordnungskonform**.

37 Dies schließt eine **mengen- bzw. entgeltbasierte Aufteilung** nicht gänzlich aus, jedenfalls dann, wenn das übergehende Teilnetz kosten- und umsatzmäßig in etwa dem **Durchschnitt des verbleibenden Restnetzes** entspricht. Die so ermittelten vorläufigen Werte müssen jedoch zunächst in einem zweiten Schritt um die **Kostenwälzungsanteile** aus den vorgelagerten, nicht mit übergehenden Netzebenen bereinigt werden. Anderenfalls hätte der abgebende Netzbetreiber „keinen Platz mehr" für die Erlöse, die er weiterhin für die Nutzung seines (aus Sicht des abgegebenen Ortsnetzes: vorgelagerten) Netzes durch das abgegebene Ortsnetz erzielt.[23]

38 Dem übernehmenden Netzbetreiber entstehen dadurch keine Nachteile: Findet der Netzübergang, wie von den Regulierungsbehörden empfohlen,[24] zu einem Jahreswechsel statt, kann der übernehmende Netzbetreiber seine Erlösobergrenze gem. § 4 Abs. 3 ARegV um den erwarteten Aufwand für die Nutzung vorgelagerter Netzebenen durch das übernommene Teilnetz anpassen. Bei zweckorientierter Auslegung des § 26 Abs. 2 Satz 3 ARegV stünde eigentlich auch nichts entgegen, die

---

20 *Berger/Beer*, Energy Weekly Nr. 22 v. 5.6.2009, 8 f.

21 Leitfaden der Regulierungsbehörden zu Inhalt und Struktur von Anträgen auf Neufestlegung der kalenderjährlichen Erlösobergrenzen nach § 26 Abs. 2 ARegV von Mai 2010, S. 14, insb. Fn 4.

22 Hierzu näher *Jacob*, N & R 2011, 176 ff.

23 Vgl. BDEW-Leitfaden „Konzessionsverträge und Konzessionsabgaben in der Strom- und Gasversorgung" vom 9.11.2010, S. 42.

24 Leitfaden der Regulierungsbehörden zu Inhalt und Struktur von Anträgen auf Neufestlegung der kalenderjährlichen Erlösobergrenzen nach § 26 Abs. 2 ARegV von Mai 2010, S. 12.

vorgelagerten Netzkosten beim abgebenden Netzbetreiber erlösseitig, beim übernehmenden aufwandsseitig abzubilden.[25] Denn die **Erlössummenbegrenzung** in § 26 Abs. 2 Satz 3 ARegV dient erkennbar allein dem Zweck, Entgeltsteigerungen infolge des Teilnetzübergangs auszuschließen. Die Regulierungsbehörden scheinen Abs. 3 allerdings formal-wortlautorientiert auslegen zu wollen.[26] Unstrittig ist aber, dass bei unterjähriger Netzübernahme der Netzübernehmer seine infolge der Netzübernahme steigenden Kosten für die Nutzung des vorgelagerten Netzes im Nachhinein verzinst ausgeglichen bekommt.

Bei der faktoren- und der kostenbasierten Aufteilung werden vorgelagerte Netzkosten ohnehin nicht erfasst. Bei der **kostenbasierten Aufteilung** werden die tatsächlichen kalkulatorischen und aufwandsgleichen Kosten der übergehenden Netzbetriebsmittel erfasst. Bei der **faktorenbasierten Aufteilung** werden vereinfachend standardisierte Durchschnittskosten jeweils einzelnen Betriebsmitteln zugeordnet.[27] Auch dies reicht für eine annähernd verursachungsgerechte Aufteilung der Erlösobergrenze aus. 39

Die historischen AHK und kalkulatorischen **Restwerte der übergehenden Anlagen** müssen jedoch im Hinblick auf § 6 Abs. 7 StromNEV/GasNEV ohnehin **„anlagenscharf"** ermittelt werden. Dann macht es keinen Mehraufwand, die entsprechenden Kapitalkosten kostenbasiert zu bestimmen. Dementsprechend soll laut Leitfaden der Regulierungsbehörden *„ein Aufteilungsmaßstab gewählt werden, der sich, ausgehend von einer detaillierten Darstellung des Sachanlagevermögens und dessen Wartungszustand, an einer Aufteilung der Kosten des Ausgangsniveaus nach § 6 ARegV orientiert"*.[28] Bei der **kostenbasierten Methode** werden die Kostenstellen gem. § 13 StromNEV noch **vor Kostenwälzung** gem. § 14 StromNEV ausgewertet, falls aus der Anlagenbuchhaltung nicht anlagenscharf zuordenbar, durch sachgerechte Schlüsselungen entsprechend der Altersstruktur des übergehenden Ortsnetzes. Die aufwandsgleichen Kosten lassen sich ohnehin nur über sachgerechte Schlüsselungen den einzelnen Ortsnetzen zuordnen. 40

Wenn die Zuordnung gem. § 26 Abs. 2 S. 2 ARegV möglichst kostenorientiert erfolgen soll, dann muss auch danach differenziert werden, ob mit dem übergehenden Netzteil **Servicepersonal** gem. § 613 a BGB übergeht bzw. eine entsprechende Betriebsführung vereinbart wird. Falls nicht, kann dem übergehenden Netzteil nicht 41

25 Vgl. *Sauthof/Leiber/Stöcker*, et 10/2009, 56; in der Sache handelt es sich um eine teleologische Reduktion, da der Verordnungsgeber lediglich eine Verteuerung aus Sicht der Netzkunden ausschließen wollte.

26 Leitfaden der Regulierungsbehörden zu Inhalt und Struktur von Anträgen auf Neufestlegung der kalenderjährlichen Erlösobergrenzen nach § 26 Abs. 2 ARegV von Mai 2010, S. 15; zuvor schon seit 2009 Mindestanforderungen der LRegB BW bei Anträgen nach § 26 Abs. 2 ARegV, S. 4.

27 Z. B. €/km MSp- oder NSp-Leitung je Ortsnetzstation oder je installierter Umspannerleistung.

28 Leitfaden der Regulierungsbehörden zu Inhalt und Struktur von Anträgen auf Neufestlegung der kalenderjährlichen Erlösobergrenzen nach § 26 Abs. 2 ARegV von Mai 2010, S. 14.

auch derjenige operative Aufwand zugerechnet werden, der für eigenes Personal des abgebenden Betreibers (oder verbundener Unternehmen) entsteht. Da diese Kosten bei ihm unverändert anfallen, sind sie nicht dem übergehenden Teilnetz zuzurechnen; dies jedenfalls soweit der neue Betreiber das übernommene Netz mit seinem schon vorhandenen Servicepersonal mit wartet. Dagegen sind **zurechenbare Kosten für Fremdleistungen**, die beim übernehmenden Betreiber voraussichtlich in vergleichbarer Weise anfallen, dem übergehenden Netzteil zuzurechnen.

42 Zu klären ist auch die Berücksichtigung von Sondersachverhalten bei der Zurechnung gem. § 26 Abs. 2 S. 2 ARegV, z. B.

- infolge der Mehrerlösabschöpfung,[29]
- der periodenübergreifenden Saldierung,[30]
- aus dem Regulierungskonto,[31]
- dem Erweiterungsfaktor[32] oder
- dem pauschalierten Investitionszuschlag.[33]

43 Im BNetzA-Leitfaden werden hier **sachgerechte Schlüsselungen** empfohlen. Dies empfiehlt sich vor allem dann, wenn die entsprechenden Sondersachverhalte schon von der zuständigen Regulierungsbehörde gegenüber dem abgebenden Netzbetreiber verfügt und auch vollziehbar sind. In diesem Fall beeinflussen sie unmittelbar seine aufzuteilende Erlösobergrenze. **Sondersachverhalte**, die im Zeitpunkt der Aufteilung gem. § 26 Abs. 2 ARegV noch nicht bestandskräftig feststehen, z. B. lediglich durch unverbindliche Zwischenbescheide angekündigt sind, wie nachrichtliche Informationen über den Stand des Regulierungskontos, sollten bei der Aufteilung unberücksichtigt bleiben.

44 **Gegenstand der Zurechnung** gem. § 26 Abs. 2 S. 2 ARegV ist ausschließlich die im Zeitpunkt des Netzübergangs festgelegte und gem. § 76 Abs. 1 EnWG vollziehbare **Erlösobergrenze**. Spätere Korrekturen aus einer nachträglichen Neubescheidung

29 Vgl. BGH RdE 2008; zur Behandlung im Rahmen des § 26 Abs. 2 ARegV vgl. Leitfaden der Regulierungsbehörden zu Inhalt und Struktur von Anträgen auf Neufestlegung der kalenderjährlichen Erlösobergrenzen nach § 26 Abs. 2 ARegV von Mai 2010, S. 21, 6.6.

30 PÜS gem. § 34 Abs. 1 ARegV i. V. m. § 10 GasNEV, 11 StromNEV; zur Behandlung im Rahmen des § 26 Abs. 2 ARegV vgl. Leitfaden der Regulierungsbehörden zu Inhalt und Struktur von Anträgen auf Neufestlegung der kalenderjährlichen Erlösobergrenzen nach § 26 Abs. 2 ARegV von Mai 2010, S. 21, 6.6.

31 Saldo gem. § 5 Abs. 4 ARegV; zur Behandlung im Rahmen des § 26 Abs. 2 ARegV vgl. Leitfaden der Regulierungsbehörden zu Inhalt und Struktur von Anträgen auf Neufestlegung der kalenderjährlichen Erlösobergrenzen nach § 26 Abs. 2 ARegV von Mai 2010, S. 21, 6.6.

32 EF gem. § 10 ARegV; zur Behandlung im Rahmen des § 26 Abs. 2 ARegV Leitfaden der Regulierungsbehörden zu Inhalt und Struktur von Anträgen auf Neufestlegung der kalenderjährlichen Erlösobergrenzen nach § 26 Abs. 2 ARegV von Mai 2010, S. 21, 6.7.

33 PIZ gem. § 25 ARegV; zur Behandlung im Rahmen des § 26 Abs. 2 ARegV vgl. Leitfaden der Regulierungsbehörden zu Inhalt und Struktur von Anträgen auf Neufestlegung der kalenderjährlichen Erlösobergrenzen nach § 26 Abs. 2 ARegV von Mai 2010, S. 22, 6.8.

wegen beschwerdegerichtlicher Entscheidungen zur verordnungskonformen Erlösobergrenze[34] oder öffentlich-rechtlichen Verträgen zur einvernehmlichen Erledigung anhängiger Beschwerdeverfahren geben keine Veranlassung, die schon vorgenommenen Aufteilungen nachträglich nochmals abzuändern. Findet der Teilnetzübergang erst nach entsprechenden Neubescheidungen oder Vergleichsvereinbarungen statt, ist zu bedenken, dass etwaige **Erlös-Nachholungen** für die Vergangenheit nicht mit übergehen. Der **Grundsatz verursachungsgerechter Zurechnung** von Erlösanteil-Zurechnungen ist auch in zeitlicher Hinsicht zu beachten.

B. Der Einfluss der Erlösobergrenzen-Aufteilung auf den ertragsorientierten Wertbeitrag eines Netzerwerbs

Die Art und Weise wie eine Aufteilung der Erlösobergrenze auf ein abzugebendes 45
Ortsnetz vorgenommen wird, hat einen erheblichen Einfluss auf dessen künftige Ergebnisperspektiven und somit auch auf die hierauf aufbauende Ermittlung von ertragsorientierten Wertbeiträgen eines Netzerwerbs. Diese Aspekte werden im Kap. 7 Rn 153 ff. erläutert.

34 Vgl. z. B. BGH v. 28.6.2011, – EnVR 48/10 –, – EnVR 34/10 –.

Kapitel 9
Die Leitfadenkultur im Konzessionsrecht

Während in der Vergangenheit ungeklärte Rechtsfragen durch die Gerichte entschieden bzw. in Form von Aufsätzen diskutiert wurden, findet sich im **Energierecht**, hier insbesondere auch im **Konzessionsrecht**, zunehmend ein weiteres Medium der Meinungsbildung: der **Leitfaden**. 1

Leitfäden im Zusammenhang mit konzessionsrechtlichen Fragestellungen wurden jüngst vom **BDEW**,[1] dem **DStGB**[2] und dem **VKU**[3] herausgegeben. Ausweislich der Vorworte dienen diese Leitfäden dazu, ihren Mitgliedern in zahlreichen Einzelfragen Antworten oder Empfehlungen bzw. Handlungsempfehlungen zu geben.[4] 2

Zunehmend bedienen sich im Energiewirtschaftsrecht auch **Behörden** des Instruments Leitfaden. Aus diesem Anlass soll die **Bedeutung** von behördlichen Leitfäden für die Energiewirtschaft, deren mögliche **Auswirkungen** auf die Rechtsprechung und Behördenpraxis sowie daraus resultierende **Schranken** für den Inhalt von Leitfäden im Folgenden untersucht werden. 3

A. Vorstellung der Leitfäden

I. Zum Gemeinsamen Leitfaden des Bundeskartellamtes und der Bundesnetzagentur

BKartA und **BNetzA** haben am 15.12.2010 den „Gemeinsamen Leitfaden zur Vergabe von Strom- und Gaskonzessionen und zum Wechsel des Konzessionsnehmers" veröffentlicht. Dieser Leitfaden wurde unter Beteiligung von **Landeskartell- und Landesregulierungsbehörden** erarbeitet. 4

Ausweislich seiner Einleitung dient der Gemeinsame Leitfaden als **Auslegungs- und Anwendungshilfe** für die beteiligten Marktakteure.[5] Weil viele Fragen im Zusammenhang mit dem Neuabschluss von Konzessionsverträgen, die in der (höchstrichterlichen) Rechtsprechung noch nicht entschieden und in der Literatur umstrit- 5

---

1 BDEW-Leitfaden „Konzessionsverträge und Konzessionsabgaben in der Strom- und Gasversorgung" vom 9.11.2010.

2 Auslaufende Konzessionsverträge, Ein Leitfaden für die kommunale Praxis, DStGB Dokumentation No. 97, Verlagsbeilage „Stadt und Gemeinde INTERAKTIV" Ausgabe 6/2010.

3 VKU-Studie „Konzessionsverträge – Handlungsoptionen für Kommunen und Stadtwerke", 2009.

4 Vgl. Vorwort des BDEW-Leitfadens „Konzessionsverträge und Konzessionsabgaben in der Strom- und Gasversorgungversorgung" vom 9.11.2010.

5 Gemeinsamer Leitfaden von BKartA und BNetzA zur Vergabe von Strom- und Gaskonzession und zum Wechsel des Konzessionsnehmers vom 15.12.1010, Rn 3.

ten sind, rufen sie zunehmend Beschwerden oder Anfragen bei BNetzA und BKartA sowie Kartell- und Regulierungsbehörden der Länder hervor.[6]

6 Im Gemeinsamen Leitfaden erfolgen etwa Ausführungen zur **Zuständigkeit** von Aufsichtsbehörden für die Überwachung des in § 46 EnWG geregelten Wegenutzungsrechtes. Maßgeblich sei darauf abzustellen, ob sich der Anspruch aus dem gesetzlichen Schuldverhältnis gemäß § 46 Abs. 2 EnWG ergibt, mithin ob der Anspruch einen engen regulatorischen Bezug aufweist. Das sei nicht der Fall, soweit sich die Gemeinde oder Interessenten auf vertragliche (Neben-)Ansprüche aus dem **Altkonzessionsvertrag** berufen; dies betreffe insbesondere das Stadium vor Abschluss des neuen Konzessionsvertrages. Das Rechtsverhältnis nach § 46 Abs. 2 EnWG würde erst und nur mit dem Unternehmen begründet, mit welchem die Gemeinde den **neuen Konzessionsvertrag** schließt. Die durch die BNetzA zu entscheidenden Streitigkeiten entstünden damit regelmäßig erst mit Abschluss des neuen Konzessionsvertrages.[7]

7 Weiterhin nimmt der Gemeinsame Leitfaden des BKartA und der BNetzA zum **Missbrauch der marktbeherrschenden Stellung** der Gemeinde bei der Vergabe örtlicher Wegerechte i. S. d. §§ 19, 20 GWB und ggf. Art. 102 AEUV Stellung.[8] Ein Missbrauch sei danach insbesondere gegeben, wenn die Gemeinde:

- die Konzession ohne die nach § 46 Abs. 3 EnWG in Übereinstimmung mit europäischen primärrechtlichen Vorgaben erforderliche **Bekanntmachung** vergibt,
- im Rahmen der Konzessionsvergabe **Gegenleistungen** fordert oder sich zusagen lässt, die im Widerspruch zur KAV stehen, insbesondere **unzulässige Nebenleistungen** i. S. d. § 3 KAV oder – im Widerspruch zu §§ 1 Abs. 3 und 4, 2 Abs. 6 KAV – die hohe Tarif-Konzessionsabgabe für alle Durchleitungsfälle bei Gaslieferungen,
- auf die **Vertriebstätigkeit** der Bieter oder des Altkonzessionärs einwirkt,
- ihre Auswahlkriterien und deren Gewichtung gegenüber den Bietern nicht klar benennt,
- den Interessenten nicht diskriminierungsfrei die netzrelevanten Daten für eine sachgerechte Bewerbung zur Verfügung stellt (Schaffung eines **level playing field**),
- ihre Auswahlentscheidung nicht anhand ihrer vorher festgelegten und bekanntgegebenen Auswahlkriterien trifft oder

6 Gemeinsamer Leitfaden von BKartA und BNetzA zur Vergabe von Strom- und Gaskonzession und zum Wechsel des Konzessionsnehmers vom 15.12.1010, Rn 6.

7 Gemeinsamer Leitfaden von BKartA und BNetzA zur Vergabe von Strom- und Gaskonzession und zum Wechsel des Konzessionsnehmers vom 15.12.1010, Rn 10.

8 Gemeinsamer Leitfaden von BKartA und BNetzA zur Vergabe von Strom- und Gaskonzession und zum Wechsel des Konzessionsnehmers vom 15.12.1010, Rn 22.

– einzelne Bieter, insbesondere mit der Gemeinde **verbundene Unternehmen**, ohne sachlichen Grund bevorzugt.

Der Gemeinsame Leitfaden nimmt ferner zur umstrittenen Frage Stellung, wie gemischt genutzte Energieleitungen (multifunktionale Leitungen oder auch **gemischt genutzte Anlagen**) bei einem **Konzessionsnehmerwechsel** zu behandeln sind.[9] Fraglich ist, ob es sich bei diesen Leitungen um sog. **notwendige Verteilungsanlagen** i.S.d. §46 Abs. 2 S. 2 EnWG handelt, die an den neuen Konzessionsnehmer mit zu überlassen sind. 8

Im Gemeinsamen Leitfaden wird hierzu – ausschließlich – die **Rechtsauffassung der Behörden** kundgetan. Danach sei eine für den Betrieb der Netze der allgemeinen Versorgung im Gemeindegebiet notwendige Verteilungsanlage anzunehmen, wenn sie nicht hinweggedacht werden kann, ohne dass die Versorgung im Gemeindegebiet ausgeschlossen würde. 9

Nach dieser weiten Auslegung wären sämtliche Anlagen eines Verteilernetzes notwendige Verteilungsanlagen i.S.d. § 46 Abs. 2 S. 2 EnWG. Ausgenommen sein sollen lediglich solche Anlagen des Verteilernetzes, die eindeutig **überörtlichen Versorgungscharakter** haben.[10] Diese Einschränkung ist unter Zugrundelegung der von den Behörden herangezogenen Definition jedoch inkonsequent. Letztlich zeigt es die Schwächen der Definition. 10

Auch die umstrittene Frage, ob der Altkonzessionär eine **Übergabepflicht** gegenüber dem Neukonzessionär hat, wenn ihm der Neukonzessionär eine **Zahlung unter Vorbehalt** anbietet, beantwortet der Gemeinsame Leitfaden ohne weitere Differenzierungen oder Ausführungen positiv.[11] 11

Insgesamt behandelt der Gemeinsame Leitfaden eine Vielzahl von ungeklärten konzessionsrechtlichen Fragen, zu denen die Rechtsauffassung der Behörden mitgeteilt wird. 12

II. Zum Leitfaden des BDEW

Der Leitfaden des BDEW vom 9.11.2010 möchte den Mitgliedsunternehmen eine Handreichung geben, die in vielen Einzelfragen Empfehlungen ausspricht, wie mit Unklarheiten des rechtlichen Rahmens umzugehen ist und welche Fallstricke bei 13

9 Gemeinsamer Leitfaden von BKartA und BNetzA zur Vergabe von Strom- und Gaskonzession und zum Wechsel des Konzessionsnehmers vom 15.12.2010, Rn 34ff.

10 Gemeinsamer Leitfaden von BKartA und BNetzA zur Vergabe von Strom- und Gaskonzession und zum Wechsel des Konzessionsnehmers vom 15.12.2010, Rn 39; kritisch *Jacob*, Netzwirtschaften & Recht 2011, S. 176ff.; *Kermel/Hofmann*, RdE 2011, 353ff.

11 Gemeinsamer Leitfaden von BKartA und BNetzA zur Vergabe von Strom-und Gaskonzession und zum Wechsel des Konzessionsnehmers vom 15.12.2010, Rn 47.

den unterschiedlichen Gestaltungsmöglichkeiten durch die Unternehmen zu beachten sind. Dieser soll **rechtliche und praktische Empfehlungen** aufstellen, wie mit Unklarheiten des rechtlichen Rahmens umzugehen ist. Sollte im Zweifel keine rechtssichere Empfehlung möglich sein, weist der Leitfaden auf die unterschiedlichen Meinungen und Diskussionsstände hin.[12]

14 Der Leitfaden des BDEW bezieht sich auf **Wegenutzungsverträge** in der Strom- und Gasversorgung. Schwerpunktmäßig behandelt dieser Leitfaden:

- das Verfahren zum **Abschluss** von qualifizierten Wegenutzungsverträgen,
- den **Inhalt** von Konzessionsverträgen,
- das **Verfahren beim Wechsel** des Konzessionärs und
- die Regelungen zu den **Konzessionsabgaben** Strom und Gas.

15 Ebenso wie der Gemeinsame Leitfaden des BKartA und der BNetzA befasst sich der Leitfaden des BDEW mit dem **Umfang der notwendigen Verteilungsanlagen** gemäß § 46 Abs. 2 S. 2 EnWG. Nach dem Leitfaden des BDEW sind nur diejenigen Anlagen zu überlassen, die ausschließlich der allgemeinen Versorgung im Gemeindegebiet dienen.[13] Andere Auffassungen werden differenziert dargestellt.

16 Der Leitfaden des BDEW behandelt insgesamt die aufgeworfenen **konzessionsrechtlichen Fragen** umfangreicher und gründlicher als der Gemeinsame Leitfaden. Dabei wird nicht nur eine Rechtsauffassung dargelegt, sondern die jeweiligen Diskussionsstände aufgezeigt.

III. Zum Leitfaden des Deutschen Städte- und Gemeindebundes

17 Der Leitfaden des DStGB ist ein Leitfaden für die **kommunale Praxis**. Der Konzessionsvertrag wird demnach als wichtiges Mittel zur Gestaltung von Kommunalpolitik verstanden, etwa wenn es um den Erhalt und den Ausbau von Arbeitsplätzen vor Ort oder um lokale Klimaschutzkonzepte geht. Der Leitfaden behandelt:

- die einzelnen Schritte des **Konzessionierungsverfahrens**,
- die materiellen **Entscheidungsparameter** bei der Wahl des Vertragspartners und
- die Frage der **Wirtschaftlichkeit** einer Netzübernahme und ihre Einflussfaktoren.

18 Der Leitfaden schließt mit fünf Beispielsberichten der Kommunen zur Konzessionsvergabe ab.

---

12 BDEW-Leitfaden „Konzessionsverträge und Konzessionsabgaben in der Strom- und Gasversorgung" vom 9.11.2010, S. 7.

13 BDEW-Leitfaden „Konzessionsverträge und Konzessionsabgaben in der Strom- und Gasversorgung" vom 9.11.2010, S. 37; OLG Frankfurt a. M. ZNER 1998, 49; LG Frankfurt a. M. ZNER 2010, 411; so auch Kermel/Brucker/Baumann/*Kermel*, S. 131.

IV. Zum Leitfaden des VKU

Der Leitfaden des VKU versteht sich als Orientierungsleitfaden für Entscheidungsträger in Kommunalpolitik und kommunalen Unternehmen.[14] Der Schwerpunkt dieses Leitfadens liegt nicht im Bereich der rechtlichen Handlungsmöglichkeiten beim Auslauf von Konzessionsverträgen. Er beleuchtet vor allem die **Entwicklungschancen kommunaler Energieversorger.** 19

Es werden u.a. folgende praktischen Fragen beantwortet: 20
- Welche **Chancen** ergeben sich für die Kommune?
- Welche **Möglichkeiten** der Netzübernahme gibt es, und wovon hängt der Erfolg ab?
- Welche rechtlichen Aspekte und **Zeitfenster** müssen beachtet werden?
- Gibt es erfolgreiche Beispiele für **Stadtwerkeneugründungen**?

Der Leitfaden ist mit zahlreichen Praxisbeispielen versehen. 21

B. Zum Leitfaden als Rechtssetzungsinstrument

Die Leitfäden sind als **Auslegungs- und Anwendungshilfe** gedacht. Sie dienen dem Rechtsanwender als Hilfestellung, indem sie zu Einzelfragen Stellung nehmen und Empfehlungen abgeben. Sie dienen als **Nachschlagewerk** für einzelne Sachverhalte, so dass in ihnen wie in einem Lexikon nachgelesen werden kann – optimalerweise ohne dabei das vorherige oder nachfolgende Kapitel lesen zu müssen. 22

Auch der Gemeinsame Leitfaden von BKartA und BNetzA dient ausdrücklich als Auslegungs- und Anwendungshilfe für die beteiligten Marktakteure. Er gibt die **Rechtsauffassung der Behörden** wieder. Ob und inwieweit dieser Leitfaden Rechtsverbindlichkeit entfalten kann, wird im Folgenden näher betrachtet. 23

I. Zur Frage der Rechtsverbindlichkeit von Leitfäden

1. Behördliche Leitfäden

Anders als die eingangs beschriebenen Leitfäden der Verbände, die ihren Mitgliedern beratend zur Seite stehen und Handlungsempfehlungen aussprechen, besteht bei behördlichen Leitfäden die Besonderheit, dass sie regelmäßig von den Behörden erlassen werden, welche später für die **Durchführung der Verwaltungsverfahren** zuständig sind, in denen der Inhalt der Leitfäden eine Rolle spielen wird und sich 24

---

14 VKU-Studie „Konzessionsverträge – Handlungsoptionen für Kommunen und Stadtwerke“, 2009, S. 5.

die dort aufgeworfenen Rechtsfragen stellen. Es handelt sich daher um mehr als bloße Handlungsempfehlungen der Behörden.

25 Leitfäden von Behörden richten sich grundsätzlich auch an die in den Behörden tätigen **Amtsträger**, welche die maßgeblichen gesetzlichen Regelungen auslegen und anwenden. Die Leitfäden dienen dazu, diesen Hilfestellungen an die Hand zu geben, um dadurch den Zeitaufwand innerhalb der Behörde zu reduzieren, aber auch um nach Möglichkeit eine **einheitliche Praxis** innerhalb der Behörde zu einzelnen Sachverhalten zu gewährleisten, um so divergierende Entscheidungen innerhalb bzw. zwischen einzelnen Behörden zu vermeiden.

26 Die durch die Entscheidungen der Behörden betroffenen **Unternehmen** können zudem durch die Kenntnis der Leitfäden bereits **im Vorfeld beurteilen**, wie die Behörde dessen konkretes Anliegen aller Wahrscheinlichkeit nach bescheiden wird oder etwa welche Informationen eine Behörde vorab benötigt. Der vorgenannte behördliche Leitfaden für die Energiewirtschaft richtet sich auch an alle Marktakteure. Er ist geradezu darauf ausgelegt, die Rechtsauffassung der Behörden den betroffenen Unternehmen vorweg zur Kenntnis zu bringen.

27 Handelt es sich bei den behördlichen Leitfäden um Hilfestellungen der Behörden, stellt sich zugleich die Frage, ob sie **Bindungscharakter** haben oder entfalten könnten. Hier ist zu unterscheiden zwischen:
- einer Bindungswirkung als **Innenrecht** der Behörden,
- einer Bindungswirkung als **Außenrecht** gegenüber den betroffenen Unternehmen sowie
- einer Bindungswirkung kraft **richterlicher Anerkennung**.

2. Leitfäden als Verwaltungsvorschriften?

28 Fraglich ist, ob es sich bei behördlichen Leitfäden um Verwaltungsvorschriften handelt, die zumindest als Innenrecht nachgeordnete Behörden oder untergeordnete Verwaltungsbedienstete binden.

a) Definition der Verwaltungsvorschriften

29 Verwaltungsvorschriften sind **generell-abstrakte Anordnungen** einer Behörde an nachgeordnete Behörden oder eines Vorgesetzten an die ihm unterstellten Verwaltungsbediensteten, die entweder die **innere Ordnung** der Behörde oder das sachliche Verwaltungshandeln betreffen. Sie beruhen auf der **Weisungskompetenz** der vorgesetzten Instanz, die neben Einzelweisungen generelle Weisungen aussprechen kann.[15] Es handelt sich bei Verwaltungsvorschriften um rechtliche Regelungen.[16]

15 *Maurer*, § 24 Rn 1.
16 *Maurer*, § 24 Rn 3.

Über die Verwaltungsvorschriften soll eine **einheitliche Verwaltungspraxis** erreicht werden, indem über sie die in den Rechtsnormen enthaltenen unbestimmten Rechtsbegriffe mit **Auslegungs- und Anwendungsvorgaben** ausgefüllt werden. Dies birgt allerdings die **Gefahr**, dass hierdurch eine eigenständige Auslegung von Gesetzen durch die anwendenden Amtswalter unterbleibt und diese sich stattdessen nur noch an den Vorgaben orientieren. 30

Bei den Verwaltungsvorschriften unterscheidet man unter: 31

- Organisations- und Dienstvorschriften,
- Gesetzesauslegende oder norminterpretierende Verwaltungsvorschriften (Auslegungsrichtlinien),
- ermessenslenkende Verwaltungsvorschriften und
- gesetzesvertretende Verwaltungsvorschriften.

Die Verwaltungsvorschriften entfalten ihre Rechtswirkungen im staatlichen Innenbereich (**Innenwirkung**).[17] 32

b) Ermächtigungsgrundlage für Verwaltungsvorschriften

Grundsätzlich werden Verwaltungsvorschriften von der **Exekutivspitze** kraft ihrer Leitungs- und Organisationsgewalt innerhalb des ihnen eingeräumten Regelungsbereichs erlassen. Diese besitzt sie jedoch nur gegenüber den nachgeordneten Behörden und Bediensteten. Jede Behörde und jeder Verwaltungsträger kann folglich nur insoweit und in dem Umfang Verwaltungsvorschriften erlassen, wie seine **Organisations- und Geschäftsleitungsgewalt** reicht. Sollen Verwaltungsvorschriften über diesen weisungsgebundenen Bereich hinaus Geltung erlangen, bedarf das jeweilige Exekutivorgan einer **gesetzlichen Ermächtigung**.[18] 33

Mit Blick auf den „Gemeinsamen Leitfaden zur Vergabe von Strom- und Gaskonzessionen und zum Wechsel des Konzessionsnehmers" des BKartA und der BNetzA ist festzuhalten, dass dieser von zwei Behörden erstellt wurde, deren Aufgabenbereich im Gesetz klar abgegrenzt ist.[19] Auch wenn der Gemeinsame Leitfaden eine **Zuständigkeitsverteilung** vornimmt,[20] wird aufgrund des Umstands, dass es sich um eine **gemeinsame Auslegungs- und Anwendungshilfe** handelt, von der einen Bundesbehörde auch in den Regelungsbereich der anderen eingegriffen. 34

Ferner greift der Gemeinsame Leitfaden auch in die Regelungsbereiche der **Landeskartell- und Landesregulierungsbehörden** ein. Die Landesbehörden waren ausweislich des Leitfadens an seiner Erarbeitung beteiligt. 35

---

17 *Maurer*, § 24 Rn 16.
18 *Maurer*, § 24 Rn 18; *Rogmann*, S. 33f.
19 Vgl. §§ 54ff. EnWG.
20 Gemeinsamer Leitfaden von BKartA und BNetzA zur Vergabe von Strom- und Gaskonzession und zum Wechsel des Konzessionsnehmers vom 15.12.2010, Rn 10.

36 Es kann nicht ausgeschlossen werden, dass der Gemeinsame Leitfaden von sämtlichen Kartell- und Regulierungsbehörden als verbindlich angesehen wird. Damit hätte der Gemeinsame Leitfaden die Wirkung einer **intersubjektiven Verwaltungsvorschrift**. Eine entsprechende Ermächtigungsbefugnis des BKartA oder der BNetzA, den jeweils anderen Geschäftsbereich sowie die Landesbehörden entsprechend anzuweisen, ihre Auslegungshinweise in der Verwaltungspraxis zu verwenden, ist allerdings nicht ersichtlich.

37 Selbst wenn es sich hingegen nicht um bindende Verwaltungsvorschriften handeln sollte, ist vorliegend zumindest von einer **faktischen Bindungswirkung** der behördlichen Leitfäden gegenüber den Bundes- und Landesbehörden auszugehen. Dies bestätigt die Verwendung des Gemeinsamen Leitfadens und anderer behördlicher Leitfäden in der Praxis.

3. Außenwirkung gegenüber den beteiligten Marktakteuren

38 Die Besonderheit des Gemeinsamen Leitfadens besteht allerdings darin, dass dieser nicht nur eine (bindende oder faktische) **Innenwirkung** bezweckt, sondern von vornherein auf **Außenwirkung** gerichtet ist, da der Leitfaden als Hilfe zur Auslegung und Anwendung für alle beteiligten Marktakteure dienen soll. Der Umfang dieser Außenwirkung wird im Folgenden betrachtet.

a) Außenwirkung

39 Wie bereits erwähnt, entfalten Verwaltungsvorschriften ihre Rechtswirkungen im staatlichen Innenbereich, die sog. **Innenwirkung**. Sie wenden sich an die staatlichen Behörden und ihre Bediensteten und regeln deren Verwaltungspraxis. Als verwaltungsinterne Regelungen begründen die Verwaltungsvorschriften für die Bürger (hier die beteiligten Marktakteure) keine Rechte und Pflichten.[21]

40 Sie können aber gleichwohl auch im **Außenbereich** erhebliche Bedeutung erlangen. Von der Steuerung des Außenverhältnisses her gesehen, können Verwaltungsvorschriften die gleiche Funktion haben wie Gesetz und Rechtsverordnung. Was intern durch Verwaltungsvorschriften zur Steuerung des außengerichteten Verhaltens angeordnet wird, könnte ebenso durch gesetzliche Regelung erzielt werden. Durch ihre Anwendung greifen die Verwaltungsvorschriften ebenso wie Gesetz und Rechtsverordnung in die **Rechts- und Interessensphäre des Bürgers** ein und erhalten dadurch **faktische Außenwirkung**.[22]

41 Es besteht ohne Zweifel eine Außenwirkung der Leitfäden gegenüber den beteiligten Marktakteuren, wenn die Behörden die Leitfäden ihrem **Verwaltungshan-**

21 *Maurer*, § 24 Rn 17.

22 *Maurer*, § 24 Rn 20; *Rogmann*, S. 34.

deln zugrunde legen. Die Behörden gehen mit der Veröffentlichung der Leitfäden, die sich ausdrücklich an **alle beteiligten Marktakteure** richten, über ihre gesetzlichen Befugnisse hinaus.

Das Instrument „**Leitfaden**" ist gesetzlich nicht geregelt. Lediglich in § 60a Abs. 2 S. 1 EnWG 2011 hat der Gesetzgeber den Begriff des Leitfadens neu aufgenommen. Darin heißt es: „Vor dem Erlass von Allgemeinverfügungen, insbesondere von Festlegungen nach § 29 Abs. 1, und Verwaltungsvorschriften, Leitfäden und vergleichbaren informellen Regelungen durch die Bundesnetzagentur nach den Teilen 2 und 3 ist dem Länderausschuss Gelegenheit zur Stellungnahme zu geben." Diese Regelung geht davon aus, dass Leitfäden **informelle Regelungen** und als solche zulässig sind. Eine gesetzliche Befugnis, dass behördliche Leitfäden erlassen werden dürfen, die mehr als informelle Regelungen enthalten, besteht aber nicht. 42

Die Behörden haben die Leitfäden erfunden, um vor allem eine Auslegungs- und Anwendungshilfe zu leisten. Sie können auf diese Weise gleichzeitig jedoch **erheblichen Einfluss** auf die **Auslegung und Anwendung von Gesetzen** nehmen. Neben dem Angebot einer Hilfeleistung steht deshalb die Möglichkeit (und ggf. die Absicht) einer Beeinflussung der handelnden Marktakteure sowie des Ablaufs der Verwaltungsverfahren. Diese **Einflussmöglichkeit** geht weiter, als es das Gesetz zulässt. 43

b) Bindungswirkung

Eine unmittelbare **Bindungswirkung** gegenüber den beteiligten Marktakteuren kann nicht angenommen werden. Eine mittelbare Bindungswirkung könnte jedoch entstehen, wenn die Leitfäden von den Marktakteuren als verbindlich anerkannt werden. 44

Vorliegend handelt es sich allenfalls um **gesetzesauslegende bzw. norminterpretierende Verwaltungsvorschriften**. Für die beteiligten Marktakteure sind die Informationen in den Leitfäden von Vorteil, weil sie wissen, welche Auffassung die Behörde bei der Gesetzesauslegung und -anwendung vertritt. Verstößt jedoch eine durch norminterpretierende Verwaltungsvorschriften vorgenommene **Auslegung** gegen das Gesetz, kann sich der Betroffene nicht auf diese Vorschriften berufen, selbst wenn die Behörde in anderen Fällen den Verwaltungsvorschriften entsprechend entschieden hat. Anderenfalls könnte die Verwaltung durch den Erlass einer rechtswidrigen Interpretation das Gesetz abändern und ihre Bindung an das Gesetz damit umgehen.[23] 45

Bei norminterpretierenden Verwaltungsvorschriften fehlt zudem der **eigene Entscheidungsspielraum der Behörde**. Legen die Verwaltungsvorschriften das Gesetz zutreffend aus, kommt ihnen schon deshalb keine eigene Bedeutung zu, weil sie ohnehin nur das bestimmen, was gesetzlich bereits festgelegt ist. Der Betroffene kann sich damit unmittelbar auf das Gesetz berufen und die Bezugnahme auf die 46

23 *Rogmann, S. 183.*

Verwaltungsvorschrift wird überflüssig. Sie erleichtert allenfalls die Argumentation gegenüber der Behörde, indem dieser entgegengehalten werden kann, dass sie selbst eine bestimmte Gesetzesauslegung vertreten hat.[24]

47 Anders wäre dies zu beurteilen, wenn die Leitfäden von den Marktakteuren **als verbindlich anerkannt** werden. Hier ist etwa vorstellbar, dass die Parteien einer Vereinbarung bestimmte Regelungen im Leitfaden gemeinsam als verbindlich ansehen, z.B. die Regelungen zum Umfang der Datenherausgabepflicht beim Wechsel des Konzessionsnehmers.

4. Bindungswirkung kraft richterlicher Anerkennung

48 Darüber hinaus stellt sich die Frage, ob und inwieweit die Leitfäden für die **Gerichte** Bindungswirkung entfalten können. Die Gerichte sind allerdings bei ihrer Kontrolltätigkeit gegenüber der Verwaltung an die Verwaltungsvorschriften ebenso wie an die Leitfäden **grundsätzlich nicht gebunden**. Sie sind jedoch befugt, sich einer Gesetzesauslegung, die in einer Verwaltungsvorschrift (oder einem Leitfaden) vertreten wird, **aus eigener Überzeugung** anzuschließen.[25]

49 Insbesondere Leitfäden, in denen sich der besondere Sachverstand des BKartA und der BNetzA sowie der Landesregulierungs- und Landeskartellbehörden ausdrückt, werden von den Gerichten mit hoher Wahrscheinlichkeit als eine wichtige **Entscheidungshilfe** herangezogen.[26] So nimmt etwa das **OLG Frankfurt a.M.** in seinem Urteil vom 14.6.2011 zur Auslegung einer konzessionsvertraglichen Endschaftsklausel ausdrücklich Bezug auf den Gemeinsamen Leitfaden des BKartA und der BNetzA und übernimmt die Rechtsauffassung der Behörden zur Auslegung des Begriffs der „notwendigen Anlagen" in § 46 Abs. 2 S. 2 EnWG.[27] Dieses Beispiel zeigt die bestehende Gefahr, dass die Gerichte die Auffassungen der Behörden in den Leitfäden für ihre Entscheidungen ohne weitere Prüfung übernehmen. Auf diese Weise könnte **faktisch eine mittelbare Bindungswirkung** für die Gerichte entstehen. Es ist nicht auszuschließen, dass die Behörden auch in dieser Hinsicht mittels der Leitfäden ihren Einfluss auszuüben beabsichtigen.

II. Schranken der „Leitfadenkultur"

50 Der „Leitfadenkultur" sind **Schranken** gesetzt, die von den Behörden einzuhalten sind. Dies gilt nach dem Grundsatz des Gesetzesvorbehaltes insbesondere dann,

---

24 *Maurer*, § 24 Rn 29.

25 BVerwG, Urt. v. 26.6.2002 – 8 C 30/01 –; *Rogmann*, S. 82.

26 *Rogmann*, S. 6.

27 OLG Frankfurt a. M., Urt. v. 14.6.2011 – 11 U 36/10 (Kart.) –.

wenn durch die Regelungen in den Leitfäden **grundrechtlich geschützte Lebensbereiche** berührt werden. Da sich die Leitfäden unmittelbar an alle Marktakteure richten, ist die Berührung von Grundrechten auch vorstellbar.

Nach dem **Grundsatz des Gesetzesvorbehaltes** sind **Sachkomplexe**, die durch Gesetz oder durch Rechtsverordnung aufgrund eines Gesetzes geregelt werden müssen, der selbständigen Regelung durch Verwaltungsvorschriften entzogen. Für die **vollziehende Gewalt** bedeutet es das Verbot, ohne wirksam gewordene gesetzliche Grundlage tätig zu werden.[28] Dabei ist Wesentliches durch Gesetz oder durch Rechtsverordnung aufgrund eines Gesetzes zu regeln. Die „**Wesentlichkeit**" einer Regelung wird in erster Linie aus der Berührung grundrechtlich geschützter Lebensbereiche und der Intensität der Grundrechtsbetroffenheit abgeleitet.[29] 51

Auch der richterlichen Anerkennung der behördlichen Leitfäden sind Grenzen gesetzt. Das **BVerfG** hat die Aufgabe und Befugnis der Gerichte zur **Rechtsfortbildung** anerkannt, aber zugleich auch die Grenzen betont, die durch die Rechts- und Gesetzesbindung des Art. 20 Abs. 3 GG gezogen werden.[30] Dabei ist insbesondere das **Gewaltenteilungsprinzip** zu beachten. Auch hier gilt, dass Wesentliches durch Gesetz oder durch Rechtsverordnung aufgrund eines Gesetzes zu regeln ist. 52

III. Zusammenfassung

Der Einsatz von Leitfäden durch das BKartA und die BNetzA ist durchaus kritisch zu betrachten. Eine **gesetzliche Befugnis** für das Instrument „behördlicher Leitfaden" ist nicht vorhanden. Die Behörden haben die Leitfäden erfunden, um vor allem eine **Auslegungs- und Anwendungshilfe** zu leisten. Sie können auf diese Weise gleichzeitig jedoch **erheblichen Einfluss auf die Auslegung und Anwendung von Gesetzen** nehmen. Neben dem Angebot einer Hilfeleistung steht deshalb die Möglichkeit einer Beeinflussung der betroffenen Marktakteure und gleichzeitig der Verwaltungs- und Gerichtsverfahren, in denen die Leitfäden herangezogen werden. Diese Einflussmöglichkeit geht weiter, als es das Gesetz zulässt. 53

Qualifiziere man die Leitfäden als **Verwaltungsvorschriften**, fehlt es bereits an der gesetzlichen Ermächtigung in den Fällen, in denen weitere, nicht nachgeordnete Behörden erreicht und verpflichtet werden sollen. Dies betrifft vor allem Gemeinsame Leitfäden von BKartA und BNetzA. Dass eine **mindestens faktische Bindung** nicht nur der Bundes-, sondern auch der Landesbehörden durch den Erlass eines derartigen Leitfadens von den Behörden bezweckt wird, kann dabei unterstellt wer- 54

28 Sachs/*Sachs*, Art. 20 Rn 113.

29 Sachs/*Sachs*, Art. 20 Rn 117.

30 BVerfGE 34, 269, 286 ff.; BVerfGE 65, 182, 190 ff.; BVerfGE 69, 315, 369 ff.; BVerfGE 96, 375, 394 ff.; vgl. auch BVerwGE 85, 323.

den. Die Behörden hätten nicht den Aufwand betrieben, Leitfäden in diesem Umfang zu erstellen und zu veröffentlichen, wenn nicht zumindest auch die behördliche Verwaltungspraxis daran gemessen und ein **einheitliches Verwaltungshandeln** ermöglicht werden sollte.

55 Als problematisch dürften sich Leitfäden ferner in den Fällen darstellen, in denen die Behörden in den Leitfäden inhaltlich zu **Einzelthemen** Stellung nehmen, für die sie über **keine gesetzliche Festlegungsbefugnis** verfügen. Dies hat offensichtlich auch der Gesetzgeber erkannt. So sieht **§ 46 Abs. 2 S. 5 EnWG** nunmehr ausdrücklich vor, dass die BNetzA im Einvernehmen mit dem BKartA Entscheidungen über den Umfang und das Format der zur Verfügung zu stellenden Daten durch Festlegung gegenüber den EVU treffen kann. Die Frage einer gesetzlichen Festlegungsbefugnis stellt sich ebenso bei den weiteren Rechtsfragen im Rahmen des § 46 EnWG.

56 Die Leitfäden wirken sich zwangsläufig auch auf den **weiten Adressatenkreis** – die beteiligten **Marktakteure** – aus. Die betroffenen Unternehmen orientieren sich häufig an den Aussagen im Leitfaden, der die Rechtsauffassung der Behörden wiedergibt. Auf diese Weise beeinflussen die Behörden das Handeln der Unternehmen, bevor es überhaupt zu einem Verwaltungsverfahren kommt. Darüber hinaus können Leitfäden sogar **faktische Grundrechtseingriffe** bewirken. Die Behörde nimmt dadurch eine **faktische Normensetzungsbefugnis** in Anspruch, die ihr als Exekutivorgan nicht zugewiesen worden ist. Der Grundsatz des **Gesetzesvorbehaltes** setzt hier dem behördlichen Handeln eine Schranke.

57 Selbst wenn man die Leitfäden als **unverbindliche Auslegungs- und Anwendungshilfe** betrachtet, können sie eine **richterliche Anerkennung** erhalten und dadurch verbindlich werden. Aber auch bei dieser Einflussmöglichkeit der Behörden, eine mittelbare Verbindlichkeit der Leitfäden für die betroffenen Unternehmen zu schaffen, ist das **Gewaltenteilungsprinzip als Grenze** der Rechtsfortbildung zu beachten. Die Aufgabe und Befugnis der Gerichte zur Rechtsfortbildung ist anerkannt, aber zugleich auch durch die Rechts- und Gesetzesbindung des Art. 20 Abs. 3 GG beschränkt. Insbesondere sollten die Gerichte nicht die Rechtsauffassungen der Behörden in den Leitfäden ohne eigene Prüfung übernehmen.

58 Aus den vorgenannten Gründen sollten die Behörden **künftig** auf Leitfäden zur Darstellung ihrer Rechtsauffassung verzichten und stattdessen in dem **gesetzlich vorgegebenen Rahmen** und den gesetzlich vorgegebenen Verfahren ihre Aufgaben wahrnehmen.

Kapitel 10
Sonderfälle im Recht der Konzessionsabgaben

A. Die KAV und ihre Stolpersteine

Neben dem bereits in den Kapiteln 3 und 4 ausführlich behandelten konzessions- 1
abgabenrechtlichen Themenkomplex des Nebenleistungsverbots nach § 3 KAV ergeben sich in der konzessionsvertraglichen Beratungspraxis weitere, bislang höchstrichterlich nicht geklärte Rechtsfragen um die Auslegung der Vorschriften in der KAV. Ein wesentlicher Grund hierfür ist, dass die KAV seit ihrem Inkrafttreten im Jahr 1992 kaum Änderungen erfahren hat. Während das übrige Energierecht seit 1998 teilweise grundlegend überarbeitet worden ist, hat die KAV in diesem Kontext offensichtlich eher eine untergeordnete Rolle gespielt. Jedenfalls haben sich weder Gesetzgeber noch Verordnungsgeber ausreichend darum bemüht, die KAV sprachlich und systematisch dem geltenden EnWG anzugleichen. Es kann daher nicht verwundern, dass zahlreiche Auslegungsfragen der KAV nunmehr Gegenstand von Gerichtsverfahren sind.

Bevor die in der Praxis relevanten Rechtsfragen näher dargestellt werden, soll 2
im Folgenden zunächst ein kurzer Überblick über die Historie der KAV und deren Regelungsrahmen gegeben werden.

I. Historie und Regelungsrahmen der KAV

1. Historie der KAV

Die KAV trat am 1.1.1992 als Rechtsverordnung i. S. v. Art. 80 Abs. 2 GG in Kraft. Die ge- 3
setzliche Ermächtigung zum Erlass der KAV war bereits im EnWG von 1935 enthalten.[1]

Neu gefasst wurde die KAV vor dem Hintergrund des am 29.4.1998 in Kraft ge- 4
tretenen 1. NeuregelungsG durch die Erste Verordnung zur Änderung der KAV vom 22.7.1999 (1. ÄnderungsVO).

Änderungen erfuhr die KAV durch den Gesetzgeber selbst in Art. 3 Abs. 40 des 5
2. NeuregelungsG, das am 13.7.2005 in Kraft trat. Im EnWG 2005 ist die Verordnungsermächtigung zur Regelung der Zulässigkeit und Bemessung der Konzessionsabgaben in § 48 Abs. 2 EnWG enthalten.

Eine weitere Änderung erfolgte durch Art. 3 Abs. 4 der Verordnung zum Erlass 6
von Regelungen für die Grundversorgung von Haushaltskunden und die Ersatzversorgung im Energiebereich vom 26.10.2006.[2]

1 Vgl. §§ 7 Abs. 1, 12 EnWG v. 13.12.1935 (BGBl. III Gliederungs-Nr. 752-1), zuletzt geändert durch Gesetz v. 19.12.1977 (BGBl. I S. 2750).
2 BGBl. I S. 2494.

2. Regelungsrahmen der KAV

7 Die KAV verfolgt verschiedene Zwecke. Es handelt sich hierbei zum einen um:
- die Gewährleistung des Rechts der Gemeinden, Konzessionsabgaben für Strom und Gas zu vereinbaren, zum anderen um
- die Schaffung von Transparenz hinsichtlich der zu zahlenden Konzessionsabgaben. Ein weiterer wesentlicher Zweck ist
- die Begrenzung der Konzessionsabgaben durch Abkopplung von der Energiepreisentwicklung.[3]

8 Die KAV regelt die Zulässigkeit und den Umfang von Konzessionsabgaben.

a) Definition der Konzessionsabgaben

9 Nach § 1 Abs. 2 KAV sind Konzessionsabgaben Entgelte für die Einräumung des Rechts zur Benutzung öffentlicher Verkehrswege für die Verlegung und den Betrieb von Leitungen, die der unmittelbaren Versorgung von Letztverbrauchern im Gemeindegebiet mit Strom und Gas dienen. Diese Definition entspricht derjenigen in § 48 Abs. 1 EnWG. Danach sind Konzessionsabgaben Entgelte, die EVU für die Einräumung des Rechts zur Benutzung öffentlicher Verkehrswege für die Verlegung und den Betrieb von Leitungen, die der unmittelbaren Versorgung von Letztverbrauchern im Gemeindegebiet mit Energie dienen, entrichten.

10 Sowohl § 48 Abs. 1 EnWG als auch § 1 Abs. 2 KAV stellen klar, dass die Konzessionsabgaben für die Einräumung des Wegerechts, nicht dagegen (mehr) für die Einräumung des Versorgungsrecht gezahlt werden.[4] Die Pflicht zur Zahlung der im Konzessionsvertrag vereinbarten Konzessionsabgaben besteht mithin losgelöst davon, ob der Partner des Konzessionsvertrags Grundversorger im Konzessionsgebiet ist oder nicht. Dies ist die Konsequenz aus der Trennung des Netzbetriebs von der Versorgung, die auch im Konzessionsrecht ihren Niederschlag gefunden hat.[5]

b) KAV als Höchstpreisrecht

11 Wie bereits an anderer Stelle dargelegt,[6] enthält die KAV Höchstpreisrecht. Sie legt den Rahmen fest, in dem Konzessionsabgaben und sonstige Leistungen zulässig sind. Die KAV bildet folglich keine Anspruchsgrundlage für die Zahlung von Konzes-

---

3 Amtliche Begründung, BR-Drucks. 686/91, S. 11 ff.

4 Zur Frage, inwieweit nach altem Recht Konzessionsabgaben Gegenleistung auch für das Versorgungsrecht waren, vgl. BerlK-EnR/*Kermel*, § 48 EnWG Rn 13 ff.

5 S. hierzu Kap. 2 Rn 79 ff.

6 S. o. Kap. 3.

sionsabgaben, sondern setzt eine solche voraus.[7] Der Anspruch auf Zahlung von Konzessionsabgaben ergibt sich daher aus den konzessionsvertraglichen Regelungen, nicht dagegen aus der KAV. Allerdings wird der vertragliche Gestaltungsspielraum der Parteien, Entgelte oder sonstige Leistungen zu vereinbaren, durch die KAV beschränkt.[8] Die Parteien des Konzessionsvertrags sind also nicht berechtigt, Konzessionsabgaben in beliebiger Höhe zu vereinbaren. Vielmehr werden die Höhe und die Art der Berechnung der Konzessionsabgaben durch die KAV geregelt.

c) Höchstsätze der Konzessionsabgaben

Die genaue Höhe der zulässigerweise zu vereinbarenden Konzessionsabgaben richtet sich ausweislich § 2 KAV danach, ob es sich um **Strom- oder Gaslieferungen** handelt und ob **Tarif- oder Sondervertragskunden** beliefert werden. 12

Für die Belieferung von **Sondervertragskunden** mit **Gas** sieht § 2 Abs. 3 KAV einen einheitlichen Höchstsatz von 0,03 ct/kWh vor. Für die Belieferung von **Tarifkunden** mit **Gas** begrenzt die KAV gemäß § 2 Abs. 2 S. 1 Nr. 2 die Höhe der zu vereinbarenden oder zu zahlenden Konzessionsabgaben bei Verwendung des Gases ausschließlich für Kochen und Warmwasser abhängig von der Gemeindegröße auf Beträge zwischen 0,51 ct/kWh und 0,93 ct/kWh sowie für sonstige Gaslieferungen auf Beträge zwischen 0,22 ct/kWh und 0,40 ct/kWh. 13

Für die Belieferung von **Sondervertragskunden** mit **Strom** sieht § 2 Abs. 3 KAV wiederum einen einheitlichen Höchstsatz von 0,11 ct/kWh vor. Für die Belieferung von **Tarifkunden** mit **Strom** begrenzt die KAV gemäß § 2 Abs. 2 die Höhe der Konzessionsabgaben für Strom, der in Schwachlastzeiten geliefert wird, auf 0,61 ct/kWh; außerhalb der Lieferung von Strom als Schwachlaststrom je nach Gemeindegröße auf 1,32 ct/kWh bis 2,39 ct/kWh. 14

Aus den vorgenannten Zahlen wird deutlich, dass der **Einordnung** der zu beliefernden Kunden **als Tarif- oder Sondervertragskunden** eine **große Bedeutung für die Höhe des KA-Aufkommens** zukommt. So kann es nicht verwundern, dass die Gemeinden ein großes Interesse daran haben, das möglichst viele Kunden konzessionsabgabenrechtlich eingestuft werden. 15

Im Folgenden werden Fälle aus der Beratungspraxis dargestellt, in denen Gemeinden versucht haben, dieses Interesse auch umzusetzen. Wie sich in diesen Fällen gezeigt hat, haben BKartA und verschiedene Gerichte einem solchen Versuch der Einflussnahme auf die konzessionsabgabenrechtliche Einordnung von Kunden als Tarif- oder Sondervertragskunden durch die Gemeinden bislang eine deutliche Absage erteilt. 16

---

7 Amtliche Begründung, BR-Drucks. 686/91, S. 14 und allgemeine Auffassung, vgl. statt vieler *Feuerborn/Riechmann*, § 1 Rn 1.

8 Amtliche Begründung, BR-Drucks. 686/91, S. 14 f.; *Säcker*, et 2004, 349, 351.

II. Tarifkunden und Sondervertragskunden, wer bestimmt über deren Einordnung?

1. Konzessionsabgabenrechtliche Abgrenzung von Tarif- und Sondervertragskunden

a) Definition in § 1 Abs. 3 und Abs. 4 KAV 2005

17 Die KAV enthält erst seit Inkrafttreten des EnWG 2005 zum 13.7.2005 eine Definition des Tarif- und des Sondervertragskunden.

18 Gemäß § 1 Abs. 3 KAV sind Tarifkunden i.S.d. KAV Kunden, die auf Grundlage von Verträgen nach den §§ 36 und 38 sowie § 115 Abs. 2 und § 116 EnWG 2005 beliefert werden. Preise und Tarife nach diesen Bestimmungen sind Tarife i.S.d. KAV.

19 Sondervertragskunden i.S.d. KAV sind gem. § 1 Abs. 4 KAV Kunden, die nicht Tarifkunden sind.

aa) Tarifkunden gemäß § 1 Abs. 3 KAV

20 Tarifkunden sind gem. § 1 Abs. 3 KAV somit zum einen:
- **Haushaltskunden**, die von dem Strom- oder Gasversorgungsunternehmen auf der Grundlage von **Grundversorgungsverträgen** im Sinne von § 36 EnWG 2005 versorgt werden sowie
- **Letztverbraucher**, die in der **Ersatzversorgung** gem. § 38 EnWG 2005 versorgt werden.

21 Haushaltskunden sind nach § 3 Nr. 22 EnWG 2005 Letztverbraucher, die Energie überwiegend für den Eigenverbrauch im Haushalt oder für den einen Jahresverbrauch von 10.000 kWh übersteigenden Eigenverbrauch für berufliche, landwirtschaftliche oder gewerbliche Zwecke kaufen.

22 Schließlich fallen, übergangsweise (§§ 115 Abs. 2 und 116 EnWG), unter den Begriff der Tarifkunden nach § 1 Abs. 3 KAV Kunden, die auf der Grundlage im Zeitpunkt des Inkrafttretens des EnWG 2005 bestehender Lieferverträge im Rahmen der allgemeinen Versorgungspflicht nach § 10 EnWG 1998 beliefert wurden.

bb) Sondervertragskunden nach § 1 Abs. 4 KAV

23 Alle anderen Kunden sind Sondervertragskunden gemäß § 1 Abs. 4 KAV. Hiervon erfasst werden demnach:
- Haushaltskunden außerhalb der Grundversorgung,
- Letztverbraucher außerhalb der Ersatzversorgung sowie
- alle sonstigen Kunden.

b) Sonderregelung nur für Stromlieferungen in § 2 Abs. 7 KAV

Unbeschadet von der in § 1 Abs. 3 und Abs. 4 KAV enthaltenen Definition des Tarif- und Sonderkunden sieht § 2 Abs. 7 KAV für Stromlieferungen allerdings eine Besonderheit vor. Danach gelten Stromlieferungen aus dem Niederspannungsnetz konzessionsabgabenrechtlich als Lieferungen an Tarifkunden, es sei denn, die gemessene Leistung des Kunden überschreitet in mindestens zwei Monaten des Abrechnungsjahres 30 kW und der Jahresverbrauch beträgt mehr als 30.000 kWh. Die KAV sieht für Strom damit ausdrücklich eine Leistungs- und Mengengrenze vor, bis zu deren Erreichen Lieferungen konzessionsabgabenrechtlich als Lieferungen an Tarifkunden gelten. Dies gilt unabhängig davon, auf welcher vertraglichen Grundlage die Lieferung erfolgt. 24

§ 2 Abs. 7 KAV wurde in seiner ursprünglichen Fassung 1999 in die KAV aufgenommen[9] und durch Art. 3 Abs. 40 Nr. 3 a EnNeuRG 2005 neu gefasst.[10] Die Formulierung geht auf einen Vorschlag des Bundesrates im Rahmen der Stellungnahme zum Regierungsentwurf des EnWG 2005 vom 24.9.2004 zurück. Ausweislich der amtlichen Begründung soll hierdurch verhindert werden, dass das KA-Aufkommen im Wettbewerb dadurch gemindert wird, dass der bisherige Versorger seine Verträge trotz der wettbewerbsneutralen Ausgestaltung der Konzessionsabgaben zwischen Lieferunternehmen im Interesse seiner Kunden an niedrigeren Strompreisen in Sonderabnehmerverträge umwandelt. Aus diesem Grund gelten für das KA-Recht diese Stromlieferungen im Niederspannungsnetz grundsätzlich unabhängig von ihrer sonstigen rechtlichen Ausgestaltung als Lieferungen an Tarifkunden.[11] 25

Mit der Einführung einer Leistungs- und Mengengrenze im Strombereich war für die konzessionsabgabenrechtliche Einordnung als Tarif- oder Sonderkunde allein die in § 2 Abs. 7 KAV genannten Grenzen, nicht aber die Einstufung des Vertrags als Tarifkunden- oder Sonderkundenvertrag maßgeblich. 26

c) Eine Sonderregelung i. S. v. § 2 Abs. 7 KAV wurde für den Gasbereich ausdrücklich abgelehnt

Trotz zahlreicher Bemühungen hat eine für den Gasbereich gleichlautende Regelung keinen Eingang in die KAV gefunden. Der Verordnungsgeber lehnte bereits 1999 die Aufnahme einer solchen Regelung für den Gasbereich ab. Begründet wurde dies vom Verordnungsgeber mit der besonderen Wettbewerbssituation von Erdgas. Erdgas steht im jeweiligen Versorgungsgebiet im Wettbewerb zu Konkurrenzenergien im Wärmemarkt. Gleichartige Verbrauchsfälle konzessionsabgabenrechtlich bundes- 27

---

9 BR-Drucks. 613/04, S. 47.

10 BT-Drucks. 15/3917, S. 96 f.

11 Amtliche Begründung zu § 2 Abs. 7 KAV, BR-Drucks. 358/99, S. 5.

weit gleich zu behandeln, würde deshalb die unterschiedlichen Positionen im Wettbewerb nicht berücksichtigen. Aufgrund dieser Wettbewerbssituation des Erdgases mit Konkurrenzenergien im Wärmemarkt sei es in der Gasversorgung auch schon vor der Liberalisierung im Jahr 1998 langjährige Praxis gewesen, gleichartige Verbrauchsfälle der Heizgasversorgung sowohl nach Tarif- als auch nach Sonderabnehmerverträgen abzuwickeln. Eine Tarifkundenfiktion, wie sie § 2 Abs. 7 KAV für Strom vorsieht, würde Erdgas im Wettbewerb mit anderen Konkurrenzenergien, wie z.B. Heizöl, im Wärmemarkt massiv benachteiligen.[12]

28 Im Zuge der Änderungen der KAV im Jahr 2005 wurde für den Gasbereich seitens der Ausschüsse des Bundesrates erneut der Versuch unternommen, folgenden neuen § 2 Abs. 7 a in die KAV mit einer Mengengrenze von 8.000 kWh aufzunehmen:

> „(7a) Konzessionsabgabenrechtlich gelten Gaslieferungen bis zu einer jährlichen Liefermenge von 8.000 kWh sowohl an einen Tarif- als auch an einen Sonderkunden als Lieferungen an Tarifkunden. Für die darüber hinausgehende Liefermenge an denselben Kunden ist lediglich die Konzessionsabgabe für Sondervertragskunden zu entrichten. Die Gasversorgungsunternehmen können jedoch davon abweichend höhere Grenzen festlegen."[13]

29 Diesem Vorschlag wurde vom Gesetz- bzw. Verordnungsgeber nicht gefolgt.[14] Eine Mengengrenze für den Gasbereich wurde auch im Zuge der Änderungen der KAV im Jahr 2005 nicht eingeführt.

d) Problem: Konzessionsabgabenrechtliche Einordnung von Heizgaslieferungen

30 Der Umstand, dass für den Gasbereich eine Tarifkundenfiktion, wie sie für den Strombereich in § 2 Abs. 7 KAV vorgesehen ist, nicht besteht sowie das Fehlen ausdrücklicher Regelungen, wie Lieferungen von Gas zu Heizzwecken konzessionsabgabenrechtlich einzustufen sind, hat in jüngster Zeit zu verschiedenen Rechtsstreitigkeiten geführt.

31 Streitbefangen sind dabei Gaslieferungen an Kunden, die das bezogene Gas nicht bzw. nicht nur für Kochen und Warmwasserbereitung, sondern auch für Raumheizungszwecke (Heizgas) sowie für Prozesswärme einsetzen. Dabei wurden die diesen Lieferungen zugrunde liegenden Verträge nicht individuell ausgehandelt, sondern kamen in einem standardisierten Verfahren zustande, etwa durch ein Bestätigungsschreiben des EVU oder durch Entnahme.

---

12 Amtliche Begründung zu § 2 Abs. 7 KAV, BR-Drucks. 358/99, S. 7; BerlK-EnR/*Kermel*, Anh. zu § 48 EnWG Rn 56.

13 Empfehlungen der Ausschüsse an den Bundesrat, BR-Drucks. 248/1/05 (neu), S. 12f. zu Art. 3 Nr. 40 Nr. 3 a – neu – (§ 2 Abs. 7 a – neu – KAV).

14 Empfehlungen der Ausschüsse an den Bundesrat, BR-Drucks. 258/05 (neu), S. 12f.

aa) Heizgaslieferung als Lieferung an Tarif- oder Sonderkunden möglich

Es entspricht seit langem der gaswirtschaftlichen Praxis, wonach zwar die Gasversorgung von Kunden allein für Zwecke des Kochens und der Warmwasserbereitung regelmäßig im Rahmen von Tarifkundenverhältnissen erfolgt und daher ausweislich die Regelung in § 2 Abs. 2 Nr. 2 a) KAV Tarifkunden-KA zu zahlen ist. 32

Genauso entspricht es aber auch der Jahrzehnte langen gaswirtschaftlichen Praxis, die hinsichtlich des zusätzlichen Gasabsatzes auch für die Raumwärme, d.h. zu Heizzwecken, der energiewirtschaftlich wegen des insoweit viel höheren Gasbedarfs von besonderer Bedeutung ist, den Gasversorgungsunternehmen einen Ermessensspielraum hinsichtlich der rechtlichen Qualifizierung der Vertragsverhältnisse einzuräumen. Die Unternehmen haben die Möglichkeit, insoweit Tarifkundenverhältnisse vorzusehen. Sie können sich jedoch auch für eine Ausgestaltung als Sonderkundenverhältnisse entscheiden.[15] 33

bb) Ausnahmecharakter von Heizgaslieferungen als Lieferung an Tarifkunden

Hervorzuheben ist dabei allerdings, dass bereits vor Inkrafttreten der KAV im Jahr 1992 der überwiegende Teil des Heizgases nach Sonderverträgen geliefert wurde. Demgegenüber bildete die Belieferung von Heizgas nach Tarifkundenverträgen die Ausnahme. Dies erfolgte in der Regel durch einige Stadtwerke.[16] 34

Der wesentliche Grund dafür, dass Gaslieferungen zu Heizgaszwecken von den EVU seit jeher überwiegend auf der Grundlage von Sonderverträgen erfolgten, liegt in dem sog. Substitutionswettbewerb von Gas und Öl begründet, der bereits zu Monopolzeiten bestand.[17] Die Energieträger Öl und Gas zu Heizzwecken standen seit jeher im Wettbewerb zueinander. So konnte der Verbraucher, jedenfalls soweit er Eigentümer des zu beheizenden Hauses bzw. der zu beheizenden Wohnung war, grundsätzlich frei darüber entscheiden, ob er mit Heizöl oder mit Gas heizen wollte. Die Entscheidung wurde dabei maßgeblich von dem jeweiligen Energiepreis abhängig gemacht. War der Ölpreis im Vergleich zum Gaspreis günstiger, fiel die Entscheidung in der Regel zugunsten des Öls aus, und umgekehrt. 35

Für die Konkurrenzfähigkeit des Gases im Vergleich zum Öl war es daher sehr wichtig, dass der Gaspreis nicht durch weitere Kostenbestandteile wie bspw. die im Vergleich zur Sonderkunden-KA wesentlich höhere Tarifkunden-KA belastet wird. Um schon im eigenen wirtschaftlichen Interesse keine zusätzliche Belastung des Erdgases herbeizuführen, die seine Expansion behindert hätte, entschied die überwiegende Anzahl an EVU, Gaslieferungen zu Heizzwecken auf Basis von Sonderkundenverträgen durchzuführen. 36

---

15 Auslegungshinweise des BMWi zur KAV 1992, abgedr. bei *Immesberger*, § 2 KAV Rn 30f.
16 Vgl. *Cronenberg*, et 1992, 175, 177 linke Spalte.
17 Vgl. zu Substitutionswettbewerb von Gas und Öl auch BGH, Urt. v. 24.3.2010 – VIII ZR 304/08 –.

37 Vor diesem Hintergrund wurde bereits im Rahmen des Verfahrens um den Erlass der KAV im Jahr 1992 versucht, für Heizgas ausschließlich nur den niedrigeren Sonderabnehmersatz zuzulassen. Dies scheiterte jedoch an dem erheblichen Widerstand der Kommunen. Allerdings sollte mit der in § 2 Abs. 2 Nr. 2 b) KAV getroffenen Regelung ausdrücklich kein Signal gegeben werden, für Heizgas nun verstärkt die höhere Abgabe für Tarifabnehmer einzuführen. Dies stünde mit dem energie- und umweltpolitischen Ziel einer Expansion des Erdgases nicht im Einklang. Mit der durch § 2 Abs. 2 Nr. 2 b) KAV eröffneten Möglichkeit, Heizgaslieferungen auch im Wege von Tarifkundenkundenverhältnissen zu vereinbaren, sollte lediglich erreicht werden, dass für Städte, die zum Zeitpunkt des Inkrafttretens der KAV die höhere Konzessionsabgaben kassieren, drastische Einbußen vermieden werden. Eine Ausweitung des KA-Aufkommens sollte dadurch nicht erreicht werden.[18]

38 Den Kommunen war auch untersagt, auf die von dem EVU autonom zu treffende Entscheidung über die Einstufung eines Kunden als Tarif- oder Sondervertragskunden Einfluss zu nehmen, um hierüber die höhere Tarifkunden-KA zu erzielen. Die Forderung der Kommunen nach der hohen Konzessionsabgabe stellt energie- und umweltpolitisch eine Behinderung der Expansion des Erdgases dar und ist unter kartellrechtlichen Gesichtspunkten unzulässig.[19]

cc) BGH bestätigt Ausnahmecharakter von Heizgaslieferungen als Lieferung an Tarifkunden und den Regelfall als Sonderkundenlieferung

39 Auch der BGH hat im Zusammenhang mit der Auslegung eines Liefervertrags als Tarif- oder Sonderkundenvertrag den Ausnahmecharakter von Heizgaslieferungen bei Heizgas- und Gasvollversorgung im Rahmen von Tarifkundenverhältnissen unter Hinweis darauf hervorgehoben, dass der Gesetzgeber 1998 die BTOGas mit der Begründung aufgehoben habe, sie sei in der Praxis nahezu bedeutungslos geworden, nachdem sich bei der Heizgas- und Gasvollversorgung mehr und mehr Preisvereinbarungen im Rahmen von Sonderverträgen durchgesetzt hätten.[20]

dd) Zwischenergebnis

40 Auch wenn konzessionsabgabenrechtlich Gaslieferungen zu Heizzwecken als Tarifkundenlieferungen **sowie** als Lieferungen an Sonderkunden eingeordnet werden dürfen, ist im Rahmen der Prüfung des jeweiligen Einzelfalls zu berücksichtigen, dass eine Einordnung dieser Lieferungen als Tarifkundenlieferung in der energie-

18 Vgl. *Cronenberg*, et 1992, 175, 177 linke Spalte.
19 Vgl. Auslegungshinweise des BMWi zur KAV 1992, Antwort Nr. 6, abgedruckt bei *Immesberger*, § 2 KAV Rn 30f.
20 BGH, Urt. v. 15.7.2009 – VIII ZR 225/07 – S. 9.

wirtschaftlichen Praxis die Ausnahme bildet. **Überwiegend** erfolgten und erfolgen die Lieferungen auch zu Heizgaszwecken auf der **Grundlage von Sonderkundenverträgen**.

ee) Beurteilungsmaßstab für die Einordnung von Heizgaslieferungen

Da es für die konzessionsabgabenrechtliche Einordnung als Tarif- oder Sonderkun- 41
denlieferung darauf ankommt, ob es sich um einen allgemeinen Tarif bzw. allgemeinen Preis handelt, kann der Beurteilungsmaßstab aus der **Rechtsprechung zur Zulässigkeit von in Gaslieferverträgen vereinbarten Preisanpassungsklauseln** abgeleitet werden. Denn auch dort grenzt der **BGH** das Vorliegen von allgemeinen Tarifen/allgemeinen Preisen zu Sondertarifen/Sonderpreisen ab.

Nach Auffassung des **BGH** kommt es für die Beurteilung, ob es sich bei öffentlich 42
bekannt gemachten Vertragsmustern und Preisen um Tarif- bzw. Grundversorgungsverträge mit allgemeinen Tarifpreisen (§ 6 Abs. 1 EnWG 1935), Allgemeinen Tarifen (§ 10 Abs. 1 EnWG 1998) oder Allgemeinen Preisen im Sinne von § 36 Abs. 1 EnWG 2005 handelt, darauf an, ob das betreffende EVU die Versorgung zu öffentlich bekannt gemachten Bedingungen und Preisen – **aus der Sicht eines durchschnittlichen Abnehmers** – im Rahmen einer Versorgungspflicht nach den genannten Vorschriften oder unabhängig davon im Rahmen der allgemeinen Vertragsfreiheit anbietet.[21]

Für die Einordnung als Tarif- bzw. Grundversorgungskunde sei dagegen **nicht** 43
maßgeblich, ob die Tarifeinstufung der Kunden automatisch verbrauchsabhängig nach dem **Prinzip der Bestpreisabrechnung** erfolge. Es komme auch nicht darauf an, dass die Sonderpreise und Bedingungen zwischen Kunden und EVU nicht individuell ausgehandelt worden sei.[22]

Dass auch das Merkmal des individuellen Aushandelns für die Einordnung als 44
Sonder- oder Tarifkunde nicht maßgeblich sein kann, verdeutlicht der Umstand, dass Sonderkunden nicht nur **große Industrieunternehmen** oder **Gewerbebetriebe** mit einem Gasbedarf sind, der sich von demjenigen der Tarifkunden um Dimensionen unterscheidet. Neben dieser Gruppe der als Individualkunden zu bezeichnenden Großkunden tritt eine weit größere Gruppe, nämlich die der sog. **Norm-Sonderkunden**. Der Begriff „Norm“ ist insoweit als „standardisiert“ zu verstehen. Hiermit soll zum Ausdruck gebracht werden, dass es um eine sehr große Zahl von Kunden im Rahmen von Massenkundenschuldverhältnissen geht, für die – anders als für die Individual(sonder)kunden ein individuelles Aushandeln der Preise und Bedingungen des Gasliefervertrags ausgeschlossen ist.

---

21 Ständige Rechtsprechung, vgl. BGH, Urt. v. 14.7.2010 – VIII ZR 246/08 – S. 13; BGH, Urt. v. 15.7.2009 – VIII ZR 225/07 – S. 8; so bereits BFH, Urt. v. 31.7.1990, BStBl. 1991, Teil II, S. 315 für die konzessionsabgabenrechtliche Einordnung nach KAE.

22 BGH, Urt. v. 14.7.2010 – VIII ZR 246/08 – S. 13.

45 Aus dem Vorhandensein einer sehr großen Anzahl von Norm-Sonderkunden lässt sich bereits folgern, dass der Sonderkundenstatus nicht als prägendes Element dadurch gekennzeichnet ist, dass die Preise und Bedingungen der Sonderkunden individuell ausgehandelt worden sind. Der Umstand einer **schematisierten Gleichbehandlung** durch einheitliche Verträge, fehlendes individuelles Aushandeln sowie eine umfassende Inbezugnahme der AVBGasV, wenn auch mit dem Charakter von allgemeinen Geschäftsbedingungen, schließen folglich die Bewertung als **Sonderkunden** nicht aus.[23]

ff) Kein Unterschied zwischen Preis und Tarif

46 Vereinzelt wird versucht, über eine **Abgrenzung** zwischen „**Tarif**" einerseits und „**Preis**" andererseits ein Unterscheidungsmerkmal zu konstruieren. Dabei wird jedoch übersehen, dass sowohl der Gesetzgeber als auch der **BGH** Tarif und Preis als Synonym verwendet, so dass aus der unterschiedlichen Verwendung keine Rückschlüsse auf das Vorliegen eines Tarifkunden oder eines Sonderkunden gezogen werden können.

47 Tatsächlich gibt es **keinen Unterschied** zwischen Sondertarifen und Sonderpreisen. Tarife sind Preisschemata, die im sog. Massenkundenverkehr aufgestellt und angeboten werden. Sie werden aufgrund der Vielzahl der Kunden (Norm-Sonderkunden) weder individuell verhandelt noch können sie eine individuelle Kostenverursachung durch den Kunden berücksichtigen. Ein derart schematischer Preis bleibt Preis und damit Gegenleistung im Gaslieferungsvertrag, der nach allgemeiner Auffassung Kaufvertrag ist.[24]

48 Wenn bei Sonderverträgen für die Gewährung mancher Tarife vertragliche Bedingungen aufgestellt werden, etwa eine Laufzeitbindung o.ä., handelt es sich um Voraussetzungen für die Gewährung der Tarife, nicht um einen Bestandteil des Begriffs des Tarifs.

49 **Preis und Tarif** sind also **gleichbedeutend** und **werden vom Gesetzgeber und vom BGH auch so verwendet**. Dies lässt sich leicht anhand der Entwicklung der Energiewirtschaftsgesetze und insbesondere aufgrund des Inhalts der BGH-Urteile belegen. Obwohl in der Preissystematik des dortigen EVUs von „Preisen" gesprochen wird, indem zwischen allgemeinen Tarifen und Sonderpreisregelungen differenziert wurde, hat der **BGH** diese Preisregelungen als Sondertarife bewertet.[25]

50 Auch der **Gesetzgeber** verwendet die Begriffe Tarife, Preise und Tarifpreise ohne inhaltliche Abweichungen. Dies bringt der **BGH** z.B. im Urteil vom 14.7.2010 deutlich zum Ausdruck, in dem die Entwicklung der Begrifflichkeiten (allgemeine

---

23 Vgl. OLG Dresden, Urt. v. 26.1.2010 – 14 U 983/08 – S. 7 unter Verweis auf OLG Düsseldorf, Urt. v. 24.6.2009 – VI-2 U (Kart) 14/08 –.

24 Palandt/*Weidenkampf*, § 453 Rn 6.

25 BGH, Urt. v. 11.5.2011 – VIII ZR 42/10 – Tz 33.

Tarifpreise 1935, allgemeine Tarife 1998 und allgemeine Preise 2005) aufgeführt wird, ohne dass hieraus irgendwelche Unterschiede abgeleitet würden, was jedoch notwendig gewesen wäre, wenn sich Tarife und Preise tatsächlich substantiell unterscheiden würden.[26]

Während das EnWG 1935 (§6 EnWG 1935: *„Allgemeine Bedingungen und allgemeine Tarifpreise für die Versorgung“*) und das EnWG 1998 (§10 EnWG 1998: *„Allgemeine Bedingungen und allgemeine Tarifpreise für die Versorgung“*) den Begriff der Tarife verwendet haben, verwendet der Gesetzgeber in EnWG 2005 (§36 EnWG 2005: *„Allgemeine Bedingungen und Allgemeine Preise für die Versorgung“*) den Begriff des Preises. 51

e) Erste Entscheidung zur konzessionsabgabenrechtlichen Abgrenzung von Tarif- und Sonderkundenlieferungen durch das LG München I

In der, soweit ersichtlich, ersten Entscheidung vom 1.12.2011 hat sich das **LG München I** mit der Problematik der konzessionsabgabenrechtlichen Abgrenzung von Sonder- und Tarifkundenlieferungen unter der Geltung der KAV auseinandersetzen müssen.[27] 52

aa) Der Fall

Ein EVU hatte mit einer Gemeinde im Jahr 1993 einen Gaskonzessionsvertrag geschlossen. Hierin verpflichtete sich das EVU, an die Gemeinde eine Konzessionsabgabe im Rahmen der gesetzlichen Bestimmungen zu zahlen. In § 4 Abs. 2 war ausdrücklich geregelt, dass bei Tarifkunden ausschließlich für Kochen und Warmwasser 1,21 Pf/kWh, bei sonstigen Tariflieferungen 0,53 Pf/kWh und bei Sondervertragskunden 0,06 Pf/kWh zu zahlen sind. 53

Das EVU bot bis zur Umstellung im Mai 2007 drei Tarife an, die sie als Classic, Comfort und Vario bezeichnete. Dabei war in den Preisblättern der Tarif Classic mit „Allgemeiner Tarif“ und die Tarife Comfort und Classic mit „Sonderpreise“ überschrieben. Konzessionsabgabenrechtlich rechnete das EVU für Lieferungen in dem Tarif Classic die Konzessionsabgaben für Tarifkunden und für Lieferungen in den Tarifen Comfort und Vario die Konzessionsabgaben für Sonderkunden ab. Prozentual ergab dies ein Verhältnis von ca. 5 zu 95%. 54

Die Gemeinde war der Auffassung, dass es sich bei den Kunden des EVU, die nach den Tarifen Vario und Comfort beliefert worden waren, nicht um Sondervertragskunden, sondern um Tarifkunden gehandelt habe. Mit diesen Kunden sei kein 55

---

26 BGH, Urt. v. 14.7.2010 – VIII 246/08 – Tz 13.

27 LG München I, Urt. v. 1.12.2011 – 17 HK O 25153/10 – nicht rechtskräftig; vgl. auch BFH BStBl. 1991 II, S. 315ff.

schriftlicher Vertrag geschlossen worden, sie hätten lediglich ein Begrüßungsschreiben erhalten. Auch der Umstand, dass die Preise öffentlich bekannt gemacht worden seien, spreche gegen das Vorliegen von Sonderkundenverträgen.

56 Die Gemeinde verlangte daher von dem EVU für die Lieferung in den Tarifen Comfort und Vario die Zahlung von Konzessionsabgaben für Tarifkunden für 2005 und anteilig für 2006 bis zur Umstellung der Tarife. Da sich das EVU weigerte, für Lieferungen in den Tarifen Comfort und Vario die Tarifkunden-KA zu zahlen, erhob die Gemeinde Zahlungsklage.

57 Das Verfahren landete, nachdem das **OLG München** das Vorliegen einer **Kartellrechtsstreitigkeit bejaht** hatte, beim **Landgericht München I** – Kammer für Handelssachen.

bb) Die Entscheidung des LG München I vom 1.12.2011

58 Das **LG München** wies mit Urteil vom 1.12.2011 die Klage als unbegründet ab.[28] Nach **Auffassung des Gerichts** hat das verklagte EVU die Kunden, die nach den Tarifen Comfort und Vario beliefert wurden, **zu Recht** als **Sondervertragskunden** behandelt und für diese lediglich die Sonderkunden-KA entrichtet.

59 Unter Verweis auf die höchstrichterliche Rechtsprechung zur Einordnung von Tarif- oder Sonderkunden im Rahmen von Preisanpassungen nach § 315 BGB kommt es nach Auffassung des **LG München** auch im zu beurteilenden Fall bei der Bewertung, ob es sich bei den öffentlich bekannt gemachten Preisen um Tarif- bzw. Grundversorgungsverträge mit allgemeinen Tarifpreisen oder allgemeinen Preisen im Sinne von § 36 Abs. 1 EnWG 2005 handelt, darauf an, ob das jeweilige **EVU die Versorgung** zu öffentlich bekannt gemachten Bedingungen und Preisen **aus der Sicht eines durchschnittlichen Abnehmers** im Rahmen einer **Versorgungspflicht nach § 36 Abs. 1 EnWG 2005 oder unabhängig davon im Rahmen der allgemeinen Vertragsfreiheit** anbietet.[29]

60 An dem Nebeneinander von Tarifverträgen (Grundversorgungsverträgen) und Sonderverträgen habe sich durch die Einführung der §§ 36 f. EnWG 2005 nichts geändert. Nur der Grundversorger sei nach § 36 EnWG verpflichtet, allgemeine Bedingungen und allgemeine Preise für die Versorgung in Niederdruck öffentlich bekannt zu geben. Daneben sehe jedoch § 41 EnWG ausdrücklich Verträge mit Haushaltskunden außerhalb dieser Grundversorgung vor, die sowohl von dem Grundversorger als auch von anderen EVU angeboten werden können.

61 Es sei vor diesem Hintergrund zu ermitteln, und zwar **aus Sicht durchschnittlicher Abnehmer**, zu denen auch die Mitglieder der erkennenden Kammer gehören, ob die Versorgung der jeweiligen Kunden durch das beklagte EVU in den Ta-

---

28 LG München I, Urt. v. 1.12.2011 – 17 HK O 25153/10 –.

29 Unter Hinweis auf BGH, Urt. v. 15.7.2009 – XII ZR 225/07 –.

rifen Comfort und Vario im Rahmen einer Versorgungspflicht nach § 36 EnWG 2005 oder unabhängig davon im Rahmen der allgemeinen Vertragsfreiheit erbracht wurde.

Aus dem Umstand, dass auf dem dem Kunden übersandten Begrüßungsschrei- 62
ben unter *„Ihr Tarif“* der dort einfügte Tarif Comfort oder Vario mit *„Sonderpreis“* bezeichnet und das gemeinsam übersandte Preisblatt mit *„Preise- und Preisbestimmungen für allgemeine Tarife und Sonderpreise“* überschrieben war, sowie dass in den übersandten Preisblättern zwischen „allgemeiner Tarif“ und „Sonderpreise“ unterschieden wurde, leitete das Gericht ab, dass ein **durchschnittlicher Abnehmer hieraus auf das Vorliegen eines Sonderkundenvertrags** schließen konnte. Das **LG München** führt wörtlich aus:

> „Den Durchschnittsverbrauchern der Beklagten, die nach den Tarifen Comfort oder Vario beliefert wurden und denen das Begrüßungsschreiben entsprechend Anlage B 18 und die jeweiligen Preisblätter entsprechend Anlagenkonvolut B 1 übersandt wurden, gingen aufgrund dieser Unterlagen **daher zwanglos davon aus, nach einem Sondertarif** beliefert zu werden, weshalb ihnen klar war, dass die Beklagte als Energieversorger die Versorgung nicht im Rahmen ihrer Pflicht zur Grundversorgung, sondern im Rahmen der allgemeinen Vertragsfreiheit anbot.“[30]

Die Einbeziehung der AVBGasV in die streitgegenständlichen Vertragsverhältnisse 63
sei ebenfalls kein Indiz für das Vorliegen von Tarifkundenverhältnissen, da eine Einbeziehung auch in Sonderverträge möglich sei, wodurch sie die Qualität allgemeiner Geschäftsbedingungen erhielten.[31]

cc) Würdigung der Entscheidung

Die Entscheidung des **LG München I** überzeugt auf ganzer Linie. Die Begriffe Son- 64
der- und Tarifkunde sind im EnWG und in der KAV gleichbedeutend. Die Rechtsprechung des BGH zur preisrechtlichen Einordnung gilt daher auch für die konzessionsrechtliche Einordnung. Aus Sicht eines durchschnittlichen Abnehmers können im zu beurteilenden Fall die dort angebotenen Tarife Comfort und Vario nur als Sonderkundentarife eingestuft werden. Die Versuche der klagenden Gemeinde, hieraus Tarifkundenlieferungen zu machen, überzeugen nicht. Um so mehr erstaunt, dass die Gemeinde gegen das Urteil Berufung vor dem **OLG München** eingelegt hat.

---

30 LG München I, Urt. v. 1.12.2011 – 17 HK O 25153/10 – S. 8.

31 LG München I, Urt. v. 1.12.2011 – 17 HK O 25153/10 – S. 8 unter Hinweis auf OLG Oldenburg, Urt. v. 12.2.2010 – 6 U 164/09 – S. 15 f.

2. Zulässigkeit der konzessionsabgabenrechtlichen Einordnung der Kunden als Tarif- oder Sondervertragskunden über Mengengrenzenvereinbarungen mit der Gemeinde?

65 Vor dem Hintergrund dieser Unklarheiten stellt sich die Frage, ob die jeweilige **Gemeinde** nicht die Möglichkeit hat, über die Vereinbarung von sog. **Mengengrenzenvereinbarungen**, etwa in dem jeweiligen Konzessionsvertrag, den Netzbetreiber bzw. den mit dem Netzbetreiber gesellschaftsrechtlich verbundenen Grundversorger zu verpflichten, Kundenverhältnisse bis zu einer bestimmten Liefermenge, z.B. 100.000 kWh, konzessionsabgabenrechtlich als Tarifkundenverhältnisse einzustufen.

Beispiel

Solche Vereinbarungen wurden im Gasbereich häufig insb. in Konzessionsverträgen bzw. Nebenabreden zu Konzessionsverträgen mit Stadtwerken mit kommunaler Eigentümerstruktur getroffen, in denen sich das EVU verpflichtete, bis zu einer bestimmten Mengengrenze bei Heizgaslieferungen Kunden als Tarifkunden einzustufen. Dabei wurden diese Mengengrenzen sehr unterschiedlich hoch vereinbart. Bekannt sind u.a. Fälle, in denen Heizgaslieferungen an Kunden bis zu 300.000 kWh/a, zum Teil bis 1 Mio. kWh/a als sonstige Tarifkundenlieferungen einzustufen waren. Für diese sonstigen Tarifkundenlieferungen musste dann die im Vergleich zur Sonderkunden-KA deutlich höhere Tarifkunden-KA an die Gemeinde gezahlt werden. Auf der Grundlage einer Vereinbarung gem. § 2 Abs. 6 KAV wurden diese höheren Konzessionsabgaben auch Drittlieferanten für deren Gaslieferungen an Kunden im jeweiligen Netzgebiet in Rechnung gestellt.

---

66 Jedenfalls bis zum Inkrafttreten des EnWG 2005 wurden in vielen Gaskonzessionsverträgen entsprechende vertragliche Mengengrenzvereinbarungen zur konzessionsabgabenrechtlichen Abgrenzung von Gaslieferungen, insb. von Heizgaslieferungen, an Tarifkunden oder Sondervertragskunden getroffen. Danach verpflichtete sich der Konzessionsvertragspartner, **Heizgaslieferungen bis zu einer bestimmten Mengengrenze** konzessionsabgabenrechtlich als **Tarifkundenlieferungen einzuordnen** und für diese Konzessionsabgaben in Höhe der für sonstige Tariflieferungen in Gemeinden gem. § 2 Abs. 2 Nr. 2b) KAV (je Gemeindegröße zwischen 0,22 und 0,40 ct/kWh) zu zahlen.

67 Solche Mengengrenzenvereinbarungen waren allerdings nicht nur Gegenstand von Konzessionsverträgen im Gasbereich, die auf der Grundlage des bis zum 13.7.2005 geltenden EnWG geschlossen worden sind. Trotz der mit Inkrafttreten des **2. NeuregelungsG zum 13.7.2005** in § 1 Abs. 3 und 4 KAV aufgenommenen Definition des Tarif- und des Sonderkunden im KA-Recht wurden in Konzessionsverträgen im Gasbereich weiterhin entsprechende Vereinbarungen aufgenommen.

68 Nun regelt die KAV Höchstpreisrecht. Folglich dürfen Abweichungen von ihr nur dann vereinbart werden, wenn dies die KAV zulässt. Vor diesem Hintergrund stellt sich die Frage, ob und inwieweit Mengengrenzenvereinbarungen seit dem 13.7.2005 vereinbart werden dürfen.

a) Zulässigkeit von Mengengrenzenvereinbarungen nach dem bis zum EnWG 2005 geltenden Recht

Es wurde bereits dargelegt,[32] wie die unter dem bis zum 13.7.2005 geltenden Recht konzessionsabgabenrechtlich Tarif- und Sonderkunden eingeordnet worden sind. Danach wurden als Tarifkunden im konzessionsabgabenrechtlichen Sinne sowohl im Strom- als auch im Gasbereich diejenigen Kunden angesehen, die als Tarifabnehmer im Rahmen der allgemeinen Versorgung von Letztverbrauchern gem. § 10 Abs. 1 S. 1 EnWG 1998 sowie der BTOElt bzw. der BTOGas mit Strom oder Gas beliefert wurden. Hieran änderte auch die Aufhebung der BTOGas im Jahr 1998 nichts, da allgemeine Tarife auch ohne eine Tarifordnung bzw. ohne Genehmigung festgelegt werden konnten. 69

Soweit die Kunden dagegen auf der Grundlage von Sonderverträgen beliefert wurden, waren diese Lieferungen konzessionsabgabenrechtlich als Lieferungen an Sondervertragskunden einzustufen. 70

Dabei **entschied** als notwendige Folge der jeweiligen Wettbewerbssituation des Gases zu den Konkurrenzenergien im Versorgungsgebiet grundsätzlich das jeweilige **EVU** im Rahmen des Energieaufsichtsrechts autonom **über die Einstufung eines Kunden** als Tarif- oder Sondervertragskunden.[33] 71

Infolge des mit Inkrafttreten des 1. NeuregelungsG 1998 sich für den Wettbewerb öffnenden Energiemarktes und der damit verbundenen Möglichkeit einer Belieferung durch Dritte aufgrund von Sonderverträgen wurde mit der am 22.7.1999 in Kraft getretenen Ersten Verordnung zur Änderung der KAV[34] in § 2 Abs. 7 KAV **im Strombereich die bereits angesprochene Leistungs- und Mengengrenze eingeführt.** Danach galten konzessionsabgabenrechtlich Stromlieferungen aufgrund von Sonderkundenverträgen aus dem Niederspannungsnetz als Lieferungen an Tarifkunden, es sei denn, die gemessene Leistung des Kunden überschritt in mindestens zwei Monaten des Abrechnungsjahres 30 kW und der Jahresverbrauch betrug mehr als 30.000 kWh. 72

Wie dargelegt, zielt diese Regelung darauf ab zu verhindern, dass das **KA-Aufkommen** im Wettbewerb durch den Abschluss von Sonderkundenvertragen gemindert wird.[35] 73

Wie ebenfalls bereits dargelegt, wurde eine § 2 Abs. 7 KAV entsprechende Regelung für den Gasbereich vom Verordnungsgeber unter Hinweis auf die Wettbewerbssituation des Gases mit anderen Energieträgern ausdrücklich abgelehnt.[36] 74

---

32 Unter Rn 30ff.

33 Vgl. Auslegungshinweise des BMWi zur KAV, Nr. 6, auf eine Ergänzungsfrage des DStGB, dokumentiert bei *Immesberger*, § 2 KAV Rn 37a; *Cronenberg*, et 1992, 175, 177; *Kühne*, RdE 2009, 6, 7.

34 BGBl. I S.1669, in Kraft getreten am 31.7.1999.

35 Amtliche Begründung zu § 2 Abs. 7 KAV, BR-Drucks. 358/99, S. 5.

36 Amtliche Begründung zu § 2 Abs. 7 KAV, BR-Drucks. 358/99, S. 7.

75 In diesem Zusammenhang wies der Verordnungsgeber allerdings ebenfalls darauf hin, dass ohnehin häufig **in** den **Gaskonzessionsverträgen vertraglich vereinbart** sei, ob die Heizgasversorgung als Tarif- oder Sondervertragslieferung auszugestalten ist.[37]

76 Dieser Aussage kann entnommen werden, dass zumindest der Verordnungsgeber von der Zulässigkeit entsprechender Mengengrenzenvereinbarungen unter dem des bis zum 13.7.2005 geltenden Rechts ausging. Insoweit war es der Gemeinde jedenfalls bis zu diesem Zeitpunkt erlaubt, sich im Rahmen des Konzessionsvertrags im Gasbereich mit dem Vertragspartner darüber zu verständigen, dass (Heiz-) Gaslieferungen in einem bestimmten Umfang konzessionsabgabenrechtlich als Tarifkundenlieferungen einzuordnen waren.[38]

77 Dies bedeutet aber nicht, dass die Gemeinde bis zu diesem Zeitpunkt eine solche Forderung im Rahmen von Konzessionsvertragsverhandlungen einseitig aufstellen konnte. Wie bereits dargestellt,[39] entschieden die EVU grundsätzlich autonom über die Einordnung der (Heiz-)Gaslieferungen als Tariflieferung oder als Sondervertragslieferung. Den Gemeinden war auch seinerzeit unter kartellrechtlichen Aspekten untersagt, hierauf einzuwirken. Insoweit wäre es unter kartellrechtlichen Gesichtspunkten, aber auch unter dem Gesichtspunkt des bereits in Kapitel 3 ausführlich behandelten Nebenleistungsverbots verboten gewesen, die Vergabe des Konzessionsvertrags von der Vereinbarung einer solchen Mengengrenzregelung abhängig zu machen.[40]

b) Unzulässigkeit von Mengengrenzenvereinbarungen jedenfalls seit Inkrafttreten des EnWG 2005

aa) Erstmals Aufnahme einer Definition von § 1 Abs. 3 und Abs. 4 KAV

78 Wie bereits dargelegt,[41] wurde durch den am 13.7.2005 in Kraft getretenen Art. 3 Abs. 40 des 2. NeuregelungsG in § 1 Abs. 3 und Abs. 4 KAV erstmalig eine Definition des Tarifkunden sowie des Sondervertragskunden eingefügt.

79 Nach § 1 Abs. 3 KAV sind **Tarifkunden** im konzessionsabgabenrechtlichen Sinne Kunden, die auf Grundlage von Verträgen nach §§ 36 und 38 sowie § 115 Abs. 2 und § 116 des EnWG beliefert werden.

---

37 Amtliche Begründung zu § 2 Abs. 7 KAV, BR-Drucks. 358/99, S. 7.
38 So auch *Kühne*, RdE 2009, 6, 8; Kermel/Brucker/Baumann/*Keller*, S. 181.
39 Unter Rn 30ff.
40 Vgl. Auslegungshinweise des BMWi zur KAV, Nr. 6, auf eine Ergänzungsfrage des DStGB, dokumentiert bei *Immesberger*, § 2 KAV Rn 37a; *Cronenberg*, ET 1992, 175, 177; *Kühne*, RdE 2009, 6, 7; siehe hierzu auch BKart, Beschl. v. 16.9.2009 – B 10-11/09 – Rz 56 „GAG Ahrensburg" und Beschl. vom 27.4.2010 – B10 – 42/09 – Rz 45, 46 „Stadtwerke Völklingen".
41 S.o. Rn 10ff.

Kunden, die keine Tarifkunden sind, sind nach § 1 Abs. 4 KAV **Sondervertragskunden.** 80

Lediglich für Stromlieferungen legt § 2 Abs. 7 KAV eine besondere konzessionsabgabenrechtliche Fiktion des Tarifkundenbegriffs mit Bezug auf die Spannungsebene, die gemessene Leistung sowie den Jahresverbrauch je Abnahmestelle fest. Auf eine vergleichbare Regelung für die Gasversorgung wurde bewusst verzichtet. 81

bb) Folgen für die konzessionsabgabenrechtliche Einordnung von Kundenlieferungen aus Sicht des BKartA

Nach Auffassung des **BKartA** haben die in der KAV aufgenommenen **Definitionen des Tarif- und des Sonderkunden** nach § 1 Abs. 3 und Abs. 4 KAV Auswirkungen auf die Zulässigkeit von **Mengengrenzenvereinbarungen.** 82

So sind nach Auffassung des BKartA § 1 Abs. 3 und Abs. 4 KAV auch bei der Konzessionsabrechnung für Lieferungen des Grundversorgers zu beachten, auch wenn er grundsätzlich bei der Ausgestaltung seines Tarifangebotes darin frei sei, ob er neben den Grundversorgungstarifen auch Sonderverträge anbietet. Allerdings setze die **KAV** im Hinblick auf die **konzessionsabgabenrechtliche Einordnung von Lieferverträgen Grenzen.** Infolge des Verweises in § 1 Abs. 3 KAV auf § 36 EnWG bestehe eine **Grundversorgungspflicht nur für Haushaltskunden.** 83

Der Begriff des Haushaltskunden ist in § 3 Nr. 22 EnWG legaldefiniert als: 84

> „Letztverbraucher, die Energie überwiegend für den Eigenverbrauch im Haushalt oder für den Jahresverbrauch von 10.000 kWh nicht übersteigenden Eigenverbrauch für berufliche, landwirtschaftliche oder gewerbliche Zwecke kaufen."

Hieraus leitet das BKartA ab: 85

> „Demnach sind die **pauschale konzessionsabgabenrechtliche Einordnung aller Kunden als Tarifkunden** ebenso wie **eine höhere Mengengrenze unzulässig**, da damit Kunden konzessionsabgabenrechtlich als Tarifkunden eingeordnet werden, die nach § 1 Abs. 3 KAV i. V. m. §§ 36 Abs. 1 und 3 Nr. 22 keine Tarifkunden sind."[42]

Das BKartA geht noch einen Schritt weiter, indem es die Festlegung einer Mengengrenze für die Abrechnung der Tarifkunden-KA im Konzessionsvertrag durch den Netzbetreiber und die Kommune für unter dem Gesichtspunkt des in § 3 KAV geregelten Nebenleistungsverbotes für unzulässig hält. Wörtlich führt das BKartA aus: 86

> „Dabei wäre selbst die Festlegung einer Mengengrenze für die Abrechnung der Tarifkundenkonzessionsabgabe im Konzessionsvertrag durch den Netzbetreiber und die Kommune unzu-

42 BKartA, Beschl. v. 16. 9.2009 – B 10-11/09 – Rz 56 „GAG Ahrensburg".

lässig. Im Konzessionsvertrag wird dem Netzbetreiber nach § 1 Abs. 2 KAV das Recht zur Benutzung öffentlicher Verkehrswege für die Verlegung und den Betrieb von Leitungen, die der unmittelbaren Versorgung von Letztverbrauchern im Gemeindegebiet mit Strom und Gas dienen, gewährt. Die zulässigen Gegenleistungen des konzessionsnehmenden Netzbetreibers sind in § 3 KAV festgelegt. Die Ausgestaltung des Tarifangebots eines mit dem Netzbetreiber identischen oder konzernverbundenen Grundversorgers gehört nicht dazu und ist damit unzulässig."[43]

87 In einem zweiten Beschluss hat das BKartA diese Auffassung bestätigt und auch auf den Fall angewendet, in dem sich der Netzbetreiber verpflichtet hatte sicherzustellen, dass innerhalb einer bestimmten Mengengrenze vom Grundversorger keine Sonderkundenverträge angeboten werden.[44] In diesem Beschluss führt das BKartA aus:

„Dabei wäre selbst die Festlegung einer Mengengrenze für die Abrechnung der Tarifkundenkonzessionsabgabe im Konzessionsvertrag durch den Netzbetreiber und die Kommune unzulässig. **Gleiches gilt für ein Verbot des Abschlusses von Sonderkundenverträgen.** Im Konzessionsvertrag wird dem Netzbetreiber nach § 1 Abs. 2 KAV das Recht zur Benutzung öffentlicher Verkehrswege für die Verlegung und den Betrieb von Leitungen, die der unmittelbaren Versorgung von Letztverbrauchern im Gemeindegebiet mit Strom und Gas dienen, gewährt. Die zulässigen Gegenleistungen des konzessionsnehmenden Netzbetreibers sind in § 3 KAV festgelegt. Die Ausgestaltung des Tarifangebots eines mit dem Netzbetreiber identischen oder konzernverbundenen Grundversorgers gehört nicht dazu und ist somit unzulässig. Folglich **kann kein Konzessionsvertrag die Freiheit des konzernverbundenen Grundversorgers beschneiden, Haushaltskunden Sonderverträge anzubieten.** Die Entscheidung über diese Frage ist somit eine rein unternehmerische und sie zu beantworten obliegt allein dem Grundversorger, d. h. seinen geschäftsführenden Organen bzw. seinen Gesellschaftern im Rahmen ihrer gesellschaftlichen Befugnisse."[45]

cc) Stellungnahme

88 Zwar liegen gerichtliche Entscheidungen über die Frage, ob die Kommune im Rahmen von Konzessionsvertragsschlüssen im Gasbereich zulässiger Weise Mengengrenzenvereinbarungen schließen dürfen, bislang nicht vor. So musste insb. das **OLG Düsseldorf,** das über die Rechtmäßigkeit der Missbrauchsverfügung des BKartA in Sachen GAG Ahrensburg zu entscheiden hatte, sich mit dieser Frage nicht beschäftigen, da das betroffene Unternehmen diesen Aspekt der Einstufungspraxis bereits geändert hatte, nachdem das BKartA diese Abrechnungspraxis angemahnt hatte.[46]

---

43 BKartA, Beschl. v. 16. 9.2009 – B 10-11/09 – Rz 57 „GAG Ahrensburg".
44 BKartA, Beschl. v. 27.4.2010 – B10 – 42/09 – Rz 45 u. 46 „Stadtwerke Völklingen".
45 BKartA, Beschl. v. 27.4.2010 – B10 – 42/09 – Rz 46 „Stadtwerke Völklingen", unter Hinweis auf *Tittel/Otto*, RdE 2009, 368, 370, 372.
46 OLG Düsseldorf, Beschl. v. 19.10.2011 – VI-3 Kart 1/11 (V) – Rz 11 „GAG Ahrensburg".

Losgelöst hiervon ist der **Auffassung des BKartA zuzustimmen.** Das Versorgungsrecht und die Versorgungspflicht innerhalb des jeweiligen Konzessionsgebietes sind jedenfalls seit Inkrafttreten des EnWG 2005 nicht mehr Bestandteil des Konzessionsvertrags. Die Bestimmung desjenigen, der dieses Recht bzw. diese Pflicht übernimmt, obliegt nicht der jeweiligen Kommune, sondern wird nach dem in § 36 EnWG festgelegten Verfahren bestimmt.[47] Nur der jeweilige Grundversorger kann, außerhalb der ihn treffenden Pflicht zur Grund- und Ersatzversorgung, darüber entscheiden, ob und wie er weitere Tarife ausgestaltet, d.h. zusätzliche allgemeine Tarife oder Sondertarife anbietet. Auf den **Grundversorger** darf die **jeweilige Kommune keinen Einfluss** nehmen – sei es direkt, sei es über den mit dem Grundversorger verbundenen Netzbetreiber. Damit ist es der jeweiligen **Kommune aber auch verwehrt,** eine solche Einflussnahme durch eine im Konzessionsvertrag vereinbarte Mengengrenze herbeizuführen. 89

Mengengrenzenvereinbarungen in Konzessionsverträgen sind nicht nur ab Überschreitung einer bestimmten Mengengrenze,[48] sondern generell **unzulässig.** Sie verstoßen gegen das in § 3 KAV geregelte Nebenleistungsverbot[49] und gleichzeitig auch gegen das Höchstpreisrecht der KAV insgesamt. 90

Mengengrenzenvereinbarungen, die über die Fortgeltung von Altverträgen i.S.d. §§ 115 Abs. 2 und 116 EnWG zu einer von § 1 Abs. 3 und Abs. 4 KAV abweichenden Einstufung bestimmter Verträge als Tarifkundenverträgen führten, sind infolge der ausgelaufenen Übergangsfristen überholt und nicht mehr zu bewerten.[50] 91

3. Wer bestimmt in Fällen der Durchleitung die Einordnung der Kunden?

Neben der – zu verneinenden – Frage, ob die Kommunen über Mengengrenzenvereinbarungen in Gaskonzessionsverträgen auf die Tarifgestaltung des Grundversorgers bzw. die Einordnung der Kunden als Tarif- oder Sondervertragskunden Einfluss nehmen dürfen, spielte in diesem Zusammenhang bislang eine weitere Frage in der Beratungspraxis eine wesentliche Rolle. Es ging um die Frage, **wer in den sog. Durchleitungsfällen bzw. Fällen der Drittlieferung** die **konzessionsabgabenrechtliche Einordnung der belieferten Kunden vornimmt.** Denkbar ist einmal der Drittlieferant, der die Lieferung tatsächlich übernimmt. In Betracht kommt aber auch der Netzbetreiber, der Konzessions-Vertragspartner der jeweiligen Kommune ist. 92

---

47 S. hierzu Kap. 2 Rn 111 f.
48 Insoweit irren *Kühne*, RdE 2009, 6, 12 und *Keller-Herder*, S. 199 ff.
49 BKartA, Beschl. v. 16.9.2009 – 10/11/09 – Rz 57 „GAG Ahrensburg“ und Beschl. v. 27.4.2010 – B10 – 42/09 – Rz 46 „ Stadtwerke Völklingen“; *Tittel/Otto*, RdE 2009, 368, 370.
50 Vgl. hierzu Kermel/Brucker/Baumann/*Keller*, S. 187 ff.

a) Einordnung durch den Drittlieferanten

93 In Erwägung kommt zunächst derjenige, der die Lieferung an den Kunden vornimmt, d.h. der **Drittlieferant.**

94 Der Drittlieferant ist in dem Versorgungsgebiet nicht Grundversorger. Er kann folglich auch keine Grund- oder Ersatzversorgungsverträge im Sinne von §§ 36 bzw. 38 EnWG schließen. Damit kann der Drittlieferant **keine Verträge mit Tarifkunden** i.S.d. **§ 1 Abs. 3 KAV** abschließen, sondern ausschließlich Sonderkundenkundenverträge im Sinne von § 41 EnWG.

95 Der konzessionsabgabenrechtliche Tarifkundenbegriff in § 1 Abs. 3 KAV erfasst über die Bezugnahme auf § 36 EnWG aber nur die Grundversorgungsverträge und über die Bezugnahme auf § 38 EnWG nur die Ersatzversorgung. Demgegenüber verweist § 1 Abs. 3 KAV **nicht auf § 41 EnWG.** § 1 Abs. 3 KAV verweist auch nicht auf noch fortlaufende Normsonderkundenverträge i.S.d. § 115 Abs. 3 EnWG, d.h. auf „Verträge über die Belieferung von Haushaltskunden mit Energie außerhalb der bis zum Inkrafttreten des EnWG 2005 bestehenden allgemeinen Versorgungspflicht".

96 Einer **erweiternden Auslegung** des Anwendungsbereichs von **§ 1 Abs. 3 KAV auf Lieferverträge mit Drittlieferanten ist nicht möglich.** Ihr steht die gegenläufige Definition des **§ 1 Abs. 4 KAV** entgegen. Dieser weist alle Kunden, die nicht unter § 1 Abs. 3 KAV fallen, **ausdrücklich dem Sonderkundenbegriff** zu.[51]

97 Erfolgt die Einordnung der zu beliefernden Kunden am Maßstab des Drittlieferanten, können diese Lieferverhältnisse konzessionsabgabenrechtlich nur als Sonderkundenverträge eingestuft werden.

b) Einordnung durch den Netzbetreiber aufgrund der Regelung in § 2 Abs. 6 KAV?

98 Gegen eine Einordnung der Kunden im Fall der Durchleitung durch den Drittlieferanten könnte allerdings die Regelung in **§ 2 Abs. 6 S. 1** KAV sprechen. Danach können in den Fällen, in denen Dritte im Wege der Durchleitung Strom oder Gas an Letztverbraucher liefern, im Verhältnis zwischen Netzbetreiber und Gemeinde für diese Lieferungen Konzessionsabgaben bis zu der Höhe **vereinbart oder gezahlt werden**, wie sie der Netzbetreiber in vergleichbaren Fällen für Lieferungen seines Unternehmens oder durch verbundene oder assoziierte Unternehmen in diesem Konzessionsgebiet zu zahlen hat. Satz 2 berechtigt den Netzbetreiber dazu, diese Konzessionsabgaben dem Durchleitungsentgelt hinzuzurechnen.

99 Als **vergleichbarer Fall** im Sinne dieser Vorschrift könnte die Lieferung des zum Unternehmensverbund des **Netzbetreibers** gehörenden Grundversorgers zählen. Dann wäre maßgeblich, wie der **Grundversorger** diese Lieferung einordnen würde, unterstellt, er wäre Lieferant.

51 So auch BKartA, Beschl. v. 27.4.2010 – B10 – 42/09 – Rz 43 „Stadtwerke Völklingen" als Argument gegen *Kühne*, RdE 2010, 6, 8 ff. und *Keller-Herder*, S. 199 ff.

Für diese Auffassung könnte die Begründung des Verordnungsgebers sprechen. Danach dient § 2 Abs. 6 KAV der **Gleichbehandlung der Netznutzer** auch im KA-Recht und damit der **Wettbewerbsneutralität** der Konzessionsabgaben im Verhältnis zwischen Netzbetreiber und dritten Wettbewerbern. Entscheidend für die Höhe der Konzessionsabgaben im Wettbewerb ist danach nicht mehr, ob die Energie im Rahmen eines Tarif- oder Sonderkundenvertrags geliefert wird. Maßstab für die Höhe der Konzessionsabgaben in diesen Fällen ist allein, welche Konzessionsabgaben entsprechend dem mit der Gemeinde abgeschlossenen Konzessionsvertrag bei Belieferung durch den bisherigen Lieferanten anfallen würde.[52] 100

Zwischen dieser Regelung, die im Zuge des 2. NeuregelungsG unverändert geblieben ist und dem Tarifkundenbegriff gem. § 1 Abs. 3 KAV besteht ein **Widerspruch.** Während auf der Grundlage von § 1 Abs. 3 und Abs. 4 KAV Lieferungen durch Drittlieferanten nur auf der Grundlage von Sonderverträgen erfolgen können, könnte über § 2 Abs. 6 KAV die Möglichkeit bestehen, dass die Gemeinde und der Netzbetreiber als Partner des Konzessionsvertrags Einfluss auf die Höhe der Konzessionsabgaben nehmen. 101

Der Auffassung, wonach es auf die Tarifstruktur des Grundversorgers ankommt, haben BKartA und **OLG Düsseldorf** allerdings eine klare Absage erteilt. 102

c) Die Entscheidung des OLG Düsseldorf vom 19.10.2011

Nach Auffassung des **OLG Düsseldorf**[53] kann für Durchleitungen Dritter, die mit ihren Kunden Sonderkundenverträge abgeschlossen haben, der Netzbetreiber nur die **Konzessionsabgaben für Sondervertragskunden** gem. § 2 Abs. 3 Nr. 2 KAV erheben. Für die Vergleichbarkeit der Lieferung nach **§ 2 Abs. 6 S. 1 KAV** sei allein die materiell-rechtliche Kundenstruktur und damit die Definition der Kundengruppen nach § 1 Abs. 3 und Abs. 4 KAV maßgeblich, **nicht dagegen die Tarifstruktur des mit dem Netzbetreiber verbundenen Vertriebs.** 103

aa) Der Fall

Das betroffene EVU ist eine kommunale Eigengesellschaft. Nach Übernahme des örtlichen Gasnetzes war das Unternehmen zunächst in der Gasversorgung einschließlich des Netzbetriebs, später auch im Stromvertrieb tätig. Eine Verpflichtung zur rechtlichen und operationellen Entflechtung des Netzbetriebs nach dem EnWG bestand aufgrund der Einwohnerzahl nicht. Als Grundversorger in der Gasversorgung bot das EVU Kunden nur einen Tarif an, der verbrauchsunabhängig verschiedene Tarifstufen vor- 104

52 BR-Drucks. 358/99, S. 4f.

53 OLG Düsseldorf, Beschl. v. 19.10.2011 – VI-3 Kart 1/11 (V) – = ZNER 2011, 623ff. „GAG Ahrensburg".

sah. Haushaltskunden bis zu einem Verbrauch von 100.000 kWh im Stadtgebiet versorgte das EVU ausschließlich im Wege der Grund- und Ersatzversorgung, die Kunden des Umlands versorgte sie über Sonderkundenverträge.

105 In § 7 Abs. 2 des Konzessionsvertrags war vereinbart, dass in den Fällen, in denen Letztverbraucher im Wege der Durchleitung von Dritten Gas geliefert erhalten, das EVU die Konzessionsabgaben dem Durchleitungsentgelt hinzurechnet, das es mit Dritten als Entgelt für die Netznutzung vereinbaren werde. Weiter verpflichtete sich das EVU, **für diese Lieferungen von Dritten die Konzessionsabgaben an die Stadt in derselben Höhe zu zahlen, wie für eine unmittelbare Versorgung durch das EVU zu zahlen wäre.**

106 In der Folgezeit rechnete das EVU für alle von ihm versorgten Kunden ihres Netzbetriebs, die sie unterhalb einer Abnahmemenge von 100.000 kWh pro Jahr belieferte, Konzessionsabgaben für Tarifvertragskunden ab. Folglich rechnete sie auch für **Gewerbekunden oberhalb von 10.000 kWh,** aber unterhalb von 100.000 kWh, die hohe **Tarifkunden-KA** ab.

107 In **Durchleitungsfällen** innerhalb ihres Netzgebietes rechnete sie dem Durchleitungsentgelt **bei einer Abrechnungsmenge von bis zu 100.000 kWh ebenfalls die hohe Tarifkunden-KA** hinzu.

108 Nachdem das **BKartA** diese Abrechnungspraxis im Juni 2009 abgemahnt hatte, änderte das EVU einen Aspekt ihrer Einstufungspraxis, nämlich die „mengenbezogene Abgrenzung“ von Tarifkunden. Hiernach stufte sie **Gewerbekunden oberhalb von 10.000 kWh nicht mehr als Tarifkunden,** sondern als Sondervertragskunden ein, da es sich um keine Haushaltskunden i. S. d. § 3 Nr. 22 EnWG handeln würde.

bb) Missbrauchsverfügung des BKartA

109 Da das EVU im Übrigen an ihrer Abrechnungspraxis festhielt, insbesondere auch weiterhin in Durchleitungsfällen die hohe Tarifkunden-KA abrechnete, erließ das BKartA mit Beschluss vom 16.9.2009 gegen das EVU eine Missbrauchsverfügung. Ziffer 1 lautete dabei wie folgt:

> „Der Beteiligten wird aufgegeben, ab dem auf die Zustellung des Beschlusses folgenden Tag sämtliche Gaslieferungen Dritter (d. h. nicht mit der Beteiligten nach § 36 Abs. 2 GWB verbundener Unternehmen) im Wege der Durchleitung an Letztverbraucher als Lieferungen an Sondervertragskunden einzustufen. Dem entsprechend darf die Beteiligte gegenüber Dritten im Rahmen des § 2 Abs. 6 S. 2 KAV dem Netznutzungsentgelt höchstens ein Entgelt in Höhe des im Konzessionsvertrag mit der Stadt A. jeweils festgelegten Konzessionsabgaben-Satzes für Sondervertragskunden hinzurechnen. Keinesfalls darf das Entgelt jedoch den in der KAV vorgesehenen Konzessionsabgaben-Höchstsatz für die Belieferung von Sondervertragskunden (gem. § 2 Abs. 3 Nr. 2 KAV derzeit 0,03 ct/kWh) überschreiten.“[54]

54 BKartA, Beschl. v. 16.9.2009 – B10 – 11/09 „GAG Ahrensburg“.

110 Nach Auffassung des BKartA verletzt das EVU durch die Abrechnung der hohen Tarifkunden-KA gegenüber Drittlieferanten § 2 Abs. 3 Nr. 2 KAV, nach dem bei der Belieferung von Sondervertragskunden ein KA-Satz von 0,03 ct/kWh nicht überschritten werden darf. Dieser Höchstsatz begrenze über § 2 Abs. 6 S. 1, 2 KAV auch die gegenüber Dritten maximal zulässigen Konzessionsabgaben, welche dem Durchleitungsentgelt hinzugerechnet werden dürften.[55]

111 Der Versuch des EVU, für Gaslieferungen an Letztverbraucher durch Dritte im Wege der Durchleitung höhere Konzessionsabgaben als nach § 2 Abs. 3 Nr. 2 KAV zulässig in Rechnung zu stellen, stelle somit einen **Missbrauch der marktbeherrschenden Stellung des EVU** dar. Eine Rechtfertigung dieses missbräuchlichen Verhaltens sei nicht ersichtlich.[56]

112 Gegen diese Verfügung legte das EVU Beschwerde bei dem **OLG Düsseldorf** ein.

cc) Die Aussagen des OLG Düsseldorf

113 Das OLG Düsseldorf schloss sich jedoch in der Sache der Auffassung des BKartA an und wies die Beschwerde des EVU zurück. Wegen der grundsätzlichen Bedeutung sollen im Folgenden die wesentlichen Aussagen des Gerichts dargestellt werden:

– **Fehlende Zuständigkeit des BKartA**

114 Zunächst verneinte das OLG Düsseldorf die **sachliche Zuständigkeit des BKartA.** Nach Auffassung des Gerichts sei in Fällen des Behinderungsmissbrauchs eines Netzbetreibers gem. § 130 Abs. 3 GWB i. V. m. § 111 Abs. 1, 2 EnWG ausschließlich die Regulierungsbehörden und nicht die Kartellbehörden zuständig.[57] Da das EVU in dem Verfahren vor dem BKartA jedoch dessen Unzuständigkeit nicht gerügt habe, sondern erst im Beschwerdeverfahren, könne es die Beschwerde nicht auf die fehlende Zuständigkeit stützen. Insoweit sei die Rüge nicht rechtzeitig erfolgt.[58]

– **Vorliegen eines Behinderungsmissbrauchs**

115 In der Sache sei der vom BKartA gemachte Vorwurf eines Behinderungsmissbrauchs begründet. Das EVU habe **dadurch, dass es in Durchleitungsfällen die Tarifkunden-KA abgerechnet habe,** ihre Stellung als Netzbetreiberin durch die Erhebung überhöhter Konzessionsabgaben **missbraucht** und dadurch **die Wettbewerbsmöglichkeiten anderer Unternehmen** auf dem nachgelagerten Markt für die Versor-

55 BKartA, Beschl. v. 16.9.2009 – B10 – 11/09 – Rz 53 „GAG Ahrensburg“.
56 BKartA, Beschl. v. 16.9.2009 – B10 – 11/09 – Rz 65 „GAG Ahrensburg“.
57 OLG Düsseldorf, Beschl. v. 19.10.2011 – VI-3 Kart 1/11 (V) – Rz 53ff. = ZNER 2011, 623, 624f. „GAG Ahrensburg“.
58 OLG Düsseldorf, Beschl. v. 19.10.2011 – VI-3 Kart 1/11 (V) – Rz 57ff. = ZNER 2011, 623, 625 „GAG Ahrensburg“.

gung von Endkunden mit Gas in diesem Versorgungsgebiet in einer für den Wettbewerb auf dem Markt erheblichen Weise ohne sachlich gerechtfertigten Grund **beeinträchtigt.**[59]

116 **§ 2 Abs. 6 S. 1 KAV** berechtige das EVU **nicht, auf die Tarifstruktur des Grundversorgers abzustellen.** Schon die Systematik der Regelungen der KAV spreche allein dafür, auf die **materiell-rechtliche Kundenstruktur abzustellen.**

117 Angesichts des klaren und **eindeutigen Wortlauts des § 1 Abs. 3 KAV,** der an das konkrete Lieferverhältnis und nicht an das Abnahmeverhalten des Letztverbrauchers anknüpft, sei für eine **erweiternde Auslegung kein Raum. Haushaltskunden** mit Lieferverträgen **außerhalb** der Grundversorgung könnten daher **nicht zu dem Tarifkunden** i.S.v. § 1 Abs. 3 KAV **zählen.**[60]

118 Die in **§ 1 Abs. 3 und Abs. 4 KAV** festgelegte Anknüpfung an das **konkrete,** nach Maßgabe des EnWG definierte **Versorgungsverhältnis** könne **nicht zur Disposition der Parteien des Konzessionsvertrags** stehen und müsse daher auf die Regelung des § 2 Abs. 6 KAV ausstrahlen. Es würde aber **unterlaufen werden,** wenn der mit dem Netzbetreiber identische oder verbundene **Vertrieb über die Ausgestaltung seiner Tarife die Möglichkeit hätte, die Höhe der Konzessionsabgaben für Sondervertragskunden des durchleitenden Versorgers zu beeinflussen.**

119 Aufgrund der Entflechtung des Netzbetriebs ist die noch unter der Geltung des EnWG 1998 vorhandene zwingende Identität von Verteilnetzbetreiber und allgemeinen Versorger entfallen. Da eine **Konzessionierung der Versorgungstätigkeit nicht mehr stattfindet,** könne es **für die Höhe der Konzessionsabgaben nicht mehr auf die Ausgestaltung der Lieferbeziehungen zwischen Konzessionsnehmer und dem Letztverbraucher im Versorgungsgebiet** ankommen. Die Zuordnung des Kunden durch den allgemeinen Versorger sei hinfällig. Daher habe der **Verordnungsgeber in § 1 Abs. 3 und Abs. 4 KAV die Zuordnung der Kunden zu Tarif- und Sonderkunden** selbst vorgenommen. Dies müsse auch auf § 2 Abs. 6 KAV durchschlagen.[61]

120 Daran, dass in **Durchleitungsfällen** nur die **Sonderkunden-KA** verlangt werden könne, ändere sich auch nichts dadurch, dass damit **zwangsläufig die Gefahr des Rückgangs des KA-Aufkommens verbunden** sei. Denn angesichts der erfolglosen Versuche, eine § 2 Abs. 7 KAV vergleichbare Regelung für den Gasbereich auf-

59 OLG Düsseldorf, Beschl. v. 19.10.2011 – VI-3 Kart 1/11 (V) – Rz 65 ff., ZNER 2011, 623, 625 f. „GAG Ahrensburg".

60 *Rosin/Semmler/Hermeier*, et 2010, S. 88 ff.; *Lecheler*, WuW 2009, 1249; a. A. *Keller-Herder*, S. 193 ff.; *Kühne*, RdE 2010, 6, 9; *Höch/Kalwa*, ZNER 2009, 361, 364 f.; *Tödtmann/Kaluza*, ZNER 2011, 412 ff.; *Tittel/Otto*, RdE 2009, 368 ff.

61 OLG Düsseldorf, Beschl. v. 19.10.2011 – VI-3 Kart 1/11 (V) – Rz 76 ff. = ZNER 2011, 623, 626 „GAG Ahrensburg".

zunehmen, habe man diese Gefahr von Seiten des Gesetz- bzw. Verordnungsgebers offensichtlich in **Kauf genommen.**[62]

dd) Stellungnahme

Die Entscheidung des **OLG Düsseldorf** ist überzeugend und in der Sache zutreffend. 121
Angesichts der bewussten Trennung des Netzbetriebs auch von der vertrieblichen Seite kann es bei der Höhe der in Durchleitungsfällen zu zahlenden Konzessionsabgaben nicht auf die Tarifstruktur des Grundversorgers ankommen. Dies würde die Entflechtungsvorgaben ad absurdum führen. Maßgeblich kann nur die Kundenstruktur sein. Da der Drittlieferant nach den klaren Vorgaben des EnWG nur auf der Grundlage von Sonderkundenverträgen liefern kann, kann folglich in Durchleitungsfällen auch nur die Sonderkunden-KA anfallen.

Hinzuweisen bleibt darauf, dass das **OLG Düsseldorf** die **Rechtsbeschwerde** 122
an den BGH wegen grundsätzlicher Bedeutung zugelassen hat.

Praxistipp

Drittlieferungen sollten auf der Grundlage der Rechtsprechung des OLG Düsseldorf konzessionsabgabenrechtlich ausschließlich als Lieferungen an Sondervertragskunden abgerechnet werden. Dementsprechend ist hier nur die Sonderkunden-KA nach § 2 Abs. 3 KAV in Ansatz zu bringen.

Keinesfalls sollte in Konzessionsverträgen eine Regelung aufgenommen werden, nach denen der Netzbetreiber in Durchleitungsfällen Konzessionsabgaben in Höhe der Tarifkunden-KA in Ansatz zu bringen.

III. Konzessionsabgaben auch außerhalb des Betriebs von Energieverteilnetzen der allgemeinen Versorgung?

1. KA-Pflichtigkeit der Wegenutzung für Leitungen zur unmittelbaren Versorgung im Gemeindegebiet

Konzessionsabgaben können unstreitig im Rahmen eines qualifizierten Wegenut- 123
zungsvertrags oder Konzessionsvertrags vereinbart werden, d.h. wenn Gegenstand die Einräumung von Wegenutzungsrechten zur Errichtung und zum Betrieb von Leitungen, die zu einem Energieversorgungsnetz der allgemeinen Versorgung gehören, ist.

---

62 OLG Düsseldorf, Beschl. v. 19.10.2011 – VI-3 Kart 1/11 (V) – Rz 91f. = ZNER 2011, 623, 627f. „GAG Ahrensburg".

a) KA-Pflicht für sonstige Leitungen etc. zur unmittelbaren Versorgung von Letztverbrauchern im Gemeindegebiet

124 Konzessionsabgaben können aber auch außerhalb des Betriebs von Energieverteilnetzen der allgemeinen Versorgung von der Gemeinde verlangt werden. Dies ergibt sich bereits aus **§ 46 Abs. 1 EnWG.** Danach kann Gegenstand eines (einfachen) Wegenutzungsvertrags die Einräumung von Wegenutzungsrechten für die Verlegung und den Betrieb von **Leitungen zur unmittelbaren Versorgung von Letztverbrauchern im Gemeindegebiet** sein. Diese Leitungen müssen nicht Bestandteil eines Energieversorgungsnetzes der allgemeinen Versorgung sein. Gemäß § 46 Abs. 1 S. 2 EnWG kann die Gemeinde den Abschluss des Wegenutzungsvertrags ablehnen, solange das EVU die **Zahlung von Konzessionsabgaben** in Höhe der Höchstsätze nach § 48 Abs. 2 EnWG verweigert und eine Einigung über die Höhe der Konzessionsabgaben noch nicht erzielt werden.

aa) Zur KA-Pflicht nach § 48 Abs. 1 S. 1 EnWG

125 Gemäß **§ 48 Abs. 1 S. 1 EnWG** sind Konzessionsabgaben Entgelte, die EVU für die Einräumung des Rechts zur Benutzung öffentlicher Verkehrswege für die Verlegung und den Betrieb von Leitungen, die der unmittelbaren Versorgung von Letztverbrauchern im Gemeindegebiet mit Energie dienen, entrichten.

126 Eine gleichlautende Definition findet sich in **§ 1 Abs. 2 KAV.** Danach sind Konzessionsabgaben Entgelte für die Einräumung des Rechts zur Benutzung öffentlicher Verkehrswege für die Verlegung und den Betrieb von Leitungen, die der unmittelbaren Versorgung von Letztverbrauchern im Gemeindegebiet mit Strom und Gas dienen. Diese Definition knüpft die Konzessionsabgabenpflicht an die Einräumung des Rechts zur Nutzung öffentlicher Verkehrswege für Leitungen, die der unmittelbaren Versorgung von Letztverbrauchern im Gemeindegebiet dienen.

bb) Von § 48 Abs. 1 S. 1 EnWG erfasste Leitungen

127 Von der KA-Pflicht nach § 48 Abs. 1 S. 1 EnWG erfasst werden danach die unter § 46 Abs. 1 EnWG fallenden Energieleitungen, einschließlich Fernwirkleitungen zur Netzsteuerung und Zubehör, soweit sie (auch) der unmittelbaren Versorgung von Letztverbrauchern **im Gemeindegebiet** dienen. Von § 46 Abs. 1 EnWG werden daher auch Leitungen erfasst, die sowohl Transportfunktion haben als auch der örtlichen Versorgung dienen.[63]

128 Damit unterfallen auch **sog. Stichleitungen** und **Direktleitungen**[64] der KA-Pflicht nach § 48 Abs. 1 S. 1 EnWG.

---

63 BerlK-EnR/*Wegner*, § 46 EnWG Rn 28.

64 Zur Definition von Direktleitungen und Stichleitungen s. o. Kap. 2 Rn 57.

Demgegenüber unterfallen der KA-Pflicht nach § 48 Abs. 1 S. 1 EnWG **nicht** die 129
sog. **Durchgangsleitungen.** Diese Leitungen dienen ausschließlich dem Transport durch die Gemeinde hindurch. Eine unmittelbare Versorgung von Letztverbrauchern innerhalb des Gemeindegebietes über diese Leitungen findet nicht statt.

b) Konzessionsabgaben auch bei Zwischenschaltung eines Weiterverteilers

Würde man nur die Definition der Konzessionsabgaben in § 48 Abs. 1 S. 1 EnWG 130
und § 1 Abs. 2 KAV zugrunde legen, könnten Konzessionsabgaben in den Fällen nicht vereinbart werden, in denen die Belieferung zunächst an einen Weiterverteiler erfolgt, der diese Energie dann innerhalb des Gemeindegebietes an Letztverbraucher weiterleitet. Denn insoweit fehlte es an der unmittelbaren Versorgung von Letztverbrauchern durch das EVU, das die öffentlichen Verkehrswege nutzt.

Um auch diese Fälle konzessionsabgabenrechtlich zu erfassen, sieht § 48 Abs. 1 131
S. 2 EnWG vor, dass eine **Versorgung von Letztverbrauchern** im Sinne dieser Bestimmung auch vorliegt, wenn ein **Weiterverteiler** über öffentliche Verkehrswege mit Elektrizität oder Gas **beliefert wird**, der diese Energien ohne Benutzung solcher Verkehrswege an **Letztverbraucher weiterleitet.**

Gleichzeitig erlaubt § 2 Abs. 8 KAV ausdrücklich die **Vereinbarung oder Zah-** 132
lung von Konzessionsabgaben **für die Belieferung von Weiterverteilern** über öffentliche Verkehrswege, sofern diese die bezogene Energie an Letztverbraucher weiterleiten, ohne solche Verkehrswege zu benutzen.

aa) Bedeutung der Abgrenzung von Weiterverteiler und Letztverbraucher

Die Feststellung, ob es sich um einen Weiterverteiler oder um einen Letztverbrau- 133
cher handelt, kann in Einzelfällen bedeutsam werden. So hängt die **Höhe der zu zahlenden** Konzessionsabgaben**, wie bereits dargelegt,**[65] von der Einordnung des Letztverbrauchers als Tarif- oder Sondervertragskunde ab. Die konzessionsabgabenrechtliche Einordnung als Sonder- oder Tarifkunde richtet sich jedenfalls im Strombereich gem. § 1 Abs. 3 und Abs. 4 sowie § 2 Abs. 7 KAV nach dem Umfang der bezogenen elektrischen Leistung und Arbeit (Menge).

Beispiel

Soweit die gelieferte Energie nicht bei dem Netzkunden verbleibt, weil er sie z.B. auf seinem Grundstück an verschiedene Unternehmen weiterliefert, ist zu prüfen, auf welche Lieferung für die Ermittlung der Konzessionsabgaben abzustellen ist. Würde der Netzkunde als Weiterverteiler eingestuft werden, wären konzessionsabgabenrechtlich die Mengen- und Leistungsverhältnisse der auf dem Grundstück belieferten Letztverbraucher maßgeblich. Diese dürften in vielen Fällen nicht

65 S. o. Kap. 10 Rn 30 ff.

die in § 2 Abs. 7 KAV enthaltenen Leistungs- und Mengengrenzen erreichen. Dies hätte zur Folge, dass die Tarifkunden-Konzessionsabgaben zu zahlen wäre. Wären dagegen die Leistungs- und Mengengrenzen beim Weiterverteiler maßgeblich, weil dieser trotz der Belieferung auf dem Grundstück als Letztverbraucher einzustufen ist, würden häufig die in § 2 Abs. 7 KAV enthaltenen Grenzen überschritten mit der Folge, dass lediglich die deutlich niedrigere Sonderkunden-KA anfallen würde.

bb) Abgrenzung Weiterverteiler vom Letztverbraucher

134 Das Gesetz enthält keine Definition des **Weiterverteilers.** Als Weiterverteiler i.S.d. § 48 Abs. 1 S. 2 EnWG bzw. § 2 Abs. 8 KAV wird derjenige angesehen, der über das Netz des örtlichen Netzbetreibers mit Strom oder Gas beliefert wird und diese Energie an Letztverbraucher weiterleitet.[66]

135 Demgegenüber sind **Letztverbraucher** nach der Legaldefinition in § 3 Nr. 25 EnWG Kunden, die Energie für den eigenen Verbrauch kaufen. In der Literatur zum **EnWG 1998**, das noch **keine Definition des Letztverbrauchers** enthielt, wurden Letztverbraucher als Kunden definiert, die nicht als Energiehändler auftreten, sondern ihren eigenen Energiebedarf für Licht, Kraft und Wärme decken.[67] Darüber hinaus wurden auch solche Kunden als Letztverbraucher i.S.d. § 10 EnWG 1998 angesehen, die den Energiebedarf verschiedener Verbraucher als **Bündelkunden** in einem Vertrag zusammenfassen.[68] Tritt der Bündelkunde als alleiniger Energiebezieher und Vertragspartner des liefernden EVU auf, erbringt er ansonsten für die Kunden, für die er die Energie (mit) einkauft, keine eigenen Versorgungsleistungen, erfolgen diese vielmehr technisch-wirtschaftlich durch den bisherigen Lieferanten, so fehlt es nach einer Auffassung an einem „weiterverteilenden" Bündelkunden.[69]

136 Dieser Auffassung ist jedenfalls in den Fällen zu folgen, in denen bereits **vor Erlass** des § 2 Abs. 8 KAV und des § 14 Abs. 1 S. 2 EnWG 1998 i.d.F. von 2003 der sog. **Bündelkunde als Letztverbraucher eingestuft** worden ist.

137 Das gleiche gilt für die Fälle der **Belieferung von Konzernunternehmen** durch den Bündelkunden. Denn der Gesetzgeber hatte bereits im EnWG 1998 die Versorgung konzernrechtlich verbundener Unternehmen der unmittelbaren Eigenerzeugung gleichgestellt.[70] An dieser Wertung hat er auch mit dem 2. NeuregelungsG festgehalten, wie § 110 EnWG 2005 hinsichtlich der Regelungen über Werksnetze zeigt. Auch die Novellierung des § 110 EnWG durch das zum 4.8.2011 in Kraft getretene EnWG hat hieran nichts geändert.

66 BerlK-EnR/*Kermel*, § 48 EnWG Rn 25.

67 *Büdenbender*, EnWG, § 10 Rn 32; Danner/Theobald/*Danner*/*Theobald*, § 10 EnWG 1998 Rn 6.

68 *Büdenbender*, EnWG, § 10 Rn 32.

69 *Büdenbender*, EnWG, § 14 Rn 31.

70 Nach § 3 Abs. 1 S. 2 EnWG 1998 bedurfte die Versorgung verbundener Unternehmen keiner Genehmigung.

Praxistipp
Die Gleichstellung der Versorgung konzernrechtlich verbundener Unternehmen mit der unmittelbaren Eigenerzeugung ist auch bei der Abgrenzung des Weiterverteilers vom Letztverbraucher zu beachten. Dementsprechend ist das Konzernunternehmen, das den Einkauf für die anderen Konzernunternehmen bündelt, als Letztverbraucher und nicht als Weiterverteiler anzusehen.

Von Bedeutung ist die konzessionsabgabenrechtliche Einordnung als Letztverbraucher vor Erlass der § 2 Abs. 8 KAV und § 14 Abs. 1 S. 2 EnWG 1998 i. d. F. von 2003 deswegen, weil nach der amtlichen Begründung § 2 Abs. 8 KAV **keine Neuregelung enthält,** sondern lediglich klarstellt, dass Konzessionsabgaben auch dann vereinbart oder gezahlt werden dürfen, wenn Zwischenhändler eingeschaltet werden, die die von ihnen zu beliefernden Letztverbraucher ohne Inanspruchnahme der gemeindlichen Wege versorgen.[71] 138

Dieses Ergebnis wird durch die amtliche Begründung zu § 14 Abs. 1 EnWG 1998 i. d. F. von 2003 bestätigt. Danach sollten mit der Streichung des Erfordernisses der Unmittelbarkeit *„ergänzende und eindeutige Klarstellungen“ vorgenommen werden, „um die gewollte Gesetzesanwendung sicherzustellen und damit das angestrebte Ziel“*, das KA-Aufkommen für die Gemeinden zu erhalten, zu erreichen.[72] 139

cc) Höhe der Konzessionsabgaben in Weiterverteilerfällen

Für die an den Weiterverteiler gelieferte Energie können Konzessionsabgaben bis zu der **Höhe** vereinbart oder gezahlt werden, in der dies auch ohne deren Einschaltung zulässig wäre. 140

Praxistipp
Der Netzbetreiber kann im Verhältnis zum Weiterverteiler die Konzessionsabgaben in der Höhe berechnen, die er auch ohne Einschaltung des Weiterverteilers, d. h. bei einer unmittelbaren Belieferung des Letztverbrauchers hätte zulässiger Weise berechnen dürfen.

2. Konzessionsabgaben bei besonderen Netzen

a) Arealnetze

Wie bereits dargestellt wurde,[73] gibt es sog. Arealnetze. Dabei wird unter einem Arealnetz eine aus einem oder mehreren Grundstücken bestehende, zu Wohn- oder ge- 141

71 Amtliche Begründung BR-Drucks. 358/99, S. 8; BerlK-EnR/*Kermel*, § 2 KAV Rn 52; Danner/Theobald/*Danner*/*Theobald*, §§ 14, 15 EnWG 1998 Rn 15.
72 Amtliche Begründung, BT-Drucks. 15/197, S. 9.
73 Kap. 2 Rn 70 f.

werblichen Zwecken genutzte private Liegenschaft verstanden, die zur Versorgung der im Areal ansässigen Letztverbraucher über ein eigenes Niederspannungsnetz verfügt.[74] Das Arealnetz ist meist über eine eigene Umspannanlage an die Mittelspannungsebene des vorgelagerten Netzes angeschlossen.[75]

142 Das Arealnetz kann bei Vorliegen der in § 3 Nr. 17 EnWG genannten Voraussetzungen ein Energienetz der allgemeinen Versorgung sein. Soweit der Netzbetreiber öffentliche Verkehrswege nutzt, gelten die in § 46 Abs. 2 EnWG genannten Beschränkungen. Liegen die Voraussetzungen nach § 3 Nr. 17 EnWG nicht vor, findet bei der Nutzung öffentlicher Verkehrswege § 46 Abs. 1 EnWG Anwendung.

143 Zu beachten ist, dass es sich im Einzelfall bei den auf dem Areal befindlichen Anlagen nicht um ein Netz, sondern um eine sog. **Kundenanlage** handeln kann.[76] Um eine **Kundenanlage** handelt es sich nach der nunmehr ausdrücklich aufgenommenen Definition in § 3 Nr. 24a EnWG 2011 bei **Energieanlagen zur Abgabe von Energie**, die:

- sich auf einem räumlich zusammengehörenden Gebiet befinden,
- mit einem Energieversorgungsnetz oder mit einer Erzeugungsanlage verbunden sind,
- für die Sicherstellung eines wirksamen und unverfälschten Wettbewerbs bei der Versorgung mit Elektrizität und Gas unbedeutend sind und
- jedermann zum Zwecke der Belieferung der angeschlossenen Letztverbraucher im Wege der Durchleitung unabhängig von der Wahl des Energielieferanten **diskriminierungsfrei** und **unentgeltlich** zur Verfügung gestellt werden.

144 § 3 Nr. 24b EnWG enthält eine Definition der **Kundenanlagen zur betrieblichen Eigenversorgung** als Energieanlagen zur Abgabe von Energie, die:

- sich auf einem räumlich zusammengehörenden Betriebsgebiet befinden,
- mit einem Energieversorgungsnetz oder mit einer Erzeugungsanlage verbunden sind,
- fast ausschließlich dem betriebsnotwendigen Transport von Energie innerhalb des eigenen Unternehmens **oder** zu verbundenen Unternehmen **oder** fast ausschließlich dem der Bestimmung des Betriebs geschuldeten Abtransport in ein Energieversorgungsnetz dienen sowie
- jedermann zum Zwecke der Belieferung der an sie angeschlossenen Letztverbraucher im Wege der Durchleitung unabhängig von der Wahl des Energielieferanten diskriminierungsfrei und unentgeltlich zur Verfügung gestellt werden.

---

74 BGH WuW/E DE-R 1513 „Mainova".

75 Berlk-EnR/*Wegner*, § 46 EnWG Rn 47.

76 Siehe zur Einordnung als Kundenanlage BNetzA, Beschl. v. 7.11.2011 – BK6-10-208 –.

Konzessionsabgabenrechtlich dürften die Betreiber von Arealnetzen, soweit es nicht um eine Belieferung innerhalb von Konzernunternehmen geht, **regelmäßig als Weiterverteiler** i. S. v. § 2 Abs. 8 KAV einzuordnen sein. Voraussetzung ist aber, dass das Arealnetz mit einem Netz außerhalb des Areals verbunden ist. Damit unterliegen auch die Lieferungen an Arealnetzbetreiber der KA-Pflicht. 145

b) Geschlossene Verteilnetze i. S. v. § 110 EnWG

Wie bereits dargelegt,[77] enthielt § 110 EnWG in der bis zum 4.8.2011 geltenden Fassung Regelungen über sog. Objektnetze. Dabei sah das Gesetz drei Formen von Objektnetzen vor. Es handelte sich um die **Werks- und Industrienetze** (§ 110 Abs.1 Nr. 1 EnWG a. F.), **Netze mit übergeordnetem Geschäftszweck** (§ 110 Abs.1 Nr. 2 EnWG a. F.) und um **Eigenversorgungsnetze** (§ 110 Abs. 1 Nr. 3 EnWG a. F.). Um als Objektnetz zu gelten, durfte es sich in allen drei Fällen nicht um Energieversorgungsnetz der allgemeinen Versorgung i. S. d. § 3 Nr. 17 EnWG handeln. 146

In der Folgezeit hielt der **EuGH** die bundesdeutsche Regelung teilweise für europarechtswidrig.[78] Hieraus zog das **OLG Dresden**, das seinerzeit den **EuGH** angerufen hatte, die Schlussfolgerung, dass § 110 Abs.1 Nr. 1 EnWG wegen Verstoßes gegen höherrangiges Gemeinschaftsrecht nicht anwendbar sei.[79] Dem trat der **BGH** jedoch in seinem **Beschluss vom 24.8.2010** entgegen. § 110 Abs.1 EnWG sei richtlinienkonform dahin auszulegen, dass auf Objektnetze i. S. d. Nr. 1 dieser Vorschrift Teil 3 des EnWG nur insoweit Anwendung findet, als dem nicht der Anspruch auf diskriminierungsfreien Netzzugang entgegenstehe.[80] 147

Der Gesetzgeber sah sich unabhängig davon veranlasst, die ursprüngliche Regelung in § 110 EnWG zu ändern. Das EnWG in der seit 4.8.2011 geltenden Fassung enthält nunmehr Regelungen über **geschlossene Verteilernetze**. Ausweislich **§ 110 Abs. 2 EnWG** stuft die Regulierungsbehörde auf Antrag als **geschlossenes Verteilernetz** ein Energieversorgungsnetz ein, mit dem Energie zum Zwecke der Ermöglichung der Versorgung von Kunden in einem **geografisch begrenzten Industrie- oder Gewerbegebiet** oder **einem Gebiet verteilt wird, in dem Leistungen gemeinsam genutzt werden**, wenn: 148

- die Tätigkeiten oder Produktionsverfahren der Anschlussnutzer dieses Netzes aus konkreten technischen oder sicherheitstechnischen Gründen verknüpft sind oder
- mit dem Netz in erster Linie an den Netzeigentümer oder -betreiber oder an mit diesen verbundenen Unternehmen verteilt wird; maßgeblich ist der Durch-

77 S. o. Kap. 2 Rn 74 ff.
78 EuGH RdE 2008, 245 ff. „Citiworks".
79 OLG Dresden RdE 2009, 254 ff.
80 BGH, Beschl. v. 24.8.2010 – EnVR 17/09 –.

schnitt der letzten drei Kalenderjahre; gesicherte Erkenntnisse über künftige Anteile sind zu berücksichtigen.

149 Allerdings erfolgt die Einstufung als geschlossenes Verteilnetz in diesen Fällen nur, wenn keine Letztverbraucher, die Energie für den Eigenverbrauch im Haushalt kaufen, über das Netz versorgt werden oder nur eine geringe Zahl von solchen Letztverbrauchern, wenn diese ein Beschäftigungsverhältnis oder eine vergleichbare Beziehung zum Eigentümer oder Betreiber des Netzes unterhalten.

150 Solchermaßen definierte geschlossene Verteilernetze fallen unter die von § 46 Abs. 1 EnWG erfassten Leitungen zur unmittelbaren Versorgung von Letztverbrauchern im Gemeindegebiet.

151 Wie bei Arealnetzen dürften auch die Betreiber von geschlossenen Verteilnetzen i. S. v. § 110 EnWG, soweit es nicht um eine Belieferung innerhalb von Konzernunternehmen geht, **regelmäßig als Weiterverteiler** i. S. v. § 2 Abs. 8 KAV einzuordnen sein. Voraussetzung ist aber auch hier, dass das geschlossene Verteilnetz mit einem Netz außerhalb des Geländes verbunden ist.

3. Konzessionsabgaben für Energietankstellen

152 In der Rechtspraxis umstritten ist, ob der Betrieb von Tankstellen zum Auftanken von Automobilen mit Erdgas bzw. zum Aufladen von Automobilen mit Strom, mithin die Versorgung von Energietankstellen in Form von Zapfsäulen oder Ladestationen und die Belieferung dieser Tankkunden eine Pflicht zur Zahlung von Konzessionsabgaben auslöst.

153 Befindet sich die Energietankstelle nicht auf oder in öffentlichen Verkehrswegen, sondern auf einem **privaten Grundstück**, muss der Betreiber mit der jeweiligen Gemeinde keinen Wegenutzungsvertrag schließen. Gleichwohl könnte der Betrieb der Energietankstelle über § 48 Abs. 1 S. 2 EnWG, § 2 Abs. 8 KAV eine **Pflicht zur Zahlung von Konzessionsabgaben auslösen**, da die Versorgung der Energietankstelle in der Regel über das in öffentlichen Verkehrswegen belegene Energieverteilnetz der allgemeinen Versorgung erfolgt.

154 Eine KA-Pflicht nach § 48 Abs. 1 S. 1 EnWG bzw. § 1 Abs. 2 KAV wäre in diesem Fall nicht gegeben, da es einer **unmittelbare Versorgung von Letztverbrauchern im Gemeindegebiet** durch den Betreiber des Netzes der allgemeinen Versorgers fehlt.

155 Wie bereits dargelegt wurde,[81] sieht nun aber **§ 48 Abs. 1 S. 2 EnWG** vor, dass eine Versorgung von Letztverbrauchern im Sinne des § 48 EnWG auch vorliegt, wenn ein **Weiterverteiler** über öffentliche Verkehrswege mit Elektrizität oder Gas **beliefert wird**, der diese Energien ohne Benutzung solcher Verkehrswege **an Letzt-**

---

81 Unter Rn 10.

verbraucher weiterleitet. § 48 Abs. 1 S. 2 EnWG, der im Wesentlichen der Vorgängerregelung in § 14 Abs. 1 S. 1 EnWG i.d.F. von 2003 entspricht, stellt klar, dass eine konzessionsabgabenrelevante unmittelbare Versorgung von Letztverbrauchern im Gemeindegebiet auch dann vorliegt, wenn die Belieferung des Letztverbrauchers innerhalb dieses Gemeindegebietes über die **Zwischenschaltung eines Weiterverteilerunternehmens** erfolgt.[82]

In dieselbe Richtung zielt auch **§ 2 Abs. 8 KAV**. Danach können in den Fällen, in denen ein Weiterverteiler über öffentliche Verkehrswege mit Strom oder Gas beliefert wird, der diese Energien ohne Benutzung solcher Verkehrswege an Letztverbraucher weiterleitet, für dessen Belieferung Konzessionsabgaben bis zu der Höhe vereinbart oder gezahlt werden, in der dies auch ohne seine Einschaltung zulässig wäre. 156

a) Keine KA-Pflicht nach teilweiser im Schrifttum vertretenen Auffassung

Im Schrifttum wurde in jüngerer Zeit die Anwendung von § 48 Abs. 1 S. 2 EnWG sowie § 2 Abs. 8 KAV auf die Liefervorgänge bei Erdgastankstellen verneint. Der **Betrieb von Erdgastankstellen** erfülle danach regelmäßig **keine die KA-Pflicht** nach dem EnWG und der KAV auslösenden Tatbestände.[83] 157

Eine KA-Pflicht auf der Grundlage der § 48 Abs. 1 S. 1 EnWG, § 1 Abs. 2 KAV scheide aus, da die Erdgastankkunden nicht über eine Leitung als Letztverbraucher versorgt würden.[84] 158

Eine KA-Pflicht auf der Grundlage der § 48 Abs. 1 S. 2 EnWG, § 2 Abs. 8 KAV scheide aus systematisch-teleologischen Gründen ebenfalls aus. Bei den vorgenannten Vorschriften handele es sich um **Sondervorschriften**. Sie seien für eine bestimmte Fallgruppe gemacht worden, bei der die an sich nach § 48 Abs. 1 S. 1 EnWG, § 1 Abs. 2 KAV gegebene KA-Pflicht im Verhältnis zwischen Lieferant und Letztverbraucher durch Zwischenschaltung eines sog. **fiktiven Weiterverteilers** ausgehebelt würde. Eine **Erdgastankstelle** sei jedoch **kein zwischengeschalteter fiktiver Weiterverteiler**, sondern ein Weiterverteiler, ohne den es gar keine Belieferung gäbe.[85] 159

Schließlich würde sich die letztendliche Funktion der Sicherung des KA-Aufkommens, welche den Vorschriften der § 48 Abs. 1 S. 2, § 2 Abs. 8 KAV zugewiesen sei, im Falle der Erdgastankstellen in die Generierung zusätzlicher Konzessionsabgaben verwandeln.[86] 160

---

82 Amtliche Begründung, BT-Drucks. 15/197, S. 9; Britz/Hellermann/Hermes/*Hellermann*, § 48 Rn 14f.
83 *Kühne*, RdE 2010, 273ff.
84 *Kühne*, RdE 2010, 273, 279.
85 *Kühne*, RdE 2010, 273, 279.
86 *Kühne*, RdE 2010, 273, 279.

b) Stellungnahme

161 Entgegen der im Schrifttum vertretenen Auffassung **unterfällt** sowohl die Belieferung von Kunden an den Ladesäulen als auch an Erdgastankstellen nach diesseits vertretener Meinung jedenfalls **der KA-Pflicht nach § 48 Abs. 1 S. 2 EnWG und § 2 Abs. 8 KAV**. Dies lässt sich sowohl aus der Historie dieser Vorschriften als auch aus dem Sinn und Zweck des KA-Rechts ableiten.

162 Die Rechtsvorgängervorschrift des § 48 EnWG, **§ 14 EnWG,** enthielt in seiner Fassung vom **24.4.1998** (EnWG 1998) eine mit § 48 Abs. 1 S. 1 EnWG 2005 vergleichbare Definition der Konzessionsabgaben. Danach waren Konzessionsabgaben Entgelte, die EVU für die Einräumung des Rechts zur **unmittelbaren Versorgung von Letztverbrauchern im Gemeindegebiet** mit Energie mittels Benutzung öffentlicher Verkehrswege für die Verlegung und den Betreib von Leitungen entrichten.

163 Im Rahmen der Änderung der KAV durch die Erste Verordnung zur Änderung der KAV vom 22.7.1999[87] wurde unter anderem § 2 Abs. 8 KAV eingefügt. Eine Änderung von § 14 Abs. 1 EnWG 1998 erfolgte zu diesem Zeitpunkt dagegen nicht. Erst im Rahmen einer weiteren Novellierung der KAV im Jahr 2003 wurde das Wort „unmittelbar" in § 14 EnWG 1998 gestrichen.[88] Mit dieser als **Klarstellung bezeichneten Streichung** sollte Rechtssicherheit dahingehend hergestellt werden, dass § 2 Abs. 8 KAV durch die Ermächtigungsnorm des § 14 Abs. 1 EnWG 1998 gedeckt ist.[89]

164 Warum dann im Zuge der Schaffung des EnWG 2005 in § 48 Abs. 1 EnWG die **Unmittelbarkeit der Letztverbraucherversorgung wieder aufgenommen worden** ist, lässt sich den Gesetzesmaterialien nicht entnehmen. Vielmehr soll § 48 EnWG der an die neuen rechtlichen Rahmenbedingungen angepassten Form des § 14 EnWG 2003 entsprechen.[90] Ebenso wenig kann den Gesetzesmaterialien entnommen werden, ob sich das Kriterium der leitungsbezogenen Unmittelbarkeit auf das Verhältnis zwischen Weiterverteiler und Letztverbraucher[91] oder auf das Verhältnis Lieferant und Weiterverteiler bezieht.[92] Möglicherweise ist die Wiedereinführung des Merkmals der Unmittelbarkeit im Zuge der Verabschiedung des EnWG 2005 bloß auf ein **Redaktionsversehen** zurückzuführen.[93]

165 Letztlich kann diese Frage aber dahin stehen. Denn bereits die Aussagen in der **amtlichen Begründung** zur Streichung des Erfordernisses der Unmittelbarkeit in § 14 Abs. 1 EnWG 1998 i.d.F. von 2003 lässt darauf schließen, dass eine **KA-Pflicht**

---

87 BGBl. I 1999 S. 1669.
88 Art. I Nr. 9a des Ersten Gesetzes zur Änderung des Gesetzes zur Neuregelung des Energiewirtschaftsrechts, BGBl. I 2003 686.
89 BT-Drucks. 15/197 S. 9.
90 BT-Drucks. 15/3917 S. 68.
91 So *Büdenbender*, EnWG, § 14 Rn 23.
92 So Danner/Theobald/*Theobald*, § 48 EnWG Rn 19.
93 So Danner/Theobald/*Theobald*, § 48 EnWG Rn 24.

im Falle der Zwischenschaltung eines Weiterverteilers bereits nach der Ursprungsfassung des § 14 Abs. 1 EnWG 1998 bestand. Darüber hinaus wird aus der amtlichen Begründung deutlich, dass von den Vorschriften der § 48 Abs. 1 S. 2 EnWG und § 2 Abs. 8 KAV nicht nur die Zwischenschaltung **fiktiver** Weiterverteiler, sondern auch die Zwischenschaltung **solcher Weiterverteiler erfasst werden, ohne die es überhaupt keine Belieferung gäbe.**

So weist die amtliche Begründung darauf hin, dass das **1998 novellierte Ener-** 166
gierecht die **Möglichkeit geschaffen habe**, dass Abnehmer innerhalb eines Versorgungsgebiets ihre Interessen durch Einschaltung eines Verteilerunternehmens **bündeln.** Der infolge der Ersten Verordnung zur Änderung der KAV vom 22.7.1999 eingefügte § 2 Abs. 8 KAV regelt danach **für diese neue Fallgruppe der Weiterverteilung** die KA-Zahlung. Allerdings könnte, so die amtliche Begründung weiter, wegen der in § 14 Abs. 1 EnWG 1998 **an eine unmittelbare Versorgung** von Letztverbrauchern **anknüpfenden Abgabenpflicht argumentiert werden**, dass die **gesetzliche Beschreibung des abgabepflichtigen Versorgungsverhältnisses auf diese neu geschaffene Versorgungsvariante nicht passe.**[94]

> „Erst eine zusammenfassende Betrachtung und Auslegung unter Berücksichtigung von Gesetzesziel und Sinnzusammenhang führt dazu, die Versorgung über Weiterverteiler unter § 14 Abs. 1 zu subsumieren."[95]

Aus diesen Gründen sei eine **gesetzliche Klarstellung** geboten. 167

> „Zu diesem Zweck wurde so weit wie möglich die Formulierung des § 2 Abs. 8 KAV übernommen. Da die Konzessionsabgabe in erster Linie an die Benutzung der öffentlichen Wege knüpft, bezieht sich die Abgabepflicht auf die Lieferbeziehung von Energieversorgungsunternehmen zum Weiterverteiler."[96]

Wenn nun die Streichung des Wortes „unmittelbaren" vor Versorgung in § 14 Abs. 1 168
EnWG 1998 nur **Klarstellungsfunktion** hatte, bedeutet dies nichts anderes, als dass **bereits unter der Geltung von § 14 Abs. 1 EnWG 1998 in seiner Ursprungsfassung** von dieser Regelung **die Zwischenschaltung von Weiterverteilern** erfasst war.[97] Andernfalls hätte es sich um eine inhaltliche Neuregelung und nicht nur um eine Klarstellung gehandelt. Hierfür spricht im Übrigen auch, dass die **KAV**, wie dessen **§ 3 Abs. 1 S. 2** verdeutlicht, ausdrücklich nur die reine Belieferung von Verteilerunternehmen und deren Eigenverbrauch von der KA-Pflicht ausgenommen hat. Eine ausdrückliche Regelung, wonach auch Lieferungen an Letztverbraucher unter

---

94 So *Scholtka*, RdE 1999, 184 ff.
95 BT-Drucks. 15/197, S. 9.
96 BT-Drucks. 15/197, S. 9.
97 So wohl auch *Büdenbender*, EnWG, § 14 Rn 10.

Zwischenschaltung eines weiterverteilenden Unternehmens unter der Geltung des § 14 Abs. 1 EnWG 1998 von der KA-Pflicht ausgenommen sind, enthielt die KAV nicht. Insoweit kann auch aus dem Fehlen einer solchen Regelung und der Regelung in § 3 Abs. 1 S. 2 KAV der Schluss gezogen werden, dass die Lieferung von Strom und Gas an Letztverbraucher im Gemeindegebiet unter Zwischenschaltung eines Weiterverteilers bereits eine **unmittelbare Versorgung von Letztverbrauchern im Sinne von § 14 Abs. 1 EnWG 1998 in seiner Ursprungsfassung darstellte**.

169 Der amtlichen Begründung zu § 14 Abs. 1 EnWG 1998 i.d.F. von 2003 kann nicht entnommen werden, dass § 48 Abs. 1 S. 2 EnWG und § 2 Abs. 8 KAV nur Sondervorschriften für ganz bestimmte Fallgruppen darstellen und sich schon insoweit eine Anwendung auf Betreiber von Erdgastankstellen bzw. von Ladeinfrastruktur verbietet.[98] Wie in der amtlichen Begründung ausgeführt, regelt **§ 2 Abs. 8 KAV** die **KA-Pflicht für die neue Fallgruppe**. Gemeint ist damit die durch das 1998 novellierte Energierecht geschaffene **Möglichkeit, dass Abnehmer innerhalb eines Versorgungsgebiets ihre Interessen durch Einschaltung eines Verteilerunternehmens bündeln** können. Eine solche **Bündelung** kann aber auch über die Errichtung und den Betrieb von **Ladestationen/Zapfsäulen** erfolgen. Denn schon wegen der mit der Errichtung einer solchen Infrastruktur verbundenen Kosten liegt eine gemeinsame Nutzung solcher Energietankstellen im Interesse der Kunden, die Strom bzw. Gas beziehen wollen. Insoweit ist in der Errichtung einer gemeinsam nutzbaren Energietankstellen ein klassischer Fall der Interessenbündelung zu sehen.

170 Der Gesetzgeber hat bei der Formulierung von § 2 Abs. 8 KAV maßgeblich den Umstand vor Augen gehabt, dass mehrere Abnehmer ihre Energielieferungen über einen Weiterverteiler bündeln können. Dabei mag er auch bestimmte Arten der Bündelung im Kopf gehabt haben. Dass der **Gesetzgeber** allerdings **nur ganz bestimmte Arten der Bündelung** von dieser Regelung erfasst sehen wollte,[99] lässt sich gerade **nicht ableiten**. Dies gilt umso mehr als § 2 Abs. 8 KAV nicht nur der Sicherung des KA-Aufkommens dient, sondern darüber hinaus auch auf die **wettbewerbsneutrale Ausgestaltung** der Konzessionsabgaben abzielt. Dem Wettbewerber soll kein Wettbewerbsvorteil dadurch entstehen, dass er für Energielieferungen an Letztverbraucher keine Konzessionsabgaben zahlen muss.[100]

171 Eine Auslegung dahingehend, dass nur bestimmte Arten der Bündelung von § 2 Abs. 8 KAV erfasst werden, lässt sich nicht mit Sinn und Zweck dieser Regelung vereinbaren, die KA-Pflicht für Lieferungen bzw. für die Netznutzung für Lieferungen an Letztverbraucher unter Zwischenschaltung eines Weiterverteilers sicherzustellen.

---

98 So aber *Kühne*, RdE 2010, 273, 279.

99 So aber im Ergebnis *Kühne*, RdE 2010, 273, 279.

100 Amtliche Begründung, BR-Drucks. 358/99, S. 8.

c) Ergebnis

Entgegen der im Schrifttum teilweise vertretenen Auffassung kommt es für die KA-Pflicht nach § 48 Abs. 1 S. 2 EnWG, § 2 Abs. 8 KAV nicht darauf an, ob es sich um einen zwischengeschalteten fiktiven Weiterverteiler handelt, der nicht notwendig ist, oder um einen solchen, ohne den es gar keine Belieferung gäbe. Folglich erfüllt auch der Betrieb von **Energietankstellen auf privaten Grundstücken die KA-Pflicht** nach dem EnWG i. V. m. der KAV auslösenden Tatbestände.[101] 172

IV. Die Sonderregelung des § 48 Abs. 4 EnWG*

1. Grundlagen

Die **Fortzahlung der Konzessionsabgaben** nach Auslaufen des Konzessionsvertrags ist in der Praxis ein sich häufig stellendes Problem. Im EnWG 1935 gab es noch keinen spezialgesetzlichen Anspruch auf Fortzahlung der Konzessionsabgaben in diesen Fällen.[102] Der **BGH** hatte jedoch im Jahre 1990 den unbestrittenen und bis heute geltenden Praxisbefund erkannt, dass es eines Übergangszeitraumes bedarf, in dem der Altkonzessionsvertrag „abgewickelt" werden muss – sei es durch einen erneuten Abschluss mit dem Alt-Konzessionär, sei es durch eine anderweitige „Vergabe" der Konzession mit anschließender Überlassung des Netzes oder sei es nur durch einen länger dauernden kommunalen Entscheidungsfindungsprozess.[103] Daher entwickelte er im Wege der ergänzenden Vertragsauslegung einen **nachvertraglichen Anspruch** auf Konzessionsabgaben für die Zeitspanne, die für die Abwicklung des Vertragsverhältnisses erforderlich ist. Nach Auffassung des **BGH** sollte die Zahlungspflicht zunächst lediglich für die Dauer von einem halben Jahr bestehen.[104] Erst später hat der **BGH** die Dauer von einem Jahr ausdrücklich als ausreichenden Zeitraum erachtet.[105] 173

Diesen nachvertraglichen Anspruch auf Zahlung von Konzessionsabgaben hat der Gesetzgeber bei der EnWG-Novelle im Jahre 1998 aufgegriffen und mit **§ 14 Abs. 4 EnWG 1998** einen entsprechenden gesetzlichen Anspruch geschaffen.[106] Bei der EnWG-Novelle im Jahre 2005 wurde dieser Anspruch nahezu wortgleich in die 174

---

101 So wohl auch *Immesberger* für Erdgastankstellen, Nr. II-10.

* Der Beitrag gibt ausschließlich die persönliche Auffassung des Autors wieder. Der Autor dankt Herrn Dipl. iur. Simon Thomas Groneberg, Essen, für die tatkräftige und wertvolle Unterstützung.

102 Gesetz zur Förderung der Energiewirtschaft vom 13.12.1935, RGBl. I 1935 S. 1451 ff.

103 BGH NJW-RR 1991, 176 f. bestätigt durch BGH NJW-RR 1994, 822 f.; BGH NJW-RR 2002, 180 f.

104 BGH NJW-RR 1994, 822 ff.

105 BGH NJW-RR 2002, 180 ff.

106 BT-Drucks. 13/9211, S. 14, hier noch als Abs. 4 zu § 9 geführt.

Form des **§ 48 Abs. 4 EnWG** überführt.[107] Nach der jüngsten Reform im Jahre 2011 hat sich dies nicht geändert.[108]

175 § 48 Abs. 4 EnWG erfasst sowohl **einfache wie qualifizierte Wegenutzungsverträge.**[109] Allerdings sind die einfachen Wegenutzungsverträge gerade nicht der Laufzeitbegrenzung des § 46 Abs. 2 EnWG unterworfen, so dass der praktische Anwendungsbereich dort gering sein dürfte.

2. Pflicht zur KA-Zahlung nach Vertragsablauf

176 Der gesetzliche Anspruch ist auf **ein Jahr beschränkt**. Die Höhe des Anspruches aus § 48 Abs. 4 EnWG richtet sich nach den in dem ausgelaufenen Konzessionsvertrag getroffenen Regelungen zur Höhe der Konzessionsabgaben. Der gesetzliche Anspruch setzt mithin zwingend voraus, dass es einen **wirksamen Alt-Konzessionsvertrag**, der KA-Zahlungen vorsah, gab.[110]

Praxistipp

i Die zeitliche Begrenzung des spezialgesetzlichen Anspruchs sollte systemseitig frühzeitig beachtet werden, da die Umstellungsprozesse EDV-mäßig häufig nicht sofort umgestellt werden können.

---

177 Nach dem eindeutigen Wortlaut des § 48 Abs. 4 EnWG ist allein die Zahlung der Konzessionsabgaben von dem gesetzlichen Anspruch erfasst. Die Gewährung weiterer etwaiger **konzessionsvertraglicher Leistungen**, wie Gemeinderabatt, Folgekosten oder Verwaltungskostenbeiträge, ist vom Gesetz nicht vorgesehen und kann daher nach zutreffender h.M. auf § 48 Abs. 4 EnWG nicht gestützt werden.[111] Mit Bezug auf die Legaldefinition der „Konzessionsabgaben" in § 1 Abs. 2 KAV sind vielmehr bloß die *„Entgelte für die Einräumung des Rechts zur Benutzung öffentlicher Verkehrswege für die Verlegung und den Betrieb von Leitungen"*, mithin die rein geldliche Bezahlung von der Verpflichtung des Alt-Konzessionärs umfasst. Dies lässt sich neben dem Wortlaut auch mit einem Umkehrschluss (sog. argumentum e contrario[112])

---

107 BT-Drucks. 15/3917, S. 68.

108 BT-Drucks. 17/6072, S. 6 ff.

109 Britz/Hellermann/Hermes/*Hellermann*, § 48 Rn 27; BDEW „Konzessionsverträge und Konzessionsabgaben in der Strom- und Gasversorgung" vom 9. November 2010, S. 55.

110 *Büdenbender*, EnWG, § 14 Rn 49.

111 BerlK-EnR/*Kermel*, § 48 Rn 41; *Salje*, EnWG, § 48 Rn 70 (*„vertraglich vereinbarte Konzessionsabgaben"*); Britz/Hellermann/Hermes/*Hellermann*, § 48 Rn 28 (*„einjährige Konzessionsabgabenpflicht"*) *Scholtka*, S. 236; BDEW „Konzessionsverträge und Konzessionsabgaben in der Strom- und Gasversorgung" vom 9. November 2010, S. 55; a.A. *Büdenbender*, EnWG, § 14 Rn 51.

112 Zu diesem Begriff siehe Staudinger/*Coing*/*Honsell*, Rn 158.

belegen. Hätte der Gesetzgeber weitere Leistungen als die reine Zahlung der Konzessionsabgaben von der Verpflichtung erfassen wollen, so hätte er in § 48 Abs. 4 EnWG nicht lediglich den Begriff der „Konzessionsabgaben" gewählt, sondern diesen Terminus vielmehr begrifflich und damit sachlich durch Formulierungen wie „und weitere Nebenleistungen" oder „und/oder andere Leistungen als Konzessionsabgaben" (so § 3 KAV) erweitert. Damit kommt der klare Wille des Gesetzgebers zum Ausdruck, mit der Verpflichtung aus § 48 Abs. 4 EnWG die exklusive Verpflichtung zur Zahlung von Konzessionsabgaben zu meinen.

Auch kann aus der Möglichkeit der Vertragsparteien, im **vorherigen Konzessionsvertrag** weitere nach § 3 KAV zulässige Nebenleistungen zu vereinbaren, nicht der vordergründige Schluss gezogen werden, dass dieser Leistungsumfang selbigermaßen für die gesetzliche Verpflichtung aus § 48 Abs. 4 EnWG Geltung beanspruche.[113] Zum einen ist der Alt-Konzessionär mit Ablaufen des vorherigen Konzessionsvertrags, in welchem Regelungen zu etwaigen Nebenleistungen getroffen wurden, nicht mehr verpflichtet, solche weiterhin auf vertraglicher Grundlage zu gewähren. Zum anderen wird mit Blick auf den Wortlaut des § 3 Abs. 1 KAV deutlich, dass Nebenleistungen lediglich *„neben oder anstelle"* der Konzessionsabgaben zu gewähren sind und damit ein ausdrückliches gesetzliches Aliud (also etwas bewusst Anderes) zur Konzessionsabgaben darstellen. Folglich würde eine Auslegung, welche den Leistungsumfang der Verpflichtung aus § 48 Abs. 4 EnWG auch auf weitere Nebenleistungen erstreckt, nicht nur die Wertung des Gesetzgebers ignorieren, sondern auch den gesetzlichen Wortlaut überdehnen, welcher stets die Grenze der Auslegung darstellen muss.[114] Die gesetzliche Regelung zur Zahlung allein der Konzessionsabgaben ist daher als abschließend zu betrachten. 178

3. „Anderweitige Regelung"

a) Überblick

Das Gesetz sieht vor, dass eine Abweichung dann möglich ist, wenn die Parteien eine „anderweitige Regelung" geschlossen haben. Der Abschluss einer solchen Regelung ist durch den Gesetzeswortlaut in das **Ermessen der Beteiligten** gestellt, da kein Abschlusszwang für eine der Parteien vorgesehen ist.[115] 179

Praxistipp
Der Konzessionär kann zum Abschluss einer anderweitigen Regelung in der Regel nicht gezwungen werden.

113 So aber i. E. *Büdenbender*, EnWG, § 14 Rn 51.
114 *Larenz/Canaris*, S. 163 f.
115 Vgl. so auch BDEW „Konzessionsverträge und Konzessionsabgaben in der Strom- und Gasversorgung" vom 9. November 2010, S. 55.

180 Ein **Kontrahierungszwang** wurde teilweise unter der Geltung noch geschlossener Versorgungsgebiete mit Bezug auf die Übernahme der Versorgung und die Gewährleistung der Versorgungssicherheit angenommen.[116] An dieser Sichtweise kann indes nach der **Liberalisierung der Energiewirtschaft** nicht mehr festgehalten werden. War vor der Liberalisierung und vor der Geltung der energierechtlichen Entflechtungsvorgaben auch noch die Energieversorgung Gegenstand des Konzessionsvertrags, so beschränkt sich die Konzessionierung im geltenden Rechtsrahmen nur noch **ausschließlich auf den Netzbetrieb**.[117]

181 Dass der Gesetzgeber bei § 48 Abs. 4 EnWG vom – verfassungsrechtlich geschützten[118] – **Grundsatz der Vertragsautonomie** ausgegangen ist, wird auch durch die „es sei denn"-Formulierung flankiert. Der Gesetzeswortlaut räumt den Parteien hiermit also lediglich die Möglichkeit ein, eine **Interimsvereinbarung** abzuschließen, und statuiert keineswegs die entsprechende Pflicht.

b) Arten

182 Die Regelung des § 48 Abs. 4 EnWG beschränkt sich vom Wortlaut her ausdrücklich nicht auf eine feststehende Art von abweichender Regelung. Erforderlich ist lediglich eine vom Willen beider Parteien getragene Absprache. Ihnen steht es grundsätzlich frei, einen vertraglichen Anspruch zu schaffen.[119] Eine **einseitige Regelung**, die ggf. nach § 315 BGB überprüfbar wäre, ist **nicht gemeint**.[120] Es muss daher verschiedene zulässige Arten von Vereinbarungen geben, die eine „anderweitige Regelung" im Sinne des § 48 Abs. 4 EnWG darstellen können.

aa) Interimsvereinbarungen

183 Da § 48 Abs. 4 EnWG ganz allgemein von „anderweitiger Regelung" und nicht von „Wegenutzungs-" oder „Konzessionsvertrag" spricht, muss der Gesetzgeber als zusätzliche Gestaltungsmöglichkeit etwas Drittes eigener Art, eine **wegerechtliche Vereinbarung sui generis**,[121] gemeint haben. Weil **Übergangszeiträume** geregelt werden müssen, bietet es sich an, sog. Interimsvereinbarungen zu schließen.[122] Der

---

116 *Becker*, RdE 1996, 225, 229.
117 *Keller-Herder*, S. 110.
118 BVerfGE 8, 274, 328; BVerfGE 65, 196, 210; BVerfGE 70, 115, 123; BVerfGE 74, 129, 151 f.
119 *Salje*, EnWG, § 48 Rn 74.
120 Vgl. BGH NJW-RR 1991, 176.
121 So auch bereits zum Rechtszustand vor 1998 *Münch*, S. 37.
122 Erstmals als „Interimsvertrag" bezeichnet von *Fischerhoff*, S. 26, allerdings eher mit Blick auf eine stillschweigende Fortsetzung des Altkonzessionsvertrages; eingehend hierzu *Scholtka*, S. 237 ff.; Danner/Theobald/*Theobald*, § 46 EnWG Rn 107; *Büdenbender*, EnWG, § 14 Rn 53; Kermel/Brucker/Baumann/*Baumann*, S. 170; BerlK-EnR/*Kermel*, § 48 EnWG Rn 41.

BGH sprach auch schon, was durchaus missverständlich ist und vermieden werden sollte, von **Interims-Konzessionsverträgen.**[123] Es wird noch dargestellt werden, warum hier eine Abgrenzung zu den Wegenutzungsverträgen des § 46 Abs. 2 EnWG erforderlich ist. In diesen Interimsvereinbarungen sollten Leistung und Gegenleistung im Einzelnen beschrieben und etwaige Höchstlaufzeiten beachtet werden. Dies soll später noch im Einzelnen beleuchtet werden.

Praxistipp

Zur Vermeidung von Missverständnissen und terminologischen Verwirrungen sollte nicht von Interims-Konzessionsverträgen, sondern von Interimsvereinbarungen bzw. -verträgen gesprochen werden. i

---

bb) Neuer Konzessionsvertrag

Es stellt sich jedoch die Frage, ob ein neuer Konzessionsvertrag auch eine solche 184
anderweitige Vereinbarung sein kann. Dabei ist folgender praktischer Befund zu konstatieren: Wird ein Konzessionsvertrag mit dem Alt-Konzessionär erneut abgeschlossen, wird – soweit ersichtlich – von keiner Seite die Auffassung vertreten, dass die Kommune innerhalb der Jahresfrist des § 48 Abs. 4 EnWG einen doppelten Anspruch habe, nämlich zum einen aus dem Gesetz und zum anderen aus dem neuen Vertrag. Vielmehr wird der **neue Konzessionsvertrag als „anderweitige Regelung“**[124] behandelt, so dass sich der Anspruch auf Konzessionsabgaben fortan nur noch aus dem neuen Wegenutzungsvertrag ergibt.

Dann aber ist es nur folgerichtig, auch bei einem **Wechsel des Konzessionärs** 185
den Abschluss des neuen Konzessionsvertrags mit diesem Dritten als „anderweitige Vereinbarung“ im Sinne des § 48 Abs. 4 EnWG zu betrachten. § 48 Abs. 4 EnWG spricht passivisch, ohne Nennung der Beteiligten, von *„anderweitige Regelung getroffen wird“*; es muss sich also nicht um eine andere Vereinbarung zwischen den Parteien des Alt-Konzessionsvertrags handeln. Dies bedeutet in der Praxis, dass die **Kommune** bei einem Abschluss des neuen Wegenutzungsvertrags **keinen Anspruch** aus § 48 Abs. 4 EnWG **auf Weiterzahlung der Konzessionsabgaben** gegen den Alt-Konzessionär hat, wenn dieser neue Konzessionsvertrag mit dem Dritten innerhalb der Jahresfrist geschlossen wird. Eine Kontrollüberlegung bestätigt diesen Befund: Für den **gesetzlichen Idealfall**, dass ein Netzübergang mit Wechsel des Konzessionsvertragspartners zeitgleich erfolgen würde, führte die gegenteilige Auffassung dazu, dass einer Kommune zwei Schuldner hinsichtlich der Konzessionsab-

---

123 BGH JZ 1996, 1127 m. Anm. *Kühne/Scholtka*; dem offensichtlich folgend Schneider/Theobald/*Albrecht*, § 9 Rn 192.

124 Vgl. *Büdenbender*, EnWG, § 14 Rn 14 (*„…, solange es nicht zu einer neuen konzessionsvertraglichen Vereinbarung mit … einem Dritten kommt.“*).

gaben zur Verfügung ständen: Sie könnte den **neuen Konzessionär** aus dem Konzessionsvertrag in Anspruch nehmen **und den bisherigen Konzessionär** aus § 48 Abs. 4 EnWG. Diese Betrachtung kann nicht überzeugen, da grundsätzlich kein Bedürfnis besteht, beim Wechsel des Konzessionsvertragspartners der Kommune einen zweiten Schuldner zur Absicherung der KA-Forderung zu verschaffen.

c) Ausgestaltung der Interimsvereinbarung

aa) Form

186 Es bedarf zur Annahme einer Interimsvereinbarung zunächst nach allgemeinem Zivilrecht gem. §§ 145 ff. BGB eines **übereinstimmenden Willens der Parteien**. Solche Interimsvereinbarungen können jedoch nicht durch konkludentes Verhalten im Sinne einer Verlängerung des ausgelaufenen Konzessionsvertrags geschlossen werden.[125] Dabei wird nicht verkannt, dass die §§ 133, 157 BGB auch für Konzessionsverträge gelten.[126] Indes rechtfertigen die Wettbewerbsregeln des § 46 Abs. 2 EnWG nicht, dass eine stillschweigende Verlängerung des alten Konzessionsvertrags – im Übrigen mit unbekannter Laufzeit – erfolgt.[127] Auch eine Wegerechtsvereinbarung sui generis wird nicht konkludent geschlossen werden können, denn auch hier bliebe die Laufzeitfrage – und blieben darüber hinaus auch die Fragen des weiteren Inhalts – unbeantwortet.

Praxistipp

i Ein solcher unklarer Rechtszustand kann in einem Bereich von wichtigen Versorgungsstrukturen nicht hingenommen werden. Vielmehr ist also eine **ausdrückliche vertragliche Vereinbarung** zwischen den Parteien erforderlich.

---

187 Allerdings ist die Interimsvereinbarung **nicht formbedürftig**, sondern kann auch mündlich geschlossen werden. Die Schriftform nach § 126 Abs. 1 BGB (nicht nur die bloße Textform gemäß § 126 b BGB) sind jedoch zu empfehlen.

bb) Inhalt

188 Die Frage des Inhalts solcher **Interimsvereinbarungen** ist bislang **kaum Gegenstand des wissenschaftlichen Diskurses** gewesen. Auch die Rechtsprechung hatte noch keine Gelegenheit, sich hierzu zu äußern. Da die anderweitige Vereinbarung sich an die bisherigen Verhältnisse zwischen der Gemeinde und dem Konzessionär

---

125 Vgl. BGH RdE 1991, 104 ff.
126 *Büdenbender*, EnWG, § 14 Rn 53.
127 *Büdenbender*, EnWG, § 14 Rn 54.

anlehnt, wird sich der Inhalt des Interimsvertrags in seinen Grundzügen nach den Gegenständen des beendeten Konzessionsvertrags richten.

Neben der Geltungsdauer und der Wegebenutzung stehen vor allem die **finanziellen Pflichten** der Vertragspartner als zentrale Regelungen im Vordergrund. Zweifelsfrei verschafft dabei diejenige anderweitige Vereinbarung Rechtssicherheit, die das Wegerecht, wie es auch der Wortlaut des § 48 Abs. 4 EnWG vorsieht, allein an die Gegenleistung **„Zahlung von Konzessionsabgaben"** koppelt. Dafür spricht die Formulierung des zweiten Halbsatzes, welcher ein Regel-Ausnahme-Prinzip statuiert: Grundsätzlich soll die Gegenleistung in der Zahlung der vertraglich vereinbarten Konzessionsabgaben liegen; nur ausnahmsweise („*es sei denn*") soll die Möglichkeit einer anderweitigen Vereinbarung bestehen. Als eine Ausnahmeregelung muss § 48 Abs. 4 2. Hs. EnWG nach allgemeinen Rechtsgrundsätzen grundsätzlich eng ausgelegt werden.[128] Dies spricht dafür, auch **nur** die **Zahlung von Konzessionsabgaben als Gegenleistung** in Interimsvereinbarungen für zulässig zu erachten. Eine solche Auslegung springt indes zu kurz. Denn ob eine Erweiterung der Gegenleistung auf andere Leistungen als die der Konzessionsabgaben überhaupt als zulässig betrachtet werden kann, hängt davon ab, ob sich der „es sei denn"-Satz auf die zeitliche oder auch auf die inhaltliche Ausgestaltung bezieht. 189

Die Ausnahmeregelung i. d. F. des § 48 Abs. 4 EnWG steht dem zeitlichen Moment nach. Das lässt zunächst den Schluss zu, dass die Intention des Gesetzgebers darin bestand, eine „anderweitige Regelung" lediglich in temporaler, nicht aber in inhaltlicher Hinsicht zuzulassen. Für dieses Verständnis spricht zudem die Verwendung des Wortes „zwischenzeitlich" in § 48 Abs. 4 2. Hs. EnWG: An das zeitliche Moment des ersten Halbsatzes knüpft die Ausnahmevorschrift an, welche ihrerseits durch „zwischenzeitlich", also ein erneut **zeitliches Element**, eingeleitet wird. Das Wort „zwischenzeitlich" korrespondiert insoweit mit der Jahresfrist. Ein gleichlautender Schluss ließe sich aus der Betonung ziehen, dass die Pflicht zur Fortzahlung der Konzessionsabgaben zu einer **Stabilisierung der Gemeindefinanzen** führe.[129] 190

Das rein fiskalische Argument kann jedoch die rechtsdogmatischen bzw. sprachlichen Strukturen nicht aushebeln. Vielmehr ist es in sprachlicher Hinsicht zwanglos möglich, die „anderweitige Regelung" sowohl temporal als auch inhaltlich zu verstehen. Denn der „es sei denn"-Satz ist dem vollständigen ersten Satz des § 48 Abs. 4 EnWG nachgestellt: Damit kann nach allgemeinem Sprachverständnis eine „anderweitige Regelung" sowohl die „Konzessionsabgaben" als auch „ein Jahr" erfassen. 191

Mithin ist es sehr gut vertretbar, **sämtliche – nach § 3 KAV zulässigen – Nebenleistungen** für einen Übergangszeitraum in rechtlich wirksamer Weise vereinba- 192

---

128 Vgl. *Larenz/Canaris*, S. 174 ff.
129 Danner/Theobald/*Theobald*, § 48 Abs. 4 EnWG Rn 30.

ren zu können.[130] Dieser Befund lässt sich auch mit einem Umkehrschluss aus § 48 Abs. 4 EnWG begründen, wonach weitere Leistungen als Bestandteil der anderweitigen Regelung nicht ausdrücklich verboten sind. Andererseits darf nicht verkannt werden, dass es eine Abstufung der Rechtssicherheit gibt.

193 Für die inhaltliche Gestaltung der Interimsvereinbarung sollte in der Praxis folgende **Faustregel** beachtet werden:

Praxistipp

Jegliche Erweiterungen – über die Kombination mit Folgekosten und/oder weiteren Nebenleistungen bis hin zur inhaltlichen Fortgeltung des gesamten ausgelaufenen Vertrags – führen zu einer **Reduktion von Rechtssicherheit,** die **zu Lasten der Kommunen** gehen.

---

194 Sollte sich herausstellen, dass Leistungen des Alt-Konzessionärs unter Verstoß gegen § 48 Abs. 4 EnWG erbracht worden wären, dann hätte dieser einen **Rückzahlungsanspruch** nach den Grundsätzen der ungerechtfertigten Bereicherung gem. §§ 812 ff. BGB. Eine Kenntnis der Nichtschuld kann bei der zzt. gänzlich ungeklärten Rechtslage dem EVU nicht vorgeworfen werden, so dass der Kommune eine Berufung auf **§ 814 BGB** nicht dienen dürfte. Es ist auch nicht erkennbar, warum eine Risikoverteilung zu Lasten des EVUs vorgenommen werden müsste.

Praxistipp

Für die Praxis ist noch anzuraten, eine sog. **salvatorische Klausel** aufzunehmen, wonach die etwaige Unwirksamkeit einer Bestimmung die übrigen Regelungen unberührt lässt. Eine solche Klausel ist zweifelsfrei auch AGB-rechtlich wirksam.[131]

---

cc) Laufzeit

195 § 48 Abs. 4 EnWG gibt **keine ausdrückliche Grenze** der anderweitigen Vereinbarung in zeitlicher Hinsicht vor. Soweit ersichtlich, ist es in der Praxis unstreitig, dass eine von der Jahresfrist **abweichende kürzere Zeit** zur Zahlung der Konzessionsabgaben vereinbart werden darf.[132] Das Schrifttum reduziert die Frage der Laufzeit bislang auf die Problematik der **Wahrung der Bekanntmachungspflicht** des § 46 Abs. 3 EnWG hinsichtlich des ausgelaufenen Alt-Vertrags. Sieht man in der fehlenden Bekanntmachung des Auslaufens des alten Konzessionsvertrags ein Verstoß

---

130 Vgl. auch *Büdenbender*, EnWG, § 14 Rn 51, der schon der spezialgesetzlichen Norm des § 14 Abs. 4 EnWG 1998 (jetzt § 48 Abs. 4 EnWG) eine umfassende nachvertragliche Wirkung entnimmt.

131 Vgl. vertiefend zu denkbaren Fallkonstellationen der salvatorischen Klausel in der Energiewirtschaft v. Westphalen/*Schöne*, Rn 155 h ff.

132 *Büdenbender*, EnWG, § 14 Rn 52.

gegen ein gesetzliches Verbot i.S.d. § 134 BGB mit der Folge der Nichtigkeit,[133] besteht zur Wahrung der gesetzlichen Zweijahresfrist lediglich die Möglichkeit, der Gemeinde das Recht zuzuerkennen, mit dem bisherigen Konzessionär einen **Interimsvertrag** zu schließen.[134]

Jenseits des Problems der fehlenden Bekanntmachungsmöglichkeit ist die Frage 196
nach der Laufzeit eines Interimsvertrags – hier genauer verstanden als eine „anderweitige Regelung" im Rahmen des § 48 Abs. 4 EnWG – bislang ungeklärt. Dabei erweisen sich vor allem die **Fälle einer längeren Zahlungsdauer** als die gesetzliche Jahresfrist als problematisch.

Es wird – mit Recht – vertreten, dass eine **vertragliche Verlängerung des Jah-** 197
reszeitraums möglich ist.[135] Man wird jedoch die Laufzeit auf **höchstens 23 Monate** begrenzen müssen, was sich aus der Systematik des § 46 EnWG ergibt. Dieser systematische Zusammenhang darf nicht verkannt werden. Die Vertragsautonomie findet in den wettbewerbsfördernden Regeln des EnWG ihre Grenze.[136] Denn § 46 Abs. 3 S. 1 EnWG sieht vor, dass das Auslaufen von Konzessionsverträgen mit einer **Mindestfrist von zwei Jahren** bekannt zu machen ist. Daraus lässt sich ableiten, dass **Wegenutzungsverträge** – die Interimsvereinbarung vermittelt gerade eine solche Wegenutzung – von 24 Monaten und länger **als Konzessionsverträge** in einem ordnungsgemäßen Verfahren abgeschlossen werden müssen. Sollte die Frist in einer Vereinbarung überschritten werden, etwa durch eine Interimsvereinbarung von 3 Jahren, dürfte ein Verstoß gegen § 46 Abs. 2 EnWG vorliegen und damit **Nichtigkeit** der Vereinbarung nach § 134 BGB gegeben sein.[137]

Um den Interimsvertragsparteien die erforderliche Rechtssicherheit zu verschaf- 198
fen, bietet es sich an, die Laufzeit der Interimsvereinbarung ausdrücklich im Vertrag zu regeln. Als rechtliches Gestaltungsmittel kommt hierfür die **Befristung** in Betracht. Die Parteien können den Interimsvertrag in einer – bis zur maximalen Laufzeit von 23 Monaten – beliebigen Laufzeit befristen. Eine ausdrückliche Vereinbarung einer unbefristeten Laufzeit würde hingegen zur Nichtigkeit nach § 134 BGB führen.

Denkbar ist auch die Nennung einer **auflösenden Bedingung**, etwa die Über- 199
lassung des Netzes an den neuen Konzessionär innerhalb der denkbaren Höchst-

---

133 *Kermel*, RdE 2005, 153,158; *Büdenbender*, EnWG, § 13 Rn 85; Britz/Hellermann/Hermes/*Hellermann*, § 46 Rn 67.

134 So Britz/Hellermann/Hermes/*Hellermann*, § 46 Rn 67; Nach Danner/Theobald/*Theobald*, § 46 EnWG Rn 107 verlängere sich der Konzessionsvertrag so faktisch um zwei Jahre. Diese Ansicht verkennt indes in diesem konkreten Kontext, dass die Nachholung der im Zeitpunkt des § 46 Abs. 3 EnWG fehlenden Bekanntmachung auch bereits vor dem Zeitpunkt des Auslaufens des alten Konzessionsvertrags erfolgen kann und somit bei fehlender Bekanntmachung nicht zwingend eine Verlängerung von zwei Jahren gegeben sein muss.

135 *Büdenbender*, EnWG, § 14 Rn 51 a.E.

136 *Büdenbender*, EnWG, § 14 Rn 51 a.E.

137 Vgl. *Scholtka*, S. 240ff.

laufzeit. Schließlich sind **Kündigungsrechte** zu bedenken. Es kommt lediglich eine **außerordentliche Kündigung** aus einem wichtigen Grund gemäß § 314 Abs. 1 BGB in Betracht. Grundsätzlich ist das **Kündigungsrecht** aber dispositiv und kann als Gestaltungsrecht **vertraglich geregelt** werden.[138] Mit einer solchen Vereinbarung könnte die notwendige Flexibilität erreicht werden.

200 Zu empfehlen ist noch, die Wirksamkeit der Kündigungserklärung an die **Schriftform** – und wegen § 126b BGB ausdrücklich nicht nur die bloße Textform – zu koppeln, was wiederum AGB-rechtlich unbedenklich ist.[139]

Praxistipp

Um die Laufzeit von höchstens 23 Monaten zu verankern, bieten sich vorrangig Befristungen an.

dd) Verlängerungsmöglichkeit?

201 Die Erfahrungen der Praxis lehren, dass die „Vergabe" einer Konzession – anders als es der **BGH** noch vor einigen Jahren annahm[140] – viele Jahre in Anspruch nehmen kann und daher innerhalb des Rechtsrahmens praktisch handhabbare Lösungen gefunden werden müssen. Ungeklärt ist dabei die Problematik, ob eine Interimsvereinbarung, die die Höchstlaufzeit von 23 Monaten erreicht hat, damit endet, verlängert oder neu abgeschlossen werden kann.

Praxistipp

Innerhalb der 23-Monats-Frist können Interimsvereinbarungen, die nur eine kurze Laufzeit von wenigen Wochen oder Monaten haben, bis zum Erreichen der Höchstfrist ohne Weiteres – und auch mehrfach – verlängert werden (z. B.: 6 Monate – 6 Monate – 7 Monate – 4 Monate).

202 Erhebliche Zweifel an einer Verlängerungsmöglichkeit bestünden jedenfalls dann, wenn der **zeitliche Rahmen** den gesetzlichen Vorschriften der § 48 Abs. 4 i. V. m. § 46 Abs. 3 S. 1 EnWG als eine **abschließende Regelung** im Sinne einer zeitlichen Höchstgrenze verstanden werden müsste. Die genannten Regelungen skizzieren für den Prozess der Neukonzessionierung vordergründig einen klaren zeitlichen Rahmen. Eine Verlängerung einer 23-monatigen Interimsvereinbarung würde diesen gesetzlichen Zeitrahmen überschreiten.

203 Weiterhin lässt sich aus dem Umstand, dass der Gesetzgeber den Anspruch des § 48 Abs. 4 EnWG überhaupt gesetzlich normiert hat, ableiten, dass es nicht zu einer gleichsam schrankenlosen Möglichkeit zur Stabilisierung (konzessions-) vertragslo-

---

138 MüKo-BGB/*Kramer*, Rn 100.
139 V. Westphalen/*Schöne*, Rn 155 b ff.
140 BGH NJW-RR 1994, 822.

ser Rechtszustände kommen soll. Eine ausdrückliche Normierung dieses Anspruches durch den Gesetzgeber hat nicht nur eine Klarstellungsfunktion, sondern könnte auch auf eine **Begrenzungsfunktion** hindeuten.[141] Dies spricht ebenfalls für eine restriktive Handhabung der zeitlichen Perspektive.

Andererseits steht es den Parteien ausweislich des § 48 Abs. 4 Hs. 2 EnWG offen, 204
eine in temporaler Hinsicht anderweitige Vereinbarung zu treffen. Dieser Halbsatz ist **zeitlich nicht begrenzt**, was gerade angesichts der zeitlichen Begrenzung des spezialgesetzlichen Anspruchs in § 48 Abs. 4 Hs. 1 EnWG auffällt. Es muss also **gewollte Unterschiede** geben: Der spezialgesetzliche Anspruch ist zeitlich limitiert, die anderweitige Regelung aber nicht. Diese Unterschiede haben ihre Rechtfertigung darin, dass die **Kommune** nur mit dem Willen des Alt-Konzessionärs interimsvertragliche Ansprüche erlangen kann, während der gesetzliche Anspruch zum Schutz des Alt-Konzessionärs begrenzt ist. Begibt sich der Alt-Konzessionär freiwillig trotz dieses Schutzes in einer bilateralen Vereinbarung, muss ihm der Schutz über Umwege nicht aufgezwungen werden.

Im Lichte dieser bewussten Unterscheidung zwischen dem spezialgesetzlichen 205
Anspruch aus § 48 Abs. 4 EnWG und der vertraglichen Interimsvereinbarung muss auch die Rechtsprechung des **BGH**[142] betrachtet werden. Der **BGH** hat in seiner Entscheidung aus dem Jahre 2001 die Möglichkeit einer ergänzenden Vertragsauslegung des Konzessionsvertrags bezüglich der Pflicht zur **nachvertraglichen Zahlung einer Konzessionsabgaben bejaht**, da eine ausdrückliche vertragliche Vereinbarung von den ehemaligen Konzessionsvertragsparteien nicht getroffen wurde.[143] Diese Zahlungsverpflichtung gilt indes nur für die Dauer von einem Jahr, was insoweit mit der gesetzlichen Regelung des § 14 Abs. 4 EnWG 1998 bzw. § 48 Abs. 4 EnWG korrespondiert.

Für die Zeit danach kommen nach der Rechtsprechung grundsätzlich bereiche- 206
rungsrechtliche Ansprüche in Betracht. Auf der Grundlage der Unterscheidung zwischen spezialgesetzlichem Anspruch aus § 48 Abs. 4 EnWG und dem Anspruch aus der vertraglichen Interimsvereinbarung tritt damit deutlich zu Tage, dass der **BGH** somit nur den Fall des eindeutigen Fehlens einer vertraglichen (Interims-)Vereinbarung entschieden hat. Die Rechtsprechung des **BGH** bzgl. der Jahresfrist und der bereicherungsrechtlichen Ansprüche betrifft daher ausschließlich den **zwingenden gesetzlichen nachvertraglichen Anspruch** aus § 48 Abs. 4 EnWG. Daher wird rechtsdogmatisch zu Recht auch von einer gesetzlich angeordneten **vertraglichen Nachwirkung** durch die nunmehr spezialgesetzlich geregelte Rechtsprechung in § 14 Abs. 4 EnWG 1998 (jetzt: § 48 Abs. 4 EnWG) gesprochen.[144]

---

141 So Britz/Hellermann/Hermes/*Hellermann*, § 48 Rn 30; *Büdenbender*, EnWG, § 14 Rn 51.
142 BGH NJW-RR 2002, 180ff.
143 BGH NJW-RR 2002, 180.
144 *Büdenbender*, EWiR 2001, 1009, 1010.

207 Hiervon strikt zu unterscheiden ist jedoch der Fall des **Vorliegens einer vertraglichen Interimsvereinbarung**. Gerade diesen Fall betrifft die Entscheidung nicht. Dies wird bereits daran deutlich, dass die Grundannahme des **BGH**, die zur Zahlungsverpflichtung führt, nämlich die umständliche Konstruktion über das **Rechtsinstitut der ergänzenden Vertragsauslegung**, im Falle des Vorliegens einer Interimsvereinbarung **nicht zum Tragen kommt**. Die Ausführungen des **BGH** basieren auf der Annahme, dass eine vertragliche Grundlage der ehemaligen Konzessionsvertragsparteien fehlt. Infolgedessen kann die Argumentation nicht auf die Situation übertragen werden, in welcher die Parteien bewusst Abreden in Form einer Interimsvereinbarung getroffen haben. Denn gerade durch derartige bilaterale Vereinbarungen wollen die ehemaligen Vertragsparteien des Konzessionsvertrags für die Folgezeit **Rechtssicherheit schaffen**.

208 Da Interimsvereinbarungen im Ermessen der Parteien stehen und der Alt-Konzessionär sie infolgedessen nicht abschließen muss, aber kann, steht bei Abschluss solcher Vereinbarungen die **privatautonome Regelung der Vertragspartner** im Vordergrund. Diese Regelung bleibt von der **BGH**-Entscheidung, die nur den zwingend gesetzlichen Anspruch betrifft, folglich unberührt.

Praxistipp

i Eine vertragliche Verlängerung der Interimsvereinbarung ist damit grundsätzlich möglich.

209 Diese vertragliche Verlängerung ist in der Rechtsliteratur – zu Recht – auch schon als zulässige **vertragliche Prolongierung der Jahresfrist** des § 48 Abs. 4 EnWG bezeichnet worden.[145] Eine wiederholte bzw. dauerhafte Verlängerung darf allerdings nicht zu einer Alternative zum Abschluss eines neuen Konzessionsvertrags werden und sollte daher nur ausnahmsweise und unter **Berücksichtigung der Besonderheiten des Einzelfalls** in Betracht kommen. Dazu bedarf es auch einer Differenzierung der verschiedenen Konstellationen in Bezug auf die am Neuabschluss beteiligten Akteure. Hier dürfte es im Wesentlichen um drei Fallkonstellationen gehen:

210 Zunächst stellt sich diese Frage im **Verhältnis der Gemeinde zum Alt-Konzessionär**. Die Verlängerung einer Interimsvereinbarung wäre zumindest dann in rechtlicher Hinsicht unzulässig, wenn die Kommune und der Alt-Konzessionär damit das förmliche Verfahren des § 46 Abs. 3 EnWG **in kollusivem Zusammenwirken** umgehen würden. Ein kollusives Zusammenwirken ist anzunehmen, wenn die Gemeinde und der Alt-Konzessionär **bewusst und unerlaubt** zum Nachteil eines Wettbewerbers zusammenwirken. Denn die perpetuierte Verlängerung oder – gleich-

145 *Büdenbender*, EnWG, § 14 Rn 51 a. E.

bedeutend – der dauerhafte Abschluss von mehrmonatigen Interimsvereinbarungen könnte letztendlich das vom Gesetzgeber gewollte **wettbewerbliche Verfahren vollständig konterkarieren**. Das kann unter energiewirtschafts- und kartellrechtlichen Gesichtspunkten keinen Bestand haben.

Praxistipp
Zur Widerlegung des Anscheins eines kollusiven Zusammenwirkens ist eine eindeutige und transparente Aktenlage unumgänglich. i

Weiterhin ist die Situation zu bewerten, in der die **Kommune auch nach Ablauf der 23 Monate immer noch keine Entscheidung getroffen** hat – ein praktisch häufiger Befund. Hier muss das Recht eine tragfähige Lösung bieten. Ansonsten hätte die Befristung gleichsam einen unüberwindlichen Strafcharakter, was ihre Bedeutung überziehen würde. Die Kommune wird ggf. auf andere Nebenleistungen als die Konzessionsabgaben oder die Höchstsätze der Konzessionsabgaben verzichten müssen. Da der Alt-Konzessionär seinerseits nicht gezwungen werden kann, überhaupt eine Interimsvereinbarung – und sei es eine solche mit reduzierten Leistungen – abzuschließen, bleiben seine Interessen gewahrt: Er kann ohne Weiteres eine einvernehmliche Verlängerung ablehnen. 211

Zu beantworten ist schließlich noch die Frage, ob eine Verlängerung der Interimsvereinbarung zulässig ist, wenn die **Entscheidung der Kommune zur Konzessionierung eines Dritten zwar getroffen**, aber noch **nicht** durch eine endgültige **Netzübergabe final abgewickelt** ist. Da in dieser Konstellation nicht der Alt-Konzessionär, sondern ein neuer Dritter als Vertragspartner beteiligt ist, kann das Argument des kollusiven Zusammenwirkens hier in aller Regel schon grundsätzlich nicht zum Tragen kommen. Eine Verzögerung beruht hier in der Praxis häufig auf der Komplexität der Bestimmung der Entgelte für eine Überlassung der Netze und der technischen Entflechtung, wofür es in der Regel des Mitwirkens des Alt-Konzessionärs bedarf. Dies aber spricht für die Möglichkeit, die freiwillige und einvernehmliche Verlängerung der Interimsvereinbarung hier erst recht als zulässig anzusehen. 212

Praxistipp
Verlängerungen von Interimsvereinbarungen über 23 Monate hinaus sind rechtlich möglich, aber an enge Voraussetzungen geknüpft. i

c) Abschlusszeitpunkt der Interimsvereinbarung

Für die Frage, zu welchem Zeitpunkt eine Interimsvereinbarung abgeschlossen werden darf, ist maßgeblich auf die Formulierung des § 48 Abs. 4 Hs. 2 EnWG abzustel- 213 len, wonach dies „**zwischenzeitlich**" erfolgen soll. Nach dem allgemeinen Begriffsverständnis ist mit „zwischenzeitlich" ein Zeitraum zwischen einem Anfangs- und einem Endzeitpunkt gemeint. Hinsichtlich des frühest zulässigen Abschlusszeitpunktes einer Interimsvereinbarung kommen jedoch verschiedene **Anknüpfungspunkte für einen Anfangszeitpunkt** in Betracht.

Praxistipp

i Unabhängig, welcher Auffassung man sich im Folgenden zu dem frühest zulässigen Abschlusszeitpunkt anschließt, wird man feststellen können, dass ein Abschluss der Interimsvereinbarung nach Auslaufen des Konzessionsvertrags und ggf. auch nach Ablauf der Jahresfrist des § 48 Abs. 4 EnWG weder durch Wortlaut und Historie noch der Systematik oder dem Telos dieser Norm verboten ist. Einen „spätest zulässigen" Abschlusszeitpunkt gibt es daher, von den Grenzen des Rechtsmissbrauchs abgesehen, nicht.

---

214 Ausgehend vom Wortlaut des § 48 Abs. 4 EnWG, könnte auf den Zeitpunkt „**Ablauf des Wegenutzungsvertrags**" abzustellen sein. Eine in diesem Sinne zu verstehende Lesart wird auch in der Rechtsliteratur vertreten: Wegen der Verwendung des Wortes „zwischenzeitlich" sei eine abweichende Vereinbarung nur dann zulässig, wenn sie nach Ablauf des Alt-Konzessionsvertrags geschlossen werde.[146] Nach dieser Ansicht ist also stets erforderlich, dass der Alt-Konzessionsvertrag ausgelaufen ist, bevor eine Interimsvereinbarung abgeschlossen werden kann.

215 Als weiterer – vom gesetzlichen Wortlaut abzuleitender – Zeitpunkt könnte die „**Einleitung des Neukonzessionierungsverfahrens**" i.S.d. § 46 Abs. 3 S. 1 in Betracht kommen. Zu diesem Zeitpunkt soll nach der gesetzlichen Konzeption das Verfahren der Neukonzessionierung durch die Gemeinde spätestens eingeleitet werden. In diesem Fall wäre der Abschluss einer Interimsvereinbarung, also **ab Bekanntmachung des Vertragsendes** resp. jedenfalls zwei Jahre vor Ablauf des alten Konzessionsvertrags, rechtlich zulässig möglich.

216 Darüberhinaus wird in der Praxis auch die Auffassung vertreten, dass schon bei **Abschluss eines Konzessionsvertrags** vereinbart werden darf, dass die Konzessionsabgaben nach Vertragsauslauf über den Jahreszeitraum hinaus gezahlt werden soll.

217 Angesichts dieser verschiedenen zeitlichen Anknüpfungspunkte stellt sich die Frage, wie das Tatbestandsmerkmal „zwischenzeitlich" zu verstehen ist bzw. ob – anders formuliert – sich hieraus Einschränkungen in Bezug auf den Abschlusszeitpunkt ergeben.

218 Diejenigen, die den **Abschluss** der Interimsvereinbarungen erst **nach dem Ablauf des Konzessionsvertrags** für **zulässig** erachten, ziehen sehr streng den Wort-

---

146 Kermel/Brucker/Baumann/*Baumann*, S. 170.

laut des § 48 Abs. 4 EnWG zur Auslegung heran. Der **Wortlaut** spricht ausdrücklich von *„nach Ablauf des Wegenutzungsvertrags"*. Bei der Betonung der zeitlichen Präposition „nach" läge es im Umkehrschluss nahe, Vereinbarungen, die vor Ablauf des Konzessionsvertrags getroffen werden, als unzulässig anzusehen. Auf der anderen Seite ist den Ansichten, die einen Abschluss einer Interimsvereinbarung auch bereits **vor Auslaufen des Konzessionsvertrags** für **zulässig** erachten, allerdings zuzugestehen, dass der Wortlaut des § 48 Abs. 4 EnWG keineswegs so deutlich gefasst ist, dass dieser der Annahme des vorzeitigen Abschlusses einer anderweitigen Regelung gänzlich entgegensteht. Für eine zeitlich nicht einschränkende Regelung könnte sprechen, dass der Wortlaut den vorzeitigen Abschluss einer Interimsvereinbarung jedenfalls nicht ausdrücklich ausschließt. Vielmehr könnte aus dem im 2. Halbsatz verwendeten Wort „zwischenzeitlich" sogar der weitergehende Schluss gezogen werden, dass dies in Abgrenzung des im 1. Halbsatz normierten Passus „nach Ablauf des Wegenutzungsvertrags" gerade **eine in zeitlicher Hinsicht bewusste Differenzierung** darstelle. Es ist somit festzustellen, dass dem Wortlaut jedenfalls kein eindeutiges Auslegungsergebnis zu entnehmen ist. Allenfalls der Wortlaut des 1. Halbsatzes lässt eine Auslegung zugunsten einer einschränkenden Sichtweise zu.

Damit stellt sich weitergehend die Frage, welche Intention der Gesetzgeber mit 219
der Verwendung des Wortes „zwischenzeitlich" verfolgt hat. Die Gesetzesbegründung des § 48 Abs. 4 EnWG verweist lediglich auf die Regelung des nahezu wortgleichen § 14 Abs. 4 EnWG 1998.[147] Der Absatz 4 war im ursprünglichen Regierungsentwurf nicht enthalten,[148] sondern wurde erst auf Empfehlung des Wirtschaftausschusses des Bundestages hinzugefügt.[149] Im Rahmen einer öffentlichen Anhörung zur Novellierung des EnWG im Jahre 1997 enthielt lediglich eine einzige Stellungnahme einen Hinweis auf die Notwendigkeit einer ausdrücklichen gesetzlichen Regelung für von der Rechtsprechung entwickelte Pflicht zur Zahlung von Konzessionsabgaben im sog. vertragslosen Zustand.[150] Diesem Hinweis ist der **Wirtschaftsausschuss** gefolgt, ohne jedoch eine erläuternde oder klarstellende Begründung für diese Fassung des vierten Absatzes und somit insbesondere für die Verwendung des Tatbestandsmerkmals „zwischenzeitlich" anzufügen.

Dass der Gesetzgeber im Zusammenhang mit dem Zeitpunkt des Abschlusses 220
von Interimsverträgen von „zwischenzeitlich" spricht, erscheint in Bezug auf die Frage, ob der Abschluss vor oder nach dem Auslaufen des Konzessionsvertrags zulässig sein soll, überaus **irreführend**. Hätte der Gesetzgeber nämlich einerseits klarstellen wollen, dass der Abschluss anderweitiger Regelungen erst **nach Beendigung**

147 BT-Drucks. 15/3917, S. 68.
148 BT-Drucks. 13/7274, S. 6.
149 BT-Drucks. 13/9211, S. 14.
150 BT-Ausschuss-Drucks. 13/471, S. 9.

des alten Konzessionsvertrags zulässig sein darf, dann hätte er nicht nur im 1. Halbsatz, sondern auch im 2. Halbsatz des § 48 Abs. 4 EnWG den Passus „nach Ablauf des Wegenutzungsvertrags" aufnehmen bzw. in Form einer Klammerwirkung regeln müssen. Hätte der Gesetzgeber anderseits klarstellen wollen, dass der Abschluss anderweitiger Regelungen bereits **vor Beendigung** des Konzessionsvertrags zulässig sein darf, hätte er im 2. Halbsatz des § 48 Abs. 4 EnWG nicht von „zwischenzeitlich", sondern vielmehr von „vorzeitig" sprechen müssen. In diesem Kontext ist somit kein regelungstechnischer Sinn für die Verwendung des Wortes „zwischenzeitlich" erkennbar. Es ist daher auch nicht auszuschließen, dass es sich hierbei möglicherweise um ein **redaktionelles Versehen** oder auch nur eine gewisse **Gedankenlosigkeit des Gesetzgebers** gehandelt hat, von „zwischenzeitlich" zu sprechen. Einen Beitrag zur Rechtssicherheit in der Praxis hat er hiermit jedenfalls nicht geleistet.

221 Nachdem also weder der Wortlaut noch die Gesetzesgeschichte klare Ergebnisse zeitigen, ist nach der **Ratio der Regelung**, also nach deren Sinn und Zweck, zu fragen. Für die Zulässigkeit eines vorzeitigen Abschlusses einer Vereinbarung lässt sich das Bedürfnis der Vertragsparteien nach Rechtssicherheit anführen. Aus praktischen Erwägungen mag es für die Beteiligten sinnvoll erscheinen, so früh wie möglich die Rechtslage für die Zeit nach Ablauf des Konzessionsvertrags zu gestalten. Eine Interimsvereinbarung, die bereits vor Ablauf des alten Konzessionsvertrags geschlossen wird, sorgt für die nötige Rechtssicherheit

222 Andererseits können einer unbeschränkten zeitlichen Abschlussmöglichkeit **wettbewerbliche Gründe** entgegen gehalten werden. Ein vorzeitiger Abschluss einer Interimsvereinbarung könnte unter Umständen nicht zielführend für den ordnungsgemäßen Abschluss eines neuen Konzessionsvertrags sein, da bei einer vermeintlichen Klärung der Folgezeit die Gefahr nicht auszuschließen ist, dass die Beteiligten nicht mit der letzten Stringenz die Neuverhandlungen führen, wie sie sie führen würden, wenn für die vertragslose Folgezeit noch keine Regelung bestünde. Letztlich ist dies jedoch eine Einzelfallfrage der individuellen Vertragsverhandlungen.

223 Als Ergebnis der Auslegung ist somit festzustellen, dass mit dem Wortlautargument des 1. Halbsatzes des § 48 Abs. 4 EnWG zwar gute Gründe für eine restriktive Handhabe des Abschlusszeitpunktes sprechen, die gesetzlichen Vorgaben letztlich aber auch **andere Interpretationen offen** lassen. An den Stellen, wo gesetzliche Vorgaben nicht zwingend sind, muss der Privatautonomie der Parteien der Vorrang eingeräumt werden. Für eine vor Ablauf des Konzessionsvertrags zeitlich unbeschränkte Abschlussmöglichkeit von Interimsvereinbarungen verbleiben gleichwohl nicht unerhebliche **Risiken** – vor allem dort, wo dies schon im Konzessionsvertrag für den Fall seines Auslaufens festgelegt wird. Hier bleibt auch die weitere Entwicklung von Rechtsprechung und Rechtslehre abzuwarten.

Praxistipp

In der Praxis ist zu beachten, dass etwaige Nachteile aus der Unwirksamkeit einer vorzeitig (oder, umgekehrt, nach Auslaufen der Jahresfrist des § 48 Abs. 4 EnWG) abgeschlossenen Interimsvereinbarung **nicht zu Lasten des Konzessionärs** gehen dürfen, und dies erst recht nicht, wenn trotz seiner Hinweise die Kommune die Vorzeitigkeit des Abschlusses verlangt. Dies sollte ausdrücklich zwischen den Parteien entsprechend fest gehalten werden, was Ausdruck einer **partnerschaftlichen Risikoverteilung** ist. Idealerweise wird die Interimsvereinbarung **erst nach Auslaufen des Alt-Konzessionsvertrags,** aber vor Ablauf der Jahresfrist geschlossen.

4. Gesetzliche Zahlungspflicht nach Ablauf der Jahresfrist?

In der Praxis stellt sich häufig die Frage, was nach Ablauf der Jahresfrist geschieht, wenn eine anderweitige Vereinbarung – vor allem eine Interimsvereinbarung – fehlt. 224

a) Dem Grunde nach

Der Wortlaut des § 48 Abs. 4 EnWG ist zunächst einmal eindeutig. Als Ausnahmevorschrift ist diese Bestimmung eng auszulegen,[151] so dass eine **erweiternde Auslegung** des § 48 Abs. 4 EnWG ebenso wie eine ergänzende Vertragsauslegung zur Erreichung eines über das eine Jahr hinaus gehenden Zeitraums **ausgeschlossen** sind.[152] Eine – ggf. sogar mehrfache – unmittelbare Prolongierung des spezialgesetzlichen Anspruchs durch Auslegung scheidet aus.[153] 225

Von Rechtsprechung und Literatur ist nach der Schaffung des § 14 Abs. 4 EnWG 1998 die Frage ungeklärt, ob die Kommune, die ihre Wege dann ohne vertraglich vereinbarte Gegenleistung dem Alt-Konzessionär zur Verfügung stellen würde, einen bereicherungsrechtlichen **Anspruch aus §§ 812 ff. BGB** erfolgreich geltend machen könnte. Dies wird dem Grunde nach von dem überwiegenden Teil der Literatur bejaht.[154] 226

An dieser Auffassung seien Zweifel geäußert. Vor der Verabschiedung des § 14 Abs. 4 EnWG 1998 wurde bereits vertreten, dass die Versorgungspflicht des EVU oder die Regelungen der KAV einen Rechtsgrund[155] für das endgültige Verbleiben der **Nutzungsvorteile** beim Konzessionär ist bzw. eine abschließende Regelung[156] 227

151 *Larenz/Canaris*, S. 174 ff.

152 Nach BGH RdE 1991, 104 ff. konnte sich der Anspruch der Gemeinde auf Konzessionsabgaben aus einer ergänzenden Vertragsauslegung ergeben; wegen der nunmehr gesetzlichen Regelung aber ablehnend *Scholtka*, S. 237; Baumgart/*Schneider/Höffken*, Kap. 11 Rn 13 a. E.

153 *Büdenbender*, EnWG, § 14 Rn 51 a. E.

154 Baumgart/*Schneider/Höffken*, Kap. 11 Rn 14; BerlK-EnR/*Kermel*, § 48 EnWG Rn 41; *Büdenbender*, EnWG, § 14.

155 Als Rechtsgrund verstanden durch *Kühne/Scholtka*, JZ 1996, 1131, 1132.

156 So *Paez-Maletz*, RdE 1995, 21, 24.

darstellt, welche bereicherungsrechtliche Ansprüche ausschließt. Hiernach bestünde somit ein Anspruch aus §§ 812 ff. BGB bereits dem Grunde nach nicht bzw. würde wegen Spezialität verdrängt. Die Rechtsprechung ist dieser Ansicht im Jahre 1996 zwar nicht gefolgt,[157] und selbst unter der Geltung des EnWG 1998 hat das **OLG Rostock** noch im Jahr 2000 festgestellt, dass einem bereicherungsrechtlichen Anspruch „energierechtliche Sonderregelungen" nicht entgegenstehen.[158] Indes: Das Gericht hat dabei unter dem Gesichtspunkt der „energierechtlichen Sonderregelungen" lediglich die KAV sowie die EnVO-DDR[159] berücksichtigt.

228 Unberücksichtigt unter dem Aspekt der **„energierechtlichen Sonderregelungen"** bleibt durch das Gericht die Regelung des § 14 Abs. 4 EnWG 1998. Hieran ist Kritik zu üben. Eine Auseinandersetzung mit dieser Regelung wäre an dieser Stelle unumgänglich gewesen. Der veränderte Rechtsrahmen der „energierechtlichen Sonderregelungen" hätte angemessen bewertet werden müssen. Aufgrund des Umstandes, dass der Gesetzgeber den Zahlungsanspruch ausdrücklich normiert hatte, kann die dargestellte Argumentation des **BGH** nicht allgemein und in unveränderter Weise auf den neuen Rechtsrahmen übertragen werden. Vielmehr muss die Frage nach dem abschließenden Charakter vor dem Hintergrund der Regelung des §§ 14 Abs. 4 EnWG 1998, 48 Abs. 4 EnWG bewertet werden. Der Gesetzgeber hat in der Folge der Rechtsprechung des **BGH** durch die Schaffung des § 14 Abs. 4 EnWG 1998 ein zusätzliches „Karenzjahr" bezüglich zwingend zu leistender KA-Zahlungen für ausreichend gehalten. Um den Parteien **Flexibilitäten** einzuräumen, hat er die **Jahresfrist** insoweit **aufgeweicht**, als anderweitige bilaterale Regelungen möglich sind. Dies ist aber nur dann erforderlich, wenn im Übrigen ein gesetzlicher Anspruch nicht besteht.

229 Das Spezialgesetz des EnWG verdrängt in diesem Zusammenhang die allgemeinen Vorschriften des BGB (**„lex specialis derogat legi generali"**[160]).[161] Es ist insoweit abschließend.[162] Es bleibt den Parteien unbenommen, (freiwillig) eine entsprechende **vertragliche Übergangsregelung** zu treffen.[163] Dabei ist der Alt-Konzessionär auch nicht gehindert, mit der Kommune rückwirkende Vereinbarungen zu treffen. Aber nur eine bilaterale Regelung stellt sowohl bei der Interimsvereinbarung als auch bei

157 BGH JZ 1996, 1127 m. Anm. *Kühne/Scholtka*; so auch OLG Naumburg RdE 1995, 21, 22.

158 OLG Rostock RdE 2001, 115.

159 Im Beitrittsgebiet fortgeltendes Recht der ehemaligen DDR gem. Anlage II Kap. V Sachg. D Abschn. III Nr. 4 nach Maßgabe des Art. 9 EinigVtr v. 31.8.1990 i. V. m. Art. 1 G v. 23.9.1990 II 885, 1202 m.W.v. 3.10.1990, aufgehoben durch Art. 69 G v. 25.4.2007 I 594 m.W.v. 5.5.2007.

160 Vgl. dazu *Larenz/Canaris*, S. 87 ff.

161 So auch BDEW-Leitfaden „Konzessionsverträge und Konzessionsabgaben in der Strom- und Gasversorgung" vom 9.11. 2010, S. 55.

162 Vgl. *Salje*, EnWG, § 48 Rn 74; Böwing/*Schulz-Jander*, EnWG 1998, Art. 1 § 14 Anm. 2.4; s. auch *Salje*, ET 1994, 56,60.

163 Hierauf weist auch *Salje*, EnWG, § 48 Rn 74 hin.

dem Neuabschluss eines Konzessionsvertrags sicher, dass eine vertragliche Bestimmung das Verhältnis zwischen Konzessionär und Kommune eindeutig ausformt und beide Parteien nicht auf unsicheres Rechtsterrain verwiesen sind. Alles andere könnte dazu führen, dass es sich um **KAV-widrige Leistungen** handelt, was vereinzelt in der Literatur vertreten und daher im Ergebnis – mit Recht – die Möglichkeit eines bereicherungsrechtlichen Anspruchs abgelehnt wird.[164]

Fiskalische Argumente, wie etwa das in der Praxis auch hier bemühte Argu- 230
ment der Stabilisierung der Gemeindefinanzen oder ein **„allgemeines Gerechtigkeitsgefühl"** vermögen die **rechtsdogmatischen Ansätze** nicht auszuhebeln. Es wäre die Aufgabe des Gesetzgebers, weitergehende Ansprüche der Kommune zu statuieren. In Kenntnis des strittigen Zustandes hat er aber bei der EnWG-Novelle 2011 davon Abstand genommen, dies vorzunehmen. Es muss also bei der aufgezeigten Lösung verbleiben. Dies gilt umso mehr, als bei Schaffung der KAV vom Bundeswirtschaftsministerium durchaus die Fälle bereits gesehen wurden, in denen im vertragslosen Zustand keine Zahlungen anfallen können.[165] Das Problem war also hinlänglich bekannt.

b) Hilfsweise: Der Höhe nach

Wer gleichwohl einen bereicherungsrechtlichen Anspruch bejaht, muss die Frage 231
sachgerecht beantworten, in welcher Höhe dieser bestehen soll. Rein **hilfsweise** soll dies auch hier erörtert werden.

Zieht man die frühere Rechtsprechung des **BGH** für den nachvertraglichen An- 232
spruch heran, so ist der zu leistende **Wertersatz am objektiven Verkehrswert der gezogenen Nutzungen** zu messen.[166] Für die Bestimmung des Wertersatzes soll dabei im „Ausgangspunkt" von der KAV ausgegangen werden.[167] Der BGH stellt in seiner Entscheidung aus dem Jahre 1996 jedoch auch klar, dass es auf der Hand läge, *„dass ein langfristiges […] Recht für das EVU wirtschaftlich wertvoller ist als ein kurzfristiges […] Recht und dieser Umstand von Bedeutung dafür ist, welche Konzessionsabgabe festgelegt wird"*. Aus ähnlichen Erwägungen heraus gelangten die Vorinstanzen in diesem Verfahren deshalb auch zu einem prozentualen Abschlag vom zulässigen Höchstbetrag nach der KAV: Nach der Eingangsinstanz Landgericht in Höhe von 50%,[168] nach dem Berufungsgericht in Höhe von 25%[169]. Auch in weite-

164 Vgl. *Salje*, ET 1994, 56, 60. Hiernach verstieße eine Auslegung, die die Benutzung von kommunalem Wegeeigentum als ausgleichsfähigen Vermögensvorteil ansieht, gegen den Sinn und Zweck der KAV.
165 Vgl. den Abduck der Auslegungshinweise in RdE 1993, 35.
166 BGH JZ 1996, 1127 m. Anm. *Kühne/Scholtka*.
167 BGH JZ 1996, 1127 m. Anm. *Kühne/Scholtka*.
168 LG Magdeburg RdE 1994, 247 ff.

ren gerichtlichen Entscheidungen sind Abschläge in Höhe von 25%[170] bzw. 10%[171] vorgenommen worden. Bemerkenswert an der Entscheidung des **BGH** aus 1996 ist insoweit, dass das Gericht in casu keinen prozentualen Abschlag festzustellen vermochte.

233 Die Meinungen im Schrifttum zur Höhe eines etwaigen Bereicherungsanspruchs sind überaus vielfältig. Es besteht jedenfalls Einigkeit, dass die KAV auch im vertragslosen Zustand die Orientierung für den preisrechtlichen Rahmen darstellt.[172] Übereinstimmend lässt sich feststellen, dass ein Anspruch **oberhalb der Höchstsätze der KAV keinesfalls** in Betracht kommt. Dies ist jedoch auch als Selbstverständlichkeit zu verstehen, da die Kommune im vertragslosen Zustand nicht besser stehen darf als im Zustand vertraglicher Abreden. In der Praxis wird immer wieder vertreten, dass der Wertersatz nach §§ 812 ff. BGB anhand der **Höchstsätze der KAV** ohne Abzüge zu bestimmen sei. Mit gleichem Ergebnis wird gefordert, dass die **Vergütung aus dem hypothetischen Parteiwillen** entsprechend der KAV geschuldet werde.[173]

234 Hieran hegt ein großer Teil der rechtswissenschaftlichen Literatur allerdings Zweifel. Mehrheitlich kommen die Meinungen im Schrifttum zu dem Befund, dass eine etwaige Bereicherung nicht mit der vertraglich vereinbarten Höhe der Konzessionsabgaben im Alt-Konzessionsvertrag gleichgesetzt werden könne,[174] also auch in keinem Fall den Höchstsätzen der KAV entsprechen dürfen. Vielmehr müsse ein auf §§ 812 ff. BGB gestützter Anspruch nach einer Ansicht erheblich unter den in der KAV geregelten Beträgen liegen, da der **Wert der Wegenutzung erheblich geschmälert** sei.[175] Nur ein solch geschmälerter Anspruch kann nach dieser Ansicht den beiderseitigen Interessen Rechnung tragen.[176] Teilweise wird eine konkrete Bezifferung dieser Wertschmälerung in Höhe von 50% der KAV-Sätze vorgeschlagen.[177] Andere wiederum stellen sich auf den Standpunkt, dass die Höhe des Anspruchs und somit auch Bestimmung eines Abschlags letztlich eine Frage des Einzelfalls sei und nicht abstrakt beantwortet werden könne.[178] Vereinzelt wird – allerdings ohne nähere Begründung – sogar die Grundannahme des **BGH** in Zweifel gezogen, dass ein langfristiges Wegerecht einen größeren Wert hat als ein zeitlich unbestimmtes.[179]

---

169 OLG Naumburg RdE 1995, 21 ff.
170 OLG Potsdam LKV 1998, 501, 503; LG Kiel RdE 1996, 116, 119.
171 OLG Rostock RdE 2001, 115, 117.
172 Vgl. *Scholtka*, S. 252.
173 *Hüffer/Tettinger*, in: FS Fabricius, S. 110.
174 *Büdenbender*, EnWG, § 14 Rn 58.
175 Baumgart/*Schneider/Höffken*, Kap. 11 Rn 14; so auch Britz/Hellermann/Hermes/*Hellermann*, § 48 Rn 31; BerlK-EnR/*Kermel*, § 48 EnWG Rn 50.
176 Baumgart/*Schneider/Höffken*, Kap. 11 Rn 14.
177 *Büdenbender*, EnWG, § 14 Rn 59 („*im Normalfall*").
178 *Scholtka*, S. 252.
179 Schneider/Theobald/*Albrecht*, § 9 Rn 194.

Die Meinungen sind sämtlich kritisch zu würdigen. Sollte tatsächlich ein gesetzlicher Anspruch bestehen, kann dieser nach der hier vertretenen Auffassung **keinesfalls oberhalb der KAV-Höchstwerte** liegen. Es kommt auch nicht in Betracht, dass der Wert nach §§ 812ff. BGB über den vertraglich geregelten Sätzen angesetzt wird. Denn die Parteien des Alt-Konzessionsvertrags haben zum Ausdruck gebracht, dass sie in dem jeweiligen KA-Satz einen entsprechenden Gegenwert sehen, den sie für das vormals vereinbarte Wegerecht für angemessen halten. Das Bereicherungsrecht kann dies bei interessengerechter und wertender Betrachtung nicht überschreiten. 235

Eine mögliche Parallele zur Stützung eines der Regelung des Alt-Konzessionsvertrags der Höhe nach entsprechenden KA-Fortzahlungsanspruchs könnte allenfalls zum **Rechtsgedanken des § 546a Abs. 1 BGB** gezogen werden. Die Vorschrift regelt die Ansprüche des Vermieters für die Zeit nach der Beendigung des Mietverhältnisses bis zur Herausgabe der Mietsache. Für die Dauer der Vorenthaltung soll der Mieter weiterhin eine Miete als Entschädigung an den Vermieter zahlen. Die Höhe des Anspruchs entspricht der vertraglich vereinbarten Höhe oder alternativ der ortsüblichen Höhe vergleichbarer Sachen. Der Höhe nach geht der Anspruch somit jedenfalls nicht über die vertragliche oder ortsübliche Höhe hinaus. Unter dem Aspekt des treuwidrigen Verhaltens ist allerdings zu beachten, dass der Vermieter den Mieter nicht an der Rückgabe hindern darf.[180] 236

Der Fall des § 546a Abs. 1 BGB ist vordergründig durchaus vergleichbar zum Fall des § 48 Abs. 4 EnWG. Die vertragliche Rechtsgrundlage für eine Zahlung besteht nicht mehr. Trotzdem findet eine Weiternutzung des Vertragsgegenstandes statt. Die Gegenleistung für diese Weiternutzung ergibt sich fortan aus einem gesetzlichen Anspruch. Da die Weiternutzung i.d.R. weiterhin der vertragsäquivalenten Art und Weise der Leistung entspricht, bemisst sich die Höhe des gesetzlichen Anspruchs grundsätzlich auch vertragsäquivalent. Bezugspunkt des Anspruchs ist somit stets die vertraglich vereinbarte Konzessionsabgaben resp. Miete. Dennoch vermag dieser Gedankengang im Recht der energiewirtschaftlichen Wegenutzung nicht zu überzeugen.[181] Denn ein wesentlicher Unterschied zwischen den beiden Ansprüchen besteht hinsichtlich der **Dauer der Verpflichtung zur Zahlung**. Der Anspruch aus § 546a Abs. 1 BGB besteht solange, bis eine Rückgabe durch den Vermieter erfolgt. Die Norm schützt somit den Vermieter. Der Mieter, der eine Sache dem Vermieter vorenthält, soll nicht besser stehen, als er stünde, wenn der Mietvertrag fortdauern würde.[182] 237

Die Dauer des Anspruchs ist somit **schuldnerabhängig**. Der Anspruch aus § 48 Abs. 4 EnWG ist demgegenüber qua Gesetz auf die Dauer von einem Jahr beschränkt. 238

---

180 Vgl. Palandt/*Weidenkaff*, § 546 Rn 7.

181 Nach BGH NJW-RR 1991, 176 sei eine entsprechende Anwendung nicht gerechtfertigt. So auch *Büdenbender*, EnWG, § 14 Rn 55.

182 Palandt/*Weidenkaff*, § 546a Rn 1.

Hiermit soll insb. der Wettbewerb geschützt werden. Ohne eine gesetzliche Befristung bestünde für die Gemeinde kein Anreiz, den vertragslosen Zustand zu beseitigen.[183] Die Norm adressiert somit in erster Linie die Gemeinden in der Weise, dass diese den Neuabschluss von Konzessionsverträgen in dem gesetzlich skizzierten Zeitrahmen durchführen sollen. Gelingt es der Gemeinde nicht, innerhalb des gesetzlich vorgesehenen Zeitrahmens einen neuen Konzessionsvertrag abzuschließen, kann nicht mehr von einer **Vertragsäquivalenz** ausgegangen werden. Vielmehr ist das Äquivalenzprinzip bei einer Überschreitung der Jahresfrist einseitig gestört.[184]

239 Die Wertansätze des Alt-Konzessionsvertrags können mithin nicht ungeschmälert der Berechnung zu Grunde gelegt werden. Denn ohne einen neuen Konzessionsvertrag oder zumindest eine Interimsvereinbarung besteht für den Alt-Konzessionär überhaupt keine Absicherung, so dass sich ein bereicherungsrechtlicher Anspruch – sollte er denn bestehen – **nachhaltig unterhalb der Sätze des Alt-Konzessionsvertrags** bewegen muss. Dies ist aus wirtschaftlicher und aus wertender Sicht auch nicht unangemessen. Ein vertragsloser Rechtszustand bedeutet für den Konzessionär Planungsunsicherheit, womit es gerade an der Grundlage für nachhaltige Investitionsentscheidungen fehlt.[185]

Praxistipp

Man wird vielmehr einen **Abschlag von mindestens 75%** der im Alt-Konzessionsvertrag festgelegten KA-Höhe machen müssen.

---

c) Entreicherung

240 Selbst wenn man dem Grunde und der Höhe nach, mit welchen etwaigen Abschlägen auch immer, einen bereicherungsrechtlichen Anspruch bejaht, ist zudem stets der **Entreicherungsgedanke des § 818 Abs. 3 BGB** zu beachten. Hatte im alten Rechtszustand das EVU die Endkundenpreise gesenkt, was heute der **Nicht-Erhebung der Konzessionsabgaben** gegenüber den Netznutzern entspricht, liegt nach zutreffender Auffassung Entreicherung des Konzessionärs vor, so dass grundsätzlich keine oder zumindest keine vollständige Zahlungspflicht gegenüber der Kommune (mehr) besteht.[186] Das ist vom **BGH** anerkannt.[187] Etwas anderes kann

183 Vgl. BerlK-EnR/*Kermel*, § 48 EnWG Rn 39.

184 Dies übersieht *Salje*, EnWG, § 48 Rn 72.

185 *Büdenbender*, EnWG, § 14 Rn 58.

186 *Büdenbender*, EnWG, § 14 Rn 60; BerlK-EnR/*Kermel*, § 48 EnWG, Anh. § 4 KAV Rn 16. Vgl. auch Böwing/*Schulz-Jander*, Art. 1 § 13 Anm. 2.4.

187 JZ 1996, 1127 m. Anm. *Kühne/Scholtka*. Vgl. *Scholtka/Keller-Herder*, RdE 2010, 278, 287 f.

sich allenfalls dann ergeben, wenn eine Kommune den Konzessionär bereits zuvor auf Zahlung der Konzessionsabgaben verklagt hatte.[188]

d) Aufgedrängte Bereicherung

Weiterhin stellt sich die Frage, ob die Geltendmachung etwaiger bereicherungsrechtlicher Ansprüche im Einklang mit dem **Aufdrängungsschutz** steht.[189] Die Rechtsfigur der sog. aufgedrängten Bereicherung wirft die Frage auf, ob und inwieweit Personen, die ohne ihre willentliche Veranlassung einen objektiv messbaren, subjektiv aber als nutzlos oder gar nachteilig empfundenen Vermögenszuwachs erfahren haben, verpflichtet sind, diese „Vorteile" in Natur herauszugeben bzw. ihren Wert zu ersetzen.[190] Eine Bereicherung, welche dem vormaligen Konzessionsvertragspartner aufgezwungen wird, könnte nach diesen Grundsätzen ggf. nicht mit Erfolg durchsetzbar sein, denn ein Bereicherungsausgleich würde hier mit dem **Selbstbestimmungsrecht des Konzessionsvertragspartners** kollidieren.[191] Die Abwehr einer aufgedrängten Bereicherung hat den Schutz der individuellen Willensfreiheit zum Gegenstand,[192] welche damit den Maßstab der Beurteilung im Einzelfall vorgibt. Nach dem Willen und Interesse des Bereicherten lassen sich Abstufungen vornehmen. 241

Zunächst ist ein Fall denkbar, bei dem eine **ausdrückliche Zustimmung des Alt-Konzessionärs** gegeben ist. Dort, wo er zustimmt, liegt aber in der Regel eine vertragliche Vereinbarung vor, üblicherweise die oben beschriebene **Interimsvereinbarung**. Die durch die Zustimmung bzw. Einigung zum Ausdruck kommende Billigung des „aufgedrängten" Vorteils lässt den Vorbehalt gegen den finanziellen Ausgleich aus dem Gesichtspunkt des Selbstbestimmungsrechts entfallen. Eine Versagung eines Ausgleichsanspruchs aus dem Gesichtspunkt der aufgedrängten Bereicherung scheidet aus, wenn der Bereicherte sein Interesse am Erwerb des Vorteils geäußert hat.[193] In diesen Fällen kommt es mithin auf das Bereicherungsrecht gar nicht mehr an.[194] 242

Gänzlich anders zu bewerten ist der denkbare Fall, in dem der Alt-Konzessionär durch das Ziehen einer sog. **„Put-Option"** die Gemeinde zur Netzübernahme verpflichtet.[195] Hier bringt der Alt-Konzessionär durch die Geltendmachung dieser Op- 243

188 *Büdenbender*, EnWG, § 14 Rn 60.

189 Vgl. auch BDEW-Leitfaden „Konzessionsverträge und Konzessionsabgaben in der Strom- und Gasversorgung" vom 9. November 2010, S. 55.

190 *Wernecke*, S. 20.

191 Vgl. Palandt/*Bassenge*, § 951 Rn 18.

192 *Wernecke*, S. 79.

193 RG JW 1931, 1552,1553.

194 Siehe dazu Palandt/*Bassenge*, § 951 Rn 18.

195 Vgl. dazu den BDEW-Leitfaden „Konzessionsverträge und Konzessionsabgaben in der Strom- und Gasversorgung" vom 9. November 2010, S. 24ff.

tion unmissverständlich zum Ausdruck, die Netze an die Gemeinde übertragen zu wollen. Der Geltendmachung der „Put-Option" folgt in der Regel unmittelbar aus einer **vertraglichen Vereinbarung**, so dass der Schutz des „Bereicherten" in den vertraglichen Regelungen zu suchen ist. Wenn er das Netz in diesem Fall gezwungener Maßen weiter betreibt, um zum Wohle der Bürgerinnen und Bürger die leitungsgebundene Energieversorgung sicher zu stellen, muss der Aufdrängungsschutz klassischerweise greifen.

244 Aber auch ohne „Put-Option" kann der Alt-Konzessionär auf verschiedene Weisen zum Ausdruck bringen, dass er die **Wegerechte nur gezwungener Weise ausübt**. Spätestens dadurch, dass er nach Ablauf der Jahresfrist keine Interimsvereinbarung abschließt, sondern die KA-Zahlungen einstellt, macht er zumindest konkludent deutlich, dass ihm eine etwaige Bereicherung aufgedrängt wird. Auch in diesen Fällen kann der Durchsetzung des Anspruchs aus §§ 812 ff. BGB – sollte er denn überhaupt in Betracht kommen – kein Erfolg beschieden sein. Dabei ist es gleichgültig, ob der Übertragungsanspruch von der Gemeinde (aus Vertrag) oder dem Neu-Konzessionär (aus Vertrag nach entsprechender Abtretungsvereinbarung oder aus § 46 Abs. 2 EnWG) verfolgt wird.

245 Liegt ein Fall der aufgedrängten Bereicherung vor, steht einem etwaigen bereicherungsrechtlichen Anspruch nach zutreffender Ansicht eine **anspruchshindernde Einwendung** entgegen.[196] Der **Aufdrängungsschutz** führt zu einem Kondiktionsausschlussgrund. Lediglich die Herleitung erfolgt auf unterschiedliche Weise. Teilweise wird die Versagung des Anspruchs als ein allgemeines Prinzip aus § 814 BGB geschlossen.[197] Teilweise wird vertreten, dass der Lösungsweg außerhalb des Bereicherungsrechts, nämlich vielmehr durch eine Gesamtanalogie zu suchen ist.[198] Schließlich wird auch vorgeschlagen, dass der Schuldner eines Wertersatzanspruches dem Bereicherungsgläubiger die Einrede aus § 242 BGB wegen Rechtsmissbrauchs entgegenhalten könne.[199]

e) Zulässigkeit von Abschlagszahlungen

246 Angesichts des ungesicherten Rechtszustandes kann einem Alt-Konzessionär nicht zugemutet werden, die Abschlagszahlungen unverändert fortzusetzen. Es ist daher zulässig, dass der Alt-Konzessionär die Abschlagszahlungen gänzlich einstellt.

---

196 Staudinger/*Gursky*, § 951 Rn 53; *Klauser*, NJW 1965, 513, 514 f. A. A. MüKo-BGB/*Lieb*, § 812 Rn 313 ff.; Palandt/*Bassenge*, § 951 Rn 21; Bamberger/Roth/*Westerhoff*, § 818 Rn 143.

197 So *Klauser*, NJW 1965, 513, 515.

198 So Staudinger/*Gursky* § 951 Rn 56: Hiernach bieten sich die §§ 539 Abs. 1, 601 Abs. 2 S. 1, 1049 Abs. 1, 1216 S. 1 BGB zusammen mit §§ 687 Abs. 2 S. 2, 996 BGB als Grundlage für eine Gesamtanalogie an.

199 MüKo-BGB/*Füller*, § 951 Rn 35.

Letztendlich ist dies jedoch eine **individuelle Rechtswertung**, die jeder Konzessionär selbst durchführen muss. Dort, wo der Auffassung zugeneigt wird, dass sowohl dem Grunde als auch der Höhe nach ein durchsetzbarer Anspruch nach §§ 812 ff. BGB besteht, wird der Konzessionär berechtigt sein, zumindest **freiwillig Abschläge** in entsprechender Höhe zu leisten.

Praxistipp
Der Alt-Konzessionär wird jedoch gut beraten sein, innerhalb nicht-rechtsverjährter Zeit eine Klärung herbeizuführen.

B. Fragen um die Grenzpreisregelung

Die Bemessung und zulässige Höhe von Konzessionsabgaben bestimmt sich grundsätzlich danach, ob eine Energielieferung an einen Tarifkunden oder an einen Sondervertragskunden erfolgt. Daneben ist in § 2 Abs. 4 KAV geregelt, dass **Stromlieferungen an Sondervertragskunden** nicht mit Konzessionsabgaben belegt werden dürfen, wenn **ihr Durchschnittspreis den** Durchschnittserlös **– den sog. Grenzpreis – unterschreitet.** Für **Gaslieferungen** ist in § 2 Abs. 5 KAV neben dem Grenzpreis eine sog. **Grenzmenge vorgesehen.** 247

I. Ziel der Grenzpreisregelung

Die Grenzpreisregelung wurde eingeführt, um die energieintensiven Sondervertragskunden und damit insb. die Großindustrie zu entlasten.[200] Für den Strombereich wird die Regelung damit begründet, dass Lieferungen zu Preisen unterhalb des Grenzpreises typischerweise über Hoch- und Höchstspannungsnetze abgewickelt werden, für die die Verkehrsräume der Gemeinden in aller Regel nicht benutzt werden.[201] 248

Im Gasbereich ist die Festlegung von Grenzpreisen **durch starke Preisschwankungen erschwert. Der Verordnungsgeber hat deshalb eine Grenzmenge für den Jahresverbrauch festgelegt, bei deren Überschreiten die Zahlung von Konzessionsabgaben entfällt.**[202] Insbesondere um Härten zu vermeiden wird die Grenzmengenregelung im Gasbereich durch eine Grenzpreisregelung ergänzt. 249

200 Auslegungshinweise des BMWi zur KAV, Nr. 13, abgedr. bei: *Morell*, S. 199.
201 Amtliche Begründung, BR-Drucks. 686/91, S. 17.
202 Amtliche Begründung, BR-Drucks. 686/91, S. 17.

II. Grenzpreis für Stromlieferungen an Sondervertragskunden

1. Grundlagen

250 Nach § 2 Abs. 4 KAV ist als **Grenzpreis** der **Durchschnittserlös** festgelegt, den die EVU in einem Kalenderjahr für die Lieferung von Strom an alle Sondervertragskunden je kWh erzielen. Maßgeblich für die Ermittlung des Durchschnittserlöses ist dabei der in der amtlichen Statistik des Bundes jeweils **für das vorletzte Kalenderjahr veröffentlichte Wert ohne Umsatzsteuer.**

251 Diesem Grenzpreis ist der **Durchschnittspreis** gegenüberzustellen, der von dem Sondervertragskunden für seine Stromlieferungen an ein bestimmtes EVU im Kalenderjahr je kWh gezahlt wurde. Liegt dieser von dem Sonderkunden gezahlte **Durchschnittspreis unter dem maßgeblichen Grenzpreis,** dürfen für die Stromlieferungen, die dieser Sondervertragskunde bezogen hat, **keine Konzessionsabgaben** vereinbart oder gezahlt werden.

252 Da für die Ermittlung des Grenzpreises das vorletzte Kalenderjahr maßgeblich ist, steht der jeweils gültige Grenzpreis bereits am Anfang eines Jahres fest. Soweit das mit dem jeweiligen Sondervertragskunden vereinbarte Abrechnungsjahr vom Kalenderjahr abweicht, ist der Durchschnittserlös dem Kalenderjahr – mit vertretbarem Aufwand – möglichst genau zuzuordnen.[203]

2. Berücksichtigung der Stromsteuer beim Durchschnittserlös

253 Für die Ermittlung des Durchschnittserlöses ist gem. § 2 Abs. 4 S. 2 KAV der in der amtlichen Statistik des Bundes jeweils für das vorletzte Kalenderjahr **veröffentlichte Wert ohne Umsatzsteuer maßgeblich.** Damit ist nach dem Wortlaut der KAV bei der Ermittlung des Durchschnittserlöses nur die Umsatzsteuer außer Acht zu lassen. Andere Steuern, Abgaben und abgabenähnliche Bestandteile des Lieferpreises sind in die Ermittlung des Durchschnittserlöses einzubeziehen. Dies gilt folglich auch für die Stromsteuer nach dem StromStG.[204]

254 Das Statistische Bundesamt rechnet in der Praxis folgende Werte in den Durchschnittserlös mit ein:

- Netznutzungsentgelt,
- Stromsteuer,
- Konzessionsabgabe,
- Vergütung nach EEG sowie
- Vergütung nach KWKG.

203 Auslegungshinweise des BMWi zur KAV, Nr. 11, abgedr. bei: *Morell*, S. 199.
204 Vgl. LG Mainz, Urt. v. 10.9.2006 – 10 HK. O 60/06 – Rn 30.

Dass die Stromsteuer in die Ermittlung des Durchschnittserlöses einzubeziehen ist, ergibt sich wie aufgezeigt bereits aus dem heutigen Wortlaut der KAV. Für die Einbeziehung spricht aber auch die historische Entwicklung der Norm: Nach dem bis zum 30.7.1999 geltenden Wortlaut des § 2 Abs. 4 KAV war bei der Ermittlung des Durchschnittserlöses von dem durch das Statistische Bundesamt ermittelten Wert neben der Umsatzsteuer auch die Ausgleichsabgabe nach dem 3. Verstromungsgesetz (der sog. „Kohlepfennig") in Abzug zu bringen.[205] Die Erhebung des „Kohlepfennigs" wurde durch das **BVerfG** 1994 für verfassungswidrig erklärt.[206] In der KAV wurde die Erwähnung des Kohlepfennigs daraufhin gestrichen. Die Anpassung der KAV an die Rechtsprechung des BVerfG zeigt, dass der Verordnungsgeber die KAV aktuell halten wollte. Hätte der Verordnungsgeber die Stromsteuer aus der Berechnung des Durchschnittserlöses herausnehmen wollen, dann hätte er dies im Zuge der Änderungen der KAV[207] seit Inkrafttreten des StromStG auch entsprechend formuliert. 255

Es ist auch unerheblich, dass die Stromsteuer nicht bei dem EVU verbleibt, sondern an den Staat „weitergeleitet" wird. Dies spricht nicht dagegen, die Stromsteuer in die Berechnung des Durchschnittserlöses einzubeziehen.[208] Auch in anderen Fällen von Steuern und Abgaben, wie z. B. bei den Konzessionsabgaben, fungiert das EVU quasi nur als Inkassostelle für die Gemeinde. 256

Praxistipp

Dementsprechend ist **beim Durchschnittserlös** und damit bei der Festlegung des Grenzpreises die **Stromsteuer zu berücksichtigen.**[209] i

3. Berücksichtigung der Stromsteuer beim Durchschnittspreis

Ob auch bei der Berechnung des Durchschnittspreises die Stromsteuer zu berücksichtigen ist, war in Literatur und Rechtsprechung lange Zeit umstritten. Der **BGH** hat diese Frage mit Urteil vom 2.2.2011 entschieden.[210] Nach einer mustergültigen Auslegung des § 2 Abs. 4 KAV kommt der **BGH** entgegen der in der Berufungsinstanz vom **OLG Stuttgart**[211] vertretenen Auffassung zu dem Ergebnis, dass auch bei der Ermittlung des **Durchschnittspreises** die **Stromsteuer zu berücksichtigen ist.** 257

205 Streichung des 3. Verstromungsgesetzes durch Art. I Nr. 2 der Verordnung zur Änderung der KAV v. 22.7.1999 (BGBl. I S. 1669).

206 Vgl. BVerfGE 91, 186.

207 Erste Verordnung zur Änderung der Konzessionsabgabenverordnung v. 22.7.1999 (BGBl. I S. 1669); Gesetz v. 10.11.2001 (BGBl. I S. 2992).

208 A. A. VIK-Votum v. 24.6.2004, veröffentlicht in VIK-Mitteilungen 5/2004, S. 116 ff.

209 So auch *Morell*, S. 101.

210 BGH, Urt. v. 2.2.2011, EnZR 57/09.

211 OLG Stuttgart, Urt. v. 19.11.2009 – 2 U 40/08 –.

a) Zu Grunde liegender Sachverhalt

258 Die Klägerin hatte als Sondervertragskundin Strom aus dem von der Beklagten betriebenen Elektrizitätsversorgungsnetz bezogen. Mit ihrer Klage forderte sie die an die Beklagte für das Jahr 2005 gezahlten Konzessionsabgaben zurück. Bei der Ermittlung des von ihr gezahlten Durchschnittspreises sei die ihr gem. § 10 StromStG a.F. gewährte Stromsteuervergütung abzuziehen. Der danach von ihr gezahlte Durchschnittspreis liege unter dem maßgeblichen Durchschnittserlös, so dass die Konzessionsabgaben wegen § 2 Abs. 4 KAV rechtsgrundlos gezahlt worden seien.

b) Wortlaut der Norm

259 Schon nach dem Wortlaut der Norm sei laut **BGH** die Stromsteuer in die Berechnung des Durchschnittspreises einzubeziehen. Unter einem Durchschnittspreis sei üblicherweise der Durchschnitt aller gezahlten Kaufpreise zu verstehen. Der Kaufpreis wiederum sei der Betrag, den der Kunde für die Lieferung des Stroms zu zahlen habe. In diesem Preis aber sei die Stromsteuer entweder offen ausgewiesen oder jedenfalls kalkulatorisch enthalten. Sie sei somit Bestandteil des Kaufpreises und müsse deswegen auch im Durchschnittspreis enthalten sein.

Praxistipp

i Die Stromsteuer wird im Regelfall vom EVU entrichtet und dem Abnehmer als Bestandteil des von ihm zu zahlenden Strompreises weiterbelastet. Im Gegensatz zur Umsatzsteuer muss die Stromsteuer nicht gesondert in der Rechnung ausgewiesen werden. Sie ist deshalb meist kalkulatorischer Bestandteil des vom Kunden zu entrichtenden Endpreises. Eigenerzeuger sowie Abnehmer, die ihren Strom von außerhalb des Steuergebietes ansässigen Anbietern beziehen, müssen die Stromsteuer selbst an das Hauptzollamt entrichten.

---

c) Systematischer Zusammenhang der Norm

260 Ein widerspruchsfreier Vergleich des individuellen Durchschnittspreises eines Kunden mit dem Durchschnittspreis aller Kunden sei nur möglich, wenn die Vergleichsgrößen nach denselben Maßstäben ermittelt würden. Entweder müsse man sämtliche **Stromsteuerermäßigungen** sowohl aus dem individuellen Preis wie auch dem Grenzwert herausrechnen oder man müsse diese Größe bei beiden Berechnungen berücksichtigen. Da das Statistische Bundesamt den Durchschnittserlös unter Einbeziehung der Stromsteuer ausweise, müsse diese folglich auch in der Berechnung des Durchschnittspreises berücksichtigt werden.

d) Systematischer Zusammenhang der KAV mit den Regelungen des StromStG

261 Durch die Stromsteuerermäßigung gem. § 10 StromStG a.F. wollte der Gesetzgeber eine Beeinträchtigung der **internationalen Wettbewerbsfähigkeit** der besonders

stromintensiven Betriebe **des produzierenden Gewerbes** ausschließen. Dieses Ziel werde durch die Einbeziehung der Stromsteuer in die Berechnung des Durchschnittspreises nicht unterlaufen. Die Höhe der durch die Einbeziehung ggf. zu zahlenden Konzessionsabgaben liege weit unter dem Betrag, der durch die Steuerermäßigung erlangt werden könne.

e) Sinn und Zweck der Norm

262 Der Verordnungsgeber habe Unternehmen mit entsprechend niedrigen Durchschnittspreisen von den Konzessionsabgaben freigestellt, weil sie typischerweise nur die Hoch- und Höchstspannungsnetze in Anspruch nehmen, für die Verkehrsräume einer Gemeinde in aller Regel nicht genutzt werden und Konzessionsabgaben deswegen nicht gezahlt werden müssen. Es sei damit auf einen pauschalierten Maßstab abgestellt worden, der auf alle Sondervertragskunden gleichmäßig angewandt werden müsse.

f) Keine Verfassungswidrigkeit der Norm durch die Berücksichtigung der Stromsteuer

263 Ein Verstoß gegen den Grundsatz der Belastungsgleichheit liege auch im Vergleich zu **Abnehmern von importiertem Strom** nicht vor. Zwar schulde in diesen Fällen nicht der ausländische Lieferant die Stromsteuer, sondern der inländische Abnehmer. Allerdings **entstehe die Stromsteuer** trotzdem schon **mit Entnahme des Stroms** und könne nur nachträglich erlassen oder erstattet werden. Es sei deswegen auch bei Abnehmern von importiertem Strom von einem Durchschnittspreis auszugehen, der die Stromsteuer einschließe.

264 Es bestehe auch kein Ungleichgewicht zwischen Unternehmen, die den von ihnen benötigten Strom einkaufen und Eigenerzeugern i.S.d. § 2 Nr. 2 StromStG, die den Strom zum Selbstverbrauch erzeugen. Denn der Eigenerzeuger zahle für den von ihm erzeugten Strom keinen Strompreis, der als Durchschnittspreis herangezogen werden könne. Für zugekauften Strom hingegen gelte das Gleiche wie für die Abnehmer importierten Stroms.

265 Letztlich stelle auch die Tatsache, dass als Grenzpreis jeweils der für das vorletzte Kalenderjahr ermittelte Durchschnittserlös herangezogen werde, die **Belastungsgleichheit** nicht in Frage. Denn auch wenn die Stromsteuer in dem Erhebungsjahr höher sein könne als im Vergleichsjahr, sei eine daraus resultierende Belastung im Hinblick auf die praktische Durchführbarkeit des Grenzpreisvergleichs verfassungsrechtlich unbedenklich.

Praxistipp

Seit der Entscheidung des **BGH** ist geklärt, dass auch bei der Berechnung des **Durchschnittspreises** die **Stromsteuer zu berücksichtigen ist** und Stromsteuerermäßigungen bei der Berechnung außer Betracht bleiben müssen. Dies gilt sowohl in den Regelfällen, in denen Steuerschuldner das EVU ist, als auch in den Ausnahmefällen, in denen der Sondervertragskunde Steuerschuldner ist.

g) Bewertung der BGH-Rechtsprechung

266 Der Entscheidung des **BGH** ist sowohl im Ergebnis als auch in der Begründung zuzustimmen.

267 Der **BGH** hat einer **betriebswirtschaftlichen Betrachtungsweise,** nach der unter dem Preis die nach Rückerstattungen letztlich verbleibende Belastung eines Kunden zu verstehen ist, eine **klare Absage erteilt.** Dies ist mit Hinweis auf den allgemeinen Sprachgebrauch, der unter einem Preis den für eine Leistung erbrachten Gegenwert versteht, überzeugend.

268 Die vom **OLG Stuttgart** vorgebrachten und von einzelnen Stimmen in der Literatur[212] auch nach dem Urteil des **BGH** geteilten Bedenken hinsichtlich der Normhierarchie können nicht überzeugen und sind richtigerweise auch für den **BGH** nicht entscheidungserheblich gewesen. Das OLG hatte argumentiert, dass durch § 2 Abs. 4 KAV die höherrangigen stromsteuerlichen Regelungen nicht modifiziert werden könnten. Das KA-Recht dürfe nicht dazu führen, dass die vom Gesetzgeber mit dem Stromsteuerrecht gewollte Begünstigung wieder zunichte gemacht würde. Dem ist entgegen zu halten, dass die mit § 10 StromStG bezweckte Subventionierung sich nur auf die Stromsteuer bezieht. Andere Regelungen, die den gewährten Vorteil teilweise kompensieren, sind davon nicht betroffen, denn es ist dem StromStG an keiner Stelle zu entnehmen, dass mit ihm auch Regelungen jenseits des Steuerrechts geändert werden sollten. Zu einer entsprechenden Klarstellung hätte der Gesetzgeber während der zahlreichen Änderungen des StromStG seit 2002 jedoch ausreichend Gelegenheit gehabt.[213] Wie der **BGH** richtigerweise anführt, wird der durch § 10 StromStG gewährte Vorteil durch die Regelung in § 2 Abs. 4 KAV denn auch nur in geringem Maße berührt.

4. Die von der Grenzpreisregelung erfassten Stromlieferungen

269 Zu den Lieferungen an Sondervertragskunden, auf die die Grenzpreisregelung in § 2 Abs. 4 KAV anwendbar ist, zählen **auch Stromlieferungen an Nachtspeicherheizungen** gemäß Sonderverträgen.[214]

212 Vgl. *Sauer*, EWeRK 3/2011, S. 89 ff.

213 Anmerkung zum Urteil des OLG Stuttgart vom 19.11.2009 in BWGZ 2010, 399.

214 Auslegungshinweise des BMWi zur KAV, Nr. 10, abgedr. bei *Morell*, S. 199.

Praxistipp
Wird eine Betriebsstätte bzw. Abnahmestelle durch mehrere Lieferanten beliefert, dann ist der **Grenzpreisvergleich nicht unter Berücksichtigung des Gesamtstromverbrauchs,** sondern jeweils **getrennt** nach den verschiedenen Lieferanten durchzuführen. Eine Zusammenrechnung der Stromlieferungen verschiedener Lieferanten erfolgt nicht. Die unterschiedlichen Lieferunternehmen sind auf diese Weise nicht gezwungen, Preis- und Mengendaten miteinander auszutauschen, um festzustellen, ob für die betreffenden Mengen Konzessionsabgaben zu zahlen sind.[215] Abzustellen ist bei der Ermittlung des Durchschnittspreises auf die **Betriebsstätte bzw. Abnahmestelle des letztverbrauchenden Kunden.**[216]

§ 2 Abs. 4 S. 3 KAV sieht die Möglichkeit vor, dass das EVU und die Gemeinde einen **höheren Grenzpreis** als den in § 2 Abs. 4 S. 1 KAV genannten Durchschnittserlös **vereinbaren.** Wird eine entsprechende Vereinbarung getroffen, erhöht sich die Zahl der Stromlieferungen, für die Konzessionsabgaben weder vereinbart noch gezahlt werden dürfen. Zulässig sind daneben auch vertragliche Vereinbarungen, nach denen das EVU für Stromlieferungen, die eine bestimmte Abnahmemenge (Grenzmenge) überschreiten, keine Konzessionsabgaben zahlt.[217] Auch im Strombereich sind damit Grenzmengenregelungen zumindest auf vertraglicher Basis möglich. Daneben bleibt jedoch die **Grenzpreisregelung** des § 2 Abs. 4 S. 1 KAV anwendbar.[218] Durch Vereinbarungen der genannten Art werden Stromlieferungen über das in § 2 Abs. 4 S. 1 KAV geregelte Maß hinaus von Konzessionsabgaben befreit, was für die Gemeinden zu sinkenden Einnahmen an Konzessionsabgaben führt. 270

III. Grenzmenge und -preis für Gaslieferungen an Sondervertragskunden

Für Gaslieferungen an Sondervertragskunden enthält § 2 Abs. 5 KAV eine dem Strombereich entsprechende **Grenzpreisregelung.**[219] 271

Anders als für Stromlieferungen enthält die KAV für Gaslieferungen jedoch nicht nur eine Grenzpreisregelung, sondern **gem. § 2 Abs. 5 S. 1 Nr. 1 KAV auch eine Grenzmengenregelung.** Beide Regelungen stehen selbständig nebeneinander,[220] eine Befreiung von der Konzessionsabgabenpflicht kann aufgrund des einen oder des anderen Tatbestandes erfolgen. Die **Möglichkeit,** im Konzessionsvertrag eine der beiden Möglichkeiten auszuschließen und entweder eine Grenzpreisregelung oder eine Grenzmengenregelung zu vereinbaren, **besteht nicht.**[221] Allerdings kön- 272

215 Bartsch/Röhling/Salje/Scholz/*Salje*, Kap. 48 Rn 19.
216 Amtliche Begründung zu § 2 Abs. 4 S. 4 KAV, BR-Drucks. 358/99, S. 4.
217 Auslegungshinweise des BMWi zur KAV, Nr. 14, abgedr. bei: *Morell*, S. 199.
218 Auslegungshinweise des BMWi zur KAV, Nr. 14, abgedr. bei: *Morell*, S. 199.
219 Amtliche Begründung, BR-Drucks. 686/91, S. 17.
220 *Feuerborn/Riechmann*, § 2 Rn 40.
221 *Feuerborn/Riechmann*, § 2 Rn 40.

nen EVU und Gemeinde gem. § 2 Abs. 5 S. 2 KAV wie auch im Strombereich **niedrigere Grenzmengen** oder **höhere Grenzpreise** als die in Satz 1 geregelten **vereinbaren.** Soweit Gaslieferungen über das in § 2 Abs. 5 S. 1 KAV vorgesehene Maß hinaus von Konzessionsabgaben freigestellt werden sollen, besteht – da es sich hierbei um eine Besserstellung des EVU handelt - das Wahlrecht, dies auch nur für Grenzmengen oder für Grenzpreise zu tun.

1. Grenzmengenregelung für Gaslieferungen

273 In § 2 Abs. 5 S. 1 Nr. 1 KAV ist die **Grenzmenge** für Gaslieferungen an Sondervertragskunden, bei deren Überschreitung Konzessionsabgaben nicht vereinbart oder gezahlt werden dürfen, auf **5.000.000 kWh pro Jahr und Abnahmefall** festgelegt.

Praxistipp

i Als Abnahmefall i.S.d. § 2 Abs. 5 S. 1 Nr. 1 KAV gelten alle Lieferungen an einen Kunden die aufgrund eines einheitlichen Vertrages erfolgen, zwischen einzelnen Abnahmestellen wird nicht unterschieden.[222] Da § 2 Abs. 5 S. 1 Nr. 1 KAV vom *„Jahr"* und nicht vom *„Kalenderjahr"* spricht, gilt als Jahr i.S.d. Regelung sowohl das Kalenderjahr als auch das ggf. davon abweichende Geschäftsjahr des Gasversorgungsunternehmens.[223]

---

274 Die im Gasbereich zusätzlich aufgenommene Grenzmengenregelung ist Folge der teils erheblichen und branchenübergreifenden Schwankungen der Erdgaspreise.[224] Ohne eine entsprechende Grenzmengenregelung könnte, soweit nur eine Grenzpreisregelung bestünde, aufgrund der starken Preisschwankungen die Gaslieferung an einen Sondervertragskunden in einem Jahr konzessionsabgabenpflichtig und im nächsten Jahr konzessionsabgabenfrei sein. Die zusätzliche Festlegung einer unveränderlichen **Grenzmenge schafft** insoweit **für die Beteiligten (Planungs-)Sicherheit.**[225]

2. Grenzpreisregelung für Gaslieferungen

275 Die Grenzmengenregelung des § 2 Abs. 5 S. 1 Nr. 1 KAV wird durch die Grenzpreisregelung in § 2 Abs. 5 S. 1 Nr. 1 KAV ergänzt. **Ziel** der zur **Grenzpreisberechnung im Gasbereich verwendeten Methode** ist es, den **Grenzpreis** für Gaslieferungen an Sondervertragskunden **an die konkreten Preise** des jeweiligen Gasversorgungsunternehmens zu **binden.** Damit soll – wie auch mit der Grenzmengenregelung - ver-

---

222 *Morell*, S. 103.
223 *Morell*, S. 103.
224 Amtliche Begründung, BR-Drucks. 686/91, S. 17.
225 *Feuerborn/Riechmann*, § 2 Rn 42.

mieden werden, dass Gaslieferungen aufgrund möglicher Preisschwankungen einmal unter die Grenzpreisregelung fallen und bei der nächsten Preisänderung wieder von der Regelung ausgenommen sind.[226]

a) Der im Regelfall maßgebliche Durchschnittserlös

Der für Gaslieferungen an Sondervertragskunden maßgebliche Grenzpreis, bei dessen Unterschreiten Konzessionsabgaben nicht vereinbart oder gezahlt werden dürfen, liegt grundsätzlich bei 1,5ct je kWh. Dieser Grenzpreis ist aufgrund der erwähnten starken Preisschwankungen im Gasbereich **jährlich anzupassen.** Die mit der Einführung der KAV verbundene Pflicht zur Anpassung des Grenzpreises entsprach schon der damals geltenden **Praxis.**[227] 276

Der Betrag von 1,50 ct entspricht – aufgerundet[228] – dem Durchschnittserlös aller Gasversorgungsunternehmen aus der Belieferung von Sondervertragskunden im Jahr 1989.[229] Dieser Durchschnittserlös von 1,5ct/kWh wird bezogen auf das **jeweilige Gasversorgungsunternehmen** variiert. Dazu wird der Durchschnittspreis von 1,5ct in dem Verhältnis angepasst, in dem die Durchschnittserlöse des jeweiligen EVU im Jahr 1989 zu den Durchschnittserlösen des EVU im jeweiligen Kalenderjahr stehen.[230] Anders als bei der Bildung des Grenzpreises für Strom liegt dem Grenzpreis für Gas also derjenige Durchschnittspreis zugrunde, den das jeweilige Gasversorgungsunternehmen gegenüber seinen Sondervertragskunden erzielt hat. Der Grenzpreis wird also nicht unter Einbeziehung aller Stromlieferungen an Sondervertragskunden bundesweit gebildet. Der im Gasbereich maßgebliche Grenzpreis kann danach mit der folgenden **Formel**[231] abgebildet werden: 277

Grenzpreis =

$$1{,}50\text{ ct} \times \frac{\text{Durchschnittserlös des GVU aus allen SV-Lieferungen im jew. Jahr}}{\text{Durchschnittserlös des GVU aus allen SV-Lieferungen im Jahr 1989}}$$

Auch die Grenzpreise für Gaslieferungen können wie im Strombereich erst nach Ablauf des jeweiligen Kalenderjahres **abschließend festgelegt** werden, weil erst zum Ende des jeweiligen Jahres die in diesem Jahr erzielten Durchschnittserlöse bekannt sind. Soweit sich daraus eine gewisse Unsicherheit ergibt, ist diese zu akzeptieren, da durch die dargestellte Berechnungsweise das „Hin- und Herwechseln“ von kon- 278

226 Bund-Länderausschuss Energiepreise, Protokoll v. 29./30.4.1992, abgedr. bei *Morell*, S. 104.
227 Amtliche Begründung, BR-Drucks. 686/91, S. 17.
228 Tatsächlich betrug der Durchschnittserlös 3 Pf/kWh.
229 *Feuerborn/Riechmann*, § 2 Rn 43.
230 *Feuerborn/Riechmann*, § 2 Rn 43.
231 Bund-Länderausschuss Energiepreise, Protokoll v. 29./30.4.1992, abgedruckt bei: *Morell*, S. 104.

zessionsabgabenpflichtigen und konzessionsabgabenfreien Gaslieferungen vermieden werden soll.[232]

b) Sonderregelung für die Grenzpreisanpassung

279 In § 2 Abs. 5 S. 1 Nr. 2 S. 2 KAV ist eine Sonderregelung zur Grenzpreisanpassung für die Fälle enthalten, in denen ein **Gasversorgungsunternehmen erst nach dem 1.1.1992 die Gasversorgung von Sondervertragskunden aufgenommen** hat. Eine solche Sonderregelung war deshalb erforderlich, weil für Verträge die erst nach dem 1.1.1992 abgeschlossen wurden, mangels der Möglichkeit zur Ermittlung eines Durchschnittserlöses für 1989, eine Preisanpassung, wie soeben dargelegt, nicht vorgenommen werden konnte.

280 Für diese Fälle ist festgelegt, dass der Grenzpreisanpassung der **Durchschnittserlös aus allen Gaslieferungen an Letztverbraucher** gemäß dem in der amtlichen Statistik des Bundes für das **Jahr des Vertragsschlusses** veröffentlichten Wert ohne Umsatzsteuer zugrunde zu legen ist. Dieser **Wert**[233] tritt an die Stelle der Durchschnittserlöse aus der Gaslieferung an alle Letztverbraucher des Jahres 1989 in Höhe von 1,5 ct/kWh und ist dann entsprechend der Berechnung nach § 2 Abs. 5 S. 1 Nr. 2 S. 1 KAV **unternehmensindividuell** zu variieren.[234]

281 Ob es sich bei den in § 2 Abs. 5 S. 1 Nr. 2 S. 2 KAV genannten Verträgen um Konzessions- oder Lieferverträge handelt, ist nicht entscheidungserheblich, da bei der Neuaufnahme der Gasversorgung in einem Gebiet regelmäßig beide Arten von Verträgen geschlossen wurden.[235]

Praxistipp

i § 2 Abs. 5 S. 1 Nr. 2 S. 2 hat eine lückenfüllende Funktion. Die Vorschrift ist deshalb auch auf Unternehmen anwendbar, die die Sonderkundenbelieferung in den Jahren 1990 und 1991 aufgenommen haben.[236]

---

232 *Feuerborn/Riechmann*, § 2 Rn 43.
233 Im Jahr 1990 betrug dieser Wert 3,31 Pf/kWh, im Jahr 1991 3,83 Pf/kWh, vgl. *Morell*, S. 104.
234 *Feuerborn/Riechmann*, § 2 Rn 45.
235 *Feuerborn/Riechmann*, § 2 Rn 44.
236 *Feuerborn/Riechmann*, § 2 Rn 44; *Morell*, S. 104.

C. Das Recht der Konzessionsabgaben im Wasserbereich

Das Recht der Konzessionsabgaben im Wasserbereich richtet sich nach den Vorgaben der Anordnung über die Zulässigkeit von Konzessionsabgaben der Unternehmen und Betriebe zur Versorgung mit Elektrizität, Gas und Wasser an Gemeinden und Gemeindeverbände **(Konzessionsabgabenanordnung; KAE)** vom 4.3.1941 und ihren Ausführungs- und Durchführungsbestimmungen vom 27.2.1943 (**A/KAE, D/KAE**). Bei dieser Anordnung handelt es sich um eine Regelung des Preisrechts mit dem Ziel, bestimmte, als angemessen erachtete Grenzen durch Konzessionsabgaben nicht zu überschreiten. 282

Die für den Strom- und Gasbereich seit dem 1.1.1992 geltende KAV, die für diese Bereiche die KAE abgelöst hat, findet **keine Anwendung auf den Wasserbereich.**[237] Eine analoge Anwendung der KAV scheidet nach h.M. ebenso aus.[238] Auch nach dem Inkrafttreten der KAV gilt deshalb die vorkonstitutionelle KAE für den Wasserbereich fort. 283

Die Erhebung von Konzessionsabgaben nach der KAE war ursprünglich nur als **Übergangslösung** gedacht. Dies wird aus der Regelung in § 2 Abs. 2 S. 2 KAE deutlich. Danach werden die Konzessionsabgaben in den folgenden Jahren weiter herabgesetzt und in angemessener Frist ganz beseitigt. Hierzu ist es nicht gekommen. Inzwischen sind mehr als 70 Jahre seit Inkrafttreten der KAE vergangen. Die **Rechtsgültigkeit** der KAE wurde auch wiederholt von den obersten Gerichten bestätigt.[239] Das **BVerfG** hat in seinem Urteil vom 20.11.1990 das Verbot der Neueinführung von Konzessionsabgaben (§ 1 Abs. 1 KAE) für nichtig erklärt, im Übrigen aber festgestellt, dass die Rechtsgültigkeit der KAE dadurch nicht berührt wird.[240] 284

I. Regelungsinhalt der KAE und ihrer Anordnungs- und Durchführungsbestimmungen

Die KAE und ihre Anordnungs- und Durchführungsbestimmungen enthalten die folgenden Vorgaben für die Erhebung von Konzessionsabgaben im Wasserbereich: 285

---

237 Britz/Hellermann/Hermes/*Hellermann*, § 117 Rn 4; *Salje*, EnWG, § 117 Rn 3; *Säcker/Mohr/Wolf*, S. 191.
238 Britz/Hellermann/Hermes/*Hellermann*, § 117 Rn 4; *Salje*, EnWG, § 117 Rn 3; *Säcker/Mohr/Wolf*, S. 191.
239 BGH, Urt. v. 22.10.1954 – I ZR 226/53 –; BVerwG, Urt. v. 12.10.1965 – VII C 115.63 –.
240 BVerwG, Urt. v. 20.11.1990 – 1 C 30.89 –.

1. Definition der Konzessionsabgaben

286 Gemäß § 1 Abs. 1 A/KAE sind **Konzessionsabgaben** i.S.d. KAE alle Entgelte, die ein EVU an eine Gemeinde, einen Gemeindeverband oder einen Zweckverband für die Gestattung der Benutzung der Verkehrsräume zur Verlegung von Versorgungsleitungen oder den Verzicht auf eine anderweitige Regelung der Versorgung im Gebiet der Gemeinde, des Gemeindeverbands oder des Zweckverbands entrichtet, die Empfänger der Abgabe sind. Das Recht der Gemeinden am **Wegeeigentum** bleibt unberührt.

287 Diese Definition entspricht im Wesentlichen der Definition der Konzessionsabgaben für den Strom- und Gasbereich in § 48 Abs. 1 S. 1 EnWG. Dieser enthält jedoch nicht die Zahlung der Konzessionsabgaben für *„den Verzicht auf eine anderweitige Regelung der Versorgung im Gebiet der Gemeinde“*. Damit ist in § 1 Abs. 1 A/KAE die wegen der Freistellung in § 131 Abs. 6 GWB i.V.m. § 103 GWB a.F. kartellrechtlich zulässige Vereinbarung eines **Ausschließlichkeitsrechts** im Wegenutzungsvertrag für die Wasserversorgung als Gegenleistung der Gemeinde geregelt, welche hierdurch auf eine anderweitige Regelung der Versorgung im Gemeindegebiet verzichtet.[241]

2. Berechnungsmethode für die Konzessionsabgaben

288 Wesentliche Unterschiede zum Strom- und Gasbereich bestehen bei der **Berechnungsmethode** der Konzessionsabgaben. Nach der KAV erfolgt die Berechnung nach ct/kWh, nach der KAE hingegen durch **vom-Hundert-Sätze der Entgelte** und somit abhängig von den Wasserpreisen.

289 Gemäß § 2 KAE bestimmt sich die Höhe der Konzessionsabgaben nach festgelegten Höchstsätzen bezogen auf Roheinnahmen. In Nr. 9 D/KAE sind die Roheinnahmen definiert als *„Isteinnahmen, bei Unternehmen mit kaufmännischer Buchführung die Erträge des jeweiligen Geschäfts-(Rechnungs-)Jahres“*.

290 Es gelten folgende **Höchstsätze**:

- 1,5% der Roheinnahmen ausschließlich Umsatzsteuer bei Lieferung nach Sonderverträgen (an Sonderkunden),[242]
- bei Tariflieferungen gestaffelt nach Gemeindegrößenklasse:
- 10% der Entgelte bei Gemeinden mit 25.000 oder weniger Einwohnern,
- 12% der Entgelte bei Gemeinden mit 25.001–100.000 Einwohnern,
- 15% der Entgelte bei Gemeinden mit 100.001–500.000 Einwohnern,
- 18% der Entgelte bei Gemeinden mit mehr als 500.000 Einwohnern.

291 Für die notwendige **Bestimmung der Einwohnerzahl** ist gem. § 2 Abs. 4 KAE von der einzelnen versorgten Gemeinde oder dem einzelnen gesondert versorgten Ge-

241 Vgl. Kap. 2 Rn 198 ff. zur Bedeutung von Ausschließlichkeitsrechten im Wasserbereich.
242 Zu den Besonderheiten der Berechnung vgl. *Morell*, S. 119.

meindeteil und dem Ergebnis der Volkszählung vom 17.5.1939 auszugehen. Der Bezug auf die **Volkszählung von 1939** ist überholt. Die Regelung ist vor dem Hintergrund zu sehen, dass die KAE nur als Übergangslösung gedacht war. Ebenso wie das **BVerfG** das Verbot der Neueinführung von Konzessionsabgaben für nichtig erklärt hat, wird auch diese Regelung als anpassungsbedürftig zu betrachten sein.[243] Im Strom- und Gasbereich bestimmt § 2 Abs. 2 S. 2 KAV ausdrücklich, dass für die Einordnung der Gemeinden in die vorgeschriebenen Größenklassen die jeweils vom statistischen Landesamt amtlich fortgeschriebene Einwohnerzahl maßgeblich ist. Diese Regelung kann mit Blick auf die veraltete Regelung in § 2 Abs. 4 KAE auf die Wasserversorgung übertragen werden.

3. Mindestgewinnregelung

§ 5 KAE enthält ferner eine **Mindestgewinnregelung**, wonach die Konzessionsabgaben nur soweit gezahlt werden dürfen, wie ein bestimmter „Mindestgewinn" erwirtschaftet wurde. Auf diese Weise werden die Konzessionsabgaben an die Ertragslage des betreffenden Unternehmens angepasst. Die Regelung wurde nicht in die KAV für Strom und Gas übernommen. Nach § 5 KAE dürfen Konzessionsabgaben nur insoweit an die Gemeinde abgeführt werden, als durch die Abführung eine ordnungsgemäße Weiterführung des EVUs nicht gefährdet wird. Eine Gefährdung der ordnungsgemäßen Weiterführung liegt vor: 292

- bei Eigenbetrieben und Eigengesellschaften einer Gemeinde, wenn nach **Abzug der Körperschaftssteuer** Beträge, die eine angemessene Verzinsung des Eigenkapitals und eine Bildung ausreichender Rücklagen gestatten, nicht verbleiben;
- bei sonstigen Unternehmen, wenn für das **Stamm- oder Gesellschaftskapital** ein angemessener Gewinn nicht erwirtschaftet und ausgeschüttet werden kann.

Nr. 38 D/KAE erläutert die Vorschrift dahingehend, dass die Konzessionsabgaben nur insoweit ausgezahlt werden darf, als der **Handelsbilanzgewinn** eines Geschäftsjahres zuzüglich der zu Lasten des Geschäftsjahres verbuchten Beträge an laufender Konzessionsabgaben und der Körperschaftssteuer höher ist als 4 v.H. des Eigenkapitals bei Eigengesellschaften und Eigenbetrieben bzw. 4 v.H. des Stamm-, Grund- oder Gesellschaftskapitals bei sonstigen Unternehmen zuzüglich einer fiktiven Körperschaftssteuer von 40 v.H. (für Beträge unter 100.000 DM 30 v.H.). Diese **preisrechtliche Berechnungsmethode** gilt nach wie vor. Davon zu unterscheiden sind die steuerrechtlichen Bestimmungen über die Mindestgewinnberechnung,[244] welche auch im Strom- und Gasbereich Anwendung finden. 293

294

---

243 *Morell*, S. 122.

244 *Morell*, S. 12; zu den steuerrechtlichen Aspekten vgl. Kap. 10.

Im Fall einer **Kürzung der Konzessionsabgaben** nach der **Mindestgewinnregelung** ist das Unternehmen auf Verlangen der Gemeinde in den nächsten fünf Jahren zur Nachzahlung verpflichtet, soweit es die Mindestgewinnregelungen dann gestatten. Die Konzessionsabgaben nach der KAE passen sich somit im Wasserbereich an Ertragsschwankungen der Unternehmen an.

II. Besonderheiten im Wasserbereich

295 Als Besonderheiten im Wasserbereich kann insgesamt Folgendes festgehalten werden: Der Verordnungsgeber hat bislang von der Ermächtigung in §§ 117, 48 Abs. 2 EnWG keinen Gebrauch gemacht, so dass weiterhin die vorkonstitutionelle KAE im Wasserbereich gilt und somit insgesamt für die Bereiche **Strom, Gas und Wasser keine einheitlichen Regelungen** bestehen. Derzeit sind keine diesbezüglichen Änderungsbestrebungen bekannt. Auch der aktuelle Referentenentwurf des Bundesministeriums für Wirtschaft und Technologie für die 8. Novelle des Gesetzes gegen Wettbewerbsbeschränkungen sieht lediglich vor, die bisherigen Regelungen der §§ 103 GWB a. F. unter Berücksichtigung der Verweisungen auf weitere Vorschriften in den aktuellen Gesetzestext in § 31 GWB n. F. zu überführen.[245]

296 Eine wesentliche Besonderheit im Wasserbereich liegt darin, dass die Konzessionsabgaben nicht wie im Strom- und Gasbereich mengenabhängig, sondern **preisabhängig** bestimmt werden. Durch den Verweis des § 117 EnWG auf die Regelungen in § 48 EnWG und damit vor allem auf die Verordnungsermächtigung in § 48 Abs. 2 EnWG besteht auch für den Wasserbereich die Möglichkeit, eine mengenabhängige Bestimmung der Konzessionsabgaben vorzusehen. Teilweise wird jedoch die **Umstellung der Berechnung** über die Menge statt über den Preis als problematisch angesehen, da die Wasserpreise im Bundesgebiet große Unterschiede aufweisen und eine Umstellung teilweise eine wesentliche Änderung der Höhe der Konzessionsabgaben bedeuten könnte.[246]

297 Des Weiteren gilt im **Wasserbereich** die **preisrechtliche Mindestgewinnregelung** in § 5 KAE fort, so dass Konzessionsabgaben entsprechend der Ertragslage des betreffenden Unternehmens angepasst werden können.

298 Eine weitere Besonderheit im Wasserbereich besteht darin, dass der **Konzessionsvertrag** gem. § 9 Abs. 1 GWB a. F. **bei der Kartellbehörde anzumelden** ist.[247] Fehlt die Anmeldung, ist der Vertrag nicht wirksam zustande gekommen. Somit be-

245 Referentenentwurf vom 10.11.2011, Achtes Gesetz zur Änderung des Gesetzes gegen Wettbewerbsbeschränkungen, S. 8 ff. und 35 ff.

246 Immesberger/*Immesberger*, Kap. II 6., S. 1.

247 Der Referentenentwurf vom 10.11.2011, Achtes Gesetz zur Änderung des Gesetzes gegen Wettbewerbsbeschränkungen, übernimmt die Anmeldungspflicht in § 31 Abs. 2 GWB n. F.

steht keine rechtliche Grundlage für die Erhebung der Konzessionsabgaben. Bereits gezahlte Konzessionsabgaben sind nach bereicherungsrechtlichen Grundsätzen herauszugeben.[248]

Die Regelung über die **Ausnahmegenehmigung** in § 11 KAE hat hingegen prak- 299
tisch an Bedeutung verloren. Die Vorschrift ermächtigt, von den Regelungen der KAE abweichende preisbildende Anordnungen für den Einzelfall („Ausnahmegenehmigungen") zu erlassen. Solche Anordnungen wurden insbesondere in Bezug auf das Verbot der Neueinführung von Konzessionsabgaben beantragt. Teilweise waren Ausnahmegenehmigungen erforderlich, um Preisrecht und Steuerrecht in Einklang zu bringen. Seit dem Urteil des **BVerfG** zur **Nichtigkeit des Verbots der Neueinführung** der Konzessionsabgaben haben alle in die gleiche Gemeindeklasse fallenden Gemeinden den gleichen preisrechtlichen Spielraum bezüglich der Konzessionsabgaben. Auch für die früheren Anwendungsfälle der Gebietsveränderungen sind somit klare Verhältnisse geschaffen.[249]

248 *Gersemann*, Versorgungswirtschaft 3/2011, 57, 61.
249 *Morell*, S. 128.

Kapitel 11
Steuerliche Aspekte des Konzessionsabgabenrechts sowie im Zusammenhang mit dem Abschluss von Konzessionsverträgen

A. Die Konzessionsabgabe im Steuerrecht

I. Vorschriften der KAV und der KAE

Konzessionsabgaben sind gem. § 1 Abs. 2 der KAV *„Entgelte für die Einräumung des Rechts zur Benutzung öffentlicher Verkehrswege für die Verlegung und den Betrieb von Leitungen, die der unmittelbaren Versorgung von Letztverbrauchern im Gemeindegebiet mit Strom und Gas dienen.“* Konzessionsabgaben sind entgegen ihrer Bezeichnung keine (kommunalen) Abgaben, sondern Entgelt für Verträge eigener Art. Vertragspartner sind die Gemeinden und Landkreise sowie das Versorgungsunternehmen. 1

Die **KAV** ist mit Wirkung vom 1.1.1992 in Kraft getreten. Gleichzeitig sind die bisher geltenden Vorschriften der **KAE** vom 4.3.1941, der **A/KAE** vom 27.2.1943 und die **D/KAE** vom 27.2.1943 für diese beiden Energiearten **außer Kraft** gesetzt worden, § 9 KAV. Die KAE hat nach wie vor Gültigkeit für Wasser. Für die Lieferung von Wärme existieren keine eigenen preisrechtlichen Vorschriften. 2

Die **Gemeinden** haben einen **Anspruch auf Zahlung der Konzessionsabgabe.** Der **BGH** hat in seinem Urteil vom 21.3.1996[1] entschieden, dass die Benutzung öffentlicher Verkehrswege durch ein Versorgungsunternehmen einen **Vermögensvorteil** darstellt, der nach der von der geltenden Rechtsordnung – und zwar von der KAV selbst – vorgenommenen Güterverteilung der Gemeinde gebührt. Selbst ohne eine Vereinbarung über eine Konzessionsabgabe ergäbe sich daraus ein Bereicherungsanspruch nach § 812 BGB. Die Konzessionsabgabe stellt nach Meinung des **BGH** einen Ausgleich an die Gemeinde für den in Anspruch genommenen Vermögensvorteil des Versorgungsunternehmens dar. 3

Die KAV regelt die Zulässigkeit und Bemessung der Zahlung von Konzessionsabgaben der EVU i.S.d. § 3 Nr. 18 des EnWG an Gemeinden und Landkreise, § 1 Abs. 1 KAV. Die Bemessung und die zulässige Höhe der Konzessionsabgaben für Strom und Gas ist dabei in § 2 KAV geregelt. Die **KAV** ist damit eine **preisrechtliche Vorschrift**, die Obergrenzen festlegt. 4

1 Vgl. BGH, 21.3.1996 – III ZR 245/94 = BGHZ 132, 198.

II. Vorschriften aus dem Steuerrecht

5 Aus Sicht der Unternehmen ist für die steuerliche Beurteilung der Konzessionsabgabe entscheidend, ob und in welcher Höhe diese Zahlungen als **Betriebsausgaben** anerkannt werden. Betriebsausgaben sind nach § 4 Abs. 4 EStG *„Aufwendungen, die durch den Betrieb veranlasst sind."* Damit ist es grds. unbedeutend, ob betrieblich veranlasste Ausgaben hoch, niedrig oder angemessen sind. Werden jedoch von einer Körperschaft im Sinne von § 1 KStG – das sind u.a. AG, GmbH, BgA – Betriebsausgaben geltend gemacht, die einem an der Körperschaft Beteiligten zugeflossen sind, prüft das Finanzamt, ob bei dieser Zahlung eine echte Betriebsausgabe vorliegt oder ob eine sog. verdeckte Gewinnausschüttung vorliegt.

6 **Verdeckte Gewinnausschüttungen (vGA)** mindern das Einkommen gem. § 8 Abs. 3 S. 2 KStG nicht und werden deshalb wieder hinzugerechnet. Sie werden in R 36 Abs. 1 der KStR 2008 wie folgt definiert:

> „Eine vGA im Sinne des § 8 Abs. 3 Satz 2 KStG ist eine Vermögensminderung oder verhinderte Vermögensmehrung, die durch das Gesellschaftsverhältnis veranlasst ist, sich auf die Höhe des Unterschiedsbetrags i.S. des § 4 Abs. 1 Satz 1 EStG auswirkt und nicht auf einem den gesellschaftsrechtlichen Vorschriften entsprechenden Gewinnverteilungsbeschluss beruht."

7 Eine Veranlassung durch das Gesellschaftsverhältnis hat der **BFH** für den größten Teil der zu entscheidenden Fälle bejaht, wenn die Kapitalgesellschaft ihrem Gesellschafter einen **Vermögensvorteil** zuwendet, den sie einem Gesellschaftsfremden unter ansonsten vergleichbaren Umständen nicht zugewendet hätte. Maßstab für den hiernach anzustellenden **Fremdvergleich** ist das Handeln eines ordentlichen und gewissenhaften Geschäftsleiters, der gem. § 43 Abs. 1 **GmbHG** die Sorgfalt eines ordentlichen Geschäftsmannes anwendet.[2]

8 Diese allgemeine Regel ist auch im Bereich der **kommunalen Wirtschaft** von erheblicher Bedeutung. Wenn eine **Gemeinde** an einem Versorgungsunternehmen beteiligt ist, insb. aber, wenn sie es in der Form des Eigenbetriebs oder der Eigengesellschaft **allein betreibt**, wird der gesamte Leistungsaustausch zwischen ihr und den Unternehmen unter dem Gesichtspunkt der vGA von der Finanzverwaltung geprüft.[3] Dabei geht die neuere Rechtsprechung von der Möglichkeit aus, dass zwischen der Trägerkörperschaft und dem BgA Vereinbarungen getroffen werden, obwohl der BgA kein eigenes Rechtssubjekt ist. Danach ist ein Eigenbetrieb so zu behandeln, als sei er eine **Kapitalgesellschaft**. Es ist zu prüfen, ob der einer Kapitalgesellschaft gleichzustellende BgA durch die Konzessionszahlungen seiner wie eine Gesellschafterin zu behandelnden Trägerkörperschaft Vermögensvorteile gewährt hat, die unter sonst gleichen Umständen bei Anwendung der Sorgfalt eines

---

2 Vgl. z.B. BFH v. 23.7.2003, BStBl. 2003 II S. 926.

3 Vgl. BFH v. 1.9.1982, BStBl. 1982 II S. 783.

ordentlichen und gewissenhaften Geschäftsleiters einem Nichtgesellschafter nicht gewährt worden wären.

Im Gegensatz zu § 5 **KAE** kennt die KAV **keine Mindestgewinnregelung** mehr. 9
Die steuerlichen Vorschriften über den Abzug von Konzessionsabgaben als Betriebsausgaben waren bis 1.1.1992 mit den Vorschriften der A/KAE weitgehend abgestimmt.[4] Zu der Frage, welche Auswirkung diese **Änderung der preisrechtlichen Vorschriften** auf die steuerrechtlichen Regelungen in Abschn. 32 KStR hat, hat das BMF mit Schreiben vom 15.12.1992[5] wie folgt Stellung genommen:

> „Die in Abschn. 32 KStR zitierten preisrechtlichen Vorschriften für Strom und Gas, nicht jedoch für Wasser, haben sich geändert. Bei der Prüfung der Frage, inwieweit bei der Zahlung von Konzessionsabgaben für Strom und Gas in Beteiligungsfällen verdeckte Gewinnausschüttungen (vGA) anzunehmen sind, ist ab 1.1.1992 wie folgt zu verfahren: Wird der in Abschn. 32 Abs. 2 Nr. 2 KStR bezeichnete Mindestgewinn unterschritten, ist im Einzelfall nach den Grundsätzen des Fremdvergleichs zu prüfen, ob eine verdeckte Gewinnausschüttung vorliegt."

In der Folgezeit wurden die KStR überarbeitet. In den derzeit aktuellen **KStR 2004** 10
sind **nur noch unter den Amtlichen Hinweisen**, die in **2008 überarbeitet** wurden, Verweise auf die BMF-Schreiben vom 9.2.1998[6] und vom 27.9.2002[7] sowie auf das BFH-Urteil vom 6.4.2005[8] zu finden.

Verwaltungsanweisungen sind jedoch keine Rechtsnormen und binden nur 11
die nachgeordneten Verwaltungsbehörden, nicht aber die Gerichte. Gem. **BFH vom 1.9.1982**[9] handelt es sich jedoch bei der Regelung in Abschn. 23 Abs. 2 Nr. 2 KStR 1964 nicht um eine norminterpretierende Anweisung. In ihr schlagen sich vielmehr gem. BFH der Finanzverwaltung zugängliche Erfahrungen zu der Frage nieder, inwieweit der Gewinn des mit einer Konzessionsabgabe belasteten BgA unter dem Gesichtspunkt des **Betriebsvergleichs** angemessen erscheint. **Prüfungskriterium für eine vGA** bei Leistungen an einen Gesellschafter ist nach der Rechtsprechung neben dem Preis, der sich am Markt erzielen lässt, auch das Streben nach einer angemessenen Verzinsung des eingesetzten Kapitals.[10] Es entspricht gem. BFH zudem den Besonderheiten der Konzessionsabgaben, wenn ihre Angemessenheit von der Erzielung eines bestimmten Gewinns des Versorgungsunternehmens abhängig gemacht wird. Die Trägerkörperschaft und das Versorgungsunternehmen gehen i.d.R. eine auf längere Dauer begründete Gemeinschaft ein, in der eine **wechselseitige Förde-**

4 Vgl. *Morell*, S. 132
5 Vgl. BMF v. 15.12.1992, BStBl. 1993 I S. 25.
6 Vgl. BMF v. 9.2.1998, BStBl. 1998 I S. 209.
7 Vgl. BMF v. 27.9.2002, BStBl. 2002 I S. 940.
8 Vgl. BFH v. 6.4.2005, BStBl. 2006 II S. 196.
9 Vgl. BFH v. 1.9.1982, BStBl. 1982 II S. 783.
10 Vgl. BFH v. 19.3.1975, BStBl. 1975 II S. 722.

rung stattfindet (Gewährung der Benutzung des Verkehrsraums, Übernahme der öffentlich-rechtlichen Versorgungspflicht der Gemeinde). Auch im Verhältnis zu unabhängigen Dritten würde gem. BFH in diesem Fall ein **Interessenausgleich** stattfinden, der auf die Dauer einen bestimmten Mindestgewinn des mit der Konzessionsabgabe belasteten Partners garantiert.

12 Das **BMF-Schreiben vom 9.2.1998** bezieht Stellung zur Frage der **Abziehbarkeit von Konzessionsabgaben bei öffentlichen Betrieben**, die der Versorgung der Bevölkerung mit Wasser, Gas, Elektrizität oder Wärme (Versorgungsbetriebe) oder dem öffentlichen Personennahverkehr (Verkehrsbetriebe) dienen. Bei Versorgungsbetrieben kann es sich einerseits um Regie- oder Eigenbetriebe der Gebietskörperschaften handeln, andererseits um Gesellschaften, an deren Grund- oder Stammkapital die Gebietskörperschaften unmittelbar oder mittelbar beteiligt sind. Die Konzessionsabgaben sind bei der Lieferung von Elektrizität und Gas begrenzt. Für die Lieferung von Wasser gelten eigene preisrechtliche Vorschriften, auf die hier nicht näher eingegangen wird.

13 Steuerrechtlich ist nach dem o.g. BMF-Schreiben der **Abzug der Konzessionsabgaben** nach den Grundsätzen über die Abgrenzung der Betriebsausgaben von den vGA zu beurteilen. Danach gilt folgendes:

- In den Fällen, in denen die Gebietskörperschaft (z.B. Gemeinde, Landkreis) **weder unmittelbar noch mittelbar** an dem Grund- oder Stammkapital des Versorgungsbetriebs beteiligt ist, sind die Konzessionsabgaben in voller Höhe als Betriebsausgaben abzuziehen.
- In **Beteiligungsfällen** sind die Konzessionsabgaben nur als Betriebsausgaben abzuziehen, soweit sie nicht als vGA anzusehen sind. Beteiligungsfälle sind Fälle, in denen der Versorgungsbetrieb ein Eigenbetrieb ist oder in denen die Gebietskörperschaft unmittelbar oder mittelbar an dem Versorgungsbetrieb beteiligt ist.

14 Aus Gründen der Vereinfachung und zur Sicherstellung einer einheitlichen Verwaltungspraxis ist gem. BMF unter den unten folgenden Voraussetzungen ohne nähere Nachprüfung von einer **Beanstandung des Abzugs von Konzessionsabgaben** abzusehen, wenn die in der KAV für die Strom- und Gasversorgung festgelegten preisrechtlichen Höchstsätze nicht überschritten werden.

15 Die Konzessionsabgabe darf gem. BMF nur insoweit als Aufwand verbucht und damit als Betriebsausgabe geltend gemacht werden, als nach deren Abzug dem Versorgungsbetrieb ein angemessener handelsrechtlicher Jahresüberschuss (Mindestgewinn) verbleibt.[11] Der **Mindestgewinn** darf 1,5 v.H. des Sachanlagevermögens, das am Anfang des Wirtschaftsjahres in der Handelsbilanz ausgewiesen ist, nicht unterschreiten. Zum **Sachanlagevermögen** gehören dabei **nicht** das auf Lager

11 Vgl. BFH v. 1.9.1982, BStBl. 1982 II S. 783 u. BFH v. 31.7.1990, BStBl. 1991 II S. 315.

befindliche und zum späteren Einbau in Sachanlagen bestimmte Installationsmaterial sowie Baukostenzuschüsse, die für die Errichtung von Trafo-Stationen, Zuleitungen u.ä. geleistet und in der Bilanz des Versorgungsbetriebs aktiviert worden sind.

Wird durch den Abzug der Konzessionsabgabe für die Strom- und Gasversor- 16
gung der Mindestgewinn unterschritten, ist im Einzelfall für den jeweiligen Veranlagungszeitraum nach den Grundsätzen des **Fremdvergleichs** zu prüfen, ob eine vGA vorliegt. Dabei ist davon auszugehen, dass ein ordentlicher und gewissenhafter Geschäftsleiter einer Kapitalgesellschaft dafür Sorge tragen muss, dass der Kapitalgesellschaft ein angemessener Gewinn verbleibt. Eine vGA ist daher anzunehmen, wenn in dem Veranlagungszeitraum des Abzugs der Konzessionsabgabe und den folgenden fünf Jahren ein **angemessener Gesamtgewinn** nicht erreicht wird. Die Konzessionsabgabe wird in diesen Fällen in dem jeweiligen Veranlagungszeitraum nur insoweit anerkannt, als der Mindestgewinn dieses Veranlagungszeitraumes nicht unterschritten wird. Die Veranlagungen sind daher in diesem Punkt zunächst vorläufig durchzuführen.

Der **Mindestgewinn gem. § 5 KAE** soll einen **Fremdvergleich** dahingehend 17
ermöglichen, ob die an einem Versorgungsunternehmen beteiligten Gemeinden durch Zahlung einer Konzessionsabgabe eine vGA erhalten und besser gestellt werden, als die an einem Versorgungswerk nicht beteiligten Gemeinden.

Gem. § 5 Abs. 1 KAE dürfen Konzessionsabgaben nur insoweit an Gemeinden abgeführt werden, *„als durch die Abführung eine ordnungsgemäße Weiterführung des Versorgungsunternehmens nicht gefährdet wird.“* § 5 Abs. 2 KAE präzisiert diese Bestimmung für die dort genannten Unternehmen dahingehend, dass eine Gefährdung der **ordnungsgemäßen Weiterführung** vorliegt, wenn bei Eigenbetrieben und Eigengesellschaften einer Gemeinde nach Abzug der Körperschaftsteuer Jahresergebnisse, die eine angemessene Verzinsung des Eigenkapitals und die Bildung ausreichender Rücklagen gestatten, nicht verbleiben.[12] Das gilt ebenso, wenn bei sonstigen Unternehmen für das Stamm- und Gesellschaftskapital ein angemessener Gewinn nicht erwirtschaftet und ausgeschüttet werden kann.[13] *„Als angemessen ist bis auf weiteres eine Verzinsung des Eigenkapitals von 4 vom Hundert, eine Gewinnausschüttung auf das Stamm- oder Gesellschaftskapital von 4 vom Hundert anzusehen.“*[14]

Durch BMF-Schreiben vom 27.9.2002 wurde das BMF-Schreiben vom 9.2.1998 18
wie folgt neu gefasst:

> „Der Mindestgewinn darf 1,5% des eigenen oder gemieteten Sachanlagevermögens nicht unterschreiten; maßgebend sind die Verhältnisse am Anfang des Wirtschaftsjahres. Eine Gewinn-

12 Vgl. § 5 Abs. 2 a KAE.
13 Vgl. § 5 Abs. 2 b KAE.
14 Vgl. § 5 Abs. 4 KAE.

erzielungsabsicht besteht unabhängig davon, ob der Betrieb für seinen Betriebszweck eigenes oder gemietetes Sachanlagevermögen einsetzt."

Der oben beschriebene Mindestgewinn ist in beiden Fällen relevant.

19 Im **BFH-Urteil vom 6.4.2005**,[15] das in den Amtlichen Hinweisen der KStR 2008 zitiert ist, wurde entschieden, dass bei der Beurteilung der Angemessenheit von Konzessionsabgaben einer Versorgungs-GmbH an ihre Trägergemeinde der allgemeine Maßstab des **Fremdvergleichs** zugrunde zu legen ist und dass jedenfalls während einer Anlaufphase die Erzielung eines **vorübergehenden Mindestgewinns** nicht erforderlich ist. Mit dem Ziel, einen Preis zu bestimmen, den ein Versorgungsunternehmen an einen unbeteiligten Dritten zu zahlen hätte, können gem. BFH preisrechtliche Regelungen (Verordnungen), die die Höhe der Konzessionsabgaben betreffen, zu berücksichtigen sein. Einbezogen werden können auch **Verwaltungsanweisungen**, wie sie sich seinerzeit in Abschn. 32 Abs. 2 Nr. 2 KStR 1990 niederschlugen; das jedenfalls insoweit, als sich darin der Finanzverwaltung zugängliche Erfahrungen widerspiegeln, deren Berücksichtigung unter dem Gesichtspunkt des Betriebsvergleichs geboten scheint. Allerdings verdrängen bloße Indiz- und Beweisanzeichen gem. BFH nicht den Grundsatz, dass bei der Frage nach dem Vorliegen einer vGA auf alle Umstände des jeweiligen Einzelfalls abzustellen ist.[16] Der BFH stellte außerdem fest, dass ein fremder Dritter die Gasversorgung im entschiedenen Fall nur gegen Zahlung der geleisteten Konzessionsabgabe hätte übernehmen und durchführen können und dass sowohl in anderen Beteiligungs- als auch in Nichtbeteiligungsfällen regelmäßig die höchstzulässigen Konzessionsabgaben vereinbart würden. Preisrechtlich sei nach der KAV nämlich nicht (mehr) erforderlich, dass der Versorgungsbetrieb einen **Mindestgewinn** erziele. Auch ein ordentlicher und gewissenhafter Geschäftsleiter hätte sich somit auf die Zahlung der preisrechtlich zulässigen Höchstsätze einlassen müssen. Ein Unternehmen trägt gem. BFH das eigene wirtschaftliche Risiko (auch von Anlaufverlusten) grds. selbst und kann es jedenfalls dann nicht auf seine Vertragspartner verlagern, wenn ausreichender Wettbewerb herrscht und der Vertragspartner die Möglichkeit hat, mit einem anderen Vertragspartner zu kontrahieren. Im Urteilsfall erzielte die Gasversorgung GmbH in den Folgejahren Gewinne. Auch der von der Finanzverwaltung verlangte Mindestgewinn wurde ab 1999 regelmäßig und z. T. erheblich übertroffen. Damit stellen Konzessionsabgaben einer Eigengesellschaft an eine Stadt nicht automatisch vGA dar, nur weil kein Mindestgewinn erwirtschaftet wurde. Insoweit handelt sich dabei nur um ein Indiz für eine mögliche vGA. Wenn die Konzessionsabgaben gem. BFH dennoch einem Fremdvergleich standhalten und der nicht erreichte Mindestgewinn z. B. auf hohe Abschreibungen oder Finanzierungskosten zurückzuführen ist, liegt keine vGA an die Stadt vor. Dieses Urteil widerspricht damit

15 Vgl. BFH v. 6.4.2005, BStBl. 2006 II S. 196.

16 Vgl. auch BFH v. 9.12.2010, BFH/NV 2011, 850.

dem vorher aufgeführten BMF-Schreiben vom 9.2.1998. Da dieses Urteil im Bundessteuerblatt veröffentlicht wurde, ist es von der Finanzverwaltung anzuwenden.

B. Der Konzessionsvertrag im Steuerrecht

Im Folgenden werden denkbare **Fallgestaltungen** im Zusammenhang mit dem Abschluss von Konzessionsverträgen und deren steuerliche Folgen aufgezeigt: 20

I. Konzessionsnehmer bleibt unverändert

Bleibt der Konzessionsnehmer durch den Neuabschluss eines Konzessionsvertrags unverändert, gibt es regelmäßig auch **keine Eigentumsveränderungen**. 21

Ist der bisherige Konzessionsinhaber ein Dritter, dann hat die Gemeinde unverändert und ohne Besonderheiten oder gar Einschränkungen, Einnahmen aus Konzessionsabgaben. Diese Einnahmen sind bei der Gemeinde als Zahlungsempfänger **steuerfrei**. Aus Sicht der Gemeinde begründen Einnahmen aus Konzessionsabgaben, die Elektrizitätswerke und andere Versorgungsbetriebe an die Gemeinden und sonstige Gebietskörperschaften für die Verlegung ihrer Leitungen in öffentliche Wege und die Gewährung des ausschließlichen Versorgungsrechts im Gebiet der **juristischen Person öffentlichen Rechts** bezahlen, keinen **Betrieb gewerblicher Art.**[17] 22

Grds. sind die Konzessionsabgaben beim zahlenden Betrieb in voller Höhe Betriebsausgaben. Mindestgewinnregelungen kommen nicht zur Anwendung, wenn die Gemeinde **weder unmittelbar noch mittelbar** am Versorgungsbetrieb beteiligt ist. 23

Bleibt der **Konzessionsinhaber** durch den Neuabschluss **unverändert** und ist die konzessionsgebende Gemeinde bereits Konzessionsnehmer, dann gelten die zuvor beschriebenen Ausführungen zur Abziehbarkeit der Konzessionsabgabe, zum Mindestgewinn etc. 24

Da keinerlei Veränderungen im Vergleich zur vorigen Situation eintreten, werden auch **keine einmaligen Steuern** ausgelöst. 25

II. Konzessionsnehmer wechselt

1. Ohne Beteiligung der Gemeinde/„Privater" Konzessionsnehmer

Beim abgebenden Unternehmen werden durch den Verkauf bzw. die Abgabe des Netzes regelmäßig stille Reserven aufgedeckt, die **Ertragsteuerzahlungen** auslösen. 26

17 Vgl. RFH v. 20.9.1938, RStBl. 1938 S. 1184.

27 Wenn die Gemeinde am übernehmenden Unternehmen nicht beteiligt ist, dann ist die Konzessionsabgabe beim Versorgungsunternehmen, wie auch oben beschrieben, **in voller Höhe als Betriebsausgabe** zu werten. Die Vorschriften über den Mindestgewinn finden keine Anwendung.

28 Ist der Konzessionsnehmerwechsel mit einem **Eigentumsübergang an Grundstücken** verbunden, fällt neben der Aufdeckung und Versteuerung der stillen Reserven im Rahmen des Erwerbs **Grunderwerbsteuer** in Höhe von grds. 3,5% an, sofern Grundstücke übertragen werden. Die Grunderwerbsteuer wurde aber mittlerweile in einigen Bundesländern erhöht. Die derzeit geltenden Sätze sind in der nachfolgenden Tabelle aufgeführt:

Baden-Württemberg	5,0% ab 5.11.2011
Berlin	5,0% ab 1.4.2012
Brandenburg	5,0% ab 1.1.2011
Bremen	4,5% ab 1.1.2011
Hamburg	4,5% ab 1.1.2009
Niedersachsen	4,5% ab 1.1.2011
Nordrhein-Westfalen	5,0% ab 1.10.2011
Rheinland-Pfalz	5,0% ab 1.3.2012
Saarland	4,0% ab 1.1.2011
Sachsen-Anhalt	4,5% ab 1.3.2010
Schleswig-Holstein	5,0% ab 1.1.2012
Thüringen	5,0% ab 7.4.2011

29 Unter Grundstücken sind gem. § 2 GrEStG **Grundstücke** im Sinne des bürgerlichen Rechts zu verstehen. Jedoch werden Maschinen und sonstige Vorrichtungen aller Art, die zu einer Betriebsanlage gehören, Mineralgewinnungsrechte und sonstige Gewerbeberechtigungen sowie das Recht des Grundstückseigentümers auf den Erbbauzins nicht zu den Grundstücken gerechnet. Den Grundstücken stehen Erbbaurechte, Gebäude auf fremdem Boden, dinglich gesicherte Sondernutzungsrechte i.S.d. § 15 WoEigG und des § 1010 BGB gleich. Bezieht sich ein Rechtsvorgang auf mehrere Grundstücke, die zu einer wirtschaftlichen Einheit gehören, so werden diese Grundstücke als ein Grundstück behandelt. Bezieht sich ein Rechtsvorgang auf einen oder mehrere Teile eines Grundstücks, so werden diese Teile als ein Grundstück behandelt.

30 Bei der Gemeinde fallen durch den Wechsel des Konzessionsnehmers **keine Steuern** an, es sei denn, sie war zuvor am alten Konzessionsinhaber beteiligt. Für diesen Fall gelten die Ausführungen zur Versteuerung von stillen Reserven gleichermaßen.

2. Gemeinde wird Konzessionsnehmer oder beteiligt sich an Versorgungsunternehmen

a) Steuerpflicht der Gemeinde

Die öffentliche Hand ist grds. nicht steuerpflichtig. Erfüllt die **öffentliche Hand** 31
aber nicht nur hoheitliche Aufgaben, sondern nimmt sie am Wirtschaftsleben teil, so kommt es zur „partiellen" Besteuerung. Einer Besteuerung bedarf es vor allem, um **Wettbewerbsneutralität** zwischen der Tätigkeit der öffentlichen Hand und privaten Unternehmen herzustellen. Die Besteuerung der öffentlichen Hand hängt dabei entscheidend davon ab, in welcher Weise sie sich wirtschaftlich betätigt. Betreibt die Gemeinde ein Unternehmen in der Rechtsform des privaten Rechts, so wird dieses Unternehmen nach den für die jeweilige Rechtsform geltenden Vorschriften besteuert. Wird die Gemeinde unmittelbar wirtschaftlich tätig, so entsteht die Steuerpflicht erst wenn, und auch nur insoweit wie, ein **BgA** vorliegt.

Die **Steuerpflicht** wirkt keinesfalls stets zum Nachteil der öffentlichen Hand. 32
So eröffnet z.B. die Umsatzsteuerpflicht die Möglichkeit des Vorsteuerabzugs, was bei größeren Investitionsvorhaben von entscheidend vorteilhafter Bedeutung sein kann.

Die **Wahl der Rechtsform** ist eine langfristige, aber keine irreversible Entschei- 33
dung. Bei der Gründung muss eine Entscheidung über die Rechtsform, in der die Unternehmung betrieben werden soll, getroffen werden. Auch in der Folge muss immer dann, wenn sich wesentliche Daten und/oder (rechtliche) Rahmenbedingungen innerhalb oder außerhalb der Unternehmung ändern, über die Rechtsform nachgedacht werden. Interne Änderungen liegen bspw. vor, wenn sich die Zusammensetzung der Gesellschafter ändert; externe, wenn sich z.B. die Steuergesetze oder das Energierecht ändern. Ein nachträglicher Wechsel der Rechtsform **(Umwandlung)** ist zwar möglich, ist aber mit Aufwendungen und u.U. auch mit Steuerzahlungen verbunden. Grds. bleibt den Eigentümern eines Unternehmens freigestellt, in welcher Rechtsform sie sich am Wirtschaftsleben beteiligen wollen.

Wenn die Gemeinde ein Unternehmen in der **Rechtsform des privaten Rechts** 34
betreiben möchte, kommen für sie als Rechtsformen grds. alle Varianten der Personengesellschaft, der Kapitalgesellschaft und auch Mischformen zwischen Personen- und Kapitalgesellschaft, insb. die GmbH & Co. KG, in Betracht.

Die wichtigsten **Kriterien bei der Rechtsformwahl** sind Haftungsverhältnisse, 35
Leitungsbefugnis, Beteiligung an Gewinn, Verlust und Vermögen, Finanzierungsmöglichkeiten, Steuerbelastungen sowie Mitwirkungsbefugnisse der Arbeitnehmer. Daneben sind auch Publizitätspflichten und rechtsformspezifische Aufwendungen wie z.B. Aufwand für Rechnungslegung, Pflichtprüfung und Veröffentlichung des Jahresabschlusses zu berücksichtigen.

Die Steuerbelastungen im Zusammenhang mit der Rechtsformwahl können in 36
periodisch wiederkehrende Steuern, wie bspw. Einkommen-, Körperschaft- und Gewerbesteuer, sowie **Einmalsteuern**, die bei der Unternehmensgründung oder bei einem Rechtsformwechsel anfallen, unterteilt werden.

b) Die verschiedenen Formen der wirtschaftlichen Betätigung

37 Eine Gemeinde darf regelmäßig nach den **Vorschriften der Gemeindeordnung der Bundesländer**, so z.B. nach § 103 Abs. 1 GemO Baden-Württemberg, ein Unternehmen in einer Rechtsform des privaten Rechts nur errichten, übernehmen, wesentlich erweitern oder sich daran beteiligen, wenn die Haftung der Gemeinde auf einen ihrer Leistungsfähigkeit angemessenen Betrag begrenzt wird. Die Übernahme einer **Vollhafterrolle** ist damit nicht denkbar. Aus diesem Grund kommen grds. für eine Gemeinde die Rechtsformen einer GbR sowie eine OHG nicht in Betracht. Verlangt wird außerdem, dass der Gemeinde eine angemessene Einflussnahme, z.B. in Überwachungsgremien eingeräumt wird. Im Folgenden sollen unterschiedliche Organisationsformen näher vorgestellt werden:

aa) Hoheitsbetriebe

38 Soweit Körperschaften des öffentlichen Rechts auf Gebieten tätig sind, die ihnen eigentümlich und vorbehalten sind (hoheitliche Tätigkeiten), sind sie **nicht körperschaftsteuerpflichtig**. Aus steuerlicher Sicht ist dies im Grundsatz immer dann der Fall, wenn die Körperschaft sich auf die den Körperschaften des öffentlichen Rechts vorbehaltenen Aufgaben beschränkt. Der Betrieb eines Strom- oder Gasnetzes zählt nicht zu diesen Vorbehaltsaufgaben und kann daher nicht innerhalb eines Hoheitsbetriebes betrieben werden, weshalb hierauf nicht näher einzugehen ist.

bb) Vermögensverwaltung

39 Vermögensverwaltung wird folgendermaßen definiert:

Definition

i Eine Vermögensverwaltung und damit kein steuerpflichtiger wirtschaftlicher Geschäftsbetrieb liegt gem. § 14 S. 3 AO i.d.R. vor, wenn Vermögen genutzt wird, z.B. Kapitalvermögen verzinslich angelegt oder unbewegliches Vermögen vermietet oder verpachtet wird. Auch der Besitz und die Verwaltung von Anteilen an Kapitalgesellschaften sind grds. der Vermögensverwaltung zuzuordnen und begründet damit gem. R 6 Abs. 2 S. 6 KStR grds. keinen eigenständigen BgA.

---

40 Die Beteiligung einer **jPöR** an einer **Mitunternehmerschaft** i.S.d. § 15 Abs. 1 S. 1 Nr. 2 EStG begründet jedoch gem. R 6 Abs. 2 S. 2 KStR einen BgA.

41 Auf die **Vermögensverwaltung** wird später nochmals eingegangen, weil in der Praxis an die konzessionsgebenden Gemeinden Angebote herangetragen werden, wonach diese sich z.B. an einer zu gründenden Netzgesellschaft in der Rechtsform einer AG/GmbH & Co. KG beteiligen können, ohne dass die beteiligten Kommanditisten eine Mitunternehmerstellung an dieser begründen.

cc) Betriebe gewerblicher Art

Öffentliche Unternehmen in der Form eines Regiebetriebs oder eines Eigenbetriebs können bei der jPöR als Träger dieses Unternehmens zur unbeschränkten Körperschaftsteuerpflicht i.S.d. § 1 KStG führen. Zentrale Ausgangsfrage hierfür ist, ob und inwieweit diese Regie- und Eigenbetriebe einen BgA darstellen. Stellt nämlich eine Betätigung keinen BgA dar, ist dieser Bereich steuerlich nicht relevant. Der Begriff „Betrieb gewerblicher Art" ist ein rein körperschaftsteuerlicher Begriff. 42

Der **Regiebetrieb** ist keine eigenständige Rechtsform, sondern ein rechtlich, organisatorisch und wirtschaftlich unselbständiger **Teil der Kommunalverwaltung**. Die Organisationsform des Regiebetriebs ist gesetzlich nicht geregelt, sondern beruht auf der Organisationsgewalt der Kommune. 43

Die enge Einbindung des Regiebetriebs in die öffentliche Verwaltung bedeutet, dass der Regiebetrieb **keine selbständigen Organe** besitzt. Das Personal gehört zum öffentlichen Haushalt und ist damit in den allgemeinen Stellenplan eingebunden und in das öffentliche Dienstrecht einbezogen. Die Kommunalverwaltung hat unmittelbare Einwirkungsmöglichkeiten. Alle Einnahmen und Ausgaben werden im kommunalen Haushaltsplan veranschlagt, d.h. sie unterliegen dem **haushaltsrechtlichen Gesamtdeckungsprinzip**. Das Vermögen gehört zum öffentlichen Haushalt. Für die Art der Buchführung, die Haftung für Schulden und den Umfang der Leitungsbefugnisse gelten die Regeln der öffentlichen Verwaltung. 44

Die enge **Einbindung des Regiebetriebs in die Kommunalverwaltung** hat einerseits aus Sicht der Kommune den Vorteil, dass sie größtmögliche Einflussmöglichkeiten auf den Regiebetrieb hat. Andererseits sorgt die enge Einbindung in die Kommunalverwaltung für längere Entscheidungswege, was sich dort, wo aus wirtschaftlichen Gründen eine rasche Entscheidungsfindung erforderlich ist, als nachteilig erweist. Auch die haushaltsmäßige Einbindung des Regiebetriebs in die Kommunalverwaltung ist ambivalent. Aus Sicht des Kämmerers kann die Veranschlagung des Regiebetriebs im kommunalen Haushalt vorteilhaft sein, da eine größere Flexibilität in der Gesamtfinanzierung der kommunalen Aufgaben erzielt wird. Gerade diese Flexibilität kann sich jedoch aus Sicht des Gebührenzahlers negativ auswirken, wenn bspw. eine Gemeinde die für die Abwasserbeseitigung vereinnahmten Mittel zur Deckung anderweitiger gemeindlicher Ausgaben verwendet. 45

In der **Praxis** werden Regiebetriebe typischerweise für **kommunale Hilfsetriebe**, die den Eigenbedarf der Verwaltung abdecken, gebildet, wie z.B. städtischer Bauhof, Friedhofsgärtnerei oder Kantine. Insbesondere bei kleineren Kommunen werden häufig auch kostenrechnende Einrichtungen, die ganz oder teilweise aus Entgelten der Benutzer finanziert werden, wie Abwasserbeseitigung, Abfallentsorgung, Friedhöfe oder Schlachthöfe, in der Form eines Regiebetriebs geführt. 46

Der **Eigenbetrieb** stellt nach den Kommunalverfassungs- und Eigenbetriebsgesetzen der Länder die **klassische Organisationsform** für wirtschaftliche Unternehmen der Kommunen dar. Der Eigenbetrieb hat mit dem Regiebetrieb gemein, 47 dass es sich um einen Teil der allgemeinen Hoheitsverwaltung ohne eigene Rechtspersönlichkeit handelt. Im Gegensatz zum Regiebetrieb stellt der Eigenbetrieb jedoch ein **Sondervermögen** dar, das gesondert vom übrigen Kommunalhaushalt zu verwalten und auszuweisen sowie mit eigener Kassen- und Kreditwirtschaft, eigener Buchführung und Finanzführung, außerdem eigener Wirtschafts-, Erfolgs-, Vermögens- und Finanzplanung nach den Grundsätzen der kaufmännischen Rechnungslegung zu führen ist. Aus diesem Grund werden in der Bilanz eines Eigenbetriebs auch Forderungen bzw. Verbindlichkeiten gegenüber der Trägerkommune aktiviert bzw. passiviert, obwohl diese – streng zivilrechtlich betrachtet – innerhalb ein und derselben Rechtsperson nicht entstehen können. Der Eigenbetrieb hat mit der Betriebsleitung und dem Betriebsausschuss grds. **eigene Organe** mit gesetzlichen Zuständigkeiten, die im Rahmen ihrer Zuständigkeiten anstelle der Organe der Kommune handeln. Die Organisationsform des Eigenbetriebs wird in der **Praxis** auch für Stadtwerke gewählt.

48 Im Außenverhältnis zu Dritten ist das Handeln des Eigenbetriebs rechtlich der Kommune zuzurechnen, und zwar auch dann, wenn sie im Rechtsverkehr unter dem Namen des Eigenbetriebs aufgetreten ist. Nur die Trägergemeinde und nicht der Eigenbetrieb wird berechtigt und verpflichtet. In diesem Sinne ist bei **Klageerhebung** durch den Eigenbetrieb die Kommune unter dessen Bezeichnung Klägerin, da ansonsten ein Parteiunfähiger handeln würde. In **Ermangelung rechtlicher Selbständigkeit** des Eigenbetriebs haftet die Kommune mit ihrem gesamten Vermögen für den Eigenbetrieb.

49 BgA von jPöR sind gem. § 4 Abs. 1 KStG alle **Einrichtungen**, die einer **nachhaltigen wirtschaftlichen Tätigkeit zur Erzielung von Einnahmen** außerhalb der Land- und Forstwirtschaft dienen und die sich innerhalb der Gesamtbetätigung der juristischen Person **wirtschaftlich herausheben**. Die Absicht, Gewinn zu erzielen und die Beteiligung am allgemeinen wirtschaftlichen Verkehr sind nicht erforderlich.

50 Dabei erfordert eine **Einrichtung eines BgA** keine verselbständigte organisatorische Einheit. Eine Einrichtung kann vielmehr auch dann vorliegen, wenn die wirtschaftliche Tätigkeit innerhalb der für andere Aufgaben der jPöR eingerichteten Organisation miterledigt wird. Erforderlich ist nur eine **gewisse Selbständigkeit**. Eine Einrichtung kann sich aus einer besonderen Leitung, aus einem geschlossenen Geschäftskreis, aus der Buchführung oder aus einem ähnlichen, auf eine Einheit hindeutenden Merkmal ergeben. Sie kann auch dann gegeben sein, wenn nicht organisatorische, sondern andere Merkmale vorliegen, die die wirtschaftliche Selbständigkeit verdeutlichen. Ein solches Merkmal kann z.B. in einer gewissen Selbständigkeit zu sehen sein, die in der Planung und Organisation hervortritt und in der Zusammenfassung der Einnahmen und Ausgaben der zu beurteilenden Tätigkeit unter einem bestimmten Unterabschnitt oder Titel des Haushaltsplans. Die Rechtsprechung verlangt allerdings das Vorliegen einer **„funktionellen Einheit"**. Danach kommt es entscheidend darauf an, ob sich die wirtschaftliche Tätigkeit von der übrigen Betäti-

gung der jPöR funktionell abhebt, also eine andere Funktion bzw. einen anderen Zweck erfüllt. Stellt die Betätigung eine funktionelle Einheit dar, die sich von der sonstigen Tätigkeit der jPöR abhebt, ist es unerheblich, ob diese fortgesetzte Betätigung auch durch eine vermögensmäßige Trennung des ihr gewidmeten Vermögens und eine gesonderte Buchführung äußerlich sichtbar geworden ist. Solche Maßnahmen führen weder allein stets zur Qualifikation als BgA, noch schließt ihre Unterlassung eine solche Qualifikation schlechthin aus. Der BgA erfordert also weder eigenes Personal noch eigene Arbeitsmittel. Eine Einrichtung kann gem. R 6 Abs. 4 S. 1 KStR auch dann angenommen werden, wenn Betriebsmittel, z. B. Maschinen und dergleichen oder Personal, sowohl im hoheitlichen Bereich als auch im wirtschaftlichen Bereich eingesetzt werden, sofern eine zeitliche Abgrenzung (zeitlich begrenzter Einsatz für den einen oder anderen Bereich) möglich ist. Eine Einrichtung kann auch dann gegeben sein, wenn aus Sicht der Gebührenzuordnung klar abgrenzbare Leistungen vorliegen.

Nach R 6 Abs. 4 S. 2 KStR ist ein wichtiges Merkmal für die wirtschaftliche Selbständigkeit der ausgeübten Tätigkeit und damit für die Annahme einer **Einrichtung** darin zu sehen, dass der Jahresumsatz i. S. v. § 1 Abs. 1 Nr. 1 UStG aus der wirtschaftlichen Tätigkeit den Betrag von 130.000 Euro übersteigt. Diese **Umsatzgrenze** ist insb. dann von Bedeutung, wenn sich die „Einrichtung“ nicht bereits anderweitig, z. B. aus einer organisatorischen Verselbständigung, ergibt. Diese Grenze identifiziert einen BgA, ohne eine funktionelle Verselbständigung besonders zu begründen und stellt eine widerlegbare Vermutung für einen BgA dar, wenn die genannte Umsatzgrenze überschritten wird, ohne das Vorliegen einer Einrichtung zu prüfen. Dies bedeutet aber gleichfalls, dass, soweit diese Umsatzgrenze nicht überschritten ist, eine Einrichtung trotzdem vorliegen kann, wenn sich diese aufgrund organisatorischer Verselbständigung ergibt. 51

Die **wirtschaftliche Tätigkeit** ist **nachhaltig**, wenn sie während eines bestimmten Zeitraums mit der **Absicht der Wiederholung** ausgeübt wird. Besteht von vornherein Wiederholungsabsicht, so genügt bereits das erstmalige Tätigwerden. 52

In der Tatsache, dass der Jahresumsatz i. S. v. § 1 Abs. 1 Nr. 1 UStG 30.678 Euro übersteigt, ist nach R 6 Abs. 5 S. 1 und 2 KStR ein wichtiger Anhaltspunkt dafür zu sehen, dass die Tätigkeit **von einigem wirtschaftlichen Gewicht** ist. I.d.R. kann deshalb bei diesem Jahresumsatz davon ausgegangen werden, dass die Tätigkeit sich innerhalb der Gesamtbetätigung der juristischen Person wirtschaftlich heraushebt. Wird ein **nachhaltiger Jahresumsatz** von über 30.678 Euro im Einzelfall nicht erreicht, ist ein BgA nach R 6 Abs. 5 S. 4 KStR nur anzunehmen, wenn hierfür besondere Gründe von der Körperschaft vorgetragen werden. Die Tätigkeit muss zudem Wettbewerbsrelevanz haben. Die Finanzverwaltung nimmt von sich aus bei Umsätzen unter 30.678 Euro, auch bei eindeutig gewerblicher Tätigkeit, i. d. R. keinen BgA an. 53

Der wirtschaftlichen Betätigung muss die Absicht, **Einnahmen zu erzielen**, zu Grunde liegen und die Grenzen der Vermögensverwaltung müssen überschritten 54 sein. Deshalb wird regelmäßig der Unternehmensbegriff i. S. d. Umsatzsteuergesetzes zur Klassifizierung eines BgA herangezogen. Eine Gewinnerzielungsabsicht ist hingegen nicht erforderlich.

55 Der BgA muss das **äußere Bild eines Gewerbebetriebs** haben, wobei eine Teilnahme am allgemeinen wirtschaftlichen Verkehr nicht zwingend erforderlich ist. Es genügt vielmehr, dass die Körperschaft des öffentlichen Rechts wirtschaftlich tätig ist.

56 Die verschiedenen **Tätigkeiten der jPöR** sind gem. R 6 Abs. 3 KStR für sich zu beurteilen. Lässt sich eine Tätigkeit nicht zweifelsfrei dem hoheitlichen oder wirtschaftlichen Bereich zuordnen, ist auf die überwiegende Zweckbestimmung der Tätigkeit abzustellen.

57 **Zu den BgA gehören** gem. § 4 Abs. 3 KStG Betriebe, die der Versorgung der Bevölkerung mit Wasser, Gas, Elektrizität oder Wärme, dem öffentlichen Verkehr oder dem Hafenbetrieb dienen. Zu den BgA gehören gem. § 4 Abs. 5 KStG nicht Betriebe, die überwiegend der Ausübung der öffentlichen Gewalt dienen (Hoheitsbetriebe). Für die Annahme eines Hoheitsbetriebs reichen Zwangs- oder Monopolrechte nicht aus.

dd) Besteuerung von Betrieben gewerblicher Art

58 Ein **BgA** einer **jPöR** unterliegt wie jede andere Körperschaft, die ihren Sitz in Deutschland hat, der unbeschränkten Steuerpflicht, § 1 Abs. 1 Nr. 6 KStG. Zweck der unbeschränkten Steuerpflicht einer juristischen Person mit ihrem BgA ist der **Schutz des Wettbewerbs**. Wenn die jPöR wie eine Privatperson wirtschaftlich tätig wird und wie eine solche am gewerblichen Wettbewerb teilnimmt, so soll sie gegenüber der Privatperson keinen Wettbewerbsvorteil dergestalt haben, dass das von ihr mit der Tätigkeit erwirtschaftete Ergebnis nicht mit Steuern belastet wird. Dass die juristische Person mit der wirtschaftlichen Tätigkeit zugleich auch eine öffentliche Aufgabe erfüllt oder ein Interesse der Allgemeinheit bedient, ist nach dem Körperschaftsteuerrecht nur dann von Bedeutung, wenn diese Tätigkeit der jPöR eigentümlich und als solche vorbehalten ist (Hoheitsbetrieb).

59 Ursprünglich wurde davon ausgegangen, dass auf der Grundlage des § 1 Abs. 1 Nr. 6 KStG jeder einzelne BgA als **Steuersubjekt** anzusehen ist. Diese Betrachtungsweise wurde jedoch spätestens mit der BFH-Entscheidung vom 13.3.1974[18] aufgegeben. Seitdem gilt nicht mehr der einzelne BgA, sondern die jPöR als Steuersubjekt hinsichtlich eines jeden von ihr unterhaltenen BgA. Zivil- und verwaltungsrechtlich bilden der BgA und die Trägerkörperschaft eine Einheit. Für steuerliche Zwecke werden sie jedoch verselbständigt. Dies hat zur Folge, dass für jeden einzel-

18 Vgl. BFH v. 13.3.1974, BStBl. 1974 II S. 391.

nen BgA das **Einkommen gesondert ermittelt** und die Körperschaftsteuer jeweils gesondert gegen die jPöR hinsichtlich eines jeden von ihr unterhaltenen BgA festgesetzt wird.

Die **Körperschaftsteuer** beträgt gem. § 23 KStG 15% des zu versteuernden Einkommens. Für BgA besteht gem. § 24 KStG seit 2009 ein Freibetrag in Höhe von 5.000,00 Euro. Zur Körperschaftsteuer wird gem. § 1 Abs. 1 SolZG ein **Solidaritätszuschlag** in Höhe von 5,5% erhoben. 60

Ebenso unterliegt ein BgA der **Gewerbesteuer**. Bemessungsgrundlage für die Gewerbesteuer ist der Gewerbeertrag, der unter Berücksichtigung von Hinzurechnungen und Kürzungen nach §§ 8 und 9 GewStG aus dem nach den Vorschriften des Einkommensteuergesetzes oder des KStG zu ermittelnden Gewinn abgeleitet wird. Aus dem **Gewerbeertrag** wird nach Abzug des Freibetrags gem. § 11 GewStG und der Multiplikation mit der Steuermesszahl der **Steuermessbetrag** festgesetzt. Die Steuermesszahl für den Gewerbeertrag beträgt seit der Unternehmensteuerreform 2008 gem. § 11 Abs. 2 GewStG 3,5%. Nach § 16 Abs. 1 GewStG wird die Steuer aufgrund des errechneten Steuermessbetrags mit einem Prozentsatz **(Hebesatz)** festgesetzt und erhoben, der von der hebeberechtigten Gemeinde zu bestimmen ist. Der Hebesatz beträgt nach § 16 Abs. 4 S. 2 GewStG mindestens 200%. 61

Im Rahmen der Unternehmensteuerreform 2008 wurde u.a. eine Bestimmung neu in das System der **gewerbesteuerlichen Hinzurechnungen** eingefügt, der zufolge neben zahlreichen anderen, zuvor gewinnmindernd berücksichtigten Aufwendungen auch die Aufwendungen für die zeitlich befristete Überlassung von Rechten (insb. von Konzessionen und Lizenzen, mit Ausnahme von Lizenzen, die ausschließlich dazu berechtigen, daraus abgeleitete Rechte Dritten zu überlassen) der gewerbesteuerlichen Bemessungsgrundlage zu einem Sechzehntel (ein Viertel von einem Viertel) steuererhöhend wieder hinzuzurechnen sind, soweit die Summe aller Hinzurechnungen nach § 8 Nr. 1 GewStG den Betrag von 100.000,00 Euro übersteigt. 62

Zu Anwendungsfragen zur **Hinzurechnung von Finanzierungsanteilen** nach § 8 Nr. 1 GewStG erging am 4.7.2008 ein **BMF-Schreiben.**[19] Dieses BMF-Schreiben wird derzeit überarbeitet. Unter Ziff. 29 c wurde im derzeit vorliegenden Entwurf klargestellt, dass die im Zusammenhang mit dem Zugang zur Teilnehmeranschlussleitung (sog. „letzte Meile") und für die Nutzung von Schienennetzen entrichtete Entgelte Mietaufwendungen darstellen und dass sie als solche der Hinzurechnung unterliegen. 63

Aufwendungen, die **für die Benutzung eines Stromnetzes** entrichtet werden, erfüllen gem. Ziff. 29 d nicht den Tatbestand des § 8 Nr. 1 d GewStG (Hinzurechnung von Miet- und Pachtzinsen für die Benutzung von beweglichen Wirtschaftsgütern des Anlagevermögens, die im Eigentum eines anderen stehen) und § 8 Nr. 1 e GewStG 64

19 Vgl. BMF v. 4.7.2008, BStBl. 2008 I S. 718.

(Hinzurechnung von Miet- und Pachtzinsen für die Benutzung von unbeweglichen Wirtschaftsgütern des Anlagevermögens, die im Eigentum eines anderen stehen).

65 Aufwendungen, die für die Benutzung eines Stromnetzes entrichtet werden, erfüllen gem. Ziff. 34a (auch) nicht den Tatbestand des § 8 Nr. 1f GewStG (Hinzurechnung von Aufwendungen für die zeitlich befristete Überlassung von Rechten) und unterliegen demnach nicht der **Hinzurechnung**.

66 Die Ziff. 36 ist nach wie vor gleich gefasst: Soweit in der Vergangenheit z.B. Konzessionsabgaben für die Nutzung öffentlicher Verkehrsflächen in eine Grundstücksüberlassung und in eine Überlassung von beweglichen Wirtschaftsgütern aufgeteilt worden sind, fällt künftig die **Gesamtvergütung unter den Hinzurechnungstatbestand** des § 8 Nr. 1f GewStG (Hinzurechnung von Aufwendungen für die zeitlich befristete Überlassung von Rechten).

67 Nach § 20 Abs. 1 Nr. 10b EStG gehören die erwirtschafteten **Gewinne**, welche nicht den Rücklagen zugeführt werden, zu den **Einkünften aus Kapitalvermögen**. Damit werden nach § 20 Abs. 1 Nr. 10b EStG für den Gewinntransfer aus dem BgA in den Hoheitsbereich trotz der fehlenden Rechtspersönlichkeit Einkünfte aus Kapitalvermögen fingiert.

68 Voraussetzung ist, dass der BgA den Gewinn im Wege des **Betriebsvermögensvergleichs** ermittelt oder die umsatzsteuerbaren Umsätze einschließlich der steuerfreien Umsätze (mit Ausnahme der Umsätze nach § 4 Nr. 8 bis 10 UStG) mehr als 350.000,00 Euro betragen oder der Gewinn mehr als 30.000,00 Euro im Wirtschaftsjahr beträgt.

69 In diesem Fall ist eine definitive Kapitalertragsteuer gem. § 43 Nr. 7c und § 43a Abs. 1 Nr. 2 EStG von derzeit 15% einzubehalten. Hinzu kommt auch hier der Solidaritätszuschlag von 5,5% auf die Kapitalertragsteuer. Der Gesetzgeber setzt dabei voraus, dass dieser Gewinn an die Trägergesellschaft ausgeschüttet wird, als wäre der BgA eine Kapitalgesellschaft. Die **Kommunen als jPöR** sind mit diesen Einkünften **beschränkt steuerpflichtig** gem. § 2 Nr. 2 S. 1 KStG. Die Körperschaftsteuer wird durch den Kapitalertragsteuerabzug abgegolten, § 32 Abs. 1 Nr. 2 KStG.

70 **Bemessungsgrundlage für die Kapitalertragsteuer** ist der handelsrechtliche Gewinnanteil des BgA, d.h. der der Kommune zur Verfügung stehende Gewinnanteil des BgA. Die Kapitalertragsteuer selbst stellt keine Betriebsausgabe des BgA dar, da sie nicht durch dessen Betrieb, sondern durch die Verwendung des Gewinns des BgA verursacht wird.

71 Der **Zuflusszeitpunkt für Einkünfte** i.S.d. § 20 Abs. 1 Nr. 10b S. 1 EStG aus dem nicht den Rücklagen zugeführten Gewinn ist der Bilanzstichtag des Wirtschaftsjahres des BgA. Somit entsteht die Kapitalertragsteuer im Zeitpunkt der Bilanzerstellung, spätestens jedoch acht Monate nach Ablauf des Wirtschaftsjahres gem. § 44 Abs. 6 S. 2 EStG. Diese Regelung geht als Spezialregelung der Vorschrift in § 30 Nr. 1 KStG vor.

72 Aufgrund der Fiktion des § 20 Abs. 1 Nr. 10b S. 1 EStG entsteht die **Kapitalertragsteuer** auch dann, wenn der Gewinn nicht oder nur in beschränktem Umfang

entnommen werden darf. Zur Vermeidung unnötiger Härten wird aber zugelassen, in solchen Fällen den Zufluss i. S. d. § 20 Abs. 1 Nr. 10b EStG erst in dem Zeitpunkt und nur in der Höhe anzusetzen, in dem bzw. in der der Gewinn tatsächlich entnommen wird. Dabei muss gewährleistet sein, dass die jPöR nicht im Entnahmezeitpunkt den **Einwand der Verjährung** mit der Begründung erheben kann, dass die Kapitalertragsteuer zzgl. Solidaritätszuschlag im Zeitpunkt der Gewinnerzielung hätte erhoben werden müssen. Verlangt wird eine Erklärung der jPöR, dass der nicht entnommene Gewinn als Zuführung zu den Rücklagen i. S. d. § 20 Abs. 1 Nr. 10b S. 1 EStG und die spätere Gewinnentnahme als Auflösung der Rücklage gem. § 20 Abs. 1 Nr. 10b S. 2 EStG anzusehen sind.[20]

Bei der **Auflösung von Rücklagen** entsteht die Kapitalertragsteuer gem. § 44 Abs. 6 S. 2 EStG am Tage nach der Beschlussfassung über die Verwendung. 73

§ 44 Abs. 6 S. 1 EStG fingiert für die Durchführung des Kapitalertragsteuerabzugs zzgl. des Solidaritätszuschlags die **jPöR als Gläubiger** und den **BgA als Schuldner**. Im Rahmen der entsprechenden Anwendung des § 44 Abs. 1 S. 5 EStG dürfte an die Stelle der einbehaltenen Steuer die entstandene Kapitalertragsteuer treten. 74

Die Lieferungen und Leistungen eines BgA unterliegen gem. § 2 Abs. 3 i. V. m. § 1 Abs. 1 Nr. 1 UStG der **Umsatzsteuer**. Der Steuersatz beträgt gem. § 12 Abs. 1 UStG grds. 19%. Ausführungen zur **Strom- und Energiesteuer** sprengen den Rahmen dieses Kapitels und werden deshalb hier nicht erläutert. 75

Ungeachtet der rechtsformunabhängigen Frage, ob und unter welchen Voraussetzungen sich die öffentliche Hand unternehmerisch betätigen darf, machen die Kommunalverfassungen Vorgaben, unter welchen **Voraussetzungen** eine **Kommune** sich in einer **privaten Rechtsform** betätigen darf. Die konkret zu beachtenden Vorgaben für eine Betätigung der öffentlichen Hand müssen in jedem Einzelfall unter der Berücksichtigung der jeweiligen **landesrechtlichen Besonderheiten** und des jeweiligen Unternehmensgegenstands geprüft werden. Trotz der bestehenden Regelungsunterschiede im Detail beinhalten die Kommunalverfassungen der Bundesländer überwiegend folgende – oder zumindest ähnliche – **rechtsformunabhängige Vorgaben** für die Errichtung, Übernahme, wesentliche Erweiterung oder Beteiligung einer Kommune an einem Unternehmen in Privatrechtsform: 76

- Durch Ausgestaltung des Gesellschaftsvertrags oder der Satzung muss sichergestellt sein, dass der **öffentliche Zweck** des Unternehmens erfüllt wird.
- Die Kommune muss einen **angemessenen Einfluss**, insb. im Aufsichtsrat oder in einem entsprechenden Überwachungsorgan des Unternehmens erhalten.
- Die **Haftung** der Kommune muss auf einen ihrer Leistungsfähigkeit angemessenen Betrag begrenzt werden.

20 Vgl. OFD Münster v. 17.7.2009, FR 2009, 779.

- Der **Jahresabschluss** und der **Lagebericht** des Unternehmens müssen entsprechend den für große Kapitalgesellschaften geltenden Vorschriften des HGB aufgestellt und geprüft werden.

77 Demgegenüber haben in jüngerer Zeit mehrere Bundesländer vom sog. **Vorrang des Eigenbetriebs**, wonach eine privatrechtliche Unternehmensform nur dann zulässig ist, wenn der öffentliche Zweck des Unternehmens nicht ebenso gut durch einen Eigenbetrieb oder eine andere Organisationsform des öffentlichen Rechts erfüllt werden kann, Abstand genommen. Die **Kommunalverfassungen der Länder** machen aber auch noch **zusätzliche Vorgaben**, wenn eine Kommune die Mehrheit der Anteile einer Gesellschaft oder mindestens 25% der Anteile besitzt und ihr zusammen mit anderen Gebietskörperschaften mehr als 50% der Anteile gehören. Die Kommunalverfassungen der Länder sehen für diesen Fall regelmäßig mindestens vor, dass die Kommune:
- darauf hinzuwirken hat, dass in sinngemäßer Anwendung der für Eigenbetriebe geltenden Vorschriften für jedes Wirtschaftsjahr ein **Wirtschaftsplan** aufgestellt und der Wirtschaftsführung eine fünfjährige Finanzplanung zugrunde gelegt wird;
- die Rechte nach § 53 Abs. 1 HGrG auszuüben hat und
- darauf hinzuwirken hat, dass ihr und der für sie zuständigen überörtlichen Rechnungsprüfungsbehörde die in § 54 HGrG vorgesehenen Befugnisse eingeräumt werden.

ee) Kapitalgesellschaften

78 Kapitalgesellschaften werden folgendermaßen definiert:

Definition

Kapitalgesellschaften sind juristische Personen des privaten Rechts mit **eigener Rechtsfähigkeit.** Sie können daher selber Eigentum erwerben, vor Gericht klagen oder beklagt werden und haften für unerlaubte Handlungen ihrer Organe. Zwar wird unter einer Gesellschaft im Regelfall ein Zusammenschluss mehrerer Personen verstanden, doch eine Kapitalgesellschaft kann auch nur durch eine „Person" gegründet werden, wie z.B. die sog. Einmann-GmbH. Kapitalgesellschaften können zu jedem gesetzlich zugelassenen Zweck betrieben werden. Sie **gelten als Handelsgesellschaften.**[21] Unabhängig von ihrem wirtschaftlichen oder ideellen Zweck ist eine Kapitalgesellschaft stets **Formkaufmann.** Für Kapitalgesellschaften gelten spezielle Vorschriften, die insb. die Kapitalaufbringung und dessen Erhalt gesetzlich normieren. Ein grundlegendes Element der Kapitalgesellschaften ist, dass es keine unmittelbare Haftung der Gesellschafter gegenüber den Gesellschaftsgläubigern gibt. Die Kapitalgesellschaft haftet nur mit ihrem Gesellschaftsvermögen, die Gesellschafter bleiben außen vor. Nur sehr eingeschränkt kann z.B. im Gründungsstadium eine mittelbare Durchgriffshaftung auf die Gesell-

---

21 Vgl. § 3 Abs. 1 AktG u. § 13 Abs. 3 GmbHG.

schafter zukommen. Die am häufigsten anzutreffenden Rechtsformen der Kapitalgesellschaft sind die GmbH, die AG sowie die KGaA. Der Gesetzgeber hat zum 1.11.2008 eine Unterform der GmbH geschaffen: die Unternehmergesellschaft UG (haftungsbeschränkt). Daneben sind aber auch ausländische Rechtsformen der Kapitalgesellschaft anzutreffen, z. B. die Limited (Ltd).

Die **rechtlichen Grundlagen** für die Kapitalgesellschaften finden sich im jeweiligen Gesetz: für die GmbH und die UG (haftungsbeschränkt) im GmbHG bzw. für die AG und KGaA im AktG. Für Kapitalgesellschaft gelten die Normen des HGB. 79

Eine **GmbH** oder eine **AG** ist mit **eigener Rechtspersönlichkeit** ausgestattet. Daraus resultiert insb., dass für deren Verbindlichkeiten nur das Gesellschaftsvermögen gegenüber den Gläubigern haftet, nicht jedoch der Gesellschafter. Grundsätzlich obliegt bei der GmbH dem Geschäftsführer bzw. bei der AG dem Vorstand die **Führung der Geschäfte** der Gesellschaft. Der Geschäftsführer oder Vorstand muss kein Gesellschafter der GmbH bzw. der AG sein. Bei der GmbH kontrolliert die Gesellschafterversammlung den Geschäftsführer und kann ihm Weisungen erteilen bzw. Beschränkungen auferlegen. Im Unterschied dazu ist der Vorstand einer AG nicht weisungsgebunden.[22] Die **Einflussmöglichkeiten kommunaler Anteilseigner** sind dadurch eingeschränkter. Andererseits ermöglicht dieser Umstand dem Vorstand eine größere Unabhängigkeit im Tagesgeschäft. Das notwendige Korrektiv zum Schutz der Interessen der Gesellschafter einer AG erfolgt u. a. durch die auf 5 Jahre begrenzte, aber wiederholbare Vorstandsbestellung sowie den zwingenden Aufsichtsrat mit gesetzlichen Überwachungspflichten. 80

Die **Rechtsverhältnisse einer kommunalen AG** richten sich in erster Linie nach dem AktG und nach der Kommunalverfassung des jeweiligen Bundeslandes sowie der auf dieser Grundlage festgestellten Satzung. Mit Blick auf die vergleichsweise eingeschränkten Einflussmöglichkeiten der Aktionäre auf das Tagesgeschäft erklären manche Kommunalverfassungen die AG gegenüber anderen Rechtsformen für nachrangig, d. h. ein kommunales Unternehmen darf nur dann in der Rechtsform der AG errichtet werden, wenn der öffentliche Zweck des Unternehmens nicht ebenso gut in einer anderen Rechtsform erfüllt wird oder erfüllt werden kann. Ein Grund, der zwingend die AG als Rechtsform erfordert, ist ein **beabsichtigter Börsengang**. Die größere Unabhängigkeit des Vorstands im Tagesgeschäft kann jedoch auch in sehr dynamischen Märkten, wie derzeit in der Energiewirtschaft, für die AG als Rechtsform sprechen. 81

Ein weiterer wesentlicher Unterschied einer **GmbH** zu einer AG ist der, dass GmbH-Anteile **nicht kapitalmarktfähig** sind, also z. B. nicht an einer Börse gehandelt werden können. Daraus resultieren geringere Schutzrechte für die Gesellschafter bzw. Anteilseigner. Aber auch die innere Struktur einer GmbH ist weniger gesetz- 82

---

22 Vgl. § 76 Abs. 1 AktG.

lich reglementiert. Zudem liegt das Mindestkapital mit 25.000,00 Euro unter dem einer AG. Der Mindestnennbetrag des Grundkapitals einer AG beträgt gem. § 7 AktG 50.000,00 Euro.

83 Durch das GmbH-Reformgesetz 2008 kann seit dem 1.11.2008 anstelle einer GmbH auch eine **UG** (haftungsbeschränkt) gem. § 5a GmbHG gegründet werden. Dabei handelt es sich dem Grunde nach um keine gesonderte Rechtsform, sondern um eine Unterform der GmbH, die auch **Mini-GmbH** genannt wird. Der wesentliche Unterschied liegt darin, dass kein Mindestkapital von 25.000,00 Euro aufgebracht werden muss, sondern dass bereits ein Gründungskapital mit einem Euro ausreichend ist. Jedoch muss in den Folgejahren mindestens ein Viertel des um einen Verlustvortrag aus dem Vorjahr geminderten Jahresüberschuss in der Gesellschaft verbleiben und einer Gewinnrücklage zugeführt werden, und das so lange, bis 25.000,00 Euro erreicht sind. In der **Praxis** dürfte jedoch die UG (haftungsbeschränkt) im Bereich der Versorgungsunternehmen keine Rolle spielen.

ff) Jahresabschluss und dessen Veröffentlichung von Kapitalgesellschaften

84 Alle Kapitalgesellschaften sind zur Aufstellung eines **Jahresabschlusses** gem. § 264 Abs. 1 HGB verpflichtet. Dieser muss aus Bilanz, Gewinn- und Verlustrechnung sowie einem Anhang bestehen. Die Aufstellung des Jahresabschlusses hat unter Beachtung der Grundsätze ordnungsmäßiger Buchführung zu erfolgen und muss ein den tatsächlichen Verhältnissen entsprechendes Bild der Vermögens-, Finanz- und Ertragslage der Gesellschaft vermitteln. Mittelgroße und große Kapitalgesellschaften müssen gem. § 289 HGB auch einen **Lagebericht** aufstellen, der den Geschäftsverlauf und die Lage der Gesellschaft darstellt. Die Rechnungslegung muss von einem **Abschlussprüfer** geprüft und bestätigt werden. Mittelgroße Gesellschaften liegen gem. § 267 HGB vor, wenn die Gesellschaft an den Abschlussstichtagen von zwei aufeinanderfolgenden Geschäftsjahren mindestens zwei von drei Größenmerkmalen überschreiten. Mittelgroße Gesellschaften haben eine Bilanzsumme von mehr als 4.840.000 Euro nach Abzug eines auf der Aktivseite ausgewiesenen Fehlbetrags und/oder Umsatzerlöse von mehr als 9.680.000 Euro in den zwölf Monaten vor dem Abschlussstichtag und/oder im Jahresdurchschnitt mehr als fünfzig Arbeitnehmer beschäftigt. Große Gesellschaften haben eine Bilanzsumme von mehr als 19.250.000 Euro und/oder Umsatzerlöse von mehr als 38.500.000 Euro und/oder im Jahresdurchschnitt mehr als 250 Arbeitnehmer.

85 Alle Kapitalgesellschaften und Personenhandelsgesellschaften ohne natürliche Person als haftendem Gesellschafter wie z.B. die GmbH & Co. KG müssen ihren Jahresabschluss, ggf. nebst Bestätigungsvermerk, innerhalb von 12 Monaten nach Abschluss eines Geschäftsjahrs veröffentlichen. Das Gesetz über das elektronische Handelsregister und Genossenschaftsregister sowie das Unternehmensregister, kurz **EHUG**, trat zum 1.1.2007 in Kraft. Es bestimmt u.a., dass die Unterlagen für Geschäftsjahre ab 2006 beim **elektronischen Bundesanzeiger** einzureichen sind. Die

eingereichten Unterlagen sind über das Internetportal des Unternehmensregisters öffentlich zugänglich.[23] Die Einhaltung der **Publizitätspflicht** wird von der Justizverwaltung überwacht. Damit soll eine lückenlose Offenlegung der offenlegungspflichtigen Jahresabschlüsse erreicht werden. Bis 2007 erfüllten viele Unternehmen ihre Publizitätspflicht nicht, weil sie ihren Jahresabschluss vor der Konkurrenz geheim halten wollten oder einfach den Aufwand und die Kosten, die mit einer Veröffentlichung verbunden sind, gescheut haben und das Unterlassen der Offenlegung nur auf Antrag und damit nur selten verfolgt wurde. Aufgrund der neuen Regelung strengt das Bundesamt für Justiz seit Januar 2008 **Ordnungsgeldverfahren** an, wenn der Jahresabschluss nicht offengelegt wird. Damit verbunden werden vom Bundesamt Gebühren ab 50 Euro verhängt und Ordnungsgelder ab 2.500,00 Euro bis maximal 25.000,00 Euro angedroht.

gg) Besteuerung von Kapitalgesellschaften

Die **Rechtsfähigkeit der Kapitalgesellschaften** überträgt sich auch auf das **Steuer-** 86
recht. Die erzielten Einkünfte einer Kapitalgesellschaft gelten steuerrechtlich als Einkünfte aus Gewerbebetrieb. Dies gilt auch dann, wenn das Unternehmen kein Handelsgewerbe betreibt, sondern ausschließlich z. B. vermögensverwaltend tätig ist.

Mit ihren Einkünften unterliegt eine Kapitalgesellschaft wie ein BgA der **Kör-** 87
perschaftsteuer, die seit 2008 nur noch 15% beträgt. Im Unterschied zu einem BgA wird jedoch **kein Freibetrag** in Höhe von 5.000 Euro gewährt. Zur Körperschaftsteuer wird gem. § 1 Abs. 1 SolZG der Solidaritätszuschlag in Höhe von 5,5% erhoben. Daneben ist **Gewerbesteuer** zu entrichten. Deren Höhe ist vom jeweiligen Hebesatz der Stadt bzw. Gemeinde abhängig, liegt aber meist de facto bei 14–16%. Damit ergibt sich eine gesamte Ertragsteuerbelastung in Höhe von rund 30%.

Schütten Kapitalgesellschaften ihren Gewinn an die Gesellschafter aus, unter- 88
liegt die **Gewinnausschüttung** der Kapitalertragsteuer in Höhe von 25%, § 43 Abs. 1 Nr. 1 i. V. m. § 43 a Abs. 1 Nr. 1 EStG. Ist der Gesellschafter selbst körperschaftsteuerpflichtig, sind die Gewinnausschüttungen bei ihm steuerfrei nach § 8 b Abs. 1 KStG. Allerdings gelten nach § 8 b Abs. 5 KStG von den Bezügen, die bei der Ermittlung des Einkommens außer Ansatz bleiben, 5% als Ausgaben, die nicht als Betriebsausgaben abgezogen werden dürfen. Die einbehaltene Kapitalertragsteuer ist auf die Körperschaftsteuer des Gesellschafters anrechenbar. Ist der Gesellschafter eine **jPöR**, die eine Beteiligung an einer GmbH im Hoheitsvermögen hält, ermäßigt sich die Kapitalertragsteuer auf 15% gem. § 44 a Abs. 8 EStG.

---

23 http://www.unternehmensregister.de.

hh) Personengesellschaft

89 Personengesellschaften werden folgendermaßen definiert:

Definition

i Eine Personengesellschaft entsteht, wenn sich mindestens zwei natürliche und/oder juristische Personen zur Erreichung eines gemeinsamen Zwecks zusammenschließen. Eine Personengesellschaft ist keine juristische Person, kann aber trotzdem Träger von Rechten und Pflichten sein.

---

90 Im Gegensatz zu einer Kapitalgesellschaft **haften Gesellschafter** einer Personengesellschaft **unbeschränkt**, d.h. mit dem Gesellschaftsvermögen und mit ihrem Privatvermögen. Die Ausnahme davon ist der Kommanditist einer **Kommanditgesellschaft**, dessen Haftung auf die im Handelsregister eingetragene Haftungssumme beschränkt ist.

91 Bei einer **OHG** sind alle Gesellschafter zur Geschäftsführung berechtigt und verpflichtet **(Selbstorganschaft)**. Dabei besteht **Einzelgeschäftsführungsbefugnis**. Im Gesellschaftsvertrag kann die Geschäftsführung einem oder mehreren Gesellschaftern übertragen werden. Die übrigen Gesellschafter sind dann von der Geschäftsführung ausgeschlossen, besitzen aber gem. § 118 HGB bestimmte Kontrollrechte. Der Umfang der Geschäftsführungsbefugnis erstreckt sich auf die gewöhnlichen Geschäfte. Für darüber hinausgehende Handlungen ist ein Beschluss aller Gesellschafter erforderlich. Sowohl Vertretungs- als auch Geschäftsführungsbefugnis können durch Vollmacht auf andere übertragen werden.

92 Das von einer Personengesellschaft **gebildete Vermögen** steht den Gesellschaftern gem. § 719 BGB zur gesamten Hand zu. Das bedeutet, dass die Gesellschafter an den zum Gesellschaftsvermögen gehörenden einzelnen Gegenständen keinen verfügbaren Anteil haben, sondern nur einen Anteil am Gesamtvermögen. Verfügungen über die einzelnen zum Gesellschaftsvermögen gehörenden Gegenstände können damit nur gemeinsam, **zur gesamten Hand**, getroffen werden, §§ 718, 719 BGB, § 105 Abs. 3 HGB, § 161 Abs. 2 HGB. So kann ein zum Gesellschaftsvermögen gehörendes Grundstück von den Gesellschaftern nur gemeinsam oder von einem für die Gesamtheit der Gesellschafter vertretungsberechtigten Gesellschafter veräußert werden.

93 Wegen der bei der OHG einhergehenden Vollhaftung der Gesellschafter, scheidet die OHG als Rechtsform unter Beteiligung einer Körperschaft des öffentlichen Rechts aus.

94 Eine **KG** ist ebenso wie eine OHG eine Gesellschaft, deren Zweck auf den Betrieb eines Handelsgewerbes unter gemeinschaftlicher Firma gerichtet ist. Rechtsgrundlagen sind die §§ 161–177 HGB sowie die §§ 105–160 HGB und §§ 705–740 BGB. Es gibt **zwei Arten von Gesellschaftern**: die **Komplementäre** und die **Kommanditisten**. Von jeder Art muss mindestens ein Gesellschafter vorhanden sein. Wegen der engen Wesensverwandheit mit der OHG finden die entsprechenden Vorschriften der

OHG auch für die KG weitgehend Anwendung. Die Firma muss gem. § 19 Abs. 1 Nr. 3 HGB die Bezeichnung „Kommanditgesellschaft" oder eine geeignete Abkürzung dieser Bezeichnung enthalten.

Der wesentliche Unterschied der KG zur OHG liegt im **Umfang der Haftung** be- 95
gründet. Nach § 161 HGB muss bei einem Teil der Gesellschafter die Haftung gegenüber den Gläubigern des Unternehmens auf den Betrag einer **bestimmten Vermögenseinlage beschränkt** sein (Kommanditisten), während bei dem anderen Teil die Haftung **unbeschränkt** ist (Komplementäre). Die Haftung des Komplementärs ist solidarisch, unmittelbar und unbeschränkt. Das Vermögen eines Kommanditisten steht, soweit es über seine Einlage hinausgeht, dagegen nicht als Haftungsmasse zur Verfügung. Die Kommanditisten sind von der Vertretung und der Gesellschaftsführung ausgeschlossen. Sie können aber zu Prokuristen oder Handlungsbevollmächtigten bestellt werden. Die Kommanditisten können der Geschäftsführung der Komplementäre nicht widersprechen, soweit davon der gewöhnliche Betrieb des Handelsgewerbes betroffen ist. Bei ungewöhnlichen Geschäften besitzen die **Kommanditisten** ein **Widerspruchsrecht**.

Bezüglich der **Gewinn- und Verlustbeteiligung** sieht die gesetzliche Regelung in 96
§ 168 HGB zuerst eine Verzinsung der Kapitalanteile mit 4 vom Hundert vor. Ein darüber hinausgehender Gewinn ist, ebenso wie ein eventuell anfallender Verlust, „angemessen" zu verteilen. Hiermit soll dem unterschiedlichen Haftungsumfang Rechnung getragen werden. Die Kommanditisten besitzen auch **kein Entnahmerecht**. Sie haben lediglich Anspruch auf Auszahlung des auf sie entfallenden Gewinns. Eine Modifizierung dieser gesetzlichen Regelungen durch den Gesellschaftsvertrag ist möglich und aufgrund der unpräzisen Formulierung einer „angemessenen" Verteilung auch ratsam und üblich.

Bei einer **GmbH & Co. KG** handelt es sich um eine Verbindung zwischen einer 97
KG und einer GmbH. Die Grundstruktur ist identisch mit der einer KG, jedoch wird die Stellung des persönlich haftenden Gesellschafters (Komplementär) durch eine GmbH eingenommen. So gelingt es, dass bei einer GmbH & Co. KG, ähnlich wie bei einer Kapitalgesellschaft, die **Haftung aller Gesellschafter faktisch begrenzt** ist. Die Haftung der Kommanditisten ist ohnehin auf deren jeweilige Vermögenseinlage beschränkt und die Komplementär-GmbH haftet nur mit ihrem regelmäßig gering gehaltenen Gesellschaftsvermögen.

Personengesellschaften in der Rechtsform **AG** bzw. **GmbH & Co. KG** sind keine 98
Kapitalgesellschaften. Sie werden aber handelsrechtlich wie Kapitalgesellschaften behandelt, wenn nicht wenigstens ein persönlich haftender Gesellschafter eine natürliche Person oder eine OHG, KG oder eine andere Personengesellschaft mit einer natürlichen Person als persönlich haftendem Gesellschafter ist. Die klassische GmbH & Co. KG unterliegt somit den **handelsrechtlichen Bestimmungen für Kapitalgesellschaften**.

ii) Besteuerung von Personengesellschaften

99 Steuerlich fällt die **GmbH & Co. KG** unter das Recht für **Mitunternehmerschaften** und damit unter das Einkommensteuerrecht. Die Besteuerung einer Personengesellschaft erfolgt nach dem **Transparenzprinzip**. Dabei ist für die einkommensteuerliche Behandlung der Personengesellschaft grundlegend, dass die von der Gesellschaft erzielten Einkünfte nicht von der Gesellschaft als solcher zu versteuern sind. Das Einkommensteuerrecht geht vielmehr davon aus, dass die Gesellschafter als Träger des Unternehmens und damit des Gesellschaftsvermögens, die im Rahmen einer Personengesellschaft erzielten Einkünfte zu versteuern haben. Wenn die Anteile an einer Personengesellschaft im Betriebsvermögen einer Kapitalgesellschaft gehalten werden, unterliegen die Einkünfte bei dieser dann der Körperschaftsteuer.

100 Für die **Gewerbesteuer** ist dagegen die Personengesellschaft selbst das Steuersubjekt und grds. auch Schuldnerin der anfallenden Gewerbesteuer. Personengesellschaften erhalten gem. § 11 Abs. 1 S. 3 Nr. 1 GewStG einen Freibetrag in Höhe von 24.500 Euro.

101 Die Beteiligung einer jPöR an einer **Mitunternehmerschaft** i.S.d. § 15 Abs. 1 S. 1 Nr. 2 EStG begründet stets einen BgA.[24] Dies ist auch die Auffassung der Finanzverwaltung.[25] Die h.M. geht dabei auch davon aus, dass die Beteiligung an einer Mitunternehmerschaft einen **eigenständigen BgA begründet**.[26]

102 In den Fällen der **Beteiligung einer jPöR** an einer Mitunternehmerschaft gelten die von der Rechtsprechung entwickelten Grundsätze zur Frage, ob die Tätigkeit von einigem Gewicht ist, nicht. Denn in diesen Fällen ist auf den Betrieb abzustellen, an dem die jPöR beteiligt ist, und nicht auf die Höhe der Beteiligung.

103 Da durch die Beteiligung, wie gezeigt, ein BgA begründet wird, besteht **Körperschaftsteuer- und grds. auch Gewerbesteuerpflicht** auf der Ebene der Körperschaft des öffentlichen Rechts. Wegen der Gewerbesteuerpflicht der Mitunternehmerschaft selbst findet auf der Ebene des BgA die Kürzungsvorschrift des § 9 Nr. 2 GewStG Anwendung, so dass bei mitunternehmerischer Beteiligung der BgA „nur“ der Körperschaftsteuer von 15% zzgl. Solidaritätszuschlag von 5,5% auf die Körperschaftsteuer unterliegt. Dies sind insgesamt 15,825%.

104 Zur **Kapitalertragsteuerpflicht** gilt das bereits beim BgA Gesagte. Bei der Beteiligung an einer Mitunternehmerschaft ist dabei davon auszugehen, dass sich die beschriebene **Buchführungspflicht** als Voraussetzung für den Kapitalertragsteuerabzug wie auch die Grenzen auf die Mitunternehmerschaft entsprechend der Beteiligung des jeweiligen Gesellschafters beziehen. Dies ist aber streitig und bislang unzureichend geklärt.

24 Vgl. BFH v. 9.5.1984, BStBl. 1984 II S. 726.

25 Vgl. R 6 Abs. 2 S. 2 KStR.

26 Vgl. BMF v. 12.11.2009, BStBl. 2009 I S. 1303.

Derzeit werden auf Bundesebene mehrere „grundsätzliche" und materiellrechtlich bedeutsame Einzelfälle erörtert, wie **inkongruente Gewinnausschüttungen** steuerlich zu beurteilen sind. 105

Die Problematik inkongruenter Gewinnausschüttungen spielt allerdings nicht nur im Bereich von Personengesellschaften eine nicht zu unterschätzende Rolle. Vielmehr sind in der **Praxis** auch bei Kapitalgesellschaften vom Grund- bzw. Stammkapital abweichende inkongruente bzw. disquotale Gewinnausschüttungen an die Gesellschafter anzutreffen. Aufgrund der Komplexität dieser vorstehenden Thematik scheint es angebracht, im Folgenden zumindest kurz auch auf die inkongruente bzw. disquotale Gewinnausschüttung im Bereich der **Kapitalgesellschaften** einzugehen. 106

In Zusammenhang mit Kapitalgesellschaften handelt es sich hierbei häufig um sog. **Tracking-Stock-Gestaltungen**. Diese zeichnen sich durch eine vom individuellen Anteil des Anteilseigners am Stamm- bzw. Grundkapital abweichende inkongruente bzw. disquotale Gewinnausschüttung aus. Die Beteiligung am Bilanzgewinn und die Höhe der Gewinnausschüttung bemessen sich nicht nach dem Gesamtergebnis der (Mutter-)Gesellschaft, sondern nach dem Ergebnis einzelner Unternehmenssparten, Teilbetrieben und/oder Tochtergesellschaften. 107

Bedeutung haben diese Gestaltungen insb. im Hinblick auf § 8 Abs. 7 S. 1 Nr. 2 KStG, wonach auf der Ebene der „ausschüttenden" Gesellschaft die gesamten Verluste nachweislich von der jPöR getragen werden müssen. 108

Nach dem die Gesellschaftsebene betreffenden BMF-Schreiben vom 7.12.2000[27] sind **inkongruente Gewinnausschüttungen körperschaftsteuerlich grds. nicht anzuerkennen**, es sei denn für eine vom gesetzlichen Verteilungsschlüssel abweichende Gewinnverteilung sind besondere Leistungen eines oder mehrerer Gesellschafter der Kapitalgesellschaft ursächlich. Anlass des BMF-Schreibens war das BFH-Urteil vom 19.8.1999.[28] Der BFH führte darin aus, dass eine disquotale Gewinnausschüttung gesellschaftsrechtlich zulässig und damit grds. steuerlich anzuerkennen sei. § 20 Abs. 1 Nr. 1 EStG setze keine beteiligungsidentische Ausschüttung voraus und dies gelte auch für den Zweck, entfallende Verlustvorträge steueroptimal zu nutzen. 109

Der BFH und die Finanzgerichte halten an dieser Rechtsprechung jedoch weiterhin fest.[29] Es ist zu entscheiden, wie die Fälle der inkongruenten oder disquotalen Gewinnausschüttung künftig zu behandeln sind und ob ggf. eine gesetzliche Änderung erforderlich ist.[30] 110

27 Vgl. BMF v. 7.12.2000, BStBl. 2001 I S. 47.

28 Vgl. BFH v. 19.8.1999, BStBl. 2001 II S. 43.

29 Vgl. BFH v. 28.6.2006 – BFH/NV 2006, 2207; FG Baden-Württemberg v. 7.5.2008 – EFG 2008, 1206; Hessisches Finanzgericht v. 25.8.2008 – NZG 2009, 320.

30 Weitere Ausführungen zu diesem Themenkomplex finden sich unter C. I. Rn 156 ff.

c) Auswirkungen der Rechtsformwahl

111 Ausgangspunkt:

Buchwert des Vermögens:	100 Geldeinheiten (GE)
Teilwert des Vermögens:	1.000 GE
Nutzungsdauer des Vermögens:	20 Jahre
Kaufpreis der Gemeinde für 50% der Anteile:	500 GE

Aktiva	**Basisbilanz Netzgesellschaft in GE**		**Passiva**
Vermögen	100	Kapital	100

aa) Gemeinde beteiligt sich an einer (bestehenden) Netzgesellschaft in der Rechtsform einer Kapitalgesellschaft

Aktiva	**Basisbilanz Netzgesellschaft als Kapitalgesellschaft in GE**		**Passiva**
Vermögen	100	Kapital	100

Steuerberechnung in GE:	
100	Einnahmen
./. 5	Abschreibungen
95	Gew.Ertrag/zu verst. Einkommen
./. 29	GewSt/KSt (30%)
66	Jahresüberschuss
Je 33	Gewinn für die Gemeinde und den Partner

bb) Gemeinde gründet mit Partner eine Netzgesellschaft in der Rechtsform einer Kapitalgesellschaft

Aktiva	Basisbilanz Netzgesellschaft als Kapitalgesellschaft in GE		Passiva
Vermögen	1.000	Kapital	1.000

Steuerberechnung in GE:

100	Einnahmen
./. 50	Abschreibungen
50	Gew.Ertrag/zu verst. Einkommen
./. 15	GewSt/KSt (30%)
35	Jahresüberschuss

Je 17,5 Gewinn für die Gemeinde und den Partner

cc) Gemeinde beteiligt sich an einer Netzgesellschaft in der Rechtsform einer Personengesellschaft

Aktiva	Basisbilanz Netzgesellschaft als Personengesellschaft in GE		Passiva
Vermögen	1.000	Kapital	1.000

Aktiva	Ergänzungsbilanz der Gemeinde in GE		Passiva
Vermögen	450	Kapital	450

Steuerberechnung in GE:

100	Einnahmen
./. 5	Abschreibungen
95	Gewerbeertrag vor Berücksichtigung Erg.Bilanz
./. 14	GewSt (15%)
81	Jahresüberschuss der Gesamthandelsbilanz

Berechnung der GewSt in GE:

95,0	Gewerbeertrag vor Berücksichtigung Erg.Bilanz
./. 22,5	Abschreibungen
72,5	Gewerbeertrag nach Berücksichtigung Erg.Bilanz
./. 10,9	GewSt (15%)
	Je 17,5 Gewinn für die Gemeinde und den Partner

112 Die Gewinnverteilung von Personengesellschaften richtet sich, sofern vertraglich keine abweichenden Regelungen getroffen werden, grds. nach den gesetzlichen Vorschriften. So sind bspw. für **OHG** § 121 HGB und für **KG** § 168 HGB in diesem Zusammenhang einschlägig.

113 In der **Praxis** werden jedoch häufig in den entsprechenden Gesellschaftsverträgen **abweichende Regelungen** getroffen. So wie in nachfolgender Verteilungsrechnung zum vorliegenden Beispiel dargestellt, ist es oftmals üblich, dass gewerbesteuerliche Be- und Entlastungen auf Ebene der Personengesellschaft aufgrund von Ergebnissen aus **Ergänzungs- und Sonderbilanzen** der jeweiligen Gesellschafter, diesen Gesellschaftern abweichend vom allgemeinen Verteilungsschlüssel zugerechnet werden.

114 Die **Verteilung** des hiernach verbleibenden **Gewinns** richtet sich in aller Regel nach den Verhältnissen der jeweiligen festen Kapitalkonten (Kapitalkonto I) der Gesellschafter.

Verteilung des Jahresergebnisses in GE:

	„Alt"-Gesellschafter	Gemeinde
Ergebnis vor Steuern	47,5	47,5
Gewerbesteuer ohne Berücksichtigung der Ergänzungsbilanz (15% von 95)	./. 7,1	./. 7,1
Steuervorteil der Gemeinde aufgrund Ergänzungsbilanz (15% AfA auf 450)		+ 3,4
Ergebnis nach Gewerbesteuer	40,4	43,8
KSt auf Ebene des Gesellschafters	./. 7,1	./. 3,8
Ergebnis nach Steuern	33,3	40,0

dd) Gemeinde gründet mit Partner eine Netzgesellschaft in der Rechtsform einer Personengesellschaft

Aktiva	Bilanz neue Netzgesellschaft als Personengesellschaft in GE		Passiva
Vermögen	1.000	Kapital	1.000

Steuerberechnung in GE:

100	Einnahmen
./. 50	Abschreibungen
50	Gew.Ertrag/zu verst. Einkommen
./. 7,5	GewSt (15%)
42,5	Jahresüberschuss

Je 21,25 Gewinn für die Gemeinde und den Partner

Die Abführung der Körperschaftsteuer erfolgt auf der Ebene des Gesellschafters.
Nach Abzug der KSt (15 %) entfallen je 17,5 auf die Gemeinde und den Partner

d) Sicht des abgebenden Unternehmens, das sich beteiligt

aa) Grundsätzliches

115 Grundsätzlich werden mit der **Übertragung von Wirtschaftsgütern** aus dem Betriebsvermögen eines Rechtsträgers in das Betriebsvermögen eines anderen Rechtsträgers bzw. mit dem Verkauf eines Netzes **stille Reserven** aufgedeckt, die versteuert werden müssen.

116 Eine **steuerneutrale Übertragung von Wirtschaftsgütern** zu deren Buchwert ist nur dann möglich, wenn sie ausdrücklich zugelassen wird. Das **UmwStG**[31] erlaubt bei Umwandlungen unter bestimmten Voraussetzungen, darüber zu entscheiden, ob stille Reserven im Umwandlungszeitpunkt aufgedeckt oder ob sie erfolgsneutral auf den übernehmenden Rechtsträger übertragen werden können.

117 Die zivilrechtliche Grundlage für die verschiedenen Umwandlungsmöglichkeiten stellt das **UmwG** dar. Die steuerlichen Rechtsfolgen sind im UmwStG geregelt. Es entspricht weder in seiner Struktur noch in seiner Systematik derjenigen des UmwG. So stellt das UmwStG insb. nicht auf den handelsrechtlich eingeschlagenen Weg einer Umwandlung ab, sondern auf die Frage, von welcher Art von Rechtsträger Vermögen auf einen anderen Rechtsträger anderer oder der gleichen Art übergeht. Grundsätzlich ist bei Umwandlungen der **gemeine Wert** anzusetzen. Davon gibt es dann jeweils unter bestimmten Voraussetzungen die Ausnahme, dass auf Antrag die Buchwerte oder auch Zwischenwerte angesetzt werden können. I.d.R. setzt dieses Wahlrecht voraus, dass die deutschen Besteuerungsrechte an den übergehenden Wirtschaftgütern und/oder an den Anteilen nicht verloren gehen und dass außer Anteilen keine weiteren Gegenleistungen gewährt werden.

118 Die **Vorschriften des UmwStG** regeln ausschließlich die steuerlichen Folgen von Umwandlungen und Einbringungen für die Körperschaft-, Einkommen- und Gewerbesteuer. Steuerliche Folgen für andere Steuerarten, wie z.B. die Umsatz-, die Grunderwerb- oder die Erbschaftsteuer regelt das UmwStG nicht.

119 Umwandlungen können zivilrechtlich grds. im Wege der Einzel- oder der Gesamtrechtsnachfolge erfolgen. Den Regelfall stellt hierbei die **Einzelrechtsnachfolge** dar. Eine Übertragung durch **Gesamtrechtsnachfolge** darf nur erfolgen, sofern dies gesetzlich ausdrücklich vorgesehen ist. Die zentralen Vorteile einer Umwandlung durch Gesamtrechtsnachfolge sind die Auflösung des übertragenden Rechtsträgers ohne Abwicklung, d.h. ohne die Durchführung eines Liquidationsverfahrens und ohne eine gesonderte Löschung im Handelsregister. Zudem können Verbindlichkeiten und Vertragsverhältnisse ohne die Zustimmung der Gläubiger auf den übernehmenden Rechtsträger übertragen werden. Umstrukturierungsmaßnahmen sind damit einfacher durchführbar als im Rahmen einer Einzelrechtsnachfolge.

---

31 Die Auswirkungen des nach Redaktionsschluss vom BMF veröffentlichten Umwandlungssteuererlasses konnten hier nicht berücksichtigt werden.

Die Vorschriften des UmwStG erfassen sowohl **Gestaltungen**, die einer Umwandlung i.S.d. UmwG entsprechen, als auch solche, die nur im UmwStG selbst geregelt sind. 120

Bei **Netzübernahmen/-abgaben** werden immer **Vermögenswerte** eines Betriebsvermögens auf ein anderes übertragen. Regelmäßig sind davon Teile des bestehenden Vermögens tangiert, weshalb auf die Möglichkeiten der im UmwG vorgesehenen Formen der Spaltung einzugehen ist. 121

Bei der **Spaltung** handelt es sich um einen **Dekonzentrationsvorgang**. Gem. § 123 UmwG gibt es **drei Formen der Spaltung**: die Aufspaltung, die Abspaltung und die Ausgliederung. Bei allen Formen wird das Vermögen im Wege der **Sonderrechtsnachfolge** übertragen, weil nicht das gesamte Vermögen des übertragenden Rechtsträgers übertragen wird. Der Vermögensübergang kann zur Aufnahme in eine bestehende Gesellschaft gem. §§ 126ff. UmwG und zur Neugründung gem. §§ 135ff. UmwG erfolgen. 122

Bei der **Aufspaltung** nach § 123 Abs. 1 UmwG überträgt ein Rechtsträger sein Vermögen auf mindestens zwei schon bestehende oder neu zu gründende Rechtsträger. Der übertragende Rechtsträger geht nach der Spaltung ohne Abwicklung unter. Die Anteilseigner des übertragenden Rechtsträgers erhalten als Gegenleistung Anteile an den übernehmenden Rechtsträgern. 123

Bei der **Abspaltung** gem. § 123 Abs. 2 UmwG bleibt der übertragende Rechtsträger bestehen und überträgt nur einen Teil seines Vermögens, i.d.R. einen Betrieb oder mehrere Betriebe, auf einen oder mehrere bereits bestehende oder neu zu gründende Rechtsträger. Die **bisherigen Anteilseigner erhalten Gesellschaftsanteile an dem oder den übernehmenden Rechtsträgern.** 124

Wie bei der Abspaltung bleibt auch bei der **Ausgliederung** nach § 123 Abs. 3 UmwG der übertragende Rechtsträger bestehen und überträgt einen oder mehrere Teile seines Vermögens auf einen oder mehrere bereits bestehende oder neu zu gründende Rechtsträger. Der Unterschied zur Abspaltung besteht darin, dass die Anteile am übernehmenden Rechtsträger der übertragenden Unternehmung selbst und nicht dessen Anteilsinhabern gewährt werden. Der **übertragende Rechtsträger** und nicht der dahinterstehende Anteilsinhaber **wird also Gesellschafter des übernehmenden Rechtsträgers.** Die Ausgliederung erfolgt auf Tochtergesellschaften. Steuerlich sind dies Vorgänge, die unter die Einbringungstatbestände der §§ 20, 21 (Einbringung von Unternehmensteilen in eine Kapitalgesellschaft) oder § 24 UmwStG (Einbringung eines Betriebs, Teilbetriebs oder Mitunternehmeranteils in eine Personengesellschaft) fallen. Der Begriff der Einbringung wird im UmwG nicht verwendet. Es handelt sich dabei um einen rein steuerlichen Begriff. 125

Bei **Einbringungsfällen** ist keine Umwandlung i.S.d. Umwandlungsgesetzes und damit **keine Gesamtrechtsnachfolge** erforderlich. Allen Einbringungsfällen gemein ist, dass, sofern bestimmte Voraussetzungen erfüllt sind, eine erfolgsneutrale Umstrukturierung ohne Aufdeckung der stillen Reserven möglich ist. 126

bb) Einbringung in eine Kapitalgesellschaft

127 Gegenstand einer **Einbringung in eine Kapitalgesellschaft** können keine Einzelwirtschaftsgüter sondern nur **Sachgesamtheiten** sein. Konkret können Betriebe, Teilbetriebe, Mitunternehmeranteile (Sacheinlage) oder Anteile an Kapitalgesellschaften in eine Kapitalgesellschaft eingebracht werden. Als Gegenleistung dürfen nur neue Anteile an der übernehmenden Kapitalgesellschaft gewährt werden. Neu sind die Anteile dann, wenn sie im Rahmen einer Sachgründung oder Sachkapitalerhöhung entstehen. Besteht die **Gegenleistung in Geld oder anderen Wirtschaftsgütern**, liegt ein Veräußerungs- bzw. Tauschvorgang vor, bei dem zwingend die stillen Reserven aufzulösen sind.

128 Daneben ist auch eine schlichte **Sacheinlage von Einzelwirtschaftsgütern** gegen Gewährung von Gesellschaftsanteilen möglich. Dieser Vorgang fällt allerdings nicht unter die Regelungen des § 20 UmwStG und hat zur Folge, dass die in den eingebrachten Einzelwirtschaftsgütern ruhenden stillen Reserven aufzudecken und zu versteuern sind.

129 Unter § 20 UmwStG fällt sowohl die Aufspaltung, Abspaltung oder Ausgliederung einer **Personengesellschaft** auf eine **Kapitalgesellschaft** wie auch eine Ausgliederung einer Kapitalgesellschaft auf eine andere Kapitalgesellschaft.

130 § 20 UmwStG erfordert, dass ein Betrieb bzw. Teilbetrieb mit **allen wesentlichen Betriebsgrundlagen** eingebracht wird. Für die Einbringung von Anteilen an Kapitalgesellschaften sind ausschließlich die Vorschriften über den Anteilstausch nach § 21 UmwStG anwendbar, es sei denn, dass die Anteile im Rahmen eines Betriebs, Teilbetriebs oder Mitunternehmeranteils eingebracht werden.

131 Werden bei der **Einbringung wesentliche Betriebsgrundlagen** zurückbehalten, so ist die Vorschrift des § 20 UmwStG nicht anwendbar. Die in den eingebrachten Wirtschaftsgütern enthaltenen **stillen Reserven** sind in voller Höhe aufzudecken, da die Einbringung als Tausch gegen die Gewährung von Gesellschaftsrechten gewertet wird. Werden keine wesentlichen Betriebsgrundlagen zurückbehalten, steht dies einer Anwendung des § 20 UmwStG nicht entgegen.

132 Unter **bestimmten Voraussetzungen** sind handelsrechtlich jedoch **zwingend stille Reserven aufzudecken**. Dies ist insb. dann der Fall, wenn in eine neu gegründete Kapitalgesellschaft Betriebsvermögen eingebracht wird, dessen Buchwert geringer ist als der gesetzlich vorgeschriebene Mindestwert des gezeichneten Kapitals. In diesen Fällen ist das eingebrachte Vermögen mindestens mit dem gesetzlichen Mindestwert anzusetzen. In Höhe der Differenz zwischen diesem Mindestwert und dem Buchwert des eingebrachten Vermögens sind erfolgswirksam stille Reserven aufzudecken.

133 **Steuerlich** hat die übernehmende Kapitalgesellschaft das eingebrachte Vermögen nach § 20 Abs. 2 S. 1 UmwStG grds. mit dem **gemeinen Wert anzusetzen**. Auf **Antrag** kann das Vermögen unter bestimmten Voraussetzungen abweichend vom gemeinen Wert **auch mit dem Buchwert oder einem höheren Wert (Zwischenwert)**, höchstens jedoch mit dem gemeinen Wert angesetzt werden. Das Wahlrecht ist auf alle eingebrachten Wirtschaftsgüter einheitlich auszuüben. Eine selektive

Aufstockung einzelner Bilanzposten ist nicht möglich. Die wichtigste Voraussetzung dabei ist, dass sichergestellt ist, dass das übernommene Betriebsvermögen später bei der übernehmenden Körperschaft der Besteuerung mit Körperschaftsteuer unterliegt und dass das Recht der Bundesrepublik Deutschland hinsichtlich der Besteuerung des Gewinns aus der Veräußerung des eingebrachten Betriebsvermögens bei der übernehmenden Gesellschaft nicht ausgeschlossen oder beschränkt ist.

Der **Antrag auf Ansatz eines Wertes unter dem gemeinen Wert** kann nur von 134 der übernehmenden Gesellschaft gestellt werden. Er kann zudem für jeden Einbringungsvorgang nur einheitlich gestellt werden. Handelt es sich bei der übertragenden Gesellschaft jedoch um eine Personengesellschaft, kann der Antrag für jeden Mitunternehmer einzeln gestellt werden, weil die Einbringenden die einzelnen Mitunternehmer sind.

Einbringungskosten, die von der übernehmenden Kapitalgesellschaft getragen 135 werden, können von dieser sofort als Betriebsausgaben abgezogen werden. Sie kann allerdings weder einen Verlustvortrag nach § 10d EStG noch einen Zinsvortrag nach § 4h EStG des Einbringenden übernehmen. Zudem ist zu beachten, dass im Rahmen einer Einbringung u.U. auch der eigene Verlustvortrag der übernehmenden Kapitalgesellschaft i.S.d. § 10d EStG verloren gehen kann, weil eine Einbringung ein vergleichbarer Sachverhalt i.S.d. § 8c KStG ist.

Sofern im Rahmen der Einbringung die Wirtschaftsgüter bei der übernehmen- 136 den Kapitalgesellschaft mit einem Wert unter dem gemeinen Wert angesetzt werden, ist die **Missbrauchsvermeidungsvorschrift** des § 22 UmwStG zu beachten. Durch den Ansatz eines niedrigeren als des gemeinen Werts wird eine völlige Aufdeckung und damit Besteuerung der stillen Reserven im Zeitpunkt der Einbringung verhindert. Die stillen Reserven bleiben aber in den gewährten Anteilen an der übernehmenden Gesellschaft verhaftet. Ohne die Regelung des § 22 UmwStG könnte die endgültige **Besteuerung der stillen Reserven** ganz oder teilweise vermieden werden, weil Gewinne aus der Veräußerung von Anteilen an Kapitalgesellschaften aufgrund des **Teileinkünfteverfahrens** des § 3 Nr. 40 EStG bzw. der **95%igen Steuerbefreiung** des § 8b KStG i.d.R. niedriger besteuert werden als Gewinne aus der Veräußerung von Betriebsvermögen.

Soweit der Einbringende die erhaltenen Anteile an der übernehmenden Kapital- 137 gesellschaft innerhalb eines Zeitraums von sieben Jahren nach der Einbringung veräußert, wird für ihn nach § 22 Abs. 1 S. 1 UmwStG rückwirkend auf den Zeitpunkt der Einbringung ein Gewinn i.S.d. § 16 EStG (Einbringungsgewinn I) ermittelt. Die Einbringung gilt rückwirkend als zum gemeinen Wert vorgenommen und wird auch dementsprechend besteuert. Für jedes Jahr, das seit der Einbringung vergangen ist, verringert sich der **zu versteuernde Einbringungsgewinn I** um $1/7$ gem. § 22 Abs. 1 S. 3 UmwStG. Erfolgt die Veräußerung später als sieben Jahre nach der Einbringung, ergeben sich keine steuerlichen Konsequenzen aufgrund des UmwStG. Die Veräußerung richtet sich dann ausschließlich nach den allgemeinen Vorschriften des EStG und KStG. Veräußert der Einbringende nicht alle Anteile an der übernehmenden

Gesellschaft, wird nur anteilig eine rückwirkende Besteuerung vorgenommen. Neben dem Einbringungsgewinn I ist im Zeitpunkt der Veräußerung der Anteile beim Einbringenden auch der **Veräußerungsgewinn** zu versteuern. Hinsichtlich dieses Gewinns sind keine Besonderheiten zu beachten. Er unterliegt beim Einbringenden entweder dem **Teileinkünfteverfahren** nach § 3 Nr. 40 EStG oder der **95%igen Steuerbefreiung** des § 8 b Abs. 2 und 3 KStG.

cc) Einbringung von Betrieben, Teilbetrieben oder Mitunternehmeranteilen in eine Personengesellschaft

138 **Steuerneutrale Übertragungen** von Wirtschaftsgütern eröffnen auch die Vorschriften des UmwStG für die **Einbringung von Betrieben, Teilbetrieben oder Mitunternehmeranteilen in eine Personengesellschaft.** Die aufnehmende Personengesellschaft hat insofern ein **Wahlrecht**, das eingebrachte Betriebsvermögen in ihrer Bilanz einschließlich der Ergänzungsbilanzen für ihre Gesellschafter mit seinem Buchwert oder aber auch mit einem höheren Wert anzusetzen. **Buchwert** ist der Wert, mit dem der Einbringende das eingebrachte Betriebsvermögen im Zeitpunkt der Einbringung nach den steuerrechtlichen Vorschriften über die Gewinnermittlung anzusetzen hat. Beim Wertansatz des eingebrachten Betriebsvermögens dürfen jedoch die Teilwerte der einzelnen Wirtschaftsgüter nicht überschritten werden, § 24 Abs. 2 UmwStG.

139 Diese **Wahlmöglichkeit** eröffnet dem Steuerpflichtigen eine größere Flexibilität, da er die steuerpflichtige Aufdeckung stiller Reserven und die damit einhergehende **Liquiditätsbelastung vermeiden** kann. Sie setzt aber auf der anderen Seite voraus, dass die engen Voraussetzungen des § 24 UmwStG eingehalten werden. Diese sind insb. im Fall der Einbringung eines Teilbetriebs oftmals nur schwer zu erfüllen. Entscheidend ist dabei vor allem die Auslegung des Begriffs „Teilbetrieb".

140 Der **Begriff des Teilbetriebs** ist gesetzlich nicht definiert, hat sich aber im Laufe der Zeit durch die Rechtsprechung der Finanzgerichte und die Verwaltungspraxis herausgebildet. Die herrschende Meinung verstand unter einem Teilbetrieb einen mit einer gewissen Selbständigkeit ausgestatteten organisch geschlossenen Teil des Gesamtbetriebes, der für sich allein lebensfähig ist.[32] An dieser Definition wird deutlich, dass ein Teilbetrieb **grds. die wesentlichen Merkmale eines Betriebs im steuerlichen Sinne** erfüllen soll. Eine völlig selbständige Organisation des Teilbetriebs losgelöst von anderen Teilbetrieben kann jedoch nicht gefordert werden, da ansonsten keine strukturelle Unterscheidung zwischen dem Begriff des „Betriebs" und des „Teilbetriebs" mehr möglich wäre. Die Rechtsprechung hat in verschiedenen Entscheidungen herausgearbeitet, in welcher Hinsicht die **„gewisse Selbständigkeit"** vorliegen muss:

32 Vgl. BFH v. 27.10.1994, BStBl. 1995 II S. 403.

- getrennte Verwaltung und gesonderte betriebliche Abrechnung, insb. Kostenrechnung;
- räumliche Trennung von anderen Betriebsteilen, d.h., dass der Teilbetrieb über eigene Räumlichkeiten verfügen muss, also etwa eine gemeinsame Lagerhaltung schädlich sein kann;
- Einsatz unterschiedlichen Personals, insb. in den funktional entscheidenden Bereichen;
- das Vorhandensein eines abgegrenzten Kundenstamms sowie
- eigenständige Preisgestaltung, die nicht in Abhängigkeit von der Preisgestaltung in anderen Betriebsteilen erfolgt.

Für einen Teilbetrieb ist es hingegen **nicht essentiell**, dass die **wirtschaftliche Betätigung stets mit Gewinn** ausgeübt worden ist. Im Wesentlichen muss bei der Qualifikation einer wirtschaftlichen Betätigung als Teilbetrieb stets ein Vergleich mit den von der Rechtsprechung entschiedenen Fällen erfolgen. 141

Im **neuen Umwandlungssteuererlass**, der bisher nur als Entwurf vorliegt, wird ein **Teilbetrieb** i.S.d. § 15 UmwStG **definiert:** 142

Definition

Ein Teilbetrieb ist die Gesamtheit der in einem Unternehmensteil einer Gesellschaft vorhandenen aktiven und passiven Wirtschaftsgüter, die in organisatorischer Hinsicht einen selbständigen Betrieb, d.h. eine aus eigenen Mitteln funktionsfähige Einheit, darstellt.[33] Zu einem Teilbetrieb gehören alle funktional wesentlichen Betriebsgrundlagen. Die Voraussetzungen eines Teilbetriebs sind nach Maßgabe der einschlägigen Rechtsprechung unter Zugrundelegung der **funktionalen Betrachtungsweise aus der Perspektive des übertragenden Rechtsträgers** zu beurteilen.[34] Darüber hinaus gelten für Zwecke des § 15 UmwStG als Teilbetrieb ein Mitunternehmeranteil sowie eine 100%-Beteiligung an einer Kapitalgesellschaft. i

Die **Finanzverwaltung** legt sich hiermit im Entwurf des neuen Umwandlungssteuererlass auf den **EU-Teilbetriebsbegriff** fest, der sich aus der **Fusionsrichtlinie** ergibt. Dies gilt auch in reinen Inlandsfällen. Bisher war der oben beschriebene inländische Teilbetriebsbegriff maßgebend. 143

In Fachkreisen wird vermutet, dass das Abstellen auf den EU-Teilbetriebsbegriff **neue Probleme** mit sich bringen wird, da die Auslegung bisher noch weitgehend ungeklärt ist. 144

Wichtig ist, dass die Teilbetriebsvoraussetzungen zum steuerlichen **Übertragungsstichtag** vorliegen müssen. Ein sog. Teilbetrieb im Aufbau stellt gem. Rn 15.03 UmwStErl-E keinen Teilbetrieb i.S.d. § 15 UmwStG (mehr) dar. 145

33 Vgl. Rat der EU – RL 2009/133/EG – Art. 2j (ABl. EG Nr. L 10, S. 34).
34 Vgl. EuGH Urt. v. 15.1.2002 – C-43/00 – Slg. 2002, I-379; BFH, Urt. v 7.4.2010 – I R 96/08 –.

146 Dem Einbringenden müssen als **Gegenleistung** für das eingebrachte Vermögen grds. **Gesellschaftrechte** gewährt werden. Daneben ist jedoch auch die Gewährung anderer Wirtschaftsgüter möglich. Der Einbringende wird Mitunternehmer der übernehmenden Personengesellschaft gem. § 24 Abs. 1 UmwStG.

147 Der **Vermögensübergang** kann, wie auch bei der Einbringung in eine Kapitalgesellschaft, sowohl im Wege der **Gesamtrechts- als auch der Einzelrechtsnachfolge** vorgenommen werden. Die Anwendungsfälle sind abschließend in § 1 Abs. 3 UmwStG aufgezählt. Dazu zählt z.B. die Aufspaltung, Abspaltung oder Ausgliederung einer Personengesellschaft auf eine andere Personengesellschaft oder auch die Ausgliederung einer Kapitalgesellschaft auf eine Personengesellschaft. Die Einbringung einzelner Wirtschaftsgüter aus einem Betriebsvermögen in eine Personengesellschaft gegen Gewährung von Gesellschaftsrechten fällt in den Anwendungsbereich des § 6 Abs. 5 EStG.

148 Mit Blick auf die **Grunderwerbsteuer** sind in den Fällen, in denen am übertragenden und übernehmenden Rechtsträger dieselben Gesellschafter beteiligt sind, die Vorschriften der §§ 5 Abs. 2 und 6 Abs. 3 GrEStG zu beachten. Danach wird die Grunderwerbsteuer nicht erhoben, soweit der Einbringende an der übernehmenden Personengesellschaft beteiligt ist. Dies gilt allerdings nur insoweit, als sich der Anteil des Einbringenden an der übernehmenden Gesellschaft innerhalb von fünf Jahren nach der Einbringung nicht vermindert.

149 Nach § 24 Abs. 2 S. 1 UmwStG hat die **Personengesellschaft** das eingebrachte **Betriebsvermögen** in ihrer Bilanz einschließlich der Ergänzungsbilanzen für die Gesellschafter grds. mit dem **gemeinen Wert** anzusetzen. Abweichend davon kann auf Antrag auch der Buchwert oder ein höherer Wert (Zwischenwert), höchstens der gemeine Wert angesetzt werden, soweit das Besteuerungsrecht der Bundesrepublik Deutschland aus der Veräußerung des eingebrachten Betriebsvermögens gem. § 24 Abs. 2 S. 2 UmwStG nicht ausgeschlossen oder nicht beschränkt wird. Wie bei einer Einbringung nach den §§ 20–23 UmwStG steht das Wahlrecht hinsichtlich des Wertansatzes der übernehmenden Gesellschaft und nicht dem Einbringenden zu. Eine Maßgeblichkeit zwischen Handels- und Steuerbilanz besteht in keinem Fall.

150 Hinsichtlich der **weiteren Rechtsfolgen** stimmen die Vorschriften in weiten Teilen mit den Regelungen der §§ 20–23 UmwStG überein. **Wichtige Unterschiede zur Einbringung in eine Kapitalgesellschaft** sind die folgenden:

- Der **Wertansatz** bei der übernehmenden Personengesellschaft ergibt sich in der Summe aus Gesamthandsbilanz und Ergänzungsbilanzen. Häufig werden in der Praxis in der Gesamthandsbilanz die gemeinen Werte der Wirtschaftsgüter angesetzt, die in den Ergänzungsbilanzen bis zum Buchwert herabgestockt werden. Die Ergänzungsbilanzen dienen dazu, die in den Wirtschaftsgütern enthaltenen stillen Reserven den Mitunternehmern zuzuordnen, denen sie auch bereits vor der Einbringung zugeordnet waren und bei denen sie auch im Fall einer Aufdeckung besteuert werden müssen.

- Werden im Rahmen der **Einbringung** neben Gesellschaftsrechten auch **andere Wirtschaftsgüter** gewährt, deren gemeiner Wert den Buchwert des eingebrachten Betriebsvermögens übersteigt, so ist bei der Einbringung in eine Kapitalgesellschaft das eingebrachte Betriebsvermögen gem. § 20 Abs. 2 S. 4 UmwStG mindestens mit dem gemeinen Wert der anderen Wirtschaftsgüter anzusetzen. Bei der Einbringung in eine Personengesellschaft gibt es keine vergleichbare Vorschrift, d. h. auch bei der Gewährung anderer Wirtschaftsgüter ist stets eine Einbringung zu Buchwerten möglich.
- Bei der Einbringung in eine Kapitalgesellschaft ist das Betriebsvermögen mindestens so anzusetzen, dass sich Aktiva und Passiva ohne Berücksichtigung des Eigenkapitals ausgleichen, § 20 Abs. 2 S. 2 Nr. 2 UmwStG. Dies ist bei der Einbringung in eine Personengesellschaft nicht der Fall. Ein vorhandenes negatives Kapitalkonto führt nicht zu einer Zwangswertaufstockung und damit zu einer Aufdeckung stiller Reserven.

Entsteht bei der **Einbringung** durch den Ansatz der gemeinen Werte oder von Zwi- 151
schenwerten ein **Gewinn**, und ist der Einbringende eine Kapitalgesellschaft, unterliegt der Einbringungsgewinn ohne Gewährung von Begünstigungen der **Körperschaftsteuer**. Der Einbringungsgewinn gehört bei Kapitalgesellschaften auch stets zum Gewerbeertrag.

In den Fällen, in denen der Einbringende Anteile an Kapitalgesellschaften in die 152
Personengesellschaft einbringt, sieht § 24 Abs. 5 UmwStG analog zu den Vorschriften zum **Einbringungsgewinn II** bei der Einbringung in eine Kapitalgesellschaft eine **Missbrauchsvermeidungsvorschrift** vor. Nach § 24 Abs. 5 UmwStG sind in den Fällen, in denen eine Veräußerung eingebrachter Anteile an Kapitalgesellschaften durch die übernehmende Personengesellschaft innerhalb eines Zeitraums von sieben Jahren nach dem Einbringungszeitpunkt erfolgt, die Vorschriften über den Einbringungsgewinn II entsprechend anzuwenden. Die Regelung ist nur anzuwenden, wenn die Personengesellschaft die Anteile bei der Einbringung mit einem Wert unter dem gemeinen Wert angesetzt hat. Wird der gemeine Wert angesetzt, werden im Rahmen der Einbringung die stillen Reserven im Rahmen des **Teileinkünfteverfahrens** versteuert. Einer Missbrauchsvermeidungsvorschrift bedarf es in diesen Fällen nicht.

Für die **Spaltung von Kapitalgesellschaften** ist deren steuerliche Behandlung 153
der übertragenden Kapitalgesellschaft in § 11 UmwStG geregelt. Danach sind in der steuerlichen Schlussbilanz die übergehenden Wirtschaftsgüter, einschließlich nicht entgeltlich erworbener oder selbst geschaffener immaterieller Wirtschaftsgüter, mit dem **gemeinen Wert anzusetzen**. Für die Bewertung der Pensionsrückstellungen gilt nach § 11 Abs. 1 S. 2 UmwStG die Vorschrift des § 6 a EStG.

Gem. § 11 Abs. 2 UmwStG können **auf Antrag** die übergehenden Wirtschaftsgü- 154
ter abweichend vom Ansatz mit dem gemeinen Wert **auch mit dem Buchwert oder einem Zwischenwert angesetzt** werden, höchstens jedoch mit dem gemeinen Wert. Anteile an der übernehmenden Körperschaft sind mindestens mit dem Buch-

wert, erhöht um Abschreibungen sowie um Abzüge nach § 6b EStG und ähnlichen Abzügen, die in früheren Jahren steuerwirksam vorgenommen worden sind, höchstens aber mit dem gemeinen Wert anzusetzen. Auf einen sich hierbei ergebenden **Gewinn** findet die **volle Besteuerung** gem. § 8b Abs. 2 S. 4 und 5 KStG Anwendung. Danach kann die Spaltung von Kapitalgesellschaften gem. § 11 UmwStG auch steuerneutral vollzogen werden.

C. Gestaltungsmöglichkeiten

155 Um die zuvor aufgezeigte wiederkehrende Steuerlast auf Versorgungsgewinne zu minimieren, werden in der **Praxis** Beteiligungsmodelle und zulässige Gestaltungen gewählt, die dieser Rechnung tragen. Neben dem **steuerlichen Querverbund** werden deshalb die **Organschaft** und das **Modell „Vermögensverwaltung"** vorgestellt. Abschließend wird ein **Modell zur Einsparung von Kapitalertragsteuern** aufgezeigt.

I. Steuerlicher Querverbund

1. Voraussetzungen

156 Die **jPöR** erfüllen mit ihren Einrichtungen neben den rein hoheitlichen Aufgaben, zu denen sie gesetzlich verpflichtet sind, wie z. B. Abfall- und Abwasserbeseitigung, auch Aufgaben, die der **öffentlichen Daseinsvorsorge** dienen. Dazu gehören z. B. Betriebe zur Versorgung der Bevölkerung mit Gas, Wasser, Strom und Wärme oder Betriebe, die dem öffentlichen Verkehr dienen. Soweit Betriebe Aufgaben der öffentlichen Daseinsvorsorge erfüllen, gehören sie nicht mehr zur hoheitlichen Tätigkeit, sondern sind der **fiskalischen Verwaltung** zuzurechnen und unterliegen mit ihren Gewinnen der Körperschaft- und Gewerbesteuer. Diesen Betrieben hat der Gesetzgeber mit dem Instrument des Querverbunds erhebliche steuerliche Möglichkeiten eingeräumt. So ist es den Verkehrs-, Versorgungs-, Hafen- und Flughafenbetrieben gestattet, eine Verrechnung von Gewinnen (z. B. der Versorgungsbereiche) und Verlusten (z. B. der Verkehrsbereiche) im Rahmen eines steuerlichen Querverbundes vorzunehmen, um dadurch eine **Reduzierung der körperschaft- und gewerbesteuerlichen Bemessungsgrundlage** zu erreichen. Als Querverbundunternehmen werden Unternehmen bezeichnet, die Aufgaben der öffentlichen Daseinsvorsorge betreiben und deren Ergebnisse steuerlich verrechnet werden können. Typisch für eine steuerliche Quersubventionierung ist der öffentliche Personennahverkehr. Man spricht von einem **direkten Querverbund**, wenn Verlust und Gewinn bringende Tätigkeiten in einem Steuersubjekt zusammengefasst werden. Ein **indirekter Querverbund** liegt vor, wenn Verlust und Gewinn bringende Tätigkeiten in verschiedenen Steuersubjekten zusammengefasst werden, wie z. B. in einer Holdingkonstruktion oder im Rahmen einer Organschaft. Auf diese Konstruktionen wird später noch eingegangen.

Der Gesetzgeber hat durch das **JStG 2009**[35] den Querverbund **im KStG verankert**. Die Finanzverwaltung hat in dem Schreiben des Bundesministeriums der Finanzen vom 12.11.2009[36] zu Einzelfragen der Regelung Stellung genommen. Der steuerliche Querverbund war zuvor nur durch Verwaltungsanweisungen geregelt, denen das BFH-Urteil vom 22.8.2007[37] widersprochen hat. Gegen dieses Urteil erging jedoch ein Nichtanwendungserlass. Das BMF-Schreiben vom 12.11.2009[38] regelt, dass die Grundsätze des R 7 Abs. 1 und des H 7 KStR grds. weiter anzuwenden sind. 157

2. Steuerliche Wirkung

In § 4 Abs. 6 KStG ist geregelt, dass ein **BgA mit einem oder mehreren anderen BgA zusammengefasst** werden kann, wenn sie gleichartig sind, zwischen ihnen nach dem Gesamtbild der Verhältnisse objektiv eine enge wechselseitige technisch-wirtschaftliche Verflechtung von einigem Gewicht besteht oder BgA im Sinne von § 4 Abs. 3 KStG vorliegen. Ein BgA kann keinesfalls mit einem Hoheitsbetrieb zusammengefasst werden. 158

In § 4 Abs. 3 KStG sind BgA genannt, die der Versorgung der Bevölkerung mit Wasser, Gas, Elektrizität oder Wärme, dem öffentlichen Verkehr oder dem Hafenbetrieb dienen. 159

Typisches Beispiel für einen steuerlichen Querverbund ist die Verrechnung von Gewinnen aus den Versorgungssparten mit Verlusten aus dem Betrieb öffentlicher Bäder, die unter bestimmten Voraussetzungen zulässig ist. Eine Zusammenfassung ist jedoch nur möglich, wenn nach dem Gesamtbild der tatsächlichen Verhältnisse objektiv eine **enge wechselseitige technisch-wirtschaftliche Verflechtung von einigem Gewicht** besteht. Diese Verflechtung wird i.d.R. durch ein Blockheizkraftwerk hergestellt. Über die Voraussetzung der Gleichartigkeit können auch weitere Bäderbetriebe zusammengefasst und in einen bestehenden steuerlichen Querverbund eingebracht werden. 160

Gem. R 7 Abs. 1 KStR ist die **Zusammenfassung mehrerer gleichartiger BgA** zulässig. Dies gilt auch für die Zusammenfassung von gleichartigen Einrichtungen, die mangels Gewichtes keinen BgA darstellen, zu einem BgA, und die Zusammenfassung solcher Einrichtungen mit BgA. 161

Nach dem BMF-Schreiben vom 12.11.2009 setzt eine **steuerliche Zusammenfassung** nach § 4 Abs. 6 S 1 KStG **keine organisatorische Zusammenfassung** der BgA durch die jPöR voraus. Für den zusammengefassten BgA muss steuerlich aber eine eigenständige Gewinnermittlung vorgenommen werden. 162

35 Vgl. BGBl. I 2008 S. 2794ff.
36 Vgl. BMF v. 12.11.2009, BStBl. 2009 I S. 1303.
37 Vgl. BFH v. 22.8.2007, BStBl. 2007 II S. 961.
38 Vgl. BMF v. 12.11.2009, BStBl. 2009 I S. 1303.

163 Die einzelnen in § 4 Abs. 6 S. 1 KStG aufgeführten **Zusammenfassungstatbestände** sind jeweils **getrennt zu prüfen**. Dabei sind Versorgungs- und Verkehrsbetriebe nicht bereits schon deshalb als gleichartig anzusehen, weil sie in § 4 Abs. 3 KStG genannt sind. Dagegen sind die in § 4 Abs. 3 KStG aufgeführten Versorgungsbetriebe gleichartig.

164 Sind BgA nach einem Tatbestand zusammengefasst worden, so kann für diesen zusammengefassten BgA gesondert geprüft werden, ob er mit einem anderen, ggf. auch **zusammengefassten BgA, weiter zusammengefasst werden** kann. Für die Zusammenfassung eines BgA mit einem anderen zusammengefassten BgA oder einer Einrichtung, die mehrere Betriebe umfasst, reicht es aus, wenn die Zusammenfassungsvoraussetzungen nur zwischen diesem BgA und einem der BgA des zusammengefassten BgA oder einem der Betriebe der Einrichtung vorliegen. In den Fällen des § 4 Abs. 6 S. 1 Nr. 2 KStG muss die Voraussetzung „von einigem Gewicht" jedoch im Verhältnis zum zusammengefassten BgA vorliegen.

165 Nach R 7 Abs. 2 KStR ist die Zusammenfassung von BgA in Kapitalgesellschaften grds. anzuerkennen. Dies gilt nicht für die Zusammenfassung von Gewinn- und Verlustbetrieben, wenn diese als BgA nach den allgemeinen Grundsätzen nicht hätten zusammengefasst werden können. Ob eine **vGA** vorliegt, beurteilt sich nach den Umständen des **Einzelfalls**. Diese Grundsätze gelten entsprechend bei der Zusammenfassung der Ergebnisse durch sonstige Gestaltungen, z. B. in Form der Organschaft.

166 **Gleichartig** sind **gewerbliche Betätigungen**, wenn sie im gleichen Gewerbezweig ausgeübt werden oder wenn sie sich zwar unterscheiden, aber ergänzen. **Ergänzende** gewerbliche Tätigkeiten sind auch bei unterschiedlichen Produktions- oder Vertriebsstufen denkbar, dabei ist jedoch eine funktionelle Verbindung erforderlich.[39]

167 Das Vorliegen einer engen wechselseitigen technisch-wirtschaftlichen Verflechtung hängt nach dem oben genannten Urteil im jeweiligen Einzelfall von dem **Gesamtbild der tatsächlichen Verhältnisse** ab. Auch wenn kein notwendiger Funktionszusammenhang erforderlich ist, dass die Betriebe in ihrer Betätigung gegenseitig aufeinander angewiesen sind, setzt die genannte Verflechtung jedoch eine sachliche Beziehung der jeweiligen Betätigungen im Sinne eines **inneren wirtschaftlichen Zusammenhangs** voraus, der nach den Anschauungen des Verkehrs die Zusammenfassung zu einer wirtschaftlichen Einheit rechtfertigt.

168 Mit § 8 Abs. 7 S. 1 Nr. 2 KStG wurden im Rahmen der gesetzlichen Verankerung des steuerlichen Querverbundes im Ergebnis **„Tracking-Stock-Gestaltungen"** (insb. disquotale Gewinnverteilung bei Kapitalgesellschaften) steuerlich zugelassen bzw. sogar gefordert. Die Rechtsfolgen einer vGA sollen danach nicht bereits deshalb zu ziehen

39 Vgl. BFH v. 4.9.2002, BFH/NV 2003, 511.

sein, weil ein Dauerverlustgeschäft ausgeübt wird. Dagegen können nach dem BMF-Schreiben vom 7.12.2000 **disquotale Gewinnausschüttungen** nur in **Ausnahmefällen** steuerlich anerkannt werden.

Tracking-Stock-Gestaltungen zeichnen sich in der **Praxis** durch eine vom individuellen Anteil des Anteilseigners am Stamm- bzw. Grundkapital abweichende inkongruente oder disquotale Gewinnausschüttung aus. Die **Beteiligung am Bilanzgewinn und die Höhe der Gewinnausschüttung** bemessen sich nicht nach dem Gesamtergebnis der (Mutter-)Gesellschaft, sondern nach dem Ergebnis einzelner Unternehmenssparten, Teilbetrieben und/oder Tochtergesellschaften. Bedeutung haben diese Gestaltungen insb. im Hinblick auf § 8 Abs. 7 S. 1 Nr. 2 KStG, wonach auf Ebene der „ausschüttenden" Gesellschaft die gesamten Verluste nachweislich von der jPöR als Gesellschafterin getragen werden müssen. 169

Nach dem die Gesellschaftsebene betreffenden BMF-Schreiben vom 7.12.2000[40] sind **inkongruente Gewinnausschüttungen** körperschaftsteuerlich **grds. nicht anzuerkennen**, es sei denn, für eine vom gesetzlichen Verteilungsschlüssel abweichende Gewinnverteilung sind besondere Leistungen eines oder mehrerer Gesellschafter der Kapitalgesellschaft ursächlich. Anlass des BMF-Schreibens war das BFH-Urteil vom 19.8.1999.[41] Der BFH führte darin aus, dass eine disquotale Gewinnausschüttung gesellschaftsrechtlich zulässig und damit auch grds. steuerlich anzuerkennen sei. An dieser Rechtsprechung halten der BFH[42] und die Finanzgerichte[43] weiterhin fest. In der Finanzverwaltung werden derzeit mehrere „grundsätzliche" und materiellrechtlich bedeutsame Einzelfälle erörtert, in denen inkongruente Gewinnausschüttungen steuerlich zu beurteilen sind. 170

Eine Gestaltung, bei der eine Sparte einer Stadtwerke GmbH einem „Verkehrs"-BgA, der an der Stadtwerke GmbH zu 51% und eine andere Sparte einer E-AG, die zu 49% beteiligt war, zugerechnet werden sollte, wird von den obersten **Finanzbehörden des Bundes und der Länder** wegen der Grundsätze des BMF-Schreibens vom 7.12.2000 abgelehnt. Es wurde damit argumentiert, dass § 8 Abs. 7 KStG nur den Verzicht auf die Annahme einer vGA bei „Dauerverlustbetrieben" regele, **nicht** aber **generell Tracking-Stock-Strukturen ermöglichen** wolle. Eine Klärung der Problematik der Anwendung des BMF-Schreibens vom 7.12.2000 könnte sich im Rahmen des Revisionsverfahrens – BFH VIII R 16/08 – ergeben. 171

Auch bei einer **Zusammenfassung von BgA** in **Eigengesellschaften** oder in **Holdingkonstruktionen** gelten nach Auffassung der Finanzverwaltung und der Literaturmeinung die obigen Grundsätze, d.h. eine Verrechnungsmöglichkeit von 172

---

40 Vgl. BMF v. 7.12.2000, BStBl. 2001 I S. 47.
41 Vgl. BFH v. 19.8.1999, BStBl. 2001 II S. 43.
42 Vgl. BFH v. 28.6.2006, BFH/NV 2006, 2207.
43 Vgl. FG Baden-Württemberg v. 7.5.2008 – EFG 2008, 1206; Revision beim BFH unter – VIII R 16/08 – anhängig.

gewinnbringenden BgA und defizitären BgA lässt sich auch über eine Holding- oder Organschaftskonstruktion nur erreichen, wenn die Betriebe auch nach den Zusammenfassungskriterien für BgA zusammengefasst werden können.

II. Organschaft

1. Voraussetzung

173 Die **körperschaftsteuerliche Organschaft** ist in § 14 KStG geregelt. Wesentlich ist, dass sich die Organgesellschaft (Tochterunternehmen) durch einen **Gewinnabführungsvertrag** im Sinne des AktG verpflichtet, ihren ganzen Gewinn an den Organträger (Mutterunternehmen) abzuführen. Im Gegenzug verpflichtet sich der Organträger, einen etwaigen Verlust der Organgesellschaft auszugleichen.

174 Die **gewerbesteuerliche Organschaft** ist in § 2 Abs. 2 GewStG definiert. Nach dieser Vorschrift gilt eine Organgesellschaft als **Betriebsstätte** und damit als unselbständiger Bestandteil eines Organträgers, wenn die Voraussetzungen der körperschaftsteuerlichen Organschaft vorliegen. Die gewerbesteuerliche Organschaft liegt damit bei Bestehen einer körperschaftsteuerlichen Organschaft automatisch ebenfalls vor.

175 Nach § 14 Abs. 1 KStG kommen im kommunalen Konzern als **Organgesellschaften** grds. nur die AG oder die KG auf Aktien in Betracht. Ergänzt werden die zulässigen Rechtsformen für Organgesellschaften durch § 17 KStG, wonach auch andere Kapitalgesellschaften, insb. die GmbH, Organgesellschaft sein können. Die Liste der zulässigen Organgesellschaften ist abschließend. Folge ist, dass Personengesellschaften, wie z. B. die GmbH & Co. KG, als Organgesellschaften nicht in Betracht kommen.

176 Der **Organträger** muss gem. § 14 Abs. 1 S. 1 Nr. 2 KStG eine unbeschränkt steuerpflichtige natürliche Person oder eine nicht steuerbefreite Körperschaft, Personenvereinigung oder Vermögensmasse i. S. d. § 1 KStG mit Geschäftsleitung im Inland sein. Organträger kann auch eine Personengesellschaft i. S. d. § 15 Abs. 1 Nr. 2 des EStG mit Geschäftsleitung im Inland sein, wenn sie eine Tätigkeit i. S. d. § 15 Abs. 1 Nr. 1 EStG (gewerbliche Tätigkeit) ausübt. Es können damit auch Körperschaften des öffentlichen Rechts wie Kommunen, Anstalten und Zweckverbände mit ihren BgA grds. Organträger sein. Nach Ansicht des BFH vom 2.9.2009[44] kann auch ein **ertragloser BgA** dann tauglicher Organträger sein, wenn eine Betriebsaufspaltung vorliegt und der BgA deshalb ein gewerbliches Besitzunternehmen unterhält.

177 Weitere Voraussetzung ist, dass eine sog. **finanzielle Eingliederung zwischen der Organgesellschaft** und dem **Organträger** besteht. Das bedeutet, dass der Organträger an der Organgesellschaft von Beginn ihres Wirtschaftsjahres in einem sol-

44 Vgl. BFH, Urt. v. 2.9.2009 – I R 20/09 = BFH/NV 2010, 391.

chen Umfang an der Organgesellschaft beteiligt sein muss, dass ihm die Mehrheit der Stimmrechte (unmittelbar oder mittelbar) aus den Anteilen an der Organgesellschaft zusteht.

Zentrale Voraussetzung für die Begründung der ertragsteuerlichen Organschaft 178
ist der Abschluss des **Ergebnis- oder Gewinnabführungsvertrags**. Nach § 14 Abs. 1 Nr. 3 KStG muss der Gewinnabführungsvertrag auf mindestens fünf Jahre abgeschlossen und während seiner gesamten Geltungsdauer tatsächlich durchgeführt werden. Der Gewinnabführungsvertrag ist ein Unternehmensvertrag i. S. d. Aktienrechts, der in §§ 291 ff. AktG geregelt ist. Der Gewinnabführungsvertrag unterliegt gem. § 293 Abs. 3 AktG i. V. m. § 126 BGB der **Schriftform** und ist im Handelsregister der abführenden Gesellschaft einzutragen. Der Gewinnabführungsvertrag wird gem. § 294 Abs. 2 AktG immer erst mit der **Eintragung im Handelsregister** wirksam. Gleichwohl kann sein Abschluss steuerlich auf den Beginn des Wirtschaftsjahres der Organgesellschaft zurückwirken.

Bestandteil des Gewinnabführungsvertrags ist insb. die Verpflichtung der Or- 179
gangesellschaft, ihren **ganzen Gewinn an den Vertragspartner abzuführen**. Nach § 302 Abs. 1 AktG ist der Organträger außerdem verpflichtet, den während der Vertragsdauer entstehenden Jahresfehlbetrag auszugleichen, soweit dieser nicht dadurch entstanden ist, dass den anderen Gewinnrücklagen Beträge entnommen werden, die während der Vertragsdauer in sie eingestellt worden sind. Ist die **Organgesellschaft eine GmbH**, ist die Vorschrift zur Verlustübernahme nach der Rechtsprechung des **BGH** auch ohne eine vertragliche Regelung entsprechend anzuwenden. Allerdings trifft § 17 KStG diesbezüglich eine ergänzende Regelung. Nach dieser Vorschrift ist es zwingende Voraussetzung, dass eine **Verlustübernahme** gem. allen Regeln des § 302 AktG zusätzlich vertraglich vereinbart worden ist.

Neben den formalen Anforderungen an einen **Ergebnisabführungsvertrag** ist 180
es für die steuerliche Anerkennung notwendig, dass er auch während seiner gesamten Geltungsdauer tatsächlich durchgeführt wird.

Wegen der damit verbundenen Arbeitserleichterung gilt es nach Möglichkeit zu 181
erreichen, dass die **Leistungsbeziehungen zwischen Netzeigentümer und Netzgesellschaft** als sog. nichtsteuerbare Innenumsätze im Rahmen einer **umsatzsteuerlichen Organschaft** behandelt werden können. Eine umsatzsteuerliche Organschaft liegt gem. § 2 Abs. 2 Nr. 2 UStG vor, wenn eine juristische Person nach dem Gesamtbild der tatsächlichen Verhältnisse finanziell, wirtschaftlich und organisatorisch in das Unternehmen des Organträgers eingegliedert ist. Anders als bei der ertragsteuerlichen Organschaft ist hierfür kein Ergebnisabführungsvertrag abzuschließen, vielmehr ist nur das kumulative Vorliegen von finanziellen, wirtschaftlichen und organisatorischen Eingliederungsmerkmalen erforderlich.

Die Stimmrechtsmehrheit (finanzielle Eingliederung) und eine das Gesamtun- 182
ternehmen fördernde Funktion z. B. des Netzbetreibers (wirtschaftliche Eingliederung) werden regelmäßig darstellbar sein. Hinsichtlich des außerdem **erforderlichen Nachweises**, dass sichergestellt ist, dass der Wille der Obergesellschaft in der

Untergesellschaft auch tatsächlich ausgeführt wird (organisatorische Eingliederung), besteht vordergründig ein gewisser **Zielkonflikt mit der Forderung des EnWG** nach rechtlich entflochtenen Strukturen. Dieser Punkt ist nach den bisherigen Erfahrungen allerdings in vielen Konstellationen gestaltbar, z.B. durch eine Vereinbarung eingeschränkter Weisungsrechte oder dem Abschluss eines Teilbeherrschungsvertrags. Die hierfür angestrebte Lösung sollte jedoch im Vorfeld mit der Finanzverwaltung verbindlich abgestimmt werden.

183 Die **Wirkungen der Organschaft** sind auf **Innenleistungen** zwischen den im Inland gelegenen Unternehmensteilen beschränkt. Diese Unternehmensteile sind als ein Unternehmen zu behandeln.

184 Gegenüber der **Finanzbehörde** tritt im Fall einer Organschaft immer nur der Organträger auf. Nur er ist Unternehmer i.S.d. § 2 Abs. 1 UStG und nur er ist der Steuerschuldner aller Umsatzsteuerschulden, die sich aus dem Organkreis ergeben.

185 Wenn beim potenziellen Organträger **keine Unternehmereigenschaft** vorliegt, kann auch keine umsatzsteuerliche Organschaft gegeben sein. Insb. bei Holdinggesellschaften kann es an der Unternehmereigenschaft der Holdingmutter scheitern, wenn es sich um eine sog. **Finanzholding** handelt. Eine Finanzholding hält lediglich die Beteiligungen, ohne gegen Sonderentgelt Dienstleistungen an die Töchtergesellschaften zu erbringen. Bei einer sog. **Führungsholding**, die gegenüber den Beteiligungsgesellschaften Dienstleistungen gegen Entgelt erbringt, ist eine Unternehmereigenschaft der Holdinggesellschaft gegeben, sodass hier eine Organschaft im UStR gegeben sein kann.

186 Bei der körperschaftsteuerlichen und gewerbesteuerlichen Organschaft waren bis zum Veranlagungszeitraum 2002 auch sog. Mehrmütterorganschaften möglich. Eine **Mehrmütterorganschaft** lag vor, wenn mehrere gewerbliche, organträgerfähige Unternehmen ein gewerbliches Unternehmen unterhielten und gemeinsam eine Organschaft bildeten. Mit dem **UntStFG** wurde die Mehrmütterorganschaft dann zunächst gesetzlich verankert, seit dem Veranlagungszeitraum 2003 ist die Mehrmütterorganschaft dann allerdings durch das **StVergAbG** vom 16.5.2003 vollständig abgeschafft worden.

187 Abweichend zu vorstehenden Ausführungen kommt es in der Praxis relativ häufig vor, dass der Organträger nicht mit 100% an der Organgesellschaft beteiligt ist. In solchen Fällen spricht man von **„außenstehenden Anteilseignern“**. Diese Anteilseigner haben einen gesetzlichen Anspruch auf „angemessenen Ausgleich“, da ohne eine solche Regelung der gesamte Gewinn der Organgesellschaft ausschließlich an den Organträger abfließen würde.

188 Teilweise werden bereits bei Abschluss entsprechender Verträge, insb. des **Beherrschungs- und Gewinnabführungsvertrags** Regelungen bezüglich des Beitritts potenzieller „außenstehender Anteilseigner“ getroffen, obgleich die Gesellschaft zu diesem Zeitpunkt noch über keinerlei „außenstehende Anteilseigner“ verfügt.

Im Rahmen dieser vertraglichen Gestaltung gilt es zwingend, die diesbezüglichen Bestimmungen des § 307 AktG für den **Beitritt eines „außenstehenden Anteilseigners“** zu beachten. Hat nämlich gem. § 307 AktG die Gesellschaft im Zeitpunkt der Beschlussfassung ihrer Hauptversammlung über einen Beherrschungs- oder Gewinnabführungsvertrag keinen außenstehenden Aktionär, so endet dieser Vertrag spätestens zum Ende des Geschäftsjahrs, in dem ein außenstehender Aktionär beteiligt ist. 189

2. Steuerliche Wirkung

Die **ertragsteuerliche**, also körperschaftsteuerliche und gewerbesteuerliche **Organschaft** dient dazu, Ergebnisse insb. Gewinne und Verluste verschiedener Gesellschaften, der Organgesellschaften, auf der Ebene des Organträgers miteinander und ggf. mit dem Ergebnis des Organträgers selbst verrechnen zu können. 190

Bei vielen in Holding-Konstruktionen organisierten **Stadtwerken** führt der Umstand, dass wegen des Bestehens einer umsatzsteuerlichen Organschaft nach § 2 Abs. 2 S. 1 Nr. 2 UStG die **Leistungsbeziehungen zwischen Mutter- und Tochtergesellschaften** als nicht umsatzsteuerbare Innenumsätze nicht mit gesondertem Umsatzsteuerausweis abgerechnet werden müssen, zu einer im Einzelfall beträchtlichen **Verwaltungsvereinfachung und Kostenersparnis.** Das Fehlen einer umsatzsteuerlichen Organschaft bedeutet, dass vom Leistenden über die erbrachten Leistungen eine Rechnung erstellt und Umsatzsteuer abgeführt werden muss. Da allerdings im Gegenzug durch den Leistungsempfänger regelmäßig, d.h. bei Vorliegen einer ordnungsgemäßen Rechnung und unter den weiteren Voraussetzungen des § 15 UStG ein korrespondierender Vorsteuerbetrag geltend gemacht werden kann, kann bei korrekter Handhabung, abgesehen vom Verwaltungsaufwand, keine wirtschaftliche Zusatzbelastung eintreten. 191

Bezogen auf den **Pachtvertrag** ist bei einem etwaigen Fehlen der umsatzsteuerlichen Organschaft, also auch bei der Anpachtung fremder Netze, eine Klausel aufzunehmen, wonach zu der vereinbarten Pacht die Umsatzsteuer in der jeweils gesetzlich geschuldeten Höhe hinzutritt. 192

Nachteilig wirkt bei einer Organschaft, dass der Fiskus nicht nur in das Vermögen des Organträgers als Steuerschuldner, sondern auch zusätzlich im Rahmen der Haftung nach § 73 AO in das Vermögen der Organgesellschaft als Steuerverursacher vollstrecken kann.

III. Vermögensverwaltung

1. Voraussetzungen

In der Praxis werden auch **Beteiligungsfälle** realisiert, die zur völligen Steuerfreiheit der Beteiligungserträge führen und deshalb eine Verrechnung mit Verlusten 193 nicht angestrebt werden muss. Die Beteiligung erfolgt dabei an einer Gesellschaft in der Rechtsform einer GmbH/AG & Co. KG ohne dass die beteiligten Kommanditisten eine Mitunternehmerstellung begründen. Die als Kommanditisten beteiligten Gesellschafter – hier Gemeinden – schließen dabei mit dieser Netzgesellschaft **Konzessionsverträge** ab. Im Rahmen der Gewinnverteilung erhalten die Kommanditisten lediglich eine feste Verzinsung ihres Kapitaleinsatzes. Die Kommanditisten, wozu die Gemeinden gehören, dürfen weder Risiken tragen noch an stillen Reserven oder Lasten der KG teilhaben. Den **Kommunen** können jedoch **weitreichende Mitwirkungs- und Mitbestimmungsrechte** eingeräumt werden. Die Kommanditisten dürfen steuerlich betrachtet keine mitunternehmerschaftliche Beteiligung erhalten. Die Netzgesellschaft wird so gestaltet, dass sie steuerlich betrachtet als nicht existent gilt und die Kommanditisten de facto die **Funktion und Stellung eines Darlehensgebers** inne haben. In diesem Modell sind die Kommunen zwar handelsrechtlich Kommanditisten, steuerlich werden sie jedoch als reine Darlehensgeber betrachtet. Sie haben wegen des fehlenden Mitunternehmerrisikos keine Mitunternehmerstellung i.S.d. § 15 Abs. 1 S. 1 Nr. 2 EStG. Diese Konstruktion ist möglich, weil nicht jeder, der nach dem Zivilrecht Gesellschafter einer gewerblich tätigen Personengesellschaft wird, bereits als solcher auch Mitunternehmer ist. Er ist nur Mitunternehmer, wenn er aufgrund seiner gesellschaftsrechtlichen Stellung **Mitunternehmerinitiative** ausüben kann und **Mitunternehmerrisiko** trägt.[45] Die Merkmale Mitunternehmerrisiko und Mitunternehmerinitiative müssen beide vorliegen. Sie können aber im Einzelfall mehr oder weniger stark ausgeprägt sein.[46] Ein geringeres mitunternehmerisches Risiko kann deshalb durch eine besonders starke Ausprägung des Initiativrechts ausgeglichen werden und umgekehrt. Ob dies im Einzelfall zutrifft, ist unter Berücksichtigung aller, die rechtliche und wirtschaftliche Stellung einer Person insgesamt bestimmenden, Umstände zu würdigen.[47] Ein Merkmal darf keinesfalls vollständig fehlen.

194 **Mitunternehmerinitiative bedeutet** vor allem Teilhabe an unternehmerischen Entscheidungen, wie sie z.B. Gesellschaftern oder diesen vergleichbaren Personen als Geschäftsführern, Prokuristen oder anderen leitenden Angestellten obliegen. Ausreichend ist schon die Möglichkeit zur Ausübung von Gesellschafterrechten, die wenigstens den Stimm-, Kontroll- und Widerspruchsrechten angenähert sind, die einem Kommanditisten nach dem HGB zustehen oder die den gesellschaftsrechtlichen Kontrollrechten nach § 716 Abs. 1 BGB entsprechen.

195 **Mitunternehmerrisiko bedeutet** gesellschaftsrechtliche (oder eine dieser wirtschaftlich vergleichbaren) Teilhabe am Erfolg oder Misserfolg eines Unternehmens. Dieses Risiko wird regelmäßig durch Beteiligung am Gewinn und Verlust sowie an

45 Vgl. BFH v. 3.5.1993, BStBl. 1993 II S. 616.
46 Vgl. BFH v. 1.8.1996, BStBl. 1997 II S. 272.
47 Vgl. BFH v. 25.6.1984, BStBl. 1984 II S. 751.

den stillen Reserven des Gesellschaftsvermögens einschließlich des Geschäftswerts vermittelt.

Ein solches **Risiko** wird bspw. von einem **Kommanditisten** getragen, indem er einerseits am laufenden Gewinn, im Falle des Ausscheidens und der Liquidation auch an den stillen Reserven, §§ 168, 161 Abs. 2 i.V.m. § 155 HGB, §§ 738ff. BGB, andererseits nach Maßgabe des § 167 Abs. 3 HGB am Verlust beteiligt ist. 196

Wer nicht am laufenden oder am Gesamtgewinn der Gesellschaft beteiligt ist, ist nach ständiger **BFH-Rechtsprechung** nicht Mitunternehmer.[48] 197

Ein **Kommanditist**, der nach dem Gesellschaftsvertrag nur eine übliche Verzinsung seiner Kommanditeinlage erhält und auch an den stillen Reserven des Vermögens einschließlich des Geschäftswerts nicht beteiligt ist, ist nach dem **BFH-Urteil** vom 28.10.1999[49] selbst dann **nicht Mitunternehmer**, wenn seine gesellschaftsrechtlichen Mitwirkungsrechte denjenigen eines Kommanditisten entsprechen. Er ist im Einkommensteuerrecht wie ein Darlehensgeber oder stiller Gesellschafter zu behandeln. 198

Dieser Beurteilung steht nicht entgegen, wenn die **Kommanditisten** nach den **Bestimmungen des Gesellschaftsvertrags** über die Liquidation der Gesellschaft ihre Kommanditeinlagen verlieren können. Dieses Risiko entspricht dem Risiko, das auch jeder Darlehensgeber im Fall der Zahlungsunfähigkeit seines Schuldners trägt. Diese Ausführungen werden durch den BFH-Beschluss vom 26.6.2008[50] bestätigt. Der BFH nahm in diesem Urteil u.a. auch zur Frage der **Mitunternehmerstellung** eines Gesellschafters Stellung, wenn dieser lediglich im Zusammenhang mit der Veräußerung seines Gesellschaftsanteils einen Gewinn erzielt. Nach diesem BFH-Beschluss vermittelt das Verlustrisiko dem am Gewinn einer KG nicht beteiligten Gesellschafter nur dann die **Mitunternehmerqualifikation**, wenn der Gesellschafter aufgrund seiner unbeschränkten Außenhaftung für die Verbindlichkeiten der KG einzustehen hat und ihm zudem signifikante Mitwirkungsrechte eingeräumt werden. Als Kommanditisten haften die Kommunen nur im Umfang ihrer Haftsumme, §§ 171, 172 HGB. Zudem können etwaige Zustimmungsvorbehalte im Gesellschaftsvertrag bezüglich der von der KG abzuschließenden Rechtsgeschäfte nicht der Einzelgeschäftsführungsbefugnis eines Komplementär-Gesellschafters gleichgestellt werden. 199

2. Steuerliche Wirkung

Aufgrund der **fehlenden Mitunternehmerstellung** ergeben sich folgende ertragsteuerliche Auswirkungen: Die Kommunen sind zwar zivilrechtlich **Kommanditisten** der KG, steuerlich werden sie jedoch mangels Anerkennung als Mitunterneh- 200

48 Vgl. z.B. BFH v. 27.5.1993, BStBl. 1994 II S. 700.
49 Vgl. BFH v. 28.10.1999, BStBl. 2000 II S. 183.
50 Vgl. BFH v. 26.6.2008, BFH/NV 2008, 1894.

mer **wie reine Darlehensgeber** behandelt. Sie erhalten Darlehenszinsen i.S.d. § 20 EStG, die bei den öffentlich-rechtlichen Körperschaften ohne Abzug von Kapitalertragsteuer steuerfrei vereinnahmt werden können. Die Kapitaleinlage stellt wie eine Darlehenshingabe bei den Kommunen eine reine Vermögensverwaltung dar. Sie ist kein BgA. Eine **Vermögensverwaltung** liegt gem. § 14 S. 3 AO i.d.R. vor, *„wenn Vermögen genutzt, z.B. Kapitalvermögen verzinslich angelegt oder unbewegliches Vermögen vermietet oder verpachtet wird"*. Die reine Vermögensverwaltung, z.B. die verzinsliche Anlage von Kapitalvermögen, begründet also keinen BgA.[51] Die jPöR unterliegt nach § 1 Abs. 1 Nr. 6 KStG nur mit ihrem BgA der unbeschränkten Steuerpflicht, nicht jedoch mit den Tätigkeiten im Rahmen ihres Hoheitsbereichs, wozu auch die Vermögensverwaltung gehört. Das Absehen von der Besteuerung der Vermögensverwaltung der jPöR ergibt sich aus der Gesetzesbegründung und der Rechtsprechung, die für das Vorliegen eines BgA stets eine gewerbliche Tätigkeit gefordert haben.

201 **Darlehenszinsen** aus einer etwaigen **Fremdfinanzierung der Kommanditeinlage** sind jedoch im Gegenzug auch nicht steuerlich abzugsfähig.

IV. Kapitalertragsteuersparmodell

1. Voraussetzungen

202 Nach § 8 Abs. 7 S. 1 KStG werden die Rechtsfolgen einer vGA nicht gezogen, wenn ein BgA ein **begünstigtes Dauerverlustgeschäft** ausübt oder wenn eine Kapitalgesellschaft ein begünstigtes Dauerverlustgeschäft ausübt. Ein Dauerverlustgeschäft liegt nach § 8 Abs. 7 S. 2 KStG vor, soweit aus verkehrs-, umwelt-, sozial-, kultur-, bildungs- oder gesundheitspolitischen Gründen eine **wirtschaftliche Betätigung ohne kostendeckendes Entgelt** unterhalten wird oder bei Kapitalgesellschaften das Geschäft Ausfluss einer Tätigkeit ist, die bei jPöR zu einem Hoheitsbetrieb gehört. Diese vorstehende und in § 8 Abs. 7 S. 2 KStG stehende Aufzählung der Gründe, aus denen ein kostendeckendes Entgelt nicht erhoben wird, ist als abschließend anzusehen.[52]

203 Ergebnisse aus **querverbundsfähigen (Dauer-)Verlustgeschäften** können, wie bereits vorher dargestellt, miteinander verrechnet werden. Dies spart auf Ebene der Kommune bereits u.a. auch Kapitalertragsteuer.

204 Bei **nicht querverbundsfähigen Dauerverlustgeschäften** ist eine Verrechnung der Ergebnisse und damit auch eine Einsparung von Kapitalertragsteuer zunächst nicht ohne Weiteres möglich.

205 Werden jedoch bspw. die Versorgungstätigkeit und die nicht querverbundsfähige Bädertätigkeit **innerhalb einer Kapitalgesellschaft** ausgeübt, an der die Kom-

51 Vgl. BFH v. 13.3.1974, BStBl. 1974 II S. 391.

52 Vgl. BMF v. 12.11.2009, BStBl. 2009 I S. 1303, Rn 40.

mune eine Mehrheitsbeteiligung hält, so kann durch dieses Modell eine Verrechnung der beiden Bereiche hinsichtlich der Besteuerung mit Kapitalertragsteuer des verbleibenden ausschüttbaren Gewinns auf Ebene der beteiligten Kommune erreicht werden.

Alternativ zu dem im vorherigen Absatz beispielhaft aufgeführten Dauerverlust- 206
geschäfts „Bädertätigkeit" wäre auch eine hoheitliche Tätigkeit wie die Straßenbeleuchtung u.v.a. Tätigkeiten (vgl. dazu die oben aufgezeigten Dauerverlustgeschäfte) denkbar. Allerdings muss die wirtschaftliche Betätigung dann **zwingend** in der **Rechtsform einer Kapitalgesellschaft** (z.B. GmbH) betrieben werden, um zum gleichen steuerlichen Ergebnis zu gelangen.

2. Steuerliche Wirkung

Wie oben dargestellt kann also durch Zwischenschaltung oder Zusammenfassung der 207
Tätigkeiten in einer Kapitalgesellschaft, an der die Kommune zu 100% beteiligt ist und innerhalb derer z.B. die Versorgungstätigkeit und die nicht querverbundsfähige Bädertätigkeit ausgeübt werden, eine **Kapitalertragsteuer-Ersparnis** hinsichtlich des an die Kommune ausschüttbaren Gewinns durch **Verrechnung** von Gewinnen aus der Versorgungstätigkeit mit Verlusten aus der Bädertätigkeit erreicht werden.

Die Kapitalertragsteuer-Ersparnis ist jedoch bei einem derzeitigen Steuersatz von 208
15%, bezogen auf unser Beispiel, auf 15% der Verluste aus der Bädertätigkeit begrenzt, sofern nach Saldierung der Gewinne nach Steuern aus der Versorgungstätigkeit mit Verlusten aus der Bädertätigkeit ein **Restbetrag von größer oder gleich null** verbleibt. Bei einem Ergebnis aus dieser Saldierung von kleiner null, also dann, wenn die Verluste aus der Bädertätigkeit die Gewinne aus der Versorgungstätigkeit überkompensieren, beträgt die maximal erzielbare Kapitalertragsteuer-Ersparnis 15% der Gewinne nach Steuern aus der Versorgungstätigkeit.

Weiterhin gilt es zu beachten, dass bei allen Vorzügen, die das vorstehend be- 209
schriebene Kapitalertragsteuersparmodell bietet, auch Kosten mit der hierfür benötigten und i.d.R. neu zu gründenden „Holding-Gesellschaft" oder der Zusammenführung der Tätigkeiten in einer Kapitalgesellschaft verbunden sein werden. Aus diesem Grund empfiehlt es sich, vorab die zukünftig zu erwartende Kapitalertragsteuer-Ersparnis den zusätzlich entstehenden **Aufwendungen gegenüberzustellen.**

Abschließend soll das eben beschriebene Kapitalertragsteuersparmodell anhand 210
einer **Beispielrechnung** den Fällen „querverbundsfähige Dauerverlustgeschäfte" bzw. „nicht querverbundsfähige Dauerverlustgeschäfte ohne Kapitalertragsteueroptimierung" gegenübergestellt und die steuerlichen Auswirkungen verglichen werden.

Beispiel

1. **Querverbundsfähige Dauerverlustgeschäfte**

Ergebnisse können mit steuerlicher Wirkung für KSt und GewSt verrechnet werden (Darstellung in GE).

	Jahres-ergebnis	GewSt/KSt 30%	an Kommune ausschüttbarer Gewinn	Kapitalertrag-steuer 15 %	Zufluss bei Kommune
Versorgungstätigkeit	500,0				
Bädertätigkeit	./. 200,0				
Gesamtergebnis:	300,0	90,0	210,0	31,58	**178,5**

2. **Nicht querverbundsfähige Dauerverlustgeschäfte ohne Einschaltung einer Holding**

Ergebnisse können nicht mit steuerlicher Wirkung verrechnet werden (Darstellung in GE).

	Jahres-ergebnis	GewSt/KSt 30%	an Kommune ausschüttbarer Gewinn	Kapitalertrag-steuer 15 %	Zufluss bei Kommune
Versorgungstätigkeit	500,0	150,0	350,0	52,5	297,5
Bädertätigkeit	./. 200,0	0,0	0,0	0,0	./. 200,0
Gesamtergebnis:					**97,58**

3. **Einschaltung einer Holding bzw. Zusammenführung nicht querverbundsfähiger Dauerverlustgeschäfte in einer Kapitalgesellschaft**

Ergebnisse können nicht mit steuerlicher Wirkung für die Kapitalertragsteuer verrechnet werden (Darstellung in GE).

	Jahres-ergebnis	GewSt/KSt 30%	an Kommune ausschüttbarer Gewinn	Kapitalertrag-steuer 15 %	Zufluss bei Kommune
Versorgungstätigkeit	500,0	150,0	350,0		
Bädertätigkeit	./. 200,0	0,0	./. 200,0		
Ergebnis auf Ebene der Holding bzw. Ausschüttung			150,0	22,5	**12,75**

4. **Vorteil des Kapitalertragsteuermodells** **30,0**

./. zusätzliche Kosten für Errichtung der Holding und laufende Zusatzkosten **./. x**

30-x

Kapitel 12
Zuständigkeiten der Kartell- und Regulierungsbehörden bzw. der Gerichte

A. Einleitung

Aufgrund der vielschichtigen ungeklärten Rechtsfragen stellt sich im Zusammenhang mit konzessionsrechtlichen Sachverhalten die Frage, wer bzw. welche Stelle die Einhaltung der in Streit stehenden **energie- bzw. kartellrechtlichen Vorschriften** zu überwachen hat. Aufsichtsbehördliche Zuständigkeiten können durch die **Kartell- und Regulierungsbehörden** bzw. durch die **Energieaufsichtsbehörden** wahrgenommen werden. Deren Entscheidungen sind zum einen vor den **Zivilgerichten**, zum anderen vor den **Verwaltungsgerichten** anfechtbar. Darüber hinaus steht es dem Betroffenen frei, kartellrechtliche oder regulatorische Sachverhalte unmittelbar von den Gerichten überprüfen zu lassen. 1

B. Zuständigkeit der Kartell- und Regulierungs- bzw. Energieaufsichtsbehörden

I. Überblick über die Behörden nach EnWG und GWB

Welchen Behörden die Aufsicht über die **Einhaltung energie- bzw. kartellrechtlicher Vorschriften** zugewiesen ist, regelt das **EnWG in Teil 7** und das **GWB im sechsten Abschnitt** von Teil I des GWB. Daneben enthält auch die **Konzessionsabgabenverordnung** in § 6 KAV eine **Zuständigkeitsregelung**. Danach kann die „*zuständige Behörde*" diejenigen Auskünfte und Belege verlangen, die zur Überwachung der Einhaltung der KAV erforderlich sind. Ob hierfür primär die Regulierungs- oder die Kartellbehörden bzw. eine besondere Energieaufsichtsbehörde zuständig sind, lässt die KAV offen. 2

Zu den Behörden nach dem EnWG zählen zunächst die **Regulierungsbehörden**. Nach § 54 Abs. 1 EnWG fallen hierunter die **BNetzA** und die **Landesregulierungsbehörden**. Welche Landesbehörde als Landesregulierungsbehörde berufen wird, ist Sache der Länder.[1] 3

Die **Landesregulierungsbehörden** sind lediglich für die **Aufsicht** über **regulierungsrechtliche Fragen** zuständig. Deshalb existieren nach dem EnWG neben den Landesregulierungsbehörden besondere **Energieaufsichtsbehörden.** Diese nehmen 4

---

1 BerlK-EnR/*Schmidt-Preuß*, § 54 EnWG Rn 5.

energiewirtschaftliche und energietechnische Aufsichtsfunktionen wahr. Hierzu gehört bspw. die Genehmigung über Anträge auf Aufnahme des Betriebs eines Energieversorgungsnetzes nach § 4 Abs. 1 EnWG, die Aufsicht über die Bestimmung des Grundversorgers nach §§ 36 Abs. 2 S. 1 EnWG oder die Durchführung des Planfeststellungsverfahrens nach § 43 ff. EnWG.

5 Welche **Landesbehörden** Aufgaben der besonderen **Energieaufsichtsbehörde** wahrnehmen, ist grundsätzlich Sache der Länder und **nicht einheitlich geregelt.** So kann es bspw. sein, dass die Landesregulierungsbehörde gleichzeitig die Aufgaben der Energieaufsichtsbehörde wahrnimmt.[2] Eine Klärung dieser Frage kann im Einzelfall durch einen Blick auf den Internetauftritt der Behörden herbeigeführt werden.

6 Daneben begründet § 54a EnWG nach der jüngsten EnWG-Novellierung eine **Spezialzuständigkeit** des **BMWi** für die Durchführung der VO (EU) Nr. 994/2010 des Europäischen Parlaments und des Rates vom 20. Oktober 2010 über Maßnahmen zur **Gewährleistung der sicheren Erdgasversorgung.**

7 Der **Vollzug** kartellrechtlicher Vorschriften obliegt demgegenüber den **Kartellbehörden.** Zu ihnen gehören nach § 48 Abs. 1 GWB das **BKartA**, das **BMWi** und die nach Landesrecht zuständigen **obersten Landesbehörden.**[3]

8 Sowohl das EnWG als auch das GWB enthalten daneben Regelungen zur **Zusammenarbeit mit ausländischen Behörden.** Ausländische Behörden sind bspw.:

- die Regulierungs- bzw. Wettbewerbsbehörden anderer Mitgliedstaaten,
- die neu gegründete Agentur für die Zusammenarbeit der Energieregulierungsbehörden[4] sowie
- die Europäische Kommission.

2 Zuständig für die Allgemeine Energieaufsicht ist in NRW bspw. das Ministerium für Wirtschaft, Energie, Bauen, Wohnen und Verkehr und dort das Referat V B 4. Dieses ist gleichzeitig auch die Landesregulierungsbehörde. Gleiches gilt für das Land Brandenburg. Dort nimmt das Ministerium für Wirtschaft und Europaangelegenheiten die Aufgaben der Energieaufsicht wahr. In Sachsen ist es das Sächsische Staatsministerium für Wirtschaft und Arbeit. Im Saarland ist es das Ministerium für Umwelt, Energie und Verkehr. In Berlin ist es die Senatsverwaltung für Wirtschaft, Technologie und Forschung.

3 Eine Übersicht über die zuständigen Landeskartellbehörden stellt das BKartA unter http://www.bundeskartellamt.de/wDeutsch/service/LKBW3DnavidW26148.php zur Verfügung.

4 Die aufgrund der VO (EG) 713/2009 des Europäischen Parlamentes und des Rates vom 13. Juli 2009 zur Gründung einer Agentur für die Zusammenarbeit der Energieregulierungsbehörden, kurz ACER, gegründete Agentur hat ihren Sitz in Ljubljana, Slowenien. Sie sollte eingerichtet werden, um die Regulierungslücke auf Gemeinschaftsebene zu füllen und zu einem wirksamen Funktionieren des Elektrizitäts- und Erdgasbinnenmarktes beizutragen.

Innerhalb der Europäischen Kommission ist die **Generaldirektion Wettbewerb** für kartellrechtliche und die **Generaldirektion Energie** für energierechtliche Sachverhalte zuständig.[5] 9

Zu den „**Bundesbehörden**" nach Teil 7 Abschnitt 2 zählt das EnWG schließlich die **Monopolkommission**. Sie ist allerdings viel mehr ein **unabhängiges Beratungsgremium** für die Bundesregierung auf den Gebieten der Wettbewerbspolitik und Regulierung.[6] Gem. § 62 EnWG erstellt sie alle zwei Jahre ein Gutachten, in dem sie 10

- den Stand und die **absehbare Entwicklung des Wettbewerbs** und die Frage beurteilt, ob funktionsfähiger Wettbewerb auf den Märkten der leitungsgebundenen Versorgung mit Elektrizität und Gas in der Bundesrepublik Deutschland besteht,
- die Anwendung der Vorschriften des EnWG über die **Regulierung und Wettbewerbsaufsicht** würdigt und
- zu sonstigen aktuellen **wettbewerbspolitischen Fragen** der leitungsgebundenen Versorgung mit Elektrizität und Gas Stellung nimmt.

Darüber hinaus erstellt sie gem. § 44 Abs. 1 GWB alle zwei Jahre ein Gutachten, in dem sie 11

- den Stand und die absehbare Entwicklung der **Unternehmenskonzentration** und
- die Anwendung der Vorschriften über die **Zusammenschlusskontrolle** würdigt sowie
- zu sonstigen aktuellen **wettbewerbspolitischen Fragen** Stellung nimmt.

II. Die Aufgabenverteilung innerhalb der Kartell- und Regulierungs- bzw. Energieaufsichtsbehörden

1. Die Verteilung der Zuständigkeiten innerhalb der Regulierungs- und Energieaufsichtsbehörden

a) Die Abgrenzung der Zuständigkeiten zwischen BNetzA und Landesregulierungsbehörden

Wie sich die Zuständigkeit der Landesregulierungsbehörden von derjenigen der BNetzA abgrenzt, regelt § 54 Abs. 2 EnWG. Danach obliegt den **Landesregulierungsbehörden** grundsätzlich der **Vollzug** der in § 54 Abs. 2 S. 1 Nr. 1 bis Nr. 9 EnWG genannten Aufgaben, soweit EVU betroffen sind, an deren Elektrizitäts- bzw. Gasverteilernetz jeweils **weniger als 100.000 Kunden** unmittelbar oder mittelbar **angeschlossen** sind. 12

5 http://ec.europa.eu/about/ds_de.htm.
6 http://www.monopolkommission.de/aufgaben.html.

13 Den Landesregulierungsbehörden obliegt damit bspw.
- die **Genehmigung der Entgelte** für den Netzzugang (§ 54 Abs. 2 S. 1 Nr. 1 EnWG),
- die **Genehmigung** oder **Festlegung** im Rahmen der Bestimmung der **Entgelte für den Netzzugang** im Wege der **Anreizregulierung** nach § 21 a EnWG (§ 54 Abs. 2 S. 1 Nr. 2 EnWG) und
- die Überwachung der Vorschriften zur **Entflechtung** (§ 54 Abs. 2 S. 1 Nr. 4 EnWG).

14 Im Gesetzgebungsverfahren zum EnWG 2005 hatte sich allerdings abgezeichnet, dass vor allem **Stadtstaaten und kleinere Flächenländer** sich nicht dazu in der Lage sahen, die für den Aufgabenvollzug notwendige Behördeninfrastruktur zu schaffen. Der Bundesrat schlug deshalb vor, dass Länder durch Verwaltungsvereinbarung die **gemeinsame Einrichtung einer Regulierungsbehörde** mit anderen Ländern oder aber die **Erledigung von Regulierungsaufgaben durch die Regulierungsbehörde eines anderen Landes** vereinbaren können.[7] Da aber für die Wahrnehmung der Regulierungsaufgaben im Energiebereich auf Bundesebene ohnehin eine größere neue Verwaltungseinheit geschaffen werden musste, erschien es zweckmäßiger, der **BNetzA** im Wege der sog. **Organleihe** die Wahrnehmung der Aufgaben von Landesregulierungsbehörden zu übertragen.[8] Von der Möglichkeit der Organleihe haben die **Länder Berlin, Bremen, Mecklenburg-Vorpommern, Niedersachsen, Schleswig-Holstein** und **Thüringen** in der Folgezeit Gebrauch gemacht.[9]

15 Die **Organleihe** führt nicht zur Zuständigkeitsverlagerung auf die BNetzA, sondern lediglich dazu, dass die **BNetzA** zur Erfüllung von Landesaufgaben gegen Kostenersatz **„entliehen"** wird.[10] Entscheidungen der BNetzA im Organleihebereich sind daher landesbehördliche Entscheidungen.[11] Die **Rechts- und Fachaufsicht** verbleibt bei den zuständigen Landesbehörden. **Beschwerdegericht** gegen Entscheidungen der BNetzA im Organleihebereich ist das im jeweiligen Land **zuständige Oberlandesgericht**, nicht dagegen das für die Entscheidungen der BNetzA zuständige OLG Düsseldorf.[12]

16 Soweit keine Organleihe vorliegt, grenzt sich die Zuständigkeit von Landesregulierungsbehörde und BNetzA wie folgt ab: Sind an das betroffene Netz **mehr als 100.000 Kunden** unmittelbar oder mittelbar angeschlossen, ist automatisch die **Zuständigkeit der BNetzA** eröffnet. Ein **unmittelbarer Anschluss** liegt dabei dann

7 BT-Drucks. 15/3917, S. 93.
8 Schneider/Theobald/*Franke*, § 19 Rn 5.
9 BNetzA/*Kurth*, Info-Brief 1/2005, http://www.bundesnetzagentur.de.
10 BerlK-EnR/*Schmidt-Preuß*, § 54 EnWG Rn 21.
11 Schneider/Theobald/*Franke*, § 19 Rn 5.
12 BGH, Beschl. v. 29.11.2008, – KVR 30/07 –; a. A. OLG Düsseldorf, Beschl. v. 28.3.2007 – VI-3 Kart. 2/07 (V) –.

vor, wenn der Anschlussnehmer mit dem Elektrizitäts- oder Gasversorgungsnetz unmittelbar verbunden ist. Ein **mittelbarer Anschluss** liegt demgegenüber dann vor, wenn es sich um eine abgeleitete Besitzberechtigung wie bspw. im Falle der Miete handelt.[13] Maßgeblich für die Feststellung, ob die **100.000-Kunden-Grenze** überschritten ist oder nicht, sind gem. § 54 Abs. 2 S. 3 EnWG die **Verhältnisse am 31. Dezember** eines jeden Jahres jeweils für die Dauer des folgenden Jahres.

Die Zuständigkeit der BNetzA ist unabhängig von dem 100.000-Kunden- 17
Kriterium jedoch stets dann gegeben, wenn das **Elektrizitäts- oder Gasverteilernetz räumlich über das Gebiet eines Bundeslandes** hinausreicht. Darüber hinaus ist die BNetzA, ohne dass es auf das 100.000-Kunden-Kriterium ankommt, für die **Regulierung der Elektrizitäts- und Ferngasnetze** sowie für den **Netzanschluss von Biogasanlagen** zuständig. Letztere Zuständigkeit wurde der BNetzA im Rahmen der jüngsten Novellierung des EnWG zugewiesen. Der Gesetzgeber wollte hierdurch die *„vergleichbare Behandlung vergleichbarer Fälle"* gewährleisten.[14] Mit der Regelung wird nach Auffassung des Gesetzgebers garantiert, dass die Anschlussentscheidung nicht allein durch die Entscheidung für das „günstigere" System der Verwaltungspraxis entschieden wird. Zudem sollen parallele Verfahren vor verschiedenen Regulierungsbehörden und Gerichten vermieden werden.[15]

Der **BNetzA** obliegt schließlich stets der Vollzug energierechtlicher Vorschriften, 18
soweit eine Vorschrift ihr dies ausdrücklich zuweist. Dies ist bspw. im Fall des Vollzugs des europäischen Rechts nach § 56 EnWG gegeben. Nach § 56 EnWG nimmt die BNetzA die Aufgaben wahr, die den Regulierungsbehörden der Mitgliedstaaten mit den Rechtsakten der VO (EG) Nr. 714/2009, VO (EG) Nr. 715/2009 und der VO (EG) Nr. 994/2010 übertragen worden sind. Die BNetzA ist derzeit für alle Fragen im Zusammenhang mit

- den **Netzzugangsbedingungen beim grenzüberschreitenden Stromhandel,**
- den Bedingungen für den **Netzzugang zu den Erdgasfernleitungsnetzen** sowie
- im Zusammenhang mit Maßnahmen zur Gewährleistung einer **sicheren Erdgasversorgung** zuständig.

Darüber hinaus obliegt der **BNetzA** gem. § 54 Abs. 3 EnWG eine **Feststellungs-** 19
kompetenz für solche Fälle, in denen zur Wahrung gleichwertiger wirtschaftlicher Verhältnisse eine bundesweit einheitliche Festlegung erforderlich ist. Dies betrifft ausweislich der in § 54 Abs. 3 S. 3 EnWG enthaltenen beispielhaften Aufzählung (*„insbesondere"*) die Festlegung von Preisindizes, Eigenkapitalzinssätzen und Vorgaben zur Erhebung von Vergleichsparametern zur Ermittlung der Effizienzwerte.

---

13 BerlK-EnR/*Schmidt-Preuß*, § 54 EnWG Rn 11.
14 BT-Drucks. 17/6072, S. 89.
15 BT-Drucks. 17/6072, S. 89.

b) Die Abgrenzung der Zuständigkeiten zwischen BNetzA, Landesregulierungsbehörde und Energieaufsichtsbehörde

20 Die **Energieaufsichtsbehörden** nehmen die ihnen im EnWG zugewiesenen energiewirtschaftlichen und energietechnischen **Aufsichtsfunktionen** über **EVU** wahr. Anders als die Landesregulierungsbehörden dürfen sie dabei nicht auf die Verfahrensregelungen in den §§ 55 ff. EnWG zurückgreifen. Die Energieaufsichtsbehörden handeln vielmehr nach den Verfahrensgrundsätzen der Landesverwaltungsverfahrensgesetze.[16] Ihre Entscheidungen sind **Verwaltungsakte**, die vor den Verwaltungsgerichten anzufechten sind.

21 Soweit die **Energieaufsicht regulierungsrechtliche Sachverhalte** tangiert, haben die Energieaufsichtsbehörden eng mit den Landesregulierungsbehörden bzw. der BNetzA zusammenzuarbeiten. Die Zusammenarbeit zwischen der BNetzA, den Landesregulierungsbehörden und den nach Landesrecht zuständigen Behörden, d.h. den Energieaufsichtsbehörden, regelt § 55 EnWG sowie § 58 Abs. 1 S. 2 EnWG.

22 § 55 Abs. 1 S. 2 EnWG enthält eine verfahrensbezogene **Benachrichtigungspflicht der BNetzA** gegenüber den Landesregulierungsbehörden, soweit sie ein Verfahren eingeleitet hat, Ermittlungen durchgeführt oder ein Verfahren abgeschlossen hat.[17] Eine entsprechende Benachrichtigungspflicht seitens der Landesregulierungsbehörde existiert demgegenüber nicht.

23 Soweit die **Energieaufsichtsbehörde** ein Verfahren nach § 4 EnWG oder § 36 Abs. 2 EnWG eingeleitet oder nach diesen Bestimmungen Ermittlungen durchführt oder ein Verfahren abgeschlossen hat, benachrichtigt sie hierüber unverzüglich die BNetzA, soweit deren Aufgabenbereich betroffen ist. Die gesetzliche Regelung betrifft zum einen die **Genehmigungspflicht der Betriebsaufnahme**, zum anderen das **Verfahren zur Feststellung des Grundversorgers.**

24 Der sachliche Anwendungsbereich des § 55 Abs. 2 EnWG geht nach allgemeiner Auffassung aber weiter. Da der Netzausbau vor allem im Bereich der Übertragungs- und Fernleitungsnetze seit der Einführung der **Anreizregulierung** auf der Grundlage von genehmigten **Investitionsbudgets** finanziert wird, ist auch hier ein wechselseitiger Austausch zwischen **Energieaufsichtsbehörde als Planfeststellungsbehörde und Regulierungsbehörde** geboten.[18] Entsprechend ist in vergleichbaren Sachverhalten immer an eine enge Abstimmung mit der zuständigen Regulierungsbehörde zu denken.

---

16 BerlK-EnR/*Schmidt-Preuß*, § 55 EnWG Rn 13.
17 BerlK-EnR/*Schmidt-Preuß*, § 55 EnWG Rn 9.
18 Schneider/Theobald/*Franke*, § 19 Rn 16.

2. Die Abgrenzung der Zuständigkeiten innerhalb der Kartellbehörden

Gem. § 48 Abs. 2 GWB obliegt dem **BKartA** der Vollzug kartellrechtlicher Vorschriften, wenn die Wirkung des **wettbewerbsbeschränkenden oder diskriminierenden Verhaltens** oder einer **Wettbewerbsregel** über das Gebiet eines Landes hinausreicht, soweit das GWB die Aufgabe nicht dem Zuständigkeitsbereich einer bestimmten Kartellbehörde zuweist. 25

Hierdurch wird eine **Regelzuständigkeit** der obersten Landesbehörde als Kartellbehörde begründet, soweit keine **Spezialzuweisung** vorliegt bzw. die Zuständigkeit des BKartA nicht aufgrund des in § 48 Abs. 2 GWB enthaltenen **Auswirkungsprinzips** begründet ist. 26

Eine **Spezialzuweisung** an das BKartA liegt bspw. im Fall der **Fusionskontrolle**, mit Ausnahme der dem Bundeswirtschaftsminister vorbehaltenen **Ministererlaubnis** nach § 42 GWB, vor. Eine weitere ausschließliche Zuständigkeit des BKartA ergibt sich aus § 50b GWB im Fall der Zusammenarbeit mit der Europäischen Kommission bzw. mit den Wettbewerbsbehörden anderer Mitgliedstaaten. 27

Im Übrigen ist das BKartA zuständig, soweit sich die **Wettbewerbsbeschränkung** auf mehrere Bundesländer auswirkt. Maßgeblich ist, dass sich das Verhalten, das sich den Verdacht einer **Verletzung kartellrechtlicher Verbotsnormen** ausgesetzt hat, tatsächlich auf einen räumlich über das Gebiet eines Bundeslandes hinausreichenden **sachlichen Markt** bezieht und auf diesen Markt Auswirkungen hat.[19] 28

Eine Besonderheit sieht § 49 GWB vor. § 49 Abs. 3 und Abs. 4 GWB begründet die Möglichkeit der **Abgabe auf Antrag**. Soweit nach der **Zuständigkeitsregel** des § 48 Abs. 2 GWB die oberste Landesbehörde als Kartellbehörde zuständig ist, kann diese die Sache gem. § 49 Abs. 3 GWB auf Antrag an das BKartA abgeben, soweit dies auf Grund der Umstände der Sache angezeigt ist. Die Entscheidung steht im **Ermessen** der obersten Landesbehörde. Es handelt es sich nach der Entscheidung des **Kammergerichts Berlin** und des **BGH** um einen **verwaltungsinternen Akt ohne Außenwirkung**. Die Abgabeentscheidung ist folglich nicht isoliert anfechtbar.[20] 29

Im umgekehrten Fall kann das BKartA auf Antrag die Sache an die oberste Landesbehörde als Kartellbehörde abgeben, wenn dies auf Grund der Umstände der Sache angezeigt ist. Die Abgabe begründet die Zuständigkeit der jeweils annehmenden Behörde neu. Der Gesetzgeber hat hierdurch die **Zuständigkeitsverteilung** zwischen den **Wettbewerbsbehörden des Bundes** und der **Länder** flexibilisiert, um zu ermöglichen, dass die am besten geeignete Behörde den jeweiligen Fall behandeln und über ihn entscheiden kann.[21] 30

---

19 *Bechtold*, § 48 Rn 6; BGH WuW/E 2953, 2955 „Gasdurchleitung".

20 KG, Beschl. v. 28.4.2008 – 2 Kart. 1/08 –; bestätigt durch BGH, Beschl. v. 25.9.2008 – KVZ 32/08 –.

21 Langen/Bunte/*Schneider*, § 49 GWB Rn 9.

31 Von dieser gesetzlichen Möglichkeit, d.h. der Abgabe auf Antrag, hat das **BKartA** im Zusammenhang mit der Überprüfung des Verfahrens um den **Neuabschluss von Konzessionsverträgen** und im Fall von **überhöhten Konzessionsabgaben** in der Vergangenheit vermehrt Gebrauch gemacht. So wurden zahlreiche Verfahren auf Antrag des BKartA von der jeweiligen Landeskartellbehörde abgegeben.[22]

32 Soweit die Zuständigkeit des BKartA oder der obersten Landesbehörde als Kartellbehörde begründet ist, obliegt dieser nicht nur der Vollzug des nationalen Kartellrechts. Ausweislich § 50 GWB sind das BKartA und die obersten Landesbehörden auch für die **Anwendung europäischer Wettbewerbsvorschriften** der Art. 101 bzw. 102 AEUV zuständig.

III. Die Abgrenzung der Zuständigkeitsbereiche zwischen Regulierungs- und Kartellbehörden

1. Die Abgrenzung nach § 111 EnWG

33 Nach § 111 Abs. 2 EnWG sind die §§ 19, 20 und 29 GWB nicht anzuwenden, soweit durch das EnWG oder einer aufgrund des EnWG erlassenen Rechtsverordnung ausdrücklich **abschließende Regelungen** getroffen werden. Im Übrigen bleiben die Aufgaben der Kartellbehörden unberührt.

34 § 111 EnWG grenzt die **Aufsichtsbefugnisse** der Kartell- und Regulierungsbehörden für energierechtliche Sachverhalte voneinander ab. § 111 EnWG dient dabei dem Zweck, eine sich **überschneidende Gemengelage** von energie- und kartellrechtlichen Verbotsvorschriften sowie etwaigen **Doppelzuständigkeiten** zu vermeiden.[23] Das in diesem Zusammenhang begründete **Exklusivitätsverhältnis** wird in § 130 Abs. 3 GWB bestätigt. Danach stehen die Vorschriften des Energiewirtschaftsgesetzes der Anwendung der §§ 19, 20 und 29 GWB nicht entgegen, soweit in § 111 EnWG keine andere Regelung getroffen ist.

35 Welche Aufgaben den **Regulierungsbehörden** zugewiesen sind, bestimmt § 111 Abs. 2 EnWG. Danach sind jedenfalls die für den Vollzug von Teil 3 und den auf Grundlage dieser Bestimmungen erlassenen Rechtsverordnungen abschließend die Regulierungsbehörden zuständig. Hierunter fallen also alle Vorschriften, die die **Regulierung des Netzbetriebs** betreffen.

36 Außerhalb regulatorischer Sachverhalte bleibt es den Kartellbehörden unbenommen, weiterhin tätig zu werden. Dies betrifft auch den Bereich der **Wegenut-**

---

22 BKartA, Beschl. v. 3.6.2009 – B 10-71/08 – „GGEW" Rn 13; BKartA, Beschl. v. 16.9.2009 – B 10-11/09 – „Gasversorgung Ahrensburg" Rn 25; BKartA, Beschl. v. 17.9.2009 – B 10-74/08 – „Stadtwerke Torgau" Rn 17; BKartA, Beschl. v. 18.10.2011 – B 10-6/11 – „Große Kreisstadt Dinkelsbühl" Rn 19; BKartA, Beschl. v. 21.11.2011 – B 10-17/11 – „Stadt Markkleeberg" Rn 15.

23 BerlK-EnR/*Säcker/Meinzenbach*, § 111 EnWG Rn 2.

zungsverträge. Neben § 130 Abs. 3 GWB stellt dies § 46 Abs. 5 EnWG ausdrücklich klar.

2. Die Zuständigkeitsverteilung zwischen Kartell- und Regulierungsbehörden im Bereich der Wegenutzungsverträge

a) Die Zuständigkeit von Kartell- und/oder Regulierungsbehörde im Verfahren um die Vergabe von Konzessionsverträgen und beim Wechsel des Konzessionsnehmers

Im Verfahren um die **Vergabe des Konzessionsvertrages** und den **Wechsel des** 37 **Konzessionsnehmers** können nach Auffassung von BKartA und BNetzA sowohl kartellrechtliche als auch regulatorische Sachverhalte betroffen sein.

Ausweislich des **Gemeinsamen Leitfadens** ist für eine Zuständigkeit der Regu- 38 lierungsbehörden maßgeblich darauf abzustellen, ob der Anspruch einen **engen regulatorischen Bezug** aufweist.[24] Dies sei nach Auffassung von BKartA und BNetzA im Fall des § 46 Abs. 2 S. 2 EnWG gegeben. Dem kann allerdings entgegengehalten werden, dass sich weder aus dem Wortlaut noch aus der systematischen Stellung des § 46 Abs. 2 S. 2 EnWG Hinweise entnehmen lassen, dass bei der Bemessung der wirtschaftlich angemessenen Vergütung auf die Vorschriften der **Netzentgeltregulierung** und insbesondere der **Netzentgeltverordnungen** zurückzugreifen ist.

Sachverhalte, die die Zuständigkeit der Kartellbehörden begründen, können 39 grundsätzlich im **Konzessionsvergabeverfahren** entstehen.[25]

Zunächst verpflichtet § 46 I EnWG die **Gemeinde**, ihre **öffentlichen Verkehrs-** 40 **wege diskriminierungsfrei** für den Betrieb von Energieleitungen zur Verfügung zu stellen. Diese Regelung erfasst auch die **Konzessionsverträge** i.S.d. § 46 Abs. 2 EnWG. Die Gemeinde ist daneben gem. § 46 Abs.3 S. 5 EnWG verpflichtet, im Rahmen des **Konzessionsvergabeverfahrens** die Ziele des § 1 EnWG zu beachten. Das bedeutet, sie muss zu einer

- sicheren,
- preisgünstigen,
- verbraucherfreundlichen,
- effizienten und

---

24 Gemeinsamer Leitfaden von BKartA und BNetzA zur Vergabe von Strom- und Gaskonzessionen und zum Wechsel des Konzessionsnehmers vom 15.12.2010, Rn 10.

25 So Gemeinsamer Leitfaden von BKartA und BNetzA zur Vergabe von Strom- und Gaskonzessionen und zum Wechsel des Konzessionsnehmers vom 15.12.2010, Rn 10 und Ministerium für Umwelt, Klima und Energiewirtschaft Baden-Württemberg, Positionspapier Konzessionsvergabe des Ministeriums für Umwelt, Klima und Energiewirtschaft Baden-Württemberg als Landeskartellbehörde Energie zur Beteiligung von Gemeinden an Gemeinschaftsunternehmen mit Energieversorgungsunternehmen sowie zu Pachtmodellen im Zusammenhang von wegerechtsbezogenen Konzessionsvergaben im Strom- und Gassektor vom 5.12.2011, S. 10.

- umweltverträglichen
  leitungsgebundenen Energieversorgung beitragen und unter diesen Maßstäben einen Wettbewerb um Netze eröffnen.

41 Die **Gemeinde** nimmt bei der Vergabe der Konzession zudem eine **marktbeherrschende Stellung** ein. Nur ihr steht das Recht zu, für das Gemeindegebiet die Konzession zu vergeben. Ausweislich des Gemeinsamen Leitfadens können in diesem Zusammenhang deshalb die **kartellrechtlichen Regelungen** der §§ 1, 19, 20 Abs. 1, 21 Abs. 2 GWB sowie die Art. 101 und 102 AEUV eine Rolle spielen.[26]

42 Nach Auffassung der **Landeskartellbehörde Baden-Württemberg** wirken sich neben den energiewirtschaftlichen und kartellrechtlichen Vorgaben auch die Regelungen der **Konzessionsabgabenverordnung** auf die Vorbereitung und das Verfahren um die Vergabe von Konzessionsverträgen aus.[27]

43 Soweit es folglich um das **Konzessionsvergabeverfahren** geht, ist die Zuständigkeit der Kartellbehörde für die dort auftretenden Sachverhalte gegeben. Regulierungsrechtliche Vorschriften sind demgegenüber nicht betroffen.

b) Zuständigkeit der Kartell- oder Regulierungsbehörden im Fall von überhöhten Konzessionsabgaben?

44 Ein Streit zwischen **OLG Düsseldorf** und dem **BKartA** hat sich zur Frage der Zuständigkeit des BKartA bei **Behinderungsmissbräuchen** im Falle von überhöhten Konzessionsabgaben entbrannt.

45 In der Sache geht es um die Frage, ob der **Netzbetreiber** in Fällen von **Gaslieferungen an Letztverbraucher durch Dritte** dem Netznutzungsentgelt, das der Dritte für die Durchleitung zu zahlen hat, die Konzessionsabgabe entsprechend einer im Konzessionsvertrag festgelegten Mengengrenze für die Einstufung als Lieferungen an Tarifkunden oder aber stets nur die Konzessionsabgabe für Sondervertragskunden hinzurechnen darf.

46 Das **BKartA** hatte sich für diese Fälle gem. § 48 Abs. 2 S. 1 GWB als originär zuständig angesehen. Die von der Beteiligten praktizierte **Hinzurechnung überhöhter Konzessionsabgaben** zum **Durchleitungsentgelt** wirke sich zum einen behindernd auf die Gaslieferungen von Drittlieferanten aus anderen Bundesländern in

---

26 Gemeinsamer Leitfaden von BKartA und BNetzA zur Vergabe von Strom- und Gaskonzessionen und zum Wechsel des Konzessionsnehmers vom 15.12.2010, Rn 11.

27 Ministerium für Umwelt, Klima und Energiewirtschaft Baden-Württemberg, Positionspapier Konzessionsvergabe des Ministeriums für Umwelt, Klima und Energiewirtschaft Baden-Württemberg als Landeskartellbehörde Energie zur Beteiligung von Gemeinden an Gemeinschaftsunternehmen mit Energieversorgungsunternehmen sowie zu Pachtmodellen im Zusammenhang von wegerechtsbezogenen Konzessionsvergaben im Strom- und Gassektor vom 5.12.2011.

das Versorgungsgebiet der Beteiligten aus. Die Hinzurechnung wirke zudem behindernd auf die Nachfrage nach **Ausspeisekapazität** aus dem vorgelagerten Netz.[28]

Demgegenüber hat das **OLG Düsseldorf** die Zuständigkeit der Kartellbehörden für diese Frage klar verneint. Für Fälle des **Behinderungsmissbrauchs eines Netzbetreibers** seien ausschließlich die **Regulierungsbehörden** und **nicht die Kartellbehörden** zuständig.[29] Eine dem § 19 Abs. 4 Nr. 1 GWB entsprechende Regelung zum Behinderungsmissbrauch enthalte § 30 Abs. 1 S. 2 Nr. 2 EnWG. Hiernach sei den Betreibern von Energieversorgungsnetzen ein **Missbrauch ihrer Marktstellung verboten.** Ein solcher liege insbesondere dann vor, wenn ein Betreiber von Energieversorgungsnetzen andere Unternehmen unmittelbar oder mittelbar unbillig behindern oder deren Wettbewerbsmöglichkeiten ohne sachlich gerechtfertigten Grund erheblich beeinträchtigen würde. 47

Die daraus resultierende **Doppelzuständigkeit** von Kartell- und Regulierungsbehörden werde nach Auffassung des Gerichts durch die Regelung in § 130 Abs. 3 GWB i.V.m. § 111 Abs. 1 EnWG **zu Gunsten der Regulierungsbehörde** gelöst. Wie der Gesetzgeber durch § 111 Abs. 2 EnWG klargestellt habe, sind abschließende Regelungen die Bestimmungen des Teils 3 des EnWG. Hierunter falle auch § 30 EnWG. Folglich sind nach Auffassung des **OLG Düsseldorf** im Falle von überhöhten Konzessionsabgaben grundsätzlich die Regulierungsbehörden zuständig. 48

Der von dem **OLG Düsseldorf** vertretenen Auffassung kann allerdings entgegengehalten werden, dass es sich bei der Konzessionsabgabe um ein **privatrechtliches Entgelt** handelt, das der Netzbetreiber der Gemeinde für die **Einräumung des Wegenutzungsrechtes** zahlt. Das Entgelt, d.h. die Konzessionsabgabe, ist auch nicht reguliert. **Konzessionsabgaben** werden zwischen der **Gemeinde** und dem **Netzbetreiber vereinbart** und sind der **Höhe** nach durch die Vorschriften der **KAV** begrenzt, nicht aber durch regulatorische Vorgaben des EnWG. 49

Eine endgültige Klärung dieser Frage wird der **BGH** vornehmen müssen. Da gegen den Beschluss des **OLG Düsseldorf** Rechtsbeschwerde eingelegt wurde, wird dies in absehbarer Zeit der Fall sein. 50

c) Das Vorgehen beim Handeln der unzuständigen Behörde

Soweit die handelnde Behörde tatsächlich unzuständig ist, hat der Betroffene die **Unzuständigkeitsrüge** nach § 55 Abs. 1 GWB bzw. § 66a Abs. 1 EnWG zu erheben. Wird die Rüge erhoben, muss die Behörde zunächst über ihre Zuständigkeit vorab entscheiden. Die Entscheidung kann selbständig mit dem Rechtsmittel der **Beschwerde** angegriffen werden. Nach Auffassung des **OLG Düsseldorf** hat der Betroffene die Rüge allerdings bis zum Abschluss des **Behördenverfahrens** zu erhe- 51

28 BKartA, Beschl. v. 16.9.2009 – B 10 – 11/09 – „Gasversorgung Ahrensburg".
29 OLG Düsseldorf, Beschl. v. 19.10.2011 – VI-3 Kart. 1/11 (V) –.

ben.[30] Tut er dies nicht, kann er sein Rechtsmittel gegen die Behördenentscheidung nicht mehr auf die Unzuständigkeit stützen. Dies regle § 55 Abs. 2 GWB bzw. § 66a Abs. 2 EnWG.

52 Etwas anderes gilt lediglich dann, wenn die Unzuständigkeit **evident** und die angefochtene **Entscheidung** daher **nichtig** i.S.v. § 44 VwVfG ist. Dazu muss eine **absolut sachliche Unzuständigkeit** vorliegen, d.h. die mit dem Verwaltungsakt geregelte Angelegenheit darf unter **keinerlei sachlichen Gesichtspunkten** einen Bezug zum Aufgabenbereich der handelnden Behörde haben. Soweit es um einen **Behinderungsmissbrauch** nach EnWG oder GWB geht, kann dies nach Auffassung des **OLG Düsseldorf** aber nicht der Fall sein, weil die entsprechenden Vorschriften des EnWG bzw. GWB zum Behinderungsmissbrauch von ihrem Tatbestand her gleichzeitig auf denselben Sachverhalt Anwendung finden können.[31]

53 Soweit der Betroffene die Unzuständigkeit der Behörde nicht bis zum Abschluss des Verwaltungsverfahrens gerügt hat, ist auch das **Beschwerdegericht** an die hierdurch begründete Zuständigkeit der vermeintlich unzuständigen Behörde gebunden.

IV. Das Verfahren vor den Kartell- bzw. den Regulierungsbehörden

54 Soweit im Einzelfall eine **Zuständigkeit der Regulierungs- bzw. Kartellbehörden** oder der **Energieaufsichtsbehörden** begründet ist, stellt sich die Frage, wie das Verfahren grundsätzlich ausgestaltet ist. Umfangreiche Regelungen zum Verfahren vor den Regulierungs- und Kartellbehörden enthalten sowohl das EnWG als auch das GWB in den §§ 65ff. EnWG und §§ 54ff. GWB. Die **Energieaufsichtsbehörden** handeln demgegenüber auf der Grundlage der **Landesverwaltungsverfahrensgesetze**. Die Verfahrensvorschriften der §§ 65 ff. EnWG sind auf sie nicht anwendbar.

55 Am Anfang steht die Entscheidung über die **Verfahrenseinleitung**. Gem. § 66 EnWG bzw. § 54 Abs. 1 S. 1 GWB leitet die Regulierungs- bzw. Kartellbehörde ein **Verfahren von Amts wegen** oder auf **Antrag** ein. Bei der Entscheidung, ob ein Verfahren eingeleitet werden soll oder nicht, steht den Behörden ein sog. **Aufgreifermessen** zu. Das Aufgreifermessen hat insbesondere auch die Überlegung zu berücksichtigen, inwieweit **effektiver Rechtsschutz** im Einzelfall besser vor den Zivilgerichten erlangt werden kann.

56 Wurde ein Verfahren eingeleitet, enthält Teil 8 des EnWG bzw. der 3. Teil des GWB Regelungen zu den **Ermittlungsbefugnissen** und den **Verfahrensabläufen**. Grundsätzlich ist dem Betroffenen das vorgeworfene Verhalten zu erläutern und ihm Gelegenheit zur Stellungnahme zu geben. Sowohl im Kartellverwaltungs- als auch

30 OLG Düsseldorf, Beschl. v. 19.10.2011 – VI-3 Kart. 1/11 (V) – Rn 57.
31 OLG Düsseldorf, Beschl. v. 19.10.2011 – VI-3 Kart. 1/11 (V) – Rn 62.

im Verfahren vor den Regulierungsbehörden gilt gem. § 57 Abs. 1 GWB bzw. § 68 Abs. 1 EnWG der **Amtsermittlungsgrundsatz.**

Liegen zunächst nur **Anhaltspunkte für ein missbräuchliches Verhalten** vor, 57
müssen u. U. noch Vorermittlungen durch die Behörden erfolgen. Hierzu räumt das EnWG bzw. das GWB den Regulierungs- bzw. Kartellbehörden umfangreiche **Ermittlungsbefugnisse** ein. Hierzu gehören:

- das **Auskunfts- und Herausgabeverlangen** nach § 69 Abs. 1, Abs. 2 EnWG bzw. § 59 Abs. 1 Nr. 1 und Nr. 2 GWB,
- das **Einsichts- und Prüfungsrecht** gem. § 69 Abs. 1 Nr. 3 EnWG bzw. § 59 Abs. 1 Nr. 3 GWB sowie
- das **Durchsuchungsrecht** nach § 69 Abs. 4 EnWG bzw. § 59 Abs. 4 GWB.

Ein häufig eingesetztes Mittel der **Kartellbehörden** zur Sachverhaltsaufklärung ist 58
der **Auskunftsbeschluss** nach § 59 Abs. 1 S. 1 Nr. 1 GWB. Zur Auskunft ist dabei jedes Unternehmen unabhängig von seiner Rechtsform verpflichtet. So hat der **BGH** jüngst auch eine **Auskunftsverpflichtung** eines Zweckverbandes, d.h. einer Körperschaft des öffentlichen Rechts, bejaht, der Trinkwasser auf der Grundlage eines Anschluss- und Benutzungszwangs und einer Gebührensatzung liefert. Auch eine Körperschaft des öffentlichen Rechts sei Unternehmen i.S.d. § 59 Abs. 1 GWB und nach dieser Vorschrift zur Auskunft über ihre wirtschaftlichen Verhältnisse verpflichtet.[32]

Gem. § 71 EnWG bzw. § 30 VwVfG hat der Betroffene bei der Vorlage von Unter- 59
lagen diejenigen Teile zu kennzeichnen, die **Betriebs- und Geschäftsgeheimnisse** enthalten. Soweit die Unterlagen solche enthalten, muss zusätzlich eine **geschwärzte Fassung** vorgelegt werden. Erfolgt dies nicht, geht die Regulierungs- bzw. Kartellbehörde regelmäßig von der **Zustimmung zur Einsichtnahme** in das Ursprungsdokument aus.[33]

Das Verfahren endet entweder durch **Einstellung** oder durch **Erlass einer Ver-** 60
fügung. Daneben kann sowohl die Regulierungsbehörde als auch die Kartellbehörde **vorläufige Anordnungen** gem. § 72 EnWG bzw. § 60 GWB treffen. Im Kartellrecht gibt es darüber hinaus die Besonderheit der sog. **Verpflichtungserklärung** nach § 32b GWB.

§ 32 GWB begründet das Recht der Kartellbehörden,[34] gegen den sich kartell- 61
rechtlich missbräuchlich Verhaltenden vorzugehen. Hier kommt insbesondere der

32 BGH, Urt. v. 18.10.2011 – KVR 9/11 – „Niederbarnimer Wasserverband".

33 Wissmann/Dreyer/Witting/*Wissmann*, § 3 Rn 605 ff.

34 Kartellbehörden sind nach § 48 Abs. 1 GWB das BKartA, das BMWi sowie die nach Landesrecht zuständigen obersten Landesbehörden (Landeskartellbehörde). § 48 Abs. 2 GWB enthält eine Zuständigkeitsregel. Danach sind die Landeskartellbehörden zuständig, soweit die Wirkung des wettbewerbsbeschränkenden oder diskriminierenden Verhaltens [...] nicht über das Gebiet eines Landes hinausreicht.

Erlass einer **Abstellungsverfügung** in Betracht. Seit der 7. GWB-Novelle[35] ist die Verfügung nicht mehr nur auf die Untersagung des betreffenden Verhaltens gerichtet. Die Kartellbehörde kann nach § 32 Abs. 2 GWB vielmehr auch positiv alle Maßnahmen aufgeben, die für eine wirksame Abstellung erforderlich sind (**Gebotsverfügung**).

62 Der Betroffene kann diese Rechtsfolgen durch **Verpflichtungserklärung** gem. § 32b GWB abwenden. Bei der Verpflichtungserklärung geht es um eine **konsensuale Lösung** des Konflikts zwischen Kartellbehörde und dem Betroffenen.[36] Danach kann der Betroffene Zusagen gegenüber der Kartellbehörde machen. Die Zusagen können **verhaltensorientierter oder struktureller Art** sein. Sie müssen geeignet sein, die mitgeteilten kartellrechtlichen Bedenken zu zerstreuen.[37] Das Instrument der Verpflichtungserklärung kam in jüngster Zeit vermehrt im Zusammenhang mit Ermittlungen des BKartA bei Wettbewerbsverstößen im Rahmen der Vergabe von Konzessionsverträgen zur Anwendung.[38] So wurden alle bislang bekannt gewordenen Kartellverfahren regelmäßig nach einer **Verpflichtungszusage der betroffenen Gemeinde** eingestellt

63 Soweit eine Verfügung ergeht, ist diese gem. § 73 Abs. 1 S. 1 EnWG bzw. § 61 Abs. 1 S. 1 GWB zu begründen und mit einer Rechtsmittelbelehrung zu versehen. Die Verfügung ist den Beteiligten nach den **Regelungen des Verwaltungszustellungsgesetzes** zuzustellen. Eine Verfahrenseinstellung ist demgegenüber den Beteiligten lediglich schriftlich mitzuteilen, § 73 Abs. 2 EnWG bzw. § 61 Abs. 2 GWB.

C. Zuständigkeit der Gerichte

64 Die Zuständigkeit der Zivilgerichte kann sich unter zwei Voraussetzungen ergeben. Zum einen kann eine Verfügung der Kartell- bzw. Regulierungsbehörde mit dem Rechtsmittel der **Beschwerde** angegriffen werden. Unabhängig davon ist es dem Betroffenen aber zum anderen auch möglich, parallel zu dem Verfahren vor den Kartell- und Regulierungsbehörden, Rechtsschutz vor den **Zivilgerichten** zu suchen.[39]

---

35 BGBl. I S. 2114.

36 Langen/Bunte/*Bornkamm*, § 32b GWB Rn 1.

37 Langen/Bunte/*Bornkamm*, § 32b GWB Rn 7.

38 Vgl. nur BKartA, Beschl. v. 18.10.2011 – B 10-6/11 „Große Kreisstadt Dinkelsbühl"; BKartA, Beschl. v. 21.11.2011 – B 10-17/11 – „Markkleeberg".

39 Rechtsschutz gegen Verfügungen der Energieaufsichtsbehörden findet der Betroffene demgegenüber vor den Verwaltungsgerichten.

I. Rechtsschutz gegen Verfügungen der Kartell- und Regulierungsbehörden

Gegen Verfügungen der Kartell- bzw. Regulierungsbehörden ist gem. § 75 Abs. 1, Abs. 3 EnWG bzw. § 63 Abs. 1, Abs. 3 GWB die **Beschwerde** das statthafte Rechtsmittel. Die Beschwerde steht den am Verfahren vor den Kartell- bzw. Regulierungsbehörden Beteiligten zu, § 66 Abs. 2 EnWG, § 54 Abs. 2 GWB. Insoweit begründet die **formale Verfahrensbeteiligung** auch die Beschwerdebefugnis. Eine darüber hinausgehende Verletzung subjektiver Rechte bedarf es nicht.[40] 65

Gem. § 75 Abs. 4 EnWG bzw. § 63 Abs. 4 GWB entscheidet über die Beschwerde das für den Sitz der Behörde zuständige **Oberlandesgericht**. Im Fall von **Verfügungen des BKartA** bzw. der **BNetzA** ist Beschwerdegericht das **OLG Düsseldorf**. Dies folgt aus einer **Zuweisung des Landes Nordrhein-Westfalen** aus dem Jahr 1994.[41] 66

Das **Beschwerdegericht** entscheidet gem. § 83 Abs. 1 EnWG bzw. § 71 Abs. 1 GWB durch Beschluss nach seiner **freien, aus dem Gesamtergebnis des Verfahrens gewonnenen Überzeugung**. Gegen die Entscheidung des Beschwerdegerichts ist die **Rechtsbeschwerde** zum **BGH** zulässig, soweit die Rechtsbeschwerde durch das **OLG** zugelassen worden ist, § 86 Abs. 1 EnWG bzw. § 74 Abs. 1 GWB. 67

Andernfalls hat der Betroffene zunächst **Nichtzulassungsbeschwerde** gem. § 87 EnWG bzw. § 75 GWB zu erheben. Die Nichtzulassungsbeschwerde ist gem. § 87 Abs. 3 S. 1 EnWG bzw. § 75 Abs. 3 S. 1 GWB binnen einer **Frist von einem Monat** schriftlich bei dem **OLG** einzulegen. Die Frist beginnt grundsätzlich mit der förmlichen Zustellung der Entscheidung. 68

II. Rechtsschutz vor den Zivilgerichten

Wie eingangs erwähnt, steht es dem Betroffenen frei, eventuell bestehende Ansprüche aus der Verletzung von energie-, d.h. regulierungsrechtlichen, bzw. kartellrechtlichen Tatbeständen vor den Zivilgerichten durchzusetzen. Die **Verletzung regulierungs- bzw. kartellrechtlicher Tatbestände** hat zur Folge, dass der Betroffene **Unterlassungs-, Beseitigungs- und Schadenersatzansprüche** geltend machen kann. Dies ergibt sich bereits aus § 32 EnWG bzw. § 33 GWB, daneben aber auch aus dem BGB oder ggf. aus dem UWG. 69

Für **Rechtsstreitigkeiten**, die auf der Verletzung kartell- bzw. energierechtlicher, d.h. regulierungsrechtlicher, Normen basieren, sind gem. § 102 Abs. 1 EnWG bzw. § 87 GWB die Landgerichte ausschließlich zuständig. Dies gilt auch dann, soweit die Entscheidung des Rechtsstreits von einer kartell- bzw. energierechtlichen Vorfrage abhängig ist. 70

---

40 BerlK-EnR/*Stockmann*, § 75 EnWG Rn 6; Langen/Bunte/*Bunte*, § 63 Rn 24.

41 § 92 Abs. 1 S. 1 i.V.m. NRW VO v. 22.11.1994, GVBl. NRW S. 1067.

71 Für kartellrechtliche Streitigkeiten haben nahezu alle Länder von ihrer **Konzentrationsermächtigung** nach § 89 Abs. 1 GWB Gebrauch gemacht. Insoweit sind die jeweiligen **Spezialzuständigkeiten einzelner Landgerichte** zu beachten.[42]

72 Energie- bzw. kartellrechtliche Streitigkeiten sind **Handelssachen** i.S.v. §§ 93 bis 114 GVG. Innerhalb der Landgerichte sind damit die **Kammern für Handelssachen** zur Entscheidung berufen. Soweit dies der Kläger nicht bereits in der Klageschrift beantragt hat, kann der Rechtsstreit auf Antrag des Beklagten an die Kammer für Handelssachen verwiesen werden, § 98 Abs. 1 GVG. Der Antrag auf Verweisung des Rechtsstreits an die Kammer für Handelssachen ist allerdings nur vor der Verhandlung des Antragstellers zur Sache zulässig, § 101 Abs. 1 S. 1 GVG.

42 Siehe auch den Überblick zu § 89 GWB bei Langen/Bunte/*Bornkamm*, § 89 GWB Rn 3 bzw. BerlK-EnR/*Keßler*, § 103 EnWG Rn 3.

Kapitel 13
Ausblick

Die rechtlichen Probleme im Konzessionsvertrags- und Konzessionsabgabenrecht sind nach wie vor sehr komplex und vielschichtig. Sowohl die gesetzlichen Maßnahmen als auch das Einschreiten der Kartell- und Regulierungsbehörden hat hieran wenig geändert. 1

Möglicherweise werden die maßgeblichen Frage, wie insbesondere die Kaufpreishöhe und der Umfang der herauszugebenden Anlagen im Rahmen von Netzübernahmen, erst durch die höchstrichterliche Rechtsprechung endgültig beantwortet werden. 2

Verwundern kann dies nicht. Der zu beachtende Rechtsrahmen ist sehr vielschichtig. Denn die maßgeblichen Fragestellungen berühren neben dem Energierecht zahlreiche weitere Rechtsgebiete wie etwa das Kartellrecht, das öffentliche Recht oder das Zivilrecht. Komplexe Themen aus dem Arbeits- und dem Gesellschaftsrecht haben seit langem Einzug in das Konzessionsrecht gehalten. Sie gilt es ebenfalls zu bewältigen. 3

Neben den rechtlichen Fragen spielen auch steuerliche und betriebswirtschaftliche Fragestellungen eine erhebliche Rolle. Die mit konzessionsrechtlichen Fragestellungen immer häufiger befassten Gerichte sehen sich hier immer mehr Problemen ausgesetzt, die vielfach nur durch Einschaltung entsprechender Sachverständiger lösbar sein werden. 4

Leitfäden, Positionspapiere u. ä. mögen dem einen oder anderen eine Hilfestellung bieten. Sie können jedoch eine eigenständige Prüfung derjenigen, die sich mit der jeweiligen Fragestellung befassen bzw. befassen müssen, nicht ersetzen. Denn letztlich geben Leitfäden u. ä. nur die Auffassung derjenigen wider, die diese verfasst haben. 5

Auch wenn im Konzessionsvertrags- und Konzessionsabgabenrecht nach wie vor zahlreiche Fragen ungeklärt sind, kann eines konstatiert werden: Der Wettbewerb um Konzessionen hat nicht erst begonnen, sondern ist im vollen Gange. In zahlreichen Fällen bewerben sich verschiedene Unternehmen um den Neuabschluss des Konzessionsvertrages. Sowohl die angestammten Unternehmen als auch neue internationale und kommunale Unternehmen haben den Markt um den Abschluss von Konzessionsverträgen für sich entdeckt. 6

Wettbewerb um Netze darf allerdings keine Einbahnstraße sein. So wenig in jedem Fall ein Wechsel des Konzessionsvertragspartners sinnvoll ist, so wenig ist in jedem Fall eine Kommunalisierung des Netzbetriebs angezeigt. Wettbewerb um Netze darf nicht vor der kommunalen Tür halt machen und kommunale Unternehmen einseitig bevorzugen. Der lange von kommunaler Seite geforderte Wettbewerb um Netze kann nur dort verwirklicht werden, wo alle Unternehmen die gleiche Chance haben, den Konzessionsvertrag zu erlangen. Einseitige kommunale Erwägungen, die mit dem 7 eigentlichen Gegenstand der Konzessionsverträge, d.h. einem sicheren, preisgünstigen, verbraucherfreundlichen, effizienten und umweltverträglichen Netzbetrieb, nichts zu tun haben, können und dürfen bei der Entscheidung über den Vertragspartner keine Rolle spielen.

Sachregister

Die Zahlen und Buchstaben in Fettdruck beziehen sich auf die Kapitel des Werkes, die Ziffern beziehen sich auf die Randnummern innerhalb der Kapitel.

C

D

E

L

S

Printed and bound by CPI Group (UK) Ltd, Croydon, CR0 4YY
30/09/2026
14973063-0008